TSLC
天水地方志

天水市

秦州区志

1985 — 2007

天水市秦州区地方志编纂委员会　编

甘肃文化出版社

图书在版编目（CIP）数据

天水市秦州区志. 1985-2007 / 天水市秦州区地方志
编纂委员会编；王淑兰主编. -- 兰州：甘肃文化出版
社，2019.8
ISBN 978-7-5490-1855-0

Ⅰ. ①天… Ⅱ. ①天… ②王… Ⅲ. ①区（城市）一地
方志－天水－1985-2007 Ⅳ. ①K294.24

中国版本图书馆CIP数据核字（2019）第167563号

天水市秦州区志（1985—2007）
天水市秦州区地方志编纂委员会　编

责任编辑｜李　园
装帧设计｜大雅文化·冉转芸　赵一梅

出版发行｜ 甘肃文化出版社
网　　址｜http://www.gswenhua.cn
投稿邮箱｜press@gswenhua.cn
地　　址｜兰州市城关区南滨河东路 520 号　730030（邮编）

营　　销｜王　俊　贾　莉
电　　话｜0931-8454870　　8430531（传真）

设计制版｜兰州大雅文化艺术有限公司（0931-4679978）
印　　刷｜上海雅昌艺术印刷有限公司
开　　本｜889 毫米 ×1194 毫米 1/16
字　　数｜1520 千
印　　张｜90
插　　页｜45
版　　次｜2019 年 8 月第 1 版
印　　次｜2019 年 8 月第 1 次
书　　号｜978-7-5490-1855-0
定　　价｜660.00 元

天水市秦州区地方志编纂委员会

2006 年 5 月—2007 年 4 月

名 誉 主 任：柴金祥
主　　　　任：安　永
副　主　任：杨虎林　宋建平　方　晨　王向梅　刘韵倩
顾　　　　问：谢寿璜
委　　　　员：赵春明　董国杰　刘小平　赵英俊　侯知己　张栋梁
　　　　　　　石化学　邵全启　樊　华　姜世伟　周德有　张瑞洁
　　　　　　　任佩光　王金全　李映泉　李芳明　崔阿宝　刘书文
　　　　　　　辛国海　王万录　许亚军　胡永平　刘惠锋　王智启
　　　　　　　罗永安　陈多喜　宋江明　崔平生　蒲振兴　郭耀明
　　　　　　　裴浩仁　陈　强　康　忠　刘志强　唐瑞芬　李玉清
　　　　　　　赵　应　金　波　史居平　刘天红　张　诚　黄有源
　　　　　　　朱安武　邹宏文　李建辉
办公室主任：刘韵倩
办公室副主任：张国彦　陈　桥
工 作 人 员：陈和平

2007 年 4 月—2010 年 8 月

名 誉 主 任：张　健
主　　　　任：周　伟
副　主　任：杨虎林　霍秀清　宋建平　王小林　李鹏凡　蒋小丽
　　　　　　　刘韵倩
顾　　　　问：金庆礼　谢寿璜　马佩授　王惠麟　刘雁翔　张占社
委　　　　员：刘小平　董国杰　县　毅　赵英俊　黄有源　张栋梁
　　　　　　　石化学　姜世伟　周德有　罗永安　胡永平　史居平

王全社　赵世和　秦志民　侯知己　宋江明　陈多喜

任佩光　许亚军　辛国海　李芳明　刘书文　辛旭中

李子园　巴一立　唐瑞芬　张效烈　李应顺　闻明辉

金　波　李建辉　吴自全

办公室主任：刘韵倩

办公室副主任：张国彦　陈　桥

工 作 人 员：陈和平

2010 年 8 月—2015 年 3 月

名 誉 主 任：张明泰

主　　　　任：周继军

副　主　任：杨虎林　文月平　宋丕林　李鹏凡　魏胜奎　黄有源

何宝平　曹亚玲　徐玉英　王淑兰

委　　　员：刘小平　郭耀成　安平原　秦志民　罗永安　张瑞洁

郭宝禄　陈　辉　任　栋　李仲强　师振刚　胡永平

刘睿智　王仲时　王晓彤　胡亚军　刘书文　宋江明

李映泉　张千红　刘汉杰　安虽奋　辛旭中　王贵友

秦宝珍　张效烈　石　劢　许维东　史　文　李亚洲

王　欢　张庆中　王全社　赵世和　李应顺　刘成诚

张天明　李建辉　吴自全

办 公 室 主 任：刘韵倩（2010 年 8 月 —2011 年 6 月）

徐玉英（2011 年 6 月 —2012 年 9 月）

王淑兰（2012 年 9 月 —）

办公室副主任：张国彦　陈　桥（2012 年 9 月止）

工 作 人 员：陈和平　王　仲　刘康龙　吴国庆　邢维江　坚文雄

周山泉　杨彦明　关　蓉　杜小军　陈芳娟　都自祥

2015 年 3 月—2016 年 10 月

名 誉 主 任:雷 鸣

主　　　任:何 东

常 务 副 主 任:舒 健　曹亚玲

副 主 任:李映泉　李逢春　傅智宏　杨波涛　王淑兰

委　　　员:范 晔　任 栋　师振刚　陈 强　邢 炯　刘晓军
王黎明　王建明　王全社　牛卫忠　王 煊　汪瑞武
张瑞洁　陈 辉　胡永平　李仲强　刘睿智　辛旭中
段君毅　马 勇　刘书文　张 良　张雪亮　秦毅敏
郭宝禄　冯天成　杜 林　秦宝珍　杨来成　马 啸
马念平　于和平　徐玉英　李应顺　吕见平　魏继增
胡利平　苗平渊　崔 峰　崔丽霞　石 劭　任加胜
胡起瑞

办 公 室 主 任:王淑兰

办公室副主任:张国彦　陈红红(2015 年 10 月 —)

工 作 人 员:陈和平　吴国庆　邢维江　关 蓉　杜小军　陈芳娟
都自祥

2016 年 10 月—

名 誉 主 任:雷 鸣

主　　　任:刘文玺

常 务 副 主 任:李继明　汪晓娟

副 主 任:赵百祥　辛旭中　段君毅　李仲强　王淑兰

委　　　员:马川信　刘书文　陈 强　张虹琳　邢 炯　张世学
赵 宝　赵小平　高保德　牛卫忠　王 煊　李春明
孙百祥　刘晓军　赵 应　马 勇　唐秀成　师振刚

伏羲城全貌

伏羲城西城

伏羲城牌坊

开天明道牌坊

先天殿

太极殿

古巷

戏楼

鼓楼

钟楼

2006 年伏羲广场公祭伏羲

敬献花篮

乐舞告祭

领牲

初献

献太牢

献饭

迎圣水

南宅子全景

前门

内景

戏苑

北宅子大门

前院

后院

中院

北部黄土丘壑

中部丘陵

南部秦岭山脉林区

齐寿山长防林

娘娘坝白云山

娘娘坝庙川溪水

藉河生态工程

中心城区（部分）

皂郊交通枢纽

龙城广场

藉河风情线夜景

成纪大道夜景

岷山路

建设路

2003 年改造后的民主路

商业城步行街

山水嘉园保障性住房

平南镇孙集村

2000 年以后的农村住宅

下寨子村文化活动中心

皂郊镇下寨子村牌坊

华天获全国五一劳动奖

华天生产车间

倒装焊球阵列封装产品

焊盘阵列封装产品

天水华天电子生产厂房

天水长城开关厂有限公司配电柜车间

移开式交流金属封闭开关

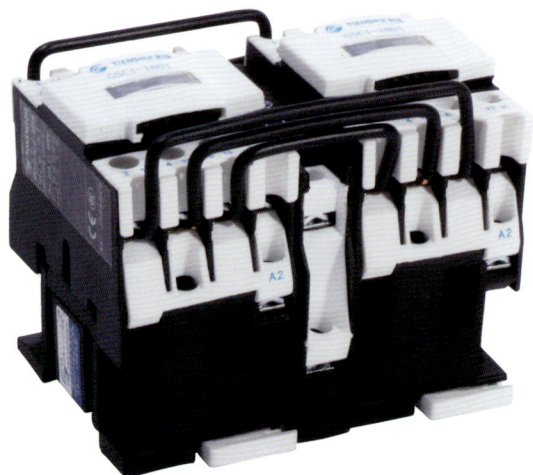

交流接触器

二一三产品获国家质量奖银质奖（最高奖）

天水二一三电器有限公司装配生产线

海林中科科技有限公司产品

低噪音非标短圆柱滚子轴承

满装自锁圆柱滚子轴承

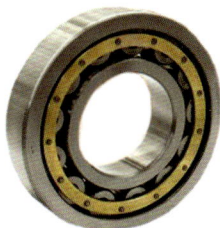

单级桥轮毂轴承单元

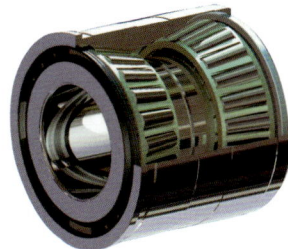

深沟球轴承

轮毂轴承单元

富勒变速箱轴承

大锥角圆锥滚子轴承

轻窄圆锥滚子轴承

重载单列圆锥滚子轴承

玉泉镇罗峪沟大樱桃

藉口镇花牛苹果

地膜玉米

藉河川道农田高效示范区

大棚黄瓜

大棚辣椒

大棚蔬菜

天河蛋鸡养殖公司饲养场

人工繁育大鲵

西部商品交易会暨中国天水伏羲文化旅游节

商品展区

招商引资签约

美食一条街

商品交易区

外国游客游览伏羲庙

兰天城市广场一楼珠宝区

百货大楼三楼服装区

天水宾馆

阳光饭店

天水宾馆会议室

阳光饭店客房

华辰酒店小型会议室

天辰酒店包厢

天水市一中

天水市三中

"六一"儿童节文艺表演

课外兴趣小组

小学生做实验

美德课

国际友人参与美德教育

生物实验室

信息技术课堂

课堂互动

教学改革

中学生感恩教育报告会

中学生运动会开幕式

中学生运动会体操表演

天水市第一人民医院住院部

秦州区医院门诊楼

天水镇中心卫生院

汪川镇中心卫生院

妇女病筛查

秦州区医院普外科护士站

东关社区医疗卫生中心

送医下乡

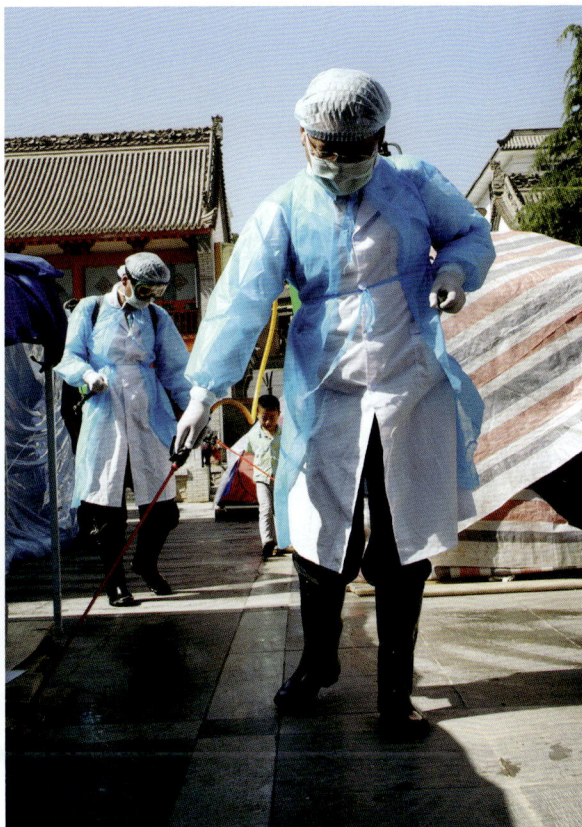

公共卫生消毒

宋耀州窑青釉十三瓜棱瓷壶

春秋蟠螭纹铜鼎

宋白釉珍珠地刻牡丹纹枕

元钧窑天青釉瓷罐

齐家文化玉璧

隋贴金彩绘屏风式石棺床

齐家文化锥刺纹三兽
足单耳红陶罐

汉凫首形铜壶

唐铜鎏金十一面观音立像

唐彩绘陶吹横笛骑马俑

宋琉璃舍利塔

唐铜鎏金花草纹舍利函盖

唐陶舞马

南郭寺山门

二妙轩碑

北流泉

古柏

人间天上牌坊

通仙桥

辫柏

玉泉观全景

赵氏祠堂

汉将军李广墓

万寿宫

贾家公馆前院

陕省会馆

文庙大成殿

纪信祠牌坊

纪信祠回廊清代牌匾

后寨清真寺礼拜殿

后街清真寺礼拜殿

《杨八姐盗刀》剧照

演员排练

《水洛城》剧照

秦腔票友演出

农村秦腔演出

《冬》 张 琮

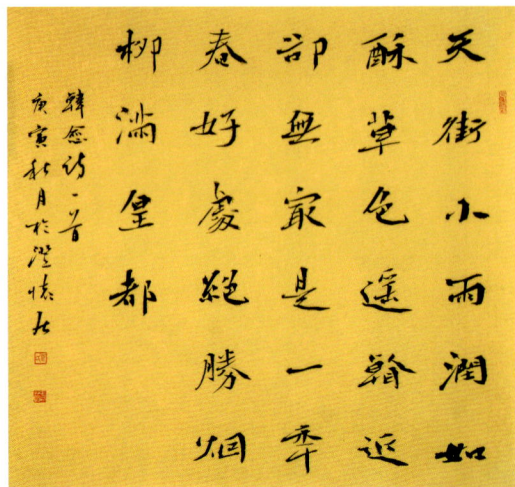

天街小雨润如
酥草色遥看近
却无家是一季
春好处绝胜烟
柳满皇都

韩愈诗一首
庚寅秋月于陇怀 马

《早春》 马春林

江晚正愁余
山深闻鹧鸪
紫菱
瓷窗 写

《花鸟小品》 何晓峰

《石门夜月》 赵建玉

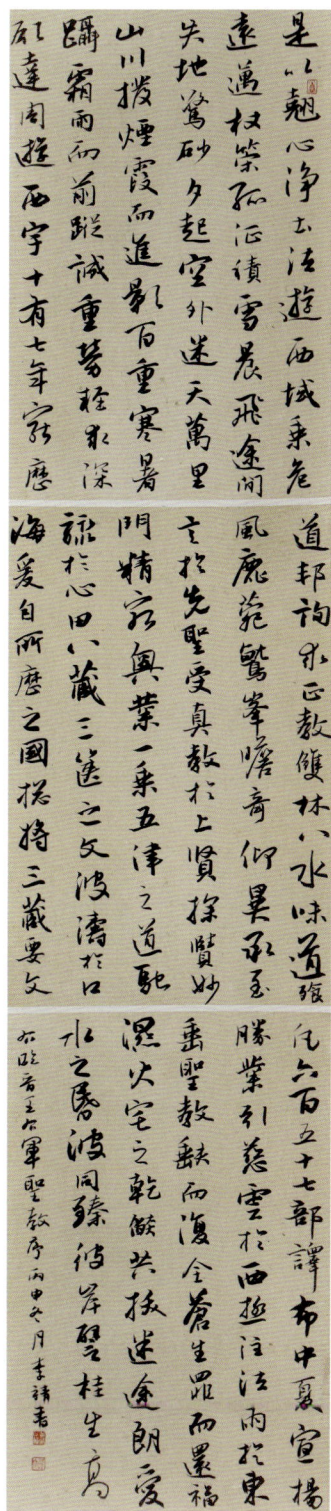

《节临圣教序》 李靖

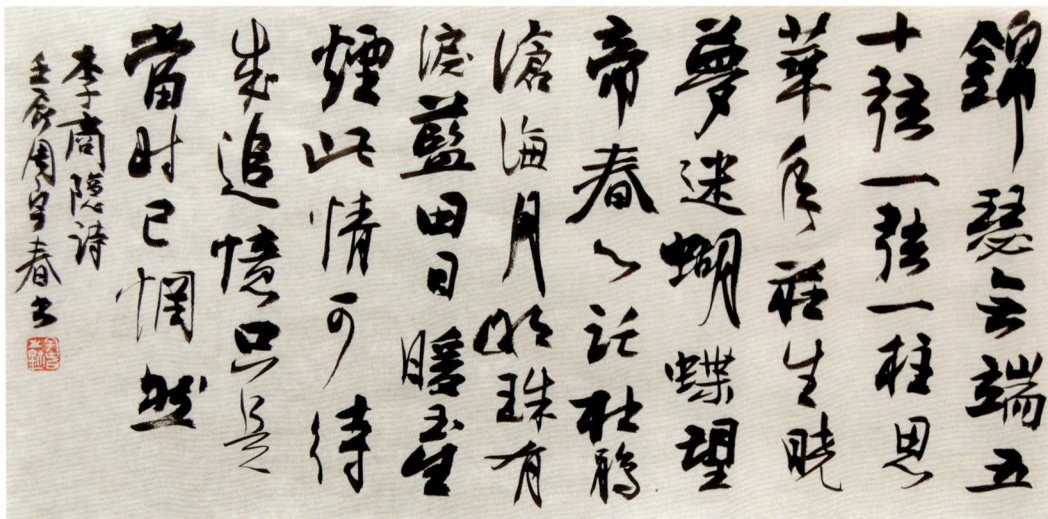

《锦瑟》 周宇春

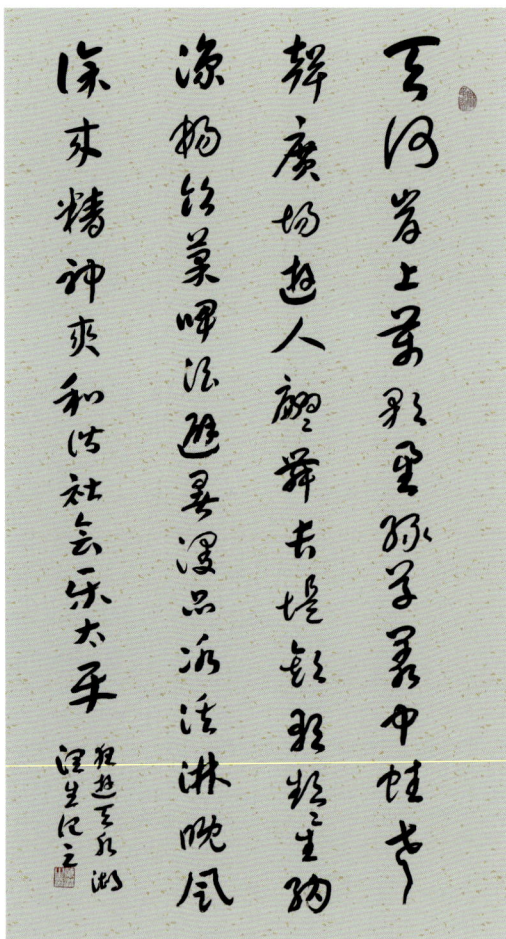

《狂游天水湖》 万惠民

《驱驰不负好时光》 刘凤翔

《家庙》 刘晓毅

《家山春晓》 陈华强

《高原》 贾利珠

《初雪》 靳永红

《陇原英烈——王孝锡》 赵保林

《为爱名山复登临》 杨 皓

《大夏河》 王骁勇

《远方》 张玉璧

《清影》 穆 静

《粉芭蕉》 吴少明

雕漆瓷盖提盒

雕漆锦上添花屏风

雕漆茶几

雕漆果盘

《火锅》泥人赵

皮影

脸谱

剪纸

丝毯《飞天》

丝毯《华夏图腾》

高腿子

舞龙

高台

夹板舞

《秦州区志》（1985—2007）评审会议合影

2017.7

第一排左起：汪晓娟　辛　轩　周新明　王建明　张宏伟　杨虎林　刘文玺　李篚余　雷　鸣　石为怀　文月平　宋丕林　霍秀清　王　旭　刘雁翔　王世明
崔丽霞　罗荣昌

第二排左起：徐玉英　贾路娟　关　蓉　陈红红　陈芳娟　辛旭中　师振刚　赵百祥　石　瑜　高爨娃　王爨博　张向阳　丁伟忠　刘世清　张甲成
秦毅敏　杨波涛　高怀璧　那　炯

第三排左起：都自祥　张国彦　陈和平　段君毅　曹新侠　卢耀华　李晓东　孙百祥　余粮才　汪全荣　王广林　马建喜　张世学　杜小军　邢维江　袁立斌　王淑兰

浆水面

麻食

甜醅

醪糟

猪油盒

羊肉火烧

呱呱

凉粉

面皮

散面饭

锅鲰

搅团

根雕

竹雕侍女图笔筒

木雕伏羲龙

砖雕

连珠式古琴

《秦州区志》（1985—2007）终审会议合影

2018.5

第一排左起：王淑兰　王建明　刘文玺　陈明达　张建杰　雷　鸣　李世荣　李觉余　文月平　白登懿　张维有

第二排左起：张宝加　石望林　王念积　马毅民　马毅民　杜作明　王怀胜　马寿山　辛国俊　合志杰

第三排左起：负建宗　李天茂　马晓燕　辛　轩　高赞娃　闫锁田　赵百祥

泰州区地方志编纂委员会办公室工作人员合影 2017.7

第一排左起：陈和平 王淑兰 张国彦 陈红红

第二排左起：关 蓉 都自祥 陈芳娟 杜小军 邢维江 贾路娟

伏羲塑像

羲皇故里

江澤民

一九九二年八月十三於天水

序 一

在全区上下统筹推进"五位一体"总体布局和协调推进"四个全面"战略布局，深入实施"十三五"规划，满怀豪情喜迎党的十九大召开之际，《天水市秦州区志（1985—2007）》即将付梓出版，这是全区人民政治生活中的一件大事。在此，我向付出艰辛努力的全体编纂人员表示衷心的感谢。

秦州历史悠久，是华夏文明的重要肇启之地，历经数千年的沧桑巨变，积累沉淀了厚重的伏羲文化、秦文化。8000多年前，我们的祖先就在这片土地上繁衍生息，留下了新石器时期文化遗址多处。商周时期，秦人在秦州繁衍生息，创造了不朽的功绩和灿烂的文化，为之后秦人扫灭六国、实现中华民族的统一打下牢固的基础。秦人立国之后设祠祭祀伏羲到明代在秦州设立伏羲庙祭祀伏羲有2000多年的历史，发展至今，秦州成为全球华人寻根祭祖的圣地，伏羲祭祀活动成为弘扬中华优秀传统文化、促进两岸文化交流和经贸发展的重要平台。在漫长的历史长河中，秦州作为多民族交融汇聚之地、丝绸之路上的重镇，商贸发展繁荣，鼎盛于宋代的秦州茶马交易成为促进民族团结、文化交流、经济发展的重要纽带。秦州钟灵毓秀，气候宜人，环境优美，有南郭寺、南北宅子、后街清真寺、玉泉观等名胜古迹多处，也是军事家赵充国、文学家赵壹以及爱国将领段会宗、邓宝珊等人的诞生地。

鉴往知今、存史资政。2006年二轮修志启动后，区志编纂委员会始终站在对历史负责、对未来负责的高度，组织各单位编修《天水市秦州区志（1985—2007）》。修志人员克服困难，广征博采，笔耕不辍，历时十更寒暑，数易其稿，精心打磨成书。全志130余万字，设彩页、概述、大事记、正文、附录五部分，采用述、记、传、志、图、表、录等体裁，通古贯今，既博且精，一区风情，展卷即得，真实系统地记述了改革开放以来秦州经济社会发展的全过程，集资料性、全面性、系统性于一体，寓知识性、可读性、科学性于一身，是一部具有宣传性、资料性、时代性、存史性的综合性文献，也是一本权威性大型资料工具书，读后给人以鼓励、激励、警示、启迪，给人以经验、知识和智慧。

站在新的历史起点上，全区上下要紧紧围绕区第八次党代会确立的建设陇东南经济社会发展带头区、核心区的总体目标，坚定不移实施"六大战略"，坚持"一核中心带动、两轴拓展延伸、五城齐抓共建、多点多极突破"，努力建设首位之区、实力之区、活力之区、魅力之区、宜居之区、典范之区、奋进之区，这既是秦州70万人民的殷切希望，也是区委、区政府的庄严承诺。希望全区地方志工作者继续发扬团结拼搏、无私奉献精神，潜心研究，推出更多的地情成果，把秦州的每一步发展记录下来、提炼出来、汇集起来，为建成全面小康社会发挥应有的作用，做出更大的贡献。

是为序。

天水市秦州区地方志编纂委员会名誉主任
中共天水市委常委、秦州区委书记
2017年5月

序　二

  盛世修志是中华民族的优秀传统文化，尤其是社会主义新方志的编修工作对于发展社会主义先进文化、全面构建社会主义核心价值观、建成全面小康社会有着十分重要的现实意义。《天水市秦州区志（1985—2007）》在上级业务部门的关心指导和区委、区政府组织领导下，经过社会各界的支持和全体修志人员的辛勤努力终于付梓出版与读者见面，这是我区文化事业和精神文明事业建设中取得的一项重要成果，必将为我区经济社会发展发挥巨大的推动作用。

  秦州地处渭河上游，历史悠久，是中华民族的发祥地之一，伏羲文化、秦文化源远流长。商周时期秦人在秦州繁衍生息，为实现中华民族的伟大统一打下牢固基础，在中华文明史上谱写出辉煌的篇章。自秦人立国设祠祭祀伏羲后，祭祀活动代代传承，秦州现发展成为全球华人寻根祭祖圣地。在华夏文明史上秦州地理位置独特，战略地位极为重要，自晋到宋金一直是陕西（西北地区）的贸易、经济、军事中心之一，从丝绸之路到茶马交易，先后有杰出的军事家、政治家汉光武帝刘秀，晋宣帝司马懿等人来秦开展军事活动。受羲皇文化和秦风雅韵熏陶，在秦州诞生了一大批杰出人才，有军事家赵充国、段颎，爱国将领段会宗、邓宝珊，文学家赵壹、任其昌，革命烈士葛霁云、柴宗孔，乡贤名宦赵熙、胡来缙等。1949年8月秦州区迎来解放，人民群众当家做主，在党和政府的带领下，全区人民奋力拼搏，社会经济发生巨变。尤其是1985年以来，全区经济运行良好，实现高速发展，生产总值从1985年的3.63亿元提高到2016年的183.56亿元，增长49.6倍。

  作为华夏文明的肇启之地，秦州具有优良的修志传统，自明代以来先后编修完成明嘉靖《秦州志》，清顺治《秦州志》，清康熙《秦州志》《直隶秦州新志》《秦州直隶州新志》《秦州直隶州新志续编》《天水县志》，以及中华人民共和国成立后的首部新方志《秦城区志》。2006年启动编修的《天水市秦州区志（1985—2007）》是《秦城区志》的续志，志书政治观点鲜明、正确，秉持实事求是的原则，横排竖写，纵横结合，全面、系统、客观地记述了1985年至2007年秦州区行政区域内自然、政治、经济、文化和社会的历史与现状，做到体例完备，行文规范，内容丰富，资料翔实，结构合理，语言质朴流畅，是一部了解秦州、宣传秦州的良志佳作。志书时代特征突出，地方特色鲜明。一是全面体现以改革创新为核心的时代特征，真实再现1985年以来全区人民在党和政府的领导下以经济建设为中心，为不断推进改革、完善和发展社会主义市场经济而努力奋斗的历程。志书采取分散记述的方式，从不同行业、不同层面对秦州区23年来的改革开放和经济建设取得的丰硕成果进行深入的记述，清晰地展现了我区政治体制改革、农业经营体制改革和减轻农民负担、商业流通市场建立、工业体制改革等领域发生的巨变，以及人民生活水平的大幅提高和城乡生态环境的持续改善；既全面展现了社会经济建设中取得的重大成就，同时也不偏不倚地反映了挫折中积累的经验教训。二是浓墨重彩地介绍伏羲文化和历史文化名城保护工作，全面展现羲皇故里的秦风雅韵，凸显秦州地方特色魅力。志书深入挖掘秦州厚重悠久的历史文化资源，对秦州众多文物古迹一一介绍，人文始祖伏羲庙、西北第一民居南宅子、陇上名观玉泉观、西北名寺后寨清真寺等国家重点文物保护单位和伏羲祭祀大典、天水雕漆等国家级非物质文化遗产尽显笔端，淋漓尽致地反映了秦人发祥地秦州深厚的历史文化底蕴。

"治天下者以史为鉴，治郡国者以志为鉴。"《天水市秦州区志（1985—2007）》全面系统地记述了1985年至2007年秦州区社会经济发展的历史，必将为我区经济建设发挥积极的借鉴参考作用。值此《天水市秦州区志》(1985—2007)》问世之际,对全体修志人员以及关心、支持、帮助编纂的各级领导、各方面专家、各有关部门和社会各界人士致以崇高的敬意和衷心的感谢!希望全区方志工作者以《天水市秦州区志(1985—2007)》的出版发行为契机,再接再厉,使全区方志事业迈上新台阶,助推全区经济社会发展再创佳绩!

天水市秦州区地方志编纂委员会主任
中共天水市秦州区委副书记、区政府区长

2017年7月

凡 例

一、《秦州区志》（1985—2007）坚持以马克思列宁主义、毛泽东思想、邓小平理论、"三个代表"重要思想、科学发展观、习近平新时代中国特色社会主思想为指导，运用辩证唯物主义和历史唯物主义的观点和方法，秉持实事求是的原则，力求全面、系统、客观地记述秦州区行政区域自然和社会基本情况，做到思想性、科学性和资料性的统一，突出时代特色和地方特色。

二、本志记述年限是1985年至2007年。为保持事物发展的完整性，适当上溯或下延。

三、本志以社会分工和地方特点为依据谋篇析章，设彩页、概述、大事记、正文、附录。正文结构采用编、章、节、目四层编写，设26编，横排纵述，一贯到底。

四、本志体裁采用述、记、志、传、图、表、录等体裁，以志体为主，图表穿插其中。

五、本志文体为语体文（引文除外），据事直书，力求严谨、朴实、简洁、流畅。

六、本志数字用法执行2011年颁布的《出版物上数字用法》和1993年国家技术监督局颁布的《量和单位》标准。

七、入志人物分传记、简介、表录三种形式记述，坚持生不立传原则。

八、本志采用经济数据主要来自区统计局当年发布的数据，兼用往年修正数据，部分数据由各部门提供。

九、本志所用资料主要来自各单位提供以及档案、旧志摘抄等，入志时不再注明出处。

十、本志人物籍贯非甘肃省的，籍贯表述为某省某市、县，甘肃省内的表述为某市、县，秦州区籍的一般表述为某乡、镇、街道。

目　录

第一编　政　区

第二编　自然环境

第三编　国土资源与环境保护

第四编　人　口

第五编　城乡建设

第六编　交通 邮电 供电

第七编　工业和信息化

第八编　商贸旅游

第九编　农　业

第十编　财税金融

第十一编　经济管理

第十二编　中共秦州区委员会

第十三编 人 大

第十四编 政 府

第十五编　政　协

第十六编　军　事

第十七编　司　法

第十八编　人力资源与社会保障

第十九编 民   政

第二十编　教育　体育

第二十一编　医疗卫生

第二十二编　文化艺术

第二十三编　伏羲文化

第二十四编　历史文化名城保护

第二十五编　人民生活

第二十六编　人　物

附　录

索 引

后 记

【GaiShu 概述】

概　述

　　秦州区位于内陆腹地，介于北纬34°05′至34°40′与东经105°13′至106°01′之间，东距西安300公里，西距兰州236公里，处在全国地理位置的中心区域。南连陇南通往川蜀，东接麦积区通应关中，西接甘谷为古丝绸之路，是通应河西之要道。秦州区是甘肃省天水市的政治、经济、文化中心，总面积2442平方公里，辖16个乡镇和7个街道。2007年总人口65.15万人，地区生产总值63.35亿元。

　　秦州区地处秦岭山脉向黄土高原过渡地带，气候由暖湿带半湿润向半干旱气候过渡，四季分明。地势西南高、东北低，西南部为秦岭山地，海拔1500米至2700米，气候湿润；中北部为陇西黄土高原，海拔1110米至1700米，气候温暖。年均日照时数1911小时，年平均气温12.1℃，无霜期150天至180天，年降水量322毫米至810毫米，蒸发量1280毫米，平水年（P＝50%）水资源总量为35118万立方米。土壤以褐土、红土、黑垆土等为主，探明矿产有铁、铜、铅、锌、金、银、钼、煤、石灰岩、蛇纹岩、硫铁、粘土等。秦州区自然环境适宜各种温带动植物生长，主要饲养动物有牛、驴、马、骡、羊、猪、兔、狗、猫、鸡、鸭、鹅、鱼等，常见野生动物有麻雀、灰鸽、猫头鹰、锦鸡、杜鹃、家燕、画眉、喜鹊、啄木鸟、野兔、松鼠、青蛙、蟾蜍、壁虎、蛇、蚯蚓以及昆虫类蚂蚁、蝇、蜘蛛、蝗虫、蜻蜓、萤火虫等。农作物主要有小麦、玉米、荞、马铃薯、大豆、胡麻、油菜、荏、大白菜、卷心菜、萝卜等。森林覆盖率超过41%，乔木有华山松、油松、红松、白松、山杨、榛子、云杉、白榆等数十种，主要分布在南部天然林区，常见的乔木有刺槐、柳树、杨树等。灌木有沙棘、酸枣、枸杞、胡颓子、野樱桃、紫穗槐、爬山虎、虎榛子、珍珠梅等数十种，果树有苹果、桃、杏、李子、樱桃、梨等。

　　秦州是中华民族的发祥地之一，历史悠久，历经数千年的沧桑变化，积累沉淀了厚重的伏羲文化、秦文化，成为中华文化的重要组成部分。

早在8000多年前就有先民在秦州劳动耕作，繁衍生息，在藉河两岸遗留下太京镇西山坪、师赵村为代表的旧、新石器文化遗址十多处。尤其是秦州作为秦人的发祥地，殷商之际秦人先祖仲潏来到秦州带领西戎群众一起劳动生活，拉开秦人走向兴盛文明的序幕，在这里秦人开创了伟大不凡的基业和光辉灿烂的秦文化，为实现中华民族第一次大统一打下了坚实的基础，也为中华文化繁荣发展做出了巨大贡献。进入两汉后由于秦州独特的地理位置，使秦州成为凉、蜀、雍三地之间的贸易枢纽和丝绸之路上的贸易中心之一，发展到汉末晋初秦州成为陕西（陕州之西，相当于今天的西北各省）的贸易、经济、军事中心之一，这一优势一直保持到宋代海上丝绸之路的兴起。而闻名天下的秦州茶马交易从汉代兴起到宋金鼎盛，直至清末逐渐消亡。秦州重要的军事战略地位吸引大批军事将领来秦作战并建立规模庞大的军事组织，先后有杰出的军事家、政治家汉光武帝刘秀，晋宣帝司马懿等人来秦开展军事斗争，宋代名将曹玮在秦州创立乡兵制发展完善了中国兵制，军事组织则有上邽镇、陕西都督诸军事、秦州（陇右）大都督、秦州道（陇右）大总管府行台尚书省、天雄军节度使等军府。两晋南北朝时期各种武装势力为争夺秦州发动大规模的军事斗争，连绵不断的战乱使秦州人民饱受战争摧残，但是勤劳勇敢的秦州人民为反抗压迫、维护民族团结，与强权者进行英勇斗争，充分体现了中华民族反对强暴、威武不屈和爱好和平的民族精神。秦州人文荟萃，军事家有赵充国、段颎等人，文学家有赵壹、赵逸等人，爱国将领有段会宗、邓宝珊等人，文物古迹有胡氏民居南北宅子、玉泉观、南郭寺、北关清真寺等。

秦州地处渭河上游，是伏羲文化发源地之一，秦人立国之后就专门设祠用三牢之礼祭祀伏羲，之后历代承袭秦人礼仪延续伏羲祭祀。明成化十九年（1483年）朝廷在秦州创建伏羲太昊宫后极大地推动了伏羲文化在秦州的传承发展，至清末光绪十三年（1887年）伏羲庙经历九次大规模修建，形成戏楼、牌坊、大门、先天殿、太极殿、来鹤亭及其他附属物的建筑格局。与此同时伏羲祭祀活动延续不断深入民心，既有朝廷官方的祭祀，也有民间的祭祀，特别是伏羲民间祭祀组织上元会的创建使普通民众参与伏羲文化活动,让伏羲文化在广大群众中间传承发扬。进入民国后一度陷入停滞状态。1988年龙年五月十三日,天水市人民政府恢复伏羲祭祀,从此伏羲文化活动逐年扩大提升,秦州成为名副其实的全球华人寻根祭祖的圣地。2007年包括港澳台同胞、海外华人及全国56个民族代表在内的各界人士1万人参加伏羲公祭大典,规模空前、影响深远。伏羲文化活动不仅弘扬了博大精深的民族文化、促进了经贸发展,而且增强了民族凝聚力,维护了民族团结和统一。自1988年恢复祭祀以来就有许多海外侨胞、港澳台同胞前来伏羲庙祭拜伏羲从事各种交流活动,尤其是台湾社会各界前来祭拜伏羲极大地推动了两岸交流和平发展。

1949年8月秦州区迎来解放,人民群众当家做主。在党和政府的带领下,全区人民群众奋力拼搏,社会面貌和社会经济发生翻天覆地的变化,人民生活水平大幅提高。1985年以来,全区不断深化改革,发展完善社会主义市场经济,全区经济运行良好,实现高速发展,人民生活条件持续改善、生活水平显著提高,城乡面貌发生巨大变化。生产总值从1985年的3.63亿元提高到2007年的63.35亿元,增长16.5倍;人均生产总值从1985年的727元提高到2007年的9723元,增长12.4倍;农村人均纯收入从1985年的236元提高到2007年的2008元,增长7.5倍;城镇居民可支配性收入(1985年称为城镇居民人均生活费用收入)从1985年的574.6元提高到2007年的8372元,增长13.8倍。乡村群众生活从解决温饱发展到小康水平,乡村土坯房皆变为砖混和砖木结构房屋,实现村村通电、通广播电视、通电话、通路。城镇居民生活质量大幅改善,吃住行出现质的飞跃。城市建设成果显著,街道宽敞,高楼林立。

环境治理成果显著,实现可持续发展　1985年建区后由于发展经济忽视生态建设,城乡环境出现恶化。到1990年农村大部分宜林荒山荒坡被开垦为农田,集体林地承包到户后木材被砍伐用于修建房屋,林地沦为农田,植被覆盖率急剧下降,水土流失严重,工业废物排放严重超标,造成大气、水质、土壤等多项环保指标超过国家标准。1990年后农林、环保等部门加强林业生态建设,先后实施“三北”防护林体系建设工程二到四期、长防林体系建设、天然林资源保护、退耕还林等林业生态建设工程和水土保持生态环境建设工程。同时随着经济结构转型,大量农业人口涌入城市工作生活，耕地侵占的宜林荒山荒坡和林地逐渐得到恢复。至2007年"三北"防护林体系建设工程累计造林74.73万亩、四旁植树1719.5万株，长防林体系建设工程使防区森林覆盖率由最初的12.86%提高到29.24%，天然林资源保护工程完成封山育林7.21万亩，累计退耕还林62.5万亩，全区森林覆盖率从1985年的23.8%提高到2007年的41%。1985年至2007年，治理水土流失面积1352平方公里，累计兴修梯田36.36万亩，治理程度达到72%，林草覆盖率上升到56.8%。为控制工业污染，秦州区坚决淘汰落后产能，积极发展旅游服务业等第三产业，先后关闭或转产造纸、化工、冶金制造等行业企业，大气、水质污染得到有效控制，环境质量逐年好转。二氧化硫治理成果显著，除1993年略微超标，之后每年均达到国家标准污染指标，且呈下降趋势，2007年每立方米仅含二氧化硫0.03毫克，远远低于国家标准。空气中二氧化氮含量除1988年、1995年略微超过国家标准外，其他年份均远低于国家标准。总悬浮颗粒物年平均值1985年每立方米为1.74毫克，通过治理到2007年下降到每立方米0.24毫克，高于国家标准0.04毫克。自然降尘1985年为12.8吨/平方公里·月，2007年下降到10.2吨/平方公里·月。1990年前后由于全球气候变暖和森林植被的破坏，水质pH、悬浮物、重金属含量等指标均出现超标，之后加快关闭污染企业，推动生态林建设，藉河污染指数从1985年的27.5下降到2007年的2.65，2007年监测的23项饮用水指标均达到国家标准。尤其是2007年投资12667万元的天水市秦州区污水处理厂的建成运行，极大地改善了秦州区污水治理条件。声环境质量保持良好，各种环境下噪声逐年下降；生活噪声一直保持在60分贝之下，2007年下降到51分贝；工业集中区噪声通过治理从1985年的61分贝下降到2007年的53分贝，功能区噪声均在国家标准范围之内；交通噪声1985年到2000年维持在71到76分贝之间，通过治理2001年到2007年保持在70分贝之内，达到国家标准。

　　基础设施建设稳步发展，功能日趋完善　交通网络建设发展迅速。1985年秦城区公路总里程982公里/153条。到2007年形成以公路交通为主导，以铁路和航空为补充的四通八达的立体交通网络。其中天水火车站、天水军民用飞机场由天北高速公路、羲皇大道相连接，物流运输便利快捷。公路网密度达71公里/百平方公里,万人占有公路里程26.7公里,87.5%的乡镇通柏油公路,100%的乡镇通班车,行政村通农机路达100%。邮电通信业发生巨变,1985年仅城区极少部分家庭拥有固定电话,至2007年电话通信普及城乡,移动信号公路沿线覆盖率达100%,乡镇覆盖率达99%,行政村覆盖率达99%,自然村覆盖率达98.9%,固定电话实现村村通。1985年至1997年,天水市供电公司先后实施330kV刘(家峡)—陇(西)输电线路、330kV陇(西)—马(营)输电线路和330kV陇西变电站基建项目建设,扩建330kV天水、330kV陇西、文峰和铁路电气化牵引拓石等5座变电站,建成西北第一条330kV紧凑型天(水)—成(县)输电线路,西北地区第一座110HV罗盘式变电站,全省第一座110kV数字试用型变电站。形成以330kV为主网架,110kV、35kV、10kV覆盖天水城乡,具有高电压、多电源、东西互供、南北协调、四级电压齐全的智能供电网络,农村实现村村通,年供电能力达到24亿kV·h。

城乡建设科学规划,稳步推进。城市格局向东、西延伸,先后开发建成罗玉、聚宝盆、天河等居民住宅小区,建成伏羲大道、成纪大道等主干道,建成东团庄藉河大桥、迎宾藉河大桥,改造更新城区排水等设施;分片实施旧城开发改造,相继建成中华东西路步行街、伏羲路步行街、自由路仿古步行街;完成民主路、建设路、青年南北路环境整治;建成龙城广场、伏羲广场、玉泉观广场、天河广场,改造解放路、双桥路、藉河南路、合作路等城区主干道路;硬化改造50多条巷道。1990年城区绿地总面积203万平方米,人均公共绿地面积1.9平方米,绿化覆盖率20%。至2007年城市园林绿地总面积519万平方米,绿地率达到27%,绿化覆盖率32.2%,人均公共绿地面积8平方米。1996年城区供水能力不足1万吨/日,1999年引入北道区慕家滩水源,使城市供水能力达到11.7万吨/日。发展环保节能供热,2007年城区集中供热面积300万平方米,管网达到57公里,覆盖面达到76%以上。城区公共交通网络畅通,1990年天水市公交公司拥有大小运营车辆94辆,年客运量305万人次,年周转量1066万人/公里。至2008年天水市公交公司拥有大小运营车辆280辆,年客运量4300万人次,年周转量16683万人/公里。村镇建设自2000年启动科学规划、有序推进,至2007年建成8个建制镇。

经济快速增长，经济结构转型成功　1985年全区生产总值为3.63亿元，人口489506人，人均生产总值为727元，其中社会生产总值1.98亿元，国民收入1.02亿元；财政收入2255.9万元，财政支出1915.9万元。为加快经济发展，秦城区坚持实施经济体制改革，政府经济主管部门由行政管理型向服务指导型转变，给企业松绑下放经营自主权，实行厂长经理负责制；调整产业结构，增加名、优、特、新产品，淘汰一些质次价高的老产品，关、停、并、转产能落后企业。随着"改革、开放、搞活"方针的贯彻落实，工商业市场被激活，全区经济迎来十年高速增长期，1995年生产总值达到18.65亿元，同比增长23.3%，比1985年增加15亿元，增长413%，1986年至1995年10年平均每年增长17.8%。尤其是"八五"期间（1991年—1995年）经济发展实现腾飞，5年平均每年增长23.5%，其中1993年国内生产总值同比大幅增长40%，突破10亿元大关达到11.6亿元，"八五"期间成为秦城区建区以来经济发展最快的五年。十年中工业经济引领全区经济快速发展，区属企业工业产值从1986年的6728万元增长到1995年的21523万元，平均每年增长22.5%，高于同期GDP增速4.7个百分点；商贸活动同步繁荣，社会商品零售总额从1986年的11650万元增长到1995年的62794万元，平均每年增长20%。经济结构优化，1985年三次产业比重为18.5%、54.3%、27.2%，1995年三次产业比重为16.8%、52.5、30.6%；国营企业竞争力下降，集体、私营企业活力激发。1985年国营工业、商贸企业产值、销售、利润等各项指标均稳步增长；到1995年国营工业企业产值、销售均出现下滑，处于亏损状态，集体、私有企业发展平稳，国营商贸企业销售额维持稳定。个体私有商业持续活跃，十年间维持高速发展态势，尤其是1995年零售额剧增79.5%，达到40845万元，带动社会商品零售大增41.8%，达到62794万元。

"九五"期间，秦城区经济产权制度、经济结构矛盾日益突出，面对问题，区委、区政府加快企业改制，优化经济结构布局，推进产业升级，全区经济通过十年的巩固又进入快速发展轨道。1996年秦城区国内生产总值同比增长15.2%，越过20亿元关口达到21.49亿元。1997年由于产权、结构等问题导致秦城区经济首次出现下滑，生产总值同比下降3.82%降到20.67亿元，由此全区经济进入调整巩固期，经济增长速度明显放缓。"九五"期间平均每年增长5.8%，成为秦城区建区以来经济发展最为缓慢的时期，但产业结构日趋合理，第一产业比重明显下降，第三产业比重逐步上升，"九五"末（2000年）三次产业比重为10.8%、50.5%、38.5%。"十五"期间继续调整优化产业结构，加快产权制度改革，2002年区属企业完成破产改制，产业布局进一步优化，年末生产总值同比增长10.1%达到29.53亿元，全区经济又恢复活力，至"十五"末（2005年）秦州区生产总值同比增长11.5%达到47.76亿元，1986年至2005年20年GDP平均每年增长13.8%，经济结构比重进一步优化，第一产业比重下降到7.9%，第二、第三产业基本持平。全区经济经历"九五"的调整、"十五"的恢复后，于"十一五"期间又迎来高速发展，2006年、2007年全区GDP增长速度分别达到13.5%、16.8%。至2007年生产总值达到63.35亿元，比1985年增长1645%，1986年至2007年22年平均每年增长13.88%；人均生产总值9723元，比1985年增长1237%；财政收入46552万元，财政支出72978万元。第三产业比重首次超过第二产业，三次产业结构比为7.7：45.2：47.1。

农村经济发展良好，城市化进程加快　秦州区是农业大区，地处秦岭山脉向黄土高原过渡地带，区域内山脉交织、丘陵纵横，山地面积占总土地面积的92%以上，耕种田地多为陡坡山地，适宜耕种土地面积极少，群众生活条件艰苦。1985年全区总人口有103562户、489506人，其中农村有66150户、356085人，占全区总人口的72.4%。年末工农业总产值13498万元，其中农业总产值7529万元，占总产值的56%；耕地面积97.7万亩，粮食播种面积78.9万亩，产量18041万斤。1985年后区委、区政府搞活农村市场，夯实完善农村经济责任制，兴修农田水利，积极推广普及农业技术，支持发展乡镇企业，引导农民广泛开展多种经营，种、养、加共同发展，粮食产量逐年稳步增长，农村剩余劳动力逐步脱离农业生产，从事个体商贸、运输、产品及配件加工和建筑行业，其中平南等乡的建筑行业发展迅猛，"搞建筑"成为农民群众主要经济收入。同时为解决部分群众温饱问题，1988年秦城区启动实施三年内解决温饱短期规划（1988年—1990年）。至1990年据不完全统计，仅在工商、乡镇企业管理等部门注册的建筑队、个体户等乡镇企业产值达到18438万元，占农村社会总产值的48%，其中平南等乡在册建筑队19个，实际建筑队超过百家。农村社会总产值达到38265万元（现价），粮食播种面积85.7万亩，总产量26676万斤。农民人均纯收入达到400元，人均产粮350公斤，基本解决温饱。

1990年后由于全区农民群众温饱问题彻底解决，加之人口增长、土地有限，在养殖、林果、建筑、产品加工等行业的经济效益带动和政府的引导下，农村群众转变思想观念，从之前的种粮解决温饱转变到增加经济收入、努力改善提高生活水平，多种经营在农村盛行，年轻的劳动力进入城市务工或从事个体工商业，少数留在家中的则主要从事养殖、林果、加工等行业。1991年据不完全统计，全区农业社会总产值40986万元，其中种植业仅为10823万元，畜牧业3177万元，工业10971万元，建筑业5814万元（不含未注册的建筑队）。之后种植、畜牧业在农业总产值中的比重逐年下降，以建筑、个体工商、产品配件加工为代表的乡镇企业产值比重逐年增加。2000年农村经济发展形成明显的三大经济区域，南部平南、齐寿、天水等乡以建筑业为主，西部太京、藉口等乡以林果、蔬菜、养殖为主，城郊吕二等乡依托城区企业以工业产品配件加工为主。据不完全统计，农业社会总产值为10.969亿元，其中乡镇企业产值为8.86亿元占农业总产值的80.8%；耕地面积95万亩，粮食产量26058万斤。农村人口持续向城市转移，导致农村空心化，农村青壮年在城市务工生活，从事农业生产的主要是老年人和少年儿童人群，外出务工成为农民群众的主要经济收入。2001年以来劳务部门组织培训农村青壮年劳动力，有计划地组织劳务输出，同时农业部门大力发展农业产业化。2007年，全区总人口65万人，其中在册登记农业人口32.25万人，城市与农村人口基本持平，实际农村常住人口大多为老弱病残，青壮年长期在城市生活仅过年回家。全区农业产值达到8.13亿元，耕地面积95万亩，播种面积101万亩，粮食总产量30120万斤。农村建筑业成为秦州区的支柱产业，大的包工队发展成为建筑公司，产值、营收等各项指标优于区属其他企业，吸纳大量农村群众就业，农民工成为各行业里工资收入较高的群体。

坚持科教兴区战略，文教卫事业稳步发展 1985年秦城区有文化事业机构489个，从业人员1600人，其中国营、集体文化单位56个，图书馆6

家。有广播电视转播台1座，487个村通广播，广播普及率89%，电视覆盖率80%。中学31所，在校学生26578人，教师1192人；小学578所，在校学生64619人，教师2619人。农林科研技术推广机构5家，技术人员373人。卫生医疗机构144家，病床1306张，卫生人员2470人，每千人拥有卫生技术人员4.26人。农村文化活动丰富多彩，春节期间群众耍烟歌，自娱自乐，庆新春、闹新年；平时过节、庙会期间组织秦腔表演。城市群众文化活动多样，经常开展乒乓球、篮球、象棋、舞蹈等文体活动，老年人日常参加晨练。

1985年后区委、区政府提出科教兴区战略，逐年加大在文化、科技、教育、卫生上的资金、人才等方面的投入，学生入学率、巩固率、毕业率、普及率、各种传染病防治率、大病治愈率等指标逐年提高达到国家、省市规定要求，素质教育在全区中小学全面开展；积极推广各种农业技术，科学种田致富深入人心，粮食总产量和单产量逐年稳步提高；实施有线广播电视村村通工程。至2007年，有中小学445所，在校学生122599人，教职工6807人，教工学生比为1：18。当年新列科技项目37项，其中国家列入3项；组织鉴定科技成果18项，其中6项达到国内先进水平；农业科技机构78个，科技人员2140个，其中农民科技人员1278人；科技示范村124个，科技示范户7923户；农作物优良品种普及率达到95%以上，农业先进技术覆盖率达到98%以上。乡镇文化站（室）221个，通有线电视的村205个占48.8%。区属卫生医疗机构29个，卫生工作人员859人，设立卫生服务中心10个。

弘扬伏羲文化，打造华人祭祖圣地　1986年伏羲庙迎来第十次大规模修建，至2005年伏羲庙占地面积扩大到45.1亩，使伏羲庙恢复昔日风貌，尤其是新建的伏羲祭祀广场气势恢宏开阔，成为举办文化活动和市民休闲娱乐的重要场所。至此伏羲庙整体建筑群东起羲邻巷，西至忠义（祠）巷，南端自伏羲广场起由低到高逐院递升。沿南北中轴线至天靖山寂庆寺依次有伏羲广场、牌坊、宫门、仪门、先天大殿、太极殿、泮池、见易亭，直通寂庆寺山门、楼台、殿阁，最后穿寂庆寺直抵演法寺，一气贯通，错落有致。庙北还有何家庵、万寿庵，转东到玉泉观，形成一大片古建筑群。

随着伏羲庙的逐步修复，伏羲文化活动同步开展，影响日益扩大，成为秦州区乃至天水市对外开展经贸文化活动的重要平台，伏羲庙真正成为国内外中华儿女寻根祭祖的圣地。特别是港澳台同胞积极参与伏羲文化活动，增强了中华民族的凝聚力和向心力，维护了民族团结和国家和平统一。1988年时值龙年，天水市人民政府在农历五月十三日（传为龙的生日）恢复举办公祭伏羲典礼，市党政军领导和海内外各界代表参祭。1989年将农历五月十三的公祭伏羲大典活动定为伏羲文化旅游节，举行各类文化、经贸活动，此后祭祀活动和文化经贸活动如期同步举行，规模和影响逐年扩大。到2002年公祭大典活动逐渐规范化，规格提高、规模壮大，有国家领导人参祭，包括港澳台同胞、海内外华人逾万人参加活动。2005年公祭伏羲大典升格为甘肃省祭祀，公祭伏羲礼仪采用古代九鼎八簋、太牢之礼祭祀，乐器使用曾侯乙编钟和石编磬。甘肃省政府于7月3日在伏羲祭祀广场隆重举行公祭大典，中央省市领导和海内外华人代表3000多人参加公祭伏羲大典活动，节会期间如期举办各种文化、经贸活动，实现经贸、文化活动良性互动、相互促进繁荣。活动期间人民日报、新华社和新浪、搜狐、网易等主流新闻媒体对祭祀活动展开集中报道宣传。中国天水伏羲文化旅游节被国际节庆协会评为中国最具发展潜力的十大节庆活动之一，天水市荣膺2005年度中国十大节庆城市称号。2007年甘肃省人民政府确定夏至日6月22日为伏羲公祭日，祭祀仪式在上午9∶50时举行。祭祀前夕在国务院新闻办公厅为公祭伏羲大典活动举行专题新闻发布会，为国务院新闻办公厅首次为全国祭祖活动举办新闻发布会。祭祀当日中央省市领导和港澳台同胞、海外华人及全国56个民族代表在内的各界人士1万余人参加公祭大典。

1988年随着公祭活动的恢复，民间祭祀伏羲活动也随之恢复，分为春祭和殁祭。民间祭祀群众参与度高、时间长，祭祀活动成为普通群众接受中华传统文化教育的重要平台。农历七月十九日是伏羲仙逝的日子，上元会组织群众祭祀，邀请秦腔爱好者或戏班唱挂衣戏三天，祭祀程序简单。春祭在正月十五前后举行，时值春节热闹非凡，城乡群众到伏羲庙祭拜伏羲祈福。2003年春祭恢复三牲太牢祭祀等传统礼制和灯谜会，邀请秦腔剧团在伏羲广场公演五天五夜戏剧，在伏羲庙举办灯展、社火表演、大型礼花会等活动,庙会自正月十三日开始至十七日结束。

伏羲文化交流活动与祭祀活动交相辉映。1987年7月民盟天水市委员会发起成立天水市周易学会,开展八卦周易研究。1992年天水伏羲文化研究会成立,专门从事伏羲文化研究。1994年日本高岛易断总本部代表团来伏羲庙拜谒伏羲,此后每年日本高岛易断总本部组织朝觐团祭拜伏羲开展文化交流等活动。2002年中华伏羲文化研究会成立,促使一大批伏羲文化研究成果问世。2005年由日本高岛易断总本部、大韩民国国际风水地理鉴定士联盟共25人组成的参拜团前来伏羲庙参拜人文始祖伏羲,与伏羲文化研究学者在伏羲庙讨论伏羲文化的缘起等学术问题。2006年10月第四届海峡两岸中华传统文化与现代化研讨会在秦州召开,参会的大陆和台湾、香港的专家学者300多人到伏羲庙祭拜伏羲、追根溯源。2007年台湾大学生夏令营甘肃分营、台湾青年县市议员代表团等台湾社会团体来伏羲庙祭拜伏羲,开展各种交流活动。此外台湾民间各种伏羲文化组织多次组团前来伏羲庙祭拜,开展各种交流活动。

人民生活条件逐步改善,生活水平日益提高　1985年据不完全统计全区农村人均纯收入236元,城镇人均年工资959元,城镇居民生活费收入575元。城乡生活条件普遍困难,生活物资依赖国家供应,粮、棉、布、化肥等物资均限量供应,农村部分地方粮食产量低造成群众吃饭困难;住房以土木结构房屋为主,城市居民住房条件较差,好几户人拥挤在一个大杂院,房屋年久破败;交通条件城市较好,许多家庭拥有自行车,农村一个村仅有几辆自行车,平时走远路年轻人借自行车、中老年步行。根据60户农民家庭调查,每户年支出2034元,60户总计年购买自行车2辆、收音机1台、录音机2台、皮鞋10双。1986年全区零售自行车5715辆,电冰箱228台,电视机3062台,洗衣机2187台,其中彩电1121台;农村平均一个村就一两台黑白电视,全村人拥挤在一家看电视。1989年调查显示,城镇居民生活费收入越过千元大关达到1156元,仅有13%的家庭有照相机,16%的家庭有电冰箱。1990年农村人均纯收入403元,比1985年增长71%,城镇职工平均工资1466元,比1985年增长53%,城市居民生活费收入1149元。实际生活好于统计数据,收音机、自行车进入农村普通家庭,电视机一个村就有十几台;农村住房条件大幅改善,砖木结构房屋从个别包工头家庭向普通家庭普及；农村建筑队农民工个人收入较为可观，是郊区乡镇企业从业人员收入的七八倍，是普通教师工资的两三倍，而包工头收入与普通民工收入差距更大。而后南部齐寿、平南等乡在建筑业的带动下群众生活、居住等条件大幅改善，生活水平快速提高。城镇居民生活水平稳步增长，居住条件自1995年随着旧城改造的实施而逐步改善。

2000年统计显示农村人均纯收入1320元，比1985年增长460%；城镇人均纯收入4538元，比1985年增长690%。全区居民生活消费支出总额为12.7亿元，其中食品消费6.35亿元占49.9%，衣着消费1.45亿元占11.4%，居住消费1.456亿元占11.4%，交通通信消费0.4484亿元占3.5%。电视机在农村最受群众欢迎，交通工具摩托车因村而异，有的村庄偏爱摩托车，户均达到一辆。统计显示农村60户家庭拥有洗衣机10台，电视机61台（彩电29台），电话机5部。2007年全区统计口径内人均年工资15582元，城镇居民可支配性收入8372元，比1985年增长1360%，农民人均纯收入突破2000元大关达到2008元，比1985年增长750%。全区居民消费支出31.2亿元（含生活消费），其中居住类支出2.7亿元，交通通信类支出3.37亿元。农村60户家庭拥有洗衣机9台，电冰箱2台，摩托车19辆，固定电话35部，移动电话21部，彩电58台。

秦州区志

QIN ZHOU QU ZHI

大事记

DaShiJi

大事记

1985年

7月 撤销天水地区,成立天水市地级市。撤销天水县,将天水县西南17个乡划入秦城区,秦城区辖7个街道、22个乡,有行政村578个、自然村1116个、居民委员会102个;撤销秦城区公署,在副地级天水市人民政府的基础上成立天水市秦城区人民政府。

同月 秦城区人民政府确定"城乡并举、工农一体、互相促进、共同繁荣"发展的经济工作指导思想。实行简政放权,政企分开。

9月2日 中共秦城区委研究决定成立天水市秦城区选举委员会,丁长胜为主任。

11月25日至30日 政协天水市秦城区第一届委员会第一次会议召开,听取和审议常务委员会关于今后工作任务的报告及本次会议提案审查情况的报告,选举安振泰为第一届委员主席。

11月26日至30日 天水市秦城区第一届人民代表大会第一次会议在市政府礼堂召开,谢寿璜作区政府工作报告,选举王应志为区人大常委会主任,选举谢寿璜为区政府区长。

同年 秦城区实现生产总值3.63亿元,人口489506人,人均生产总值为727元。农村人均年纯收入236元,城镇职工人均年工资959.4元,城镇居民年生活费收入574.6元。

1986年

5月5日 天水市第一人民医院成功为一患者摘除颅内巨大胆脂瘤。

6月 秦城区人民路等小学被列为甘肃省实施亚太地区"提高小学教

育质量联合革新计划（JIP）"的实验学校，开始办学前班。

8月 天水市地膜玉米种植现场会在秦城区平南乡召开。

9月15日 秦城区举行中国工农红军第6军16师师长张辉烈士骨灰安葬仪式。

10月4日至7日 天水市第一届残疾人运动会在南山田径场举行，101名运动员参赛。

10月10日 天水市首家农民投资经营的藉滨饭店开业。

10月27日至28日 中共甘肃省委、省人民政府在秦城区召开天水市机构改革座谈会。

11月30日 秦城区岷山路拓宽工程竣工。

12月11日 甘肃省人民政府在天水秦城区召开全省职业技术教育东片（陇南、平凉、庆阳）会议。

同年 天水军分区直属实体长城饭店开业，餐厅面积880平方米，可容200人同时就餐，成为秦城区就餐环境、设施条件最好的餐饮场所。

同年 秦城区清理整顿农村集体资产、财务，清理资金3496万元，查出问题资金214万元，受贿资金34.5万元。

同年 秦城区生产总值同比增长14.4%达到4.15亿元，其中城镇职工年工资总额为2150.6万元，人均年工资突破1000元大关达到1114元。

1987年

3月17日至20日 中共天水市秦城区第一次代表大会召开，221名代表参加会议，丁长胜作工作报告，选举产生中共天水市秦城区第一届委员会委员29人。

3月20日 中共天水市秦城区委一届一次全委会议召开，选举丁长胜为区委书记。

7月3日 省委、省政府在天水市秦城区召开全省乡镇企业工作会议。会议总结全省乡镇企业发展经验，研究进一步发展的措施。

8月 天水宾馆开业，成为秦城区规模最大、档次最高的涉外二星级宾馆,占地 54 亩,主体大楼 14 层,床位 500 张,餐厅可容 350 人同时就餐。

10月27日 天水长途汽车新站建成运营,使用面积5700平方米,总投资180万元。

同年 秦城区租赁经营承包扩大到商业系统各个行业,年底 38 个门店实行租赁经营,占总数的 57%。

同年 秦城区被确立为全国改灶节煤试点县(区),在苏成、华岐乡建 2 个节燃炕示范村,改炕216户。

同年 天水市投资 600 多万元,引进日本NTT万门纵横式交换机和200线长途自动交换机,采用300路微波设备,实现秦城区市话直拨和长途电话纳入全国自动网络。

同年 秦城区生产总值同比增长 13.7%达到 4.72 亿元,人口超过 50 万达到 505286 人。城乡居民存款净增 3367 万元,超过亿元大关达到 12788 万元,而后数年居民存款保持高增长态势。

1988年

5月13日 太京乡葛家新庄出土新石器时代早期文物100多件,考古界命名为"西山坪遗址"。

6月9日 天水市第一人民医院成功为一患者施行断离左前臂再植手术。

6月25日 天水市邮电局结合龙年羲皇故里祭典活动,举办邮展并制作发行首日封两枚。

6月26日 天水市人民政府在伏羲庙恢复举办公祭伏羲典礼。

8月 调查土地资源,秦城区有 35636333 亩土地,其中国有土地 752489 亩,占 21.1%,集体所有土地 2811144 亩,占 78.9%。

9月 秦城区节柴改灶工作通过农业部的检查验收,平均热效率达到 3.1%,节柴达1/2 ~ 1/3,被确定为全国改灶节柴试点合格县。

10月10日 天水市第一人民医院首次为一名 13 岁患者做肺包虫和肝包虫摘除手术。

同年 秦城区生产总值同比增长 12%达到 5.29 亿元,其中社会商品零售总额同比大增 26% 达到 18546 万元。物价快速上涨，居民消费物价指数为 117.7%，出现物价上涨高于经济增长。

1989年

2月23日　天水市人民代表大会常务委员会第十九次会议审定国槐为市树，月季为市花。

3月28日至4月2日　天水市秦城区第二届人民代表大会第一次会议在市政府礼堂召开，选举丁长胜为区人大常委会主任，选举谢寿璜为区人民政府区长。区人大常委会主任丁长胜作区人大常委会工作报告，区长谢寿璜作区政府工作报告。

6月19日　市第一人民医院成功实施天水市首例体外循环直视心脏手术。

8月20日至24日　首届"中国西部商品交易会暨天水市民间艺术节"在天水市秦城区举行。全国34个地州市和10个地级以上企业、企业集团参加，客商过万人，总成交额6.3亿元。

同月　农业部全国北方秋季农业会议在天水市召开。与会北方十六省（区）直辖市代表参观秦城区齐寿、平南乡地膜覆盖玉米技术。

10月22日　秦城区实现城乡电话网络自动化。

同年　秦城区生产总值同比增长 11% 达到 5.897 亿元，其中个体私营商业销售额剧增 75% 达到 9628 万元，首次超过国有商业销售额成为市场主体，带动全区社会商品零售总额增长 32.4% 达到 24562 万元。物价飞涨，居民消费物价指数飙升至 122.4%，出现严重的通货膨胀。价格补贴支出达到 689 万元的历史高点，占财政总支出的 15.7%。城镇居民生活费收入越过千元大关达到 1156 元。

1990年

4月14日　天水长城电工仪器厂研制成的WCX—11（单座标）和

WCX—12（双座标）微机磁栅数显表通过省级鉴定，并获得省质量管理局颁发的"计量器具生产许可证"，填补了甘肃省微机数显仪表生产的一项空白。

4月 天水华圆制药设备科技有限责任公司在长仪路成立，注册资金500万元。

5月8日至11日 中共天水市秦城区第二次代表大会召开，235名代表参加会议，区委书记乔正风作工作报告，选举产生中共天水市秦城区第二届委员会委员31人。

5月11日 召开区委二届一次全委会议，选举乔正风为区委书记。

6月21日 秦城区、北道区电话联网工程通过省级验收，进入全国自动网络。

8月2日 居住在市区中心、比四周低4.7米、每逢汛期便遭水灾的低洼潮湿地带猪羊市的101户居民喜迁新居。

8月11日 市区普降大暴雨，降雨量99毫米，致使北山泰山庙、水眼寨、椒树湾一带发生大面积弧形地裂下陷，山体大面积滑坡，市、区政府成立秦城北山滑坡防治领导小组，组织落实防治、搬迁措施。

9月3日 第十一届亚运会"亚运之光"火炬在秦城传递。

9月23日 五里铺藉河新公路大桥建成通车。

10月16日 天水红山试验机厂研制生产的红山牌GCU—100型动态电子轨道衡获1990年国家优质产品奖。

10月25日 天水雕漆工艺厂"飞天牌"金漆镶嵌产品获"中国工艺美术品百花奖"金杯奖。

11月 执行全省农民负担审核项目，继续执行的有32项，停止执行的有21项，待审定的有55项。农民负担控制在上年农民人均收入的5%以内。

12月7日 秦城区北山椒树湾滑坡加固应急工程竣工。

同月 全区商业系统完成第二轮承包6家，全部由主管公司放开经营。

同年 天光集成电路厂从秦安县迁至秦城区，从事集成电路、半导体元器件生产经营。

同年　城区绿地 203 万平方米,人均公共绿地 1.9 平方米,绿化覆盖率 20%。

同年　监测结果显示,藉河综合污染指数下降到 2.314,首次从严重污染降到中度污染,之后由于降雨减少等原因又导致藉河污染严重。

同年　秦城区生产总值同比增长 10.6%达到 6.5 亿元,其中区属国有企业由于生产技术落后等问题导致首次亏损 83.8 万元。区属企业实现工业总产值 17925 万元,产品出现严重滞销。之后数年区属企业发展停滞不前,陷于半停产状态。居民消费物价指数跌落至 102.6%,物价上涨得到控制。

1991年

2月　天水红山试验机厂"红山牌"CCW—100 型动态电子轨道衡获全国轻工博览会金牌奖。

6月21日　城区及 15 乡于晚 9 时遭特大暴雨,城区 6 巷道 79 户 55 间房屋及 7 个单位进水,五里铺大桥工地冲垮,落水 5 人,死亡 2 人。西路 8 乡遭冰雹袭击,平均厚度达 2 厘米,11 村 1.5 万亩农田受灾。

8月8日至14日　甘肃省第八届体育运动会在秦城区举行。44 个代表团的 2985 名运动员参赛,31 人 38 次破 21 项省成人和青少年纪录。

9月16日至19日　西北五省区环保协作会议在天水举行,研讨黄河上游水污染综合治理问题。

9月25日至27日　甘肃省改善农村小学教育研讨会在秦城区召开,日本、泰国教育专家应邀参加。

同月　全区社会主义教育活动开始。

同年　秦城区列入长江中上游防护林体系建设周边县,对长江流域内 19 条大小流域、10 座荒山、8 条公路等进行治理、绿化。

同年　监测结果显示,空气中二氧化硫含量从 1990 年的 0.77 毫克/立方米急剧下降到 0.015 毫克/立方米,仅为国家标准的四分之一。空气中二氧化氮含量从 1990 年的 0.37 毫克/立方米急剧下降到 0.017 毫克/立方米,远低于国家标准 0.04 毫克/立方米。至此秦城区空气污染得到控制。

同年 秦城区生产总值同比增长 11% 达到 7.2 亿元。

1992年

1月1日 中国第一条自主开发的板材柔性制造系统在天水长城开关厂建成试产,并通过部级鉴定。

1月20日 天光集成电路厂在北京正负电子对撞机研制中做出贡献,荣获李鹏总理签发的荣誉证书。

4月5日至7日 全省科技工作会议在天水召开。参会代表观摩秦城区太京科技示范乡和科技先导型企业天水丝毯厂。

5月 位于中心广场南侧的天水商业大厦开业,占地面积 2753 平方米,建筑面积 10477 平方米,营业面积 5600 平方米,是天水市最大的商业建筑。经营商品 20 余个大类, 1 万余个品种。

6月13日 秦城区伏羲庙举行中国天水"伏羲文化节"开幕仪式。国内外近百名嘉宾和 1500 多名群众参加。

8月30日 首座多功能大型商场华西大厦开业。

9月28日 天水市获"全省精神文明建设先进城市"称号。

10月10日 首届伏羲历史文化研讨会在秦城区召开。

12月3日 秦城区开通移动电话。

同月 秦城区开通有线电视。

同月 秦城区首次被省委、省政府、省军区命名为"全省双拥模范区",之后连续获"全省双拥模范区"称号。

同年 天水市中心广场建成,后改名为龙城广场,占地面积 17000 平方米。

同年 秦城区土地调查共有耕地 143 万亩,人均耕地 4.2 亩。

同年 秦城区生产总值同比增长 14% 达到 8.28 亿元。各商业银行存款余额 9.154 亿元,贷款余额突破 10 亿元达到 10.82 亿元。农村人均纯收入达到 524 元。

1993年

2月4日至6日 中共天水市秦城区第三次代表大会召开，243 名代表参加会议，区委书记乔正风作工作报告，选举产生中共天水市秦城区第三届委员会委员 29 人。

2月6日 召开区委三届一次全委会议，选举乔正风为区委书记。

2月9日 秦运公司一客车在齐寿乡稍子坡失控翻入山沟，造成10人死亡、50多人受伤。

3月1日至5日 召开政协天水市秦城区第三届一次会议，听取审议区政协第二届委员会工作报告和提案办理情况报告，选举贾效谊为第三届委员会主席。

3月2日至6日 召开天水市秦城区第三届人民代表大会第一次会议，会议听取和审议区长谢寿璜作的区政府工作报告和区人大常委会主任魏致中作的区人大常委会工作报告，选举魏致中为区人大常委会主任，选举谢寿璜为区政府区长。

3月10日至14日 全省乡镇卫生院建设现场会暨中医工作会在天水召开，与会代表参观了秦城区吕二乡卫生院建设。

7月15日 区政府举行新闻发布会，宣告天水市针织一厂因长期亏损、严重资不抵债、不能清偿到期债务而破产。这是天水市第一家破产企业。

12月 太京、藉口、铁炉、秦岭等10个乡45个村1524匹马类家畜发生马流感。

同年 天水永红器材厂迁入双桥路，职工 1576 人，固定资产 4600 万元。

同年 秦城区生产总值突破 10 亿元大关，同比大增 40%达到 11.6亿元，物价出现快速上涨，居民消费物价指数升至 113%。

1994年

1月4日　天水市被国务院列为"国家历史文化名城"。

4月17日　市区万门程控电话开通。

4月27日　天水市佛教协会重建南郭寺卧佛殿时，发掘清理出隋代舍利塔塔基。

5月3日　邓小平题名的"邓宝珊将军纪念亭"在南郭寺森林公园奠基。

5月18日　天水市首家股份有限公司天水天华股份有限公司在天水水泥厂宣告成立。

6月18日　天水雕漆工艺厂获得第四届中国艺术节漆艺奖牌和标牌独家制作权。

6月30日　甘肃省首条高速公路天北高速公路竣工，全长13.15公里，西起秦城区五里铺桥头，东至北道区渭河人行桥。

8月4日　日本高岛易断总部伏羲文化友好访问团一行22人参谒天水伏羲庙，为伏羲庙修缮捐资1万美元。

8月28日　天水商业大厦股份有限公司发行首批股份，为天水市首家实行定向募集的股份制有限公司。

同月　由香港邵逸夫捐资80万元、市政府投资420万元筹建的天水市逸夫实验中学建成。

9月8日至10日　第六届中国西部商品交易会在天水市秦城区举行。

10月13日　由霍想有主编的《伏羲文化》首发仪式在天水市举行。

同年　秦城区生产总值同比大增29.9%达到15.1亿元，其中社会商品零售总额大增23.6%达到44292万元。物价飞涨，居民消费物价指数飙升至127.2%，为历年最高值。各商业银行存款余额突破10亿元达到11.67亿元，贷款余额15.24亿元。

1995年

5月　邓宝珊将军纪念亭被中共甘肃省委命名为甘肃省爱国主义教

育基地。

6月14日　天水籍台胞毛君强、邓淑珍夫妇捐款20万元筹建秦城区解一小学图书馆。

7月8日　天水市各界群众3万多人在市中心广场集会，庆祝天水市实行市领导县体制暨秦城区建区10周年。

9月15日至18日　甘肃省第四届残疾人运动会在天水市秦城区南山体育场举行。14个代表团的182名选手参赛。

10月7日至10日　天水伏羲文化研究会成立大会暨第二届伏羲历史文化研讨会在天水宾馆举行。

10月10日　天水市工业学校并入天水师范高等专科学校。

10月18日　秦城区实现电话交换程控化。

同月　国营庆华仪器厂从秦安县迁到秦城区，职工1807人，占地面积17万平方米。

同年　秦城区生产总值同比增长23%达到18.65亿元，八五期间平均每年增长23.5%，成为秦城区经济发展最快的五年。农村居民纯收入突破千元大关达到1006元（按可比价格）。

1996年

2月1日　天水市开播加密电视。秦城区居民可以收到中央电视台5套、6套、7套和8套节目。

3月22日　天水市获得"甘肃省卫生城市"称号。

7月2日　太京、中梁、店镇、牡丹、华岐等6乡53村遭遇罕见特大冰雹袭击，个别村冰雹大如鸡蛋，平均厚度达2.5厘米。

9月9日至13日　中国杜甫研究会第二次学术研讨会——杜甫陇右诗研讨会在天水宾馆举行，全国各地和港澳台的150多名专家、学者参加研讨会。

9月25日　秦城区东十里铺千吨级现代化气调冷藏保鲜果库建成。库体建筑面积1600平方米，总投资580万元。

9月28日 东团庄藉河大桥建成通车。

11月18日 市委、市政府下发《关于深化国有企业改革的若干意见》，选择27户重点骨干企业进行"扶优"试点，确定秦城、北道、秦安"两区一县"开展"放小"试点。

同年 秦城区生产总值同比增长15.2%，越过20亿元达到21.49亿元，实现三年生产总值翻一番。其中乡镇企业达到7714家，从业78218人，产值16.8亿元。各商业银行存款余额22.74亿元，贷款余额22.68亿元，存款余额首次超过贷款余额，而后存款余额加快增长，贷款余额增速放缓，差距持续扩大。

1997年

1月3日 天水市被国务院列为全国111个企业"优化资本结构"试点城市之一。全市启动企业"优化资本结构"试点工作。

3月10日 齐寿乡彭家村一村民驾驶一辆报废面包车途经平南乡张家窑村时坠崖，造成数十人死亡。

3月24日 暖和湾村被中宣部确定为全国200个创建文明村镇活动示范点之一。

5月1日 "121"天气预报自动答询电话开通。

5月14日至18日 全国长江流域水土保持重点防治工程第九次会议在天水市召开，主会场设在秦城区。

6月11日至12日 中共中央政治局委员、国务院副总理邹家华一行视察天水长城开关厂、天水锻压机床厂。

6月30日 投资1.34亿元的供水工程开通试运营，日供水2万吨。

同月 第一台国产化交流接触器（LC 1-D 09）在天水二一三机床电器厂问世。

7月21日 秦城区气温达到38.2℃，成为有气象记录以来最高温度。

8月8日至14日 天水市第一届运动会在南山体育场举行。全市五县两区、市直机关单位等44个代表团的2500余名运动员参加比赛。

9月14日至16日　西北五省区第八次信访工作联席会议在天水市召开。

同月　省、市两级有关专家组成的联合验收组对秦城区基本普及义务教育和基本扫除青壮年文盲工作通过评估验收。

同年　秦城区出现有气象记录以来最严重的干旱，4月至6月平均降水仅20多毫米，致使25.15万亩夏粮和31.5万亩秋粮受灾，河流普遍断流、山沟小溪干枯，农村出现人畜饮水困难。

同年　为支持316、310国道等工程项目建设，秦城区征地2200多亩，征地面积为历年之最。

同年　天水市被列为国家"老工业基地改造"试点城市。

同年　由于特大干旱和工业经济发展停滞不前，秦城区经济出现首次下滑，生产总值同比下降3.82%，减少至20.666亿元，第一产业大幅下降42%，二、三产业基本持平。其中：区属企业产值同比大增25.88%达到81808万元，但产品严重滞销，利润同比下降45.7%减少到2183万元；社会商品零售总额首次同比下降6.4%减少至68966万元；农民人均纯收入首次出现下降，同比大幅下降28.3%减少至810元；居民消费物价指数回落，仅为101.7%。人口超过60万达到605312人。

1998年

1月6日　由兰州电机集团、天水长城电器集团和213机床电器厂联合组建的甘肃省机械行业最大的企业集团甘肃长城电工集团在秦城区成立。

1月18日　天水塑料厂改制为天水塑料有限责任公司，是市直5户股份制改制企业中率先改制的一家。

2月15日至17日　中共天水市秦城区第四次代表大会召开，242名代表参加会议，区委书记刘宝珍作工作报告，选举产生中共天水市秦城区第四届委员会委员29人。

2月17日　召开区委四届一次全委会议，选举刘宝珍为区委书记。

2月24日至28日　召开政协天水市秦城区第四届一次会议，113名委员出席会议，听取三届委员会工作报告和提案办理情况的报告，选举王惠麟为第四届委员会主席。

2月25日至29日 在区委礼堂召开秦城区第四届人民代表大会第一次会议,听取和审查区长柴金祥代表区人民政府所作的工作报告和人大常委会主任魏致中所作的人大常委会工作报告。会议选举马佩授为区人大常委会主任,选举柴金祥为区政府区长。

8月 天水市被科技部列为全国"技术创新区域"试点城市。

9月 天水市被评为全国"科教兴市"先进城市,秦城区被评选为全国"科教兴市"先进县区。

同年 秦城区被国家教育部评为"基本普及初等教育先进县（区）",受到国家教育部表彰。

同年 秦城区完成22个乡第二轮土地延包工作,小调整土地415个行政村、803个村民小组、60590户、289889人,小调整抽地64484亩,补地62832亩,续签合同144村、24149户、115117人。

同年 秦城区经济企稳,生产总值同比增长8%达到22.33亿元。其中:区属国有企业产值仅为866万元;社会商品零售总额减少至65611万元;农村人均纯收入越过千元大关达到1196元;居民消费物价指数首次低于1,降到97.2%,出现通货紧缩。财政收入1.77亿元,财政支出突破亿元大关达到1.1亿元,财政结余达到历史高点6679万元。据不完全统计,城乡居民存款越过10亿元大关达到106605万元。

1999年

1月19日 天水市被甘肃省爱国卫生运动委员会命名为"省级卫生城市"。

同月 国家计划委员会将天水市列入全国第三批城市电网改造57个重点城市之一。

2月 天水火柴厂生产的"飞天牌"火柴被中国日用化工协会评为"中国1998年度火柴优质产品"。

3月18日 北关煤场防空洞误入3名小学生,秦城公安分局民警何方志、王和平、郑银军迅速赶赴现场救援。何方志以身殉职，时年25岁。后被公安部追授为"全国公安系统二级英雄模范"，省政府批准为革命烈士。

6月1日 藉河示范区建设项目开始启动实施。藉河示范区是国家黄河水利委员会在黄河流域立项建设的3个示范区中最大的一个，涉及秦城、北道、甘谷两区一县的25个乡镇63.25万人。

8月28日 全国政协副主席杨汝岱到秦城区视察。

9月 秦城区"村村通"广播电视建设工程启动，年底完成87个村的任务。

11月24日至25日 陕甘2省4地（市）14县（区）护林联防委员会第三十二届（扩大）会议在秦城区召开。

12月17日 天水市"120"急救中心开通运行。

同年 秦城、北道两区供水网络联网工程竣工，秦城区城区供水能力达到11.7万吨/日。

同年 秦城区被列为首批退耕还林工程试点县区，启动实施退耕还林工程。

同年 藉河综合污染指数下降到2.248，再次从严重污染降到中度污染，之后再未出现严重污染。

同年 秦城区39家集贸市场年成交额达到10.1亿元，之后由于超市逐年在城乡普及，集贸市场逐年萎缩。

同年 秦城区生产总值同比增长4.66%达到23.37亿元，一、二产业总量较上年持平，第三产业同比增长14.3%达到9.1亿元，而后第三产业增长高于一、二产业。

2000年

1月12日 天水市被民政部、中国人民解放军总政治部命名为"全国双拥模范城"。

4月2日 国家林业局、中国经济林协会授予秦城区中国名特优经济林"苹果之乡"荣誉称号。

6月2日　秦城公安分局巡警大队被共青团中央、公安部授予1999年度全国"青年文明号"。

6月10日　天水师范学院正式成立。这是天水市历史上第一所本科院校。

7月　成纪大道建成投入使用，东起罗峪河北桥南端，西至天水郡藉河大桥，为316国道过境段，长3722米，路幅宽42米。

8月1日　城区外环路拓建工程一期工程竣工通车，包括南山路、人民路、迎宾藉河大桥，投资2亿元。

同月　由莲亭路、南郭路、长开路贯通一体拓宽改造而成的羲皇大道投入使用，为310国道过境段，双向四车道，长7284米，路幅宽40米。

9月2日　第十二届中国西部商品交易会暨第十三届伏羲文化旅游节在秦城区举办，首次将商品交易活动与文化旅游活动结合举办，全国政协副主席任建新等人出席活动。商品成交总额61.52亿元，总投资32.35亿元。

同月　天水市被全国爱国卫生运动委员会命名为"全国城市卫生检查评比先进城市"。

10月　秦城区土地调查有耕地1371318亩，占土地总面积的37.4%。

同月　天水娃哈哈食品有限公司成立，有职工180人。

12月　人民银行天水市支行大厦竣工，位于建设路，占地总面积6349平方米，建筑面积10363平方米，框架22层。

同年　天水市职业中专通过评估验收，成为国家级重点中等职业学校和首批国家级职业学校。

同年　秦城区通过股份制、股份合作制、兼并、破产等多种形式使商业系统企业改制面达91%，商业流通市场化体制初步建立。

同年　秦城区生产总值同比增长5.6%达到24.72亿元。

2001年

1月　天水市新天坛医院在西关成立，病床30张，医护人员25名，成为天水市第一家民营非营利性综合医院。

5月 天水市秦城区地方志编纂委员会编纂的《秦城区志》由甘肃文化出版社出版发行。

同月 华龙证券有限责任公司天水广场证券营业部成立，主要从事居民委托证券投资业务。

6月15日 罗峪河流域突降暴雨，最大洪峰流量583立方米/秒，为百年一遇洪水。洪水冲毁房屋19间、河堤180米，冲断罗峪桥下水管道及通讯光缆，直接经济损失1120万元。

6月25日 伏羲庙、胡氏民居古建筑被国务院公布为第五批全国重点文物保护单位。

7月6日 天水市第一人民医院妇产科采用剖腹手术，成功接生天水市首例试管婴儿。

7月10日 第十三届伏羲文化旅游节暨羲皇故里经贸洽谈会在秦城区举办，展销企业销售商品5.4亿元，签约招商引资项目35个，总投资6.74亿元。

8月 秦城区将7个街道的115个居委会调整为40个社区。

9月5日至6日 国家林业局局长周生贤检查天水市退耕还林、天然林保护工程。

10月20日至22日 全国天然林保护现场会在天水市召开。

12月1日 国家"九五"计划重点建设项目天（水）巉（口）公路建成通车。全长193.14公里，道路全宽12米，东起天水市秦城区七里墩，西至定西市安定区十八里铺。

12月24日 天水市第一建筑工程公司东升花园建筑工地吊塔倒塌在建设路第三小学南教学楼上，造成5人死亡、91人受伤。

同年 秦城区生产总值同比增长8.5%达到26.8亿元，财政收入同比增长3.8%越过2亿元达到2.0254亿元。

2002年

1月9日至12日 中央"学教"检查组组长仲建安一行到秦城区玉泉

乡闫河村、太京乡窝驼村调研"学教"活动开展情况和群众生产生活情况。

同月 卫生部将天水列为"全国卫生综合改革试点城市"。

4月 位于中华西路步行街的天水首家四星级涉外饭店天水阳光饭店开业,建筑面积 7260 平方米。

5月13日至14日 国家林业局在天水召开全国退耕还林保护现场会,全国23个省、市林业部门负责人出席会议。

7月28日 全国乡镇企业东西合作贸易洽谈会暨第十五届伏羲文化旅游节在秦城区举行,签约招商引资项目 181 个,投资总额 21 亿元。商品交易 2.3 亿元。

同月 天水新华大厦竣工,框架 16 层,占地总面积 592 平方米,建筑面积 9821 平方米,1 至 3 层为书店。

8月8日至12日 天水市第二届运动会在天水市体育中心举行。

10月25日 秦城区获"全国经济林建设先进县"称号。

12 月 10 日至 11 日 中共天水市秦城区第五次代表大会召开,261 名代表参加会议,区委书记柴金祥作工作报告,选举产生中共天水市秦城区第五届委员会委员 25 人。

12 月 12 日 召开区委五届一次全委会议,选举柴金祥为区委书记。

12 月 18 日至 22 日 召开政协天水市秦城区第五届一次会议,130 名委员出席会议,听取审议四届常务委员会工作报告,选举王惠麟为第五届委员会主席。

12 月 19 日至 22 日 召开秦城区第五届人民代表大会第一次会议,会议听取和审议区长安永作的区政府工作报告和区人大常委会主任马佩授作的区人大常委会工作报告,会议选举马佩授为区人大常委会主任,选举安永为区政府区长。

同年 天水市首家生猪定点屠宰厂秦州区益康生猪定点屠宰场在吕二沟建成,占地 6667 平方米。

同年 秦城区探明有铁、铜、铅等 13 个矿种,矿床、矿(化)点 57 处。

同年 秦城区生产总值同比增长 10.1% 达到 29.53 亿元,全区经济又步入快速发展轨道,但居民消费物价指数仅为 99.8%,持续通货紧缩。

财政支出同比增长 26.5%，越过 2 亿元达到 2.3 亿元，首次超过财政收入465 万元。城镇居民年人均可支配性收入达到 5427 元。

2003年

3月6日 秦城区被确定为全国农村"保持共产党员先进性教育活动"试点县区。

4月 秦城区成立"非典"防治指挥部协调指挥"非典"防治工作，处置发热病人 2674 人次，隔离留验 32 人，处置可疑病人 37 例。

7月20日 秦城区被国家林业局授予"天然林保护工程建设先进县区"。

8月20日至23日 甘肃省第四届农民运动会在天水市举行。农运会设篮球、武术、田径等 7 个大项，57 个小项。全省 14 个市州和甘肃农垦共15 个代表团参加比赛。

8月21日至24日 第十五届伏羲文化旅游节暨经贸洽谈产品展示展销会在秦城区举办，现货成交 1.2 亿元，合同期货成交 2 亿元。

12月10日 天水市被国家旅游局命名为"中国优秀旅游城市"。

同年 天水华硕精细化工有限公司在暖和湾工业园成立，固定资产3000 万元，从事光固化引发剂等系列产品研发生产。

同年 秦城区年降水量达到 809.6 毫米，成为秦州区有气象记录以来降水量最多的一年。

同年 秦城区完成农村税改，农民负担总额 1409 万元，减负 577 万元，人均减负 13.7 元，亩均减负 6.53 元，减负率 29%。

同年 秦城区生产总值同比增长 11.2% 达到 35.32 亿元，第二产业比重首次降到 50% 之下。其中：社会消费品零售总额突破 10 亿元大关达到 10.61 亿元，个体私营零售额大增 25.5% 达到 9.85 亿元，占零售总额的 93%；居民消费物价指数回升至 102.8%，达到通货膨胀的合理水平。

2004年

1月18日 秦城区获"全国科技进步先进县区"称号。

同月 天水市被命名为"全国水土保持生态环境建设示范城市"。

2月 中央电视台西部名城评选活动中,天水市被评为2004CCTV"最具西北风情的西部名城"。

6月14日 全国农村中小学现代远程教育工程试点工作现场会在天水召开。天水市被确定为"全国农村中小学现代远程教育工程试点城市"。

7月23日至25日 全国政协副主席王文元在伏羲庙、南郭寺等地考察历史文化古迹保护和开发利用情况。

同月 天水市获"全国水土保持生态环境建设示范城市"称号。

8月21日 第十六届天水伏羲文化旅游节暨中国城市科学研究会中小城市第十五次年会在秦城区举办,现货成交1.45亿元,协议期货交易2.6亿元。

同月 秦城区启动中德合作天水生态造林项目,计划造林6.5万亩,封山育林3万亩。

9月30日 经国务院批准,民政部(民政函244号)批复同意天水市秦城区、北道区更名为"秦州区""麦积区"。

同月 甘肃省天水李子金矿有限公司完成重组,注册资本6808万,员工91人。

10月 天水国税大厦竣工,位于岷山路,建筑面积13620平方米,地面18层,高度88.95米。

12月 天水市获"甘肃园林城市"称号。

同年 秦城区首家农村水厂皂郊镇水厂建成,配有机井2眼,一级泵房2座、200立方米清水池1座,初期供水范围为皂郊村周围6村,而后扩大到全镇及平南镇北部村庄。

同年 秦城区继续实施农业税减免,农民负担总额降至1068万元。

同年 秦城区生产总值同比增长13.2%达到42.82亿元,财政支出同比增长18.6%越过3亿元达到3.4亿元。各商业银行存款余额64亿元，贷款余额 27.7 亿元，不到存款余额一半。据不完全统计，全年城乡居民存款达到 20 亿元。

2005年

1月1日　天水市秦城区更名为天水市秦州区，辖 16 乡镇、7 个街道、420 个行政村、1128 个自然村和 40 个社区。

7月2日　2005 年公祭中华人文始祖伏羲大典（升为省级公祭）暨第十七届伏羲文化旅游节在秦州区举办，商品现货成交 1 亿元。

9月5日至10日　全国坐式排球锦标赛在南山体育场举办。

同年　天水市第一人民医院综合住院楼竣工，框架 11 层，建筑面积 36818 平方米，设置中央空调、中心供氧、中心吸引、新风输送系统以及层流手术室等设施。

同年　天水安特软件有限公司创办秦州区首家网络订餐平台天水订餐网，拥有 200 多家加盟店。

同年　秦州区取消农业税，农民不再承担任何税收负担，对种粮农民发粮食直补资金 241 万元。

同年　秦州区生产总值同比增长 11.5% 达到 47.76 亿元。其中全区规模以上工业完成增加值 11.97 亿元，同比增长 22.6%。

2006年

4月　天河广场竣工，位于七里墩三角地，占地 2.6 万平方米。

5月　由天水华天微电子股份有限公司、华天科技（西安）有限公司 11 个企业组成天水华天电子集团。

6月8日　第十八届天水伏羲文化旅游节在秦州区举办，现货成交 5328 万元，合同成交 12335 万元。

7月2日至3日　全国人大常委会副委员长许嘉璐调研天水市农业科技、文化遗产保护等工作。

7月22日至23日 国家建设部部长汪光焘一行对天水城市建设、历史文化名城保护、村庄整治等工作进行调研。

10月6日至7日 第四届海峡两岸中华传统文化与现代研讨会在秦州区召开。

10月13日 中宣部、中央文明办、国家广电总局举办的纪念红军长征胜利70周年"电视进万家工程"天水赠送仪式在秦州区举行。

11月20日至22日 中共天水市秦州区第六次代表大会召开,300名代表参加会议,区委书记张健作工作报告,选举产生中共天水市秦州区第六届委员会委员41人。

11月22日 召开区委六届一次全委会议,选举张健为区委书记。

同年 工商银行天水分行大厦竣工,位于建设路,占地总面积1.5万平方米,建筑面积2.1万平方米,框架结构20层。

同年 秦州区对农村中小学生落实"两免一补"政策,全年补贴中小学生各类补助821万元。

同年 秦州区平均气温达到12.5℃,成为秦州区有现代气象记录以来的最高值。高温天气使秦州区出现春旱和严重的伏旱,农作物、经济果树受旱36万亩,成灾21.8万亩,直接经济损失11294万元。

同年 秦州区生产总值同比增长13.5%达到54.23亿元,财政收入同比增长21.5%越过3亿元达到3.54亿元,财政支出同比增长42.7%越过5亿元达到5.47亿元。

2007年

1月10日至14日 天水市秦州区第六届人民代表大会召开第一次会议,会议选举杨虎林为区人大常委会主任,选举周伟为区政府区长。

2月8日 全省社会主义新农村建设(东片)调研会在秦州区召开。

4月5日 全省振兴装备制造业工作会议在秦州区召开。

5月 天水市秦州区污水处理厂竣工运行,厂区占地7万平方米,日处理污水3.4万吨。

6 月 20 日 第十九届天水伏羲文化旅游节在永红大厦举办，商品现货成交 6648 万元，合同成交 1.579 亿元。

7 月 20 日 天水日报社王若冰创作的长篇散文《走进大秦岭》出版发行。

11 月 天水华天电子集团在深交所成功发行上市，股票简称华天科技，代码 002185，资产 8 亿元。

同年 秦州区空气质量指数首次达到优秀旅游城市标准，地面水质达标率由 33.3%提高到 83.3%。

同年 秦州区生产总值同比增长 16.8%达到 63.35 亿元，财政收入同比增长 31.4%达到 4.655 亿元，财政支出同比增长 33.4%达到 7.2978 亿元。农民人均纯收入突破 2000 元大关达到 2008 元，总人口 651500 人。其中第三产业比重首次超过第二产业，三次产业结构比为 7.7：45.2：47.1。各商业银行存款余额 94.9 亿元，贷款余额 39 亿。

秦州区志

QIN ZHOU QU ZHI

第一编

政区

ZhengQu

　　天水市秦州区地处内陆腹地，位于河西、关中、川蜀三地之要冲，地理位置十分重要，历代都将秦州作为重要的军事重镇，建置庞大的军事组织为其统治服务。自建兴元年（313年）上邽镇、丞相司马保在上邽（今秦州）建立陕西（陕州之西各地，相当于今西北各省）都督军府，督领秦、凉、梁、雍4州大军后，今秦州一直作为陕西的军事中心一直延续到宋代。期间有影响的军事（行政）建置有：晋代的秦州刺史都督诸军事、上邽镇、陕西都督诸军事军府，南北朝的上邽镇、秦州（陇右）大都督、秦州大总管军府，隋秦州（陇右）大总管府（行台尚书省，元代循例改称行省）及唐代秦州（道）大总管（行台尚书省）、秦州（中）总管（都督）府、天雄军节度使军府，五代天雄军节度使、秦州（镇）节度使、雄武军节度使军府，北宋的秦州知州兼缘边经略安抚使、秦凤路经略安抚使等军府，金代的秦凤路经略安抚使、凤翔路总管军府等，统领范围大致为陇右等广大地区。

　　秦州区历史上最有影响的行政建置是秦州、上邽县。上邽县自秦武公十年（前688年）置邽县，到唐末废历时1500多年，上邽县所辖地域是今天的秦州、麦积两区。魏晋南北朝地方行政区划实行州（相当于省）、郡（地）、县三级制，晋太康七年（286年）秦州、天水郡治设上邽县，到隋朝州建置逐渐被总管府取代（郡建置被州取代，郡建置被废）历经近300年。之后虽然设置秦州，但实际上相当于郡，所辖地域相当于今天的天水市。唐末成纪县治迁入今秦州区，到元初被废，成纪县存在400多年。而秦州之名自三国时期启用至今仍然存在，反映了州建置从地方一级行政区划向地方三级行政区划演变的历史轨迹。

第一章 建 置

第一节 位置区域

秦州区位于甘肃省东南部，地理位置在北纬34°05′至34°41′、东经105°13′至106°1′之间。辖区东西长52公里，南北宽63公里，总面积2442平方公里。东北与天水市麦积区相连通往关中，南与陇南市西和县、礼县、徽县相连通往川蜀，西接甘谷为古丝绸之路通往河西的要道。铁路陇海线天水火车站、天水机场均与天北高速公路、羲皇大道相连，十天、连霍等高速公路贯穿全区。西距兰州236公里，东距西安300公里。秦岭横贯秦州区中部，东北部为黄河支流渭水流域，具有暖温带黄土高原地区的地理特点；西南部为长江支流嘉陵江流域，具有陇南暖温带地区地理特点。

第二节 历史沿革

2005年天水市秦城区改称天水市秦州区。秦州之名始于三国，魏在陇右秦人发祥地置秦州（不久废），治冀（今甘谷县东南）。西晋太康七年（286年）再立秦州，秦州、天水郡治均设在上邽（今秦州区）。从此，今天水市秦州区作为陇右政治、军事、经济中心地位一直保持到金代。

商周之际今秦州区藉河中下游为邦戎地属雍州之域，西南部西犬丘初为戎人占据，后为秦人所据，其中心西垂宫（在西南部与礼县交界一带）是有史记载秦人最早的都邑。秦人东迁后复为戎人占据。秦武公十年（前688年）秦西伐邦戎、冀戎胜利后置邦县、冀县，今辖区大部分区域属邦县。随着秦人不断东迁，在渭河下游又置下邽县，上游邦县称为上邦县。秦置陇西郡后，上邦县、冀县属陇西郡。期间又在西垂宫之地置西县，仍属陇西郡。

汉初区境藉河流域属上邽,西汉水发源地属氐道(治今齐寿乡南),峁水河流域属西县。一道二县均属陇西郡。新朝王莽改西县为西治,属厌戎郡(原陇西郡)。东汉明帝永平十七年(74年)改天水郡为汉阳郡,治冀,上邽、西县、氐道属凉州刺史部汉阳郡。

三国时期魏文帝即位后曾从雍州析置秦州,改汉阳郡为天水郡,区境属秦州天水郡,不久秦州被废,区境仍属雍州。魏太和二年(228年)蜀诸葛亮兵败街亭后,掠取西县千余家于汉中,西县被废。晋初在西县故地置始昌县。泰始五年(269年)晋分雍州置秦州,上邽、始昌属秦州天水郡。太康三年(282年)并秦州于雍州。太康七年(286年)复立秦州,秦州、天水郡治均设在上邽。大兴二年(319年)相国司马保在上邽称帝,改元建康。此后北方进入五胡十六国时期,上邽秦州先后属前赵、后赵、前秦、后秦、西秦和南朝。同时各方势力在上邽周围设置(侨寄)秦州,有南秦州、(北)秦州、(西)秦州、(东)秦州等。北魏统一北方后,因避道武帝拓跋珪讳,改上邽为上封。太平真君八年(447年)废始昌县,在今秦州区关子镇置当亭县,皂郊镇店镇置黄瓜县,杨家寺乡置阳廉县,上封、当亭属秦州天水郡,黄瓜、阳廉属秦州汉阳郡。557年北周取代西魏,复改上封为上邽,废黄瓜、阳廉二县。

隋文帝开皇三年(583年)地方实行州、县制,今辖区属秦州上邽县、当亭县。炀帝大业三年(607年)改秦州为天水郡,改当亭为冀城。唐高祖武德二年(619年)废天水郡,改置秦州,改冀城为伏羌,属伏州。武德八年(625年)废伏州,伏羌又归属秦州。开元二十二年(734年)秦州大地震,移治成纪敬亲川(今秦安郭嘉镇)。天宝元年(742年)复治上邽。宝应元年(762年)吐蕃攻陷秦州,区境被吐蕃占据,唐置秦州行州遥领秦州故地。大中三年(849年)唐收复秦州,州治再迁成纪。上邽废县为镇。唐末废天水县(治今天水镇),迁秦州、成纪县治于上邽镇今秦州区。

五代后唐长兴三年(932年)又在赤砂镇(今天水镇)复置天水县。北宋时区境北部为陕西路秦州成纪县,西南部为秦州天水县。南宋绍兴元年(1131年)后区境北部属金秦州成纪县,先后隶属于秦凤路、熙秦路、凤翔路;西南部属南宋利州路成州天水县。嘉定元年(1208年)升天水县为天水军,仍置天水县辖之。

元初区境北部属秦蜀行省（又称陕西四川行省）巩昌总师府秦州成纪县，西南部天水县于元初壬寅年（1242年）隶属成州。至元七年（1270年）天水县并入成州。至元二十三年（1286年）分置陕西、四川行省，区境属陕西行中书省巩昌总师府。明洪武二年（1369年）裁撤成纪县，区境由秦州直辖。明洪武九年（1376年）改行省为布政使司，秦州隶陕西承宣布政使司巩昌府。清初先后隶属于陕西、巩昌布政使司巩昌府。康熙七年（1668年）（一说八年）改巩昌布政使司为甘肃布政使司，秦州隶属甘肃布政使司巩昌府。雍正七年（1729年）秦州改升甘肃省直隶州。

民国二年（1913年）废除秦州州制，将附廓改为天水县，辖今秦州、麦积两区，先后属甘肃省陇南道、渭川道。1936年国民党控制天水后属甘肃省第四行政督察区。

1949年8月3日天水县解放。8月6日成立天水市军事管制委员会，驻天水县城。9月初成立天水市人民政府。1950年2月设立天水市，市政府驻今秦州区大城，辖市区及城郊，天水县政府移驻天水郡。区境西南部属天水县，其中大门、汪川、苏成3乡属徽县。1958年大门、汪川、苏成3乡划入天水县，11月天水县并入天水市。1961年12月天水市与天水县分设。1984年9月天水市升为副地级市，成立秦城区、北道区（区设行政公署，为天水市政府派出机构），秦城区辖城区7个街道和5个乡，天水市辖天水县和秦城区、北道区。1985年7月撤销天水地区，天水市升为地级市。同时撤销天水县将西南17个乡划入秦城区。2005年1月天水市秦城区更名为天水市秦州区。

第三节　行政区划

1985年7月天水市秦城区行政区划调整后城区有七里墩、东关、大城、中城、西关、石马坪、天水郡7个街道，农村有环城、吕二、玉泉、太京、皂郊、中梁、藉口、关子、铁炉、秦岭、牡丹、杨家寺、华岐、天水、汪川、苏成、大门、娘娘坝、李子、齐寿、平南、店镇22个乡。全区7个街道下辖102个居民委员会，22个乡下辖578个村民委员会。

2001年8月将7个街道的111个居委会调整为40个社区，6个居委会未作调整。9月秦城区第一次撤乡建镇，皂郊、娘娘坝、平南、牡丹、关子成为建置镇。2002年6月秦城区第二次撤乡建镇，藉口、太京、天水、汪川成为建置镇。

　　2004年12月秦城区撤乡并镇，环城、玉泉、吕二乡合并为玉泉镇，店镇乡并入皂郊镇，李子乡并入娘娘坝镇，苏成乡并入汪川镇，铁炉乡并入藉口镇，撤并后有皂郊、娘娘坝、平南、汪川、天水、牡丹、藉口、关子、玉泉、太京10个镇和中梁、秦岭、杨家寺、华岐、齐寿、大门6个乡，共420个行政村，1128个自然村。2005年1月1日天水市秦城区更名为天水市秦州区。2006年天水郡街道增设皂郊路社区，全区共有41个社区。

1985年秦城区居委会一览表

表1—1—1

街道	街道办事处驻地	居委会
大城	民主东路37号	共和巷、光明巷、箭场里、民主西路、新四沟、中华西路、中华东路、进步巷、青年南路、公园、奋斗巷、砚房背后、罗玉路一、罗玉路二、吴家圪崂、泰山东路、瓦窑坡
中城	自由路45号	大同路、中城巷、新华路、人民路第一、人民路第二、左家场、重新街、上庵沟、澄源巷、中和巷、伊民巷、亲睦里、忠义巷、后寨
东关	建设路161号	尚义巷、仁和里、古风巷、建设路、罗玉路、合作巷、新华路、忠武巷、东桥头、北园子、南城根、环城东路、十方堂、北城台、南城台
西关	三新巷	三新巷、自由路、交通巷、杨家楼、飞将巷、双桥、惠民巷、育生巷、务农巷、士言巷、枣园巷、坚家河、西站一、西站二、人民西路、环城西路
七里墩	岷山路87号	校场门、岷山路南、五里铺、南郭东路、长控南、长控北、柿子园、三义窑、迎宾路南、海林北、七里墩、靶场、长低、陈家庄、东十里、廿里铺
天水郡	瀛池路49号	瀛池、天水郡、灵源、暖和湾、劳动村、王家磨、西十里、阎新、下寨子、慕水沟、门家河、皂郊
石马坪	莲亭路53号	石马坪、桥一、桥二、青年村、廖家磨、长材、长通、东团庄、滨东、滨西、轴仪、莲亭

2001年秦城区居委会调整为社区一览表

表1—1—2

街道	调整前居委会	调整后社区
大城	进步巷、中华东路、公园部分、吴家圪劳小部分、青年路小部分	进步巷
	光明巷、箭场里、中华西路、民主西路部分、公园部分	光明巷
	奋斗巷、砚房背后、青年路小部分、民主西路部分	奋斗巷

续表

街道	调整前居委会	调整后社区
大城	共和巷、泰山东路、弥陀寺、吴家圪崂大部分、青年路小部分	共和巷
	罗玉河第一、罗玉河第二	罗玉新村
	新四沟、瓦窑坡、向阳	向阳
中城	自治巷、亲睦里、后寨、忠义巷、劳动路	自治巷
	大同路、澄源巷、重新街、新华路、中城巷小部分	重新街
	上庵沟、伊民巷、中和巷	伊民巷
	左家场、人民路第一、人民路第二、中城巷大部分	绿色市场
东关	南城根、南城台、尚义巷大部分、古风巷小部分	尚义巷
	环城东路、十方堂小部分、建设路部分、东桥头小部分	十方堂
	北园子、忠武巷、十方堂大部分、建设路部分、东桥头大部分、北城台大部分	忠武巷
	仁和里、合作巷、新华路、古风巷大部分、尚义巷小部分	仁和里
	罗玉河、北城台小部分	盛源
西关	西站第一、西站第二部分	西站
	人民西路、枣园巷大部分、坚家河小部分、士言巷部分	聚宝盆
	坚家河大部分、枣园巷小部分、双桥大部分、士言巷部分	永庆路
	环城西路、双桥小部分	环城西路
	惠民巷、务农巷、育生巷、交通巷部分	解放路
	自由路、杨家楼、飞将巷、三新巷、交通巷部分	自由路
七里墩	岷山南、岷山北、三义窑	岷山
	罗玉小区第一、罗玉小区第二、教场门	罗玉小区第一
	罗玉小区第三、罗玉小区第四	罗玉小区第二
	迎宾路、陈家庄、五里铺	五里铺
	海林南、海林北、南郭路	海林
七里墩	七里墩、柿子园	七里墩
	东十里、长低	东十里
	长控南、长控北、靶场	长控
	长开	长开
天水郡	劳动村、王家磨	王家磨
	西十里、闫新	西十里
	天水郡、瀛池、灵源部分	瀛池
	莲亭、灵源部分	莲亭
	暖和湾	暖和湾

续表

街道	调整前居委会	调整后社区
石马坪	东团一、东团二	东团庄
	长材、长通、石马坪	石马坪
	廖家磨、青年林、滨河东路	藉河南路第一
	滨河西路、轴仪、南大桥第一、南大桥第二居委会	藉河南路第二
	莲亭南、莲亭北	莲亭

1985年秦城区行政村、自然村一览表

表1—1—3

乡	乡政府驻地	行政村	自然村
环城	环城西路10号	东十里	东十里
		七里墩	七里墩
		金家庄	金家庄
		东方红	东方红
		伏羲路	伏羲路、坚家河
		闫新庄	闫新庄、马家下头
		西团庄	西团庄
		西十里	西十里铺、池滩里
吕二	南郭路23号	石马坪	石马坪老庄、石马坪新庄、土坑
		王家坪	杜家坪、白家湾、王家坪、李家村
		东团庄	东团庄、西坡里
		莲亭	莲亭、王家山
		天水郡	天水郡
		暖和湾	上暖和湾、下暖和湾、何家堡、吕家崖（老君庙）
		冰凌寺	冰凌寺
		多家庄	多家庄
		半坡寨	半坡寨
		肖家沟	肖家沟、四方堡、新窑
		杨何	杨家庄、毛家庄、何家庄、东山坪
		水家沟	水家沟
		李官湾	李官湾、柴家山、胡家堡
		曹家崖	曹家崖、雷家庄、石家堡
玉泉	弥陀寺12号	玉泉	张家沟、张家窑、杜家沟、李家嘴、孙家场、砖窑、东刘家堡、西刘家堡、上庵沟

续表

乡	乡政府驻地	行政村	自然村
玉泉	弥陀寺12号	吴家崖	吴家崖
		王家磨	王家磨
		盐池	盐池、冯家山
		徐家山	徐家山、芦家湾
		马兰	马兰
		左家场	左家场、周家园子
		烟铺	烟铺、李家园子
		刘家庄	刘家庄、高家山
		陈家窑	陈家窑
		皇城	皇城、牛家山
		赵家嘴	赵家嘴
		瓦窑坡	瓦窑坡
		周家山	周家山、窑庄、三义窑
		红旗山	红旗山
		枣园庄	枣园庄、陈家庄
		闫家河	闫家河湾
		上河	县家上河
		县家路	县家路
		孙家坪	孙家坪
太京	三十甸子村	三十甸子	三十甸子、葛家新庄
		黄家湾子	黄家湾子、师家磨、阎家台子
		大草坪	大草坪、余家湾、化里
		庞家沟	庞家沟、海湾里、怀玉沟、师家山、场湾里
		韦家沟	韦家沟、黄龙沟、王家崖
		唐家窑	唐家窑、张家坪、唐集寨
		董家磨	董家磨、杨集寨、杨家磨、打马沟门
		尹家庄	尹家庄
		田家庄	田家庄
		川口	川口、大庄、新庄
		年集寨	年集寨
		二十铺	二十铺

续表

乡	乡政府驻地	行政村	自然村
太京	三十甸子村	李家台	李家台子
		银坑	银坑里
		窝驼	窝驼里
		刘家庄	刘家庄、姚庄子
		席范	席家庄、范家庄、何家林
		东山	木角山、罗家庄、后峪沟、沈家山、杨家安子
		庙子	新庙子、旧庙子、车家沟
		盘头山	盘头山
		马岐山	马岐山
		青杏沟	青杏沟、米家湾
		西山坪	西山坪
		张吴山	张家山、吴家山、鸡儿嘴
		郑家磨	郑家磨
		靳家崖	靳家崖
		师家崖	师家崖、赵家崖
		丁家门	丁家门
		郭家坪	郭家坪
		窑湾	窑湾、刘家河（南沟）
		何家庙	何家庙
		马家窑	马家窑
皂郊	皂郊村	皂郊	皂郊
		贾家寺	贾家寺
		董家坪	董家坪、小寨、牛家沟、马家庄
		杨家沟	杨家沟、吕家沟
		唐家沟	上河里、唐家沟、梁家山
		田新庄	田家新庄、门家河、林家山
		慕水沟	慕水沟、谢家坡
		周集寨	周集寨、吉家河
		下寨子	下寨子、长坪、小庄、胡家堡
		芦子庄	芦子庄
		王家湾	王家湾、赵家湾、庞家山

续表

乡	乡政府驻地	行政村	自然村
皂郊	皂郊村	堡子山	堡子山、皂郊堡
		虎皮沟	虎皮沟
		袁家沟	袁家沟、尹家寺、卓家坪
		竹园	竹园、来家沟、诈虎湾
		他子山	他子阳山、他子阴山
		徐家店	徐家店
		东沟	东沟
		张家山	张家山、朱家山
		兴隆	兴隆镇、贾家山、马家湾伙
		高家庄	高家庄、西沟
		王家店	王家店
		田家山	田家山、高家河
		林口	林口
		刘家沟	刘家沟、刘家坪、水池湾、王家山、凤凰嘴、鸡木塄坎
		下蒋	下蒋家
		榆林坪	榆林坪、合脉地
		石家山	石家山
		老湾里	老湾里、后梁庙、田家山
		嘴头	嘴头
		孙家河	孙家河、上庄、下庄、陶家河、坚家窑、赵家小庄、郭家山、刘家山
		鞍子沟	鞍子沟、蔡子嘴
中梁	何家湾村	何家湾	何家湾
		南家湾	南家湾
		兄集	兄集寨
		上韩	上韩家湾
		下韩	下韩家湾
		苟山	苟窝山
		马周	马家湾、周家山
		茹家湾	上茹家湾、下茹家湾
		麦王山	麦王山、吊沟门
		草湖	上草湖、下草湖
		上金	上金家湾

续表

乡	乡政府驻地	行政村	自然村
中梁	何家湾村	座崖	座崖、禄家沟
		杨潘	杨家河、赵家崖
		滴水崖	滴水崖、张家坪
		赵家河	赵家河
		唐家河	唐家河
		李家庄	李家庄
		马家庄	马家庄
		刘家河	刘家河
		马家窑	马家窑
		何家庙	何家庙
		董家湾	董家小湾
		杨家山	杨家山、黑爷庙
		金李	金家湾、李家坪、穆家湾
		师家湾	师家湾
关子	西北村	后沟	后沟
		刘山	刘家山、石洼上、马家洼
		梨窑	梨树湾、九窑、麻家山、马家窑
		松树	松树湾、吕家山、湾儿、白杨角、旦旦沟、麻子沟、老庄
		冯集	冯集上、冯集下
		杨柳	柳家沟、阴山庄、阳山庄
		西湾	西湾上、西湾下
		东川	新庄、高家磨
		朱槽沟	刘家湾、朱槽沟
		韩安	安家山、韩家湾、赵家窑
		朱堡	朱家沟、堡子湾、朱家梁、山庄窑、阳山
		七十里铺	七十里铺、大石嘴
		南街	关子村
		西南	关子村
		西北	关子村
		白石	关子村
		上石嘴	上石嘴、杨家窑、赵家磨、西堡子、南渠上、吊地

续表

乡	乡政府驻地	行政村	自然村
关子	西北村	潘时	潘家山、时家湾
		东北	关子村
		西华	西华
		董山	董家山、李家湾、韩家湾、柯寨里
		石川	石川
		西沟	西沟、李家湾、韩家湾、甄家门
		柳沟	柳家沟、柴家沟
		唐山	唐家山、杨家山、孙家山、张家山、壑岘下
		高炉子	高炉子、陈家磨、赵家河、牛家湾
		下岸峪	下岸峪
		上岸峪	上岸峪、百家坝、潘家场、清水沟
		石耀	耀祖峪、石家庄
		沟门	廖家沟门、火石坝、潘家河、海池峡、高家庄
		流水	流水、陈家河
		严沟	严家河、曹家河、王家山
		孙坡	孙家坡
		寨子	颜家寨子、麻子下、寨子沟门
		大湾	大湾、王家那面、庄下湾、甄家山
藉口	郑集寨村	郑集寨	郑集寨
		刘宋	刘家窑、宋家窑
		曹山	曹家窑、李家沟、麦仁湾、山场、杜家窑、张家窑
		后山	后山里、武家湾
		放牛	刘家河、侯集寨、北窑
		许河	许家河
		新窑	新窑河坝、裴家那面、赵家窑、上苏家湾、下苏家湾、新窑
		石泉	石泉子
		南灵	王家小庄、裴家庄、吴家湾、何家湾
		赵庄	斜坡、赵家庄、花洞地、严家湾
		马庄	马庄、李家庄、山背后
		湾合	孙葡萄湾、裴家窑、张家大山
		中灵	六十里铺
		四十铺	四十里铺

续表

乡	乡政府驻地	行政村	自然村
藉口	郑集寨村	前坡	上前坡、下前坡、秦家窑、王家阴山、上窑、下窑、堡子
		白草滩	王家门、白草滩、裴家小庄
		东寨	麻子沟、魏家庄、东寨
		林家湾	林家湾、陈家山
		何窑	何家窑、石家新窑
		五十铺	五十铺
		史家沟	史家沟
		董家崖	董家崖、温家窑、高家坪
		杨家湾	杨家湾
		崔家磨	崔家磨
		船北	老庄、王家山、新庄
		北灵	北灵、东莒底下
		下磨	下磨、下山里
		牛窑	牛家窑
		南寨	陈家那面、趄沟阳川、趄沟阴山
		小寨	上小寨、下小寨
		陈石	陈家老庄、石家那里
		赵窑	赵家窑、张家窑
铁炉	铁炉村	铁炉	铁炉坡
		祁家湾	祁家湾、陈家磨
		吴家崖	吴家崖、陈家磨
		楂子滩	楂子滩、张家堡子
		崔家坡	崔家坡
		缑家庄	缑家庄、河滩里、庙坝、刘家庄
		寨子	四坪寨
		芦子湾	芦子湾
		朱家庙	朱家庙
		上磨	坟沟门、吊沟门、马崖下、上磨
		杨家窑	杨家窑、南山嘴、三月黄
		王家河	王家河、菜子沟门下
		南峪	郑家沟、左家沟、裴家山、赵家山

续表

乡	乡政府驻地	行政村	自然村
铁炉	铁炉村	埂子	埂子、木集沟门、旧庄、新庄
		寨河	寨河、南沟
		下窑	下窑、李胡子沟
		半坡	湾合、马营庄、新庄里、陈家庄、窑上
		双沟洼	双沟洼
		上寨	上寨、刘家地沟、宋家山、张家河
		高庙	高庙山、袁家山、牟集
		安集	下寨、大湾里
		杜家山	杜家山
牡丹	牡丹村	牡丹	牡丹
		翟门	翟家门
		团庄	姚家团庄
		篆嘴	篆嘴
		辛家山	辛家山
		马窑	马家小窑
		王寨	王家寨子
		大柳	大柳树
		刘宋	刘家窑、宋家窑
		大湾	梁家大湾、张家窑、马家湾、赵家沟
		新阳	王家铺
		木门	木门
		王家山	王家山
		陈石	陈家山、石嘴湾
		马堡	马家堡子
		李关	李关仁湾
		任堡	任家堡、高家窑、王家窑
		白湾	白家湾
		杜杨	杜家新庄、杨家窑
		新兆坡	新兆坡、王家小庄
		谢岭	谢家岭
		邓家门	马家门、马兰
		李家门	李家门

续表

乡	乡政府驻地	行政村	自然村
牡丹	牡丹村	刘沟	刘家大沟
		辛下庄	辛下庄
		辛中庄	辛中庄
		王嘴	王家嘴
		高磨	高磨
		赵坪	赵家坪
		杜集寨	杜集寨
		张寨	张家寨子
		河脉	河脉
		万山	万家山
		红土坡	红土坡
		王家大山	王家大山
		草川	草川
		石嘴	辛家石嘴
		缑家沟	缑家沟
		邵集寨	邵集寨
		吴集寨	吴集寨
秦岭	关家店	麻山头	麻山头
		董集寨	董集寨
		梨树	梨树坡
		郭家河	郭家河、曹家山上
		罗家河	罗家河
		斜坡	斜坡
		台子	任家台子
		梁家门	梁家门
		龙集寨	龙集寨、邢家山、曹家沟
		任家窑	任家窑
		虎林	虎皮沟
		关砚	关家店
		郭家沟	郭家沟
		大庄	任家大庄、王家沟门
		钟峪	钟峪里

续表

乡	乡政府驻地	行政村	自然村
秦岭	关家店	蒿坪子	蒿坪子
		胡家山	胡家山
		石家河	石家河、唐家湾、白崖下
		马鞍山	马鞍山
		白集寨	白集寨
		黄集寨	黄集寨、史家山
		杨家嘴	杨家嘴
		竹林	竹林
杨家寺	杨家寺村	杨家寺	杨家寺
		松树	松树
		黑座坡	黑座坡
		麦湾	麦湾里、鹿圈湾
		石土	石土庄
		马山	马家山
		中川	下中川、上中川、中川磨、姜家庄、焦家沟
		士子	士子、士子岩
		赵家山	赵家山
		新庄	王家新庄
		阴湾	阴湾里
		王家庄	王家庄
		蔡子湾	蔡子湾
		小湾	小湾
		大湾	大湾
		郑宋	宋家庄、樊家沟
		下白	白家沟下庄
		上白	白家沟上庄
		北具	北具湾、乍草坪、汤家山、小南峪
		芦子滩	芦子滩、史家河、冯家沟河、李家河
		彭庄	彭家庄、吴家门
		文庄	文家庄
		水滩庄	水滩坪、算盘子沟
		刘家庄	刘家大庄、蔺家台子

续表

乡	乡政府驻地	行政村	自然村
杨家寺	杨家寺村	土盆	唐家河、土盆子、马营山、虎家大湾
		白杨	白杨沟
		立志	立志湾、田家山庄、木溪沟
		跃马	马海湾、西房磨、鹞子崖
		田庄	田家庄、侯家门
店镇	店镇村	张家湾	张家湾
		杨川	杨川
		寺坡	寺坡
		店镇	店镇、王家山、崔家山
		阳湾	阳湾里
		杨集	杨集寨
		核桃湾	核桃湾
		冯家坪	冯家坪
		谢家庄	谢家庄
		张家庄	张家庄
		阎家庄	阎家庄
		水泉	水泉下
		张家窑	张家窑
		董家庄	董家庄
		潘集寨	潘集寨
		池金	池金里
		峡门	峡门
		何家庄	何家庄
		侯家山	侯家山
		白家山	白家山
		金滩	上金滩、下金滩
		马家河	马家河
		谢崖	谢家坡、崖湾
		热寺湾	热寺湾
		浮托子	浮托子
		野雀湾	野雀湾
平南	平南村	平南	平南

续表

乡	乡政府驻地	行政村	自然村
平南	平南村	秦大	秦家大庄
		任家山	任家山
		何家梁	何家梁、胡家窑
		万家庄	万家庄、上沟里
		王坡	王坡窑
		楚关	老楚关
		大柳	大柳树、吴家窑
		白庄	白家庄、魏家窑
		落地	落地沟
		于家庄	于家庄
		张家庄	张家庄
		张家崖	张家崖
		韩家山	韩家山
		陈家庄	陈家庄
		大湾	大湾里
		丁家川	丁家川、老泉下
		百姓	百姓、王家庄
		刘家沟	刘家小沟、刘家石沟
		丁家窑	丁家窑
		松林	松林坡
		瓦资	瓦资寨
		上沟	下坝、赵家山庄、马家梁、白家梁
		黑林	黑林沟、张家河坝
		公主	公主梁
		顾店	王集寨、黄草路、顾家店
		邢家山	邢家山
		阳阴	阳山窑、阴山窑
		富阳	富家阳湾
		梨树	梨树梁
		庄子	庄子上
		大庄	大庄
		赵家窑	大家窑、玛瑙嘴、大麻沟、山庄

续表

乡	乡政府驻地	行政村	自然村
平南	平南村	渡湾	渡湾、李家沟、小麻沟
		苏家湾	苏家湾
		高楼	高楼子
		全庄	全家庄
		聂湾	聂家湾
		罗集	罗集寨、小林下
		石沟	白家石沟、李家石沟
		关同	关同、焦家窑
		何家山	何家山、何家小庄、何家庄
		下集	下集
齐寿	廖家集村	廖集	廖集寨
		杨家山	杨家山
		松树	松树沟
		李家村	李家下头
		鲁家沟	鲁家沟
		阳湾	阳湾里
		阴湾	阴湾里（九塬）
		彭家村	彭家窑
		马家村	马家窑
		曹集	曹集寨
		柳沟	柳沟
		张赵	张家下头、赵家山
		董家川	董家川
		坚家山	坚家山
		梢子坡	梢子坡、草滩沟、新庄、东嘴梁
		兴荣	尖嘴、谢家大嘴、阴山
		黑沟	黑沟门、党家山、楸子湾、弥条湾
		后寺	李家庵子、高家梁、赵家坪、张家垭壑
		周家坪	周家坪
		肖家崖	肖家崖
		铁佛	铁佛沟、关坪里、柳坪
华岐	辛大村	辛大	辛家大庄、辛家小庄

续表

乡	乡政府驻地	行政村	自然村
华岐	辛大村	刘坪	刘坪里、下斜坡
		海头	上斜坡、海头
		安集	安集寨、安家小庄、蒿地湾
		余坪	余坪
		崖湾	赵家崖湾
		李山	李家山
		下马	下马
		白山	白家山
		白庄	白家庄子
		宋湾	宋家湾
		窝驼	窝驼
		火石	火石沟
		韩山	韩家山、富家湾
		汪团	汪家团庄
		文集	文家集
		文石	文家石沟
		草滩	草滩下、小堡子、大堡子顶
		罗台	罗家台子
		李沟	李家沟
		北山	王家北山
		杨沟	杨草沟
		范山	范集山
		谢山	谢家山
		小岭	小岭
		秦沟	秦沟
		李集	李家集、党家河
		常沟	常家沟
		姚宋	姚家村、宋家村
		刘河	刘家河
		杜新	杜家新新
		杜老	杜家老老
		上王	上王家

续表

乡	乡政府驻地	行政村	自然村
华岐	辛大村	下王	下王家
		梁山	梁家山
		董湾	董家湾
天水	天水村	天水	小天水、树林、钟家门、小庄
		嘴头	嘴头、虎家坪
		蒲窑	蒲家窑、梨树坪
		后沟	后沟里
		刘磨	刘家磨（双阎村）
		龙头	龙头寺、上阎村
		杨集	杨集寨
		陈湾	陈湾里
		孙家庄	孙家庄
		元树	元树村、张家窑
		杏沟	杏家沟
		王家庄	王家庄
		董家坪	董家坪、川城
		焦李	焦李家庄、焦家山庄
		安新	安家新庄
		庙坪	庙坪、庙坪河坝
		李窑	李家窑、盘头山、李家坡
		石滩	石滩子
		张峡	张家峡
		垭壑	垭壑、刘家坡
		寨子	寨子
		安老	安家老庄、老毛嘴
		胡家沟	胡家沟、白路湾
		苏家村	董家沟、武家窑
		上游	上峡、杨家头集、上新庄、何家湾
		东风	甜湾、钟家窑、雷家窑、袁家湾
		古集	古集、阳山
		杨湾	杨家湾里、大庄、马莲山
		柴家山	柴家山、大湾里、狼虎湾

续表

乡	乡政府驻地	行政村	自然村
天水	天水村	青年	深沟
		石家峡	石家峡
		徐家峡	徐家峡
		大山	武家大窑、武家小窑
汪川	汪川村	万家庄	万家庄
		阎家沟	阎家沟
		上斜	上斜坡
		下斜	下斜坡
		杏树	杏树沟、下阎家、蒿地湾
		柏沟	柏家沟、何家山、草坡上
		西山堡	西山堡
		汪川	汪家川、大城上、河南
		阳坡	汪家阳坡、坪上
		陈王	陈家那、王家那
		张那	张家那、张家下磨
		唐集	唐集寨
		周集	周集寨
		马山	马家山
		刘骆	刘家峡、骆家庄、吕家门、吕家坡、李集寨
		柏母	母家峡、柏家庄、罐儿沟、高家湾、车长沟
		棉虎	棉虎
		山庄	山庄、河滩、上深沟、下深沟
		老庄	老庄
		郑山	郑家山、庵子、马圈沟、泥窝下、磨科河
		阎集	阎集、老坡上、庄窠
		温沟	温家沟
		刘斜	刘斜、刘磨
		大吕	铁路湾、吕家磨、大吕
		石沟	石沟里、黄家庄、下磨、上磨
		独庄	柏家阳坡、独庄、苟集寨
		团庄	团庄里
		段河	段家河坝

续表

乡	乡政府驻地	行政村	自然村
苏成乡	成河村	朱家山	朱家山、朱家窑、马家山
		马湾	马家湾
		翟家山	翟家山
		刘沟	刘家沟
		成河	成河、老磨寨下、唐家阳山、阎家河口
		张沟	张家小沟
		汪河	汪家河
		黄柏	黄柏、陈家嘴、大坡山、响石湾、爷寺河坝
		温陈	出山沟上沟、温家山、康家山、陈家山庄、张家山、出山沟下沟
		柏磨	柏家磨、小沟里、庄窠、二庄里、阳山、阎家坪、王家沟
		银河	银河、李家台儿、下台儿、韩家坪
		珍珠	邓家山、仓坪头
		罗坡	罗家坡、黄家坪
		苏庄	苏家庄、苏家山背后
		成庄	成家庄、李家山背后
		庄子	庄子上、羊胡湾、山那下、尖山沟
		郭山	郭家山、大山里
		旗沟	旗家沟、近家沟、八庙下
		成家沟	成家沟、成家阳山
大门	上街村	柴山	柴山
		徐小	徐集寨、小寨、山庄
		长官	长官寨
		张湾	张湾、马家沟
		袁寨	袁集寨
		苏河	苏家河
		白寨	白集寨、上苟家、小袁集寨
		王沟	王家沟
		阴湾	阴湾
		于山	于山、上于家
		南山	石沟门、李家沟、寨子沟
		高坪	高家坪、宁康沟、杨家那、高庙山
		穆沟	

续表

乡	乡政府驻地	行政村	自然村
大门	上街村	三合	刘嘴、邢家窑、八家沟、方家窑、阳山
		关峡	阳湾
		下街	大门村、田家窑
		郭陈	陈家河、郭家山、杨家河、李家河、高家庄、范家庄
		易台	易台、锅坨
		黄山	黄山村
		上街	大门村
		彭寨	彭寨村
		田于	下店子、于家庄
		田河	田家河
李子	李子村	柳林	柳林、店门、大庄、北峪沟、上关门、石堡子、驮阳
		望天	望天、望天沟、石湾口、倒柳树、王家台子、四人沟
		沟门	碓窝沟门、上场
		杜庄	杜家庄、小沟门
		长河	徐家庄、长沟门、铁炉坝、张家庄、马台子、下台子、赵家台子、暖和湾
		白音	白音峡、窝坨里、王家庄、木其滩、艾家坝
		花园	史家庄、姜家庄、杨家庄
		猴家庄	猴家庄、丁家庄
		陶家庄	陶家庄、雨竹沟门
		李子	李子园、上店子、大地、营房
		河口	河口下
娘娘坝	娘娘坝村	南峪	南峪、后驮阳沟
		刘河	刘家河
		钱家坝	钱家坝、大桥、街子下
		舒家坝	舒家坝、大草坝、梁家窑、大河下、大湾
		庙川	上庙川、下庙川、党家沟
		小南峪	小南峪、童家崖、朱家地沟门、鞍子沟门
		牛家峡	牛家峡
		张家山	张家山
		孙集	孙集寨
		西峪	西峪
		土桥	土桥

续表

乡	乡政府驻地	行政村	自然村
娘娘坝	娘娘坝村	杜家山	杜家山
		中寨	中寨、上磨、下磨
		曹王	曹王
		许家庄	许家庄、吴家庄、九池下
		池家庄	池家庄
		上寨	上寨子
		小峪	小峪
		赵家峡	赵家峡
		山王	山王村
		沿川	沿川子、郭家庵子
		杨集	杨集梁、杨家庵子、赵家那面、杨家那面
		金池	万家河、魏沟里、金子沟、徐家河、黄竹沟门
		石花沟	石花沟
		娘娘坝	娘娘坝
		柴家庄	柴家庄、蔡家沟、王家庄、高家坪
		马家坝	夏家湾、上宽沟、梁家庄、大庄、下宽沟、松林沟门
		云光	马家店子、上窑、董水沟门、野河湾、野雀扁、下磨

2005年秦州区行政村、自然村一览表

表1—1—4

乡镇	乡、镇政府驻地	行政村	自然村
玉泉镇	成纪大道	南湖居委会	
		双西居委会	
		王家坪	杜家坪、李家村、何家湾、王家坪
		东团庄	西坡、新庄、东团庄
		石马坪	新庄、土坑、半坡寨、新窑、老庄
		天水郡	天水郡
		暖和湾	上暖和湾、下暖和湾、何家堡、吕家崖
		李官湾	胡家堡、柴家山、水家沟、李官湾
		曹家崖	雷家崖、石家堡、曹家庄、曹家崖
		莲亭	莲亭
		孙家坪	县家路、孙家坪

续表

乡镇	乡、镇政府驻地	行政村	自然村
玉泉镇	成纪大道	瓦窑坡	瓦窑坡、新四沟
		左家场	周家园子、左家场
		徐家山	芦家湾、徐家山
		王家磨	吴家崖、王家磨
		七里墩	七里墩
		东方红	金家庄、东方红
		西团庄	西团庄
		西十里	西十里铺、池滩
		刘家庄	刘家庄、文家山
		东十里	东十里
		冰凌寺	多家庄、冰凌寺
		杨何	四方堡、肖家沟、杨庄、毛家庄、何家庄、东山坪
		闫河	闫河、上河
		枣园	枣园庄、陈家庄、红旗山
		皇城	周家山、窑庄、皇城、三义窑
		烟铺	李家园子、烟铺
		马兰	陈家窑、赵家嘴、马兰
		玉泉	中和巷、东堡子、上庵沟、张家窑、张家沟、杜家沟、西堡子
		盐池	冯家山、盐池
		伏羲路	伏羲路
		闫新庄	闫新庄、马家下头
太京镇	三十甸子村	唐家窑	唐家窑、张家坪、唐集寨、丁家门
		郑家磨	郑家磨、马家窑
		韦家沟	韦家沟、黄龙沟、王家崖、南沟
		郭家坪	郭家坪、窑湾
		西山坪	西山坪、青杏沟、米家湾
		银坑	银坑、尹家庄
		庙子	新庙子、旧庙子、车家沟、余家湾
		盘龙	郭家坪、窑湾
		董家磨	董家磨、杨集寨、杨家磨、打马沟门
		东山	木角山、罗家庄、沈家山、杨家安子、后峪沟
		庞家沟	庞家沟、师家山、怀玉沟、场湾里

续表

乡镇	乡、镇政府驻地	行政村	自然村
太京镇	三十甸子村	田家庄	田家庄
		廿铺	二十里铺
		川口	大庄、新庄、旧庄
		年集	年集寨
		台子	李家台子
		窝驼	窝驼
		靳家崖	靳家崖
		师家崖	师家崖、赵家崖
		刘家庄	刘家庄、姚庄子
		席范	席家庄、范家庄、何家林
		张吴山	张家山、吴家山、鸡儿嘴
		马岐山	马岐山
		湾子	湾子、师家磨、阎家台子
		北崖	北崖、毛家崖、张家嘴
		甸子	三十甸子、葛家新庄
藉口镇	郑集寨	上磨	坟沟门、吊沟、马崖下、李胡子沟、杨家窑、三月黄、南山嘴、上磨
		朱芦	朱家庙、芦子湾、相思沟
		上寨	上寨、宋家山、刘家地沟、张二家沟、下庄
		半坡	双沟山、马营、陈家新庄、窑上
		猴家庄	刘家沟、猴家庄、河滩里、庙坝
		吴家崖	祁家湾、吴家崖、陈家磨
		楉子滩	楉子滩、张家堡子、崔家坡
		放牛	刘家河、侯集寨、北窑
		马庄	马庄、赵庄、李家庄、山背后、阎家湾里、坡湾里、花洞里
		四十铺	四十铺
		白草滩	裴家小庄、白草滩、王家门
		前坡	上前坡、下前坡、秦家窑、堡子、王家阴山
		南寨	陈家那面、阳山、阴山、石家那面、老庄
		何赵	何家窑、赵家窑、石家新窑
		中牛	六十铺、牛家窑
		东林	东寨、麻子沟、魏家庄、林家湾、陈家山
		曹杜	张家窑、杜家窑、曹家窑、山场、李家沟、麦仁湾

续表

乡镇	乡、镇政府驻地	行政村	自然村
藉口镇	郑集寨	郑集寨	郑集寨、后山
		三合	史家沟门、史家沟里、杨家湾山上、杨家湾川里、崔家磨
		北灵	阳坡庄
		许家河	许家河上庄、许家河下庄
		新窑	新窑河坝、新窑、下苏家湾、上苏家湾、白家那里、赵家窑
		南灵	裴家庄、王家小庄、何家湾、吴家湾
		石泉	石泉
		船北	船北新庄、船北旧庄、王家山
		董家崖	高家坪、胡家窑、温家窑
		刘宋	刘家窑、宋家窑
		湾合	湾合、大山、裴家窑
		安集	大湾里、下寨
		杜家山	杜家山
		高庙	高庙、袁家山、木集
		寨子	寨子
		王家河	上庄、当庄、寨子沟门
		埂子	旧庄、沟门、新庄、冷家门、河东、河西
关子镇	西北村	寨柯	寨柯、南沟
		南峪	裴家山、赵家山、裴家庄、左家沟
		铁炉	铁炉
		五十铺	五十铺
		小寨	上小庄、下小寨
		下磨	下磨下、山里
		后沟	后沟
		刘家山	刘家山、石洼、马家洼
		松树	松树湾、吕家山、湾儿、白杨角、老庄
		梨尧	九窑、梨树湾、麻家山、马家窑
		冯集	冯集下、冯集上
		韩安	安家山、韩家湾、赵家窑
		杨柳	柳家沟、阴山庄、阳山庄
		西宛	西宛上、西宛下
		朱槽沟	刘家湾、朱槽沟

续表

乡镇	乡、镇政府驻地	行政村	自然村
关子镇	西北村	朱堡	朱家沟、堡子湾、朱家梁、山庄窑
		潘时	时家湾、潘家山
		石咀	杨家窑、赵家磨、西堡子、南渠、吊集、石咀
		董家山	马家山、韩家沟、董家山、柯寨里
		东川	高家磨、新庄
		关子	西北、西南、南街、东北
		白石	白石
		石川	石川、王家磨
		西沟	李家湾、马家湾、甄家门、柳家沟、西沟、柴家窑
		西华	西华
		唐家山	垩砚下、唐家山、杨家山、孙家山
		七十铺	七十铺、王家磨、大石嘴
		寨子	颜家寨子、寨子沟门
		大湾	大湾、王家那面、庄下湾、甄家山
		孙家坡	孙家坡
		流水	流水、陈家河
		严家河	严家河、曹家湾、王家山
		岸峪	上岸峪、下岸峪、百家坝、潘家场、清水沟、蛮子湾
		藉源	麻子下、廖家沟门、火石坝、潘家河、海子、高家庄、耀祖峪、石家庄
		高炉子	高炉子、陈家磨、赵家河、牛家湾
牡丹镇	牡丹村	高磨	赵家坪、高磨
		杜白	白家湾、杜家新庄、杨家窑
		王家铺	新阳、木门、下王山
		辛家沟	辛中庄、辛下庄、王家嘴
		大柳树	马窑、大柳树
		王宋	王家寨、宋家窑、刘家窑
		牡丹	翟家门、牡丹
		杜集寨	杜集寨
		张家寨	张家寨
		河脉	河脉
		万家山	万家山

续表

乡镇	乡、镇政府驻地	行政村	自然村
牡丹镇	牡丹村	红土坡	红土坡
		王家大山	王家大山
		草川	草川
		石咀	石咀
		李官仁湾	李官仁湾
		任家堡	高家窑、王家窑、任家堡
		辛兆坡	辛兆坡
		谢家岭	王家小庄、谢家岭
		李家门	李家门
		吴集寨	吴集寨
		邵集寨	邵集寨
		猴家沟	猴家沟
		刘家沟	刘家沟
		姚家团庄	姚家团庄
		篆嘴	篆嘴新庄
		辛家山	辛家山、石家山
		陈石	陈山、石嘴湾
		马家堡子	马家堡
		梁家大湾	张家尧、马家湾、赵家沟、梁家大湾
		邓家门	马兰、邓家门
		贾家寺	贾家寺
		董家坪	董家坪、小寨、马家庄、牛家庄
皂郊镇	皂郊村	杨家沟	杨家沟、吕家河、梁家山、上河、唐家沟、野雀湾
		新庄	田家新庄、门家河
		周集寨	周集寨、吉家河、慕水沟、谢家坡
		刘家沟	刘家沟、刘家坪、王家山、凤凰嘴、鸡木楞坎、水池湾
		下寨子	下寨子、长坪、小庄、胡家堡
		皂郊	皂郊、芦子庄、堡子山、曹操堡
		王家湾	王家湾、赵家湾、庞家山
		榆林	榆林坪、下蒋家、嘴头
		老湾里	合脉地、老湾里、石家山、鞍子沟、后梁庙、蔡子嘴
		孙家河	孙家河、陶家河、坚家窑、赵家小庄、郭家山、刘家山

续表

乡镇	乡、镇政府驻地	行政村	自然村
皂郊镇	皂郊村	虎皮沟	虎皮沟、东台
		袁家河	袁家河、尹家庄、卓家坪、竹园、来家沟、诈虎湾
		徐家店	徐家店、他子阳山、他子阴山、大湾里
		东沟	东沟、张家山、朱家山
		兴隆	兴隆、贾家山、马家湾河
		高家庄	高家庄、西沟
		王家店	王家店
		田家山	田家山、林口、高家河
		杨川	杨川、张家湾
		店镇	店镇、寺坡
		杨湾	杨湾里、核桃湾
		冯家坪	冯家坪、王家山、崔家山
		杨集	杨集
		闫家庄	闫家庄
		张家庄	谢家庄、张家庄
		水泉	水泉
		张董	张家窑、董家庄
		硖门	硖门、侯家山、何家庄
		潘集寨	潘集寨
		马家河	马家河、上冰滩、下冰滩
		白家山	白家山、热寺湾
		池金	池金
		谢崖	崖湾、谢家坡
		浮托子	浮托子
平南镇	平南村	万家庄	万家庄、上沟里
		王坡窑	王坡窑
		楚关	老楚关
		大柳树	大柳树、吴家窑
		平南	平南
		白家庄	白家庄、魏家窑
		落地沟	落地沟
		于家庄	于家庄、张家庄、张家崖

续表

乡镇	乡、镇政府驻地	行政村	自然村
平南镇	平南村	韩家山	陈家庄、韩家山、丁家大湾里
		丁家川	丁家川、老泉下
		刘家沟	刘家小沟、刘家石沟
		松林	松林
		瓦资	瓦资
		孙集	何家梁、秦大、任家山、胡家窑
		上沟	下坝、山庄、白家梁、上沟、马家梁
		百姓	百姓
		邢家山	邢家山、阳山窑、阴山窑、丁家窑
		富阳	富阳
		黑林	黑林
		公主	公主梁、后梁
		顾店	顾店、王集寨、黄草路
		下集	下集
		高楼	高楼子、白崖
		苏家湾	苏家湾
		赵家窑	赵家窑、大麻沟、玛瑙嘴
		梨树	梨树、庄子上、大庄、渡湾、李家沟、小麻沟
		三联	聂家湾、全家庄、罗集寨、小林下
		何家山	何家大庄、何家小庄、何家山
		关同	关同、焦家窑、白家石沟、李家石沟
天水镇	天水村	嘴头	虎家坪、嘴头
		双闫	刘家磨、上闫村、龙头寺
		杨集	杨集
		蒲后	蒲家窑、梨树坪、后沟里
		孙陈	孙家庄、陈家湾
		元树	张家窑、元树
		杏沟	杏家沟
		王庄	王家庄
		董家坪	董家坪
		焦李	焦家山庄、焦李
		安家	老毛嘴、老庄里、新庄里、老眼下

续表

乡镇	乡、镇政府驻地	行政村	自然村
天水镇	天水村	庙坪	庙坪河坝、庙坪
		胡沟	胡家沟、上窑上、白露湾
		天水	钟家门、上磨下、树林里、碾渠上、天水
		青年	青年
		杨湾	大庄、马莲山、杨湾
		古集	古集
		石徐	石家峡、徐家峡
		柴家山	大湾里、狼虎湾、柴家山
		上游	何家湾、杨家头集、上游
		苏寨	寨子、武家窑、苏家窑、董家沟
		李尧	李尧、李家坡、盘头山
		东风	欠家湾、雷家窑、袁家湾、钟家窑
		大山	西番山、大山
		铁堂峡	张家峡、牙合、柳沟、刘家坡
		石滩	当川磨、崖洼沟、石滩
		闫沟	窑儿湾、城上、川里
		斜坡	上斜坡、下斜坡
汪川镇	汪川村	柏沟	柏沟、何家山、草坡
		杏树	下闫、上闫、蒿地沟
		汪川	大城上、河南、西山堡、黄家庄、阳坡、老城、坪上、汪川
		闫集	老城、庄窠、大庄里
		栾川	陈王、张那、王那、下磨
		双集	周集、唐集、窑上、梁上
		刘骆	刘家峡、李集寨、骆家庄、吕坡
		棉虎	棉虎、南面子
		柏母	柏家庄、母峡、车场沟、灌儿沟、高家湾
		石沟	马家山、上磨、下磨、石沟
		新寨	老庄、山庄、河滩、上深沟、下深沟
		郑山	郑家庵子、马圈沟、泥窝下、磨科河
		柏阳	苟集寨、独庄、柏阳
		大吕	铁路湾、吕家磨、大吕
		刘斜	刘磨、河那、刘斜、温沟

续表

乡镇	乡、镇政府驻地	行政村	自然村
汪川镇	汪川村	汪团	团庄、段河
		朱山	朱家山、朱家窑、马家山、马家湾、翟山
		成刘	刘家沟、成家沟、成家阳山
		成河	成河、张家沟、汪家河、老磨寨下、唐家阳山、闫家河
		黄柏	黄柏、陈家嘴、大坡上、响石湾、爷寺河坝、出山上沟、出山下沟、温家山、康家山、陈家山庄、张家山
		柏磨	柏家磨、小沟里、李家庄寨、二庄里、闫家坡
		银河	银河、李家台子、下台子、韩家坪、珍珠、邓家山、苍坪山
		苏成	罗家坡、黄家坪、苏家庄、苏家山背、陈家庄、李家山背后
		郭山	庄子、羊胡湾、山那下、尖山沟、郭家山、大山里
		旗沟	旗家沟、近家沟、八庙下
		万庄	万庄、上川里、苍坪
娘娘坝镇	娘娘坝村	柳林	驮阳、北峪沟、柳林、石堡子
		沟门	沟门、上场、望天沟、四人沟、王家台子
		杜家庄	杜家庄、小沟门、对窝沟门
		长河	铁炉坝、长河沟门、徐家庄、张家庄、赵家台子、马台子、下台、暖和湾
		白音	寺上、寺下、王家庄、木其滩、窝驼里、艾家坝
		花园	陶家庄、雨子沟门、猴家庄、丁家庄、史家庄、姜家庄、杨家庄
		李子	李子街、上店子、大地、营房、河口
		柴家庄	柴家庄、高家坪、王家庄
		马家坝	大庄、梁家庄、上宽沟、下宽沟
		云光	上窑、野狐湾、马家店子、董水沟门、野雀扁
		金池	万家河、魏沟、金子沟、徐家河、黄竹沟门
		沿川	沿川子、郭家庵子、杨集后梁
		娘娘坝	娘娘坝、杨家庵子、杨集前梁、石花沟
		南峪	南峪、刘河、姚家沟
		钱家坝	钱家坝、大桥、街子下
		舒家坝	舒家坝、大草坝、大河、大湾、凡窑
		庙川	上庙川、下庙川、党家沟
		小南峪	童家磨、小南峪
		牛峡	牛峡
		孙集	孙集

续表

乡镇	乡、镇政府驻地	行政村	自然村
娘娘坝镇	娘娘坝村	张家山	张家山
		西峪	西峪、土桥
		中寨	中寨、上磨、下磨、杜家山
		曹王	曹王
中梁乡	何家湾村	许家庄	许家庄、吴家庄、九池下
		上寨	上寨、池家庄
		小峪	小峪
		赵峡	赵峡、山王
		红卫	杨家河、赵家崖、滴水崖、张家坪
		龙凤	上韩家湾、兄集寨
		三湾	师家湾、南家湾、何家湾
		李家庄	李家庄
		向阳	下韩家湾、苟山
		座崖	禄家沟、上金家湾、座崖
		何家庙	董家小湾、何家庙
		金李	金家湾、李家坪、穆家湾
		马周	马家湾、周家山、徐家窑
		茹家湾	上茹家湾、下茹家湾
		赵家河	赵家河
		唐家河	唐家河
		马家庄	马家庄
		刘家河	刘家河
		马窑	马家窑
		草胡	上草胡、下草胡
		杨家山	杨家山、黑爷庙
		麦王山	麦王山、吊沟门
秦岭乡	中心村	关砚	关砚
		中心	中心、郭家沟
		新民	新民
		虎林	虎皮沟、任家窑
		龙集寨	龙集寨、邢家山、曹家沟
		梁家门	梁家门、任家台子

续表

乡镇	乡、镇政府驻地	行政村	自然村
秦岭乡	中心村	大庄	大庄、王家沟门
		中玉	钟玉
		斜坡	斜坡
		罗家河	罗家河、郭家河、曹家山上
		梨树	梨树
		麻山头	麻山头
		董集寨	董集寨
		马安山	马安山
		白集寨	白集寨、史家山
		石家河	石家河、白崖、唐家湾
		胡家山	胡家山、蒿坪子
		竹林	竹林、杨家嘴
		黄集寨	黄集寨
杨家寺乡	杨家寺村	白家沟	白家沟上庄、白家沟下庄
		彭文	彭家庄、吴家门、文家庄
		三湾	大湾、小湾、菜子湾
		王赵	王家庄、王家新庄、赵家山、阴湾里
		土盆	土盆、马营山、白杨沟
		跃马	马河湾、西房磨、跃子崖
		石马	石土庄、马家山
		杨家寺	杨家寺
		黑引坡	黑引坡
		麦湾	麦湾里、鹿圈湾、虎家大湾、唐家河
		松树	松树、王家磨
		中川	上中川、下中川、姜家庄、焦家沟、中川磨
		士子	士子川、士子崖
		田家庄	田家庄、侯家门
		立志	立志湾、田家山庄、木集沟
		大庄	刘家大庄、蔺家台子
		北具	北具湾、乍草坪、汤家山、小南峪
		郑宋	宋家庄、樊家沟
		芦子滩	芦子滩、史家河、冯家沟河、李家河

续表

乡镇	乡、镇政府驻地	行政村	自然村
杨家寺乡	杨家寺村	水滩坪	水滩坪、算盘子沟
		刘坪	下斜坡、刘坪
		海头	上斜坡、海头
		余坪	余坪
		崖湾	崖湾
		安集	阳坡、蒿地湾、城背后、小庄、安集
华岐乡	辛大村	李白	李山、董家沟门、碱滩下、白山
		白宋	白庄、宋湾
		下马	上马、下马
		梁山	梁山
		董湾	董湾
		火石	火石、勿驮
		韩山	韩山、富家湾
		辛大	辛大、辛小
		汪团	汪团
		文庄	文集、文石
		草滩	小堡子、草滩
		罗台	罗台
		李沟	李沟
		北杨	北山、杨沟
		范山	范山
		谢小	谢山、小岭
		李秦	李集、党家河、秦沟
		常沟	常沟
		姚宋	朱家底下、上姚、下姚、姚宋
		刘杜	刘河、杜新、杜老
		双王	上王、梁背后、下王
大门乡	上街村	郭陈	黄集山、范家庄、高家庄、陈家河、郭家山、杨家河、李家河
		袁寨	袁寨
		王沟	王沟、苏家河
		长官	长官、易台、锅坨
		白寨	白寨、上苟家、小袁集寨

续表

乡镇	乡、镇政府驻地	行政村	自然村
大门乡	上街村	于山	于山、上于家
		南山	石沟门、李家沟、寨子沟
		上街	上街、徐集寨、小集
		彭寨	彭寨
		柴山	柴山
		阴湾	阴湾
		关峡	关峡村
		田于	下店子、于家庄、田家河
		下街	下街、田家窑
		穆沟	穆家沟、赵家沟
		张湾	张湾、家沟
		三合	邢家窑、邢家沟、方家窑
		高坪	高家坪、宁康沟、杨家那、高庙山
齐寿乡	廖集寨	廖集	廖集寨、董家川
		九源	阳湾、九源
		彭马	彭村、马村
		松李	松树沟、李家村
		火焰	周家坪、火焰山、郑家烂岸、谢家大嘴
		坚山	坚山
		曹集	曹集
		柳沟	柳沟
		张赵	赵家山、张家下头
		杨家山	杨家山
		鲁家沟	鲁家沟
		稍子	稍子坡、草滩村、东嘴梁、新庄
		黑沟	黑沟门、党家山、秋子湾、蔑条湾
		后寺	李家庵子、赵老坪、高家梁、孙家河、张家垭壑
		肖崖	肖家崖
		铁佛	铁佛沟、关坪、柳坪

第二章　街道乡镇

第一节　街　道

天水郡

天水郡街道位于城区西郊，东邻西关、石马坪街道，南与皂郊镇接壤，西与玉泉镇西十里村相连。辖区东西长5公里，面积4平方公里。国道316线、羲皇大道贯穿天水郡街道。1984年1月设立天水郡街道，下辖王家磨等13个居委会。2001年将下辖居委会调整为王家磨、西十里、瀛池、莲亭、暖和湾5个社区。2006年增设皂郊路社区。2007年常住居民9368户、35686人。

辖区有天水铁路信号厂、天水长城仪表厂、天水二一三电器有限公司、天水新华印刷厂、天水长城精密电表厂等企业26家。有天水市第三人民医院、天水师范学院、天水市盲聋哑学校、天水公路总段、甘肃省机械工业学校、甘肃省机械技工学校、天水市第四中学等事业单位。瀛池蔬菜果品批发市场占地56亩，是天水城区最大的蔬菜水果集散地。地处西十里的天水市农科所是天水农业科研和技术开发的重要基地。

西关

西关街道位于城区西部，东起大同路，西至藉河西大桥，南起藉河北岸，北与玉泉镇相接，面积3.27平方公里。1955年设西关街道。2001年将下辖居委会调整为西站、聚宝盆、永庆路、环城西路、解放路、自由路6个社区。2007年常住居民13815户、35306人。

西关文化底蕴深厚，国家重点文物保护单位伏羲庙、省级文物保护单位石作瑞故居、东晋才女苏惠织锦台均在西关。三新巷、育生巷还有明清居民院落数座，有浓厚的地方文化特色。辖区有天水华天微电子集团、天水铁路电缆厂、天光厂、天水庆华厂、甘肃省建筑五公司等企业和四〇七医院等医疗机构7家，天水市职业技术学校等中等专业学校2所，中学3

所，小学3所，体育场1处。

中城

中城街道位于城区中心，东起大众路、左家场，西至忠义巷。南起藉河北岸，北至玉泉观、泰山庙一带，面积0.72平方公里。1955年设中城街道。2001年将下辖居委会调整为自治巷、重新街、伊民巷、绿色市场4个社区。2007年常住居民7777户、20572人，其中回族1190户、4347人。

中城为回、汉族杂居区，后寨、自治巷、澄源巷、伊民巷、亲睦里等巷道为回民聚居区，人口占辖区总人口的21%。中城历来是商业贸易中心，有绿色市场、商业大厦、华联大厦、金龙大厦、昊泰大厦等大型商场和邮政大楼、电力大厦、天水大酒店等豪华酒店。占地24万平方米的龙城广场是市民休闲、娱乐、健身的场地。

辖区有医院1所、中学1所、小学3所，有国家重点文物保护单位后街清真寺和省级文物保护单位玉泉观、哈锐故居、张庆麟故居、连腾霄故居等。

大城

大城街道位于城区中心地带，东起吴家圪崂、共和巷，西至大众路，南起藉河北岸，北至罗峪河，面积1.5平方公里。1955年设大城街道。2001年将下辖居委会调整为进步巷、光明巷、奋斗巷、共和巷、罗玉新村、向阳6个社区。2007年常住居民7437户、19091人。

大城街道既是商业区，又是天水市政治文化中心，中共天水市委、天水市政府驻大城街道，辖区党政单位主要有市人大、市政协、市人防办、市公安局、市中级人民法院、市司法局、市发改委、市地税局、市民政局、市人事局、市经委等。民主路、青年路是市区的繁华地段，街道两边商业门店林立。大型商场有百货大楼、东达大厦、文庙商场、商业城，中华路步行一条街是市区购物中心和品尝天水风味小吃的地方，天水图书大厦和天一阁是市区图书音像制品零售中心。

辖区有中学1所、小学3所、幼儿园2所，有国家文物保护单位胡氏民居，省级文物保护单位汉忠烈将军纪信祠、文庙，人民公园，儿童乐园。藉河风情线是市民休闲娱乐的重要场所。

东关

东关街道位于城区中东部，东起东桥头，西至仁和里，南起藉河北岸，北至新华路，面积1.54平方公里。1955年设东关街道。2001年将下辖居委会调整为尚义巷、十方堂、仁和里、忠武巷、盛源5个社区。2007年常住居民10812户、32898人。

城区主街道建设路横贯东关街道，人民银行天水市支行、银监天水分局、工商银行天水分行、中国银行天水分行、人寿保险天水分公司、银信典当公司等金融机构及天水市第一人民医院、天水书画院沿街分布。辖区有省建八公司、兰天集团、天水地毯厂、天嘉交运集团等企业，中等专业学校1所、中学2所、小学3所。

七里墩

七里墩街道位于城区东郊，东与麦积区花牛镇相连，西至东桥头，南北与玉泉镇接壤，狭长而分散，面积8平方公里。羲皇大道、成纪大道、岷山路贯穿东关街道。1984年1月设立七里墩街道。2001年将下辖居委会调整为岷山、罗玉小区第一、罗玉小区第二、五里铺、海林、七里墩、东十里、长控、长开9个社区。2007年常住居民18138户、50852人。

辖区有天水长城电器工业公司、天水长城电器控制厂、天水长城开关厂、天水长城低压电器厂、首钢岷山机械厂、天水海林轴承厂、昌盛食品公司、西联蜂业、天河酒业等大中型企业，有中学1所、小学6所、幼儿园5所、医院3所，罗玉、天河水家沟居民住宅小区2处，天河广场是市民休闲娱乐的重要场所。

石马坪

石马坪街道位于城区南部，东连七里墩街道，西接天水郡街道，南部与玉泉镇相连，北至藉河南岸，面积3平方公里。1984年1月设石马坪街道，将东关街道的石马坪居委会，西关街道的桥一、桥二居委会划入。1985年2月又设立青年林、廖家磨、材改厂、长通厂4个居委会。1987年11月设轴承厂、滨西、滨东、莲亭、东团庄5个居委会。2001年调整为东团庄、石马坪、藉河南路第一、藉河南路第二、莲亭5个社区。2007年常住居民11883户、33453人。

辖区有天水长城合金材料厂、天水长城通用电器厂、天水塑料厂、财险天水分公司、天水嘉通建筑公司等中型企业。羲皇大道和大众南路在辖区内纵横交错，是辖区内主商业街道。有中等专业学校1所、中学2所、小学2所、医院1所,金宇花苑、花苑等居民住宅小区8处。

第二节　乡

中梁

中梁乡位于秦州区北部,东与玉泉镇相连,西北部与麦积区凤凰乡接壤,南部与太京镇相连,北与麦积区渭南镇相接,面积86平方公里。乡政府驻何家湾村,距市区11公里。最高海拔1806米,最低海拔1272米,属北部干旱地区。多黄土山沟,土壤以壤土为主,植被差,水土流失严重。

中梁乡因黄土梁得名,1985年从天水县划入秦城区。2007年辖18个村民委员会、36个自然村、83个村民小组,常住居民4342户、17838人,耕地面积45911亩,森林面积4197亩。主要农作物有小麦、玉米、洋芋、油菜,种少量的谷子、荞麦、葵花、胡麻等。中梁乡位于一条绵延数十公里的山梁上,山梁宽处3公里,梁顶地势平缓、日照充足,栽植苹果园1万多亩。北部罗峪河流域水资源丰富,建成蔬菜大棚931座、504亩。

全乡有中学2所,小学11所。有卫生院、信用社、农电所、派出所和天水市农科所中梁试验站等单位。

秦岭

秦岭乡位于秦州区西部,地处西秦岭。东与牡丹镇相连,西与杨家寺乡接壤,西南与礼县红河乡连接,北与藉口镇接壤,面积67平方公里。乡政府驻中心村,距市区32公里。最高海拔1912米,最低海拔1677米,是典型的高寒阴湿山区。土壤有壤土、粘土,适宜农作物生长。秦牡公路穿越乡境。

秦岭乡因地处秦岭山脉而得名,1985年从天水县划入秦城区。2007年辖19个村民委员会、30个自然村、75个村民小组,常住居民3519户、14637人,耕地面积43914亩,森林面积13881亩。主要农作物有小麦、玉米、洋芋、油菜、胡麻、荞麦、葵花。人均占有耕地面积较多,种植药材6980亩,退耕还林2000亩。中心村农历二、五、八日逢集,上市交易商品有粮油、禽蛋、蔬菜、日杂百货等。

全乡有初级中学1所，小学21所。有卫生院、信用社、派出所、林业所、农电站、敬老院等单位。

杨家寺

杨家寺乡位于秦州区西部，东与秦岭乡相连，西南与礼县固城乡、红河乡接壤，北与藉口镇相连，面积122平方公里。乡政府驻杨家寺村，距市区43公里。境内山峦起伏，沟壑纵横，最高海拔2454米，最低海拔1670米，属典型的高寒阴湿山区。土壤以砂土、壤土为主，有少量红粘土。杨家寺乡属长江流域，西汉水支流峁水河发源于刘家大庄和芦子滩，流经境内20公里。

1985年杨家寺乡从天水县划入秦城区。2007年辖20个村民委员会、54个自然村、77个村民小组，常住居民3383户、15263人，耕地面积49359亩，森林面积17282亩。主要农作物有小麦、玉米、洋芋、大豆、黄豆、荞麦，经济作物有油菜、胡麻、葵花。全乡栽植核桃5500亩，种植中药材1300亩，退耕还林2100亩，德国援助造林4000亩。劳务收入占全乡农村总收入的50%以上，输出劳务人员主要从事建筑、餐饮服务等行业。杨家寺村农历二、五、八逢集，上市商品以水果、蔬菜、禽蛋、林产品、山货、百货为主。

全乡有初级中学1所，小学24所。有卫生院、信用社、派出所、农电所、邮电代办站等单位。

华岐

华岐乡位于秦州区中西部，东与皂郊、平南镇相连，西与礼县草坝乡接壤，南与天水镇、礼县盐官镇相接，北与牡丹镇接壤，面积101平方公里。乡政府驻辛大村，距市区60公里。地势北高南低，东西连山，中间一山隔成两半。最低海拔1550米，最高海拔2000米。土壤以壤土、粘土为主。稠泥河向南流经境内入西汉水。

华岐乡以境内华岐山而得名，1985年从天水县划入秦城区。2007年辖26个村民委员会、44个自然村、112个村民小组，常住居民5413户、23855人，耕地面积65568亩，森林面积8045亩。主要农作物有小麦、玉米、洋芋、油菜等，葵花种植万亩。辛大村农历二、五、八逢集，交易商品以禽蛋、百货、蔬菜、农产品为主。

全乡有初级中学2所,小学29所。有卫生院、信用社、农电所、派出所等单位。

齐寿

齐寿乡位于秦州区中东部,东与麦积区甘泉镇相连,西与平南镇接壤,南与娘娘坝镇相连,北与皂郊镇接壤,面积75平方公里。乡政府驻廖集村,距市区35公里。全乡三分之二的面积处于西汉水上游,地势东南高,西北低,山多川少,属高寒阴湿山区,最高海拔2169米,最低海拔1690米。国道316线纵贯南北,稍平公路横穿东西。

齐寿乡因齐寿山而得名,齐寿山古称嶓冢山,华夏名山,屈原《楚辞》"指嶓冢之西隈"中的嶓冢即今齐寿山。1985年从天水县划入秦城区。2007年辖16个村委会、35个自然村、86个村民小组,常住居民5125户、21891人,耕地面积36030亩,森林面积22665亩。主要农作物有小麦、玉米、洋芋、油菜、荞麦,果品有核桃、苹果。退耕还林4500多亩,荒山造林14000亩。经济产业以建筑行业为主,有注册建筑公司4家,持证建筑队11家,个体建筑队203家。

全乡有初级中学1所,小学20所。有卫生院、信用社、农电所、派出所等单位。

大门

大门乡位于秦州区南部,东南与娘娘坝镇相连,西南与汪川镇接壤,北与天水、平南镇接壤,面积78平方公里。乡政府驻上街村,距市区60公里。最高海拔2010米,最低海拔1700米,土壤以粘土、壤土为主,属高寒阴湿山区。

1985年大门乡从天水县划入秦城区。2007年辖18个村民委员会、44个自然村、100个村民小组,常住居民4675户、21802人,耕地面积43268亩,森林面积12100亩。主要农作物有小麦、玉米、洋芋、胡麻、大麻、葵花等。上街村农历一、四、七逢集,交易商品有日杂、百货、禽蛋、水果。劳务输出为全乡重要经济产业,年劳务收入达2000多万元。

全乡有初级中学1所,小学21所。有乡卫生院、邮电所、农电所、信用社、派出所等单位。

第三节　镇

天水

天水镇位于秦州区南部，东与平南镇相连，西与礼县盐官镇接壤，南与大门乡、汪川镇相连，北与华岐乡接壤，面积96平方公里。镇政府驻天水村，距市区45公里。地势东高西低，南北群山相连，最高海拔1938米，最低海拔1510米。西汉水从东到西流经川区8公里。徐礼公路穿境而过。

天水镇历史悠久，先秦时期为西犬丘、西陲宫之地，因唐代置天水县而得名。1985年从天水县划入秦城区，2002年6月撤乡建镇。2007年辖26个村民委员会、61个自然村、132个村民小组，常住居民8983户、29905人，耕地面积58426亩，森林面积5074亩。主要农作物有小麦、玉米、洋芋、葵花、油菜，果树有苹果、梨。天水村农历三、六、九日逢集，主要交易商品有日杂百货、蔬菜、木柴山货、禽蛋、肉食等。

全镇有完全中学1所，小学22所。有卫生院、邮电所、工商所、农电所、信用社、文化中心站、派出所等单位。有龙头寺、庙坪、青龙观、槐花寺等名胜古迹，其中庙坪太祖山有宋、清石碑7通，为县级文物保护单位。

牡丹

牡丹镇位于秦州区中西部，东与皂郊镇相连，西与秦岭乡接壤；南与华岐乡、礼县红河乡相连，北与藉口、太京镇接壤，面积127平方公里。镇政府驻牡丹村，距市区48公里。牡丹镇地处秦岭西麓，最高海拔2033米，最低海拔1581米。稠泥河流经西南部入西汉水，天牡、罗牡、华店、牡太公路纵横全镇。

牡丹镇相传牡丹村有一白音寺院内盛开牡丹而得名，1985年从天水县划入秦城区，2001年9月撤乡建镇。2007年辖31个村民委员会、47个自然村、118个村民小组，常住居民8035户、27482人，耕地面积76870亩，森林面积19931亩。主要农作物有小麦、玉米、洋芋、荞麦，经济作物有油菜、葵花、胡麻、胡萝卜和中药材，其中胡萝卜5500多亩，中药材2000多亩。人工造林11000多亩。牡丹村农历三、六、九逢集，交易商品有禽蛋、日杂百货、粮油、山货、水果、大牲畜等。

全镇有农职业中学1所，附中3所，小学32所。有卫生院、信用社、工商所、派出所、邮电所等单位。

关子

关子镇位于秦州区西北部，东与麦积区相连，西与甘谷县古城乡接壤，南与藉口镇相连，北与甘谷县金坪乡接壤，面积149平方公里。镇政府驻西北村，距市区40公里。关子南部高寒阴湿，是藉源林区，植被较好；北部干旱少雨。最高海拔2710米，最低海拔1500米。土壤以砂土、壤土为主，有少量的红粘土。藉河由西北向东南流经境内，川区水资源比较丰富。国道316线等公路穿境而过。

1985年关子乡从天水县划入秦城区，2001年9月撤乡建镇。2007年辖29个村民委员会、90个自然村、136个村民小组，常住居民8312户、27589人。耕地面积46880亩，森林面积17355亩。主要农作物有小麦、玉米、荞麦、洋芋、黄豆等，经济作物有中药材和油料，中药材种植2000亩。西北村农历二、五、八日逢集，上市商品以日杂百货、建材、禽蛋、蔬菜为主。

全镇有初级中学1所，小学29所。有卫生院、信用社、邮电所、农电所、派出所等单位。有红土坡、杨家坪等仰韶、齐家文化古遗址，均属县级文物保护单位；名胜古迹有建于元代的道家活动场所玉阳观、泰山庙，古树、石碑、石匾保存完好。

太京

太京镇位于秦州区北部，东与玉泉镇相连，西与藉口镇接壤，南与皂郊、牡丹镇相连，北与中梁乡接壤，面积144平方公里。镇政府驻三十甸子村，距市区13公里。地势起伏较大，南部多砂砾、红粘土，类似丘陵山区，北为黄土沟壑，中间是藉河谷地，气候多干旱。最高海拔1800米，最低海拔1200米。川区种植瓜果、蔬菜。国道316线、天牡等公路穿越川区。

1971年12月太京公社从天水县划入天水市，2002年6月撤乡建镇。2007年辖26个村民委员会、66个自然村、109个村民小组，常住居民7017户、29158人，耕地面积56341亩，森林面积25662亩。主要农作物有小麦、玉米、荞麦、糜谷、黄豆；经济作物有苹果、早酥梨、杏、葡萄、花椒、樱桃，面积8000亩；蔬菜以洋芋、番茄、辣椒、大蒜、胡萝卜等为主，有14000亩。全镇养殖户有1000多户，以奶牛、黄牛、鸡养殖为主。三十甸子村农历二、

五、八、十逢集,交易商品有农副产品、日用百货、禽蛋、瓜果、粮油等。

全镇有普通中学2所,小学38所。有卫生院、工商所、派出所、信用社、农电所、邮电所等单位。有省级文物保护单位西山坪遗址,县级文物保护单位师赵村遗址;名胜古迹有佛公桥、白马洞、华洞寺、玉香观等。

平南

平南镇位于秦州区中部,东与齐寿乡相连,西与天水镇、华岐乡接壤,南与娘娘坝镇、大门乡相连,北与皂郊镇接壤,面积92平方公里。镇政府驻平南村,距市区37公里。地势东西两侧高,中间呈槽状,南北走向平缓,山多川少。最高海拔1840米,最低海拔1600米。属高寒阴湿地区。土壤有红粘土、壤土。徐礼公路、稍平公路穿境而过。

平南镇因境内平阑川而得名,1985年平南乡由天水县划入秦城区,2001年9月撤乡建镇。2007年辖29个村民委员会、78个自然村、134个村民小组,常住居民8700户、34766人。耕地面积59100亩,森林面积6759亩。主要农作物有小麦、玉米、洋芋、荞麦、白云豆、油菜等。1985年平南镇试种地膜玉米成功,广泛推广后取得显著经济效益。

平南镇集贸市场是秦州区农村最大的集贸市场,平南村农历二、五、八、十逢集,交易商品以服装、禽蛋、肉类、蔬菜、仔猪、木材、日用百货、五金家电为主,日交易额40万元。平南镇人口密集,劳动力资源丰富,近万名青壮年劳动力从事建筑行业,是全镇发展经济的主要渠道。

全镇有完全中学1所,初级中学1所,小学32所。有农行营业所、储蓄信用社、卫生院、工商所、派出所、变电站、邮电所、农电所等单位。西北云雾山存元代至正年间碑一通,是儒道佛合一的宗教活动场所,年接待游客近3万人。

玉泉

玉泉镇位于秦州区东北部,环绕秦州区城区,面积106平方公里,镇政府驻市区。境内川多山少,川区海拔1100米至1200米,山区海拔1200米至1700米。玉泉镇区位优势明显,交通顺畅,国道310线、316线与成纪大道、羲皇大道贯穿全镇。

玉泉镇因境内名胜玉泉观而得名,1983年分属环城、玉泉、吕二3乡,2004年撤乡建镇,3乡合并成立玉泉镇。2007年辖30个村民委员会、

78个自然村、2个居委会、113个村民小组，常住居民8032户、30878人。耕地面积41321亩，退耕还林面积25018亩。

玉泉镇因环绕市区的区位优势，经济发展良好。2007年全镇有养殖小区10个，家庭养殖场39个，年生产肉、蛋、奶1600多吨，产值1200多万元。建成大棚蔬菜2200多亩，大田蔬菜1500多亩，樱桃、苹果示范基地9000多亩。玉泉镇乡镇企业发展较快，辖区有暖和湾工业小区、天水郡工业小区、聚宝盆工业小区、七里墩工业小区、东十里工业小区。全镇实现乡镇企业年总产值15.2亿，增加值4.25亿，企业1900多家，从业人员14000多人。

全镇有中学2所，小学23所。有南郭寺、玉泉观、李广墓、老君庙、炳灵寺等名胜古迹和七里墩、烟铺等古遗址。

藉口

藉口镇位于秦州区西北部，东与太京镇相连，西与礼县、甘谷县接壤，南与牡丹镇、秦岭乡、杨家寺乡相连，北与麦积区凤凰乡、关子镇接壤，面积244平方公里。镇政府驻郑集寨村，距市区23公里。地势西高东低，山多川少，最高海拔2612米，最低海拔1326米，属高寒阴湿山区，西部为14万亩的藉源林场。藉河与其支流金家河在境内交汇，水资源丰富。国道316线、天牡公路、天陇公路穿境而过。

藉口镇因藉河而得名，1985年铁炉、藉口乡从天水县划入秦城区，2002年6月藉口乡撤乡建镇。2004年铁炉乡并入藉口镇。2007年辖40个村民委员会、127个自然村、179个村民小组，常住居民7500户、36100人，耕地面积79758亩。主要农作物有小麦、玉米、荞麦、油菜、胡麻、洋芋。盛产苹果、桃、杏、早酥梨。郑集寨村农历三、六、九逢集，铁炉村农历一、四、七逢集，交易商品以百货、禽蛋、山货、瓜果为主。

全镇有完全中学1所，独立初中1所，小学53所，在校学生6200人。有卫生院、信用社、邮电所、农电所、派出所等单位。古遗址有山坪里、黑土岭、上户坪、杏树坡、西庙坡、杨家湾等，均属县级文物保护单位。

皂郊

皂郊镇位于秦州区中东部，东与麦积区甘泉、花牛镇相连，西与华岐乡、牡丹镇接壤，南与齐寿乡、平南镇相连，北与玉泉、太京镇接壤，面积

259平方公里。镇政府驻皂郊村，距市区15公里。地处南沟河峡谷，山多川少，地势起伏较大，最高海拔2059米，最低海拔1280米。南沟河由南向北流经境内汇入藉河。国道316线穿境而过。

皂郊镇因在南宋修建皂角城，置皂角博马务而得名。1971年12月皂郊公社由天水县划入天水市，1985年店镇乡由天水县划入秦城区，2001年9月皂郊撤乡建镇，2004年店镇乡并入皂郊镇。2007年辖36个村民委员会、104个自然村、104个村民小组，常住居民7800户、37400人。耕地面积102361亩，森林面积68000亩，森林覆盖率25%。主要农作物有小麦、玉米、洋芋等，经济作物有胡麻、油菜、苹果、核桃等。

皂郊镇地处城郊，驻有六九一三工厂、天水铁塔厂等国有企业，引进华邦电子有限公司等私有企业19家。共有各类商业网点、乡镇企业660家，年产值1.79亿元。有苹果园5500亩，年生产果品9000吨。全镇有兴隆、皂郊、店镇3个集镇，每天有一个集镇逢集，交易商品有日杂百货、水果、禽蛋等。

全镇有中小学48所，其中天水英才中学是天水最大的民办中学。有卫生院、派出所、信用社、工商所、税务所等单位。皂郊镇旅游景点较多，有皂角城遗址、贾家寺等古迹，也有风景优美的太阳山新洞寺省级森林公园等自然景观，及颐和山庄、绿云山庄、太阳山避暑山庄等旅游休闲场所。

汪川

汪川镇位于秦州区南部，东与大门乡、娘娘坝镇相连，西与礼县接壤，南与成县、西和县相连，北与天水镇接壤，面积192平方公里。镇政府驻汪川村，距市区60公里。地势北部平缓，南部山大沟深，起伏较大，最高海拔2062米，最低海拔1495米，属阴湿浅山区。土壤有壤土、砂土、红粘土。汪川河沿西北方向流入西汉水，苏成河南流入嘉陵江支流麻沿河。

汪川镇是以汪姓宗族和汪川河而得名。1985年汪川、苏成乡由天水县划入秦城区，2002年6月汪川撤乡建镇，2004年苏成乡并入汪川镇。2007年辖28个村民委员会、116个自然村、197个村民小组，常住居民7800户、40600人。耕地面积91243亩，森林面积62000亩。粮食作物主要有小麦、玉米、荞麦等，经济作物有洋芋、葵花、油菜、胡麻等，栽植林果6000亩。汪川村农历三、六、九逢集，成家河村农历二、五、八逢集，交易商品以百货、禽蛋、肉类、水果、山货为主。

全镇有小学35所,中学2所。有卫生院、派出所、工商所、信用社、财政所、农电所等单位。汪川镇东部为小陇山林缘地区,森林覆盖率较高,有铜、铅矿储量少。古遗址有南宋时期修建的军事防御工事十二连城、地纲。

娘娘坝

娘娘坝镇位于秦州区东南部,东与麦积区相连,西与汪川镇、大门乡接壤,南与徽县相连,北与齐寿乡、平南镇接壤,面积513平方公里。镇政府驻娘娘坝村,距市区40公里。全镇地处西秦岭南麓,地势起伏较大,多高山,西北高,东南低,最高海拔2245米,最低海拔1380米。属长江流域,气候温润,雨量充足,森林茂密,有白家河流经境内入嘉陵江。316国道穿越辖区中部。

娘娘坝因传说明朝时金花圣母娘娘曾镇守过境内的牡丹山得名。1985年娘娘坝乡、李子乡由天水县划入秦城区,2001年9月娘娘坝乡撤乡建镇,2004年李子乡并入娘娘坝。2007年辖28个村民委员会、96个自然村、129个村民小组,常住居民5300户、26700人。耕地面积57226亩,农作物有小麦、玉米、荞麦、油菜、胡麻、白云豆,林产品有核桃、松子和药材。娘娘坝村农历三、六、九逢集,交易商品有木材、山货、禽蛋、仔猪、粮油、水果、百货等。娘娘坝镇地处小陇山林区,森林覆盖率高,动植物资源非常丰富,林产品有木材、野生药材,还有大鲵、林麝等野生珍稀动物。矿产资源有金、铅、锌、铜、铁等金属矿藏和氟石、石灰石等非金属矿藏。

全镇有中小学42所,其中中学2所。有卫生院、信用社、工商所、邮电所、道班、森林检查站、派出所、农电所等单位。

第二编

【自然环境】

ZiRanHuanJing

　　秦州区处于我国地形分级的第二阶梯地带，属于秦岭地槽褶皱带和陇西陆台两大地质结构单位的过渡地带，位于秦岭造山带西段，跨北秦岭与中秦岭两个次级构造单元。西秦岭主脉横贯中部形成一条脊线，地势起伏较大，东北低，西南高，山多川少。区内最高点西部黑山海拔2710米，最低处东部玉泉镇县家路村海拔1110米。南部属秦岭地槽形成秦岭山地，山体陡峻，绝大部分被次生林木覆盖。北部属陇西陆台形成陇西黄土高原，沟壑纵横，水土流失严重。气候属于暖湿带半湿润、半干旱气候的过渡带，四季分明，夏无酷暑，冬无严寒，夏季仅51天，冬季漫长168天，秦州人常有冬半年的说法。南部李子园林区多年平均降水量800多毫米，北部藉河川区等地多年平均降水不足500毫米；多年平均地表水资源量为2.74亿立方米，水资源较为紧缺。1990年后由于降水逐年减少，在1994年至2002年9年中除2001年降水正常外，其余8年降水连年偏少，造成旱灾，成为秦州区有现代气象记录以来最严重的干旱。秦州区位于南北地理分界线上，适宜大多数物种生存，因而动植物资源丰富。

第一章 地 质

第一节 地 层

秦岭群

　　出露于秦州区东南角娘娘坝望天沟至长河及西北角的关子镇至五十里铺一带，与李子园群呈反"S"型展布，出露宽度2公里至3公里，被上面覆盖层掩没。岩层由相互区别的长英质片麻岩、富铝片麻岩、钙硅酸麻粒岩、含石墨白云石大理岩四套变质岩组构成。下部为火山岩（或火山碎屑岩）沉积，中部为粘土质沉积和不纯碳酸盐岩沉积，上部为含炭质的白云质碳酸盐沉积。由于经历多期变形变质作用，叠加褶皱与顺层流动构造十分发育,因此岩石变质程度深。

李子园群

出露于秦州区西北关子镇向东经麦积区甘泉,折向西南经娘娘坝镇李子园、夏家坪至陕西凤县唐藏,秦州区内长95公里,宽8公里。北与秦岭群,南与舒家坝群相接。李子园群可自下而上划分为变基性火山岩组、变酸性火山岩组、变碎屑岩组,柴家庄金矿、青岗嘴铅银矿皆富存于变基性火山岩组内。

舒家坝群

出露于秦州区东南部、南部的娘娘坝 — 舒家坝 — 郑家山一带。岩群呈南老北新的复式单斜构造,岩性单调。下部分为碎屑岩组,由石英砂岩、粉砂岩、粉砂质板岩和板岩组成,岩组厚2571米至4912米;上部碳酸盐 — 碎屑岩组,由灰岩、粉砂岩等组成,岩组各地出露不一,最厚达1231米。

大草滩群

分布于秦州区黑山 — 木沟门 — 关家店 — 王家大山 — 皂郊一线。岩性由紫红色、灰绿色为主的砂砾岩、砂岩、粉砂岩夹泥质条带组成的洪积裙或山前磨拉石堆积,厚度大于5800米。

侏罗系

分布于秦州区皂郊镇后郎庙、太阳山、红崖等地。呈断块状出露,属小型山间盆地沉积,一般面积不足1平方公里。主要岩性为黄褐、黄绿、灰褐色细砾岩、粉砂岩、砂质泥岩夹煤线或薄煤层。

白垩系

亦称六盘山群。分布于秦州区藉河南岸及关子镇、牡丹、皂郊等地的天(水)礼(县)盆地内,呈北东向展布。岩性较为单一,以棕红、紫色的砾岩、砂砾岩、砂岩夹粉砂岩、混岩为主。

第三系

分布于秦州区中、北、西部。岩性为土红 — 砖红色泥岩,含层状钙质结核、灰白色砾岩及绿色泥岩、棕红色泥岩、砂岩等陆相碎屑岩堆积,局部夹石盐和石膏,层厚30米至300米不等。

第四系

在秦州区广泛分布,一般厚度3米至30米,覆盖层为风成黄土层、冲积层、洪积层等。秦州区东南部林区由于切割剧烈，相对覆盖较薄。主要由亚砂土、亚粘土及现代河床冲积洪积物堆积组成，一般厚2米至12米。秦州区白家河水系是砂金的赋存层位。

第二节　侵入岩

秦州区境内岩浆侵入活动可分为海西、印支两个旋回，以印支晚期活动最为强烈，岩体出露多，面积大，呈岩株或小岩基，或岩脉产出。区域上属鸳鸯镇（武山县）— 关子镇 — 娘娘坝镇 — 天子山构造岩浆带。主要岩体有四个，以柴家庄、天子山岩体规模最大，呈北西向展布。岩性以黑云二长花岗岩、二长花岗岩为主，这些岩体与金的成矿关系密切。

海西期岩浆活动在秦州区不发育，呈北西向零星出露。岩性以纯橄榄岩、辉石橄榄岩、单辉橄榄岩、辉石岩为主，岩石已普遍蚀变为蛇纹岩，如苍眼沟、柳潭沟、草场沟、平套等小岩体。

第三节　构　造

秦州区位于秦岭造山带西段，跨北秦岭与中秦岭两个次级构造单元。以木集沟门 — 娘娘坝 — 舒家坝区域性边界断裂带所分隔，北、东北为北秦岭构造带，出露岩群有下元古界秦岭岩群、下古生界李子园群、上泥盆统大草滩群，以及侏罗系、白垩系、第三系等。南、西南为中秦岭构造带，出露中上泥盆统舒家坝群，以及白垩系、第三系等。

秦州区北秦岭构造带分为三个构造亚层。上部由新生界上第三系、中生界白垩系、侏罗系和上泥盆统大草滩群组成，属陆相碎屑岩或滨海 — 河湖相磨拉堆积，地层产状平缓，为一些缓倾斜的波状褶曲或连续的次级褶曲，断裂表现为浅层脆性断裂特征。中部构造层由震旦 — 奥陶系李子园群组成，为次深海 — 浅海深水相火山岩 — 碳酸盐岩 — 碎屑岩沉积，褶皱表现为紧密线型，受印支期发生的反S型构造改造，多形成叠加褶皱，以王家门 — 董水沟 — 上店子 — 木皮沟梁 — 木其滩复背斜规模最大，其余为此背斜的次级褶皱。下部构造由早元古代秦岭岩群变质杂岩组成，区域上属北秦岭加里东造山带核部，是境内造山带内最古老褶皱带。

秦州区中秦岭构造带分为两个构造层。上部构造由上第三系、白垩系、侏罗系组成；下部由中上泥盆统舒家坝群深水相复理式建造碎屑岩组成，沉积厚度大，是北秦岭——祁连造山带前缘的裂陷盆地。华力西运动使此群褶皱成山，发生强烈变形，由于断裂的推覆影响，造成境内部分地层倒转，或形成倒转同斜褶皱，断裂多表现为浅层脆性断裂特征。

第二章　地　貌

第一节　地貌特征

秦州区处于我国地形分级的第二阶梯地带，属于秦岭地槽褶皱带和陇西陆台两大地质结构单位的过渡地带，西秦岭主脉横贯中部形成一条脊线，南部属秦岭地槽，北部属陇西陆台。大部分地处陇南山地,地势秦岭以南高于岭北，岭南为北高南低，向南、西呈倾斜状，岭北西高东低，向东呈倾斜状。西部最高点黑山2710米，最低处东部玉泉镇县家路村1110米。地形起伏度大,地表支离破碎,山多川少,沟谷纵横。

秦州区地貌按成因、形态分为秦岭山地和陇西黄土高原两大类。秦岭山地东起三皇咀,西至黑山（又称景东梁），东西长62公里，南北宽41公里，面积1500平方公里，占全区总面积的62%。山体陡峻，基岩裸露，久经侵蚀切割成中深度的石质山，绝大部分被次生林木覆盖。陇西黄土高原主要分布在藉河以北，面积905平方公里，占全区总面积的37.1%。经长期水力、风力、冻融的侵蚀切割及人类活动等外力作用，逐渐发展成沟壑纵横、支离破碎的黄土梁状沟壑山地，梁沟相间，水土流失严重。

第二节　地貌类型

山地

土石侵蚀剥蚀中山地　分布于秦州区娘娘坝、大门、汪川以东和关子、藉口、杨家寺以西海拔2000米至3000米的秦岭山地。久经侵蚀，山体陡峻，基岩裸露，坡度平均大于30度，脊轴大于45度。

土石侵蚀低山地　分布于藉河以南的关子之南、藉口之西，北及娘娘坝河谷浅山地带海拔1700米至2000米的山地。大部分为古生界和中生界碳酸岩及碎屑岩类岩层，切割强烈。

黄土丘陵

砂砾岩 — 红土丘陵盆地　分布在藉河南岸藉口 — 太京 — 天水郡 — 水家沟及年集沟河流域，海拔在1700米以下。山梁起伏呈条带状，沟壑纵横，沟谷下切和向源侵蚀强烈，沟傍滑坡痕迹随处可见。

黄土沟壑

红土 — 黄土丘陵山地　分布在杨家寺以东,太京、藉口以南,秦岭、牡丹、皂郊、平南、齐寿、大门、汪川等地,海拔在1700米以上,植被以森林草原为主。

黄土梁状丘陵沟壑　分布在藉河以北的玉泉、中梁、太京、藉口、关子北部及藉河南岸天水郡至七里墩宽3公里的范围内。黄土梁蜿蜒起伏,梁顶纵坡5度至8度。受水流侵蚀切割,梁两侧发育成浅沟、切沟和冲沟,自然坡度多在10度至20度之间。西汉水上游的天水 、汪川、华岐属岭南黄土丘陵沟壑区,侵蚀强烈。

河谷平原

川地　分布于藉河(藉口至玉泉镇县家路村)河段,及南沟河汇藉河处。河谷多呈宽窄相间、一束一放的葫芦状或蛇曲状地貌。

阶地　低阶地分布在藉河关子镇以下至玉泉镇县家路村河段两岸,南沟河皂郊至天水郡河段,西汉水天水村至出境河段,峁水河杨家寺至出境河段;高阶地分布在各峡谷两岸,由三级至十级阶地组成,但受地表水切割,均无统一阶面,呈梁峁状或台状。

第三节　秦岭山脉

秦州区境内秦岭为西段秦岭,又称北秦岭。秦岭主脉犹如一道天然屏障,横亘秦州区中部,是黄河支流渭河、长江支流嘉陵江水系的分水岭,也是中国地理南北分界线。境内总长62公里,山脊线海拔高程均在1700米以上。山间多横谷,为南北及东西交通行道。

秦岭为秦州区统系脉络,西起漳县露骨山(3941米),延东经武山南部云雾山(2720米)、甘谷县南部石鼓山(2625米),进入境内至黑山(2710米)。延东至松平梁(2612米)、滩堡子梁(2303米),再东至杨家寺北部桦子梁(2212米)、簸箕湾梁(2002米),东经秦岭乡的关家店(1912米)、喇嘛山(1912米)至牡丹镇北部王家大山(2033米),折而南至牡丹镇东马蹄梁。延东南经华岐乡东部火石坡梁(1888米)、观音山(1912米)至平南镇西北部火烧咀(1862米),再东至平南镇东部盘山、高咀梁(1761米),此处为秦岭主脉最低点。由高咀梁延东南逐渐抬升,经齐寿西北部草滩湾梁折转东南至齐寿山（1951米），延东经火焰山（古称十八盘）、三台咀（2053米）至娘娘坝镇北部三皇咀（2153米），出境至麦积区南部火焰山（2559米）。

第四节 川 谷

藉河川

古称邽川，位于秦州区北部，西东走向。西起藉口，东至麦积区峡口村，秦州区内长29公里，宽1.5公里至2公里，面积50平方公里，藉河蜿蜒流经川道。沿河两岸为河漫滩和一、二级阶地，海拔1110米至1513米。土壤多为淤淀土，耕性良好，适种性广，富含氮、磷、钾，是秦州区农业精华之地，有"万亩良田藉河川，田心地胆刮金板"之说。川道中部人口密集，是秦州区城区所在地。

平南川

又称平梁川、平阑川，俗称浪马河川。位于秦州区中部平南镇，北起万家庄，南至赵家窑，长15公里，宽1公里，平均海拔1680米，属山原川道。土壤肥力高，光热条件好，适种性广。

天水川

位于秦州区南部天水镇，南河从东向西流经天水川。东南起杨湾，经天水村至嘴头村西入礼县。川长10公里，宽1.5公里至2公里，海拔1510米至1570米。南河两岸为一、二级冲积阶地，土壤为褐土型淤淀土，自然肥力高，是秦州良好的农耕之地。

稠泥河谷

位于秦州区中西部华岐乡、牡丹镇，稠泥河从西向南流经川谷。自篆嘴分为东西两谷，长27.5公里，宽0.8公里至1.5公里，面积25平方公里，平均海拔1550米至1750米。河谷两岸为一、二级阶地。土壤属褐土型淤淀土，自然肥力高，适种性广。

汪川河谷

位于秦州区南部汪川镇，由东南走向西北，汪川河流经河谷。自闫集经汪川村至万家庄出境，长12公里，平均宽0.75公里，面积10平方公里，海拔1520米至1750米。河谷两岸为冲积淤积而成的河漫滩一级阶地,土壤类型为褐土型淤淀土,质地有轻壤、中壤、重壤、沙壤,自然肥力高,适种性广。

白家河谷

位于秦州区东南部娘娘坝镇,由西北走向东南,白家河流经河谷。河谷自樊家窑经舒家坝、长河,至下台子村出境;长35公里,宽0.5公里至1公里,面积30平方公里,海拔1460米至1750米。河谷两岸为河漫滩一级阶地,土壤属淤淀土,土壤质地适中,自然肥力高,适种性广。

南沟河谷

位于区境中部皂郊镇,南北走向,南沟河流经河谷。自兴隆村经皂郊、贾家寺至天水郡,长18公里,宽0.5公里至0.8公里,面积12平方公里,海拔1250米至1500米。河谷两侧为河漫滩一级阶地,土壤属褐土型淤淀土,土壤自然肥力高,适种性广。

第三章 气 候

第一节 光 照

日照

秦州区年均日照时数1910.8小时,日均5.2小时,日照百分率为43%。一年中日照时数最多为5月份(日照201.7小时),日均6.5小时;最少10月份(日照123.7小时),日均4小时。作物生长期(≥0℃期间)日照时数为1567小时,占年日照时数的82%。最多2002年,全年日照时数2239.2小时;最少1988年,全年日照时数1495.5小时。

光能

太阳光能一年中以6月份最强,12月份最弱。一年四季太阳辐射量变化大,年总辐射量为127.56千卡/平方厘米,6月份为16.44千卡/平方厘米,12月份为6.06千卡/平方厘米。作物生长期(≥0℃期间)辐射量为104.3千卡/平方厘米，为年总辐射量的84.4%。

秦州区日照时数、日照百分率表

表2－3－1　　　　　　　　　　　　　　　　　　　　　　　　　　　　　　单位：小时

类别	1月	2月	3月	4月	5月	6月	7月	8月	9月	10月	11月	12月	年
日照时数	144.3	128.4	142.2	182	201.7	190	195.7	193.4	125.0	123.7	133.4	151	1910.8
日照百分率%	46	42	38	47	47	44	45	47	34	35	43	50	43

秦州区正午太阳高度角

表2－3－2

日　期	高 度 角	注
春 分	55°19′	
夏 至	78°45′	秦州区城区北纬
秋 分	55°19′	34°41′
冬 至	31°53′	

第二节　温　度

气温

气温年际变化　受全球气温变暖影响，自20世纪80年代以来秦州区气温呈现出逐渐增暖趋势。1998年至2007年平均气温12.1℃，比1985年以前多年平均值高1.4℃。2006年平均气温12.5℃，是秦州区有现代气象记录以来的最高值。

气温年内变化　一年之中1月中旬气温最低。从1月下旬始气温逐渐回升，到7月下旬达全年最高值。从8月上旬始气温逐渐下降，到次年1月中旬又达全年最低值。秦州区城区7月最热，平均气温22.8℃；1月最冷，平均气温-2℃；年较差24.8℃。

气温日变化　气温日变化受天气状况影响很大，稳定晴天呈单峰型，日最高气温出现在下午2时至3时，日最低值出现在清晨日出前后，阴雨天则多变，呈现波动型。日较差平均11℃左右。

气温最高值与最低值　1985年以来极端最高气温38.2℃（1997年7

月21日），极端最低气温–17.4℃（1991年12月28日）。一般年份极端最高气温在35℃左右，最低气温–13℃左右。平均一年中≥35℃的日数不足1天，≥30℃的日数为30天，≤–10℃的日数为9天，≤0℃的日数为147天。

1971—2000年秦城区气象周期月平均温度

表2—3—3　　　　　　　　　　　　　　　　　　　　　　　　　　　　　　　单位：℃

时间	1月	2月	3月	4月	5月	6月	7月	8月	9月	10月	11月	12月	年
温度	–2.0	1.0	6.2	12.6	17.0	20.6	22.8	22.0	16.8	11.0	4.7	–0.7	11.0

1985—2007年秦州区（五里铺）气温

表2—3—4　　　　　　　　　　　　　　　　　　　　　　　　　　　　　　　单位：℃

年份	年平均气温	年最高气温	年最低气温
1985	10.5	33.3	–12
1986	11	33	–9.6
1987	11.5	33.4	–11.6
1988	10.8	33.6	–11.4
1989	10.7	31.7	–12.4
1990	11.2	33.8	–9.9
1991	11.2	35.2	–17.4
1992	10.7	32.4	–10.4
1993	10.8	32.3	–12.9
1994	11.6	34.9	–13.8
1995	11.6	35.1	–10
1996	11.1	36.1	–11.2
1997	12.1	38.2	–11.2
1998	12.4	36.3	–12.0
1999	12.2	35.4	–11.9
2000	12	37.7	–9.4
2001	11.9	36	–9
2002	12.3	36.2	–14
2003	11.6	34.4	–10.5
2004	12	36.2	–14.2
2005	11.7	34.8	–11.4

续表

年份	年平均气温	年最高气温	年最低气温
2006	12.5	36.8	−10.8
2007	12.1	33.4	−10.1

气温四季

按照自然天气五天平均（候平均）气温划分秦州区四季，4月11日至6月24日为春季，共75天；6月25日至8月14日为夏季，共51天；8月15日至10月24日为秋季，共71天；10月25日至4月10日为冬季，共168天。秦州人常有冬半年的说法。

第三节 降 水

降水量地域差异

秦州区降水量具有明显的地域特征。西秦岭以南是相对多雨区，李子园林区1983年高达886.1毫米，苏成山区平均年降水量866.9毫米。藉河谷地及北部山区降水量相对偏少，多年平均降水量为491.6毫米，易干旱。

降水量年际变化

秦州区降水量年际间相差很大，最少316.6毫米（1939年），次少321.8毫米（1996年），最多809.6毫米（2003年）。从20世纪90年代起秦州区降水量呈减少趋势，1994年至2002年连续9年偏少，干旱严重，冬季有河水断流现象。从2003年开始降水增多，转入多雨期。

降水量年内变化

秦州区冬半年受极地大陆冷空气团控制，夏秋季受西太平洋副热带高压影响，致使四季降水量分配很不均匀。冬半年干燥少雨，夏秋季雨量集中。7月至9月为雨峰期，降雨量可达237.7毫米，占年降水量的48.4%；10月以后降水减少转快。全区降水季节与热量变化季节相一致，雨热同步，对农作物生长有利。除异常年份外，一般年份多年平均降雨：春季降水量为111.2毫米,占年降水量的22.6%；夏季降水量232.3毫米，占年降水量的47.3%；秋季降水量为133.5毫米，占年降水量的27.2%；冬季降水量为14.7毫米，占年降水量的3%。

降雨日数和强度

历年平均降水≥0.1毫米的日数为101.3天，≥10毫米的日数为14.5天，≥25毫米的日数为2.7天，≥50毫米的日数为0.3天。1985年以后最大日降水量84.1毫米（2005年7月1日）。秦州区降水以小雨居多，小雨日数占年降水日数的85.7%，中雨日数占11.5%，大雨日数占2.4%，暴雨日数占0.2%。

秦州区（五里铺）历年月平均降水量表

表2—3—5
单位：毫米

时间	1月	2月	3月	4月	5月	6月	7月	8月	9月	10月	11月	12月	年
降水量	5.1	6.0	18.7	38.0	54.5	68.9	84.6	78.8	74.3	47.1	12.1	3.6	491.6

1985—2007年秦州区（五里铺）降水量表

表2—3—6
单位：毫米

年份	降水量	年份	降水量
1985	638.9	1997	359.8
1986	338.2	1998	450.7
1987	441.8	1999	429.4
1988	649.2	2000	462.9
1989	506.9	2001	502.7
1990	730.3	2002	372.6
1991	420.4	2003	809.6
1992	554.2	2004	363
1993	558	2005	590.5
1994	389.9	2006	621.4
1995	391.8	2007	589.7
1996	321.8		

第四节　风

　　秦州区地形复杂，川谷地带和山区的风向、风速不尽相同。藉河川道全年主导风向为东风，与藉河走向一致。年最多风向虽变化不大，但从四季风向的变化上看，春、夏、秋季以东风较多，冬季则多偏北风。

风向日变化较明显，上午多东风，午后略向南摆动，夜间转微弱西风。这种风向的年变化，具有秦州季风特征。1985年12月7日秦州区出现最大风速12.7米/秒，风向为北风。年大于8级大风日数10天左右，多在春夏之际。

寒潮主要出现在早春和晚秋。春季占总数的70%，秋季占22.4%，冬季为少寒潮时段。寒潮潮前刮大风，常伴有雨或雪，短期内气温骤降，出现冰冻和霜。秦州区最大一次寒潮带来的降雪量为139毫米。

秦州区历年月平均风速

表2－3－7   单位：米/秒

时间	1月	2月	3月	4月	5月	6月	7月	8月	9月	10月	11月	12月	年
风速	1.0	1.3	1.4	1.3	1.3	1.1	1.2	1.2	0.9	0.8	0.9	0.9	1.1

第四章 水 文

第一节 河 流

藉河水系

藉河古称席水、洋水、乌油江，秦州母亲河。发源于甘谷县南部龙台山（海拔2512米），自西向东流，从甘谷县古坡乡杨家坪村流入秦州区，经关子镇石川至藉口镇白草滩与南支流金家河汇合，然后自西往东经太京至玉泉镇王家磨村纳入南沟河（古称黄瓜水、赤峪水，发源于齐寿山，河长30公里，流域面积260平方公里）进入市区。在东关又汇入罗峪河（古称濛水，发源于麦积区凤凰山，河长24公里；暴雨容易产生洪灾，是秦州区重点防汛河段之一），至玉泉镇县家路村流出进入麦积区，于峡口村汇入渭河。河长85公里，秦州区内长55公里。流域面积1276平方公里，秦州区流域面积1066平方公里，占83.6%。

藉河流域植被覆盖率低，植被物多是季节性农作物，涵蓄水量能力小，降水大部分渗入地表层，而后耗于蒸发。据1959年至2007年实测水文资料计算，平均流量2.43立方米/秒，平均径流量0.766亿立方米，径流深75.2毫米。最大洪峰流量3260立方米/秒，出现于1959年10月10日。1985年至2007年最大洪峰流量896立方米/秒，出现于1988年，平均流量1.32立方米/秒，小于1959年至2007年平均流量46%。自20世纪90年代以来由于受大气环流的影响，降水偏少，藉河进入枯水期。1991年至2007年平均径流量0.364亿立方米，偏小1959年至2007年平均值1.11倍，径流深仅为35.7毫米。其中1996年径流量仅为0.017亿立方米，较1988年偏小52.7倍，较1967年丰水年偏小132倍。1996年至2002年累计河竭断流348天，平均每年断流50天。藉河流域系第三纪和第四纪甘肃红色土和黄色土，侵蚀强烈，水土流失严重。从20世纪80年代末起藉河泥沙量偏少。1985年至2007年年平均输沙量150万吨，比1985年前平均输沙量少69%。最多年输沙量619万吨（1988年），最少年输沙量仅为22.5万吨（1996年）。

1985—2007年藉河径流量表

表2—4—1   单位：亿立方米

年份	径流量	年份	径流量
1985	1.1	1997	0.0242
1986	0.41	1998	0.0411
1987	0.39	1999	0.148
1988	0.76	2000	0.1434
1989	0.64	2001	0.1662
1990	0.96	2002	0.0495
1991	0.315	2003	1.09
1992	0.823	2004	0.1812
1993	0.72	2005	0.7104
1994	0.281	2006	0.5206
1995	0.098	2007	0.8615
1996	0.017		

1985—2006年藉河输沙量表

表2—4—2   单位：万吨

年份	输沙量	年份	输沙量	年份	输沙量
1985	322	1993	154	2001	76

续表

年份	输沙量	年份	输沙量	年份	输沙量
1986	112	1994	60.6	2002	27
1987	289	1995	36.5	2003	361
1988	619	1996	22.5	2004	30
1989	92.2	1997	83.9	2005	77.2
1990	197	1998	42.5	2006	308
1991	34.4	1999	99.9		
1992	282	2000	80.9		

西汉水水系

西汉水古称养水（漾水），又名犀牛江，嘉陵江上游支流。发源于齐寿乡齐寿山，自东往西经天水镇庙坪至嘴头村流出进入礼县。秦州区内河长26公里，流域面积711平方公里，占全区面积的29.1%，落差280米。西汉水流域植被覆盖率低，滞蓄水能力差，河床自然坡度大，汇流成洪快。6月至8月为汛期，多年平均流量2.48立方米/秒，多年平均径流量7824万立方米，径流量深105毫米。西汉水流域水土流失较重，是长江流域多产沙区之一，多年平均输沙量227.6万吨。

白家河水系

白家河发源于秦州区与徽县交界处的大山坝东麓，自西南往东北经娘娘坝镇舒家坝至柳林，由柳林东南经长河至下台子村流出进入麦积区，然后进入徽县与花庙河汇合流入嘉陵江。秦州区内河长76公里，落差820米，流域面积541平方公里。流域地面植被率75%，蓄滞水能力强，属蓄满产流型。6月至8月为汛期，平均流量3立方米/秒，多年平均径流量947万立方米，径流量深175毫米。属秦州区低产沙区，多年平均输沙量38万吨。

苏成河水系

苏成河是嘉陵江支流长丰河的源头，发源于秦州区与徽县交界处的大山坝西麓，自东北往西南流经罗家坡至汪川镇阎家河附近与西支汇合。西支发源于礼县与西和县交界处的乱石山（2087米）北麓，自西往东进入汪川经成河与东支汇合，南流经柏磨南流出进入徽县。秦州区内河长13

公里，流域面积90平方公里。流域地面植被率高，蓄满产流型。6月至8月为汛期，平均流量0.43立方米/秒，多年平均径流量136万立方米，径流深153毫米。水土流失轻微，多年平均输沙量18.1万吨。

第二节　水资源蕴藏量

地表水

秦州区1985年至2007年平均降水总量11.88亿立方米，扣除蒸发损耗，多年平均地表水资源量为2.7417亿立方米，平水年（P=50%）地表水资源量为2.7879亿立方米。

地下水

秦州区多年平均地下水可开采量为5767万立方米，平水年（P=50%）为7239万立方米。全区地下水储存量7632万立方米，其中藉河流域为5740万立方米，长江流域为1892万立方米。

河谷川区　藉河川区是较富水区，单井出水量1000立方米/日至2500立方米/日，水位埋深1米至10米，含水层厚2米至10米，矿化度<1克/升至2克/升，水质多为HCO_3—SO_4型。藉河洪积扇区、西汉水河漫滩及一级阶地、峁水河及稠泥河中下游段为弱富水区，单井出水量<1000立方米/日，水位埋深1米至10米，矿化度1克/升至3克/升，水质为HCO_3—Na—Mg型。

中低山丘陵地　分布范围为藉河南岸丘陵区，区内为半湿润地区，年降水量>500毫米，沟谷上游多为植被，地下水除受降水补给外，还有上游基岩裂隙水补给。沟谷潜水位<3米，单井出水量>500立方米/日，矿化度<3克/升，水质为HCO_3—Ca型或HCO_3—Ca—Mg—Na型。

中高山地　分布范围为藉河以南、娘娘坝以东及藉河上游区段。降雨量在650毫米至900毫米之间。基岩裂隙水与岩溶裂隙水交错分布。单泉流量0.1升/秒，径流量模数1升/平方公里。矿化度0.4克/升，水质为HCO_3—Ca型。

水资源总量

平水年（P=50%）水资源总量为35118万立方米，其中藉河流域

13773万立方米，长江流域21345万立方米。全区人均占有水资源量为539立方米，比1990年的971立方米减少432立方米。秦州区各河流均落差大，流量季节差异大，水流稳定性差，无大的开发价值，各河流水力理论蕴藏量为3.9万吨。

供需

秦州区需水总量7556万立方米，其中城镇生活1229万立方米，农村生活303万立方米，工业1402万立方米，农业3886万立方米，三产和建筑业688万立方米，生态49万立方米。实际供水量7273万立方米，其中蓄水工程供水45万立方米，引水工程供水1006万立方米，提水工程供水583万立方米，地表水供水工程1634万立方米，地下水供水工程5322万立方米，其他供水工程300万立方米。缺水量283万立方米，缺水程度3.75%。

第三节　水　质

改革开放后秦州区城市人口逐渐增多，工业废水及生活污水大量排入河道。1990年后大气降水偏少，藉河水量偏枯，河水自身不能净化，导致水质下降和水体功能降低。1999年前藉河城区段重度污染属V类水质。2007年随着兴建藉河风情线和污水处理厂建成投入使用，河道流水水质好转，人工天水湖适于养殖鱼类。

城区西十里地下水达到国家饮用水标准（GB/14848-85），水质良好；山区农民饮用水源主要为井水、泉水、河水、滞池水等。据水源水质调查，水质普遍含碘量偏低，有的水源水质含氟量偏高。水源水质总硬度全区平均为17.6度（德国度），属良质软水；全区平均总矿化度为625毫克/升。

秦州区农村饮水源水质调查表

表2-4-3　　　　　　　　　　　　　　　　　　　　　　单位：毫克/升

乡镇	pH	氟			碘			总硬度（德国度）			总矿化度
		平均	最高	最低	平均	最高	最低	平均	最高	最低	平均
玉泉	7.5	—	—	—	1.26	8	—	17.6	26	5	735.4

续表

乡镇	pH	氟			碘			总硬度（德国度）			总矿化度
		平均	最高	最低	平均	最高	最低	平均	最高	最低	平均
太京	7.5	0.48	1.8	—	0.002	0.011	—	14.7	25	6.7	600.7
皂郊	7.4	0.72	3.0	0.2	0.68	6.0	—	17.1	29.5	10	601.3
藉口	7.4	0.44	3.0	—	0.83	3.2	—	14.0	30.5	13.9	560.8
牡丹	7.9	0.25	1.2	—	1.5	7.2	—	10.6	17.0	5.5	600.3
秦岭	7.8	—			2.6	4.8	—	12.1	19.0	6.0	670.4
杨家寺	7.9	0.004	0.2	—	0.45	2.0	—	19.5	—	9.0	649.5
关子	7.5	0.68	2.0	—	0.76	4.0	—	12.4	23.5	3.7	478.8
中梁	7.9	0.97	2.5	—	1.32	11.0	—	17.0	101	7.9	656.8
汪川	7.7	1.00	2.5	—	0.01	0.02	0.004	27.1	33	13.5	593.8
平南	7.5	1.38	2.5	—	0.005	0.014	0.002	17.6	33.5	11.0	548.9
华岐	7.1	1.2	3.0	—	0.007	0.024	—	20.5	39.5	8.5	626.1
天水	7.7	1.73	2.5	—	0.002	—	—	27.1	44	6.0	603.8
大门	7.6	0.55	2.4	—	0.007	0.02	0.002	21.0	37.0	12.0	492.5
齐寿	7.4	1.18	2.5	0.5	0.006	0.02	0.002	17.4	36.5	4.2	581
娘娘坝	7.5	0.53	1.5	—	0.008	0.03	0.002	16.7	38.0	9.0	461.5
平均	7.6	0.604	—	—	0.568	—	—	17.6	—	—	625.1

第五章　自然资源

第一节　土　壤

土壤形成

秦州区土壤形成和分布与地质、地貌、气候、水文、植被分布一致。西秦岭山地山体高大，气候阴凉湿润，雨量充沛，以落叶阔叶林和针阔混交林为主要植被，林木残积物多，因此形成棕壤土类。在海拔1500米至

2000米的中部山地，是温带落叶林或灌木与草本混交植被，降水量550毫米至750毫米，地面蒸发量大于降水量，土壤水分条件属于半淋溶型，形成褐土类。藉河以北的黄土山梁地带，降水量500毫米至550毫米，气温8℃至11℃，以干草原为主要天然植被，发育形成黑垆土类。在黄土梁沟壑区，植被差，水土流失严重，形成无水纹性结构的黄绵土类。因地形复杂，高差悬殊，土壤亦明显表现出垂直分布特点，形成高山草甸土、山地棕壤土、淤淀土和红土类。

土壤种类

据1986年土壤普查资料分析及化学鉴定，秦城区土壤分为7个土类，酸碱度（pH）在7.37至8.7之间，属微碱性土。潮土分布面积不到1%。

褐土　分布在海拔1500米至2000米的西秦岭山地，是秦州区最大土类，面积1181平方公里，占总面积的48.6%。

绵土　分布在西汉水流域和藉河流域的黄土梁顶及山坡上。面积141平方公里，占总面积的5.79%。

黑垆土　黑垆土结构良好，保水保肥，分布在西南各乡镇。面积351平方公里，占总面积的14.4%。

红土　主要出现在水土流失严重的滑坡、湾地、切沟、冲沟及河谷两岸，面积554平方公里，占总面积的22.7%。

淀土　分布在藉河、西汉水流域的冲积平原或山洪沟口洪积扇上，面积145平方公里，占总面积的5.9%。

棕壤　分布于西秦岭海拔2000米至2300米以上的阴坡林下。面积53.7平方公里，占总面积的2.2%。

第二节　植　物

植被类型

自然植被　分布于秦州区南部秦岭山系的娘娘坝等地。林种有以华山松为主的针叶林，也有以松、杨、桦等为主的常绿针叶和落叶阔叶林。林缘地带及林中空隙地生长有落叶阔叶灌丛。林地面积347.7平方公里，占秦州区林地面积的49.4%，植被率为75%。西汉水和藉河上游均有天然林分布,植被率为33.3%。除天然林植被外,还分布山地森林草甸、山地草甸、山地灌丛草原、草原化草甸、草甸草原等天然草原植被。

人工植被 1989年至2007年,营造水土保持林384平方公里、经济果木林210平方公里,人工种草117平方千米、植物护埂893公里,藉河流域林草覆盖率由1988年的14.8%增加到2007年的54.8%,城区林草覆盖率由1988年的20.6%提高到2007年的45.7%。

植物种类

木本植物 乔木有华山松、油松、红松、白松、山杨、榛子、云杉、白榆等数十种,主要分布在秦州区南部天然林区,常见的乔木有刺槐、柳树、杨树等。灌木有沙棘、酸枣、枸杞、胡颓子、卫茅、绣线菊、野樱桃、紫穗槐、爬山虎、虎榛子、珍珠梅等数十种。

草本植物 草本植物分为野生草本和人工草本两大类。野生草本植物品种多达二百多种,主要有苍耳、白蒿、蒲公英、凤毛菊、紫菀、箭竹、芦苇、白羊草、针茅、狗尾草、冰草、野苜蓿、胡枝子、紫云英、黄蔷薇、地榆、水杨梅、草莓、山丹、萱草、野蒜、野葱、高山韭、石竹、王不留行、白头翁、草玉梅、珠牙蓼、羊蹄叶、大黄、秦艽、当药、鳞叶龙胆、野薄荷、荠菜、柴胡、黄蒿、沙草、苔草、瓦松、菟丝子、田旋花、南星、狼毒、马兰等。人工牧草有豆科的紫花苜蓿、红豆草,禾本科的沙打旺、小冠花、毛尾草等。

花卉

花卉品种繁多,常见的有300多个品种。传统木本花卉有夹竹桃、金银花、冬青、合欢、紫丁香、海棠、白玉兰、玫瑰、碧桃、探春、无花果、黄蔷薇等,草本花卉有鸡冠花、千日红、凤仙花、金菊、美人蕉、大丽花、牵牛花、吊兰、水仙花等。

药用植物

根茎药材有白头翁、白芍、生地、麦冬、远志、苦参、天南星、苍术、天麻、姜活、黄芪、独活、川芎、半夏、党参、当归等80余种。果实药材有连翘、五味子、杏仁、桃仁、女贞子、木瓜、山楂、苍耳子、皂角等55种。根茎皮药材有杜仲、白桑皮、椿根皮、合欢皮、苦练皮等15种。花叶药材有大青叶、苏叶、艾叶、鸡冠花、辛夷、凤仙花、金银花等20种。全草药材有茵陈、麻黄、鬼骨针、薄荷、木贼、地丁、车前草、佩兰、凤眼草、透骨草、西河柳、半边草、祖师麻等60种。藤木树脂药材有木通、松节、皂刺、天仙藤、桑寄生等10种。

第三节　动　物

饲养动物

秦州区家畜马有土种马、河曲马、关中马,牛有土种黄牛、秦州牛等,驴有河西驴、关中驴等,骡子有马骡、驴骡,羊有本地羊、山羊等数种,猪有本地土种猪、甘肃白猪等,兔有本地土种兔、长毛兔等,狗有土种狗、狼狗、狮子狗等,以及猫;家禽有土杂鸡、来杭鸡、九斤黄、北京鸭、本地鸭、鹅、白鸽、灰鸽、信鸽等;鱼类有鲤鱼、鲢鱼、草鱼、鳙鱼、鲫鱼等;昆虫有本地蜂、蚕、蝎、土元等。

野生动物

秦州区鸟类有麻雀、灰鸽、猫头鹰、雉鸡、兰马鸡、锦鸡、鹌鹑、百灵、雀鹰、岩鸽、云雀、杜鹃、戴胜、家燕、寒鸦、画眉、喜鹊、啄木鸟、灰鹤等,兽类有野兔、松鼠、狼、豹、狐、豺、獾、野猪、刺猬、熊、蝙蝠等。另外有野蜂类、蝶蛾类、蜘蛛类、蝗虫类、蚂蚁类及蜻蜓、百足虫、萤火虫、土龟子、青蛙、蟾蜍、金钱蛙、树蛙、壁虎、蜥蜴、蛇、蚯蚓、龟等。

野生珍贵动物

秦州区有国家二级保护动物大鲵,又名娃娃鱼,分布在白家河流域潭中;三级保护动物林麝,活动在南部林区;国家三级保护动物毛冠鹿,栖于高山或丘陵灌丛中;国家三级保护动物鬣羚,别名四不像,栖居于林木丛生的石质山地中;国家三级保护动物金猫,别名红春豹,为一种大型野猫,分布于李子园林区;国家三级保护动物小獭,民间称水猫,性喜水,分布在白家河流域;国家三级保护动物猕猴,多群居,生活在白家河两岸高山;国家三级保护动物斑羚,俗称青羊,善跳跃,栖居在李子林区的山顶岩石间;国家三级保护动物红腹锦鸡,别名金鸡,分布在林区或半林区,数量较多;国家三级保护动物石貂,俗称雀貂子,栖于岩石、黄土崖裂隙中,以蛇、蛙等为食,分布在西部、西南部林缘地带。

第六章　自然灾害

第一节　气象灾害

1986年4月至5月春末夏初大旱。8月至9月伏秋连旱,夏秋粮减产。

1990年6月29日凌晨秦城区突降暴雨,最大降雨量81.9毫米,城区环城路、解放路、大众路以及士言巷、惠民巷、后寨、王家旮旯等道路、巷道普遍进水,低洼区积水深达80厘米,巷道院落进水210户496间,水毁房屋16间,冲毁西关砖瓦厂砖坯20余万块。

1991年6月21日城区及15乡降特大暴雨,城区6巷道79户55间房屋及7个单位进水,五里铺大桥工地冲垮,落水5人,死亡2人。西路8乡遭冰雹袭击平均厚度达2厘米,11村1.5万亩农田受灾。

1993年7月14日至15日城区普降中到大雨,降雨量88.2毫米。7月20日至21日又持续降雨15小时,降雨量49.5毫米。两次降雨造成藉河西大桥下游北堤20米、藉河南大桥上游北堤50米堤坝基础外露,海林厂子弟学校门前两侧北堤60米、金家庄以南北堤100米堤防坍塌。

1994年至2002年9年中除2001年降水正常外,其余8年降水连年偏少,干旱严重,河枯断流,泉塘干涸,人畜饮水非常困难,粮食减产。是秦州区有现代气象记录以来最严重的干旱。其中1997年和1999年干旱最为严重。

1996年7月2日太京、中梁、店镇、牡丹、华岐等6乡53村遭遇罕见特大冰雹袭击,个别村子冰雹大如鸡蛋,平均厚度达2.5厘米。

1997年秦城区4月至6月平均降水仅20多毫米,较历年同期偏少8至9成。同时出现少有的干旱热风和高温天气,使耕地严重失墒;夏粮受灾25.15万亩,占播种面积32.1万亩的62.8%,夏粮同比减产14.5%;秋季作物31.5万亩普遍受旱,减产3600多万公斤。河流普遍断流,山沟小溪干枯,造成16乡镇10.8万人和3.6万头大牲畜出现饮水困难。

1998年4月28日晚大雨,大城编织厂受灾。7月5日凌晨大雨,玉泉卫生院、小南门、合作北路、天北高速公路等处受灾。8月24日暴雨使藉河猛涨,南大桥西侧堤坝被洪水冲毁。

1999年夏季持续高温,春、夏、秋连续干旱,农田底墒严重不足,浅山区大秋作物受灾24.2万亩,占播种面积的75.3%。藉河及南沟河持续断流,有130多眼井成旱井;山区小溪干枯,致使11个乡镇的115个村、1.52万户、7.8万人和2.6万头大牲畜发生水荒。7月22日下午藉河上游发生强降雨,下午5时藉河洪峰流量达35立方米/秒,永红厂以南堤防基础冲刷较为严重,廖家磨藉河便桥东段一处长30米的堤防坍塌。8月16日暴雨造成双桥路、解放路、环城路、藉河北路大量积水。8月17日晚9时由于受中梁、藉口、太京等地降雨的影响,罗峪河暴发洪水,洪峰流量达462立方米/秒,天水郡藉河大桥西侧北堤80米堤防坍塌。

2001年6月15日上午7时罗峪河流域突降暴雨,河水猛涨,最大洪峰流量583立方米/秒,为百年一遇洪水。洪水越过东关大桥和堤防,冲进岷山路和建设路,街道积水盈尺,107户居民院落进水,19间房屋倒塌,冲毁河堤180米,445米堤防基础外露,罗峪河北桥、罗峪河便桥损毁严重。冲断桥下附设的自来水管道及通讯光缆,直接经济损失1120万元。

2003年8月24日晚南沟河流域普降大雨,洪水暴涨,最大洪水流量320立方米/秒,致使皂郊、玉泉等乡镇3200户15300人受灾。死亡1人,倒塌房屋7151间、水毁河堤3487米、桥4座、电力设施14处,经济损失1357.5万元。

2006年秦州区出现春旱和严重的伏旱,农作物、经济果树受旱36万亩,成灾21.8万亩,直接经济损失达11294万元。

2007年8月8日下午4时全区大范围降暴雨,河水猛涨,冲毁道路、桥涵、堤防、农电线路等设施,倒塌房屋288间、校舍158平方米,因灾死亡2人,农田受灾17400亩,绝收450亩,直接经济损失1300万元。

第二节　地质灾害

1988年8月7日城区北山张家沟、杜家沟暴雨造成洪水泥石流侵入西关，30多家商店、14家企业单位、22户居民受灾，67间房屋倒塌，直接经济损失30多万元。

1990年8月11日城区泰山庙山体滑坡，裂缝长达300余米，导致数千户居民搬迁。

1995年7月1日城区降大雨37.5毫米，山洪暴发，致使玉泉村老虎沟北山山体滑坡，9名砖瓦民工被埋身亡，毁坏房屋16间、高低压农电线路800余米、180千伏变压器1台、40型制砖生产线1套，经济损失110万元。

2005年6月30日至7月2日秦州区大范围降大暴雨，3天降雨162毫米，致使多处山体滑坡，房屋倒塌，河堤桥梁毁坏，直接经济损失2865万元。

第三节　生物灾害

1985年至1988年发生农田病虫害。

1989年小麦条锈病特大流行。

1998年至1999年小麦条锈病、白斑病小麦蚜虫大流行，小麦条锈病发生25万亩、白斑病发生30万亩。

2002年小麦条锈病特大流行，发病38万亩。

2007年小麦病虫发生99.1万亩，有锈病、白斑病、病毒病等发生56.3万亩，有麦蚜、麦蛀蚜、冬麦异夜蛾等发生39.8万亩；玉米病害发生24.3万亩，主要有玉米螟、粘虫、玉米红蜘蛛、玉米蚜等；油菜病虫害发生17.8万亩；蔬菜病虫害发生7.16万亩；马铃薯病虫害发生7.9万亩；农田草害发生38.1万亩。

秦州
区志
QIN ZHOU
QU ZHI

第三编

GuoTuZiYuanYuHuanJingBaoHu

国土资源与环境保护

秦州区总土地面积2442平方公里（366万亩），由于地处西秦岭山脉，可用土地面积较少。根据土地部门普查，1985年耕地面积为147万亩，2007年为135万亩，占总土地面积的38%，而且绝大部分为山地不适宜耕种，川地仅为12.25万亩。

1990年后由于农业耕地侵占荒坡林地和发展乡镇企业，全区自然环境出现急剧恶化，大气、水质、土壤等污染严重，各种环境指标超标。1995年后农村劳动力大规模向城市转移，高耗能、高污染乡镇企业纷纷停产倒闭，自然环境逐渐好转，同时政府有计划地启动实施自然生态建设工程。2007年全区森林覆盖率达到41%，大气、水质、土壤等各项指标达到国家规定标准。

第一章　土地资源

第一节　土地规模

1985年秦城区总土地面积2442平方公里，山地面积占92%以上。其中耕地1476302亩，占40%；园地25438亩，占0.7%；林地1052606亩，占28.8%；城乡居民用地86683亩，占2.4%；牧草地659276亩，占18.24%；工矿用地78161亩，占0.22%；交通用地80235亩，占2.4%；水域73798亩，占2%；未利用土地134058亩，占3.66%。

1992年秦城区有生产用地2793428亩，耕地1432020亩。区域内1至3级土地主要分布在天水盆地、西礼盆地以及藉河和西汉水上游两岸的河谷平原河滩，土地较为平坦，土层厚，光、热、水、肥资源较好，有利于农、林、牧各业的发展，农作物可两年三熟。4至6级土地主要分布在黄土梁峁沟壑区沟坡、湾地，以秦岭山地海拔1500米以上的山坡为主，土层较厚，但水土流失严重，又受气候条件所致，农作物一年一熟。7级地为基岩裸露的石质，农作物一年一熟，有林草生长，可发展林牧业。8级地为难利用地。2004年有1432020亩耕地，粮食亩产大于300公斤的高产田18610.6亩，占1.3%；亩产150至300公斤的中产田484883亩，占64.84%；亩产低于150公斤的低产田占33.86%。

2007年秦州区人均占有土地7亩，低于全国人均占有土地13亩，也低于全省人均占有土地35亩；人均耕地2.2亩，人均林地1.9亩，人均草原0.7亩。按农业人口计算，农民人均耕地仅4.2亩，林地2.8亩，草地1亩。

第二节　土地利用规划

1988年8月至1991年4月秦城区评查土地，其中有耕地1432019亩，园地49482亩，牧草地343134亩，居民用地116288亩，交通用地20929亩，水域61090亩，未利用土地571896亩；按所属权划分，其中国有土地752489亩，集体2811144亩。

1993年10月市、区土地局联合完成皂郊、太京两乡的土地利用总体规划说明书。1995年至1998年秦城区完成土地利用总体规划修编，规划分为土地利用现状及评价、土地供需预测、土地利用规划、重点建设项目用地布局、土地利用分区、土地开发整理、乡土地利用实施规划8个方面的内容。1999年8月各乡镇完成土地利用总体规划，规划期限基限为1996年，至2000年，规划期至2010年。规划共分土地利用现状及分析、土地利用规划、土地利用分区、重点建设项目用地和布局、土地保护开发与整治、实施规划的措施6个方面的内容。

2000年变更调查1999年10月31日以来土地变化。至2000年10月31日秦城区有耕地1371318亩，占土地总面积的37.4%，林地975226亩占26.2%，牧草地332731亩占9.1%，城镇村及工矿用地120975亩占3.3%，交通用地23017亩占0.7%，未利用地567371亩占15.5%。按级分类，共有28个二级地类。按权属划分，集体土地2808224亩，占总面积76.6%；国有土地743457亩，占20.3%，其中国有后备土地63567亩，占国有土地的8.6%。

2000年秦城区土地现状变更表

表3—1—1　　　　　　　　　　　　　　　　　　　　　　　　　　　　　　单位：亩

地　类	1999年10月现状	期内增加	期内减少	2000年10月现状
耕　地	1390589	—	19271	1371318
园　地	82982	17445	—	100427
林　地	960211	15015	—	975226
牧草地	334870	—	2139	332731
城镇村及工矿	120825	150	—	120975
交　通	23155	—	138	23016
水　域	60625	—	8	60617
未利用地	578425	—	11054	567371

2001年修订全区土地利用总体规划，绘制乡级规划图。年底通过天水市土地局评审，报省国土资源厅评审。2002年规定要求凡是农业结构调整、各类建设项目的规划选址和审查报批都必须与土地利用总体规划确定的土地利用分区和土地用途相一致，必须确保不能破坏生态环境，否则均一概不予批准。2003年至2004年开展土地利用总体规划修编前期调研工作，依据上轮全区土地利用总体规划评价基础预测全区2005年至2010年以及2005年至2020年的林地、住宅用地、建设用地等各类用地规模，作出评价报告和调研报告。

2005年秦州区调查土地利用变化，变更6镇12村用地，其中建设用地367亩，退耕还林193亩。2007年开展第二次全国土地调查，形成2007年度土地利用变化分析报告和相关业务数据资料。

第二章　基本农田保护

第一节　耕地状况

1992年秦城区土地调查有耕地1432020亩，农村成年劳动力有147291人，人均耕地4.2亩，劳动力人口人均耕地9.7亩。

1992年秦城区耕地状况表

表3—2—1 单位:亩、个

乡	总土地面积	耕地面积	劳力	人均耕地	劳均耕地
环 城	—	7067	2726	1.3	2.6
吕 二	31854	28015	4176	3.1	6.7
玉 泉	69872	25395	4104	2.6	6.2
中 梁	46011	58177	6848	4.1	8.5
太 京	103407	94336	10372	3.9	9.1
关 子	169518	78652	9917	3.7	6.2
藉 口	174803	81704	7987	1	10.3
铁 炉	111644	60122	3563	6.4	16.9
秦 岭	107530	59956	6053	4.7	9.9
牡 丹	198129	113963	10090	3.1	11.3
杨家寺	162810	78041	5667	5.7	13.8
皂 郊	207554	78990	7011	4.3	11.3
店 镇	121032	60413	5251	5.1	11.5
齐 寿	52212	54376	7049	3.4	7.7
李 子	52364	27131	2198	4.7	12.3
平 南	143194	88818	11245	2.9	7.9
天 水	137279	87551	9730	3.8	9
华 岐	159420	89931	7522	4.7	11
汪 川	162506	87295	8886	3.8	9.8
大 门	112868	55355	7470	3.4	7.4
苏 成	120194	42295	3744	4.7	11.3
娘娘坝	197169	73791	5763	4.9	12.8
国营林场	662040	694	—	4.9	—

1998年秦城区中低产田调查表

表3—2—2 单位:亩

类别		耕地面积				
		调查数	统计数	水地	旱地	高寒地
总 计		1432020	967400	20594	1396252	15174
高产田＞300公斤		18611	16436	8714	9897	—
中产田	小 计	484883	366073	11880	473003	—
	250—300公斤	32730	30840	4872	27858	—
	200—250公斤	106724	82612	2646	104078	—
	150—200公斤	345430	252621	4363	341067	—

续表

类别		耕地面积				
		调查数	统计数	水 地	旱 地	高寒地
低产田	小 计	928526	584891	—	913352	15174
	100—150公斤	435145	286147	—	435145	—
	50—100公斤	395943	242209	—	395943	—
	50公斤以下	97438	46581	—	82264	5174

1998年修编《秦城区土地利用总体规划》，确定保护基本农田9072块（片）114万亩，占总耕地面积的82%。其中一级地30.5万亩，二级地71万亩，三级地12.82万亩。1999年保护基本农田调整为5589块113万亩，保护率81.8%。2000年，调查评价15°至25°、25°以上坡耕地，共有15°至25°、25°以上坡耕地772644亩，占总耕地面积的56.4%，宜耕地25788亩，不宜耕地514762亩。

2002年10月至2003年5月调查耕地类型，秦城区有一级耕地484883亩，二级耕地928525亩。2005年12月至2006年3月调查河道川道区域土地，有川地20075亩，占总土地面积的3.44%。2007年秦州区开展第二次土地调查，土地总面积356万亩。其中耕地135.5万亩占38%，园地8.15万亩占2.29%，林地153万亩占42.93%，城镇及工矿用地13.84万亩占3.89%，交通运输用地2.96亩占0.83%，水利及水利设施用地3.58万亩占1%，其他17.4万亩占4.88%。

第二节 耕地保护

1992年成立秦城区土地利用总体规划和重点农田保护区划定工作领导小组，区长张建祖任组长；同时各乡、村成立两级重点农田划定和管护机构。1993年4月秦城区完成重点农田划定工作。

1998年8月秦城区开展基本农田保护大检查，基本农田保护工作良好。2004年4月成立秦城区基本农田保护检查工作领导小组，检查乡镇耕地保护情况，划定三个农业用地保护区。城郊重点农田保护开发区地处藉河河谷两岸，包括环城、吕二、玉泉、太京、藉口、皂郊等乡镇，农业用地29.2万亩，重点农田保护23.9万亩，占农业用地面积的82%。其中一级保护6.39万亩，二级保护14.8万亩，三级保护2.69万亩。中部基本农田利用保护区跨黄河、长江两大流域，包括中梁、关子、铁炉、杨家寺、秦岭、牡丹、店镇、华岐、平南、齐寿、天水、汪川、大门13乡农业用地94.6万亩，划定基本农田77.6万亩，占农业用地面积的82%。其中一级保护20.7万亩，二级保护48万亩，三级保护8.7万亩。西南部一般田改良保护区地处林缘和林区，包括娘娘坝、苏成、李子乡及李子、藉源林场，农业用地面积14.3万亩，划定基本农田11.73万亩，占农业用地面积的82%。其中一级保护3.1万亩，二级保护7.28万亩，三级保护1.32万亩。在城镇和公路沿线附近的基本农田刷写永久性宣传标语180条，设立基本农田保护标20个、国策牌10个。区乡两级制定实施方案，签订责任书1800份，完善管护协议2000份。

2005年6月至7月在16乡镇建立国策门、国策壁、国策牌66处，宣传耕地保护基本国策。按质量将水浇地、川旱地、菜地和坡度小于6度的梯田确定为一级基本农田，属永久性保护农田，无特殊原因不得侵占，若特许占用的，必须上报审批，并从二级保护面积中调补；坡度大于6度以上的旱地梯田和条件较好的山坡地为二级基本农田，是长期保护面积，在规划期内不能转为非农业用地，如果需要转用，也要逐级上报审批，加以调整；一般山地为三级基本农田，一般不能转为非农业地。基本农田中一级地30.5万亩占26.7%，二级地70.8万亩占62%，三级地12.8万亩占11.2%。

1993年秦城区重点农田保护统计表

表3—2—3   单位：块、亩

乡（镇）	块数	小计	其　中					等　级		
			水浇地	川旱地	梯田地	其他地	果园	一等	二等	三等
皂郊	403	43576	—	2345	3290	30556	7385	—	13020	30556
齐寿	167	27848	—	1162	3665	22925	96	—	4923	30556
天水	533	42323	120	7163	5375	23014	6771	698	28611	22925
大门	245	29897	—	2133	12764	13887	1113	186	15824	23014
汪川	387	45151	327	3355	8363	28158	4948	2844	14786	13887
苏成	180	16941	—	278	5768	10373	530	—	3676	28158
中梁	434	35831	—		14736	16294	4801		19537	10373

续表

乡（镇）	块数	小计	其中					等级		
			水浇地	川旱地	梯田地	其他地	果园	一等	二等	三等
铁炉	179	22854	—	925	2028	19652	249		3062	16294
关子	406	36408	—	2415	10755	22065	1173	—	14147	19652
华岐	229	48831	—	3658	15340	28990	842.5		29841	22065
平南	354	51541	—	6551	9669	34429	892	—	17112	28990
牡丹	496	58178	—	3645	16278	35976	1539	30	21642	34429
店镇	189	34428	30	866	7172	25360	1030	—	9068	35976
藉口	402	35754	—	3247	3285	24458	4436		4436	25360
杨家寺	273	35905	278	3868	9584	21640	813		24265	24458
秦岭	276	31070	—	1002	2842	26010	1216		25060	21640
娘娘坝	190	25495	—	6528	—	18937	30	515	7049	26010
李子	176	6229	—	4490	—	1739	—		2722	18937
合计	5519	628259	1205	53623	130933	423400	37345	4273	258900	1739

1993年秦城区普通农田统计表

表3—2—4　　　　　　　　　　　　　　　　　　　　　　　　单位：亩

乡（镇）	小计	水浇地	川旱地	梯田地	其他地	果园	规划用地			重点农田保护率（%）
							集体建设	个人建设	农业建设	
皂郊	60987	—	2345	3290	47967	7385	120	455	—	71.5
齐寿	36262	—	1162	3665	31339	96	60	174	—	76.8
天水	57780	—	7163	5375	28471	6771	80	1242	100	73.1
大门	39726	—	2133	12764	23716	1113	50	151	45	75.3
汪川	63768	327	3355	8363	26713	4948	55	230	100	70.8
苏成	26618	—	278	5768	20050	530	40	100	35	63.6
中梁	65819	—	—	14736	26260	4801	484	150	30	78.2
铁炉	31853	—	925	2028	27309	249	54	86	50	71.7
关子	48498	—	2415	10755	29647	1173	62	199	32	75.1
华岐	66118	—	3658	15340	36277	842.5	40	160	20	73.8
平南	61672	—	6550.9	9669	44515	891.8	90	287	62	83.6
牡丹	73029	30	3645	16278	51537	1539	48	16509	20	79.7
店镇	43221	39	866	7172	34153	1030	50	940.	62	79.7
藉口	48510	—	3247	3285	33123	4436	120	189	20	73.7
杨家寺	49081	—	3868	9584	24816	813	30	135	62	73.2
秦岭	44031	—	1002	2842	18971	1216	40	118.7	45	71

续表

乡（镇）	小计	水浇地	川旱地	梯田地	其他地	果园	规划用地			重点农田保护率（%）
							集体建设	个人建设	农业建设	
娘娘坝	39779	—	6528	—	33221	30	57.9	162.7	28	64.1
李子	12805	—	4490	—	8315	—	98	48.3	232	48.6

秦城区基本农田保护规划表

表3—2—5　　　　　　　　　　　　　　　　　　　　　　　　　　　　　单位：亩

乡	耕地面积	人口		保护面积				保护率（%）	人均保护面积	
		现状（人）	规划（人）	合计	一级保护	二级保护	三级保护		按现状人口	按规划人口
关 子	76080	25291	28685	62400	16665	38715	7005	82	3	2.25
中 梁	56340	17822	20260	46200	12345	28665	5190	82	3.15	2.25
玉 泉	21270	12808	14511	17445	4665	10830	1965	82	1.65	1.2
铁 炉	59025	10702	12139	48405	12930	30030	5430	82	5.55	4.05
藉 口	78525	23051	26155	64395	17205	39960	7230	82	3.45	2.4
太 京	91260	27972	31739	74835	19995	46440	8400	82	3.3	2.4
环 城	3990	6808	7714	3270	870	2025	360	82	0.06	0.45
吕 二	24780	10593	12003	20325	5430	12615	2280	82	2.4	1.65
杨家寺	75225	14609	16576	61680	16485	38280	6930	82	5.1	3.75
秦 岭	57960	13864	15731	47535	12705	29490	5340	82	3.4	3
牡 丹	111960	26662	30243	91800	24525	56970	10305	82	4.2	3
店 镇	58890	13412	15201	48255	12900	29940	5415	82	4.35	3.15
皂 郊	72045	19990	22649	59085	15780	36660	6630	82	3.6	2.55
华 岐	87720	21437	24308	71940	19230	44640	8085	82	4.05	3
平 南	88005	35358	40102	72180	19290	44790	8100	82	2.55	3.15
齐 寿	53475	20260	22970	43845	11715	27210	4920	82	2.7	2.55
天 水	82665	28399	32216	67785	18120	42060	7620	82	2.85	3
娘娘坝	72705	18621	21117	59625	15930	36990	6690	82	3.9	1.8
李 子	26760	6906	7860	21945	5865	13620	2460	82	3.9	1.95
大 门	55290	19981	22656	45345	12120	28140	5085	82	2.7	2.85
苏 成	42405	10338	11726	34770	9285	21570	3900	82	4.05	2.85
李子林场	12	—	—	150	45	90	15	82	—	2.25
藉源林场	360	—	—	285	75	180	30	82	—	1.95

第三章　建设用地与地籍

第一节　建设用地

1988年4月秦城区土地局为12家单位办理建设用地手续,其中农村集体土地164亩、国有土地13.9亩,为4家乡镇企业办理用地5.6亩。10月将农村宅基地审批权从乡政府收回到区土地管理局,为7乡批划土地510宗、122亩。

1991年10月区政府开展城镇房屋登记工作和城镇国有土地申报登记工作,颁发集体建设用地使用证,共办理70787户、79009宗地。其中宅基地78415宗,公共建筑用地479宗,乡村个体企业用地115宗。发证77864本,其中宅基地77307本,公共建筑用地455本,乡村个体企业用地102本。清理出违法占地1145宗,处理后发证277本,未发宗地证868宗。1992年受理国家集体建设用地28宗、442亩,农村宅基地建设计划指标695亩。全区按15%比例扩大农村宅基地有偿使用试点,包括李子园、娘娘坝、太京、杨家寺、皂郊、玉泉、苏成、天水、汪川、秦岭、齐寿11乡33村5380户1709亩。在华岐、藉口两乡全面推行,完成69个村、8468户。1994年四项建设用地共审批12宗、92.9亩,其中耕地85.75亩、非耕地7.16亩,比上年减少20亩。1995年6月区土地局、地税局检查1987年至1994年占地用地不缴纳耕地占用税的违法行为,清理郊区3乡18个行政村,查处34宗、148亩,补交税款30万元。1996年审批国家建设用地5宗、24.14亩,比上年减少45.9亩;乡村集体建设用地2宗、4.15亩;农业建设用地30亩;农村个人建房用地380户、111亩。

1997年支持316、310国道外环路86公里工程项目,征地2100亩,拆迁居民100户、农民350户。为330超高压输送变电工程征地60亩,天水师院扩建征地60亩。

2000年规定本区范围内所有重点用地及其他用地一律实行区政府统

一协调、统一征用、统一管理。2001年完成城郊3乡土地初始登记和太京、铁炉、牡丹、秦岭4乡土地使用证年检。

2002年成立重点建设项目领导小组,实行行政一把手负责制和责任追究制。2003年随着西部大开发的深入,建设用地大量增加,开辟东十里工业园区,为7宗项目征地239亩。2004年实施"阳光工程",落实"两公开一公告"制度,开辟重点建设项目"绿色通道",为东十里工业园区及其他用地单位征地15宗448亩。2005年征地16宗910亩,补偿玉泉镇6村征地6320万元,上缴税金1052万元。2006年为项目建设用地供地9宗186亩,兑现征地补偿费2311万元,上交各类税金489万元。2007年完成天定高速秦州过境段3镇23村1992亩土地的丈量、造册、登记、汇总工作,付征地补偿费3300万元,征地6宗210亩。

秦州区部分年份建设用地征用统计表

表3—3—1   单位:亩

年份	征地面积	征地类型	征地用途
1988	148.39	耕地、废弃	城市道路、商住、办厂。
1989	171.7	耕地	农贸市场、商住、办公、办厂。
1990	199.93	耕地	师专校区80亩,葡萄酒厂53.19亩。
1991	31.74	耕地	果品市场、公墓等。
1992	384.71	耕地	罗玉小区255.96亩。
1993	163.964	耕地	天水经济技术开发区30亩。
1994	61.14	耕地	市建委30亩。
2000	1161.12	耕地	安居工程51亩,江天路985亩,市政公司122.05亩。
2001	58.725	耕地	—
2002	251.761	耕地	师院90.13亩,外环路97.37亩。
2004	878.25	耕地	东十里园区214亩,城投165亩。
2006	797.7	耕地	城投、园区、学校占75%。
2007	298.8	耕地	国投公司、城投、省机校占70%以上。

第二节 土地登记与颁证

1989年10月秦城区在太京乡开展颁发《集体土地建设用地使用证》

试点工作,颁发5565宗土地使用证,11月在全区推广。

1991年在皂郊乡新庄村进行宅基地有偿试点,涉及116户、8宗宅基地。1992年受理国家集体建设用地申请28宗,办证28宗441.8亩。1993年颁发《集体土地建设用地使用证》79009宗、70787户。冻结农村宅基地审批项目。1999年7月区土地管理局年检城区外19乡土地使用权和吕二、玉泉2乡4村的集体土地建设用地,查验土地证书588宗,审验合格571宗,占年检总数的97.1%。

2001年初始登记城郊3乡土地,年检太京、铁炉、牡丹、秦岭4乡土地使用证19486宗。2002年确认村级集体所有权土地594宗,确认国有林场国有土地使用权6宗,确认机关企事业单位国有土地使用权210宗。2003年办理22乡农村宅基地使用证694本。2004年设定登记1512宗,年检换证6046宗,清理规范土地登记821宗,完成中梁、牡丹两乡《集体宅基地使用证》证书年检换证。2005年年检换证7900宗,清理不规范的土地登记347宗。2006年办理农村宅基地204宗。

2007年办理农村宅基地194宗,给580个行政村颁发土地民用工业权证,集体所有权初始登记完成110026宗占95%,集体建设用地颁发使用证,利用证书年检纠正规范证书23812本。

1989—1990年秦城区集体土地建设用地使用证统计表

表3—3—2

总户数	总宗地数(宗)	其中			发证数(本)	其中			违法占地宗数	处理后发证数	未发证宗地数
		宅基地	公共建筑用地	乡村、个体企业用地		宅基地	公共建筑用地	乡村、个体企业用地			
70787	79009	78415	479	115	77864	77307	455	102	1145	277	868

1989—1990年秦城区集体土地建设用地登记卡汇总表

表3—3—3　　　　　　　　　　　　　　　　　　　　单位:宗、平方米

总宗地数	用地总面积	面积分类			建筑物总占地面积
		宅基地	公共建筑占地	乡村、个体企业	
78149	17316757	16550881	692873	73003	4867937

第三节　土地调查与变更

调查变更

1988年8月调查土地资源，秦城区有35636333亩土地。其中国有土地752489亩，占21.1%；集体所有土地2811144亩，占78.9%。签权属协议书539份，占应签总数的99.3%。其中环城乡的伏羲路、东方红、友好、金家庄村与城市相互连接，难以划出具体边界；天水乡的上街、中街、下街3村合并为天水村。绘制完成秦城区区、乡、村土地利用现状图，秦城区区、乡土地边界接合图，秦城区分幅土地权属界线图。

1994年8月调查和测绘城镇地籍，范围东起东十里、西至西十里、南至冰凌寺、北到北山根，土籍调查面积15平方公里，测绘面积17平方公里，调查1646户、8939宗，设立标志和测定的界址点44700个，完成建成区各用地单位（包括个人）确界、标界、偏差的1∶500地籍图，建立地籍档案，符合发证的予以登记发证。1995年完成宗地调查1415宗，设置控制点488个、界址点7745个，新补申报16宗。1996年5月调查大城、石马坪、天水郡街道地籍，测绘面积9.88平方公里，调查各类建设用地2997宗。1999年完成城镇地籍调查工作，建立城镇地籍信息管理系统。2000年将地籍变更调查数据输入软盘实施微机管理。

2002年完成10乡30村土地变更调查，变更图斑40个，面积3078亩。2003年核查22乡594个行政村的土地权属界线，健全土地登记申请书、审批表、登记卡、法人身份证明书、土地权属界限协议书、权属界限图等档案资料，实地确认土地权属界线1480宗，确认村级集体所有权土地594宗，确认国有林场国有土地使用权6宗，确认机关企事业单位国有土地210宗，绘制集体所有土地权属界线图594幅，颁发吕二、藉口乡集体所有权证书。

2004年在16个乡镇、108个村开展集体土地建设用地初始登记和年检换证工作，调查登记7560宗，变更9镇24村108村地籍图斑；完善1∶10000土地利用数据库，年底通过省市专家验收。2005年摸底调查行政村集体土地建设用地，调查登记27925宗，年检换证7900宗，纠正347宗，建卡27925份。2006年调查6镇12村土地利用，其中建设用地367亩，退耕还林192.5亩。2007年调查4镇12村土地利用629亩。

开发整理

1991年土地开发整理353亩，占任务的235%。其中荒地192亩，河滩地78亩，闲散地83亩。至2004年累计开发整理新增耕地2526亩。

2005年秦州区加大土地复垦和整理力度，在藉口镇中灵村河滩涂地开发147亩；开发种地330亩，复垦30亩，整理2640亩。2006年藉口镇土地开发整理430亩，实施皂郊峡门整理项目1200亩。2007年实施藉口、玉泉两个镇占补平衡点，完成开发整理1261亩。废弃水库和滩涂开发431亩，陡坡地整理830亩。

第四章　矿产资源管理

第一节　矿产资源

2002年秦城区探明有铁、铜、铅、锌、金、银、钼、煤、石灰岩、蛇纹岩、硫铁、粘土等13个矿种，矿床、矿（化）点57处。其中中型矿床1处，小型矿床8处，矿点15处，矿化点33处。以铁为主的黑色金属矿床（点）有4处，有色金属矿床（点）10处，金矿（点）19处，煤矿点1处，非金属矿床（点）23处。金属矿产主要有金、银、铁、铜、铅、锌等，非金属矿产主要有石灰岩、大理岩、蛇纹岩、砖瓦粘土等，零星分布有白云母、水晶、硅石、滑石、能源矿产煤等。主要矿床有娘娘坝镇柴家庄中型金矿、红铜沟太阳山小型铜矿床、李子园长河沟小型金矿、李子园沈家沟小型金矿、毛集寨小型石灰岩矿床等。

1990年至2007年秦州区开发的矿种主要有金、铅、锌、水泥灰岩、砖瓦粘土等，集中在李子园一带金属矿区，及沿安—关子一带金铜铁多金属矿区。石英岩、萤石等虽得到开发，但没有形成规模。水泥灰岩分布范围广，有较大的潜在资源。其他矿产由于工作程度低或矿体规模小，未开发利用。金矿主要分布在娘娘坝镇一带，以柴家庄金矿为典型代表，具有矿石品位高、矿带延伸长、矿化范围大的特点；铁铜矿主要分布在大门乡、娘娘坝镇、皂郊镇一带，但品位低、规模小，缺乏富铜富铁矿；铅锌银矿主要分布于二房沟、陶家沟、白家坝等地，但规模较小、品位低；非金属矿有10多种，关子大理岩矿可做饰面材料及重碳酸钙深加工。砖瓦粘土是本区的特色矿种，其中平南、店镇、天水等乡、镇的粘土储量大、质量好，2002年总产值1656.6万元，利税64万元，在全区GDP中占0.19%。

第二节　矿产开发管理

1993年11月秦城区人民政府成立矿山管理领导小组，整顿矿山。1996年8月成立金矿勘查区管理领导小组。2000年12月秦城区开展金矿勘区执法大检查自查自纠工作。

2002年7月区政府出台《关于认真开展矿产资源管理秩序治理整顿安排意见》，在娘娘坝柴家庄、李子金矿、雨子沟等地炸封未堵严开口矿洞100多个，炸毁采矿设备5台，拆除小混碾24台，没收4台，捣毁氯化池42个。编写《秦城区金矿开发利用实施意见》，收缴矿产资源补偿费2.87万元。2003年制定《秦城区金矿资源勘查开发管理办法》。2004年6月检查李子尖草湾、宽沟、碎石子、木其沟、流河沟、四山沟等区块有无一证多洞、越界开采、边探边采等问题。9月通过协议出让20家砖瓦粘土企业和1家采石场，办理采矿许可证，新设置的采矿权全部实行有偿出让，出让率为100%。

2005年区政府组织联合工作组整顿矿山的管理秩序，检查12家勘查单位35个勘查区块的勘探工作，收缴矿产资源补偿费106.7万元。整顿四山沟32号洞非法买卖、尖草湾6号洞一证多洞违法开采行为，爆封矿洞22个，遣散外来流动人员49人。2006年查处矿山违法案件12起，取缔无证开采砂金5家、水泥用石2家、非法采矿5家，关闭1家勘探单位不规范勘查的探矿洞4个，吊销采矿许可证1家，注销采矿证1家，炸封矿洞10个。年检19家砖瓦粘土企业采矿权，实行有偿延续收缴出让金2.7万元。委托甘肃建材总队对关子、藉口勘区外围的王家河、万崖顶和高家庄大理岩进行预查形成报告，确立矿区范围，收缴矿产资源补偿费10万元。2007年收缴矿产资源补偿费18.7万元；开展4次矿区执法，关闭矿区1处，炸封洞29个，遣散流动人员69人。

第五章　国土资源执法

第一节　国土环境管理机构

1984年4月天水市环境保护办公室列入科级事业编制，隶属天水市城乡建设环境保护局，负责全市环境保护与土地管理工作。1985年7月天水市环境保护办公室更名为天水市秦城区环境保护办公室。1988年4月成立天水市秦城区土地管理局，有干部10人，下设一办三股（办公室、地籍股、建设用地股、监察股），土地管理工作职能由城建局划归土地管理局。9月区政府向22个乡政府委派乡土地建设管理员各1名，业务分别受区土地管理局和区城建局指导。1998年5月撤销秦城区环境保护办公室，成立天水市秦城区环境保护局，内设办公室、综合股、管理股、环境监理站。2001年6月成立乡土地执法监察分队，编制2人。2002年5月撤销秦城区矿管局和土地局，组建秦城区国土资源局，职工24人。同时成立两个副科级事业单位秦城区政府统一征地办公室、秦城区国土资源执法监察队。2003年环境监理站更名为秦城区环境监察大队，副科级建制，编制30人。

2005年1月秦城区环境保护局更名为天水市秦州区环境保护局。区国土资源局划归天水市国土资源局管理，属天水市国土资源局的派出机构，名称为天水市国土资源局秦州分局，职工126人，设办公室、耕地保护股、地籍管理股、地质环境股、执法监察股和财务股，下属天水市秦州区国土资源监察大队、天水市秦州区土地统征办公室、天水市秦州区城郊国土资源所、天水市秦州区矿产管理所4个副科级事业单位和16个乡镇国土资源所。2007年16个乡镇成立环保所。

第二节　土地隐形市场整顿

1992年4月至11月秦城区清理城区国有土地使用权中的隐形交易，清理出出租、买卖、联建分成、企业兼并和擅自占用国有土地使用权的单位和个人1061个（单位220个、个人841人），占地736宗、11.4万平方米，总交易金额（不包括擅自占用）101万元。其中出租房子（包括土地）560宗、5.6万平方米，月总租金49.9万元；买卖102宗、7.7万平方米，56万元；联建分成20宗、2万平方米，投入分成456万元；企业兼并2宗、5131平方米、9000元，私占52宗、2.5万平方米。1994年10月清理出1047宗非法占地，其中转让121宗，出租926宗，交易总额1100万元。应收土地租金198万元，实收47万元。至1995年累计实收土地租金53万元，处理385宗、3868平方米。1999年6月至9月清理从1997年土地清查以来的各类建设用地，立案处理土地违法案件6起。

2000年3月实行土地执法监察动态巡查制度，成立执法监察巡查组织机构，将22乡按行政管辖区域划分成3个片区和3个等级，明确巡查责任，分片包干，责任到人，定期巡查。2001年查处环城乡东十里村村民违法乱建行为，处理29户、2747平方米。2004年将城乡接合部、乡政府所在地、公路沿线川道大村、乡村企业列为重点，开展土地违法案件清查，共查处36宗、12万平方米。

2005年秦州区查处非法占地159宗、1527平方米，收缴罚款2.6万元，强制拆除2宗、127平方米，退还土地300平方米。2006年查处城市规划区内及城郊范围内乡镇企业用地"以租代征、未批先占"和乡镇越权批地违法案件80宗、28.5万平方米。2007年开展土地执法"百日行动"，查处违法案件11宗。

第三节　查处违法用地

1992年至1994年秦城区查处63起土地违法案件，其中权属争议案件涉及土地15.2万平方米，收回土地3506平方米。1996年至1999年查处各类违法占地52宗、3.62万平方米，收回1.1万平方米，拆除违法建筑472

平方米,罚款7100元,调处纠纷6起,清理闲置土地2宗17200平方米。

2000年查处各类违法案件78起。2001年查处违法占地案件14起,拆除违法建筑1321平方米,收回土地867平方米。2002年受理案件36件,立案查处13件,结案率100%。2003年查处违法占地案件34起,拆除违法建筑1820平方米,收回土地4867平方米。2004年查处违法占地案件21起,拆除违法建筑182平方米,收回土地5267平方米。

2005年查处违法案件25起,退还非法占用耕地1957平方米。2006年查处土地违法案件11宗。2007年现场查处违法用地11宗,拆除7宗921平方米。

第四节　清理建设用地

1988年秦城区有农业户68999户、37.88万人,城市居民41738户、14.28万人,清理出非农业用地3535万平方米。其中党政机关、全民企事业单位用地871万平方米,违法违规67宗、74万平方米;集体企业176家、816万平方米,违法违规5宗、8894平方米;乡、村、个体企业占地788户、80万平方米,个人宅基地110737宗、1768万平方米,违法违规7625户、66万平方米。买卖房屋和土地231宗、6.3万平方米;非农业人口在农村建房41个院、7034平方米。乡、村干部超计划私占13个院、2147平方米。其他违法违规类型72宗、7033平方米。各乡违法违规的个人宅基地7625个,处理3585个。其中罚款2150个院95184元,当年收回50325元。拆除各类房屋278间,没收8个宅基地、1间房、土地1067平方米。折价或收租金7个宅基地、15间房,占地1547平方米。共处理各种纠纷169件。

1989年颁发集体土地使用权证时清理出违法占地621户,处理277户,罚款147户、10170元,拆除39户、65间房、围墙167米,退地3468平方米。1995年专项处理娘娘坝乡、关子乡、店镇乡3处典型违法占用集体土地案件,收回土地1800平方米。

2003年至2007年清理建设用地,收取有偿使用费75118万元;清理新建项目土地征用报批,为15家8万平方米用地办理征用手续。

第六章　环境质量

第一节　工业污染

2007年秦州区有锅炉56台、茶水炉205台、窑炉76台、炉灶410台，工业废气年排放量1098亿标立方米，工业废气净化处理率48.2%。二氧化硫年排放量604.47吨，烟尘年排放量1600吨，烟尘去除量628吨；工业粉尘年排放量1734.42吨，回收量10吨。工业废水中COD年排放量771.4吨，悬浮物年排放量733.7吨，去除量173.9吨。工业固体废弃物年产生量77880吨，综合利用量19954吨，综合治理率53%。工业"三废"综合利用年产值11.59万元，乡镇工业废气量34.96万吨，处理量1.27万吨。大气总悬浮微粒年日平均值0.4毫克/立方米，二氧化硫年日平均值0.036毫克/立方米，城区烟尘控制区覆盖率达100%，噪声安静小区建成面积覆盖率100%，城市气化率48%，饮用水源水质达标率97.6%，区域噪声平均值为58.3分贝。

第二节　大气环境质量

大气质量

秦州区环境空气以"煤烟型"污染为主，城区燃料主要是烟煤，燃煤释放出热量的同时向大气中排放烟尘、二氧化硫、二氧化氮及悬浮颗粒物等污染物，加之"二山夹一沟"地理环境和气象因素，在城区上空极易形成逆温层，使各种污染物难以被稀释扩散，致使城区低空大气污染较为严重。

二氧化硫　1985年大气二氧化硫瞬间浓度极少超标，样品超标率低于1%。最大浓度为0.651毫克/立方米，是国家年日均浓度排放标准0.06毫克/立方米的10.85倍。最大日均浓度为0.28毫克/立方米，最大日均超标3.6倍，日均浓度超标时节主要出现在冬季。年日均浓度1985年为0.56毫克/立方米、1986年为0.55毫克/立方米、1987年为0.5毫克/立方米，均远远超过国家标准。1991年排放急剧下降到0.015毫克/立方米,仅为国家标准的四分之一,之后仅1993年超标外其他年份均未出现超标。

氮氧化物　瞬间浓度偶有超标,最高超标率为2.8%,最大浓度0.272毫克/立方米,按照国家排放标准0.04毫克/立方米,最大超标5.8倍。年日均浓度最大超标率为4%,最大日均浓度为0.164毫克/立方米。1987年0.038毫克/立方米,1988年0.042毫克/立方米,从1991年开始逐年下降,到2007年降到0.027毫克/立方米。

总悬浮微粒　瞬间浓度最高超标率为15.4%,最大浓度6.49毫克/立方米,最大超标5.49倍,年日均浓度最高超标率为80%,最大年日均浓度为2.08毫克/立方米,按照国家排放标准0.2毫克/立方米,最大日均超标9倍。年日均浓度总平均值1986年1.74毫克/立方米,1987年为1.57毫克/立方米,1988年为1.71毫克/立方米,均高于大气质量二级标准0.2毫克/立方米。三年的季日均浓度平均值冬季为0.71毫克/立方米,居四季之首,三年的冬季日均浓度超标率尤为突出,高达98.7%。1991年至1994年年均值为0.16毫克/立方米,达到国家排放标准。1995年至2003年为0.39毫克/立方米,轻度超标。2003年至2007年为0.24毫克/立方米,微超标准0.04毫克/立方米。

自然降尘　城区年均降尘量15.87吨/平方公里·月。春季季均浓度为20.81吨/平方公里·月,冬季为18.82吨/平方公里·月,秋季为12.34吨/平方公里·月,夏季为11.51吨/平方公里·月。天水市城区平均每年灰尘自然沉降总量为190吨/平方公里。2007年年平均自然降尘为10吨/平方公里·月,达到市级排放标准。

秦州区城区环境空气中污染物年日均浓度值统计表

表3-6-1

年份	污染物											
	二氧化硫 (毫克/立方米)			二氧化氮 (毫克/立方米)			总悬浮颗粒物 (毫克/立方米)			自然降尘 (吨/平方公里·月)		
	年平均值	是否超标	超标倍数	年平均值	是否超标	超标倍数	年平均值	是否超标	超标倍数	年平均值	是否超标	超标倍数
1985	0.56	是	8.3	0.39	否	8.75	1.74	是	7.7	12.8	是	0.55

续表

年份	污染物											
	二氧化硫（毫克/立方米）			二氧化氮（毫克/立方米）			总悬浮颗粒物（毫克/立方米）			自然降尘（吨/平方公里·月）		
	年平均值	是否超标	超标倍数	年平均值	是否超标	超标倍数	年平均值	是否超标	超标倍数	年平均值	是否超标	超标倍数
1986	0.55	是	9.16	0.38	否	9.5	1.73	是	8.65	15.4	是	1.76
1987	0.5	是	8.3	0.33	否	8.25	1.57	是	7.85	16.1	是	1.8
1988	0.75	是	12.5	0.42	是	1.05	1.71	是	8.55	12.6	是	1.54
1989	0.6	是	10	0.38	否	9.5	1.66	是	8.3	14.2	是	1.66
1990	0.77	是	12.8	0.37	否	9.25	1.29	是	6.45	13.2	是	1.59
1991	0.015	否	—	0.017	否	—	0.16	否	—	12.3	是	1.51
1992	0.02	否	—	0.01	否	—	0.145	否	—	15.31	是	1.75
1993	0.09	是	1.5	0.018	否	—	0.153	否	—	16.38	是	1.84
1994	0.025	否	—	0.019	否	—	0.16	否	—	13.98	是	1.65
1995	0.043	否	—	0.046	是	0.15	0.44	是	1.20	19.11	是	0.27
1996	0.041	否	—	0.027	否	—	0.45	是	1.25	16.51	是	0.24
1997	0.053	否	—	0.036	否	—	0.38	是	0.90	14.97	是	0.289
1998	0.060	否	—	0.028	否	—	0.473	是	1.36	14.02	是	0.129
1999	0.018	否	—	0.017	否	—	0.401	是	1.01	16.87	是	0.415
2000	0.019	否	—	0.017	否	—	0.348	是	0.74	17.68	是	0.231
2001	0.010	否	—	0.020	否	—	0.371	是	0.86	18.50	是	0.239
2002	0.010	否	—	0.021	否	—	0.346	是	0.72	18.42	是	0.120
2003	0.013	否	—	0.019	否	—	0.312	是	0.56	14.55	是	0.203
2004	0.019	否	—	0.024	否	—	0.32	是	1.6	15.87	是	1.8
2005	0.018	否	—	0.022	否	—	0.269	是	1.3	13.49	是	1.6
2006	0.017	否	—	0.023	否	—	0.32	是	1.6	12.39	是	1.52
2007	0.03	否	—	0.027	否	—	0.24	是	1.2	10.02	是	1.35

注：1995—2004年10年中，二氧化硫最大值为0.073毫克/立方米，最小值0.01毫克/立方米；二氧化氮最大值0.046毫克/立方米，最小值0.017毫克/立方米；总悬浮颗粒最大值0.473毫克/立方米，最小值0.312毫克/立方米；自然降尘最大值19.11吨/年平方公里·月，最小值14.02吨/年平方公里·月。

1985—2007年秦州区大气污染综合指数及质量级别统计表

表3—6—2

年份	SO₂	NOₓ	TSP	年综合指数	质量级别
	Pi	Pi	Pi		
1985	0.56	0.39	1.74	2.69	中度污染
1986	0.55	0.38	1.73	2.66	中度污染
1987	0.50	0.33	1.57	2.40	中度污染
1988	0.75	0.42	1.71	2.88	中度污染
1989	0.60	0.38	1.66	2.64	中度污染
1990	0.77	0.37	1.29	2.43	中度污染
1991	0.015	0.017	0.160	0.177	轻度污染
1992	0.020	0.010	0.145	0.175	轻度污染
1993	0.090	0.018	0.153	0.261	轻度污染
1994	0.025	0.019	0.160	0.204	轻度污染
1995	0.043	0.046	0.440	0.261	轻度污染
1996	0.041	0.027	0.450	0.518	轻度污染
1997	0.053	0.036	0.380	0.469	轻度污染
1998	0.060	0.028	0.473	0.561	轻度污染
1999	0.018	0.017	0.401	0.435	轻度污染
2000	0.019	0.017	0.348	0.384	轻度污染
2001	0.010	0.020	0.371	0.401	轻度污染
2002	0.010	0.021	0.346	0.377	轻度污染
2003	0.013	0.019	0.312	0.344	轻度污染
2004	0.019	0.024	0.320	0.363	轻度污染
2005	0.018	0.022	0.269	0.309	轻度污染
2006	0.017	0.023	0.320	0.360	轻度污染
2007	0.030	0.027	0.240	0.297	轻度污染

大气监测

监测点设置 1987年之前根据城市的地形条件，结合城市功能区在秦城、北道两区设置大气采样8个，包括清洁对照点1个（设麦积山景区内）。1987年在监测时间的基础上经过筛选，设置采样点6个，包括清洁对照点1个。

监测时间和频率 每年1月、4月、7月、10月监测，每期连续监测5天，每天分别在8时、11时、14时、18时采样。秦州区大十字居民区、七里墩交通区设降尘速率采样点2个，每月监测1次，全年共取得大气监测数据1115个。

第三节　水体环境质量

地表水

藉河是秦州区地表水的主要来源，年纳污水一千多万吨，污径比高达1∶7，是秦州区污染最严重的河流。降水量与河水流量呈线性关系，12月至次年3月为枯水期，4月至6月及11月为平水期，7月至10月为丰水期，平均含沙量为26.8千克/立方米，丰水期含沙量1050千克/立方米。藉河含水层多为冲击砂砾卵石或松散砂砾石，承压水含水层分布较少，地下水埋藏深度一般在0.5米至40米之间，多数地区埋藏深度不足10米，极易受到污染。尤其在旱季，雨水少，稀释力差，污染更为严重。

地表水环境监测

1985年至2000年天水市环境监测站对藉河开展水质例行监测工作，设监测断面3个，其中太京乡师家崖设一个对照断面监测点，东五里铺设一个控制断面监测点，东三十里铺设一个消减断面监测点。每年3次例行监测，分别在枯水期、平水期和丰水期，每期连续采样6天，每天一次，其中藉河下午采样，每个断面均采河心一个点。共采集地表水样350份，获得数据5580个。2001年监测重点放到渭河，加之藉河断流，藉河每年只测东三十里铺断面，监测项目和登记有所不同。

地下水

地下水资源主要包括山丘地下水和河谷区地下水，山丘地下水主要受大气降水补给，一部分以泉水形成溢于地表，供山区农村生活饮水；一部分以地下潜流形成流入河道，几乎无开采价值。河谷地下水主要受大气降水和河水入渗补给。地下水埋深由河床向南北两侧逐渐增大，河漫滩一般为0.5米至10米。一级阶地埋深1米至3米，少数为5米；二级阶地为10米至20米。冲积扇地下水埋深变化大，由前缘到后缘为3米至30米，含水层厚度由河流上游向下游逐渐增大。7米至12米含水层的厚度在南、北方向变化较小。

表3-6-3

1985—1991年藉河秦城区段年度水质监测表

单位：毫克/升，%

年份		pH	悬浮物	总硬度	化学需氧量	生化需氧量	溶解氧	氨氮	亚硝酸盐氮	硝酸盐氮	挥发酚	氰化物	砷	汞	六价铬	石油类	铅	镉	含盐量	电导
1985	平均值	8.3	123	102	5.09	—	8.18	2.01	0.626	2.63	0.327	—	—	0.0001	—	—	—	—	—	—
	超标率	16.7	25.2	—	38.89	—	11.12	0.48	0.122	5.7	38.9	—	—	16.67	—	—	—	—	—	—
1986	平均值	8.29	122	101.9	5.09	—	8.17	0.47	0.121	2.62	0.326	—	—	0.0001	—	—	—	—	—	—
	超标率	16.67	25	—	38.89	—	11.11	22.2	27.7	5.6	38.89	—	—	16.67	—	—	—	—	—	—
1987	平均值	8.39	—	53.9	4.66	5.34	0.43	2.2	0.191	2.05	0.056	—	0.0017	0.0001	0.014	—	—	—	—	—
	超标率	33.33	—	—	27.78	33.3	—	66.67	55.56	—	30.89	—	—	6.67	22.2	—	—	—	—	—
1988	平均值	8.23	1010	137.5	5.28	2.39	8.07	1.76	0.153	1.012	0.157	0.001	—	—	0.004	—	—	—	—	—
	超标率	5.6	66.67	5.56	50	17.6	16.7	72.2	38.9	—	5.56	—	—	—	5.56	—	—	—	355	—
1989	平均值	8.3	895	113.4	3.87	4.37	7.46	2.01	0.148	0.054	0.055	—	—	—	0.004	0.6	—	—	—	820
	超标率	—	35.71	—	48.5	59.4	16.7	87.8	9.14	—	53.9	—	—	—	75	50	—	—	—	—
1990	平均值	8.34	2865	120.7	3.72	4.03	7.81	1.56	0.22	1.68	0.0097	—	—	—	—	—	—	0.0003	370.9	507
	超标率	9	—	—	—	35.19	32.69	19.23	53.7	33.3	—	12.96	—	—	—	—	—	—	—	—
1991	平均值	8.33	891	14.44	5.59	7.73	—	4.24	0.451	2.21	0.01	0.002	0.004	0.0002	0.002	0.016	—	0.00075	—	0.736
	超标率	22.2	—	—	64.8	63.8	—	66.7	63	—	—	—	—	—	—	—	—	—	—	—

表3-6-4

1992—2000年籍河秦城区段年度水质监测表

单位：毫克/升，%

年份		pH	悬浮物	总硬度	溶解氧含量	溶解氧饱和度	COD	BOD5	氨氮	亚硝氮	硝氮	酚	氰化物	砷	汞	六价铬	铝	镉	电导率	细菌总数万个/升	大肠菌群万个/升
1992	平均值	8.26	1357	2.56	8.57	100.2	4	9.44	3.9	0.22	2.41	0.0087	0.002	0.005	0.0003	0.002	0.013	0.0014	0.67	1.4889	2.12
	超标率	3.8	—	—	9.6	—	20.8	57.7	61.2	45.7	1.9	20.8	—	—	—	—	1.9	—	—	—	88.2
1993	平均值	8.27	251	2.37	7.33	90.96	2.77	4.24	2.2	0.354	3.24	0.0023	0.002	0.004	0.00005	0.002	0.0093	0.0014	0.582	0.8255	2.3011
	超标率	13.21	—	—	15.09	—	18.87	52.83	58.49	64.15	—	5.63	—	—	—	—	—	—	—	—	94.12
1994	平均值	8.18	293	2.66	9.48	113	5.06	7.71	4.03	1.02	3.6	0.013	0.003	0.007	0.00007	0.002	0.004	0.0004	0.777	1.822	1.632
	超标率	5.6	—	—	5.6	—	72.2	100	100	100	—	16.7	—	—	—	—	—	—	—	—	66.7
1995	平均值	7.98	—	—	7.19	84.45	29.1	6.07	—	0.687	2.85	0.005	0.002	0.005	0.0002	0.133	0.005	0.0005	—	—	0.2151
	超标率	5	—	—	6	—	30	23	—	16	—	10	—	—	—	4	—	—	—	—	—
1996	平均值	8.11	—	—	6.54	77.26	59.27	9.66	—	1.035	—	—	0.002	0.005	0.0002	0.002	0.005	0.0005	—	—	—
	超标率	1	—	—	3	—	36	14	—	—	—	—	—	—	—	—	—	—	—	—	—
1997	平均值	7.96	—	—	6.45	79.91	49.7	17.63	—	—	—	0.017	0.004	0.005	0.00002	0.002	0.005	0.0005	—	—	2.3
	超标率	4	—	—	28	—	76	100	—	—	—	36	—	—	—	—	—	—	—	—	100
1998	平均值	7.78	—	—	6.02	66.74	54.84	14.9	—	—	—	0.039	0.008	0.005	0.00011	0.002	0.005	0.0005	—	—	—
	超标率	—	—	—	11	—	89	67	—	—	—	44	—	—	—	—	—	—	—	—	—
1999	平均值	7.86	—	—	7.55	92	10.73	0.55	—	—	—	0.003	0.002	0.004	0.00002	0.002	0.01	0.0005	—	—	2.38
	超标率	—	—	—	—	—	14.3	57.1	—	—	—	—	—	—	—	—	—	—	—	—	—
2000	平均值	8.02	—	—	7.71	—	7.54	0.88	0.127	—	—	—	0.002	0.004	0.00002	0.002	0.005	0.005	—	—	—
	超标率	—	—	—	—	—	—	—	—	—	—	—	—	—	—	—	—	—	—	—	100

1985—2007年藉河监测综合指数

表3—6—5

年份	综合污染指数	等级评价	年份	综合污染指数	等级评价
1985	27.544	严重污染	1996	5.423	严重污染
1986	27.448	严重污染	1997	4.278	严重污染
1987	16.286	严重污染	1998	3.642	严重污染
1988	14.343	严重污染	1999	2.248	中度污染
1989	6.014	严重污染	2000	2.546	中度污染
1990	2.314	中度污染	2002	1.98	轻度污染
1991	5.285	严重污染	2003	1.64	轻度污染
1992	4.569	严重污染	2004	1.19	轻度污染
1993	2.974	中度污染	2005	2.642	中度污染
1994	2.987	中度污染	2006	2.842	中度污染
1995	6.472	严重污染	2007	2.646	中度污染

水源地

西十里水源地东起平峪沟河床东岸，西以藉口镇东侧南北垂直线为界，南北以两山山根为界，保护面积18.9平方公里。其中一级保护区7平方公里，二级及准保护区分别是9.7平方公里、2.2平方公里。水源地设计供水能力4.9万立方米/日，水源井54眼，平均井深26米左右，地下水位埋深5米至10米，属浅层地下水。水源地地下水补给来源除当地降水渗入外，主要来源于地表径流（即藉河河水）及山区降水。西十里水源分为一期水源和二期水源，分别建于20世纪80年代初期和末期，地下水的类型为第四系砾砂卵石下第三系红色地层风化裂隙浅水，水化学类型为重硫酸钙镁型，符合国家饮用水卫生标准。

西十里水源地属浅层地下水，水源单一，干旱少雨的年份地下水位下降比较快，日最大供水能力3.5万吨，严重影响城区正常供水。

饮用水质量

1985年起环保部门先后关闭水源保护区范围内的污染企业，禁止在水源地建设与水源保护无关的企业。至2007年，地下水质23项指标的监测结果表明，西十里地下水的23项监测指标均符合《地下水质量标准》（GB/T 14848—1993）Ⅲ类标准，指标达标率为100%。

第四节　声环境质量

区域噪声源结构

秦州区城市局域环境噪声平均等效声级最高为54.7分贝，达到二类区标准要求。城市10条主要交通道路噪声平均等效声级为69.5分贝，符合国家规定的交通噪声标准要求。社会生活噪声所占比例最大在60%以上，施工和工业噪声所占比例较小，但建筑施工噪声扰民现象最为突出。

1985—2007年秦州区区域噪声声源结构表

表3-6-6　　　　　　　　　　　　　　　　　　　　　　　　　　　　单位：%

年份	生活	交通	工业	施工
1985	86.4	8.4	2.6	2.4
1986	86.3	8.41	2.7	2.59
1987	86	8.41	2.7	2.89
1988	86.2	8.6	2.6	2.6
1989	85.6	8.7	2.7	3
1990	86.6	8.8	2.5	2.7
1991	87	8.9	2.7	1.4
1992	86.3	9	2.5	2.2
1993	86.4	9.2	2.2	2.2
1994	84	9.2	2.2	4.6
1995	84.8	9.1	2.4	3.7
1996	84	9.2	2.3	4.5
1997	82	10	2.4	5.6
1998	74.5	25.5	—	—
1999	84.3	11.8	3.9	—
2000	77.4	16.7	2.9	1
2001	83.3	10.8	2	3.9
2002	64.7	26.4	2	6.9
2003	65.7	23.5	5.9	4.9
2004	78.4	18.6	2	1
2005	65.7	30.4	—	3.9
2006	60.4	28.7	5.9	5
2007	63.7	31.4	2	2.9

1985年至1993年生活噪声比例比较大，1994年开始生活噪声声源比

例有所下降，至2007年生活噪声声源占四项声源比例的63.7%，比1985年下降13.5%。交通噪声声源1985年至1991年一直保持在8.6%左右，从1992年逐年上升，至2007年交通噪声声源比例达到31.4%。而工业、建筑噪声声源历年一直保持稳定。

城区区域环境噪声

城区区域环境噪声相对稳定，微有下降局势，从1985年白天的59.4分贝逐年下降到2007年的51.1分贝，一直保持在国家区域环境噪声60分贝标准之内。

1985—2007年秦州区城区区域环境噪声统计表

表3-6-7　　　　　　　　　　　　　　　　　　　　　　　　　　　　单位：dB（分贝）

年份	平均等效声级	居住区标准	年份	平均等效声级	居住区标准
1985	59.4	60	1997	58.2	60
1986	59	60	1998	57.4	60
1987	58.8	60	1999	56.7	60
1988	57.9	60	2000	57	60
1989	50.6	60	2001	53.5	60
1990	58.9	60	2002	53.2	60
1991	58.6	60	2003	56.1	60
1992	59	60	2004	54.7	60
1993	60	60	2005	54	60
1994	58.8	60	2006	52.8	60
1995	56.9	60	2007	51.1	60
1996	58.9	60			

功能区噪声

居民文教区　是城市总体规划中的文教、科研区，有天水二一三机床厂、天水新华印刷厂、甘肃省机械工业学校、天水市农科所等单位，其余为农村居民区、农田及居住小区。区域监测面积1.75平方公里，实际面积2.5平方公里，噪声平均值为46.5分贝，符合（GB 3090—82）国家标准。

一类混合区　是全市的政治、商业和文化中心，也是主要居民区，面积6.75平方公里。根据网络测点统计和24小时固定监测（市六中），噪声平均声级为57.2分贝，按一类混合区标准要求超过国家标准2.2分贝。

二类混合区 是省、市属企业所在地，厂矿家属区、居民居住区也较多，形成工业、交通和居民混合区，面积8.75平方公里。1985年至2007年区域噪声平均值为59分贝，未超过（GB3096—82）二类混合区标准。

工业集中区 由于企业的改革和技术改造使工业区周边噪声环境从1985年的61.4分贝下降到2007年的53.3分贝，低于国家（工业集中区）的环境标准要求。

1985—2007年秦州区各功能区环境噪声监测表

表3—6—8 单位：dB（分贝）

年份	居民文教区	一类混合区	二类混合区	工业集中区	平均值
1985	47	56.8	66.6	61.4	57.95
1986	46.5	57.2	66.7	61.2	59
1987	49.3	58.1	58.6	59.2	57.9
1988	49.6	56.8	59.9	58.1	58.6
1989	—	58.4	59.9	—	58.9
1990	—	58.3	59.3	—	58.6
1991	—	58.6	59.3	—	58.9
1992	—	58.6	59.3	—	58.9
1993	—	58.1	62	—	60.02
1994	—	—	—	—	—
1995	54.2	62.8	64.1	60	60.3
1996	—	49	65.5	52	55.5
1997	—	57.4	60.7	57.9	63.5
1998	—	61.5	64.3	67.6	64.5
1999	—	56.4	62.6	54.7	57.9
2000	—	—	68.3	59.7	64
2001	—	—	60.5	58.3	59.4
2002	—	—	60.6	63.3	61.9
2003	—	—	59.2	54.8	57
2004	—	—	58.6	53.6	56.1
2005	—	—	56.6	58.4	57.5
2006	—	—	56.1	53.4	54.7
2007	—	—	56.2	53.3	54.75
标准	50	55	60	65	—

交通噪声

秦州区交通噪声环境污染比较严重，从1985年至2000年交通噪声一直居高不下，超过国家道路交通环境标准。2000年政府将交通噪声环境纳入环境考核之内，交通噪声环境才有明显好转。2001年至2007年一直控制在国家交通环境噪声70分贝的标准之内。

1985—2007年秦州区交通噪声监测表

表3—6—9　　　　　　　　　　　　　　　　　　　　单位：dB（分贝）

年份	平均等效声级	年份	平均等效声级
1985	75.8	1997	70.5
1986	76	1998	73.4
1987	76.2	1999	70.9
1988	73.4	2000	75.6
1989	73.4	2001	69.1
1990	71.6	2002	69.3
1991	71.9	2003	69.6
1992	72.3	2004	69.5
1993	70.9	2005	69.4
1994	74.4	2006	69.4
1995	72.6	2007	68.5
1996	72.9	标准值	70

第七章　环境监察与治理

第一节　环境监察

排污费征收

1985年秦城区开始对辖区内企事业单位重点污染源征收排污费，执法程序：一是污染企事业单位排污申报登记，二是采样分析化验，三是排污量的核定，四是排污费的计算，五是下达征收排污费的通知书。排污费征收从1985年开征17家逐年扩大到2007年开征279家，累计征收排污费487万元。

1985—2007年秦州区排污费征收统计表

表3—7—1   单位：万元

年份	征收额	开征户数
1985	0.3198	17
1986	0.403	18
1987	1.288	22
1988	1.563	21
1989	1.809	23
1990	3.257	28
1991	4.82	32
1992	5.62	42
1993	6	46
1994	15.59	72
1995	16.5	90
1996	21.6	108
1997	25.7	122
1998	27.2	142
1999	28	139
2000	29.76	152
2001	32.2	179
2002	34.86	198
2003	37.12	205
2004	39.45	200
2005	43.42	183
2006	51.23	248
2007	59.96	279

挂牌督办

1985年开始对污染不达标的企事业单位的污染源挂牌督办，每年督办1至2家，至2007年累计督办26家单位。其中烟尘治理20家，水污染治理3家，其他治理3家。

现场执法

1985年至1987年环境管理划分为属地管理，在秦城区范围内的省、市、区企事业单位环境管理均由秦城区环保办负责。1988年管理范围改为条条管理，省、市属企事业单位的环境管理均由市环保局负责，区环保办负责区属企事业单位的环境管理。1991年秦州区环境监理站成立，开展环境现场执法。

1985年至2007年秦州区环保部门每年对管辖范围内的企事业单位开展定期或不定期的现场环境执法检查，对限期污染治理的单位督办完成率100%，排污收费按下达指标任务完成率100%，污染设施正常运行率100%，排污申报合格率100%，每年定期检查水源地水质达标率100%，环境案件来信来访查处率100%，每年定期开展的矿山环境检查确保矿山多年来无一事故发生，每年"两考"期间开展噪声监管及巡查。

第二节　大气污染防治

1985年秦城区创建无烟一条街，范围是民主路街道，长3公里，面积1.5平方公里。禁止街道两边门店生小火炉、单位茶水炉烧有烟散煤，推广型煤和无烟煤，环保工作人员每天巡查。1986年创建烟尘控制区，将13.3平方公里的城区分为四块，分四年完成，对控制区内企事业单位的锅炉、窑炉、茶炉、食堂灶等污染源进行技术性的烟尘治理。同时逐步实施集中供热，至2008年年减少烟尘排放量85.8吨，减少二氧化硫排放量4.5吨。

炉灶治理

1986年排查辖区所有锅炉除尘器，对除尘效率达到60%、烟尘排放达不到标准的PW和多管式的除尘器更换为XZD型和麻式脱硫除尘器，除尘效率从60%至70%提升到95%以上，至1990年更换锅炉除尘器18台。技术改造区域内国家明令禁止淘汰的污染大、高耗能的手烧锅炉，将手烧的固定炉排改造为链条式活动炉排，节约燃煤25%至30%，至1988年改造锅炉10台。1987年至1988年对天水市电石化工厂、天水市钢厂、天水郡铸造厂窑炉安装布袋式收尘器，收尘率达到95%以上。技术改造40台采用油桶、三回程、直烧燃烧方式的茶水炉，升级为反烧、煤气燃烧方式。在1986年至1989年、1993年至1996年烟控区建设期间对于新建超标茶炉不予审批。升级改造企事业机关食堂灶和街面营业餐厅灶等426家，针对街面营业食堂、中小型炉灶气化率普及不高，区环保局联合天水市煤建公司炉灶改造队对沿街的炉灶逐一改造,将原来直烧式炉灶改成马蹄式和鸡窝式炉灶。

城市集中供暖建设

1985年对企事业单位和新建住宅冬季采暖锅炉进行审批,对有条件参加集中供暖的单位一律并网参加集中供暖不再审批建设新锅炉房。集中供暖相比分散的小锅炉供暖热效率能提高20%,节约能源达30%。2008年秦州区有天水市供热公司与梓裕供热公司两家大的集中供热单位。

天水市供热公司下设5个供热站,年耗烟量为7万吨,相比分散式锅炉供热可节约煤炭2.1万吨,年减少烟尘排放量83吨,减少二氧化硫排放量3.38吨。

梓裕供热公司有3个供热站,年耗烟量7千吨,年减少烟尘排放量2.8吨,减少二氧化硫排放量1.12吨。

第三节　水污染防治

1985年秦城区对污染严重的污染源实施关闭和限期治理,对超标排放的污染源征收排放费,对已治理的项目进行监督管理。对污染严重的企业纳入政府环境管理目标责任书,签订目标责任书限期治理。至2006年西十里段水质达到Ⅲ类良,藉河流经城区段到东三十里段水质一直处于劣Ⅴ类重污染状态。2007年6月秦州区污水处理厂建成,主要收集秦州区西十里铺到东十里铺之间区域内的生活污水及工业废水,日处理能力6万吨,年消减污水中污染物:BOD 53564.82吨、COD 55202.43吨、SS 3031.38吨、NH3-N 443.82吨、TN 581.54吨、TP 77.36吨。使生活工业污水的70%得到处理。通过锌的监测数据显示水质达到Ⅴ类,居中度污染。2008年水质达Ⅳ类,属于轻度污染状态。

1985—2007年藉河秦州段水质污染状况

表3—7—2

年份	规定水域类别	西十里段实测类别	水质状况	东三十里铺实测类别	水质状况
1985	Ⅳ	Ⅲ	良好	劣Ⅴ	重污染
198	Ⅳ	Ⅲ	良好	劣Ⅴ	重污染
1987	Ⅳ	Ⅲ	良好	劣Ⅴ	重污染

续表

年份	规定水域类别	西十里段实测类别	水质状况	东三十里铺实测类别	水质状况
1988	IV	III	良好	劣V	重污染
1989	IV	III	良好	劣V	重污染
1990	IV	III	良好	劣V	重污染
1991	IV	III	良好	劣V	重污染
1992	IV	III	良好	劣V	重污染
1993	IV	III	良好	劣V	重污染
1994	IV	III	良好	劣V	重污染
1995	IV	III	良好	劣V	重污染
1996	IV	III	良好	劣V	重污染
1997	IV	III	良好	劣V	重污染
1998	IV	III	良好	劣V	重污染
1999	IV	III	良好	劣V	重污染
2000	IV	III	良好	劣V	重污染
2001	IV	III	良好	劣V	重污染
2002	IV	III	良好	劣V	重污染
2003	IV	III	良好	劣V	重污染
2004	IV	III	良好	劣V	重污染
2005	IV	III	良好	劣V	重污染
2006	IV	III	良好	劣V	重污染
2007	IV	III	良好	V	中度污染

1985—2007年秦州区污水治理统计表

表3—7—3

年份	单位	治理项目	年份	单位	治理项目
1985	太京皮毛厂	关闭	1987	长仪厂	建成污水处理设施
1986	五里铺造矿厂	关闭		岷山厂	建成污水处理设施
	长低厂	建成污水处理设施		轴仪厂	建成污水处理设施
	精表厂电镀轴	建成污水处理设施	1988	市皮毛厂	建成污水处理设施
1987	长控厂	建成污水处理设施		电缆厂电镀轴	建成污水处理设施
	长开饮料分厂	关闭		秦城区肉联厂	关闭
	五里铺饮料厂	关闭		秦城区线路金具厂	关闭
	信号厂电镀轴	建成污水处理设施	1989	罗玉沟造纸厂	关闭
	秦城区金属制品厂	建成污水处理设施	1990	秦城区医院	建成污水处理设施
	秦城区造纸厂	关闭		太京饮料厂	关闭

续表

年份	单位	治理项目	年份	单位	治理项目
1990	倾城区饮料厂	建成污水处理设施	1994	暖河湾电镀厂	关闭
1991	太京造纸厂	关闭	1996	五里铺造纸厂	建成污水处理设施2006年关闭
	秦城区涂料厂	关闭	2002	吕二沟屠宰厂	建成污水处理设施
1992	秦城区丝毯厂	建成污水处理设施		七里墩电镀厂	关闭
	太京地毯厂	建成污水处理设施	2007	秦州区污水处理厂	建成污水处理设施
1993	秦城区食品厂	建成污水处理设施			

第四节　固体废弃物污染防治

社会生活垃圾

秦州区城区人口从1985年13.6万人增长到2007年23.7万人，城区生活垃圾的产生量从1985年的6570万吨增长到2007年的7405.8万吨。1985年城区使用周家山垃圾处理场，由于离城区太近，污染大，不利于防治，1992年开辟王家坪垃圾处理场。1998年王家坪垃圾处理场关闭周家山、王家坪垃圾场，启用鸡儿嘴垃圾场。2009年由于鸡儿嘴垃圾处理场地处水源上游，新建七里墩水泉沟垃圾处理场，鸡儿嘴垃圾处理场实施回填绿化交付村民使用。

工业废弃物

工业固废的产生量由1985年的0.5万吨增长到2007年的4.11万吨，其中80%以上主要是工业锅炉产生的炉渣和粉烟灰。秦州区对各企业固废的室点堆放和综合利用实施目标管理责任书，使工业固废的综合利用率从1985年的48%提高到2007年的100%，主要用于建筑和建材行业。

矿山尾矿

1990年秦城区矿区范围内有金、铜、铅、锌选矿厂12家和各村点混汞碾208家、氰化小作坊298家。由于选厂尾矿库建设不完善和易漏面上的选矿热造成选矿尾矿直接排放，含氰废渣到处堆放，使长河下游的水质极度恶化，迫使几百亩鱼塘关闭，人畜饮水严重污染。1990年区环保部门牵头与矿管、安监部门配合清理整顿矿区,至1998年累计清理捣毁氰化池296个、混汞碾188台,炸毁非法采矿点108个。2004年7月提取花园河上、中、下游河水和李子园乡政府所在地水化验,结果表明水质质量均达到国家标准。

1997年9月娘娘坝、李子园地面水质检验报告

表3—7—4

单位:毫克/升

采样地点	编号	汞	氰化物	砷	铜
李子园乡政府井水	秦001	0.00129	0.006	—	—
(上)花园河上游地表水	秦002	0.00125	1.64	—	0.12
(中)花园河上游地表水	秦003	0.00136	3.11	0.105	0.32
(下)花园河上游地表水	秦004	0.00148	1.95	0.633	—

2004年7月娘娘坝、李子园地面水质检验报告

表3—7—5

单位:毫克/升

采样地点	编号	汞	氰化物	砷	铜
李子乡政府井水	秦001	0.00005	0.005	0.05	0.1以下
(上)花园河上游地表水	秦002	0.00005	0.005	0.05	0.1以下
(中)花园河上游地表水	秦003	0.00005	0.005	0.05	0.1以下
(下)花园河上游地表水	秦004	0.00005	0.005	0.05	0.1以下

2003年至2007年矿区由李子金矿实业有限公司统一开发,完善尾矿库,环保部门每年与公司签订环境管理目标责任书并定期开展环境监督检查。

第五节　噪声污染防治

社会生活噪声

社会生活噪声源占全区噪声源的比重从1985年的86.4%下降到2007年的63.7%,总体比例减小但仍占主导地位,主要是商业招揽性喇叭和娱乐性音响。1985年秦城区48家娱乐性营业场所实行"许可证"发放管理办法,限制营业时间不超过零时。"两考"期间环保工作人员日夜蹲点巡

查，对不按规定时间营业的进行限制整改或关闭处罚，对招揽性喇叭分片巡查。通过逐年治理，城区区域环境噪声由1985年的59.4分贝降到2007年的51.1分贝，达到国家区域环境噪声值的标准。

工业噪声

1985年区属企业大部分分布在城区居民住宅区，工厂噪声直接影响到周边居民的工作、生活和学习。企业的噪声污染源主要来自锅炉鼓风机噪声，1986年区环保部门引进兰州环保设备厂和天水风机厂的风机消音设备进行治理改造和安装。1987年建设噪声达标小区。2007年城区区域噪声下降到51.1分贝。

秦城区部分企业噪声污染治理一览表

表3-7-6

年份	治理单位	治理措施
1986	秦城区食品厂	加装风机消音器
1987	秦城区橡胶制品厂 秦城区地毯厂	加装风机消音器
1988	秦城区丝毯厂 秦城区皮件厂	加装风机消音器
1989	天水市供热公司 公园供热站	加装风机消音器
1990	天水互感器厂	加装风机消音器
2000	秦城区电缆料厂	加装风机消音器

交通噪声

1986年区环保部门聘请社会人员制作禁鸣喇叭的标志牌，春夏秋三季设在市三中等路段对过往的车辆进行过市喇叭禁鸣宣传。1993年由交警部门直接管理，与环保部门签订环境目标管理书，对交通噪声进行监督检查和验收。2007年道路交通噪声由1985年的75.8分贝降到68.5分贝，达到国家70分贝之内的标准。

秦州区志
QIN ZHOU
QU ZHI

第四编

人口

RenKou

根据秦州区古文化遗址发现，早在七八千年前藉河、西汉水流域就有人类繁衍生息。殷商时秦人先祖仲潏来西垂（今秦州西南及礼县等地）安抚西戎群众，大秦民族（China）由此产生。到汉代元始二年（公元2年）秦州境内西县、上邽有3至4万人。进入两晋南北朝由于秦州驻军增多，实际常住人口一般在5万以上，人口迁移极为频繁，民族结构复杂，以汉、（西）羌、胡为主。隋、唐、宋三代秦州社会相对稳定，人口数量长期维持在5万以上，民族以汉、（西）羌为主；仅在五代和宋金对峙时期由于战事，人口数量波动极大。到元代由于驻军锐减，秦州常住人口数量与前代相比有所减少。进入清代，由于社会稳定，人口快速增长，民族交融加快，到清光绪十五年（1889年）秦州区有2万户、10万人，以汉民为主。民国初年天水县（秦州、麦积区）有人口346650人，其中秦州区域内人口超过一半以上。中华人民共和国成立后秦州区人口迎来爆发式增长，1949年末秦州区共53684户、230883人，1973年实行计划生育，人口增长放缓。1985年总人口489506人，比1949年增长112%；1987人口越过50万达到505286人；至1997年增长10万余人，越过60万达到605312人。之后10年人口增长速度持续下降，至2007年10年仅增加5万余达到651500人，比1949年增长182%，比1985年增长33%。

第一章　人口变动

第一节　总人口

1985年秦城区总人口有103562户、489506人，当年净增人口5744人。1987年人口超过50万达到505286人。从1973年超过40万人到1987年突破50万人口大关，15年净增人口112642人，年平均净增人口7509人，年平均增长率15.09‰。1990年后随着1966年至1973年生育高峰期出生的人口逐渐进入适龄婚育期，秦城区出现中华人民共和国成立后第三次人口生育高峰期，人口出生率居高不下，1993年人口出生率最高达到18.49‰。至1997年人口超过60万，达到605312人，10年净增人口100018人，年平均净增人口10002人。其中1989年最少，净增人口7442人，1990年、1992年、1996年、1997年净增人口超过1万人，1990年净增人口最多达到13942人。1998年人口快速增长的势头明显回落，至2007年秦州区总人口有179624户、651500人，10年期间净增人口46188人，年平均净增人口4619人。与前10年相比，少增加人口53835人，年平均增长率下降到7.39‰。其中2000年的人口自然增长率仅为4.6‰，是1985年以来最低的一年。1985年至2007年总计增加人口161994人，年平均净增人口7043人，年平均增长率12.34‰，与1962年至1973年12年期间的平均增长率35.5‰相比，降低23.16个千分点。

1985—2007年秦州区总人口统计表

表4—1—1 单位：人

年份	总人口	比上年净增加人口	增长率（‰）
1985	489506	5744	—
1986	497124	7618	15.56
1987	505286	8162	16.42
1988	513150	7864	15.56
1989	520592	7442	14.50
1990	534534	13942	26.78
1991	542155	7621	14.26
1992	552289	10134	18.69
1993	562248	9959	18.03
1994	570378	8130	14.72
1995	578726	8340	14.62
1996	592612	13886	23.99
1997	605312	12700	21.43
1998	610471	5159	8.52
1999	619866	9395	15.39
2000	625766	5900	9.52

续表

年份	总人口	比上年净增加人口	增长率（‰）
2001	628800	3034	4.85
2002	632700	3900	6.20
2003	636200	3500	5.53
2004	639400	3200	5.03
2005	642800	3400	5.32
2006	647100	4300	6.69
2007	651500	4400	6.80

第二节　自然变动

　　1993年农业人口393323人，非农业人口166599人，农业人口自然增长率13.34‰，非农业人口自然增长率12.89‰。1994年人口达570378人，全区净增人口6286人，自然增长率11.12‰。1995年全区人口控制在57.82万人，自然增长率10.12‰。1996年至2007年总出生人口76415人，年平均出生率10.19‰；总死亡人口28585人，年平均死亡率3.91‰；人口自然增长总数47830人，年平均自然增长率6.37‰。

1985—2007年秦州区人口自然变动统计表

表4—1—2　　　　　　　　　　　　　　　　　　　　　　　　　　　　　　单位：人、‰

年份	总人口数	出生		死亡		人口自然增长数	自然增长率
		人数	出生率	人数	死亡率		
1985	489506	6193	12.65	2526	5.16	3667	7.49
1986	497124	6806	13.69	2566	5.15	4240	8.54
1987	505286	6243	12.36	2279	4.50	3964	7.86
1988	513150	6261	12.20	2361	4.60	3900	7.60
1989	520595	6815	13.09	2346	4.50	4469	8.58
1990	534534	7660	14.33	2834	5.29	4826	9.04
1991	542155	7114	13.12	2706	4.99	4408	8.13
1992	552289	9770	17.69	2767	5.01	7003	12.68
1993	562248	10396	18.49	3166	5.63	7230	12.86

续表

年份	总人口数	出生		死亡		人口自然增长数	自然增长率
		人数	出生率	人数	死亡率		
1994	570378	9532	16.71	3189	5.60	6343	11.12
1995	578726	8838	15.27	2998	5.18	5840	10.0
1996	592612	8289	13.9	2769	4.65	5520	9.26
1997	605312	7020	11.62	2508	4.15	4512	7.47
1998	610471	6625	10.93	2947	4.86	3678	6.06
1999	619866	5813	9.42	3279	5.34	2534	4.13
2000	625766	5553	8.92	2691	4.32	2862	4.60
2001	628800	6547	10.4	2384	4.79	4163	6.61
2002	632700	6383	10.14	2413	3.83	3970	6.31
2003	636200	5793	9.11	1666	2.62	4127	6.49
2004	639400	5901	9.24	1774	2.78	4127	6.46
2005	642800	6027	9.4	2177	3.4	3850	6.0
2006	647100	6115	9.46	1627	2.52	4488	6.94
2007	651500	6349	9.79	2350	3.62	3999	6.16

第三节　机械变动

根据1990年人口普查结果，1985年7月至1990年6月秦城区共迁入14091人（男性8242人，占58.49%；女性5849人，占41.51%），城区迁入人口11170人。其中由本省其他县迁入人口11169人（由街道迁入3460人，由镇迁入2938人，由乡迁入477人），由外省迁入2921人（由街道迁入1147人，由镇迁入210人，由乡迁入1564人），其他状况迁入1人。迁入人口按原籍区分：工作调动2784人（城区2758人、农村26人），分配录用1246人（城区1182人、农村64人），务工经商1064人（城区942人、城郊105人、农村17人），学习培训3806人（城区3804人、农村2人），投亲靠友589人（城区566人、农村23人），退休、退职回原籍152人（城区128人、农村24人），随迁家属2390人（男1009人、女1381人，迁入城区2322人、农村68人），婚姻迁入855人（男171人、女684人，迁入城区353人、农村502人），其他原因迁入1205人（城区1158人、农村47人）。迁入人口中，除去学习培训外，大都是净迁入人口。减去因工作调动调出人员和随同迁出家属，每年净迁入1500人。

2000年人口普查结果显示，居住在一个乡镇街道半年以上、户口在外乡镇街道的人口有6443人，其中男性3652人，女性2791人；在一个乡镇街道居住不满半年，离开户口登记地半年以上的人口764人，其中男性399人，女性365人；居住在一个乡镇街道，户口待定的人口7030人，其中男性3471人，女性3559人；原住一个乡镇街道，现在国外工作学习，暂无户口的人有10人，其中男性5人，女性5人。秦城区户籍人口共621210人，常住本地人口589823人，占96.08%；外出半年以上人口24347人，占总人口的3.92%。共有外来人口7207人，其中本区222人（其中其他乡镇160人，其他街道62人），天水市2113人（其中乡1164人，其他镇23人，其他街道926人），甘肃省其他县（市）、市区2475人，省外2397人。按现住地、何时来本乡镇街道的人口有59996人。其中出生后一直住本乡镇街道的人口43945人，1995年12月31日以前来本乡镇街道居住的人口11450人，1996年604人，1997年730人，1998年968人，1999年1072人，2000年1227人。

2003年秦城区迁入人口24869人，其中省内迁入23416人，省外迁入1453人；迁出人口26560人，其中省内迁出21146人，省外迁出5414人，迁入率为-2.66‰。2007年秦州区迁入人口8919人，其中省内迁入6782人，省外迁入1137人；迁出人口6766人，其中省内迁出4672人，省外迁出2094人，迁入率为1.77‰。

第二章　人口分布与密度

第一节　城乡分布

1985年秦城区总人口489506人，其中乡村人口353337人，占总人口的72.2%；城区人口136169人，占总人口的27.8%。之后随着城市化、工业化进程的加快，一些农村人口和大型工厂由农村迁入城市，使城区人口逐年增加。1990年人口普查秦城区有533255人，其中城区人口151956人，占28.5%；乡村人口381299人，占71.5%；农业户口378388人，占70.96%；非农业户口149292人，占22.87%；户口待定和暂无户口5575人。1995年城区人口181115人，占总人口的31.3%；乡村人口397611人，占总人口的68.7%，6年间城市人口所占的比例增加2.9个百分点，年增加0.48个百分点，增加人口29159人，每年平均增加人口4860人。

2000年人口普查秦城区有604070人，其中城区人口186130人，占30.81%；乡村人口417940人，占69.19%；农业户口413790人，非农业户口183240人，非农业人口占30.69%，比全市非农业人口占总人口12.83%的比重高出17.86个百分点，是全市各县区中非农业人口比例最大的县区。由于2000年放宽农村人口"农转非"政策，城市人口增加，到2005年秦州区总人口达到642800人，城区人口突破20万人大关。2007年秦州区共有179624户、651500人，其中城市79230户、237889人，城市人口占全区总人口的36.5%。1990年至2007年城市人口增加85993人，平均每年增加4774人；农村人口增加31033人，平均每年增加1724人；城市人口的增加数是农村的2.77倍。

第二节 自然地理分布

秦州区人口受地形地貌因素的影响，分布区域呈现出明显的不均衡性。娘娘坝、大门、华岐、关子、杨家寺、秦岭、牡丹、皂郊、平南、齐寿等乡镇属于秦岭山区、红土丘陵山地，平均海拔高度在1500米以上，最高海拔2710米，最低海拔1280米，相对高差在1000米以上，地形复杂，交通不便，自然植被和气候变化受海拔因素影响明显，居住条件恶劣，人口呈现出从带状分布向点状分布过渡的特征，海拔越高，人口分布越稀疏。2007年娘娘坝镇人口密度为51人/平方公里，其中6个山区行政村14个自然村，人口2800人，每个自然村平均人口200人，最少的娘娘村石沟村仅有180人。藉河河谷地带和黄土盆地等河谷平原区，平均海拔高度在1500米以下，地势平坦，交通便利，经济文化发达，是全区人口分布最集中的区域，具有明显的带状分布特点。

1985—2002年秦城区各乡人口统计表

表4—2—1

单位：人

年份	环城	吕二	玉泉	中梁	太京	关子	藉口	铁炉	秦岭	牡丹	杨家寺	皂郊	店镇	齐寿	李子	平南	天水	华岐	汪川	大门	苏成	娘娘坝
1985	7984	9889	10548	15224	24019	21909	20020	9076	12462	22901	13338	17605	11511	17281	5921	29435	23753	18327	22243	15744	8699	15451
1986	7673	9940	10644	15553	24101	22198	20190	9183	12587	23089	13406	17736	11602	17545	5940	29614	23870	18470	22446	15918	8830	15589
1987	6915	10135	10883	15849	24162	22312	20368	9288	12610	23230	13516	17914	11795	17829	5973	30048	24248	18680	22645	16200	8970	15871
1988	5460	9048	9764	14152	24489	22000	20260	9439	12666	14074	13611	18089	11920	16100	5752	30351	22858	18937	22648	16445	8945	14839
1989	7071	10358	11228	16210	24871	20771	20949	9578	12787	23824	13707	18377	12045	18365	6116	31086	24984	19374	23172	16614	9156	16371
1990	7133	10419	11719	16695	76163	22768	21303	9662	12961	24078	13836	18950	12256	18780	6199	321393	25746	19790	23788	17343	9436	16744
1991	7206	10544	11788	16795	26131	23141	21600	9731	13125	24319	14001	19084	12408	18923	6324	32795	26037	20053	23947	17747	9511	16953
1992	7220	10500	11926	16995	26432	23394	21784	9823	13225	24600	14053	19239	12520	19070	6376	33023	26200	20282	24125	18113	9583	17181
1993	7275	10550	12083	17162	26780	23696	22051	9947	13316	24903	14115	19384	12648	19344	6452	33434	26546	20474	24432	18481	9699	17332
1994	6870	10493	12242	17276	27074	24014	22257	10071	13453	25250	14157	19567	12713	19656	6460	33829	26768	20709	24790	18799	9791	17536
1995	6835	10489	12412	17556	27267	24335	22469	10189	13514	25559	14190	19190	12866	19899	6492	34078	26967	20967	25064	19101	9894	17778
1996	6808	10593	12608	17676	27511	24979	22680	10553	13686	26310	14351	19990	13313	20106	6536	34930	27983	21243	25945	19804	10101	18400
1997	6848	10746	13063	18127	28407	25205	22907	10438	13760	26378	14451	20730	13670	21059	6406	35430	28413	21713	26294	20075	10136	18514
1998	6868	10746	13140	18133	28624	25298	23096	10501	13802	26647	14471	20666	13785	21189	6487	36059	28774	21835	26344	20241	10238	18524
1999	—	—	—	—	—	—	—	—	—	—	—	—	—	—	—	—	—	—	—	—	—	—
2000	10822	11860	13742	16924	27687	23465	23503	10292	13711	24735	13624	20721	13750	20358	6851	36657	27458	22080	25749	19873	10386	19190
2001	6940	10835	13184	18054	27658	26057	24075	10637	14420	27248	15353	21028	14011	21617	6796	36698	28746	24678	27198	20557	10369	18829
2002	6918	10834	13252	18300	27980	—	24027	10723	14603	28791	15295	22530	14146	21448	6702	37827	29055	22588	27601	20711	10455	20424

第三节　行政区域分布

　　1985年秦城区城区7个街道人口136169人，占总人口的27.82%；22个乡人口353337人，占总人口的72.18%。有7个乡人口超过2万人，平南乡人口最多，为29435人；环城、吕二、铁炉、李子4个乡人口少于1万人，李子乡人口最少为5921人。2000年人口普查秦城区有604070人，其中大城、七里墩、东关、中城、西关、石马坪、天水郡7个街道土地面积13平方公里，占总土地面积的0.53%，而人口186130人占全区普查人口的30.81%；人口超过2万人的街道有5个，七里墩街道人口最多为45545人，中城街道人口最少为14625人。22个乡占总土地面积的99.47%，人口417940人占总人口的69.19%；人口超过2万人的乡有10个，平南乡人口最多为36686人，人口少于1万人的乡只有李子乡为6985人。人口行政区域分布上，呈现出城区街道人口多于农村乡，川区乡人口多于山区、浅山区乡的特点。2005年秦州区有642800人，城区7个街道人口占总人口的34.9%。至2007年总人口651500人，城区7个街道人口227889人，占总人口的34.98%；16个乡镇人口423611人，占总人口的65.02%。

第四节　人口密度

　　1985年秦城区平均人口密度200人/平方公里，城乡人口密度差距悬殊。街道平均人口密度10475人/平方公里，远高于全区平均人口密度；农村乡镇平均人口密度145人/平方公里，低于全区平均人口密度。区内不同自然区域人口密度的差距也较大，河谷、盆地等川道地区人口密度一般大于山地、高原等山区、浅山区。1990年全区人口密度为218人/平方公里，比甘肃省50人/平方公里的人口密度高出3.4倍，稍高于天水市平均人口密度203人/平方公里，略低于甘谷县和秦安县的人口密度。城区7个街道土地面积13平方公里，人口151956人，人口密度达11689人/平方公里；农村22个乡土地面积2429平方公里，人口381760人，人口密度平均仅157人/平方公里。

　　2007年秦州区平均人口密度267人/平方公里，平均人口密度比1985年增加67人。城区7个街道人口227889人，平均人口密度为17530人/平方公里，平均人口密度比1985年增加7055人；16个乡镇人口434465人，平均人口密度为179人/平方公里，平均人口密度比1985年增加34人。各乡人口密度受各方面因素的影响相差悬殊，以西南部齐寿、平南、天水、大门、华岐、汪川及城郊玉泉等乡人口最密。平南、齐寿两乡虽处山地丘陵，但千人以上的自然村比比皆是，平均人口密度在370人以上，齐寿达到401人/平方公里，是农村人口最密集的乡。西部藉河两岸人口密度也较高。娘娘坝、藉口、杨家寺、皂郊等乡镇人口稀少。娘娘坝镇平均人口密度仅51人/平方公里。1990年至2007年城区人口密度每年以325人/平方公里的速度递增，农村每年以1.2人/平方公里的速度递增。

1990年乡、街道人口密度统计表

表4—2—2　　　　　　　　　　　　　　　　　　单位：人、平方公里、人/平方公里

乡、街道	人口	面积	人口密度
大城街道	18995	1.5	12663
东关街道	18747	1.54	12173
西关街道	22716	5.25	4327
石马坪街道	17188	3	5729
天水郡街道	21504	—	—
中城街道	20317	1.78	11414
七里墩街道	32489	—	—
环城乡	7935	14.2	559
吕二乡	10534	54.6	193
玉泉乡	11703	37.5	312
中梁乡	16816	85.6	196
关子乡	22950	147.4	156
藉口乡	21402	122.4	175
铁炉乡	9684	127	76
秦岭乡	13057	64.4	203

续表

乡、街道	人 口	面积	人口密度
牡丹乡	24021	138.2	174
杨家寺乡	13982	115.6	121
皂郊乡	18814	170	111
店镇乡	12442	75.5	165
齐寿乡	18814	54.6	345
李子乡	6592	261.7	25
平南乡	32457	98.7	392
天水乡	25937	96	270
华岐乡	19959	99	201
汪川乡	24048	108.2	222
大门乡	17452	75	233
苏成乡	9526	75	127
娘娘坝乡	17016	264	65

2007年乡镇、街道人口密度统计表

表4—2—3   单位：人、平方公里、人/平方公里

乡镇、街道	人 口	面积	人口密度
大城街道	19122	1.5	12748
东关街道	32898	1.54	21362
西关街道	35306	5.25	6724
石马坪街道	33453	3	11151
天水郡街道	35686	—	—
中城街道	20570	1.78	11557
七里墩街道	50852	—	—
太京镇	29158	144	202
藉口镇	36477	249.4	146
关子镇	27589	147.4	187
牡丹镇	27482	138.2	199
皂郊镇	36659	245.5	149
娘娘坝镇	26738	525.7	51
平南镇	34766	98.7	352

续表

乡镇、街道	人　口	面积	人口密度
天水镇	29905	96	312
汪川镇	39528	183.2	216
玉泉镇	30878	106.3	295
中梁乡	17838	85.6	208
秦岭乡	14637	64.4	227
杨家寺乡	15263	115.6	132
齐寿乡	21891	54.6	401
华岐乡	23855	99	241
大门乡	21802	75	291

第三章　人口结构

第一节　性别结构

　　1985年秦城区男性253998人，女性235508人，人口性别比例（以女性为100）为107.85，其中城区人口性别比例为110。1990年第四次人口普查男性277164人，女性256091人，性别比例为108.23。其中城区男79349人，女72607人，性别比例为109.29；0周岁至10周岁人口男57286人，女53338人，性别比例为107.4。1995年男295305人，女275073人，性别比例为107.36。其中城区男90119人，女82222人，性别比例为109.6。2000年第五次人口普查男312699人，女291371人，性别比例为107.32。其中城区男96530人，女89600人，性别比例为107.73；0周岁至4周岁人口性别比例为112.87。从人口普查数据来看，各乡、街道人口性别比例也不一致，其中人口性别比例超过110的有七里墩、大城、天水郡街道和中梁、娘娘坝、李子乡，大城街道人口性别比例最高达123.28，东关街道人口性别比例最低为99.1。

　　2007年秦州区男342554人，女322474人，性别比例为106.23。其中城区男116041人，女111846人，性别比例为103.75。各乡镇、街道中，人口性别比例达到和超过110的有天水郡街道、牡丹镇、皂郊镇、娘娘坝镇、杨家寺乡，人口性别比例低于100的有中城街道、玉泉镇、秦岭乡，其中秦岭乡人口性别比例低至85.31。1985年至2007年平均每年人口性别比为107.7，人口性别比例最高的年份是2002年，为116.26。

1985—2007年秦州区人口性别构成统计表

表4—3—1　　　　　　　　　　　　　　　　　　　　　　　　单位：人

年份	总户数	年末总人口			性别比例
		合计	男	女	
1985	103562	489506	253998	235508	108.85
1986	106271	497124	257460	239664	107.43
1987	110945	505286	261120	244166	106.94
1988	113734	513150	265048	248102	106.83
1989	116736	520592	268404	252188	106.43
1990	120089	534534	276692	257842	107.31
1991	122310	542155	280394	261761	107.12
1992	133601	552289	286076	266213	107.46
1993	129047	562248	290779	271469	107.11
1994	134519	570378	295305	275073	107.36
1995	137172	578726	301582	277144	108.82
1996	141246	592612	309184	283428	109.09
1997	149757	605312	315368	289944	108.77
1998	152366	610471	317923	292548	108.67
1999	154732	619866	321829	298037	107.98
2000	152773	625766	324032	301734	107.39
2001	153513	628800	328102	300698	109.11
2002	157176	632700	340137	292563	116.26
2003	164892	636200	329500	306700	107.43
2004	169417	639400	—	—	—
2005	171185	642800	332199	310601	106.95
2006	175563	647100	339010	318456	106.45
2007	179624	651500	342554	322474	106.23

街道、乡镇不同年份人口性别构成对照表

表4—3—2 单位：人

地区别	1990年人口普查数			2000年人口普查数			2007年人口数		
	男	女	性别比例	男	女	性别比例	男	女	性别比例
秦州区	277164	256091	108.23	312699	291371	107.32	342554	322474	106.23
七里墩街道	17385	15104	115.10	24007	21538	111.46	25835	25017	103.27
东关街道	9987	8760	114.01	9556	9643	99.10	16573	16323	101.53
大城街道	9669	9326	103.68	11652	9452	123.28	9719	9403	103.36
中城街道	10139	10178	99.62	7352	7273	101.09	10233	10339	98.97
西关街道	11349	11367	99.84	14032	13765	101.94	18022	17284	104.27
石马坪街道	9048	8140	111.15	15710	15308	102.63	16945	16508	102.65
天水郡街道	11772	9732	120.96	14221	12621	112.68	18714	16972	110.26
太京镇	13471	12660	106.41	14453	13448	107.47	15229	13927	109.35
藉口镇	10987	10415	105.49	12335	11237	109.77	18978	17499	108.45
关子镇	12051	10899	110.57	12372	11534	107.27	14253	13336	106.88
牡丹镇	12615	11406	110.60	12813	12085	106.02	14390	13072	110.08
皂郊镇	9705	9109	106.54	10684	10066	106.14	19192	17467	109.88
娘娘坝镇	8972	8044	111.54	10075	9115	110.53	14005	12732	110.00
平南镇	16859	15598	108.08	18845	17841	105.63	19317	18149	106.44
天水镇	13457	12480	107.83	14170	13482	105.10	15413	14492	106.36
汪川镇	12408	11640	106.60	13623	13234	102.94	20571	18957	108.51
玉泉镇	5903	5800	101.78	7224	6776	106.61	15329	15549	98.59
中梁乡	8588	8228	104.38	8955	8110	110.42	9290	8548	108.68
秦岭乡	6732	6325	106.43	7226	6689	108.03	7659	8978	85.31
杨家寺乡	7255	6727	107.85	7253	6629	109.41	8000	7263	110.15
齐寿乡	9784	9057	108.03	10556	10174	103.75	11261	10630	105.94
华岐乡	10397	9562	108.73	11431	10811	105.73	12308	11547	106.59
大门乡	9200	8252	111.49	10291	9593	107.28	11318	10484	107.95
吕二乡	5364	5170	103.75	6189	5762	107.41	—	—	—
环城乡	3896	4039	96.46	5762	5332	108.06	—	—	—
铁炉乡	5067	4617	109.75	5377	4931	109.04	—	—	—
店镇乡	6537	5905	110.70	7280	6624	109.90	—	—	—
李子乡	3571	3021	110.21	3730	3255	114.59	—	—	—
苏成乡	4996	4530	110.29	5525	5043	109.56	—	—	—

第二节 年龄结构

1990年人口普查秦城区533255人。0岁至14岁人口147854人，占27.73%，此年龄段人口城区7个街道的比重远低于22个乡，东关街道最低为16.99%，平南乡比重最高为33.62%。15岁至64岁人口359876人，占67.48%，此年龄段人口城区7个街道的比重远高于22个乡，天水郡街道比重最高为79.8%，平南、大门乡比重最低为61.9%。65岁及以上老人25525人，占4.79%，此年龄段人口城区街道中中城的比重最高为6.56%，石马坪街道比重最低为2.08，22个乡中汪川乡的比重最高为6.38%，秦岭乡比重最低为2.71%。人口年龄中位数为23.24岁，比天水市人口的年龄中位数20.63岁高2.61岁，人口类型由"年轻型"初步过渡到"成年型"，人口再生产仍保持在"增长型"。城区7个街道总人口151956人。0岁至14岁人口28827人，占城区总人口的18.97%；15岁至64岁人口116852人，占城区总人口的76.9%；65岁及以上人口6277人，占城区总人口的4.13%；人口年龄结构由"成年型"向"老年型"过渡。22个乡总人口381299人。0岁至14岁人口119027人，占乡村总人口的31.22%，比人口"稳定型"标准26.5%高出4.72个百分点；15岁至64岁人口243024人，占乡村总人口的63.73%；65岁及以上人口19248人，占乡村总人口的5.05%；人口年龄结构由"年轻型"初步过渡到"成年型"。全区高龄人口中，90岁及以上人口47人，其中男17人，女30人；95岁及以上人口4人，其中100岁1人。

2000年人口普查秦城区有604070人。0岁至14岁人口155262人占25.7%，15岁至64岁人口414935人占68.69%，65岁及以上人口33873人占5.61%。与1990年人口普查相比，0岁至14岁人口比重下降2.03个百分点，65岁及以上人口比重上升0.82个百分点。人口总抚养比为45.58%，少儿抚养比为37.42%，老年抚养比为8.16%，人口年龄中位数为28.48岁，比1990年人口普查数据提高5.24岁，人口年龄结构为"成年型"。城区总人口206880人。0岁至14岁人口35778人，占城区总人口的17.29%；15岁至64岁人口158164人，占城区总人口的76.56%；65岁及以上人口12938人，占城区总人口的6.25%；人口总抚养比为30.8%，少儿抚养比为22.62%，老年抚养比为8.18%。乡村总人口397190人。0岁至14岁人口119484人，占乡村总人口的30.08%；15岁至64岁人口256771人，占乡村总人口的64.65%；65岁及以上人口20935人，占乡村总人口的5.36%；人口总抚养比为54.69%，少儿抚养比为46.53%，老年抚养比为8.15%。全区高龄人口中，90岁及以上人口170人，比1990年人口普查数增加124人；95岁及以上人口39人，比1990年普查数增加35人，高龄人数明显增多。从性别比例来看，90岁及以上人口中男60人，占35.29%，女110人，占64.71%；从区域分布来看，城区7个街道有89人占52.35%，22个乡有81人占47.65%。

2007年秦州区18岁以下人口152868人，占总人口的23.46%；18岁至60岁432059人，占总人口的66.32%；60岁以上人口80101人，占总人口的12.29%，其中90岁至95岁149人，95岁以上22人（男性7人，女性15人）。同2000年人口普查相比，青壮年人口逐年下降，60岁以上人口呈上升趋势。

1990年人口普查秦城区人口年龄结构一览表

表4—3—3　　　　　　　　　　　　　　　　　　　　　　　　　单位：人、%

地区别	总人口	0—14岁		15—64岁		65岁及以上	
		人数	比重	人数	比重	人数	比重
秦城区	533255	147854	27.73	359876	67.48	25525	4.79
东关街道	18747	3186	16.99	14692	78.37	869	4.64
大城街道	18995	3672	19.33	14253	75.04	1070	5.63
中城街道	20317	4081	20.09	14903	73.35	1333	6.56
西关街道	22716	4510	19.85	16747	73.72	1459	6.43
七里墩街道	32489	6277	19.32	25524	78.56	688	2.12
石马坪街道	17188	3258	18.96	13572	78.96	358	2.08
天水郡街道	21504	3852	17.91	17161	79.8	491	2.29
环城乡	7935	2343	29.53	5213	65.7	379	4.77
吕二乡	10534	3148	29.88	6945	65.93	441	4.19
玉泉乡	11703	3513	30.02	7637	65.26	553	4.72
中梁乡	16816	5281	31.4	10754	63.95	781	4.65
太京乡	26131	8377	32.06	16656	63.74	1098	4.2

续表

地区别	总人口	0—14岁		15—64岁		65岁及以上	
		人数	比重	人数	比重	人数	比重
关子乡	22950	6967	30.36	14715	64.12	1268	5.52
藉口乡	21402	6695	31.28	13725	64.13	982	4.59
铁炉乡	9684	2886	29.8	6340	65.47	458	4.73
秦岭乡	13057	3767	28.85	8590	65.79	700	2.71
牡丹乡	24021	7567	31.50	15200	63.28	1254	5.22
杨家寺乡	13982	4282	30.63	9033	64.6	667	4.77
皂郊乡	18814	5595	29.74	12302	65.39	917	4.87
店镇乡	12442	3582	28.79	8283	66.57	577	4.64
齐寿乡	18814	6195	32.93	11722	62.3	897	4.77
李子乡	6592	2044	31.01	4162	63.13	386	5.86
平南乡	32457	10913	33.62	20089	61.9	1455	4.48
天水乡	25937	7978	30.76	16572	63.89	1387	5.35
华岐乡	19959	6198	31.05	12644	63.35	1117	5.6
汪川乡	24048	7477	31.09	15037	62.53	1534	6.38
大门乡	17452	5729	32.83	10803	61.9	920	5.27
苏成乡	9526	2963	31.1	6001	63.00	562	5.9
娘娘坝乡	17016	5518	32.43	10642	62.54	856	5.03

2000年人口普查秦城区人口年龄结构一览表

表4—3—4

单位：人、%

地区别	总人口	0—14岁		15—64岁		65岁及以上	
		人数	比重	人数	比重	人数	比重
秦城区	604070	155262	25.7	414935	68.69	33873	5.61
大城街道	21104	3492	16.55	16151	76.53	1461	6.92
七里墩街道	45545	6993	15.35	36873	80.96	1679	3.69
东关街道	19199	3126	16.28	14622	76.16	1451	7.56
中城街道	14625	2715	18.56	10574	72.3	1336	9.14
西关街道	27797	4730	17.02	20900	75.19	2167	7.8
石马坪街道	31018	5306	17.11	24164	77.9	1548	4.99
天水郡街道	26842	3397	12.66	22237	82.84	1208	4.5
吕二乡	11951	3040	25.44	8379	70.11	532	4.45
环城乡	11094	2614	23.56	7976	71.9	504	4.54
玉泉乡	14000	3951	28.22	9393	67.09	656	4.69

续表

地区别	总人口	0—14岁		15—64岁		65岁及以上	
		人数	比重	人数	比重	人数	比重
皂郊乡	20750	6019	29.01	13643	65.75	1088	5.24
中梁乡	17065	4882	28.61	11263	66	920	5.39
太京乡	27901	7976	28.59	18569	66.55	1356	4.86
藉口乡	23572	7069	29.99	15909	67.49	594	2.52
关子乡	23906	7234	30.26	15090	63.12	1582	6.62
铁炉乡	10308	3078	29.86	6665	64.66	565	5.48
秦岭乡	13915	4208	30.24	8861	63.68	846	6.08
牡丹乡	24898	7382	29.65	16110	64.7	1406	5.65
杨家寺乡	13882	4185	30.15	8926	64.3	771	5.55
华岐乡	22242	6946	31.23	14086	63.33	1210	5.44
天水乡	27652	8696	31.45	17351	62.75	1605	5.8
平南乡	36686	11360	30.97	23642	64.44	1684	4.59
店镇乡	13904	4204	30.24	9057	65.14	643	4.62
齐寿乡	20730	6424	30.99	13299	64.15	1007	4.86
娘娘坝乡	19190	5918	30.84	12396	64.60	876	4.56
李子乡	6985	1881	26.93	4677	66.96	427	6.11
大门乡	19884	6577	33.08	12299	61.85	1008	5.07
汪川乡	26857	8581	31.95	16695	62.16	1581	5.89
苏成乡	10568	3178	30.07	6778	64.14	612	5.79

2007年秦州区人口年龄结构一览表

表4—3—5

单位：人、%

地区别	总人口	18岁以下		18—35岁		35—60岁		60岁以上	
		人数	比重	人数	比重	人数	比重	人数	比重
秦州区	651500	152868	23.46	194705	29.88	237354	36.43	80101	12.29
七里墩街道	50852	8478	16.67	14233	27.98	20663	40.63	7480	14.7
东关街道	32898	7327	22.27	7386	22.45	14184	43.11	3989	12.12
大城街道	19122	3448	18.03	4995	26.12	7912	41.37	2767	14.47
中城街道	20572	3817	18.55	4931	23.96	8537	41.49	3287	15.97
西关街道	35306	6021	17.05	8623	24.42	14900	42.2	5762	16.32
石马坪街道	33453	6302	18.89	8974	26.82	14167	42.34	4010	11.98
天水郡街道	35686	3989	11.17	17837	49.98	9901	27.74	3959	11.09
太京镇	29158	7128	24.44	8637	29.62	10235	35.1	3156	10.82

续表

地区别	总人口	18岁以下		18—35岁		35—60岁		60岁以上	
		人数	比重	人数	比重	人数	比重	人数	比重
藉口镇	36477	9578	26.25	10971	30.07	11919	32.67	4009	10.99
关子镇	27589	7387	26.77	7967	28.88	8889	32.21	3346	12.12
牡丹镇	27482	7111	25.87	8225	29.92	9048	32.92	3078	11.2
皂郊镇	36659	9666	26.36	10044	27.39	12758	34.8	4191	11.43
娘娘坝镇	26737	6857	25.64	8143	30.45	8990	33.62	2747	10.27
平南镇	34766	9251	26.60	11632	33.45	12761	36.7	3822	10.99
天水镇	29905	7979	26.68	8356	27.94	10194	34.08	3376	11.28
汪川镇	39528	11033	27.91	11559	29.24	12324	31.17	4612	11.66
玉泉镇	30878	7110	23.02	8663	28.05	11697	37.88	3408	11.03
中梁乡	17838	4104	23.00	5383	30.17	8352	46.82	2017	11.3
秦岭乡	14637	3811	26.03	3855	26.33	5017	34.27	1954	13.34
杨家寺乡	15263	3871	25.36	4464	29.24	5081	33.28	1847	12.1
齐寿乡	5812	5812	26.54	6404	29.25	7373	33.68	2302	10.51
华岐乡	6519	6519	27.32	6955	29.15	7606	31.88	2775	11.63
大门乡	6271	6271	28.76	6478	29.71	6846	31.4	2207	10.12

2007年秦州区95岁及以上老龄人口统计表

表4—3—6

姓 名	性 别	出生年月	居住地
王四兰	女	1908年7月	西关街道
李秀英	女	1908年8月	大城街道
张照和	男	1909年7月	七里墩街道
张荣路	男	1911年9月	大城街道
魏春英	女	1910年8月	大城街道
郑思德	男	1910年10月	大城街道
姚秀云	女	1912年2月	天水郡街道
赵富琦	女	1911年4月	东关街道
方桂英	女	1911年12月	东关街道
赵冷氏	女	1910年9月	七里墩街道
谷爱菊	女	1910年11月	七里墩街道
肖国珍	男	1912年1月	七里墩街道
方桂英	女	1911年5月	七里墩街道

续表

姓 名	性 别	出生年月	居住地
王丽君	女	1912年8月	七里墩街道
杨组才	男	1912年2月	天水镇
于大娃	女	1912年10月	大门乡
方有财	男	1910年9月	大门乡
张进胡	男	1912年11月	大门乡
袁女子	女	1912年4月	齐寿乡
马家娃	女	1910年8月	秦岭乡
张桂香	女	1912年10月	中梁乡
王赵氏	女	1912年6月	华岐乡

第三节　民族结构

1990年人口普查秦城区有533255人，18个民族。其中汉族523242人、占98.1%，回族9084人、占1.7%，其他16个少数民族共929人、占0.2%，分别是满族694人、蒙古族75人、土家族29人、藏族27人、壮族23人、锡伯族20人、朝鲜族15人、苗族15人、彝族6人、羌族6人、裕固族5人、俄罗斯族5人、畲族4人、东乡族3人、达斡尔族1人、侗族1人。回族在城区有7145人，主要居住在中城街道伊民巷（穆家坑）、自治巷、亲睦里等地；太京乡905人，主要聚居地为窝驼村；吕二乡253人，主要聚居地为李官湾村；牡丹乡240人，主要聚居地为马家堡子；另外皂郊乡181人，娘娘坝乡130人，环城乡127人，玉泉乡74人，店镇、李子、齐寿等7乡共29人。其他少数民族除藉口乡有1名蒙古族外都在城区。

2000年人口普查秦城区有604070人，26个民族。其中汉族592447人占98.08%，少数民族11623人占1.92%。与1990年第四次全国人口普查相比，汉族人口增加69205人，增长13.23%；少数民族人口增加1610人，增长16.08%。25个少数民族中，蒙古族177人，回族10452人，藏族90人，维吾尔族12人，苗族45人，彝族19人，壮族37人，布依族16人，朝鲜族20人，满族673人，侗族9人，白族2人，土家族29人，傣族1人，黎族1人，傈僳族1人，佤族5人，畲族3人，高山族1人，东乡族6人，土族5人，羌族1人，锡伯族13人，俄罗斯族4人，保安族1人。全区家庭户总户数149123户，其中单一民族户148128户，占总户数的99.33%；二个民族户992户，占总户数的0.67%；三个民族户1户，四个及四个以上民族户2户。城区家庭户62798户，其中单一民族户61932户，二个民族户863户，三个民族户1户，四个及四个以上民族户2户。乡村家庭户86325户，其中单一民族户86196户，二个民族户129户。

第四节 文 化 结 构

1990年人口普查秦城区6岁及以上人口470732人，具有小学及以上文化程度人口325463人，占6岁及以上人口的69.1%。其中小学程度168260人，初中程度94868人，高中程度41321人，中专程度11190人，大学程度9824人。15岁及以上人口385401人，其中文盲、半文盲人口131964人，文盲、半文盲人口占15岁及以上人口的34.23%。城区6岁及以上人口140880人中具有小学及以上文化程度人口占92.1%。其中大学程度人口占全区大学程度人口的97.4%，中专占90.6%，高中占72.9%。高中及其以上文化程度人口占6岁及上人口比例为城区35.4%，农村3.8%。乡村6岁及以上人口329852人，具有小学及以上文化程度人口195730人，占乡村6岁及以上人口的59.3%；文盲134122人，占6岁及以上人口的40.7%，其中苏成、大门、关子3乡均占到一半以上。全区每十万人拥有小学以上文化程度的人口为69140人，其中大学本科722人，大学专科1365人，中专2377人，高中8778人，初中20153人，小学35745人。

2000年人口普查秦城区接受大学（大专及以上）教育人口26369人。与1990年第四次全国人口普查相比，每十万人拥有各种受教育程度的人数有如下变化：具有大学受教育程度的由2087人上升至4368人，具有高中受教育程度的由8778人上升至12278人，具有初中受教育程度的由20153人上升至24115人，具有小学受教育程度的由35745人上升至37735人。全区文盲人口（15岁及以下不识字或识字很少的人）70503人，与1990年第四次全国人口普查相比，粗文盲率（文盲人口占总人口的比重）由27.24%下降到11.68%。

2000年秦城区受教育程度人口统计表（非普查数）

表4—3—7 单位：人、%

地区别	6岁以上人口数	大专及以上		高中和中专		初中		小学		扫盲班		未上过学	
		人数	占6岁及以上人口比重	人数	占6岁及以上人口比重	人数	占6岁及以上人口比重	人数	占6岁及以上人口比重	人数	占6岁及以上人口比重	人数	占6岁及以上人口比重
秦城区	556408	26369	4.74	74115	13.32	146674	26.16	227790	40.94	8373	1.51	74187	13.33
大城街道	20050	2400	11.97	6135	30.6	6388	31.86	3900	19.45	165	0.82	1062	5.3
七里墩街道	42888	4704	10.97	15043	35.08	14295	33.33	7196	16.78	199	0.46	1451	3.38
东关街道	18160	3058	16.84	6718	36.99	4665	25.69	3009	16.66	86	0.47	624	3.44
中城街道	13695	940	6.86	3095	22.5	5065	36.98	3424	25	108	0.41	1063	7.76
西关街道	26205	2647	10.10	8476	32.34	8668	33.08	5025	19.18	162	0.62	1227	4.68
石马坪街道	29239	3983	13.62	10473	35.82	8736	29.88	4914	16.81	78	0.27	1055	3.61
天水郡街道	25601	7347	28.70	8182	31.96	6095	23.81	3322	12.98	79	0.31	576	2.25
吕二乡	11107	46	0.41	701	6.31	3636	32.74	5058	45.54	167	1.5	1499	13.5
环城乡	10215	119	1.16	1093	10.7	4306	42.15	3680	36.03	144	1.41	873	8.55
玉泉乡	12881	49	0.38	834	6.47	4138	32.12	6046	46.94	105	0.82	1709	13.27
皂郊乡	19009	5	0.03	370	1.95	4238	22.29	11088	58.33	239	1.26	3069	16.14
中梁乡	15770	83	0.53	441	2.8	3606	22.87	8044	51	375	2.38	3221	20.42
太京乡	25631	65	0.25	1264	4.93	6725	26.24	13369	52.16	467	1.82	3741	14.6
藉口乡	21709	127	0.58	1099	5.06	5006	23.06	11950	55.05	585	2.69	2942	13.55
关子乡	21669	68	0.31	509	2.35	4379	20.21	11306	52.18	223	1.03	5184	23.92
铁炉乡	9437	44	0.47	374	3.96	2190	23.21	5374	56.95	175	1.85	1280	13.56
秦岭乡	12248	45	0.37	612	5	3859	31.51	5659	46.20	309	2.52	1764	14.4
牡丹乡	22475	94	0.42	1154	5.13	6342	28.22	10946	48.7	825	3.67	3114	13.86
杨家寺乡	12510	25	0.20	577	4.61	3403	27.21	5771	46.13	259	2.07	2475	19.78
华岐乡	20203	35	0.17	753	3.73	3991	19.76	10054	49.76	634	3.14	4736	23.44
天水乡	25212	79	0.31	1338	5.31	5923	23.49	13323	52.84	742	2.95	3807	15.1

续表

地区别	6岁以上人口数	大专及以上		高中和中专		初 中		小 学		扫盲班		未上过学	
		人数	占6岁及以上人口比重	人数	占6岁及以上人口比重	人数	占6岁及以上人口比重	人数	占6岁及以上人口比重	人数	占6岁及以上人口比重	人数	占6岁及以上人口比重
平南乡	33331	101	0.30	1319	3.96	8036	24.11	18432	55.3	531	1.59	4912	14.74
店镇乡	12487	30	0.24	267	2.14	2308	18.48	6590	52.78	395	3.16	2897	23.2
齐寿乡	18984	50	0.26	343	1.81	3980	20.97	10674	56.23	392	2.06	3545	18.67
娘娘坝乡	17580	54	0.31	660	3.75	3857	21.94	9685	55.09	74	0.42	3250	18.49
李子乡	6383	33	0.52	278	4.36	2044	32.02	2994	46.91	536	8.40	498	7.8
大门乡	17964	31	0.17	423	2.35	2964	16.50	10202	56.79	197	1.10	4147	23.09
汪川乡	24175	92	0.38	1285	5.32	4973	20.57	12365	51.15	92	0.38	5368	22.2
苏成乡	9590	15	0.16	299	3.12	1758	18.33	4390	45.78	30	0.31	3098	32.3

1990年秦城区受教育程度人口统计表

表4—3—8

项目	6岁及以上人口	受教育程度							文盲人口		
		大学	中专	高中	初中	小学	合计	占%	人数	占%	6—14岁文盲人口
秦城区	470732	9824	11190	41321	94868	168260	325463	69.1	145269	30.9	13305
城区	140880	9573	10141	30136	47823	32060	129733	92.1	11147	7.9	1260
农村	329852	251	1049	11185	47045	136200	195730	59.3	134122	40.7	12045
环城乡	6901	9	25	380	1839	3001	5254	76.1	1647	23.9	80
吕二乡	9149	4	16	373	1862	3902	6157	67.3	2992	32.7	136
玉泉乡	9969	2	22	371	1944	4889	7228	72.5	2741	27.5	137
中梁乡	14345	16	45	467	1736	5960	8224	57.3	6121	42.7	495
太京乡	22756	19	106	919	3897	10324	15265	67.1	7491	32.9	662
关子乡	20358	6	62	433	2404	7141	10046	49.3	10312	50.7	1360
藉口乡	18830	20	59	654	2256	7087	10076	53.5	8754	46.7	909
铁炉乡	8495	4	35	299	1242	4084	5664	66.7	2831	33.3	242
秦岭乡	11559	4	61	472	2350	4761	7648	66.2	3911	33.8	182
牡丹乡	21179	18	62	777	3327	7968	12152	57.4	9027	42.6	815

续表

项目	6岁及以上人口	受教育程度							文盲人口		
		大学	中专	高中	初中	小学	合计	占%	人数	占%	6—14岁文盲人口
杨家寺乡	12181	17	58	711	2095	4586	7467	61.3	4714	38.7	428
皂郊乡	16386	1	7	240	2273	8539	11060	67.5	5326	32.5	423
店镇乡	10904	7	39	164	1151	4457	5818	53.4	5086	46.6	475
齐寿乡	15995	1	39	324	1951	6320	8635	54.0	7360	46.0	646
李子乡	5666	13	31	153	976	2311	3484	61.5	2182	38.5	144
平南乡	27419	23	73	870	3439	12830	17235	62.9	10184	37.3	980
天水乡	22284	28	66	992	3320	9309	13715	61.5	8569	38.5	689
华岐乡	17215	9	72	585	2296	7616	10578	61.4	6637	38.6	425
汪川乡	20583	31	62	801	2351	7785	11030	52.9	9823	47.1	852
大门乡	14798	5	46	374	1677	4812	6914	46.7	7884	53.3	959
苏成乡	8111	4	30	229	890	2832	3985	49.1	4126	50.9	384
娘娘坝乡	14499	10	33	597	1769	5686	8095	55.8	6404	44.2	622

第五节　婚姻结构

1990年人口普查秦城区15岁及以上人口385401人。其中未婚男性59475人，女性40716人；有配偶男性129958人，女性129829人；丧偶男性9335人，女性13734人；离婚男性1802人，女性552人。23周岁至25周岁年龄段内，男青年未婚的6767人，占此年龄段男性人口的36.8%；21周岁至23周岁年龄段内，女青年未婚的6462人，占此年龄段女性人口的33.5%。早婚现象农村仍然存在，15周岁至19周岁女性中，有3280人已婚，占此年龄段女性人口的10.6%；15周岁至21周岁男性中，有4528人已婚，占此年龄段男性人口的9.3%。

2000年人口普查秦城区有15岁及以上人口441750人。其中未婚93440人，占21.15%；初婚有配偶314600人，占71.22%；再婚有配偶6200人，占1.4%；离婚3840人，占0.87%；丧偶23670人，占5.36%。

第六节　家庭结构

1990年人口普查秦城区有115386户。其中家庭户114909户、人口518896人，集体户477户、人口14359人。家庭户平均每户人口4.52人。城市家庭户40965户、140126人，平均每个家庭户人口3.42人；农村家庭户73944户、378770人，平均每个家庭户人口5.12人。家庭户中：一人户4581户，占3.99%；二人户8448户，占7.35%；三人户23532户，占20.48%；四人户25219户，占21.95%；五人户23021户，占20.03%；六人户14237户，占12.39%；七人户8121户，占7.07%；八人户4226户，占3.68%；九人户1915户，占1.67%；十人及以上户1609户，占1.4%。按家庭户类别划分：家庭户中单身户3497户，占3.04%；一对夫妇户4732户，占4.12%；二代户70567户，占61.41%；三代户25418户，占22.12%；四代户1500户，占1.31%；五代户1户；其他户9194户，占8%。二代户和三代户占到总户数的83.53%，单身户、一代户、四代户只占总户数的8.47%。有0岁至14岁人口的户95154户，有60岁以上老人的户31048户。其中有一个60岁以上老人的户23276户，有两个60岁以上老人的户7622户，有三个及以上60岁以上老人的户150户。

2000年人口普查秦城区有152381户。其中家庭户149123户，比1990年普查时增加34214户，人口580702人占总人口的96.2%，家庭户平均每户人数为3.89人，比1990年的4.52人减少0.63人；集体户3258户，人口23036人。城市家庭户48298户、166010人，平均每个家庭户3.44人；农村家庭户100825户、415024人，平均每个家庭户4.12人。家庭户中：一代户22036户，占14.78%，比1990年人口普查数增加17304户，占家庭户比重增加10.66%，显示10年受工作、住房和婚育观念的影响，迟生或不生孩子的一对夫妇户明显增加；二代户89501户，占60.02%，比1990年人口普查增加18934户，占家庭户比重减少1.39%；三代户35707户，占23.94%，比1990年人口普查数增加10289户，占家庭户比重增加1.82%，显示人口老龄化引起的家庭养老压力有所增加；四代户1873户，占1.26%；五代户及五代以上户6户。有0岁至14岁人口的家庭户119224户，比1990年人口普查数增加24070户，增长25.30%。有60岁及以上老年人口的家庭户40058户,比1990年人口普查数增加9010户。有一个60岁以上老年人的户26797户,比1990年人口普查数增加3521户,其中单身老人户2447户,占9.13%;有两个60岁以上老年人的户13062户,比1990年人口普查数增加5440户,其中只有一对老夫妇户3386户,占25.92%;其他户199户。单身老人户和一对老夫妇户有5833户,占到全区有60岁及以上老年人口家庭户的14.56%。

1985—2007年秦州区户均人口统计表

表4—3—9　　　　　　　　　　　　　　　　　　　　　　　　　单位:户、人

年份	总户数	总人口	户均人口数
1985	103562	489506	4.73
1986	110945	505286	4.55
1987	110945	505286	4.55
1988	113734	513150	4.51
1989	116736	520595	4.46
1990	120089	534534	4.45
1991	122310	542155	4.43
1992	133601	552289	4.13
1993	129047	562248	4.36
1994	134519	570378	4.24
1995	137172	578726	4.22
1996	141246	592612	4.20
1997	149757	605312	4.04
1998	152366	610471	4.01
1999	154732	619866	4.01
2000	152773	625766	4.10
2001	153513	628800	4.10
2002	157176	632700	4.03
2003	164892	636200	3.86
2004	169417	639400	3.77
2005	171185	642800	3.76
2006	175563	647100	3.69
2007	179624	651500	3.63

2000年人口普查秦城区家庭户规模统计表

表4—3—10

单位:户

家庭户规模	合计	一代户	二代户	三代户	四代户	五代户及五代以上户
全区	149123	22036	89501	35707	1873	6
一人户	8426	8426	—	—	—	—
二人户	19147	13213	5934	—	—	—
三人户	40004	283	38886	835	—	—
四人户	33069	72	27559	5422	16	—
五人户	24955	31	13101	11678	145	—
六人户	13510	8	3034	10072	396	—
七人户	6259	3	730	4939	586	1
八人户	2288	—	172	1698	415	3
九人户	903	—	51	654	197	1
十人及十人以上户	562	—	34	409	118	1

第七节 职业结构

1985年秦城区总人口489506人，主要分布在农村，其中农村356085人，农村劳动力129301人，从事农业105985人。统计口径范围内城市职工有22500人（区属全民所有制单位从业人员）。其中从事农业236人，工业7720人，交通邮电844人，商业物资供销4222人，房地产、公用事业、居民服务、咨询业1240人，文体卫社会福利事业3241人，机关社团2316人。1987年农村劳动力143476人，其中从事农业111396人，建筑业5569人。城市职工共有22775人。其中从事农业413人，工业9733人，交通邮电713，商饮物资供销业3475人，房地产、公用事业、居民服务618人，卫生、体育765人，教育、广播2704人，金融保险521人，机关社会团体2597人。

1990年农村劳动力154341人。其中从事农业128322人，建筑业8091人，商饮服务业3236人，工业生产3411人。城镇劳动者28254人，其中从事农林水利行业706人，工业10417人，交通行业723人，商饮等行业3516人，房地产、居民服务行业2368人，卫生行业555人，教育广电行业3057人，金融业630人，机关团体2580人。平南、齐寿等乡外出从事建筑行业的人最多，建筑行业逐渐成为农民的经济支柱。同时随着改革的不断深化，国有、集体企业发展疲软，城镇统计口径内从业人员人数呈现下降趋势。至1995年城镇从业人员24546人，比1990年下降13.1%。其中从事农业603人，商贸餐饮业3933人，金融业812人，房地产业156人，社会服务1121人，卫生社会福利851人，教育广电4755人，机关团体2832人，制造业7335人；另有股份制企业1家，从业人员30人。农村劳动力167639人，其中从事农业133422人，建筑业10579人。至2000年城镇单位从业人员下降到18250人，比1990年、1995年分别下降35.4%、25.7%。其中从事农业570人，制造业2448人，商贸餐饮业1405人，金融业746人，社会服务业1156人，卫生体育社会福利事业1347人，房地产、建筑业891人，文教广电5406人，机关团体3392人。农村劳动力始终保持增长趋势，2000年达到183855人，其中从事农业145712人，建筑业11886人。

2003年城镇单位从业人员下降到16562人。之后由于统计口径改变，城镇从业人员人数大幅回升。2005年秦州区农村劳动力224214人，其中从事农业155827人，建筑业20285人。城镇单位从业人员57839人（行政区划内全民所有制单位从业人员）。其中从事农业486人，制造业22792人，建筑业6367人，交通仓储邮政业582人，信息产业931人，批发零售住宿餐饮业3116人，金融业1365人，房地产743人，租赁商务194人，教育6472人，卫生社会保障事业706人，文体娱乐97人，公共管理社团组织4603人。2007年农村劳动力227701人，比1985年、1990年、2000年分别增长76.1%、47.5%、35.8%。其中157911人从事农业，25113人从事建筑业。城镇单位从业人员72183人（行政区域内从业人员），比1985年、1990年、2000年分别增长316.9%、255%、395%。其中从事农业975人，制造业15329人，建筑业4674人，交通运输仓储邮政业1749人，信息产业617人，批发零售住宿餐饮业717人，金融业1050人，房地产76人，租赁商务645人，教育9697人，卫生社会保障事业2858人，文体娱乐891人，公共管理社团组织10304人。

第四章 人口控制

第一节 政策宣传

1985年秦城区成立后通过报告会、摄影图片展览、电视、电影、文艺汇演、宣传车、上墙标语、广播讲座和节假日组织计划生育"宣传月""宣传周""宣传日"等活动宣传计划生育政策,提倡"一对夫妻只生育一个孩子"。1989年区委宣传部、计生委、卫生局和区工会、共青团、妇联、计生协会7家单位联合举办"计划生育知识有奖竞赛"活动,50个参赛队参加,活动内容主要包括人口计划生育政策、避孕节育、优生优育、晚婚晚育知识以及妇女儿童保健知识,开展"两法"与计划生育基础知识教育试点工作。1992年组织家庭优生、优育、优教知识学习、宣传、竞赛活动。1995年拍摄区计划生育协会秘书长黄庆诚创作的反映计划生育电影《女人啊!女人》,影片播放后获得国家奖项,在省内外产生很大的反响。1998年启动"婚育新风进万家"活动。

2002年乡镇、街道计生干部入户宣传,在人口集中的地方发放流动人口计划生育宣传单,在各村、社区张贴宣传公告。2004年5月在玉泉乡、中梁乡育龄群众和部分小学生中实施计划生育结合项目工程,工程内容有健康教育、改善服务条件、避孕节育知情选择、生殖道感染干预。2006年至2009年 国家人计委在秦州区实施中国中西部地区生殖健康家庭保健服务能力建设项目,为240名中老年人、5310名妇女以及270名初一级学生健康体检,举办健康教育讲座32期2775人次。建成人口婚育文化广场2个、人口文化大院18个、婚育文化宣传长廊4条、7个人口文化宣传一条街,建成西路玉泉——太京——藉口——关子和南路玉泉——皂郊——平南——天水2条长150公里的"人"字形婚育文化宣传长廊,建成人口文化书屋39个、1个妈妈学校,建成平南镇孙集村、太京镇窝驼村2个省级婚育文化广场和4个市级宣传教育示范村(社区)。秦州有线电视台开设《秦州人口》计划生育电视专题宣传栏目,提供人口与计生政策指导、发布计生资讯、传递家庭健康理念,曝光违反计划生育政策典型事例。区人口和计划生育局建成秦州人口视窗网站,宣传计划生育政策法规、优生优育、生殖健康、农业科普知识。组织开展大型"关爱女孩行动"知识竞赛暨演讲比赛及"阳光春蕾行动"。

第二节　计生服务

1988年8月秦城区办理独生子女证。1990年5月执行甘肃省独生子女病残儿医学鉴定诊断试行标准。2000年投入100万元按4间60平方米标准建成22个乡计生服务所。其中13个乡计生服务所面积达到100平方米,设备齐全,配2名中专学历医生,实行乡、所分离。

2001年监测孕情、环情,医学检查放环、取环、人工流产、引产、结扎(卵、精)。计划生育并发症诊治等计划生育技术项目实行免费,免费标准为:输卵管结扎100元;输精管结扎50元;放环15元,取环20元;查孕(环)3元;人流40元,药物引产105元,皮埋80元;中期引产120元,长效避孕20元至30元,钳刮50元。

2002年督促外出务工人员办理流动人口婚育证明,建立流动人口已婚育龄妇女计划生育信息档案,免费为持有流动人口婚育证明已婚育龄妇女提供技术服务和发放避孕药具。2004年到计生站检查环孕情者每人每次补助2元,农村放环两年以上且没有脱环者和意外怀孕者每年服务一次,为放环不足两年者每季度服务一次。农村夫妇双方自愿只生育或者依法只收养一个子女者,并且子女在16岁以内的家庭,办理独生子女父母光荣证,办证率达到95%以上。投入27.4万元开展出生缺陷干预、小学生寄生虫查治、妇科病普查普治项目。

2005年1月落实省人口委规定,凡二女结扎户和独生子女领证户到区乡计生服务机构进行生殖健康和常见病诊治时,免挂号费、咨询费,做B超、妇科治疗、乳腺诊断仪检查、心电图检查、各项化验时收费降低40%,药费降低20%。2006年秦州区家保中心接收日本援助的全自动生化分析仪、心电图机、骨密度测量仪、B超、微波治疗仪、肺功能测量仪、全自动血压脉搏测量仪等19件价值120万元医疗设备，2004年至2006年累计投入信息化建设资金36万元。

第三节 教育处罚

1987年秦城区对城镇个体工商人员和流动人口中计划外怀孕者征收300元至800元超孕费并停止营业或所从事的工作，直到采取措施方可退还超孕费并恢复营业和工作；对超生二胎（包括早、私婚和未婚先孕的第一胎）罚款1000元至1500元；超生三胎以上每多生一胎，累进加罚一千元，征收措施主要以行政催促为主。1990年1月1日至2002年9月26日，根据省计划生育条例对计划外生育第二个子女的每年按不低于夫妻双方年人均纯收入的30%合计征收7年的计划外生育费，计划外生育第三个子女的每年按不低于夫妻双方年人均纯收入的40%合计征收14年的计划外生育费，继续计划外超生的视胎次加重征收累进的计划外生育费。1995年集中清查处理计划外生育对象。

2002年3月秦城区对共产党员和国家工作人员违反法规和政策计划外生育第二个及以上子女的，一律开除党籍和行政开除公职处分。7月一次性清理挪用、乱支党员干部超生社会抚养费问题。2004年清查处理1982年以来违纪超生的干部职工、城镇下岗职工和无业居民，查处各类超生对象1440人，征收社会抚养费1432人584万元，行政处分111人，党纪处分47人。2005年秦州区对拟提拔任用为副科级并确定为考察对象的干部，审核婚姻生育情况是否符合法规和政策规定，对隐瞒违反规定生育或收养二个子女实情和违反规定或收养第二个子女一直未作处理的，要求一律不担任职务。

1999—2007年秦州区社会抚养费征收统计表

表4—4—1   单位：万元、%

年份	应征抚养费	实征抚养费	当年征收率
1999	83.175	44.89	53.97
2000	106.59	56.11	52.64

续表

年份	应征抚养费	实征抚养费	当年征收率
2001	172.45	89.44	51.86
2002	77.02	54.11	70.25
2003	263.54	158.41	60.1
2004	79.47	46.85	58.95
2005	89.953	67.283	74.8
2006	102.493	69.544	67.85
2007	172.391	116.4	67.52

部分年份党员干部职工和居民超生查处统计表

表4—4—2   单位：人、万元

时段	查处超生人数	社会抚养费征收		行政处分							党纪处分				
		征收人数	征收金额	人数	警告	记过	记大过	降级	降职	开除	人数	警告	严重警告	留党察看	开除党籍
1982.1.1—1989.12.31	692	590	51.9241	154	9	7	12	90	5	21	14	4	3	6	3
1990.1—2002.2	389	348	45.424	29	2	4	8	11	2	2	7	1	1	4	1
2004.6（专项查处）	1440	1432	584.6475	111	—	96	15	—	—	—	47	38	9	—	—

第四节　节育措施

　　1985年秦城区对凡符合政策规定办理迁入城镇户口手续、已有一个孩子的育龄妇女采取放环措施，已有两个以上孩子、年龄在40岁以下的育龄妇女采取结扎措施，年龄在40岁以上或40岁以下因病不能结扎的采取放环措施，对不落实计划生育措施的一律不予办理迁入城镇户口手续。"六五"期间做节育手术和补救措施23456例，有6514对夫妇领取"独生子女"证，一孩领证率从1981年的41%提高到1985年的59.83%，5年间人口自增率控制在7.68‰左右。

　　1987年试用女性粘堵和银夹绝育手术。对做绝育术后因各种原因造成孩子夭亡，现身边无子女或有一个孩子符合规定生二胎者，由夫妻双方

提出申请审批后可做输卵管吻合术。在手术前，必须和区计生部门签订落实节育措施合同书进行公证，到具有相应医疗条件和专业技术人员的医疗机构做手术，手术费用原则上由受术者和所在乡、区计生委共同承担。1988年8月区计生委联合各街道办事处、工商所、派出所抽调50人摸底登记全区工商个体户及城市无户无业人员计生情况。全区有工商个体户和城市无户无业已婚育龄妇女1265人，落实节育措施970人，节育率达76.6%。其中城市无户无业已婚育龄妇女共计672人，其中无孩34人，一孩300人，二孩245人，多孩93人，落实节育措施542人，节育率达到80.65%；工商个体户已婚育龄妇女共计593人，无孩59人，一孩185人，二孩169人，多孩180人，落实节育措施428人，节育率达72.18%。1991年，从农村每个乡抽查一个800人以上的村，调查22个村人口22090人，占全区农业人口的5.72%。调查结果显示：节育率85.88%，一孩节育率为72.39%，二孩结扎率为93.76%，二女结扎占已婚育龄妇女的75%，多孩节育率为98.92%。1992年秦城区计生工作实行"四个责任制""四个制度"，即：一票否决制、双向目标管理责任制、四大组织领导包乡责任制、区直部门包乡责任制，建立区委常委会定期研究计划生育工作制度、区人大常委会定期审议计划生育工作制度、计划生育部门与宣传部门联席会议制度、区计划生育领导小组例会制度。

2002年取消流动人口计划生育管理收费项目。根据甘肃省计划生育条件对夫妻双方均系独生子女或再婚夫妻一方生育两个子女后丧偶，另一方未生育，未收养子女的，按程序安排再生育一个子女。区政府命名环城乡西十里等360个村为计生合格村。2006年一女户取消生育间隔，可申请再生育。至9月30日全区人口出生率为9.94‰，人口自然增长率为6.94‰，计划生育率为95.8%。

1996—2007年秦州区出生人口、已婚育龄妇女统计表

表4—4—3 　　　　　　　　　　　　　　　　　　　　　　　　　　　　　　　　　单位：人

年份	出　生				已婚育龄妇女					
	总人数	出生率（‰）	出生性别比	计生率（%）	总人数	占总人口比例（%）	初婚人数	初婚率（‰）	晚婚人数	晚婚比例（%）
1996	8289	13.9	107.96	63.12	115825	19.44	3217	5.40	1666	51.79

续表

年份	出　生				已婚育龄妇女					
	总人数	出生率（‰）	出生性别比	计生率（%）	总人数	占总人口比例（%）	初婚人数	初婚率（‰）	晚婚人数	晚婚比例（%）
1997	7020	11.62	114.61	80.33	114794	18.99	3038	5.03	1485	48.88
1998	6625	10.93	106.77	85.63	115188	18.99	2509	4.14	1163	46.35
1999	5813	9.42	106.79	94.65	116725	19.02	2937	4.78	1313	44.7
2000	5553	8.92	107.98	94.35	118625	18.97	3268	5.25	1273	38.95
2001	6547	10.4	104.91	91.58	120248	19.02	3307	5.25	1336	40.4
2002	6383	10.14	105.57	96.71	123091	19.53	4392	6.98	2087	47.52
2003	5793	9.11	105.43	88.8	121530	19.03	4298	6.76	1980	46.07
2004	5901	9.24	103.41	95.36	123427	19.24	4899	7.67	1817	37.09
2005	6027	9.4	105.35	94.61	125467	19.51	4928	7.69	2319	47.06
2006	6115	9.46	103.56	95.8	127901	19.68	5399	8.35	3178	58.86
2007	6349	9.79	106.0	94.41	128889	19.82	4865	7.5	2936	60.35

2000—2007年秦州区节育措施落实统计表

表4—4—4　　　　　　　　　　　　　　　　　　　　　　　　单位：例

年份	累计节育措施落实					全区本期节育措施落实			
	结扎	其中二女户结扎	放环	皮埋	使用药具	结扎	其中二女户结扎	放环	皮埋
2000	68927	2865	24150	108	11951	1574	548	2692	28
2001	69083	2128	24051	87	11989	1959	842	2951	5
2002	69828	2527	25979	66	12092	1347	467	3226	2
2003	70761	2070	25102	58	11757	1503	401	2535	
2004	70594	2288	26559	52	12157	1046	253	3410	6
2005	69537	2674	28442	48	12360	1197	414	3365	—
2006	68667	3116	29337	43	13271	1194	485	3110	—
2007	68511	3000	27459	40	13454	1626	535	2094	—

第五节　社会扶助

2003年制定《秦城区"十五"时期计划生育"三结合"工作实施方案》，落实"一保险、两优先、三减免"等优先优惠措施。从2003年1月10日起对领取《独生子女父母光荣证》和合法生育二个女孩后一方已施行结扎手术的育龄夫妻的农村"二户"家庭，一次性办理不低于600元的养老储蓄，区、乡财政各负担300元，养老储蓄经费纳入财政预算，从扶贫资金、财政资金、社会抚养费、赞助经费中统筹解决，由财政专户管理使用，将执行情况纳入人口与计划生育工作目标责任考核内容。2004年对符合政策条件农村居民只有一个子女或只有二个女孩，或者在1973年以后按政策生育一个子女或二个女孩，子女已死亡没有存活子女的计划生育夫妇，在本人年满60周岁后，按年人均不低于600元标准发放奖励扶助金，直到亡故为止。2004年至2006年奖励扶助对象903人，发放资金541800元。

2005年对农村当年新增二女结扎户实行一次性奖励3000元，对于2004年10月1日后农村二女结扎户实行一次性奖励3000元。8月9日在市中心广场举行当年新增二女结扎户一次性奖励3000元首发仪式，发放资金795000元。制定《秦州区2005—2010年农业产业化发展与计划生育工作相结合实施意见》，规定在实施农业项目时给农村"两户"优先安排项目，并在资金投入上予以倾斜。2006年给475户二女结扎户奖励资金142.5万元，165户（其中农业8人，非农业157人）计划生育特殊困难家庭救助户发放救助资金16.5万元；对36名农村二女结扎户和独生子女领证户落实升学加分政策（高考14名、中考22名）。发放其他扶助资金83万元。

第五编

城乡建设

ChengXiangJianShe

秦州

区志

QIN ZHOU
QU ZHI

秦州城邑建设可以追溯到西周时期，秦人在今秦州西南筑有西犬丘邑，之后又有邦戎邑。西晋后为秦州、天水郡治所在地，州城规模不断扩大，到北魏时据《水经注》记载秦州就形成五城相连的格局。南北朝时战乱频繁，州城边毁边建。之后大规模的修建有后唐时筑的雄武城，宋康定三年（1042年）知秦州韩琦修筑秦州东西关外城十里。明代守御千户鲍成约、秦州卫指挥使吴钟等人先后缮修秦州城池，到明嘉靖时形成东西排列的新秦州五城。五城占地范围大致东起东关，西至伏羲庙，南邻藉河，北至北山麓。民国二十四年（1935年）国民党中央第一师师长胡宗南驻防天水修大城，而后由于战争需要对五城进行几次加固维修，至1949年8月秦州解放五城保持完好。

解放后天水市政府开展城市建设和旧城改造，五城遂被一一拆除，现代化建筑不断增多。到1985年先后拓宽修建解放路、逸民路、民主路、自由路、双桥路、大众路、伏羲路、新华路、南郭路等20余条道路，建成天水市工人俱乐部、天水县委礼堂、红旗剧院、南湖影剧院、南山体育场、天水市医院（今秦州区医院）、天水市精神病医院、天水师范专科学校、天水市第一中学等公共建筑，同时随着三线企业迁入建成天水铁路电缆厂、首钢岷山机械厂、中国人民解放军6913厂、天水长城开关厂、天水213机床电器厂等以机械制造为主的现代工业厂房。1985年后城市建设步伐进一步加快，城市道路不断宽敞，至2007年拓宽修建岷山路、羲皇大道、成纪大道等主干道和龙城广场、藉河风情线等公共设施，建成天水宾馆、华西大厦、天水电力大厦、人行天水市支行大厦等商业金融建筑，同时建成罗玉小区、东团庄小区、盛世桃源、向阳小区、聚宝盆小区等居民小区。城区面积扩大到南北两山麓，西起天水郡，东至七里墩。自北山麓隍城路至南山羲皇大道南北宽1.5至2公里，西起天水郡十字路口东至七里墩三角路口东西长7.1公里。

第一章　城区建设规划

第一节　城市规划修编概况

1978年1月天水市城市规划领导小组制定天水市修改总体规划大纲。1981年9月天水市规划办公室和兰州市政设计院、兰州地震研究所修订天水市城市规划，规划确定天水市为电工仪表、机械制造、轻工纺织、旅游、交通、电讯、文化教育、科研并茂的现代化中等城市。1985年天水市规划办公室修改1981年编制的总体规划。1987年6月省建委、市政府组织84人审阅后原则通过。1988年3月市人大常委会第十三次会议通过总体规划，省建委批复原则通过修订稿。

总体规划期限近期到1985，远期到2000年。规划范围东起东十里铺，西至西二十里铺，北至北山，南至暖和湾的河川区域。总体规划对城区的城市性质、工业布局、对外交通、生活居住区、公共建筑分布、道路桥梁、市内公交、给水排水、供电、电信、防洪等方面的建设作出具体的规定。

1996年又修编城市总体规划，规划期限为1995年至2020年，近期建设期限为2000年，中期安排限为2010年。规划由天水市人民政府组织实施，天水市城乡建设环境保护委员会按照规划实施规划管理。规划确定城市发展目标，力争到2020年把天水市建设成为经济发达、生活富裕、社会文明、环境优美、富有历史传统文化的现代化城市。

第二节　总体规划

城市性质和城市规模

天水市城市性质为国家级历史文化名城，甘肃省东南部以旅游、商贸及加工工业为主的中心城市。

天水市城区非农业人口规模：近期2000年按30万人控制，2010年按

38万人控制，远期2020年按46万人控制；天水市城区实际居住人口近期为33万人，2010年为45万人，2020年为52万人。

天水市城区用地规模在城区范围内秦城、北道两区河谷地带、滩地总面积73.8平方公里，扣除南北两山山前边坡绿化及河流、城市水源地等，可供城市开发利用的用地为53.8平方公里。

城市总体规划布局

城市总体规划布局的构想：贯彻"带状组团分布，分区平衡发展"的战略，规划布局为"一个中心，两区三组团"沿河谷带状分布的组团结构。即以中心城市相对独立的三个组团：秦城区组团、北道区组团、社棠镇组团。

秦城区组团分为藉河南侧南片区、藉河北侧北片区、平峪沟至南河沟西片区、暖和湾片区。南片区以发展综合工业小区为主，以居住、体育为辅；北片区是城市政治、商业中心，名城保护的精华所在地，应完善文化娱乐设施，改善居住环境；西片区以发展科研教育为主，从而形成全市教育中心；暖和湾片区对将来拟修建的天水（三阳川）—阳平关铁路和天水西客站用地作出安排，同时可适当发展污染小、耗能低的工业项目。

工业用地规划秦城区和北道区原则上不再安排大型工业企业项目。应大力发展污染轻、耗能低、产值高，并与城市性质和发展方向相关的工业项目。

学校的新建和改扩建要与社会经济发展规划相协调。在新区开发和旧城改造中，坚持中小学、幼儿园建设与城市建设"同步规划、同步建设、合理布局、先建后拆"的原则留足用地。

文化设施应按照合理布局、分步实施的原则，建立以秦城区为主体的城市文化艺术设施体系，重点建设天水市博物馆、科技馆、图书馆等文化设施。普及和完善各类游乐设施。居住区要建立完善的基础文化设施。

利用现有的医疗卫生资源，完善市、区、街道的三级医疗预防保健网，医疗卫生设施建设应以综合医院、专科医院、卫生院、防疫站和妇女保健所等多层次医疗卫生网络建设为重点。

各类批发市场的规划建设应以合理利用土地，减少交易过程中的流通环节,减少城市交通量为原则,设置在城市的出入口或生产基地附近。

蔬菜基地规划坚持城市蔬菜供应以郊区为主,保证蔬菜生产与城市同步发展。菜地分布应按照城市发展和人口增长速度,有步骤地由城市近郊向外推移并沿公路交通主干道发展。

历史文化名城保护规划

天水市历史文化名城保护工作主要是延续以"伏羲文化"为代表的地方文化和民族文化,妥善处理好历史文化名城保护与现代化城市建设的关系。各级文物保护单位是历史文化名城保护的重点,贯彻保护为主,作必要的更新的方针。

伏羲庙　将伏羲庙保护范围扩大,北到人民路,南到伏羲小学北围墙,东西90米,南北280米,核心保护区面积2.5万平方米,在此范围内设置绿化、广场和社会停车场,划定的建筑控制区面积7万平方米,建筑控制区范围内的建筑高度应按伏羲大殿的檐口高度进行控制。

北宅子　核心保护区范围西起公安局,东至市迎宾餐厅,北起砚房背后,南至民主西路,东西26米,南北87.7米,核心保护区面积2300平方米。建筑控制区范围沿核心保护区界线向外扩展20米。

南宅子　核心保护区范围东起南宅子巷道,西到中西小学,北至民主西路,南到南宅子99号居民院南墙,东西36米,南北62.2米,核心保护区面积2200平方米。建筑控制区范围沿保护边界沿东西南三个方向扩展50米。

市级文物保护单位　玉泉观、南郭寺、城隍庙、万寿宫、瑞莲寺、文庙、老君庙、演法寺、李广墓、西关清真寺应以划定的保护范围进行重点保护。

名人故居　城区内需重点保护的名人故居有冯国瑞宅院(清)、贾家公馆。其保护范围以现有故居院落为界,并逐步加以修缮。

伏羲路　结合伏羲庙的保护和利用,将伏羲路改造为能体现伏羲文化,以经营当地传统工艺品、书画等为主的古城文化街。沿街建筑风格应与伏羲庙建筑相协调,体现简洁、质朴、庄重的传统风貌,建筑高度以1层至2层为主。

传统民居　以维护传统街巷的格局和建筑风貌为主,重点改造区内的基础设施,改善居民的居住质量和居住环境。

保护措施　按照《中华人民共和国文物保护法》进行管理，在文物保护单位的保护范围内禁止新建工程建设，在建设控制地带对新建工程进行必要的控制；历史文化名城的保护规划和建设要求相关单位密切协作配合，重要保护项目要详细规划设计，建立稳定的历史文化名城保护人才队伍，落实资金投入等方面的措施。

城市环境保护规划

目标　到2000年减缓环境污染和生态破坏的发展趋势，使城市环境质量基本稳定；到2020年环境污染基本得到解决，自然生态系统恢复良性循环，实现社会经济与环境保护协调发展，初步建成清洁、优美、安静的城市生态环境。

城市环境卫生设施规划　在规划期内逐步实现粪便、垃圾无害化，转运机械化。垃圾处理方式近期采用填埋方式，远期可在社棠镇东、铁路南侧修建一处垃圾无害化处理厂。垃圾转运站布置应符合0.7平方公里至1平方公里设置一处的要求，用地面积不少于100平方米，临城市主次干路设置。垃圾收集点以垃圾箱为主，垃圾箱应达到容器化、密闭化、机械化的要求。服务半径为50米至90米。设置垃圾、粪便运输形成环状运输网络，配置一定数量的环卫工人休息点。

城市公共厕所应逐渐改造和新建为水冲式厕所，其布点和设计应符合三点要求：城市繁华地段（区）沿街每隔300米至500米设置一处；一般地段沿街每隔800米至1000米设置一处；公厕设计应符合《城市公共厕所规划和设计标准》（CJJ14-87）要求，与附近建筑相协调。

城市园林绿化规划

到2000年公共绿地由1995年的2.79平方米/人达到5平方米/人，远期达到8平方米/人，防护绿地、生产绿地等应达到3平方米/人以上。城市机关、企事业单位和部队营地的绿地率应达到25%至30%，教育、科研单位绿地率达到35%至40%，城市旧城危旧房屋改造区绿地率达到25%，所有开发及报建城区绿地率控制在30%以上。

城市道路交通规划

民航有计划地安排天水军用机场的搬迁，在城区外围拟新建天水市民航二级机场。铁路将天水火车站客、货站分开设置，铁路货场搬迁至三阳川火车站，同时建议改造和扩大社棠货运站能力。规划期内对天（水）—阳（平关）铁路建设的可能性作充分考虑，拟将暖和湾即南河沟西侧作为该条铁路的通道，并在暖和湾新设天水西客站。

天水市城区有两条国道和五条省道进入或通过，是市属各县乡道路的起迄点和运网中心，对城区的北山出入口规划采取优化交叉口，结合城市道路交通统筹规划建设。规划建议在修建天巉公路时，将五里铺—三阳川段改建为一级公路。城市道路与天巉公路相交处均设互通式立交。在规划期内修建国道316，从暖和湾改线沿藉河南岸经关子乡到甘谷、武山。

城市道路系统主要由组团间快速联系干道系统和组团内部集散路网系统组成。组团间快速联系干道系统路网规划三条路：修建藉河北侧的北山道路，改造天北公路、社棠路及修通渭滨北路至牛头河段。组团内部集散路网系统以主干道为骨架，以大型客流集散点为中心，分区充实和完善内部干道、次干道、支路等各种专用道路建设。到2000年城区人均道路面积由3.1平方米/人达到远期11平方米/人至12平方米/人。

城区道路规划分为五级。过境快速路双向4车道，红线宽24米至36米。跨组团干道双向4至6车道，包括非机动车道和人行道，红线宽40米至50米。组团内部干道双向4车道，包括非机动车道、人行道及绿化带，红线宽30米至40米。内部次干道双向2至4车道，包括非机动车道、人行道，红线24米。支路红线宽18米。

城市道路与铁路交叉口全部立交；过境公路与城市主干道交叉均采用立体交叉形式；城市主干道与组团干道交叉以扩大交叉口，组织渠化交通为主，部分重要路口可采用单跨立交形式。

规划建设8座大桥，其中藉河5座桥。在现机场立交桥处修建藉河桥，使天北路与北山路相接；在合作巷路南端至滨河东路、罗峪河小区至滨河东路、双桥南路至滨河西路及七里墩高压线走廊东侧各修建一座跨藉河的大桥。

公共停车场（库）的设置以集中与分散相结合，在城市交通集散点适当位置开辟相当规模的公共停车场（库），并不得移作他用和减少停车泊位，其规模根据车辆集中情况及所服务区域配建停车场的情况，由法定区图则或详细规划确定。凡人流集中的大型商业建筑、其他公共建筑以及公园、居住区，必须配建停车场和自行车停车场，用来停放本单位自用车和外来车辆，机动车每辆标准停车面积30平方米，自行车为1.4平方米/辆。

城市公共交通人均公共汽车按每1200人一辆配置。统筹规划小公共汽车和出租车的线网，满足次干路、支乘客的需要。新建交通管理监控中心，完善道路标志、标线、安全诱导及保障设施。

城市水源和供水、排水规划

到2020年天水市城区水源主要由地下水解决，同时应作好渭河地表水资源开发利用的可行性研究，为城市发展提供可靠的后备水源。2000年天水市城区总需水量12.27万立方米/日，2010年总需水量18.59万立方米/日，2020年总需水量30.13万立方米/日。推广使用节水设备和设施，在水源保护区禁止建设影响水质的各项工程，加快工业废水治理和生活污水处理进程，严禁未经治理达标的城市污水自然排放。

近期城市用水量标准人均日生活水量180升至200升，生产、生活综合用水量360升至400升，供水普及率达90%以上。远期城市用水量标准人均日生活用水量220升至250升，生产、生活综合用水量450升至500升，供水普及率达98%至100%。城市工业用水为同期生活用水量的35%。近期2000年城区规划服务人口33万人，2010年45万人，远期2020年52万人。

管网分为秦城、北道、社棠3个供片区。近期由北道慕滩水源地向秦城区调水主干管管径按最终供水规模一次修建到位，采用双管道输水，形成环网，其走向尽可能沿道路、桥梁、隧道敷设。秦城区和北道区的中心地带采用环状管网，城市的外围和边缘可采用枝状管网。对城市中心地段管网根据城市发展情况进行重新设计、复核，对管径偏小地段进行更换。

建立对水源、生产过程、管网调配全过程、全方位集中监测的控制中心。

城市的排水系统采用雨污分流排水体制，秦城区雨水就近排入藉河，生活污水经管网汇集后排入污水处理厂。天水市城区规划污水处理厂2座，污水处理总量为15万立方米/日。在城市污水处理厂未建成运转前，城区范围所有公共及民用建筑排出的生活污水应进行无害化处理，达标后排入城市污水管网或受纳水体。

城市供电及供热规划

秦城区近期扩建七里墩变电所为2×3.15万kVA，新建王家磨110kV 2×5万kVA变电所；中期新建银坑330kV 2×15万kVA变电所。到2020年天水市城区需新、扩建110kV变电所总容量40万kVA。

天水市城市供热最终以发展集中供热为主，联片供热作为由分散供热向集中供热过程中的过渡形式予以保留。联片供热在供热范围、管网布置中应为今后进一步改造成为集中供热做准备。到2010年使两区中心区基本实现集中供热，供热覆盖面达50％以上，到2020年供热覆盖面积达70％以上。

城市防灾、防洪、消防设施规划

根据地震危险性、地震影响小区划、土地利用状况以及工程抗震规范等进行综合分析，划分出适应于城市建设和发展的区域范围，确定对建筑物抗震的有利地区、不利地区和危险区。

防洪工程藉河南岸支流及沟道有平峪沟、南河沟、豹子沟、豹子沟至吕二沟截排洪工程、吕二沟、水家沟、横河峪等共计8项工程，北岸支流及沟道有二桥沟、头桥沟、老罗峪沟排洪工程、罗峪沟、岷山厂北侧截洪5项工程。13条洪沟设防标准按50年一遇设计。

规划范围内的城市给水干管及城市主要道路交叉口和重要地段必须设置一定数量的地下消火栓，消火栓保护半径不应大于150米。秦城区新增设3座消防站，商务中心设置一级消防站1座；另外在七里墩建市消防指挥中心和消防训练中心。对规划区内修建的建筑按照国家有关消防法规进行审查；坚持"预防为主，防消结合"的消防工作方针。对严重影响城市消防安全的单位或建筑物，必须纳入近期改建规划内，有计划有步骤地采取限期迁移或改变生产使用性质等措施；对耐火等级低的建筑及建筑密集区应采取防火分隔，提高耐火性能，开辟防火间距和消防通道等措施，改善消防安全条件。城市新建的各种建筑耐火等级一般为一、二级，控制三级建筑，严格限制修建四级建筑。

城市人防设施规划

完善市、区级指挥系统，建立医疗救护、抢险抢修、运输、消防、治安、防化、通信7种专业队伍，完善供电、供水、通信、仓储等配套设施。近期人员掩蔽工程以加固改造为主，在人口稠密区和交通要道结合城市建设设置掩蔽工程和疏散干道。远期结合地下空间的开发逐步形成完善的人防工程体系。

第二章　城建机构

第一节　行政管理机构

天水市秦州区建设局

1991年天水市秦城区城乡建设环境保护局局机关设办公室、规划管理科、建设科，下辖环境卫生管理处、园林管理处、市政设施管理处、环境保护办公室、市容监察中队、防汛办公室、统建办公室、儿童乐园、设计室、市政工程队10个单位。

1998年6月城乡建设与环境保护分离，撤销环境保护办公室，成立秦城区环境保护局。天水市秦城区城乡建设环境保护局更名为天水市秦城区城乡建设局。2001年市容监察中队分离，成立城市管理综合行政执法局。2002年6月秦城区城乡建设局更名为秦城区建设局。2005年1月秦城区建设局更名为秦州区建设局，机关设办公室、建设股、管理股、财务股4个职能股室。3月防汛办公室并入市政设施管理处管理。

2008年12月下辖环境卫生管理处、园林管理处、市政设施管理处、儿童乐园、玉泉观景区管理处、南郭寺景区管理处、小城镇建设办公室、李广墓管理处8个科级事业单位，局系统在职职工987人。

天水市城市管理综合行政执法局秦州分局

1991年12月成立天水市秦城区市容监察中队，为科级事业单位，编制30名，设队长、副队长各1名，受区城建局委托主要行使市容环境卫生方面的行政处罚。1998年5月秦城区市容监察中队更名为秦城区城建监察中队。2000年4月成立天水市秦城区城市管理委员会办公室，天水市秦城区城建监察中队更名为城建监察大队，区城管办与城建监察大队合署办公，区城管办和区监察大队人员编制80名，设城管办主任1名、副主任2名。2003年9月成立天水市秦城区城市管理综合行政执法局，同时撤销区城管办、城建监察大队。秦城区城市管理综合行政执法局设局长1名、副局长2名，共有职工120名。2005年1月秦城区执法局更名为天水市秦州区综合执法局。8月更名为天水市城市管理综合行政执法局秦州分局。

第二节 事业单位

秦州区环境卫生管理处

1991年秦城区环境卫生管理处下设清扫队、清运队、卫生管理队及东关、西关、大城、中城4个基层环卫管理所，职工247人。正科级事业单位，负责城区环境卫生的管理。1995年成立环卫综合经营公司，隶属于环卫处。2000年撤销中城环卫管理所，成立环卫监察机动中队。2004年撤销环卫监察机动中队，成立环卫有偿服务收费办证中心。2005年1月更名为秦州区环境卫生管理处。2008年下设清扫队、清运队、修理所、环卫综合经营公司及东关、西关、大城3个环境卫生管理所，职工726人。

秦州区园林管理处

1991年秦城区园林管理处下设人民公园、花圃、苗圃、绿化一队、绿化二队、绿化三队，正科级事业单位，负责全区城市绿化管理工作。1997年设藉河园。2002年6月藉河园撤销，其管理职能划入绿化二队。2003年设修剪作业队。2005年1月更名为秦州区园林管理处。6月成立天水锦园绿化工程有限公司，隶属园林处管理。2008年人民公园移交市建设局管理，秦州区园林处下设绿化一队、绿化二队、绿化三队、修剪队、花圃、苗圃6个基层单位，职工116人。

秦州区市政设施管理处

1991年秦城区市政设施管理处下设路灯队、工程队、东关城管所、大城城管所、中城城管所、西关城管所，正科级事业单位。1996年撤销工程队，成立天水市市政工程广告公司，后更名为兴政实业有限公司。2001年下设东关城管所、大城城管所、中城城管所、西关城管所、北关城管所、石马坪城管所、地下通道管理组、路灯队、兴政实业有限公司。2005年1月更名为秦州区市政设施管理处。2008年下设路灯管理、养护维修、东关、大城、中城、西关、北关、石马坪8个所及兴政实业有限公司、大正照明分公司,职工125人。

第三节　房地产开发单位

天水市城市建设综合开发有限公司

1985年成立二级房地产开发企业,注册资金2067万元,天水市第一家房地产开发企业。公司开发建设的大中型小区住宅楼有:东升大厦,建筑面积1.4万平方米,总投资1523万元;双桥南路商住楼,建筑面积7151平方米,框架8层,投资670万元;民主路东苑花园一期工程1至6号住宅楼总建筑,面积2.6万平方米,框架结构6层,局部7层,总投资4200万元;东苑花园二期工程7至11号住宅楼,建筑面积3.3万平方米,框架结构6层,局部7层,其中11号楼为框架11层,投资7000万元;中华东路中东小区1至9号楼,建筑面积2.1万平方米,砖混结构(3号楼为框架结构),投资3150万元;建设路东升花园4至8号住宅楼,总建筑面积1.4万平方米,框架结构(7号楼为砖混结构),投资2000万元;迎宾路罗玉小区1至46号楼,总建筑面积12.5万平方米,砖混结构(41至46号楼为框架结构),投资1.2亿元。

天水市房管局

1985年至1998年在合作南路东侧建成东团庄小区,住宅楼20幢,建筑面积5.66万平方米,砖混结构。小区设有浴室、自行车棚、锅炉房、幼儿园、活动室。1992年12月建成光明巷小区,住宅楼4幢,砖混结构,建筑面积9343平方米。1994年11月开发建设北园子小区,住宅楼9幢,建筑面积2万平方米,砖混结构,小区设门房、活动室、自行车棚。1998年1月至2002年5月建成人民公园东侧高层楼,占地面积11亩,建筑面积2万平方米,框架结构22层,设2部电梯,总投资2840万元;住宅区绿化率达35%以上,设有休闲亭、藤架、水景小品,配备车库、车棚、物业管理房。

天房房地产开发有限公司

位于岷山路安居小区。1998年11月至2008年12月公司主要开发建设岷山安居小区,占地面积135亩,相继建成C、D、B、E、A5个组团30栋住宅楼,建筑面积14万平方米。其中经济适用房28栋97个单元1243套12.7万平方米,综合办公楼1栋7224平方米,休闲所1栋2104平方米,商业铺面1118平方米,汽车、自行车、摩托车库3985平方米,半永久性小二楼1栋1146平方米。绿化面积2.74万平方米,绿化率为35%。

天水市城市建设投资有限公司

2004年成立。由市委、市政府组建并授权对城建资产统一经营、城市土地统一储备、重大城建项目统一实施。至2008年实施市政基础设施项目25项,完成投资12亿元。完成民主路、建设路、藉河北路、埠南路、渭滨北路、工业园路网等25条城市主次干道改建新建,实施天河广场、天河商贸城、天河家园、伏羲城、藉河城区段生态环境治理工程、天河集中供热等一批市政公用项目建设。开发建成天河家园,有中小户型经济适用房2000余套,面积20万平方米,总投资2.6亿元。

天水华信房地产开发有限公司

1988年5月成立,三级企业,注册资金850万元。开发建成罗玉小区住宅楼27幢1288套,总建筑面积8.39万平方米。建成青年北路住宅楼60套,门店11套,建筑面积4715平方米;综合办公楼建筑面积4475平方米;青年南路商住楼21幢,建筑面积5012平方米;解放路商住楼2幢,住宅54套,建筑面积3154平方米;新华路居民楼4幢,住宅152套,门店39间,建筑面积1.6万平方米。2002年11月企业改制后开发建成罗玉小区22号商住楼1幢,住宅54套,门店15间,投资800万元,建筑面积8306平方米;建成解放路商住楼1幢,住宅68套,门店26间,总投资1610万元,建筑面积8306平方米。

天水市秦州区城建综合开发公司

1990年4月成立,三级企业。至2007年开发建成罗玉小区、阳光花苑、畅和居等5个小区住宅楼。建成天水中行、农行、秦州区人民法院、市社会保障局办公楼,玉泉观广场,仿古步行街及周边仿古建筑群,建筑面积18万平方米,总投资2.7亿万元。

天水市市场建筑开发有限公司

1997年成立,三级企业,注册资金800万元。至2007年开发建成专业市场、办公楼、住宅商品房建筑面积12万平方米。其中世纪金花大厦(小区）A、B商住楼位于秦州区解放路自治巷口，占地8000平方米，建筑面积32660平方米。

天水金宇房地产开发（集团）有限公司

1998年6月成立，二级企业，注册资金5100万元。2000年投资1200万元对大众路后寨段进行开发，建成金宇大厦，总建筑面积1.6万平方米。投资1300万元开发解放路玩月楼至南方大厦地段，建成方宇花园1号、2号框架结构商住楼，建筑面积1.8万平方米。2003年至2004年投资8000万元开发大众路天水皮鞋厂、天水铸造机械厂地段，建成金宇花苑商住小区，建筑面积7.26万平方米，一期为多层框架结构，二期为小高层框架剪力墙结构。2005年7月至2006年12月投资1.8亿元开发建设金宇盛世桃园，建成7幢住宅楼，建筑面积5.14万平方米。

天水兰天房地产开发有限公司

2002年12月成立，二级企业，注册资金3000万元。2002年公司建成兰天商厦，建筑面积1.7万平方米，框架6层，总投资5000万元。2003年5月兰天花苑竣工，建筑面积1.1万平方米，框架12层，投资1100万元。2006年8月建成兰天新花苑住宅小区，建筑面积6.8万平方米，框剪7层、14层，总投资6000万元。2007年10月建成兰天嘉园住宅小区，建筑面积3.8万平方米，框剪结构14层，局部12层、7层，总投资7200万元。

天水市天华房地产开发有限公司

1993年成立，三级企业，注册资本800万元。1995年开发建成东团庄小区12号B商住宅楼及13号住宅楼；与北辰房地产公司联建金龙小区3号、4号商住楼，建筑面积1.27万平方米，投入资金350万元。1998年至2005年参与秦州区西关片旧城改造，建成解放路华苑小区1至6号商住楼及公司办公楼，建筑面积2.87万平方米，投入资金3200万元。2000年开发建设天水市一中以东片区，建有欧式风格金华苑小区A、B、C、D 4座商住楼，建筑面积1.9万平方米，投入资金3000万元。

天水金桥房地产开发有限公司

1997年成立，三级企业，注册资金800万元。1998年建成金桥小区1、2号楼，建筑面积10990平方米。1999年至2000年建成3、4号楼，建筑面积均为3502平方米，框架结构8层。2004年至2006年建成解放路金怡园1

至5号楼,建筑面积2.25万平方米,投资1895万元,框架结构7层。

天水市鑫厦房地产开发公司

1996年成立,三级企业,注册资金1000万元。1998年至2009年开发建设孔庙小二层商场,坚家河安居小区4号、5号住宅楼,鑫源小区2号、3号住宅楼,泰山路A、B、C、D4栋商住楼,中华西路步行街1号、2号商城,解放路织锦园小区4号、8号住宅楼,毓秀苑小区1号、2号商住楼,文庙广场,步行街,解放路综合楼,淹面磨1号、2号住宅楼。累计开发土地面积5.85万平方米,建筑面积7.9万平方米,投资6500万元。

天水广厦房地产开发公司

1988年成立,四级企业,注册资金355万元。2008年建成天水一建综合大厦,占地面积1713平方米,建筑面积9480平方米,框剪结构,地上18层,地下1层,高度60米,总投资1410万元。至2009年公司累计开发土地面积4.32万平方米,建筑面积8.37万平方米,投资1.2亿万元。

天水广源房地产开发有限公司

2000年9月成立,三级企业,注册资金2000万元。至2008年公司主要开发建成嘉秀花园A3住宅小区及综合楼、绿色市场、名远大酒店、嘉乐广场,总面积13.5万平方米。

天水成纪房地产开发公司

1999年成立,注册资金800万元。先后开发建设秦州区解放路成纪花园1号、2号商住楼,新秀花苑1号至12号商住楼,宏源小区1号至7号住宅楼,陇林佳园A区1号至24号住宅楼、B区11号至25号住宅楼（麦积区）,开发总规模3.3亿平方米,总投资4亿元。

天水聚宝房地产开发有限公司

1997年4月成立,二级企业,注册资金2158万元。先后建成聚宝盆小区、梧林苑小区、天润苑小区,总规模10万平方米,完成投资1.1亿元。

第四节 房地产建筑公司

甘肃省第五建筑工程公司

1955年成立,甘肃建工集团全资公司,具有国家房屋建筑工程总承包一级，公路路基、桥梁、钢结构、起重设备安装工程专业承包二级，土石方工程专业承包三级资质。注册资金8400万元，年施工能力6亿元，施工面积50万平方米以上。公司拥有各类专业技术人员790余人。被国务院发展研究中心评为"中国五百家最大建筑企业和最佳效益建筑企业"之一。

甘肃省第八建筑工程公司

1952年成立，总资产3.37亿元，注册资金7564万元。具有年完成产值3亿元，竣工面积30万平方米以上的生产能力，是全省建筑施工企业的骨干力量。公司下设土建分公司11个，专业厂、站及分公司5个，公司直管土建和专业项目部15个，多种经营单位10个。至2008年初步形成集建筑安装、房地产开发和商贸经营于一体的多元化经营格局。公司具有房屋建筑工程施工总承包一级，市政公用工程施工总承包三级，预应力专业承包二级，钢结构专业承包二级，金属门窗专业承包二级，建筑防水专业承包二级资质。2008年公司职工2501人，其中管理人员622人，高级职称人员136人。有各类大中型施工机械446台（件），动力装备率2.11千瓦/人，技术装备率0.17万元/人。1990年后获得"鲁班奖"1项，省优"飞天奖"25项。

天水市第一建筑工程公司

甘肃省二级建筑施工总承包企业，注册资本2134万元，固定资产5600万元，流动资金6500万元。施工机械设备300多台，总功率8800千瓦。2007年公司拥有员工780人，各类专业技术人员186人。1990年后建成的大中型标志工程项目有：天水市啤酒厂新建工程、天水市南山体育场、天水金融培训中心大楼、兰天嘉苑、天河家园、天水一建综合楼及天水师院公寓楼、艺术楼等。

天水市第二建筑工程公司

甘肃省房屋建筑工程总承包二级、市政公用工程施工总承包二级、园林古建筑工程专业承包二级工业企业。职工2234人，其中技术职称人员426人。公司设13个施工生产经营单位，有固定资产3200万元，流动资金460万元，各类施工机械装备1008台（件）。在秦州区建成的代表性建筑有天水商业大厦、亚都商场、文庙商场、伏羲广场及牌楼、南郭寺仿古建筑群、逸夫中学、天水师范等。

天水市秦州区第四建筑工程公司

1993年成立，注册资金2000万元。2005年有员工650人，其中工程技术人员152人，年产值8600多万元，累计完成建筑面积38.9万平方米，实现产值1.986亿元。代表工程有天水军分区综合楼、南郭寺大殿。

天水昌兴市政工程有限公司

2003年成立，承担市政工程所覆盖的工程项目及中小型石方工程建设。2004年成为天水市首家通过质量、环境、职业健康安全三位一体认证的建筑企业。公司承建工程有天水市藉河南岸污水截流管道、秦州区东十里工业园道路等。

天水永生建筑公司

2001年永生房地产开发公司成立。工民建三级施工企业，职工800余人，注册资金1029万元，固定资产760万元，有施工机械200余台。代表性建筑有天水师范学院教学实验楼、天水运输服务信息中心大楼、秦安基督教堂、甘肃烟草专卖局天水分局办公楼。

天水嘉通建筑工程公司

1984年成立，国家二级资质建筑施工企业，注册资金5150万元。设20个施工项目部，1个机械化施工队和1个水电安装项目部。职工2560人，其中各类技术人员318人，具有年产值2亿元以上的施工能力。

第三章　市政设施

第一节　城市道路桥涵

主干道

民主路 — 建设路　建设路东起罗峪河东桥头，西至共和巷连接民主路，民主路西延至大众路止。1985年拓宽建成，全长1930米，宽14米，人行道宽6米，总面积38600平方米。2003年市政府投资1800万元，天水市城市建设投资公司改造建设，兰州市政工程公司施工。拆除沿街红

线内建筑 7720 平方米。路面和人行道采用花岗岩铺设，部分路面沥青铺筑。人行道设置石材仿古灯、庭院灯、立柱灯、石材隔离墩、圆座椅、站台椅、花钵、喷泉等颇具时尚的公共设施，夜晚灯火交相辉映，整个街景靓丽美观。改造后道路全长 1930 米，路幅 30 米，车行道宽 14 米，两侧人行道各宽 8 米。

羲皇大道　东起七里墩，西至天水郡盘旋道。1999 年实施拓宽改造，将莲亭路、南郭路、长开路贯通一体，更名为羲皇大道。2000 年 8 月建成投入使用。羲皇大道为 310 国道过境段，双向四车道，全长 7284 米，路幅宽 40 米，其中机动车道宽 16 米，两侧非机动车道各宽 4.5 米，两侧绿化分车带各宽 3 米，人行道各宽 4.5 米，彩色釉面砼块砖铺设。道路设计为三块板结构，沥青混凝土铺筑，总投资 7575 万元。兰州市政工程公司设计施工。

成纪大道　东起罗峪河北桥南端，西至天水郡藉河大桥，是 316 国道过境段。1999 年拓宽改造，将人民路、坚家河路并入改造范围，2000 年 7 月完工。道路全长 3722 米，沥青混凝土铺筑，设计为三块板结构。路幅宽 42 米，机动车道宽 16 米，两侧非机动车道各宽 4.5 米，绿化分车带各宽 3 米，人行道各宽 5.5 米，铺设彩釉砼块砖。

岷山路　东起七里墩渡槽洞，西止东关罗峪河桥头，全长 2742 米。1986 年 8 月完成拓建工程，设计为三块板结构，路幅宽 40 米，机动车道宽 13 米，非机动车道各宽 5 米，人行道各宽 7 米，分车带各宽 1.5 米。2009 年由天水市城市建设投资公司建设改造，工程西起建设路、新华路交叉口，东至五里铺藉河大桥。道路与罗玉路、岷玉路、迎宾路相交，全长 2037 米，设计标准为城市主干道 II 级，设计车速 40 公里/小时，路幅宽度 40 米，车行道宽度 24 米，沥青混凝土铺筑，人行道各宽 4 米。2010 年 4 月竣工通车。

藉河南路　沿藉河南岸修建，东起迎宾大桥，西至天水郡藉河大桥，全长 4735.9 米，沥青混凝土铺筑。车行道宽 9 米，两侧人行道各为 1.5 米，耐火砖铺设。

藉河北路　沿藉河北岸修建，东起五里铺大桥，西接成纪大道，全程建设分三段：五里铺大桥至花鸟市场段，2001 年辟建，长 2320 米，车行道宽 16 米；花鸟市场至秦州区计生局段（原环城东路、环城中路）2006

年拓宽改造，长2200米，路幅宽23米，车行道宽16米；2003年8月辟建秦州区计生局沿藉河至成纪大道段，长2205米，路幅22米，车行道宽16米，两侧人行道各宽3米，彩釉砼块砖铺设。藉河北路全段均为沥青混凝土铺筑。

新华路　东起建设路东口，西至大众路北口，全长2312米，2003年改造建设。其中自东升花园起长972米段车行道宽14.2米，两侧人行道各宽3.5米；972米至1637米段长655米车行道宽14米，两侧人行道各宽6米；1637米至北关大众北路段长344米，车行道宽12米，两侧人行道各宽5米；北关长途车站至盛源小区段长331米，车行道宽16米，两侧人行道各宽6.5米。路面铺筑沥青混凝土，人行道采用釉面砼块砖铺设。

解放路　东接大众路，西至双桥路。2001年10月拓建后道路全长980米，路幅宽36米，车行道宽18米，沥青混凝土铺筑；人行道各宽9米，彩釉砼块砖铺设。

大众路　北起成纪大道，经藉河南大桥，南至羲皇大道，全长1128米。2004年扩建后分北、中、南三段，即：成纪大道至华联商厦段（原工农路），长233米，车行道宽12米，两侧人行道各宽8.5米；华联商厦至藉河南大桥北段，长580米，车行道宽12米，两侧人行道各宽10米；藉河南大桥至羲皇大道段，长315米，车行道宽12米，两侧人行道各宽10米。路面沥青混凝土铺筑，人行道彩釉砼块砖铺设。

合作路　北起新华路，经东团庄藉河大桥，南至羲皇大道，全长982米。1996年改造新华路至藉河北路段。其中新华路至建设路段长277米，车行道宽15米，两侧人行道各宽6.2米；建设路至藉河北路段长279米，车行道宽14米，沥青混凝土路面，两侧人行道各宽6.2米。2004年投资65万元改造藉河南路至羲皇大道段（原桃园路），改造后长425米，车行道宽7米，沥青混凝土铺筑，两侧人行道各宽4米。

泰山路　北接天巉公路口，南至新华路。1996年6月投资105万元扩建后主干道长317米，路幅宽30米，车行道宽16米，次干道长112米，宽14米，沥青混凝土路面。2007年二次拓宽改造长412.5米，天巉公路至成纪大道段路幅宽67米，其中车行道宽24米，两侧人行道各宽6.5米；成纪大道至新华路段车行道宽16米，两侧人行道宽各9米。路面铺筑沥青混凝土，人行道铺设彩釉砼块砖。

青年路　南起藉河北路，北至新华路，纵穿城区中心市政府十字，全长815米，是城区主要商业街，十字北段称青年北路，南段称青年南路。1999年区建设局完成人行道改造，铺设彩釉砼块砖。2008年2月投资428万元实施部分建筑物拆迁、沿街绿化及商铺门面、杆线、道路改造等项目，保留原有行道树。改造后青年北路宽9米，青年南路至原公园路段路幅宽20米（含车行道9米）。重新敷设排水管网762米，路面铺筑高密度沥青混凝土，人行道采用防水耐火青砖铺设。

次干道

伏羲路　东起双桥十字路，西至成纪大道，全长960米。2003年9月改建完成，伏羲路分为两段。伏羲城段路长421米，宽30米，大理石铺筑路面。伏羲城西段长539米，车行道宽16米，沥青混凝土铺筑，两侧人行道各宽7米，彩釉砼块砖铺设。

重新街　北接成纪大道，南连自由路东口，原为巷道，砼块路面结构。2000年改建为城市次干道，全长240米，车行道宽7米，沥青混凝土铺筑，两侧人行道各宽2米，彩釉砼块砖铺设。

大同路　北连自由路，南接解放路，2001年完成拓宽改造。全长132米，路幅宽33米，车行道宽25米，沥青混凝土铺筑，两侧人行道各宽4米，彩釉砼块砖铺设。

环城东路　北接岷山路，南至藉河北路，2003年建成。长290米，车行道宽16米，沥青混凝土路面，两侧人行道各宽3.5米，彩釉砼块砖铺设。

岷玉路　又称计生路，1992年修建。北起岷山路，南至藉河北路，全长578米，路面宽12米，沥青混凝土铺筑。

东兴路　北起藉河南路，南接羲皇大道，2004年建成。全长465米，车行道宽7米，沥青混凝土铺筑，两侧人行道各宽2米。

师院路　1991年修建，北起藉河南路，南至羲皇大道，全长439米，车行道宽9米，沥青混凝土铺筑，两侧人行道各宽4.5米。

双桥路　北起成纪大道，纵连双桥便桥，南至羲皇大道。1992年修建便桥以南至羲皇大道段，长191米，宽7米，人行道各宽3.3米，铺筑沥青路面，素土人行道。2001年拓宽修建双桥中路（永庆路至双桥便桥段），长281米，车行道宽9米；成纪大道至永庆路段，长686米，车行道宽24米，沥青混凝土路面，两侧人行道各宽8米，彩釉砼块砖铺设。

罗玉路　东起罗峪河北桥，西至烟铺村，全长1215米，宽9米，1992年铺筑沥青路面。

永庆路　东起双桥路，西至坚家河排洪渠，1994年修建。车行道宽9米，沥青路面。2004年投资75万元拓宽改造，沥青混凝土铺筑，人行道铺设彩釉砼块砖，安装路灯。道路全长728米，车行道宽9.5米，两侧人行道各宽4米。

皇城路　西起罗峪河北桥，东接岷山路。2003年完成拓建，全长1432米，路幅宽20米，车行道宽15米，沥青混凝土铺筑，两侧人行道各宽2.5米。因沿罗峪河北岸修建，共设涵洞5座，砌筑河堤257米，石挡墙350米，砖挡墙200米，设置护栏570米。

中华东 — 西路步行街

东起进步巷中段，西至大众路，以青年南路为东、西段分界。2002年4月中华东西路、马廊巷、箭场里等片区实施旧城拆迁改造，随即建成集商业、休闲、购物于一体的仿古步行街，2003年9月竣工。全长578米，面积13593平方米，花岗岩铺设，配套设施有砖砌圆形检查井20座、条形进水口20座、立柱灯270盏、花灯12组816盏、金卤灯23盏、节能灯196盏、座椅10条。对古树围设花坛加以保护，布置移动式石材花钵10个，建成汉白玉喷泉1座。

桥涵

1989年城区有桥梁12座。1990年后随着天巉公路、国道316线天江公路的建设开通，先后改建新建五里铺大桥、罗玉新桥、藉滨大桥、迎宾大桥、瀛池大桥。

藉滨大桥　又称东团庄藉河大桥、合作路藉河大桥，位于合作南路，横跨藉河，1996年建成使用。混凝土空板桥结构，孔跨度16米，桥长190米，宽13.5米，其中车行道宽9米。2006年进行加固维修。

藉河迎宾桥　北起迎宾路，横跨藉河，南至羲皇大道，2000年11月建成。中承式拱桥，全长251米，车行道宽度20米，人行道宽3米，天水市建设局建设。

罗峪河南桥 位于罗峪河注入藉河入口处,纵跨罗峪河,1993年由市建一公司建造。中承式拱桥,东西长44米,宽16.6米,人行道各宽2.8米,总造价126.8万元。

瀛池大桥 位于天水郡藉河,南接瀛池路,北通成纪大道,是市政府2007年重点基础设施建设项目,总投资3202万元。2007年3月开工,2009年五一建成通车。瀛池大桥全长542米,宽24.5米,设计形式为变高连续箱梁结构,双向4车道,设计荷载为城市—A级,桥南端与瀛池路、藉河南路部分互通立交,北端与成纪大道平交。

罗玉新桥 位于罗峪沟西端,纵跨罗峪河,2008年4月开工建设,2009年5月竣工,总投资350万元。桥梁结构为1跨L=35米,预应力混凝土简支梁桥,宽15米(9米车道,两侧各3米人行道),桩柱式桥台,基础为钻孔灌注桩,防洪标准为百年一遇,Q596立方米/秒。

北关罗玉桥 位于北关长途汽车站北面罗峪河,纵跨罗峪河,连接成纪大道与皇城路,1966年4月建成。南北走向,双悬臂简支四梁式钢混结构,桥长39.1米,宽10.52米。2007年8月桥面板出现塌陷,成为危桥。11月开工加固维修,工程投资99.7万元。2008年5月工程完工通车。

秦州区城区部分桥梁一览表

表5-3-1

桥名	位置	结构类型	孔径跨度	桥长(米)	桥面宽度(米)		建成年月	备注
					车行道	人行道		
藉河南大桥	大众路中段,纵跨藉河	双曲拱桥	1×16简支梁+6×30曲	226.05	9	2×2	1977.9	良好
五里铺东大桥	五里铺藉河	装配式简支铨T型梁式桥	10—20	204.54	14	2×2	1990.9	2004年维修
天水郡藉河桥	华双公路183公里644米处藉河	钢筋混凝土排架连续梁	20—8	164	7	1.2×2	1951.11	2007年封闭停用
罗峪河东桥(旧)	连接建设路与岷山路,横跨东关罗峪河	铨双悬臂连续梁	1—22	39.2	7	1.5×2	1966.6	良好
罗峪河东桥(新)		铨空心板桥	3—13	41.4	9	北:2 南:2.25	1998.12	良好

续表

桥名	位置	结构类型	孔径跨度	桥长（米）	桥面宽度（米）		建成年月	备注
					车行道	人行道		
北关罗峪河便桥	左家场北	鱼腹式钢桁架桥	—	40	—	2.1	1989.1	2008拆除
廖家磨藉河便桥	市委西南处连接藉河南北路	梁式排架桥	$1 \times 21 +$ $7 \times 20.7 +$ 1×21	90.7	—	1.8	1973	2007年封闭改造
岷玉路藉河便桥	罗玉小区藉河	梁式排架桥	$1 \times 12.8 +$ $7 \times 26 +$ 1×12.8	214	1.94	1.38×2	2000.1	2006年维修
双桥藉河便桥	双桥路南藉河	梁式排架桥	21.5—8	190	—	2	1986	2005年维修
罗峪河便桥	五中对面	铨中承式系杆拱桥	1—40	43.6	—	2.5	1990.1	
东团庄架管桥	合作路藉河	梁式排架桥	—	189	—	2.8	1984.7	1996年拆除
南沟河桥	天牡公路555米处	双悬臂混凝土微弯板坦肋拱连续梁	5—16	94	7	1×2	1976	
吕二沟河便桥	电阻器家属区北	排架桥	—	23.2	—	2.1	1970.6	
吕二沟拱桥	吕二沟河	双曲拱桥						良好
七里墩涵洞	天北公路7公里159米处	铨双曲拱桥	1—15	43	15	—	1970.8	良好

第二节　广　场

龙城广场

1992年建成中心广场，后改名为龙城广场。2000年12月改造，面积17250平方米，其中绿化面积6343平方米、清扫面积10907平方米，草坪灯28盏。2006年4月再次改造，面积13000平方米，其中主广场面积9700平方米。用花岗石、青石、广场砖铺设地面，设立背景电视墙2堵、T型台1处、树池80个、庭院灯128盏、景观灯20盏、射灯18盏、草坪灯

77盏、大地埋灯113盏、小地埋灯48盏、LED踏步软管灯560米。同时改造中华西路文庙小广场面积4755平方米，采用青石、花岗岩、陶砖铺筑地面，设计大理石指示墙1堵，设置庭院灯55盏，草坪灯10盏，地埋灯11盏。

玉泉观广场

地处玉泉观景区入口处。2002年4月建成，面积4000平方米。广场建设依照地形错落、西高东低的特征，总体格局呈阶梯状，采用青砖石材铺设，安装立柱灯15盏、高压钠灯12盏、金卤灯4盏、草坪灯15盏，同期完成山门至成纪大道段路面铺筑。

天河广场

地处七里墩，2005年4月开工建设，2006年4月底竣工，五一向市民开放。广场占地2.6万平方米，总投资2400万元。工程建设由绿化、亮化、喷泉、雕塑、小品、水景组成。地面铺设花岗岩、广场砖，安装数码灯、射灯、庭院灯、地埋灯共166盏。

天河广场喷泉

第三节　城市排水

城区排水管网以藉河为界分为北岸、南岸两大系统。藉河北岸以旧城区排水系统为主，形成历史时期长，地势平坦开阔，排水系统比较完整。藉河南岸由于南山二级阶地与河床高差大，排水沿山坡及道路起伏而下，经排洪沟道排入藉河，住宅区和厂区、学校排水系统比较完善。

藉河北岸排水

北山截洪排水系统　北山截洪渠以张家窑后沟为起点，沿山而下，经部队医院、成纪大道北侧，向西至坚家河，南经坚家河小区排入藉河。主干沟全长1354米，沿途接纳张家窑、张家沟、杜家沟、电缆厂排水支沟，长1170米；接纳双桥路至坚家河道路排水，长1360米。北山截洪渠系统汇水面积3.7平方公里。张家窑至杜家沟段为混凝土矩形盖渠，部队医院段为钢筋混凝土盖板石砌渠，张家沟至坚家河段为宽4米、高3米钢筋混凝土箱涵，坚家河至藉河出水口段为宽6.5米、高4米的矩形石砌明渠。

双桥路排水系统　第一路排水主管西起张家沟，向东穿成纪大道南进双桥路至永庆路十字路口，向东经市体校、食品公司仓库、樱花园盖板沟排入藉河。主干管长1398米，管径400毫米至600毫米，接纳支管线1223米。排水主管道承接成纪大道至藉河北路、坚家河北山截洪沟以东、双桥路及南明路南片区的雨污水排放，汇水面积3.3平方公里。1989年新建永庆路，埋设长728米、管径400毫米至600毫米的排水管道，接纳淹面磨村排水后在永庆路口接入环城西路管道。

第二路排水主干管北起双桥路，南至双桥藉河人行便桥，向东进入樱花园盖板渠排入藉河，主干管全长1497米，管径500毫米至1200毫米，埋设于2002年至2003年。

解放路——南明路排水系统　西起解放路西口，南进惠民巷，沿南明路向东至后寨清真寺，进入老罗峪河排洪沟。主干管长1190米，管径400毫米至800毫米，钢筋混凝土结构，接纳支管道长3658米。干管承接三新巷以西解放路北片区、自治巷以西解放路南片区的雨污水排放，汇水面积3.2平方公里，排水关系复杂，多为盖板沟，是西关片主要的排水管道之一。

老罗峪河排洪沟排水系统　北起成纪大道秦州区林业局，南经电力大厦、自由路、金龙大厦、昊泰大厦、解放路、市五金公司仓库、后寨排入藉河，主干沟长1100米，汇水面积4.2平方公里，结构为石砌矩形渠，渠宽3米、深2.8米。承接玉泉观至泰山庙段山坡沟道和北关、中城、西关部分片区的雨污排水。

西湖咀至泰山路段排水管长1240米，管径500毫米至1000毫米，接纳西湖车站、上庵沟、伊民巷、中和巷、连家巷、绿色市场及沿道路以北各住宅小区排水。其中上庵沟排洪沟长280米，断面宽2米；中和巷排水管道长670米；自由路沿街各住宅小区、单位及大同路、澄源巷排水管线长850米。

解放路段排水管道有两条，一条为1970年敷设的钢筋混凝土管道，长539米，管径400毫米至600毫米；另一条为2001年解放路拓宽改造时增埋管道，长5400米，管径500毫米至1000毫米，接纳三新巷（长549米、管径250毫米至300毫米）、交通巷至陡坡（长240米、管径400毫米至600毫米）、崔家巷、大同路（长400米）等路段排水。

后寨清真寺段接纳解放路至南明路、秦州区建设局至中医院管道排水（长540米、管径400毫米至500毫米），及新建藉河北路樱花园至中医院段管道排水（长270米、管径400毫米至500毫米）。

大众路排水系统　北起大众路北口，南至后寨巷口，东转兰天商厦停车场，再经南大桥东花坛、穿藉河北路排入藉河。主干管长952米，管径500毫米至600毫米。承担成纪大道以南，重新街、龙城广场以东，奋斗巷以西大众路到藉河北岸片区的排水，汇水面积1.3平方公里，排水干管敷设于1980年。2005年接入污水集纳箱涵。新华路大修，在起点管道接纳新华门小学以西路段排水。

青年南北路排水系统　北起泰山路，南经青年南北路、公园路，过藉河北路排入污水集纳箱涵。承担大众路以东，奋斗巷、共和巷、进步巷以西，胜利巷、光明巷、新华路以南片区的雨污排水，是大城片区唯一的排水管道，汇水面积0.8平方公里。此外车行道两侧各有1条排水管道，其中青年北路东排水管道于2008年敷设，干管长1668米，接入支管长3366米。

官泉—南城根排水系统　西起兰天商厦，经春风集团、人防办旧楼、人民公园、市人大、市委、供热站锅炉房在电视台门前汇入南城根排水渠，排入藉河污水集纳箱涵。长910米，结构为砖砌矩形盖板渠。承担光明巷南侧自来水公司、兰天商厦、毛织厂、公园小学、市人防办、法院、黄委水保站、水利局、市人大、市委、南坑体育场及南城根居民片区的排水。此路段地势平坦，排水沟坡降幅很小，部分渠段建筑密度大，清淤困难，是秦州区唯一不能埋设排水管道的地段。

合作路排水系统　长途汽车站东为起点，南经三角花园，穿合作北路至东团庄大桥排入藉河污水集纳箱涵。主干管长640米，管径400毫米至800毫米。承担共和巷、进步巷以东，合作北路以西，新华路以南，藉河北岸片区的雨污排水,汇水面积0.45平方公里。

建设路排水系统　承担以建设路为主干、南至藉河北岸片区及新华路东段道路排水。

建设路主干管西起省建八公司,东至龙城家具城,在东围墙处排入罗峪河。排水管道原为砖拱排水沟,1985年敷设长640米、管径400毫米至1000毫米的排水管道,接纳市招待所(管径500毫米)、北园子至周家巷(长322米、管径300毫米)、八大局巷(长196米、宽1米、深1.2米、砖砌盖板渠)、省三监狱(管径500毫米)、十方堂(长96米、管径400毫米)的管道排水。

新华路东段排水管北起第五中学门口,南经建设路,在东关罗峪河点式住宅楼处汇入建设路主干管,长460米、管径400毫米至500毫米。接纳北园子(长234米、管径300毫米)、官墙里(长582米、1×1米石砌渠)、消防支队(管径500毫米)的管道排水。

岷山路排水系统　东起七里墩三角花园,西至东关罗峪河桥,长2348米,以五里铺藉河大桥为界,分别承担大桥东、西道路片区排水。

五里铺大桥西段西起东关罗峪河桥,东至五里铺大桥东侧排入藉河。1984年岷山路拓宽改建工程中建成,主干管全长1959米。主要承担安居小区、岷山厂、海林厂、枣园庄雨水及周家山、红旗山的山坡沟道排水,汇水面积4平方公里。接纳罗玉路口至岷山厂(长331米、管径300毫米至400毫米)、岷山厂至气象局(长1023米、管径1500毫米)、安居小区(管径500毫米)管道排水及周家山的排洪沟、枣园庄排洪沟排水;接纳道路南侧气象局、市党校及枣园庄的排水,汇入市党校石砌板沟,经藉河北路排入污水截流干管。

五里铺大桥东段东起七里墩三角花坛,向北至天北高速公路口排入藉河,敷设于1990年,管道长333米,管径为400毫米至500毫米。主要接纳长控厂家属区水沟排水。

罗玉小区排水系统　北起岷玉路,经藉河北路排入藉河,敷设于1988年,干管长578米,管径500毫米至800毫米。主要承担罗玉小区各组团的排水及省电讯中心、东方红村、正大花苑小区等单位片区的排水,汇水面积1.5平方公里。2002年改造藉河北路,在罗峪河南桥至人行便桥路段敷设长420米，管径400毫米至500毫米排水管道，接纳欣大酒店、市卫生局、市交通局等单位排水，2005年接入藉河污水截流管。

迎宾路排水系统　北起岷山路，向南纵贯迎宾路，穿藉河北路，在迎宾大桥西侧入藉河，雨污分流制，雨水干管长588米，钢筋混凝土结构。天水宾馆设专用污水管道长242米，管径300毫米。以上两个出水口2005年均接入污水截流管。迎宾路排水干管1986年敷设，接纳岷山厂工业废水及雨污排水，其中接纳甘绒厂、三星公司以东雨污排水管长378米、管径500毫米。2002年改造藉河北路，在人行便桥至迎宾路段敷设长410米、管径400毫米至500毫米的排水管道。

春风路排水系统　西起迎宾路，向东经春风路在甘绒二分厂沿锅炉房、熙园大酒店西侧排入藉河。干管长782米，钢筋混凝土结构。2005年接入污水截流管。

藉河南岸排水

天水郡排水系统　南起暖和湾，中穿瀛池路，北至天水郡大桥，从大桥东匝道排入藉河。主干管长1240米，接纳管道长360米。承担暖和湾以南、部队营房以东、天水郡卫生院、电缆护套厂以西到藉河片区的雨污排水。

2008年从瀛池路十字路口西侧新增长870米、管径400毫米至800毫米排水管道，与电缆护套厂门前排水干管相接，管径为800毫米。在路东侧重新敷设长400米、管径1米的排水管道，至瀛池大桥东匝道排入藉河。主干管长2110米，汇水面积1.7平方公里，主要接纳道路以西瀛池小区、天水郡消防站等单位及路面排水。

莲亭至师院排洪沟排水系统　南起长仪路排洪沟，东经羲皇大道排洪沟、莲亭村、师范学院排入藉河，干沟长1500米。承担暖和湾山坡沟道、长仪厂、莲亭村、信号厂、天水郡小学、师范学院片区的雨污排水，汇水面积1.8平方公里。

1966年修建长仪路，整修暖和湾至莲亭村的排水洪沟，长630米，断面宽2.5米，深2米，采用余砌片石矩形渠，局部加钢筋混凝土盖板。莲亭菜地至师院段为土质明沟，平时污水流量大，2005年改造出口段管道直径为1200毫米溢流管道，接入藉河污水集纳管。

豹子沟排洪沟排水系统　起点与豹子沟排洪道相接，经师范学院南校区学生公寓楼、羲皇大道排洪沟桥、市奶粉厂住宅小区，向北排入藉河。沟道长550米，1984年砌为浆砌片石沟道，汇水面积1.8平方公里。

1988年改造南山公路北至藉河段沟道，长468米，断面4米、深3米，采用浆砌片石梯形沟。1992年改造接纳师专南校区、奶粉厂住宅小区等单位及住户的雨、污排水。

陵园路排洪沟排水系统　南接南山挂面坡陵园沟，经羲皇大道板涵、陵园路、藉河南路排入藉河，主干沟长340米。羲皇大道南侧段为石砌明沟，以北至陵园路为宽2米、深1.8米的石砌矩形盖板沟，吸纳师院南校区、吕二沟眼科医院、羲皇大道路段的排水；南侧接纳师院公寓楼区、铸造机械厂、城建开发公司居民楼等单位的排水及南山3.2平方公里地面雨水；羲皇大道北侧南山体育场、供电局家属院、塑料厂及居民住宅区的雨污排水，接纳排水管道长6075米，汇水面积5平方公里，是南山片区重要排水沟道。

大众南路排水　南起羲皇大道，向北穿大众南路至南大桥东匝道排入藉河，管道长327，管径400毫米至500毫米，敷设于1978年南大桥引道工程。主要承担道路两侧轴仪厂、金宇花苑小区、保险公司及路面排水。1987年修建藉河南路，接纳轴仪厂住宅楼至大桥东花坛段排水。2005年与污水截流管接通，出水口为雨水溢流管。

廖家磨片区排水系统　排水主干管以藉河南路为主，西起藉河南大桥东匝道，东至公园藉河架管桥，干管长740米，管径400毫米至500毫米，敷设于1987年藉河南路新建工程。承担大众南路以东，市建一公司家属楼以西，羲皇大道以北至藉河河堤片区的排水。接纳金宇花苑小区、建行住宅区、华泰苑小区、市工会及廖家磨小区排水。2005年主管道与藉河污水截流管相接，并设截流井和雨水溢流管道进出水口。

桃园路排水系统　西起羲皇大道吕二沟桥，向东沿道路两侧敷设排水管道，汇入桃园路排洪沟，向南经市自来水公司居住小区，过农发行大楼和市医药公司仓库住宅楼，穿藉河南路排入藉河，主干管道长1085米。

排洪沟道原为310国道石马坪村段公路边沟，为石砌明沟，经桃园路、市助剂厂排入藉河。桃园路为石砌盖板沟，断面宽3米，深2米。承担羲皇大道石马坪至桃园路口段、南山坡沟道路雨水，桃园路各单位及居民区排水。

东团庄排水系统　西起羲皇大道桃园路口，连接东团庄跨路盖板排水沟，经东兴路过藉河南路排入藉河，主干管道长1875米。排水管道始建长306米、管径400毫米，出口在东兴路。2005年开发东团庄片区，为配套天庆小区道路，敷设长430米、管径500毫米至800毫米的排水管道，排入藉河。接纳市检察院大楼、税务学校、电大、八公司材料站及东兴路口至龙王沟路段（长670米、管径400毫米至500毫米）的管道排水。东兴路、天庆小区两路排水管道均接入藉河南路污水截流主干管，设溢流雨水管道出水口。

龙王沟至天河广场排水系统　排水系统依附南山（长2370米、宽300米至500米），靠近藉河。经南郭寺旅游区、海林厂、长控厂工业和住宅建筑及沿街商铺就势排入藉河。南郭寺加油站、基督教堂、海林医院、海林南厂住宅区均设有出水口和雨水溢流管，分别汇入藉河南片污水截流管或箱涵。天河广场片区排水汇入岷山南路排水干管，排入五里铺大桥出水口。

1999年南山路拓建，敷设排水管道。南侧非机动车道敷设管道长2230米，管径400毫米至500毫米；北侧非机动车道敷设管道长2254米，管径400毫米至500毫米。其中南侧管道接纳道路沿线工厂、单位及居民区排水。

天河家园排水系统　天河家园小区排水按地形分区设置：A区地势较陡，干管自北向南接入C区北侧干管，干管长148米、管径400毫米；B区楼房靠山环形分布，地势相对平坦，干管沿B区道路环形布置，接入C区南侧干管，干管长367米、管径300毫米至500毫米，接纳B区14栋楼排水；C区北侧干管自西向东，接入天河路主干管，干管长210米、管径500毫米。南侧干管自西向东接入天河路主干管，干管长183米、管径400毫米；主干管南起小区三角花坛路口，北至羲皇大道，接入道路南侧非机动车道排水系统，干管总长度1200米。

排水设施

秦城区成立之初城市排水系统实行雨、污分流制，未作污水处理（部分工厂的废水处理除外）。民主路、建设路、岷山路、藉河南路、藉河北路、新华路、南明路、瀛池路、官墙里、亲睦里、大众路等主干道敷设地下钢混管道，管径300毫米至1500毫米。尚义巷、古风巷、光明巷等大部分巷道铺砌暗沟，路面设有检查井（规格：65cm、67cm、68cm、69cm），铸铁井盖，铸铁水篦（规格：50cm×40cm、40cm×30cm、25cm×25cm）。市政部门每年定期清理疏通排水管道，更补破损被盗的井盖水篦。1990年改造部分砖拱管道和巷道暗渠，材质均采用钢筋混凝土管道，逐步将道路和巷道收水口更换为钢混水篦。至1991年改造敷设管道1620米，管径300毫米至500毫米。1994年将杂货巷石砌盖板渠改建为钢筋混凝土箱涵，断面宽2.2米、深2米。1995年至2002年先后改造青年北路、果集巷、泰山路、廖家磨、双桥路、厚生巷、飞将巷、成纪大道等巷道排水管道等设施，共敷设管道13.7公里，管径300毫米至800毫米。2003年在东十里铺实施污水处理项目建设，沿藉河南北敷设截流管和支管。修建藉河北路，增埋排水管道长560米、管径400毫米至500毫米，接入北山截洪渠。2004年建成藉河北路北山截洪沟至樱花园段道路，埋设长710米、管径400毫米至800毫米排水管道，接入樱花园排水口。改造光明巷、桃园路、北园子、小南门、南城根等巷道的排水管道，分别敷设长240.8米（管径300毫米）、153.5米（管径400毫米）的钢筋混凝土管道。

2005年藉河城区段生态环境整治工程开工，建成污水截流管道21.98公里（含城区配套管网8.95公里），管径300毫米至1200毫米，集污网全线长31公里，设检查井490座、沉泥排砂井、箱涵溢流口、截污口共113处，吸纳污水日排放量6万吨。北山截洪沟污水用跌水井栅接入集纳箱涵，保留雨水溢流出水口功能及污水截流处理功能。2007年6月天水市污水处理厂运行，将城区污水截流至污水处理厂处理。

第四节　城市照明

1990年秦城区城区共有路灯1503盏，总线路51公里。此后逐步对城区范围的路灯设备系统进行增设、更新，以及实行建一条路亮化一条路的措施，至2007年秦州区路灯达8796盏，线路总长152.5公里。

路灯改造建设

1991年至1992年秦城区投资62.65万元改造南大桥、南外环路、藉河南路、师院路、桃园路路灯，更换安装JTY-250W灯18盏、琵琶灯11套、单挑式灯150套，埋设电缆480米，装设线路3894米。投资1.8万元在七里墩花坛安装花灯2套，灯型为6叉7火型；投资36万元在龙城广场安装30米升降式高杆灯1柱、15米高杆灯7柱、400W高压钠灯24盏、250W高压钠灯42盏、60W白炽灯6盏，埋设电缆1742米。1993年投资2.2万元改造建设北山罗玉路及山坡路灯，埋设电杆8柱，安装马路弯灯13套，小弯灯1套，架设线路520米。

1996年在藉河南大桥小游园安装五火圆球庭院灯4套；民主路安装比利时4火灯具15套；民主路十字路口安装弹壳式灯具2套，埋设电缆800米。投资41万元在区政府正门、后门及藉滨大桥、泰山路安装弹壳式灯具2套、6米锥杆灯18套、路灯16套，埋设电缆1200米，架设线路644米。1997年投资17.8万元在工农路安装10米高杆灯21盏，埋设电缆120米。1999年在合作路安装400W圆锥式灯具19套，埋设电缆1011米；投资16万元在北园子西口安装5火庭院灯1套。

2000年至2004年在迎宾桥、成纪大道、羲皇大道、重新街、解放路、大同路、自由路、罗玉小区、双桥路、中华东路、民主路、建设路、大众路安装10米双臂4火灯具585套，高杆灯1柱，单挑式路灯、双挑式灯具、庭院灯、250W单挑式灯具、水晶灯、数码灯、鞭炮灯等1685套；安装庭院灯、地灯、仿古灯、射灯、草坪灯、双挑式路灯、柱灯等812盏，埋设电缆79045米。

2006年投资61.8万元在红山路、精表路、奋斗巷、育生巷、忠义巷、尚义巷、澄源巷、藉河南路巷道共安装单挑式路灯64盏，庭院灯50盏，埋设电缆3800余米。此外在中华东路安装射灯9盏。2007年投资263万元在南明路、双桥中路、陵园路、公园路、惠民巷、伊民路、白家大院、小澄源巷、官墙里等57条道路、巷道安装高杆灯124盏、庭院灯308盏，改造路灯32盏。

路灯控制系统

1980年天水市城区路灯线路总长40公里，路灯数1044盏，市政设施管理处路灯队自制配电柜，安装回路系统和信号设备，用于故障自动监视和监测。1990年设总控1台，控制箱36台，专用变压器2台，光电控制器5台，路灯沿用时钟控制和光控制两种模式，路灯体系属环形控制。此后路灯线路采用地下埋设电缆和架空电线，灯杆间距45米。2007年5月市、区政府投资352.3万元，在市政设施管理处办公楼兴建路灯智能节能监控管理系统，12月完工投入试运行。监控系统由中央控制室、通信系统、监控终端、高效节电系统和视频巡查系统组成，实现城区40个路灯控制终端的智能化开关灯、故障确定、自动报警、远程抄表、参数统计、视频显示以及23条路灯线路的分支控制、20个高效节电柜的远程链接、监测、数据采集等功能。实际操作中采取全夜与半夜亮灯节能的控制方式，凌晨0点后关闭羲皇大道、成纪大道、藉河北路、皇城路等主要干道部分路灯1000余盏。

路灯管理及维修

秦州区市政设施管理处路灯管理所负责城区道路、巷道、广场路灯管理、维修，工作人员20人，高空作业车2台，长城皮卡1台，配备完备的劳保工具。1992年至2001年城区更换各类灯泡7759个、镇流器644个、触发器902个、接触器31台、光电控制器14台、各种线路9205米，维修路灯控制箱38台。

2000年之前路灯基本采用高压汞灯、白炽灯，由于缺乏维护经费，仅在春节、五一、国庆节前集中维修更换。2005年后基本达到每天检修、随坏随修、随坏随换的工作标准，灯具、镇流器、电子触发器等路灯耗材一律使用欧司朗、雷士等国际品牌，节约光源成本和维修费用，使路灯亮灯率达到98%以上。

城市街景亮化

街景亮化美化主要在城市干道两边的建筑楼体、行道树、行道护栏和桥梁上安装灯具，光源采用各式射灯、霓虹灯、LED灯、中空射灯。2007年安装街道有藉河南北路、民主路、建设路、解放路等，形成一街一景观、一路一特色的城市亮化格局。亮化美化工程由市城投公司建设，天水兴政实业有限公司和天水聚海实业有限公司施工，电流由5台路灯控制箱分配，用电功率合计140kW，市政设施管理处负责日常管理维修。

第五节　城市防汛

城区洪道

秦州区城区地处渭河流域黄土沟壑区,藉河、罗峪河、吕二沟河流经城区,城市建设沿河阶地展布,形成东西长、南北窄,西高东低、南北阶地高于中间河谷的带状城区布局。城区周围山洪沟道集中,有大小27条洪道,每逢雨季洪水、溪水汇进藉河,形成季节性洪道。

藉河　流经城市段长12.6公里。每逢暴雨,水位猛涨,20年一遇洪峰流量为每秒1849立方米,百年一遇洪峰流量为每秒3413立方米。

罗峪河　流经城区段长2.8公里,在东关以南汇入藉河。20年一遇洪峰流量为每秒572立方米,50年一遇洪峰流量为每秒810立方米。

吕二沟　吕二沟河是城区内季节性河,暴雨季节洪水凶猛,泥沙含量大,是城市防汛重点。吕二沟洪道城区段长2公里,20年一遇洪峰流量为每秒89立方米。

龙王沟　龙王沟河坡降较大,暴雨季节洪水凶猛,含沙量大,多次冲毁沟口藉河河堤。护砌沟长度310米,沟宽6米至8米,沟深2米,为水泥石砌明渠。洪道流经城市段1公里,20年一遇洪峰流量为每秒96立方米。

小南河　洪道流经城市段15公里,20年一遇洪峰流量为每秒750立方米。

防洪工程

藉河河堤　1989年北岸线长4.5公里,西自藉河西大桥130米处起,东至公共汽车公司,其中南大桥以东堤高3米,堤面宽1.5米。南堤西起西大桥,东至省税校,全长5.5公里,其中西大桥至天水师院段为简易河堤,以东为水泥砌石。藉河河堤平均高2.5米,堤面宽1.7米。1993年修复藉河南岸水毁河堤83米,建成斯洛伐克水标准50年一遇堤坝。修复南大桥下藉河北堤坝基础57米及藉河南堤海林厂家属区段堤坝80米,修补藉河廖家磨段水毁堤防10.17米,修复挑水坝19.5米。1994年修复藉河龙王沟出口挑水坝25.6米。1995年修建藉河庆华厂段铅丝笼挑水坝42.5米。1998年5月建成藉河甘绒二分厂段100米堤防,修复藉河南大桥段北堤水毁堤防17米以及南、北两岸沿线堤坝的凿眼200余处。

1999年修建藉河北岸永红厂段铁丝笼石挡水墙63米,藉河南堤廖家磨段水毁堤防30米,藉河南堤火柴厂段堤防70米。维修藉河南、北堤凿眼200余处。

藉河城区段生态环境治理工程 藉河城区段生态环境治理工程包括堤防工程、河道清淤、污水截流等6大工程,工程投资1.9亿元,2005年10月开工,2008年10月竣工。堤防共14.67公里,其中南岸8.54公里,北岸6.13公里。对北堤向内压缩8米,南堤加固改造,达到50年一遇的设防标准。河道蓄水工程采用清洪分离的二槽方案,工程内容包括中隔墙建设、防渗工程、橡胶坝工程、机电设备安装工程、水情预报系统等,建成从北山排洪渠至罗峪河口全长3公里、宽128米的五级水面,共蓄水100万立方米,形成39万平方米景观水面,洪水槽防洪设计标准为5年一遇。河道清淤工程对藉河西起北山排洪渠口东至罗峪河口全长3.7公里进行清淤,清淤量42.7万立方米。

罗峪河堤 1989年罗峪河南、北防洪堤长达2.8公里,堤高3.5米。罗峪河东桥以下西边堤长284米、高7米,东边堤长20米。东关桥至罗峪河人行便桥段堤长220米,河堤高3米,外围土堤宽0.6米。上游西堤有断断续续石砌河堤。自北关罗峪河至左家场,西堤1260米,堤高3米。东堤自线务站处200米堤高1.5米,其余为土堤。1990年5月启动罗峪河河道改造工程,加固堤坝。1995年在活塞厂段修护堤27.5米,基础加固15米,建谷坊1座。1996年修复罗峪河北关桥上游1、2、3、4号谷坊。1998年5月实施罗峪河岷山厂段河势导流工程,回填因水流冲刷而外露的堤防基础120米,修筑罗峪河北桥皇城路段石护墙2处34米,修复罗峪河水毁堤防3处100米。

城区低洼区排洪设施 1990年9月建成藉河河道防汛仓库。1991年在惠民巷、士言巷、王家晛建成2个水泵站,用于汛期排洪。1997年10月对公共汽车公司对面的藉河防汛库房向东扩建100平方米,建筑面积124平方米。2000年更换后寨、士言巷、王家晛低洼区水泵各1台。

河道沟渠清淤清障

1990年至1991年投资66960元对藉河河床沿线障碍物、罗峪河皇城路至东桥头段进行清障。1998年至1999年清运淤泥、垃圾障碍物6900立方米。2000年疏通河道5.35公里，清除淤泥2675立方米。2002年河道、沟渠清障20多处、6.4公里、3362立方米。2006年6月藉河疏浚工程开工，共计外运泥土43万立方米、60万平方米。

第四章 环境卫生

第一节 清扫保洁

道路清扫保洁

1985年秦城区环境卫生管理处下设清扫队，清扫保洁城区主次干道22条，年清扫量1.2亿平方米。1990年清扫从业人员120人，清扫面积1.3亿平方米。清扫队按路段分片，按片分组，每组设组长1名，实行岗位责任制。为避开人车流量高峰期，清扫作业通常在凌晨5点、傍晚7点进行。清扫保洁采取一日两扫、全天保洁的工作方式，各区域配备卫生管理员监督管理。1992年增加岷玉路二级清扫路面13872平方米，每日实行一扫两保作业方式。1994年7月天水市举办第六届西部商品交易会，动员城区7个街道、103家单位清理死角垃圾96处、720吨。1997年增加泰山路二级清扫路面4000平方米。

2000年开始征收垃圾清运管理费和清扫保洁费，范围涵盖驻市机关、团体、部队、企事业单位以及市郊居民。增加羲皇大道、成纪大道、重新街清扫路面38万平方米，实行夜间一大扫，白天一普扫、两保洁的作业模式。全年清扫量2.8亿平方米，清扫从业人员310人。2001年增加藉河北路、大同路、解放路、双桥路、玉泉路、廖家磨路段清扫路面11.7万平方米。2002年9月实行准排放许可制度，要求城市居民或驻地单位持《固体废弃物准排证》在指定时间、地点排放倾倒垃圾。增加天北快速干道、伏羲路清扫路面14.74万平方米。2003年环卫处与两千多家门店、单位签订《环境卫生目标管理责任书》，规范垃圾排放行为。增加环城西路等路段清扫路面1.4万平方米。2004年增加大众路等路段清扫路面27万平方米。

市政府将改造后的民主路、建设路列为"严管街"，为一级清扫路面，实行一日两扫、全天保洁的制度。2005年将116条小巷道纳入清扫范围，清扫路面14万平方米。2007年全区纳入清扫范围的主、次干道共有33条，年清扫面积5.7亿平方米、清运垃圾15.14万吨。

社区、单位清扫保洁

20世纪90年代各街道居委会雇用专人清扫保洁各巷道，垃圾自运，居民各自清扫院内卫生。居委会派人按季度逐户收缴卫生管理费，用于维持清扫工工资和购置清扫工具。2002年各巷道居民由社区组织清扫保洁工作，安排民办清扫员或定期组织享受城市最低生活保障金人员"大扫除"。

城区各单位清扫保洁由内部职工兼职，或由再就业人员承担。居民小区和单位住宅小区的清扫保洁由物业公司实施，居民定期交纳卫生管理费，垃圾清运由环卫部门提供代运有偿服务。

第二节　垃圾清运处置

生活垃圾清运处置

城区生活垃圾采用散装式、箱式、液压式三种方式收集。2003年之前城区垃圾利用垃圾台（箱）和垃圾散点收集，收集点相对密集，收集后用散装车清运。2003年配置箱式收集车清运，淘汰叉车装卸设备，采用压缩式垃圾车上门收集，缓解垃圾二次中转环节中的污染指数，提高清运效率。据统计，1995年城区垃圾清运量7.4万吨，2000年10.7万吨，2005年增至14万吨，2007年清运量达15.4万吨。城区生活垃圾、建筑垃圾一般采用在垃圾场填埋处理、焚烧处理、资源化利用、堆肥处理4种方法。

粪便清运处置

1990年城区居民、单位多数使用旱厕，郊区农民自由掏粪积肥，清掏时间限制在早晨7点之前、晚7点之后，并过渡为有偿服务。之后随着旧城拆迁改造，新建的住宅楼具备水冲式卫生间，粪便经化粪池沉淀稀释后，由住宅区物业管理部门定期清理。环卫部门开设化粪池清掏、管网疏通等经营服务。2005年随着污水处理厂建成运行，便污排入污水处理厂处理。

第三节　环卫设施

公厕

1990年城区设有旱厕26座，水冲式公厕3座，整体服务水平较低。1992年在天水郡盘旋道、石马坪皮鞋厂、北关桥头修建旱厕3座，建筑面积174平方米。在工农路、区工会西侧、胜利巷、七里墩、桃源路建水冲式公厕5座，建筑面积360平方米。2000年在罗玉小区市场口等路段改修建水冲式公厕9座，建筑面积569.5平方米。2001年至2007年先后在中华东西路、成纪大道、伏羲城等地点改修建水冲式公厕17座，建筑面积1112平方米。2007年城区内设公厕34座，其中旱厕2座，总建筑面积2215平方米。城区公厕实行承包制管理，收费服务，水冲式公厕开放时间为早7点至晚11点。

垃圾容器

1989年城区共设垃圾台22座（砖混结构7座，钢架结构15座）。1997年至2005年先后在市第一人民医院对面、光明巷口等路段建设集装量大、便于装载清运的液压升降式垃圾库14座，造价133万元，逐步淘汰小型集装收集点。至2007年城区共增建垃圾台17座（砖混结构2座，钢材结构15座），总造价62608元，果皮箱585个；配备压缩式垃圾专用集装箱443个。

车辆

1991年至1997年秦城区环卫处购置叉车4台、解放牌5吨位自卸车5辆，配套垃圾箱209个，服务于城区各街道。解放牌5吨自卸车每天出车19次，清运33处垃圾，为12家物业单位提供垃圾清运有偿服务。2001年购置庆铃牌扫路车1辆、东方红牌50型推土机1辆。2004年至2007年秦州区环卫处购置后置式压缩垃圾车5辆、东风牌洒水车1辆，环卫处给4个环境卫生管理所配备微型面包车各1台，用于日常督察、巡视管理，正常运行车共20辆。

第四节　创建省级卫生城市

1995年6月秦城区成立创建卫生城市指挥部，负责全区的"创卫"工作。在城区主要街道实行无烟头纸屑、无瓜果皮壳、无痰迹脏水、无暴露垃圾的管理标准，各门店实行"门前三包（包清扫、包保洁、包无摆放摊点）"责任制，店门前悬挂"门前三包"责任牌，"三包"管理员佩戴臂章，督促检查。对公厕要求围墙整洁，便池无积粪，无蝇蛆，清掏合格率100%，各类设施完好率95%以上。城区垃圾箱、垃圾台做到密闭管理，周围2米至3米内整齐干净，无残留垃圾、无污水、无蝇虫。对破损垃圾箱、垃圾台修补更换，并定期喷药杀菌消毒，垃圾实行日产日清，清运率100%。垃圾作填埋法处理，压实覆土，处理率100%。

1996年3月天水市获得甘肃省卫生城市称号。1997年秦城区环卫处被省建设厅评为精神文明建设先进单位。1999年天水市被甘肃省爱卫会命名为甘肃省卫生城市。2000年9月天水市被全国爱卫会命名为"城市卫生检查评比先进城市"。2007年结合争创省级卫生城市"三连冠"活动和伏羲文化旅游节整治城中村、城乡接合部环境卫生。

第五章　园林绿化

第一节　城市绿化

1990年城区绿地总面积203万平方米，人均公共绿地面积1.9平方米，绿化覆盖率达20%。到1995年园林绿地总面积221万平方米，公共绿地总面积29.33万平方米，人均公共绿地面积1.94平方米，绿化覆盖率27%。建成19处花坛，面积2030平方米。1999年园林绿地237万平方米，公共绿地33.4万平方米。建成藉河北路东段小游园、五里铺大桥小游园，面积7680平方米。2004年园林绿地363万平方米，公共绿地119万平方米，人均公共绿地7平方米，绿化覆盖率26.57%。

2006年至2007年新农村建设示范村皂郊镇下寨子、太京窝驼、玉泉东十里等村开展村屯绿化，栽植国槐、侧柏、冬青等树木7075株。至2007年城市园林绿地519万平方米。其中公共绿地163万平方米，道路绿地7.3万平方米，居住区绿地20万平方米，单位附属绿地133万平方米，生产绿地34.9万平方米，风景林地20万平方米。城区绿地率27%，绿化覆盖率32.2%，人均公共绿地8平方米。林网控制率91%，公路绿化率97%，乡镇绿化率32.8%，村庄林木覆盖率31%。

第二节　公共绿地

公园景区绿地

人民公园　地处青年南路南端，占地27972平方米。园内以中山厅、假山、人造湖、独孔曲桥、动物园为主体建筑。绿化面积26386平方米，绿化覆盖率94%，有3000余株乔灌木上百个品种，达到三季有花、四季常青的观赏效果。1995年环城西路拓宽，公园南围墙拆除，部分土地征用后改造成195米透绿墙。1999年园林处投资13万元改造公园大门，建花房龙墙100米。2006年4月人民公园纳入天水市藉河生态环境治理工程建设。1992年至2007年自办"元宵灯展"15届，"金秋菊展"8届。

儿童乐园　位于秦州区民主路74号，占地面积1.2万平方米，绿化面积1.1万平方米，绿化覆盖率75%。园内种植油松、樱花、红叶李、榆叶梅等乔灌木近百种，园林建筑有六角亭、雕像、荷花池、喷泉等，儿童娱乐项目有林中飞鼠、碰碰车、混天球、开心乐园、摩天环车、赛车。

藉河园　沿藉河北岸修建，西起双桥中路，东至南大桥。1993年开工建设，至2007年形成长903米、南北最宽处43米、面积18615平方米的绿化园区。1997年5月园林处设立藉河园管理组，职工5人。1999年9月经市政府同意，日本友人出资10万元在藉河园搭建日本式凉亭，种植樱花32株，配备石凳、堆设假山、铺筑园路，立"中日友好樱花园"纪念碑1幢，以示对日本友人1950年援建天兰铁路之纪念，因此又称樱花园。

园内布局分为草坪区、常青区、秋景区、中老年活动区，有雪松37株、龙柏12株、垂柳45棵、红叶李34棵、石榴28棵、云杉67棵、小叶女贞25棵、蔷薇137棵、侧柏49株、草坪1946平方米。全园绿地面积13431平方米，绿地覆盖率达72%。2007年纳入藉河生态环境治理工程。

南郭寺景区　景区规划面积210万平方米，2007年建成面积80万平方米，其中各类建筑面积6.5万平方米，水域面积2060平方米，绿化覆盖率达90%。

1998年南郭寺景区启动退耕绿化。1999年退耕绿化199万平方米，栽植各类树木65个品种、62.4万株。至2007年景区内主要树木有油松、红豆杉、刺槐、侧柏、白皮松、樱花、红叶李、侧柏、连翘、山毛桃、鸢尾、萱草、丁香、（金）棣棠梅、紫荆、木槿等品种，竹子10墩，草坪500平方米，蕉藕10株，荷兰菊80丛，石竹、鸢尾500平方米，金竹120墩，布置火山岩观赏石100块。

玉泉观景区　山地绿化面积2万平方米，寺院绿化面积1333平方米，绿化覆盖率70%，各类乔灌木10余种。

诸葛军垒公园　位于南郭寺景区，全园占地面积10670平方米，绿地面积7580平方米，植物配植以常青树与落叶花灌木为主，树林青郁，品种较多。

诸葛军垒

藉河城区段景观绿化　2007年春藉河城区段生态工程绿化面积6.2万平方米，包括中隔墙1.2万平方米。景观工程西起藉河3号泵站，东至五里铺大桥，沿河堤栽植紫穗槐、雪松、黄果栾树、红叶李、红叶碧桃、樱花、银杏、垂柳、香花槐、丁香、榆叶梅、紫薇、侧柏等各类乔木、大灌木17000余株；栽植红叶小檗、金叶女贞、月季、迎春、蔷薇、鸢尾等各类小灌木、爬藤类植物40多万株；地被植物4万多平方米，80余个品种。铺设广场、园路5万平方米，跌水2处，溪流300余米，文化墙、雕塑3处。

道路绿地

2007年城区共有街心花坛12个14047平方米，普通花坛29个1240平方米，绿带8条77929平方米，绿篱4条3523平方米，分车带10条70860平方米。绿地皆由秦州区园林处管护。

绿化带 1991年至2000年建成藉河南路绿化带52991平方米，师院路、双桥中路等绿化带5973平方米，2001年建成解放路绿化带5000平方米，藉河北路东段绿化带18000平方米（2007年10月纳入藉河生态环境治理工程移植改造）。2004年建成隍城路南侧绿化带，长193米、宽5米、面积965平方米。

绿篱 种植绿篱采用针叶和阔叶常青树种，合理搭配。1991年建成双桥中路及藉河南路西段、师院路等小桧柏、小刺柏绿篱，长2331米。1995年至1997年建成藉河南路东段大叶黄绿篱，长1186米。

分车带 1991年至2000年建成七里墩分车带212平方米，合作北路分车带612平方米。2001年建成成纪大道分车带14013平方米；2002年进行绿化改造，栽植红叶小檗、金叶女贞、小龙柏图案；2004年增植大叶黄杨绿篱8800米；2006年拆除绿篱，改建为分车带造型图案，将14013平方米的草坪改种为耐旱、耐修剪的三叶草。2005年建罗峪河大桥桥面分车带，绿化面积121.8平方米，2007年因桥梁维修拆除。

2001年建成羲皇大道A段分车带31083平方米；2002年改造增加桧柏、红叶小檗、金叶女贞、洒金柏的图案组合；2007年重新改造，栽植红叶小檗、金叶女贞、小叶贞图案组合，种三叶草31083平方米。2003年新建羲皇大道B段分车带13386平方米；建成伏羲路分车带1088平方米，模式上体现伏羲文化内涵，植物选用小龙柏和市花月季。

小游园 1992年建成五里铺大桥东南小游园1421平方米，植物主要有雪松、月季、草坪等，产权归属天水海林厂。1995年至1996年建成藉河北路东段东北小游园 1766 平方米，主要植物有龙爪槐、黄杨。1997 年建成五里铺大桥西南小游园 2400 平方米，设有花架、长廊等园林小品。1998 年建成五里铺大桥东北、西北小游园，面积分别为 1694 平方米、1820 平方米，主要植物有雪松、垂柳、草坪。2001 年建成重新街口月季园，栽植市花月季红黄两种，面积 1640 平方米。至 2007 年城区共有小游园 15 个，面积 28807 平方米。

　　街心花坛　2000 年建成迎宾大桥东北、西北花坛 3999 平方米。2002 建成迎宾大桥桥南花坛 1810 平方米，主要以草坪为主。2003 年建成坚家河三角地、伏羲庙、天水郡花坛。其中坚家河三角地花坛面积 1421 平方米，在设计布局上以体现伏羲文化内涵为主线，采用色彩对比明显的绿化植物，构成轮廓清晰的阴阳鱼模纹图案；伏羲庙门前花坛 446 平方米，栽植稀有树种白皮松 6 株。2004 年建成东桥头南花坛 2025 平方米，中华东路花坛 630 平方米，东桥头北花坛 3375 平方米，皇城路大花坛 2400 平方米。2005 年建成五中便桥花坛 848 平方米，被秦州区园林处确定为社会认建认养试点绿地。

　　行道树　城区行道树实行一街一品格局，主要品种有国槐、银杏、法桐、合欢、栾树。1991 年至 1993 年在春风路、师院路、七里墩路等路段栽植合欢、国槐、法桐等 712 株。1994 年在青年南北路栽植银杏 84 株、樱花 86 株，由于生长环境不适，樱花逐年死亡，1996 年全部改植银杏，共计 237 株，生长茂盛。1997 年至 2000 年在合作北路、解放路、成纪大道栽植国槐、红叶李 960 株。2001 年至 2003 年在泰山路、伏羲路等路段栽植国槐、红叶李、法桐、大叶女贞、银杏 937 株。至 2008 年城区 55 条道路、巷道栽植行道树 10679 株。

生产绿地

　　苗圃　1980 年在距市区 9 公里的太京乡银坑村河滩地建天水市专业化苗木基地，占地 3.9 万平方米，是天水市最早的苗木基地。1990 年后苗圃主要培育行道树、风景树、绿篱树及各种花灌木。苗圃分为常青、落叶乔木、花灌木三区，常青区有雪松、龙柏、桧柏、刺柏、洒金柏，落叶乔木区有银杏、国槐、合欢、红叶李、樱花，花灌木区有榆叶梅、紫荆、探春梅、连翘等乡土品种。绿篱树种有大叶黄杨、小叶黄杨、金叶女贞、红叶小檗，藤本植物有蔷薇、爬墙虎、紫藤等，引进品种有棕榈、广玉兰等南方树种。苗圃苗木主要用于城区公益绿化，少量销售周边县区。2007年圃存绿化苗木60余种，30余万株，年出圃率30%，能满足城区50%绿化用苗。

花圃　1982年天水地区行署在南山龙王沟农场投资8万元建立天水地区花木苗圃，面积4.47万平方米。1984年移交天水市园林管理处，更名为天水市园林处花圃，主要承担盆花生产任务。

1990年后花圃基地几经划拨，面积逐渐减少。1996年11月秦城区政府建乡干楼划用花圃基地1.1万平方米。2002年1月建诸葛军垒公园划用土地1.3万平方米。藉河南路道路拓宽，区市政工程公司、加油站建设划用部分土地。至2007年花圃占地面积仅余1.33万平方米，年生产草花13万盆，用于伏羲文化旅游节、商贸洽谈会、五一、国庆等节假日城市美

大棚花卉

化。盆花品种有一串红、一串紫、万寿菊、孔雀草、三色堇、羽衣甘蓝、鸡冠花、多色矮牵牛等十多种。

第三节　广场绿化

龙城广场

经两次改造，绿地面积由2003年的6426平方米增加到2007年的8500平方米，建成大小花坛27处。2004年秦城区建设局对文庙古建筑进行修缮，辟建文庙小广场绿地1处，面积1800平方米，建成花坛9处。2007年实施绿化，龙城广场、文庙小广场栽植树种有大雪松、桂花、龙柏、红叶李、椴树、栾树、樱花、大叶黄杨、石榴、榆叶梅等乔灌木数十余种。选用红叶小檗、金叶女贞、小龙柏等色相品种栽植多组模纹图案。

玉泉观广场

2002年开工建设玉泉观广场并实施绿化，栽植乔灌木有国槐、红叶李、丁香、连翘、红叶小檗、金叶女贞、小叶黄杨等乡土植物，绿地面积1300平方米，绿地率32.5%。

天河广场

绿地面积2800平方米。绿化工程选择大棵型树种，一次成形，主要栽植大雪松、柿树、樱花、合欢、栾树。花灌木有石榴、连翘、榆叶梅、丁香、红叶小檗、金叶女贞、龙柏等。

第四节　庭院绿化

20世纪80年代，城区庭院绿化面积12.99万平方米，占绿化总面积的13.8%，拥有树木4.78万株。至2008年城区7个街道315家单位庭院绿化面积51.8万平方米，占城区绿地总面积的20%，植树7.2万株，草坪52万平方米，立体绿化2.2万平方米，花园1804个、38.5万平方米，假山、喷泉131座。

单位附属绿化

中共天水市委　位于藉河北路中段，占地16007平方米，绿化覆盖率达40%。院内设有花园8个，栽植雪松、银杏、红叶李、樱花、月季数十个品种千余株，花木搭配相宜，栽植协调，多次被区委、区政府评为全区绿化先进单位。

市委党校　位于秦州区岷山路60号，占地总面积4.5万平方米。单位设立绿化机构，配备绿化专业管理人员。至2008年绿化面积1.7万平方米，绿化覆盖率38%。院内栽植云杉、桧柏、雪松等乔灌木914株，建成各式花园25个、面积6250平方米，种植玉兰、樱花、石榴、紫薇等花灌木。立体绿化60平方米，草坪9466平方米。被市建设局评为"庭院绿化先进单位"。

天水市第一人民医院　位于秦州区建设路，2006年全面实施绿化改造，绿化面积2.2万平方米。建成山地式花坛、梅林区、竹林区、藤架、六角亭和庞公石喷泉、鱼池水车小品。

天水师范学院 2008年学院绿化面积10.6万平方米，其中草坪面积5.1万平方米，立体绿化1600平方米，制作假山6座，存活树木7.5万株，绿地达标率35%。学院下设的绿化处专业技术较强，负责全校绿化建设及养护工作，院内植物品种繁多，适应本土生长的树种主要有雪松、云杉、法桐、国槐，花灌木有玉兰、樱花、海棠、石榴、连翘、丁香、红叶桃李，校园内绿树荫浓，花草随处可见。学院历次被评为天水市庭院绿化先进单位。

甘肃省烟草公司天水分公司 位于秦州区藉河北路北侧，占地面积21778平方米，绿地面积7840平方米，绿地覆盖率36%。公司办公区和住宅区设透绿墙，种植草坪7000平方米，设有假山，栽植雪松、红叶李、广玉兰、女贞、连翘、白玉兰等乔灌木2200株。环境高雅闲适，颇具现代园林风格。

天水市污水处理厂 厂区占地5.3万平方米。2006年实施绿化规划方案，至2008年绿地面积2.3万平方米，绿地覆盖率43.4%。绿化分办公区和作业区，办公楼前建大型莲花池及喷泉1座，周边杨柳依依，别有景致。山地式草坪1000平方米，点缀造型各异的太湖石，建藤架500平方米。工作区建植月季苑、牡丹苑、模纹图案以及花灌木数十余种。绿化设计完美、规模之大，在整个工业园区无出其右。

居住小区绿化

天河家园住宅小区 位于秦州区七里墩水家沟，2007年建成。占地面积94667平方米，建筑面积20万平方米。2008年4月由秦州区园林处、兰州绿鑫公司实施绿化，投资400万元建成绿地2.9万平方米，绿地率32.3%。绿地布局有行道绿化带、花园绿化、休闲场地绿化，绿化树种分常青乔灌木、落叶乔灌木两大类以及三叶草坪共30余个品种、2242株。楼间小径采用广场砖、透水砖、鹅卵石铺设，蕴含曲径通幽的园林意境。

安居小区 位于岷山路，占地9万平方米，建筑面积2.7万平方米，绿化率达35%。建有中心花坛、藤架，栽植常青乔灌木和落叶花灌木两大类，品种有樱花、红叶李、紫薇、丁香、冬青、月季、女贞等，四季常青。

天庆嘉园小区 位于秦州区东团庄东侧，占地面积42711平方米。香港贝尔高林国际景观设计顾问有限公司完成景观设计。小区建成曲水、绿化通廊、雕塑喷泉，中心花园、庭院水池，错落有致，形成和谐、静谧的温馨气氛。小区种植各种乔灌木518株，草坪13960平方米，喷泉假山17座。绿地面积14816平方米，绿地覆盖率31%。

金宇盛世桃园住宅小区　位于藉河南路中段，占地22081平方米，建成7幢多层、小高层住宅楼。小区依南山临藉河，沿景观车道排布休闲活动场地，设假山、喷泉、角亭、溪流小桥、竹林、藤架、园路，营造现代、和谐、悠闲的居住环境。小区种植各类植物844株，草坪12667平方米，绿化面积14300平方米，绿地覆盖率65%。荣获2006年度"中国房地产优秀景观住宅区"大奖。

2008年秦州区城区庭院绿化一览表

表5—5—1

街道	辖区单位类别	单位数量	职工人数	占地总面积（平方米）	绿化面积（平方米）			
					应绿化面积	已绿化面积	绿化率（%）	
七里墩	市属以上	47	10248	1258120.8	435656.9	268694.7	21.4	
	区属单位	14	898	171850.5	60932.9	37098.5	21.6	
	居住区	11	—	637658.8	147601.5	119019	18.7	
	合计	72	—	2067630.6	644191.3	424812.2	20.5	
东关	市属以上	15	1691	122418.2	30260	28985.9	23.7	
	区属单位	6	549	46445.9	17605.5	5952.6	12.8	
	居住区	8	—	55997.5	15798.3	7826	14.0	
	合计	29	—	224861.6	63663.8	42764.5	19.0	
大城	市属以上	15	1439	122147.3	48226.1	16512.8	13.5	
	区属单位	9	908	50416.5	18524.5	8109	16.1	
	居住区	14	—	84103.2	25103.6	17651.9	21.0	
	合计	38	—	256667	91854.2	42273.7	16.5	
中城	市属以上	5	594	23854	8561.9	3095	13.0	
	区属单位	11	758	34120	12782.7	1333	4.0	
	居住区	2	—	23980	7194	4100.7	17.0	
	合计	18	—	81954	28538.6	8528.7	10.4	

续表

街道	辖区单位类别	单位数量	职工人数	占地总面积（平方米）	绿化面积（平方米）		
					应绿化面积	已绿化面积	绿化率（%）
西关	市属以上	15	5548	462277.4	147517.4	57339.8	12.4
	区属单位	17	513	26207.6	8855.9	1944.7	7.4
	居住区	17	12555	368551.2	110565.4	63829.2	17.3
	合计	49	18616	857036.2	266938.7	123113.7	14.4
天水郡	市属以上	27	5306	1796422.3	626866	484030.7	27.0
	区属单位	17	625	134042.8	47586.3	10809.1	8.0
	居住区	13	16313	491559.2	158716.9	29282.6	6.0
	合计	57	22244	2422024.3	833169.2	524122.4	21.6
石马坪	市属以上	27	—	434811.6	149752.04	63296.4	14.6
	区属单位	7	—	32839.2	12984.4	3113.4	9.5
	居住区	18	—	238052.5	73297.1	47961.1	20.1
	合计	52	—	705703.3	236033.54	114370.9	16.2

第五节　城市美化

市树、市花

1989年2月23日天水市人民代表大会常务委员会第十九次会议审定"国槐为市树，月季为市花"。

创建园林城市

1996年天水市委、市政府开展创建"园林城市"活动。1999年提出建设"生态城市"的目标。2001年提出建设"陇上最佳人居环境城市"的目标。 2004年12月天水市率先荣膺"甘肃园林城市"称号。

节日美化

1991年为迎接省第八届运动会在天水市举办，园林处出圃万余盆鲜花装扮街景。1994年为迎接第六届西部商品交易洽谈会在天水举办，园林处在民主路、建设路、青年南北路摆放大量鲜花美化街景。龙城广场作为重点美化场所，采用五色草和鲜花制作大型立体图案"羲皇故里""西部商品交易会会标""山花烂漫""丝路驼铃""天河注水"。此后鲜花摆放量逐年递增，每年伏羲文化节和五一、十一期间，在伏羲城、龙城广场、党政机关、主要街道等布设鲜花景点，元旦、春节采用绢花制作花柱、装点花钵，为节日增添喜庆色彩。2008年鲜花摆放量达16万盆，有十多个不同颜色品种。

花展

1982年至1998年共举办8届春季花展。展出品种有水仙、梅花、碧桃、迎春、瓜叶菊、瑞香、扶桑、仙客来、各色仙人球等20余种500余盆。

秋季花展主要以菊花为主，展出时间在每年10月中旬，有人民公园、园林处花圃等单位和种花专业户、菊花爱好者参展。菊花品种均为本地及外地引进的优良品种，大菊名品有绿云、珍珠泉、泉乡万圣、龙王、宝莲灯等，小菊有造型各异的盆景菊及插花艺术。至2000年先后举办10届菊展，场地设在人民公园、玉泉观、花鸟市场。此后花展过渡为展销形式，人工繁殖的蝴蝶兰、兰花、仙客来风靡市场，成为人们装扮居室、赠亲送友之礼品。

第六章　公用事业

第一节　城市供水

供水工程建设

20世纪90年代，秦州区持续多年干旱，藉河水源地地下水位严重下降。1996年城区供水能力不足1万吨/日，为解决秦城区供水困难，10月秦城、北道两区供水联网工程开工建设，项目总投资1.7亿元，秦城至北道建加压站3座，改建秦城水厂，敷设DN150—DN800城区输配水管道59公里。1999年底，完成两区联网，将20公里外北道区慕家滩水源经城网加压站引入秦城区，使城市供水能力达到11.7万吨/日。

输水管网建设

秦州区输水管网由西十里水厂经天水郡分为南北外环路横贯城区东西，途经石码坪南山水库出水连接三站与羲皇大道麦积输水管连通。纵向双桥路、大众路、合作路、迎宾桥（架管桥和过河管）连通，纵横形成供水网状输配水系统，南山水库（2×300立方米）为城区供水系统起调节作用。输水管网总长104公里，20%的管道建设于20世纪50年代，2003年天水市自来水公司立项改造城市配水管网中老化管网30公里（秦城区23公里，北道区7公里）。2005年7月工程开工，2006年6月竣工，完成上庵沟、尚义巷、八大局、民主路至建设路、罗玉路、自由路至交通巷、环城东路、环城西路、师院路、左家场过河管、五中行人便桥过河管、罗玉桥过河管、北园子、仁和里、动员巷、三新巷、育生巷、忠义巷、自治巷、澄源巷、砚房背后、共和巷、皇城路等23条道路给水管网的改造工程。改建配水管网DN100—DN500输配水管道18公里，降低管网损水量，减少爆管抢修和停水频率。

至2008年城区新延伸供水管网13.68公里。管网材质采用PE塑型管材，使供水输配水量损失下降10%。

自备水源井关闭

自备水源井是20世纪80年代至90年代工厂为满足工业生产需要发展起来的，1990年全区共有自备水源井55口。2003年3月秦城区自备井用水单位37家，水井数量53口，年供水509万立方米。2005年9月市政府成立自备井关闭领导小组，实施自备井关闭工作。至2008年28个单位的35口自备井分3批关闭，仅剩5家单位自备井未关闭。

供水管理

机构　1957年天水市自来水管所成立。之后改建为天水市自来水公司。2003年职工244人，设办公室、监察室、建设办公室、财务部、生产技术设备部5个部门和秦州水厂、麦积水厂、营业部3个供水经营单位。公司承担秦州、麦积两区城市区域的供水，隶属于天水市建设局。

智能供水　2004年市自来水公司在城区实施户表改造试点工程（秦城区改造66户）。此后市建设局规定：新建住宅楼从2005年起一律实行一户一表，作为申报建设、设计、施工、竣工验收内容之一。2008年秦州区共安装户表9460户，所有户表采取设立集式（箱井），绝大部分使用统一卡式智能水表。

第二节 城市供热

2007年秦州区集中供热主要由天水市供热公司和梓裕供热公司承担，城区集中供热面积300余万平方米，集中供热覆盖面达到76%以上。

供热站点

天水市供热公司下设5个供热站。公司供热站安装4台10T/h热水锅炉，设计供热规模40万平方米，实际供热面积42.5万平方米；人民路供热站安装1台10T/h热水锅炉，2台15T/h热水锅炉，设计供热规模40万平方米，实际供热面积37.5万平方米；东关供热站安装3台20T/h热水锅炉，1台40T/h热水锅炉，设计供热规模100万平方米，实际供热面积95.5万平方米；庆华1号站安装2台10T/h热水锅炉，2台15T/h热水锅炉，设计供热规模50万平方米，实际供热面积47.5万平方米；庆华2号站安装2台40T/h高温热水锅炉，2台15T/h热水锅炉，设计供热规模105万平方米，实际供热面积55万平方米。

梓裕供热公司有3个供热站。罗玉小区供热站安装3台10 T/h热水锅炉，供热面积30万平方米；民东供热站安装2台6 T/h热水锅炉，供热面积12万平方米；天北小区供热站安装2台4 T/h热水锅炉，供热面积8万平方米。

供热工程建设

1995年2月天水市供热公司在北关（人民路）建人民路集中供热工程，11月投入使用，设计供热面积30万平方米，供热10万平方米。1999年7月天水市政府在东关（忠武巷）建东关集中供热工程，2001年11月投入使用，设计供热面积60万平方米。

2002年10月市供热公司与庆华厂合资组建成立秦西热力有限公司，由市供热公司经营，供热面积36万平方米。2004年天水市供热公司改制后，城区热网敷设东至岷山安居工程住宅小区及道路南侧沿街，西经建设路、民主路、解放路至伏羲路，南至藉河以北，北至罗峪河以南及316国道沿街，西至双桥南北路，覆盖主街区6平方公里，供热主干线长46公里。

2007年11月天水市建设投资有限公司建成天河集中供热工程，供热面积100万平方米。

秦州区供热单位统计表

表5—6—1

单位名称	投产时间	设计供热面积（万平方米）	实际供热面积（万平方米）	锅炉房数	锅炉数及吨位	耗煤量（吨）	备注
市房管局天房供热中心	1987	1.174	55	1	20吨2台10吨1台	—	2006年改建
天水梓裕热力有限公司	—	—	52	1	8台	—	设罗玉、天北小区及滨河北路3处供热点
天水信号厂	1970	11	15.5	1	10吨1台		
天水轴仪厂	—	9.762	9.762	2	6吨2台4吨1台	3500	
红山机械厂	1966	20	11	1	—	6000	
长仪厂	1966	5	3.9	2	6.5吨1台1吨1台	900	
天水卫生学校旧校区	1966	0.4	2.4	1	6.5吨1台	—	精表厂
长控厂厂区	1970	5.993	5.993	1	6吨4台	—	
长控厂家属区	1987	25	20	2	4吨3台	—	
天水春风供热有限公司	1986	0.998	11	1	10吨3台	—	绒线二分厂
长城开关厂	1971	13	厂区:11家属区:10.5	2	6.5吨2台6吨2台	—	2008年改建
首钢岷山厂	1971	25	20	1	10吨2台	—	2009年改造
天水海林轴承北厂区	1986	9	厂区:3家属区:3	1	3吨4台	2000	
天水海林轴承南厂区	1985	5.4	厂区:1.2家属区:3	1	3吨4台	2000	
天水海林轴承厂七里墩家属区	1988	10	10	1	3吨4台	2000	
天水铁路电线厂	1969	15	22	1	6吨3台	5500	1989年改建
新华印刷厂	—	9	7.8	1	10吨1台4吨2台	—	2008年6月改建

供热管网

城区集中供热管网全长57公里，最大管径450毫米。人民路供热站供热区域东至青年北路，南至民主路，西至成纪大道天创花园，北至泰山路秦州区交通局，DN100—DN400供热管线长7公里（双程）。南明路供热站供热区域东至大众路，南至环城西路，西至南明路育生中学，北至尚义巷，DN100—DN250管道长3.17公里（双程）。公园供热站供热区域东至环城路市政公司，南至藉河北路，西至大众路，北至民主路、建设路，DN100—DN350供热管线长13.5公里（双程）。东关供热站供热区域东至岷玉路，南至建设路，西至青年南路，北至泰山路，DN150—DN450供热管线长12.8公里（双程）。庆华供热站供热区域东至大同路，南至藉河北路，西至伏羲路坚家河，北至双桥北路，DN200—DN450供热管线长8.16公里（双程）。天河供热站供热区域东至二一九地质队，西至迎宾桥（东西5公里），南至南山脚，北至藉河南岸（南北1.2公里），一级供热管网6公里（双管）。东团庄供热站供热区域东至外环路收费管理处，南至南山，西至廖家磨钢厂家属院，北至藉河南路，供热管线长3公里。梓裕供热公司下设的滨河东路供热点、罗玉小区供热点和天北小区供热点供热管线全长3公里。

供热价格

天水市供热收费价格从1990年至2007年调整5次。1990年1月天水市物价局核实1989年度供热运行成本，按照一个采暖期综合热价（建筑面积）每平方米6.29元，确定一个采暖期计费标准居民住宅每平方米3.5元，机关企事业单位公用部分每平方米7.96元。1992年12月按照一个采暖期综合热价每平方米为9.9元，确定居民住宅每平方米6.4元，企事业及机关办公类每平方米13.4元。1995年1月按照一个采暖期综合热价每平方米13元，确定居民住宅每平方米8.5元，企事业及机关办公类每平方米17.5元。2002年12月按照城区集中供热综合热价每平方米15元，确定居民住宅每平方米10元，商业、办公每平方米20元。

2005年10月天水市物价局规定居民住宅每月每平方米（建筑面积）3.25元，即每个供热期每平方米13元；商业、办公每月每平方米（建筑面积）6元，即一个供热期每平方米24元。

第三节 公共交通

2008年天水市公交公司拥有大、中、小型公交车辆280辆,在秦州区开设线路16条。

公交企业

1989年天水汽车运输总公司公共汽车公司成立。1994年公交公司有职工398人。1999年11月成立天水众益公交公司,公交线路1条,职工169人。2002年8月天水汽车运输总公司公共汽车公司更名为天水市公共汽车交通公司。2003年4月天水市公共汽车交通公司改制更名为天水羲通公共交通有限责任公司,设立企业党支部、工会、团支部、妇联等组织机构。2005年7月羲通公交公司组建成立天水市大众公共交通有限公司。

2007年由天水羲通公共交通有限责任公司、天水市众益公共交通有限公司、天水市大众公共交通有限公司、天水羲通公交广告有限公司共同组建成立天水羲通公交旅游集团,集团母公司天水羲通公共交通有限责任公司更名为天水羲通公共交通(集团)有限责任公司。

公交车辆

1990年天水市公交公司购置7辆面包车、2辆大客车,投放到新开辟的13路线路运营。公司车辆达到94辆,其中大客车50辆,小客车26辆,面包车7辆,小轿车2辆,卡车3辆,铰接车6辆。1996年购置豪华型大客车10辆,投放到新开辟的10路线路运营,车辆达到125辆。1997年至1999年购置18辆豪华型大轿车,更新13路运营车辆。

2000年购置60辆公交车,投放到21路15辆、24路21辆,更新6路汽车24辆,购进2辆长江CJ680029中型客车。公司车辆达到161辆。2007年购置8辆华新大客车,投放到新开辟的24路线路运营;购置10辆华新大客车,投放到新开辟的21路线路运营。2008年购置12辆长安大客车,投放到新开辟的22路线路运营。公司车辆达到280辆,其中羲通136辆,众益56辆,大众88辆。

线路与场站

秦州区公交路线网络由两部分组成,城区内网络东起七里墩天河广场，西至天水郡十字，南北环绕羲皇大道、成纪大道，主线路有2路、3路、26路；通往麦积区天水火车站、天水机场的网络由天北高速、羲皇大道相连，主线路有1路、6路。除26路外，以上4条线路是秦州公交网络中运营最为繁忙的线路。

1路　2000年1路车延伸至天水锻压厂，起始于箭场里，全长22.5公里。每日营运时间早5:40发车，晚23:00收车，发车间隔5分钟，全程票价2.4元，设38个站点。

2路　工学院至红山厂，全长16.5公里。每日营运时间早6:00，晚20:28，发车间隔6分钟。2008年10月实行IC刷卡、无人售票业务，全程票价1元，设29个站点。

3路　1999年由天水宾馆延伸至窝驼，全长11公里。每日营运时间早6：10，晚20：18收车，发车间隔7分钟。2008年10月实行IC刷卡、无人售票，全程票价1元，设22个站点。

6路　秦州区龙城广场至麦积区天水火车站，全长21.5公里，每日营运时间早6：20，晚22:00收班，发车间隔6分钟，全程票价2.6元，设15个站点。

26路　2005年9月，开辟天水郡至天水郡线路，绕外环路，全长15.4公里。每日营运时间早6：30，晚20：00末班，发车间隔6分钟。2008年10月实行IC卡刷卡、无人售票全程票价1元，设35个站点。

天水市羲通、众益公交公司部分年份公交运营统计表

表5—6—2

年份	客运量（万人次）	周转量（万人/公里）	运行里程（万公里）	耗油量（万公升）
1990	304.7	1066.45	267.99	43.76
1995	516	1804	330	54.6
1999	786	2752	504	83
2000	1238	3058.55	715.72	122.73
2005	2866.57	11246	1238	610
2006	3030.8	11821	1400.8	—
2007	3407	13307	1558	269.6

2008年秦州区公共汽车线路表

表5—6—3

路序	起讫点	站数	站　名
1路	民生公交总站至天水锻压厂	38	民生公交总站、文庙、百货大楼、招待所、市一院、安居小区、岷山厂、天水宾馆、海林厂、七里墩、天师分部、十里铺、锅炉厂、二一九、高家湾、水泥厂、省工学院、二十里铺、航修厂、白崖、飞机厂、赵崖、机场东、卷烟厂、东风汽修厂、分路口、桥南建材市场、林水巷、麦积交警队、商场、二马路、火车站、110站、文化宫、二院、焦化厂、八中、锻压厂
2路	红山厂至工学院	29	红山厂、暖和湾、五〇三、公路段、天水郡、莲亭、师院南院、师院、师范、体育场、居民楼、轴仪厂、民生公交总站、广场、百货大楼、天水迎宾馆、市医院、安居小区、岷山厂、天水宾馆、海林厂、七里墩、师专、东十里、锅炉厂、二一九、高家湾、水泥厂、工学院
3路	天水宾馆至窝驼	22	宾馆、妇幼保健站、交通局、花鸟市场、藉滨市场、百货大楼、清真寺、民生公交总站、保险大厦、石马坪、塑料厂、居民楼、征稽站、师院、莲亭、天水郡、营房、二一三、西团庄、机械工业学校、新印厂、窝驼
5路	民生公交总站至麦积山	18	民生公交总站、分路口、二一九医院、马跑泉、纸厂桥、181团、柳树村、水文队、崖湾、林校、白石、水泵厂、甘泉镇、高家庄、西枝、峡门、蛟龙寺、麦积山
6路	民生公交总站至麦积火车站	15	民生公交总站、文庙、儿童乐园、招待所、市一院、安居小区、岷山厂、天水宾馆、海林厂、高速公路东口、盘旋路、商场、二马路、火车站
7路	活塞厂至徐家店	32	活塞厂、市一中、绿色市场、玉泉观、双桥小区、四〇七医院、中医院、石马坪、征稽站、师院、莲亭、天水郡、公路段、红山厂、冰凌寺、电石厂、小寨、石家河、铁塔厂、园艺站、皂郊镇、老虎沟、袁家河站、徐家店
8路	绿色市场至何家庙	7	绿色市场、便桥、烟铺、刘家庄、赵家河、唐家河、何家庙
9路	市中心广场至道北吕家村	36	龙城广场、四〇七医院、中医院、保险大厦、眼科医院、材改家属院、东团庄、南郭寺、迎宾桥南、长控厂、建材西站、建材东站、天师分部、十里铺、锅炉厂、二一九、高家湾、水泥厂、省工学院、二十里铺、航修厂、赵崖、飞机厂、白崖、机场东、卷烟厂、东风汽修厂、分路口、二中、林水巷、商场路口、二马路、火车站、110站、道北什字、道北吕家村
10路	民生公交总站至中滩科技园	9	羲通花鸟市场、藉滨桥、电视台、公园、民生公交总站、华联商厦、绿色市场、左家常、高新科技园区、中滩镇政府
12路	南湖总站至马周	18	南湖总站、绿色市场、左家场、殡仪馆、靶场、天嘉教练场、冯家山路口、新沟口、盐池、黑爷庙下路口、上路口、徐家山、何家湾、乡政府、雷达站、刘家河、韩家湾、马周村
13路	南湖总站至川口	14	南湖总站、中医院、四〇七医院、城区交警大队、坚家河、西大桥、精表厂、王家磨、赵家崖、师家崖小学、靳家崖、郑家崖、马家窑、川口村

续表

路序	起讫点	站数	站　名
21路	七里墩至精表厂	23	精表厂、五公司、西大桥、坚家河、食品厂、张家沟、市三中、双桥、工商银行、陕省会馆、民生公交总站、公园路口、电视台、藉滨饭店、花鸟市场、东方红新村、妇幼医院、桥北、迎宾桥南、海林南厂、建材市场西站、建材市场东站、七里墩
22路	双桥至天河小区	16	天河小区、伏羲城、双桥、工商银行、陕省会馆、百货大楼、招待所、市一院、安居小区、妇幼保健院、桥北、熙园、海林厂、七里墩、天师分部、天河小区
23路	罗玉小区至罗玉小区	19	罗玉小区、岷山厂、安居小区、东升小区、市五中、绿色市场、华联商厦、民生公交总站、南大桥下、总工会、便桥、逸夫中学、省税校、材改家属院、迎宾桥南、甘绒厂、三星公司、罗玉小区
24路	食品厂至坚家河小区	20	食品厂、张家沟、市三中、聚宝盆小区、玉泉观、绿色市场、供电所、长途车站、北园子、藉滨饭店、市二幼、材改家属院、眼科医院、保险大厦、中医院、四〇七医院、天光厂、永红厂、庆华厂、坚家河小区
26路	天水郡至天水郡	35	天水郡、秦城卫校、果蔬市场、西大桥、坚家河、食品厂、张家沟、市三中、聚宝盆小区、玉泉观、绿色市场、市一中、长途车站、向阳小区、便桥、安居小区西门、安居小区、岷山厂、天水宾馆、海林厂、七里墩、建材市场东站、建材市场西站、海林南厂、迎宾桥南、南郭寺、东团庄新村、东团庄、材改家属院、眼科医院、供电局、居民楼、嘉通建筑公司

出租车

2008年秦州区有银桥、玉祥、祥达、羲通及银通5家出租汽车有限责任公司，投入市场营运车辆1409辆，主要车型有铃羊、千里马、富康、捷达等。

第四节　污水处理

污水处理厂

2002年9月天水市秦州区污水处理厂开工建设，2007年5月竣工运行，日处理污水6万吨，隶属市建设局，位于秦州区东十里铺工业园区，厂区占地7万平方米，总投资12667万元。10月天水市秦州区污水处理厂更名为天水市污水处理厂，职工41人，其中专业技术人员28人。

厂区　厂区分为生产、办公两部分。主要建筑为SBR主反应池、进水区提升泵房、沉砂池、巴氏计量槽、鼓风机房、浓缩池、脱水机房、加氯间、接触池、配电室、机修间、锅炉房、车库等。2006年完成厂区绿化、景观、职工食堂工程。

集污管网 管网总长31.55公里（含随城市道路改造建设的管网8.9公里）。管道规格φ300—φ1200毫米砼管。全线共设检查井490座，倒虹吸过河管3处，沉泥排砂井6处。集污管网以重力流的方式，采用截流式布置管道，沿藉河两岸布线，藉河北岸较大的污水截流管道有13条：环城西路西延段黄委天保站排洪沟截污口、西北排洪渠截流口、箱涵起点截污口、樱花园处截污口、环城中路北山排洪渠截污口、市供热公司处截污口、末端段花鸟市场处截污口、皇城路瓦窑坡排洪沟截污口、砖拱涵截污口、环城东路罗玉小区便桥处截污口、梓裕公司门前截污口、第四粮库处截污口、五里铺桥北3排洪渠截污口。藉河南岸较大的污水截流管道9条：豹子沟污水截流口、吕二沟污水截流口、龙王沟污水截流口、天水师院以西莲亭片排洪渠截污口、藉滨大桥东侧东团庄片污水截流口、海林厂住宅区箱涵出口截污口、五里铺大桥至污水厂段七里墩家属区污水截流口、制药厂污水截流口、长开厂污水截流口。

设备 主要有供电设备51台（套），自控设备45台（套），泵类设备102台（套），阀类设备67台（套），滗水器12套，鼓风机4套，除渣设备6套，脱泥设备2套，加氯设备2套。

生产运行

2007年6月至2008年4月共处理污水1016万吨，平均日处理污水量3.4万吨。实行四班二运转运行。各项指标平均去除率在85.2%以上，平均日处理污泥量32立方米（含水率＜80%）。各项污染物减排量为：化学需氧量2063吨，生化需氧量1219吨，固体悬浮物2520吨，氨氮315吨，总氮528吨，总磷54吨。各项指标的排放量都达到国家《城镇污水处理厂污染物排放标准》（GB 18918—2002）Ⅰ级B标准。

第五节　供　气

供气公司

2005年8月天水中石油管道燃气有限公司成立,承担天水市城市天然气气化工程的建设与运营。2008年8月通过重组天水中油管道燃气公司并入中石油昆仑燃气公司,更名为天水中石油昆仑燃气有限公司。2005年11月动工建设天然气气化工程,2006年10月点火通气。公司在麦积区廿里铺工业园区建成占地80余亩LNG气化站1座,拥有150立方LNG储罐4个,最大可满足城区20余万户居民的用气需求。至2008年城区除民主路、建设路以及中华东西路步行街外,敷设中压管线46公里,建成覆盖城区的燃气管网。

天然气价格及用户

秦州区采用LNG(液化天然气)气源需汽车长途运输,气价成本较高,居民炊事用气2.75元/立方米,产业(餐饮业、宾馆、洗浴等单位炊事或制备热水)用气3.1元/立方米。

2006年、2007年市政府投入600万元,对安装天然气的2万户居民给予每户300元的补贴。2007年7月规定新建楼房在开发时必须将天然气管道纳入城市基础设施规划,同步设计安装。

第七章　城市主要建筑

第一节　机关办公建筑

中共天水市委办公楼

位于藉河北路,占地面积1.6万平方米。2005年6月建成北办公楼,地面5层,建筑面积4411平方米。天水市建筑勘察设计院设计,天水嘉通建筑公司承建。内部瓷砖铺地,外表粉刷。

天水市审判大厦

位于藉河南路,占地面积1.3万平方米。2008年5月建综合楼,10

层框架结构，局部11层，配备电梯2部，建筑总面积11686平方米，总投资3200万元。甘肃冶金建筑设计院设计，甘谷佳鑫建筑公司承建。内部装饰采用地板砖、木地板、套装门窗，外部干挂石材、玻璃幕墙，整个建筑威严壮观。

天水市检察院大楼

位于藉河南路，占地面积2925平方米。2002年7月至2003年5月建成综合办公楼，建筑面积6804平方米，总投资583万元。天水长城建筑设计有限公司设计，甘谷六峰建筑公司施工。整体建筑框架结构，外表装饰瓷砖贴面、玻璃幕墙，过道铺花岗岩，室内铺设地板砖。

国税大厦

位于岷山路，占地面积4969平方米。2002年7月至2004年10月建成综合楼，建筑面积13620平方米，总投资2942万元。框架剪力墙结构，地下1层，地面18层，局部17层，高度88.95米，外观装饰玻璃幕墙，内部采用花岗岩铺设，中国建筑第八工程局第三建筑公司设计建设。

天水交警大厦

位于岷山路，占地面积6667平方米。2003年8月至2005年10月建成办公楼，9层框架结构，建筑面积8156平方米，总投资2100万元。办公楼外部采用铝塑板装饰，乳胶涂料粉刷，内部铺设地砖。甘肃省城乡规划设计院设计，天水华龙建筑有限公司承建。

人行天水市支行大厦

位于建设路22号，占地面积6349平方米。1999年1月至2000年12月建成综合业务楼，建筑面积10363平方米，框架22层，总投资2700万元。建筑外观采用小瓷砖贴面，铝合金窗户，内部瓷砖铺设。

天水市交通局大楼

位于藉河北路，占地面积4000平方米。2003年6月至2004年7月建成办公楼，建筑面积3974平方米，框架5层，局部6层。由甘肃省建筑设计院设计，天水市嘉通建筑有限责任公司承建。

天水地税大厦

位于进步巷，占地面积4669平方米。1996年至2001年建成办公楼，建筑面积3500平方米，1层为商铺，2至9层办公；培训中心大楼建筑面积4799平方米,框架10层,用于商务办公、培训;住宅楼建筑面积2991平方米,1层为商铺,2至7层为住宅。总投资1677万元。办公楼外观瓷砖贴面,内部地板砖铺设。天水市勘察设计院设计,甘谷六峰建筑公司承建。

天水市卫生局大楼

位于藉河北路,占地面积1332平方米。2003年6月至2005年7月建成办公楼,建筑面积1530平方米,框架结构,总体5层,局部6层,总投资246万元,临洮县建筑直属公司设计施工。

秦州区社保大楼

位于南明路,占地面积2331平方米。2004年9月建成办公楼,框架结构7层,建筑面积2331平方米,总投资353万元,聚宝房地产开发公司建设。

第二节　学校建筑

天水师范学院

位于藉河南路。1984年学校开始利用世界银行贷款在天水市藉河南路筹建新校。1994年学校基本建成并完成搬迁。学校自1983年至2008年征地5次,占地面积35.9万平方米(含城市道路16587平方米),校舍建筑面积31万多平方米。

天水师院建筑一览表

表5—7—1　　　　　　　　　　　　　　　　　　　　　　单位:平方米、万元

项目名称	建筑面积	投资总额	质量标准	建设年月	承建单位
2#职工住宅楼	3148	100.9	合格	1988.12—1990.6	市建二公司
浴室和开水房	361	25.3	合格	1989.10—1990.4	甘谷六峰建筑三队
3#、4#、5#职工住宅楼	4639	318.95	合格	1990.3—1991.7	市建一公司
学生活动中心(旧图书馆)	4838	405.5	合格	1990.3—1991.9	省建八公司
北校门	98.9	49.8	合格	1990.8—1991.3	甘谷206工程队

续表

项目名称	建筑面积	投资总额	质量标准	建设年月	承建单位
单身教工楼	2158	106.6	合格	1991.3—1992.5	市建一公司
1#实验楼	3957	233.6	合格	1992.2—1993.6	省建八公司
行政办公楼	1820	83.3	合格	1992.11—1993.6	市建一公司
电化教育中心	1672	155.1	合格	1992.11—1994.7	省建八公司
学院礼堂	1029	208.4	合格	1992.11—1995.10	省建五公司
风雨操场	1462	336.18	合格	1993.1—1995.9	省建五公司
医务所	322	13.4	合格	1993.3—1993.10	校办厂建安一队
3#公寓楼	1511	72.5	合格	1993.3—1993.11	秦城二建
6#职工住宅楼	2408	122.3	合格	1993.8—1994.3	市建一公司
塑胶操场南二层教室	1706	117.67	合格	1994.3—1994.10	校办厂建安一队
7#职工住宅楼	2012	101.3	合格	1994.4—1995.5	市建一公司
8#职工住宅楼	2099	127.7	合格	1996.7—1997.3	市建一公司
9#职工住宅楼	2099	127.7	合格	1996.7—1997.4	市建二公司
招待所	1076	91.33	合格	1997.3—1997.10	市建二公司
10#职工住宅楼	3192	182.6	合格	1997.7—1998.5	市建一公司
西餐厅	974	208.36	合格	1998.5—1999.5	省建八公司
11#职工住宅楼	3322	208.3	合格	1998.10—1999.9	市建一公司
5#公寓楼	12347	999.12	天水市"麦积奖"	2000.2—2000.8	市建一公司
南校区临街二层楼	1201	46.25	合格	2000.3—2000.10	校办厂建安一、二队
2#教学楼（文）	16083	1641.28	合格	2000.9—2001.9	省建一公司
12#职工住宅楼	4156	268.5	合格	2001.4—2002.4	市建二公司
2#实验楼	11942	1257.98	甘肃省"飞天金奖"	2002.2—2002.12	省建四公司
沥青场地篮球场	8832	57.5	合格	2002.8—2002.10	天水永生公司
文科楼前广场	11000	121.6	合格	2002.10—2003.5	天水永生公司

续表

项目名称	建筑面积	投资总额	质量标准	建设年月	承建单位
400米塑胶跑道标准田径场	22800	450.45	合格	2003.3—2003.11	天水永生公司 市建一公司 南京新宁海塑胶公司
沥青排球场、手球场、网球场、塑胶网球场	7886				天水永生公司 甘谷三建
200米炉渣跑道田径场、篮球场、排球场（南校区）	3920	28.5	合格	2003.4—2003.7	甘谷三建
400米炉渣跑道标准田径场	15400	47.48	合格	2003.—2003.11	校办厂建安一队
轻钢体育场	4980	357.09	合格	2003.9—2004.5	天水大成有限公司 海通有限责任公司 校办厂建安二队
老干部活动中心	320	23.97	合格	2003.9—2004.5	天水嘉通公司
西区厕所	72	11.86	合格	2003.11—2004.4	天水永生公司
健身乐园	1920	7.15	合格	2003.11—2004.8	天水嘉通公司
逸夫图书楼	25820	4458.35	甘肃省"飞天金奖"	2003.11—2005.9	省建二公司
西区体育库房	138	12.06	合格	2004.3—2004.10	校办厂建安一队
人工湖	4200	42.38	合格	2004.5—2005.4	校办厂建安二队 甘谷三建
艺术楼	11231	1769.15	甘肃省"飞天奖"	2004.6—2005.9	市建一公司
中庭院广场	6260	138.98	合格	2005.2—2005.8	天水永生公司 湖北大冶园林仿古公司 山东金磊石材公司
门球场	850	7.83	合格	2005.6—2005.9	天水嘉通公司
3#实验楼	11395	1649.34	甘肃省"飞天奖"	2006.6—2007.3	省建四公司

天水市逸夫实验中学

位于滨河东路，占地面积10500平方米。1992年投资539万元开工建设教学楼和实验楼，总建筑面积6342平方米，其中教学楼为框架结构6层，综合实验楼框架结构5层，1994年11月竣工。天水市建筑勘察设计院设计，市建二公司施工。

中共秦州区委党校

位于羲皇大道西段，占地面积4400平方米。1990年投资161元建成学员宿舍楼，建筑面积640平方米，砖混结构。1998年7月投资60万元建成综合教学楼1185平方米，4层砖混结构。2003年5月投资30万元建成西二层多媒体教学楼，建筑面积447平方米；投资20万元建成东二层大教室，建筑面积268平方米。

中共天水市委党校

位于岷山路60号，占地面积为4.5万平方米。1990年至2009年建成砖混结构教学楼、图书大厦、大礼堂、活动中心、餐厅、锅炉房。框剪结构学员综合楼，总建筑面积16530平方米，总投资2125万元。外观装修为玻璃幕墙和铝塑幕墙，内部采用石材和木地板装修，设两部电梯。天水市建筑设计院、兰州煤炭设计院秦州设计室设计，市建一公司、市建二公司、天桥建筑公司施工。

第三节　医院建筑

天水市第一人民医院

位于建设路，占地面积6.5万平方米。1998年投资1460万元建成门诊楼，框架8层，建筑面积9806平方米；投资32万元建成3层钴60楼，面积1099平方米。2006年投资273万元建成4层后勤供应楼，建筑面积3088平方米；投资83万元建成洗衣房896平方米。2005年7月投资5190万元建成综合住院楼，框架11层，建筑面积36818平方米。大楼配备电梯6部，设置中央空调、中心供氧、中心吸引、新风输送系统以及层流手术室等设施。综合住院楼由中国西北市政设计院设计。

天水市第三人民医院

位于精表路17号，占地面积4万平方米，建筑总面积2.7万平方米。1992年建成综合服务楼，砖混3层结构，建筑面积495平方米，投资16万元。2000年投资193万元建成住院楼，砖混结构5层，建筑面积3080平方米，天水市建筑设计院设计，临洮建筑公司承建。2002年投资154万元建成门诊楼，框架式4层，建筑面积2045平方米，天水市建筑设计院设计，甘谷六峰建筑公司承建。

天水四〇七医院

位于环城西路，占地面积1.66万平方米（医疗区1万平方米，住宅区6667平方米）。2008年医院拆旧新建医疗综合楼，建筑面积2.5万平方米，地面14层，地下1层，框剪结构，总投资8000万元，甘肃省城乡规划设计研究院设计，省三建、五建公司承建。

天水市中医医院

位于藉河北路，占地面积1.3万平方米。1991年9月建成1号住宅楼，建筑面积3239平方米，砖混6层，投资99万元。1999年12月建成2号住宅楼，建筑面积3761平方米，砖混6层，投资196万元。2001年5月至2002年10月投资281万元建成住院楼，建筑面积4098平方米，砖混结构5层，外观装饰用白瓷砖贴面。

秦州区眼科医院

位于吕二沟口。1992年11月至1994年5月建成综合楼，面积1400平方米，砖混结构4层，局部3层。2003年12月至2005年12月医院投资72万元对综合楼维修改造，加盖为4层，天水市建筑设计院设计，秦州第二建筑公司、第四建筑公司施工。

第四节　商业建筑

工行天水分行大厦

位于建设路，占地面积1.5万平方米。2000年8月至2006年11月建成办公大楼，建筑面积2.1万平方米，框剪结构20层，内设2部电梯，总投资2800万元，外观装饰玻璃幕墙，内部铺设花岗岩。深圳设计院设计，甘谷六峰建筑公司承建。

中行天水分行大厦

位于建设路8号，1988年8月建成综合楼，高度为53.2米，占地面积

4752平方米，建筑面积7656平方米，地下1层，地面13层，局部为14层，裙楼2层，桩基箱型号基础，框架剪力墙结构，八度抗震设防，外墙用瓷砖、玻璃幕、铝塑墙及铝塑复合板装饰，花岗岩地面，设有电梯1部。天水市建筑设计院设计，甘肃省建八公司承建。

联通天水分公司大楼

位于岷山路68号，占地面积3539平方米。2006年6月至2008年11月建成综合楼，9层框架结构，建筑面积5.7万平方米，总投资2100万元。分别由铁道第一勘察设计院、天水长城建筑设计有限公司设计，甘肃七建集团、秦州第四建筑公司承建。

移动天水公司大厦

位于解放路。综合楼地下1层、地面8层，总面积6760平方米，1层至2层营业厅，3层至4层办公，5层至8层为机房。宾馆建筑面积7298平方米，总投资2845万元。

天水百货大楼

位于民主路，占地面积3563平方米，商场建筑面积1.46万平方米。1993年新建营业楼，投资1500万元，1997年竣工，7层钢混结构。甘肃省建筑勘察设计院设计，甘肃省第五建筑工程公司施工。旧营业楼4层，框架结构。

天水新华大厦

位于民主西路77号，占地面积592平方米。2002年7月投资1317万元建成综合楼，建筑面积9821平方米。综合楼1层至3层为书店，4层至5层开设宾馆，6楼用于办公，7层至16层为职工住宅。

天水大酒店

位于中心广场南侧，是集餐饮、住宿、娱乐为一体的二星级旅游涉外宾馆，占地面积2091平方米，建筑面积8769平方米，框架结构11层。1993年开工，1994年6月建成，投资824万元。

羲皇故里大酒店

位于民主路78号，框剪结构19层，总面积2万平方米。经营面积1.8万平方米，是集宾馆、餐饮、商务等为一体的多功能酒店。

天水凯悦大酒店

位于民主路6号，占地面积1241平方米。综合楼地面10层，地下1

层，建筑面积6943平方米，系酒店主营业区。酒店外墙干挂花岗岩板材，上部乳胶漆粉刷。地面铺设花岗岩、木地板、瓷砖。

烟草天水市公司大楼

位于藉河北路，占地总面积2.1万平方米。2004年10月至2006年12月投资5089万元建成办公楼，框架9层，总面积9868平方米，外观装饰采用花岗岩石材，一层大厅地面采用沙安哪米黄大理石铺装，其他地面全部用玻化砖铺装。深圳市设计院设计，天水永生建筑公司施工。

第五节　工业建筑

天水市第一粮库

位于岷山路。1993年7月至1994年6月投资360万元建成钢板简仓8座，混凝桩基，金属结构1层，建筑面积800平方米，天水建筑勘察设计院设计，天水二建和齐齐哈尔畜牧机械厂施工。1995年12月至1996年10月投资253万元建成制粉楼，框架6层，建筑面积25286平方米，省建八公司设计，市建二公司承建。1999年5月投资9.8万元建成食用油罐2个，建筑面积56平方米，甘肃省粮油勘察设计所设计，省建八公司安装。1997年至2009年投资1022万元建成5号至14号散装粮平房仓库9座，砖混结构，建筑面积8584平方米，省粮油勘察设计所等单位设计，秦州二建、甘谷六峰等单位承建。

天水长城开关厂有限公司

位于长开路6号，占地面积22万平方米。其中厂区工业用地15万平方米，厂区建筑面积9万平方米。1991年建成数控车间，面积2280平方米，单层排架。西安第七设计院设计，省建九公司施工。1992年建成下料厂房950平方米，单层排架；油漆厂房2400平方米，单层排架。2000年建成110厂房6143平方米，网架结构单层，省建一公司承建。2002年至2003年建成智能开关柜装配厂房6333平方米，单层网架结构，西安七院设计，省建五公司承建。

天水庆华电子科技有限公司

位于永庆路。1993年至1994年投资691万元建成2号机加工厂房，框架结构，2层，建筑面积6093平方米。投资481万元建成3号冲压厂房，排架结构，建筑面积3492平方米。至2000年存有厂房16处，建筑面积3万平方米。

天水二一三电器有限公司

位于西十里，占地面积14万平方米。1994年至1996年投资463万元建成模具装配楼，面积5374平方米，框架4层；投资937万元建成综合楼6869平方米，框剪式15层。省第七设计研究院、省机械工业设计院设计，省建八公司承建。投资81万元建成酸洗车间1049平方米，框架2层。2008年开工建设工业园生产楼、工业园研发楼，建筑面积分别为14393平方米和6570平方米，钢架2层和框架5层，总投资3096万元，中联设计院设计，天水城兴建筑公司承建。

天水新华印刷厂

位于赤峪路109号，占地面积9万平方米，建筑总面积5.69万平方米。其中办公楼建筑面积1051平方米，厂房建筑面积1.9万平方米，职工住宅建筑面积3.6万平方米。1992年建成二层铜锌板工房，面积328平方米。2003年建成低板生产车间，面积1471平方米。

第六节　宗教建筑

天主教天水教区主教府

位于建设路112号，占地面积1739平方米。1990年10月至1992年10月建成，建筑面积4857平方米，总投资232万元，框架7层。天水市建筑设计院设计，市建二公司承建。

王家坪基督教堂

位于羲皇大道东段王家坪对面，占地面积3067平方米。1999年11月投资247万元建成，建筑总面积2560平方米。其中基督教敬老院综合大楼建筑面积2400平方米，平房建筑面积160平方米。天水市建筑设计院设计，永生建筑工程公司承建。

西郊基督教堂

位于精表路，2009年建成。占地面积2770平方米。礼拜堂建筑面积

5400平方米，地面5层，地下1层，每层900平方米，总投资1257万元。天水市建筑设计院设计，永生建筑工程有限公司承建。

第八章　村　镇

第一节　村镇规划

建制镇规划

2000年天水市建筑勘察设计院编制完成皂郊镇小城镇建设总体规划，2003年天水市城乡规划设计研究院编制完成平南、关子2镇小城镇建设总体规划，2004年兰州大学城市规划设计研究院编制完成太京、汪川、牡丹、藉口、天水、娘娘坝6镇小城镇建设总体规划。至此9个建制镇小城镇建设总体规划全部完成，规划面积11.36平方公里，均达到"五图一书"标准（现状分析图、乡镇域体系图、总体规划图、建设规划图、工程设施规划图、规划说明书），通过相关技术评审并批准实施建设。

皂郊镇　规划期限20年（近期2001年至2010年，远期2011年至2020年）。至规划期末，镇区规划建成区面积65.8万平方米，人均建设用地52平方米。城镇性质确定为：秦州区城郊商贸旅游发达，基础设施完备，环境优美，功能齐全的小城镇。

关子镇　规划期限18年（近期2003年至2007年，远期2008年至2020年）。

平南镇　2001年12月平南乡改制为镇，次年12月完成小城镇建设总体规划并经区政府批准实施建设。2003年3月被省体改委列为甘肃省小城镇综合改革试点镇。

娘娘坝镇　规划期限16年（近期2005年至2010年，远期2011年至2020年）。至规划期末，镇区规划建成区面积23.8万平方米，人均建设用地99平方米，镇区人口2400人，城镇化水平40%。城镇性质确定为：全镇政治、经济、文化、信息中心；以药材、林果等农副产品交易、集散与深加工为主，以旅游服务业为辅的商贸旅游型小城镇。

天水镇　规划期限16年（近期2005年至2010年，远期2011年至2020年）。至规划期末，镇区规划建成区面积120万平方米，人均建设用地103平方米，镇区人口11600人，城镇化水平43%。城镇性质确定为：全镇政治、经济、文化中心，以特色农副产品加工、商贸流通、旅游为主导产业的历史文化名镇。

汪川镇　规划期限16年（近期2005年至2010年，远期2011年至2020年）。至规划期末，镇区规划建成区面积64.9万平方米，人均建设用地102平方米，镇区人口7100人，城镇化水平31.1%。城镇性质确定为：全镇政治、经济、文化中心；以集市贸易和农副产品精、深加工为主导产业的小城镇。

藉口镇　规划期限16年（近期2005年至2010年，远期2011年至2020年）。至规划期末，镇区规划建成区面积128万平方米，人均建设用地106平方米，镇区人口12000人，城镇化水平24.7%。城镇性质确定为：秦州区西北部的经济、交通、商贸中心，以商贸、农副产品深加工为主导产业的中心镇。

太京镇　规划期限16年（近期2005年至2010年，远期2011年至2020年）。至规划期末，镇区规划建成区面积123.5万平方米，人均建设用地100平方米，镇区人口12300人，城镇化水平37%。城镇性质确定为：全镇政治、经济、文化中心，以果品、蔬菜贸易和旅游休闲为主导产业的近郊生态型小城镇。

牡丹镇　规划期限16年（近期2005年至2010年，远期2011年至2020年）。至规划期末，镇区规划建成区面积93.8万平方米，人均建设用地118平方米，镇区人口7900人，城镇化水平34.35%。城镇性质确定为：全镇政治、经济、文化中心，以特色农产品加工为主、积极发展旅游业的小城镇。

集镇规划

中梁乡三湾村　2005年8月天水市城乡规划设计院编制完成三湾村建设规划，规划期限15年（近期2006年至2010年，远期2011年至2020年）。至规划期末，规划建设用地面积36.6万平方米，人均建设用地面积

166平方米，人口2200人。村庄性质确定为：以商贸流通为主，居住环境良好，基础设施完备的小康村。

华岐乡汪团辛大村　2006年被列为天水市新农村建设示范村，2007年由秦州区村庄规划编制小组编制完成村庄建设规划，规划期限10年（2008年至2017年）。至规划期末，规划建设用地面积29.8万平方米，人均建设用地面积120平方米，人口2472人。村庄性质确定为：以商贸流通为主，居住环境良好，基础设施完备的新农村。

秦岭乡中心村　位于秦岭乡中部，距市区34公里，有农户488户2315人，乡人民政府驻地。2006年被列为天水市新农村建设示范村，2007年秦州区村庄规划编制小组编制完成村庄建设规划，规划期限10年（2008年至2017年）。至规划期末，规划建设用地面积21.8万平方米，人均建设用地面积88.4平方米，人口2482人。村庄性质确定为：以商贸流通为主，中药材种植、加工为首，居住环境良好，基础设施完备的新农村。

大门乡上下街村　两村为乡人民政府驻地，有农户765户3442人。2007年被列为天水市新农村建设示范村，秦州区村庄规划编制小组编制完成村庄建设规划，规划期限10年（2008年至2017年）。至规划期末，规划建设用地面积43.85万平方米，人均建设用地面积120平方米，人口3654人。村庄性质确定为：以特色种植、集市贸易、传统工艺、农副产品深加工为主导产业，居住环境良好，基础设施完备的社会主义新农村。

齐寿乡廖集村　乡人民政府所在地，有农户528户2281人。2007年被列为天水市新农村建设推进村，秦州区村庄规划编制小组编制完成村庄建设规划，规划期限10年（2008年至2017年）。至规划期末，规划建设用地面积21.8万平方米，人均建设用地面积88平方米，人口2422人。村庄性质确定为：以农产品深加工为主导产业，发展第三产业为辅的社会主义新农村。

村庄规划

至2008年秦州区完成太京镇窝驼村、平南镇孙集村、藉口镇放牛村、皂郊镇下寨子村、娘娘坝镇庙川村、天水镇庙坪村、玉泉镇东十里村、关子镇西沟村、太京镇李家台子村、大门乡长官村、齐寿乡彭马村、杨家寺乡三湾村、中梁乡何家庙村、汪川镇刘骆村、牡丹镇牡丹村、娘娘坝镇孙集村16个村庄的建设规划。其中太京镇窝驼村是甘肃省新农村建设试点村，回族占总人口的73%；村庄性质确定为秦州区近郊以奶牛养殖、清真肉食品加工为主，蔬菜瓜果种植为辅的新型小康示范村。所有村庄建设规划皆达到"五图一书"标准，规划期限一般为10年。

第二节 村镇建设

建制镇建设

皂郊镇 2000年被列为甘肃省小城镇综合改革试点镇。1999年至2001年皂郊镇拓建"一纵三横"主干道，完成拆迁68户5775平方米，建成建筑面积2400平方米乡政府办公大楼。2002年完成拆迁61户11870平方米，沿316国道建成商铺60栋及商贸市场1处。2003年完成镇区电网线路改造15公里，铺设"一纵三横"主干道路基660立方米。2004年建成皂郊水厂，埋设供水管道126公里。2005年完成皂郊水厂向市区供水扩建配套工程，建成建筑面积1000平方米的信用社办公楼和520平方米的财政所办公楼。2006年建成皂郊法庭、林分站、土地所办公楼。

平南镇 2003年被列为甘肃省小城镇综合改革试点镇。2002年完成"一纵"马路拆迁56户。2003年建成秦城区烟草公司平南营业部。2005年建成平南镇汽车站和秦州区国税局平南分局。2006年建成110千伏变电站、新天坛医院平南分院及4000平方米商品房。2007年完成徐合公路过境段2.36公里公路铺油工程，整修旧马路2.18公里16400平方米，建成平南中心小学教学楼和平南镇法庭办公楼。

关子镇 2003年被列为甘肃省小城镇综合改革试点镇，2006年被省建设厅列为甘肃省小城镇建设重点镇。2005年完成3个单位和39户农户的拆迁工作，拆迁面积9621平方米；建成360平方米的汽车站、900平方米的卫生院和1660平方米的中学教学楼各1处。2006年完成天陇公路关子段东侧5户住户和23户临街铺面的拆迁，拆迁面积1222平方米，达到

"三通一平"水平；完成新区长150米宽30米的主干道硬化亮化工程；建成水厂1处，埋设上水管道12公里；建成主干道两侧纵深各15米的商铺楼91间5786平方米。

娘娘坝镇　2002年建成主街上宅下店式建筑128户926间。2003年建成农户自建房11户1040平方米。2004年建成水厂1处，埋设供水管道3500米，对镇区3公里电网实施改造。2005年建成计生站和林分站办公楼，完成拆迁5户。2006年建成汽车站、娘娘坝镇中学和中心小学教学楼。

天水镇　2005年完成派出所、中小学教学楼建设，新建镇政府办公楼1座和水厂1处，埋设供水管道63万米。2006年建成天水镇人民法庭办公楼。2007年启动实施商贸1条街征地建设工程，至2008年建成房屋8000平方米，以及敬老院1处539平方米、计生所办公楼398平方米。

汪川镇　2006年投资26万元建成西山堡大桥和建筑面积1050平方米的中心卫生院，启动镇区中心街道硬化工程，埋设排水管道800米，修筑防洪堤坝1500米，建成垃圾点2处。2007年完成新街商铺建设设计及免烧砖厂建设。

藉口镇　2003年建成建筑面积720平方米的供销社、680平方米的烟草批发部和1306平方米的中心小学教学楼。2004年完成镇区三角地段19户2728平方米住宅的拆迁。2005年完成镇区农贸市场扩建，建成3800平方米的金三角商贸综合楼。2006年建成建筑面积11680平方米的四十铺果品批发市场。2007年建成果品批发市场气调库以及藉口镇法庭、林分站办公楼。

太京镇　2004年太京镇对规划区内的107户农户及单位17万平方米房屋进行拆迁，完成天陇公路过境段甸子村主街拓宽工程并对其进行沥青铺油。2006年建成建筑面积1300平方米的信用社办公楼和700平方米的卫生院门诊楼。2007年启动镇区公路南侧开发建设，埋设供水管道600米，完成太京中学扩建与敬老院、司法所新建工程。

牡丹镇　2007年牡丹镇启动镇区主街拓建工程，拆迁1户农户、2个单位、25家商铺面积1304平方米，建成牡丹中学教学楼。

村庄建设

平南镇孙集村　2005年启动孙集村新农村建设，至2008年拆迁农户

7户房屋1200平方米，建成农民小康住宅28套3836平方米，完成供电、给排水、路灯、道路硬化等配套工程；整修通村环形道路9公里，其中硬化5公里；开凿村内水渠400米，开凿田间水渠2.3公里，砌筑护坡400米。

玉泉镇暖和湾村　2005年暖和湾新农村建设启动，定位为"商铺+住宅+市场"模式，建成产业化一条街。建小康住宅楼6幢，建筑面积2.8万平方米，配套实施锅炉建设、道路硬化等工程，建成建筑面积1000平方米的村委会办公楼和1300平方米的小学教学楼。

皂郊镇下寨子村　2005年启动新农村建设，埋设给排水管道1300米，建成生态型农宅15户2100平方米和小康住宅楼2幢1600平方米，新建600平方米的老年活动中心、600平方米的文化活动中心，建成农家书屋1所、垃圾点3处、800立方米大型沼气池2座。

第九章　城市综合执法管理

第一节　城建监察

1992年至1993年监察中队拆除有奖销售摊点15家，治理乱设摊点6080多个、乱贴乱画250处、乱停放7600起、乱开挖城市道路3处。1994年至1997年治理乱设摊点34000多个、乱贴乱画1180处、乱停放16200起，拆除占道活动房160余处950平方米、广告牌920多个，处罚不文明施工工地70多家、损坏园林绿化树木130余起、损坏市政设施260余起，拆除违章建筑30余间400多平方米，查处违章建筑1400多平方米。

1998年至1999年治理乱设摊点21800个、乱贴乱画3100处，查处违章建筑1000多平方米、不文明施工工地40多家、广告牌1400处，纠正、清理取缔店外经营2768家，纠正乱堆垃圾1258起、乱停放289765起，拆除乱搭建13处100平方米，处罚沿途遗撒、乱倒垃圾车辆213起，督促152家门店补办审批手续，取缔乱挂条幅924条，清理行道树拴绳400余米。2000年区城建监察大队与850家门店签订《门店管理责任书》，督促门店清洗卷闸门432家、灯箱366个；规范设置小吃市场2处、集中小吃摊点30余个；审批设置门头招牌600余块，责令更换版面350块，强制拆除破损门头50块，责成广告公司在街区更换公益宣传版面90块；设置自行车停放点36个，对街区运营的人力车集中管理，设置人力车市场8处，办理人力车牌卡340个；查处乱发传单53起、28000余份，组织清洗街区乱张贴广告50余次、2580余处。与120多个工地和2000余辆建材运输车辆签订管理责任书，对违章的48家工地和600余辆运料车罚款30万元。发现居民区违章建筑120余处，拆除、处罚75处。2001年拆除破旧门头招牌449家，审批设置门头招牌1029家；拆除沿街破旧遮阳（雨）棚2227平方米，处罚当事人28人；督促修复街区护栏广告、灯箱广告433块；清理乱张贴、喷涂小广告6650余处；清理街区死角垃圾78处148吨。搬迁街区零散设置的小吃摊点80余处，集中设置36处，安置摊点490余家；新增自行车、摩托车停放点14处，批评教育乱停乱放行为11000人次，处罚105辆次；批评教育违章经营行为136000多次，处罚5700余家；批评教育沿途遗撒车辆200余辆次，处罚97名违章当事人；制止违法搭建16家。

2002年取缔街区摊点122家（处），疏导零散摊点300家，规范蔬菜市场1处，安置摊点12家，搬迁马路市场1处、取缔13处，集中安置小吃摊点近90家，规范、安置夜间啤酒、烧烤摊点46家；批评教育违章经营行为900余家，查处142家，处罚21家利用音响喇叭招徕顾客扰民行为；设置自行车、摩托车停放点56处，查处违章停放车辆399辆次；设置人力车停放点3处，办理人力车管理卡2465张；组织清理小广告5000余处，处罚违章当事人40余名；督促企业清运垃圾740余吨。拆除违规门头招牌820块，更换560块，重新审批设置500余块，强制亮化3000余块，拆除临街破损活动板房、遮阳棚、棚房50余处，拆除破损电话、报刊亭18处。

第二节　综合执法

2003年推行宠物豢养备案登记制度，办理犬证263个，查处携带宠物出入公共场所行为71起。处罚150家乱倒垃圾门店，督促企业清运垃圾

740余吨，取缔泰山路等处马路市场8处、尚义巷等占路为市水果摊点53家，规范隍城路蔬菜等市场4处，整顿摊点15处80余家，拆除旧花鸟市场乱搭建的棚房40余间，整治占路为市无证商贩56人。停业整顿13家不具备经营条件的修、洗车门店，取缔南大桥、石马坪、花鸟市场的临时停车点（站），设置50个自行车临时停车点。抓获乱喷办证广告人员12名、乱张贴人员43名。拆除民主路、建设路广告牌、门头灯箱830个，清洗粉刷沿街楼体35栋；拆除光明巷等地段乱搭乱建的临时棚房、遮阳棚、活动房130多家；取缔6家露天烧烤和所有算卦摊点。

2004年印制散发宣传资料3万余份，在城区主干道、中心广场设置10个宣传点散发传单接待咨询来访群众，在省、市级报刊发表宣传文章60余篇。开展"路段管理年"活动，清理违章建筑180处、8270平方米，处罚12处、3000平方米，制止乱搭乱建104起。查处各类违章车辆280余辆（次），批评教育460辆（次）。与社保局推出集冷饮、通信为一体的"阳光便民车"30余辆。在罗玉小区藉河河堤设置冷饮烧烤一条街，督促清扫清运城乡接合部死角垃圾1300余吨，清洗市政公用设施1750处，粉刷巷道、居民院落30余处，取缔北园子、自由路、光明巷菜市场。清理城市"牛皮癣"18.4万处。购进1套非法小广告警示系统，24小时不间断对违章手机号码持有人通过短信方式进行呼叫告知。处理建筑工地夜间施工扰民案4起，建筑工地损坏路面等公共设施案3起，查处夜间施工扰民的施工单位35家，警告30家，督促粉刷楼体20余栋。

2005年立案查处违章行为4560起，其中简易程序4135件、一般程序425件。开展9次专项整治，清理乱停乱靠、乱泼乱倒、乱吊乱挂等"八乱"行为1万起，取缔光明巷、北园子、南明路马路市场。清除城市"牛皮癣"2.8万处，批评教育违章行为4820家、处罚100余家，清理清运死角垃圾400余吨，取缔露天烧烤18处，规范28处不符合要求的洗车点。拆除63处5000平方米违法建筑，制止违法建设40处2000平方米，拆除各类临时棚房860间2500平方米。

2006年3月24日在中心广场举行"秦州区城市管理年活动启动仪式暨万人签名"活动，出动执法车辆30余次，发放宣传资料5万余份，悬挂横幅150余条；天水电视台、《天水日报》等共同宣传报道、播发新闻稿件138篇。立案查处违法建设案件133件、1.2万平方米。在城区设置7个临时果品交易点、4个临时果品卸货点和1个临时劳动力交易点。督促小吃摊点每天9点收摊，统一穿着白色工作服，配置卫生桶。划定12个机动车停放点、56个非机动车停放点，实行发卡停放、领取制度。督促电信部门停机小广告手机号码18个，夜间巡查蹲点值守抓获乱喷涂者10余名，清洗乱喷涂小广告3万条。全区1000多户沿街门店签订管理协议，杜绝乱泼乱倒、乱吊乱挂、乱贴乱画、倚门经商等行为。

2007年处罚门店违法经营户27户，申请法院执行11起，疏导串街走巷的零散摊点、游击摊点5200人次，查处乱设摊点116人次，整治城区9处早点摊点和6处便民服务点，取缔隍城路桥头、五中门前早点摊点。查处违章停放车辆141辆次，调整34处自行车停放点和2处机动车停放点位置，补充公益岗位人员40名监督无人看管的停放点。清理乱张贴、涂喷广告29000余条，查处违法建设216户21217平方米。在城区主干道设置6个法制宣传、法律咨询、现场执法、便民服务点，出动宣传车40余次，发放宣传资料10万余份，悬挂宣传横幅、书写墙体宣传标语300余条。

第六编

交通 邮电 供电

JiaoTong YouDian GongDian

在古代，秦州由于独特的地理位置优势成为西北地区物资转运、贸易和通信的枢纽，对于维系凉、蜀、雍三地之间物资运输、贸易和通信畅通发挥着重要作用，是全国经济最为繁荣的地区之一。宋代之后由于海上丝绸之路的兴起，加之国家军事重心西移，秦州区位优势逐渐减弱。

秦州是北路丝绸之路途经之地，北路一般从长安顺渭河而上越过陇关抵达上邽今秦州区，然后西上途经陇西、金城、武威等郡西出凉州至西域各地。秦州通往西蜀的路线是自上邽南下经武都郡到汉中郡然后南下至益州蜀郡，由蜀郡再沿西南向经犍为郡、昆明等地到掸国（今缅甸）至身毒（今印度），为丝绸之路南路。今天秦州区交通主要以公路运输为主，其线路基本与丝绸之路线路重合，主干道国道310线、316线和G30高速公路在区内纵横交错，乡村77%的村通公路。邮电、供电等基础设施建设发展迅速。至2007年97.6%的村通电话，无线电话网络城区和公路沿线100%覆盖，自然村98.9%覆盖。电网建设日趋完善，形成以330KV为主网架，110KV、35KV、10KV覆盖城乡的供电网络。

第一章 交 通

第一节 交通网络

1985年秦城区公路总里程982公里/153条。之后秦州区交通网络建设发展迅速，至2007年形成以公路交通为主导，以铁路和航空为补充的四通八达的立体交通网络。其中天水火车站、天水军民用飞机场由天北高速公路、羲皇大道相连接，物流运输便利快捷。公路总里程达到1741公里/415条，比1985年新增759公里/262条。其中国道115公里/2条，省道35公里/2条，县道116公里/3条，乡道147公里/9条，专用公路48公里/7条，通行政村道路1280公里/392条，油路260公里/11条，修桥梁1225米/49座。公路网密度达71公里/百平方公里,万人占有公路里程26.7公里,87.5%的乡镇通柏油公路,100%的乡镇通班车,行政村通农机路100%。

国道高速公路

国道310线　连云港至天水,全程1613公里。自麦积区进入秦州区,在天水郡与316线汇接,秦州区内10公里。天北高速公路、羲皇大道建成后取代310线。

国道316线　福州至兰州。秦州区境内长94公里。由南自徽县江洛进入秦州区娘娘坝,过稍子坡,再延至徐家店;坡度缓,双车道。再由徐家店经皂角埠(皂郊)到天水郡共25公里,四车道,此段平直。天水郡到娘娘坝段长55公里,技术等级为二级,是古秦州通往巴蜀的古道。到天水郡后便折西经藉口至关子镇松树湾进入甘谷县境内,此段长38公里,技术等级为三级。这段道路历史极为久远,是古丝绸之路途经秦州段。其中娘娘坝八盘山至上街18.9公里路基宽8.5米,路面宽8米;娘娘坝上街至下街1公里路基宽度16米,路面宽度11.5米;娘娘坝下街至徐家店15.16公里路基宽度8.5米,路面宽8米;徐家店至天水郡花园路基宽18米,路面宽16.5米;天水郡花园至西十里路基宽9米,路面宽8米;西十里至窝驼路基宽8米,路面宽7米;窝驼至太京路基宽14米,路面宽13.5米。

G30高速公路　江苏连云港至新疆霍尔果斯。秦州区内36公里,东起秦州隧道西至关子隧道。路面宽21.5米,路基宽24米。

天北高速公路　秦州区通往天水火车站国道310线上的一段。改建前为二级公路标准。1992年12月动工,1994年6月30日竣工。西起五里铺桥头,沿藉河右岸而下,全线堤路合一,东至北道区渭河人行桥。正线全长13.15公里,另有支线、辅道、匝道7.89公里。有中桥3座,小桥1座,涵洞35道,互通式立交桥1处(含跨越线桥2座,匝道4条),分离式通道8处。正线为全立交上下行分离,各2个车道,设计时速120公里。路基高于河床4.77米,东段为主线20米+辅线7米,西段主线24.5米,路面层为厚24厘米真空吸水水泥砼结构,主线桥涵构造物载重标准汽车—超20级,挂车—120,辅道、支线构造物载重标准为汽车—15级,挂车—80。

省道

S 207线 靖远至天水，原为华双公路，自北山见河梁出境，进入麦积区南河川。秦州区内长21公里，三级路，沥青表面处置，路基宽7.5米，路面宽7米。

S 306线 徐家店至合作。秦州区内长30公里，三级路，沥青碎石路面。其中徐家店至万家庄路基宽8.5米，路面宽7米；万家庄至罗家堡路基宽8.5米，路面宽7.7米。

县乡公路

藉罗路 四级路，起始于藉口，经秦岭、牡丹、华岐至礼县罗家堡，路面构成4厘米沥青碎石+18厘米水泥稳定土基层+15厘米天然沙砾垫层，路基宽7.5米至8.5米，路面宽6.5米至7米，全长37.5公里。

刘什路 四级路，起始娘娘坝刘家河，经大门、汪川，至礼县什字路，路面构成4厘米沥青碎石+18厘米水泥稳定土基层+15厘米天然沙砾垫层，路基宽7.5米至8.5米，路面宽6.5米至7米，全长40公里。

Y 622 秦岭至礼县红河镇乡级公路。途经杨家寺，全长15公里。其中10.7公里技术等级为三级，其余为等外公路，路面为沙砾，双车道。

Y 623 稍子坡经齐寿至平南的乡级公路，全长13.5公里。其中四级公路8.5公里，等外公路5公里，路面铺设沙砾。

Y 624 汪川至苏成的乡级公路，全长16公里，其中8.2公里为四级公路，其余为等外公路。

Y 626 皂郊途经店镇至牡丹的乡级公路，全长33公里，其中四级公路2.4公里，其余为等外公路。

X 442 藉口至礼县罗家堡的乡级公路。始于藉口郑集寨，经栖子滩、秦岭关岘、牡丹、华岐部分村庄后进入礼县，在罗家堡与S 306道相接。全长35.6公里，其中三级公路19公里，其余为等外公路，路面为沙石。此路为祁山通往甘谷、秦州的古道。

Y 628 大门到娘娘坝樊家窑，与316国道相接的乡级公路，全长8.45公里，为等外公路。

第二节　道路建设

天牡公路

1986年秦城区组织群众改造天（水）牡（丹）公路平峪沟至太京湾子12.7公里四级路为三级路，移动土石方8.7万立方米，铺筑砂砾路面9.4万平方米，新建改建涵洞49道429米，投资44万元。1993年投资20万元改建天牡路秦岭马鞍山至关家店等段11.5公里，移动土石方53万立方米。1994年补油1668米；群众义务投工50万个工日改建路基宽7.5米的三级路段10公里，铺砂15万立方米。1996年补修四十铺段沥青路面14212平方米。2003年投资15万元修1孔2米板涵1座。

藉关公路

1987年投劳6万个工日改造藉关公路太京湾子至藉口六十铺10公里段，开挖土石方10万立方米，改建新建涵洞32道249米；建成关子乡藉河3孔25米半钢架拱桥1座，长89米。1992年改建关子镇孙树湾接国道316线5.1公里，路基加宽共移动土石方23万立方米，建桥5座138米。1991年改建六十铺至关子镇四级公路为三级公路8公里，移动土石方20万立方米，新建改建涵洞17道1643米。1997年以工代赈投资170万元完成藉关公路15公里改造和铺油工程。1998年投资147万元升级改造和铺油关子镇至松树湾316线对接路段6公里。1999年投资116万元改建六十铺段三级公路并铺油7.5公里。2000年投资20万元补修坑槽及油路罩面5071平方米。2003年投资34万元改建关子镇松树湾至刘山6公里、藉口乡四十铺至前坡村15公里公路。

牡罗公路

1989年修牡（丹）罗（家堡）公路过水路面3处，移土石方400立方米，修涵洞2道13米，铺设涵管7道56米；建成樊（家窑）罗（家堡）公路，修建涵管3道14米；秦（岭）盐（官）公路修建涵洞4道31米，过水路面153平方米20米。1990年修建长6.8米小桥1座，涵洞3道19米。1996年改造牡罗公路16.1公里四级公路为三级公路，新建涵洞168.4米/19道，建成3座跨度分别为30米、36米、43米的空心板梁式桥。1997年牡罗公路改造升级工程完工。

秦杨公路

1997年改造15.5公里秦（岭）杨（家寺）公路，完成三级公路改造16公里。1998年勘测设计秦杨等三级公路32公里，随后改建秦杨公路路基6.7公里，1999年进行碾压处理，刷坡2.1万立方米，铺筑砂砾路面2.4万平方米。

刘什公路

2000年至2002年改造刘（娘娘坝刘家河）什（礼县盐官镇什字路）公路为三级公路，路基宽8.5米，路面宽7米，长39.8公里。

秦红公路

2004年至2005年改造秦岭至红河乡四级公路15公里。2006年改造秦红公路部分路段16公里，完成路基土方6万立方米，铺砂12万平方米。2007年完成油路，累计投资301万元。

华店公路

2002年至2005年改造全长27公里的华店公路，修涵洞567米/59道，修建桥梁180米/7座，铺砂16万平方米，完成路基土石方99万立方米，共投资830万元。

甘什公路

2005年至2007年建成甘什公路秦州区过境段。全长55公里，完成投资3210万元，完成浆砌片石防护19.7万立方米、路基土方16.8万立方米、路基石方21.8万立方米；铺筑15厘米天然砂砾垫层26.8万平方米，22厘米天然砂砾垫层1.24万平方米，18厘米水泥稳定基层30万平方米。修涵洞497米/63道，小桥85.5米/8座。

乡村公路修建

1986年投资91万元修建乡村公路81公里，投劳13.5万个工日移动土石方41万立方米，新建涵洞6道。1988年铺油红星瓦厂公路1.2公里。1989年11月建成华岐乡余坪桥1座，长44米。

1991年修建李子乡望天沟二孔大桥1座长43米。1993年投资15万元建成皂郊乡贾家寺工字梁大桥1座。1995年铺油藉口至铁炉7.6公里公路，投工8000个工日，完成路基挖石方1.9万立方米、路基填方5.3万立方米、补强层5.9万平方米。1996年建成皂郊、苏成等地农路14公里。1999年投资15万元修建南郭寺森林公园四级公路4.2公里，完成土石方4.5万立方米。2000年修建玉泉观森林公园道路800米和红旗山绿化道路8公里。

2001年投资956万元改造徐（家店）西（和）公路过境段10公里路基，完成土方10万立方米、石方3万立方米、防护工程2005万立方米/2743米、钢筋砼盖板涵399米/39道、钢筋砼空心板中桥86米/2座、小桥22米/1座。2000年至2001年组织汪川、大门、娘娘坝3乡镇群众投劳72万人次、拖拉机三轮车1万辆次、架子车12万辆次整修道路，完成路基土石方64万立方米，整修路基、铺砂35公里。2003年投资300万元改造娘娘坝、中梁、汪川等乡镇公路134公里。2004年投资127万元改造稍平等3条公路，修建乡镇农一级、农二级公路120公里，移动土石方77万立方米，修建涵洞112米/21道。2005年改建玉

皂店公路施工现场

泉、秦岭等乡镇农一级、农二级公路23公里。2006年改建皂店、汪苏、稍平公路，完成路基土方45万立方米，铺砂砾路面21万平方米，新建涵洞436米/52道、桥梁50米/2座。2007年投资138万元修建平南、太京、玉泉等镇通村水泥路25.7公里。

第三节 公路养护

1985年至1993年蚕食和毁坏公路的行为较少，公路养护主要以民工建勤为主。

1994年利用以工代赈扶贫资金和项目建设资金养护公路。重点养护路线114公里/5条，总投工13246个工日。

1995年重点养护路线215公里/13条，好路率65.4%，综合值71.3；主要养护路线115公里/5条，好路率63.9%，综合值69.8；区列一般养护路

线99公里/8条，好路率46%，综合值63.8。1996年5条主干道115公里重点养护路线好路率48.33%，综合值63.17。1997年整修沉陷路基2572平方米，铺砂5050平方米/322公里，挖边沟331公里。

1998年整修路基22520立方米、路面2947平方米，整修边沟21928立方米/224公里，清除塌方1036立方米。1999年整修路基28293立方米，整修路面230533平方米，清除塌方1998立方米，开挖边沟10088立方米/27处。2000年整修路基132公里，整修路面坑槽4877平方米，铺砂5100平方米，清理边沟79公里，疏通桥涵淤泥690平方米/25座，补修油路30400平方米/4.2公里。

2001年养护省、市列路线50.6公里/2条，区乡重点养护路线131公里/6条，区列乡道养护62公里/6条。2003年3月将天（水）—藉（口）—关（子）公路改为国道316线天水过境段，路产路权交天水公路总段；国道316线天（水）松（树湾）段公路降为县乡公路，交区交通局管理。养护省、市列路线155公里/6条。2004年区政府与16个乡镇签订《秦城区交通工作目标管理责任书》，公路养护工作实行一票否决。2006年除秦红公路、华店公路、天松公路外，其他公路投入养护资金30万元、投劳2500个工日。2007年养护省、市列重点路线58公里/2条，区乡公路重点养护路线131公里/6条。两次整修天松公路、砖刘公路，投劳3040个工日。

第四节 路政管理

1984年8月秦城区公路路政管理办公室成立。1985年至1993年路政工作主要与公路养护相结合。1994年路政办公室配备北京吉普车一辆用于路政管理巡查，查处违章建筑2处41平方米，勒令退出红线内违章堆放杂物9处680平方米，清理交叉路口7处、"三堆"60处562立方米，处理开山炸石1处80平方米，拆除临时性建筑59处1074平方米，制止公路上打场晒粮12车日5000平方米，印发通告250份，张贴标语500余幅，建成砖体宣传栏1座。

1995年查处违章建筑4处135平方米、损坏路面事件2起18.3平方米、蚕食侵占公路19起123平方米，勒令退出红线18处193平方米，处理砍伐行道树5棵/1起，清理"三堆"60处614立方米，制止占用公路打场晒粮52处2606平方米。

1996年利用农村广播网络宣传路政管理法律法规，普及率达到70%以上。查处违章行为26平方米/13起，拆除临时违章建筑612平方米/11处，路政案件申诉3起，结案率100%。1997年宣传《公路法》，张贴标语与布告56份，悬挂横幅10条，出动宣传车140人次，上街咨询2次，利用农村有线广播连续宣传28天，教育面达到85%以上。查处违章建筑1993平方米/35起，拆除违章建筑1566平方米/23起，查处损坏路面行为975平方米/8处、蚕食公路85平方米/2起，制止公路打场晒粮1530平方米/21天。1998年公路违章行为得到遏制，查处违章建筑667平方米/23处，损坏路面4平方米/1处。1999年散发宣传资料2000余份，张贴标语86幅，农村有线广播宣传4次。外地超载车辆逐渐增多，尤其是礼县到北道运矿车辆途经刘什公路造成路面损害严重，查处超载车辆63辆次。2000年秦城区创建市级文明样板路，散发、张贴宣传资料2100份，喷刷永久性标语12条（幅），农村逢集日宣传咨询21次，查处蚕食侵占公路路面428平方米/6处、违章建筑587平方米/14处，结案率94%、埋设电线杆21根/2处、埋设管线管道980米/3处、损坏路基120平方米/3起，拆除广告牌26块，清理"三堆"1330立方米/106处，制止开山炸石4起/2处，收取公路损坏补偿费3598元。

2001年在农村集市日及公路沿线宣传80车日，张贴、散发宣传资料1800份，悬挂标语牌6块，查处蚕食侵占公路40平方米/4处，查处公路控制红线内违章建筑60平方米/4起、埋设地下光缆835米/4处，损坏路基路沿案件90平方米/3处，清理"三堆"1547平方米/51处，查处超载车辆223台，制止开山炸石4起/5处，征收损坏公路补偿费2.8万元。2003年延续路政管理以宣传为主，散发宣传资料3000份，县乡公路悬挂横幅13条，在各乡广播站轮流播放录音带41场次，查处超载车辆3起、公路埋设管道500米/1处，清理"三堆"21380平方米/169处，制止公路打场晒粮2430平方米/13起，征收公路损坏补偿费4500元。

2005年公路边开山炸石、打场晒粮屡禁不止，查处开山炸石27起、蚕食路基行为389平方米/9起、打场晒粮48起。2007年散发宣传资料2000份，张贴标语500条,悬挂横幅11条,查处违章建筑6起、蚕食公路路肩2起,勒令退出控制红线28起,制止开山炸石2起,各项违章案件结案率100%。

第五节 运 输

1985年秦城区区属运输企业有天水市秦城区第一运输公司、天水市秦城区第二运输公司、天水市秦城区运输公司,区属机关、企事业单位及个体户共有汽车476辆、拖拉机1256台、架子车150辆。汽车完成运输量4.06万吨,货运周转量284万吨公里;民间完成货运量80万吨,货运周转量238万吨公里。1986年清理登记所有参营客车、货车、农用三轮车,定期检查和培训97家汽车维修网点。全年征收各种车辆营运费136万元,代征税金70万元,之后每年规费征收平稳增长。1987年区交通局与3户运输企业签订为期3年的承包合同。一运公司从西安汽车出租公司租进10台波罗乃兹小车,成立出租汽车公司,两年还清租金,增加固定资产45万元。随后3户运输公司从西安、兰州租进车辆60台,至1990年底偿还租金135万元。1991年至1993年3户运输公司继续实行滚动式承包经营,但因民营个体、联营客车货车大量增加,致使3户运输公司承包指标均未完成。1993年2月9日秦运公司一客车在齐寿乡稍子坡失控翻入山沟,造成10人死亡、50多人受伤,秦运公司由此陷于困境,至1994年3户运输企业营运亏损72万元。

1995年3月秦运一公司拍卖货车18辆、出租车11辆回笼资金39万元,补发拖欠职工工资,建成西湖嘴招待所和汽车站,安排部分职工就业。秦运二公司全部车辆产权转移给职工,一次性拍卖货车18辆,回笼资金26万元,与民营企业合作组建天水泰菱电器厂,后来电器厂倒闭,除力车工人仅靠出租场地维持生活外,其余职工失业。秦运公司组建运输分公司、通达公司、商贸公司3个独立核算单位,改制后运行比较平稳。至1997年底3户运输企业共有总资产1817万元,总负债1112万元,累计亏损384万元。

1997年3月10日齐寿乡村民驾驶一辆报废面包车,途经平南镇张家窑村坠崖造成数十人死亡,为此秦城区开展治理"黑车"、报废车非法经营行为，半年查出违章违规营运车辆900多台次，漏费和欠费车辆200多台，无证、无照、无线路、未进行定期二级维护保养车辆50余台，强制取缔报废车4台，追缴规费2.4万元。1997年征收规费192万元，超额37%。至1999年征收各种规费281万元。

2000年清理整顿报废车、三轮车、无证车辆和乱停放，打击逃费、漏税、非法经营车辆行为，检查各类车辆3541辆次，查封报废车5辆、非法营运车12辆，销毁客货混装三轮车车棚5个，查扣客车携带易燃、易爆物品21件。取缔自发形成的泰山路、南大桥、庆华厂旁花鸟市场等停车点，清理整顿瀛池路、隍城路、新华路等车辆维修网点27家，取缔非法经营5家，摘除维修网点虚假广告牌11块，征收各种规费354万元。5月启动秦运公司、秦运一公司、秦运二公司破产核资，用土地变现方式安置职工，至2001年3月结束。开通乡间线路6条，更新班线客车6台。增批货车14台，审批三类以上维修网点3家、货运信息网点10家、维修救援网点2家，搬迁花鸟市场客运车站，恢复南湖公用型汽车站。查处宰客等不法行为184起，查处黑车、三轮车载客、报废车参加营运行为车辆126台次，排查出安全隐患16起，没收"三品"16件，征收规费321万元。

2002年稽查各类车辆936台次，查处违章车辆91辆次，查处农用车载客37台，查封报废车营运8台，排查车辆、桥梁涵洞安全隐患68起，查封"黑车"27辆，取缔不合法经营维修网点4家，吊销经营许可证3家，规费征收365万元。2003年运管所与秦达公司筹资4.2万元在绿色市场西口北端（原火柴厂内）建成秦达公司临时停车站，将北道发往礼县、西和、汪川、大门的19辆客车归站管理，将秦城发往中梁、凤凰、甘谷的9台班线客车归入站内。8月天水荣盛贸易有限责任公司投资220万元，扩建公用型客运汽车站3000多平方米。2004年新增班线客车28辆、货车54辆，更新班线客车24辆，强制报废到期营运客车11台，查处各类违章车辆187台次，客车年审验合格率95.4%，货车年审验合格率90%，维修网点年审验率100%。规费征收比上年大幅增长151%达到761万元。

2005年区运管部门协助市运管处强制报废49辆出租车，调查摸底辖区37条线路220班次车辆，换发新线路牌照。新增客运车19辆、货运车122辆，检测车辆426辆次。由于取消车辆建勤费用代征税款，副调基金取消，市运管处成立收费稽查大队，7月后在全市范围内互征规费，辖区费源枯竭，规费征收大幅下降71%减少到222万元。2007年南湖车站地段拆迁扩建，租用火柴厂空地作为发南路各乡及甘谷、武山的84辆客运车停车点。5月将秦城至皂郊公交车延伸至徐家店，征收规费293万元。年末有区属班线客车219辆、线路53条，出租车1436辆，公交车246辆、线路24条，货车732辆。年客运量685万人次、周转量12856万人公里，年货运量379万吨、周转量4966万吨公里。

第二章　邮　电

第一节　邮　政

1985年9月天水地区邮电局更名为天水市邮电局，年邮政业务收入570万元，机要通信收入1.17万元，报刊发行收入115万元，储蓄收入39万元。

1986年1月中梁等14个邮电所由北道区邮电局划归天水市邮电局直管。1990年底天水市邮电局设有党务工作办公室、行政办公室、联网办公室、人教科、审计检查科、计划财务科、电信科、邮政科、保卫科、总务科、多种经营科和报机、报务、电报投递、无线、长机、话务、载波、市话机械、市话线路、测量、发行、接发、邮件、集邮、储汇、营业等21个生产班组；辖七里墩、天水郡、皂郊、平南、天水镇、汪川6个邮电支局，以及解放路、建设路、石马坪、北关、李子园、太京、娘娘坝、苏成、大门、中梁、关子、藉口、牡丹、杨家寺14个邮电所。1998年天水市邮电局分设为天水市邮政局和天水市电信局，邮政局设有办公室、人教科、财务科、市场经营部、信息技术局、鸿雁公司、党群办公室、安保科、函件局、报刊局、集邮公司、机要局。2007年7月天水邮政储蓄银行挂牌成立。年邮政业务总收入7132万元。

函件报刊

1984年10月1日恢复义务兵免费邮寄平信、明信片。1987年11月10

日开办邮政快递业务。1989年底天水市邮电局经办邮政函件业务有信函、明信片、印刷物、盲人读物、特挂信函、银行挂号信、存局候领、代收货价、保价信函、整寄整付、零寄整付、义务兵免费平信及烈士遗物免费邮件，邮政快递和有声信函等。各类函件均可按挂号及航空交寄。进入21世纪，社会个人用邮需求呈下降趋势，但商函业务发展较快，对冲了函件业务收入下降的趋势。

1985—2007年函件进出口统计表

表6—2—1

单位：万件

年份	件数	年份	件数
1985	31241	1997	48968
1986	34825	1998	50789
1987	39494	1999	52934
1988	36426	2000	54134
1989	34244	2001	55634
1990	36454	2002	58147
1991	38764	2003	59378
1992	40685	2004	61219
1993	42548	2005	62739
1994	44858	2006	64839
1995	45358	2007	66295
1996	47768		

1985—2007年报刊发行量统计表

表6—2—2

单位：份

年份	累计份数	年份	累计份数
1985	10275165	1997	194525600
1986	11258197	1998	204852311
1987	12647749	1999	225684100
1988	13365110	2000	232418023
1989	91556080	2001	241156231
1990	11562301	2002	257863210
1991	12321520	2003	265213231
1992	13562811	2004	275638524

续表

年份	累计份数	年份	累计份数
1993	14852364	2005	285632415
1994	15233120	2006	305214632
1995	17001234	2007	315268594
1996	18563562		

快递

1984年11月在广场、七里墩、天水郡3个邮电所开办邮政快递业务，与兰州、西安等地互通国内特快专递邮件，寄递时限基本达到当天寄次日投，路途远的一般2至3天。1985年业务量4741万件，业务收入137.5万元，市区人均函件使用量增加到38件。1994年1月开通邮政特快专递跟踪查询网，实现快件的网上跟踪查询，业务收入437万元，比1985年增长217%。1995年开通邮政航空业务。2006年7月1日天水市邮政局实施大规模网络调整，集散中心压缩为168个，新增上海至沈阳、天津、潍坊3条国内新航线，"次日递"城市范围扩大为207个，开通北京至韩国首尔、上海至日本大阪国际航线，EMS推出EMS"优+"服务；业务收入916万元，比1985年增长566%。2007年1月推出EMS标准型和EMS经济快递业务，业务收入926万元，比1985年增长573%。

1985—2007年快递业务收入

表6—2—3 单位：万元

年份	收入	年份	收入
1985	137.5	1997	480
1986	149	1998	500
1987	155	1999	522
1988	178.5	2000	545
1989	198.6	2001	582
1990	223	2002	596
1991	288	2003	623
1992	301	2004	754
1993	336	2005	838
1994	437	2006	916

续表

年份	收入	年份	收入
1995	443	2007	926
1996	470		

邮政储蓄

1986年7月天水市邮电局开办邮政储蓄业务，随后在七里墩支局、解放路邮电所、建设路邮电所办理邮政储蓄业务。1986年12月开办活期储蓄异地存取业务。1987年4月至1989年4月开办4期定期定额有奖储蓄。1988年9月开办保值储蓄。2007年开办邮政储蓄业务，有活期储蓄、整存整取定期储蓄、零存整取定期储蓄、定额定期储蓄、汇转储、储转汇等。

代理业务

1950年邮局代办银行业务有代理国库、代售公债、代售印花税票等，1988年7月天水市邮电局代售国库券1510万元。此外还有代购货物包裹、代收货价汇款、代收国际和港澳经海关检查应收税款等，代收报刊、代投电报、代销特发报刊业务。至1989年由于非邮发报刊种类增多，天水市邮电局代销特发报刊业务随之扩大，代销的特发报刊种类由原来的《影剧美术》1种增加到《桃花源》《洞庭湖》《中华传奇》《故事世界》《右江文艺》等58种。

邮票发行

1984年设集邮门市部，所需邮票、邮品由省邮票公司直接提供。集邮门市部主要经营集邮票、集邮品和集邮工具，除门市部出售外，也可函购预订。门市部于年底办理次年新票预订业务，发放新票预订卡。

1985年11月1日天水市举办首届邮展并刻制纪念戳一枚。1988年6月25日结合天水市龙年羲皇故里祭典活动，举办邮展并制作发行首日封两枚。1989年6月7日天水市邮电局成立集邮协会。

1985—2007年邮票销售量

表6—2—4

单位：元

年份	销售额	年份	销售额
1985	37652	1997	523461

续表

年份	销售额	年份	销售额
1986	48536	1998	556872
1987	53215	1999	612303
1988	59453	2000	635250
1989	343745	2001	721356
1990	348562	2002	743620
1991	356231	2003	812354
1992	362511	2004	1262304
1993	368962	2005	1556231
1994	421301	2006	2150229
1995	452310	2007	2385226
1996	501234		

第二节　电信通信

1998年10月天水市电信局成立,有工作人员 280人。11月天水电信发展公司成立,主要经营物资供应、建材、通信工程及业务物业管理、汽车运输、通信器材、摩托车及配件、水暖器材、五金工具、文化用品、信息及咨询,注册资本55万元,员工193名。

1999年剥离移动通信业务。至2007年天水市交换机总容量超过500万门,数据端口3.6万个,光缆总长度3万公里,覆盖城区和85%以上的乡镇。2000年至2007年电话净增用户近300万户,乡镇通电话率100%,宽带用户超过5万户,传输系统最高速率可超过200C。

基础设施

1985年开通天水至礼县、天水至清水间的载报电路,装设4路插报机与天水对开。开通天水到全国各地的邮政储蓄电报电路,天水市有市话线路65杆公里。1986年开通中国工商银行天水市支行与中国工商银行甘肃省分行报路1条。1987年天水市邮电局引进日本C82型纵横制长途自动交换设备,秦城区实现市话长拨,长途电话纳入全国自动网络。1988年开通天水至兰州电缆载波话路1条。

1987年至1989年开通天光厂、天水海林轴承厂用户报路。1989年引进C400型万门市话自动交换机,全市长途电信线路总长618杆公里,其中水泥杆路314公里,油杆路305公里;架空明线线条长度为2006对公里,其中铜线896对公里,铅线68对公里,铁线1041对公里;长途电缆总长498皮长公里,其中对称465皮长公里,其他6.23皮长公里,进局及介入电缆长26.45皮长公里。在长途电信线路中,四级木担641担公里,八级木担158担公里,四线铁担99担公里。

<h3 style="text-align:center">天水电信公司2004—2007年经营情况统计表</h3>

表6—2—5 单位:万元

年份	税金	利润
2004	675.36	4500
2005	674.95	4177
2006	700.31	4149
2007	757.25	4359

固定电话

商用居民电话 1985年天水市长话业务由原来的8类改为6类,长话业务定名为国内公众长途电话,办理国内长途电话、长途自动电话和会议电话3种业务。开通秦城至北道、秦安、武山、甘谷、张家川5条长途公安专线。1988年开通天水至兰州电缆载波话路1条。至1989年天水市邮电局有长途电路281条,其中载波自动电路53条,可与全国各大中城市直接通话,通过接转可与海外各地通话。

1985年天水市有市话线路65杆公里。1989年从日本引进C400型万门市话自动交换机。年底天水市农话总容量2815门,其中秦城区410门。载波机87部,其中单路载波机60部,三路载波机27部。

2003年天水市固定电话主线普及率达到10.11线/百人,其中城市电话主线普及率达到34.27线/百人。所有乡镇通电话,71%的行政村通电话。天水电信电话交换机总容量达到41.4万门,电话用户总数达34.7万户。其中市话用户15万户,农话用户14万户,无线市话用户11万户。天水电信的固定电话网络规模稳居全省第二位。

公用电话 1995年在主城区大街设IC公用电话亭6处,市民用IC

卡拨打电话每分钟收费0.2元。1996年大量在城市街道、公共场所、学校、居民住宅区以及农村乡镇、公路沿线等地设IC公用电话亭,主要街道每100米就有1处公用电话。2001年后由于手机的普及IC电话逐渐被淘汰。

移动电话

1992年12月开通移动电话。2000年6月推出小灵通,号段有366、367、368等(共7位数),小灵通开通后随即制定无线市话障碍处理流程和无线基站分布示意图,实施小灵通基站完好率及话务接通率的考核,7月至12月小灵通长途接话率完成54%,到年底用户达13万户。2002年小灵通平均基站可用率97%,小区渗透率51%。2004年相继推出"88元小灵通送机风暴""金秋58"等营销活动,小灵通用户数量有所增长。2005年1月小灵通新入网用户收取来电显示费,2月小灵通老用户也开始收取来电显示费,来电显示费业务月收入超过30万元。2006年开展预存话费送小灵通业务,但是用户逐月减少,出现退网潮,至2010年彻底退出。

第三节　移动通信

1999年8月中国移动通信集团甘肃有限公司天水分公司成立,公司下设市场经营部、集团客户部、客户服务部、网络部等11个部门及中心,有7个县区公司。至2007年天水市公路沿线覆盖率100%,乡镇覆盖率99%,行政村覆盖率99%,自然村覆盖率98.9%。客户规模较成立初期增长160倍,收入规模较成立初期增长34倍,网络规模较成立初期增长100倍。

基础设施

1999年至2001年天水分公司仅有一间不足20平方米的营业室,中心机房面积100多平方米,天水市移动通信基站仅有8座,交换机用户容量仅5万门,用户8000户。2002年至2005年加快基础建设,将网络从城市向农村、由重点向全境一步步延伸,网络基站从8座扩大到560座,城区、重点乡镇域和交通要道全覆盖。2003年建成交换总容量15万门,建基站30

个，基站达到145座，直放站59座，室内分布系统11套、微蜂窝4套，小区总数429个，载波总数922个。建成一干传输线路200公里，二干传输线路300公里，本地网传输线路430公里，拥有一干、二干、本地网、互联互通传输设备1套，微波设备3套。2005年实施村村通工程，开通村通基站56座。2007年建成基站165座，全网基站达到611座。

经营

1999年客户总数8000户，市场份额不足10%，至2001年销售几乎为零。2003年移动公话达到1335户，商务IP电话881户，IP超市2729户，集团电话中继273户，随E行业务52户，除自办营业厅以外的各类社会营销点超过300家，代办量超过分公司年业务发展量的50%。全年完成业务收入1.2亿元，其中数据业务收入1301万元，同比增长26%。净增签约移动客户56456户，净增神州行客户9405户。年末在网客户总数146888户，其中签约客户134811户、神州行客户12077户，完成成本费用8920万元，其中预存话费赠手机成本1942万元。

2005年天水移动市场占有率突破65%，完成业务收入18943万元，同比增长18.9%，坏账率为1.26%，实现净利润5058万元。累计完成新业务收入2694万元，占运营收入的14.22%；累计净增签约客户53886户，中高端客户保有率83%，新增客户成活率40%，在网客户达到235115户，客户ARPU值为76元。2006年开展4、7号码免月租，"心机阳光"行动，农村商务IP电话吗，神州行家乡卡，天水卡，长聊卡等一系列低资费业务和宣传造势活动，在岁末年初"大干120天"促销活动中推出神州行团圆卡，应对低资费竞争。在集团客户市场主要对华天微电子公司、天水市纪委、天水武警支队等单位进行深度营销和挖转；先后与天水广播电视台合作组建"天水广播电台互动短信平

架设线路

台""天水电视台行风热线短信平台";与市建行、市农行、市邮政开展无线POS业务合作，累计发展无线POS商户24户；与天水市自来水公司开展"天水市自来水管网无线监控项目"，建成监控点20个；与天水电力公司开展"天水电力大用户无线抄表"业务，建成第一期监控点758个。利用5·17世界电信日、2006年德国世界杯、2006年天水伏羲文化节旅游节等重大节日和事件促销，累计发展集团彩铃1004户，使用移动气象站、手机杂志的用户分别达到64985户、6202户。在农村市场累计完成运营收入22522万元，同比增长18.9%；实现净利润5300万元，坏账率1.16%；累计完成新业务收入3973万元，占运营收入的17%。累计净增签约客户106095户，中高端客户保有率83%，在网签约客户总数达到341132户，客户ARPU值67.5元。累计净增集团客户205家，集团客户相对离网率38%，集团客户总数1791户，集团内客户成员数60218户，集团客户收入5882万元，占总收入的26%。累计完成运营收入4.9亿元，同比增长14%。

2007年与天水供电公司、二一三厂、华天集团、长城开关厂、天水师院成功签订深度合作协议，ADC用户达到217家，MAS用户5家；发展校讯通业务18户，使用用户3264户，发展财信通用户2958户。年末客户突破50万，完成运营收入2.85亿元，同比增长26.5%，创历史新高，首次排天水通信市场第一；在网通话客户总数50万户，通话客户市场份额达80.24%；拥有自办营业厅81个、手机卖场32家、指定专营店480家、特约代理店121家、村级服务站2231家，安装自助缴费机284台、空中充值机2214台。

客户服务

2000年6月客服热线1860开通，话务员由最初的几人最多时增加至33人，工作内容包括1860投诉处理、12580服务热线查询、9138声询点歌等各项服务咨询内容。2003年10月全省1860热线统一进行割接。2006年6月客服热线由1860改为10086，天水用户每天平均咨询用户12500户，累计接受咨询45亿件。

第四节　联合通信

2000年9月联通天水市分公司成立。2008年天水联通与天水网通合并成立联合通信天水分公司，下设麦积、秦安、甘谷、武山、张家川、清水6个县级分公司和1个市区营销中心。公司机关设综合部、财务部、人力资源部、物资管理部、市场营销部、集团客户事业部、客户服务部、信息化服务中心，移动网络公司设有网络建设部、运行维护部和综合部，有人员360人。服务公众客户20万户，集团客户近千家，资产4.5亿元。

基础设施

天水联通交换局负责天水、定西、陇南3个地市的移动交换任务。在网运行的HLR容量为100万门，移动软交换设备总容量为85万门，固网交换机容量18000门。至2007年建成移动通信基站1000座，乡镇信号覆盖率100%，旅游景点信号覆盖率100%，自然村覆盖率70%，陇海线覆盖率90%，国道覆盖率95%，跨省高速覆盖率95%。

经营

至2007年建成自办营业厅20多个、手机卖场30多家、合作营业厅150多家、直供网点近2000家，安装自助缴费机50多台，MINI营业厅600多台，用户1万户，实现利税1509万元。

移动寻呼

1993年移动寻呼用户1133户，之后移动寻呼业务发展迅速，至1997年达到14079户，平均1部/200人寻呼机。1998年成立国信寻呼天水分公司，寻呼业务从邮电经营中剥离，经营126/127、198/199无线寻呼网络。126/127网络功能强大，全省联网寻呼，异地漫游畅通，人工、自动、数字、中文兼容。2000年寻呼业务划归联通，用户达到最高峰，在网用户达4万余户。198/199全国网在网用户达1万户。资产1000余万元，业务收入1000万元。之后由于手机的普及，无线寻呼逐渐停止使用，"海华"等寻呼公司相继撤除。

第三章　供　电

第一节　供电机构

1990年10月甘肃省天水供电局划归甘肃省电力公司管理。1993年天水市农电服务中心合并于天水供电局。2005年1月更名为甘肃省电力公司天水供电公司。

1994年3月秦城区农电站从秦城区水电局分离，成立秦城区农电局，下辖城郊电管站和19个乡电管站。1998年12月电管站更名为供电站，设汪川、城郊等6个供电所。2005年1月更名为秦州区农电局。2006年8月将城郊、各乡供电站所更名为35千伏变电站，供电所人员实行聘任制。2007年秦州区农电局由区政府划归天水供电公司局管理，下设办公室、调度室、生产技术股、安全检查股、营销股、审计股、财务股、客服中心、网改办，职工138名。基层单位有10个变电站、20个供电所，有农电工230人。

第二节　电网建设

1985年至1997年天水电网主要实施330KV刘（家峡）—陇（西）输电线路、330kV陇（西）—马（营）输电线路和330kV陇西变电站基建项目建设。1998年至2007年对330kV天水、330kV陇西、110kV的冀城、文峰和铁路电气化牵引拓石等5座变电站进行间隔扩建；建110kV变电站14座，安装主变24台。建330kV线路5条517公里，110kV线路67条1382公里。建成西北第一条330kV紧凑型天（水）—成（县）输电线路，西北地区第一座110kV罗盘式变电站，全省第一座110kV数字试用型变电站。建成以330kV为主网架，110kV、35kV、10kV覆盖天水城乡，具有高电压、多电源、东西互供、南北协调、四级电压齐全的供电网络。

变电站

天水变电站 330kV天水变电站位于太京乡窝驼村，占地面积60亩，是西北电网第一座分层分布式综合自动化监控变电站。2001年2月10日开工建设，2002年7月19日建成投产。担负天水地区工农业生产供电任务，是西北电网功率"交换中心"和甘肃省"南电北调"负荷中心，完善了陇东南地区330kV主网架结构。变电站安装2台有载调压主变，单台容量为15万kVA。

石马坪变电站 1969年9月110千伏天水变电站建成投运，2台主变总容量为4万kVA。1999年对天水变电站进行改造，2002年6月改造完成更名为110kV石马坪变电站，变电站安装SZ9—3.15万kVA主变2台，总容量6.3万kVA，是110kV无人值守变电站。电源来自330kV天水变电站及110kV七里墩变电站，电量送往秦州区工业专线及公网配电线路。

七里墩变电站 1986年12月110kV七里墩变电站建成投运，设备经过多次改造全部采用综合自动化装置管理。安装2台主变，单台为3.15万kVA，总容量为6.3万kVA，电量送往秦城区工业专线及公网配电线路。

玉泉变电站 2001年8月110kV玉泉变电站建成投运，是一座终端变电站，安装2台4万kVA主变，总容量8万kVA。110kV系统为内桥式接线，电源来自330kV秦安变电站和330kV天水变电站。担负秦城区公网线路及专线用户的供电任务。

输送电线路

110kV石王线 1992年12月110kV石（马坪）—王（坡）线路建成投入运行，是110kV石（马坪）—长（道）线的前段，由陇南电力局维护。天水供电局110kV王坡变电站建成后，将原石长线从93号杆打断，接入110kV王坡变电站，2006年12月投入运行。石王线全长24公里，导线采用LGJ—150/25型钢芯铝绞线。

110kV石七一、二回线 2001年8月110kV石（马坪）—七（里墩）一回输电线路建成投运。2002年6月18日石七二回建成投运。石七一、二回输电线路都是从110kV石马坪变电站出线进入110kV七里墩变电站，线路分别为5.57公里、5.41公里，一回采用LGJ—185型导线，二回采用

LGJ—240型导线。

110kV天秦一回　2002年6月110kV天（水）—秦（安）一回输电线路建成投运。天秦一回输电线路是属于优化城市电网、改造农村电网的一条改建线路，即拆除原秦石输电线路（始建于1971年）后段，从天水330kV变电站出线新架14公里线路，闭合于秦石线111号杆，形成110kV天秦一回线路。线路在新建段15号杆T接2.18公里进入110kV玉泉变电站，在130号杆T接9.64公里进入110kV中滩变电站。主线路长41公里，T接玉泉变2.18公里，T接中滩变9.6公里，全长53公里，采用LGJ—240/40和LGJ—150/25两种导线。

110kV天石一、二回　2002年6月天（水）—石（马坪）双回送电线路建成投运。是330kV天水变电站与110kV石马坪变电站的联络线路，天石双回输电线路一回线路全长7.98公里，二回线路全长7.767公里，导线采用LGJ—300/40钢芯铝绞线。

110kV天秦二回　2002年9月110kV天秦二回送电线路建成投运，线路属城市电网建设与改造工程。即从330kV天水变电站建起，闭合于原秦七线（始建于1986年）106号至107号处（拆断108号之后线路），形成天秦二回输电线路。在14号塔处与110kV玉泉变电站T接，作为110kV玉泉变电站的主供电源。新建输电线路段15.57公里，T接段2.18公里，原秦七段32公里，线路全长50公里，采用LGJQ—300导线。

秦州区农电网

1985年秦城区农村通电率74.64%，随后实施"村村通"工程和农电网改造工程，至1997年行政村通电率100%，平均每年以2.11个百分点的速度上升。1990年天水供电局移交区农电局平南、罗堡2个35kV变电站。2007年秦州区农村电网有110kV变电站2座，35kV变电站10座。

藉口变电站　2005年12月110kV藉口变电站建成投运。是一座终端变电站，安装1台主变，容量为2万kVA，电源来自330kV天水变电站，担负周边工农业生产和居民生活用电的供电任务。

王坡变电站　2006年11月110kV王坡变电站建成投运。是西北电网第一座数字式变电站，为天水电网穿越型变电站。安装1台主变，容量为2万kVA，担负周边农村生产、生活用电的供电任务。

10kV变电站建设改造 1959年李子35kV变电站开工建设,1963年建成投运;1995年第一次进行改造,2003年9月第二次改造。1974年王家磨35kV变电站开工建设,1980年竣工投运,2007年底进行改造,2008年3月完成投入运行。1995年8月平南35kV变电站改造完成投入运行。1996年汪川35kV变电站建成投运,罗堡变电站交付陇南电力局。1989年12月秦岭35kV变电站建成投运,2001年12月进行改造,2002年5月投入运行。2001年9月石滩35kV变电站建成投入运行。2001年11月娘娘坝35kV变电站建成投入运行。2002年9月藉口35kV变电站开工改造,11月投入运行。2003年11月店镇35kV变电站建成投运,2007年4月改造完成投入运行。2005年10月关子35kV变电站建成投入运行。

10kV及以下农网建设 秦州区农网10kV及以下建设工程分为两期。

1999年4月一期工程启动,2001年12月完工投入运行。完成单项工程729项,新建10kV线路185公里单项工程153项,改造10kV线路84公里单项工程28项;新建0.4kV线路453公里单项工程203项,改造0.4kV线路65公里单项工程32项;新建台区98台单项工程68项,配变更新、改造222台单项工程220项。

2002年8月二期工程开工,2006年完工,完成单项工程1103项。10kV线路新建80公里,10kV线路改造169公里;变台新建245台6211kVA,变台改造75台3367kVA,旧变台改造18项;电压检测仪38台;0.4kV线路新建150公里,0.4kV线路改造608公里;无功补偿1600kvarh。

1985—1997年秦城区农村行政村通电统计表

表6—3—1

年份	行政村（个）	通电村（个）	通电率（%）
1985	548	409	74.6
1986	552	442	80
1987	545	475	87
1988	560	460	82
1989	561	466	83
1990	578	505	87
1991	578	509	88

续表

年份	行政村（个）	通电村（个）	通电率（%）
1992	579	549	94.8
1993	585	561	95.9
1994	586	569	97
1995	588	580	98.6
1996	594	592	99.7
1997	594	594	100

户户通电　2006年10月秦州区"户户通电"工程在娘娘坝镇许家庄村启动，12月全区户通电率达到99.8%以上。完成娘娘坝镇许家庄村4组湫池、吴家庄14户72人，娘娘坝镇庙川村3组马家沟5户17人，太京镇庞家沟村怀玉沟、场湾里13户71人10kV线路建3项4.85公里，变台建3台25kVA，0.4kV线路建3项2.77公里，投资43万元。

第三节　用　电

1986年天水供电局年售电量6.76亿kWh。1992年年售电量突破十亿千瓦时达到10.32亿kWh。2007年售电量23.8亿kWh。

1986—2007年营业用电销售收入统计表

表6—3—2

年　份	售电量（万kWh）	销售收入（万元）	均价（元）
1986	67645	5558	0.0822
1987	71662	5935	0.0828
1988	75999	6331	0.0833
1989	83742	6966	0.0832
1990	77926	8939	0.086
1991	84776	7298	0.0861
1992	103200	14032	0.136
1993	120049	20082	0.192
1994	125056	23131	0.185
1995	122556	27384	0.223

续表

年 份	售电量（万kWh）	销售收入（万元）	均价（元）
1996	121140	32518	0.268
1997	126173	39137	0.31
1998	125637	40105	0.319
1999	129027	40862	0.317
2000	138268	38852	0.281
2001	151789	49769	0.328
2002	159087	56262	0.354
2003	172483	64267	0.373
2004	190178	77547	0.408
2005	196131	82487	0.421
2006	212906	92818	0.436
2007	238355	108017	0.442

部分年份行业用电量表

表6－3－3 单位：万kWh

年份	农业	工业	地质勘探	建筑业	交通运输业	商业	其他事业	城乡居民生活	总计
1991	12087	48562	48562	402	16353	918	2208	3987	84776
1996	10830	75198	75198	637	17831	3415	2559	10456	121140
2001	15628	88981	88981	1097	21959	5252	3388	15241	151789
2006	26054	113802	113802	1892	28255	5101	4283	30018	212906
2007	25525	127902	127902	2177	33251	6152	7200	34777	238355

工业用电

1992年陇西铝厂、武山鸳鸯水泥厂等企业投产，促使有色金属冶炼及压延工业、化学工业和建筑材料工业三大类用电量急速增长。售电量达到10.32亿kWh，同比增长21%。1996年电力供应紧张，导致工业电量下降1653万kWh。其中重工业下降1086万kWh，主要集中在有色金属冶炼、压延业、黑金属冶炼行业。2001年天水市工业用电量为8.89亿kWh，占全社会总用电量15.18亿kWh的58.7%，主要是重工业、有色金属冶炼及压延业市场好转，黑金属、电器电子、化工、供热等用电量增长比较快。

2007年天水工业用电量达到12.9亿kWh，占全社会总用电量23.8亿kWh的54.2%。

交通运输业用电

1985年10月宝（鸡）—天（水）铁路电气化牵引变电站投运后，交通运输用电量大幅度增加。1991年用电量为1.64亿kWh。1997年公路运输能力急速提升，铁路电气化牵引售电量减少1847万kWh，铁路行业年度售电量减少1487万kWh。1998年天水段机车电气化改造完成，电气化牵引用电量达到1.52亿kWh，较上年增加634万kWh。

2001年铁路电气化机车牵引用电1.67亿kWh。2004年至2006年宝（鸡）—兰（州）二线建设改造工程竣工，铁路电气化牵引全线贯通。2007年天水铁路所辖路段电气化牵引年售电量达到3.33亿kWh。

城市生活用电

1986年各项市政和居民住宅建设迅速发展，市政照明11243户，用电容量1.35万kWh。1991年市政照明21432户，城乡居民用电量3.98万kWh。1996年市政照明32628户；陇西县部分居民生活用电划转到定西电力局供电，居民生活用电量1.046亿kWh，比上年减少689万kWh。

1998年随着国家"两改一同价"工程的实施，城乡居民生活用电量大幅度增加。市政照明51432户，城乡居民生活用电量1.23亿kWh。1999年城乡居民生活用电量1.32亿kWh，较上年增长1219万kWh，增长率为9.2%。2000年天水市实施城区居民一户一表"光明工程"，新发展用电客户7584户，改造5655户，居民用电量达到1.48亿kWh。

2001年由于城镇户表改造工程加快，居民用电水平逐年提高，用电量达到1.52亿kWh，较上年增加1368万kWh。2002年至2006年电网建设与改造工程提高电网供电能力，至2006年比2001年翻番达到3.01亿kWh。2007年城乡居民生活用电量达到3.5亿kWh，占全社会用电量的14.59%。

秦州区农村用电

1985年秦城区农电购电量为1017万kWh，售电量为895万kWh。2007年农电购电量5963万kWh，售电量4764万kWh，比1985年分别增长4.86倍、4.55倍。

2003年城市与农村用电同价，居民生活电价由改造前的平均电价0.8

元/kWh下降至改造后的0.49元/kWh，2005年同价为0.47元/kWh，2006年同价为0.51元/kWh。据统计，按照改造前居民生活电价水平，同价后累计减轻农民电费负担1985万元。

1985—2007年秦州区农村用电统计表

表6-3-4　　　　　　　　　　　　　　　　　　　　　　　　　　单位：万kWh、万元、%

年份	购电量	用电量	损失电量	损失率	营业收入	上缴税金
1985	1017	895	122	12	—	—
1986	1103	976	127	11.5	—	—
1987	1197	1065	132	11.03	—	—
1988	1299	1169	130	10.01	—	—
1989	1409	1279	130	9.23	—	—
1990	1661	1436	225.19	13.56	—	—
1991	1818	1593	225.1	12.38	—	—
1992	1855	1633	222	11.97	—	—
1993	2093	1823	269.4	12.87	—	—
1994	2491	2179	312.09	12.53	—	—
1995	2211	1943	268.48	12.14	—	—
1996	1984	1736	247.38	12.47	—	—
1997	2682	2441	241.4	9	—	—
1998	2664	2412	252.53	9.48	—	—
1999	2864	2559	304.7	10.64	—	—
2000	3166	2916	249.69	7.89	—	—
2001	3280	2881	399.25	12.17	—	—
2002	3269	2928	340.99	10.43	—	—
2003	3544	3090	453.55	12.8	—	—
2004	4239	3608	631.38	14.89	—	—
2005	4745	4005	740	15.6	1388	46
2006	5139	4221	918	17.86	1914	60
2007	5963	4764	1198.8	20.1	1266	97

秦州
区志
QIN ZHOU
QU ZHI

第七编

工业和信息化

GongYeHeXinXiHua

秦州区近代工业发端较早，民国初期孔繁锦出任陇南镇守使后大力发展现代工业，民国十一年（1922年）成立天水电灯局、陇南机器局等企业，而后民族工业也逐渐发展起来，有雕漆、火柴、面粉加工等轻工业企业。1949年8月秦州区解放后地方工业以集体、个体等小企业为主，直到1966年大批三线企业相继迁入，给秦州工业经济发展注入新的活力，代表企业有从事机械制造的甘肃长城电器公司和天水二一三机床电器厂，企业生产技术达到国内先进水平，生产的开关产品畅销海内外。1993年永红、天光、庆华3家电子元器件生产企业从秦安迁入秦城区，优化了工业结构布局，提升了工业发展水平，尤其是华天科技拥有国际高密度集成电路封装核心技术，研发出QFP、TSSOP、LQFP等多项先进封装技术。至2007年秦州区规模以上工业企业总资产为61.35亿元，实现销售收入34.59亿元，实现增加值17.51亿元。

第一章　工业经济

第一节　规　模

1985年秦城区区属国有、乡办集体企业（不含市属及以上企业）完成工业总产值6527万元，实现销售总额5640万元，销售利润451万元。其中国有企业产值为891万元，占总产值的13.7%，销售收入986万元，销售利润69万元；集体企业产值为5636万元，销售收入4655万元，销售利润459万元。区属工业结构单一，主要是轻工纺织、手工业，产品技术含量低。其中仅有区属集体企业天水市电缆料厂拥有一定的技术优势，当年完成工业产值1085万元。之后区属国有工业企业发展缓慢，集体、个体私有企业逐渐在区属工业经济中占主导地位。至1990年区属工业结构没有明显变化，而国有企业因管理、技术、设备等滞后导致首次亏损83.8万元；集体企业未出现亏损，利润率出现大幅下降，全年利润仅为442万元。全年区属企业实现工业总产值17925万元，同比大增40%；但销售额仅为11747万元，产品出现严重滞销；利润358万元，同比下滑29.7%，企业增长明显乏力。1986年至1990年工业总产值虽然平均每年增长22.4%，但是利润平均每年下滑4.5%。

1991年区属企业实现产值21822万元，同比增长21.7%；销售收入16118万元，利润419万元。区属国有企业继续亏损70万元，实现产值3658万元，销售收入4117万元。具有一定技术优势的集体企业天水市电缆料厂、天水市电器厂以及具有传统生产工艺的集体企业天水市丝毯厂、雕漆厂保持一定竞争优势，产值利润均实现增长，其中电缆料厂、丝毯厂分别实现产值1578万元、615万元，利税349万元、256万元。1993年国有企业技术、管理落后问题进一步突出，亏损日益严重，亏损额达到149万元。1994年国有企业亏损持续加剧，产值同比下降19%减少至2970万元，亏损额增至360万元。受国有企业下滑拖累，至1995年区属国有、集体企业产值出现首次下降，同比下滑5.7%减少至21523万元。区属国有集体企业实现销售收入24516万元，集体企业销售额增加到21356万元，国有企业销售额减少到3160万元；国有企业亏损253万元，较上年减亏107万元；集体企业实现利润1572万元，同比增长49%。区属企业实现工业产值49613万元，国有、集体企业占总产值的43.4%，国有企业仅占总产值6.4%，个体私有企业占据工业经济主导地位。1986年至1995年工业产值平均每年增长22.5%，高于同期GDP增长速度。

1997年全区企业进入改制阶段，区属企业产值同比增长25.88%达到81808万元。但区属国有企业始终受管理和生产技术落后等因素制约，产值、利润一直下滑，产值从1992年的4020万元历史高点下降45.7%减至2183万元，亏损103万元。区属集体企业实现产值25360万元，利润跌破一千万关口下滑至727万元。至1998年大部分国有企业处于停产状态。区属企业实现工业产值92804万元。其中国有、集体企业实现产值21698万元，实现销售收入19730万元，利润下降5.9%减至684万元；而国有企业产值下降60.3%减至866万元，仅占总产值的1.07%，比1992年历史高点4020万元下降78.5%。1999年区属企业产销出现同步下滑，至2000年区属企业产值下降到41434万元，比1998年高点下降55.4%。2001年至2002年秦城区快速完成国有集体企业破产改制，工业经济出现触底回升，区属企业工业产值从2001年的50988万元上升到2002年的58497万元，利润从2001年的463万元上升到2002年的526万元。

2004年工业企业中机械制造、电子元件等行业企业发展良好。规模以上企业实现工业生产值30.5亿元，完成工业增加值9.39亿元，占全市的40.6%。其中区属规模以上工业企业实现工业产值2.39亿元，同比增长15.5%，完成增加值7981万元；实现销售收入1.9亿元，利润1543万元，同比增长1.47倍。区内工业对全区经济增长的贡献率达到40%，拉动GDP增长5.28个百分点。其中规模以上工业贡献率达到25.5%，拉动GDP增长3.37个百分点。2005年秦州区规模以上工业完成增加值11.97亿元，同比增长22.6%。国有控股企业天水海林、华天微电子、天水长城开关等企业技术创新能力全面提升，规模以上企业完成新产品值8.08亿元，占总产值的21.9%，同比增长15.9%；出口交货值2.78亿元，同比增长21.8%。但国有企业经营效益较低，全区规模以上工业企业实现利润4955万元，利税1.9797亿元；经营效益最好的仍旧是垄断行业，国家电网天水供电公司始终是秦州区经营最好的工业单位，当年实现产值58839万元。2006年全区规模以上工业经营效益大幅提升，实现工业增加值15.3亿元，同比增长13.5%；利润10198万元，同比增长106%；利税24429万元，同比增长23.4%。具有技术创新能力的机械制造、电子元件等行业企业生产贡献突出，出口交货值3.07亿元，同比增长10.4%。2007年规模以上企业实现产值46.27亿元，比2004年增长51.6%；实现工业增加值17.51亿元，比2004年增长86.5%；亏损面大幅下降，利税3.21亿元，同比增长35.8%。工业结构合理，机械制造、电子元件等企业生产贡献明显，其中轴承制造业完成工业增加值1.81亿元，电子电器业完成工业增加值7.53亿元。

1985—2007年秦州区工业经济统计表

表7—1—1

单位：万元

年份	工业总产值	同比增长（％）	销售总额	利润总额	国有及国有控股产值	企业单位数
1985	6527	—	5640	528	986	—
1986	6728	3	4991	380	1041	—

续表

年份	工业总产值	同比增长（%）	销售总额	利润总额	国有及国有控股产值	企业单位数
1987	9780	45	8075	501	2296	—
1988	10984	12.3	9385	581	2340	—
1989	12785	16.4	10331	509	2315	—
1990	17925	40	11747	358	3762	—
1991	21822	21.7	16118	419	3658	—
1992	27984	27.9	17438	681	4020	—
1993	20147	—	18561	591	3668	145
1994	22824	13.3	22948	693	2970	149
1995	21523	−5.7	24516	1349	3160	—
1996	24456	13.6	22350	1046	2454	134
1997	25360	3.7	22113	727	2182	136
1998	21698	−14.4	19730	684	878	121
1999	18951	−12.6	16324	368	609	99
2000	17076	−9.9	15060	440	414	91
2001	15941	−6.6	12900	463	310	73
2002	17420	9.3	15028	526	—	66
2003	20620	18.4	16938	706	—	54
2004	305139	—	—	—	—	—
2005	374093	22.6	361901	4955	323431	71
2006	423852	13.3	393740	10198	235255	71
2007	462701	9.2	453579	15142	291515	59

　　注：1985年起统计企业为秦城区区属企业。1986年起利润、销售为独立核算企业。1993年起剔除对村办、个体私有企业的统计。2004年起统计企业为秦城区所有规模以上企业。

第二节　区属工业改革

　　1985年前天水市市属工业分为国营（全民）、集体和街道3种所有制形式。企业实行党委领导下的厂长分工负责制，企业的一切重大事项都由党委讨论决定，日常生产经营由正副厂长具体负责，对上则由政府直接管理，实行计划经营模式。1985年秦城区成立后工业改革序幕全面拉开。

　　1985年4月天水市人民政府撤销市工业局、轻工业局，成立天水市二轻工业总公司。7月秦城区成立经济委员会负责区属工业企业管理。

按照企业法改革企业领导体制,建立厂长全面负责、企业党组织监督、工会和职工参加的民主管理企业领导体制,整改电缆料厂、织袜厂、木器厂、油脂化工厂和服装鞋帽综合服务中心。1986年在企业内部实行经济承包责任制,扩大企业自主经营权。在执行厂长(经理)负责制的基础上工商企业内部实行划小核算单位和以承包为主的责任制,10个工业企业实行车间责任指标承包、专项生产一条龙承包、销售任务承包与个人租赁承包等12种承包形式和分配形式;在搞好主业的基础上开展其他项目经营生产。1987年1月区经济委员会、二轻工业公司、手工业联社合署办公,撤销城市集体企业管理局,在经委设立街道企业科。1988年随着改革的不断深入,新的经营机制在企业内部初步建成。区委、区政府制定企业承包租赁试行办法,全面引入竞争机制,绝大多数企业在厂内、系统或社会公开招标,进行公开答辩、民主评议、择优选择。至年末全区工业、交通、商业、供销、粮食、物资、农机、民政、房产等73户区直企业承包72户,占98.6%。1989年再次改革厂长负责制,确立厂长企业法人代表地位,党组织管思想政治和精神文明建设工作。1989年6月恢复城市集体企业管理局。至1990年先后合并改组12户企业,73户工商运输企业在班子整顿、财务审计、确定基数后开展新一轮承包。年末完成承包61户,占企业总数的84%。钢窗长、丝毯厂、秦城沙发厂因企业管理水平提升分别晋升为省二级企业和省乡镇二级企业,使全区的省二级企业达到6户。

1991年秦城区在总结一轮承包的基础上对部分企业实行二轮承包。在企业内部实行划小核算单位,实行经济承包,"拆大锅、立小灶",实行费用、利润、指标包干,把职工的经济利益和劳动成果捆在一起。1992年将区计划委员会与经济委员会合并,成立秦城区计划经济委员会,主管区属国营工业企业,内设办公室、综合计划科、企业科、经协技术科。将二轻总公司分开单独办公,为区属副县级单位,并与手工业联社合署办公,管理区属集体所有制企业。二轻总公司派员在刃具厂开展股份制试点,成立天水市刃具股份有限责任公司。1995年秦城区制定《区属企业改制的安排意见》,42户企业拟定改革方案,至年底改组改造股份制、股份合作制企业5户,企业兼并4户,与区外企业组织横向联合

23户,按市场需要调整转产5户,使区属企业改制面达到55%以上。经过改制盘活企业呆滞资金1100多万元,吸收生产发展和技改资金210多万元,复活银行资金700多万元,新增利税800多万元,使2000名企业职工生活得到保障。企业经营效益创历史新高,国有集体企业利润首次突破一千万元大关达到1349万元,同比增长94.7%。1996年对48户企业进行改组、改制,占区属73户企业的66%,计经委、二轻系统33户工业企业中改制面达到70%。

1997年秦城区撤销区计划经济委员会,组建区计划经贸局,将矿管局职能并入计划经贸局。以改制重组为主的企业改革全面展开,改制11户企业,全区累计改制企业59户,占改制前企业73户的80.8%;改制企业中涉及产权变动的30户,占改制数的31%,其中10户股份合作制企业职工基本股和职工个人股为826.64万元,占总股本1538.9万元的54%。通过改制盘活存量资产3213万元,冲销债务3873万元,解决停产、半停产企业2800多名职工就业问题。1998年3月成立天水市秦城区非国有制经济发展协调领导小组办公室,负责非国有制企业管理。至年底对53户企业实行股份合作制。

秦州区区属工业企业关闭、解体统计表

表7—1—2　　　　　　　　　　　　　　　　　　　　　　　　　单位:万元

企业名称	改制时间及形式	总资产		总负债		占地面积(亩)	职工人数	安置人数	安置标准(元/年)	安置资金		发放总额
		账面	评估	账面	评估					来源	金额	
天水服装一厂	1996.4关闭	210	56	132	132	3	206	206	400	土地转让	180	173.8
天水服装二厂	1996.9关闭	70	14	107	107	2	150	150	358	土地转让	112.5	112.5
二轻供销经理部	1997.5关闭	71	15	35	35	19	44	44	700	产权转让	400	66
西北联销部	1997.5.9关闭	93	—	133	50	—	24	24	人均3000元	公司筹集	—	—
天水雕漆三厂	1998.3关闭	66	20	202	202	12	213	213	400	土地转让	263.37	154.66
二轻职工医院	1998.4.10解体	2.4	—	—	—	—	15	15	255	公司筹集	12.54	12.5

续表

企业名称	改制时间及形式	总资产		总负债		占地面积（亩）	职工人数	安置人数	安置标准（元/年）	安置资金		发放总额
		账面	评估	账面	评估					来源	金额	
天水橡胶制品厂	1998.9关闭	136	23	159	159	7	153	153	400	土地转让	245	168.26
天水布鞋二厂	1998.9.8关闭	26	—	28	—	2.1	50	50	400	土地转让	80	43
钟表眼镜服务公司	2000.2解体	19	17	10	8.2	—	26	26	400	产权转让	37	37
二轻供销公司	1997.5关闭	20	—	10	—	—	54	—	人均3000元	联社筹集	16.2	16.2
机电安装队	2005关闭	18	—	27.33	—	—	35	27	300	产权转让	43.43	18.4
天水自行车修理厂	1999.12关闭	3.1	3.1	7.6	7.6	—	54	54	400	土地转让	—	52.68
天水包装装潢厂	1998.12关闭	247	66	375	375	8.6	333	315	260、400	政府筹集土地转让	15045	192
天水布鞋厂	1991.9关闭	60	56	138	138	10	143	143	400	刃具托管	101	101
天水市五金厂	1997.7关闭	839	637	726	—	25	262	139	500	土地出让	484.6	—
天水市皮鞋厂	2002.8	—	—	778	—	21	339	254	500	土地出让	—	—
天水鬃刷驼绒厂	2002.11	—	—	78	—	4	74	74	500	拆迁补偿	—	—

秦州区区属工业破产统计表

表7—1—3　　　　　　　　　　　　　　　　　　　　　　　　　　单位：万元

企业名称	破产时间	总资产		总负债		占地面积（亩）	职工人数	安置人数	安置标准（元/年）	安置费用	安置资金来源	
		账面	评估	账面	评估						土地使用权转让收益	破产资产转让回笼资金
天水天靖山化肥厂	2002.8.28	244	36	508	236	13.5	172	149	400	133.3	135	12.66
天水纸箱工艺厂	2002.12.5	132	22	237	231	5.3	179	174	400	172.4	200	23.35
天水市轻工电器厂	2002.12.20	80	18	127	94	6.4	75	73	400	96.32	73	49.82

续表

企业名称	破产时间	总资产		总负债		占地面积（亩）	职工人数	已安置人数	安置标准（元/年）	安置费用	安置资金来源	
		账面	评估	账面	评估						土地使用权转让收益	破产资产转让回笼资金
天水市雕漆工艺二厂	2003.5.1	213	180	445	445	5.5	449	422	400	345.8	230	130.64
天水市金属制品厂	2003.5.31	74	97	121	121	8.9	124	121	400	125.1	160	10
天水风机厂	2003.6.13	145	38	272	272	—	64	62	400	49.4	—	58.04
天水制帽厂	2003.6.16	47	5	51	51	1.7	196	196	400	132.3	120	8.2
天水市长秦燃气经销处	2003.10.15	67	46	225	225	—	28	27	400	22	—	42
天水钢窗总厂	2001.7.25	230	10	279	279	8	230	217	400	285	330	33.33
天水呢绒时装厂	2000.3.20	44	58	271	271	3.7	210	210	400	173	180	—
陇原冷冻厂	2006.4.19	—	—	—	—	—	153	128	400	—	—	—
公园汽修厂	2006.4.19	—	—	—	—	—	64	35	400	—	—	—
天水锅厂	2006.4.19	—	—	—	—	—	184	38	400	—	—	—
天水皮件厂	2006.4.19	—	—	—	—	—	112	41	400	—	—	—
天水化工厂	2006.4.19	—	—	—	—	—	255	78	—	—	—	—
针织一厂	1993	579		1008	—	10	580	445	分流安置	—	—	—
皮革厂	1997	765	749	1702	—	52	154	154	600、700、800	—	370	—
陇新化工厂	1999	85	49	307	407	10	40	40	400	—	—	—
木器厂	2003	432	200	897	748	16	263	182	500	—	460	—

2002年6月撤销计划经贸局，成立区经济贸易局和发展计划局。2005年4月撤销区经贸局，成立商务局，人员并入区发改局。撤销秦州区二轻总公司，成立区中小企业发展局与区非国有制经济管理办公室、手工业联社合署办公，后更名为天水市秦州区非国有制经济管理办公室。

2005年有12户区属工业企业产权整体出让，职工2265人，资产1.13亿元，厂区土地181亩，负债1.01亿元。天水纸箱工艺厂等37户企业破产或关闭，厂区土地67.9亩，账面总资产1500余万元，总负债2700余万元。1907名职工签订一次性安置协议，领取安置费后解除劳动合同关系。

秦城区产权受让企业统计表

表7－1－4　　　　　　　　　　　　　　　　　　　　单位：万元

企业名称	性质	改制时间	占地面积（亩）	职工人数				总资产		总负债		剥离资产	
				总计	离退休	距法定退休不足五年	转换身份	账面	评估	账面	评估	案销账存资金	职工身份置换金
天水电缆材料厂	集体	2002	59.3	220	78	17	125	6452	5195	3539	3544	1145	286
天水地毯总厂	集体	2002	12.5	387	105	40	242	838	650	84.2	541	18.5	157
天水丝毯总厂	集体	2003.6	18.3	549	120	56	373	1992	1751	2595	2740	102	263
天水市电器厂	集体	2002.3.7	4.7	108	8	24	76	513	519	312	311	34.5	105
天水市衡器厂	集体	2002.10.12	7.5	142	31	—	111	227	150	162	188	13.6	89.3
天水市刃具厂	集体	2002.10.12	20.6	138	71	21	46	408	1879	231	1636	—	35.9
天水刻字锦印服务部	集体	2003.6	—	69	26	14	29	61	54	22	11	—	28.5
天水服装公司	集体	2002.5.20	1.5	62	25	1	36	288	288	248	249	—	34
天水秦建三公司	国营	2002.10	6.3	84	12	—	72	472	329	409	45.2	34.5	52.5
天水针织二厂	国营	2002.8	4.26	247	91	24	132	392	282	258	294	82	106.91
天水市丙纶厂	国营	—	21.5	259	27	56	176	309	217	103	149	—	187.56
北达建材	国营	—	—	—	—	—	—	—	—	—	—	—	—
天水食品工业公司	国营	2002.8	25.5	540	—	—	—	502.8	—	—	—	—	—

第三节　乡镇企业改革

规模

1985年秦城区有乡镇企业2024家（主要是个体工商户），从业人员19913人，年产值3231万元。乡镇企业总产值400万元以上的乡有吕二、玉泉、环城、太京、平南，环城乡七里墩村、东十里村和玉泉乡枣园村产值均达到100万元。至1990年建成天水陶瓷厂、天水硅铁厂、太京低压电器厂、太京毛纺厂、南湖饭店、藉滨饭店、金三角商贸公司、莲亭胶压厂、天水郡铸造厂等企业，平南等乡组建建筑队19个，企业达到4008家，从业人员38575人，产值18438万元，固定资产4649万元，年产值上千万元的乡有11个。农民人均从乡镇企业获得纯收入201元，其中农村建筑队个人收入是郊区乡镇企业从业人员收入的七八倍。1996年秦城区乡镇企业出现快速增长，乡镇企业达到7714家，从业人员78218人，产值16.8亿元同比增长46%，营业收入16亿元同比增长50%，利润1.4亿元同比增长50%。农民人均从乡镇企业中获得纯收入581元，吕二、玉泉、环城乡产值均超过2亿元。

1998年秦城区建成乡镇企业东十里工业示范区和暖和湾工业示范区，东十里园区以发展电子、机械加工、铸造、商贸流通为主，暖和湾园区以发展轻工、电器、食品加工、农产品加工为主。2005年秦州区乡镇企业发展到7790家，从业人员47227人，产值231500万元，增加值62820万元，营业收入222000万元，支付劳动者报酬22444万元。

2007年乡镇企业累计发展到7907家（其中工业企业228家，个体工商户7679户），从业人员11794人，实现总产值10.76亿元，营业收入10.4亿元，增加值30295万元，利润1亿元，税金3492万元，支付劳动者报酬6484万元。企业覆盖农、工、商、建、运、服六大行业，产品有机械轴承、电子电器、冶炼铸造、塑料化工、针织绒线、木器家具、工艺雕漆、服装鞋帽、食品饮料、旅游服务以及建筑建材、房地产开发等20个门类400多个品种。建成省级乡镇企业示范区2个，省级企业集团1家，省二级企业2家。有各类专业技术人员995人，其中高级职称22人，中级职称324人。2人被授予全国乡镇企业家称号，1人获得全国十大杰出青年称号，2人获得全国劳动模范。招商引资入驻东十里园区投资1000万元以上的项目有七里墩家装建材批发市场、西联蜂业、飞鸿医疗、派尔彩印等15个，暖和湾园区入驻项目有恒方铸业、轮胎翻新、华邦电子、方盛铸钢、天水辰达节能建材等20个。

1985—2007年秦州区乡镇企业统计表

表7—1—5　　　　　　　　　　　　　　　　　　　　　　　　　单位：万元

年份	企业家数	职工人数	总产值	增加值	利润	税金
1985	2024	18913	3445	965	275	103

续表

年份	企业家数	职工人数	总产值	增加值	利润	税金
1986	2462	23814	4637	1298	371	139
1987	2631	28286	6414	1796	513	192
1988	3288	37055	11059	3096	884	332
1989	3990	38422	14902	4173	1192	447
1990	4008	38575	18438	5163	1475	553
1991	4169	39972	22205	6217	1776	666
1992	4455	45609	30004	8401	2400	900
1993	5420	57233	50350	14098	4028	1510
1994	5900	65400	80119	22433	6410	2404
1995	6561	72589	115323	32290	9226	2998
1996	7714	78218	168000	47040	13104	4368
1997	290	10846	22614	6332	1809	678
1998	5156	25034	58810	16467	4704	1764
1999	5742	30677	72627	20335	5810	2179
2000	5866	32990	88639	2483	7091	2659
2001	6374	37000	106000	29680	8480	3180
2002	7153	43221	133906	37494	10712	4017
2003	7411	44515	166134	46518	13290	4984
2004	7711	46117	196200	54936	15696	5886
2005	7790	47227	231500	62820	23300	7320
2006	7826	49450	270817	75554	26865	8346
2007	228	11794	107565	30295	10799	3492

注：1997年年报统计口径缩小，2007年个体工商户未列入年报统计范围。

结构

乡镇企业主要分为农业、工业、交通运输业、建筑业和个体工商服务业五大行业，其中郊区乡村的工业和南部乡村的建筑业是农村的支柱产业，1993年五大行业产值分别占乡镇企业总产值的3.9%、40.9%、11.4%、30.5%和13.3%。

农业　1981年天水市各公社从山东引进优良葡萄640万株建成

百万株葡萄园4个，太京、皂郊、玉泉、吕二、环城等乡41个生产队引进大黄羊改良羊58只、沙能羊70只、纯种公羊5只办养殖场。乡镇企业局自办良种羊场1处，发动群众自购奶牛100多头，日产奶2300多斤，年产值8.79万元。至1990年全区有乡村两级集体养殖、种植企业41个，从业人员1219人，产值615万元，占乡镇企业总产值的2.65%。1997年开始重点发展农副产品深加工和流通企业。2000年以"公司+基地+农户"模式发展农业企业。至2007年规模以上农副产品深加工企业有天水昌盛食品有限公司、天水西联蜂业有限责任公司2家，资产6600万元，销售收入5273万元，增加值970万元，利润134万元，上缴税金147万元，带动农户20520户。

工业　1976年乡镇工业企业起步发展，至1990年有采矿、选矿、冶炼、化工、食品、纺织、电器、胶压件、丝毯、猪鬃、猪毛加工机器制品、建材、沙发、家具、水暖件、轴承等20多个门类124个品种，1015家企业产值7929万元，占乡镇企业总产值的43.2%。至2007年有工业企业178家，从业人员6639人，产值6.2亿元，增加值1.7亿元，营业收入5.99亿元、利润6316万元，上缴税金1968万元，支付劳动者报酬3743万元。其中装备制造企业成为乡镇工业企业主体，有6家企业从业人员886人，产值1.59亿元，增加值4218万元，营业收入1.5亿元，利润1513万元，上缴税金480万元。

建筑　1978年组建建筑业6家，从业人员50人，年产值18.62万元。1990年全区有乡镇建筑业366家，从业人员17077人，产值5057万元。至2007年有乡镇建筑业47家，从业人员12000人，产值1.3亿元，利税1305万元。秦州区第二建筑工程公司、秦州区第四建筑工程公司发展成为建筑龙头企业。

交通运输　1984年有乡镇交通运输企业1209个，从业人员3979人，产值2487万元。运输工具由架子车（人拉套驴车）、马车发展到手扶拖拉机、小四轮、农用三轮、四轮车。1990年至2007年以卡车、小面包车、中巴等机动车辆为主。至2007年乡村有货运汽车152辆、小面包车25辆、中巴及大客车75辆。

第二章 电子元器件

第一节 华天电子集团

沿革

1969年天水永红器材厂在秦安创建，1993年迁入秦城区双桥路14号，职工1576人，固定资产4600万元。1996年亏损1000多万元，濒临破产。2000年企业启动改制，2002年12月整体重组为天水华天微电子有限公司。在改制中合资组建天水华天机械有限公司、天水华天集成电路包装材料有限公司，设立天水七四九电子有限公司、天水华天传感器有限公司、天水华天电子宾馆有限公司、天水永红家园服务有限公司、天水华天实业发展有限公司。2003年12月天水华天微电子股份有限公司以集成电路封装相关资产出资，联合国内9家知名的集成电路设计、芯片制造企业以及投资公司共同发起成立天水华天科技股份有限公司，肖胜利任董事长。2004年、2005年被评为全国半导体行业最具成长性企业、国家高新技术企业。2006年5月由天水华天微电子股份有限公司、天水华天科技股份有限公司、华天科技（西安）有限公司、天水七四九电子有限公司、天水华天机械有限公司、天水华天集成电路包装材料有限公司、天水华天传感器有限公司、天水华天电子宾馆有限公司、天水永红家园服务有限公司、天水中核华天矿业有限公司、昆山西钛微电子科技有限公司等11个具有独立法人实体、有多层次组织机构的企业组成天水华天电子集团。2007年11月华天科技股票（002185）在深交所成功发行上市。公司职工3118人，资产8亿元。

生产经营

1989年天水永红器材厂完成总产值2千万元，产品销售收入625万元，全年职工工资299万元。1990年永红牌ZF605型数据放大器、F118高速运算放大器、ZF310静电计型运算放大器、F07高精度运算放大器、F124单电源四运算放大器等5种产品荣获甘肃省优质产品。1996年10月工厂集成电路塑封生产线通过中国船级社质量认证公司ISO9002质量保证体系认证。塑封电路加工完成521.7万块，亏损1025万元。至1998年扭亏为盈，销售收入完成1736万元，销售回款完成2298.8万元，销售开票2108.7万元，利润完成1.7万元。1999年塑封电路加工9001万块，实现利润381万元。2000年9月实施国家重点技术改造项目表面贴装式IC封装生产线改造，共投资13900万元，其中银行贷款9700万元，自筹资金4200万元。项目改造后，塑封电路加工能力达到10亿块。全年销售开票完成6268万元，回款完成6859.7万元，利润完成1008万元，塑封电路产量完成1.708亿块。

华天科技园

2001年销售收入6138万元，塑封电路加工量2.08亿块，销售开票7196万元，回款7795.5万元，利润806万元，税金603万元。2002年7月科技部等部委给生产项目F171-1、2A、2B、3A、3B厚膜组合电路颁发国家重点新产品证书。8月SSOP28L高密度塑封集成电路被评定为2002年度国家重点新产品。全年销售收入10364万元，塑封电路加工量4.61亿块，销售开票11028万元，回款10122万元，利润1206万元，税金716万元。2003年10月省经贸委验收通过1.39亿元国债技改项目。项目引进国外先进设备161台（套），购置国内生产设备415台（套），新增封装品种20个，产量从2001年的1.7亿块增加到2003年的9.6亿块，实现销售收入1.53亿元,利润2772万元,税金1214万元,华天成为甘肃省优秀企业和工业60强。2005年2月建筑面积8625平方米的9号新厂房投入使用,制造二部全线投产。2006年完成塑封集成电路加工量38.25亿只,实现销售收入5.67亿元,实现利税总额9588万元。华天集团被评为2006年甘肃省信息产业先进单位。华天集团HMK60型综合放大器、混合集成电路系列产品及塑封集成电路SSOP28、TSOP、LQFP、光电一体化接收器塑封技术等产品分别荣获"十五"期间天水市优秀新产品一等奖。2007年4月华天微电子公司通过赛宝认证中心GJB9001A—2001质量管理体系监督审核。全年完成塑封集成电路加工量27.76亿只,实现销售收入7.35亿元,实现利润1.01亿元。

技术创新与产品研发

1992年天水永红器材厂建成集成电路后工序加工和厚膜电路两条生产线。10月由机电部、中电总公司、省电子集团公司等组成的验收委员会验收通过两条生产线,项目生产技术达到国际80年代末期小外型封装集成电路生产线技术水平,填补国内空白,改变国内小外形封装电路完全依赖进口的被动局面。1997年5月生产的ZF513B弹上预调滤波器通过电子工业部科技成果鉴定。1998年3月生产的ZFTW43DC／DC电源变换器模块通过省科委科技成果鉴定。2001年1月信息产业部组织国内集成电路领域的专家验收通过承担的"九五"国家重点科技攻关项目《大规模集成电路高密度封装研究中的SSOPIC高密度塑封技术开发研究》。5月被信息产业部评为"九五"电子信息产业优秀技术改造项目,被国家经贸委认定为2001年度国家重点新产品。2006年华天科技公司自主开发的"PQFP100LIC堆叠(3D)集成电路塑封技术"通过省级科技成果鉴定,项目技术在国内处于领先水平,填补国内空白。2007年自主研发的"LIP封装技术"荣获2007年中国半导体创新产品和技术证书。

至2007年华天集团拥有国家级企业技术中心、甘肃省微电子工程研究实验室、甘肃省微电子封装工程技术研究中心。"十一五"期间承担完成国家02科技重大专项《多芯片封装(MCP)技术开发》课题和甘肃省重大专项《集成电路铜线键合封装研发及产业化》项目。集团累计完成总装备部新品合同项目90多项,其他军用新产品300多项;完成工信部电子发展基金和集成电路产业研究与开发专项资金项目10多项；主持制定国家军用产品标准8项。自主研发的46项成果通过甘肃省科技厅的科技成果鉴定，5项达到国际先进水平，41项填补国内空白达到国内领先水平；获国家知识产权局授权专利94项，其中发明专利7项；受理专利53项，其中发明专利27项。集团自主研发出12英寸晶圆 $50\mu m$ 减薄、5层芯片三维堆叠、TSV等技术进入BGA、LGA、MCM（MCP）、SiP等集成电路高端封装领域，自主研发的铜线键合技术达到国际先进水平，成为全国铜线键合封装品种最多的企业。集团产品广泛用于电子信息、工业自动化控制、计算机、网络通信以及各种消费电子产品等领域。

第二节 天水庆华电子科技有限公司

沿革

1995年10月国营庆华仪器厂从秦安县迁入秦城区，职工1807人，占地面积17万平方米，其中建筑面积8.8万平方米（其中厂区3万平方米）。1998年更名为甘肃省庆华仪器厂。

2002年8月由于经营困难甘肃省庆华仪器厂被列入国家政策性破产计划。2004年11月实施破产重组成立天水庆华电子科技有限公司。2005年有职工712人，固定资产2128万元。各类专业技术人员163人，其中高级专业技术职称48人。拥有机械加工设备320台，测试仪器654台（套）。

生产经营

1995年由于国家产业结构调整，电子测量仪器受国外产品冲击，庆华厂成为省级特困企业。至1998年企业经营面临极大的困难，为摆脱困局建立扭亏目标方案，通过引进项目进行产品结构调整及技术改造。2001年进行通信、仪器、波导、治疗仪四大支柱产品的研制、生产销售服务。经过两年时间建立移动通信生产线、治疗仪产品生产线，带动全厂总体经营指标比2001年增长30%。

技术创新与产品研发

2001年4月庆华仪器厂研制的QH13215T成套八毫米波导元件技

术指标达到国内先进水平，是国内品种最全的一套八毫米测量波导元件，关键器件性能超过国外同类指标。2003年研制的QH3613X一体化标量网络分析仪实现批量生产，技术指标达到国外同类产品水平，在国内处于领先地位，有较高的性价比，售价仅为国外同类产品的50%，累计产生经济效益3200万元，广泛应用于卫星电视、通信等领域。研制的QHLD89200型PHS小灵通基站高增益定向天线具有高增益、低副瓣、抗干扰、性能强等特点，主要用于改善小灵通的通话质量，增强信号弱区、盲区信号强度。产品在国内处于先进水平，获得科技部等四部委颁发的国家重点新产品奖和甘肃省重点新产品奖，累计产生经济效益6500万元。2005年公司依托兰州大学、电子科技大学相关专业技术力量，先后研发成功DDUP双工合路器、QH4452综合测试仪、QH4453宽带数字式多功能测试仪、QH3616型标量网络分析仪、多功能药物型场效应治疗仪、节能环保大功率LED照明灯、高低压配电设备等新产品。

第三节　天水天光半导体有限责任公司

沿革

1990年天光集成电路厂从秦安县迁至秦城区，从事集成电路、半导体元器件生产经营。2003年划归天水市管理。2004年天光集成电路厂政策性破产，重组为天水天光半导体有限责任公司。工厂总占地面积11.6万平方米，建筑面积6.6万平方米，职工542人，各类专业技术人员150人，其中具有高级技术职称12人，中级技术职称40人。

生产经营

1988年12月天光厂在Φ100mmIC前工序生产线基础上组成一条5μm技术水平的生产线进入试生产。1989年7月对生产线前后工序进行修正，并作为"七五"项目投资1500万元。至1991年项目启动，生产线上配备计算机辅助设计（CAD）系统，建立小型CAD工作站。1994年产销集成电路1024万块（项目目标：实现年产中、小规模集成电路管芯2500万只，封装成品1000万块的能力）。之后工厂生产无订单，处于关闭状态。1999年销售集成电路700万块，OM电路销售3.1万块，国内市场占有率为1%。破产重组后生产有所恢复发展，年生产双极集成电路芯片2500万只，成品电路1000万只，OM电路10万块，功率肖特基整流二极管24万片。生产的双极型集成电路在国内的市场占有率为4%。

技术创新与产品研发

1997年工厂开发的功率肖特基整流二极管（SBD）系列产品被国家经贸委列入国家级重点新产品试产计划。产品通过美国、日本等地鉴定认证，技术质量达到国际同类产品水平。Φ100mm、Φ50mmECL集成电路生产线先后通过国家质量保证体系认证和国家军用标准认证，产品质量达到国际同类产品水平。2002年至2007年公司研制开发的SR160、SR360功率肖特基势垒整流二极管和TGLEPB465型半导体蓝色发光二极管荣获甘肃省科学技术进步二等奖。

第四节　小型电子元件生产企业

天水天嘉电子有限公司

2004年由天光半导体有限责任公司和自然人共同出资成立天水天嘉电子有限公司，专门从事半导体器件的封装，员工120人。开发的无铅化封装技术经SGS公司测试，完全满足欧盟《关于在电子电气设备中禁止使用某些有害物质的指令》（ROHS指令）要求。2005年被评为天水市民营科技企业，2006年被认定为甘肃省高新技术企业。2004年销售收入224万元。2007年销售收入2200万元，利税50多万元。

天水特种电源研究所

1986年天水特种电源研究所成立，是国内最早从事影视新闻灯、摄像机电池、充电器研制和生产的科研单位。共研制、生产、销售影视产品60多种，主要有摄像机各种专用锂离子电池、镍氢电池、双路台式充电器、便携式充电器、转接板、话筒电池、100W、200W、250W、300W、400W等摄像机用新闻灯具和LED机头灯具，被央视誉为"第一流的产品"。研制出的具有国内先进水平的笔记本电脑、数码照相机、电动车、对讲机、太阳能、电暖服装等电池、充电器产品先后投入批量生产。2007年完成工业产值54.6万元，上缴税金2.2万元。

天水华邦电子电器有限公司

2004年天水华邦电子电器有限公司成立,占地面积5328平方米,有蚀刻生产线5条,年生产能力达5000万元。主要产品有各种高密度IC集成电路引线框架、VFD光栅、计算机磁头平衡板等。产品主要出口日本、韩国。在同行业中工艺技术达到国内先进水平,其中计算机用FGC030磁头GB板填补国内空白。

天水飞鸿医疗电器有限公司

1979年天水市电器厂成立,2002年3月改制成天水市飞鸿医疗电器有限公司。1987年以后相继研制成功10多项新产品,玄极治疗仪被称为"跨世纪的家庭理疗仪"。1997年企业通过中国医疗器械认证中心的质量体系认证和产品质量认证,被认定为甘肃省高新技术企业。2007年完成工业产值1123万元,销售收入783万元,实现税金91.9万元。

天水联众高科控制工程有限公司

2002年天水联众高科控制工程有限公司成立,员工28人,其中中级以上职称人员20人,有1人享受国家有突出贡献中青年专家津贴。公司主要产品有电厂辅机程控系统(输煤、化水)、给排水、变配电以及工业生产过程自动化控制系统,主要经营软件开发、综合布线和压力、温度、湿度、气敏传感器及变送器等产品的研制、开发、生产和技术服务。2002年销售额为96万元。2003年销售额突破200万元,年底公司合并天水凯隆科技有限公司。2004年底通过ISO9001:2000质量体系认证,销售额达到380万元。

第三章　机械制造

第一节　甘肃海林中科科技股份有限公司

沿革

1986年天水海林轴承厂经过4年搬迁改造从李子园迁至城区,在原天水拖拉机齿轮厂和天水柴油机厂厂址建成新厂区，建筑面积71772平方米，分为北南两个厂区，职工人4756人。2001年改制为甘肃海林中科科技股份有限公司，职工2800人。2003年划天水市管理。

生产经营

1985年天水海林轴承厂主要生产轴承，实现工业总产值1802万元，销售收入1680万元，利税144万元。1990年海林厂第一个驻外销售网点上海经销部成立。至1992年工业总产值达到9006万元，销售收入5317万元，利税557万元。之后由于国外企业和民营企业加入竞争，导致轴承价格大幅下跌，原材料供应严重不足，生产成本居高不下。1993年至1995年生产经营严重下滑。1996年海林厂打破磨装工序能力利用率只有40%的闲置现状，转变生产组织方式，按磨装工序能力组织生产，推行"精加工在内，粗加工在外"的生产经营方针，使企业整体生产能力大幅提高，工业总产值首次突破亿元大关。1997年在全国中心城市设立18个销售网点，业务覆盖全国。"九五"期间企业累计完成工业总产值70897万元，轴承产量4604万套，与"八五"相比产值增幅47%，产量增幅127%。"十五""十一五"总投资近2亿元，购进数控机床、套圈磨超自动线、热处理保护气氛生产线等设备。同时集中力量做大圆锥滚子轴承产品，从2000年以后产品产量稳居行业第一、二位。

1985—2007年海林中科公司生产经营统计表

表7—3—1   单位：万元（创汇为万美元）

年份	产值	销售收入	利润	税金	利税合计	创汇
1987	2404	2497	21	142	163	114
1988	2550	4006	35	216	252	223
1989	3111	5142	161	339	500	521
1990	4018	5317	200	356	556	385
1991	7820	6232	342	519	861	308
1992	9006	6532	290	480	770	250
1993	6463	14705	−220	322	101	168
1994	6885	9035	−177	819	642	146
1995	7204	9342	−141	752	611	141

续表

年份	产值	销售收入	利润	税金	利税合计	创汇
1996	13031	15576	503	1365	1868	248
1997	13031	15749	20	1271	1291	344
1998	13035	13547	45	1550	1550	235
1999	16001	14683	14	1068	1082	337
2000	18001	17110	36	1211	1248	528
2001	18000	18500	79	1587	1666	557
2002	21000	20209	160	1912	2073	451
2003	23800	27299	189	97	286	1521
2004	24000	31649	43	2297	2341	1985
2005	32600	39966	120	1671	1791	3401
2006	40270	40631	120	1298	1419	2622
2007	47028	46771	152	2096	2248	2926

技术创新与产品研发

1985年至2007年海林轴承厂累计开发圆锥滚子轴承、圆柱滚子轴承、深沟球轴承、轧机轴承、球面滚子轴承等各类标准、非标轴承1298个型号，年均开发新产品50个，累计申报获批新产品专利近20项。其中富勒重型车变速箱用轴承717813替代进口轴承，2003年获甘肃省机械工业科学技术进步二等奖。L540049/L540010、T4CB140/P6X、L521949/L521910等出口特轻系列新产品技术水平达到国际先进水平，变速箱用高精度轴承有30308X2/P5、4395/P5、717813-4、NCL308E/YA、6312ZNB等系列产品。

"七五"期间技术改造总投资1080万元，建厂房6009平方米，增加设备145台，设备囊括微机控制、油石超精、静止变频、电主轴高速磨削、凸度工艺、双辗扩等技术工艺。"八五"期间组建02分厂（专门生产0类深沟球轴承、2类圆柱滚子轴承），形成年产160万套的生产能力。进行20万套汽车轮毂出口轴承技术改造项目，购置设备19台、辅助设备14台、检测仪器仪表76台套。"九五"期间技术改造项目总投资6786万元，有100万套中型英制圆锥滚子轴承技改、磨工分厂出口专项技术改造、热处理氮基保护气氛生产线技术改造和冶矿石化、工程机械轴承技术改造等项目。

"十五"期间实施发展高性能、高可靠性冶矿、石化、工程机械及军工机械轴承技术改造项目,完成投资6698万元,建成轴承试验室、技术中心,购置各类先进设备287台套,其中有国内最先进的套圈磨超自动线10条、保护气氛热处理生产线2条以及锻压设备、数控车床、滚子冷镦机、滚子无心磨床、滚子凸度超精机、高精度无心磨床等。

循环经济及节能减排

1985年投资30万元完成锻压分厂软化水循环改造项目,年节软水72000吨。1995年投资80万元完成滚子分厂串筒工序循环水改造项目,年节水24000吨。1998年投资80万元改造原有锅炉旋风除尘器11台为麻石水膜脱硫除尘器,减少二氧化硫、一氧化碳等污染物的排放。2000年投资90万元完成热处理分厂循环水改造工程,年节水15000吨。2002年投资350万元完成精装分厂、精品分厂乳化液集中处理、循环使用工程,年节乳化液300吨,减少废乳化液排放量4000吨。2005年投资150万元完成锻压分厂循环水改造项目,年节水120000吨。

2002年至2007年先后淘汰热处理淬火炉8台,购置11台托辊传动网带式圆锥滚子轴承滚动体保护气氛热处理生产线和托辊传动网带式圆锥滚子轴承套圈保护气氛热处理生产线,采用甲醇保护气氛、高级保温材料、微机全自动温控等技术,使产品在热处理过程中具有无氧化、组织结构稳定、产量高、能耗低等优势,比原来每月节约电量40万度。2006年至2007年改造5台自制退火炉,保温层采用硅酸铝针制毡高级保温材料,温控技术采用新研发的轴承套圈退火工艺和温控技术,产量比改造前提高近40%,每月节电量88万度。

第二节　天水长城开关厂有限公司

沿革

1998年天水长城开关厂改制为天水长城开关厂股份有限公司,以主业全部经营性资产入组兰州长城电工股份有限公司,11月兰州长城电工成功上市。2007年被中国机械工业企业管理协会评选为"中国机械工业

500强"，被中国机械工业联合会评选为"中国机械工业优秀企业"和"中国机械工业最具影响力品牌"，被中国电器工业协会评选为"中国电器工业最具竞争力企业"。2008年3月更名为天水长城开关厂有限公司。

技术创新与产品研发

1985年天水长城开关厂研发出国内首台带防误闭锁装置手车式高压开关柜GC2-10（F）通过机械工业部、水利电力部鉴定，产品批量生产后成为行业的主导产品，技术先后扩散到行业60余家企业。SN10—10I、II型户内高压少油断路器被评为机械工业部优质产品，GC2手车式高压开关柜被评为甘肃省科技进步一等奖。1992年研制成功中国第一条板材柔性制造系统并试产。研发出6kV（F-C）回路、GC1-A（F2）（G）高原型高压开关柜，GN19-10（G）高原型隔离开关、JCZ-6J（D）1000真空接触器通过省级鉴定。1993年成功研发ZN28型真空断路器、JYN3和KYN3型开关柜等无油化产品，在行业率先实现产品从少油产品向无油化产品过渡的第二次更新换代。1995年11月公司研制的XGN2-10Z、JN4-10、KYN3-10（6kV F-C）等7个品种9种规格的产品通过省级鉴定，省政府授予公司"科技创新示范企业"荣誉称号。企业经济效益综合指数在全国同行业排列第一，主要产品产量高压开关柜名列全国同行业第一，在电力系统市场占有率第一，在石化系统市场占有率第一。

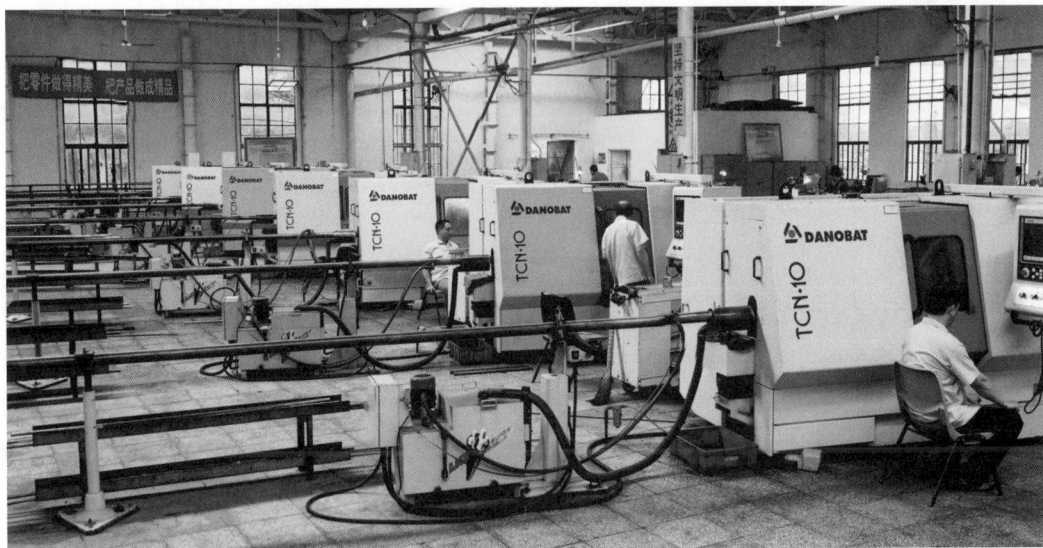

立体加工中心设备

　　1996年至2005年公司累计自主研发的新产品25项。1996年后相继在行业率先研发成功ZN63、ZN65系列一体化新型组装式真空断路器，KYN18、KYN28等新型组装移开式交流金属封闭开关设备，使产品结构实现从传统焊接式产品向新型模块化组装产品的第三次更新换代。1997年XGN2-10开关柜、KYN18C-10/3150-40开关柜被甘肃省经贸委评为优秀新产品二等奖。1998年公司与清华大学共同研制成功CAPP（计算机辅助工艺过程设计）计算机软件系统。2000年公司主导断路器ZN63A-12、ZN65A-12在国际著名的荷兰开马（KEMA）试验所通过型式试验，使"长城"牌产品进入国际一流产品行列。2001年XGN35-12箱型固定式户内交流金属封闭开关设备被评为甘肃省科技进步一等奖，其中XGN69-40.5/5000-31.5SF6充气式开关柜的总体性能达到国际同类产品先进水平。2002年投资550万元建立企业资源计划（ERP）系统项目，2004年投入运行。2003年公司KYN18C-12、KYN28A-12两种开关柜和ZN63A-12、ZN65A-12两种断路器荣获中国工业质量管理协会授予的"全国机械工业用户满意产品"称号。2004年与日本恩翼帕瓦株式会社合资组建上海恩翼帕瓦长城开关有限公司，根据高端和出口市场需求开发40.5kV C-GIS产品。

　　2005年自行开发研制生产的XGN7012F（F.R）/T63（100）25（31.5）箱型固定式户内交流金属封闭开关设备JCZ1312J（D）/D4004.5交流高压真空接触器被国家科学技术部等部委评为国家重点新产品。《中压开关设备计算机集成制造系统（CIMS）》信息化项目被列入国家"863"计划。2006年4月CIMS通过专家组的项目主题汇报验收。研发的以EVH1为代表的真空断路器等中压开关电器元件实现向轻量化、高可靠性和固体绝缘化方向的转型，以 i-AX、i-AY、i-AZ型为代表实现成套开关设备产品向智能化、小型化、气体绝缘和节能型产品的转型。主导产品取得国家电能中心颁发的PCCC产品质量认证证书，成为国内同行业首家取证的企业。2007年被确定为甘肃省首批"创新型企业"试点单位。与俄罗斯全俄电工研究院合作开发的126kV高压开关产品完成鉴定投向市场，使企业产品电压等级从中压向高压的成功跨越，技术达到国内领先、国际先进的水平。

1985—2007年开关厂公司生产经营统计表

表7—3—2 单位：万元

年份	工业总产值	销售收入	利润总额	税金
1985	2422	2561.93	500.8	125.93
1986	3299	3163.69	670	175.23
1987	3974	3848.72	753.07	259.57
1988	4137	4233.26	766.16	317.04
1989	5662	5200.71	717.37	324.93
1990	5158	4832.36	735.82	317.27
1991	5551	5209.02	550.77	318.36
1992	6960	6875.84	645.53	396.52
1993	11609	10909.94	650.16	553.16
1994	15384	12742.21	740.44	476.27
1995	16240	15368.29	809.29	1043.72
1996	19054	18792.86	804.97	1064.63
1997	22262	20509.64	2055.58	1245.65
1998	23323	23824.52	2092.33	1701.58
1999	23405	25077.89	3786.15	1690.3
2000	—	25890.55	1193.35	1494.23
2001	28266	29976.66	901.52	1654.21
2002	31000	31832.46	902.38	1703.48
2003	34537	36305.57	1002.51	1713.58
2004	41311	43056.34	1107.54	1688.91
2005	48475	53292	1201.8	1766.81
2006	51699	56081.23	1203.42	2058.57
2007	52322	60648.88	2183.78	2319.98

企业改革管理

1984年天水长城开关厂被确定为甘肃省机械工业试点企业，推行厂长负责制。1987年12月被评为甘肃省一级企业。持续整顿规范企业专业管理水平和基础管理水平，至1990年企业晋升为国家二级企业，荣获甘肃省质量管理奖。1991年被评为国家安全级企业和机电部工艺管理先进单位。1992年补充和完善各项管理制度，编制《企业管理标准》。企业围绕"市场—现场—班组"工作思路开展"以市场促现场，以现场保市场"的管理经验，被机械工业部作为经典案例在整个机械行业予以广泛推广。1993年制定《干部工作标准》《工人岗位规范》，按照ISO9000系列标准编制《质量手册》。8月机械工业部部长包叙定到公司视察，撰文《市场经济呼唤企业自觉完善内部管理》介绍公司的现场管理经验，向全国机械行业推广。12月实行岗位技能工资分配制度。1994年12月通过ISO9000质量认证，被机械工业工会、冶金工业工会评为安全级先进企业。

1995年3月被电力工业部、中国冶金工会全国委员会授予机械工业安全生产先进单位。12月公司实施劳动合同管理制度，与2000多名职工签订劳动合同。1997年依据"主辅分离、精干主体"改革要求，对所属7个分厂、4个经济实体进行股份制改造，使其成为总厂控股的子公司。1998年通过资产重组完成股份制改造，以主体全部经营性资产和人员入组兰州长城电工股份有限公司，成为全资子公司。11月24日长城电工（600192）股票在上海证券交易所成功发行。1999年6月根据经营目标管理，在各部门全面推行年度目标责任书管理，实施"抓节约、降成本"专项管理。

2001年在1992版《企业管理标准》基础上制定2001版《企业管理标准》。2002年11月一次性通过由中国进出口质量体系认证中心对企业ISO9001：2001质量体系、ISO14001环境管理体系和OHSAS18001职业健康安全管理体系的认证审核，成为西北和全国机械行业第一家实现三体系同时实施通过审核的企业。2004年对控股的6个子公司实行国有资产和国有职工身份的置换，使其成为职工持股的民营股份制合作企业。在1993版《干部工作标准》《工人岗位规范》基础上制定2004版《工作标准》《工人岗位规范》。6月公司在网上投票中标澳洲镁铝工程，首次实现自营出口。同时公司被评为全国诚信示范单位，获得"AAA（1）级"诚信等级荣誉，成为行业唯一获此殊荣的企业。2007年3月公司被国家安全生产监督管理总局评为一级安全质量标准化机械制造企业，成为甘肃省首家获此殊荣的企业。4月公司通过对运营机制的变革，推行制造部门的事业部制改革，成立零部件事业部和电镀事业部。7月公司入选中国机械500强。

第三节　天水二一三电器有限公司

沿革

1969年在沈阳二一三机床电器厂支持下天水二一三机床电器厂成立。1992年8月以天水二一三机床电器厂为主体，天水长城电工仪器厂为骨干厂联合组建成立天水二一三机床电器公司。1998年天水二一三机床电器厂入组兰州长城电工股份有限公司（600192）。2001年11月在上海浦东设立上海天健电气有限公司。2006年8月公司改为天水二一三电器有限公司。

生产经营

1985年天水二一三机床电器厂完成工业总产值1014万元，实现利润182万元，达到人均产值1.287万元，人均利润2429元。1987年提高零部件加工生产技术能力，开展企业间横向经济联合、划小核算单位和人事劳动等方面的配套改革。1989年机电产品市场滑坡严重，企业经营陷入困境，工厂尽力减少积压，缩短供货周期，控制资金支出，压缩非生产费用。1995年对产品生产过程中的关键工艺建立63个质量控制点，实行"产品一条龙"质量检验。1996年取得低压成套开关设备生产秩序与产品质量整顿合格证书。1997年确定装配分厂日生产指令计划的格式与程序，产品被甘肃省经贸委评为"陇货精品"。

1985—2007年二一三公司生产经营统计表

表7—3—3　　　　　　　　　　　　　　　　　　　　　　　　　　单位：万元

年份	工业总产值	销售收入	销售回款	工业增加值	利税总额	利润总额
1985	1014	1039	1039	435	310	102
1986	1151	1075	1075	500	380	200
1987	1150	1221	1221	454	374	201
1988	1460	1804	1804	681	322	170
1989	1502	1749	1749	513	353	175
1990	1600	1962	1962	956	384	200
1991	3232	3018	3017	1578	669	320
1992	5000	4568	4568	2403	1023	482
1993	8203	6010	6010	2217	1179	573

续表

年份	工业总产值	销售收入	销售回款	工业增加值	利税总额	利润总额
1994	5205	4606	4606	2071	1078	415
1995	5401	5086	6476	2054	948	300
1996	7089	5608	7624	2598	730	203
1997	9978	7482	8849	4443	1399	939
1998	10565	7503	8197	5313	1088	434
1999	12043	8397	9210	6474	1026	477
2000	16168	10692	11180	4944	1234	474
2001	18080	12157	13148	5695	1230	351
2002	20368	13950	15194	4757	1409	402
2003	26700	16367	18755	4880	1501	410
2004	18444	18326	22094	4980	1514	543
2005	20159	17590	23190	5477	1587	552
2006	21117	20118	26001	5740	1897	725
2007	26516	28411	29058	7221	4543	2722

产品研发与技术创新

1984年天水二一三机床电器厂引进法国遥控器械有限公司小容量接触器、热继电器等产品和制造技术。1985年6月CJX2-16（25）交流接触器通过小批试制鉴定，获甘肃省科技成果三等奖，投入小批生产。1986年7月天水二一三厂引进法国TE公司LC1-D09/12交流接触器、CA2-DN接触器式继电器、LA1-D辅助触头组等7个品种16种规格的产品并投入生产。至12月引进法国TE公司技术资料347卷。1987年6月通过引进技术，第一台国产化交流接触器（LC1-D09）问世。7月LR1-D09/25热继电器等4个品种14种规格的产品投入试生产。1988年进行LA2-D、LA3-D空气延时头和LC1-D40/63交流接触器等5个品种、9种规格产品的试生产，至1991年通过甘肃省机械总公司批量鉴定，投入批量生产。1989年引进LC1-D80等16个品种21种规格产品陆续投入试生产，至1990年12月所有引进产品均完成试制和厂内小批试制鉴定。1990年JRS4-09/25热继电器获机床工具工业协会春燕奖二等奖，LA2-D、LA3-D系列空气延时头获春燕奖三等奖；LC1-D09/12（CJX4-09/12）

交流接触器、JZC3系列接触器式继电器获省科技进步二等奖，LA1-D辅助触头组、LA2-D、LA3-D系列空气延时头获省优秀"双新"成果奖。

1991年LC2-D16N/25N/40N/50N/63N/80N机械联锁接触器，及其LC3-D16/40/50/80星三角减压起动器、LR1-D09/25/40/63/80热继电器等产品通过省级批量生产鉴定，主导产品均达到国际80年代水平，国产化率达到95%以上。CJX4-09/12交流接触器获国家质量奖评定委员会颁发的国家质量奖银质奖，CJX4-80交流接触器获省优质奖。1992年7月CJX4-09/12交流接触器装配生产线、CJX4-40/50/63交流接触器获省科技进步二等奖，QCX4-09/12电磁启动器、JSK4系列空气延时接触器式继电器、精密冲塑料模具技术研究获省科技进步三等奖。

公司装配生产线

之后陆续开发GSC3-09-95新一代交流接触器、GSC3-09-95EC电子控制交流接触器、GSR3-09-95电子式热继电器、GSC1-40/65FC防尘接触器、电动机智能保护器、无涌流电容切换器及单相固态继电器等智能化新产品。与同济等大学合作研发GSC3-40-95EC电子控制交流接触器、电动机智能保护器、GSR3-系列电子式热继电器、GSD1电动机保护器、GSWR1无涌流电容切换器、GSD2可通信电动机保护器等智能化新产品，引进上海电器科学研究所新型框架断路器核心技术。2006年后公司完成厂级鉴定验收新产品项目48项，通过省级新产品鉴定和省级成果鉴定20项，其中GSC3系列交流接触器、GSD1系列电动机智能保护器、GSC3-09/95N系列联锁接触器3项新产品达到国际先进技术水平，GSM8系列电动机保护型塑壳断路器等16项达到国内领先技术水平。

第四节　天水岷山机械有限责任公司

沿革

1988年成立首钢（集团）总公司首钢岷山机械厂，2008年破产重组为天水岷山机械有限责任公司。公司占地68万平方米，总资产4亿多元，其中生产用地40万平方米，生产厂房48栋、面积8.3万平方米，各类设备2002台（套）。职工677人，其中各类专业技术人员有157人，高级职称12人。主要生产冶金备件类产品（主要包括氧枪喷头、剪刃、牙轮钻、导卫辊、导槽、导卫板及各种结构件等系列产品）、机床功能部件类产品（教学多功能机床、车床溜板箱、小拖板、走刀箱等）和军用产品。

生产经营

1993年2月首次突破备件加工月产90吨达到130吨，8月突破月产200吨大关达到210吨。1995年首钢调整经营战略导致可供工厂加工的备品备件量大幅减少。2000年试制塑窗组装，2001年开始大批量生产，年销售额140余万元，2002年至2004年年销售额超过100万元。2007年下半年型材生产及门窗组装先后停产。2000年至2008年累计生产各系列产品700台，销售收入近500万元。

技术创新与产品研发

民用产品　1987年后先后开发冷拔钢丝、火柴机械、首钢备件、59式手枪等多种产品。1997年将市场需求作为产品开发的方向，先后开发UPVC塑料异型材系列产品、太阳能热水器系列产品、防盗门窗系列产品，以CA6140和CA61100A型溜板箱和小拖板为主的机床功能部件系列产品，以各种规格的氧枪喷头、冶金剪刃、导卫辊为主的冶金备件系列产品及油田配电房系列产品。

1997年开发塑钢门窗产品。1998年塑钢门窗投入生产，年产2万平方米。同时开发FAM-A-P-5.1-SG防盗保温门,被工厂安居一期工程所使用。1999年在保温门基础上改型生产防盗门,投资30余万元购进1套静电喷塑设备,自制3套专用模具,维修改造锻造车间1台300吨液压机,1台16吨、2台63吨冲床,完成生产线建设。2000年改进塑钢门窗技术工艺,先后试制生产出手动、气动塑钢门窗组装设备。

2002年7月试制CA6140型车床溜板箱。11月样品完成挂机试验获得成功。2003年4月车床溜板箱开始小批量供应市场。之后改进生产技术,至2008年4月月产量达到927台,月产值最高达247万元,月收入179万元。同时试制成功CA61100型车床溜板箱,产品形成系列化。

手枪　1988年试制生产WQ20259式9mm手枪,试制分工装趟试批、工艺试制批和转产鉴定批3个阶段进行,解决各种技术质量问题21个,机加零部件综合良品率达到81%,关键件综合良品率达到14%,单件综合良品率达到95%。1990年1月首批500支成枪完成试制。4月经鉴定产品性能可靠,批量生产。59式9mm手枪属国内独家生产枪种,产品全部外贸出口。

氧枪　1996年12月5孔氧枪喷头样品经首钢二炼钢3#高炉试验,累计吹炼达824炉,效果和寿命都与进口产品相当,进行批量试验。1999年10月召开锻压组合式氧枪喷头部级鉴定会,认定产品制造工艺先进,结构设计合理,使用寿命长、冶金质量稳定,达到国际先进水平。2006年投资100万元对氧枪毛坯加工生产线进行技术改造,安装1000吨油压机及相关设备,自行研发生产、改装相应的挤压模具,5月完成全部改造工作,实现所有规格的氧枪在工厂挤压成形。技改后平均每支氧枪节约原材料4千克。同时立项CW6163D、CW6180D型小拖板开发,至2007年完成试验进行小拖板产品生产。

第五节　天水华荣铸造机械有限公司

沿革

1966年6月在天水市综合机械厂修理门市部的基础上成立天水市机械修配厂,生产普通机床。1975年开始生产铸造机械。1976年5月更名为天水铸造机械厂。1984年11月天水市铸造机械厂与天水市拖拉机修配厂合并成立天水铸造机械总厂。2002年5月天水铸造机械总厂改制成天水华荣铸造机械有限公司。2007年职工120人，公司有机加、装配、电器3个生产车间，设有经营技术质检科等科研机构，拥有各类专业技术人员63名，其中高级工程师4名，占地面积23851平方米。公司主要生产离心铸造机、低压铸造机、大型离心轧辊铸造机、离心铸管机、砂处理等设备，年生产能力100余台（套），产品广泛应用于航空、航天、核电、冶金、钢铁、化工、军工、汽车等行业。

生产经营

1985年至2007年公司在济南、成都等6个城市派驻销售业务经理，负责全国各地的销售业务。离心轧辊机国内市场占有率达到100%，离心铸造机国内市场占有率100%，低压铸造机国内市场占有率30%。公司产品行销国内30多个省、市自治区和台湾地区，部分产品出口非洲、泰国、缅甸、马来西亚、巴西、澳大利亚等国家。产品应用于"神州"飞船发射、"飞豹"战机零件生产等工程。

公司部分年份生产经营统计表

表7—3—4　　　　　　　　　　　　　　　　　　　　　　　　　　单位：万元

年份	总产值	销售收入	利润	上缴税金
1985	86.8	62	6.9	14.6
1990	119.7	89.7	7.6	11.7
1995	121	95.6	8.9	22
2000	127.6	101.5	9.5	38.6
2005	1225.7	1137	12	57
2006	1458.6	1269	16.7	40
2007	2369	1806	18	85

技术创新与产品研发

公司研制的大型离心轧辊铸造机在国内首次采用累积误差补偿技术，振动检测技术，测温、油气润滑和循环水隔热技术，工业计算机与自动化联合控制，取得专利技术6项，满足电力、化工、石油天然气等行业对大型热辐射管、大型复合材料管等的需求，填补国内空白，获得"国家重点新产品"

证书。公司产品形成J51系列悬臂卧式离心铸造机、J52系列托滚式离心铸造机、J55系列立式离心铸造机、ZJ系列专用离心铸造机、J45系列低压铸造机和砂处理系列为主导的系列产品。

第六节　天水长城控制电器有限责任公司

2006年10月天水长城控制电器厂改制为天水长城控制电器有限责任公司,占地24.7万平方米,职工1882人。

1985年主要产品有电气传动控制屏、箱和低压电器元件90个系列。"七五"期间逐步开发电气传动装置、高低压配电设备、低压电器元件和制动电器96个系列。"八五"期间开发直流接触器、直动式交流接触器、高起点母线槽产品。"九五"至"十一五"期间持续升级改进技术,产品日趋丰富,形成CCKX18等系列高低压母线槽产品,CJ12、CJ156、CCZ38等系列交直流接触器产品,CMNS、GCS系列低压成套设备产品,QP、QY2K、QZ1S系列起重电气设备产品,YWZ、ZWZ系列制动器5大类产品共107个系列、2314个品种、8719种规格的产品格局。

1985年至2007年有42项产品通过省级新产品、新技术和科技成果鉴定,其性能指标属国内领先地位,6项产品获得国家专利。1990年双向门式起重机获机械电子工业部科学进步特等奖。被授予甘肃省一级企业称号。1993年开发的TTC1系列电磁直流接触器达到国际90年代先进技术水平,填补国内铁路机车专用直流接触器空白。2006年CCZ38-1250/10和CCZ38-1000/40直流接触器获年度国家重点新产品证书。

天水长控厂部分年份生产经营统计表

表7-3-5　　　　　　　　　　　　　　　　　　　　　　　　单位:万元

年份	总产值	销售收入	利润	上缴税金
1985	3530	2718	445	461
1990	4143	4262	455	500
1995	6520	8788	50	657
2000	5655	6267	8	352
2005	11111	10588	-1305	339

续表

年份	总产值	销售收入	利润	上缴税金
2006	9404	9890	−1480	195
2007	11100	11136	−1679	224

第七节　天水长城电工仪器有限责任公司

沿革

1966年由上海迁入天水建立天水长城电工仪器厂。1992年8月天水长城电工仪器厂和天水二一三厂联合成立天水二一三机床电器公司。1995年两厂联合成立的天水二一三机床电器公司解体，工厂又隶属于甘肃机械集团公司管理。2003年11月工厂划归天水市管理。2005年破产改制为天水长城电工仪器有限责任公司。

产品研发

1992年两厂联合后长城电工仪器厂新建5条低压电器生产线，开发生产213厂的CJ10系列、D系列、F系列交流接触器，C45塑料壳断路器，LY5新型按钮开关。2002年开发研制生产电力行业产品6大类、45个系列，产品主要用于电力、铁路、冶金、石化及大专院校，60%以上的产品采用计算机完成各种控制能力。被评为全国民营科技企业新秀奖。2003年与台湾双帮实业股份有限公司合作新建精细化工CTX-789光敏剂生产线项目，占地20667平方米，总投资2400万元，分4条生产线，三期工程两年内建成。一期工程投资570万元，2003年11月建成投产。项目建成后年生产能力1000吨，产值1.2亿元，实现利税2600万元。

生产经营

1985年底累计投资1499万元，完成工业总产值8832万，实现利税2064万元。1986年后经济效益逐年下滑，到1990年开始出现亏损，至1994年有固定资产2277万元，流动资产3192万元。1995年6月注册为股份合作制民营企业，注册资金850万元，固定资金1590万元，流动资金700万元。2007年产值2100万元，销售2000万元，上缴税金100多万元，实现利润200多万元。

第八节　中小电气开关制造企业

天水电气传动研究所有限责任公司

1970年一机部天津电气传动设计研究所分迁天水建立天水电气传动研究所。2008年改制为天水电气传动研究所有限责任公司，主要从事电气传动及自动化领域的技术产品研发，是兰州长城电工股份有限公司的全资子公司。2001年被命名为省级高新技术企业，2004年被国家科技部认定为省级企业技术中心，享受国家对高新技术企业的税收优惠政策。公司有员工495人，其中高级工程师36人，甘肃省领军人才5人，省级专业带头人12人，13人享受国务院专家津贴。研制的ZJ45D纵式井钻机荣获1991年国家重大技术装备成果奖，6000米电驱动沙漠钻机荣获1997年国家科技进步一等奖、国家"八五"科技攻关重大科技成果奖，ZJ40DBS变频钻机电传动系统荣获2004年国家科技进步二等奖，超导磁铁电源荣获2008年甘肃省科技进步一等奖。2007年实现工业总产值1.5亿元，销售收入1.54亿元，税金2775万元。

天水西星电器有限公司

1999年天水西星电器有限公司成立，是一家集交、直流电器元件，电器装置的技术研究、产品开发、市场应用开拓及服务的非公有制股份制企业。公司注册资本由成立时的51万元增加到2007年的608万元，累计上缴税金900万元。2006年取得科技部颁发的创新基金证书，成为国内生产直流接触器行业的主导企业。

天水市长开互感器制造有限公司

1985年天水市长开互感器制造有限公司成立，占地1.5万平方米，拥有固定资产原值1500万元，职工158人，各类专业技术人员22名，是我国十大互感器专业制造企业之一。主要生产0.5kV至35kV电流互感器、电压互感器及环氧树脂绝缘件产品。

天水长城通用电器有限公司

2005年9月天水长城通用电器厂改制为天水长城通用电器有限公司，占地5.4万平方米，建筑面积3.3万平方米，固定资产5213万元。主要生产经营环氧树脂浇注干式变压器、箱式变电站、高低压成套设备、塑壳式断路器以及起重电器等，共200多个系列、1000多种产品、3000多个规格。公司拥有各种机床和设备300多台套，年生产能力100万kVA，年生产箱式变电站100台、高低压成套设备2500台、低压电器元件30万件。主要产品有SCB系列环氧树脂浇注干式变压器，S11、S13油浸式电力变压器，KYN61-40.5、KYN28-12系列高压开关柜，HXGN-12型环网柜，XBW系列箱式变电站，GCS、MNS、GCK、GGD、GGJ低压开关柜，XL系列动力配电箱，CTM1、CTW1、DZ47系列塑壳断路器，ZX系列起重电阻和各类行程开关等。公司主导产品SCB系列环氧树脂浇注干式变压器通过荷兰KEMA高压实验室认证。

天水继兴电器开关有限责任公司

1992年天水继兴电器开关有限责任公司成立，生产电器开关及配件，生产作业面积2860平方米，有员工60余人，其中高级工程师3人，资产600多万元。产品有10大系列300多个品种，具备150kV绝缘实验设备和条件。2007年完成产值860万元，利税120万元。

天水金泰实业有限公司

1998年5月天水金泰实业有限责任公司在岷山路成立，注册资金128万元，占地3900余平方米，固定资产1648万元，员工56人，主要产品有DZX高分断塑壳式断路器、DZX2/4L系列漏电保护型高分断塑壳式断路器、LAY5按钮开关、信号灯系列、GGD低压配电柜、GCS、MLS高级型低压抽屉柜、XL-21型动力配电箱、PZ30系列开关、插座箱、城网电力计量箱及低压电器元、配件等。

第九节　中小型机械设备制造企业

蓝星天水六九一三工厂

1974年中国人民解放军第六九一三工厂建成投产。2001年10月由军队移交中国蓝星集团总公司改为蓝星六九一三工厂。占地16万平方米，建筑面积6万平方米，总资产7400万元，职工474人。主要生产智能快速充电机、背复线收放车、光缆车、方舱、电台背架、成套电器产品、超微细粉碎设备、治疗仪、轴承等产品，同时从事电源类产品、高低压开关柜生产，生产改装运钞车。1993年跨入中国500家最大电子及通信设备制造业企业，2004年被评为甘肃省高新技术企业。

天水红山试验机有限公司

1966年由长春迁建天水成立天水红山试验机厂。2007年破产改制为天水红山试验机有限公司，成为天水星火机床公司的控股企业。占地面积23.7万平方米，建筑面积11万平方米，总资产1.04亿元。员工566人，其中高级职称21人。有300余台金切加工设备和生产5000吨铸件生产线，有国家二级计量检测资质的计量检测中心。主要生产各类金属、非金属材料试验机，大型自动化称量设备，标准测力机，测力和称重传感器等30个大类300个品种，80%以上产品为激光电液一体化产品。产品获国优1项、部优3项、省优10项，41种产品分别获国家、部、省级科技进步奖。2006年被评为甘肃省高新技术企业。2007年创收3633万元。

天水方盛特种铸钢厂

1998年天水五金厂下岗职工在北道区组建股份制企业天水方盛特种铸钢厂。2005年3月搬迁至玉泉镇冰凌寺村，占地8000平方米，职工70多人，资产360多万元。有铸造、热处理、清理车间各1栋（1200平方米），中频感应熔炼电炉2套，年生产各类铸钢件2000吨。产品主要有高锰钢件、磨球、不锈钢、耐热钢铸件、离心工艺成型铸件等4大类型40多个规格。2007年销售额1000万元。

天水雄风摩托车配件厂

1991年天水雄风摩托车配件厂在秦安县成立，1994年搬迁至秦城区。占地9000平方米，有生产设备和各种检测仪器89台（套），固定资产1017万元，流动资产499万元，年生产20万套摩托车铝合金轮圈，产值1380万元，销售收入1280万元，上缴税金50多万元，利润20多万元。有员工180人，其中各类专业技术人员28人。2002年与重庆大学联合研制开发年产50万套铝合金汽车摩托车轮毂生产线技术改造项目，总投资3176万元。2003年6月建成投产，年生产能力50万套，年销售收入1.25亿元，利税3500万元，其中税收425万元。

天水市恒方铸业有限责任公司

2000年7月天水市恒方铸业有限责任公司成立，生产各类铸钢、铸铁铸件,产品主要在机床生产、石油机械、地质勘探、矿山冶金等行业中应用,职工77人。2007年完成工业总产值800万元,工业增加值100万元,销售收入790余万元。

天水锴华电器有限责任公司

2003年6月天水市衡器厂改制为天水锴华电器有限责任公司,占地5400平方米,注册资金200万元。生产经营机械衡、电子衡、通风机等产品,有员工35人,技术人员15人,其中高级技术职称2人。

第四章 铁路器材

第一节 天水铁路电缆有限责任公司

沿革

1969年11月天水铁路电缆工厂成立,是铁道部第一家生产电线电缆产品的专业化工厂。1978年1月由兰州铁路局移交铁道部电务局管理,1981年6月被铁道部划归中国铁路通信信号集团公司管理。1997年3月通过ISO9002:1994质量管理体系认证,2002年7月通过(CQC)ISO9001:2000质量管理体系换版认证,2003年7月通过(CQC)CCC中国国家强制性产品认证,2004年7月通过泰尔认证中心TLC光缆产品认证,2005年5月通过中铁铁路产品认证中心CRCC铁路产品认证,2007年9月通过(CQC)ISO14001:2004环境管理体系认证。占地25万平方米,职工952人,技术人员170多人,有500多台(套)生产、检测、试验设备。主要生产铁路信号电缆、通信电缆、数字信号电缆、光缆、辐照交联电力电缆、架空电缆、低烟无卤阻燃电缆、耐火电缆、铁路内屏蔽数字信号电缆、光电综合电缆以及各种铜铝绞线、电线等产品,年生产能力5万公里。

生产经营

1985年天水铁路电缆工厂第一次查定生产能力,获铁道部"经济效益最佳企业"称号,产值利税率、产值利润率、百元商品产值成本三大经济指标名列全国电线、电缆行业250家的第二位。之后企业以市场为导向加快产品更新换代，筹资两千多万元改造优化信号电缆、通信电缆、力缆、光缆生产线布局结构。1987年连续中标衡广铁路复线和陇海铁路郑定段两个电气改造工程，实现创汇272万美元，全年员工劳动生产率达32553元/人。1993年工厂第一次生产232公里、产值近600万元的辐照交联新型阻燃电力电缆供给太原钢铁厂。1995年为北京西客站工程生产价值390万元的阻燃型铝护套信号电缆和阻燃型导体镀锡室内信号软线，为京九铁路生产信号电缆3200公里、通信电缆90公里。1999年电缆三车间完成技术改造生产架空辐照绝缘电缆、力缆、控缆。研制阻燃型铝护套信号电缆、阻燃型信号电缆等产品，成立地铁轻轨产品销售部，为广州地铁、上海地铁、深圳地铁、重庆轻轨、大连轻轨等地铁项目供货。与西门子、阿尔卡特等国外公司合作，使工厂成为地铁、轻轨电缆市场份额较大的企业。2000年电缆一车间主要生产纽绞、综合护套电缆，电缆二车间主要生产计轴、铝护套、综合屏蔽电缆，电缆三车间主要生产力控缆、架空缆、阻燃耐火电缆，光缆车间生产通信电缆单线、四线组及光缆。生产适应小批量、规格杂、要货急，实行跨车间、跨工种的整体调度作业。"九五"期间完成总产值5.4亿元，销售收入5.4亿元，利润383万元，上缴税金2865万元，生产电缆34174公里。

2001年研制出铁路数字信号电缆，成为数字信号电缆指定生产厂家，全年铁路数字信号电缆占总产量的12.3%，占总产值的15.8%。2002年电缆二车间完成拉丝挤塑串列线、高速星绞机、高速对绞机、高速成缆机的配套安装，信号电缆年生产能力达到16000公里。2004年生产管理实行"精确制造、精细管理、定长制造"。销售坚持稳定铁路电缆市场占有率和提高通信电缆、电力电缆市场占有率，中标神朔、遂渝、朔黄、西宝、柳黎、东陇海、渝怀、大秦、郑徐、哈大、武九、成内、兰武等项目，其中兰新线哈疏段8800万元合同为建厂以来单笔最大合同。2005年实现由手工操作向计算机自动形成的发展。"十五"期间完成总产值10.2亿元，销售收入9亿元，利润1713万元，上缴税金6073万元，生产电缆49439公里。

2006年购置高速星绞机、铜屏蔽绕包机组和150护套生产线，使内屏蔽信号电缆日产60公里，开发京津高速铁路客运专线配套电缆、绿色环保型铁路贯通地线、轨道交通信号通信电缆及车辆装配线等新高速铁路市场。2007年主要产品有铁路数字信号电缆、内屏蔽铁路数字信号电缆、S-bond电缆及组件、阻水油膏填充铁路长途对称通信电缆、LEU电缆、环保型防白蚁铁路信号电缆、铁路信号光电综合缆、环保型贯通地线电缆、内屏蔽计轴电缆、DTI控制电缆、低烟无卤阻燃机车信号电缆、国产磁悬浮系统配套的抗悬垂感应环线电缆等及其阻燃产品。

2002—2006年电缆厂新产品产值占总产值比重

表7—4—1

年份	工业总产值（万元）	新产品种类	新产品产值（万元）	新产品占比（%）
2002	16903	数字信号电缆、地铁类信号电缆、阻燃电力电缆	5827	34.4
2003	12831	数字铜屏蔽信号电缆	2670	20.8
2004	16821	S-Bond电缆	214	1.2
2005	49244	阿尔卡特电缆	702	1.4
2006(1—10月)	21091	无	—	—

1999—2006年电缆厂工业总产值、产品产量统计表

表7—4—2

年份	工业总产值（万元）	电缆产品产量（公里）
1999	11414	6703
2000	12809	6108
2001	16513	8819
2002	16903	9652
2003	12831	7311
2004	16821	8871
2005	49244	14786
2006(1—10月)	21091	7320

技术创新与产品研发

1990年为京广铁路、郑武段电气化改造提供620公里综合屏蔽新型铝护套信号电缆。1991年扩建厂房，安装高速盘绞机、电子辐照加速器、三层挤塑机等设备，投资160万元扩建高压配电室，配套建成中压试验

室、燃烧试验室。开发生产出辐照交联电力电缆和架空电缆。1992年底组建宏达实业总公司，1993年批量生产无氧铜杆、聚乙烯护套料。1996年开发新产品为广州地铁、唐山钢铁公司提供各种阻燃系列的信号和电力电缆。1997年引进皮—泡—皮拉丝挤塑串列生产线和高速星绞机，筹建光缆生产线。为伊朗德黑兰地铁生产低烟无卤阻燃铝护套信号电缆220公里，尼日利亚铁路改建工程生产信号电缆820公里。1998年引进通信电缆生产线，为南疆铁路工程生产新型皮—泡—皮绝缘无缝铝护套7组低频通信电缆185公里，宝成复线电气化改造工程生产铝护套信号电缆530公里。光缆工程生产线试生产的中心束管式和层绞式光缆通过甘肃省经贸委、科委组织的鉴定，填补西北地区光缆生产空白。2002年争取到省、市制造企业信息化资金支持和省电子办863项目立项。

第二节 天水铁路信号电力有限公司

沿革

1969年天水铁路信号工厂成立。2009年8月改制为天水铁路信号电力有限公司。占地面积6.3万平方米，有452台配套设备，固定资产2000万元，经营管理、工程技术人员180名。是全国铁路信号器材制造四大专业生产基地之一，主要生产铁路信号、铁路电力牵引供电，高低压控制器材、铁路信号玻璃、铁路平交自动道口器材和施工。

生产经营

1985年改造锻工厂房，研制产品道口测试仪投产，年总产值1147万元，劳动生产率9845元/人，利润262万元，被铁道部列为全路25个经济效益显著单位。1994年投资220万元购置J92K-40多工位数控冲床、QC12K-6*3200数控剪板机、QC67K-100/3200数控折弯机，投资800万元的电力设备车间验收合格。2007年总产值1106万元，利润-554万元，职工931人，劳动生产率11880元/人。

技术创新与产品研发

1990年研制的BG1-300、BG1-320变压器投产；研制的第三代变压器微机测试台正式投入运行，可测BX1-34、BG1-50、BD1-7、BD1-10、BZ-4

等5种变压器的参数；研制低功耗高频轨道电路器材通过铁道部技术鉴定。自行设计1.5T机械自卸农用拖斗车投入批量生产，防雷型BZ-4型中继变压器通过防雷试验。1991年后相继研制成功JM型密贴检查器、高压柜、低压柜、隔离开关、真空断路器、各类低压配电屏、电源屏、配电箱和各类熔断器、手动操动机等电力产品以及全塑电缆、铠装电缆、综合护层电缆。

第五章 轻工纺织

第一节 雕 漆

雕漆是秦州区传统优势产业，其历史可追溯到秦汉时期。至1990年有雕漆生产企业20多家，产品230多种。较大企业有天水市雕漆工艺厂、天水市雕漆工艺二厂、天水市雕漆工艺三厂、秦州雕漆工艺厂等，其中天水市雕漆工艺二厂、三厂和秦州雕漆工艺厂产值为290万元。1998年后雕漆工艺二、三厂等企业相继破产改制为股份制企业。2002年天水市雕漆工艺厂改制为天水飞天雕漆工艺家俱有限责任公司。2007年7月天水飞天雕漆工艺家俱有限责任公司整体搬迁至东十里铺工业示范园区，占地面积34670平方米，总投资5600多万元，建筑面积16800平方米。

天水飞天雕漆工艺家俱有限责任公司是首批"中华老字号"企业。以飞天雕漆为典型代表的天水雕漆技艺被入选首批国家级非物质文化遗产名录，生产的"飞天牌"漆器荣获国家工艺美术品百花奖金杯奖和银杯奖。天水"飞天牌"雕漆工艺品在继承传统漆艺的基础上博采众长，吸收浙江石雕、扬州螺钿、玉雕、北京象牙雕刻、福州脱胎和髹漆技术、四川的磨彩绘等工艺，形成具有天水特色的系列漆艺产品。主要有金漆银镶、平磨螺钿、堆鼓彩绘、脱胎研磨彩绘四大系列工艺，产品品种有高、中档座屏、屏风，各种类型挂屏、组合桌类、大餐桌及各种档次的旅游小件工艺品。2006年从扬州引进平螺工艺，产品有300多个花色品种。

飞天雕漆有限责任公司部分年份生产经营统计表

表7—5—1　　　　　　　　　　　　　　　　　　　　　　　　　单位：万元

年份	总产值	销售收入	利润	上缴税金
2000	233	202	-120	4
2005	562	585	-12	—
2006	575	588	-15	35
2007	580	590	-17	45

第二节　丝　毯

　　丝毯是秦州区的优势产业。1987年秦城区较大的丝毯企业有秦城区地毯厂、秦城区丝毯厂两家，产值为760万元，是区属企业中经济效益最好的企业。至1990年产值达到1150万元，1997年产值达到1770万元，之后由于管理等方面落后产值回落，至2000年产值下降到1483万元，2005年产值仅为990万元。

天水宾乐地毯有限公司

　　1988年天水市地毯厂改称天水市地毯总厂。2007年天水市地毯总厂改制为天水宾乐地毯有限公司。占地5867平方米，建筑面积6229平方米，有织毯工1500人，其中专业技术人员占85%，年产地毯3万平方米，是具有较大规模的全能出口产品企业。1997年完成产值871万元。2007年完成产值320万元，销售收入310多万元，利润22万元，税金45万元。主要产品有传统地毯、精艺地毯、新潮艺术毯、仿旧地毯、藏式地毯、米拉斯地毯、天然色环保地毯、情调地毯等8大系列，45道、60道、70道、90道、100道、120道、140道、200道8个档次及独具地方特色的旅游毯、艺术挂毯和民族用毯。产品销往德国、意大利、加拿大、美国、日本、中东等国家和地区。

天水新天丝毯有限公司

　　1990年天水市丝毯厂兼并天水市帆布印染厂后改称天水市丝毯总厂。2003年改制为天水新天丝毯有限公司。占地7933平方米，有设备474台（套），固定资产原值686万元。职工185人，其中专业技术人员36人。1997年完成产值900万元。2007年总产值350万元，销售收入120多万元，税收13万元。年生产能力2万平方米，产品远销日本、美国、欧盟及东南亚地区，多次获得国家级、省级工艺美术品"百花奖"。1996年为外交部、驻美国大使馆、驻日本大使馆生产的3块以麦积山为背景图案的大型艺术挂毯受到外交部的赞扬，荣获"天水奇葩"证书。

第三节　纺　织

1985年秦城区较大的纺织企业有天水市第一毛纺厂、天水市针织一厂、天水市针织二厂和天水市化纤厂等。第一毛纺厂有职工1616人，年产值1200万元。1996年第一毛纺厂与甘肃春风纺织有限公司合并成立甘肃省春风纺织（集团）有限公司。1998年后针织一厂、化纤厂相继破产。2004年针织二厂改制为安字针织有限公司。2007年安字针织、春风纺织两家公司有职工2047人，完成工业总产值4289万元，销售收入3580万元。

甘肃春风纺织（集团）有限责任公司

1984年甘肃绒线厂利用国家投资5580万元在秦城区征地300亩扩建2000纺锭工程，筹建甘绒二分厂。项目建成后甘肃绒线厂拥有纺锭7200锭，具有年产绒线3000吨、毛衣20万件的生产能力。1993年企业步入中国行业一百强，厂长金士珠荣获全国"五一"劳动奖章。之后市场萎缩、产品积压，企业开始亏损。1996年3月将甘绒一厂、二厂和天水第一毛纺织厂组建为甘肃春风绒线纺织集团。2002年改制为甘肃春风纺织（集团）有限责任公司。主要产品有"春风"牌混纺、纯毛、腈纶，"雪莱"牌山羊绒、羔羊绒、牦牛绒、驼绒等。2007年春风、雪莱公司通过ISO9001：2000质量体系认证。

2002年至2010年公司累计生产各类绒线7152吨、毛纱1532吨、毛衫47万件，实现销售收入4.8亿元，利税1645万元。累计投入更新改造资金1500万元，建成污水处理系统，更新改造专业生产设备及供热锅炉与主管道系统。累计投入2000万元建成锦江之星旅馆、春江酒楼、春风技校等。

1985—2007年春风纺织集团生产经营统计表

表7-5-2　　　　　　　　　　　　　　　　　　　　　　　　　单位：万元

年份	产量（吨）	产值	销售收入	实现利润	上缴税金
1985	2911	7587	5463	951	961
1986	2855	7759	5893	962	1061

续表

年份	产量（吨）	产值	销售收入	实现利润	上缴税金
1987	2992	7904	6679	1223	972
1988	3060	8426	8482	1586	1645
1989	4732	1409	13248	1689	1860
1990	3494	10246	10963	215	1726
1991	3275	11125	10087	301	1442
1992	3843	12449	12037	316	1718
1993	3202	13076	15014	30.	2421
1994	3160	14649	15252	−722	702
1995	1971	17451	15328	−1376	652
1996	2467	12601	11327	−790	610
1997	1609	7349	6170	−1289	270
1998	1481	6354	5005	−993	182
1999	1052	4084	3300	−1990	228
2000	1140	4422	3926	−1989	65
2001	1261	4515	3635	−2356	103
2002	1125	4028	2955	−1979	92
2003	800	3840	4800	83	81
2004	817	3925	3921	84	82
2005	695	3001	4235	84	52
2006	654	2832	4681	107	148
2007	749	3969	5503	55	166

天水市安字针织有限公司

2002年5月天水市针织二厂改制为天水市安字针织有限公司。占地3000平方米，职工84人。公司主要产品为"安"字牌劳保纯棉手套，年产量140亿双手套。2007年完成销售收入225万元，产值320万元。

第四节　食品加工

1985年秦城区有天水市酒厂、天水市面粉厂、天水榨油厂、天水粮油食品厂、天水食品厂、南味食品厂等10余家粮油、食品加工厂。之后随着国有、集体企业的破产改制和民营企业的兴起，至2007年规模较大食品公司有6家，农村有300多个粮油加工作坊，城市有100多家馒头、大饼和面条加工销售门店。

天河酒业有限公司天水公司

1952年天水市酒厂成立。1987年12月年产500吨至1000吨天水特曲酒生产扩建项目建成投产，厂区位于长开路，占地38666平方米。1997年形成"天泉""陇泉""羲皇""伏羲"四大品牌的白酒、黄酒、清酒生产基地。10月甘肃天河食品集团兼并天水酒厂。1998年8月成立甘肃天河酒业有限公司天水公司，主要生产天河系列白酒，羲皇故里系列酒在天水中高档酒市场占有较大份额。2006年9月甘肃昊峰集团参与天河酒业有限公司天水公司企业改制。

天水昌盛食品有限公司

2001年7月天水昌盛食品有限公司在东十里经济开发区成立，是集甜玉米、双孢菇、芦笋等绿色食品种植、加工、销售、新产品研发等为一体的食品加工企业。公司占地33333平方米，员工300人，其中专业技术人员15人，常年与省内院校合作，聘请高级农业专家6人，资产1239万元。在秦州区建成双孢菇大棚346座，种植甜玉米1100亩，芦笋育苗125亩，企业产品辐射14个乡镇。2007年总产值2300多万元，销售收入1400万元，税金70万元，利润200万元。

公司有3条日加工能力200吨瓶罐装生产线和速冻系列产品生产线，年综合加工能力2万吨，冷藏保鲜各类果蔬1万吨。其中甜玉米罐头年加工量占综合加工总量的85%，产品出口法国、德国、英国、美国等国家，内销兰州、上海等大中城市。公司通过ISO9001-2008质量管理体系认证、HACCP食品安全管理体系认证、IFS国际食品标准认证、BRC欧盟食品标准认证、甜玉米罐头绿色食品认证，"秦岭泉"牌注册商标被认定为甘肃省著名商标。2005年与甘肃省农科院农产品储藏加工研究所、甘肃农业大学等单位组建成立研发中心，有研发人员12人，配置G-7CSME高精密度全自动压力杀菌釜、微波杀酶机、超声波清洗仪、质谱仪、浊变仪、显微镜、农残检测仪。研发中心成立后解决出口食品残留超标问题和加工性能差的问题，研发的《甜玉米粒罐头加工技术研究开发与应用》《出口干装苹果罐头工艺改进和质量提升》课题达到国内领先水平，3项科技成果被国家科技部列入星火计划项目，5项科技成果被列入全省科技成果转化项目。研究开发新产品11种，形成新技术、新工艺6项，制定企业标准4种。

昌盛公司部分年份生产经营统计表

表7—5—3　　　　　　　　　　　　　　　　　　　　　　　　　单位：万元

年份	总产值	销售收入	利润	上缴税金
2003	300	240	20	5
2005	—	100	—	16
2006	1800	1500	180	24
2007	2200	1800	280	32

杨师傅清真糕点有限公司

1998年在杨记清真糕点铺基础上由杨程瑞、杨承志、白喜燕、张丽4人共同出资30万元组建杨师傅清真糕点有限公司，占地2000平方米，固定资产100万元，从业人员46人，生产设备40台（套），年产量800吨，产品4大类100多个品种。其中独具民族风味的有蜜油香、鸡蛋馓子、油炸盒子、绿豆糕、桃仁月饼、牛羊肉火烧、桂花元宵、水果鲜花粽子等产品，除供应天水市场外远销兰州、西安等地。部分产品成为穆斯林每年去沙特阿拉伯王国朝觐必带的礼品。产品荣获"第七届全国焙烤技术大赛"3项金奖。

天水娃哈哈食品有限公司

2000年10月在秦城区十里铺合资成立天水娃哈哈食品有限公司，有职工180人。公司引进美国、意大利、德国、英国等具有国际先进水平的PET瓶装饮料罐装生产线，主要生产娃哈哈596ml纯净水、596ml纯真年代、330ml矿化饮用水、500ml碳酸饮料等系列产品。2007年创收1.1亿元。

第五节　印　刷

天水新华印刷厂

1968年2月天水新华印刷厂成立，5月投产，主要印刷中小学课本教材、教辅、试卷，全年完成工业总产值6.6万元。1970年9月省政治部撤销甘肃省民族印刷厂并入天水新华印刷厂，成为全省唯一一家印制少数民族书刊指定单位，职工544人，其中高级工79名。1989年产值757万元，年产能力11.3万令。2007年完成商品加工值9017万元，销售收入5764万元，完成印刷13.74万令，总资产1.31亿元。

天水新华印刷厂部分年份生产经营统计表

表7—5—4 单位：万元

年份	总产值	销售收入	利润	上缴税金
1985	641	285	70	24.7
1990	834	497	82	68
1995	2783	1043	1.1	69
2000	2801	1227	1.7	212
2005	3151	4001	10	469
2006	3556	3511	12	352
2007	3541	3772	11	466

天水日报博通彩印有限公司

1985年6月《天水日报》第三次发刊，天水市印刷厂并入天水日报社，更名为天水报社印刷厂。2007年改制为天水日报博通彩印有限公司。公司注册资本600万元，年产值500万元，职工62人，其中管理人员12人，技术人员41人，年印刷1400万份《天水日报》。企业拥有报纸出片、印刷的整套设备和四开四色胶印机及包装装潢用辅助设备，具有出版物出版、包装装潢、内部资料和其他印刷品印刷、装订服务为一体生产能力。设有排版设计部、制版部、专业校对室、印报车间、胶印车间、特种印刷车间、装订车间等8个一线基层车间班组。

天水派尔彩印有限公司

2005年天水派尔彩印有限公司成立，2007年投产，建筑面积8600平方米。生产铝箔、镀铝膜、热收缩膜等60mm至600mm之间各种规格的塑料彩印软包装，包括食品包装、医疗药品包装、环保卫生包装、化工包装、洗涤用品包装、农业保护膜等180个系列、3000多个品种。

天水裕霖包装公司

2001年1月天水裕霖包装公司成立，占地6432平方米，总投资980万元，职工68人，技术人员18人。公司专门生产制造3层至5层各种规格的瓦楞纸包装箱，为杭州娃哈哈集团天水生产基地生产配套系列包装箱。2006年取得甘肃省出入境检验检疫局颁发的符合出口货物包装容器质量证书。

第六节　制　药

天水岐黄药业有限公司

1975年天水市制药厂改名为天水地区制药厂，1981年厂址搬迁至七里墩，后改为天水制药厂。1985年工厂设生产经营中心、技术质量中心、厂办公室、政治处、工会以及6个车间。2002年分组改制成立甘肃天水岐黄药业有限责任公司，设综合部、财务部、供应部、市场销售部、质量部、生产部，下辖6个车间。2007年改制为天水岐黄药业有限公司。公司有职工400余人，其中医学教授1人，工程技术人员中高级职称3人、副高职称10人。总资产4500多万元，产值6000多万元。公司拥有9个剂型、148个国药准字号品种，列入国家基本药物目录品种33个（56个批准文号），其中苁蓉通便口服液、劳克结核丸是公司自主研发的独家品种，也是国家专利产品和中药保护品种，"天水"牌和"劳克"牌商标被评为甘肃省著名商标。

公司生产形成"中药口服液为主体，中药浓缩丸和中成药出口为两翼"的名优中成药产品体系，产品有丸剂、片剂、胶囊剂、颗粒剂、合剂、口服液、糖浆剂、散剂、胶剂等9个剂型、148个国药准字号品种。公司年消化中药材近1000吨。中药材基地主要分布在秦州区、清水县、甘谷县以及定西地区的岷县、陇南地区的礼县等地近2万亩，公司与农户合作种植中药材品种有当归、党参、柴胡、黄芪等。1985年完成销售550万元；1986年销售收入720万元，是全省同行业平均水平3倍；1987年销售额突破千万大关；2005年销售收入超过3000万元；2007年达到6000多万元。

天水华圆制药设备科技有限责任公司

1990年4月天水华圆制药设备科技有限责任公司成立，位于长仪路38号，注册资金500万元，固定资产500万元。有员工380人，其中高级工程师15人，中级职称26人。下设9个科室、车间，1个微波研究所，1个广州分公司。公司主要生产智能全自动制丸机及各种规格的系列产品，配套产品有炼药机、四级分离机、糖衣机、选丸机、槽型混合机、颗粒机、装瓶机、提升机、螺旋筛系列产品。2002年被省委、省政府授予"全省发展非公有制经济先进企业"。2007年产值6000万元,销售收入4040万元,税金403万元,利润230万元。

第六章　塑料化工

第一节　天水天宝塑业有限责任公司

沿革

1966年9月甘肃省天水塑料厂成立。1985年天水塑料厂由省工业厅下划归天水市管理。1995年至1996年在内蒙古自治区巴彦淖尔盟临河市和甘肃省庆阳地区正宁县建立两个地膜生产分厂。1997年改制为甘肃天水塑料有限责任公司。2003年6月重组为天水天宝塑业有限责任公司。公司日产地膜86吨、棚膜90吨,年产4万吨以上。

生产经营

20世纪80年代中期,随着农业小拱棚跨度的增大,天水塑料厂引进8米宽幅生产机组,生产5米至8米宽度棚膜,使用寿命3年以上。1995年至1997年引进西北地区第一套10米至12米三层共挤多功能棚膜生产线。之后逐年改造三层共挤10米至12米宽幅多功能吹膜设备机组内冷、机头、焊边机、印刷机等。2006年引进7米至10米二层共挤多功能吹塑棚膜生产线。至此公司农、地膜设备自成体系,新度系数77%,产品宽度由2米扩大至12米。

天水塑料厂部分年份生产经营统计表

表7—6—1　　　　　　　　　　　　　　　　　　　　　　　　　　单位:万元

年份	总产值	销售收入	利润	上缴税金
1985	827	831	60	80
1990	1711	1643	21	87
1995	5016	5099	15	65
2000	8191	72.4	104	78
2005	7280	7577	6.7	77
2006	6311	6425	−19.8	81

续表

年份	总产值	销售收入	利润	上缴税金
2007	7411	7815	24	77

技术创新与产品研发

1985年6月天水塑料厂研制的0.008mm聚乙烯超薄地膜被轻工业部评为全国轻工业优秀新产品。1997年6月研发农用0.005mm厚度聚乙烯地膜，1998年初研制成功。1996年7月至1998年1月开发完成"10米至12米多功能三层共挤农用塑料棚膜"项目，技术达到国内先进水平。2001年8月公司与山西农科院农业资源考察研究所三水渗水膜科技发展中心联合组建天水天宝渗水膜科技有限责任公司，公司注册资金866万元，开发可渗水聚乙烯农用地面覆盖薄膜，11月在天水试制成功，各项指标和渗水率均达到要求。渗水地膜产品微观结构是局部双层膜间隔非对称线型微孔的新型高科技地膜产品，具有渗水、保水、增温调温、微通气、耐老化等多种功能，可使半干旱、干旱、半湿润地区发生频率高达70%的小雨资源有效化，比普通地膜增产20%至40%。2002年12月研发的"EVA（乙烯—醋酸乙烯）多功能减（消）雾棚膜新产品"通过鉴定验收，技术达到国内先进水平。公司被中国农科院农村科技全国通联委员会评为"中国农村小康科技示范单位"，渗水地膜作为全国科技三下乡重点推荐产品。2003年10月研发天水市科技攻关项目"可降解农用地面覆盖薄膜新产品"，2005年10月项目通过新产品鉴定验收，整体技术达到国内先进水平。2006年研制成功"聚乙烯热收缩薄膜"产品，引进2FM3200吹塑薄膜机组功能膜生产线项目。

2006年至2007年公司参与甘肃省政府全膜覆盖"一膜两年用"各种功能地膜的开发与应用，2007年投资950万元进行"寿命与功能同步PO日光温室薄膜"项目技术改造与新产品研发，与日本专家合作引进"粉色光变换光合成大棚膜"。

第二节　天水万维电缆材料有限公司

1977年天水电缆材料厂成立。1985年产值1085万元，销售收入1200

万元,利润131万元。2002年6月改制为天水万维电缆材料有限公司,占地3.6万平方米,有职工54人,其中技术人员20人,是我国第一条聚乙烯电缆材料生产线的诞生地,有8条流水作业生产线,年产量逾万吨。生产"全球"牌低烟无卤聚烯烃电缆料、聚氯乙烯电缆料、辐照交联聚烯烃电缆料、聚乙烯电缆料、桥索用彩色护套料、高密度聚乙烯发泡绝缘料、导电塑料等10大系列30多个品种,产品销往全国各大电缆厂及缆索公司。公司通过ISO9001:2000质量管理体系认证,2004年被甘肃省科技厅授予高新技术企业。2007年产值2000多万元,销售收入1600万元,利税60万元。

第三节　天水华硕精细化工有限公司

2003年甘肃长城电子科技发展股份有限公司在暖和湾工业园投资设立天水华硕精细化工有限公司,占地20666平方米,固定资产3000万元,职工257人。企业主要研究、开发、生产"光固化引发剂"等系列产品,科技成果被列为甘肃省重大科技成果产业化项目,产品DETX、ITX、CPTX、CMTX、907、1789等销往台湾地区和欧美国际市场,其中DETX、CPTX、1789产品为国内独家生产。2007年完成增加值1670万元,利税101万元。

第七章　矿冶建材

第一节　矿　业

1987年群众在娘娘坝、李子、皂郊3乡交界处淘金挖矿洞13个,年产值1500万元。1990年北京矿务局和辽宁杨家丈子矿务局在李子乡开办秦京、秦杨2个选矿厂,从事铅锌矿的开采,年产4000吨。2004年9月甘肃省天水李子金矿有限公司进驻矿区钻探开采,另外齐寿乡南沟河流域也有小型金矿常年开采。2007年全区采矿业16户,年产值7500万元。地质勘探企业有中国建材集团所属甘肃建材总队和煤田综合普查队,年创收5200万元。

甘肃省天水李子金矿有限公司

2002年6月甘肃省天水李子金矿有限公司成立。2004年9月由中金黄金股份有限公司等5家企业出资重组甘肃省天水李子金矿有限公司,其中中金黄金股份有限公司拥有65%的股份。注册资本6808万元,员工91人,高级职称人员6人。公司拥有96平方公里的探矿权和12平方公里的采矿权。开采区金矿成因类型主要为石英脉型和蚀变岩型,矿石品位从几克到上百克不等,金矿地质资源表现为矿点多、面广,矿区潜在黄金资源储量50吨。

中国建材甘肃总队

1970年202地质队成立,位于民主东路1号,后更名中国建材地勘中心甘肃总队。有职工273人,其中专业技术人员137人。有勘查、施工、测绘等设备600多台(套);下设资源地质勘查院、建材天水地质工程勘察院、天水三和数码测绘院、探矿工程公司、地勘中材大厦、天水中材实验测试中心、机械修配厂等单位。

中国建材甘肃总队对甘肃境内52个矿种、500多个建材非金属、金属矿床及矿点提交种类资源地质勘查报告及设计730份,为祁连水泥集团公司所属永登公司、天水公司,及金昌水泥集团、高崖水泥公司、酒钢集团、阿克塞石棉矿、兰州蓝天玻璃公司等建材企业提供矿山保障。发现透辉石、红柱石、萤石、重晶石、凹凸棒石、海泡石、高纯硅、饰面花岗岩、石膏等一批矿产地,编制完成《甘肃省水泥石膏资源图册》《甘肃建材非金属矿地质勘查规则》《天水市矿产资源总体规划》,参与全国矿产资源利用现状调查(甘肃省非金属矿部分)。完成国家、省级矿产资源勘查评价项目6项,省、市级政府公益性地质勘查项目5项,地方及商业性地勘项目90多项。

甘肃省煤田地质局综合普查队

1975年甘肃省煤田地质局综合普查队在皂郊乡门家河村成立,占地44921平方米。下设地球物理勘查院、数码测绘院和天水华辰大酒店、基础公司、物业公司3个经济实体。主要从事地球物理勘查、测绘、地理信息系统、固体矿产勘查、工程勘察、酒店经营、旅游服务等。有职工286人,其中专业技术人员84名。拥有法国产428XL遥测数字地震仪2台套2000道,加拿大产Aries网络数字地震仪2台套1200道,国产数字电法仪等3台套,42套全球定位系统GPRS设备、电子全站仪、高精度电子水准仪等测绘设备，有航测内专业数字采集系统、制图软件等。至2007年累计提交各种专业技术成果报告5400余件，完成大中型物探、测量报告200多件，完成科研项目25项，荣获煤炭工业部、中煤总局、中国煤炭工业协会等部门颁发的奖项25项，其中部级科技进步奖2项，2005年被中国煤炭工业协会授予"全国煤炭工业地质勘查功勋单位"称号。2007年创收2100万元。

第二节　建筑建材

天水辰达节能建材有限公司

2006年10月在皂郊镇贾家寺村关闭企业天水电石化工厂址上建成天水辰达节能建材有限公司，占地3.3万平方米。主要生产加气混凝土墙体砌块制品和CL建筑体系墙板材料。2007年一期工程加气混凝土墙体砌块生产线建成投产，年生产加气混凝土墙体砌块20万立方米，实现销售收入3200万元，税金972万元。

天水和谐建材有限公司

2007年3月天水和谐建材有限公司在暖和湾工业园区开工建成投产，占地2.7万平方米。主要生产混凝土，设有独立的混凝土实验室，引进180全自动化生产线两条，日产5000立方米，年产30万立方米混凝土，年销售收入过亿元。

天水海通钢构实业有限公司

天水海通钢构实业有限公司位于东十里工业园区，总投资1860万元，占地12689平方米，从事设计、生产、安装钢结构工程、彩钢型压板、彩钢加芯板、球形网架、玻璃幕墙，具有乙级设计资质、二级施工资质。有各类专业技术人员120多人，其中高级工程师3人。2007年产值2800多万元。

天水市空心砖机制造厂

天水市空心砖机制造厂位于罗玉路38号，主要生产各种规格的空心砖机及配套设备，独家研制出全钢多功能可调式单级真空挤出机。2007年有职工40人，产值160万元，上缴税金12万元。

第八编

商贸旅游

ShangMaoLvYou

秦州区志

QIN ZHOU
QU ZHI

　　秦州作为古代丝绸之路重镇，商业贸易极为发达，除交易丝绸、茶叶等物资外，秦州周围大大小小的榷场、互市还与少数民族交易马匹、蜀锦、铁器、粮食等生活物资，直至清末秦州仍是河西、关中、川蜀三地物资中转枢纽。1949年秦州区解放后由于交通条件发生变化，秦州物资中转地位不复存在，商业贸易主要局限于天水地区，至2007年实现社会消费品零售总额24.34亿元。

　　羲皇故里秦州是中国历史文化名城，旅游资源丰富，拥有伏羲庙、南宅子、南郭寺等名胜古迹，自然山水兼有南秀北雄之美，四季分明，气候宜人，是旅游休闲的理想之地。2000年后秦州区积极发展旅游服务第三产业，旅游经济出现飞跃发展，旅游综合收入年增长超过20%，2007实现旅游综合收入6.19亿元。而后继续保持高速发展态势，旅游业成为推动秦州区经济发展的重要引擎。

第一章　商业规模与重大活动

第一节　规　模

　　1985年秦城区社会商品零售总额11714万元（不含非农业居民向农民购买商品额为10169万元），商业从业人员5979人。其中国营社会商品零售额5565万元，从业人员1607人，人均销售额3.46万元；个体商业零售额847万元，从业人员1573人，人均销售额0.538万元；国有商业人均销售额是个体私有商业人均销售额的6.4倍。随着"改革、开放、搞活"方针的落实，到1986年个体私营商业发展迅速，国有商业出现萎缩态势，全区社会商品零售总额略降至11650（统计口径有修正）万元。其中国营零售额为4649万元，同比下降5.6%；个体商业零售额3125万元，同比增长2.69倍；国有商业人均销售额是个体私有商业人均销售额的

1.6 倍，差距大幅缩小。居民消费品为 10552 万元，占零售总额的 90.6%。商业从业人员 5798 人，其中国有商业机构 122 个，从业人员 1699 人；集体商业机构 260 个，从业人员 2259 人；个体有证商户 1517 个，从业 1840 人。1987 年全区社会商品零售总额同比大幅增长 26.3% 达到 14715 万元。1988 年国有、个体私有商业快速增长，社会商品零售总额 18546 万元，同比增长 26%。1989 年个体私营商业发展迅速，销售额 9628 万元，同比增长 75%，首次超过国有商业销售额，成为市场的主体，社会商品零售总额 24562 万元，同比增长 32.4%。1992 年商业市场出现购销两旺，商业活动活跃。社会商品零售总额 32938 万元，同比增长 21.2%；消费品零售总额 30682 万元，同比增长 23.8%。商业机构 3588 个，从业人员 8475 人。其中国有从业人员 2289 人，集体从业人员 2055 人，个体从业人员 4131 人。1993 年个体商业从业人员增至 8000 人，占全部商业从业人员 12253 人的 65%，但人均销售额增长平稳，效率低下。至 1994 年个体私营商业从业人员突破万人达 10278 人，占全部商业从业人员 15671 人的 65.6%。1995 年个体私有商业活跃，零售额 40845 万元，同比增长 79.5%，社会商品零售 62794 万元，同比增长 41.8%；商业机构 6856 个，从业人员 16468 人。1986 年至 1995 年社会商品零售总额年均增长 20%，远远高于同期 GDP 的增长速度，成为全区商贸发展黄金时期。从业人员比 1985 年增长 1.75 倍，10 年年均增长 10.7%，远低于零售额增速，商业活动社会效率呈稳步攀升趋势；同时个体商业从业人员逐年增加，极大地缓解了社会就业压力。通过 10 年的发展个体私有商业成为市场的主体，但是社会效率依旧低于国有商业。之后受整体经济运行低迷影响，社会商品零售总额增速出现放缓态势，至 1997 年出现秦城区成立以来的首次下滑，同比下降 6.4% 减少至 68966 万元；其中国有商业下滑最为严重，同比下降 24.6%。1999 年在扩大内需促进居民消费等政策的贯彻实施下，消费市场快速走出低谷，商贸业下滑势头得到扭转。全年实现社会消费品零售总额 72462 万元，同比增长 10.44%。其中国有经济 9629 万元，同比增长 12.55%；集体经济 2172 万元，同比下降 61.68%；个体私营经济 60661 万元，同比增长 18.08%。至 2000 年社会商品零售总额才恢复到 1996 年零售总额之上，1996 年至 2000 年成为全区商业发展最为困难的 5 年。

2001年全区居民消费市场活跃，个体私营商业消费品零售额同比大幅增长22%，达75074万元，带动社会消费品零售总额增至8.74亿元，同比增长17.9%，商业发展增速恢复。国有商业萎缩，消费品零售额同比下降23.4%，减少至6517.4万元，占社会消费品零售总额的7.5%，而个体私有经济占86%。2002年实现社会消费品零售总额9.35亿元，同比增长7%。其中市区零售额7.1亿元，同比增长3.9%；乡镇零售额2.3亿元，同比增长18.3%。2003年随着市场体制改革，国有、集体商业企业通过改制破产被私有商业吸收兼并淡出历史舞台，私有商业得到彻底解放壮大，占据市场主导地位，市场经济得到完善。全年商业活动在私有经济的引领下社会消费品零售总额突破10亿元大关达到10.61亿元，同比大幅增长13.5%。其中国有经济0.19亿元，同比下降70%；集体经济0.57亿元，同比下降34.5%；个体私营经济同比大增25.5%达到9.85亿元，占零售总额的93%。

2005年实现社会消费品零售总额18.56亿元，同比增长14.7%。其中城市社会消费品零售额15.24亿元，同比增长15.8%；乡村3.33亿元，同比增长10.3%；城乡消费比为4.6:1。限额以下单位共实现消费品零售额14.37亿元，占总额的77.4%，是活跃市场、优化市场结构的主力军。1986年至2005年社会商品零售总额年均增长15.6%，高于同期GDP的增长速度。其中1996年至2005年10年年均增长11.4%，商业增速明显放缓，市场逐步趋于饱和。

2007年实现社会消费品零售总额24.34亿元，同比增长14.2%。其中市区零售额19.96亿元，同比增长14.3%；乡镇零售额4.38亿元，同比增长14.0%；城乡消费比4.55：1。限额以上单位实现销售额3.33亿元，同比增长8.8%；限额以下单位实现消费品零售总额18.92亿元，同比增长16.1%。1986年至2007年社会商品零售总额年均增长15.5%，高于同期GDP增速。

1985—2007年秦州区商贸业统计表

表8—1—1　　　　　　　　　　　　　　　　　　　　　　　　单位：万元、人

年份	社会商品零售总额	同比增长%	社会消费品零售总额	国有及控股商业		个体私有及控股商业	
				销售额	从业人员	销售额	从业人员
1985	10169	—	—	5565	1607	847	1573
1986	11650	—	10729	4649	1699	3125	1840

续表

年份	社会商品零售总额	同比增长%	社会消费品零售总额	国有及控股商业		个体私有及控股商业	
				销售额	从业人员	销售额	从业人员
1987	14715	26.3	13190	4664	1685	3783	2426
1988	18546	26	16607	6283	1660	5501	3363
1989	24562	32.44	21072	8169	1786	9628	2719
1990	24716	6.27	22138	7189	2010	10734	3095
1991	27182	10	24774	7999	1984	12279	3677
1992	32938	21.2	30682	10576	2289	14243	4131
1993	35828	8.8	33144	10333	2062	15681	8000
1994	44292	23.6	42984	12011	2223	22757	10278
1995	62794	41.8	61187	14333	2501	40845	12443
1996	73679	17.3	70738	15188	2159	49732	14752
1997	68966	−6.4	64451	11446	—	46945	—
1998	65611	—	65611	8555.4	—	51397	—
1999	72462	10.4	72462	9629	—	60661	—
2000	74061	2.2	74061	8507	—	61405	—
2001	87369	17.9	87369	6517	—	75074	—
2002	93508	7	93508	6327	—	78541	—
2003	106100	13.5	106100	1896	—	98545	—
2004	161790	—	161790	1387	—	113369	—
2005	185623	—	185623	—		—	
2006	213072	14.8	213072	—		—	
2007	243370	14.2	243370	—		—	

注：1993年起社会商品零售额只含社会消费品零售总额和农业生产资料零售总额两项。1998年起社会商品零售额只含社会消费品零售总额一项。2004年当年公布数据为12亿元。

第二节　重大商贸活动

1986年11月陕、甘、川毗邻三省十二方经济联合会第三届经联会年会决定，将一年一次的十二方商品交易会扩展为中国西部商品交易会，简称西交会，并商定首届西交会在天水市秦城区举办。至2007年先后在秦城区举行第一届、第六届、第十二届中国西部商品交易会和第一届至二十届天水伏羲文化旅游节等重大节会，展示展销农副土特产品、工业创新产品、地方旅游产品以及雕漆工艺品等商品。中国西部商品交易会与天水伏羲文化旅游节2000年前两次相逢,但"节"与"会"各行其是,西交会是单纯的商品交易活动,伏羲文化旅游节侧重于文化研究和学术交流活动;2000年后中国西部商品交易会与天水伏羲文化旅游节融为一体,同步进行。

1989年8月20日首届中国西部商品交易会在秦城区岷山厂门前开幕。中央顾问委员会委员、中国贫困地区发展基金会会长项南及来自陕、甘、川、宁、青、新、蒙、藏、云、贵等省32个地、州、市专员、州长、市长出席,12个省属厅(局)级大型企业和1.3万全国各地客商参加。主展区以市第六中学、新华路一条街为中心,展区面积7万多平方米,分设展馆70个,展销摊位300多个,设有物资、科技、医药、皮毛4个专业展销市场。参展商品物资共20多个大类2400多个品种。其中地方名优特产品350多种,参展商品总值30亿元。24日闭幕,5天现货与协议成交6.3亿元,其中天水参展商现货成交1.39亿元,洽谈技术合作项目48项,经济合作项目162项。

2000年9月2日举行第十二届中国西部商品交易会暨第十二届伏羲文化旅游节,首次将商品交易活动与文化旅游活动结合举办,形成"文化旅游搭台、经贸交易唱戏"。全国政协副主席任建新,国内贸易部常务副部长丁俊发,甘肃省委、省政府以及省直有关厅(局)的主要负责人等200多人出席。参加西交会的省内外厂商和客户达1300多家,代表1.5万人。主展馆设在绿色市场,展区面积8600平方米,分设20个展区,设商品、科技、人才、旅游等5个专业市场。主要展销商品有雕漆工艺品、特色农产品、旅游产品

伏羲文化旅游节美食一条街

等，各成员方商品成交61.52亿元，签约招商引资项目75项，投资32.35亿元。其中天水展销企业现货与期货成交7.8亿元，居各成员方之首。签约长城果汁、杭州娃哈哈、成纪制药、民生购物中心等招商引资项目15个，投资8.5亿元。

2001年7月10日第十三届伏羲文化旅游节暨羲皇故里经贸洽谈会在秦城区举行。国家有关部委及部分省市负责人、商贸企业代表和港澳台商代表共5500人应邀参加，参展人数10万人次。经贸活动围绕招商引资及项目洽谈。举办旅游商品展，展销产

国外游客参加商贸活动

品有50多个系列1500个品种。在经贸交易洽谈会上展销企业共销售商品5.4亿元，签约招商引资项目35个，投资6.74亿元。

2002年7月28日全国乡镇企业东西合作贸易洽谈会暨第十四届伏羲文化旅游节在秦城区举行。甘肃省人大常委会主任卢克俭等人出席，企业代表及港、澳、台商代表共计1.2万人参会，共签约招商引资项目181个，投资21亿元。商品交易现货成交0.8亿元，协议期货成交1.5亿元。

2003年8月21日第十五届伏羲文化旅游节暨经贸洽谈产品展示展销会在秦城区举行，商贸交易设立特色工业新产品展、旅游商品展、汽车展、酒类商品展和首届中秋月饼5大展区。参展商客户1500家，展示展销各类商品2500余种，现货成交1.2亿元，合同期货成交2亿元。

2004年8月21日第十六届天水伏羲文化旅游节暨中国城市科学研究会中小城市第十五次年会在秦城区举行，举行招商引资、项目洽谈、产权转让、技术转让、房产交易、商品展销活动。主展馆设在恒通大厦，展厅面积14250平方米，分18个展区，省内外200多家企业参加。玉泉观一条街工艺品展出宝玉石、陶艺仿制品、文房四宝、民俗工艺、根雕、书画等

12个大类一万多种展品有1吨的洮砚——"中华第一砚"、和田玉、庆阳香包、麦积山艺术陶瓷等。岷山路汽车展区展示各类车辆200多辆,酒类商品展区陈列名优酒品300多种。商务经贸活动现货成交1.45亿元,协议期货交易2.6亿元。

2005年7月2日第十七届伏羲文化旅游节在秦州区举行。全国人大常委会副委员长许嘉璐等人出席祭典活动,人数超万人。期间举办天水市建市二十周年庆祝大会、西北区域旅游开发论坛、科技成果展、旅游推介会、经贸合作洽谈会等活动,商品现货成交1亿元。

2006年6月8日第十八届天水伏羲文化旅游节在秦州区举行,全国人大常委会副委员长许嘉璐、全国政协副主席周铁农等人及海外侨胞代表5000多人出席公祭伏羲大典。参加商务经贸交易活动的客商3000多人,设主展馆1个,分展区18个,面积14500平方米。主要有商品展、地方名优新产品展、新时代汽车展、家装建材展4大展区。五县两区80多户企业的12个系列1600多种产品参展。有秦州、麦积两区的机械、电子等科技产品,武山县的柳编、鸳鸯玉、健身球,张家川县的皮毛产品,清水县的天河春酒、庞公石工艺品,甘谷县的全录王牌系列辣椒制品等;旅游商品有维新堂的柴砂壶、黄河雕嵌漆器、红叶山核桃工艺品等;汽车展主要有高档车、中档车及大中小型客货车等。商贸活动现货成交5328万元,合同成交12335万元。

2007年6月20日第十九届天水伏羲文化旅游节在秦州区举行,全国政协副主席郝建秀等人及13个省市的350家客商参会,主展馆设在永红大厦,内设15个分展区,面积6000多平方米。主要陈列天水地方名优工业产品、土特产品、旅游产品和手工艺品4大类1700多种。新华路为商品交易暨中华风味美食一条街,展出针织服装、日用百货、土特产品等2000多种,风味小吃150多种。共接待国内外客商和市民20多万人次,商品现货成交6648万元,合同成交1.579亿元。

第二章　商业体制改革

第一节　管理改革

1985年6月成立秦城区商业经济委员会，管理百货、烟酒、五金、蔬菜（食杂）、饮食、服务、食品工业等商业经营单位。1991年12月成立区盐业管理站，设立糖业烟酒公司执法科，负责盐业、烟酒专卖。改革开放以来区商业管理改革先后经历"扩权试点""经营租赁承包""完善经营机制"3个阶段。

扩权试点

1984年至1985年秦城区在百货、烟酒公司试行经理（厂长）负责制的基础上，对其余几个公司和食品工业公司所属的4个厂推行经理（厂长）负责制，给企业下放经营决策权、财务处置权、商品处理权、物价管理权、人事管理权、内部分配权，建立各类人员岗位责任制。商业主管部门由行政管理型向服务指导型转变。同时实施横向联合，初步采取跨省际、跨地区、跨部门、跨行业的各种联合形式，工商联合中的就厂直拨、商商联合中的三级站开展二级批发业务等都取得明显成效；开展代购代销，用供货商的资金盘活自身的资产。1987年至1990年建立风险金制度，税后利润分配在生产发展、调节基金、后备基金、集体福利基金、奖励基金的基础上增加企业风险金一项，比例占税后利润的10%。

经营租赁承包

1987年租赁经营扩大到商业系统各个行业，按照所有权与经营权分离原则对国营小型零售企业清产核资、公开招标选聘，至年底38个门店实行租赁经营，占总数的57%。1989年增至78个，占总数的95%。商业承包首先在五金交电公司进行试点，然后对大中型企业按照不同行业采取不同形式，全部实行集体承包，承包期为三年（1988年至1990年）。在商业改革中，通过对企业实行承包、租赁等经营责任制，多年来形成的"大锅饭""铁饭碗"等弊端基本清除,"多劳多得,少劳少得,不劳不得"分配制度基本确立。

1985年后商委系统部分企业划出,一些门店被拆除、撤并,集体网点相应减少。在巩固、提高、整顿的基础上,集体企业有所发展。至1990年全系统企业共27家,比1979年增加12家,从业人员225人,比1979年增加119人;营业收入333.7万元,比1979年增长55.2%。

完善经营机制

1990年区商委系统大中型企业完成第一轮承包各项指标任务,进入第二轮承包准备阶段。经过考核承包班子、进行内部审计、确定承包基数、完善承包方案等工作,至12月底完成企业承包合同签订工作。全系统大中型企业共8家,实行二轮承包6家,均为集体承包,承包期3年,百纺公司和商业大厦实行目标责任制。国有小企业共84个,全部由主管公司放开经营。其中实行承包经营41个,实行目标责任制25个,实行租赁经营18个。1992年在4家企业试点基础上推行"四放开"和"五自主"经营。

1993年实行国有民营大包干经营形式,小型零售企业(门店)转换经营机制,走向市场。对不利于企业生产经营的一些管理制度进行检查和修正,清理有关职责和管理制度共17项144条,经商委研究决定8条还权于企业,2条由监督转为服务。在企业内部实施劳动、人事、分配三项制度改革,建立竞争机制。1994年后随着商业企业改制的开展,政府逐步退出企业经营管理。至2000年通过股份制、股份合作制、兼并、破产等多种形式使全区商业系统企业改制面达91%,商业流通市场化体制初步建立。

第二节　企业改革

1985年至2007年企业改革主要经历两个阶段。1985年至2000年为行业改革过渡阶段。在这一阶段商业主管部门职能数次调整变更,7家商业行政管理型专业公司通过内部整合组并,转为商业经营型实体公司。政府退出计划商品管理,实行市场调节供应,猪、牛、羊、鲜蛋、糖等35种商品退出计划管理序列。调整批发商品流通管理体制,区级8家二、三级批发企业打破"三固定"式调拨商品纵向流通体制,开展多渠道商品流通。

5家商办食品加工企业转型撤并,退出原有食品生产加工业务。小型商贸企业全面放开,214家小型零售企业、餐饮服务业实行"转、改、租""国有民营"等经营方式。从简政放权到全面放开,国有商业流通管理体制结束。2001年开始为深化改革阶段,以改革企业产权制度为核心,让企业自我生存、自我发展、市场化运作。2002年全区商贸流通行业共15家企业实施企业产权制度改革。其中产权改制10家,破产重组1家,破产关闭2家,兼并组合2家。产权改制后分别组建成立民营有限(责任)公司,原国有企业牌子全部撤销。

天水陇香食品有限责任公司

1985年5月天水食品工业公司、天水食品厂分厂先后组建,按生产专业和产品归属分为糖果糕点、清真食品、酿造、饮料罐头4厂,改变原企业"产品繁杂、管理分散"的"小而全"生产、管理体制。1987年将天水市奶粉厂纳入食品工业公司。10月天水食品工业公司建成4层建筑面积1144平方米的清真糕点生产大楼,将隶属区经委、乡镇企业局、蔬菜公司、烟酒公司的奶粉厂、豆制品厂、南味食品厂划归天水食品工业公司管理。1989年12月天水蔬菜食杂公司豆制品厂移交天水食品工业公司管理,更名为天水豆制品厂。

1992年天水食品工业公司供销经理部被郝鸿林承包,更名为天水工业物资供销公司。1993年转由公司职工史铭毅承包经营,恢复原名天水食品工业公司供销经理部。后因资金匮乏、连年亏损,至1995年4月被迫关闭。拖延至2001年7月,伏羲路拓建整体拆除供销经理部与天水南味食品厂房屋,对供销经理部与天水南味食品厂作破产关闭处理,职工一次性货币安置。

1993年3月食品工业公司对清真食品厂与豆制品厂在双方自愿、互惠互利的基础上进行联营。1997年因亏损严重豆制品厂关闭注销,土地由天水电缆材料厂受让,职工分流。同时将天水奶粉厂划归区乡镇企业局管理,之后破产倒闭。1999年7月天水饮料罐头厂宣布停产整顿,2000年7月底破产还债,职工被安置、分流。

2002年6月天水清真食品厂整体出让给天水市金星包装装潢印刷厂,更名为天水南北食品有限公司。10月对天水食品厂改制,原任厂长米建忠为企业受让人，整体受让企业产权，改制后企业更名为天水陇香食品有限责任公司。

天水利安商贸有限责任公司

1970年10月天水市五金交电公司正式成立。在鼎盛时期年营业额达2000万元，公司下设批发部1个，零售门店10余处，职工220人。1990年后企业效益逐年大幅下滑，1996年出现首次亏损。2003年企业改制更名为天水利安商贸有限责任公司，有商店2处，仓库2000平方米，职工30余人，以经营五金交化商品和仓储业为主，年销售额60万元。

天水华天饮食有限责任公司

1985年国有企业天水市饮食公司有迎宾餐厅（民主东路迎宾楼）、秦州餐厅（自由路秦州大酒店）、桥店子、泰山餐馆、天泉饭馆、美味饭馆、经济小吃部、风味小吃部、馄饨馆、一品香、常乐餐馆、清真食堂、包子馆、坚家河食堂、双桥食堂、加工厂、副食品购销部、迎宾旅社、自由路旅社等20多个门店，从业人员200人，专业技术人员29人，经营范围有高档酒席、风味小吃、副食品、酒类批发和旅店等项目，年营业收入170万元，利润4.7万元。

1987年公司按照"包死基数、独立核算、自主经营、照章纳税、自负盈亏"原则，与商委签订为期3年经营承包合同，共进行4轮承包，经济效益连年增长。1996年先后投入150万元对秦州大酒店、迎宾楼进行3次装修和改造，将公司前院改为临街商场，改造泰山餐馆。

2002年11月饮食公司产权整体出让，公司党支部书记万梅兰作为产权受让人，整体购买企业产权，改制后企业更名为天水华天饮食有限责任公司，投资400万元改造迎宾楼和秦州大酒店，新增茶苑1个。

天水宏顺服务有限责任公司

1985年国有企业天水市服务公司有风华相馆（民主路照相馆）、明星相馆（劳动路相馆）、美艺相馆（大众路照相馆）、天水饭店、建新饭店、红光旅社、新华门旅社、解放客栈、春光理发馆、美容理发馆（解放路理发馆）、光明理发馆（劳动路理发馆）、人民路理发馆、陇海浴池、民主路集体商店、清真食堂等20个门店，从业人员300人，经营范围有照相、住宿、食堂、洗浴、理发、日用百货、五金电器、副食品等，年营业收入180

万元。1986年改革门店,洗浴业采取"亏损包干、超亏不补、减亏留用"方法,其他国营门店先后实行租赁承包经营,集体门店采取独立核算自负盈亏经营方式。1987年公司与商委签订为期3年经营承包合同,共进行4轮承包,经济效益连年增长。1994年公司成立秦城照相器材公司,主营照相、扩印、照相器材零售批发,业务量大幅提升。1996年对照相公司所属"五店一柜"实行连锁经营,统一管理、统一进货、统一服务、统一配送、统一标识。随后投入大量资金改造天水饭店、红光旅社、新华门旅社。2002年天水市服务公司产权整体出让,公司经理陈德荣作为产权受让人,整体受让企业产权,改制后公司扭亏转盈。

天水联鑫糖酒副食有限责任公司

天水市糖业烟酒公司为国有企业,职工293人,拥有批发部、经营部及六九一三门市部等31个基层商店、门市部。1985年后商店、门市部先后推行承包经营,采取独立核算自负盈亏经营方式。随着旧城改造、316国道拓建,公司商店、门市部逐年减少。1993年烟草划归烟草行业,1999年食盐划归盐业行业,公司经营销售额大幅下滑。盐库拆除后投资500万元建综合楼、住宅楼各1栋,投资270万元拆除胜利巷家属院改建住宅楼1栋,投资30万元拆除解放路批发部改建办公楼1栋,投资50万元新增网点5处。1998年7月公司组建为股份制企业,并选举产生公司董事会、监事会。

2002年12月天水市糖业烟酒公司产权整体出让,公司经理高小明作为产权受让人,整体受让企业产权,企业负资产589万元,实行零价整体出让,负资产挂账,由受让人缴纳保证金30万元。193名职工中29名职工实行内养,164名职工实行身份置换。

天水商厦股份有限公司

1986年天水商业大厦大楼开工建设,1992年整体竣工,位于中心广场南侧,占地面积2753平方米,建筑面积10477平方米,营业面积5600平方米,成为天水市最大的商业建筑和最大的公共建筑。5月商厦开业,经营商品20余个大类一万余个品种,销售遍及天水和陇南部分区县,成为天水市最有活力的商贸流通企业。企业实行多种用工制度,至1993年员工由初创时60多人增加到228人。

1994年天水商业大厦以定向募集方式改组为天水商业大厦股份有限

公司,从单一的商品经营向餐饮娱乐、汽车贸易、房地产开发发展,开办歌舞厅、快餐厅,开发建设天河大酒店,成立亚飞汽车公司和房地产开发公司。1996年还清基建贷款,商厦由统一的管理体制转入二级公司经营管理机构,形成针织、百货、五金交化、副食品4个分公司"四层一体"经营管理体制,下设10个经营部、58个柜组。全年完成销售额4659万元,实现利税282万元,在册各类人员575人。1997年总资产达到5102万元,国有资产保值增值率为11.4%。

1998年2月天水商业大厦与市新建房地产开发公司签订联合经营金龙商城协议,联营期限10年。3月天水商业大厦股份有限公司变更为天水商厦股份有限公司。9月商厦金龙商城开业,4层营业面积1万平方米,主营家电等14大类商品,品种3万余个,商厦经营面积由5600平方米扩大到15600平方米,员工由452人增至899人,全年完成销售总额4547万元,上缴税金272万元,实现利润44万元。1999年4个分公司实行经营目标责任考核制,领导实行年薪制,各级负责人层层聘任,实行全员劳动合同制、岗位技能工资制,公司资金管理实行内部银行制度。由商品经营转向资产经营。2000年完成商品销售额6064万元,减亏实现利润42万元。

2001年柜组由内部员工和外部商户承包经营,企业净资产由1994年的1100万元增加到7000万元,全年完成商品销售额4700万元,实现利税310万元。2002年6月改制天水商厦股份有限公司,董事长、商业大厦国有股权代表郭天跃为商业大厦受让人并履行法人职责,商业大厦改制后成立的天水仁隆商贸有限公司成为天水商厦股份有限公司的第一大股东,负责员工安置等事宜。12月商厦金龙副食超市开业。商厦、金龙全年完成商品销售额2445万元,实现利税204万元。2003年营业收入2825万元,实现利税290万元。2005年营业收入1012万元,上缴税金138万元,盈利60万元。2006年6月金龙商城由产权方拍卖易主,公司关闭金龙商城,直接经济损失759万元。

天水市蔬菜食杂公司

1983年天水市蔬菜公司改为蔬菜食杂公司,除蔬菜经营外,增加糖果、罐头、烟酒、饮料、水产品、蛋制品、议价粮油和土产日杂等食杂商品,当年扭亏增盈2.4万元。

1986年8月市政府召开全市蔬菜工作座谈会,决定自1986年7月1日起,征收新菜田开发建设基金的标准由每亩2048元提高至4000元,继续对国营蔬菜公司给予财政补贴。1989年10月秦城区蔬菜恒温库竣工投入使用,当年储存蒜薹1万公斤。1990年蔬菜公司年销售总额730万元,比1982年的168万元增长3.34倍。

1991年11月解放路批发仓库发生火灾造成直接经济损失26万元,保险公司赔付17.7万元。1992年8月天水蔬菜批发市场开业,主要经营蔬菜、瓜果、土产日杂、农副产品、议价粮油等,按全程服务要求增设招待所、食堂、商店、停车场等配套服务。在经营方式上以组织购销双方交易为主,同时开展自营批零业务。

1994年9月公司更名为天水商业贸易公司,下设4个经营公司,即副食经营公司、蔬菜水产公司、百货批发公司、综合经营公司。2000年后蔬菜完全由个体户、超市经营,价格随行就市,天水商业贸易公司逐步淡出蔬菜市场。

第三章 餐饮服务业

第一节 餐饮业

1984年8月天水市餐饮业实行"转、改、租"三种改革形式,率先租赁承包经营3家小型国营饭店,2家集体门店采取"独立核算、自主经营、照章纳税、自负盈亏"办法租赁经营,一期三年,共进行4轮租赁承包经营。10月天水市饮食公司秦州餐厅、迎宾旅社开业。至年底城区饮食业网点59个,从业人员554人。其中20个网点转为集体经营,从业人员180人;10个网点租赁给个人经营,从业人员62人。中心城区餐饮业最集中,有东方红饭店、秦州餐厅、天泉饭馆、美味饭馆、桥店子饭店、泰山餐馆、经济小吃部、风味小吃部、馄饨馆、常乐餐馆、清真食堂、包子馆等20多个饭店。

1985年秦城区有餐饮业833家,从业人员1665人,其中个体有证餐饮

770家，从业人员1000人。城区国营餐饮网点59个中转为集体经营的网点增至32个，从业人员294人；租赁给个体经营的增至12户，从业56人。先后引进川菜、海味、野味、南味、西餐等多种系列风味菜肴，100余种；主食由原来的馒头、米饭、油条等更新为小烤烙、小炸食、甜食、馅食等10多种；凉菜拼盘有菜肴、面点、冷饮、冷餐等品种；中、高档餐厅增设雅座。全年餐饮业营业收入1015万元。1986年长城饭店开业，餐厅面积880平方米，可容200人同时就餐，成为全区就餐环境、设施条件最好的餐饮场所。6月举行甘肃省饮食业特级厨师职称考评，杨旭东取得国家特三级烹调师职称，张勇等10余人取得国家二级烹调师职称。下半年饮食公司秦州餐厅接待13个国家和地区的外宾2504人次，创收外汇11278元，获得"味美秦州"赞誉。10月藉滨饭店开业。1988年餐饮零售额同比大幅增长32%，突破一千万元达到1242万元。饮食单位1567家，从业人员2397人，其中个体有证餐饮1499家，从业人员1945人。1989年4月天水市商委、工商局邀请知名厨师对秦城、北道两区地方名、特、优小吃进行评比，秦城区7种小吃被评为名优小吃。

1991年个体私营业主马延东在七里墩开办天元酒店，成为全区第二家私营餐馆；天水饭店引进川菜系列。四川籍专业烹调师开设公园川菜馆，成为全区第一家经营川菜系列的私营企业，开业后每天接待顾客上百人。1992年私营餐饮企业颐和轩饭庄开业，之后华艺餐馆、秦都酒家、三艺酒楼、樱桃园酒店等私营酒店酒楼相继开业，以高档菜品为主的餐饮业初步形成规模。1993年10月甘肃省商业厅、省烹饪协会在秦城区设立国家特三级烹调师天水考区，秦城区有8人通过考评取得国家特三级烹调师技术职称。1994年天水御香园酒楼在泰山路开业，后更名稻香村餐馆，是首家开办多味饺子宴席私营餐馆。1995年兰州私营业主在工农路亚都商场投资建成金池大酒店，营业面积3500平方米。酒店装饰引进国内最新流行设计，色、光、景、空间布局讲究，包箱内配有卡拉OK，餐后可进入大型歌舞厅娱乐健身。在菜品经营上，豉汁盘龙鳝、白灼竹节虾、金池龙凤锅为引进创新代表菜品，食者甚多，生意红火。全年餐饮零售额剧增36.6%达到4388万元。经营网点1740个，从业人员4283人。其中个体经营网点1715个，从业人员4001人，营业额3521万元，据餐饮业市场的主导地位。1986年至1995年10

年餐饮零售额增长4.86倍，平均每年增长19.3%。1998年10月大众化餐饮企业秦城砂锅老店在青年南路开业，顾客每日爆满，就餐高峰时出现排队待餐现象。1999年7月饮食公司投入35万元装修改造迎宾楼，增加宴会厅、高档包厢，安装空调等设备。至年底秦城区主要街道开设的中高档酒楼、火锅店、火锅城等60余家，餐饮市场空前繁荣，全年营业额剧增125.5%突破亿元大关达到12570万元。

2000年1月区饮食公司举行技术比武活动，推出"海南晨光""高山古松""申奥成功""鱼米之乡""蝶恋花""庭院小景"等系列菜品，新创菜品有"枸杞盘龙膳""金龙浮球""龙眼包""丹顶翡翠"等。12月商厦天河大酒店开业。2001年8月饮食公司迎宾楼的羊肉火烧和培训中心的雪花鸡片汤、酸辣肚丝汤被评为甘肃省名优小吃。国内贸易部、国家烹饪协会举办酒家酒店评审员培训班，秦城区张勇、李润余参加培训并取得国家评审员资格证书。12月在天水市地方名菜评选活动中，菊花里脊、酿白菜、荷叶粉蒸肉被评为地方名菜，天水包子、韭饼、土豆饼被评为地方名小吃。2002年1月在甘肃省陇上人家杯陇菜研讨演示会暨陇酒座谈会上，秦城区的吉利土豆球、爆竹三吃、伏羲八卦菜品获金奖，锅烧白膳、杏仁肉排、金鱼杏仁、虾酱肉、盆景葡萄串、秦州香椿卷等菜品获银奖，天水春卷、葫芦寿喜、红娘自配、下马糕、酸辣白菜、大面肘子、过桥浆水鱼等菜品获铜奖。9月在首届中国甘肃美食节天水分会场展示活动中，秦城区11家餐饮企业的200多个菜品展出，评选出秦城餐饮名店11个、秦城名宴2个，8个菜品获金奖，9个菜品获银奖，13个菜品获铜奖。秦城区国家特三级烹调师曹鸿昌依据秦城区境内的名胜古迹，创作秦州八景宴：伏羲八卦、石门夜月、仙人送灯、诸葛军垒、草堂八素、瀛池玉鹅、玉泉鸡浮、赤峪丹灶，菜品突出造型着色，形象逼真，准确表达出文化韵味，堪称地方饮食一绝。2003年2月秦城区国家特三级烹调师曹鸿昌整理编纂的《天水菜肴》一书由甘肃文化出版社出版发行。书中归纳出秦城区有代表性的地方名菜、汤、小吃、面点等共231种，从主料、辅料、制作、特色4个方面进行介绍，配有形象逼真的代表性图片百余幅。5月首家湘菜酒楼在合作巷开业，经营毛氏红烧肉等湖南地方名优菜肴。2004年6月中央电视台天天饮食栏目组来秦城区拍摄浆水鱼、水果什锦羹、浆水面鱼、荞麦菜卷、酸辣登天双丝、风味炒羊排等地方名优小吃专题片,所拍专题片在中央电视台第一、二、四套节目中结合秦城区旅游景点播出5次。7月市商务局联合天水晚报,组织开展首届市民满意酒店评选活动,33家企业参与,6万多市民参与投票,选出天辰大酒店等9家酒店为市民满意酒店。8月饮食公司投资20万元开设茗景轩茶苑。10月在第二届中国甘肃美食节上天水马员外砂锅老店被评为甘肃省餐饮名店,其菜品老店红排、砂锅狮子头被评为甘肃名小吃。

2005年天水安特软件有限公司创办全区首家网络订餐平台天水订餐网,为200多家加盟店及时提供网上特色菜品介绍、网上订餐、电话订餐等互动宣传服务,网站点击率日千次余,日均订餐百次。秦州区最大的农家乐餐饮企业颐和园山庄开业运营,占地5333平方米,距市区15公里,位于太阳山和齐寿山中间,森林、河溪环布四周,厅、堂、廊、轩、舍配以陇、湘、鲁、粤、川等名菜。天辰大酒店等6家宾馆饭店推出创新菜肴南郭古寺映明月、象牙龙骨、秦州烤全羊、双味葫芦鸡、百花甲鱼、金蚕丝肉、翡翠鸡斗抓手、姜太公钓鱼、太极驼掌、栗花鱼翅、鸟语花香、乾隆金塔肉、龙凤呈祥等40多个品种,秦城地方菜肴增至300余种,地方菜系初步形成。全年餐饮业零售额比1985增长88倍,1986年至2005年平均每年增长25.2%,远远高于同期GDP和商业零售总额的增长速度,特别是1999年到2001年成为秦州区餐饮业发展最为繁荣的时期。

2006年4月天水玫瑰大酒店开业,营业面积1200平方米,国家特三级红案烹调师刘志宏主厨,推出特色新菜品"孔雀开屏""金丝大虾"等10余种。7月秦州区"农家乐"行业协会成立,会员单位26家。2007年10月湘鹅庄全国连锁店、重庆刘一手餐饮文化有限公司分店相继开业。中国烹饪协会在广西南宁举办第十七届中国厨师节,秦州区国家特三级厨师张勇获中华金厨奖。11月在第三届中国甘肃美食节暨裕盛厨具杯烹饪技术比赛上,秦州区马元外砂锅老店的秦州砂锅宴获甘肃名宴称号,老店红排获甘肃名菜金奖;天水凯悦大酒店获全省青工烹饪技能团体赛二等奖;天水盛祥斋的猪油盒、油炸盒子获甘肃面点金奖;张伟获得面点个人赛金奖,同时被省烹协授予甘肃面点师称号。年末住宿餐饮零售额达到9.04亿元,比1985年增长119.7倍,1986年至2007年平均每年增长24.3%,一直高于同期GDP、商业零售额的增长速度。

1985—2007年秦州区餐饮业统计表

表8—3—1
单位：个、万元、人

年份	餐饮单位	从业人员	零售额	同比增长%
1985	833	1665	749	—
1986	1032	1793	727	−2.9
1987	1239	1813	941	29.4
1988	1567	2397	1242	32
1989	979	1843	1393	12
1990	1021	1828	1530	9.8
1991	1195	2218	1818	18.8
1992	1241	2315	2107	15.9
1993	1337	3030	2480	17.7
1994	1610	3586	3213	29.6
1995	1740	4283	4388	36.6
1996	1968	4696	5289	20.5
1997	1960	4611	6141	16.1
1998	—	—	5574	−9.2
1999	1831	—	12570	125.5
2000	946	—	21889	74
2001	1091	—	28992	32.5
2002	1091	—	28905	−3
2003	—	—	36213	25
2004	—	—	43771	20.9
2005	—	—	66847	52.7
2006	—	—	77500	16
2007	—	—	90400	16.7

注：1998年起零售额变为营业额。2005年称餐饮业为住宿餐饮业。

第二节　住　宿

　　1985年秦城区大型宾馆饭店有天水饭店、天水迎宾馆（市政府招待所）、区政府招待所、南湖饭店、藉滨饭店及企业自办对外营业的招待所等30余家。天水饭店位于青年南路路口，有客房35间，接待量100余人。1986年5月天水市军分区招待所开业运营，有标准间80个，床位160张，设有停车场。

1987年8月天水宾馆开业，职工190人，成为秦城区规模最大、档次最高的涉外二星级宾馆，每年接待500人次以上的大型会议10余次。宾馆占地3.6万平方米，建筑面积2.4万平方米，主体大楼14层，客房228间，床位500张，设有12间贵宾间和豪华间。建两层会议楼1栋，面积1000平方米。餐厅楼一、二层可容350人同时就餐，包厢雅座10个。

1992年华西宾馆开业，成为继天水宾馆后设施最好、功能最全宾馆。1995年至2001年先后有天水大酒店、金龙大酒店、天辰大酒店、天水广电宾馆、天河大酒店相继建成运营。

天辰大酒店由天水供电局投资兴建，主体楼高16层，建筑面积2.2万平方米，是集住宿餐饮、休闲娱乐、洗浴健身与商务活动为一体的三星级涉外酒店。客房150间，其中单人间32间、标准间114间、豪华型套房2套、总统套房2套，房间有液晶电视、电脑宽带、高档沙发、组合衣柜等。有4个会议室，配有先进的视听系统和多媒体投影仪。一楼有商务中心、票务中心和商品部；二、三楼为餐饮部，大型宴会厅有800平方米，能接待350人同时就餐，豪华型包厢雅座23间。

天水广电宾馆坐落在民主路43号，有单人间、标准间、情侣间及家庭套房、豪华型套房等7种房型，共49间。家庭套房、豪华型套房配有宽带上网、商务查询、商务中心、出行旅游等多个服务项目。

2002年4月天水阳光饭店开业位于中华西路步行街，天水首家四星级涉外饭店，主体6层楼结构，建筑面积7260平方米。服务项目有住宿、餐饮，辅设咖啡、酒城等饮品休闲项目。有高档标准间、单人间、商务间及豪

天水阳光饭店夜景

华套间共54间。餐厅面积600平方米,豪华雅座10间。

2005年8月华辰大酒店开业,为四星级饭店。10月天水宾馆产权出让,兰天集团以2310万元整体收购天水宾馆产权。改扩建后的天水宾馆(按五星级标准设计)建筑面积3.3万平方米,经营项目有餐饮、住宿、娱乐、商务、健身、休闲等,是秦州区服务设施最好、功能最全的四星级宾馆。同时兰天集团旗下的兰天宾馆在合作巷北路开业。11月坐落在民主路的羲皇故里大酒店开业运营。

2007年全区有星级及限额以上餐饮住宿企业12家,从业人员1733人,营业额7813万元,客房收入3053万元,主营业务利润364万元。其中四星级宾馆有阳光饭店、南苑山庄、天水宾馆、华辰大酒店,三星级宾馆有天辰大酒店、天河大酒店、金龙大酒店、华联大酒店、和平大酒店、凯悦大酒店,二星级宾馆有天水迎宾馆、友谊宾馆、天水大酒店。非星级宾馆有军分区招待所、邮政宾馆、顺天大酒店、岷山招待所、长开宾馆、秦晋宾馆、羲皇故里大酒店、南山大酒店、华泰宾馆、天水饭店、新旅宾馆。

第三节　服务业

美容美发

1985年秦城区有理发店141家,从业人员253人。城区有民主路、东桥头、合作巷、劳动路、解放路、天水郡5家国营理发馆(店),店铺营业面积40平方米至230平方米,共有职工60人,理发师48人。春光美发店是天水市最大的理发馆,营业面积230平方米,职工35人,理发师25人,其中甘肃省一级理发师4人;分为男活、女活两个部,比一般大众理发收费高出2元。国营理发店大多实行理发计件工资制。1988年9月根据省商业厅考评结果,一级理发技师2人,二级理发技师2人。随着国家政策鼓励支持个体、私营业主大力开展服务业,个体理发店迅速布满大街小巷。浙江、江苏、广东个体经营者以美发为主,使传统理发迅速向美发经营转变。美容业与理发业同步快速发展,1998年后出现3家大的美容店(院)。2000年出现一些国外和国内美发企业的连锁门店,发型设计、"离子"技术引领美发行业潮流，理发费用数倍增长，门店设计时尚。全区设施高档、服务专业、价格高昂的美发店有40家，美容店60家。2007年全区有私营美发美容店550家。

洗浴

1985年城区有10家大众化浴池，规模小，功能单一。其中较大的陇海浴池营业面积1500平方米，三层楼式结构，秋冬旺季日接待顾客80人，一楼门庭设有小理发馆，职工18人。1990年工厂自办澡堂、集中供热点澡堂及个体私营业主在人口集中居住区开办家庭小型澡堂都对外开放，城区大小澡堂增至140余家。

2000年大众洗浴、专业洗浴、高档浴池竞相发展。洗浴种类由传统池浴发展到10余种，洗浴功能扩展到疗养、健身等。专业洗浴中心有泡浴、足浴、按摩、修脚等服务项目，大的专业洗浴中心有美佳娜洗浴中心、长城浴场、东海会馆等。2007年洗浴企业320家，从业人员6400人。

照相

1985年照相业婚纱摄影渐成时尚，全区有照相馆18家。国营民主路照相馆面积500平方米，职工10人，后更名风华照相馆，是秦城区最大的专业照相馆；劳动路照相馆位列第二，面积300平方米，职工18人。城市改造中劳动路照相馆拆除后搬迁至大众路，更名明星照相馆；风华照相馆迁至昊太大厦对面二楼。1986年4月天水市首家照相器材商店秦城照相器材公司开业。6月区服务公司率先引进上海生产的6.5万元彩色扩印机，结束秦城区彩色胶卷到外地冲扩历史。1988年二等摄影师沈彤独资创办恒谊照相馆，是城区首家个体照相馆。1990年城区出现彩色艺术照相馆，彩色扩印中心达5家。

1997年4月服务公司与兰州影印有限责任公司联营成立照相公司天水樱花影楼。1998年以结婚照为主的影楼风靡城区，北京婚纱影楼等8家较高档次的艺术类照相馆先后开业，数码技术普遍应用于各类照相、摄影中。2005年9月服务公司购进柯尼卡R2型数码彩扩机1台，价值63万元。

第四章　日用百货

第一节　百　货

　　1985年秦城区有全民所有制百货业经营企业3户,分支机构23个,从业人员596人,固定资产净值113万元,自有流动资金622万元;集体所有百货经营企业6户,分支机构9个,从业人员132人,固定资产净值1万元,自有流动资金37万元。1985年至1986年市政建设拓宽街道,拆除国营商业网点25处2689平方米。1986年7月区商委系统通过供销社向农民赊销棉布136万米,价值234万元,由财政为企业贴息,但欠账未收回。1988年停止赊销棉布。3月下旬至4月上旬全区出现肥皂、洗衣粉抢购风,销售款超平时10倍以上。5月区商委所属百纺、五金、烟酒、蔬菜、饮食、服务6个公司及食品厂全部实行承包经营。7月中旬至8月上旬出现第二次商品抢购风,家电和其他高档耐用商品断档脱销。9月中旬出现第三次商品抢购风,抢购商品主要是食盐。1989年2月对彩色电视机实行专营,并征收特别消费税和国产化发展基金。3月起非专营企业一律不准再销售彩色电视机。3月下旬秦城区再度出现商品抢购风,抢购对象主要为白布、棉毛衫裤和以纯棉为原料的商品。至1990年全民和集体百货业企业40户,比1985年增加31户,其中取得法人资格企业5户,不能独立承担民事责任分支机构35户。百货业城镇个体户800户,从业人员1060人,自有流动资金136万元,年营业额1130万元。

　　1991年7月区商委处理积压商品,至年底处理一次性积压商品原值2596万元。在扩建中心广场时拆除区商委系统劳动路东侧商业网点12个,营业总面积2596平方米。1992年7月对累计亏损215万元的百纺公司分片转给商业大厦和蔬菜食杂公司,东片的北道、长开、建一、大华、呢绒、劳一6个门店转并商厦管理,西片的小百货、劳二服装、批零、解二、玻璃店、双桥、石马坪、批发市场、解百等16个门店及公司机关的人员和财产划归蔬菜公司管理。1994年5月城区出现抢购黄金饰品热,商厦黄金屋和商贸公司珍宝金店门庭若市、人头攒动,两公司组织专人连夜赴西安、深圳等地购回充足货源,10天销售额达500万元。12月商贸公司建成1万平方米的百货大楼开业,集购物、娱乐、食宿于一体。1995年7月市交电公司亏损严重破产。

1998年5月因旧城改造和316国道拓建,烟酒公司盐库、车站门市部、人一综合商店、人二门市部、坚家河综合商店被拆除,撤销饮食公司集体商店。2000年9月解放路拓建,商贸公司10处门店被拆除,近200名职工下岗。全年日用百货零售业购进总额6239万元,销售总额5995万元,其中批发163万元。之后服装鞋类商品多在超级市场、步行街等场所经营,日用百货主要在超级商场销售。2000年后五金交化类商品主要在市内大型建材市场及建材一条街经营,家电销售则被国美、苏宁电器等垄断。

2001年秦城区限额以上日用百货零售业购进额3250万元,销售额4148万元,其中批发额14.6万元。2002年天水商厦金龙副食超市、兰天商厦等几个大型商场开业,主营居民日常生活消费品。2003年限额以上零售业有6家,购进总额为5844万元,销售额为4832万元,其中民生购物中心为228万元,海星超市530万元,兰新超市1186万元,兰天购物中心988万元。2005年零售业发展日趋集中化,限额以上零售企业15家,销售收入21382万元,主营利润1548万元。2006年限额以上零售业企业16家,产业活动单位83家,从业人员1785人,购进总额2.2亿元,销售额2.7亿元。

附:天水百货大楼有限公司

1985年11月以东方红商店为主成立天水市百货公司,隶属天水市商业委员会,副县级建制。职工285人,柜组52个,经营商品11900种,是全市最大的国营商业零售企业。1986年7月推出全市首家自选式商场,后改为家电、工艺美术品商场。1988年3月在第一百货大楼、综合副食商场、批发部3个经营实体中实行承包经营制。1997年4月实行股份制改造,组建由国有法人控股、职工参股的天水百货大楼有限公司。8月投资2500万元、营业面积1万平方米的新大楼开业。2000年12月出资1300万元整体收购天水华西大厦全部资产,接管职工350人。2001年底有职工422人,下辖天水华联商厦、天水华联大酒店,共有营业面积26000平方米,经营项目有零售、住宿、餐饮、休闲娱乐等,年营业额5000万元。2002年5月由曾天成、张天福、李永红、董燕、张丽萍、何丽萍出资190万元全额回购国有法人股成为民营企业。改制后经营转向营业场地租赁、餐饮服务、对外承包和部分商品联合经营等经营业务。公司下属副食、百文、鞋帽、家电、针纺、首饰、服装、家具8大分公司,经营十大类万余种商品。

第二节 糖酒烟业

1987年整顿酒类市场,实行酒类专卖,成立秦城酒类事业专卖管理局。1990年底副食品商业和其他食品商业取得法人资格企业3户,不能独立承担民事责任的分支机构48个,从业人员686人,注册资金367万元。经营烟酒的城镇个体户75户,从业人员83人,自有资金12万元,年营业额91万元。

1997年6月区商务等10个部门开展酒类市场整顿,取缔无酒类生产许可证、酒类经营许可证、营业执照、税务登记证、卫生许可证和私自运销、批发、零售酒类商品的违法经营户。规定凡在外地进入本地市场的啤酒产品,必须向区酒类专卖局申办酒类准购证后,铁路、公路部门方可承运,每个批次必须由技术监督局抽样检验,合格后方可销售。

1999年4月秦城区酒类专卖事业管理局成立,与天水市糖业烟酒公司一套人马、两块牌子。7月将设在天水市糖业烟酒公司的区酒类专卖事业管理局改设在区商业局。12月集中整顿酒类市场3个月,取缔无证经营户203户,查出假劣酒3.85吨,价值6.85万元,罚没0.3万元,查扣非法运酒82.7吨,捣毁制假窝点1个。取缔小作坊式小酒厂3户。规定天水市糖业烟酒公司的主要进货渠道是省外名优酒生产厂和省内各地产酒生产厂家。站上无货的品种,必须要从省外购进的,在市酒类专卖局办理准购(运)证后,方可从省外购进。各零售企业凭经营许可证从批发企业进货。此举措实施后国有酒类经营企业销售额增长1倍多,上缴税利翻一番。

2000年3月销毁查获的1000多瓶假劣酒,标值3余万元。4月1000吨汉斯啤酒(陕西产)、700吨宝鸡啤酒,经过办理准购(运)证进入区市场。12月区酒类专卖局在岷山路破获1个造假窝点,查获茅台、五粮液等名酒成套包装盒500余套,假商标、假防伪标识、假检测器600多件,假充国酒7箱,假五粮春、天河春酒各1箱。

2001年5月区酒类专卖局制定《整顿和规范酒类市场经济秩序的实施方案》，重点取缔无证生产或有证但不合格生产厂家，打击制售假冒伪劣酒品违法犯罪行为，取缔非法经营者68户，查封问题酒3.3吨。11月区酒类专卖局更名为区酒类商品管理局。2002年核发酒类零售许可证70户，取缔无证零售50户，立案查处案件61件，罚款0.4万元，查处假酒530瓶、标值1.6万元，行政处罚93户，捣毁制假窝点2处，移送司法机关处理案件1件。2003年区酒类商品管理局成立酒类商品管理稽查中队。10月抽查42户剑南春酒经销商，其中24户经销假冒剑南春酒，销假率达90%以上。2004年春节前夕开展酒类市场专项整顿，出动执法人员220人次，检查经营户600多家，取缔无证经营30家，关闭非法生产厂2家，捣毁制假窝点1处，查处案件15件，查获非法酒品6700瓶，行政处罚30户。

2005年1月在中心广场、中华西路步行街举办"中国·天水2005年酒类商品推介会"，16个省（自治区）的酒品生产企业和经销商3000多人、60个品牌参加推介会。2007年开展执法检查200人次，检查经营户600户、餐饮场所68家、酒吧等娱乐场所40处、散装酒销售点3处，捣毁制假窝点1处，查获价值10万元的假冒名酒，查处各类违法案件43起。

第五章　集贸市场

第一节　市场发展

1986年秦城区有集贸市场39处，其中综合市场34处、专业市场5处，面积6.1万平方米，每日逾10万人次参与交易，上市商品13大类、410种，年成交5000多万元，占社会商品零售总额的20%，交易商品以蔬菜、水果、粮油、肉、禽、蛋类居多，也有风味小吃、手工作坊、服装等。规模较大的有人民路综合农贸市场、自由路工业市场、箭场里风味小吃综合市场、大同路蔬菜瓜果市场、石码坪牲畜交易市场、左家场皮货交易市场、平南综合集贸市场、大门山货集贸市场、娘娘坝木材集贸市场等。自由路的工业品和小百货辐射到陇东南广大地区。1987年4月投资33万元建成七里墩农贸市场，营业面积1278平方米，经营小百货、蔬菜、水果、干货、小吃等，年交易额1350万元。

1989年集贸市场生猪交易量达到2760吨，禽蛋810吨，蔬菜16300吨，水果3100吨，粮食4000吨，分别占到国营商业零售网点交易量的140%、210%、560%、400%、26.6%。

1995年4月投资455万元建成罗玉小区综合市场，建筑面积3209平方米，主营蔬菜、果品、百货、烟酒等，年交易额620万元。1995年5月至1996年改革集贸市场，工商行政管理部门不再参与市场的开发与建设，严把市场准入关，规范市场交易行为。1998年占地1.3万平方米的大型农副产品专业批发市场嬴池路批发市场、民营资本投入占地1万平方米的北关水果批发市场、庆华路花鸟鱼虫市场建成投入使用。1999年占地2万平方米的七里墩建材批发市场、占地1.67万平方米的新华路装饰批发市场开业。

2000年市场成交金额达10.2亿元，进入鼎盛时期，之后随着各种类型的超市、联销店、民营专业批发场等新兴产业的迅速崛起，集贸市场由繁荣走向萧条。2001年2月天水市运输公司投资建成建新建材专业市场，营业面积12900平方米，年交易额2000万元。

2002年4月天水火柴厂投资2400万元在北关建成天水综合市场，建筑面积32000平方米，大棚800平方米，柜台250节，主要经营百货、日杂、果蔬、副食品、餐饮等。7月陕西民营企业家李荣投资2000万元建成七里墩建材市场，建筑面积8000平方米，年交易额1亿元。市场建设处秦城中心投资480万元在嬴池路批发市场基础上建成天水瀛池果菜批发市场，建筑面积3600平方米，铺面2100平方米，钢架大棚960平方米，年交易额6.2亿元，交易量44万吨，连续四年被农业部评为全国农产品批发市场信息联

坚家河早市

网工作先进单位。8月天水羲通公司投资500万元建成天水市花鸟鱼虫市场,营业面积6600平方米,年交易额2250万元。9月北关左家场建成左家场果品批发市场,营业面积1000平方米,年交易额280万元。至2007年藉滨农贸市场、七里墩农贸市场的成交额减少近6成,双桥蔬菜批发市场、东团庄农贸市场成为空壳市场,农村大门山货市场、娘娘坝市场、天水镇成衣加工市场也走到尽头,市场成交金额下降到8.3亿元。

1985—2007年秦州区集贸市场统计表

表8—5—1　　　　　　　　　　　　　　　　　　　　　　　单位:个、亿元

年份	集市数			集市交易总金额			社会商品零售额
	合计	城市	农村	合计	城市	农村	
1985	35	19	16	0.1517	0.1092	0.0425	1.0897
1986	37	21	16	0.16	0.112	0.048	1.165
1987	37	21	16	0.1715	0.1201	0.0514	1.2245
1988	39	23	16	0.1839	0.1287	0.0552	1.8546
1989	39	23	16	0.1837	0.1283	0.0554	2.4562
1990	39	23	16	0.301	0.2137	0.0873	2.4716
1991	39	23	16	0.413	0.318	0.095	3.28
1992	39	23	16	0.421	0.32	0.101	3.59
1993	39	23	16	0.524	0.403	0.121	4.65
1994	39	23	16	0.611	0.47	0.141	5.231
1995	39	23	16	0.833	0.641	0.192	6.723
1996	39	23	16	0.941	0.724	0.217	8.464
1997	39	23	16	1.123	0.864	0.259	9.1
1998	39	23	16	1.654	1.27	0.384	9.28
1999	39	23	16	0.987	1.531	0.456	10.1
2000	39	23	16	2.021	1.556	0.465	10.2
2001	39	23	16	2.235	1.721	0.514	10.08
2002	39	23	16	2.346	1.806	0.54	9.65
2003	39	23	16	2.508	1.93	0.578	9.24
2004	39	23	16	2.687	2.068	0.619	8.76
2005	39	23	16	2.763	2.091	0.672	8.33
2006	39	23	16	2.833	2.14	0.693	8.02
2007	39	23	16	3.241	2.32	0.921	8.92

注:此表为工商部门统计数据。

第二节　市场监管

1986年在自由路小百货市场查获走私电子表1007只，价值1.2万元，开展文明市场创建活动。1987年箭场里副食品市场率先在饮食经营户中落实"三证齐全"（经营者的健康证、卫生许可证、营业执照）和"三防一消"（防尘、防蝇、防鼠和碗筷药物消毒）卫生制度，规定饮食从业人员上岗时必须着工作服，佩戴胸牌，不得留长指甲、长发，接待顾客时不得吸烟，洗碗水不得重复使用，保证摊位前后卫生清洁，生肉及其制品须经畜牧部门出具检疫证明方可上市。之后这种制度在全区集贸市场推广。在人民路农贸市场查获假陇南春酒127件、1524瓶，假西凤酒29件、348瓶，全部没收销毁，对当事人处1000元罚款。在人民路、工农路、七里墩、天水镇等农贸市场查获假瓶装酸梅牌饮料5120瓶全部销毁。自由路百货市场、七里墩综合集贸市场、箭场里蔬菜副食品市场先后获得省级文明集贸市场称号。1988年人民路、自由路、七里墩等市场推出划分行业小组，按上市商品分区分类，实行划行归市、明码标价、童叟无欺、亮证经营，经营者摊前摊后"三包"（包卫生、包秩序、包服务）和"四定"（定摊位、定人员、定经营品种、定规费额）制度。

1990年区工商局与粮食局连续6个月打击倒卖粮票、贩卖国家平价供应粮的贩子，没收甘肃省粮票1.8万斤、面粉2.4万公斤。1991年在左家场批发市场查获霉烂变质松子720公斤，将销售的152公斤全部追回予以没收销毁。1992年在自由路小百货市场查获没收劣质化纤挂浆布料117匹、劣质华大呢81匹，价值1.6万余元。1992年自由路百货市场连续五年被评为国家级文明集贸市场，箭场里市场连续三年被评为省级文明集贸市场。1993年专项整顿集贸市场计量器具，纠正失灵、失准计量器具2700余杆（台），销毁不合格计量器具4000余（杆）台，推行千克制计量。1994年整顿农村集贸市场，查获没收销毁劣质尿素2.3吨，假地膜500公斤，其他复合肥0.9吨。1998年清缴"毒鼠强"412公斤、针剂670盒。1999年关闭娘娘坝、石码坪2处木材交易市场，关停木材加工点27家。

2002年查获过期不合格食品0.72吨，假冒伪劣商品总值42万元，年处罚金额首次突破50万元。2003年"非典"期间关闭所有农村集贸市场

1个月,城区内农贸市场严防死守,落实消毒制度和"分餐制",查获哄抬药品物价的不法经营者32人,处罚金额2.4万元。查获不合格奶粉533袋。2007年在市场经营户中实行进出货购销发票台账查验、重要商品备案、农资产品销售留样制度。箭场里蔬菜食品市场、藉滨集贸市场、人民路农贸市场、七里墩农贸市场、平南集贸市场、花鸟鱼虫市场、瀛池路蔬菜批发市场、绿色市场等被评为省级文明市场。

第六章 粮 油

第一节 组织机构

天水市秦州区粮食局

1985年7月天水市秦城区粮食局机关设办公室、市镇供应股、储运股、计划财务股、农村购销股、政工股。1997年5月局机关行政编制调整为13人,其中局长1人、副局长2人,设办公室、计划财务股、多种经营股、城乡购销股、仓储调运股。2004年区粮食局转变职能成为单一的行政管理部门,不再参与粮食经销活动。3月多种经营股和城乡购销股合并为业务股,计划财务股更名财务资产管理股。2005年11月成立粮食稽查队(属事业编制),在编7人。2007年局机关设1室3股和1个粮食稽查队。

粮食购销机构

天水市宏发粮油贸易有限公司 1985年9月秦城区粮食局下属城关粮管所更名为秦城区城镇粮油供应公司。1987年8月区城镇粮油供应公司分为坚家河粮油供应公司、建设路粮油供应公司、青年南路粮油供应公司,共有25个粮店,职工226人,承担城区600多个单位和15.8万居民的粮油供应任务,月销售成品粮326万公斤。1993年6月区粮油议购议销公司更名为新华粮油供应公司,负责议价粮油购销任务。1998年12月坚家河粮油供应公司、建设路粮油供应公司、青年南路粮油供应公司、新华粮油供应公司合并组建成秦城区粮油经销公司。2002年6月秦城区粮油经销公司实施整体出让企业产权、整体置换职工身份、整体承担债务、整体承担养老和医疗保险费用、整体安置职工产权制度改革和国有变为民营改制。2003年9月改制为民营企业,更名为天水市宏发粮油贸易有限公司,返聘职工46人,所属8个网点主要以天水郡、解放路粮油超市为依托,连锁其他经营网点,以外购内销为主体,兼营餐饮、副食等。年销售面粉2000吨、食油200吨、大米400吨,年营业额800万元,其中向非农业人口销售占80%以上。

区粮食局基层站所 1985年7月区粮食局有中心粮库1个,农村粮管所8个,下属粮站17个。1986年中心粮库和基层站所有粮食仓库40幢,设计容量2244万公斤,至2003年底增至49幢,设计容量3404万公斤,实际仓容2610万公斤。1994年4月8个农村粮管所和中心粮库合并,成立秦城区粮油收储公司,为全区唯一国有粮食收储企业,将原粮管所改名为粮油收储站,职工196人,主要从事国家定购粮食的收购与储存、农村粮食销售和退耕还林粮的兑付。2003年铁炉、大门、平南、天水、皂郊、中梁、牡丹、秦岭、李子9个粮站全部产权出让,娘娘坝站部分产权出让。置换职工身份164人,内养32人。2004年返聘职工40人,主要承担保管、轮换省区级储备粮,平抑市场粮价。2007年底秦州区除去报废和闲置仓库外,在用粮库11幢,仓容2085万公斤。

个体粮油经营户 1988年城区有个体户经营议价粮油。1993年取消城镇居民口粮凭证供应,经营粮油个体门店增多。1998年6月全区有各类粮油购销网点220户,其中国有企业69户、集体企业2户、股份制企业1户、个体经营者148户。2002年后随着国有粮油企业改制,民营企业和个体户成为粮油经营网络的主体。

第二节 粮油购销

粮食收购

1985年农村统购粮改为合同定购,粮食定购任务590.5万公斤,因灾粮食减产,大部分乡公粮改收代金,入库定购粮445万公斤。1986年公粮纳入定购范围,给交售定购粮农户奖售平价化肥、柴油,并实行定购粮补贴差价。1990年秋粮入库时将合同定购改为国家定购。全区入库国家定购粮533.7万公斤,完成任务的107%。1994年国家定购粮食任务为850万公斤,比往年增加350万公斤,年底实际入库815万公斤。1996年国家一次性将小麦定购价由每公斤0.98元提至1.42元,玉米由每公斤0.82元提至1.14元。农民完成定购任务后的余粮,小麦按每公斤1.28元、玉米按每公斤1.02元的保护价敞开收购,实行不拒收、不限收、不停收、不打"白条"(暂付款欠条)的收购政策,调动农民种粮售粮积极性。1997年12月全区存粮2500万公斤,露天储米600万公斤。1998年定购粮食入库量879万公斤,其中农业税征收小麦384万公斤。此后国家对小麦收购实行保护价(1999年每公斤1.26元,2000年每公斤1.1元)政策。2003年是执行保护价的最后一年,全区入库定购粮815.8万公斤,市场收购267万公斤。2004年取消粮食定购任务,粮价随行就市,粮食企业自主决定粮油购销。

油料收购

1986年秦城区油料产量348.5万公斤,油料实行合同定购,合同定购任务28.6万公斤,实际入库23.7万公斤。1987年国家对交售油料的农户奖售平价化肥、柴油。1988年国家将菜籽收购价调整为"倒二八"(即二成统购价,八成超购价),继续实行奖售平价化肥、柴油政策。秦城区油料定购任务为22万公斤,实际入库22.7万公斤。1988年至1990年国家连续3次提高油料收购价格,1988年胡麻、菜籽中等价每100公斤由93.6元提至107.7元,1989年提至140.8元,比上年提高30.86%,3年皆超额完成油料定购任务。

1993年取消油料定购任务,价格随行就市,各基层粮管所未做收购。年底市场食油价格上扬,菜油每公斤由5.6元涨至7元,造成次年上半年市场食油油源短缺。1994年规定全区每年完成17.5万公斤的油料收购任务。至1999年6年收购油料248.5万公斤,超额完成任务。2000年取消收购油料任务,价格全面放开,个体私营企业逐步成为市场收购主力。

城镇居民粮油供应

1985年全区非农业人口129550人,定量口粮2473万公斤。1988年实行粮食销售总量包干,非农业销售包干指标为3370.8万公斤(其中定量人口口粮2998.5万公斤,每人218公斤贸易粮,折合面粉179公斤,月定量14.9公斤),实际销售3916万公斤;食油包干指标为64万公斤,每人每月0.25公斤。1990年粮食包干指标3582万公斤，实际销售3426万公斤。1991年至1992年维持1990年包干指标。1993年4月取消城镇居民、菜农和农村返销粮平价供应，粮油价格随行就市。各种粮票、居民粮证不再使用。

1994年初粮油价格上扬，城区内一度出现抢购。政府采取应对措施，国有粮店挂牌标明最高售价，小麦特二粉每公斤1.3元，食油每公斤6.6元。供应大中专院校学生食堂的面粉、食油在限价基础上每公斤分别降低2分和2角，1月至3月限价供应面粉2292.7万公斤。1995年6月12日对城镇居民供应面粉执行省政府规定的价格，小麦特二粉每袋25公斤65元，特一粉68元并实行凭证定点限量供应。全年市场销售成品粮2286万公斤，其中限价销售937万公斤。1996年7月外地面粉以低于政府限价的价格（每袋62元至65元）大量涌入，城区个体粮店猛增至50余户，国有主渠道经营受到冲击，销售滑坡。12月国有粮店亏本销售面粉200万公斤，损失33.86万元，经营再次陷入低谷。2000年停止执行限量限价销售这一过渡办法，粮食部门所有粮店完全进入市场。2002年后随着国有粮油企业改制，民营企业和个体户成为粮油经营网络的主体。2007年粮油购销民营企业和个体户遍布各居民聚集区，购进小麦粉4732.5万公斤、玉米粉20.7万公斤、大米76825万公斤、食油1561万公斤，销售小麦粉46692万公斤、玉米粉20.8万公斤、大米721.4万公斤、食油8.34公斤。

议价粮油购销

1988年12月区粮食系统在城区经营议价粮油的门店面近60家，供销、食品、蔬菜等行业的一些单位和个体经营户也参与其中，区粮食系统经营议价粮食894万公斤，比1987年增加277万公斤。1989年市场收购议价粮378.6万公斤，议价品种兑换59.8万公斤，议价调入217万公斤，议价销往外省350.8万公斤，本地市场议价销售34.7万公斤。1990年物价部门规定粮油最高议购限价，小麦每公斤0.9元，玉米0.64元，要求粮食部门在限价范围内议购，任何单位和个人均不得哄抬粮价，争相抢购。1993年4月粮油经营放开，粮食部门在收购价格、方式等方面均不适应，议价粮食收购锐减，经营议价粮食224万公斤，比1992年的583.7万公斤下降62%。同时粮食部门成立坚家河粮油批发市场，后又陆续在平南、汪川、关子、太京、牡丹设立粮食交易市场，在藉口、大门、天水、苏成、铁炉、杨家寺、娘娘坝、皂郊乡成立粮食交易所。

表8-6-1

1985—2007年秦州区粮油购销统计表

单位:千公斤

年份	平价粮食			平价油品			议价粮食			议价油品			城镇		定购粮入库	收购油品入库	农村粮食销售	
	购进	销售	库存	购进	销售	库存	购进	销售	库存	购进	销售	库存	粮食销售	油品销售			总数	返销
1985	35432	5145	11009	1588	924	546	4020	3730	878	462	307	112	27.365	389	4450	227	2245	1055
1986	36604	2443	2717	7296	3049	226.7	4540	1880	1981	263.1	181.3	1306	34.537	752.8	4632	236.8	6992	3885
1987	54100	3071	3579	659.7	196.9	228	6249	2877	2442	193.6	211	615	38.539	659.7	5472	254	7228	5492
1988	45090	9628	4287	639.6	173.2	206.1	5391	3549	1782	362.8	137.2	1244	36.906	719.5	5715	227.4	3908	1795
1989	45514	5384	6486	683.8	195.1	165	5963	3032	1690	289.8	199.7	83.9	37.003	748.1	5478	210	6655	4379
1990	35455	1403	6962	562.6	193.5	112	5515	2715	2211	174.8	172.9	34.9	33.010	663.5	5337	234.8	7692	5636
1991	43277	5541	284	745.9	129.2	241.8	3826	3071	1308	356	134.7	60.2	4.491.8	660.1	5454	184.6	5976	3511
1992	46043	15499	1609	224.5	138.9	35.9	5366	3646	1507	325.7	164.7	46.4	29.570	472.9	5378	184.8	5618	3985
1993	2200	551	1790	—	—	7.8	1930	1290	115	258.1	205.8	13.5	7.804	—	5000	—	—	—
1994	—	4780	4419	—	—	207.8	35853	33339	4419	906.8	720.3	207.8	16.150	720.3	8150	605.8	6777	2350
1995	—	5000	6020	—	—	133.1	42621	41020	6020	802.5	877.2	133.1	18.573	877.2	8150	756.5	9134	2853
1996	18342	5000	3177	—	9.1	231.1	12511	10977	6836	462.8	793	231.1	16.668	793	8150	462.8	6637	—
1997	1058	90	9283	478.4	33.9	245.7	9998	11873	4539	942.1	890.9	241.7	5.916	721.6	8781	463.7	2939	2939
1998	1924	—	16547	525.2	161	206.5	4861	4929	3747	71.4	592.1	200	6.247	438.7	8793	189	967	967
1999	5873	2957	21670	476.7	122.6	81.6	—	—	—	—	—	—	10.739	439.7	8150	2.7	4495	4454
2000	5679	9129	21063	307.4	17.7	20.8	—	—	—	—	—	—	2.956	331.1	8151	10.8	4263	430
2001	1948	3003	20216	211.1	10	14.7	—	—	—	—	—	—	2.108	210.9	8150	6.2	2263	—
2002	827	3092	23208	102.2	0.6	9.9	—	—	—	—	—	—	4.353	105	7330	—	3766	—
2003	784	—	22555	103	—	67.8	—	—	—	—	—	—	3.419	66.9	8158	—	1565	—
2004	632	—	11301	7	—	4.6	—	—	—	—	—	—	14.438	70.2	—	—	11752	—
2005	4384	43658	16015	6.2	9.5	—	—	—	—	—	—	—	—	—	—	—	—	—
2006	4038	42571	12610	5.6	3.4	—	—	—	—	—	—	—	—	—	—	—	—	—
2007	55215	54114	9069	156.1	83.4	—	—	—	—	—	—	—	—	—	—	—	—	—

1994年议价收购粮食3585.3万公斤,议价销售3333.9万公斤。1995年粮价再呈涨势,年底小麦市场收购价每公斤1.66元,次年6月涨至1.8元。之后出现回落,至1997年市场粮价跌落到国家定购牌价以下,小麦每公斤在1.06元至1.2元之间。1996年至1997年区粮食系统分别议价收购小麦1012.8万公斤和492万公斤。1998年后粮油市价平稳,小麦每公斤在1.2元至1.3元之间。2003年"非典"期间,市场粮食一时短缺,粮价上扬,区粮食系统从东北购入大米60万公斤,投放市场。

2004年平价议价经营并轨,粮油购销价格由市场供求形成。粮油销售从市场地摊和粮店经营向超市发展,超市经营品种除大米、小麦粉等精细粮外,还有丰富的小米、玉米粉、荞麦粉、燕麦片和各种各样的豆类。大米有东北米、宁夏米、天津小站米和泰国米,小麦粉有特精粉、特一粉、特二粉、饺子粉、高丽粉、拉面粉、面条粉、馒头粉,食油有菜籽油、胡麻油、豆油、花生油、色拉油,大米、面粉有0.25公斤、5公斤、10公斤、25公斤等不同重量的包装。

农村销售

1985年后随着农业生产的发展,农村返销粮减少。1986年返销粮食388.5万公斤。1988年甘肃省规定农村返销粮每年递减10%,全区返销179.5万公斤。1993年4月后政府将给农村缺粮户的口粮供应由过去的平价返销粮改为救灾粮。1994年销售救灾粮235万公斤。2001年上半年区粮食系统销售农村救灾粮160万公斤,下半年开始灾民口粮供应停止。此后解决农村灾民吃粮问题纳入国家济困,由民政部门负责。

第三节　粮油仓储

定购粮食储存

1985年区粮食仓储机构库存粮食多为当地定购的小麦和从北道转运站调入用于返销农民的玉米。1993年前库存粮食除少部分返销给农民外,多数一般在次年6月份之前调往市第一粮库加工成面粉售给城镇居民,每年库存周转量在15万吨。1993年至1997年基层粮站所收定购粮,部分销售,部分储存。1998年取消粮食定购任务,开始顺价购销,2007年储存商品粮494万公斤。

储备粮储存

1987年代储国家专项储备粮100万公斤，1991年代储150万公斤，这些代储粮或动用，或外调集并他仓。1992年代储省级储备粮322万公斤，后经动用和集并至2002年余150万公斤存太京仓库。

2004年根据国务院"粮食销区要保持6个月的销量，产区要保持3个月的销量"要求，10月储存区级储备粮250万公斤。2006年至2007年又先后增加区级储备粮150万公斤和100万公斤，2007年区级储备粮储存500万公斤。

油料储存

1986年至1992年油料实行合同定购，每年收购入库的油料一般在当年或次年年初或调运，或加工，年入库周转量在20万公斤。1993年取消油料定购任务，无油料收购入库。1994年至1998年累计收购入库油料248.5万公斤，平均每年库存周转量在40万公斤。1999年油料收购取消必保计划，粮食部门不再收购储存油料。

第七章　物资供销

第一节　物资机构

1985年7月秦城区供销社有区农副公司、区回收公司、区信托贸易公司和21个基层供销社，职工988人。1986年撤并部分基层供销社，合并为16个基层社。1987年区供销社系统有经营网点325个，代销代购点160个，职工1005人，自有流动资金317万元，社员股金54.3万元，固定资产311.5万元。1990年吕二供销社并入信托贸易公司，后改为区土产农副公司。1992年成立区干鲜果菜公司。1994年成立区农业生产资料公司。

2003年改革产权制度，大部分职工置换身份。在区联社和大门供销社的共同策划下，由7户农民自发组建竹编专业合作社，入社社员12户，吸纳股金3.6万元。关子镇组建中药材专业合作社，入社社员50户。2004年大门乡南山村22户农民以710亩荒地使用权入股，大门供销社投资25

万元,组建林业专业合作社。中梁乡和皂郊镇养鸡专业户分别组建蛋鸡专业合作社。2005年天水市秦城区供销社更名为天水市秦州区供销社。2006年藉口镇农民成立果品专业合作社,吸收社员128户,组建10多人的果品销售经纪人队伍。

2007年齐寿乡农民组建农产品加工专业合作社,入社社员7户,资金30万元。天水镇成立木器加工专业合作社,入社社员7户,资金20万元。年底秦州区供销系统有直属公司5个,农村基层社15个,职工159人。区联社机关设行政办公室、财务审计科、综合业务科、合作指导科、资产产业部,职工21人。

第二节 农业生产资料供应

1985年至1988年全区化肥货源紧缺,区供销社实行计划内与计划外组织购进。1986年区供销社系统计划外购进化肥4697标吨,1988年计划外购进化肥15405标吨,比计划内购进多405标吨。化肥销售执行物价政策,计划内化肥按国家规定的价格挂牌销售,省内超产尿素、碳铵执行全省统一价格;计划外化肥销售可以自行定价。1989年至1998年农资商品专营,小化肥货源充足,供大于求,尿素、硝铵、碳铵等化肥紧缺。1994年后由区农业生产资料公司专营化肥,购进化肥由1989年的30040标吨增加到1998年的60391标吨。同时每年购进农药、农膜100吨。1998年后农资商品放开经营,供销走向市场化,但供销社仍然是农资商品购销的主要渠道。1999年购进化肥40072标吨,占全区化肥供应市场份额的70%。2000年后年购进量跌破40000标吨;2005年购进31658标吨为最低,占全区化肥供应市场份额的50%。

第三节 农副产品收购

1985年农副产品收购完成298万元,占年计划249万元的119.7%。1986年收购完成398万元,占年计划312万元的127.8%创历史最高水平。其中信托贸易公司组织基层社收购葵花籽200万斤、半夏141吨;回收公司、汪川供销社和外地商人签订合同,收购洋芋210万斤、葵花籽245万斤、豆类23万斤；汪川、太京、苏成、天水等供销社委托农民73人，代购葵花籽200万斤、苹果10多万斤，总值达95万多元。1987年农副产品购进总额405万元，其中葵花籽购进150.5万公斤，白云豆1万公斤。1988年基层社除在社址所在地固定收购外，还在产区设点，与农民签订合同委托代购，共聘请310名农民委托代购农副产品，收购葵花籽248万公斤、白云豆14.3万公斤、苹果1.42万公斤、箭舌豌豆38.4万公斤、蒜薹42万公斤。信托贸易公司在张家川回族自治县龙山镇开设皮毛商行，收购绵羊皮5613张、山羊皮2279张，总值达70多万元，另外收购生漆1.2万公斤。全社收购农副产品总值773万元，同比增长90%。

<h3 style="text-align:center">1985—2007年秦州区供销社系统化肥购进统计表</h3>

表8—7—1　　　　　　　　　　　　　　　　　　　　　　　　　　　单位：标吨

年份	总购进	计划外购进	年份	总购进	计划外购进
1985	10351	—	1997	65524	—
1986	12000	4697	1998	60391	—
1987	13000	7023	1999	40072	—
1988	25159	15405	2000	37750	—
1989	30040	10771	2001	36100	—
1990	35949	8198	2002	40309	—
1991	40618	13896	2003	36908	—
1992	40407	21333	2004	32000	—
1993	40942	—	2005	31658	—
1994	44955	—	2006	35766	—
1995	48524	—	2007	38289	—
1996	49790	—			

1989年农业丰收，收购蒜薹34万公斤、葵花籽411万公斤、白云豆30万公斤、箭舌豌豆75万公斤、苹果442吨（其中出口245吨），收购总值1120万元。1990年全区农副产品产量大幅增长，一些产品出现滞销。收购蒜薹34万公斤、白云豆5.9万公斤、箭舌豌豆141万公斤、葵花籽173.7万公斤、苹果339万公斤。1991年购进葵花籽117万公斤、白云豆16.5万公斤、箭舌豌豆18.4万公斤，收购蒜薹32.5万公斤。1992

年农副产品边购边销，收购蒜薹30万公斤、蜂蜜8万公斤、苹果4.75万公斤、葵花籽115万公斤、白云豆7万公斤，蒜薹和蜂蜜及时销出。年底推销苹果4.75万公斤、葵花籽36.5万公斤。之后区供销社系统企业和职工个人集资160万元，建成储量500吨的恒温库。

1995年收购完成590万元，同比增长1.7%。1997年干旱少雨，全区葵花籽减产42%，苹果挂果率低，价廉质劣，难以找到销路；洋芋、豆类减产，个体商贩抢占收购市场，供销社系统农副产品收购工作空前困难。收购蒜薹350吨，入库储存200吨，销售150吨；收购蜂蜜60吨，销售50吨；收购苹果300吨，销售120吨；收购小杂粮280吨，销售250吨；收购小麦30吨,销售13吨。1998年由于个体商贩抢占收购市场，区供销社农副产品收购量锐减，收购贮存苹果135吨、蒜薹275吨、葵花籽34万斤。1999年供销系统仅果菜公司凭借500吨的恒温库购进储存蒜薹50万公斤、苹果20万公斤，其余农副产品均由个体户收购。至2007年每年收购商品与1999年持平。

第四节　废旧物资收购

1985年废旧物资回收完成130万元，同比增长12.8%。1986年废旧物资收购完成139.4万元，占年计划121万元的115.2%。1987年废旧物资剧增，回收公司收购废旧物资141.8万元，占年计划的101.5%。1989年收购339万元。1990年废旧物资一度滞销，回收公司购销并举，收购66万元，占年计划的101%。

1991年回收行业面临困境，收购428万元，其中收购废钢铁400余吨。1992年收购291万元，其中收购废钢铁3194吨。1994年收购553万元，其中收购废旧钢铁4843吨。1995年废旧物资收购完成320万元。1997年由于打击盗窃生产性废旧金属的犯罪活动，将69个回收站点清理整顿后仅留城区的2个。1998年撤销回收网点，废旧物资收购143万元，占年计划的43.3%，同比下降46%。1999年收购128万元，完成年计划的51.6%。

2000年收购131万元，占年计划的57%，同比增长9.2%。2000年后除区回收公司收购废旧物资外，基层社废旧物资回收工作处于停顿状态，市场份额丢失殆尽。

第八章　旅游资源

第一节　公　园

人民公园

位于公园路西侧，占地面积62.5亩，房屋35间，建筑面积409平方米，湖水面积2020平方米。1979年5月1日人民公园正式开放，结束天水市10年来没有公园的历史。1983年至1985年将荷花池及人工湖连通，开凿扩大湖面至2020平方米。同时抬高中山堂1.7米，投资19.34万元修建假山、曲孔桥、水榭、亭台、画廊、喷泉、雕塑等。建大小花坛15个，植油松、雪松、云杉、侧柏、国槐等20个品种树木909株。建温室1座120平方米，培育盆景145盆、盆花630盆。栽植花灌木3000株，绿篱858米，草皮1998平方米。

儿童乐园

位于民主路东段北侧，是天水市第一所专供儿童游乐的园地。占地1.1万平方米，建筑面积1199平方米。1985年5月开工建设，10月1日建成开放，总投资120万元。园内设碰碰车、自控飞机、登月火箭、小摩托车、电瓶车、航天飞行器、电子游艺机、弹跳床、飞船等9种游艺项目。园内栽植各种树木上千株，植草坪200平方米。建有纪念亭碑、水池喷泉、少儿群雕等。

森林公园

2007年秦州有省级森林公园3处，为太阳山森林公园、李子森林公园、皂郊渗金山森林公园。公园林木茂盛，森林覆盖率平均在69%以上，境内野生动物种类繁多，服务设施齐全，为游客提供方便的食、宿、

李子森林公园

行、购、娱等服务。

第二节　景区景点开发建设

2004年诸葛军垒公园投资近100万元完成园区场地平整，二层门楼内外装修以及无影墩、雕像、假山、水池等工程。炳灵寺用社会募捐、民间资金等方式相继投入开发建设资金1200多万元持续自建。

2005年木门道景点累计筹集资金80万元完成诸葛殿、文臣武将廊、山门牌坊主体工程以及汉昭烈殿、文物陈列室和碑廊、钟楼、鼓楼等辅助设施建设炳灵寺在持续建设的基础上，筹集资金100余万元建时轮金刚塔（1座）、圆觉殿塑像、祖师殿镀金佛像等。

2006年炳灵寺自筹资金200余万元，分期完成主山门重建、大威德殿建设，以及山体护坡改建和围墙整体扩建；天水关景点投入资金20余万元，修通天水关至青龙观道路，沿途全部绿化。2007年将天水关、木门道、太阳山、齐寿山、李子森林公园等纳入整体规划范围。

第九章　旅游管理

第一节　宣传推介

2002年五一黄金周期间秦城区开通96888旅游信息咨询、查询服务。在岷山路、建设路、民主路设立以秦城区旅游景点图片为背景底色、创优宣传标语为版面内容的灯箱广告60块，在东桥头和天水郡设立玉泉观景区大型广告牌。按照国家创优标准，规范旅游单位公共信息图形标志182块、标识指示牌22块、简介说明牌12块、警示牌19块、导游示意图4块、宣传广告牌4块。2003年在武威市乡洽会上推介旅游项目7个，组织80类120种旅游商品展示展销，签订供货合同10份，成交2310万元。在伏羲文化旅游节推介旅游项目8个，天水电视台、秦城区广播电台、《天水晚报》做专题采访报道。在《时代学刊》《兰州晚报》等媒体上制作旅游产品宣传专版，专题宣传片《玉泉观》在省、市电台滚动播放。为玉泉观、南郭寺景点制作宣传折页10万份、彩版邮资门票18万张。2004年邀请省、市、区电视台、广播电台及报社专题报道秦城文化旅游资源。五一黄金周期间举办秦城区首届文化旅游周活动，在玉泉观开展"天水人游天水"活动。8月参加天水市2004旅游宣传推介联谊会，发放宣传折页1000份。十一期间，将反映古朴民俗民风的秦州小曲搬上舞台，使之与农家乐乡村旅游相结合，省电视台、天水电视台做专访录制，播放宣传。组织编写《秦州情》《秦州旅游》各2期，印制3000份，在伏羲文化旅游节发放。完成旅游招商项目2个，引资700万元，到位资金22万元。

2005年组织旅游企业参加旅游推介会、乡洽会、西交会及各类旅游交易会，组织旅游企业参加西安2005旅游商品采购会。伏羲文化旅游节前，组织旅游企业参加天水旅游推介会及首届羲皇故里冷餐展示会。旅游招商引资3300万元，到位资金15.5万元。2006年完成文化旅游资源图片电子版建档，出资8.5万元在天巉公路秦州区域内路段6处天桥设置旅游广告牌，宣传伏羲庙、南郭寺、玉泉观、南北宅子等景区、文保单位。组织玉泉观、南郭寺景区在上九会和四月八浴佛节举行旅游宣传促销，农历三月三日在齐寿山宣传推介齐寿山文化旅游资源。在国家乡村旅游年主题活动"羲皇故里——乡村游"启动仪式中，组织各乡村旅游经营户制作展板16块、宣传折页5000多份，将秦州小曲表演和电视VCD旅游宣传片等引入启动仪式现场。旅游招商项目3个，引资1270万元。2007年以"城乡和谐游"为主题，拍摄制作走进农家乐专题形象宣传片，在天水电视台经济生活频道滚动播出。引导辖区内旅游景区（点）、旅行社、宾馆（饭店）、旅游商品生产厂家等单位将

太阳山自然风景区

旅游信息、资料在网络上发布。10月配合省电视台完成拍摄天水关、木门道及诸葛军垒等文化遗存的工作。招商项目7个，引进资金1113万元。

第二节　市场管理

1998年9月成立秦城区旅游局，负责全区旅游管理工作。2001年8月秦城区创建中国优秀旅游城市，成立由区长担任组长的领导小组，在区旅游局设办公室。2002年整改城区36家卫生条件差、管理制度不健全的公厕，旅游、公安、消防、工商、交通等部门专项检查旅游单位的接待服务设施、景区秩序、服务质量、旅游价格、旅游交通、旅游环境及食品卫生，对存在安全隐患的作出整改要求。2003年督察指导126家旅游单位，专项整治餐饮企业分餐制。在市中心广场和玉泉观、南郭寺设立旅游咨询服务中心，安置旅游信息电子触摸系统。开展旅游市场整顿，检查9次、出动执法人员118人次，检查各类旅游市场39场次、经营户1682家次，停业整顿16家。组织从业人员参加宾馆饭店总经理、部门经理资格认证培训，150人获得资格证；导游资格考试培训参加56人，讲解员换证培训参加45人；旅行社总经理、部门经理资格证培训考试，53人获得资格证。12月天水市被国家旅游局授予"中国优秀旅游城市"称号。2004年组织旅游单位学习《安全生产法》《消防法》。开展旅游市场秩序整治5次，检查旅行社65家次，旅游景区（点）15处次，宾馆（饭店）及旅游定点单位100多家次。

2005年专项整治旅游市场秩序，出动人员78人次，综合检查6次，检查旅游企业180多家次。2006年联合检查8次，出动人员93人，检查区域内旅游企业210多家次。制定《旅游安全事故预防和处理预案》《旅游黄金周安全事故预防和处理预案》。组织辖区旅游从业人员参加省市旅游局举办的宾馆（饭店）、旅行社总经理、部门经理资格认证培训，持证人员达到300人，持证率达到88%。为30家乡村旅游接待点的44名管理、服务人员举办首届秦州区农家乐培训班，持证率达80%。2007年区旅游局与市旅游局共同完成2007年度旅行社年检，复核8家星级饭店，重新评定2家星级饭店，年度复核30家旅游定点单位。

第十章　旅游经济

第一节　旅游业规模

　　1985年秦城区旅游企业经营单位261家，从业1117人。其中饮食业195家，从业796人；宾馆（饭店）服务业66家，从业321人。1988年秦城区商业、饮食业、旅游服务业总收入80万元，同比增长12%。旅游企业316家，从业人员1703人。其中饮食业231家，从业990人；宾馆（饭店）服务业85家，从业713人。

　　1991年旅游企业340家，从业1893人。其中饮食业239，从业1109人；宾馆（饭店）服务业101家，从业784人。1992年全区旅游服务业、饮食业总收入350万元，旅游饮食业、宾馆（饭店）服务业356家，从业2023人。1993年旅游企业经营机构收入470万元。旅游贸易餐饮业、服务业1057个（国营20个，集体61个，个体976个），从业人员6126人（国营1030人，集体1040人，个体4056人）。1994年旅游企业收入720万元。1995年旅游企业总收入暴涨突破一千万大关达到2006万元。旅游贸易餐饮业、服务业1371家（国营35家，集体64家，个体1272户），从业8234人（国营1250人，集体716人，个体6268人）。1996年旅游企业收入3000万元。旅游贸易餐饮业、服务业1485个（国营30家，集体44家，个体1411户），从业8989人（国营1079人，集体530人，个体7380人）。2000年旅游贸易、餐饮业、宾馆（饭店）住宿业收入再次暴涨突破亿元大关达到17277万元。至2007年全区有3A级旅游景区2个，星级宾馆（饭店）13家，国际国内旅行社15家（其中包括分公司及门店6家），旅游定点单位32家，农家乐乡村旅游经营户11家，旅游业成为秦州区第三产业的龙头。

1985—2007年秦州区旅游业统计表

表8—10—1

年 份	接待人数（万人）	同比增长（%）	综合收入（万元）	同比增长（%）	占GDP比重（%）
1985	0.92	—	46	—	—
1986	1.1	15	55	10	—
1987	1.32	19	66	11	—
1988	1.6	21	80	12	—
1989	1.7	5	102	13	—
1990	2.1	21	210	35	—
1991	2.7	29	270	29	—
1992	3.5	30	350	29	—
1993	4.7	36	470	33	—
1994	7.2	37	720	33	—
1995	10.3	42	2006	35	—
1996	15	45	3000	46	—
1997	21.3	42	4260	40	—
1998	30.25	42	6050	40	—
1999	42.66	41	8532	39	—
2000	57.59	35	17277	37	—
2001	74.29	29	22287	29	—
2002	83.2	12	2.4	23	8.1
2003	60.1	−28	1.7	−29	4
2004	113.1	35	3.39	41	7.9
2005	123.4	7.5	4.1	10.8	8.6
2006	152.3	23	4.9	20	9.2
2007	189	24	6.16	25	—

注：1985年至2001年数据由旅游部门提供，2002年起数据为统计部门发布数据。

第二节 旅行社与农家乐

旅行社

2007年秦州区有旅行社15家，即天水国际旅行社、天水伏羲文化旅行社、天水天辰旅行社、天水新大陆旅行社、天水仁之旅行社、天水龙城

电信旅行社、天水天嘉旅行社有限公司、天水海外旅游分公司、甘肃丝
路国旅天水分公司、天水秦之旅旅行社营业部、天水和平旅行社、甘肃森
林沙漠旅行社天水门市部、大风歌旅行社、龙行华夏旅行社、秦信旅行社
等，其中分公司及门市部12家。

农家乐

2005年农家乐起步。2006年农家乐乡村旅游发展由零散经营户纳
入旅游统一规范管理，依
照《天水市乡村游农家乐
服务质量等级评定标准》
《天水市乡村游农家乐管
理暂行办法》管理，将农
家乐的相关资料进行建
档、整理。至2007年投
资100万元至300万元的
农家乐经营户7家，各渠
道累计投入开发建设资

乡村旅游农家乐

金2100万元。初步形成以南线渗金山森林公园（天萃苑）为主，由李子
森林公园、太阳山森林公园、颐和山庄、康乐庄园、东沟村农家乐园组
成的大自然生态旅游区，以西线盘龙山庄为主，碧水山庄、知韵山庄、佛
公桥等农家乐园组成的乡村休闲旅游区。

2007年秦州区农家乐一览表

表8—10—2

名称	类别	星级	面积（亩）	职工（人）	接待量（人次）	娱乐项目	特色项目	美食
盘龙山庄	果园式	三星	18	5	200	餐饮、垂钓、自选摘果、农业生态观光	节假日组织老艺人在园中唱秦州小曲、扭秧歌、唱秦腔	各类农家野菜佳肴
天萃苑	农业庄园	四星	3600	5	50	休闲垂钓、生态观光、科普教育、赏花品果、体验农趣、棋牌、瓜果采摘、健身、爬山	生态观光、科普教育、赏花品果、农业观光、高新科技观光	天水地方特色菜

续表

名称	类别	星级	面积（亩）	职工（人）	接待量（人次）	娱乐项目	特色项目	美食
嘉秀庄园	园林式	二星	274	6	120	餐饮、棋牌、垂钓、瓜果采摘	果园采摘	新鲜水果
碧水山庄	田园式	三星	62	11	70	餐饮、棋牌、采摘、垂钓、健身、卡拉ok、	自助烧烤	烧烤
心远山庄	园林式	二星	—	—	100	餐饮、棋牌、采摘	参观珍稀植物园、牡丹园	红烧鸡素烩菜山野菜
香槐苑山庄	庭院式	二星	—	—	100	餐饮、棋牌	品尝天水暖锅子	清香土鸡
颐和山庄	庭院式	二星	3	8	200	餐饮、棋牌	组织民间书画家进行现场书画表演	—
知韵山庄	田园式	二星	11	12	180	餐饮、棋牌、垂钓、瓜果采摘	果园采摘	—
紫藤山庄	庭院式	—	—	5	60	—	—	—
蘑菇厅	田园式	—	3	10	184	—	—	—
竹楼茶苑	凉亭式	—	2	3	40	—	—	—

秦州区志
QIN ZHOU QU ZHI

第九编

【农业】

NongYe

　　秦州区地处西秦岭山脉，山多川少（2007年调查有川地12.25万亩占土地总面积的3.3%），不适宜农业生产。1949年天水解放后传统商业贸易经济衰落，秦州区成为典型的农业大区，经济落后，群众生活水平低下。1985年全区总人口489506人，农业人口353337人，工业总产值5968万元（区属工业），农业总产值7529万元。随着改革开放的不断推进，大量农业人口涌入城市工作生活，从事建筑、个体工商等业。1991年全区农业社会总产值40986万元，其中种植业仅为10823万元，畜牧业3177万元，工业10971万元，建筑业5814万元（不含未注册的建筑队）。之后种植、畜牧业在农业总产值中的比重逐年下降，以建筑、个体工商、产品配件加工为代表的乡镇企业产值比重逐年增加。尤其是平南、齐寿等乡的建筑业发展良好，成为农村群众的主要经济收入来源。

　　2000年农村经济发展形成明显的三大经济区域，南部平南、齐寿、天水等乡以建筑业为主，西部太京、藉口等乡以林果、蔬菜、养殖为主，城郊吕二、环城、玉泉等乡依托城区企业以工业产品配件加工为主。农业社会总产值为10.969亿元，其中乡镇企业（不含未注册的小建筑队和个体从业者）产值为8.86亿元占农业总产值的80.8%。

第一章 农村经营管理改革

第一节 土地承包

1984年天水市在吕二乡试点土地小调整完善生产责任制,随后在全市开展。1985年秦城区集体与农户签订果园、企业、机动地承包合同,其中签订承包果园9100亩,果树18500株,上交集体33.4万元。1989年吕二、苏成等11乡实施完善双层经营体制改革,逐项完善土地划等定级、联产联投、土地承包合同、专业承包合同、机动地留用及租金兑现、集体资金管理使用、土地承包费、村农技农经服务体系建设等制度。

1990年成立区农业承包合同管理委员会,专门负责农村经营管理工作。1991年11月调查土地小调整,22个乡中有5个乡自1980年土地承包以来未调整,17个乡1984年作过一次调整。1992年继续完善农业承包经营,至1995年签土地承包合同74227份,机动地承包合同22638份(户)。1994年完善"三级管理,两级仲裁"的农业承包合同管理机构,22个乡成立土地承包合同管理委员会,有合同管理人员158人、合同纠纷调解仲裁人员78人。

1998年实施第二轮土地延包。全区22个乡、594个行政村、1783个村民小组、87219户、414926人,耕地面积96.5万亩,承包地74万亩。在第二轮土地延包中土地小调整415个行政村、803个村民小组、60590户、289889人,小调整抽地64484亩,补地62832亩,续签合同144村、24149户、115117人。至1999年10月农村集体土地承包经营权证书发放结束,共给1783个村民小组、78497户农户、388761在册农业人口发放经营权证书。

2000年后秦城区实施土地流转,至2006年土地流转8792亩,涉及农户3817户,其中反租倒包1942亩,互换804亩,出租4167亩,转包662亩,转让17亩,其他形式1200亩。

1985—2007年秦州区耕地面积变化表

表9-1-1

■ 耕地面积

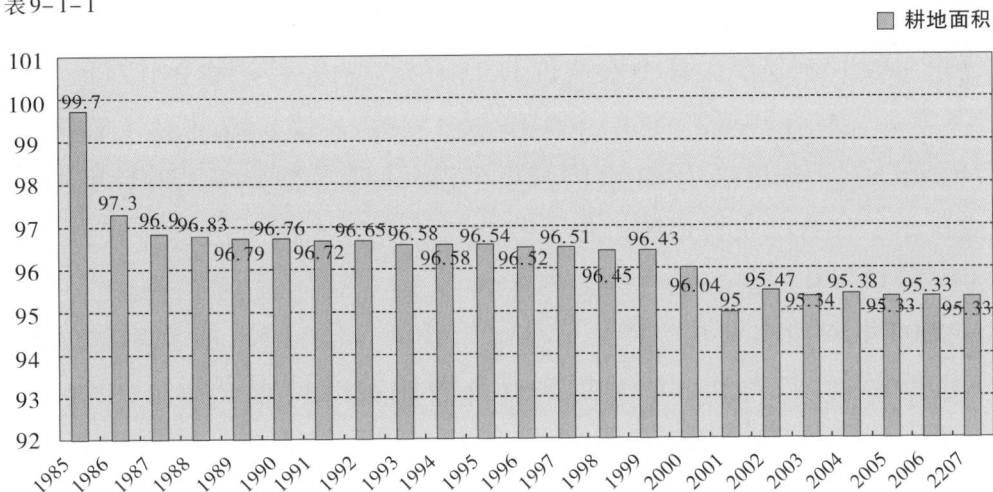

第二节 减轻农民负担

1984年秦城区精简村队干部，精简前有行政村干部2740人、村民小组干部5580人，报酬总额597840元，精简后有行政村干部1684人、村民小组干部1820人，报酬总额下降36.7%减少至278432元。同时增加民办教师补贴工资，取消农民负担的部分。

1990年11月执行全省农民负担审核项目，继续执行32项，停止执行21项，待审定55项，农民负担控制在上年农民人均收入的5%以内。乡统筹实行定项限额、统收统算制度，统筹费项目仅限于优抚、乡村两级办学、计划生育、民兵训练、乡村道路建设等民办公助事业。乡统筹的提取以乡为单位控制在本乡上年农民人均纯收入的2.3%以内，其中教育费附加控制在本乡上年农民人均收入的1.3%以内，村提留控制在上年农民人均纯收入的2.7%以内。乡编制村提留、乡统筹的当年决算和下年度预算方案，提交村民代表等会议讨论通过并张榜公布，12月中旬由区经管站汇总后报区政府和区农委备案。1998年增设2个观察监督点，设重点观察农户12户，全区农民负担观察点增加到45个，重点观察农户270个，由村文书、农户负责记录以季度报表的形式汇总上报。

2001年税费改革，取消乡镇统筹、村提留、农村教育集资等行政事业性收费和政府性基金、集资,同时取消屠宰税和统一规定的劳动积累工、义务工及以资代劳费,建立村级公益事业一事一议筹资制度。2003年农民负担总额1409万元,其中农业税1195万元、农业特产税210万元、牧业税3.7万元,人均负担33.5元,亩均负担15.9元。比税改前全区农民减负577万元,人均减负13.7元,亩均减负6.53元,减负率29%。2004年降低农业税税率、取消农业特产税、免征牧业税后全区农民负担总额1068万元,比上年减负340万元。

2005年取消农业税,农民不再承担任何税收任务,种粮农民实行补贴,直补资金241万元。2006年实行良种和农机具购置补贴,粮食直补313万元,农资综合直补578万元。117户农民享受农机具购置补贴,主要农机具有山地拖拉机、微耕机、秸秆揉搓机、施耕机等8种机型177台价值74.6万元,其中补助20万元,农户自筹54.6万元。涉农税收、价格和收费实行公示制;农村订阅报刊实行限额制,乡镇按3000元/年的标准,村级组织及农村中小学按600元/年的标准执行;农村义务教育实行一费制,小学每生每学年150元,中学每生每学年250元;涉农案件实行责任追究制。落实"两免一补"政策,小学春季免教科书38980人981052元,秋季免教科书46343人1016686元;中学春季免教科书17530人848942元,秋季免教科书18128人832479元;补助住宿生6234人生活费5513480元。

第三节 农村集体资产与财务管理

1984年在皂郊乡堡子山大队试点农村集体财会改革。1985年培训村专业会计152人。

1986年清理整顿资金3496万元,查出违纪资金214万元。专业会计由1985年的725人调整为587人,培训8乡会计。吕二乡14个村实行集体积累资金折股到户、集中统管、有偿借贷、红利推广管理办法试点和推广工作。建立农村经济收支记账统计网,年初制定记账簿在22乡采取对称等距抽样的方法选66个点、330个记账户,通过各个记账户所记录的家庭收支情况、家庭经营收入、出售产品、农户从集体得到的分红等推算全乡收支情况。建立合作基金会、村统管小组,在141个有资金的村中成立71个合作基金会管理资金,其中35个村开展融资251万元,资金主要用来发展养殖业、加工业、运输业和村办企业,此外向乡办企业、国营单位提供贷款。

1992年清理578个村集体财务。1993年11月制定《农村合作经济组织财务管理制度》。1994年试点村级清产核资工作。2003年16乡镇开展会计委托代理、四权不变(集体资产所有权、资金使用权、投资收益权、财务审批权)、规范核算等村级财务管理工作。

第四节　农民专业合作经济组织

1986年秦城区涉农合作经济组织722个67352人,其中乡镇企业160家1767人,乡植保机防队20个168人,村植保机防组532个64757人,造林联营体10个660户。按行业分类:养殖企业1家40人,工业企业110家1329人,交通运输企业22家119人,建筑企业22家240人,商业企业2家52人,饮食企业2家31人,服务企业1家16人。专业性合作经济组织多数集中在城郊玉泉、环城、吕二、太京等乡镇,主要从事翻砂、铸件、木器加工等行业。至2007年全区有涉农合作经济组织152个、会员7886人,带动农户3万多户,年纯收益4362万元。其中果品产业协会38个占25%,蔬菜产业协会24个占15.8%,养殖业协会25个占16.4%,其他65个占42.8%。依托能人大户的占28%,依托集体经济组织的占39%,依托农技推广的占15%,依托龙头企业的占10%,依托村干部带动的占8%,大多以"松散型合作"为主,产权关系比较松散。

第五节　农村能源改革

1984年秦城区推广省柴节煤灶,1987年被确立为全国改灶节煤试点县(区),在苏成、华岐乡建2个节燃炕示范村,改炕216户。此后在平南、藉口、华岐、皂郊乡建成5个沼气池示范村,推广"三结合"水压式沼气池200口。1987年编制《农村能源计划》,通过省、市验收。1988年完成改灶6.91万户,节柴6219万公斤,价值248万元。9月秦城区节柴改灶工作通过农业部的检查验收,平均热效率达3.1%,节柴达1/2至1/3,被确定为全国改灶节柴试点合格县。

2000年秦岭乡白集寨村结合农村改厕项目建成沼气池130口。2001年完成《林缘区铁炉乡上磨村农村能源试点项目》，改灶197户、太阳灶用户110户，示范建设沼气池5户，营造薪炭林600亩，四项能源设施节柴3821公斤。2002年娘娘坝镇舒家坝村建设沼气示范村，共建旋流布料水原式沼气池65口。至2005年全区使用沼气池850口，农村家庭使用标准省柴节煤灶2.7万座、太阳灶450座。秦州区被国家农业部和发改委列为实施农村沼气建设国债项目示范县区。2006年完成"一池三改"示范户1320户，2007年完成1700户，均通过省、市专家组验收。

第六节　农业管理机构改革

农业畜牧机构

1985年7月天水市秦城区农业畜牧局成立，下设区畜牧兽医站、农业技术推广站、经营管理站、园艺站、种草站、农机管理站、渔业工作站、种子公司、西十里良种场、天水良种场、汪川良种场11个事业单位。1989年6月区农机管理站分设为区农机监理站和农机管理站。1990年8月区畜牧兽医工作站与区种草站合并成立区动物检疫站。1991年8月区农业技术推广站、区园艺站合并成立区农业技术推广中心。1992年5月成立区种子管理站。2003年6月设立区农村能源综合开发办公室，科级事业单位。2007年4月撤销区种子公司，其部分职能并入区种子管理站。

水利机构

1985年天水市秦城区水利电力局成立，下设科级单位水利管理站、农电管理站、水土保持站和股级单位防汛办公室、物资供应站、勘测设计队、水电工程队，有职工68人。1991年设立水土保持预防监督站、水政水资源办公室。1994年农电站从水利电力局分离成立天水市秦城区农电局，天水市秦城区水利电力局更名为天水市秦城区水利水保局。1998年6月区水利水保局更名为区水利局。2000年11月设立区水政监察大队（副科级）。2002年6月区农村卫生改水办公室（科级）由区卫生局划归区水利局管理。10月区防汛指挥部办公室更名为秦城区抗旱防汛指挥部办公室。2005年1月区水利局更名为天水市秦州区水利局。至2007年设水土保持站、水利管理站、农村卫生改水办公室、水政监察大队4个科级单位和抗旱防汛指挥部办公室、水资源办公室、水土保持预防监督站、勘测设计队、水电工程队、物资供应站6个股级单位,有职工248人,其中高级工程师3人,工程师27人。

林业机构

1985年7月天水市秦城区林业局成立,下辖林业站、藉源林场、四十铺苗圃、藉口林分站、天水林分站、娘娘坝乡木材检查站。9月成立区绿化委员会。随后又设立林木病虫害防治站、城郊林分站、林木种子站、林业勘察设计队,至此区林业局有职工107人,其中工程师8人。1986年至2000年先后设立平南林分站、大门林分站、秦岭林分站、果树工作技术指导站、南北二山绿化站、藉源林业派出所、林果科研项目管理总站、退耕还林办公室、红旗山农业综合开发办公室。2002年6月局机关设办公室、林果股(加挂退耕办牌子)、森林公安股、计划财务股、森林资源管理办公室、天然林保护办公室、公益林办公室。至2003年全局有职工415人,其中高级工程师2人,工程师21人。2005年1月天水市秦城区林业局更名为天水市秦州区林业局,同时天水市公安局秦州分局藉源林业派出所更名为天水市公安局秦州分局森林派出所。2006年1月成立区中德财政合作造林项目办公室。7月区果树工作指导站升格为区果业局(副科),森林派出所升格为天水市森林公安局秦州分局(正科),下设城郊、娘娘坝、藉口3个森林派出所(副科)。至2007年全局有职工545人,其中高级工程师2人,工程师24人。

第二章　水　利

第一节　水资源管理

1985年至1990年秦城区水资源管理由市水资源管理处负责。1991年12月成立秦城区水政水资源委员会,区水利电力局设立水政水资源办公室行使水资源管理职能。1998年8月市水资源管理处将水资源管理移交区水利部门管理，管理权限为年取水量在10万立方米以下的单位和个人，10万立方米以上的仍由上级部门管理。

取水许可管理

1998年至2007年办理取水许可证90套，核实取水量745万立方米（地下水735万立方米）。工业城镇生活取水27套，核实取水量45万立方米，其中地下水44万立方米；农业灌溉、农村生活63套，核实取水量700万立方米，其中地下水691万立方米。

水资源费征收

1998年水资源费征收标准为：地下水每立方米0.06元，地表水每立方米0.01元。2004年水资源费征收标准调整为：工业、城镇生活、经营（含建筑业）用水地表水0.1元/立方米，地下水（含地热水、矿泉水）0.15元/立方米；农业灌溉用地下水0.01元/立方米；大中型水力发电用水0.005元/千瓦·时，小型水力发电用水0.003元/千瓦·时。1998年至2007年累计征收水资源费53万元。

第二节　抗旱防汛

1985年成立秦城农村防汛办公室，负责全区农村防汛工作。1997年成立秦城区抗旱防汛指挥部，区长任总指挥，分管副区长和武装部长、水利局长任副总指挥，区农办、城建局、土地局、财政局、交通局及气象、通讯等16个单位为成员，指挥部在区水利局设办公室。2004年编制《抗旱防洪防御预案》《山洪灾害防御预案》。

抗旱

1985年至2007年旱情严重年份有1997年、1999年、2000年、2004年、2006年。1985年至2007年财政投物价值550万元，累计配发移动式柴油抗旱喷灌机550台。同时建立各级抗旱服务组织，至2007年全区有区级抗旱服务队1个、乡镇级16个，有抗旱服务组413个。

防汛

1985年至2007年全区发生暴雨山洪灾害34次，因灾死亡38人，累计受灾人口62万人，农作物累计受灾面积40万亩，造成经济损失13220万元。

河流治理　1985年区水电部门设计主要河道堤防，制定分期治理规划。1986年至1992年投资145万元治理南沟河，修堤防5150米，维修堤防1325米，保护耕地5000亩。1990年投资150万元续建藉河一期堤防工程，堤防东起太京镇川口村，西至打马沟村，长1500米，按20年一遇防洪标准设计。1985年至1995年投资82万元治理天水、李子、苏成、华岐、杨家寺、关子、牡丹等乡主要河道，修河堤2724米。1986年至2007年投资550万元在藉河南岸太京镇杨家磨至李家台子段、北岸太京镇北崖至玉泉镇西十里段修河堤，共新修河堤10983米，维修499米，新增耕地340亩，保护川地1.2万亩。

山洪泥石流防治　2004年编制《区山洪灾害防治规划报告》，规划投资13845万元。2007年编制《山洪灾害防治试点实施方案》，被甘肃省批准立项。项目计划投资447万元，包括山洪沟道重点治理工程、水雨情监测系统建设、信息汇集与预警系统建设、群策群防组织体系建设等子项目。罗峪沟、吕二沟、水家沟、张杜沟、南沟河、平峪沟、普岔沟、年集沟、灰水沟9条小流域列入治理规划。

第三节　河道管理

1985年至1990年河道由区城建部门管理，侧重于城区范围，全区农村河道疏于管理。1990年区水利电力局藉河西段、藉河东段和南河河道管理所成立；2000年11月水政监察大队成立负责河道管理等水行政执法工作；2004年4月河道管理划归区水利行政主管部门。

罗峪河治理

1999年至2004年实施黄河水土保持生态工程天水藉河示范区项目和防洪沟道治理工程，治理罗峪沟流域36平方公里，治理程度占流域总面积的89%。在治理中完成高标准梯田1万多亩，建成经济果木林2.6万多亩，种植大樱桃12230亩，营造水土保持林14000多亩；建设堤防工程6.23公里，修建小型谷坊784道、中小型淤地坝24座，地埂种草200多亩。

河道采砂管理

采砂区　藉河采砂区为藉口镇白草滩至玉泉镇王家磨河段、玉泉镇闫家河至县家路河段，白家河采砂区为娘娘坝镇南峪村至李子园村河段，西汉水支流崆水河采砂区为杨家寺乡杨家寺村至士子村河段，稠泥河采砂区为牡丹镇大柳树至木门河段，华岐河采砂区为华岐乡姚宋至辛家大村河段，天水镇南北河采砂区为孙家庄至杨家湾里段。

禁采区　藉河支流流水沟、吕二沟、平峪沟、左家场至金家庄河段、天水郡至暖和湾村河段、王家磨至闫家河河段。白家河支流董水沟、李子沟、石缸沟、白音峡沟。

非禁采区　藉河流域罗峪沟左家场以上河段，南沟河的暖和湾以上河段，藉河太京镇韦家沟、普岔沟，藉河藉口镇的白草滩以上河段。白家河流域的南峪河南峪村以下河段，白家河柳林以下河段。西汉水流域的崆水河杨家寺村以上河段，稠泥河的牡丹镇大柳树以上河段和木门以下河段，华岐河的姚宋村以上河段和辛家大村以下河段，天水镇南北河的杨湾里以下河段，汪川河的汪川村以下河段，芦子沟的阳坡村以下河段，苏成河主河道。

可采期与禁采期　主汛期若采砂作业对防洪有影响时，必须立即撤出河道，采砂设备也必须撤出河道管理范围。禁采前，采砂单位和个人必须清除弃料，回填河床，并且按要求清理河道。禁止使用较大采砂机械设备采砂，在河道内采砂开采深度不得超过1米。

第四节　农田水利工程

1985年至2007年全区投资1810万元修建维修配套灌溉机井、提灌工程、渠道工程13398处（座），其中自流渠道6条40公里、提灌5处、机电井127眼、节水灌溉工程7处、水库4座、灌溉集雨水窖13249眼。灌溉总面积从1985年的2.6万亩扩大到2007年的6.76万亩，保灌面积从2万亩扩大到5.9万亩，节水灌溉面积从0.06万亩扩大到1.12万亩。增加山地补灌2.97万亩。

渠道灌溉工程

1985年至2007年先后投资250万元修建、维修配套自流渠道6条40公里，可灌1.37万亩，保灌1.2万亩。1994年后气候持续干旱，区域内河流水量减少或长时间断流,自流渠道灌溉效益相对减小,其中比较大的渠道有西干渠、关子南北渠、藉口南山渠、天水北渠、汪川渠。

西干渠　位于藉口、太京镇藉河南岸,从藉口镇四十铺引水,尾水退于平峪沟,长15.5公里。1966年开工,1970年竣工,共投资40万元,建有截流工程、进水闸、导流堤、涵洞、渡漕、防洪护坡等各种建筑物78座,设计引水流量1立方米/秒,设计灌区面积9594亩,有效灌溉面积6500亩。1985年渠道淤积严重只能灌溉570亩。1986年第一期修复投资34万元,1989年又投资110万元疏通干渠15.5公里,衬砌渠道3.98公里,新建建筑物118座,修复达到原设计有效灌溉面积。1996年投资6.3万元修复水毁渠道。

关子北渠　位于关子镇,渠长4.6公里,灌区东西宽0.95公里,南北长6公里。1958年开工,1963年竣工,设计引水流量0.3立方米/秒,设计灌溉面积1230亩。1981年至1982年投资5万元维修配套设施,衬砌渠道1050米,1990年新修整体渡塘、桥道等建筑物30余处。

关子南渠　位于关子镇南部,长8.54公里,灌区东西宽0.95公里,南北长10公里,可灌关子镇10个行政村的2400亩川地。1958年始建,1990年投资6.5万元加固维修。1991年投资21万元新建维修建筑物100座,衬砌渠道1.49公里。1993年投资42万元衬砌渠道2.39公里,设计引水流量达到0.5立方米/秒,保灌3000亩,实灌2700亩。1995年投资5.1万元新建引水闸1处、引水渠60米。

藉口南山渠　位于藉河支流金家河南岸,长5.75公里,设计流量0.5立方米/秒,可灌藉口镇崔家磨等4村1200亩农田。1967年始建,1969年竣工。1987年投资4.3万元新修、维修各种建筑物42座,衬砌渠道0.62公里。

天水北渠　位于天水镇,长4.82公里。1958年开工,1961年竣工,设计引水流量0.2立方米/秒,可灌庙坪等6村川地1500亩,后因河床变迁无法引水。1988年投资7.49万元疏通干渠4.82公里,衬砌渠道0.77公里,新修和维修建筑物52座。1990年投资4.68万元新修引水渠道160米、衬砌850米,恢复灌溉面积1000亩。

汪川渠　位于汪川镇,长1.28公里,设计灌面900亩,保灌800亩。1988年投资3.8万元建设,设计引水流量0.2立方米/秒,修建建筑物12座,建成后移交汪川村委会管理使用。

蓄水工程

全区蓄水工程有水库4座,20世纪60年代至70年代所建,总库容393万立方米,兴利库容237万立方米,死库容156立方米,有效灌溉面积1350亩。2002年8月上磨水库开工建设,投资概算6165万元,后因资金等问题于2005年12月停工。

闫集水库 位于西汉水流域汪川河一级支流阎集沟口,1958年建成属小(2)型水库,坝体为土石坝。设计标准为30年一遇,校核标准为100年一遇,控制流域面积7.4平方公里,总库容36立方米,兴利库容8立方米,死库容28立方米,坝体高15.2米,坝长128米,设计灌溉面积0.12万亩,可保护下游6村1.4万人、1200亩耕地的防洪安全。1985年至2007年进行数次维修。

关子流水沟水坝 1987年建成关子镇流水沟孙家坡1号、2号水坝。1号坝为滚水坝,坝高5.15米,坝底长5米、宽7米,坝顶长11米、宽2.4米。2号坝为土石混合坝,坝高3.5米,坝底长11.6米、宽9.8米,坝顶长14.8米。至2007年使用良好。

机电提灌工程

1985年至2007年投资555万元修建和维修提灌工程5处、机电井127眼,发展保灌面积1.63万亩。

北山提灌 1975年12月竣工,原设计为五级,后改为四级。分四级双管提水,总扬程592米,安装机电泵8套730kV、变压器7台,总容量1080kV·A,配电柜12组,低压线路800米,出水量30立方米/小时;铺设6寸铸铁管6.9米,配套主干支渠690米,衬砌渠道4657米。可灌溉北山见河岭以下玉泉镇东方红、瓦窑坡、周家山、皇城、马兰等村的5934亩山地,控制灌溉面积2000亩。2000年扩建北山提灌,建成泵站1处,新修100立方米蓄水池2处,维修500、200立方米蓄水池各1处,供水铸铁管道4条7248米,建筑物74座,铺设砼管道741米,安装供电设备1套,控制灌溉面积3500亩,保灌面积1500亩,可供红旗山农业园区1000个日光温室和500亩大田用水。

天水庙坪提灌 1996年投资18.3万元建成一级提灌,建高位水池1

座、泵房1座、蓄水池2座,安装输配水管道1250米,灌溉面积500亩,解决700人的饮水困难。

皂郊下寨子提灌 1998年投资17.9万元建成泵房1处、蓄水池1处、输配水管道9016米,灌溉面积500亩。

玉泉七里墩提灌 2001年投资22.6万元建成泵房1处,蓄水池和截水墙1处,安装输配水管道2977米,灌溉面积800亩。

玉泉县家路提灌 2002年投资26.27万元建成二级提灌站1处、蓄水池5处,安装输配水管道2838米,可灌溉面积1000亩。

机电井 1985年至2007年先后投资356万元在城郊和太京、藉口、汪川、天水等乡镇修建维修配套机电井127眼,装机2794千瓦,有效灌溉面积1.3万亩,保灌面积1.2万亩。

节水灌溉工程

1990年至2007年投资475万元建高效节水灌溉工程7处,节水灌溉面积1.06万亩。1996年至2006年投资530万元建浅山干旱区集雨节灌水窖13249眼,山地补灌面积3.97万亩。

1993年投资7.58万元在皂郊乡董家坪建低压管道灌溉工程1处,灌溉果园300亩。1998年投资51万元建成南郭寺森林公园灌区,建泵站1处、蓄水池3座、生活用水池1座,安装输配水管道2190米,喷灌面积600亩。投资40.88万元建成太京乡田家庄滴灌工程,灌溉果园354亩。1999年投资70万元建成玉泉观森林公园灌区,建泵站1处、蓄水池2座,安装输配水管道1380米、喷灌区管道8368米,喷灌面积1200亩。2000年投资110万元建成红旗山、下寨子国家高效节水灌溉示范工程,灌溉面积3128亩。

2001年投资100万元在藉河川道区建成节水灌溉示范项目1处,包括太京镇川口喷灌区、二十铺低压管灌区和环城乡西十里农业综合开发区日光温室滴灌示范区,修建12平方米泵房10座,安装各类机泵25台,安装各类管道11万米、喷头120套、给水栓208套,修建检查井104个。节水灌溉示范面积3028亩,其中喷灌1000亩、低压管灌1528亩、日光温室滴灌500亩。

2002年投资95万元建成豹子沟青土坡珍稀植物园节水灌区。修建33平方米砖混结构欧式泵房1座、铁艺围墙46米,修建50立方米钢筋混凝土蓄水池1座,100立方米钢筋混凝土蓄水池4座,安装各类管道4万米、喷头2090个,减压阀2台,修建大小闸阀井604座,喷灌面积2000亩。

<h2 style="text-align:center">第五节 农村饮水</h2>

1985年至2007年上级财政投资36226万元,世界银行贷款14085万元,区财政配套及群众自筹2714万元,在264村建农村人畜饮水工程16892处。其中庭院集雨水窖16564眼,自流引水工程23处,泵站扬水工程102处,深井手压泵200处,水厂6处,解决6.02万户、23.41万人饮水问题。

农村改水

分散解决 1985年农村只有少量改水工程,而且是20世纪60年代至70年代修建,大部分年久失修不能运行,饮水以浅层地下水(吊井)、河水、滞池水、山泉水为主,水源稳定性极差,达不到安全和卫生标准。1985年至1991年投资105.6万元建成农村饮水工程52处,解决2.59万人饮水困难。

卫生改水 1992年秦城区被列为世界银行贷款农村卫生改水项目区,至2001年累计投资1494万元,其中世界银行贷款1408万元。建成集中管网式农村自来水厂41处、雨水集蓄水窖3730眼、深井手动泵工程106座,解决11.7万人饮水困难。

人饮解困 2001年至2004年实施农村人饮解困、氟砷改水、抗旱应急等人畜饮水工程,上级财政投资2517万元,区财政配套及群众自筹2053万元,建成单村集中供水工程40处、水厂3处、庭院集雨水窖12246眼,解决16乡镇164村、22295户、10.86万人饮水不安全问题。

安全饮水 2005年至2007年实施齐寿乡铁佛村、柳沟村、稍子坡村及汪川镇郭山村泵站扬水工程,太京镇庙子村、娘娘坝镇柳林村自流引水工程,关子镇一、二期供水工程,藉口镇供水工程,解决6乡镇35村、5786户、3.88万人的饮水不安全问题。饮水安全工程配备水处理净化和消毒设备,检测监测水源和管网末端水质。

乡镇供水工程

2007年乡镇供水工程有世界银行贷款农村卫生改水项目太京镇甸子水厂,国家农村人饮解困项目皂郊镇水厂、娘娘坝镇水厂、天水镇水厂和国家农村饮水安全项目关子镇水厂、藉口水厂。

皂郊镇水厂　2004年建成建机井2眼,一级泵房2座,二层综合楼1座,生产车间1座,200立方米清水池1座,检查井78座;安装一级输水管道850米,二级输水主管8960米,UPC村级配水管道74688米;架设80kVA变压器1台,低压线路500米。工程采用自动变频无塔供水形式,配设水质净化消毒设备。解决皂郊镇皂郊村、芦子庄、田家新庄、门家河、董家坪、贾家寺6村、1605户、7931人和各机关企事业单位用水困难。

天水镇水厂　2004年9月至2005年10月建成。建大口井2眼,砖混结构泵房1座,生产车间108平方米,办公楼1幢,200立方米清水池1座,检查井65座,安装机泵4台;安装输水钢管4840米,UPC村级配水管道55828米;架设高压线路540米、变压器2台,总容量60kVA。工程采用自动变频无塔供水形式,配设水质净化消毒设备。解决天水镇天水、焦李、安新3村、1075户、8217人和各机关企事业单位用水困难。

关子镇水厂　关子镇水厂分两期建设。一期工程以镇中心川区为主,2006年建成。建水厂1处,大口井2眼,300立方米清水池1座,200立方米高位蓄水池1座,一、二级泵站各1处;安装各类输配水管道40公里,机泵4台套,消毒设备1套,80kVA变压器1台,架设10kV高压线路60米、380V低压线路400米。解决关子镇小城镇中心关子、东川、白石3村0.6万人的饮水不安全问题。二期工程以山区为主。2007年建大口井2眼,100立方米高位蓄水池1座,总控制室1处,40立方米及30立方米村级蓄水池11座,控制室11座,闸阀井38座,户用供水栓1923处;安装一级潜水泵2台套,二级离心泵2台套,钢管1600米,80kVA变压器1台套;架设10kV线路200米;埋设输、配水管道177公里。解决关子镇、藉口镇北山一带17村、2323户、1.23万人的饮水不安全问题。

藉口镇水厂　2007年建成。建大口井2眼,16平方米管理房2座,200立方米高位蓄水池和清水池各1座,338平方米二层砖混结构综合办公楼1幢,108平方米生产车间1座,闸阀井35座;安装各类输、配水管道

105公里,各类机泵4台(套),消毒设备1台(套)。解决藉口镇川区史家沟、董家崖、郑集寨、五十铺、四十铺、白草滩6村及太京镇湾子、北崖2村共2073户、11700人的饮水不安全问题。

第六节　水利工程管理

1985年区水利电力局设有水利工作站,负责全区井、塘、库、渠、堤防等水利工程管理和灌溉。下设3个水管所,水库管理所负责管理峡门、年集、青年、胡沟4个水库,环城水管所负责玉泉北山、吕二东山坪、环城一带的机井、提灌工程管理,太京水管所负责太京、藉口、关子藉河川道区水利工程管理。1987年水利工作站更名为水利管理站;环城水管所更名为城郊水管所,负责管理以北山提灌为主的玉泉、吕二、环城、皂郊等乡镇的水利工程;太京水管所更名为西干渠管理所,负责管理以太京西干渠、藉口南山渠、关子南北渠为主的藉河川道水利工程。1992年至1993年划界确定北山提灌、西干渠和峡门水库工程保护管理范围。1994年城郊水管所更名为城郊水利水保分站,西干渠管理所更名为西川水利水保分站,管理范围和职能不变,除城郊和藉河川道区水利工程外,其余水利工程由工程所在乡镇和村委会确定专人管理。1997年核定北山提灌工程水价:成本水费一级提灌105元/小时,二级提灌210元/小时;优惠水费一级提灌68元/小时,二级提灌136元/小时。差额部分由区财政给予补贴。而后由于供水成本高,水费收缴不到位,财政补贴也未兑现,致使管理单位无力支付供水电费,工程运转日趋困难。2000年实行水价核定后初始水权配置到亩、明晰到户,农村集中供水推行定量水价与计量水价。

2003年区水利局承包或租赁乡村管理的提灌、人饮、机井等工程,共签订承包、租赁合同399份。2006年改革小型农村水利工程管理体制,按照"谁投资、谁所有""谁受益、谁管理"原则管理,发展农民用水协会组织42个,让用水户参与管理,16乡镇的水利工程管理人员竞争上岗包乡(镇)制,水利管理站12名技术人员分6组承包各乡镇水利工程管理。

第七节 水土保持生态环境建设

2007年秦州区水土流失面积1888平方公里，占总面积的77%。其中长江流域总面积1476平方公里，水土流失面积1081平方公里；黄河流域总面积966平方公里，水土流失面积808平方公里。

土壤侵蚀与水土流失类型

全区土壤轻度侵蚀374平方公里，占流失面积的20%；中度侵蚀720平方公里，占流失面积的38%；强度侵蚀605平方公里，占流失面积的32%；极强度侵蚀187平方公里，占流失面积的9.9%；有剧烈侵蚀2.83平方公里，占流失面积的0.15%。水土流失类型主要有水蚀和重力侵蚀，以水蚀为主；水蚀以面蚀、沟蚀形式表现，重力侵蚀则表现为滑坡、崩塌、泻溜等。

水土保持生态环境治理

1985年至2007年秦城区治理水土流失1352平方公里，累计兴修梯田36.36万亩。治理程度达到72%，林草覆盖率上升到56.8%，年可拦蓄泥沙448.5万吨，蓄水5835万立方米，土地利用率从63.57%提高到89.87%。1989年至2007年实施长治一、二、三、五、七期工程，中央财政预算内专项资金水土保持工程和藉河示范区工程。上级财政累计投资6186万元，投物价值257万元，转贷244万元，地方财政配套1308万元。在黄河、长江两大流域84条小流域完成水土流失综合治理1352平方公里，建成小型水保拦蓄工程5189处（座），综合治理程度72%。

2007年治理双沟洼、芦子湾、马鞍山等流域33平方公里，营造水保林4206亩，建设经果林4793亩，修梯田8798亩，种草1995亩，封禁治理3万亩，兴修农机路70公里。

第三章 种植业

第一节 耕作制度

1985年至1990年耕作以犁耕为主；1991年至2000年以步犁翻耕为主，推广机耕、机播（三行畜力播种机）；2001年至2007年推广机悬耕技术。

轮作倒茬

藉河川区一年两熟，倒茬方式有小麦 — 复种菜瓜、架豆王、胡萝卜，地膜小拱棚洋芋、西瓜、糯玉米收后复种西红柿、辣椒、茄子、大白菜、胡萝卜，大蒜复种玉米。西北部黄土梁峁区两年三熟或一年一熟，倒茬方式有小麦 — 荞 — 洋芋或玉米、油料，玉米 — 洋芋或糜谷，小麦 — 玉米。岭南丘陵区两年三熟或一年一熟，倒茬方式有玉米 — 小麦 — 荞；洋芋 — 小麦 — 连作小麦，小麦 — 复种油菜 — 小麦。西南土石山地区一年一熟，倒茬方式有小麦 — 油菜或荞，黄豆 — 小麦 — 小麦+荞 — 洋芋（四年五熟）。西、南山区高寒阴湿，复种茬荞麦和油菜为主，也有部分地方可复种蔬菜及青饲料等压青作物。2007年全区复种面积9.57万亩，比1985年的8.31万亩多1.26万亩。

间作套种

1990年至2000年推广地膜玉米套种白云豆、蚕豆、黄豆、蔬菜等，套种面积每年20万亩。同时提倡高效农田和二代日光温室农业。2001年至2007年农作物间作套种的栽培模式主要有地膜玉米套种蚕豆、白云豆、蔬菜，地膜小拱棚西瓜套种水萝卜，地膜小拱棚洋芋套种西红柿，地膜小拱棚糯玉米套胡萝卜，地膜大蒜套玉米、葵花，地膜西瓜套辣椒，塑料大棚韭菜套早春甘蓝、水萝卜，洋芋套种葵花、蔬菜，芦笋套种蔬菜，粮套菜、粮套油、粮套草（绿肥），果套菜等。夏粮作物间作套种面积很少，秋粮作物大部分实行间作套种。套种面积由2000年的24万亩减少到2007年的17.5万亩。

播种

小麦播期以"白露高山麦"为准。全区55种小区气候中除6种高山阴坡气候区光照不足容易青干秕籽外，其余海拔2000米以下的气候区都是冬小麦适播区。冬小麦平均气温16℃至18℃为适播期，半冬性小麦平均气温14℃至16℃为适播期。西南部冷凉山区适播期在9月10日至20日，中部浅山区适播期在9月15日至30日，西汉水、藉河川道区适播期在9月25日至10月10日。

露地玉米一般在4月20日至30日播种，地膜玉米则在4月10日至20日播种。地膜洋芋3月10日前后在藉河川区始播，露地洋芋在3月下旬至4月上旬由川区到高山陆续播种。

1985年小麦机播面积为3.4万亩。1994年大面积推广精量冬小麦机条播技术和机深施化肥技术，小麦机条播的面积逐年扩大，2007年增加到16.5万亩。1996年至2000年在浅山干旱区中梁、关子、藉口、太京、玉泉等乡镇推广地膜小麦穴播栽培、膜侧糜谷栽培、地膜玉米双垄沟集雨节流栽培技术。最终地膜小麦穴播栽培推广失败，地膜玉米得到大范围推广。

种植密度

1985年地膜玉米种植密度2800株至3000株；1990年至1995年密度为3300株至3500株，比1985年增加300株至500株。至2007年玉米每亩达到3500株至4000株，小麦每亩种植密度保持在35万株至40万株。

1985年至1995年油菜品种老化，亩播量在1公斤左右。2000年以后油菜的新品种推广加快，甘蓝型油菜每亩1.5万株至1.8万株，白菜型油菜5万株至6万株。

1985年洋芋品种老化严重，广种薄收，密度为2800株至3000株。1990年品种更新后密度一般在3500株至4000株，1995年后推广宽窄双垄作技术。2007年洋芋每亩在5000株。

田间管理

小麦有条件的地方冬前、春季都要灌溉，春季解冻后一般要施肥、除草、灭虫、防病等。地膜玉米、洋芋出苗后人工及时放苗、定苗、补苗及追肥、叶面喷肥等。露地洋芋、玉米、葵花、高粱、荏子等大秋作物出苗后锄地两遍，第一次松土、锄草、定苗，第二次施追肥、壅土。其他作物如油菜、胡麻、荞麦等也要拔草一至两次。

第二节 作物布局与产量

20世纪80年代调整作物布局结构，小杂粮播种面积逐年减少。形成以小麦、玉米、洋芋三大作物为主体的种植格局。1987年因旱灾夏粮减产外，1988年至1990年连续三年获得好收成，亩产分别为139公斤、148公斤和156公斤。1990年全区粮食总产量达到13.4万吨。按全区总人口计算，人均产粮250公斤；按农业人口计算，人均产粮354公斤。

1990年后粮田的播种面积逐年减少，除1997年因干旱造成粮食减产外，其余年份都保持稳定增长势头。2007年粮田播种面积74万亩，比1990年粮田播种面积85.67万亩减少14万亩；粮食总产14万吨，比1990年粮食总产13.39万吨提高0.7万吨；平均亩产达到190公斤，较1990年亩产156公斤增加34公斤。

2007年秦州区种植业布局表

表9—3—1

区域名称	总耕地面积（万亩）	土壤地貌	海拔（米）	年均气温（℃）	≥0℃积温（℃）	≥10℃积温（℃）	年降雨量（毫米）	无霜期（天）	熟制
藉河谷地粮、菜、瓜果区	6.69	地势平坦以黄绵土和淀土为主	1110~1535	9.1~10.9	4067~4110	3360~3450	531~587	173~181	一年一熟或两年四熟
西北山地小麦、糜谷、油料区	16.77	黄土梁峁山地以黄绵土为主，其他为红、黑土	1240~1800	8.7~10.3	3400~3900	3600~3180	567~645	170~180	两年三熟或一年一熟
岭南山陵玉米、小麦、洋芋区	45.87	西高东低谷壑纵横，以红壤土为主	1300~1800	8.4~9.8	3600~4081	3045~3506	585~866	163~188	两年三熟或一年一熟
西南山地洋芋、夏杂、油料区	18.69	地势起伏，气候垂直地带明显，以红、黄土为主	1580~2716	7.3~8.2	3179~3221	2437~2450	605~703	151~166	一年一熟
东南山地玉米、油料区	7.31	山峦重叠，灌木丛生，褐土，沙岩土	1400~1700	8.1~8.3	2800~3150	2300~2530	750~779	151~173	一年一熟或四年五熟

1985—2007年秦州区粮食产量统计表

表9—3—2　　　　　　　　　　　　　　　　　　　　　　　　单位：万亩、公斤、万吨

年份	粮食作物			夏　粮			秋　粮		
	面积	单产	总产	面积	单产	总产	面积	单产	总产
1985	76.4	118	9	48.27	94	4.91	28.13	160	4.5
1986	78.18	117.6	9.12	46.69	98	4.57	31.49	144	4.5
1987	79.79	109.7	8.75	44	97.4	4.29	35.77	125	4.5
1988	78.68	138.7	10.9	39.54	109	4.32	39.14	169	6.6
1989	81	148	12	42.61	124	5.31	38.45	175	6.7
1990	85.67	156	13.39	42.96	130	5.59	42.71	183	7.8
1991	84.64	162	13.70	42.53	138	5.89	42.11	186	7.8
1992	87.74	160	14.05	42.39	126	5.36	45.34	192	8.7
1993	85.94	165.7	14.24	42.26	142	5.98	43.68	189	8.3
1994	86.89	164.6	14.30	41.25	137	5.66	45.65	190	8.7
1995	86.59	168.0	14.55	40.70	132	5.36	45.89	200	9.2
1996	87.21	172.2	15.02	39.23	124	4.86	48.59	209	10.2
1997	87.98	97.3	8.56	38.61	110	4.23	49.37	88	4.3
1998	87.02	160.7	13.98	39.09	131	5.12	47.93	185	8.9
1999	87.02	160.7	13.98	39.09	131	5.12	47.93	185	8.9
2000	88.13	144.4	12.73	38.95	94.5	3.68	49.18	184	9
2001	85.65	152.4	13.05	39.34	104	4.09	46.32	193	9
2002	83.16	173.9	14.46	37.89	125	4.74	45.27	215	9.7
2003	80.96	161.5	13.07	37.82	127	4.82	43.14	191	8.3
2004	78.08	171.5	13.39	36.24	133	4.82	41.84	205	8.6
2005	75.25	180.8	13.61	35.84	144	5.17	39.42	214	8.4
2006	74.17	190	14.12	35.19	140	4.92	38.98	236	9.2
2007	74.11	190	14.10	35.09	143	5	38.79	255	9.9

主粮

冬小麦　第一大作物。1985年种植小麦44万亩，亩产95公斤，总产量4.19万吨。2007年种植小麦面积35.1万亩，总产量5万吨，平均亩产142.08公斤，农民人均生产小麦114公斤，较1985年种植面积43.98万亩减少8.89万亩，总产增加0.82万吨，亩产提高47.8公斤。

玉米 俗称仙麦、番麦，第二大作物。1985年随着地膜覆盖栽培技术的推广，亩产达170公斤。1986年6月在平南乡召开全市地膜玉米现场会，向全市推广地膜玉米种植技术。1989年8月全国北方秋季农业会议在天水市召开，与会16省（区）、市代表参观平南、齐寿地膜玉米种植技术。1990年种植玉米20.15万亩，亩产257公斤，总产量5.18万吨，占当年粮食总产量的38.7%，其中地膜覆盖玉米7.6万亩，平均亩产486公斤。之后实行压夏粮增秋粮，面积逐年增加。1997年因旱灾严重在全区推广地膜玉米双垄沟集雨节流栽培技术，地膜覆盖24.2万亩，占秋粮面积的49%。1999年实施退耕还林玉米种植面积逐年下降，由1998年23.84万亩下降至2007年19.9万亩，平均亩产337.4公斤，总产量6.75万吨，人均生产玉米153.8公斤（按农业人口计算）。

洋芋 学名马铃薯，第三大作物。1985年亩产141公斤。1990年种植洋芋11.9万亩，亩产142公斤，总产量1.7万吨，占粮食总产量的12.7%。2001年牡丹镇大柳树马家川建立原种繁殖基地50亩，采用网棚繁殖，引进优质脱毒马铃薯原种5个，分别为陇薯3号、4号和费乌瑞它、大西洋、德艾蒙特，生产原种72吨，平均亩产为145公斤。2001年至2003年16乡镇推广良种6000亩，平均增产286公斤，总增产1718吨，累计繁殖原种350亩，生产原种496吨，累计繁殖良种1785亩，生产良种1976吨。2002年秦城区生产的马铃薯被认证为绿色食品A级食品。2007年播种洋芋12.7万亩，占秋粮面积32.7%，乡镇均有种植，尤以西北、西南冷凉山区最多，且一直稳产高产。

1985—2007年秦州区小麦、玉米、马铃薯种植统计表

表9—3—3 单位：万亩、公斤、吨

年份	小麦			玉米			马铃薯		
	面积	亩产	总产	面积	亩产	总产	面积	亩产	总产
1985	43.98	95.36	41941	17.2	171	29276	8.96	141	12635
1986	41.78	101	42384	18.4	162	39846	9.2	133.4	12268
1987	39.57	99	39194	19.7	145	28450	10	123	12289
1988	34.33	111.7	38260	21.3	198	42233	11.6	148.8	17325
1989	38.68	127.7	49398	20.2	236	47807	10.9	121.5	13267

续表

年份	小麦			玉米			马铃薯		
	面积	亩产	总产	面积	亩产	总产	面积	亩产	总产
1990	39.57	133.0	52667	20.6	257	51839	11.91	142.4	16965
1991	39.25	141.8	55649	21	258	54257	11.4	142.6	16269
1992	39.56	135.4	53557	20.5	272	55940	12.92	152	19617
1993	39.56	151.4	59802	20.5	269	55251	12.28	156	19167
1994	39.16	144.4	56556	20.9	273	57076	12.77	158	20184
1995	38.77	138	53558	21.2	288	60834	12.7	160.5	20433
1996	35.57	129	48623	23.7	304	71888	12.77	140.7	17970
1997	37.15	113.7	42256	24.2	151	36560	12.66	121.6	15391
1998	38	134.4	51172	23.8	279	66561	12.26	119.7	14671
1999	38.07	132.2	50334	23.8	279	66560	12.26	119.7	14671
2000	38.30	95.24	56479	23.8	280	66692	12.32	129.2	15922
2001	38.69	104.8	40553	23	291	66821	12.44	126	15670
2002	37.28	126	46992	22.9	318	72624	12.86	134	17306
2003	37.2	128.5	47808	22.8	279	63614	12.16	117.8	14326
2004	35.63	133.9	47718	22	299	65960	12.12	120.9	14660
2005	35.32	136.4	48165	20.8	316	65784	12.19	122	14873
2006	34.67	140.7	48794	20	337	67476	12.69	148.5	18859
2007	35.09	142	50062	19.9	343	68220	12.7	154.6	19637

杂粮

1985年杂粮主要有糜子、谷子、豌豆、蚕豆、荞麦、高粱等,占粮播面积的8.5%。随后由于生活水平的提高杂粮面积逐年减少。1987年引进日本北海道甜荞进行多点试验,川区亩产85公斤,比当地品种每亩增产21公斤,增幅32.8%;山区亩产80公斤,每亩增产20公斤,增幅33.3%。试验种植成功后在1989年至1990年大面积推广种植。1997年大旱,补种杂粮,占粮播面积的14.97%。2007年杂粮4.16万亩,占粮播面积的5.6%。其中谷子9000亩,品种为晋谷21、狼尾巴大凉谷,平均亩产117公斤,主要分布于关子、中梁、藉口、太京、杨家寺等乡镇的浅山干旱区;糜子

7800亩,品种有麻糜子、黄糜子、大黄糜子,平均亩产114公斤,分布在关子、中梁、藉口、太京的北山干旱区;豌豆2000亩,品种有麻豌豆、白豌豆、箭舌豌豆,平均亩产110公斤,分布在杨家寺、秦岭、藉口、关子等乡镇;蚕豆800亩,品种有356号、象半1号、临夏大蚕豆等,主要在地膜玉米中套种,平均亩产90公斤;荞麦2.2万亩,品种有日本北海道甜荞、白花甜荞、大棱荞等,平均亩产在71公斤。

1999年在太京镇阎集、张家坪村推广膜侧谷子、膜侧高粱种植新技术,2000年北部干旱山区大面积推广种植膜侧谷子1.5万亩,平均亩产113公斤,总产量169.5万公斤,产值305万元。

经济作物

油料　主要有胡麻、油菜、葵花、大麻、荏子等。单种作物以胡麻、油菜、葵花为主,荏子次之。大麻播种在玉米和洋芋地边的零星地块上。1985年种植油料6.7万亩,总产量3262吨。1990年增至9.76万亩,平均亩产63公斤,总产6188吨。之后随着压粮增经,油料作物的播种面积扩大。1995年后胡麻产量低而不稳,种植面积逐年减少,荏子播种面积增加。2000年引进"双低"油菜和杂交油菜品种,产量高,加之油菜籽在市场上销售快,各乡镇均有种植,面积逐年增加。同时葵花播种面积也逐年增加,西南山区种植较多。2007年胡麻种植面积1.62万亩,占油料作物播种面积的8.2%;油菜播种面积10.78万亩,占油料作物播种面积的60%;葵花播种面积6万亩,占油料作物播种面积的33.4%。全区种植油料18万亩,平均亩产89公斤,总产量16012吨。

蔬菜　主要有大白菜、辣椒、葱、蒜、菠菜、芫荽、甜菜、韭菜、芹菜、莴苣、甘蓝、菜瓜、茄子、黄瓜、刀豆、油白菜、西红柿、萝卜、特种玉米(甜玉米、糯玉米)、芦笋等,种植区域主要分布在藉河川道及城郊。1985年蔬菜种植1.24万亩,产量1.8万吨。1994年至1995年学习山东省寿光县反季节蔬菜栽培经验和技术,在藉河川道的太京、藉口、玉泉新建二代日光温室为主的设施农业。至1996年种植4.8万亩,产量5.9万吨。2003年引进芦笋、特种玉米栽培技术。2005年引进法国青刀豆栽培技术。设施栽培1.68万亩,占蔬菜总面积的23%,其中塑料大棚1.4万亩,日光温室028万亩。秦州区被确定为全省无公害蔬菜生产示范基地创建(县)区。

2006年无公害蔬菜生产基地达到9个，6.4万亩，占蔬菜总面积的87.9%，其中马铃薯、大蒜、甜玉米、胡萝卜获国家绿色食品A级产品认证，产品销往欧美等国家。2007年在平南、齐寿等11乡镇规划示范点9个、6700亩，推广日光温室瓜菜综合集成技术示范等项目，引进西红

大棚蔬菜

柿、辣椒等新品种31个，示范推广新技术10项。蔬菜面积9.4万亩，产量16.5万吨，产值1.68亿元，蔬菜人均纯收入364元。

中药材　主要种植品种有板蓝根、柴胡、甘草、杜仲、半夏、生地、桔梗、黄芪、党参、当归、金银花、红芪、白芷、牛夕、牛籽、防风、白术、丹参、木香、红花、独活等品种。种植模式主要是大田种植和套种两种模式，套种主要是高杆药材与低杆药材、经济林与药材两种套种类型。2007年中药材种植2.53万亩，主要分布在关子、秦岭、牡丹、杨家寺、中梁、藉口、娘娘坝等乡镇的252个村，种植户1.8万户7万多人，年产量420多万公斤，总产值3000万元。秦州区内有天水百草园药业公司和广西玉林市医药集团参宝堂总公司天水茂丰中药材公司两家企业进行收购和销售。

1985—2007年秦州区经济作物统计表

表9—3—4

年份	播种总面积（万亩）	油料		蔬菜		年份	播种总面积（万亩）	油料		蔬菜	
		面积（万亩）	总产量（吨）	面积（万亩）	总产量（吨）			面积（万亩）	总产量（吨）	面积（万亩）	总产量（吨）
1985	9.48	6.71	3262	1.24	18037	1997	10.36	10	5344	4.67	43766
1986	9.65	6.9	3486	—	—	1998	10.52	10	6662	5	46262
1987	9.95	7.32	4086	0.57	—	1999	10.52	10	6662	5	47244
1988	11.5	11.2	8598	—	—	2000	11.78	11	7245	—	—

续表

年份	播种总面积（万亩）	油料		蔬菜		年份	播种总面积（万亩）	油料		蔬菜	
		面积（万亩）	总产量（吨）	面积（万亩）	总产量（吨）			面积（万亩）	总产量（吨）	面积（万亩）	总产量（吨）
1989	11.07	7.36	3400	1.1	21000	2001	11.63	11	7184	—	—
1990	10	9.76	6188	—	—	2002	12.51	11.7	7812	—	—
1991	10.57	10.4	6968	1.21	30490	2003	14.88	14	10488	—	—
1992	11.14	10.9	6112	2.35	25820	2004	18.33	14.3	10819	4.06	90238
1993	11.40	11.2	6742	2.57	27365	2005	20.05	16.5	14319	3.57	81084
1994	11.20	11.1	7607	3.21	44228	2006	25.87	18	15120	7.92	145393
1995	10.59	10.1	7200	4.35	48939	2007	25.90	18	16011	9.41	165280
1996	10.45	10.1	6649	4.80	58783	—	—	—	—	—	—

第三节 良种培育与推广

2007年前秦州区农作物优良品种的培育和引进、试验、推广主要由种子公司、种子管理站和汪川、天水、西十里良种繁殖场，以及市属中梁农业试验站、西十里农业试验站负责。种子管理站负责种子质量的监管、行政执法、市场检查和农作物种子生产许可证、农作物种子经营许可证的核发。2007年撤销区种子公司并入区种子管理站后，种子销售剥离于市场。

小麦

1985年至1991年西十里良种场选育出秦7635小麦种子，引进里勃留拉、成良5号、成良6号、三国吨麦、徐州三号、西藏红、兰天一号等种子，全区小麦良种率达85%以上，川区亩产超过250公斤，山区在175公斤以上。1991年至2000年引进临洮157、临洮1411、里289、天选36号、天选37号、天选38号、天选40号，清农系以及武893、中梁17号等种子，替代成良系、兰天一号、秦7635等严重感染条锈病的品种，更替率占播种面积的三分之二以上，其中洮157在1992年至1993年播种面积9.5万亩，占总面积的三分之一，全区良种率达到90%以上。2000年至2007年引进兰天10号至23号、中梁22号至26号、天选42号、天石6号等逐步替代洮157为主的洮字系列、中梁、天选等品种,从河北引进优质小麦中优9507填补全区强筋小麦品种的空白,兰引1号、2号填补弱筋小麦的空白,兰天17号、20号、21号、23号,中梁25号、26号等是推广小麦中的中筋小麦,全区小麦良种率达95%以上,川区亩产300公斤,山区在185公斤以上。

玉米

1986年至2007年玉米主要种植中单2号,面积在10万亩以上,亩产在500公斤之上。引进推广丹玉13号、掖单13号、酒单2号、酒单3号、张单251号、京鲜2号、京鲜3号、沈单10号、沈单16号、豫玉22号、秦单3号、秦单6号等杂交种玉米,其中沈单16号、豫玉22号、秦单6号面积超过1万亩。卖鲜棒的品种有京鲜2号、京鲜3号是早熟,张单251号是中早熟。

经济作物

1985年后洋芋先后引进青薯168号、克新2号、天薯4号、天薯5号、渭薯8号、陇薯1号、陇薯3号、大西洋、费乌瑞它等品种。油菜以冬油菜为主,春油菜面积较小。冬油菜引进天油1号、延油2号、天油4号、天油5号、天油6号、天油7号等品种,1995年后面积逐年扩大,良种推广随之加大。胡麻引进天亚5号、天亚6号、天亚7号、宁亚10号、宁亚11号、定亚17号、定亚18号、定亚19号、定亚20号等品种。大豆引进晋豆1号、绥农8号、通农8号、中黄4号、诱变30号等。荞麦引进四倍体荞、甘荞2号、榆荞1号等。

第四节　肥料施用

农家肥

农家肥有人粪尿、畜(马、牛、羊、猪、鸡等)粪尿、火(熏)土、旧墙土、草土灰,以及沤肥、油渣、豆饼、绿肥等。1985年后随着农村生活水平逐步提高,大部分农户建起厕所与猪圈合一的化粪池,精肥数量扩大,基本上消除白籽下种的现象。同时一直倡导"城粪下乡"。1990年实行厕所、圈舍改造,推行"二合一""三合一"改造方式。1993年大面积推广秸秆还田(小麦高茬收割、玉米根茬还田、麦草麦衣覆盖)。1995年在太京镇甸子村推广双瓮漏斗式厕所。1996年至2000年推广豆科绿肥种植、茎叶喂畜，实行过腹还田、根茎肥地。2000年后推广沼气能源建设改造人厕畜圈，实行"三改""五清理"，利用沼液、沼渣作肥料。

化肥

1985年农田主要施氮素肥料，混配磷、钾肥和农家肥。1990年施用化肥22万吨，亩均施肥1986公斤。之后化肥用量逐年增大，推广氮、磷配方施肥。2000年推广作物专用肥、微肥，在施用方法上结合机耕深施。后又经过测土分析，土壤中氮过量、磷充足、钾不足，于是推广平衡施肥。

2007年施用化肥2.944万吨，其中氮肥1.357万吨、磷肥0.923万吨、钾肥0.095万吨，亩均施肥39.7公斤。实施测土配方施肥项目，秦州区95万亩耕地实施耕地质量评价，测土配方施肥40万亩，推广配方专用肥20万亩。实施区域覆盖16个乡镇、420个村、9万户、43.9万人，实施作物主要是粮食作物，其中小麦25万亩、玉米15万亩。建立小麦万户示范区和玉米万户示范区各1个，各辐射带动5万户。取土、测土、化验土壤样品及植株样品4084个；安排布置3414试验20个，校正试验20个（春、秋各10个）。

第五节 病虫鼠害防治

病虫鼠害类型

病害 小麦病害有锈病、黄矮病、白粉病、红矮病、腥黑穗病、散黑穗病、全蚀病、叶枯病、霜霉病、根腐病等，玉米病害有黑粉病、丝黑穗病、大斑病、小斑病、青枯病、病毒病等，洋芋有环腐病、晚疫病、青枯病、病毒病、黑胫病等。油料作物胡麻有锈病、立桔病、炭疽病，油菜有花叶病、霜霉病，向日葵有锈病、霜霉病、菌核病等。蔬菜白菜有病毒病、霜霉病、软腐病、白斑病、黑斑病，黄瓜有疫病、霜霉病、枯萎病，茄子有黄萎病、枯萎病、褐纹病，辣椒有炭疽病、疫病、青枯病、病毒病、疮痂病、白星病，菜豆有疫病、锈病，萝卜有黑腐病、白锈病、病毒病，韭菜有灰腐病，大葱有霜霉病，大蒜有紫斑病、白腐病，菠菜有霜霉病、炭疽病，芹菜有斑枯病，豇豆有炭疽病，西瓜有枯萎病、蔓枯病、炭疽病等。

虫害　小麦虫害有蚜虫、粘虫、红蜘蛛、吸浆虫、叶蝉、麦蝇，玉米有螟虫、粘虫，洋芋有二十八星瓢虫、芫青，油料和蔬菜作物有金针虫、蛴螬、蝼蛄、地老虎、菜蚜类、小菜蛾、菜粉蝶、叶蜂、菜青虫、蓟马、跳虫甲、潜叶蝇、斑潜蝇、白粉虱、油菜叶蝉、胡麻漏油虫等。鼠害有中华鼢鼠（俗称瞎瞎）、兔鼠（俗名青胎子）、金花鼠（俗名巨里猫）、松鼠、仓鼠、田鼠等。

草害　主要有野燕麦、看麦娘、早熟禾、播娘蒿、荠荠菜、猪殃殃、藜、阿拉伯婆婆纳、刺儿菜、牛繁缕、打碗花、卷茎蓼、离蕊芥、王不留行、冰草、水蒿等。

病虫害发生面积

1998年至1999年秦城区小麦锈病发生25万亩，白斑病发生30万亩，同时小麦蚜虫大流行。2002年小麦锈病特大流行，发病38万亩。2007年小麦病虫发生99万亩，防治137.8万亩次，其中病害发生42.8万亩，防治84万亩次。锈病、白斑病、病毒病虫害发生56.3万亩，防治53.7万亩次。麦蚜、麦蛀蚜、冬麦异夜蛾等发生39.8万亩，防治33.6万亩次。玉米螟、粘虫、玉米红蜘蛛、玉米蚜等病害发生24.3万亩，防治21.3万亩次。油菜病虫害发生17.8万亩，防治15.9万亩次。蔬菜病虫害发生7.16万亩，防治7.16万亩次。

病虫害防治

1985年后小麦病虫害的防治以"两病一虫"（小麦锈病、白粉病、蚜虫）为主，推广粉锈宁、三唑铜乳剂、稞利等化学药品防治技术，年用量农药30万吨左右，主要有对硫磷（一六〇五）、甲基对硫磷（甲基一六〇五）、倍硫磷、敌百虫、敌敌畏、乐果、甲胺磷、马拉硫磷、水胺硫磷、速水威、抗蚜威、腹氰菊酯、氯氰菊酯、波尔多液、石硫合剂、代森锌、代森锰锌、福美砷、甲霜铜、杀毒矾、百菌清复合粉剂等。

1992年推广包衣剂使用技术。1995年推广3911药剂拌种防治技术。1997年推广玉米、小麦、蔬菜等包衣剂普及使用技术，在鼠害防治上以弓箭射杀为主。1990年至1999年农作物病虫害发生频繁，农药的年用量达150吨左右，比1985年增加4倍。

2000年推广高效、低毒无公害农药，示范面积20万亩次，其中苏云金杆菌、烟碱、阿维菌素、苦参碱、齐螨素等生物农药示范面积5万亩,主要有吡虫啉、阿维菌素、灭幼脲、大生、克露、清园e生、代森锰锌、甲霜灵、甲基、托布津、菌必清、菌必治、虫螨克、克螨特、螨死净、哒螨灵、抗蚜威、一遍净等。2003年至2004年发展无公害蔬菜、果品生产,示范推广林茂牌环保捕虫板、士牌WS-16P型手动喷雾器,引进试验农药增效剂、净水剂一柔水通等技术。2007年禁用农药有甲胺磷、甲基对硫磷、对硫磷、久效磷、磷胺5种,限用农药有甲拌磷、水胺硫磷、甲基异柳磷、氧化乐果,农药年用量200吨。

第六节 农机具

耕作机具

1982年天水市实行家庭联产承包责任制后国营和集体大部分农业机械折价处理或承包给个人经营,机械作业量明显下降,大部分拖拉机主要从事道路运输业。此后大中型拖拉机逐渐减少,小四轮拖拉机逐年增加。步犁、人畜力播种机、喷雾器等大量增加。1988年使用化肥深施器、铺膜机、收膜机、小麦穴播机、洋芋播种机、玉米铺膜点播机、大蒜种植机、大蒜挖掘机、微耕机、山地手扶拖拉机、深松犁、小麦割晒机、小麦联合收割机等农机具。1990年有拖拉机1570台,其中大中型179台、小型1395台,配套耕作机械410部,机动喷雾器231台。但为了达到精耕细作目的,90%以上的田间农活仍靠人力、畜力和传统的生产工具来完成。

2000年有拖拉机2069台,其中大中型55台、小型2014台,配套耕作机械1437部,小麦割晒机4台,联合收割机2台,机动喷雾器250台。2006年实施农机购置补贴项目,2006年至2007年共补贴资金50万元,购置拖拉机236台,其中大中型57台、小型30台,微耕机配套耕作机械6部。至2007年有拖拉机3769台,其中大中型479台,小型3290台,配套耕作机械2190部,收割机10台,机动喷雾器290部,人力喷粉(雾)器63509台。

秦州区部分年份农业机械总动力

表9－3－5　　　　　　　　　　　　　　　　　　　　　　　　　　单位：千瓦

年份	总动力	年份	总动力
1989	42000	1999	64761
1990	47320	2000	69386
1991	44734	2001	72283
1992	45120	2002	73020
1994	49998	2004	89979
1995	54808	2005	122750
1996	53442	2006	125296
1997	57950		

加工机具

1990年秦城区有碾米磨面机械1208台，饲料粉碎机597台，榨油机318台，脱粒机199台，弹花机57台。之后随着经济的发展和人们生活方式的改变，面粉自动化生产线、铡草机、饲草揉搓机、淀粉机、粉条机、牛筋面机、压面机等普遍使用，而碾米机和弹花机等利用率很低被淘汰。至2007年有磨面机2085台，饲料粉碎机1364台，榨油机911台，脱粒机722台。

运输机具

20世纪80年代配套农田道路增加，架子车开始替代人背、肩挑、牲畜驮的方式，少数不通农机道路的地方还存在人背、肩挑、牲畜驮的运输方式。之后小型拖拉机和农用汽车增多，至1990年全区有农用汽车63辆、拖拉机1574台、胶轮架子车44201辆。2000年以后农用汽车快速增加，至2007年有农用汽车2976辆。

第七节　产业化经营

秦州区农业产业化经营起步晚，2000年形成"公司+基地+农户"蔬菜产业化经营模式。之后陆续引进芦笋、特种玉米、双孢菇、西班牙辣椒、洋蓟等栽培技术,在城郊川道进行蔬菜产业化经营。至2007年蔬菜种植9.4万亩,其中无公害蔬菜7.8万亩,马铃薯、大蒜、胡萝卜、糯玉米通过绿色食品A级产品认证。

生产基地

万亩精细蔬菜 1993年后玉泉、太京、藉口35个河谷川道区的村建立精细蔬菜生产基地,主要生产黄瓜、番茄、茄子、辣椒、西葫芦、甘蓝、菜花等蔬菜,苦瓜、丝瓜、西芹、番茄、西兰花、小金瓜也有一定的种植。2007年基地有塑料大棚1.35万亩、58575个,冬暖棚1820亩、1934座。二代日光温室亩收入1.8万元,一代日光温室亩收入1.2万元,塑料大棚亩收入8620元。基地示范推广节水灌溉,黄瓜、茄子嫁接,无土栽培,覆盖防虫网等技术。

万亩大蒜 以太京、藉口、关子藉河川道生产区为主。2002年在天水镇良种场示范种植50亩,2003年在天水、汪川、华岐、大门浅山半干旱生产区大面积推广,建成万亩地膜大蒜生产基地。蒜头亩产在2000公斤,蒜薹每亩产量均在450公斤左右,亩收入4000元。2002年产品被认证为绿色食品A级产品,主要销往兰州、临夏、新疆、四川等地。

地膜洋芋 1994年太京、藉口、关子、皂郊等乡镇的河谷川道区建成地膜洋芋生产基地。栽培模式以套种玉米为主,亩产马铃薯1600公斤收入1300元,亩产玉米500公斤收入600元,两茬总收入1900元。2002年被认证为绿色食品A级产品,主要销往周边地区饭店和市民食用,未加工的销往浙江、福建、广东、上海等地。

万亩胡萝卜 1996年秦岭、牡丹、杨家寺、华岐、关子、中梁、太京、玉泉等乡镇建成万亩胡萝卜生产基地,品种主要有金红1号、2号和全胜、新黑田五寸参、日本特大透心红、龙源红等。小麦复种胡萝卜一般亩产小麦400公斤,亩产胡萝卜2000公斤,两茬总收入1800元。为绿色食品A级产品,产品销往广州、深圳、上海、西安等地。

双孢菇 2001年区林业局北山站试种成功,2002年在娘娘坝、李子园等乡镇推广,建成双孢菇生产基地。2004年购置超净台2台、高压灭菌锅炉2台、接种箱20个,建成1100平方米菌种生产线,承担菌种提纯复壮及良种引进扩繁、工厂化育苗等高新技术项目和50万平方米的制菌任务。2004年至2007年双孢菇种植5600平方米,在冬暖棚、果库、厂房等不同环境下安排培养基对比试验6个、培养基发酵对比试验2个、菌种不同品种对比试验9个、覆土材料对比试验3个。

天水昌盛食品有限公司按照"企业+基地+

大棚双孢菇

农户"的订单农业模式生产,"秦岭泉"牌双孢菇罐头通过国家有机食品认证。2007年全区有双孢菇棚1500座,菌床面积65万平方米,15%的棚收入达6000元至8000元,3%的棚收入在6000元以下,产值1200万元。

500亩浅山干旱蔬菜 1996年中梁乡何家庙村试种成功,随后在中梁、杨家寺、牡丹、汪川、天水、关子等乡镇推广,主要利用塑料大棚反季节韭菜种植。至2007年建造塑料大棚1800个,占地510亩。

500亩西班牙辣椒 2006年引进西班牙辣椒在天水、汪川等乡镇推广种植500亩,种植户500多户,亩产1500多公斤,平均每亩收入在2100元以上,扣除成本700元每亩纯收入1400元。

芦笋 主要在汪川、天水、牡丹、秦岭等乡镇种植,2003年至2007年年育苗120亩,大田移栽3442亩。品种主要有UC-800、UC157、鲁芦笋1号等,产品与天水昌盛食品有限公司签订订单合同,按照"公司+基地+农户"的模式集约生产。亩收入1000元至2000元。

特种玉米 2003年引进试验种植成功后在大门、杨家寺、牡丹等乡镇建立种植基地,5年累计种植特种玉米达万亩。引进品种有K·K、美珍208、蜜脆878、绿色超人等,亩产棒3500个,亩收入800元至1000元,年产值78万元。其中糯玉米于2003通过绿色食品A级产品。

法国青刀豆 2005年引进,农户和天水昌盛食品有限公司签订收购合同,每公斤2.2元。亩产1500斤,一年可播两次,春播时间在清明前后,秋播时间在6月下旬至7月上旬。天水、汪川镇种植1000余亩。

科技示范园

1993年环城乡西十里建成农业科技示范园区1处,占地1000亩,建成二代日光温室420座。秋冬茬芹菜、早春茬西红柿和黄瓜每棚年收入在1万元至1.2万元,年收入420多万元。成立西十里农产品协会,以农户自主生产经营为主,农技部门负责品种技术引进、试验示范及技术培训。配合农技部门开展各项技术培训,产前为农户有偿提供农用物资,产后为农户产品销售提供信息等。同时建成3000平方米的中心服务区,开展组织培育、农药残留检测、技术培训、产品交易。随后又建成太京农业科技示范园区、北山农业综合示范园区。

加工销售管理

加工企业 蔬菜加工龙头企业有天水昌盛食品有限公司、天水种源绿色食品有限公司、天水泰合盛菌业公司、天水嘉誉菌业公司。天水昌盛食品有限公司以加工双孢菇、芦笋、糯玉米、青刀豆、西班牙辣椒为主,公司以"龙头企业+基地+农户"的运作模式,实行订单农业生产。天水种源绿色有限公司是以分级包装、配送加工"太京大蒜""秦州马铃薯"等无公害农产品为主的企业,通过生产示范带动农户生产。天水泰合盛菌业公司和天水嘉誉菌业公司以繁育菌种、生产双孢菇、鸡腿菇等为主。

销售 2004年建成天水瀛池蔬菜批发市场,占地100亩,年交易量达15万吨,交易额2.3亿元。同时改造牡丹、天水、平南、皂郊、汪川、关子、藉口等乡镇农贸市场。2007年太京大蒜协会、秦州区无公害蔬菜协会、西十里农产品协会、天水镇双孢菇协会、芦笋协会、皂郊镇双孢菇协会、太京大蒜、马铃薯合作组织、牡丹镇胡萝卜合作组织、瀛池市场营销协会与外地客商、加工企业联系销售农产品,并进行品种引进、新技术示范,提供产前供求信息、产后运销服务等。

质量管理 2003年市疫控中心抽样检测无公害蔬菜生产基地的蔬菜,分3次抽检黄瓜、番茄、茄子、辣椒、芹菜等13个种类,均达到无公害蔬菜标准。2004年省绿色食品办公室委托省农业环境监测管理站监测和评估藉河川道区环境,土壤、大气、水质达到甘肃省无公害蔬菜生产地环境质量标准。省农牧厅抽样监测生产的蔬菜和市场销售蔬菜的农药残留,符合甘肃省无公害蔬菜质量标准。2005年秦州区被确定为省级无公害蔬菜生产示范基地县区。2007年抽检蔬菜样品38份,合格率97.4%。

第四章　畜牧业

第一节　畜禽品种与改良

本地畜禽品种

秦州畜禽品种有蒙古马、蒙古牛、土种驴、马骡、驴骡、土种绵羊、土种山羊、小火猪、虎头猪、土种鸡、麻鸡、中国鹅、中国兔、犬、中国蜂和鱼。畜禽具有耐粗饲、抗病强、体小灵活、适应性广等特征。

引进改良品种

1984年至2007年先后引进改良羊、牛、马、驴、猪、鸡等畜禽品种60多个,主要有秦川牛、利木赞牛、丹麦红牛、德国黄牛、牦牛、兰州黑白花奶牛、河曲马、关中驴、新疆驴、凉州驴、新疆细毛羊、甘肃细毛羊、美利奴细毛羊、高加索细毛羊、莎能奶山羊、青山羊、巴克夏猪、约克夏猪、内江猪、荣昌白猪、苏联白猪、长白猪、甘白猪、甘黑猪、长毛兔、安哥拉兔、青紫蓝兔、比利时兔、丹麦白兔、莱航鸡、罗曼鸡、星布洛鸡、伊莎明星鸡、伊莎褐鸡、京白鸡、九金黄鸡、贝尔鹅、草鹅、草鱼、鲢鱼、鳙鱼、鲤鱼、武昌鱼、意大利蜂、藏獒、京巴犬、鱼肠犬、牧羊犬、沙皮犬等。

牛　1984年至1990年引进黑白花、西门塔尔、海福特、利木辛、秦川、丹麦红等良种牛冻精,设8个冻精授配站,由常温人工授精发展到推广使用冻精冷配繁殖技术,改良本地黄牛5997头,产活杂种牛3109头,繁殖成活率52.3%。改良后的杂种牛生长发育快,使役能力好,生产性能高。成年牛平均体高107厘米,胸围131厘米,体重178公斤。

2000年引进奶牛中国黑白花,全区奶牛养殖户220户,奶牛550头。2006年饲养牛3.8万头,人工授精点10个,冻配黄牛5400头。

骡马　1990年饲养马7337匹,其中良种马1394匹。饲养驴15818头,其中引进良种和杂交改良1581头占10%,本地驴14236头占90%,主要来源于新疆、河西、内蒙古等地。骡是马和驴的杂交种,饲养16585头。2006年饲养马4500匹,驴2.2万匹,骡1.8万匹。

羊　1990年羊存栏27989只,其中山羊4871只占17.4%;绵羊23118只占82.6%。引进良种及改良杂种羊13424只,占58%。之后引进莎能奶山羊、青山羊。2006年存栏增加到3.36万只。

猪　1984年猪以甘黑猪、内江猪、约克夏猪、巴克夏猪、虎头猪、八眉猪等土种猪为主,有少量的长白、杜洛克、汉普夏的冻精用于品种改良。1990年后养猪实现"三化"即公猪良种化、母猪杂种化、商品猪杂交化。2006年良种繁育母猪3100头,品种主要有长白、大白、杜洛克等。商品猪多以杜长大、杜大长三元杂交和长大、杜大等二元杂交猪为主。三元杂交猪具有生长速度快、瘦肉率高、屠宰率高等特点,逐渐成为商品猪的主流。

家禽　以养鸡为主,鸭、鹅数量较少。1984年有来航鸡、九斤黄鸡、澳洲黑鸡、白洛克鸡等良种。之后引进星杂288、北京白鸡、罗斯鸡、红布洛鸡、伊莎褐鸡、明星鸡、罗曼鸡、贝蒂那火鸡等种鸡、种蛋,以及北京鸭、草鹅等品种,运用土炕孵化、水缸孵化、油灯孵化、机器孵化等技术。同时实行种鸡人工授精技术。1990年养鸡65万只,其中各类良种及杂交改良鸡41万只,占62.8%。2000年引进新罗曼等父母代种鸡25万套。2004年蒿背山、吕二沟建成首个放养示范点。2007年家禽饲养量137万只。

第二节　畜禽生产

家庭饲养

实行家庭联产承包责任制后,家庭饲养业大规模发展。1988年吕二乡四方堡联户办起首个兔场,饲养8000余只,后存栏仅966只。1990年家庭饲养业中出现养大家畜5头以上,或养猪10头以上,或养鸡100只以上,以及养羊、养蜂、养鱼的养殖重点户、专业户和联合体457户。民间养蜂分散,用背篓、木槽放置于屋檐、崖穴中饲养(包括接受自然群蜂和补收迁飞蜂群),饲养品种以中蜂和意蜂为主,一般一个村只有一两户养蜂。

国营饲养场

1988年天水市奶牛繁殖场饲养奶牛61头,年产奶量11万公斤。1991

年由于引进部分患有结核等传染病的奶牛,全场存栏奶牛扑杀后转产从事肉猪养殖和酿醋,2003年破产。1989年4月投资532万元在吕二乡何家堡筹建天水种鸡场,1990年3月投产,总建筑面积8592平方米,后因经营不善倒闭。

企业养殖

秦州区较大的养殖企业有11家,按照"公司+基地+农户"的模式生产经营。至2006年奶牛存栏1100头,主要集中在玉泉镇石马坪、皂郊镇门家河等村。

奶牛 2003年天水澳牛乳业有限公司在皂郊镇下寨子村成立。澳牛公司投资1290万元,建成散栏式牛舍7栋5000平方米、犊牛保育舍1栋400平方米、饲料加工车间1栋500平方米、青贮窖4座,场区6.6万平方米。推广胚胎移植新技术,生产加拿大原种母牛,部分原种牛产奶量比同群非胚胎移植牛提高40%至60%以上。2007年公司存栏奶牛186头,其中产奶牛43头。投资280多万元实施挤奶厅和奶制品生产线建设。种植优质紫花苜蓿1500亩、饲料玉米1000亩,与农户签订收购玉米及玉米秸秆的协议。澳牛公司被认定为"市级

天水澳牛乳业有限公司牛舍一角

无公害养殖基地"和"市级农业产业化龙头企业",带动皂郊镇门家河、小庄,玉泉镇暖和湾、石马坪和太京镇窝驼等36个奶牛养殖专业村发展奶产业。

猪 1998年推广应用网床、保育床、自动清粪等设备,之后出现一些大型养殖场和养殖基地。2001年天水元辰工贸有限责任公司在西十里投资兴建华易元晟原种猪场,占地1.3万平方米,建筑面积1万平方米,总投资360万元,建有畜牧兽医实验室、淋浴消毒间、配种妊娠车间、分娩车间、保育车间、育肥车间。依托国家"948"项目从美国引进祖代大约克、

长白、杜洛克种猪71头。2001年至2008年向省内外供应种公猪5540头，种母猪10260头。2008年底存栏长白、大约克、杜洛克原种及种猪2600头。2009年发生重大疫病被取消高级种畜禽场资格停养。

蜜蜂 1996年天水西联蜂业成立，从事蜜蜂养殖和蜂蜜加工。公司占地1.9万平方米，建成蜂业综合大楼7000多平方米，生产车间和仓库2300平方米，拥有蜂群1000多箱，开发蜂产品4个系列16个品种，其中蜂蜜、花粉、蜂胶、王浆4个产品被农业部认证为无公害农产品。公司为秦州区及周边县区蜂农提供种蜂繁育推广、养蜂技术、生产器具供应、蜂产品收购加工服务，培训蜂农1000多人次。

养殖基地

2006年秦州区有养殖基地8个，规模养殖户13678户，规模养殖专业村68个，家庭养殖场304个，规模养殖小区19个，养殖畜禽85.89万头只，占全区总饲养量176万头只的48.8%。出栏畜禽66.23万头只，其中出栏牛2822头，出栏羊5405只，出栏猪4.41万头，出栏肉鸡61万只。产肉4945吨，蛋1620吨，奶0.09吨，分别占肉、蛋、奶总产量的48.6%、80.1%和97.8%。

玉泉镇禽蛋生产基地年饲养量102万只。玉泉镇多家庄养鸡小区位于城郊接合部，距市中心6公里，交通便利，是区农业科技示范先进村和规模养殖重点村。有千只以上规模养鸡户8户，兴建鸡舍10栋，建筑面积7000平方米，年饲养量8万只，年产蛋1400吨，年出

蛋鸡饲养场

栏肉鸡6万只，产值1025万元。太京镇禽蛋生产基地年饲养量6.5万只，皂郊蒿背山养鸡基地养鸡6.5万只，娘娘坝镇肉牛育肥基地饲养黄牛1611头，汪川镇仔猪繁育基地饲养11080头，皂郊镇蒿背山饲草基地种植紫花苜蓿6000亩。

养殖小区有皂郊镇下寨子奶牛养殖小区、天水镇焦李蛋鸡养殖小区、平南镇庄子养猪小区、太京镇田家庄养鸡小区、关子养猪小区、银达养殖小区、汪川镇南沟养猪小区等。汪川镇南沟养猪小区100头以上养猪户25户。天水镇焦李养鸡小区有千只以上规模养鸡户17户，饲养5万只。

特种养殖

宠物养殖有犬类、猫类、观赏鱼及龟、蛇等，犬主要有藏獒、京巴犬、鱼肠犬、牧羊犬、沙皮犬。2000年后陆续引进梅花鹿、甲鱼、美国牛蛙、肉犬、獭兔、鹌鹑、乌鸡、狐狸、蜗牛、蝎子、鹧鸪、蚂蚁、观赏狗13种特种动物。养殖高峰时饲养户215户，饲养318万头（条、只）。

军威藏獒养殖公司在皂郊镇慕水沟建成特种养殖小区，繁育纯种名贵犬，占地60亩，总投资1500万元。2002年引进藏獒20余条，后经饲养、繁殖，养殖种犬160余条，销售藏獒700余条2300万元。其中纯种藏獒乌金在全国藏獒展览会上评为金奖。成立天水藏獒俱乐部和天水市犬业协会，会员22家，多次组织会员参加北京等地藏獒血统鉴定和展览比赛，并获奖。小区内梅花鹿养殖场占地15亩，鹿舍760平方米，养鹿60只；野猪饲养场占地30亩，饲养种野猪200头、野猪500头；水貂养殖场占地10亩，用公司+农户的方式饲养。

2005年玉泉镇东团庄养殖鹌鹑存栏6000只，年产值达15万元。其余特种动物由于市场原因停养。

第三节　疫病防治

疫病种类

畜禽发生的传染病有43种，寄生虫病有36种，毒类疫病有22种，普通疫病有8类70多种。马畜类疫病有马流感、马鼻疽、破伤风、马腺疫、脑炎、副伤寒、马传贫、布氏杆菌、克雷伯氏杆菌病9种，牛患疫病有巴氏杆菌、结核病、布氏杆菌、炭疽病、粘膜病、流行性热、气肿疽、放线菌、恶卡病9种，羊患疫病有布氏杆菌、肠毒热病、羔羊痢疾、羊快疫、脓疱口膜炎、角膜结膜炎、气肿疽、羊痘8种，猪患疫病有猪瘟、肺疫、丹毒、胃肠炎、流感、喘气病、仔猪白痢、仔猪副伤寒、布氏杆菌9种，鸡患疫病有鸡瘟、霍乱、白痢、喉头气管炎、鸡马立克氏病、新城疫6种，兔患疫病有兔瘟、巴氏杆菌病2种。

寄生虫病36种，有绦虫8种，线虫23种，吸虫5种。感染率高的有猪蛔虫、猪细颈囊尾蚴、猪螺咽线虫、牛羊肝片吸虫、羊肺线虫、羊矛型腹腔吸虫、马蝲疫、鸡球虫病、兔球虫病等。

重大疫情

牛气肿疽病　1986年汪川柏母村发生牛气肿疽病，发病7头，病死3头。1998年关子乡上岸峪发生牛气肿疽，发病64头，其中6头死亡。

炭疽　1991年皂郊乡杨家沟村4头马属动物发生炭疽死亡。1991年天水市面粉厂90头猪发生炭疽死亡2头。1992年皂郊乡林家山1头牛发生炭疽病死亡。1995年吕二乡何家堡村天水市种鸡场1只小尾寒羊发生炭疽死亡，关子乡1头牛发生炭疽死亡。1997年平南、娘娘坝、齐寿、李子园4乡4个村65头牛发生炭疽。吕二乡曹家崖、石马坪，娘娘坝乡荣光、小南峪刘家河村，齐寿乡曹集村，李子乡柳林、长河、望天河口、李子、沟门等村发生牛炭疽杆菌和巴氏杆菌混合感染，发病65头，死亡53头。2004年玉泉镇七里墩天水市武警支队1头猪发生炭疽死亡，扑杀同群猪8头；8月11日玉泉镇七里墩白锋猪场发生猪炭疽。

结核病　1999年扑杀处理太京乡窝驼村与玉泉乡暖和湾村结核病牛24头。2004年玉泉镇石马坪村检出结核病阳性牛3头，全部扑杀处理。

马流感　1993年12月太京、藉口、铁炉、秦岭等10个乡45个村1524匹马类家畜发生马流感。

牛流行热　1986年店镇乡和汪川乡5个村210头牛发病。1995年8月太京、藉口、铁炉、秦岭等乡250头牛发生牛流行热，死亡1头。

焦虫病　1998年苏成、天水、华岐、平南等乡的21个村发病208头，死亡106头。2007年玉泉镇发生奶牛焦虫病，发病2头，死亡1头。

猪丹毒　1999年李子、关子、皂郊、娘娘坝、环城、汪川等乡发生猪瘟，发病145头，死亡123头；环城、皂郊、汪川发生猪肺疫，发病110头，死亡29头；环城、天水、皂郊、娘娘坝、汪川发生猪丹毒，发病68头，死亡23头。2006年9月关子镇关子村发生猪丹毒，发病16头，死亡2头。

羊痢疾　2003年10月藉口镇发生羔羊痢疾，发病128只，死亡6只。

口蹄疫　2003年11月汪川镇柏家沟村发生口蹄疫疫情，发病28头，其中牛15头、猪13头。捕杀病畜和疑似病畜48头，紧急免疫接种237头。

马属动物巴贝氏虫病　2005年玉泉镇阎家河、枣园村发生猪瘟，发病30头，死亡30头。杨家寺、藉口、秦岭、牡丹等7乡镇发生马属动物巴贝氏虫病，发病245匹，死亡115匹。2006年4月秦岭乡马鞍山、藉口镇曹家山、芦子湾、船北、崔家磨发生马属动物巴贝氏虫病，发病17匹，死亡10匹。

禽霍乱　2006年4月牡丹镇王家大山发生禽霍乱，发病106只，死亡63只。

鸡白痢　2006年11月天水兴旺公司种鸡场发生鸡白痢，发病1356只，死亡1356只。

猪瘟　1999年李子、天水、环城、皂郊、汪川5乡221头猪发病，病死116头。2005年杨家寺乡跃马村27只羊发病，病死8只。2007年平南镇梨树村发生猪瘟，平南镇白家村、牡丹镇杜阳村发生猪肺疫，发病10头，死亡7头。

布氏杆菌病　1986年检疫奶牛145头，检出阳性牛35头扑杀处理。1988年检疫奶牛195头，检出阳性牛1头扑杀处理。1990年玉泉镇检出阳性牛1头扑杀处理。1999年玉泉镇瓦窑坡村检出阳性牛1头扑杀处理。

疫病防治

1984年动物防疫实行双轨目标管理责任制，政府保密度，业务部门保质量，政府对防疫工作负总责。1985年秦城区布氏菌防治被省畜牧厅评为"控制区标准县"。1989年鼻疽病防治通过省市考核验收，转入监测阶段。2004年配齐区乡动物防疫冷链设备，建成20立方米的疫苗冷藏库。420个行政村配备村级防疫员，防疫员配发疫苗冷藏箱等防疫消毒器具。2006年有乡级兽医站16个，疫苗注射防疫密度口蹄疫为98%，猪瘟为95%，禽流感为100%，蓝耳病为94%，猪丹毒为90%，猪肺疫为91%，新城疫为94%。

第四节　饲草饲料

天然草场

秦城区天然草场有59万亩，草场可食性杂草主要有地榆、草莓、歪头菜、野豌豆等,年产鲜草28.26万吨。草场类型分5大类,草场植被组成分为106科、405属、720余种。

疏林草地草场 9.28万亩,主要分布在西部杨家寺、铁炉、关子等乡镇森林线以下,海拔在1900米至2300米之间。牧草以中生、中旱生牧草为主,总覆盖度为80%至90%,平均亩产鲜草620公斤,可食性杂草占43%。

山地草甸草场 3.49万亩,主要分布在西部杨家寺、关子、藉口等乡镇和甘谷、礼县接壤的石鼓山一带森林线以上的梁、缓坡上,是秦州区唯一的连片草场,海拔在2300米至2700米之间。牧草以温中生多年生牧草为主,并混有湿中生、旱中生植物。总覆盖度为70%至80%,平均亩产鲜草405公斤,可食性杂草占43%。

山地灌木草场 27.66万亩,主要分布在东南部及南部浅山区的娘娘坝、汪川、大门、齐寿等乡镇屡经破坏的残、次林地区。除杂草外有大量灌木丛,草本植物以旱中生、中旱生牧草为主,覆盖度为80%至90%。

草原化草甸草场 4.22万亩,主要分布在西南部二阴山区的平南、华岐、秦岭、皂郊、太京等乡镇种地山地的阴坡上,海拔1400米至1900米。草群种类丰富,覆盖度为50%至60%,平均亩产鲜草318公斤,可食性杂草占22.5%。

干草原草场 4.22万亩,主要分布在藉口、太京、中梁、玉泉、天水等乡镇黄土梁峁沟壑区。天然植被残存无几,草场呈菱形小片分布,草群总覆盖度30%至50%,平均亩产鲜草226公斤,可食性杂草占26%。

农作物秸秆饲草

农作物秸秆年产量11.18万吨,其中以小麦为主的夏收作物秸秆8.79万吨,以玉米为主的秋收作物秸秆2.39万吨,秸秆饲草的利用率为40%至70%,一部分用于燃料。1989年后部分乡、村推广应用青贮氨化农作物秸秆饲草。1991年在吕二乡石马坪开挖青贮窖10个,青贮玉米秸秆2万公斤,氨化青草1.5万公斤,对奶牛饲养试验,增产效果明显。年生产青干草粉60万公斤,青贮饲料153.5万公斤。

人工种植牧草

1990年人工种草11.29万亩,年产草2.87万吨。其中紫花苜蓿7.28万亩,产量2.62万吨。2006年种植牧草6.45万亩,其中紫花苜蓿1.64万亩。

推广配合饲料1.45万吨，加工草粉0.8万吨，青贮氨化饲料1.8万吨。

精饲料

畜禽饲料有玉米、青
稞、豆类、燕麦、洋芋和农
产品加工后的糠麸、饼、渣
等。一般马骡精饲料留量
较多而牛、驴留量较少；草
场稀少的地方精饲料留量
较多，草坡宽阔的乡村留
量较少。全区年种植蔬菜
1.2万亩，产菜叶6000吨，

青贮饲料加工现场

其中有一半以上用于饲喂猪、鸡等畜禽。城乡加工、酿造副产品醋糟、
豆渣、油渣、粉渣等年用于饲料的有1000吨。农村还有一部分树叶粉碎
后可做混合饲料。

配合饲料

2006年配合饲料消耗1.45万吨。主要品种有猪用浓缩料、鸡用浓缩
料、牛用浓缩料，及猪、鸡、牛育混料。品牌有兰州正大、深圳康达尔、西
安佳美、北京伟嘉、天水博亚等。16乡镇有饲料经营户86户。

第五节　渔业生产

1986年秦城区渔业站成立后扶持藉口、太京、皂郊、关子、吕二、李
子等乡开挖鱼塘400亩，投放鲢、草、鳙、鲤等家鱼76万多尾，产量40吨。
2006年渔业养殖518亩，鲜鱼产量315吨，出塘商品鱼273吨。其中优质
草鱼1655吨，鲤鱼642吨，鲢、鳙鱼713吨，鲂鱼7.1吨。生产苗种96万尾、
107吨，其中草鱼53.5吨、鲤鱼21.4吨、鲫鱼53.5吨、鲢鱼21.4吨、鲂鱼5.35
吨。同时受农家乐刺激，休闲渔业经营面积290.7亩，占全区养殖水面的
56%，从业人员36人，年收入150万元。其中娘娘坝镇李子片从事农家乐
经营渔业项目的有11家。

秦州区较大水产品销售市场有6个，固定水产品经销户58户至61户。

2006年绿色市场、箭场里等6个市场销售水产品268吨。其中鲜鱼品157吨，冷冻水产品74吨，甲壳、贝类13吨，海参鱿鱼等24吨。检出病腐水产品116公斤。

第六节　畜产品质量安全

1986年设立秦城区检疫站检疫城市、乡镇集市、屠宰加工点畜牧产品和进出境动物。

2002年天水市首家生猪定点屠宰厂秦城区益康生猪定点屠宰场在吕二沟建成，占地6667平方米，有屠宰管理人员30人。建成检疫、办公等用房1栋2层150平方米，待宰圈20间180平方米，病猪隔离圈5间30平方米，急宰间1间15平方米，晾晒场100平方米，冷库30平方米，以及其他配套设施。从南京引进生猪屠宰生产线1条，按照GB/T172376—1998实施生猪屠宰，设计日屠宰量300头。在屠宰场设有定点检疫站，常驻20多名动物检疫监督人员，生猪耳标佩戴率、持证率、无害化处理率分别达到98%、90%、100%。

2003年1月捣毁私屠滥宰场2处，没收屠宰工具10件，肉品1500公斤。10月实行"放心肉"加工销售单位标志牌管理，要求肉品吊挂封闭式运输，定点屠宰厂和肉食经营企业一律实行进货索证索票、肉品台账登记和食品卫生质量购销档案管理，建立商品标签标识、质量追溯、封存报告、依法销毁等管理制度。肉品上市销售实行"两章一证"（畜禽检疫合格印章、肉品品质验证合格印章、畜禽产品检疫检验合格证）准入制度。授予益康定点屠宰厂、天水师院后勤服务中心、市迎宾馆等10多家单位"放心肉"定点加工、定点销售单位标志牌，签订目标管理责任书。11月秦城区益康定点屠宰厂被评为全省定点屠宰先进企业。12月天水市物资再生利用有限公司怡通清真牛羊定点屠宰厂成立运营，日屠宰牛80头、羊150只，屠宰遵照穆斯林传统的宰生规定。

2004年7月印发《食品安全监管知识手册》《生猪屠宰管理条例宣传提纲》12.5万册，出动执法人员560多人次检查城区肉品交易市场，查处违法经营户20户，没收私屠滥宰工具15件（套），查扣问题肉品400余公斤，查处无证照经营肉品批发户60家，督促宾馆、饭店、学校等餐饮企业单位建立"放心肉"加工销售登记台账。

2006年5个动物检疫分站检查过往运输畜禽车辆，检疫畜禽92万头只（匹），检出病害动物1400头无害化处理，检出率0.3%。猪、牛、羊耳标佩带分别达到100%、99%和98%。车辆消毒3256车次。市场检疫牛肉170.7吨、羊肉60.32吨、鸡3.2万只，检出不合格动物产品1.3万公斤无害化处理。

第五章 林 业

第一节 种 苗

育苗

1985年至1990年秦城区年育苗2000亩，出圃苗木4000万株，主要以乡土树种为主，繁育树种有泡桐、杨树、刺槐、榆树等。1991年至1996年区林业站培育苗木120亩，有泡桐、杨树、日本落叶松、华北落叶松、华山松、刺槐、山杏、苹果、花椒等。1997年至2000年相继建成油松、大樱桃、刺槐等育苗基地4处345亩，其中大樱桃良种繁育基地2处144亩。2001年随着重点林业生态工程实施，苗木需求量大幅增长，出现一些私人苗圃和育苗大户，除常规造林苗木以外，还大量繁育一些果树苗木和绿化苗木，主要有华山松、塔柏、雪松、刺柏、香花槐、苹果、大樱桃、核桃等。

2002年大田育苗改为容器育苗方式。2004年四十铺苗圃出圃侧柏30余万株、小容器苗20万株。2005年培育容器苗木180万株。2007年培育容器油松、刺槐、大樱桃、苹果等各类苗木2200余万株，其中果树苗木培育主要集中在太京、藉口镇沿线的藉河川道，造林苗木主要集中在娘娘坝镇和藉源林场，绿化苗木主要集中在城郊西十里和皂郊川道。全区国有苗圃有四十铺苗圃1个、集体苗圃6个、个体苗圃31个，年育苗1000亩。其中四十铺苗圃有国有土地64亩,国社合作育苗土地36亩,无病毒苗木繁育基地10亩,年出圃优质脱毒苗接穗10万条,二代日光温室8座,科技人员18名。

苗木引进繁育

绿化树种　1986年至1988年引进山楂苗木12万株。1989年引进秦安1号花椒。1990年引进日本落叶松种子,与小陇山林科所联合育苗25亩。2000年至2003年引进塔柏、三倍体毛白杨、四倍体毛白杨、香花槐。

果树树种　1992年至2000年引进美、日、英等国家苹果元帅系、油桃、李子、樱桃、葡萄、桃等品种。2001年至2002年引进优良品种40种,推广大黑李、苹果元帅等品种,每年提供优质大黑李苗木3万株,苹果元帅系品种2万株,大樱桃4万株,桃、杏等杂果17万余株。

果树管理　2001年苗圃率先在秦城区采用果园套草、果品套袋、保鲜剂、铺反光膜和化学调控等高新技术,喷施高美施、万德福、果型剂等增质增色药剂,示范带动秦城区果园科学管理。

容器育苗　2004年推广绿化苗木容器育苗技术,出圃侧柏30余万株,小容器苗20万株。2005年培育容器苗木200万株。2007年培育樱桃2万株,苹果5万株,容器侧柏10万株。四十铺苗圃建成高、新、优脱毒苗木繁育基地10亩,高科技示范果园54亩,可贮藏300吨果品的气调库1处,喷灌、微喷灌、滴灌等节水灌溉高科技示范小区。年繁育优质脱毒苗木40万株,产绿色果品5万公斤,制菌20万瓶。

第二节　林业生态建设

1985年至2007年造林185万亩,保存67亩,保存率36%。其中封山育林124万亩,四旁植树21693万株,年均育苗2600亩。

1985—2007年秦州区林业生产统计表

表9—5—1　　　　　　　　　　　　　　　　　　　　单位:亩、万株、公斤、立方米

年　份	造林面积	封山育林面积	零星植树	林木种子采集量	年末实有育苗面积	集体、个人采伐木材量
1985	107600	50600	446.44	9102.5	5180	4587

续表

年 份	造林面积	封山育林面积	零星植树	林木种子采集量	年末实有育苗面积	集体、个人采伐木材量
1986	103074	108141	584.51	8962.3	2515.5	6335
1987	85161	—	192.02	10000	3528	2224
1988	102302	40900	197.07	6060	1600	811
1989	46676	18000	189.29	15000	836	743
1990	40714	14000	15742	15836	1295	152
1991	46074	—	134.9	10359	4739	714
1992	95679	—	505.1	13696	4047	95
1993	96027	61021	49.09	5025	2042	455
1994	52412	70000	437.9	—	3024	—
1995	75500	70000	463.6	—	2500	—
1996	72175	63974	434.7	—	734	—
1997	65580	66614	528.81	—	1507.7	—
1998	79164	86434	313.3	—	817.3	—
1999	47374	72640	313.2	—	1012	—
2000	40546	97000	264	—	1558	—
2001	40045	—	240	—	2055	—
2002	137872	19100	240	—	3855	—
2003	220000	34000	244.7	—	7256.7	—
2004	168580	61095	38.9	—	4816.5	—
2005	50000	92095	48.8	—	2000	—
2006	17000	108200	44.96	—	1700	—
2007	59034.65	108200	39.91	—	1600	—

国家级林业生态建设工程

"三北"防护林 1978年11月启动,分3个阶段、8期工程实施,计划2050年完成。1985年前完成一期工程建设,1986年实施二期工程。二、三、四期任务63万亩。其中人工造林43万亩,飞播13.5万亩,封育6万亩;实际完成77万亩,四旁植树1720万株折合5.73万亩。

1985—2010年秦州区"三北"防护林体系建设工程一览表

表9—5—2   单位:万亩

工程期限	实施年度	造林面积		树 种	植树乡镇、林场
		下达任务	实际完成		
二期	1986—1995	34.1	41.89	刺槐、油松、杨树	大门、汪川、苏成、杨家寺、李子、李子林场、藉源林场
三期	1996—2000	20.25	23.65	刺槐、油松、落叶松、山杏	汪川、大门、苏成、李子、藉源林场
四期	2001—2010	11.64	11.64	刺槐、油松、侧柏	关子、藉口、太京、皂郊、牡丹、玉泉、中梁、华岐、藉源林场

长江中上游防护林 1991年秦城区列入林业部长江中上游防护林体系建设周边县,1992年被列为全国重点县区。1991年至2007年绿化天水、汪川、牡丹、杨家寺4条河谷,红崖山、齐寿山、宝峰山、云雾山、汤家山、庙儿山、绣金山等10座荒山,及徐礼、天牡、秦杨等公路8条262公里。建成秦岭、平南2条林带4.5万亩,天水、平南、藉源防护用材林基地3.2万亩,经济林6.3万亩。栽植侧柏、大刺槐、油松、华山松、泡桐、沙棘、山杏、花椒等苗木8亿多株,长防区森林覆盖率由12.9%提高到29%。

秦州区长江中上游防护林体系建设工程统计表

表9—5—3   单位:亩

年份	造林面积	造林树种	造林乡镇、林场
1992	82415	油松、落叶松、刺槐、泡桐、杨树、梨、山杏、花椒、苹果	娘娘坝、苏成、汪川、齐寿、天水、平南、大门、杨家寺、牡丹
1993	80418	落叶松、油松、华山松、泡桐、刺槐、花椒	齐寿、李子、娘娘坝、大门、苏成、汪川、秦岭、天水、平南、杨家寺、牡丹、华岐、藉源林场
1994	55572	落叶松、油松、华山松、泡桐、刺槐、苹果	苏成、汪川、大门、娘娘坝、齐寿、杨家寺、牡丹、平南、华岐、天水
1995	50000	油松、落叶松、刺槐、泡桐、杨树、梨、山杏、花椒	娘娘坝、苏成、汪川、齐寿、天水、大门、杨家寺、牡丹
1996	33000	油松、落叶松、刺槐、华山松、山杏	齐寿、大门、苏成、汪川、秦岭、杨家寺、牡丹、华岐、藉源林场
1997	30000	落叶松、苹果、梨、油桃、李、花椒、仁用杏、核桃、板栗	齐寿、平南、大门、秦岭、杨家寺、牡丹、藉源林场

续表

年份	造林面积	造林树种	造林乡镇、林场
1998	38700	日本落叶松、华北落叶松、刺槐、油松	齐寿、娘娘坝、平南、大门、李子、秦岭、牡丹、杨家寺、天水、华岐、汪川、苏成、藉源林场
1999	53873	日本落叶松、华北落叶松、刺槐、山杏、油松	齐寿、娘娘坝、平南、大门、李子、秦岭、牡丹、杨家寺、天水、华岐、汪川、苏成、藉源林场
2000	8000	油松、日本落叶松、华北落叶松、刺槐	齐寿、平南、藉源林场
2002	10000	落叶松、油松、刺槐、侧柏	秦岭、牡丹、娘娘坝、华岐、天水、苏成、大门、齐寿、平南
2004	7000	油松	娘娘坝、大门
2005	2200	封育	天水

天然林资源保护工程　2000年启动，至2007造林29200亩，封山育林67216亩。建成大型育苗基地1处，修建森林管护房26座、国策门3个、大型天保工程宣传碑3座、小型碑5个，书写永久性宣传标语40多条。聘用护林员126名，制定管护制度10余项。

秦州区天然林资源保护工程统计表

表9—5—4　　　　　　　　　　　　　　　　　　　　　　　单位:亩

年份	造林任务		实际造林		造林树种	造林乡镇、林场
	飞播造林	封山育林	人工造林	封山育林		
2001	16400	3200	16400	3278	油松、落叶松、华山松、刺槐	汪川、太京、娘娘坝
2002	7800	900	7800	938	油松、落叶松、刺槐、侧柏	藉口、铁炉
2003	10000	15000	—	25000	—	藉源林场
2004	8000	9000	—	17000	—	藉源林场
2005	5000	6000	5000	6000	刺槐、侧柏	玉泉
2006	—	15000	—	15000	—	汪川

退耕还林工程　1999年秦城区被列为首批退耕还林工程试点县区，至2007年累计退耕还林工程62.5万亩。其中退耕地还林16万亩，荒山造林44.4万亩，封山育林2万亩；涉及16个乡镇、416村、39842户、149899人，总投资2.13亿元。2002年前退耕还林地每年每亩按100公斤粮食、20元现金补助，2002年起每年每亩按150公斤粮食和20元现金补

助,栽植当年每亩一次性补助种苗造林补助费50元,封山育林每亩补助50元。2004年起退耕还林粮食补助变成现金直补。至2007年发放现金补助17847万元,种苗造林补助费3164万元。退耕还林工程使16万亩陡坡和不宜耕地得到退耕还林,44万亩宜林荒山得到绿化,11条林带生态防护体系得到伸长和扩展,全区水土流失面积从1998年的280万亩减少到157亩。

1999—2007年秦州区退耕还林工程统计表

表9—5—5 单位:亩

年份	实施面积	退耕地还林	荒山造林	封山育林	栽植树种
1999	26919	26919	—	—	花椒、仁用杏、樱桃、榆树、刺槐、油松、落叶松、山杏
2000	21000	10000	11000	—	花椒、樱桃、仁用杏、油松、榆树、刺槐、落叶松
2001	20000	10000	10000	—	花椒、樱桃、仁用杏、刺槐、榆树、油松、落叶松、山杏、侧柏
2002	110000	45000	65000	—	苹果、花椒、仁用杏、樱桃、梨、榆树、油松、刺槐、侧柏、落叶松、山杏
2003	205000	35000	170000	—	落叶松、刺槐、椿树、榆树、油松、侧柏、核桃、樱桃、杏、梨、杨树、漆树、澳苹、杜仲
2004	130000	10000	120000	—	仁用杏、苹果、侧柏、刺槐、落叶松、油松、山杏、椿树、榆树、杨树
2005	70000	20000	30000	20000	李、塔柏、侧柏、落叶松、油松、刺槐、榆树、核桃、山杏、仁用杏、梨、杜仲
2006	17000	4000	13000	—	塔柏、核桃、侧柏、刺槐、落叶松、榆树、油松、樱桃、山杏、苹果
2007	25000		25000	—	沙棘、油松、侧柏、落叶松、刺槐

国家重点公益林 2000年划定公益林122万亩,重点公益林95万亩。其中天然保护区外重点公益林51万亩,占重点公益林面积的54%;天然保护区重点公益林44万亩,占重点公益林面积的47%。纳入中央森林生态效益补偿范围51万亩。2004年中央财政按每年每亩5元标准下拨森林生态效益补偿基金。16乡镇和1个国有林场的759个小班林地确定管护责任区206个,有专职护林员181人、管理及技术人员39人。

中德财政合作生态造林项目

2005年8月实施中德合作天水生态造林项目,计划造林6.5万亩,封

北山皇城堡退耕还林工程

山育林3万亩,经济林0.42万亩,项目建设期限6年,总投资1900万元,其中德国复兴银行无偿援助1468万元,区财政配套资金432万元。2006年太京、娘娘坝、皂郊、牡丹、关子、大门6个乡镇的9个行政村造林4614亩,树种为落叶松、油松、刺槐、云杉。2007年汪川、娘娘坝、牡丹、秦岭、天水、平南、杨家寺等12个乡镇的24个行政村造林33646亩,树种为沙棘、落叶松、油松、刺槐、云杉、青杨、五角枫,发放劳务费和管护费100万元,有333户2700多人从项目中受益。

市郊南北二山绿化工程

1985年前南北二山绿化6000亩,森林覆盖率10%。1985年南北二山绿化被确定为重点造林工程项目,秦城段东起东十里铺,西至西十里铺,南北以山脊为界,面积5.17万亩。1990年成立南北二山绿化工作站。1993年绿化范围扩大至六九一三厂等单位绿化地段及华双公路向面坡和花儿崖等地。1999年西扩至西五十铺,面积增至14.6万亩。2004年西北扩至关子镇后沟村,面积增至50万亩。1986年至2000年以荒坡、地埂绿化为主,2001年至2005年栽植塔柏、刺槐、山杏等树种。2006年至2007年在景区周边、道路两旁、地埂栽植风景树种,至2007年市郊南北二山绿化率达到96%,成为全区绿化率最高区域。

1986—2007年秦州区市郊南北二山绿化统计表

表9—5—6 单位：亩

年份	绿化面积	绿化实施
1986	6660	绿化荒坡、地埂，桐粮、果粮间作，环城、吕二、玉泉三乡完成绿化9000亩
1987	12449	玉泉周家山栽植苹果470亩，环城东方红村栽植110亩桃园，单位承包2600亩
1988	4463	春季70个单位完成造林2364亩；秋季以北山东起孙家坪梁顶、西至小见河建绿化带1公里，南山东起半坡寨、西至暖和湾何家堡子建绿化带6750米，共2099亩
1989	7428	发动驻区部队、工矿企业承包，群众自建果园
1990	5320	形成北山沿梁从玉泉乡县家路到中梁乡金李10公里和南山山脚7.5公里的两条林带
1991	5200	278个单位上山栽植刺槐、侧柏、国槐、泡桐等苗木160万株
1992	5000	沿梁建林带、山腰缠果园、地埂全栽树、川区林网化、"四旁"全绿化
1993	11111	南山豹子沟办绿化点造林910亩，承包单位、群众义务植树和栽植经济果树共9900亩
1994	7829	春季造林5779亩，秋季植果树2050亩
1995	9309	单位义务植树479亩，乡村植果树、花椒等8830亩
1996	4000	—
1997	4500	造防护林2000亩，营防梁、瓦窑坡各1000亩；风景林1000亩；定天公路两侧风景林、北山关爷殿、豹子沟、绣金山共1500亩
1998	5800	春季造林3349亩，其中经济林1144亩、防护林2123亩、风景林82亩。秋季地埂点播柠条2451亩
1999	880	南郭寺绿化500亩，玉泉观绿化280亩
2000	1020	栽植苹果和梨
2001	1380	—
2002	5902	栽植塔柏、刺柏、圆柏、雪松等44万株，绿化地埂43万米、道路29公里，珍稀植物园建樱花、玉兰、丁香、枫树、紫薇、月季、石楠、桑树、苦楝、云杉、火炬树等16个专业园
2003	31200	北山绿化天巉公路、红旗山高效农业示范园区、玉泉观等地，南山绿化羲皇大道一线、南郭寺景区、李广墓、豹子沟珍稀植物园
2004	9860	栽植各类苗木89.5万株，北山一线补栽各类苗木6.3万株
2005	2210	豹子沟珍稀植物园区新植塔柏、樱花、连翘、元宝枫等园林树种10多种10万余株，改造移植30多亩。皇城堡、玉泉观区域栽植黄栌2万多株，大容器侧柏1.63万株，1.5米以上大侧柏2.7万株，四倍体刺槐2万株，在天巉路一带栽植刺槐5.57万株
2006	6760	南山豹子沟等地栽大侧柏、国槐、红叶李、大叶女贞、垂柳、樱花、紫薇、梅花、香花槐等各类树木总计4.8万株，丁香、连翘、金银花、迎春等花灌木1.2万株，建成樱花、梅花、紫薇等5个园林小区。在水家沟、龙王沟、吕二沟纵深延伸造林4700亩，栽植容器油松、容器侧柏103万株。北山栽植容器侧柏7.7万余株，刺槐15万株，天巉公路加密栽植香花槐3.1万株。皇城堡补造各类树木14.25万株
2007	910	栽植侧柏、香花槐、杜仲、国槐、榆叶梅、木槿、连翘等园林绿化树种19.4万株

义务植树

1988年执行《关于开展全民义务植树运动的实施办法》,驻区、区属行政、事业单位职工每年参加义务植树活动;企业除个别单位承包绿化基地代替义务植树任务外,其他企业缴纳绿化费,按每人每年6元的标准收取。2002年按《天水市市区南北两山绿化资金收缴使用管理办法》收取绿化费,财政供给人员每人每年50元;金融、保险、税务、电信、邮政、供电、铁路人员每人每年50元;财政差额补贴,实行企业管理的事业单位每人每年30元;公有和非公有企业、个体工商户从业人员和外来就业人员以及"三资"企业的中方适龄公民每人每年20元。2006年至2007年全部收缴绿化费,不再参加义务植树活动。至2007年绿化费支付360万元。1985年至2007年办造林绿化点43处,其中万亩点3处、5000亩点6处、千亩点34处,义务植树2.17亿株。

1995—2007年秦州区义务植树绿化费收缴统计表

表9—5—7

单位:元

年份	金额	年份	金额
1995	151649	2002	—
1996	103542	2003	
1997	100594	2004	114038
1998	55845	2005	143530
1999	77282	2006	1375670
2000	61335	2007	1036585
2001	84618		

第三节　森林抚育

1989年至1994年抚育藉源林场和娘娘坝、李子乡天然次生林及部分人工林2.15万亩,采用透光伐、疏伐、卫生伐等措施。1997年后由于禁伐令等法规出台,森林抚育主要以人工修枝和清除病腐木、虫害木、风折木、风倒木、雪压木、火烧木等被危害、丧失培育前途的林木为主,以提高树干饱满度和木材质量,改善林内通风与光照状况,减少树冠火、雪压和风害的发生程度,防止病虫害蔓延。

秦城区较大森林抚育作业实施统计表

表9—5—8

单位:亩、立方米、万斤、元

时间	地点	林种	抚育措施	面积	出材量			产值	利润
					原木	椽材	薪材		
1989.1	李子乡花园	次生林	疏伐	390	126	60	7.7	—	—
1989.7	藉源林场杨家寺工区芦子滩	人工幼林	疏伐	100	—	7	—	—	—
1989.6—7	娘娘坝乡荣光村	次生林	疏伐	190	50			—	—
1989.12	藉源林场岸峪沟	次生林	疏伐	1065	68	183	220	54080	—
1991.5	李子乡长河村	次生林	疏伐	180	200	21	33	44112	29041
1991—1992	藉源林场	次生林	疏伐	3995	—	606	85.9	190629	51722
1991—1992	藉源林场	人工幼林	疏伐	2500	—	80.4	36.3	32751	4350
1993—1994	藉源林场汤家山营	人工幼林	疏伐	2500	—	356	49.3	157190	77388
1994	藉源林场	人工幼林	疏伐、透光伐、卫生伐	1280	—	179	30.9	80870	36116

第四节 林业行政管理

林业行政许可

1985年森林资源由区林业局统一协调基层林业站、木材检查站、林业派出所、藉源林场分片管理、共同管护。1998年举办持证执法培训班9期,培训执法人员71名,审查行政处罚实施机构25个。确认具备林业行政处罚主体资格16个,其中法定行政机构2个,依法委托机构14个,申领颁发《行政处罚实施机构主体资格证》16本。颁发《行政执法证》71本,《林业行政执法证》40本,《行政执法监督证》4本。2005年林业行政执法和林业行政许可分离,森林公安分局负责林业行政执法,林业资源办公室受理林木采伐、木材运输、木材加工、征占用林地、野生动物驯养繁殖、林权纠纷调解等林业许可项目。全区6个区域林业站和中梁林业站等11个基层站具备独立的行政执法主体资格,79名林业职工取得林业行政执法资格。至2007年共计颁发个体承包、集体林、退耕还林林权证31428本,办理征占林地行政许可120亩,处理林权纠纷22起,办理木材加工许可32家,办理红腹锦鸡驯养繁殖许可1起。

1985—2007年秦州区林业行政许可项目办理统计表

表9—5—9 单位:次

年份	林权证（本）	木材经营加工	野生动物养殖	采伐许可证
1985	4	—	—	—
1986	5	—	—	—
1987	6	—	—	—
1988	4	—	—	—
1989	3	—	—	—
1990	2	—	—	—
1991	5	—	—	—
1992	7	—	—	—
1993	4	—	—	—
1994	2	—	—	—
1995	3	—	—	—
1996	4	—	—	—
1997	5	—	—	—
1998	3	—	—	—
1999	6597	—	—	—
2000	1965	—	—	—
2001	1894	—	—	—
2002	9425	—	—	—
2003	8690	—	—	—
2004	2790	—	—	—
2005	3	20	—	1
2006	5	15	1	2
2007	2	5	—	2

林业行政案件查处

1985年至2000年因群众经济上比较困难,盗伐、滥伐、开垦、放牧、采樵等破坏林木案件较多。2003年后盗伐、滥伐、非法运输木材等案件明显下降,同时由于植被迅速恢复,森林火灾案件增加,2003年至2007年火警火灾135起,其中火灾5起,年均27起。1985年至2007年查处较大毁林案件1031起,处罚5200多人次,收缴开垦地151亩,木材453.9立方米,木椽、圆木、抬杠等46863根。

1985—2007年林业行政执法查处较大案件统计表

表9—5—10

年份	案件数	查处情况
1985	1	天水乡焦李村部分群众抢占集体果园,侵占6亩,损毁121株,处罚10人,罚款1255元
1986	4	查处苏成乡银河一队毁林20多亩,损坏林木586株,处理30人,罚款720元,刑拘1人。齐寿乡抢伐集体林木案,处罚5人。杨家寺乡王赵村殴打护林员案,处罚1人。处理牡丹乡大柳树申诉案1件
1987	70	藉源林场查处70起,收回木椽1120根,处罚2742元
1988	22	抓获盗伐木材人员68人,没收木椽7679根、原木603根、门窗30付、抬杠255根、山柱111根,罚款8675元。处罚天水线务站对中梁林带韩安段砍伐37株、损失365株的案件,处罚3470元
1989	8	查处毁林案8起,没收木椽7697根、圆木603根、抬杠258根、山柱116根,处罚79人、罚款8675元
1990	123	打击盗伐、偷运、贩卖、木材不法分子812人,行政处罚20人、治安拘留7人、林业行政处罚819人,没收木椽9268根、圆木123立方米、抬杠3388根、小径木18立方米,收回毁林开荒地33亩,罚款77805元。查封木材市场18处
1991	11	查处毁林案件11起,没收圆木板材15立方米、木椽510根、抬杠200根,收回开荒地80亩,补栽树苗40000株,罚款18450元,处罚26人
1992	21	查处毁林开荒、非法运输木材案件21起,没收圆木40立方米、木椽400根、抬杠1100根,收回开荒地20亩,补栽树苗6万株,罚款5万元
1993	21	查处毁林开荒、非法木材运输案件21起,没收圆木、板材80立方米、木椽683根、抬杠800根,收回开荒地7亩,补栽树苗12000株,罚款16000元
1994	117	藉源林场查处毁林案件83起,没收檩材431根、木椽2156根、板材218块、小径木647根、薪材50000斤,罚款11200元,挽回经济损失48000元,处罚263人。森林公安在藉源林场开展专项整治行动,破获治安案件34起,拘留17人,行政处罚5人,收缴木材70立方米
1995	9	开展"春季严打攻势",共破获各类案件9起,行政拘留4人,行政处罚5人

续表

年 份	案件数	查处情况
1996	96	清理整顿木材市场、木材加工网点80处,核发《木材经营加工许可证》60多套,收缴木材管理费14000元。查处毁林案件3起、非法贩运木材案4起。没收圆木、板材30立方米,木椽3400根,收回开荒地5亩,收缴各类罚款4万元,查处11起非法运输木材案件
1997	56	查处盗伐、滥伐林木案28起,毁林开荒11起,林地放牧16起,倒卖野生动物案1起,收回木材11.3立方米、木椽140根
1998	101	查处盗伐林木案52起,处理134人,滥伐林木案13起,处理54人,毁林开荒11件11人,非法运输木材8件8人,幼林地放牧16起42人,非法倒卖野生动物1件1人,收缴木材33.3立方米、木椽2540根,挽回经济损失90多万元
1999	52	查处滥伐13起,毁林13起,非法运输木材案8起,收缴木材33.3立方米、木椽2540根,罚款2万元
2000	—	—
2001	31	查处盗伐林木案8起,滥伐林木案4起,林地放牧案4起,非法运输木材案15起
2002	1	森林公安开展清查"种植毒品原植物"专项行动,共清铲罂粟植物150株
2003	43	开展重点打击非法经营野生动物的"春雷行动",清查市场、宾馆、酒楼等21处,处理涉案人员7人次。查处毁林案件10起,贩运木材案4起,非法猎捕贩卖野生动物案8起,放牧10起,整顿木材市场5次,取缔木材交易市场和加工点4个
2004	—	—
2005	1	破获张五虎非法运输野生动物案,查获野生动物死体267只,其中国家二级保护野生动物红腹锦鸡173只(完整死体103只、锦鸡头70只)
2006	87	查处案件87起,行政处罚87人
2007	155	查处案件155起,行政处罚156人

第五节　森林防火

防火组织

1985年秦城区成立森林防火指挥部负责全区森林防火工作,由区长任部长,分管农业副区长任副部长,成员单位有林业局、公安分局、武装部、财政局、气象局、工商分局、司法局、民政局、卫生局、交通局、城建局、李子林场、藉源林场等单位和各乡政府,森林防火指挥部在林业局设办公室,由局长任办公室主任,负责森林防火宣传教育、扑火设备购置、防火专业队伍建设以及森林防火值班、巡查、监督、通信联络、火情统计与汇总、建议提请工作奖惩、组织召开森林防火工作会议等。

防火设备与队伍

防火设备 1985年配备森林防火吉普车1辆，1995年购置切诺基警车1辆，2003年购置值班接警专用电话1部、对讲机3对，2007年购置吉普车2辆、7座面包车1辆。至2007年底共自制铁扫帚160把，购置风力灭火机21台、干粉灭火机5台、灭火水枪6支、望远镜50架、对讲机8台、防火服50套、橡胶扫把1000把、干粉灭火弹80箱、汽油割草机2台、远程探照灯15个、森林消防泵2台、强光防爆头灯8个。

防火队伍 1985年至2000年森林火灾由乡村干部临时就近组织群众进行扑救，火灾扑灭后即自行解散。2001年由森林公安、林场、林业站工作人员328人组成15支专业扑火队，乡镇工作人员480人组成16支半专业扑火队，乡村组成义务扑火队422支6770人。2007年确定管护责任区206个，招聘专职护林员352人。

森林防火宣传

秦城区建有护林房30座、防火通道20公里、瞭望台1座，配备望远镜20部、防火电台2部、专用电话6部。防火宣传每年以11月出动宣传车、发放护林防火宣传资料、召开广播会议、举办校园法制课、张贴零时宣传标语、悬挂大型横幅等方式开展，此外利用广播、电视、手机短信、网络等宣传媒介开展宣传。

1991年森林防火重点防范地区有关子乡罗卜山、上下岸峪和潘家场，铁炉乡上寨，杨家寺乡郑宋、文家庄、麦湾和黑引坡，李子乡的长河和花园，娘娘坝乡白草坪、舒家坝和樊家尧，大门乡大山坝和关峡，汪川乡刘骆、棉虎、郑山、母峡，平南乡瓦子山，齐寿乡稍子坡、兴荣，皂郊乡太阳山一带以及中梁、秦岭、平南3条林带和干线公路。1996年宣讲14场次，播发广播稿8篇，广播宣传56次，播放护林防火录像90场次，出动护林防火宣传车辆2辆，流动宣传120场次，书写宣传标语620条幅，办墙报、专栏板报20多期。2006年至2007年春防火期内，区护林防火指挥部发放《森林防火明白书》5万余份，张贴临时性宣传标语5万多条，刷新防火宣传碑385座，召开群众广播大会30余场次。2007年建立秦州区护林防火短信平台。

森林火灾

1985年至2007年全区发生一般森林火灾19起,森林火警176起,过火面积1063.7亩,烧毁林木128967株。

1985—2007年秦州区森林火灾统计表

表9—5—11

年份	火灾发生次数		过火面积（亩）	造成损失	年份	火灾发生次数		过火面积（亩）	造成损失
	一般森林火灾	森林火警				一般森林火灾	森林火警		
1985	—	—	—	—	1997	—	—	—	—
1986	2	无	82	烧毁各类林木8万余株	1998				
1987	9	7	477	直接经济损失10361元	1999				
1988	—				2000	—			
1989	—			—	2001	—			
1990	—				2002	8			
1991					2003				—
1992	—				2004	—	22	199.5	烧毁林木29567株
1993	—				2005	—	84	305	烧毁林木19400株
1994	—				2006				
1995					2007				
1996	—	—	—	—					

第六节 林业有害生物防治

1991年至1992年普查森林病虫害,发现林木病虫害共7目11科19属30种。其中杨树病虫害有黄斑星天牛、褐斑病、锈病、白粉病、杨干透翅蛾、烂皮病、灰斑病、白杨叶甲、煤星病、槲寄生,刺槐病虫害有刺槐白粉病、刺槐蚜、尺蠖、褐斑病,油松病虫害有危害油松球果的蛾类幼虫、蚜虫,华山松病虫害有蚜虫、天牛、危害球果的蛾类幼虫,苹果病虫害有苹果腐烂病、褐斑病、白粉病、瘤蚜、锈病、红蜘蛛、卷叶蛾、灰斑病、圆斑病、桃小食心虫、梨心毛虫等。病虫害发生9.9万亩，其中一次性发生8万亩，重复性发生18960亩。至2007年发现病虫害112种，主要有柳叶蜂、松阿扁蜂、落叶松球蚜、梨星毛虫、金纹细蛾、二斑叶螨、核桃举肢蛾等，病害主要有松疱锈病、松落针病、国槐单孢锈瘤病、苹果树腐烂病、白粉病、苹果梨锈病等，另外还有中华鼢鼠、野兔的危害。

重点危害病虫害防治

刺槐尺蠖 1993年在玉泉、吕二、皂郊等乡部分刺槐林内零星发生3种刺槐尺蠖虫害，后逐年扩散蔓延。1995年扩散到16个乡48个行政村，发生面积5万亩，其中重度为害4万亩。1996年至2007年采取人工和化学防治1.5万亩。防治区域有营房梁林带6000亩、石马坪东团庄片4000亩、藉口镇放牛片5000亩，均为刺槐纯林。通过人工化学防治使刺槐被害株率由防前100%下降到13%，单株虫口密度由防治前214头/株下降到10头/株。

天水榆童锤角叶蜂 1998年爆发天水榆童锤角叶蜂虫害，至1999年发生1.1万亩，其中中度危害6000亩，发生区有虫株率100%，涉及12个乡镇32个行政村。玉泉观景区周边重度危害区部分榆树光秃无叶，呈枯死状。筛选出6种高效低毒农药，结合人工挖除茧内幼虫、利用天敌方法防治，至2001年试验防治区6000亩榆树林有虫株率由防治前100%下降到11.7%，单株虫口密度由防治前216头/株下降到0.41头/株。之后推广到防治区域北山玉泉观、南山豹子沟、藉河川道、秦岭林带等地，至2002年1.1万亩病害得到控制，2007年再未造成危害。

中华鼢鼠防治技术推广

2007年中华鼢鼠示范防治1.5万亩，推广防治9万亩，主要包括南北两山、皂郊渗金山、蒿背山、华岐秦家沟、秦岭、牡丹、杨家寺等区域。利用雷公藤甲素颗粒剂防治率68%，莪术醇饵剂防治率43%。智能穿洞式鼢鼠捕杀器防治中华鼢鼠示范防治面积200亩，防治率20%，防治区域设在天水、吕二、北山等区域。

有害生物测报

1996年启动有害生物测报工作，至2007年在各林业重点区域设测报点，测报对象为中华鼢鼠、野兔、松疱锈病及落叶松叶蜂、落叶松球蚜、新松叶蜂等,针对发生较为严重的松阿扁叶蜂、柳树叶蜂、刺槐尺蠖等害虫制定完备的测报技术规程。监测率由2006年的87.5%提高到2010年92.4%,发生期预报准确率达89.3%。

林木检疫

1985年至2007年出圃苗木实行"一签两证"制度,年均完成产地检疫记录198份,签发产地检疫合格证182份,颁发森林植物检疫登记152份,复检木材家具市场227家,涉及竹板13500捆、家具12500件、椽材19870根、木材5135立方米,检疫苗木8780万株、花卉1.59万株、种子14400公斤。

1985—2007年林业有害生物测报及检疫统计表

表9—5—12 单位:万株、车次

年份	测 报				检 疫		
	发报次数	长期预报	短期预报	虫情动态	苗木产地检疫数量	调动检疫车次	复检车次
1985	—	—	—	—	26	230	15
1986	—	—	—	—	59	260	10
1987	—	—	—	—	33	315	25
1988	—	—	—	—	22	332	23
1989	—	—	—	—	26	270	12
1990	—	—	—	—	28	360	11
1991	—	—	—	—	31	310	11
1992	—	—	—	—	42	280	18
1993	—	—	—	—	28	320	31
1994	—	—	—	—	27	260	38
1995	—	—	—	—	46	280	24
1996	3	—	2	1	59	330	21
1997	3	—	2	1	62	410	12
1998	3	—	2	1	79	405	16
1999	3	—	2	1	130	350	25
2000	4	1	2	1	240	450	27

续表

年份	测 报				检 疫		
	发报次数	长期预报	短期预报	虫情动态	苗木产地检疫数量	调动检疫车次	复检车次
2001	4	1	2	1	318	410	18
2002	4	1	2	1	426	520	33
2003	4	1	2	1	926	480	29
2004	6	1	3	2	1020	350	18
2005	8	2	4	2	2030	460	27
2006	14	1	10	3	3124	510	17
2007	14	1	10	3	2350	490	25

注：1985年至1995年未开展测报工作。

第七节　林业技术推广项目

1985年至2007年完成林业研究与推广项目51个。其中研究项目19个，推广项目32个；主持项目36个，协作项目15个。直接参与研究推广项目人员达500多人次。

桐粮间作速生丰产综合技术研究

1986年至1991年甘肃省林业科学研究院、区林业技术推广站在天水乡实施陇中南部旱川区万亩桐粮间作速生丰产综合技术研究项目，面积13000亩，品种有兰考泡桐、南京白花桐、光泡桐、毛泡桐等，以杂交方式栽植。桐粮间作粮食增产1024万斤，价值257.5万元，桐粮两项增值455万元。项目区还有1万亩水保林和1万亩苹果。1994年被评为省林业科学技术三等奖。

天水柳叶蜂研究

2004年至2006年区森林病虫害防治检疫站实施天水柳叶蜂研究项目，获得2007年度甘肃省科技进步二等奖。防治推广9000亩，获得经济效益204.5万元。研究发现柳蜷叶丝角叶蜂、突角卷唇姬蜂2科新种，国内新记录种2种，甘肃新记录种4种；首次在国内研究蜷叶丝角叶蜂属及柳蜷叶丝角叶蜂的形态、生物学及防治，填补蜷叶蜂属在中国研究的空白，达到国内同类研究的先进水平。

甘肃叶蜂种类调查及分类研究

2006年1月至2009年12月区森林病虫害防治检疫站承担完成甘肃省科技攻关计划项目《甘肃叶蜂种类调查及分类研究》。项目填补中国和甘肃省叶蜂分类研究的多项空白，在叶蜂分类与区系整体研究上达到国内领先水平，获得2010年度天水市科技进步二等奖、2013年度甘肃省自然科学三等奖。采集制作甘肃叶蜂标本5600号，计9科124属494种，其中发现178个科学新种，3个中国新记录属，建立3个新记录属，发现6个中国新记录种，提出1个新组合。在甘肃叶蜂区系上，发现2个新记录科、75个甘肃新记录属、205个新记录种；对甘肃叶蜂种类的区系与分布进行科学划分，将甘肃叶蜂地理分布划分为2界3区5小区，甘肃叶蜂的地理分布以陇中黄土高原小区为中心，东亚成分是甘肃叶蜂区系的主体；系统调查研究松阿扁蜂、榆童锤角叶蜂、绿柳突瓣叶蜂等7种叶蜂寄生性天敌种类，发现2个中国新记录种、4个甘肃新记录种；系统研究红环槌缘叶蜂、松阿扁蜂、榆近脉三节叶蜂等11种，填补绿柳突瓣叶蜂、柳蜷叶蜂和榆近脉三节叶蜂生物学研究空白，提出治理该类害虫的防治对策。

苹果果面斑点类病害防治研究及示范

1994年至1996年区果树站承担甘肃省科委自然科学基金会和天水市科委下列的《苹果果面斑点类病害防治研究及示范项目》，由魏志贞、徐秉良等人参加。通过项目实施理清引起苹果果面出现斑点症状的原因及造成危害的主要种类，在国内首次鉴定明确引起苹果黑点病的病原物，同时比较系统地研究病原菌的生物学特性、侵染时期和发病规律；掌握苹果黑点病的症状类型特点，为诊断果实斑点病害提供依据，探索病害的分布、危害情况总结出一套能有效控制病害的防治技术措施。1995年防治5800亩，1996年防治27000亩。通过技术和药物的先行和到位，使示范推广园防治效果达到94.5%，挽回经济损失890万元。举办培训班82期，培训农民技术人员3600名，印发技术资料5500份。

秦城区苹果优良品种引种示范

2002年实施苹果优良品种引种示范推广项目，至2004年结束。观察对比1992年四十铺苗圃从河北昌黎引进的阿斯、哈蒂、矮鲜、纽红等13个元帅系短枝型品种，筛选出适宜在天水生长发育的早果、丰产、优质、抗性强的短枝型苹果优良品种2个至3个。引导果农采用新品种、新技术、新方法，举办栽培培训班274期，散发技术资料58000份，培训

秦州大樱桃

人员41000人次，其中122人经区科委考核获得农民技术员资格。项目示范园1万亩，2004年总产量969万公斤，产值2131万元，平均亩产1004公斤，亩产值2208元，累计新增纯收入1465万元。

天水市大樱桃产业技术开发

2001年至2004年实施天水市大樱桃产业技术开发项目，新建大樱桃基地10120亩，项目区结果的3600亩大樱桃被中国绿色食品发展中心认定为绿色食品A级产品，许可使用绿色食品标志。项目引进推广美早、萨米脱、拉宾斯、先锋等国内外大樱桃新优品种26个，向生产商推广优良品种6个，其中早熟品种2个。推广幼树期地膜覆盖、结果期果园覆草、纺锤形树应用、生长季修剪、化学控冠、无公害病虫防治、果园霜（雪）害预防和花果管理等技术，实现大樱桃早果、优质、高产。应用利刀刮净胶块和病部皮层，用甲紫溶液+50%多菌灵可湿性粉剂100倍液+维生素B6+水（比例10：1）涂抹病部，并用塑料薄膜包扎密封，于落叶后解除包扎的防治技术，治愈率95.6%，复发率仅为4.4%。首次引进山东省果树研究所推出的FACA系列柔性气调库大樱桃贮藏技术，大樱桃贮藏期达到76天以上，填补天水市大樱桃贮藏的空白。项目实施中培训技术人员和果农22986人次，实现新增产值4900万元。

第八节　非公有制林业

1984年天水市出台个人承包经营四荒地政策，部分乡村将集体荒山、荒坡平均划分给农户经营，有些农户栽树经过管理成材。个别农户除经营划分的荒山地外，还承包村中无人承包的荒山办起家庭林场。由于地陡、边远、瘠薄，受野生动物的危害，种树经济效益优于种粮，有些农户在自家承包地中自发退耕还林，主要在李子、娘娘坝等林区，南部以栽种速生优质华北、日本落叶松为主。1990年家庭林场达200多户、1000多亩。

1994年开展四荒地租赁、承包、拍卖，由乡政府和林业局对每个村的宜林四荒地进行摸底、勾图，然后召开群众大会公开拍卖、承包。由于大多数人认识不足，而且带头人甚少，效果不太明显。九五期间非公有制林业进入快速发展时期，1996年岷山厂职工承包皂郊唐家沟村宜林荒山、荒地1000亩，办起绿云林场；平南乡刘家沟村民办起甘肃省第一家股份合作制林场，面积2000余亩。1999年12月区非公有制林业经济协会和非公有制林业经济办公室成立，专门从事全区非公有制林业的管理工作。2000年底有家庭林场650户、2万亩，私人大户租赁、承包的个人林场有30家、5万亩。

2001年制定扶持非公有制林业经济发展政策，15家大户承包租赁宜林荒山荒坡兴办私有林场3万亩。2001年至2003年林业技术员给私有林场无偿进行规划设计，调拨苗木。2003年依托国家"三北"四期防护林工程、退耕还林工程对私有林场造林给予资金补助。2007年区非公有制林场有962家、15万亩，治理面积11万亩，总投资达2100万元。其中自筹1600万元，贷款300万元，国家苗木补助和劳务补助折合资金200万元。

第六章 果 业

第一节 果树品种与分布

区域布局

秦州区16个乡镇均有果树栽植，从海拔较低的藉河川道（最低处1110米）到1800米的山区均有分布。重点分布区是黄河流域的藉河河谷及其南北两山浅山区、中梁天靖山沿线、罗峪沟流域、南沟河流域；长江流域果园主要分布在华岐乡海池沟流域、天水镇北山浅山区及汪川河东部浅山区。

花牛苹果

品种与分布

果树主要有苹果、梨、桃、樱桃、杏、李子、花椒等14个栽培树种。苹果以元帅系和富士系两大系列为主，主要分布在藉口、太京、关子、玉泉、中梁、皂郊、汪川、天水、华岐等乡镇，其中元帅系品种主要是"老三红"中的红星、红冠、红元帅和3至5代品种的新红星、好矮生、红矮生、天汪一号、首红、阿斯、矮鲜、俄矮2号等十余个品种。梨主栽品种有早酥、砀山酥，以早酥居多，主要分布在藉河川道的玉泉、太京、藉口、关子、中梁5乡镇。桃主栽品种有仓方早生、大久保、北京7号、处暑红、莱山蜜、春蕾、早花露等，以仓方早生最多，主要分布在近郊的玉泉、太京、藉口、皂郊4镇。杏主要在太京、藉口、玉泉、天水4镇。1985年后引种大樱桃，主要栽植在太京镇二十铺村、马家窑村及藉口镇四十铺村，主栽品种为红灯、那翁、大紫、拉宾斯、佳红、巨红等,其中红灯占70%以上,其余品种比例不大。经数年发展玉泉镇罗峪沟栽植大樱桃最多,其次为中梁、藉口、太京、皂郊4乡镇。葡萄分布在玉泉和太京,发展潜力不大。干果类核桃在关子、皂郊较多,主要还是零散分布,以庭院四旁和野生为主;花椒除西南娘娘坝、齐寿、大门较少外,其余各乡镇均有分布。

秦州区主要果树树种、品种分布统计表

表9—6—1

树种		品种	主要分布乡镇	栽植时间
苹果	早熟	藤牧一号、松本锦、美国8号、嘎拉等	老三红分布在华岐、天水、汪川、皂郊、关子等乡镇, 4至5代优良品种(阿斯、俄矮、天汪等)分布在太京、藉口、玉泉、中梁、皂郊、华岐等	红元帅、红冠、红星为1985年至1995年主栽品种;新红星、天汪一号、俄矮二号、红矮生、好矮生、首红、阿斯等元帅系3至5代为1990年至2007年主栽品种
	中熟	元帅系有新红星、首红、天汪一号、俄矮2号、红矮生、阿斯等,金冠系有金冠、金矮生、王林、金富等		
	晚熟	长富2、岩富10、秋富、宫崎短枝	玉泉、中梁、藉口、太京、关子等藉河流域	1994年至2007年主栽品种
樱桃		红灯、早大果、那翁、大紫、巨红、佳红、晚红珠、8-129、8-102、7-101、拉宾斯、斯坦勒、艳阳、萨米脱、雷尼尔、先锋、佐藤锦、意大利早红等	玉泉、中梁、太京、藉口、皂郊5乡镇,集中区域为罗峪沟两山	2001年开始大量推广栽植
梨		秋子梨系京白梨;白梨系早酥、雪花、锦丰、甘梨1号、甘梨早8、红香酥等;沙梨系砀山酥、苍溪雪梨、水晶梨、明月、20世纪、幸水、丰水、黄金梨等;西洋梨系巴梨、红巴梨等	藉河川道,及其梁峁地带	早酥梨为1990年至2007年期间的主栽品种
桃	极早熟	春蕾、春花、雨花露、新星、五月火油桃、早红珠油桃、曙光油桃、艳光油桃等	藉河川道太京、藉口	仓方早生、大久保、麦香为1992年至1997年主栽品种;北京七号、处暑红为1998年至2007年主栽品种
	早熟	庆丰、安农水蜜、早凤王、甜油桃1号、霞光油桃、丹墨油桃、新红早蟠桃等		
桃	中熟	大久保、仓方早生、红珊瑚油桃、香珊瑚油桃、秦光油桃等	藉河川道太京、藉口	仓方早生、大久保、麦香为1992年至1997年主栽品种;北京七号、处暑红为1998年至2007年主栽品种
	晚熟	处暑红、国光蜜、莱山蜜、莱选1号、天选白肉甜油桃、仲秋蟠桃、21世纪等		

续表

树种	品种		主要分布	栽植时间
核桃	扎343、中林系列、辽核系列、西扶一号、香玲、鲁光、丰辉、元铃、薄壳香、京861、西林二号、晋龙一号、西洛一号等		玉泉、皂郊、关子、汪川	—
葡萄	早熟	沙巴珍珠、乍娜等	玉泉、太京、皂郊	—
	中熟	京亚、巨峰、藤稔、玫瑰香等		
	晚熟	红地球、龙眼等		
	酿造	北醇等		
杏	张公园、金妈妈、比利时、曹杏、双仁杏、梅杏、红丰、凯特杏、金太阳等		藉口、太京、玉泉、皂郊、中梁	张公园、兰州大接杏、比利时等为1990年至1997年期间的主栽品种;1997年引进栽植少量金太阳、凯特两个品种
花椒	大红袍、秦安一号、油椒、豆椒和狗椒等		中梁、玉泉、藉口、太京、关子、皂郊、天水、汪川	—

第二节　果树生产

果园

1986年至1988年建成以苹果为主的果园7.7万亩,实现"七五"期间计划户均1亩经济果园的目标。1989年建果园4000多亩。1990年果园10.7亩,其中苹果8万亩、梨7245亩、杏80亩。果品产量2600万公斤,产值2627万元,占农业总产值1.7亿元的15%。

1991年至1993年高接换优2000余亩,低产园改造3000多亩,建果园8764亩。1994年建果园2.7万亩,1995年建果园3.25万亩。1994年至1997年栽培红富士苹果8000亩,至1997年新建红富士果园平均亩产到300公斤以上,样板园平均亩产500公斤以上,一、二等果率在80%以上,病虫果率控制在3%以下。1996年秦城区开展"全面建设十个放牛"工程,建成果园3.3万亩;四十铺苗圃引进培育的新乔纳金苹果受到省内外好评,推广栽植2000亩。1998年实施"放牛"模式建园项目,建成优质果园1.56万亩。1999年建果园9314亩,试验探索建成日光温室10座。2000年调整果树区域布局、品种结构,在以河谷川道区发展苹果、桃、杏等水果基地的基础上，在浅山干旱或半干旱区发展苹果、梨和花椒等干果类经济树种。2002年罗峪沟栽植大樱桃2500亩，至2004年大樱桃总面积达1.18万亩，挂果230亩，产量2.7万公斤，产值达43.2万元。

秦州区干鲜果基地面积、产量及产值

表9—6—2　　　　　　　　　　　　　　　　　　　　　　　　单位：亩、吨、万元

		1985年	2000年	2007年
鲜果面积	总面积	25438	187000	192117
	苹果	23757	131383	115677
	梨	747	22214	16565
	桃	216	8048	6452
	杏	222	3646	3580
	樱桃	—	—	14965
	葡萄	480	1632	103
干果面积	核桃	—	—	20855
	花椒	—	18204	12012
	其他	40	1823	1948
产量	总产量	2811	23004	115335
	苹果	2699	44290	85920
	梨	51	6004	19164
	桃	3.5	4860	5360
	杏	4.5	260	3580
	樱桃	—	—	671
	葡萄	50	580	300
产量	核桃	—	—	37
	花椒	—	—	47
	其他	3	10.11	258
产值		—	12800	17359	—

技术推广

1985年至1988年汪川镇杏树湾村实施三虫一病防治项目，带动全区运用果树病虫害综合防控技术防治果树6500亩。1986年至1989年改造残

次果园，以高接换种为主改造5000亩。1988年至1992年太京镇田家庄、董家磨和玉泉镇上河村实施产业技术开发项目，探索富士苹果的矮化密植技术、果园配套滴灌技术。

1990年推广疏花疏果、以花定果技术，至1998年80%以上的果园应用这项技术。1994年推广果园生草、穴贮肥水盖地膜、幼龄园覆膜等技术；1996年元帅系3至5代苹果推广喷施果形剂技术，药剂为美国产的普洛马林。1997年推广国产的果形剂宝丰灵，至2000年元帅系3至5代苹果园喷施果形剂达到90%以上。同时引进日本小林双层纸袋在红富士苹果上推广应用，至2002年红富士果园套袋率达到80%以上。果园施用果树专用肥，叶面喷施多元微肥、氨基酸叶面肥、生物活性有机复合液肥等综合配套技术也得到广泛普及。1999年试验成功日光温室技术，在玉泉林业站建成新型二代日光温室10座。

2005年天水市开展"百人百村万亩优质果园管理活动"，玉泉、中梁、太京、藉口、皂郊5个乡镇实施国家级大樱桃标准化示范区建设项目。2005年至2007年推广普及幼树期地膜覆盖、结果期果园覆草、纺锤形树形应用、生长季修剪、化学控冠、无公害病虫害防治、低温霜冻预防和花果管理等技术。至2007年256名果农达到农民技术员水平，7120名果农粗通果树技术。

秦州区果业生产科技项目统计表

表9—6—3

科技项目名称	级别	时间
三虫一病防治	省列	1985—1988
辽、陕、甘三省全国低产园改造	国家级	1986—1989
产业技术开发	省列	1988—1992
草莓栽培技术推广	省列	1990—1992
优质苹果基地建设及丰产技术示范推广	省列	1988—1990
天水市优质苹果产业产后开发	市列	1989—1990
苹果霉心病发生规律和防治技术研究	省列	1989—1990
苹果脱毒矮化中间砧苗木的引进与示范推广	市列	1989—1991

续表

科技项目名称	级别	时间（年）
苹果果面斑点类病害防治研究及示范	省列	2000—2001
五万亩苹果园主要病虫害综合防治技术示范推广	市列	2000—2002
樱桃果蝇发生规律及防治技术研究	市列	2003—2005
秦城区梨木虱防治研究与技术推广	区列	2003—2005
秦城区"A"级绿色果品标准化栽培与示范	市列	2004—2006
大樱桃标准化示范区建设	国家标准化委员会	2005—2007
大樱桃产业化技术开发	省科技厅	2005—2006
秦州区霉点病防治研究及示范推广	区列	2005—2006
大樱桃贮藏保鲜技术研究与推广	市列	2006—2008
提高甜樱桃产量质量技术研究	市列	2007—2009

病虫害防治与无公害果品生产

1985年至1988年结合"三虫一病防治"课题实施，示范带动全区果园病虫害综合防治技术。1988年至1992年在太京乡田家庄、董家磨和玉泉乡上河村实施产业技术开发项目，试验示范无公害果园土肥水管理技术和整形修剪技术。1994年推广果园生草、覆膜技术。1997推广果实套袋技术。

2002年果园施用果树专用肥，叶面喷施多元微肥、氨基酸叶面肥、生物活性有机复合液肥等综合配套技术也得到较广泛的普及。2004年至2006年建成A级绿色苹果基地1.5万亩，推广A级绿色果品标准化栽培技术。取得花牛苹果、红富士苹果、早酥梨绿色食品证书，完成藉口、太京、关子、中梁4乡镇3000公顷果品的无公害果品产地认证。

秦州区果树病虫害统计表

表9—6—4

常见病害	苹果	腐烂病、斑点落叶病、褐斑病、轮斑病、锈病、霉心病、黑点病、白粉病、霉点病、病毒病等
	樱桃	流胶病、褐斑病、穿孔病、金龟甲、梨小食心虫、蚧壳虫、果蝇、红蜘蛛、病毒病、要瘤病等

续表

常见病害	梨	梨黑胫病（干基湿腐病）、白粉病、黑斑病、梨褐斑病、梨黑星病、梨顶腐病等
	桃	缩叶病、细菌性穿孔病、霉斑穿孔病、疮痂病、流胶病、褐腐病等
	葡萄	毛毡病、白粉病、霜霉病等
生理性病害		黄化、小叶、裂果、日灼、苦痘病、生理性烂根病等
常见害虫、害螨	蚜蚧类	黄蚜、瘤蚜、桃蚜、桃瘤蚜、桃粉蚜、梨二叉蚜、桑白蚧、球坚蚧等
	潜叶及卷叶类害虫	金纹细蛾、苹小卷叶蛾、黄斑卷叶蛾等
	食心虫类	桃小食心虫、梨小食心虫
	叶螨类	二斑叶螨、山楂红蜘蛛、苹果全爪螨
	龟甲类害虫	苹毛金龟子、黑绒金龟子、小青花金龟、白星花金龟、四纹丽金龟
	其他害虫	梨木虱、梨茎蜂、茶翅蝽、大青叶蝉、桃红颈天牛、葡萄透翅蛾、果蝇等

第三节　产业体系

贮藏交易

1993年区林业局建果库1座，建筑面积273立方米、库容300吨。果农普遍建果窖贮藏果品，果品交易没有正规交易市场，一般在田间地头、村口院落、道路旁边交易。1996年在东十里铺建成千吨级气调冷藏保鲜果库，建筑面积1600平方米，总投资580万元。2005年太京镇地毯厂将两座车间改造成1000吨的恒温冷藏库。建成罗峪沟果蔬批发市场和瀛池果蔬批发市场，但由于离果品主产区远等原因，进入市场交易的果品量不大，两个市场总销量1万吨。2006年太京镇、藉口镇通过招商引资1000多万元成立天水华康果蔬有限责任公司和西安大企鹅制冷设备有限责任公司秦州分公司，在太京镇李家台子村和藉口镇粮站新建和改建1200吨的果蔬气调库和700吨的恒温果品冷藏库。区林业局将四十铺苗圃和北山苗圃800平方米的闲置仓库改造成800吨的恒温果品冷藏库，年末果品贮藏企业达到11家，贮藏能力达到1.1万吨；投入生产8家，贮藏果品和蔬菜7000多吨，经营产值3000多万元。

2007年扩建、续建果品加工、贮藏、营销企业和专业市场共12处，包括四十铺苗圃恒温库、绿源种业果蔬气调库、太京镇田家庄恒温库、昌盛果蔬气调库、中梁林业站果品贮藏库，及华康果蔬有限公司、藉口果品专业合作社、百富佳果品有限公司、仲林果品有限责任公司4家果品营销企业，李家台子、四十铺苗圃、藉口四十铺3处果品交易市场。

营销

1990年秦城区果品营销人员不足20人，至1995年专门从事果品营销人员近百人。1990年至1991年举办第一、二届"秦城杯"苹果大奖赛活动，123个苹果和梨样品参赛，设综合成绩奖、最佳果园、优秀果园、优秀果品单项奖和鼓励奖等奖项。1993年8月考察广州果品市场，开展天水花牛苹果推介。2000年国家林业局、中国经济林协会授予秦城区中国名特优经济林"苹果之乡"荣誉称号。2003年早酥梨、红富士苹果通过国家A级绿色食品品牌认证。

2004年天水仲林、百富佳果品有限公司等果品营销企业由中介转向销售。2006年果品贮藏企业鲜果销售27000吨、产值5000多万元，营销利润400多万元，果品主要销往哈尔滨、北京、上海、广州、深圳、昆明、乌鲁木齐等城市。

1985—2007年秦州区鲜干果生产统计表

表9—6—5　　　　　　　　　　　　　　　　　　　　　　　单位：亩、吨

年份	类别	合计	苹果	梨	桃	樱桃	杏	葡萄	柿	核桃	花椒
1985	面积	18700	17500	—	—	—	—	—	—	—	—
	产量	2658.45	2336.9	146.7	—	—	—	—	—	—	—
1986	面积	28483.8	24584.8	726	—	—	—	—	—	—	—
	产量	2522.27	2223.56	180.42	—	—	39.65	—	69.16	—	—
1987	面积	40016	35122	1170	—	—	—	—	—	—	—
	产量	2314.95	1878.1	1242.43	—	—	57.78	—	42.83	—	—
1988	面积	65587.41	61117.1	2049.7	—	—	—	—	—	—	—
	产量	3733.42	3327.23	179.91	—	—	78.43	—	55.83	—	—
1989	面积	69633.81	64801.5	1619.5	—	—	—	—	—	—	—
	产量	4393.91	3745.15	223.93	—	—	175.22	—	21.32	—	—

续表

年份	类别	合计	苹果	梨	桃	樱桃	杏	葡萄	柿	核桃	花椒
1990	面积	67641	62374	1949.8	—	—	—	—	—	—	—
	产量	3867.56	3069.33	368.27	—	—	140.57	—	33.08	—	—
1991	面积	106556	80800	5600	—	—	—	—	—	—	—
	产量	4128.7	3281.2	403	—	—	132	—	10	—	—
1992	面积	107824	81968	7245	—	—	—	—	—	—	—
	产量	5382.4	4428	536.4	—	—	144	—	9.3	—	—
1993	面积	114483	91730	7319	—	—	—	—	—	—	—
	产量	6086	5005.8	485.8	—	—	140.9	—	38.8	—	—
1994	面积	129048	106398	7554	—	—	—	—	—	—	—
	产量	6170	5287.2	342.5	—	—	119.2	—	10.2	—	—
1995	面积	159001	134493	9462	—	—	—	—	—	—	—
	产量	12367.4	10698.9	523.7	—	—	75.5	—	—	—	—
1996	面积	165757	140106	10448	—	—	—	—	—	—	—
	产量	15006.4	12588.6	1118.5	—	—	133.9	—	—	—	—
1997	面积	164730	138686	11350	—	—	—	—	—	—	—
	产量	15268.8	12822.5	1166.2	—	—	129.7	—	—	—	—
1998	面积	164101	133045	15100	—	—	—	—	—	—	—
	产量	20118.5	16630.8	1806	—	—	150.3	—	—	—	—
1999	面积	165525	130727	19390	—	—	—	—	—	—	—
	产量	23961	17633	2882	—	—	419	—	—	—	—
2000	面积	168796	131383	22214	—	—	—	—	—	—	—
	产量	23694	17389	2840	—	—	425	—	15	—	—
2001	面积	169982	129935	22155	—	—	—	—	—	—	—
	产量	24850	19906	2836	—	—	373	—	15	—	—
2002	面积	171021	128715	22051	—	—	—	—	—	—	—
	产量	24532	18586	3596	—	—	371	—	15	—	—
2003	面积	171290.4	127577	21786	—	—	—	—	—	—	—
	产量	27695.5	20839.3	3965.2	—	—	316.24	—	13	—	—

续表

年份	类别	合计	苹果	梨	桃	樱桃	杏	葡萄	柿	核桃	花椒
2004	面积	178959	112956	22313	6765	11815	6357	150	—	4005	12420
	产量	76960	53155	16769	3609	27	2885	128	13	85	109
2005	面积	165761	100635	19847	7009	13228	5138	103	—	4005	13620
	产量	76213	42244	24129	7997	140	1089	155	—	85	119
2006	面积	169542	102788	18852	6974	14412	4590	103	—	6205	13620
	产量	93732	57331	26879	7960	126	766	300		37	81
2007	面积	192117	115677	16565	6452	14965	3580	103	—	20855	12012
	产量	17359	85920	19164	5360	671	3580	300	—	37	47

第七章　扶　贫

第一节　贫困人口

1987年秦城区农村人口有66799户34.7万人,其中贫困户28604户12.1万人,贫困面42%,占农村人口34.9%,农村人均纯收入296元。粮食总产量9115吨,亩产117.58公斤,人均占有粮256公斤,人均纯收入278元。1990年人均产粮350公斤,人均纯收入400元,贫困面下降到8.5%。有76个行政村人畜饮水困难,95个村不通电,96个村不通汽车,还有50多个自然村边远偏僻、缺医少药。

2006年调查统计贫困人口,有耕地953336亩,梯田654433亩,有效灌溉面积38370亩,经济林果及药材160627亩,水窖12170眼,机动车和农牧加工机具2271台(套),解决人畜饮水的村208个,592个行政村都实现村村通农用车、通电、通电话、能接收到广播电视,村居住地2.5公里内有村小学,173个行政村居住地内有医疗卫生点。

至2007年5月有10.83万贫困人口实现脱贫,贫困人口由1985年的15.1万人下降到4.27万人,贫困面由42%下降到9.7%,人均纯收入由1985

年的278元提高到1450元,净增1172元。

1986—2007年秦州区贫困人口统计表

表9—7—1   单位:万人

年份	农业人口	贫困人口			贫困面(%)
		合计	绝对贫困人口	低收入人口	
1986	34.7	14.9	—	—	42
1987	34.7	12.1	—	—	34.2
1988	34.7	7.8	—	—	22.7
1989	34.7	4.04	—	—	11.6
1990	34.7	3.15	—	—	8.5
1991	34.7	2.8	—	—	8.0
1992	34.7	2.7	—	—	7.8
1993	34.7	5.35	—	—	15.4
1994	34.7	4.58	—	—	13.2
1995	40.1	6.02	—	—	9.5
1996	40.6	5.5	—	—	10.5
1997	41.9	3.2	—	—	7.6
1998	42.1	2.8	—	—	6.7
1999	42.78	2.1	—	—	4.8
2000	43.0	7.91	1.77	6.14	18.8
2001	44	7.39	1.65	5.74	16.8
2002	44	6.49	1.59	4.9	14.8
2003	44	5.22	1.18	4.04	11.9
2004	44	4.92	1.04	3.88	11.2
2005	44	4.85	1.02	3.83	11.0
2006	44	4.43	0.98	3.45	10.1
2007	44	4.27	0.92	3.35	9.7

注:1986年至1991年贫困人口界定标准为300元以下,1993年至1999年贫困人口界定标准为400元以下,
     2000年至2007年贫困人口界定标准为956元以下。

2001—2007年秦州区解决贫困人口统计表

表9—7—2

单位：万人

年份	当年解决贫困人口		年底剩余贫困人口	
	绝对贫困人口	低收入人口	绝对贫困人口	低收入人口
2000	—	—	1.77	6.14
2001	0.12	0.4	1.65	5.74
2002	0.06	0.84	1.59	4.9
2003	0.41	0.86	1.18	4.04
2004	0.14	0.16	1.04	3.88
2005	0.02	0.05	1.02	3.83
2006	0.04	0.38	0.98	3.45
2007	0.06	0.1	0.92	3.35

注：绝对贫困：698元/年收入以下；低收入：956元/年收入以下。

第二节 扶贫资金

财政支持

1986年至2007年投入省、市财政扶贫资金4063万元，项目主要包括农电线路改造、打井、人畜饮水、农机路建设、农田改造、小流域治理、农业产业化、整村推进等。

秦州区财政扶贫资金投入统计表

表9—7—3

单位：万元

年份	财政扶贫专项资金
1986—1999	494
2000	60
2001	60
2002	296.4
2003	652.1
2004	480.93
2005	623

续表

年份	财政扶贫专项资金
2006	634.5
2007	762

1986年至2000年投入扶贫资金377万元，架设10kV农电线路251.8公里，解决19乡98村生产生活用电，1996年实现行政村村村通电。补助资金26万元，扶持52个村修建乡村道路187公里；投入94.5万元修建人饮提灌工程17处、自流引水工程36处、人饮水窖2100眼，解决12800户、5.9万人，3.3万头（匹）大家畜饮水困难。修建集雨节灌水窖7488眼。投入资金20万元，在贫困村新修梯田7.1万亩，贫困村人均梯田达到1.33亩。贫困村新建、维修学校79所，建校舍474间；架设电视卫星地面接收设备15处，结合村村通广播电视工程建87个转播点。

2001年至2007年投入资金3686万元帮扶254个重点贫困村的10152户、4.92万贫困群众，机修梯田25033亩，打水窖4113眼，建蓄水池45个，修河堤7534米，修农机路125.5公里，建提灌工程2处、泵站1座，架设输电线路500米，建4×12米桥梁5座，小流域治理3226亩，新建村小学校舍12所，维修村小学12所，新建村文化卫生设施16处，建蔬菜大棚1770座，散养鸡16.6万只，种草2600亩，养猪400头，引进良种牛150头，建圈舍150座，种植优质马铃薯3500亩、西班牙辣椒1800亩、芦笋700亩，种植中药材1650亩、大蒜500亩，栽植核桃苗16000亩，新建果园8500亩。

社会筹资

社会帮扶以市、区党政机关，企事业单位为主体，企业单位和行业优势的个体私营业主为补充的帮扶群体，对指定的帮扶村、户给予资金和物质上的资助。除对帮扶对象慰问外，还帮助村打水窖、建校舍、修农路、整农网、发展规模养殖、捐赠电教设备等，1986年至2007年共为贫困村办实事3437件，帮扶资金及实物折价1028万元，协调引进资金90万元。

1986—2007年秦州区社会帮扶统计表

表9—7—4　　　　　　　　　　　　　　　　　　　　　　　　　　　　　　单位:万元

年份	帮扶单位(家)	被帮扶村(个)	办实事件(件)	帮扶资金及实物折价	协调引进资金
1986—1990	129	92	1158	266.4	—
199—1999	81	87	916	219.88	—
2000	72	98	278	114.95	—
2001	112	105	257	85.74	—
2002	112	119	280	75.88	81
2003	76	87	126	41.49	9
2004	74	75	102	38.75	—
2005	74	75	105	44.79	—
2006	23	23	102	69.3	—
2007	23	23	113	70.5	

世行贷款扶贫项目

2001年秦城区列入西部扶贫世界银行贷款调整项目区,涉及10个项目乡、69个项目村、7497户项目户,受益人口33474人。项目概算总投资4532万元,其中世行贷款276万美元、国内配套2266万元,世行项目由5个分项目、19个子项目构成。2002年项目实施,2005年12月项目实施结束。项目实施期内实际投入资金4023万元,其中利用世行贷款2420万元、配套国内资金1603万元,项目覆盖中梁、藉口、娘娘坝、华岐、皂郊、大门、关子、汪川、秦岭、杨家寺10个乡(镇)的69个行政村,共修梯田24690亩,建水窖5000眼,种植优质马铃薯1131.5公顷,栽植大樱桃8040亩,种紫花苜蓿5295亩,栽植落叶松21615亩,育苗780亩,养殖奶牛1497头、肉猪6018头,小流域治理2万亩,修乡村道路52.67公里。2005年末项目区农民人均纯收入由2001年的765元增长到1320元,人均增收525元;人均占有粮食由2001年的262公斤增加到420公斤,项目乡村通路率100%,项目乡村贫困农户覆盖率100%。

全区世行项目支付总贷款目标为2266万元。2006年6月底累计申请提款报账11次,申请支付金额2421.85万元,完成项目总贷款2266.04万元的106.81%。

2001—2007年秦州区扶贫资金投入统计表

表9—7—5   单位:万元

年份	总投入	梯田	集雨节灌	小型水利	整村推进	种养业基地	科技扶贫	其他
2001	60	6.9	9.8	8.4	—	—	5.5	29.4
2002	305	—	—	3	216	81	5	
2003	401.4	18.4	36	20	158	169	—	
2004	603	11	—	23	366	166	30	7
2005	514	13	—	—	398	78	25	
2006	594.5	12	—	—	413	101	68.5	
2007	762	10	—	109	420	185	20	18

第三节 重大扶贫项目实施

整村推进

2001年参与式村级规划在14个扶贫重点乡的254个重点村开展,制定《扶贫开发十年规划（2001年至2010年）》,规定确定从2001年至2010年全区分年实施43个重点贫困村整村推进项目,确保每个重点贫困村都能完成村级扶贫开发规划,达到整村脱贫的目标。2002年至2007年35个贫困村实施整村推进,直接受益6589户、31426人,项目涉及种植业、养殖业、基础设施建设及科技培训等。农户全部解决温饱,整村推进村人均纯收入由800元以下增加到1700元以上,项目村全部解决人畜饮水困难,实现村村道路通畅,村小学、文化卫生设施齐备。

2002—2007年秦州区整村推进实施统计表

表9—7—6   单位:万元

年份	投入资金	村名	完成项目			
			种植业	养殖业	基础设施	农民培训
2002	216	关子镇西沟、中梁乡何家庙、华岐乡杨沟、娘娘坝镇舒家坝	栽植花椒800亩,扁桃200亩,大樱桃500亩,中药材380亩,造林600亩。	规模养殖240户,引进良种牛900头,种草600亩。	修梯田750亩,农路26公里,集雨节灌200亩,日光温室120个,新建学校3所,维修1所,建村卫生设施3处。	农民科技培训1050人次

续表

年份	投入资金	村名	完成项目			
			种植业	养殖业	基础设施	农民培训
2003	158	藉口乡南寨、铁炉乡吴家崖、中梁乡马家窑	建双孢菇大棚100个，种植中药材700亩，花椒400亩，早酥梨260亩，苹果园500亩。	小尾寒羊养殖50户、300只，肉牛养殖20户，种草200亩。	修梯田500亩，农路7公里，建蓄水池4个，打机井1眼，修河堤1500米，建村小学3所，村卫生设施2处。	农民科技培训1020人次
2004	366	皂郊镇慕水沟、关子镇下岸峪、杨家寺乡文家庄、汪川镇老庄、大门乡长官	建双孢菇大棚336个，蔬菜大棚13座，种植优质马铃薯460亩，芦笋300亩，中药材1647亩。	引进良种母猪146头，肉牛70头，建牛舍12间。	修梯田1450亩，农路18公里，河堤1290米，建村小学3所，村文化卫生设施6处。	农民科技培训1600人次
2005	398	秦岭乡大庄、关子镇沟门、汪川镇闫集、大门乡关峡、中梁乡刘家河、杨家寺乡郑宋、皂郊镇袁家河	建双孢菇大棚700个，蔬菜大棚200个，种植中药材400亩，芦笋1200亩，甜玉米500亩，青刀豆300亩。	散养鸡7.7万只，配套种紫花苜蓿2000亩。	建100立方米蓄水池4个，修梯田1250亩，农路24.5公里，河堤2294米，建村文化室7处。	农民科技培训3100人次
2006	413	中梁乡董家湾、马家庄，皂郊镇碥门、华岐乡火石、天水镇孙庄、	建韭菜大棚890座，双孢菇大棚50座，种植马铃薯2700亩，西班牙辣椒1000亩，中药材800亩，芦笋480亩，建果园500亩。	—	修农路33公里，河堤900米，建水坝1处，蓄水池33个，村文化卫生设施8处。	农民科技培训2800人次
2006	413	藉口镇缑家庄、大门乡白寨、秦岭乡梨树、	建韭菜大棚890座，双孢菇大棚50座，种植马铃薯2700亩，西班牙辣椒1000亩，中药材800亩，芦笋480亩，建果园500亩。	—	修农路33公里，河堤900米，建水坝1处，蓄水池33个，村文化卫生设施8处。	农民科技培训2800人次
2007	420	中梁乡李家庄、赵家河、天水镇元树、汪川镇西山堡、华岐乡汪团、杨家寺三湾、大门乡南山、皂郊镇何家庄	建韭菜大棚760座，种植马铃薯800亩，种植中药材850亩，芦笋700亩。建核桃园4200亩，苹果园1550亩。	引进良种牛150头，建牛舍100座，散养鸡2万只，种草600亩。	修梯田1900亩，河堤550米，农路43公里，建100立方米蓄水池7个，集雨水窖100眼，4×12米桥梁1座。	农民科技培训3000人次

农业产业扶贫

2002年后天水昌盛食品有限公司、天水茂丰中药材综合开发有限公司、天水西联蜂业有限公司等一批产业化扶贫企业,以"龙头企业＋基地＋农户"的发展模式,为贫困户提供良种、技术服务、回收产品。2003年天水昌盛食品公司为贫困乡村的210个双孢菇大棚供应菌种及相关制剂,回收加工鲜菇支付现金85万余元,推广种植甜玉米1100亩,培育优质芦笋苗125亩,贫困户亩增收入200多元。2004年利用扶贫贷款扩建完成芦笋、双孢菇两条加工生产线,带动贫困村建设双孢菇大棚800个,种植甜玉米3000亩、芦笋2000亩。

天水西联蜂业公司直接带动贫困农户2000户9100人走上脱贫道路。至2007年天水茂丰中药材综合开发有限公司在藉口、天水、关子、牡丹等乡镇推广种植甘草、柴胡、黄芪、红花、白术、板蓝根、生地等18个中药材品种3万多亩,直接带动贫困农户3000户13400人脱贫。

秦州

区志

QIN ZHOU
QU ZHI

第十编

财税金融

CaiShuiJinRong

　　1985年秦城区财政总收入为2255.9万元，相当于生产总值的6.2%，支出1916万元。其中工商税收2163万元，占总收入的96%，文教卫生事业费814.8万元是支出最大项目，之后财政收支延续这种结构。1988年价格补贴支出比1985年剧增7.38倍达到414万元，仅次于文教卫生事业费支出；1989年价格补贴支出达689万元的历史高点，之后随着价格改革逐年大幅回落；文教卫生事业费支出1484.3万元，占总支出的33.8%，依旧为最大支出。1986年至1990年财政收入平均每年增长17.5%，高于同期GDP增幅，同期支出平均每年增长20.8%，比收入增速高3.3个百分点，形成财政支出增长幅度高于财政收入增长幅度的趋势。1994年财政总收入改革为一般预算收入和上划中央省市收入两项为9753万元，上划中央省市收入为6445万元，取代工商税收成为财政收入的主要来源。1995年财政总收入突破亿元大关达到12674万元，相当于GDP的6.8%，总支出7936万元；受同期GDP大增影响，1991年至1995年平均每年增长20.2%，成为财政收入增长最快阶段。

　　1997年财政总收入划分为一般预算收入、基金预算收入、上划中央省市收入三大项，共15670万元，财政支出9910万元；上划中央省市收入依然是收入主要来源为8216万元。2000年财政总收入19502万元，同比增长0.55%，增速大幅放缓；财政支出15156万元，同比增长18.6%，增幅明显扩大。受同期GDP增速大幅放缓拖累，1996年至2000年财政总收入平均每年增长5.9%。财政支出呈现爆发式增长，到2002年财政支出达23139万元同比增长26.5%，首次超过财政收入465万元，收支差距呈逐年扩大态势。

　　2005年财政总收入29157万元，财政支出38344万元。2001年至2005年财政总收入平均每年增长8.4%，落后于GDP增速5.7个百分点，全区首次五年计划内财政收入增速低于GDP增速；同期支出平均每年增长20.4%，比同期财政收入增速提高12个百分点，收支差距越来越大。2007年财政总收入46552万元，财政支出72978万元，相当于GDP的11.5%。

　　1986年至2007年财政收入年均增长14.7%，比同期GDP增速高0.8个百分点；同期财政支出年均增长18%，比同期财政收入增速高3.3个百分点；22年间工资是最大支出，占总支出的60%左右。

第一章　财　政

第一节　财政机构

1985年7月天水市财政局更名为天水市秦城区财政局，局机关设预算股、企业财务股、农业财务股、监察股、办公室。在太京、天水、华岐、汪川、苏成、大门、平南、齐寿、娘娘坝、李子、店镇11乡设立财政所。1989年设环城、玉泉、吕二、中梁、藉口、铁炉、关子、皂郊、秦岭、牡丹、杨家寺11个乡财政所，至此22乡皆设立财政所。1992年11月成立天水市秦城区国有资产管理局。

2000年至2002年先后设立东关、七里墩、天水郡、大城、中城、西关、石马坪街道财政所。2000年9月成立区农税局，办理农业各税的征收业务。2002年撤销区国有资产管理局，业务归企业财务股。2003年5月成立区财经监督检查局（副科级）。2005年1月天水市秦城区财政局更名为天水市秦州区财政局，22个乡财政所撤并为16个，区农税局升格为正科级单位。11月成立区会计集中核算服务中心（正科级）。2006年成立亚洲开发银行贷款北方旱作农业区项目管理办公室（副科级）、区非税收入管理局（正科级）、区政府采购管理办公室（正科级）。2007年1月恢复国有资产管理局，升为正科级单位。至年末区财政局下设二级单位为四局两办一中心，职工60人；区财政局机关有11个股（室），职工55人。

第二节　财政改革

1985年市财政对区财政的收入划分为固定收入和共享收入两部分。固定收入有区属企业所得税、集体企业所得税、个人所得税、调节税、上交利润、承包费、农（牧）业税、房产税、屠宰税、牲畜交易税、契税、税款滞纳金及其他收入。共享收入有产品税、增值税、营业税、国营企业奖金税。共享收入上解68.11%，留31.89%，包干基数的当年超收部分上解35%，留65%；城市维护建设税全额上交，由市财政统一安排使用。1987年区财政包干收入基数为1787万元，支出基数为824万元，上解65.35%，留34.65%，超支部分30%上缴，70%留区财政使用。工商各税增长部分实行超收提成的办法，超收部分按5%提成列支；从中计提10%列入决算，拨付税务部门用于办公经费。1988年区财政实行总额分成，超收全留，一定"三年不变"的管理体制，上解47%，留53%；城市维护建设费专收专支，欠收自补。1989年区财政上解41.5%，留58.5%，超收部分留下来用于消化历年赤字。

1994年实行分税制，市财政核定区财政的税收返还基数为2266万元，区财政上划总额为5017万元，市财政下划总额为508万元，返还乡镇企业上解市财政税收25万元，扣1993年体制上解2268万元。区财政上解222万元，一般补助195万元。1995年3月市财政调整中央级"两税"收入的"财政资金调度比例"，调整后的中央级为100%，地方分成部分中省级10%、市级50%、区级40%。1997年市财政对区财政实行"过渡期转移支付"，并拟定过渡期转移支付方案，方案用"标准收入"替代"财力指标"；调整"标准支出"的回收模型，将原来结算补助部分纳入转移支付。全年"标准收入"为10412万元，"标准支出"为8343万元，客观因素转移支出补助数为-2069万元。2003年初市财政以2002年各项收支为基数，营业税由市40%、区60%调整为省30%、市28%、区42%；企业所得税由中央60%、区40%调整为中央60%、省20%、区20%；个人所得税由中央60%、区40%调整为中央60%、省20%、区20%；城市维护建设税由省30%、市20%、区50%调整为省市40%、区60%；资源税和城镇土地使用税下划到区使用，与"十五"期间相比，大口径财政收入中区级所占比重由41.97%下降到38.87%。

2002年实行收支两条线和"以票管钱、票款分离、收缴分离、收支脱钩"的财政管理措施。2006年5月建立区会计集中核算服务中心，实行一站式服务，清理区属140个单位在银行设立的404个账户，撤销213个账户，全区各项收支由国库集中收付。

第三节　财政收入

总收入

1985年秦城区财政总收入为2255.9万元，相当于生产总值的6.2%。其中工商税收2163万元占总收入的96%，农业税和耕地占用税82万元，专款收入-0.5万元，其他收入11.5万元。1986年财政收入增加国营企业所得税、国营企业调节税、国营企业上缴利润，分别是110.3万元、5.9万元和2.8万元。财政总收入2905.6万元，同比增长34.3%，远远高于同期GDP增长幅度。1988年增加国营企业计划亏损补贴、国营企业承包收入退库两项收入，分别是-99.3万元、-31.7万元，财政总收入共9项3878万元。至1990年财政总收入为5050万元，相当于生产总值的7.77%，同比增长3.7%。比1985年增加2794万元增长124%，1986年至1990年年均增长17.5%，远远高于同期GDP增幅。

1994年财政总收入改革为一般预算收入和上划中央省市收入两项，达到9753万元，同比增长24.9%。一般预算收入3308万元，仍旧是之前的工商税收、农业税和耕地占用税等9项收入，比往年大幅下降，主要是工商税收首次出现负增长下降到2259元，比1993年的7363减少69%，占财政总收入的23%。上划中央省市收入为6445万元，占财政总收入的66%，从而取代工商税收成为财政收入的主要来源。1995年财政总收入突破亿元大关达到12674万元，是GDP的6.8%，同比增长29.9%。其中一般预算收入增加罚没收入一项65万元达到5463万元，同比增长95%；上划中央省市收入7211万元，同比增长11.9%；财政总收入比1985年增加10418万元，增长4.6倍。1986年至1995年财政总收入年均增长18.8%，比同期GDP增幅高1个百分点；1991年至1995年年均增长20.2%，比同期GDP增幅下降3.3个百分点。1997年财政总收入划分为一般预算收入、基金预算收入、上划中央省市收入三大项，达到15670万元。其中一般预算收入7010万元，基金预算收入444万元，上划中央省市收入8216万元。2000年财政总收入19502万元，相当于GDP的7.9%，同比增长0.55%，增速大幅放缓。主要是工商税收7344万元，比1999年微增290万元；上划中央省市收入9522万元，比1999年减少468万元。1986年至2000年财政总收入平均每年增长15.5%；由于1996年至2000年GDP增速大幅放缓，拖累1996年至2000年财政总收入急剧下滑，年均增长5.9%，比同期GDP增速高0.1个百分点。

而后随着全区经济逐步回暖走稳，财政总收入增速回升，至2002年财政总收入22674万元，比2001年增加2420万元，同比增长11.9%。2003年财政总收入又增加一项国有资产经营收益116万元，财政总收入为24874万元，同比增长9.7%。2005年财政总收入为29157万元，相当于GDP的6.1%，同比增长7.6%。1986年至2005年财政总收入年均增长13.6%，比同期GDP增速下降0.2个百分点，主要是2001年至2005年财政收入增速远远落后GDP增速。2001年至2005年总收入年均增长8.4%，落后于GDP增速5.7个百分点。

2007年财政总收入同比大幅增长31.4%，达到46552万元，相当于GDP的7.34%。其中一般预算收入15621万元，基金预算收入2418万元，上划中央省市收入17385万元。财政总收入比1985年增长19.6倍，1986年至2007年年均增长14.7%，比同期GDP增幅高0.8个百分点。

1985—2007年秦州区财政主要收入统计表

表10－1－1　　　　　　　　　　　　　　　　　　　　　　　　单位：万元

年份	工商税收	农牧业税和耕地占用税	企业所得税	罚没收入	专款收入	其他收入	上划中央省市收入
1985	2162	82	—	—	−0.5	11	—
1986	2687	87	110	—	0.5	11	—
1987	3070	109	120	—	1.6	18	—
1988	3700	151	115	—	1.4	20	—
1989	4443	193	115	—	1.2	299	—
1990	4917	164	102	—	25.5	31	—
1991	5267.6	180	109	—	73	44	—
1992	5999	272	105	—	95	19	—
1993	7363	269	58	—	123	42	—

续表

年份	工商税收	农牧业税和耕地占用税	企业所得税	罚没收入	专款收入	其他收入	上划中央省市收入
1994	2259	505	337	—	159	48	6445
1995	4051	617	375	65	349	6	7211
1996	4991	802	456	144	467	35	7732
1997	5375	759	662	154	—	60	8216
1998	5908	1277	412	282	399	194	8979
1999	7054	1043	428	74	432	57	9790
2000	7344	1135	461	121	396	2	9522
2001	7892	760	610	162	455	17	9704
2002	8447	1177	273	220	588	—	11539
2003	5863	1300	230	297	522	56	16147
2004	6651	993	259	332	621	39	16940
2005	8074	125	325	341	660	52	17774
2006	8886	1516	376	851	720	358	17385
2007	11045	1704	633	999	956	219	25268

注：企业所得税1986年至1995年为国营企业所得税。

单项收入

区级预算收入　1986年至1990年区级一般预算收入为11220.8万元。1991年至1995年为28376万元，比"七五"时期增长153%。1996年至2000年为41116万元，比"八五"时期增长45%。2001年至2005年为50337万元，比"九五"时期增长22.4%。2006年至2007为33878万元。

上级财政补助收入　中央、省、市财政主要安排在城乡基础设施建设、农村水利生态环境保护、科教兴区、社会保障体系和种粮补助等方面。1985年为848.6万元，至2007年达到51319万元，2007年与1985年相比增长60.5倍。

1985年至2007年的上级补助资金中，社会保障体系建设资金30759万元，全区各类纳保受益人数达到39175人。养老保险、失业保险、下岗再就业和最低生活保障受益人员85307人，占城市总人口的33%；农村新型合作医疗制度建设惠及347356人，占农村总人口的80.24%。

区级预算外收入 1985年至2007年区级预算外资金420745万元，年均收费1829.33万元。预算外资金1985年占当年本级收入的20.8%，至2007年占当年本级收入的22.5%。

乡级预算外收入 1997年至2007年乡级预算外资金5922万元，年平均收费538.36万元，其中高收入年度有2000年1489万元、2005年980万元，最低年度为2007年204万元。1997年预算外收入占到农业各税的46.1%，2000年占到1.75倍。2002年农村税费改革后清理预算外收费项目，巩固税基，其比例降到36.3%，2005年又出现反弹。从2006年开始农村九年义务教育免除学杂费，乡级预算外收入趋减。

第四节 财政支出

总支出

1985年秦城区财政支出1916万元，财政收入2256万元，结余340万元。其中财政支出有14项，分别是：基本建设支出54万元、企业挖潜改造资金20.6万元、简易建筑费1.5万元、科技三项费用3万元、支援农村生产支出102.6万元、农林水气象部门事业费128.2万元、工业交通部门事业费0.2万元、城镇青年就业经费3.8万元、文教卫生事业费814.8万元、其他部门事业费101万元、抚恤和社会福利救济费83.2万元、行政管理费396.8万元、价格补贴支出49.5万元、其他支出156.7万元。文教卫生事业费、行政管理费、其他支出分别占总支出42.5%、20.7%、8.2%，文教卫生事业费中的教育事业费是财政支出最大项目。1988年财政支出先后增加城市维护费、科学事业费、公检法支出、支援不发达地区支出、专款支出5项，除公检法支出达到100多万外，其他4项仅占总支出的2%。但价格补贴支出比1985年剧增7.38倍达到414万元，仅次于文教卫生事业费支出，占总支出的11.8%。1989年价格补贴支出达689万元的历史高点，占财政总支出的15.7%，之后随着价格改革逐年大幅回落；文教卫生事业费支出1484.3万元，占财政总支出的33.8%。

1990年财政总支出为4929万元，同比增长12%，比1985年增长157%。财政结余122万元。1986年至1990年年均增长20.8%，比同期财政收入增速高3.3个百分点，形成财政支出增长幅度远高于财政收入增长幅度的趋势。1991年财政收支刚好达到平衡，财政支出5477万元，同比增长11.1%。之后财政支出增幅逐年回落，财政收入结余也逐年增加。1995年财政支出7936万元，结余4738万元，同比增长2.1%。其中文教卫生事业费支出3678万元，占总支出的46.3%；价格补贴支出大幅下降至30万元，仅占总支出的0.38%，此后所占比重一直维持在这个水平；其余各项支出所占比重也基本维持原来水平。1986年至1995年财政支出年均增长15.3%，比同期财政收入增速落后3.5个百分点，整体财政收支趋于平衡；主要是1991年至1995年财政支出年均增长10%，远远落后同期财政收入增幅10.2个百分点。1996年增加行政事业单位离退休费一项支出，仅为20万元；财政支出达到9200万元，结余5427万元，同比增长15.9%。1997年又增加基金预算支出一项404万元，财政支出达到9910万元，同比增长7.7%，结余5760万元，占总收入的36.8%。至1998年行政事业单位离退休费支出达到1174万元，占总支出的10.6%，成为财政支出中的一大项。财政支出突破亿元大关达到11041万元，同比增长11.4%；财政收入17720万元，财政结余达到历史最高点6679万元，财政结余占总收入的37.7%。之后财政支出逐年快速增长，财政收支又逐渐趋于平衡。2000年财政支出15156万元，同比增长18.6%，增幅明显扩大，比1998年提高7.2个百分点；财政结余下降到4346万元，财政结余占总收入的22.3%。1986年至2000年财政支出年均增长14.8%，比同期财政收入增速落后0.7个百分点，其中1996年至2000年年均增长13.8%，比同期财政收入增速高7.9个百分点。之后财政支出呈现爆发式增长，至2002年财政支出达到23139万，元同比增长26.5%，首次超过财政收入465万元，占总收入的2%，财政赤字呈逐年扩大态势。

2005年财政支出38344万元，同比增长12%，超过财政收入9187万元，占财政总收入的31.5%，占GDP的1.92%。1986年至2005年年均增长16.2%，比同期财政总收入增幅高2.6个百分点，尤其在2001年至2005年年均增长20.4%，比同期财政收入增速大幅提高12个百分点。2007年财政支出达到72978万元，同比增长33.4%，占GDP的11.5%；超过财政收入26426万元，占财政收入的56.8%,占GDP的4.17%;财政风险剧增。1986年至2007年财政支出年均增长18%,比同期财政收入增速高3.3个百分点,比同期GDP增速高4.1个百分点。同时改革财政支出,将财政支出分为一般预算支出68788万元和基金预算支出4190万元两大项。一般预算支出分为14项:一般公共服务支出7456万元、公共安全支出2936万元、教育支出19158万元、科学技术支出661万元、文化体育与传媒支出766万元、社会保障和就业支出15728万元、医疗卫生支出5086万元、环境保护支出797万元、城乡社区事务支出2146万元、农林水事务支出7379万元、交通运输支出2468万元、工业商业金融等事务支出597万元、其他支出3610万元。基金预算支出分为5项:教育基金支出83万元、社会保障和就业基金支出71万元、城乡社区事务基金支出3773万元、农林水事务基金支出105万元、工业商业金融等事务支出58万元。

1985年至2007年全区财政累计支出为381469万元。1985年至1993年未实行分税制财税体制的9年中,财政总支出为37484万元,年均支出4164.9万元,年均增长17.16%。1994年实行分税制后财政支出增长率大幅回落,年支7773万元,比1993年6799万元支出增长14.3%。1994年至2000年实行分税制的7年中,财政支出得到合理控制,财政总支出为73791万元,年均增长11.77%,明显低于1985年至2007年财政支出平均增长率,也低于同期GDP的平均增幅。2001年将预算外收支纳入财政预算管理,财政支出出现大幅增长,年支18289万元比2000年15156万元的支出增长20.67%。2001年至2007年财政总支出270194万元,年均增长25.94%,远高于23年间财政支出平均增长率,甚至接近23年间GDP平均增幅的2倍。在各项支出中职工工资支出所占比重维持在60%,是全区财政最大支出项目。

1985—2007年秦州区财政主要支出统计表

表10—1—2   单位:万元

年份	农林水气象部门事业费	文教卫生事业费	支援农村生产支出	行政管理费	抚恤和社会福利救济费	其他部门事业费	其他支出
1985	128.2	814.8	102.6	397	83	101	156.7
1986	153.1	913.1	111.4	215	109	83	87.9

续表

年份	农林水气象部门事业费	文教卫生事业费	支援农村生产支出	行政管理费	抚恤和社会福利救济费	其他部门事业费	其他支出
1987	220.8	999.6	154.9	404	116	95	164.9
1988	202.2	1234.6	270.1	494	134	148	186.6
1989	167.3	1484.3	291.5	523	124	162	296.5
1990	234.5	1765.3	553.6	602	223	262	89.7
1991	232	1886.9	430.9	702	219	114	488.4
1992	259.8	2268.4	552.3	928	209	133	191
1993	397	2861	397	1063	221	261	311
1994	310	3838	310	1611	259	125	118
1995	397	3678	307	1265	297	152	525
1996	474	3833	235	1440	370	181	561
1997	473	2809	396	1253	415	254	554
1998	566	3703	352	1264	602	297	343
1999	724	4169	335	1846	442	280	554
2000	1048	4900	433	2148	650	343	717
2001	1043	5833	208	2266	593	426	677
2002	1289	6657	282	2967	1930	568	1440
2003	2665	8623	—	2423	3276	520	1444
2004	3436	9719	—	2736	3605	656	4075
2005	3740	11055	—	3223	4583	836	3659
2006	5024	14806	—	3958	6191	884	5847
2007	7379	24244	—	—	—	—	3610

注：1996年起文教卫生事业费只包括教育和卫生事业费

单项支出

职工工资 1986年财政供养人员共5313人，2007年增加至17458人，财政供养人员增长3.29倍；财政供给经费由1986年的889.6万元增加至2007年的34410万元，增长38.68倍，行政事业单位职工工资总额达到224945.5万元，占同期财政支出总额的59.6%。

1994年后行政事业单位干部职工工资经常发生拖欠，特别是农村中小学教师工资的拖欠严重影响到广大教师的正常生活和九年义务教育的落实。1999年区财政通过转移支付补助的方式，拨款225.3万元，解决

2700名农村教师工资拖欠。2001年乡财政所设立农村教师工资专户,当年转移支付200万元,保证农村3000余名教师工资及时发放。2002年建立农村中小学教师工资按时发放机制。

2003年4月统一全区行政事业单位职工工资项目和标准,以及工作人员津贴、补贴项目、离退休人员待遇项目等,由区财政委托代发银行直接拨付到个人工资账户进行发放。当年纳入统发职工16497人、工资18639万元。

社会基础建设 1985年至1988年为全区10个贫困乡、110个贫困村2.27万贫困户发放支农周转金141.9万元。1985年到80年代末,区财政前后共投入100多万元,扶持城区街道发展集体经济,每年安排2000多名待业青年就业。进入90年代,加大对蔬菜基地建设和农业产业化的投资扶持力度.

社会保障 1999年至2007年逐年增加养老保险金,共投入8480万元。2007年将城市3.4万多人纳入社会保障范围。1999年至2007年区财政共投入2563万元,帮助下岗职工再就业;对无技术特长的2400多人补助260多万元,购买社会公益性岗位;对3000多生活特困下岗职工补助330多万元。1998年至2007年区财政支付低保资金21394.9万元,保障城市居民的最低生活水平。共计投入32764.9万元,占办事经费的21%。

"三农" 1985年至2007年为"三农"(农民、农业、农村)共投入25722万元,占办事用经费的16.5%,由1985年的102.6万元增长至2007年的3118万元,增加30.4倍。其中:1985年至1990年投入2276万元;1991年至1995年投入2894万元;1996年至2000年投入4539万元;2001年至2007年投入16012万元。

基本建设 1985年至2007年基本建设投入14257万元,占办事用经费的9.1%,投入额从1985年的54万元增加至2007年的2274万元,增加54倍。其中:1985年至1990年投入1010万元,年均168万元;1991年至2000年投入2977万元,年均298万元;2001年至2007年投入10270万元,年均1467万元。

科技三项费用 1985年至2007年科技三项费投入2319万元,占办事用经费的1.5%,主要用于农业新技术推广运用,加快科技向经济的转换。

分阶段看1985年至1990年投入125.9万元，年均21万元；1991年至2000年投入692万元，年均69.2万元；2001年至2007年投入1501万元，年均214.4万元。

教育 1986年至2007年教育经费投入17040万元，占办事用经费总额的11%。其中1986年至1990年投入1678万元，年均投入336万元；1991年至2000年投入4200万元，年均投资420万元；2001年至2007年投入11163万元，年均投入1595万元。

卫生文化 1986年至2007年卫生、文化、体育等投入10579万元，占办事用经费的6.8%，年均投入481万元。其中1986年至1990年投入986万元，年均投入197万元；1991年至2000年投入4124万元，年均投入412万元；2001年至2007年投入5469万元，年均投入781万元。

企业技术改造 1985年至2007年工业改造投入1707万元，占办事用经费的0.08%。其中1985年至1990年投入7017万元，年均投入11.78万元；1991年至2000年投入700万元，年均投入70万元；2001年至2007年企业改制，产权整体出让实施民营化经营，投入475万元，年均投入67.8万元。

1985—2007年秦州区财政收支统计表

表10—1—3 单位：万元、%

年份	总收入	同比增长	总支出	同比增长	上解支出	上划收入	上级财政补助收入
1985	2255.9	—	1915.9	—	1112	—	848.6
1986	2905.6	28.8	1948.2	1.7	1598.7	—	673.1
1987	3327.7	14.5	2686.7	37.9	1803.5	—	1053.8
1988	3878.8	16.6	3505.5	30.5	1902.1	—	1519.4
1989	4868.5	25.5	4397.9	25.4	1693.1	—	1443.3
1990	5050.8	3.7	4929	12	1813.2	—	1630.2
1991	5477	8.4	5477	11	1937.6		1663.3
1992	6320	15.4	5824	6.3	2206.6		1258.3
1993	7808	23.5	6799	16.7	2554	—	1146
1994	9753	24.9	7773	14.3	933	6445	3843
1995	12674	29.9	7936	2	1626	7211	3556
1996	14627	15.7	9200	15.9	1526	7732	3946

续表

年份	总收入	同比增长	总支出	同比增长	上解支出	上划收入	上级财政补助收入
1997	15670	7.1	9910	7.7	1385	8216	4337
1998	17720	13	11041	11.4	1510	8979	4238
1999	19395	9.4	12775	15.7	1583	9790	5247
2000	19502	0.55	15156	18.6	1523	9522	6381
2001	20254	3.8	18289	20.7	1544	9740	9665
2002	22674	11.9	23139	26.5	1845	11539	16311
2003	24874	9.7	28696	24	61	16147	20712
2004	27088	8.9	34027	18.6	358	16940	24058
2005	29157	7.6	38344	12.7	652	17774	27602
2006	35424	21.5	54721	42.7	595	17385	36037
2007	46552	31.4	72978	33.4	313	25268	51319

第五节 国有资产管理

1996年清产核资国有资产，有财务独立的产权登记单位271户，编制职工7737人，资产20488万元，负债2571万元。其中国有资产17917万元，固定资产16608万元；土地使用面积250万平方米（折合3753亩），房屋建筑面积40.2万平方米，汽车146辆，各种专用设备1243台，经营性资产48万元（房屋出租）。登记国有企业52户，资产39555万元（含土地估价5605万元，资产损失和资金挂账损失5484万元），负债27985万元，所有者权益11570万元。其中国有权益10642万元；国有企业使用土地面积42.9万平方米，生产经营用地33.9万平方米，住宅占地42935平方米；资产负债率82.4%（扣除资产损失和资金挂账损失后为98.3%）；工业、交通、商业、物资4个行业中有20户企业亏损，亏损面69%。登记的城市集体企业1394户，注册资金7942万元。其中行政事业单位投入34.2万元，社会团体投入829万元，集团单位投入6487万元，职工入股131.5万元，私人入股251.5万元，各种借款140.5万元，其他投入69万元。乡政府管理的公产土地账面有193.7万平方米、公房320间、树木956株，经核对土地仅有186万平方米，减少79337平方米，公房219间减少101间，树木243株减少713株。

1998年实施年报年检，核查行政事业单位、国有企业、集体企业户数及资产变动情况，规范行政事业单位国有资产的无偿调拨、出售、报废、报损、处置等管理程序和审批权限。2001年清理出6户国有企业不良资产672万元和126户企业借用财政资金3352万元，收回81万元用于破产企业职工生活费和农业综合开发项目。2003年继续清理企业借用财政资金，121户企业借用财政资金206笔3390万元，通过拍卖土地、拆迁补偿、盘活存量资产等方式回收1002万元。

2007年清查2006年底以前全区行政事业单位资产，全区242个行政事业单位有财政供养人员16955人，资产44789万元。其中有土地96万平方米、房屋62.7万平方米，价值25296万元；交通设备304辆，价值3452万元。

第六节　财政监督

预算监督

农业税征收监督　1985年平南乡关同村发生全村无人缴纳农业税抗税行为，财政局派人调查摸清抗税原因后经过两天的税法和政策宣传，所拖税款一次缴清。根据关同村暴露出的问题，对各乡镇存在的类似问题进行调研，区财政局与区法院、检察院联合下发文件在全区范围开展农业税清欠清缴工作，至1986年底各乡镇共收回欠缴农业税款10万余元，占当年农业税年度征收额的12%。

1990年专项检查农业税收中偷、漏、拖、抗、缓、减、免、库外设库等问题。1992年开展农业税、农业特产税、牧业税和耕地占用税检查工作。1993年专项检查耕地占用税征收。下发《关于加强依法治税，加强征收管理工作的通知》，规范税收征管秩序。

2005年回收拖欠农业税26万元。2006年至2007年两年征收"两税"3220万元，虽然农业税取消，但由于组织监管有力，税收并未减少，而且大幅上升。

财政专项资金监督　1986年检查支农资金，清理历年就业安置经费，监督来源渠道和使用投向、效益情况。1988年清理和调查财政各类专项

资金。1992年清理和调查投放的424万元支农资金,对查出的25.1万元沉淀资金暂列挂账处理。1996年清理检查对民政系统历年投入的救灾扶贫周转金。1997年专项审计1994年至1996年农业投入资金1001万元,查出以工代赈虚列支出40万元,超出使用范围借款11万元,改变性质80万元,共计131万元。

部门预算资金监督　2003年11月检查公务人员虚报冒领财政资金行为,查出财政负担外人员72人,年节省开支69万元。2004年依据人事年报花名册,查出人不在岗、但未报停工资的单位8个、人员11人。2006年清理单位银行账户,查出坐收坐支、虚列支出等违纪行为资金315万元,收缴入库302万元。2007年政府采购纳入财政监管,节约财政资金93万元。

预算外资金监督

小钱柜清理整顿　1986年清理整顿行政、事业、企业单位"小钱柜"资金,实行"专户存储申报制"。1987年采取由单位编制报表、主管部门控制使用的办法,清理120家单位存入专户资金14693万元。1988年清理登记全区"小钱柜""小金库"预算外资金,采取"财政专户储存"监督使用办法。

1996年清理整顿预算外资金和"小金库",清理出各种行政事业性收费81项,预算外收入1423万元,对88个单位的预算外资金实施"财政专户储存",清理出违规收费42.5万,上缴财政150万元。

收支两条线监管　1999年对行政事业性收费和罚没收入实行"收支两条线"管理办法。2000年10月检查教育、城建、卫生、土地、水利等52个部门、312个执收执罚单位收费情况,查出违纪资金57.5万元。2002年查缴非税收入1299万元。2003年9月检查68个执收执罚单位非税收入,查缴非税收入2725万元。

专项资金监督检查　1996年专项检查住房公积金收支管理,区属公有住房售房收入单位有48户,收入1595万元,住房公积金收集338万元,全部在中心专户储存。1998年5月将区属医疗部门挂号费票据纳入"收支两条线"管理。

2001年5月至7月专项检查223个单位《会计法》执行情况,检查出各类违纪资金29.3万元。2003年清理检查公安局等68个执收执罚单位的收入、国债资金，中小学校舍修建资金，社会救灾款，以及南北二山绿化站等11个单位的各类专项资金，查出历年违纪资金285万元。

1992年至2002年专项检查行政事业单位车辆，至2002年纳入财政预算管理车辆211辆，其中小轿车59辆、越野车47辆、其他车78辆。

税收财务物价大检查 1985年9月至1986年5月抽调600多名会计组成200个检查组，检查纳税户1715户，其中国营企业112户、集体企业299户、个体工商户1245户，查出违纪资金149.3万元，实际入库83.7万元，入库率99.4%。

1997年检查987个单位，查出违纪资金349.5万元，其中偷税298.8万元，不按规定用途支用财政资金2.4万元，违反价格法规1万元，其他违纪资金15.5万元，应入库331.7万元，已入库330.4万元，入库率99.6%。2000年清理拖欠税款2736万元。2001年后主要检查执收执罚单位坐收坐支、白条罚款等问题。

乡村两级财务清理整顿

乡级财务清理整顿 1986年清理、整顿22个乡1984年和1985年救灾、救济、抚恤、扶贫、农业减免税、乡镇企业管理费、向农民征收集资、摊派、罚款等9类款项，发现在集资、罚款、摊派等方面乡政府自立项目、自定标准、人人收款、个个管钱挪用，各类专项资金分散经手、分散管理，救灾、救济、扶贫款发放对象不准，专款不能专用等问题，清理各类收入212.5万元，实支153.8万元，账面结余58.7万元。

2002年结合农村税费改革，清理乡级债务2159万元。其中建校工程欠款1393万元，乡村道路建设欠款117万元，小城镇建设欠款338万元，贷款发工资310万元。

2007年3月清理乡级债务，总债务5039万元，其中农村税费改革前债务2284万元，省财政厅认定1776万元。

村级集体财务清理整顿 1986年清理整顿村级集体财务，检查548个行政村，共清理出村级集体资金3495万元，其中有问题资金293.7万元，占8.4%，应回收资金214万元，收回34.5万元。其中村干部侵吞集体资财12.7万元，拖欠集体资金159万元，固定资产亏损34.27万元，截留上级下达专项经费9.19万元，干部吃喝挥霍3.8万元。2002年结合农村税费改革清理村级

债务，共清理出债务349万元，其中拖欠农业税8.72万元、农业特产税74.59万元、乡统筹费195万元、村提留款71万元，采取债务实名制方式管理。

第七节　财政风险

财政供养人员快速增加

1986年全区行政事业单位财政供给人员5313人，其中在职职工4924人，离退休职工398人。至2007年达到17458人，其中在职职工14608人，离退休职工2850人，分别增长3.29倍、3倍、7.3倍。此外还有未纳入工资统发的基层卫生系统和遗属等共5118人，给养总数为22576人，每年平均增加财政供养人员785人。

1997年为控制财政供养人员增加过快，区编办、财政局实行《编制经费手册》。2005年11月区委组织部和区人事局、编办联合下文对进人和人员调入"实行冻结"，但当年还是进入540名，2006年又进入615名，扣除部属企业剥离社会办学和医院等政策性进入因素外，非政策性进人的数量仍然不少，严重超编，给财政套上沉重包袱。

1986年行政事业单位人员工资总额为889.6万元，至2007年达到34410万元，再加上未纳入统发的5000余人的6240万元工资，供养总支出达40650万元，增长45.7倍，占当年财政总支出的55.7%，占当年财政总收入的87.1%。1986年至2007年工资总额231185万元，占同期财政总收入的65.1%，财政总支出的61%。

1985—2007年秦州区财政供养人员统计表

表10-1-4　　　　　　　　　　　　　　　　　　　　　　　　　　　　　　单位：人

年份	合计	在职职工	离退休	其他	年份	合计	在职职工	离退休	其他
1985	2985	4924	389	—	1997	11137	8237	1568	1332
1986	5313	5079	497	—	1998	11279	8340	1705	1234
1987	5576	5419	561	—	1999	11774	8900	1862	1012
1988	5980	5271	504	—	2000	12348	9337	1976	1035
1989	5775	5486	583	—	2001	12676	9788	2093	795
1990	6429	7875	768	—	2002	13110	10085	2226	799

续表

年份	合计	在职职工	离退休	其他	年份	合计	在职职工	离退休	其他
1991	8643	8490	873	—	2003	14162	11738	2283	141
1992	9363	8755	974	—	2004	16057	10942	3144	1971
1993	9729	7449	1068	1585	2005	16257	12849	2804	604
1994	10102	7838	1062	1478	2006	16955	13312	2962	681
1995	10378	8046	1355	1271	2007	17458	13880	2850	728
1996	10672	—	—	—					

财政赤字

1987年秦城区首次产生财政赤字,至2007年有15年产生财政赤字,共计15534.8万元;有6年时间共消化赤字3351.8万元。2007年末累计赤字12183万元,财政赤字分别占2007年财政总收入和总支出的26.2%、17.7%,人均负担财政赤字196.5元。赤字挤占财政库存资金,给财政资金的正常调度造成困难,影响到部分专项资金的及时按期拨付。

1987—2007年秦州区财政赤字统计表

表10—1—5　　　　　　　　　　　　　　　　　　　　　　　　　　　　单位:万元

年份	当年发生	累计赤字	年份	当年发生	累计赤字
1987	221.3	221.3	1998	−1081	1273
1988	179.2	400.5	1999	1885	3158
1989	−49.8	350.7	2000	1030	4188
1990	−385	−34.3	2001	1522	5710
1991	346.4	312.1	2002	1630	7340
1992	244.9	557	2003	2806	10146
1993	473	1030	2004	1801	11974
1994	1042	2072	2005	967	12914
1995	532	2604	2006	−1971	10943
1996	−6	2598	2007	1240	12183
1997	−244	2354			

债务、担保风险

1990年至2007年区地方政府性债务年度余额达到53674万元,占当年GDP的8.47%、财政收入的115.3%、财政支出的78%，全区人均承担债务865.7元。其中政府直接债务51473万元，政府担保性债务2201万元。

第二章 国 税

第一节 国税机构

1985年天水市税务局更名为天水市秦城区税务局，机关内设办公室、人教股、税政一股、税政二股、征管股、计统股、监察室7个股室，外设西关、东关、七里墩、天水郡、零散税源、皂郊、太京、平南、李子、汪川、藉口、牡丹、天水13个税务所。1988年撤销零散税源税务所，设立市场第一税务所、市场第二税务所。1988年东关、西关、七里墩、天水郡、市场第二税务所成为城镇重点税务所，所长、指导员按副科级配备。1994年8月成立区国家税务局，内设办公室、人教股、综合业务股、管理股、计会股、税务检查室，外设东关税务所、西关税务所、七里墩税务所、天水郡税务所、零散税收一所、零散税收二所、国营企业检查所、集体企业检查所、个体私营经济稽查所、皂郊税务所、太京税务所、平南税务所、李子税务所、汪川税务所、藉口税务所、牡丹税务所、天水税务所。1997年皂郊、藉口、平南税务所改为税务分局。1998年区国税局升为副县级，下属机构按副科级设置。1999年区国家税务局稽查分局更名为区国家税务局稽查局。

2001年3月撤销稽查局，设立管理一分局、管理二分局、管理三分局。2004年4月区国家税务局征收分局、管理一分局、管理二分局、管理三分局分别更名为甘肃省天水市秦城区国家税务局第一税务分局、甘肃省天水市秦城区国家税务局第二税务分局、甘肃省天水市秦城区国家税务局第三税务分局、甘肃省天水市秦城区国家税务局第四税务分局，使用全省统一征管软件，实施"大一窗"管理模式要求。2005年区国家税务局内设办公室、政策法规科、征收管理科、人事教育科、监察室、计划统计科、办税服务厅、信息中心，外设第一税务分局、第二税务分局、第三税务分局、皂郊税务分局、藉口税务分局、平南税务分局等14个机构，职工221人。

第二节　税收征管

税务登记

1986年税务登记由各税务所属地受理转交区国税局统一办理。1995年设立办税服务厅，税务登记由办税服务厅统一受理。2000年登记固定经营场所或摊位且达到起征点经营户。受理新开业登记1039户，变更登记118户，办理注册登记65户，注销税务登记461户，认定非正常户469户。

2001年办理开业税务登记证317户全部入网登录，定额核调542户"双定户"，月增税额2.76万元。2002年天水市行政审批服务中心设立国税窗口，办理开业、变更、注销税务登记等业务。区国税局、管理分局（所）每月分别按20%、30%的比例抽查开业、变更、停业、注销、非正常户，清理漏征漏管户79户，补缴税款1100元。

2003年办理开业税务登记748户，注册税务登记49户，变更税务登记168户，注销税务登记995户。累计办理税务登记证5166户，其中一般纳税人457户，小规模纳税人4652户。2004年累计办理税务登记个体工商户3843户，其中纳入CTAIS管理3144户，未纳入CTAIS管理699户均为非正常户。

2005年办理开业税务登记571户（企业232户、个体339户）、注销税务登记380户（企业125户、个体255户）、变更税务登记310户次、认定非正常户521户，个体工商户登记率在98%以上。2006年办理开业税务登记951户、变更税务登记407户、注销税务登记690户。

2007年纳入管理税务登记证4647户（一般纳税人537户、小规模纳税人4110户），其中国有企业170户，集体企业221户，股份合作企业9户，有限责任公司1280户，股份有限公司14户，私营企业116户，其他企业14户，外商投资企业14户，个体工商业2808户，其他1户。全年办理开业税务登记653户，变更税务登记612户次，受理注销税务登记559户次。

纳税申报

1986年纳税申报采用直接申报方式,由纳税人、扣缴义务人自行到税务机关办理纳税申报。1995年城区范围内所有纳税户全部集中到征税大厅申报纳税。2000年实行分类申报差别管理制度,通过对各纳税户上年度各类税收指数综合评议后确定出A类纳税户33户、C类纳税户63户。

2001年制定《个体"双定户"银行网点申报纳税管理办法》《银行网点申报纳税操作规程》等管理制度,推行银行网点申报、电话申报、网上申报等多元化申报方式。城区2422户"双定户"通过银行网点申报纳税,占全区纳税户的90%以上。2002年银行网点全覆盖城区定期定额纳税户,银行网点申报纳税3485户、申报税款435万元,电话申报纳税123户、申报税款3.48万元,网上申报70户、申报税款6341万元,多元化申报占75%。2003年重新组合纳税申报窗口,设置"三窗四人"模式一般纳税人申报征收窗口。

2005年制定《关于加强增值税异常申报纳税人税收管理的实施意见》,增值税申报率为企业及分支机构99.88%,个体工商业户98.99%,较上年分别提高1.76%和2.65%。

税款征收

1985年征收税种有产品税、增值税、营业税、盐税、资源税、特别消费税、烧油特别税、国营企业所得税、国营企业调节税、集体企业所得税、私营企业所得税、城乡个体工商业户所得税、个人所得税、个人收入调节税等31个税种,同时还征收国家能源交通建设基金、国家预算调节基金、粮食补贴基金、教育费附加。秦城区税务局征管户以企业和个体为主,征收方式主要采用查账征收和定期定额征收。

1994年核查认定593户一般纳税人核减已征税款4040万元,核减幅度32.2%。1996年按照纳税人账证建立情况征收税款。2002年制定《定期定额业户分类分等定额管理办法》,按个体经营范围分为工业、商业、修理修配业三大行业41类别,依据从事行业的定期定额业户所处地段及各项费用标准划分为9个等级,确定调整系数,计算应纳税额。

2004年5月运用《定期定额业户分类分等定额管理系统》软件,推行微机定税,对968户不达起征点的个体工商业户免征税款,平均每月减收个体税收47865元,全年政策性减收574386元。区国税局实行局领导包片,科室包所,分局(所)负责人包重点税源,管段员包段的划片分段管理办法。2005年重点税源实施两级监控,对零负申报户实施分类控管,使零负申报率由3月的49%下降至12月的22%。2006年督促办理税务登记63户,违章处罚9户,调整个体定额203户,月增税额97934元。检查普通发票108619份,查出问题15份,补税额22267元,罚款16631元。评估电力、建材、废旧物资回收经营、房地产、食品制造等行业纳税情况,补缴增值税额214万元。

1994—2007年秦州区国税收入统计表

表10—2—1　　　　　　　　　　　　　　　　　　　　　　　　单位:万元

年份	国家税收	税收总额
1994	6052	6052
1995	10786	10786
1996	10926	11044
1997	11731	11833
1998	10820	10918
1999	10836	11425
2000	10369	11676
2001	12302	13611
2002	13859	15137
2003	16747	17938
2004	18080	19886
2005	21438	21438
2006	22770	22770
2007	26398	26398

征管改革

1995年12月秦城区国税局将征管、检查两分离征管体制改为征收数控、管理服务、稽查稽核、后勤保障四位一体征管体制。征收环节分为受理纳税申报、征收开票、税款入库、催报催缴、税源调查、会统报表等工作,管理环节分为税收宣传、政策咨询、税务登记、发票管理、违章处理等工作,稽查环节分为纳税检查、发票检查、查处各类偷逃骗税案件等工作,保障服务环节分为全局后勤保障及财务经费、人事管理等工作。实行ABCD差别申报办法。A类纳税人为模范纳税户,纳税申报表为绿色;B类纳税人为守法纳税户,纳税申报表为白色;C类纳税人为有轻微违章行为以示警告的纳税户,纳税申报表为黄色;D类纳税人为有严重税收违章行为纳税户,纳税申报表为红色。取消专管员管户制度,变管户为管事;建立选案、稽查、审理、执行四个环节为一体的稽查体系,实行ABCD分类检查法,A类可自查免检,B类可少查,C类和D类多查。

1999年推行管户、管税、管查责任制,将责任落实到分局、片、段和个人。1999年秦城区国税局代表甘肃省国税系统接受国家税务总局征管质量"六率"综合考核,取得第十名。2002年秦城区国税局通过ISO9001质量管理体系认证,成为天水市国税系统税收征管质量唯一认证单位。

第三节 纳税服务

1996年实行税前、税中、税后全方位服务,在办税服务厅内设置储税银行,采取直接申报、电子申报、邮寄申报、银行网点申报、代理申报等方式,实行税务登记、纳税申报、税款征收、政策咨询、税款入库等一条龙服务。

2001年3月推行首问责任制,提倡税收咨询"一口清"、涉税办理"一次结";简化和完善税务登记、纳税申报、发票供应等环节,推行"一窗式"服务,制定《延误工作责任追究办法》等制度,把承办各类税收业务中的限时服务、办结质量、执法依据、办税程序等作为责任追究的标准,在目标管理考核中予以追究。2002年围绕"诚信纳税,利国利民"税法宣传主题,组织人员上街设点宣传,发放宣传资料5万份;与天水电视台联合举办"开心擂台"节目宣传税法。2003年每月到户巡查,对一般纳税人生产经营情况实施动态监控。2004年减免退税2217万元,为258户新办个体工商户免收税务登记证工本费10320元,免收发票准购证工本费1270元。2007年免征增值税1119万元,减免企业所得税1614万元。

第四节　税务监督

日常检查

1987年检查企业986户，查补税款21.9万元。1988年检查"两票"，查处发票违章使用、丢失、撕毁等案件22起，罚款1.2万元。1989年专项检查"四税"，查补税款、基金54.3万元，其中个体税收16.2万元、个人收入调节税6.7万元、奖金税8万元、工资调节税0.9万元。1990年检查发票发现问题127户，违章发票55091份，补税126万元，罚款3.7万元；"两税"（国营企业所得税、建筑税）、"三金"（能源、国调、粮补基金）大检查，查补税款（基金）59.4万元。1991年专项检查个体税收1807户，查补税款44.5万元。1992年专项检查个人收入调节税227户，查补税款12.8万元。1993年清缴"七税两金"汇算企业1146户，查补清缴国有、集体、私营企业所得税18.3万元、工资调节税3.9万元、奖金税3.9万元、"两金"65万元。

2000年开展"千人进市场"专项整治活动，补征税款20080元，罚款1000元。跟踪检查办理停业手续的纳税户，查处假停业户。2001年定期开展拉网式清理排查，清理漏证漏管户320户，补交税款7.6万元。2002年巡管、巡查处理5户假停业户，通报批评和责任追究管段员。2003年年审353户一般纳税人。2004年专项检查增值税零负申报、减免退税企业和医药购销行业。2005年建立日常巡管巡查和定期抽查制度。2006年采取抽调存根、上门核对、外调发票联等方式自查和专项检查纳税人用票情况，检查领购普通发票纳税人1000户，检查面48.9%；检查发票108619份，发现问题发票15份，补税额6670元，罚款16630元。

税收大检查

1985年开展税收大检查，采取自查、互查与重点检查相结合的方式检查纳税人申报是否如实准确、开具发票是否真实可靠、减免税是否符合法定程序、财务制度是否健全、账务处理是否规范等。1987年至1994年查补各类税款1716万元。

2000年实施一户一策分类对待，对7户企业9次从开户银行扣缴税款54万元。2001年跟踪监控企业的产、供、销及资金流向，杜绝新欠、清理陈欠，清理欠税351万元，清欠率-38.11%。2002年集中人力和时间检查整顿城区专业市场、农村集贸市场和加油站。

2005年检查企业购、销、存、储环节涉及的物流、票流、资金流等方面存在的问题,核查面100%。2007年利用税收管理软件信息资源,检查双定户发票超定额补税等情况,补征税款48469元,调整定额户80户,从月税额22640元调整至限定额43464元,月增加税额20824元,增长幅度为92%。

税务稽查

1996年至2000年专项检查和专案稽查重点税源企业及煤炭、医药、建材、粮食、成品油等行业纳税户3444户次,查补税额4916万元。2001年3月秦城区国税局稽查局上划天水市国税局,秦城区国税稽查业务由天水市国税局稽查局实施办理。2005年每季度检查和维护25个加油站116台加油机的稽查数据回读、税控装置运行情况。2007年稽查数据回读25个加油站的121台加油机。

第三章 地 税

第一节 地税机构

1994年8月天水市秦城区地方税务局成立,干部职工90人,机关设办公室、人事教育监察股、征收管理股、税政股、农业税征收管理股,基层设稽查队、东关税务所、七里墩税务所、西关税务所、天水郡税务所、太京税务所、李子税务所、汪川税务所、藉口税务所、平南税务所、牡丹税务所、天水税务所、皂郊税务所。12月设立文娱饮食业税务所。1996年2月天水市秦城区地方税务局稽查分局成立,下设综合业务股、稽查一股、稽查二股。1997年设天水市地方税务咨询事务所秦城分所和秦城区地方税务局办税服务大厅。区地方税务局机关内设办公室、人事教育监察科、计划财务科、农税科、税政科、征管科,城市设直属第一征管分局、直属第二征管分局、集贸市场第一税务所、集贸市场第二税务所,保留稽查分局,农村设皂郊中心税务所、太京中心税务所、平南中心税务所、牡丹中心税务所。1998年11月地方税务局稽查分局更名为天水市秦城区地方税务局稽查局。2005年12月增设监察科,城区设立管理一分局、管理二分局、管理三分局、管理四分局,农村税务所合并为皂郊税务所、太京税务所、平南税务所,发票所改为发票管理分局。

第二节 税务改革

1995年推行"申报、稽查、代理"三位一体征管模式。1996年1月委托建行天水市支行营业部代征税款。3月按照《天水市地方系统征管改革实施意见》取消专管员下户收税办法,建立纳税人到办税大厅(室)统一缴税制度。

1997年2月以5个征收单位为征管改革试点单位推行电脑开具税票,投入10万元购置电脑建立电脑开票纳税服务大厅。在牡丹税务所试点农村税收征管改革,制定《农村所职责》《征收管理制度》《公开办税制度》等十多项制度;联合金融等部门打击偷、逃、漏税,公开办税。将辖区个体户应纳税额综合评估,张榜公开,接受监督,受理投诉;推行代扣代缴。在牡丹所、太京所实行由乡政府、财政等部门代扣代缴税款的试点。4月实施纳税人自行申报纳税制度,试行纳税人分类管理办法,从征收、管理、稽查三个方面综合评价,将纳税人分为A、B、C三类区别对待。9月农村税收征管改革全面推进,设置办税服务厅,同时设置若干个税务所实行集中征收,对税务所以外乡镇的零散税收、农村集贸市场税收在税额确定后委托国税、乡镇财政、工商、金融机构代征。办税服务大厅设置税务登记、发票出售、受理申报、税款征收、税务咨询、代开发票以及办理其他税务事宜的窗口,公布办税流程和规范服务内容,使纳税人所有涉税事宜在大厅一次完成。推行银税一体化服务,纳税人在工商银行开设税款预储账户,按期存入当期应纳税款,并在法定的申报期内向税务机关推送申报表及有关资料,由税务机关通知银行划转入库,办税服务厅设立银行征收柜台。

1998年全面推行委托代征,与财政、乡镇政府、交通、运管、金融、保险、房改、交警等行业和单位签订协议,建立委托代征网络。农村按经济区划设置中心税务所、集中申报、定期巡回征收和委托代征的模式,稽查工作建立选案、稽查、审理、执行4个环节。5月电脑开票所收税款占全区地税收入的70%。电脑的应用从开票、登记、统计逐步发展到税源监控、数据分析、查询等,各税务分局、税务所完成征管电脑网络建设。1999年投入20万元建成计算机网络5个,80%的税源实行电脑监控。2000年全区地税纳税户固定业户上门申报率达85%,70%以上的税款集中在办税服务厅缴纳。在平凉召开的全省地税征管工作会议上将牡丹地税所工作经验向全省推广。农村零散工商税收全部委托代征,城区专管员由管户向管事过渡。

2001年1月TS98税收征管系统在区地方税务局试点运行,3月全面运行。税务征管系统由单一税务登记、纳税申报、税款征收、发票管理及税收会计核算转变为税收管理、税收分析、数据处理、数据交换和税源监控等多元化信息处理阶段。2002年区地方税务局在全省地税系统率先实施人员交流双向选择,成立计算机信息技术中心(室),负责地税系统计算机的开发应用、指导与管理。

2005年12月实行税收、征管两分离,先后建立起政府牵头、相关部门参与的零散税收、车辆税收、基金征收等定期联席会议机制。2006年使用《税收征管信息系统》,将1250户纳税户的税务登记、税基管理、发票管理等模块的信息资料采集、审核、录入计算机,与市地税局实现广域联网。

第三节 税费征收

流转税

营业税 1984年10月开征营业税,税目11个、税率25个。1988年增设典当业税目。1994年1月取消工商统一税,实行流转税制,将税目由原来的11个调整为9个,税率由原4档27个简并为2档9个,分别采用3%、5%税率,并设有一个弹性税率5%至20%计算缴纳。营业税纳税期限分别为5日、10日、15日或者1个月。2000年4月将游戏机、高尔夫球、保龄球行业税率由12%调整为16%,其他娱乐项目由12%调整为14%。1994年至2006年累计征收营业税60053万元。

1994—2006年秦州区地税局征收营业税统计表

表10—3—1   单位：万元

年份	1994	1995	1996	1997	1998	1999	2000	2001	2002	2003	2004	2005	2006
税金	1226	1417	2539	2871	3021	4185	4568	5522	5377	5780	6467	8025	9055

土地增值税　1994年1月开征土地增值税。1994年至2006年累计征收土地增值税126万元。

所得税

个人所得税　1987年1月开征。1994年至2006年累计征收个人所得税9098万元。

企业所得税　1994年至2006年征收企业所得税16208万元。

财产税

房产税　1986年10月开征。1994年至2006年累计征收房产税8555万元。

城镇土地使用税　1994年征收范围为西起平峪沟、东至东十里、南北两山脚内的土地。东关、大城、中城、西关街道范围内的土地为一等土地，年税额0.6元/平方米；七里墩、石马坪、天水郡街道范围内的土地为二等土地，年税额0.5元/平方米。城镇土地使用税每年分两次征收，5月、11月为征收入库期。房屋管理部门和个人出租用于营业或自行营业占用土地应缴纳的城镇土地使用税，按月缴纳、于次月15日前入库。2004年调整城镇土地使用税纳税人征税范围和土地等级及税额标准。

2004年秦城区城镇土地使用税统计表

表10—3—2   单位：元／年.平方米

类别	范围	税额幅度	税额			
			一等区	二等区	三等区	四等区
二类区	东关、中城、大城、西关街道	0.7~1.5	—	1.3	—	—
三类区	七里墩、天水郡、石马坪街道	0.7~1.5	—	—	1	—
建制镇	玉泉、平南、太京、关子、藉口、牡丹、皂郊、汪川、天水、娘娘坝	0.7~1.5	—	—	—	0.7

1994年至2006年累计征收土地使用税1491万元。

车船使用税　1986年10月开征。1994年至2006年累计征收车船使用税286万元。

行为税

城市维护建设税　1994年至2006年累计征收城市维护建设税14214万元。

印花税　1994年至2006年累计征收印花税1490万元。

固定资产投资方向调节税　1994年至2003年累计征收固定资产投资方向调节税1878万元。

小额税　1950年开征屠宰税，2000年取消。1994年至1999年累计征收屠宰税3万元。1994年开征文化事业建设费，至2006年累计征收文化事业建设费446万元。

社会保险

企业职工基本养老保险基金　2000年开征养老保险费。2000年至2006年累计征缴养老保险费6414万元。

甘肃省失业保险基金　2000年开征失业保险费。2000年至2006年累计征缴失业保险费390万元。

基本医疗保险基金　2003年开征基本医疗保险基金。2003年至2006年累计征缴基本医疗保险基金164万元。

工伤保险基金　2004年代征工伤保险基金，2004年至2006年累计征缴工伤保险基金27万元。

生育保险基金　2004年开征基本医疗保险基金。2004年至2006年累计征缴生育保险基金35万元。

1994—2007年秦州区地税征收统计表

表10—3—3　　　　　　　　　　　　　　　　　　　　　　　　单位：万元

年份	各项收入	地方收入
1994	3157	2622
1995	4014	3342
1996	5950	4775
1997	6797	5637
1998	7740	6031

续表

年份	各项收入	地方收入
1999	12507	10901
2000	9777	8480
2001	11908	10402
2002	11261	9676
2003	12283	10697
2004	13178	11286
2005	15929	13956
2006	23098	16532
2007	27717	21211

第四节　税务稽查

1994年区地税局检查重点税源企业，查补入库税款、罚款8万元。1995年专项检查营业税、个人所得税、固定资产投资方向调节税等地方税213户，查补税款103万元；检查百万元以上乡镇企业1994年地方税缴纳情况，查补税款20万元。

1997年专项检查产值50万元以上乡镇企业，摸清核实乡镇企业应缴纳的税金；历时6个月专项检查营业税、城镇土地使用税、固定资产投资方向调节税、个人所得税，检查纳税户239户，查补各税及罚款394万元。2000年以查补率、入库率、罚款率3项指标考核稽查，完善税务稽查告知制度，实行地税稽查案件监控管理和大案、要案报告制度，在稽查内部建立稽查工作责任制、案件复查制和错案责任追究制。

2002年按照"一次查两年，两年查一遍，各税、费、票、证统查"的模式开展稽查工作，专项检查集贸市场、加油站。2003年专项检查个人所得税，受"非典"影响取消医院个人所得税的检查，主要检查各项经营收入、附加收入及各类支出的真实性，税前扣除项目是否按照规定纳税调整等。2004年集中检查教育、卫生系统，检查入库教育部门个人所得税1.2万元，检查医药销售企业及门店21户，查补入库税款0.3万元。2005年检查纳税户118户，查补税款506.7万元。

第四章　银　行

第一节　银行业监管

银行业管理机构

1985年7月中国人民银行天水地区分行改为中国人民银行天水市分行。1999年1月中国人民银行天水市分行改称为中国人民银行天水市中心支行。2004年4月成立中国银行业监督管理委员会天水监管分局，银行业监督管理业务由人行划归银监局，天水分局内设监管一科、监管二科、监管三科、信息统计科、办公室5个科室，人员68人。至2007年开展现场检查74项14859人次，查出问题522条，提出整改意见557条，整改率达98%。向被监管机构发出风险预警提示书32份。审批银行业金融机构市场准入53个，市场退出76个，迁址85个，改制升格69个，更名189个，审查高管人员任职资格289人次。

银行业改革

2004年中国银行天水市分行、中国建设银行天水市分行、中国工商银行天水市分行完成股份制改造。中行天水市秦城区西关分理处撤销，工行秦城区七里墩、盛源小区、五里铺、暖和湾、213储蓄所等退出金融市场。2005年5月天水银监分局将地处繁华地段、业务发展潜力和辐射力强的工行秦州大城分理处等11个营业网点升格为支行级营业网点；撤销工行秦州区中华西路、新华路、环城路、莲亭路、坚家河、建设路储蓄所和岷山路分理处、牡丹支行，以及农行天水市秦城区支行。2007年撤销农行秦州东十里营业所。

日常监管

2006年7月至8月现场检查工行天水分行房地产开发贷款和个人住房贷款，发现天水恒基房地产有限公司于2004年9月28日向工行天水市城建支行贷款800万元，期限2年。2006年6月30日尚有余额498.9万元。此笔开发贷款违反合同约定分期还款计划，属违约行为。个人住房贷款挪作他用127户，余额409万元；以个人住房贷款为名套取银行贷款、挪作他用有44户，余额164万元；担保主体不合规，担保未落实的有10户，余额27万元；档案资料不齐全的8户，余额8万元；贷款风险五级分类认定不准确的10户，余额25.8万元；提供虚假资料骗取银行贷款1户，余额3.3万元；借款合同约定的还款期限与借款凭证还款期限不符3户，余额7万元。

2006年6月28日中行天水分行受理天水同胜矿业有限责任公司500万元银行承包汇票。经鉴定票据于2006年7月12日按质押该票面金额的80%为天水同胜矿业有限责任公司发放400万元流动资金贷款。2007年1月11日贷款到期后，中国银行天水分行于2007年1月26日对承兑汇票进行托收，出票行书面确认该票据系克隆票，真票于2006年12月5日承兑解付。2007年2月2日公安机关在西安将嫌疑人天水同胜矿业有限责任公司法人代表刘某抓捕，扣押涉案资金和财产折合人民币共计约224万元。

2007年2月现场检查农行秦州支行、广场支行2005年1月1日至2006年12月31日的单位账户管理和开户制度执行情况、大额支付管理与控制情况、重要空白凭证管理情况、公款私存情况、要害岗位人员和客户经理排查情况、票据业务情况等，发现对账不及时、不全面，对部分贷款账户未纳入季度对账管理工作中，未能严格对"双百万元"（即2006年12月末余额100万元以上，或期间交易金额100万元以上）对公账户执行双人交叉多线上门对账，没有详细的对账记录；执行大额现金登记制度不严；大额现金审批制度执行不严；办理银行承兑汇票无货运清单，无增值税发票，合同的真实性无法判断；未将银行承兑汇票纳入企业统一授信管理。10月检查天水市邮政储蓄现金业务管理及内控执行情况。11月常规检查工行秦州支行2006年末贷款投资公存表外等4项业务，发现公司类贷款部分企业抵押物不足、政府承诺变更导致企业第一还款来源落空、个人住房按揭贷款超比例发放贷款等问题。

信贷资金管理

1985年人行天水市分行与各家专业银行划分资金，对专业银行划分存款和核定自有资金，要求实行独立核算；规定所有专业银行在人民银行开立存款账户,人行与专业银行的资金往来由计划指标分配改为借贷关系。1991年实施再贷款业务,用于弥补商业银行临时资金头寸不足需求。1994年第四季度在商业银行、城市信用社和金融信托投资公司推行资产负债比例管理和资产风险管理制度,实行再贴现业务。1997年天水市4家国有商业银行仍旧实行贷款限额管理,人行天水市分行被列为再贴现转授权窗口单位。1998年人行天水市分行不再对国有商业银行下达指令性贷款计划,继而执行对国有商业银行实行"计划指导,比例管理,自求平衡,间接调控"的信贷资金管理体制。1999年对农村信用社发放支农再贷款。至2000年末天水市人民银行再贴现金额累计38354万元。

2001年5月人民银行西安分行收回人行天水市分行再贴现业务管理权限。2007年人行市分行再贷款余额为23500万元。

1985—2007年秦州区商业银行人民币各项存、贷款统计表

表10—4—1

单位:万元

年 份	存款余额	贷款余额	年 份	存款余额	贷款余额
1985	20333	36529	1997	272966	254542
1986	28506	34527	1998	368200	317748
1987	34228	43519	1999	349692	294895
1988	29175	43240	2000	378472	316355
1989	45202	62156	2001	417355	327721
1990	57889	74910	2002	466132	343596
1991	73452	89467	2003	546470	353277
1992	91540	108212	2004	643142	257293
1993	88431	126814	2005	716962	262724
1994	116743	152404	2006	878367	316336
1995	148954	187614	2007	949302	390767
1996	227429	226816			

会计与国库

1986年前天水市及各县均无同城票据交换,有关同城结算资金清算主要通过辖内往来及人民银行与专业银行之间往来进行。1986年9月由人民银行天水市分行牵头,工商银行、农业银行、建设银行天水市支行、

中国银行天水支行联合建立同城票据交换所,通过《天水市同城票据交换暂行办法》。同城票据交换实行"票据直接交换,差额当场清算"的办法和坚持票据"先付后收,票据收妥入账"的原则。10月秦城区不设区级人民银行,国库业务由工行秦城区办事处代理。

1994年人行市分行完成卫星小站试运行,与全国电子联行系统并网。1995年人行市分行票据交换所实行微机清算。2001年市中心支行自行开发的国库税票清分系统投入使用。2003年国库核算系统2.0版上线运行。

账户与外汇管理

账户管理 1991年6月人行市分行清理财政资金开户,将天水市县区财政部门的80个户头保留43个,清理撤销或合并37个,使财政开户减少46%。8月人行市分行下发《预算外资金开设账户办法》。9月人行市分行下发《银行一般存款、临时存款和专用存款账户管理办法》。2002年11月人行市中心支行下发《关于清理账户及严格控制票据交换公用账户通知》。

外汇管理 1986年4月国家外汇局天水分局成立。1996年对国际收支统计及申报采取逐笔申报办法,随时纠正国际收支统计中错误,将国际收支申报与收付汇核销、外商投资企业年检结合起来提高申报率。2001年1月天水市外汇管理将宽进严出的管理方式改为资金流出的均衡管理,减少行政管制,外汇管理逐步从直接管理转向主要监管金融机构的间接管理。2007年工商银行市分行、中国银行市分行、农业银行市分行和建设银行市分行先后开展外汇存贷款业务、外币兑换业务、汇兑业务、国际结算业务,及结汇、售汇等多项业务。

第二节 工行天水分行

工行机构

1984年10月成立中国工商银行天水地区中心支行,设中国工商银行天水市分行秦城办事处,办事处对外营业网点10个,内设会计股、出纳股、信贷股、计划股、储蓄股、人秘股、办公室等8个股室,有员工187人。1991年有员工305人,营业网点28个(包括联办所)。1999年员工311人,营业机构31个。

2004年5月中国工商银行天水市分行秦城区办事处更名为中国工商

银行天水市秦城支行。2005年1月更名为中国工商银行天水秦州支行。10月中国工商银行天水秦州支行更名为中国工商银行股份有限公司天水秦州支行。至年底对秦州支行进行扁平化管理,成立秦州、东关、大城、天水郡、石马坪、大众路、泰山路、桃园路、罗峪、七里墩10个城区二级支行,由市分行直营直管,秦州支行撤编。

存款贷款

1984年至1991年自下而上成立储蓄推动委员会,增设网点,增加储蓄种类,扩大宣传,组织协储代办,增加储蓄存款余额。1991年底储蓄存款余额19006万元,对公存款余额8973万元,各项存款合计28703万元。资金投向和投量主要放在大中型骨干企业和名牌、优质、出口创汇产品和新产品开发上,支持甘肃长城电器公司、213厂等一批工业骨干企业;商业贷款则以支持五金、百货、医药、糖业烟酒、粮食等为主。至1991年底贷款余额40874万元。

1991年至2000年工商银行完成从专业银行到商业银行的转变,至2000年末各项存款133122万元,其中对公存款38265万元,储蓄存款74847万元。贷款投放方式由信用放款向抵押、担保放款方式转化,按照资产负债比例管理办法管理信贷。贷款总额由1991年末的40847万元增加到2000年底的90017万元,增长120%。

2005年末秦州支行各项存款余额144352万元。其中定期存款余额61186万元,活期存款余额83166万元,活期存款余额占比58%;各项存款中对公存款余额49234万元,储蓄存款余额95118万元。各项贷款余额29195万元,主要为清收、核销、剥离处置不良资产所为。其中流动资金贷款余额8563万元,住房贷款余额349万元,个人消费贷款76万元;各项贷款余额中短期贷款余额8563万元,中长期贷款余额20632万元。

90年代后期部分产业政策出现较大调整,部分企业缺乏资金补充渠道,自有资金逐年减少,靠负债维持经营,甚至处于资不抵债状况。还有一些企业贷款长期逾期,失去信用,欠息、欠税、欠工资的比比皆是,部分企业甚至关、停,使贷款不良率一度达到贷款总额的50%以上。2000年开始着重优化贷款投向,调整信贷结构,先后通过现金清收、依法起诉、依法破产、政策扶持、剥离核销等措施改善资产质量。至2005年末不良贷款率由最高时的52%下降到1.18%。

1991—2005年工行天水分行秦州支行存、贷款统计表

表10—4—2　　　　　　　　　　　　　　　　　　　　　　　　　　　　　　　单位：万元

年份	各项存款				各项贷款				
	合计	企业存款	储蓄存款	其他存款	合计	工业贷款	商业贷款	技改贷款	其他贷款
1991	28703	8973	19006	559	40874	31287	4053	5400	1278
1992	34765	11659	21813	1340	47822	34724	4872	7838	1461
1993	36475	9285	26046	1051	56985	40094	6126	10375	1788
1994	44610	10537	32746	1327	65569	46343	5320	13556	220
1995	55789	11892	42754	1053	73655	50415	6301	16562	248
1996	70848	19969	50880	—	84121	56622	7124	19344	—
1997	74846	21459	53387	—	91191	流资贷 69510	—	固资贷 21681	—
1998	100503	41649	58854	—	99282	72716	—	23143	—
1999	101163	37768	63395	—	102092	67761	—	21589	—
2000	106319	38124	68194	—	90017	67519	—	13414	—
2001	133112	38265	74847	—	91732	72595	—	13617	5163
2002	118567	36687	81881	—	89746	短期贷 65800	—	中长期贷 23946	—
2003	130212	41029	89183	—	87720	59309	—	28411	—
2004	138516	44378	94138	—	84414	58611	—	25022	781
2005	144352	49234	95118	—	29195	8563	—	20632	—

第三节　农行天水分行

农行机构

1985年天水地区中心支行改为中国农业银行天水市支行，下辖两个办事处和五个县支行。之后更名为农行天水分行。

存贷款

1985年至1991年底人民币各项存款余额73452万元，增长率为27%；人民币储蓄存款45415万元，增长率为15%；累计投放贷款金额为89467万元，增长率为19%。

1985—2007年农行天水分行秦州办事处存贷款余额统计表

表10—4—3 单位：万元

年份	各项存款余额	各项贷款余额	年份	各项存款余额	各项贷款余额
1985	22207	8889.68	1997	78630	31475.76
1986	24675	9877.43	1998	87366	34973.07
1987	27416	10974.92	1999	97074	38858.97
1988	30463	12194.36	2000	107859	43176.63
1989	33847	13549.28	2001	119844	47974.03
1990	37608	15054.76	2002	133160	53304.48
1991	41787	16727.51	2003	147955	59227.20
1992	46430	18586.12	2004	164395	65808
1993	51589	20651.25	2005	182661	73120
1994	57321	22945.83	2006	219909	73289
1995	63690	25495.37	2007	249848	95424
1996	70767	28328.19			

中间业务

2003年底本外币业务量2244亿元，人民币2234亿元，外币10亿元。中间业务本外币收入3904万元，其中人民币3837万元，外币收入67万元。2004年底本外币业务量3888亿元，比上年增加1643亿元，增长73%，外币18亿元，增长73%。中间业务本外币收入8371万元，增长113%。其中人民币8346万元，增长率为118%；外币收入25万元，比上年同期下降42万元。

第四节 天水市秦州区农村信用联社

信用社机构

1985年6月成立天水市秦城区农村信用联社，由天水农业银行管理，设办公室和业务股，下辖25个信用社、42个信用站。1990年设业务、稽核2个股和办公室，下辖1个营业部、22个信用社、9个信用分社、1个储蓄所、57个信用站。

1996年5月农村信用社与农业银行彻底脱钩，归属天水市人民银行管理,此后农村信用社又经历市金融体制改革办公室、天水银监分局管理。2005年归属甘肃省农村信用社联合社管理。

存贷款

2006年至2007年累计投放农业贷款32.8亿元,先后支持秦州区果业项目、中药材种植、农产品加工等支柱产业发展。累计发放28.5亿元支持兰天集团等一批房地产企业发展城市建设。

1985—2007年天水市秦州区信用联社存贷款余额统计表

表10—4—4 　　　　　　　　　　　　　　　　　　　　　　　　　　　　　单位:万元

年份	各项存款余额	各项贷款余额	年份	各项存款余额	各项贷款余额
1985	1845	730	1997	20749	16042
1986	2027	871	1998	23977	15045
1987	2514	1012	1999	28749	17389
1988	2722	1239	2000	29072	21980
1989	2937	1282	2001	33171	31747
1990	2953	1402	2002	44938	41490
1991	5357	2610	2003	52044	40953
1992	6423	3640	2004	61374	54082
1993	9063	5020	2005	94207	78710
1994	10894	6919	2006	160403	123027
1995	14100	9219	2007	186804	141576
1996	18000	12943			

第五章　非银金融

第一节　财产保险

财险机构

1983年4月中国人民保险公司天水市支公司和天水县支公司成立,有职工11人。开办企业财产保险、家庭财产保险、机动车辆保险等17种保险业务。1984年12月重组成立中国人民保险公司天水中心支公司，职工16人。1996年6月财险、寿险分业经营。分业经营后天水地区所属甘谷、武山、秦安三县设立保险支公司，其余各县暂设保险业务代办处。1998年1月更名为中保财产保险有限公司天水市分公司，天水分公司营业部更名为中保财产保险有限公司天水市分公司秦城区支公司。2003年更名为中国人民财产保险股份有限公司天水市分公司。下设分公司营业部和北道、武山、甘谷、清水、张川、秦安6个支公司，在册员工160人，个人代理营销人员260人。

投保

1985年家庭财产保险有房屋设备、生活用品，农村包括已收获农副产品及家畜、家禽。按其投保形式，分为普通家庭财产保险（保期一般1年）、家庭财产两年保险（被保险人缴一笔储金，期满后如未受损仍退给被保险人，保险公司以储金利息作为保费收入）和自行车保险。年末保费收入375万元。1986年收入保费408万元，承担风险保障12.35亿元。1989年天水市有759户企业、49973户家庭投保财产32.5亿元，保费收入1602万元，同比增长55%。其中承保机动车辆6889辆，企财险601单，49372户家庭财险，292832人次各类人身保险；人均保费14.6万元，人均利润4.02万元。1990年收取保费2375.8万元，同比增长48.3%。其中城市业务收入1321万元，农村业务收入172.9万元，人身险业务收入926.9万元，分别同比增长38.08%、45.84%、59.38%。农业险收入25万元，同比增长247.22%。

1991年财产保险收入大幅下滑至558万元。1992年保险业务收入4072万元，占全省比重10.77%。职工160人，人均保费26.1万元。社会人均保费13.62元，实现利润收入369.9万元，人均利润2.37万元。1994年业务总收入比上年增长11.15%，利润330万元，承担风险保障50.8亿元。1997年保费收入4207.8万元，占年计划的113.42%，净增保费1000万元，完成储金909.7万元，人均保费28.5万元。1998年保费收入4909万元，其中财产险收入1887.9万元，运工险收入2693万元，货运险收入328.4万元。赔款支出为2616.8万元，赔付率为53.3%，提存未决赔款准备金80万元，实现利润40万元，上缴地方税金434万元，全年应上缴各类资金510万元。1999年保费收入4705万元，占年计划的88.8%。其中财产险收入1823万元，占年计划的

86.6%；货运险收入316万元，占年计划的99.1%。2006年起公司先后为宝天高速、天定高速、十天高速等重大建设项目提供保险保障。2007年保费收入4746.3万元，利税262.2万元，投保车身及第三者责任险的各类车辆有13964辆。

理赔

1985年理赔案近300起，支付赔款54万多元。1987年理赔案3964件，支付赔款296万元，综合赔付率为18.5%。1996年支付赔款1773万元，赔付率为54.9%，提取未到期责任准备金258万元，储金业务年末余额860万元，实现利润250万元。1997年支付赔款2079万元，赔付率为49.4%。1990年全市人均保费收入19.47万元。累计支付各类赔款875.7万元，赔付率为36.86%。其中城市业务629.9万元，农村业务216.7万元，人身险业务29.1万元，赔付率分别为47.68%、169.43%、3.14%。1994年赔款和给付3470.2万元，赔付率为54.4%。上缴地方税金140万元。1999年综合赔付率为53.3%，利润229万元。

2002年开通365天24小时服务专线95518，随时随地为客户提供报案、咨询、投诉、保险卡注册、车辆救援、预约投保和客户回访等多功能、个性化服务。组建40多人的快速查勘定损队伍，能够在最短时间内赶赴事故现场。1996年至2007年共计支付各类赔款5.047亿元。2007年赔款2403.8万元。

第二节 人寿保险

1996年6月财产、人寿保险分业经营，成立中保人寿保险有限公司天水市分公司，组建中保人寿保险有限公司天水分公司营业部，天水市北道区和甘谷县、武山县、秦安县、清水县、张家川回族自治县支公司。1999年1月改为中国人寿保险公司天水分公司，下设秦城区、北道区、甘谷县、秦安县、武山县、清水县、张家川回族自治县支公司。2003年11月更名为中国人寿保险股份有限公司天水分公司，下设秦城区、北道区、甘谷县、秦安县、武山县、清水县、张家川回族自治县支公司，和秦城第一营销服务部、秦城第二营销服务部、秦城第三营销服务部、北道第一营销服务部、北道第二营销服务部。

1997—2007年寿险理赔统计表

表10—5—1 单位:万元

年份	保费收入		承保额		决赔	
	金额	增长%	金额	增长%	金额	增长%
1997	1584	—	190145	—	103	—
1998	1619	2.2	262477	38	195	89
1999	1890	16.7	—		166	−14.9
2000	2103	11.3	308920	—	152	−8.4
2001	3793	80	151472	−51	183	20.4
2002	7849	69	230687	52	233	27
2003	10467	33	36310	−84	223	−4.3
2004	9386	−10.3	54210	49	952	327
2005	7223	−23	166775	208	1157	21.5
2006	8737	21	473112	184	1409	21.8
2007	8216	−6	—		530	−62.4

第三节 股票交易

1994年8月天水市信托投资公司成立。2001年5月天水市信托投资公司证券类资产剥离重组并入华龙证券有限责任公司,更名为华龙证券有限责任公司天水广场证券营业部。

1994年8月天水营业部设在南坑体育场营业大厅,面积700平方米,配置2块点阵大屏显示行情,2个电视机显示成交记录。柜台设资金台、委托台、交割台。客户委托交易全部是现场填单委托,再通过驻交易所马甲把委托报单敲进交易所系统。客户资金存取须在营业部临柜办理,客户的成交确认单由营业部打印后交客户留存。1996年底客户数量逐步增至4000户。1997年1月升级交易系统,启用电子化证券交易系统,客户资料、交易资料全部通过电脑储存,客户通过电脑查询成交结果及交易流水。1997年8月安装双向卫星系统,行情及委托报盘通过卫星系统传输,客户委托交易直接从营业部系统进入交易所系统。

　　1997年7月营业部迁址至中心广场金龙大厦四楼,面积3134平方米,配置6块LED大屏显示行情,悬挂6台大屏电视显示信息,15台电脑供客户查看行情信息。之后在现场委托基础上增加电话委托、自助委托、网上交易委托、手机委托等,配置364台交易终端,设6间VIP客户室,可满足不同层次的客户需求。

　　2005年与工行、农行、中行、建行、交行、招行等银行开展第三方存管业务,客户资金存取通过银行完成,取消营业部的柜台资金存取业务。现场委托交易方式逐步被客户自助委托取代。

2001—2007年华龙证券天水广场营业部经营统计表

表10—5—2

单位:亿元

年份	交易总额	开户数(个)	客户保证金	托管市值	客户总资产
2001	17.37	23302	0.76	4.24	5
2002	13.07	23843	0.68	3.57	4.25
2003	13.5	23005	0.626	3.44	4.068
2004	19.6	23443	0.53	3.178	3.708
2005	16	17920	0.513	2.569	3.082
2006	46.3	18545	0.918	4.35	5.268
2007	248.6	34145	2.197	14.87	17.07

第十一编

经济管理

JingJiGuanLi

1985年秦城区改革企业管理体制，实行简政放权、政企分开，推行多种形式的经营承包责任制，给企业经营者以充分的经营自主权。增加名、优、特、新产品，淘汰一些质次价高的老产品。在农村引导农民多种经营，科学种田，发家致富。年末国内生产总值实现3.63亿元。"七五"期间坚持企业管理体制改革，引导农民生产致富，"七五"末生产总值达到6.5亿元，年均生产总值增长率超过10%。"八五"期间深化经济改革，使企业管理逐步由计划经济向市场经济过渡，全区经济出现快速增长，1993年生产总值突破10亿元大关达到11.6亿元，"八五"末全区生产总值达到18.65亿元，1991年至1995年平均每年增长23.5%，"八五"期间成为建区以来经济发展最快的五年。经历"八五"经济快速增长后，对"九五"经济发展出现盲目乐观情绪，全区提出"产权制度改革和企业经营机制转换"发展经济思路和"九五末全区国民生产总值达到70亿元年递增30%"的目标。1996年国内生产总值越过20亿元整数关口达到21.49亿元。1997年由于特大干旱，加之工业结构不尽合理，经济首次出现下滑，国内生产总值为20.666亿元，同比下降3.82%。之后经济出现调整，增长速度明显放缓。2000年全区生产总值为24.7亿元，仅完成目标的35%。1996年至2000年年均增长5.8%，成为建区以来经济发展最困难的5年，但产业结构日趋合理，经济进入调整复苏期，随着继续加快产权制度改革，优化经济结构，到"十五"末经济发展又回到快速发展轨道。2005年全区生产总值47.76亿元，同比增长11.5%，之后生产总值年增长率均达到两位数。2007年生产总值达到63.35亿元，同比增长16.8%，第三产业比重首次超过第二产业，三次产业结构比为7.7：45.2：47.1。

第一章　经济体制改革

第一节　经济规模

1985年生产总值为3.63亿元，人口489506人，人均生产总值为727元，其中社会生产总值1.98亿元，国民收入1.02亿元。1990年生产总值达到6.5亿元，1986年至1990年年均增长12.4%，人均生产总值为1220元。1985年至1990年生产总值增长率均达到两位数，实现快速增长。1993年生产总值突破10亿元大关达到11.6亿元，年增长率达到40%，创历史新高；人均生产总值2069.8元。1995年生产总值达18.65亿元，同比增长23.3%；1986年至1995年年均增长17.8%，1991年至1995年年均增长23.5%；人均生产总值3223元；"八五"期间成为建区以来经济发展最快的五年。1996年国内生产总值越过20亿元整数关口达到21.49亿元。1997年由于特大干旱，加之工业结构不尽合理，全区经济首次出现下滑，国内生产总值为20.666亿元，同比下降3.82%，其中第一产业为1.889亿元，同比下降43%。之后经济增长速度明显放缓。至2000年全区生产总值为24.7243亿元，同比增长5.6%；人均生产总值为3972元。1986年至2000年年均增长13.6%，1996年至2000年年均增长5.8%，1996年至2000年成为建区以来经济发展最困难的5年，但随着产业结构的调整，第一产业比重明显下降，第三产业比重逐步上升。第一产业比重从1985年的18%下降到11%，第二产业从1985年的54%调整到50%，第三产业从1985年的18%上升到38.6%。

2002年生产总值达29.53亿元，同比增长10.1%，全区经济又进入快速发展轨道。2005年生产总值达47.76亿元，同比增长11.5%；人均生产总值7430元。1986年至2005年GDP年均增长13.8%，其中2001年至2005年年均增长14.1%。产业结构比重进一步优化，第一产业比重下降到7.9%，第二、第三产业基本持平。至2007年生产总值达到63.35亿元，同比增长13%。1986年至2007年年均增长13.88%。人均生产总值9723元。产业结构出现明显变化，第三产业比重首次超过第二产业，三次产业结构比为7.7∶45.2∶47.1。第三产业中旅游业发展快速，对GDP的贡献逐年扩大，2002年至2007年旅游业年增长率均超过20%，2007年达到6.19亿元，占GDP的9.77%。

1985—2007年秦州区生产总值统计表

表11—1—1　　　　　　　　　　　　　　　　　　　　　　　　单位：亿元、%

年份	国内生产总值	同比增长率	第一产业	第二产业	第三产业	旅游业
1985	3.63	11.7	0.67	1.97	0.988	—
1986	4.15	14.4	0.78	2.2	1.168	—
1987	4.72	13.7	0.866	2.49	1.366	—
1988	5.29	12	0.92	2.79	1.58	—
1989	5.897	11	0.98	3.14	1.77	—
1990	6.5	10.6	1	3.53	1.988	—
1991	7.2	11	1.1	4	2.1	—
1992	8.28	14	1.2	4.63	2.44	—
1993	11.6	40	1.44	7.17	3	—
1994	15.1	29.9	2.456	8.76	3.9	—
1995	18.65	23	3.14	9.79	5.7	—
1996	21.49	15.2	3.27	11.11	7.1	—
1997	20.67	−3.82	1.89	11.58	7.19	—
1998	22.33	8	2.36	12	7.96	—
1999	23.37	4.66	2.24	12	9.1	—
2000	24.72	5.6	2.678	12.49	9.55	—
2001	26.8	8.5	2.7	13.96	10.16	—
2002	29.53	10.1	2.86	15.45	11.22	—
2003	35.32	11.2	3.04	17.09	15.18	—
2004	42.82	13.2	3.42	20.42	18.98	3.39
2005	47.76	11.5	3.79	22.11	21.86	4.1

续表

年份	国内生产总值	同比增长率	第一产业	第二产业	第三产业	旅游业
2006	54.23	13.5	4.05	25.2	24.98	4.92
2007	63.35	16.8	4.87	28.62	29.88	6.19

第二节　1985年和"七五"期间经济体制改革

1985年坚持强农、重工、活商,确定"城乡并举、工农一体、互相促进、共同繁荣"指导思想。工业按照"扶优放小、注重效益"原则,截长拉短,调整工业产业结构,增加名、优、特、新产品;压缩长线产品,淘汰一些质次价高的老产品,关、停、并、转一些企业。重点扶持地毯、丝毯、电缆材料、建材、风机、雕漆制品等产品,将服装、蔬菜、食杂等5个公司逐步由行政管理机构过渡到经济实体。

区属企业与部、省、市属40多家企业建立合作关系开展优势互补,年底有10个乡34个村与22家大中型企业建立低压电器配件、地毯、皮毛制品、锅炉辅机、铝冲压电器、木材加工、干果炒货等17个扩散联合项目,实现产值432万元,利润73万元。实行简政放权,政企分开,撤局建委,设立工业、农业、城建、商业、计划5个委员会,委员会直接服务于企业,部分人事任免权下放。推行厂长(经理)责任制,形成厂长(经理)负责、党委保证监督、职工民主管理的企业领导体制。区政府在企业用工制度、干部任免、计划指标、内部分配等方面为企业"松绑",推行多种形式的经营承包责任制,给企业经营者以充分的经营自主权,在小型商贸企业内部普遍推行转、改、租、卖的改革,所有制结构由过去的单一公有制向以公有制为主的多种所有制形式转变。在1688个零售商业网点中个体有证商业1284个占76%,比1980年增长近15倍。有10个工业企业和17个商业门店实行车间责任指标承包。

根据农业改革将22个乡自然条件和优势分成3种类型,实行分类指导,调整农村产业结构。乡镇企业按照"立足资源优势,依托城区,服务城市,为大中型工业配套"方针,提出"利用优势,开发资源,三年迈出三大步,五年上台阶"的发展方向。由抓乡、村企业转变到家庭办、联户办、村办、乡办、城乡联营办企业。年底乡镇企业2024家，从业人员19913人，总产值3444.69万元，总收入2838.36万元。乡镇企业总产值400万元以上的乡（镇）有吕二、玉泉、环城、太京、平南，企业总产值在100万元以上的村有环城乡的七里墩村、东十里村和玉泉乡的枣园村。

1986年坚持"绝不放松粮食生产，开展多种经营，种、养、加共同发展，引导农民生产致富"的指导思想。调整夏粮种植比例为59∶41，推广科学种田，中单二号玉米地膜覆盖3829亩，施用化肥1.8万吨。规划店镇、汪川、大门乡为重点产粮区。投资120万元贴息贷款，重点扶持12个牧业基地，种草8.2万亩，大家畜存栏数6.89万头，生猪存栏数8.16万头。1986年至1987年建立"商商、商供"联合和代营代销关系，与省内外137个县（市）316个企业建立联系点，代销商品247种。国营商贸系统开展"三优一满意"优质服务和文明经商活动，制订《服务公约》《便客措施》，延长营业时间。

1987年全区工交、商贸、供销系统144户企业承包、租赁83户。45户工业企业实行承包经营32户，拍卖1户。企业推行效益工资、计件工资、岗位工资、定额工资、联销计酬等形式的分配办法。

1988年按照"配套、完善、深化、发展"方针，制定企业承包租赁试行办法。全区工业、商业、交通等73户，企业承包或租赁72户，推行由法人承包向全员承包发展，区属43户企业由法人承包转向全员资金抵押承包、共担风险，共交风险抵押金36万元。

农业坚持四条路子（即城区近郊走扩散联合路子，在有商品生产和经营传统、专业市场已初具规模的乡镇走以商促工、以工促农路子，乡走多种经营及种、养、加一齐上的路子，林区乡场协作、共建共荣、兴林富民路子），投入150万元用于发展粮食生产，推广优良品种，中单二号杂交玉米品种扩大到8.2万亩，获得丰收，玉米地膜覆盖6.02万亩，施用化肥25159吨。先后完成9000吨电石生产线、地毯厂扩建工程、1200吨瓦楞纸生产线、呢绒时装、皮革、化纤等技术项目，产值863万元，增加利税75.3万元。

1990年按照"稳粮、兴果、促牧、兴菜"的思路，优化农业结构，建立村级服务组织552个。区农机公司实行承包经营，家畜繁殖场实行事业单位企业化管理承包经营,鱼种场、良种场、水电物资站等事业单位公开招聘场(站)长,实行"定收入、定支出、定补助、定额补贴、增收不减、超支不加"的责任承包。

第三节 "八五"期间深化经济改革

1991年开展"质量、品种、效益年"活动,走内涵与外延相结合的道路。丝毯总厂、雕漆三厂、风机厂、刃具厂等企业分别与江苏、湖南、山东、四川以及与驻区省、部属企业联系,引进技术。1992年落实"四自主""五开放"经营试点工作,企业管理逐步由计划经济向市场经济过渡。1993年商贸流通企业推行"国有国营""社有自营""店有自营"试点,扩大经营自主权。完成5个技改项目,投资690万元,开发省级新产品4项、市级14项,增加花色品种178个,有3种新产品产值率达9.3%,增加利税201万元。1994年投资425万元,完成技术改造项目6项,增加产值3140万元,利税360万元。开发新产品17种,新产品产值1511万元,利税198万元。

1995年遭遇特大干旱,坚持以南补北、以秋补夏、以茬补正、以经补粮措施,推广实用科学技术,小麦良种率100%,地膜覆盖16.7万亩,90%的大秋作物实施间作套种,复种15万亩,把夏粮减产降到最低程度,成为在大灾之年全市唯一增产县区。计经委贯彻《全民所有制工业企业法》《全民所有制工业企业转型经营机制条例》,企业推行管理干部聘用制,以市场为导向调整产品结构,坚持一业为主、多种经营,转变营销策略,确定企业改制试点3个。

第四节 "九五"期间企业改制与经济结构调整

"九五"期间以产权制度改革为突破口调整经济结构,优化工业布局。制定《区属企业改制工作安排意见》《进一步放开搞活区属企业意见》等,提出搞活企业的5种主要形式和10种改制方式。制定《经济结构调整方案》,确立"扶优放小、一厂一策、资产重组、优化结构"方针和"扶持壮大优势企业,放开搞活微亏企业,重点攻克难点企业"思路;通过股份制改造、核销银行呆坏账化解企业包袱,实施破产和承包、租赁、联营、剥离资产等形式转换企业经营机制,出台《工业产品结构调整方案》《实施名牌战略意见》《加快旅游产品开发意见》等措施。

1996年采取新一轮承包、国有民营、分块搞活等措施改制13户企业,落实企业拒绝摊派权、劳动用工权、投资决策权、生产处置权4项权利。电缆材料厂和丝毯总厂生产项目被列入国家老工业基地改造项目,电器厂扩大玄极仪生产和衡器厂电子秤生产被甘肃省立项。企业研发新产品12项,采用国际标准3项,实现产值823.9万元,利税114.3万元。1997年确立企业市场主体,计经贸系统破产1户,兼并2户,股份合作制改组2户,一厂多制1户,国有民营、脱壳经营1户,目标管理2户。研制开发20吨汽车衡等新产品12项,技改项目6项,"不干胶带"等3个项目建成投产,"粘土空心砖"获1997年度国家质量奖。技改项目完成产值1250万元,增加利税130万元。1998年完成"超热导液"饼干烘烤工艺改造和玄极仪扩大生产等6项技改项目,研发地上衡、制丸机等14项新产品,伏羲牌玄极仪评为国家专利局特别金奖,高密度聚乙烯绝缘料评为省科技进步奖。地毯厂推行标准化,仓库实行A、B、C管理,晋升为省二级企业;雕漆二厂产品一次合格率98.2%,取得外贸免检资格;全球牌电缆料获省名牌产品,麦积牌丝毯等5种产品获市名牌产品。

"九五"期间技改项目36项,总投资3972.9万元,开发省级新产品55项。同时扶持发展非公有制经济,重点扶持特种电源研究所、福音医疗电器厂等个体私营骨干企业;开发生产新闻灯、糖尿病治疗仪、铝合金车轮、非标轴承、中药筛选机等技术含量高、市场前景广阔的科技产品。至1999年底全区个体工商户13619户,从业人员37362人。

第五节　"十五"期间经济结构调整

1997年至2002年完成技改项目36项,总投资3972.9万元,开发省市级新产品55项,主导产业发展壮大。采取破产关闭、产权整体出让等办法淘汰劣势企业,培育骨干优势企业,优化企业结构,产权制度改革面78.4%。

　　2002年实施扩大内需刺激消费政策，全年实现社会消费品零售总额9.35亿元。非公有制经济社会总量增加，个体工商户7599户，私营企业735户，非公有制经济占全区经济总量的34%。年末乡镇企业6574家，从业人员37000人，完成乡镇企业总产值133906万元。年末生产总值同比增长11.2%达到35亿元，全区经济发展又恢复活力。

　　2003年改造提升林果、畜牧、蔬菜等传统产业，按照"公司+基地+农户"产业化经营模式引进开发双孢菇、甜玉米、芦笋、中药材等产业。建成高效日光温室600座，中药材种植2万多亩，优质洋芋种植12.5万亩，优质果品22万亩，形成一定特色的产业群和产业带。昌盛食品、澳牛乳业、西联蜂业建成投产或立项实施，西十里农业综合开发科技示范园区、北山高新农业示范园区的示范和辐射带动作用凸显。龙果、早酥梨、胡萝卜、甜玉米4种农产品通过国家绿色品牌认证，全区绿色品牌达到6个。实施"工业强区"战略，完成改制66户。实施企业技改项目15项，技改投资6224万元。启动实施"123"工程，培育优势骨干企业，完成工业增加值4252万元。新发展非公有制企业176家，个体工商户1653户，从业人员3.86万人。完成社会增加值14.52亿元，占全区经济总量的43%。开发文化旅游资源发展第三产业，玉泉观、南郭寺、李广墓、诸葛军垒等景区景点开发建设完成投资4252万元。第三产业实现增加值12.87亿元，同比增长14.4%，实现社会商品零售总额10.61亿元，同比增长13.47%。

　　2004年推进农业结构调整，农业总产值5.72亿元，同比增长11.97%。粮食生产在总面积减少2.82万亩的情况下总产量达13.61万吨。双孢菇大棚1120座，菌床51.2万平方米；移栽芦笋3260亩，种植中药材2.6万亩，果品基地17.1万亩。昌盛食品被命名为省级重点龙头企业，圆明翔公司等6家企业被命名为市级重点龙头企业，2种农产品被认证为有机食品。实施"工业强区"和"三产富区"战略，完成技改投资8587万元，开发新产品14项。实施"123"工程，全区第三产业经营单位和网点9000家，从业人员4.8万人，实现社会消费品零售总额12亿元，同比增长13.2%。第三产业完成增加值18.98亿元，同比增长14.6%，占全区生产总值的44.3%。新发展非公有制经济组织813户，共1.29万户，从业人员5.2万人。

2005年农业产业化经营龙头企业46家，其中国家级命名1家，省级命名2家，市级命名6家。投资2100万元推进20个村产业扶贫开发。累计投入技改资金4.8亿元，完成企业技改69项。"十五"末规模以上工业完成增加值11.97亿元。全区实现社会消费品零售总额16.22亿元。以旅游业为龙头的第三产业快速发展，从事第三产业经营的单位和网点9000家，从业4.9万人。非公有制经济实现增加值21.25亿元，占全区生产总值的44.5%。"九五"末三次产业结构比为10.8：50.6：38.7，到"十五"末调整为7.93：46.29：45.78。

第六节　优化经济结构（2006年—2007年）

2006年坚持区域经济一体化发展，规模以上工业完成增加值13.5亿元，同比增长18.05%。新建改建各类专业市场38处，年交易额达到11亿元，从事第三产业的经营单位1.62万家，从业人员7.04万人。社会消费品零售总额达20.9亿元，同比增长13.5%。入驻东十里工业示范区的12个工业项目中有5个建成投产。果品16.6万亩，无公害蔬菜3.5万亩。建成规模养殖小区11个，农产品加工龙头企业60家，其中国家级2家、省级2家、市级6家；14个农产品通过国家认证，7个农产品被国家工商总局注册。

2007年推进农业产业化经营，新发展芦笋5000亩，种植特种玉米6000亩、中药材2.53万亩、果品3.75万亩、无公害蔬菜7.8万亩，新建养殖小区10个。新建农产品加工、储藏、运销龙头企业3家，果品、蔬菜储藏室6个。改制区属国有集体企业72户，取消、转移行政审批事项120项。东十里工业园区、暖和湾乡镇企业示范园部分项目建成投产。企业退税7520万元，规模以上工业增加值17.4亿元，同比增长13.8%，利润同比增长51.5%。从事第三产业经营单位和网点1.08万家，从业人员5.6万元，非公有制经济组织1.35万户，全区社会消费品零售总额达24.2亿元，同比增长13.6%。年末全区实现生产总值63亿元，三次产业结构比为7.7：45.2：47.1。

第二章　计　划

第一节　计划管理机构

1985年7月天水市计划委员会更名为天水市秦城区计划委员会。1992年区计划委员会与区经济委员会合并，成立区计划经济委员会。1997年撤销计划经济委员会成立区计划经贸局，将矿管局职能并入计划经贸局，保留矿管局牌子。2002年6月撤销计划经贸局成立区发展计划局。2005年1月更名为天水市秦州区发展计划局，6月撤销发展计划局，与经济体制改革委员会合并成立区发展和改革局。

第二节　计划编制

"七五"计划（1986—1990年）

指导思想：以城市为中心、农村为基础、乡镇为纽带的城乡结合，工农商全面发展的"新型经济区"。至1990年工农业总产值18220万元，年平均增长7.72%。其中工业总产值8000万元，年均增长9.72%；农业总产值10220万元，年均增长6.3%；社会商品零售额达13200万元，年均增长3.91%；财政收入达3476.4万元，年均增长13.73%，解决贫困乡的温饱问题。

"八五"计划（1991—1995年）

指导思想：以发展生产力为标准，经济建设为中心，依靠科技推动经济建设。至1995年工农业总产值34344万元，年均增长5.89%。其中农业总产值12044万元，年均增长4%；工业总产值22300万元，年均增长7%；社会商品零售总额38980万元，年均增长8%；财政收入7280万元，年均增长8%；粮食总产量15.3万吨，人均产粮427公斤，农民人均纯收入475元；造林69.7万亩，森林覆盖率23%；大牲畜8.6万头，羊4.3万只，猪年末存栏5.5万头，肉类总产量4020吨；三田39.1万亩，人均1亩基本农田；人口55.38万人，自然增长率为11.5‰。

"九五"计划（1996—2000年）

指导思想：坚持农业稳粮、企业改革、第三产业为重点，加快基础设施建设，发挥旅游业的龙头作用。至"九五"末全区国民生产总值达到70亿元，年均增长30%。其中第一产业10.4亿元，年均增长27.6%；第二产业40亿元，年均增长29.5%；第三产业19.6亿元，年均增长33.4%；粮食总产量1.96亿公斤，年均增长6.1%；农民人均纯收入2500元，年均增长22%；财政收入2.6亿元，年均增长15.7%；人口自然增长率控制在9.98‰以下，总人口61.7万人，年均增长1.3%。

"十五"计划（2001—2005年）

指导思想：以富民强区为目标，突出工业化和城镇化发展，力争在"十五"末主要经济指标在全省居靠前地位。至2005年全区国内生产总值37亿元，年均增长8.4%。其中第一产业3.6亿元，年均增长6%；第二产业17.2亿元，年均增长6.3%；第三产业16.2亿元，年均增长11.6%，一、二、三产业结构比重调整为10：46：44。全区乡及乡以上工业增加值7680万元；年均增长6.2%；粮食总产量17万吨；大口径财政收入3亿元，年均增长9%；农民人均纯收入和城镇居民可支配收入分别达1900元和6000元，年均增长7.6%和7%。乡镇企业总产值20亿元，年均增长18%；社会固定资产投资达2.2亿元，年均增长6.6%；人口自然增长率控制在6.56‰以内，总人口65.5万人；森林覆盖率在30%以上，工业废气、废水、工业固体废物"三废"治理利用率分别达96%、70%和92%。

"十一五"计划（2006—2010年）

指导思想：实施"工业强区、三产富区、产业富民、项目拉动"战略，发展循环经济，建设资源节约型、环境友好型社会。生产总值前三年年均增长11.5%，后两年年均增长12.5%。2006年实现生产总值比2000年翻一番（2000年价格），2010年生产总值达到83.8亿元，人均生产总值12600元以上，财政收入与生产总值保持同步增长。三次产业结构由7.9：46.6：45.5调整为6：47：47，城镇化水平提高到40%以上。"十一五"期间，全区将累计完成固定资产投资118亿元以上。

城区基本普及高中阶段教育，新型合作医疗参合率达到100%，广播电视、通信实现村村通。全区森林覆盖率提高5个百分点，城市人均绿地面积超过10平方米，空气质量控制在二级标准以内，城市污水处理率在90%以上，工业危险废弃物及医疗垃圾处理率达到100%，实现生活垃圾无害化处理，人口自然增长率控制在6.5‰以内。城镇居民人均可支配收入年均增长9%，农民人均纯收入年均增长8%；城镇登记失业率控制在4%以内。

解决温饱规划（1988—1990年）

指导思想：坚持放宽政策搞活经济，加强农村工作，解决部分群众温饱，推广现代科技成果。至1990年全区农村人均纯收入达到400元，人均生产粮350公斤，解决22740户121875人温饱。1988年扶持8271户44762人，脱贫7453户38413人；1989年扶持8135户44368人，脱贫7394户38918人；1990年扶持6542户32745人，脱贫5598户29777人。工农业总产值22537万元，年均增长8.2%。其中农业总产值9837万元，年均增长5.49%；工业总产值12700万元，年均增长10.1%；乡镇企业总产值1.2亿元，年均增长30%；财政收入3886万元，年均增长11.49%；农民人均收入400元，年均增长11.7%；粮食总产量12500万公斤，年均增长12.6%；造林69.77万亩，年均增长8.4%；三田33.76万亩，年均增长6.1%；大家畜年末存栏8.38万头，年均增长6.08%；羊3.49万只，年均增长15.4%；人口自然增长率降低到10‰以下。

第三节　计划执行

"七五"计划执行

"七五"期间超额完成计划目标。1990年实现工农业总产值2.64亿元，"七五"期间工农业总产值年均增长11.08%。其中农业总产值9900万元，年均增长5.63%；工业总产值15900万元，年均增长15.53%。财政收入4955万元，年均增长17.04%；社会商品零售总额26530万元，年均增长17.76%；农民人均纯收入400元，净增163.5元；人均产粮350公斤，基本解决温饱。

"八五"计划执行

"八五"期间，除粮食总产量外，其余指标按计划提前一年实现。1995年国内生产总值18.65亿元，"八五"期间年均增长23.5%。其中农业总产值2.2亿元，年均增长4.7%；粮食总产量1.46亿公斤，年均增长1.7%；乡镇企业总产值11.5亿元，年均增长44.3%；农民人均纯收入923元，年均增长18%；农村贫困面下降到15.4%；工业总产值5.28亿元，年均增长20.2%；全区社会消费品零售总额4.62亿元，年均增长15.9%；财政收入1.267亿元，年均增长20%；人口自然增长率控制在13.58‰之内，全区总人口57.82万人。

"九五"计划执行

2000年国内生产总值24.72亿元，"九五"期间年均增长5.8%。其中第一产业2.68亿元，年均增长3.1%；第二产业12.49亿元，第三产业9.55亿元，年均增长10.8%；人均国内生产总值3955元。一、二、三产的比例为10.9∶50.5∶38.6，经济结构不断趋向合理。实现不变价农业总产值2.1亿元，粮食总产量130494万吨；乡镇企业总产值8.86亿元，年均增长20%以上；农民人均纯收入1320元，年均增长5.6%；农村贫困面下降到3.3%，全区整体解决温饱。全区社会商品零售总额7.4亿元，社会消费品零售总额1.84亿元；全社会固定资产投资累计6.6亿元，年均增长19%，财政收入1.95亿元，年均增长9%。

"十五"计划执行

2005年生产总值47.76亿元，"十五"期间年均增长14.1%，人均生产总值7451元。其中第一产业增加值3.79亿元，年均增长7.2%；第二产业增加值22.11亿元，年均增长12.1%；第三产业增加值21.86亿元，年均增长18%；三次产业比例为7.96∶46.56∶45.48；财政收入2.92亿元，年均增长8.4%；签约招商引资项目216项，到位资金13.79亿元。累计全社会固定资产投资76.6亿元；城镇居民可支配收入6986元，年均增长9%；农民人均纯收入1740元，年均增长5.7%。

"十一五"计划执行

2010年生产总值100.14亿元，年均增长12.35%，人均生产总值15173元，三次产业比例为7.67∶47.82∶44.51。其中规模以上工业增加值完成20.67亿元,年均增长15.6%;大口径财政收入9.33亿元,年均增长26%;万元GDP能耗年均下降4.6%,工业企业达标率稳定保持在95%以上;城区环境达到优秀旅游城市标准;城镇登记失业率稳定控制在4%以内,城镇居民人均可支配收入11756元,农民人均纯收入3100元,年均分别增长10.97%和12.24%。

第三章　统　计

第一节　行业统计

农业

1988年实施农村统计"一套表"。1990年农村基层统计内容主要是农村基层组织和乡村建设情况表、农村社会发展情况表、劳动力资源平衡及分配表,以及农村商业、金融、土地面积、种植业生产、畜牧生产经营、农产品及农业生产资料价格调查表、乡镇企业基本情况等27种表。1991年,农村基层统计增加集体统一经营收入分配情况以及农业总产值、商品产值、物质消耗、社会经济综合效益指标等表。1992年增加农村固定资产拥有情况,农村自然灾害情况和农村第一、二、三产业效益指标等表。2000年调整农村基层组织、乡村建设情况、农村社会发展情况等表内容。

2003年调整农村社会经济统计指标体系,取消农民家庭兼营工业统计,增加村及村以上森林采运、农林牧渔业、服务业统计,试行以价格指数缩减法计算农业发展速度。"农业一套表"增加乡镇企业主要经济指标表。2003年、2004年乡镇卡统计指标增加人口与就业、乡镇经济、经济总收入、国内生产总值、农业生产情况、乡镇机构、财政供给人数、财政供给人员全年工资总额等27个统计指标。2005年增加农林牧渔业总产值及增加值的统计表。

商业

商业统计上报有定期报表和年报表,综合年报中有限额以上批发零售贸易业、商品购进、销售、库存总额等表，有法人企业、产业活动单位、从业人员、购进总额、销售总额、年末库存总额等10个指标。1992年增加社会商业商品购、销、存总额年报和社会商业商品购、销、存数量年报，统计全民、集体、合营、个体商业的商品购进总额、商品销售总额等指标。1993年年报有手工汇总和机器汇总两种表，表式有较大变化。2005年前所有企业直接向天水市统计局报表，对个体户实行抽样推算，资料来源工商部门。2005年市直属企业报送的批发零售贸易业、住宿餐饮业报表由企业向秦州区统计局报送。

固定资产投资

基本建设投资 统计内容包括城乡建设项目和城镇工矿区私人建设投资，城乡建设项目投资统计计划总投资50万元及50万元以上的建设项目，城镇和工矿区私人建设统计范围是市、县、镇、工矿区所辖范围内的全部私人建房。固定资产投资统计报表月报表有城镇化工矿区私人建房、城镇固定资产投资完成、农村非农户固定资产投资完成等情况表和全社会固定资产投资表、省内境外投资表。固定资产投资统计年报表有城镇固定资产投资统计基层标准表、农村非农户固定资产投资统计基层标准表、全社会固定资产投资表、省内境外投资表、分县区全社会固定资产投资表。

房地产业 房地产业统计包括房地产开发投资、物业管理、中介服务和其他房地产业企业生产经营状况。房地产投资有房地产开发公司、商品建设公司及其他房地产开发单位统一开发的统代建、拆迁还建的住宅、厂房、仓库、饭店宾馆、度假村、写字楼、办公楼等服务建筑和配套的设施等工程。

劳动工资

1990年劳动工资主要统计全民所有制和城镇集体所有制单位职工人数、工资。1991年增加城镇私营企业从业人员和个体劳动者人数统计、全民所有制单位固定职工和合同制职工增加来源和减少去向变动情况统计等6种。1992年全民所有制单位全部职工人数和工资表按领导关系、属性（企业、事业、机关）、国民经济分组，统计年末人数、平均人数、工资总额、平均工资等指标，同时还按照行业分组统计全民所有制单位全部职工人数和工资。1993年按隶属关系、企业、事业、机关、国民经济行业分组统计单位数、职工年末人数，年报表增加到20种。

2001年统计单位从业人员和劳动报酬情况，统计表主栏指标细分为13项，宾栏指标共135项。2003年统计表主栏增加在岗职工、长期职工2项指标，宾栏增加信息传输、计算机服务和软件业、水利、环境和公共设施管理业、居民服务和其他服务业、公共管理和社会组织等指标。2004年增加城乡劳动力资源配置情况表。

人口统计

1990年前进行1%人口抽样调查，按户籍、个人、死亡人口登记3部分开展调查。1990年开展的抽样调查项目有两类，一类是填报的项目有户编号、户别、本户常住人口、本户常住人口中16岁及以上人口数、本户人口中16岁以下人口等5个项目，另一类是姓名、与户主关系、性别、出生年月、户口登情况、户口性质、受教育程度、婚姻、工作、职业等21个项目。

第二节　调　查

农村住户

1990年开始农村住户调查，调查报表主要有甘肃省农村住户分组标志、村住户基本情况和村住户种植、林业、动物饲养业生产情况、村住户出售产品情况、村住户粮食收支平衡、村住户总收入和纯收入、村住户总支出等14种表。1994年报表减少农村住户种植、林业、动物饲养业生产情况表，农村住户出售产品情况表，农村住户购买商品情况等表。2001年抽样调查农村住户所在村基本情况，调查指标有农村住户所在村基本情况、调查村个数、土地资源、乡镇企业、社会发展等84个指标，农村住户家庭基本情况包括户数、家庭结构、生产性固定资产拥有、土地经营、耕地流转、住房、新建住房资金来源、居住条件、主要耐用品消费品拥有情况等112个指标。

2003年仅有农村住户调查年报表，指标有调查村个数、乡镇企业及通车、通电、通电话、通电视的村，调查户数统计增加生产性固定资产原值、期内住户固定资产投资完成额、期内新建（购）房屋户数、家庭收入等。

农村贫困监测

2000年抽取调查贫困检测户，指标有社区、住户、个人、收支、现金收支等调查资料。主要调查内容有社区基本情况、基础设施、社会服务、人口情况、资源情况和村级经济、灾害与社会保障、村级扶贫活动、家庭成员基本情况、劳动力状况、上年调查户、个体工商户、家庭结构、劳动力最高文化程度、住房、婚丧聚嫁、子女上大学、大病治疗、财产、生活、土地、农业生产、收支等情况。

农村固定资产投资

1992年基本建设完成情况表按农林牧、工业、运输邮电、商业、文教等行业分组，指标有自开建至报告期累计完成投资、自年初累计完成投资、自年初累计新增固定资产、本年累计施工面积、本年累计竣工面积、本年资金的来源与运用等。2002年乡镇以下按所在地进行统计调查划分为三级，一是乡政府所在地内调查乡镇级的非农户投资单位，二是调查村范围内调查组级非农户投资单位，三是农户投资从住户调查资料中取得。调查对象是企业单位、乡镇行政单位及社会团体、农户的固定资产投资情况，按行业类别分为20类，有农村非农户固定资产投资情况表、农户建房投资情况表。

人口普查

1990年7月1日第四次全国人口普查启动。普查表概要主要包括户数、人口数和性别比、农业户口和非农业户口人数、人口分布年龄和人口婚姻状况人口数、出生人口数、死亡人口数等。主要内容有人口城乡分布、民族、年龄、文化程度、职业行业、文化程度、婚姻、家庭、生育育龄妇女、死亡人口等情况统计表。

2000年11月1日第五次全国人口普查启动，有普查表短表、普查表长表、普查死亡人口调查表、普查暂住人口调查表。短表填报主要内容包括户编号、户别、本户普查登记人数、本户人口中外出不满半年人数、半年以上人数、本户住房间数、住房建筑面积、姓名、与户主关系、性别、年龄、民族、户口登记状况、户口性质、是否识字、受教育程度等指标。普查表长表填报内容包括户编号、户别、本户普查登记人数、本户户籍人口中外出不满半年、半年以上人数、住房间数、建筑面积、住房用途、住房建成时间、住房来源、构建住房费用、月租房费用。个人填写内容有姓名、与户主关系、性别、年龄、民族、户口登记状况、何时本地居住、受教育程度、是否有工作、工作时间、行业、职业、婚姻状况等指标。

农业普查

1996年1月1日第一次全国农业普查启动，到1996年12月31日止。2006年历时一年开展第二次全国农业普查。第二次全国农业普查的主要内容是从事第一产业活动的单位和农户的生产经营情况，乡镇、村委会及社区环境情况，农业土地利用情况，农业和农村固定资产投资情况，农村劳动力就业及流动情况，农民生活质量情况等。普查的行业范围包括农作物种植业、林业、畜牧业、渔业和农林牧渔服务业。普查对象为农村住户、城镇农业生产经营户、农业生产经营单位、村委会、乡镇人民政府。普查表种类有住户普查表、单位普查表、行政村普查表、乡镇村普查表、用地普查表等。

经济普查

经济普查每5年一次，标准时点为普查年份的12月31日，第一次全国经济普查的标准时间是2004年12月31日。经济普查的行业范围包括采矿业，制造业，电力、燃气及水的生产及供应业，建筑业，交通运输、仓储和邮政业，信息传输、计算机服务和软件业，批发和零售业，住宿业和餐饮业，金融业，房地产业，租赁和商务服务业，科学研究、技术服务和地质勘探业，水利、环境和公共设施管理业，居民服务和其他服务业，卫生、社会保障和社会福利业，文化、体育和娱乐业，公共管理和社会组织等。普查的主要内容包括单位标志、从业人员、财务收支、资产状况，以及企业的主要生产经营活动和生产能力，主要原材料和能源消耗及科技开发的投资状况等。

第四章　物价管理

第一节　价格管理

工业消费品

1986年议价糕点价格由企业制定，小食品价格实行协商定价，放开80支以上棉针织品和纺织品、中长纤维布、自行车、黑白电视机、电冰箱、洗衣机7种工业消费品价格，中小学课本按照保本微利适当降价。1987年毛巾、枕巾、浴巾、线袜、化纤袜5个品种列入小商品范围，实行工商协商定价，木竹秸制品、生熟铁、钢制品、车马部件等4个种类、80个品种小农具自行定价，制定统一彩色电视机作价办法。1988年放开牡丹、红双喜、红山茶、大重九等13种香烟和泸州特曲、古井贡酒、洋河大曲、汾酒、西凤等13种酒的价格。1989年定价商品一律执行统一零售价格，省内生产的纯毛花达呢、毛绦花呢、大衣呢等154个品种降价6.5%，调整市针织一厂生产的18个毛巾产品厂销价格，产地放开价格的自行车、缝纫机、国产手表、电冰箱、洗衣机、收录机等11种商品实行提价申报制度，已放开价格的成衣、皮鞋、雨伞等17种商品实行差率控制；供应城市居民的议价粮油规定作价办法和进销差率，从外地购进不得超过12%，本地购进不得超过9%。1990年对部分放开的10大类120种工业消费品实行差价控制，131种33个牌号彩电和245个型号7个牌号自行车统一销售价格。

1991年放开卷烟、雪茄零售价格；糕点用粮油改为议价供应，价格执行国家指导价格，其标价签由红色改为蓝色。1992年省管103种重工商品价格下放企业定价，放开部分省管轻工商品价格101种由企业定价。1993年实行国家定价、国家指导价、市场调节价3种形式，商品住宅价格、房地产各种收费及公房出售、出租均属国家定价，放开煤等主要商品销售价格。1994年奶粉、洗衣粉、常用药品（30种）、石油液化气、成品油、化肥等实行差率控制,煤炭、酱油、食醋、中小学生作业本、钢材、木材、水泥等实行调价申报。1995年绝大部分商品价格市场化,物价部门淡出价格管制。

2003年监测"非典"防治药品和相关商品价格,部分商品实行最高限价。2004年实行价格成本监审制度。2005年开展打击价格欺诈专项活动。2006年"农家乐"餐饮店价格作价办法,综合毛利率最高不超过60%,纯粮制品最高不超过40%,带馅面食制品最高不超过45%,普通菜毛利率最高不超过52%,中级菜最高不超过60%,高级菜最高不超过58%,香烟最高不超过55%,食品饮料酒水最高不超过80%。2007年药品价格执行政府定价,计划免疫药品、一类精神病药品、麻醉药品等属政府定价药品。列入基本医疗保险和工伤保险药品目录的药品实行政府指导价,按照规定作价以实际购进价(扣除各种折扣后的价格)顺加不超过15%的加价率,按最高零售价执行。列入国家保护范围的中成药及医疗机构中药饮片加价率不超过25%,直接从药材公司购进的最高不超过20%。执行明码标价和价格公示制度,社区卫生服务预防保健项目和其他基本医疗服务项目,其服务价格按照《天水市医疗服务价格》规定的二级乙等医疗机构服务价格下浮20%执行,优先采购和使用廉价药品,确保基本用药低于市场平均价格。

秦州区主要工业消费品部分年份价格统计表

表11—4—1

年份	精细盐（公斤）	机器面加工费（500克）	散装酱油（500克）	食醋（500克）	白砂糖（500克）	火柴（100克）	普通灯泡（15瓦）
1985	0.36	0.03	—	—	—	—	—
1986	—	0.04	—	—	—	—	—
1987	0.38	—	0.16	0.08	0.81	0.03	—
1988	0.43	—	0.18	0.1	1.24	0.04	0.47
1989	0.69	0.06	—	—	—	—	0.64
1994	0.77	—	—	—	—	—	—
1995	0.89	—	—	—	—	—	—
2000	1.7	—	—	—	—	—	—
2005	2.6	—	—	—	—	—	—

农副产品价格

1985年调配优质絮棉3500担,供应标准不分城乡每人0.7斤,每斤1.5元,棉被(网套)每斤2元,销售凭票供应。放开猪肉价格,收购保护价0.63元/斤,收购控制价0.77元/斤,销售价1.34元/斤;出台收购价0.73元/斤,出台销售价1.27元/斤。

1986年城镇居民实行肉食补贴。中药材收购价格麝香、甘草、杜仲、厚朴实行指导价,人参、三七、黄连等20种中药实行协调价格,其余品种全部放开。茶叶实行指导价格,凡从北道省级购销站购进茶叶均按北道市场批发价加北道到秦城运杂费每斤0.1元制定;区属企业自采的茶叶,按当地批发价执行,进批差率花茶17%,绿茶、陕青茶15%;农村基层社批发价按市区批发价加规定运杂费核定,零售价按批发价加批零差率制定,花绿茶18%,陕青茶16%。羊毛实行指导性收购价格。

1987年调整玉米、绵羊毛收购价格;生猪购销实行指导性价格,提高生猪定购饲料粮差价外补贴,实行收购生猪与奖售化肥挂钩。蔬菜具体品种价格实行分类管理,20个品种蔬菜实行指导性价格,其余品种价格放开。当地菜实行最低保护价。

1988年大白菜实行计划管理,执行计划价格,豆腐每500克由0.1元调为0.15元。1989年议价放开,财政补贴取消,制定议价粮油销售作价办法。调整絮棉销价,标准絮棉每50公斤由253元调为290元,标准级弹制絮棉(327级)零售价每500克由2.9元调为3.9元,絮棉标准品销售价每50公斤由290元调为390元。提高粮油收购价格,供应城市居民的议价粮油规定作价办法和进销差率,除加合理运杂费外,从外地购进不得超过12%,本地购进不得超过9%。

1990年网套129级(一级29毫升)棉生产的4.5×6.5、重3公斤批发价37.86元,零售价41.7元;4.6×6.5、重2.5公斤的网套批发价32.37元,零售价35.6元;环城、吕二、玉泉为城区零售价,皂郊、太京、中梁加0.02元运杂费,其余乡加0.04元运杂费。小麦议购指导价每50公斤42元,最低保护价每50公斤40元;玉米议购指导价每50公斤25元,最低保护价每50公斤23元。第三季度粮油最高议购限价小麦每公斤0.9元,玉米每公斤0.64元,油菜籽每公斤0.35元,胡麻油每公斤0.9元,冬贮大白菜进窖收购价每公斤0.1元。

1991年冬贮大白菜进窖收购价格蔬菜公司仓库交货每公斤0.12元，地头交货每公斤0.11元。1992年粮油统销价格（50斤）：小麦22元，玉米15元，粳米33元，籼米26元，标准粉27元，特一粉36元，特二粉32元，玉米粉16元，荞麦粉22元，莜麦粉22元，青稞粉21元，菜籽油208元，胡麻油214元。鲜牛奶销售价每公斤由0.8元调为1元。1993年放开粮、棉等主要商品销售价格。1994年猪肉、豆腐和各种蔬菜实行挂牌价格销售，主要副食品实行最高销售限价，猪肉统货5元/500克，后臀肩5元/500克，呱呱面皮0.8元/碗，牛肉面1.3元/碗（大）、1.1元/碗（小）。城乡絮棉零售价格在北道区零售价（含税）基础上加定额运杂费，城区（含玉泉、吕二、环城）每500克加0.02元，汪川、大门、苏成三乡每500克加0.05元，其余乡500克加0.04元，城区标准品絮棉零售价每500克11.33元。后半年粮油价格猛涨，上白粉每公斤由前半年1.35元涨到12月的2元，胡麻油、菜油由3月每公斤7.8元、7.6元分别涨到12月的10.8元、10.6元。

1995年食糖批发价以出厂价加运销差率，食糖零售价以批发价加批零差率15%。调整絮棉销售价格，环城、吕二、玉泉乡实行城区价，农村二片（汪川、苏成、大门）零售价（50公斤）在城区价基础上加30元，农村一片零售价在城区价基础上加20元。4月中旬粮价上涨，上白粉每公斤2.32元，5月、6月供应居民上白粉10公斤/人、2.28元/公斤，8月1日起特一粉按市场价销售，标准粉每公斤1.6元，特二粉每公斤2.28元，议价小麦加工面粉销价报批，胡麻油9.2元/公斤，菜籽油8.6元/公斤。1996年标准粉每50公斤122元，特二粉每50公斤136元，特一粉每50公斤145元。1998年玉米收购价格省内中等质量每50公斤57元，保护价51元。

2001年林木种苗，草籽价格实行指导价。2003年防治"非典"相关商品价格监测项目大米、面粉、绿豆、鲜猪肉、鸡蛋、植物油、白醋、陈醋等，对其实行申报制度和调价备案制度。

生产资料价格

1985年碳铵磷肥取消统一零售价格，市场销售价格均为出厂价加运杂费，零售价不超过出厂价12%。磷酸二铵全省统一零售价920元/吨，碳酸铵全区统一零售价188元/吨，综合差率区农副公司5%，基层供销社7%。1986年计划外钢材等10种生产资料销售价格随行就市。废熟铝收购价2.05元/公斤，供应价2.59元/公斤；废生铝收购价1.34元/公斤，供应价1.62元/公斤。1987年农药进口硫酸铜2963元/吨，敌百虫3644元/吨，乐果6670元/吨。1989年红砖价格一等由50元调为70元/千块，二等由45元调为65元/千块，等外由35元调为55元/千块；机瓦价格由130元调为250元/千片。7月再次调整，机砖一等80元，机瓦280元。

1991年公路货运价格调整后相应提高化肥销价。1997年进口磷酸二铵、尿素执行全省统一零售价格，每吨磷酸二铵2655元（袋132.75元）、尿素2100元（袋34元）。1999年放开化肥零售价格，实行市场调节。

2004年干预尿素、磷酸二铵等农资价格。2005年调整化肥价格干预措施，化肥实行出厂价格，进销差率、批零差率管理，大、小化肥综合经营差率分别最高不得超过7%和8%。

秦州区部分年份玉米种子价格统计表

表11—4—2　　　　　　　　　　　　　　　　　　　　　　　　　　单位：元/斤

年份	中单2号		秦单2号	
	零售价	批发价	零售价	批发价
2001	5.3	—	—	—
2002	7	5.6	—	—
2003	5.6	5	—	—
2004	5.2	4.6	—	—
2005	6.3	5.6	8.7	7.8
2006	6.6	5.95	8.7	7.8
2007	6.77	6.04		

秦城区部分年份农业生产资料价格

表11—4—3　　　　　　　　　　　　　　　　　　　　　　　　　　单位：元/吨

年份	磷二铵	碳酸铵	尿素	硝铵	乐果	地膜	
						普通	超薄
1985	920	188	—	—	—	—	—
1986	—	175	—	—	—	—	—

续表

年份	磷二铵	碳酸铵	尿素	硝铵	乐果	地膜	
						普通	超薄
1987	—	—	610	410	6670	5340	5540
1988	920	273	520	374	8008	5650	5850
1989	—	344	—	440	—	—	—
1990	—	—	588	440		6856	7000
1991	1600	—	635	494	—	—	6500
1992	1600		720	656		—	7800
1993	1600		770	510		—	7900
1994	1940		1252	990		—	8400
1995	—		1442	1060			10500
1996	2720		1764	1428			9599
1997	2655		2100	—		—	9500

交通邮电和资源价格

1986年照明电价小于1kV为0.2元/kWh，1kV至10kV为0.195元/kWh。1988年大客车票价由每人每公里0.024元调为0.03元，秦城至北道全程票价由0.45元调为0.6元，后由0.6元调为0.8元。出租面包车票价由每人每公里0.033元调为0.044元。月票市区由5.5元调为7.5元，郊区由8.5元调为11元，学生票由3元调为4元。1989年公路汽车客运票价执行全省公路汽车客运票价，控制在人均每公里0.04197元，一类线基本运价人均每公里0.04元，二类0.045元，三类0.05元，城市公共汽车票价不变。集中供热收费不含税平均每平方米6.29元，居民住宅3.5元/平方米，机关企事业单位7.96元/平方米。

1990年煤油（照明）零售价城区（含玉泉、环城、吕二）0.95元/公斤，皂郊、太京、中梁0.97元/公斤，其余乡1元/公斤。调整城乡分片运杂费计价，农村一片25公里内含中梁、太京、皂郊、店镇，每公里加运杂费0.02元；农村二片50公里内含藉口、铁炉、平南、关子、牡丹、秦岭、杨家寺、娘娘坝、李子、齐寿、天水乡，每公里加0.04元；农村三片50公里以上含大门、汪川、苏成，每公里加0.06元。1992年邮电资费标准：标准信封0.05

元/个，其他信封0.06元/个，国际航空有声信函信封0.15元/个，特快专递信封1元/个，电报纸、汇款单0.03元/张，挂号记录单0.02元，各类签收簿1.5元，电话号码簿工本费1.2元，集邮预订卡1.5元，集邮信托费10%。客货运输加收油料附加费（差价），客运每吨每公里加收0.1元（每10个人公里折合1个吨公里），货运每吨每公里加收0.15元，天北线面包车客运每人每公里加收0.025元；天北线公共汽车全程加收0.2元/人，计入票价每张为1.3元，面包车全程每人加收0.5元，计入票价后每张1.8元；公共汽车市郊月票由14元调为18元，近郊月票由18元调为22元，远郊月票由22元调为26元。1993年农村综合电价减去分站维管费，动力电每千瓦时加0.1006元。汽车、灯用等成品油的出厂价格和销售价格实行计划内外并轨，一律实行国家定价。1996年国内平信每20克由本埠0.1元、外埠0.2元调为0.5元，挂号信由0.3元调为1元。

2000年无线市话初装费500元/部，上下浮动20%；月租费15元/部；通话费本地网营业区内每3分钟计为1次，每次0.2元，本地网营业区间0.2元/分钟。市内公交零售票价2、3、7、23路由0.3元、0.2元等起价乘3站统一调为0.5元起价乘4站，21、24路定为0.5元起价乘4站，11路（双层车）由0.6元一票乘座调为0.5元起价乘4站，以上线路原则上为每乘2站进0.1元，但站距加长的可一站进0.1元。月票市内公交由30元调为48元，学生票由15元调为24元，月票可乘2、3、7、11、21、23、24路公交车。1、9路全程票价2.4元（火车站上下仍为2元），半程票价1.3元；6路全程2.4元，月票1、9路每本50张90元，6路每本50张110元。2001年公交26路车票价全程线路实行两票制票价，起步价每人次0.5元乘4站，5站以上每人次1元直至终点。2004年9月18日省内生产液化气出厂价3113元/吨至3405元/吨，气站销售价格在新进货价基础上加计合理费用和利润。2007年液化气出厂价格最高不得超过4582元/吨，零售价格在进价基础上加运杂费再加5%差率；农村有线电视建设费300元/户，增装用户盒120元/户，有线电视维护费8元/部，报停或开通手续费30元/户。出租汽车保留省政府的收费项目和标准，农村客运班线实行最高限制票价。

秦州区部分年份农村电价统计表

表11-4-4　　　　　　　　　　　　　　　　　　　　　　　　　　　单位：元/千瓦时

年份	生活照明	生产照明	机关照明	农业生产	工副业	排灌50m内	排灌50~100m	排灌101~200m	排灌201~300m	排灌301m以上	贫困区农灌	商业用电
1991	0.225	0.34	0.2675	0.2105	0.2725	0.089	0.065	0.04	0.03	0.02	—	—
1993	0.266	—	—	—	—	—	—	—	—	—	—	—
1994	0.338	0.49	0.461	0.271	0.41	0.112	0.073	0.066	0.052	0.037	—	—
1995	0.344	0.487	0.516	0.297	0.436	0.118	0.079	0.072	0.058	0.043	—	—
1996	0.4307	0.6219	0.4325	0.5569	—	—	—	—	—	—	0.2128	—
1997	0.505	0.687	0.687	0.475	0.607	0.225	0.124	0.124	0.11	0.11	0.096	0.236
1998	0.5	0.65	0.65	0.49	0.62	0.22	0.13	0.12	—	—	—	—
2000	0.55	0.7	0.7	0.521	0.651	0.24	—	—	—	—	—	0.85
2001	0.58	0.72	0.72	0.53	0.66	0.28	0.16	0.15	—	—	—	0.88
2003	0.47	0.77	0.77	0.58	0.7	0.32	0.32	0.19	0.19	0.19	—	0.93
2004	0.47	0.832	0.838	0.58	0.768	0.32	0.32	0.19	0.19	0.19	—	0.988
2005	0.49	0.866	0.866	0.58	0.796	0.32	0.32	0.32	0.19	0.19	—	1.016
2006	0.51	0.7537	0.7537	0.585	0.807	0.34	0.34	0.34	0.21	0.21	—	0.878

秦州区部分年份10kV销售电价统计表

表11-4-5　　　　　　　　　　　　　　　　　　　　　　　　　　　单位：元/千瓦时

年份	供电站							直管户			
	居民照明	非居民照明	商业	农业生产	非普工业	农业排灌	变损	非居民照明	非工业	变损	大工业电价
2004	0.46	0.62	0.76	0.384	0.534	0.181	0.418	0.62	0.534	0543	0.357
2005	0.48	0.648	0.788	0.384	0.562	0.181	0.425	0.648	0.562	0.571	0.377
2006	0.5	0.7437	0.8687	0.573	0.573	0.187	0.425	0.7437	0.573	0.571	0.387

第二节　收费管理

教育

1989年制定中小学学杂费暂行收费标准,吕二、玉泉、环城、皂郊、藉口等6乡所属小学和其余乡中心小学均按川区标准收费,其余乡除中心小学外均按山区标准收费。区委党校培训学员住宿费（含水电费）1.2元/人·天,不住宿者0.8元/人·天,外单位培训1.5元/人·天。1990年调整招生和自学考试收费标准,报名费2元/课,考务费3元/课,毕业证10元。1994年调整幼儿园收费标准,合作巷幼儿园按简托一类收费,儿童乐园幼儿园按日托一类收费。1995年民办学校学杂费120元/人·月,住宿费1.5元/人·天。1999年建二小学"三算教学"实验班收费标准25元/生·月,市三中高中学费300元/生·学期。2002年村级小学办理收费许可证副本,实行收费公示制度。2004年推行"一费制",农村小学和初中只收规定的一项费用,农村普通高中收取的费用为学费、择校费、住宿费以及代收的课本费、学费。2006年免除农村义务教育阶段学杂费。

传媒

1985年电影票价甲级0.25元,乙级0.2元。1988年电影录像票价甲级0.5元,乙级0.25元。1995年有线电视安装费单位400元,居民由250元调为280元。节目月租费单位15元/月·台,居民由5元调为6元/月·台。1998年农村有线电视初装费360元/户,收视费6元/户·月。

医疗计生

1989年调整医院取暖费标准,由0.5元/天·床调为1.2元/天·床。1993年机关工作人员、干部、大专院校学生医疗证1元,出生证、死亡证均为0.1元。2004年外出务工农民收取的流动人员婚育证明工本费最高不得超过5元。

社会事业

1990年泰山陵园骨灰埋葬收费标准为集资兴建公墓的单位和个人埋葬1个骨灰盒收费150元,免收安葬费,30年内不收管理费;其余单位和个人埋葬1个骨灰盒收安葬费100元,其后30年每年收费管理费5元。1991年南山人民公墓每个墓穴收费260元,包括安葬费、管理费,次年起每年收管理费5元。1992年社会团体收费标准为个人会费5元/年，企业团体会费1000元/年，行政事业单位会费500元/年。1993年村（居）民委员会主任、副主任证书工本费4.5元，管理费0.5元；社会团体申请费5元/件，登记费（含证书费）25元，变更登记费10元。1994年镀金结婚纪念币16元，彩色结婚证件照4张5元，新婚知识书籍每套两本5.8元。1995年调整南山人民公墓收费标准，每个墓穴320元（含安葬费），墓穴使用证工本费5元，第二年起收取管理费5元/年。1996年烈士陵园非烈士墓管理费15元/年，新入园非烈士墓穴占地使用费600元/平方米，祭奠悼念占地使用费450元/平方米。1999年甘肃省老年人优待证工本费3元。2004年社会团体会费退出行政事业性收费管理范围，改换申领经营性收费许可证。2006年李广墓门票价格减免范围，12米以下儿童和残疾人免票，大、中、小学生、老人、军人凭有效证件半价优惠，中小学集体参观免票。2007年南郭寺、玉泉观、李广墓、诸葛军垒参观的60岁以上老人持身份证半价优惠，持有老年优待证的老年人免购门票。

中介服务业

中介　报名费30元，中介费为首月月薪30%（求职方与用人方协商）。婚姻介绍报名费60元（双方分担），媒体广告、联谊活动费由双方协商。房屋介绍出租委托费40元，中介费为首月月租50%（双方协商）。买卖委托费40元（买方支付），中介费为售价1%（双方协商）。

服务业　1987年台湾同胞回大陆探亲旅游收费，凡属涉外饭店招待所一律按对外国人收费标准的7折计价收费；凡经批准允许接待台胞的国宾饭店招待所，一律按对内宾的标准收费。1989年娱乐酒吧门票价格坐票咖啡厅2元/2小时，普通厅1.5元/2小时；舞会门票咖啡厅6元/2.5小时，普通厅5元/2.5小时；舞厅门票价格包厢4元/人·次，普通票2元/人·次。2001年机动车停放夜宿时限次日10时前（含10时），10时不夜宿按临时停车收费；自然垄断经营性的车站、医院、旅游景点、住宅、商场、宾馆、酒店等配套车场为A类，实行政府定价；27个非自然垄断经营性的娱乐场、写字楼等建筑配套停车场为B类，实行市场调节价可自定，但不得超过A类50%的幅度。

行政事业收费

公安 1990年治安联防费未抽人员参加治安联防的单位,按人数每百人抽一人的比例计费,每人每月收取60元联防费,聘用、雇用的治安员月工资60元/人。户口簿工本费1.3元/本,集体户口簿0.1元/张,准迁证0.2元/张,迁移证0.2元/张,暂住证2元/张。1992年身份证领取、换领费5元,丢失补领10元,临时身份证10元,补领20元,农转非计划指标卡手续费5元。1994年户口迁移证5元,准予迁入证6元。2004年农民进城务工暂住证工本费最高不得超过5元,暂住证卡最高不得超过15元,含集成电路的暂住证卡最高不得超过20元。2005年规范居民身份证工本费,申领、换领第二代居民身份证工本费20元,丢失补领或损坏换领工本费40元,办理临时第二代身份证10元。

城建、税务 1988年公房拆迁标准254元/平方米。1990年土地证费个人5元,单位10元,"三资"企业和其他用国家特制证20元。1992年《建设工程施工合同示范文本》工本费1.3元,建设工程施工合同工本费0.1元,税务登记证8元(含正副本),增加副本3元/本,税务登记证镜框15元之内,发票准购证4元。1993年广告合同示范文本工本费15元,建筑行业企事业单位岗位培训费8元/人·课,城建干部岗位培训函授学杂费(含管理费)180元/年。2002年区城管委员会取消招牌管理费。2004年房屋所有权登记证工本费10元。

涉农收费 1990年农村土地证5元,特制土地证20元。1996年农村家庭住户门牌费3元。2003年清理全区涉农价格和收费,确定合法有效项目1098项(其中降低标准的10项)。2004年土地证5元,特制土地证20元,由农民自愿选择,流动人口婚育证明5元,降低部分涉农收费标准,实行涉农收费公示制度。2007年农民建房费除收取土地证费外,其他收费项目一律取消。

价格调节基金与认证

价格调节基金 1997年市政府制定副食品价格调节基金实施办法,征收标准为收费总额的20%,自1997年始征收,至2007年累计征收55万元。

价格认证 1997年成立秦城区价格事务所,开展价格签证和评估业务，至2007年价格登记和评估业务累计1092件，标的44539万元。其中涉案鉴定818件，标的5955万元；委托评估274件，标的38584万元。

第三节 价格监督检查

1985年检查经营单位315家，商品价格31828类。其中违纪19家，一般案件13件，重大案件1件，违纪资金90932元，上缴财政27801元，退还63130元。1986年检查经营单位300多家43000多种商品价格和收费标准，查出违纪单位和个体户66家（户），违纪资金11899元，没收5144元，罚款592元，退还6159元。

1987年检查商品价格42411类、非商品收费509类，检查经营单位3643家，违纪资金33649元，没收23364元，罚款10285元，退还177元。1988年专项检查家电、食盐、粮油等商品价格，检查1112家单位、26087种商品价格和541个非商品收费标准，处罚34家违纪单位，罚没违纪资金23182元。1989年查处违纪案件318件，罚款210921元。1990年检查农用生产资料价格、议价粮油和棉花价格、医疗收费、学杂费，检查企业单位914家，查处违纪案件224件，违纪资金26489元。

1991年清理整顿行政事业性收费，清理93个项目、2677个收费标准、1115万元，查出违纪单位31家、违纪资金96万元，没收974元，退还53177元，待处理5596元。专项检查医疗收费、学杂费、农村电价、中西药品，检查625家单位、商品价格47000个、非商品收费3717个，查出违法案件121件、违纪资金124237元，没收15279元，退还106999元，罚款1959元。

1992年至1993年重点检查农业生资料价格，累计查出违纪资金36690元，没收3245元。1994年检查单位344家，处罚9867元，没收2385元，退还1946元，罚款5535元。1995年检查粮食、农资、成品油价格和银行结算业务收费，检查工商企业和单位545家，处罚32539元。1997年检查教育、卫生等行政事业收费，检查单位106家，违纪资金27334元，罚款7925元，没收19410元。1998年整顿自立项目超标准乱收费行为，检查餐饮、娱乐、修理服务行业和行政事业单位246家，查处违纪资金34622元，其中退还15670元，没收14200元，罚款4752元。1999年检查粮改价格和农村电价、医药医疗、电信、农机监理等价格，检查单位96家、个体户130户，查处违纪资金9.18万元。2000年检查教育医疗收费、农村电价和土地、计生、旅游、公安收费，检查173家单位，查处违纪资金13万元，没收4.2万元，退还8.9万元。

2001年至2002年检查行政事业收费和农村用电，查处价格违法案件211件，办理举报案件41件，查处违法资金67万元。2003年检查政府定价、指导价商品价格和行政事业性、经营服务性收费，检查单位和经营户360家户，查出违纪资金36万元。2004年至2005年检查农资、教育、医疗价格，检查单位、个体户935家次，查出违法资金50万元。

2006年检查教育、涉农和医疗服务价格、出租车收费和清真食品市场、美容美发、超市、农家乐价格，检查单位120家，查出违法资金20万元，制裁24万元。2007年检查环保、涉农、医疗、农村电价、教育、司法服务收费和房地产价格、物业服务收费，检查单位280家，查处违法资金54万元。

第五章　审　计

第一节　财政金融审计

本级财政预算执行审计

1997年秦城区实施启动本级财政预算执行和其他财政收支审计，至2007年审计346项，审计资金12.79亿元，查出违纪违规资金92978万元，收缴财政444万元。

1997年审计区财政局、地税局、国库和18个一级预算单位、7个乡政府、12个二级单位1996年度本级财政预算执行和其他财政收支情况，审计调查15户企业纳税情况。之后每年审计对象主要是区财政、区地税局、国库和区委办、教育局等一、二级预算单位，并审计调查10户企业纳税情况。

1999年查出违纪资金8.63万元,为历年最少,之后逐年增加,至2002年违纪资金突破1000万元达到1505万元。同时审计资金随财政支出逐年增加,至2007年达到27893万元。

1997—2007年秦州区本级财政预算执行审计统计表

表11—5—1

单位:万元

年份	一级预算单位(家)	二级预算单位(家)	企业(家)	审计资金	查出违纪资金	收缴财政	罚款	补缴税款
1997	18	12	15	6527	260	66	—	0.98
1998	12	12	10	6174	100	72		
1999	21	10	10	6262	8.63	—	2.8	
2000	21	10	10	—	159	20.6	21	—
2001	18	6	10	7342	516	—	0.24	4.52
2002	17	5	10	6289	1505	137	0.23	0.04
2003	16	—	10	11798	1576	61	1.8	2.57
2004	15	7	10	16211	1774	14.7	—	—
2005	—	—	10	22308	879.7	—	—	11.5
2006	20	10	—	17016	1435.8	—	—	—
2007	20	11	—	27893	1074			

乡镇财政决算审计

1994年实施乡财政审计,审计太京、平南、李子3乡财政收支情况,审计资金291万元,查出违纪资金291万元。1995年审计玉泉、环城2乡1994年财政决算情况,提出审计建议6条。1996年审计牡丹、藉口乡1995年度财政决算情况,提出3个方面审计建议。

1997年审计关子、杨家寺、天水、秦岭4乡1996年财政决算情况,查出违纪资金6.99万元。1998年审计李子、藉口、太京3乡1997年财政决算情况,1999年审计皂郊、平南、齐寿3乡1998年乡级财政决算情况,查出违纪资金32.3万元,处罚13.25万元,纠正19万元。2000年审计中梁、关子、铁炉、玉泉、吕二5乡1999年度财政决算实施,查出违规资金1.5万元全部收缴乡财政。

2002年审计大门、汪川、华岐、苏成4乡2001年度乡级财政决算,查出违纪资金50万元,收缴财政2.38万元,从财政管理体制方面分析乡级财政虚列支出、拖欠工资等问题产生的原因,提出改进意见和建议。2003年审计店镇、李子乡2002年度乡级财政决算情况,查出违纪资金3万元,收缴财政2万元。2004年审计皂郊镇2003年度财政决算情况,查出违纪资金23.5万元,收缴财政0.13万元。2005年至2007年审计关子、娘娘坝、天水、平南镇年度财政决算情况。

金融审计

1987年审计工商银行天水市秦城办事处1985年至1986年财务决算,查出违纪资金4.97万元。1991年审计农行秦城区办事处1990年财务收支情况,抽审坚家河营业所和皂郊营业所,查出违纪资金40.74万元。1994年审计区保险公司1993年财务收支情况,审计资金454万元,查出违纪资金20.2万元。1999年审计区信用联社和玉泉、太京、皂郊、齐寿、平南、秦岭6个农村信用社及联社营业部1998年度资产负债损益情况,查出违纪资金1.75万元。2000年审计区信用联社1999年度资产负债损益,延伸审计吕二信用社。

第二节　行政事业审计

定期审计

1987年试行定期审计10个行政事业单位,其中2个单位实行半年审计,8个单位实行季度审计,审计资金384万元,查出违纪资金0.85万元,收缴财政0.11万元。1988年以定期报送审计代替财务大检查,定审单位30个,审计资金1244万元,查出违纪资金7.57万元,上缴财政0.02万元。1989年定审单位增加到50个,审计资金2291万元,查出违纪资金23.6万元,上缴财政4.58万元。

至1993年定审单位维持在50多个,违纪单位和资金明显减少。1994年定审单位减少到15个,抽审30个,审计资金3712万元,查出违纪资金0.75万元。1995年定审单位增加至25个。1996年审计15个行政事业单位财务收支,提出审计建议30条。1997年审计区医院、卫生防疫站、妇幼保健站1996年度财务收支及经营情况,重点检查执行国家药品价格政策、物价部门核定的收费项目和标准的执行情况、财政拨款的支出情况。2001年审计25个行政事业单位。

专项审计

1985年审计天水汽车监理站1984年公路养路费征收、解缴情况,发现应征426万元。1986年审计1985年教育经费、预算外资金及19个修缮费在5万元以上的中小学校,查出违纪资金29万元,收缴财政1万元,追回资金10万元。1987年审计区民政局1985年至1986年民政事业费及扶贫资金,抽审22个乡、3个街道,查出违纪资金7.3万元。

1988年审计水电局1986年至1987年西干渠修复工程财务决算和1987年人畜饮水工程财务决算,查出粮、棉、布变价销售长款5.88万元。审计汪川、天水乡1988年扶贫贷款的发放使用资金6万元,查出未发放到贫困户0.616万元,占12.7%。1989年审计皂郊、太京、藉口3乡1988年林业投资资金9.6万元,查出违纪资金0.71万元。1990年审计水电局1989年水利水保资金246万元。审计齐寿、娘娘坝、李子乡1990年农业专项资金14.86万元,查出违纪资金0.56万元。

1992年审计华岐、平南、天水、汪川、大门、苏成6乡农业资金58万元,查出除苏成外其他5乡梯田补助3.2万元未发放。审计待业保险基金和退休养老基金501万元,追回虚列挪用退休养老基金0.6万元。同时审计"七五"期间商品粮基地建设专项资金45万元。1993年审计区扶贫办和农牧局1991年至1992年扶贫资金、发展粮食生产专项资金,采取账面审查和现场审核相结合,自上而下,跟踪到村,延伸抽审11个乡7个村委会,审计资金240万元。1994年审计扶贫资金30万元。1995年至1996年审计1990年至1994年藉河工程专项资金、希望工程捐款资金、财政支农资金、农业税附加收入、"121"雨水集流工程资金。

1997年审计区教育局及育生中学、玉泉中学、解放路第一小学、中华西路小学1996年度普教经费和预算外资金,查出违纪资金0.73万元,收缴财政0.53万元。同时审计1994年至1996年度的农业投入资金。1999年审计1998年科技、教育专用经费4364万元。同时审计法院、检察院、公安系统财政预算资金、行政性收费、罚没追缴款物收取、管理和解缴,以及福利彩票赈灾募集启动情况。

2000年审计区环保局1998年至1999年排污费征收、管理和使用情况,查出违纪资金35.7万元,分别作出上缴截留资金、归还挤占资金和收回借出资金处理。审计教育经费,查出城市教育费附加当年欠拨240万元,累计欠拨978万元,其中农村教育费附加当年欠拨95万元。审计行政性收费公安分局76万元、法院82万元,收缴财政34万。2002年区审计局异地审计武山县公积金及受托银行,查出财政欠缴职工公积金2152万元等问题。

2003年审计2002年度退耕还林还草专项资金,查出区林业局未将现金补助54万元发放到农户。同时审计"三条保障线"资金1804万元,专项审计"非典型性肺炎"专项资金和捐赠款物。审计2001年至2002年扶贫专项资金654万元,督促拨付到位资金61万元。2004年审计广播电视系统2003年专项资金90万元。

2005年至2006年专项审计2004年度城市失业保险基金、2005年度城市维护建设资金、2003年至2006年中小学危房改造资金、乡镇卫生国债建设资金。

经济责任审计

1988年8月审计承包经营的企业和经营者,审计天水聚乙烯电缆料厂。1990年至1993年审计天水市百货纺织品公司、五金厂、化纤厂、皮革厂、建材厂、造纸二厂、五金交电公司、糖业烟酒公司和天水市锅厂等国有企业21项承包经营责任和厂长(经理)责任(责任审计)。

2000年县级以下党政领导干部任期实行经济责任审计。2003年建立经济责任审计工作领导小组和联席会议制度。2004年设立区经济责任审计办公室。1997年至2007年行政事业单位经济责任审计项目159项,任期经济责任审计199名党政领导。

外资审计

1997年审计秦城区世界银行贷款"综合性妇幼卫生保健项目",重点检查项目资金来源、使用和结存情况。至2007年累计审计世界银行贷款"综合性妇幼卫生保健项目""儿童计划免疫项目""第三个贫困地区基础教育项目""西部扶贫项目"等24项,审计资金2.13亿元。

第三节 企业审计

1985年审计区烟酒公司,查出违纪资金5.31万元,收缴财政2.2万元。1986年审计区粮食局及粮油购销公司、城镇粮油供应公司、枣园粮管所等10个单位1985年财务决算,查出违纪资金46万元;抽审区物资局,查出违纪资金86万元,收缴财政1万元。

1987年审计市锅厂1986年财务决算,查出违纪资金21.9万元,收缴财政1.48万元。1988年审计五金交电公司1987年财务收支,查出违纪资金4.58万元,收缴财政1.69万元。审计市针织一厂1987年至1988年8月财务收支,查出违纪资金54万元,收缴财政1.83万元,有关问题移交检察院立案处理。1989年审计天水市百货纺织品公司,查出违纪资金5.55万元,收缴财政1.66万元,罚款0.17万元。根据群众举报,审计市糖业烟酒公司民主路综合商店1988年至1989年5月财务收支,审计资金165万元,查出违纪资金11.84万元,收缴财政0.089万元,补缴税款1.14万元,罚款0.42万元,追回6.62万元,移交区检察院处理2人。查出粮食系统违纪资金45万元,上缴财政15万元。查出市皮鞋厂违纪资金9.45万元,收缴财政1.7万元。审计区汽车运输公司1988年至1989年9月底财务收支,查出违纪资金28.8万元。1990年审计市食品厂1988年至1989年财务收支资金979万元,查出违纪资金42.85万元,补缴税款0.98万元。审计区物资局及下属金属材料公司、木材公司、建化公司1989年财务收支及经营资金1030万元,查出违纪资金7.28万元,补缴税款3.04万元。

1992年审计区供销社下属农副公司和藉口、平南供销社财务收支,查出违纪资金82万元。1994年审计6户企业资产负债损益资金5994万元,查出违纪资金57万元、损失浪费资金20.6万元,收缴10.4万元。提出审计建议23条。区审计事务所为新开办企业验资33项,资金1272万元;审计3家企业,审计资金4994万元,查出违纪资金42万元,损失浪费资金20.6万元。

1995年审计秦城区粮食局、农业生产资料公司、商业大厦股份有限公司、陇原冷冻厂资产负债损益,提出审计建议13条。1996年审计区农资公司、木器厂资产负债损益,查出违纪资金3.38万元。之后随着区属企业破产倒闭,企业审计日渐减少,1997年至2000年先后审计区粮食局系统和市皮件厂、建材厂、食品厂资产负债损益情况。1999年区审计事务所注销组建天水市秦盛会计事务所,成为独立经营的社会中介组织。2000年后区审计局主要参与区属企业破产改制工作。

第四节　审计调查

1988年调查区五金公司、百货公司、糖业烟酒公司、市针织一厂、五金厂、锅厂1月至5月承包经营情况,了解到有3户企业将承包任务和目标层层分解落实到门店、柜组和职工个人,实行厂长任期目标责任制。1989年调查市糖业烟酒公司、五金公司、百货纺织品公司1988年承包经营情况。1991年专项审计天水市针织二厂、五金厂,提出整改建议。开展第二次审计对象调查,掌握调查对象408个。1992年调查藉口等5个基层供销社和百货纺织品公司、天水市蔬菜食杂公司、建材厂和五金厂。了解到有5个基层供销社因1984年上当受骗损失12万元,库存滞销商品降价损失5.9万元,待摊费用挂账9.5万元;3户企业福利和奖励基金赤字16.2万元,占用生产资金、医药费超支。1993年调查皮鞋厂、木器厂,了解到有2家企业注重产品结构调整和产品质量,1992年经济效益有所回升,但以前年度亏损严重,库存积压占用流动资金327万元,资金周转缓慢影响企业发展;购入和新建的固定资产102万元长期不入账,国有资产保值增值得不到保障。1994年调查太京、平南、李子1993年乡财政收支和区交通局1991年至1994年9月以工代赈公路建设情况。

1996年调查30个有预算外资金收入的单位,查出违纪资金11万元,审计调查"希望工程"、养老、待业保险金。1998年调查全区预算单位银行开户和预算外资金,发现开户107个,其中经批准开设预算账户84个、预算外账户23个,1997年预算外收入1434万元,支出1463万元,查出未缴财政专户储存资金3.18万元。

2000年调查区属企业欠缴社会保险费情况，发现至1999年底欠缴社会保障资金59万元。2001年调查财政支农专项资金、普教经费和1999年至2000年退耕还草试点工程资金，抽审玉泉等5乡10村查出违纪资金24万元。2004年调查减轻农民负担，审计16乡镇和区直涉农部门，发现税费改革后全区减负577万元，人均减负13.8万元，减负程度29%。

第六章 工商行政管理

第一节 工商管理机构

1985年7月天水市工商行政管理局更名为天水市秦城区工商行政管理局，局机关内设股室升为副科级。8月天水县工商行政管理局娘娘坝等8个工商所移交区工商行政管理局。

1991年4月区工商行政管理局划归天水市工商行政管理局垂直领导，更名为天水市工商行政管理局秦城分局。局机关内设办公室和财务股、合同股、个体股、企业股、市管股、经济检查股、职工教育股8个股室；工商所22个，城区有大城、中城、西关、天水郡、石马坪、东关、七里墩、夜市、批发市场、自由路、罗玉小区11个工商所，农村有关子、太京、藉口、牡丹、平南、天水、汪川、大门、杨家寺、娘娘坝、皂郊11个工商所；挂靠机构有区个体劳动者协会和区消费者协会，共有职工273人。

2000年9月秦城工商分局整体上划甘肃省工商行政管理局，内设11个股室和区个协、区私协、区消协3个协会，派出机构22个，职工293人。2004年7月工商所升级为科级单位，城区设七里墩、罗玉小区、东关、大城、中城、批发市场、自由路、西关、天水郡、石马坪10个工商所，农村设皂郊、平南、天水、汪川、牡丹、关子、藉口7个工商所。局机关设办公室、人事教育科、企业登记注册管理科、个体私营经济监管科、消费者权

益保护科、市场监督管理科、商标广告监管科、法规科、财审科和正科级
建制的经济检查大队。

第二节 国有集体联营企业登记

登记办理

1985年秦城区有国有集体联营企业719户。1993年简化办理手
续,支持企业转换机制,明晰产权。1996年重新登记原有的有限责任公
司和股份有限公司。1999年注销、吊销和取缔不合理小煤矿;清理整
顿粮食批发、收储企业,重新核发营业执照。2000年设立国有企业改
革登记大厅,为改制企业提供法律、法规咨询,办理登记注册;参与企
业改制,提前介入,跟踪服务;简化企业的注册登记手续,开业登记15
日内办结,变更登记10日内办结,名称核准当天批准;放宽对国有企业
改革的形式和企业职工持股、企业名称、前置审批、集团登记条件的限
制;改制企业登记注册一律按变更登记收费,不增加企业负担等措施。
2007年全区有国有集体及联营企业536户,累计登记2236户。其中
1985年以前累计登记1023户,1985年至2007年共新增登记1213户,
注销494户。

监督检查

1989年纠正"假集体"企业61户,监督检查521家企业,处理47
家,责令停业整顿3家,注销1家,没收非法所得达7.5万元。1990年监
督检查131户工商企业,纠正"假集体"企业8家。1997年发现有问题
企业126家,处罚27家。其中警告责令改正、停业整顿36家,吊销营业
执照21家,注销企业10家。1998年清理"三无"企业,吊(注)销企业
执照184户。1999年检查"三无"企业,处罚企业64户,罚款5万元,吊
销"三无"企业执照16户。2000年处罚85户企业。其中弄虚作假企业
7户,擅自改变登记事项、超经营范围企业31户,虚假出资抽逃资金企
业2户,登记注册后6个月或连续一年未经营企业21户,注册资本不到
位企业24户。

1985—2007年秦州区国有集体企业及联营企业登记统计表

表11—6—1   单位：户、万元、人

年份	新登记户	注册资金	从业人员	累计登记户	注销户	实有数
1985	29	261	870	751	32	719
1986	58	464	1624	777	26	751
1987	75	675	2025	852	47	805
1988	76	608	2051	928	12	916
1989	66	594	2046	994	12	904
1990	23	207	690	1017	24	880
1991	67	536	2077	1084	44	836
1992	73	657	2190	1157	30	806
1993	72	720	2088	1229	31	775
1994	70	630	2100	1299	29	746
1995	65	520	1820	1364	10	736
1996	77	693	2310	1441	21	715
1997	31	248	899	1472	22	693
1998	76	684	2356	1548	21	672
1999	69	552	1932	1617	16	656
2000	82	739	2460	1699	25	631
2001	78	624	2184	1777	16	615
2002	64	512	1865	1841	20	595
2003	25	203	675	1866	18	577
2004	13	117	377	1879	13	564
2005	4	36	108	1883	15	549
2006	13	117	338	1896	2	547
2007	7	70	210	1903	9	536

1985—2007年秦州区查处违反登记管理条例统计表

表11—6—2   单位：户、万元

年份	违反企业登记管理条例情况					处理情况			
	擅自变更范围	弄虚作假	伪造转卖执照	逃避债务	非法经营	停业整顿	吊销执照	没收赔偿	罚款
1985	9	8	5	—	5	—	—	—	0.272
1986	6	6	—	—	12	—	—	—	—

续表

年份	违反企业登记管理条例情况					处理情况			
	擅自变更范围	弄虚作假	伪造转卖执照	逃避债务	非法经营	停业整顿	吊销执照	没收赔偿	罚款
1987	18	28	—	—	2	1	—	—	0.048
1988	7	3	—	—	—	—	—	—	—
1989	13	1	—	—	—	—	—	—	0.31
1990	7	3	1	—	—	—	—	—	0.28
1991	5	2	—	—	—	—	—	—	1.525
1992	4	6	—	—	1	—	—	—	2.004
1993	6	4	2	—	2	1	—	—	2.186
1994	10	2	2	—	2	—	2	—	2.293
1995	4	14	—	—	12	—	—	—	2.447
1996	9	1	—	—	5	1	—	—	2.607
1997	7	7	—	—	—	—	—	—	3.232
1998	12	3	1	—	—	—	—	—	3.581
1999	7	2	1	—	—	1	—	—	4.27
2000	11	1	—	—	—	—	1	—	4.535
2001	5	2	1	—	—	—	—	—	4.832
2002	6	4	2	—	2	—	—	—	4.925
2003	9	3	2	—	4	—	—	—	5.159
2004	3	1	1	—	—	1	—	—	5.375
2005	13	5	2	—	3	—	—	—	6.257
2006	14	9	3	—	5	—	—	—	7.201
2007	15	7	2	—	4	—	—	—	8.213

第三节　个体私营经济登记

登记

1985年秦城区有个体和私营企业1682户，累计登记1700户。1993年至2000年清查工业、建筑、交通、商业等行业，实行上门服务、简化手续等措施提高服务，共登记个体工商户2810户。2001年至2007年放宽下岗人员个体工商登记政策，办理下岗失业人员营业执照615户、优惠证1602户，新增就业岗位341个，免收注册登记费2.5万元、个体管理费144万元。私营企业中安置大中专毕业生、下岗人员12680人。其中安置退伍军人278人，安置下岗失业人员5346人。至2007年末有个体工商户私营企业9953户，累计登记个体和私营企业10416户。

监督检查

1985年至1992年打击投机倒把、倒买倒卖主要生产资料、走私贩私、制售假冒伪劣商品行为，检查个体工商户1521户，查出擅自开业84户、弄虚作假34户、超经营范围126户，罚没2.8万元。1993年至2000年以食品安全为重点，检查商场、超市675家，农贸市场216家，检查个体工商户1484户。查处弄虚作假69户，处罚5万元；出租、转让、骗取、涂改营业执照50户，处罚金额6万元；关闭无照经营4家，限期整改2家。2001年至2007年重点整顿和规范市场交易，清理无照经营，检查个体私营企业1768户，查出无照经营87户，督促限期办理执照52户，取缔26户，罚款8.6万元。

1985年至2007年处罚违法个体私营企业34.5万元。其中未经核准登记擅自开业5.31万元，弄虚作假3.7万元，超经营范围改变登记事项4.1万元，未按规定办理变更登记4.2万元，出租转让、出卖骗取、涂改、伪造营业执照3.64万元，未办理年检13.5万元。

1985—2007年秦州区个体私营企业注册登记统计表

表11—6—3 单位：户

年份	工业	建筑业	交通运输	商业	饮食业	服务业	修理业	其他	小计	累计	注销	实有
1985	21	2	21	90	120	111	153	17	535	1700	18	1682
1986	19	3	4	110	99	145	187	24	591	2291	38	2254
1987	18	6	9	76	69	81	91	32	382	2673	56	2617
1988	14	3	8	60	88	72	87	27	359	3032	79	2953
1989	7	5	6	81	92	63	74	34	362	3394	99	3295
1990	6	4	5	92	87	58	93	41	386	3780	118	3662
1991	5	5	7	89	98	49	38	62	353	4133	138	3995
1992	4	6	8	91	96	46	57	39	347	4480	159	4321

续表

年份	工业	建筑业	交通运输	商业	饮食业	服务业	修理业	其他	小计	累计	注销	实有
1993	7	3	11	102	98	63	54	43	381	4861	1 7 9	4682
1994	6	4	13	112	109	73	47	33	397	5258	1 9 8	5060
1995	3	5	9	93	87	67	51	26	341	5599	216	5385
1996	4	6	11	92	89	71	54	28	355	5954	237	5717
1997	5	5	12	91	88	72	55	31	359	6313	261	6052
1998	3	7	10	94	85	75	56	33	363	6676	282	6394
1999	4	7	11	95	83	81	61	38	380	7056	303	6753
2000	4	6	9	101	85	87	63	41	396	7452	322	7130
2001	7	3	13	110	98	91	67	43	432	7884	340	7544
2002	9	1	8	97	89	83	54	28	369	8253	360	7893
2003	3	7	7	91	88	87	51	31	365	8618	381	8237
2004	5	5	6	90	87	84	48	33	358	8976	399	8577
2005	4	3	9	93	89	92	53	41	384	9360	420	8940
2006	6	8	13	109	113	127	72	54	501	9862	440	9422
2007	7	7	12	117	131	142	70	68	554	10416	463	9953

第四节　商标广告

商标管理

1986年秦城区工商局核转上报商标21件，国家局批准注册7件；累计核转商标160件，注册商标77件，印发《商标法》综合性法规文件175册；检查定点印制商标单位，查处违反印制规定单位3个，罚款1500元，没收非法收入1200元，没收商标标识40122件。1987年查获、销毁假冒"苹果"牌牛仔裤服饰标识2.6万个。1988年使用商标26件，核转商标17件（已注册5件），依法申报注销9件。动员未注册商标的25户企业办理商标注册申请；帮助乡镇企业设计申请注册7件商标，国家商标局核准3件；查处违反《商标法》案件3起，没收标识1.9万余张。

1990年8月实行分级登记管理原则，企业注册商标41件，全部移交市工商行政管理局,区属50件仍由区工商局管理。核转注册商标1件,区属企业注册商标1件,区属企业注册商标累计67件,验证检查企业注册商标24件;查处4户企业在商标使用中存在的问题,收缴销毁2户企业不规范和国家明令禁止的商标标识119万张,价值2.5万元;专项检查指定商标印制单位,查处天水包装装潢厂、天水纸箱工艺厂未经许可印制花牛苹果包装箱行为,罚款2500元;动员5户产品销路较好的企业办理申请注册商标手续。1996年开展"长城系列"电器产品商标保护专项工作,取消、限制不合规范使用"长城系列"电器商标的附属企业16家,停止审批与"长城系列"有关申请企业。1996年至2000年全区注册商标108件,其中新增注册商标86件,累计注册商标385件。

　　2001年检查30家商标印制企业和22家商标使用单位,查处商标、广告违法案件18起,其中立案查处8起、处罚10起,罚款0.57万元。查缴非法广告3万多张、宣传条幅9条,10个知名商标办理续展手续。2003年检查17家商标使用单位,规范商标、广告经营行为。2005年检查商场、超市和经营门店293户,市场35个,查扣未经注册、擅自使用假冒商标药品52盒,查获未经注册"农夫果园"等9个品牌过期食品81公斤,罚款0.1万元。

1985—2007年秦州区商标注册统计表

表11—6—4　　　　　　　　　　　　　　　　　　　　　　　　　单位:件

年份	注册	累计	年份	注册数	累计数
1986	7	77	1997	19	310
1987	6	83	1998	24	334
1988	5	88	1999	27	361
1989	9	97	2000	23	384
1990	51	148	2001	13	397
1991	12	160	2002	18	415
1992	19	179	2003	22	437
1993	31	210	2004	27	464
1994	32	242	2005	29	493
1995	34	276	2006	20	513

续表

年份	注册	累计	年份	注册数	累计数
1996	15	291	2007	19	532
1998	24	334			

广告管理

1984年全区广告营业额28万元,发布广告以路牌、灯箱、招牌广告为主,兼以电视广播、报纸广告。有广告专兼营单位5家,其中专业经营单位天水广告艺术公司,兼营单位天水报社、天水电视台、天水市印刷厂等4家。1986年刊出广告460块(条)。1987年4家广告经营单位营业收入16.5万元。1988年天水塑料厂被核准广告兼营。1989年清理户外广告830块(条),没收模牌及印刷品广告90张。

1992年天水广告艺术公司设计的广告覆盖城区主要路口及公共场所,电子、流动、专题、动漫广告逐渐占据主导地位。1995年取消烟草广告,检查商标广告印制和发布码企业25户,查处商标广告侵权和违法案件6起,没收虚假广告2.6万张,审查清理店堂和户外广告93起。1999年审查登记2户广告经营单位,检查商标印制单位1户,查处违法商标印制和广告发布案件8起,没收商标标识和印刷广告1万份。

2000年检查医疗、旅游、电信服务等行业虚假广告,查处16起立案8起,没收非法广告5万张、条幅19条。2002年整顿低俗广告,取缔1万条户外广告。检查53家商标印制单位和37家商标使用单位,查处商标广告违法案件4起,查缴非法广告宣传品5.2万份、非法广告条幅100条。2003年查处商标广告违法案件18起,罚款2.14万元,查缴广告1万份、广告条幅86条、巨幅广告2块。2004年126户注册商标使用企业有77户建立商标广告管理机构。检查上柜商品标识25000多个,收缴广告5000余份,拆除广告牌2块、条幅28条,立案查处违法广告案件12起。2005年至2007年开展打虚假树诚信广告行动。检查广告经营企业50多家,没收非法药品广告3万余份,清理不良文化广告牌11块,查处商标广告违法案件10起,罚款3万元。

第五节　经济检查

1986年至1992年区工商局重点打击投机倒把、倒买倒卖重要生产资料和紧俏耐用消费品、走私贩私、制售假冒伪劣商品等经济领域的违法活动。1986年查处霉烂变质食品358公斤，假冒牌香烟260条，不合格饮料2798瓶。1989年查处大要案件19起，结案19起。1991年检查娘娘坝、平南等集贸市场和城郊区停车场及木材交易，封闭木材交易点6处。1992年查处霉变香烟1910条，饮料罐头7485瓶、腐烂食品532公斤。

1993年至2000年整顿检查公平交易执法、农资打假和各类型专业市场。1993年查处假劣商品价值3.4万元。1994年检查乡镇供销社农用物资，查出失效农药麦宝7710公斤、20%三氯杀螨1165公斤、三十烷醇870公斤，价值5.2万元。1995年开展4次"打假"专项行动，查获商品价值19.3万元。1996年出动车辆900台次、人员1400多人次，检查国有、集体、个体（私营）生产经营单位673家，查获假冒伪劣商品价值130多万元。查处商标广告违法案件2起，罚款19.81万元。1997年查处经济案件212起，其中立案19起，执行即时处罚193起，挽回经济损失81万元。1998年开展"红盾陇原行"和"公平交易执法年"活动，出动人员370多人次、车辆130多台次，检查各种门店1300多家，查获12大类47个品种价值120多万元的过期霉变和假冒伪劣商品。2000年采取"拉网式"整顿城乡市场，检查国有、集体、个体商业门店及生产加工企业1400多户；查处违章违法案件2410起，立案35起，处罚2375起，罚款5.1万元，挽回经济损失29.4万元。

2001年专项检查供水、供电、电信、保险等垄断企业，出动人员1200多人次、车辆360多台次，检查经营网点（站）140多户，查纠违规经营单位35家。检查农村供销社38家、个人代销点73家，查获劣质种籽（含蔬菜种子）4.8吨、化肥6.3吨、假冒伪劣地膜12.6吨。检查乡镇粮食市场22个，查扣非法收购的小麦1万公斤，玉米、面粉1200多公斤。检查医院18家、个体门诊297家、药店88家，查扣过期失效药品和医疗器械价值12.98万元；查获12大类23个食品饮料价值9.34万元。整顿和规范市场交易行为，检查网吧、书店、电子游戏室、桑拿浴、歌舞厅、发廊、音像制品商店经营网点380家，查获盗版光碟1025盘、书刊120多册。

2002年检查79家经营汽车配件和成品油商店、加油站，取缔4家无证企业，处罚3家加油站，责令限期整改7家汽车配件企业。取缔电子游戏室89家，关闭无证经营网吧17家。2003年查获伪劣农资产品、过期商品10大类32个品种，查处违规经营私商粮贩12户，查获非法收购小麦1万公斤。2004年出动车辆228台次、人员660多人次，检查门店400多户、集贸市场6处，端掉传销窝点6处，查缴传销书籍41本，遣散非法传销人员300多人。查处移动天水分公司擅自设立经营门店案件3起，邮政天水分公司擅自设立邮政储蓄所及邮政大酒店违法案件2起罚款9000元，电信天水分公司无照经营小灵通案件1起罚款700元。检查190多家电子游戏厅、歌舞厅等，查处无证经营歌舞厅3家，查获淫秽光盘130多张，取缔网吧1户。

2005年至2007年"拉网式"清理整顿食品经营户，检查商场超市650家，查获假冒莫高干红葡萄酒100多瓶、过期蓝猫棒棒冰78箱、劣质月饼2000公斤、调味品340多瓶，涉嫌食品5个品种450多袋。取缔无照经营32户，非法交易点1个。检查中介机构28户，限期改正3户。查获不合格种子21个品种1100袋，无标签地膜120公斤。查处2起违规超范围经销小轿车案，罚款2万元。检查娱乐场所143家，查封、没收"口袋书"128本（册），关闭无证经营4家，限期整改2家。

1985—2007年秦州区经济检查统计表

表11-6-5　　　　　　　　　　　　　　　　　　　　　　　　　　　　　　单位：万元

年份	检查工商户数	查处案件数	没收财物	处罚金额
1986	63	30	食品、烟、器具	0.35
1987	70	7		1.1
1988	89	9	—	0.7
1989	74	2	香烟、皮鞋、服装	0.91
1990	87	1	香烟、饮料、酒	0.94
1991	102	3	食品、化妆品	0.96
1992	118	2	饮料、化妆品	0.99

续表

年份	检查工商户数	查处案件数	没收财物	处罚金额
1993	127	3	食品、药、烟酒、录像带	0.5
1994	123	6	农药、烟酒、服装	0.4
1995	150	3	农药、化肥、饮料、茶叶	5.5
1996	162	15	烟酒、饮料、化妆品、光盘	2.55
1997	217	7	农药、种籽、地膜、化肥	2.4
1998	932	29	—	5.5
1999	267	45	种籽、化肥、农药、粮食、酒	9
2000	304	35	酒、药、电池、地板胶	5.1
2001	331	11	酱醋、烟酒、肉制品	10
2002	367	127	盗版光盘、书刊等	49.25
2003	425	118	药、光盘、出版物	39.8
2004	471	172	食品、种籽、地膜	35.8
2005	522	241	酒、调味品	7.8
2006	499	263	月饼、饮料	7.91
2007	531	281	食品、种籽、地膜	8.02

第六节 消费者权益保护

1988年12月成立秦城区消费者协会,之后陆续组建消费者协会分会16个。1989年至1994年消费者协会受理、处理消费者投诉1890件,为消费者挽回经济损失46万元;接待来访5000人次;开展大型宣传、咨询活动12次,编印宣传资料5万多份,出动宣传车和模特队20多次,举办电视专题节目3次。1991年商品实行"三包"(即包退、包换、包修)制度、大件家用电器终身包修制度,遏制"三无"(无厂名、厂址、商标)产品上市销售。民主西路开展创建"消费者信得过门店""无假冒伪劣商品"一条街活动,服装、鞋帽行业推行销售服务"信誉卡"制度。1995年至2000年投诉来访大幅度增长,农村消费者投诉增多。受理投诉案2658件,为消费者挽回经济损失60万元,调解成功率达98.7%。接待消费者来信来访、咨询1.7万人次,配合市场检查23次,查获假冒伪劣商品价值140万元，提供打假线索信息78件。

2001年至2007年在中心广场举办大型"3·15"纪念活动7次，现场受理消费者投诉1420起，现场答疑4.2万次，解决856起，印发宣传资料1万多张。大型商业企业设立企业自律监督联络站，大中型市场、超市设立消费者投诉点，"12315"投诉电话及时受理消费者的投诉举报和投诉专用巡回检查。共受理消费者各类投诉案件5690件，解决5462件，占投诉的99%。

第七章　房地产管理

第一节　房地产管理机构

1985年4月天水市房管局更名为天水市房地产公司。12月成立秦城区房管局。1986年成立房屋互换站，后合并于房屋经营管理所。1987年11月设立区房屋建设开发公司和产权监理所。1988年9月设房地产交易所。1992年12月成立区城镇住房制度改革委员会。1993年6月成立区住房资金管理中心。1999年9月成立三维房地产咨询公司，代办房屋交易契税和房地产中介服务业务。2002年7月区住房改革办公室并入区房管局。8月撤销区房屋经营管理处，房屋置换由房管所承担；同时成立区处理私房改造遗留问题领导小组，负责私房改造遗留问题。

2003年成立天水鑫和房地产评估咨询有限公司和区嘉辉房屋置换有限公司。2004年2月撤销区房屋产权交易所和区房屋产权监理所。2005年4月区住房资金管理中心上划市房管局。2006年区嘉辉房屋置换有限公司归并天水鑫和房屋价格评估有限公司。7月设立区物业管理办公室。2007年6月设立经济适用房建设销售管理办公室和廉租住房管理办公室。

第二节 房地产开发

房屋建设开发

秦城区房地产主要由天水市城市建设综合开发公司、天水市房管局、天房地产公司等市属企业开发,区属企业主要从事房屋拆迁。

1994年区房屋建设开发公司累计开发土地10万平方米,完成投资3500万元,建成住宅楼1000多套,利税298万元,开工面积8232平方米。1995年开发土地6150平方米,开工5幢168套住宅楼15476平方米,完成工程量104万元。代拆工程91户,建筑面积3902平方米,拆迁占地面积5437平方米,安置180套9846平方米。利税70万元,上缴税金62万元。1996年开发商品楼3栋192套16062平方米,竣工4栋168套1033平方米,维修房屋120多户,开发工程量1024万元,经营收入805万元,利税66万元。1997年开发商品楼26栋262套17766平方米,开发工程量1540万元,预销售收入1244万元,利税100万元。拆迁房屋159间2038平方米,安置54套3092平方米,代拆工程费用收入20.3万元,经营收入805万元,利税66万元。1998年开工1.5万平方米,开发工程量1800万元,销售收入1100万元,工程量170万元,利税5万元。1999年开工面积17648平方米,完成跨年度工程36761平方米,完成工程量2621万元,销售收入1470万元,完成利税175万元。2000年完成开发量1137万元,出售公司房产收入60多万元,销售收入1313万元,利税166.6万元。2001年完成开发工程量1223万元,销售收入1126万元,出售自管公房回收资金63万元。

房屋拆迁

1993年秦城区房屋经营管理处启动房屋拆迁安置,拆迁房屋42户128间1653平方米,安置32户1885平方米,增加固定资产75万元。1994年拆迁公房8处114户299间3977平方米,资金回收43266元。同时加大历年拆迁返还力度,至年底3个开发企业返还民用住宅182套10042平方米。1995年拆迁进步巷、建设路、共和巷等区域房屋130户341间4470平方米,拆迁返还1703平方米。追回1989年北山截流工程指挥部拆除直管公房房产298平方米,区西秦建筑公司移交坚家河10套楼房建筑面积865平方米。

1996年4月拆迁光明巷、中华西路房屋923平方米,总价112万元;代拆迁14757平方米,拆迁20户43间1162平方米,拆迁返还面积3691平方米,接收房屋返还170套9025平方米。区房屋建设开发公司将青年北路综合楼三楼716平方米整体返还给区房屋经营管理处。1997年拆迁直管公房366户926间12479平方米,接收返还民用住宅14户987平方米、营业用房1处716平方米。1998年拆除中华西路等地段直管公房房屋306户809间10827平方米,接收拆迁单位返还民用住宅75户4844平方米、营业用房1户853平方米,拆迁安置5处14240平方米。1999年拆除杨家楼、重新街、交通巷等区域直管公房191户470间6550平方米,接收返还房屋81户4967平方米,旧料回收4.4万元。2000年2月设立区房屋拆迁公司,拆迁西关住户556户(安置522户)和144家商业门店43396平方米。拆迁其他地段房屋230户558间9867平方米,拆迁返还5389平方米。

2001年拆迁伏羲路、解放路等处住房63户、商业门店12户。2002年撤销区房屋经营管理处实行局管所体制。2003年成立天水金诺拆迁有限公司,拆除房屋55户1312平方米,劳务收入13.2万元。追回历年拆迁未返还房屋3538平方米。2004年拆除自由路等区域直管公房115户8700平方米。2005年拆迁泰山路等处房屋139户6813平方米。

2006年3月市政府成立藉河城区段环境综合整治工程房屋拆迁协调指挥部,统一拆迁藉河城区段西起天水郡大桥、东至五里铺大桥全长7公里纵深100米左右范围房屋。至2007年底藉河工程签订拆迁安置协议607户,动迁390户,拆除290户。代拆91户3902平方米,拆迁工地面积5437平方米,安置180套9846平方米。

房屋价格评估

1994年评估东关街道尚义巷、仁和里、建设路、合作巷、新华路、北园子、忠武巷等地段1157间平房和423套楼房(总面积39446平方米),资产总值1202万元。1995年评估西关、中城、大城辖区6756户直管公房14910间264602平方米,资产总值5.7亿元。

2003年天水鑫和公司做评估报告40份,评估面积23596平方米,价值2642万元。至2007年公司完成评估业务1100份,评估面积350万平方米,价值92.7亿元。

第三节 公房管理

租赁

1993年前秦城直管公房住房租金一直沿用"以租养房，按质论价"政策，民用租金按月标准为砖混结构0.12元/平方米，砖木结构0.1元/平方米，砖土结构0.08元/平方米，土木结构0.06元/平方米，简易房（等外房）0.04元/平方米。营业用房租金按月标准为一等砖混结构0.7元/平方米，二等砖木结构0.6元/平方米，三等砖木结构0.5元/平方米，一等土木结构0.43元/平方米，二等土木结构0.3元/平方米。1993年租赁改革提高住宅月租金为钢混结构0.38元/平方米，砖混结构0.32元/平方米，砖木结构0.25元/平方米，砖土结构0.225元/平方米，土木结构0.2元/平方米。

1995年6月非住宅房月租提高为钢混结构0.78元/平方米，砖混结构0.64元/平方米，砖木结构0.5元/平方米，砖土结构0.45元/平方米，土木结构0.4元/平方米。月底直管公房签订租赁合同2882户，收取住房保证金52.92万元。12月非住宅用房183户租赁户实行议商租金，办理64户257间，建筑面积4345平方米，月租金从4695元提高到15431元，净增收10736元。

1996年办理租赁合同64户257间，建筑面积4345平方米。累计办理租赁合同156户、1196间，面积20076平方米，月租提高到6.6万元。

1997年第三次房改住宅月租金提高为钢混结构1.3元/平方米，半钢混结构1.21元/平方米，砖混结构1.1元/平方米，砖木结构0.86元/平方米，砖土结构0.78元/平方米，土木结构0.7元/平方米；新建公房租金在此基础上提高40%左右。完成5754户提租工作，新增月租金51542元。

1999年第四次房改住宅月租金提高为钢混结构1.52元/平方米，半钢混结构1.43元/平方米，砖混结构1.37元/平方米，砖木结构1.2元/平方米，砖土结构1.1元/平方米，土木结构1元/平方米。而后随着旧城改造公房逐年减少，至2007年区直管公房由32万多平方米锐减到15万平方米。

维修

1994年维修186户377间5102平方米平房和楼顶屋面1707平方米，

维修公用设施8间169平方米，在双桥南路建平顶房屋9间114平方米。1995年维修173户405间4864平方米平房和楼顶屋面1674平方米。1996年维修支出20.6万元。投资60万元改建民主西路营业用房为仿古式，面积900平方米；投资3.9万元改建解放路营业用房70平方米。

1998年出资24万元维修115户235间房屋和5栋楼顶屋面5252平方米。1999年出资41.8万元维修147户341间房屋和11栋楼顶屋面2824平方米。上庵沟9间平方改建成砖混结构二层房屋。2001年6月15日突降暴雨，造成51户140间1367平方米房屋受损，区房屋经营管理处及时筹措80万元抢修，出资6.2万元维修罗玉路居民新村房屋。

房屋置换

1986年3月启动房屋互换业务，主要为直管公房之间互换，至1991年办理互换房屋155户2790平方米。1992年至1995年房屋互换成交27户56间540平方米。1996年至1998年房屋互换成交23户。1999年房屋互换业务101户153间7套1920平方米。2000年1月房屋经营管理处将3间32平方米公房与30平方米私房兑换房屋产权。5月将房屋经营处440平方米砖土木结构办公用房与农副公司非住宅用房互换。2001年办理房屋互换（包括纳回产权）291户154间13452平方米。2002年办理房屋置换65户27间317平方米。2003年嘉辉房屋置换有限公司纳回产权2户2间25平方米，收取62户私房户房屋产权权属登记代办费3100元。2004年至2005年嘉辉房屋置换公司先后3次参加天水市房地产交流会，办理业务60多次，发放宣传资料1万多张。

第四节　产权管理

产权产籍

1993年区房管局房产监理所房屋产权登记建档3490户，建筑面积34万平方米，初复审3070户，制证2694户，发证1270户。公房登记房屋产权11784户，建筑面积12.5万平方米，收费15.96万元。1994年房屋产权登记建档1592户，初审1799户，复审1688户，制证1688份，发证1282户。公房登记房屋产权987户，建筑面积4.5万平方米。1990年至1994

年房屋产权登记建档，复审12222户，制证12218户，发证11799户，收费62万元。

1995年房屋产权登记建档355份，初审450份，复审417份，制证410份，发证402份，私房摸底9130处，收费17万元。完成大城标准化建档工作1556卷，收入5.2万元，免费办理破产企业天水市针织一厂房屋产权证（房屋9631平方米，厂区6660平方米）。

1996年5月停办民主路、尚义巷、古风巷、环城路、合作巷、中城巷、泰山路、人民路等处房屋所有权证和房屋买卖、变换、分割、赠予、分户、出租、调配、产权转移和抵押等相关手续。1997年清理登记房产63441平方米，收入23万元。2000年产权登记2103处，发证2044本，面积27.8万平方米，收费40万元。2003年12月区房屋产权监理所向天水市房地产交易管理中心移交房屋产权档案17187卷，房屋权属登记证、登记簿25本，产权产籍登记簿44册，收件登记簿35本。至此房屋产权由天水市房地产交易管理中心管理。

房产交易

1993年办理房屋交易127件，面积1万平方米，交易527万元，收费10.7万元。至1994年底共审查处理买卖房屋11万平方米、2896万元，收费35万元。1995年房屋交易1246万元，手续费收入10.2万元。1996年房屋交易20.4万元，收入18.8万元。1997年房屋交易17.1万元，收入15.5万元。1998年房屋买卖交易25.7万元，评估费20.3万元。1989年至2001年房屋交易1655万元。

私房改造

至1990年底累计退还"文革"没收房374户、1968间。1991年退还宗教寺庙房产112间1034平方米，退还冯国瑞等人房产。之后随着旧城改造和直管公房被大面积拆迁，私改户要求落实私改政策的呼声日益强烈。至2007年底政策对应处理工作结束，受理1041户申请，退还部分房产821户、50793平方米，向私改户支付灭失房产补偿金2248万元。

第五节　住房改革

公积金

2002年秦城区行政事业单位职工收缴住房公积金,收缴率为职工个人工资总额的10%,单位和个人各交5%。7月至12月住房公积金缴存249万元,支出143万元,归集1763万元。2003年住房公积金缴存803万元,支出165万元,归集2275万元。2004年住房公积金缴存491万元,支出126万元,归集2649万元。

租赁保证金

1992年前旧公有住房钢混结构每平方米15元,砖混结构每平方米12元,砖木结构每平方米9元,土木结构每平方米6元。1992年1月交付使用的新建公有住房按住房结构划分收取租赁保证金:钢混结构每平方米50元,砖混结构每平方米40元,砖木结构每平方米30元,土木结构每平方米20元。腾空新分配的旧住房钢混结构每平方米25元,砖混结构每平方米20元,砖木结构每平方米15元,土木结构每平方米10元。区房屋经营管理处对5754户直管公房租赁户收取住房保证金,1993年收取住房保证金130万元。1997年收取住房保证金287.8万元。

公房出售

1984年出售公房,至1993年出售直管公房2万平方米,售房款533万元。1994年成立公房出售办公室,全区直管公房丈量建筑面积核算标准基价,出售直管公房208户,建筑面积1.1万平方米。1997年出售公房368户,建筑面积1921平方米。1998年以标准价451元/平方米出售公房140套,以成本价650元/平方米出售公房5套,建筑面积8092平方米。办理售房补差价手续85户,收取差价房款278897元。1998年12月区房屋经营管理处将中低洼区的平房和罗玉路居民新村的平房院落以100元/平方米至300元/平方米不同价格出售给8户住户。1999年以成本价出售直管公房7户,建筑面积373平方米,房款12407元。

2001年以每平方米200元至350元将罗玉路居民新村、沿面磨、陈家磨、陈家巷危旧平房出售给203户直管公房住户,回收资金63万元。2003年向陈家磨、后寨巷、新华路、廖家磨小区18户住户以420元/平方米至840元/平方米价格出售直管公房15套6间、建筑面积865平方米。全年出售公房61套4008平方米,房款205万元。2004年出售直管公房244户,建筑面积11794平方米,房款402万元。为11个单位343套售房补发30%的产权,为7个单位36套楼房办理成本价审批手续。2005年出售公房536户。

房屋普查

1993年清退空锁房屋,至7月清理出空锁空占房屋22户45间,使用面积408平方米,安排拆迁户12户24间,落实政策无房户4户7间,安排特困户6户14间。1994年至1995年勘查直管公房的户数、间数、面积,评估房产6756户14910间,建筑面积26万平方米,占地面积23万平方米,评估总值5760万元。1996年开展第一次国有资产登记工作,核定直管公房国有资产为5793万元,土地占用面积232万平方米。1997年5月调查直管公房,其中住宅用房6607户13406间使用面积20万平方米,非住宅用房178户890间建筑面积2.7万平方米,危房21户64间651平方米。1997年清产核资区房屋建设公司和天水装璜工程公司,总资产214万元,固定资产账面12万元,负债197万元。

1999年公房租赁4840户,建筑面积18.8万平方米。2000年调查大众路公房,有67户使用面积3235平方米。2001年检查直管公房,有危房254户421间5680平方米。2004年摸底调查公房,有营业用房54户建筑面积5115平方米,民用住宅3474户使用面积10.4万平方米。2005年调查城镇最低收入家庭住房困难现状,调查1713户,符合城镇最低收入家庭住房困难条件的有1310户。2007年清查抗租户480户。

第六节　住房保障

廉租住房管理

2007年5月实施廉租住房管理实施细则,调查城区17455户城镇低保户和7856户低收入家庭住房困难户,建立住房困难家庭档案。符合廉租住房条件的有6672户,人均居住面积5平方米以下的有1901户,人均居住面积5平方米至10平方米的有3059户,人均居住面积10平方米至12平方米的有1712户。经过审核公示，对符合条件的1771户发放租金补贴128万元，租金核减465户，完成廉租房实物配租10户。

经济适用住房销售管理

2003年东方红居民楼7187平方米开发改造项目立项。2004年4月以每亩13.7万元收购天水市丙纶厂15.87亩的土地，建设4栋282户10578平方米经济适用房和廉租房，其中经济适用房162户、廉租房120户。10月成立天水兴源房地产开发有限公司承担经济适用住房和廉租房建设。2005年7月第一

北关保障性住房

期经济适用房建设工程开工，共4栋楼246户1.9万平方米，2006年7月竣工。售价均价为1650元，其中22套用于一期拆迁户安置，124套用于二期拆迁安置用房，剩余100套主要用于解决私改遗留问题中的无房户和困难户。10月二期建设工程开工，计划建设3.7万平方米经济适用房，其中配建108套4611平方米廉租住房。2007年制定《经济适用住房销售管理实施办法》，销售112套经济适用房。

第八章　科技管理

第一节　科技组织机构

1985年7月天水市科学技术委员会更名为天水市秦城区科学技术委员会。1987年22乡建立科学技术委员会，每乡任命专（兼）职主任1人，招聘科技专干1人。1997年1月区科学技术委员会更名为区科学技术局。

2005年1月区科技局更名为秦州区科学技术局,成立秦州区知识产权局。

市属农业科技机构

　　天水市农业科学研究所　位于玉泉镇西十里村,1941年成立甘肃农业改进所陇南区农场,中华人民共和国成立后改建为农业科学研究所。主要从事农、经、园艺作物新品种、新技术的引进、选育、研究、示范、推广,下辖中梁试验站、甘谷试验站、西十里蔬菜试验站、生物工程技术中心和科技示范推广中心5个研究推广部门,研究领域为冬小麦、马铃薯、冬油菜、玉米杂粮、花卉苗木、植保农化、生物技术等。占地面积588亩,其中试验基地479亩。2008年农科所有职工168人,其中正高级职称2人,副高级职称21人,中级职称20人。累计获得省、部、市级奖励成果31项,其中省、部级6项,市级25项;通过鉴定成果52项,有46项达到国内先进水平。选育的冬小麦、冬油菜、马铃薯新品种,分别占天水市播种面积的54%、98%和30%以上;累计示范推广农作物新品种2937万亩,获得社会经济效益18.9亿元。2004年被国家科技部命名为首批国家农村科技服务体系建设"农业科技专家大院模式"示范单位。

　　天水市果树研究所　位于皂郊镇蒿背山下,占地3600余亩,是甘肃省唯一一所地区级果树科研机构。从事果树应用研究和新品种、新技术引进、试验、示范、推广,有职工150人,其中高、中级技术职称49人。累计有9项科研成果获得甘肃省科技进步奖,选育的"天汪一号"苹果是甘肃省第一个自选自育成功的元帅系短枝型优良品种,苹果霉腐病发生规律与防治技术研究成果达国际先进水平。存有果树和花卉品种资源416个,是国家星火计划农村区域科技成果转化中心和甘肃省引进国外智力示范基地。

区属农业科技机构

　　秦州区蔬菜研究所　1981年成立天水市蔬菜研究所。1985年更名为秦城区园艺工作站,隶属于区农牧局。1991年更名为秦城区经济作物工作站,以蔬菜作物为研究对象,开展蔬菜优良品种引进,栽培技术研究、示范、推广和蔬菜病虫害防治研究等业务,先后完成一批省、市、区列科技攻关课题和星火计划项目,获得多项科技成果奖励。有技术人员24人,其中高级技术职称2人,中级职称4人。

秦州区食用菌研究所　2008年成立,是天水地区唯一一所专门从事食用菌菌种生产,新菇种引进、试验、示范、推广的事业性科研单位,累计推广食用菌种植20多万平方米。承担完成国家级星火计划引导项目《甘肃省食用菌生产加工关键技术集成示范》分项目《加工型双孢菇无公害栽培技术和病虫害综合防治技术示范》、省星火计划项目《利用果树废枝种植香菇技术集成示范》、市列科技支撑项目《食用菌新菇种引进试种示范》《杏鲍菇集约化优质丰产栽培技术示范》《双孢菇丰产栽培技术示范》等科研项目。有职工15人,其中高级技术职称1人,中级职称2人。

第二节　科技经费和成果

科技三项费

区列科技三项费(科学研究项目费、中间试验项目费、新产品试验项目费)归区科技局统一管理。投入三项费的项目是列入计划的科技攻关和星火计划项目,实行合同制管理。经过前期调研、筛选初审、可行性论证,最后审定立项。立项后签订科技项目合同文本,由区科技局下达项目经费,按计划、进度、用途拨款,坚持专款专用,年终核销。区财政共拨付科技三项费3196万元,省、市下拨科技三项费1932万元。

1985—2007年秦州区科技三项费统计表

表11—8—1　　　　　　　　　　　　　　　　　　　　　　　　　　单位:万元

年份	区财政下拨科技三项费	省市下拨专项经费	年份	区财政下拨科技三项费	省市下拨专项经费
1985	2.4	3.42	1997	25	61.8
1986	2.39	3.85	1998	36	77
1987	3.24	3.98	1999	80	70
1988	6.78	6.34	2000	100	55
1989	12.8	14.3	2001	12	67
1990	16.9	16.4	2002	145	99
1991	27.7	17.6	2003	198	82.6
1992	43.2	20.5	2004	197	55

续表

年份	区财政下拨科技三项费	省市下拨专项经费	年份	区财政下拨科技三项费	省市下拨专项经费
1993	36.3	4.3	2005	279	97
1994	12	73.6	2006	290	254
1995	13	72.9	2007	455	308
1996	18	67.7			

省部级科技成果

1985年至2007年有19项科技成果获得省、部级奖励,其中部级科技进步奖2项、甘肃省科技进步奖9项、省星火科技奖5项。《天水苹果栽培技术》培训材料在1989年获甘肃省星火好教材奖。

秦州区获省部级科技奖统计表(不含规模以上企业科技成果)

表11—8—2

成果名称	完成单位	主要研究人员	获奖种类及等级
JS14型400毫米离心铸造机设计试制	天水铸造机械厂	丁义正	1986年获甘肃省科技进步三等奖
GY—131医用级硅橡胶扩试涂硅导尿管	秦城区环城卫生院、晨工化工研究院	王玺昌等	1986年获化工部科技进步二等奖
黑色耐环境低密度聚乙烯护套料	天水电缆材料厂等	王利民等	1987年甘肃省科技进步三等奖
抗自脱栓形节育器IUD	秦城区环城卫生院	王玺昌、刘玉琴、武桂荣	1989年获甘肃省科技进步三等奖
苹果"三虫一病"防治试验示范	北道、秦城区园艺站等	蒲延序、肖恒北等	1989年获甘肃省星火科技奖
透辉石釉面砖研制	秦城区陶瓷厂	计予范	1989年获甘肃省星火科技奖
草莓栽培技术推广	省农科院果树所及天水市秦城区、北道区园艺站	马天新、肖恒北等	1991年获甘肃省星火科技三等奖
多元微肥示范推广	天水市科委农业科、秦城区科委等	郑志勤、刘利亚等	1991年获甘肃省星火科技三等奖
星火人才的培训与管理	秦城区太京乡科委	张恩赐、王纪文、武给宝、马怀玉、杨连生	1991年获甘肃省星火科技三等奖

续表

成果名称	完成单位	主要研究人员	获奖种类及等级
各类电缆料标准	天水电缆材料厂	章万生等	1994年轻工部采用国际标准先进奖
复合效应治疗仪——玄极仪	天水市电器厂	李鸿清	1996年甘肃省科技进步三等奖
高密度电缆绝缘材料	天水电缆材料厂	章万生等	1996年轻工部科技进步二等奖
天水榆锤角叶蜂的研究	区林木病虫防治站	武星煜、高嵩、宋万宝等	2002年甘肃省科技进步三等奖
天水柳叶蜂的研究	区森林病虫害防控站	武星煜等	2007年甘肃省科技进步二等奖
日光温室油桃无公害标准化栽培技术集成示范	秦安县园艺指导站、秦州区果业局	王喜林等	2007年甘肃省科技进步二等奖
箱式微波真空干燥机	天水华圆制药设备科技有限责任公司	——	2007年甘肃省科技进步三等奖

市级科技成果

1985年至2007年有137项科技成果获得市级奖励。其中市科技进步奖92项，科技推广奖10项，星火科技奖33项，星火科技管理奖2项。《花椒栽培技术》培训材料在1988年获市星火好教材奖。

秦州区部分年份获市级科技成果统计表

表11—8—3   单位：项

年 份	天水市科技进步奖			天水市星火科技奖
	一等奖	二等奖	三等奖	
1988	—	2	2	—
1989	—	1	1	—
1990	—		2	3
1991	—	1	—	4
1992	—	1	1	6
1993	—		2	5
1994	1		4	4
1995	—	1	2	3
1996	1	—	—	2

续表

年 份	天水市科技进步奖			天水市星火科技奖
	一等奖	二等奖	三等奖	
1997	—	1	2	4
1998	1	—	—	2
2000	2	—	4	—
2001	1	—	3	—
2002	1	2	3	—
2003	—	1	3	—
2004	—	1	3	—
2005	1	2	5	—
2006	1	2	6	—
2007	—	3	6	—

科技项目鉴定

1985年至2008年鉴定验收科技项目303项。按照行业分为工业项目141项,农业项目139项,医疗卫生项目23项。

1985—2007年秦州区科技项目鉴定统计表

表11—8—4　　　　　　　　　　　　　　　　　　　　　　　　　单位:项

年 份	工业项目	农业项目	卫生项目	合 计
1985	—	1	1	2
1986	1	1	1	3
1987	3	3	3	9
1988	—	2	2	4
1989	3	4	1	8
1990	—	10	—	10
1991	6	2	1	9
1992	9	14		23
1993	4	5	1	10
1994	5	7	—	12

续表

年　份	工业项目	农业项目	卫生项目	合　计
1995	7	4	—	11
1996	4	7	—	11
1997	4	3	—	7
1998	6	10	1	17
1999	1	6	1	8
2000	8	3	3	14
2001	3	3	—	6
2002	7	2	—	9
2003	5	3	2	10
2004	11	12	2	25
2005	9	10	1	20
2006	4	18	—	22
2007	2	5	1	8

科技奖励

1987年制订《秦城区科学技术进步（成果）奖励试行办法》，规定奖励范围为科学技术研究成果、推广成果、技术革新和科技管理成果。

1990年颁发秦城区第一次科技进步奖，奖励科技成果15项，其中工业4项，农业6项，医疗卫生5项。一等奖奖金400元，2项；二等奖奖金300元，5项；三等奖奖金200元，8项。

1992年颁发秦城区第二次科技进步奖，奖励科技成果20项，其中工业6项，农业13项，医疗卫生1项。一等奖奖金500元，7项；二等奖奖金400元，8项；三等奖奖金300元，5项。

1996年颁发秦城区第三次科技进步奖，奖励科技成果36项，其中工业18项，农业16项，医疗卫生2项。一等奖奖金1000元，5项；二等奖奖金700元，16项；三等奖奖金500元，15项。

2004年颁发秦城区第四次科技进步奖，奖励科技成果27项，其中工业13项，农业12项，医疗卫生2项。一等奖12项，二等奖15项。

第三节　科技队伍

专业科技人员

1985年初秦城区有专业技术人员254人，至2008年底专业技术人员增至10295人，其中高级技术职称279人，中级职称2630人，初级职称5583人，未评定人员1803人。按行业分为农业技术人员1619人，医疗卫生人员930人，教师7318人。

农民技术人员

1982年天水市首次评定农民技术职称，评定出农技、畜牧兽医、林果等农民技术员113人。1990年秦城区第二次评定农民技术职称，评定出农技、林果、畜牧兽医、植物保护、农机、农电、农经、水保等9个专业农民技术人员1573人，其中中级技师54人，初级技师90人，技术员1429人。1995年农民技术职称评定改为统一颁发绿色证书，由区农业广播学校培训后统一颁发，至2009年累计颁发果树栽培、设施农业、畜牧养殖等专业绿色证书7528本。

第九章　质量技术监督管理

第一节　质检管理机构

1985年8月天水地区标准计量管理局更名为天水市标准计量管理局，下设计量检定所和产品质量监督检验所。1987年4月设纤维检验站。1989年10月成立甘肃省天水计量测试中心，负责甘肃省东部地区分量传和测试任务。1991年8月30日市标准计量管理局更名为天水市技术监督局。1993年8月设立市组织机构代码管理办公室。1995年11月设立稽查大队。1996年9月设立市计量技术服务中心，从事计量器具销售、计量器具修理、计量技术咨询等服务。1998年12月市锅炉压力容器检验研究所和市特种设备监督检验所合并为市特种设备检验所。2000年12月市技术监督局更名为甘肃省天水市质量技术监督局。

2003年9月增设法制宣传教育科、人事劳资科、纪检监察室。2004年市产品质量监督检验所、市建材产品质量监督检验站、市纤维检验站合并为甘肃省产品质量监督检验东部分中心。2005年设立食品安全监管科。2006年8月天水市纤维检验所从省质检东部分中心分离单设。2007年9月成立天水市质量技术监督局秦州分局。

第二节　计　量

计量认证

1986年天水市建立二等金属量器标准装置。1995年建立出租汽车计价器检定装置。1996年建立医用检定装置，主要有血压计、血压表检定装置，医用诊断X辐射源照射剂量检定装置，心脑电图机、心电监护仪检定仪，超声功率标准装置4项标准器。2001年建立电能表检定装置。2003年建立验光机顶焦度标准装置、眼镜片顶焦度标准器组。2005年建立电话计时计费器检定装置，定量包装商品净含量计量检验装置。2007年建立燃气表检定装置和水准、经纬仪检定装置。

1985年启动企业标准器考核，之后拥有高计量标准企业及装置有亿马公司电能表检定装置和智能水表检定装置，天水通用电子仪器研究所数字万用表检定装置，天水创立仪器仪表公司相位伏安表检定装置，天水锴华电子衡器有限公司四等砝码，长开电子科技有限公司电能表标准装置，天水长开互感器公司电流互感器检定装置和电压互感器检定装置，天水铁塔厂游标量具标准器组和三等金属线等。中国建筑材料工业地质勘查甘肃总队实验室、天水市疾病预防控制中心、甘肃省高低压电器质量监督检验站、甘肃电器科学研究院、天水市交通基建工程质量监督站检测中心、天水市纤维检验所、天水市粮油防治检验中心、天水市秦州区农产品质量安全监测检测站、天水市环境监测站、甘肃省产品质量监督检验东部分中心、天水市药品检验所、天水中矿地质综合实验室先后通过省质量技术监督局的考核评审，取得计量认证合格证书。

计量检定

1992年天水市鉴定长度、温度、力学、电磁、化学5大类19项60多个品种检定修理计量器具6100台件。1993年查处计量违法行为235起，没收非法计量器具167台件。1995年开展5大类19项60多个品种的计量器具检定、测试，检定各类计量器具8600台、件，更新计量标准器，新添2台二等活塞式压力计，开展出租车里程计价器检定工作。1996年天水市社会公用计量标准器和企事业单位最高计量标准器受检率在95%以上，强制检定计量器具受检率90%。

2002年检定计量器具1万余台（件），社会公用计量标准受检率100%，强制检定计量器具受检率98%。2003年检查商贸市场计量器具及定量包装商品计量，其中较大商贸企业56家、食品定量包装商品生产企业76家，检查产品391批次；专项检查市场在用计量器具，强检计量器具受检率100%，非强检计量器具受检率98%。2004年启用"民用四表"强制检定合格标签。

2005年引导规模以上企业按ISO10012国际标准完善计量检测体系，将"民用四表"、电话计费器、加油机、出租车计价器和市场计量器具等作为强制检定工作的重点纳入长效动态管理，检测各类计量器具3.8万台（件）。

2006年计量建档工作实施动态管理，全市纳入动态管理的计量器具1.6万台（件）。制定《市县两级计量检定业务分工及协作的有关规定》，检定纳入计划管理，实施周期检定的强检计量器具有1.5万台件，受检率98%。确定12户重点能耗企业开展节能降耗服务活动，与6户重点能源企业签订《共同推进节能降耗工作协议书》，与市供电公司联合印发《关于进一步规范电能计量监督管理工作的通知》，完成电能表首次强制检定2.5万块。挂牌整治集贸市场9个，培育计量诚信市场8个，完成10户企业的计量体系合格确认，投资25万元新增燃气表、商品净含量等检定项目7项。

工业计量

1985年天水市工业企业经省、市考核合格，报请省计量管理局审核批准二级计量合格企业22户，三级计量合格企业11户。1986年至1990年完成工业企业计量工作定级升级164户，甘肃棉纺厂、天水火柴厂、天水毛纺厂等企业效益得到明显改善。1991年停止企业计量定级、升级工作。

第三节　标准化

企业标准化

整顿验收　1985年天水市开展标准化普查、标准制修订及标准整顿工作，统计179个企业的790种产品，结果显示执行国际标准的有13种，占1.6%；国家标准的有157种，占19.9%；部颁标准248种，占31.4%；企业标准140种，占17.9%；无标产品232种，占29.4%。随后修、制、订标准44个。1986年完成企业标准化制、修、订34项。2002年帮助企业制、修订企业标准23项，初审18项。

采用国际标准　1987年天水市累计采用国际标准9项。1990年完成采标4项，其中天水电池厂的R20锌锰干电池完成采标后免征增值税20万元。1992年复查工作手套、岩棉及其制品、软木 — 橡胶软木纸板（垫）3项采标的企业，完成5个项目的采标。2002年后对10户工业企业按照采标验收细则进行检索对照，完成"双采"企业10家59项产品，天水电缆厂被评为国家标准化良好行为企业。2007年甘肃海林轴承中科科技有限公司被评为省级标准化良好行为企业。

定级升级　1991年天水市自来水公司、天水市锅炉厂、天水市电缆料厂实施标准化定、升级工作，天水市自来水公司定为标准化省二级企业，其他为省三级标准化企业。

监督检查

1988年普查产品标准，天水市有各类工业企业604户、产品760种，执行国际标准9种、国家标准152种、专业标准156种、企业标准436种，无标产品16种是乡镇企业产品和一些新产品。

1989年清理1978年至1988年天水市发布的地方标准238项。1990年市级验收合格标准化小型企业8户、乡镇企业5户。

1992年监督检查8家企业产品标准水平、标准的实施、效益等方面工作，开展标准化咨询服务工作79项次。1994年秦城区食品行业实行标签审定许可证制度。1997年开展消灭无标生产。1999年秦城区完成消灭无标生产目标。2000年加强对食品标签的设计审查和检查，签发食品标签准印证25个。2005年初审地方标准24项，帮助企业办理商品条码7项。

2006年受理食品标签60个，审核办理食品标签准印证42个；实施标准化良好行为动态管理企业1户，验收1户。

第四节 质 量

1985年天水市质监所化验室配备专职人员，增添设备仪器，建立建材、服装鞋帽、农机、种子4个监督检验站，检验范围覆盖21类155种产品。

1986年抽检白酒、啤酒、葡萄酒、饼干、面包、糕点、挂面、果脯、食油、酱油、醋、豆瓣酱、硬质糖、清凉饮料等15种产品。1992年下发《关于对流通领域开展商品质量检查的通知》，组织6次较大规模抽查，商品包括食品、烟酒、电线、皮鞋制品、建筑材料。1993年监督检验生产领域的7大类37种产品，整治家电、眼镜市场，认可2家家电维修机构，考核验收4家眼镜经销企业质量资格。1994年监督检验化肥、农药、种子等农业生产资料产品质量，查处坑农害农的案件。1995年至1999年监督检验188户生产企业43类产品，检查1117个批次。在流通领域专项检验服装、皮鞋、粮油，不定期检验眼镜、家电、家具、汽油、化肥、饮料等。监督检验建筑材料781个批次，流通领域监督检验建材产品323个批次。

第五节 行政执法

1987年天水市贯彻执行《计量法》，抽查计量器具8924台（件），周检率为78%，抽查合格率89%，按法定计量单位改制计量器具494台（件），改制率为89%，商品价格标签改制率71%，按法定计量单位记账的为73%，包装商品称重合格率为65%。1989年查处各种违法案件161起，没收计量器具494台（件），罚款6848元。检查企业284户，查出经销劣质商品37户，查出各种劣质皮鞋545双、各种饮料7115瓶、糕点64包，没收不合格量提79个。

1991年开展"质量、品种、效益年"活动，检查全区劳动保护、安全防护产品的标准执行情况。1992年重点检查销售门店。1993年开展4次大规模检查，打击利用计量器具克扣群众、损害消费者利益的不法行为，查处计量违法行为235起，没收非法计量器具260多台件，罚款1050元。1994年检查3500个门店（柜台）、单位，检查商品标值1000多万元，查处假冒伪劣商品93种，没收、销毁的商品标值50万元。查处违反《标准化法》案件6件，违反《计量法》案件40件，违反《产品质量法》案件213件。1995年组织5次大规模的产（商）品质量监督大检查活动，出动执法人员3928人次，检查商品标值8247万元，查处伪劣商品标值66万元，销毁伪劣商品标值34元，查处万元以上大案15起，打掉制售伪劣商品窝点17个，受理消费者投诉70余起，为消费者挽回经济损失10万元。

1997年检查12个乡镇农资市场，查处违法商品标值8万元，销毁无生产日期、保质期农药20种530支（瓶），没收过期农药1237支（瓶），处罚质量低劣、标识不符的厂家；检查眼镜门店10户，查处三无镜片、标识不符镜片、劣质镜片126副，全部予以没收；查处假冒"禾蕊"特二粉240袋，标值13000元；查处冒充天水长城通用电器厂空气开关135台、长城控制厂交流接触器67台的10万元货值大案，以及冒充甘绒厂"春风牌"绒线17包货值3万元案件。

1998年开展9次农资产品打假、游乐设施和液化气充装安全检查，以及汽车配件、农机配件、建筑钢材、食品饮料、桶装纯净水专项检查等活动，查办大案要案5件，销毁物品18类137种，价值24.47万元。

2003年检查农资、建材、地条钢、食品、机电、棉花、家具、特种设备、通信产品、3C认证产品等产（商）品，受理投诉20余起，涉及手机、洗衣机、电视机、水泵、眼镜、家具、锅炉、装载机、摩托车等，挽回经济损失20万元。2004年出动执法人员4200人次专项检查建材、农贸、食品、汽车配件、絮棉制品、计量器具等，检查生产、经销单位760家，查处案件91起，查处违法商品货值562万元。受理投诉19起，举报投诉办结率100%，挽回经济损失35万元。

2005年实行行政辖区打假责任制，农村打假网络初步形成，聘请农村质监联络员99名，查办案件418起，查处违法商品货值273万元，受理投诉27起，挽回经济损失30多万元。2006年建立"12365"投诉指挥中心，受理投诉举报10起，均按期办结。专项整治食品、农资、建材、3C认

证产品和计量器具、特种设备等,挽回经济损失41万元,举报投诉办结率
100%。

第六节　组织机构代码管理

1993年天水市推行统一标识代码制度工作。1994年建立代码数据
库,开展基础调查摸底工作,填表30144份,赋码7861个单位,颁发代码证
正本5301份、副本6059份,录入微机数据7.78万项。1995年通过省级验
收,累计办理代码证书8643户,其中新增568户。

1996年在银行系统账户和国税、地税部门开展代码强制应用工作,
新办证608户。1997年清理历年代码数据库,新颁证653户。2000年利用
数据开展代码咨询,给银行、清房办等部门提供数据应用服务,代码办证、
换证520余户,年检400余户。

2002年颁发代码证书714户,年检1000余户,年检清理企业360户;
开展第二次全国基本单位普查工作,清理、查验6000余户数据,编制《天
水市组织机构代码管理办公室质量手册》及《技术控制文件》。

秦州
区志
QIN ZHOU
QU ZHI

第十二编

ZhongGongQinZhouQuWeiYuanHui

中共秦州区委员会

1985年7月中共天水市秦城区委员会成立,2005年1月更名为中共天水市秦州区委员会。1985年至2007年中共天水市秦州区委员会共召开代表大会6次,召开全委扩大会议49次,召开常务委员会会议661次;先后在全区党员、干部、群众中开展"坚持四项基本原则,反对资产阶级自由化""社教""三讲""三个代表"、权力观教育、保持共产党员先进性教育、"两个务必"学习教育、科学发展观学习教育、社会主义荣辱观、"转变作风抓落实年"等学习教育活动。

第一章 重要会议与组织机构

第一节 代表大会

中共秦城区第一次代表大会

1987年3月17日至20日中共天水市秦城区第一次代表大会召开,应到会代表239人,因病因事请假18人,实到会代表221人。大会听取审议区委书记丁长胜代表中共天水市秦城区委作的《坚持四项基本原则,坚持改革开放搞活,把我区两个文明建设扎扎实实地推向前进》的工作报告与中共天水市秦城区纪律检查委员会工作报告,制定区委在"七五"期间社会主义精神文明建设实施规划。会议选举出区委委员29人,纪律检查委员会委员13人。

中共秦城区第二次代表大会

1990年5月8日至11日中共天水市秦城区第二次代表大会召开,应到会代表259人,因病因事请假24人,实到会代表235人。大会听取审议区委书记乔正风代表中共天水市秦城区委第一届委员会作的《团结一致,求实苦干,为全区政治、经济和社会稳定发展而奋斗》的报告及中共天水市秦城区纪律检查委员会工作报告。会议对秦城区第一次党代会以来三年工作进行回顾，认为三年来区委团结带领全区人民，以经济建设为中心，坚持四项基本原则和改革开放，以"城乡并举，工农一体，互相促进，共同繁荣"为发展秦城经济的指导思想，坚持两个文明一起抓，取得令人鼓舞的成就。会议明确今后三年工作总的指导思想是坚定不移地贯彻党在社会主义初级阶段的基本路线，坚持一个中心，两个基本点，城市农村齐抓，"两个文明"并重，全面、稳定解决温饱，逐步实现脱贫致富；至1992年使秦城区工农业总产值达到28912万元，粮食总产量达到1.4万吨，乡镇企业达到18660万元，农民人均纯收入达到430元。会议选举出区委委员31人，纪律检查委员会委员13人。

中共秦城区第三次代表大会

1993年2月4日至6日中共天水市秦城区第三次代表大会召开，应到会代表266人，因病因事请假23人，实到会代表243人。大会听取审议区委书记乔正风代表中共天水市秦城区委第二届委员会作的《加快改革开放和建设步伐，为振兴秦城而努力奋斗》的报告及中共天水市秦城区纪律检查委员会工作报告。会议认为区第二次党代会以来，秦城区坚持城乡并重，农工一体，城乡经济建设协调发展，各项改革逐步深入，对外开放势头良好。会议确定今后五年全区工作紧紧围绕建立社会主义市场经济体制的目标，以经济建设为中心，争取到1997年使全区经济实现由计划经济向市场经济转变，实现按照市场经济规律运动的机制；农村要有三分之二以上的乡村和人口人均纯收入达到千元以上，生活进入小康；城乡差距逐步缩小。全区经济持续以两位数的速度增长，力争提前一年完成"八五"计划，提前三年实现翻两番。会议选出区委委员29人，纪律检查委员会委员15人。

中共秦城区第四次代表大会

1998年2月15日至17日中共天水市秦城区第四次代表大会召开，应到会代表265人，因病因事请假23人，实到会代表242人。大会听取、审议区委书记刘宝珍代表中共天水市秦城区委第三届委员会作的《高举旗帜，开拓进取，为加快秦城发展而努力奋斗》的报告及中共天水市秦城区纪律检查委员会工作报告。会议总结回顾区第三次党代会以来，以经济建设为中心，全面实施区三次党代会提出的一系列重大决策，全区经济实力和人民生活水平上了一个新台阶。会议确定今后五年秦城区工作以改革为动力，以提高经济效益为中心，继续推进经济体制和经济增长方式的转变，强化农业基础地位，加快国有企业改革，放手发展非公有制经济和第三产业。会议选出区委委员29人，纪律检查委员会委员15人。

中共秦城区第五次代表大会

2002年12月10日至11日中共天水市秦城区第五次代表大会召开，应到会代表268人，因事因病请假7人，实到会代表261人。大会听取审议区委书记柴金祥代表中共天水市秦城区委第四届委员会所作的《解放思想，与时俱进，为全面推进秦城小康建设而努力奋斗》的报告及中共天水市秦城区纪律检查委员会工作报告。会议认为区第四次党代会以来牢牢把握加快发展这一主题，以提高人民生活水平为根本出发点，社会各项事业取得显著成绩，经济结构调整步伐加快，实施西部大开发战略开局良好，城乡面貌发生较大变化。会议提出今后五年全区国内生产总值年均增长高于全市平均水平，财政收入增幅高于国内生产总值增长幅度；结构调整取得实质性进展，三次产业结构趋于合理，主导行业和支柱产业不断壮大，初步建立起秦城特色经济的基本框架，社会保障体系不断完善；全区由稳定解决温饱、总体进入小康，进而进入全面建设小康社会的新阶段。在此基础上，再经过若干年努力，把秦城区建设成与天水发展大城市相适应的西陇海兰新线经济带上富有活力、特色鲜明的中心城区，使之成为西北地区有影响的三产大区、文化大区、科技大区和最佳人居环境城区，实现由人口大区向经济大区、经济强区的跨越。会议选出区委委员25人，候补区委委员4人，纪律检查委员会委员15人。

中共秦州区第六次代表大会

2006年11月20日至22日中国共产党天水市秦州区第六次代表大会召开，出席代表300人，区委书记张健代表中共天水市秦州区委第五届委员会作《以人为本，加快发展，为构建和谐秦州而努力奋斗》的报告。会议认为区第五次党代会以来牢牢把握加快发展这一主题，全区经济发展全面提速，结构调整步伐加快，经济增长的质量和效益明显提升。会议确定今后一个时期以全面建设小康社会、构建和谐社会为目标，始终把发展作为第一要务，以深化改革和体制创新为动力，坚持发展抓项目不动摇。坚持推进农业产业化经营，推动社会主义新农村建设；坚持实施工业强区战略，提高工业经济的整体实力；坚持发展以商贸旅游为主的第三产业，提高中心城区的综合服务功能和辐射带动能力；加快推进商贸物流中心城区、农副产品加工中心城区、现代制造业中心城区、科教文卫中心城区、旅游服务中心城区和最佳人居环境城区建设进程。今后五年生产总值年均增长高于全市平均水平，人均GDP达到全省中上水平；财政收入与生产总值保持同步增长。会议选出区委委员41人，候补区委委员8人，纪律检查委员会委员19人。

第二节 全委会 常委会

中共秦城区第一届全委（扩大）会议

1987年3月20日中共天水市秦城区委一届一次全委会议召开，选举丁长胜为书记，谢寿璜、张建业、魏致中、魏建邦为副书记，马佩授、王志荣、白笃贞、刘继光、李生林等人为常务委员会委员。12月15日召开区委一届二次全委会议，研究贯彻省委全委扩大会议和全省农村工作会议意见。12月26日召开区委一届三次全委（扩大）会议，通过《关于学习和宣传十三大文件的决定》《关于奋战三年全区基本解决温饱的决定》，分析全区农村形势，提出要把"三年解决温饱"作为不可动摇的奋斗目标，要求到1990年全区农民人均占有粮食700斤，人均纯收入达到400元，实现全区解决温饱的任务。1988年5月20日召开区委一届四次全委（扩大）会议。9月5日召开区委一届五次全委会议，通过《区委工作条例》，选举产生出席市党代会代表。1989年4月6日召开区委一届六次全委会议，通过《关于加快农业发展、夺取农业丰收的决定》《关于加快城市经济发展有关问题的决定》。8月8日至10日召开区委一届七次全委（扩大）会议。1990年1月9日至10日召开区委一届八次全委（扩大）会议，通过区委、区政府贯彻《中共中央关于进一步治理整顿和深化改革的决定》的意见，听取区委书记乔正风所作的工作报告，会议总结1989年工作，安排部署1990年各项工作。

中共秦城区第二届全委（扩大）会议

1990年5月11日召开区委二届一次全委会议，选举乔正风为书记，谢寿璜、魏致中、王志荣、刘宝珍为副书记，刘继光、李生林、白笃贞、马佩授等人为常务委员会委员。7月17日至19日召开区委二届二次全委（扩大）会议，通过关于贯彻六中全会精神的决议和《区委、区政府关于落实六中全会精神，下半年重点做好十项工作的决定》。1992年1月20日至22日召开区委二届三次全委（扩大）会议，通过《关于贯彻十三届八中全会的决定》《关于八五计划和十年规划草案的决议》，回顾总结区委二次全委会议以来的工作，安排部署1992年全区农村工作。

中共秦城区第三届全委（扩大）会议

1993年2月6日召开区委三届一次全委会议，选举乔正风为区委书记，谢寿璜、刘宝珍、马佩授、张鸿才、王继文为区委副书记，张建祖、李生林、廖文凯、雷传昌等人为常务委员会委员。1994年1月27日至29日召开区委三届二次全委（扩大）会议暨全区农村工作会议，安排部署1994年全区农业和农村工作。12月8日至9日召开区委三届三次全委（扩大）会议，传达省、市委扩大会议精神和全国农村基层组织建设会议精神，安排部署1995年工作。1996年1月16日至18日召开区委三届四次全委（扩大）会议，安排部署1996年各项工作任务，分组讨论秦城区"九五"规划和2010年远景目标。7月25日至27日召开区委三届五次全委（扩大）会议，听取秦城区考察团赴张家港学习考察情况汇报，通过《中共天水市秦城区委三届五次全委（扩大）会议关于加快经济发展的决议》。1997年2月25日至27日召开区委三届六次全委(扩大)会议暨全区经济工作会议，通过《关于进一步加强精神文明建设实施意见的决议》。8月28日至29日召开区委三届七次全委（扩大）会议，学习邓小平改革与发展有关论述和江泽民在中央党校的讲话。

中共秦城区第四届全委（扩大）会议

1998年2月17日召开区委四届一次全委会议，选举刘宝珍为区委书记，柴金祥、马佩授、何道华、雷传昌、王奋彦为区委副书记，张晓荣、于学武、刘新全、徐国民、赵文等人为常务委员会委员。9月召开区委四届二次全委（扩大）会议暨政府全体会议。10月19日至20日召开区委四届三次全委（扩大）会议暨政府全体会议，组织动员全区党员干部学习邓小平理论。1999年2月1日至2日召开区委四届四次全委（扩大）会议暨全区经济工作会议，安排部署1999年各项工作任务。2000年1月19日至21日召开区委四届六次全委（扩大）会议暨政府全体会议，确定2000年全区工作总的指导思想、奋斗目标和工作思路，安排部署各项工作任务。10月11日至12日召开区委四届七次全委（扩大）会议暨政府全体会议。2001年1月16日召开区委四届八次全委（扩大）会议暨政府全体会议，审议通过《秦城区第十个五年计划纲要（草案）》，安排部署2001年全区工作。10月18日至19日召开区委四届九次全委（扩大）会议，学习江泽民"七一"讲话和十五届六中全会精神，总结"三个代表"重要思想学习教育活动第一阶段工作，安排第二阶段学习任务。2002年9月25日召开区委全委会议，选举产生参加市四次党代会代表候选人预备人选，讨论确定下次区党代会时间、选举方式等有关事宜。12月3日召开区委四届十次全委会议，通过四届区委、区纪委工作报告，听取和审议区第五次党代会筹备工作以及人大、政府、政协领导班子换届选举筹备工作的情况说明。

中共秦城区第五届全委（扩大）会议

2002年12月12日召开区委五届一次全委会议，选举柴金祥为书记，安永、张智明、杨虎林、文月平、王小林、骆广田为副书记，赵文、王小熊、赵培英、牟建林、何忠兰等人为常务委员会委员。通过区纪律检查委员会第一次全体会议选举结果的报告。2003年2月19日召开区委五届二次全委会议，票决政府组成部门主要负责人安排事宜，安排区委五届三次全委（扩大）会议暨全区经济工作会议的事宜。2月21日至22日召开区委五届三次全委（扩大）会议暨全区经济工作会议，安排部署2003年重点工作任务。12月30日召开区委五届五次全委会议。2004年2月19日至20日召开区委五届六次全委（扩大）会议暨全区经济工作会议，对2004年各项工作进行安排部署。5月10日召开区委五届七次全委会议。5月13日召开区委五届八次全委会议。8月5日召开区委五届九次全委（扩大）会议暨经济工作会议（议题）。2005年2月1日召开区委五届十二次全委（扩大）会议暨全区经济工作会议，安排部署2005年工作任务，之后召开区委五届十三次全委会议，票决干部任命事宜。8月23日召开区委五届十四次全委（扩大）会暨政府全体会议，安排部署下半年重点工作。2006年1月23日召开区委五届十五次全委（扩大）会议暨全区经济工作会议，研究《天水市秦州区国民经济和社会发展第十一个五年规划纲要》（讨论稿），回顾总结"十五"计划完成情况和2005年工作，安排部署2006年和今后五年的工作任务。10月31日召开区委全委会，审议通过区委六届委员会委员暨纪委委员提名原则，民主推荐区第六届区委委员、候补委员、候选人初步人选，审议通过出席天水市第五次党代会代表候选人初步人选提名原则，表决确定出席天水市第五次代表大会代表初步人选。

中共秦州区第六届全委（扩大）会议

2006年11月22日召开区委六届一次全委会议，选举张健为区委书记，周伟、宋建平为区委副书记，王小林、牟建林、何忠兰、杜伟、李鹏凡、赵耀雄、王万珍、胡波等人为常务委员会委员。12月1日召开区委六届二次全委会，表决出席中国共产党第十七次全国代表大会代表候选人初步人选考察名单和出席中国共产党甘肃省第十一次代表大会代表候选人初步人选考察名单。2007年3月6日召开区委六届三次全委（扩大）会议和全区"转变作风抓落实年"活动干部大会。3月7日召开区委全委会议，安排"转变作风抓落实年"活动，通过《关于在全区开展"转变作风抓落实年"活动的意见》的决议和《中共天水市秦州区委全委会议事决策规划》。8月6日召开区委六届四次全委（扩大）会议。11月5日召开区委六届五次全委（扩大）会议。

中共秦州区委常务委员会会议

1985年至2007年中共天水市秦州区常务委员会共召开会议661次，每年主要对难点和重要工作进行研究，对党建活动进行安排部署。

1985—2007年中共秦州区委常务委员会会议统计表

表12—1—1

年份	会议次数	主要议题
1985	34	物价补贴、工资改革、整党、成立物资公司等
1986	51	"文革"中人员问题、农村工作、违反计划生育干部处理、政治体制改革方案、安排征兵等
1987	41	区经委、二轻局、城市集体企业局合署办公，农村抗旱救灾、群众生活生产，迎接"红军师"凯旋归来等

续表

年份	会议次数	主要议题
1988	34	恢复集体企业局、成立监察局和土地局、财政收支、乡镇企业、供销公司和轻工物资公司合并等
1989	40	统建31套住房分配、预备役民兵、调整领导班子、政协机构、物价管理、环保等
1990	35	农村饮水、宣传、向崔兴美学习的决定、科技兴农规划、整顿村级组织建设、林业、农村经济等
1991	29	企业深化改革、农村开展社会主义教育、农业综合开发、下放乡站、增补政协委员、成立区政府研究室、干部任免等。
1992	27	成立地丝毯公司、二轻公司、经济开发领导小组及办公室、计经委员会,合并计委、经委、经协办等
1993	16	纪委、监察局合并,乡镇企业发展,社教和打击毒品犯罪,第三轮承包企业经营等
1994	25	省级劳模人选,教育奖励基金会,项目建设和工资改革,西交会,农村干部、教师工资、扫黄打非等
1995	42	企业改制、区个体经济及国有资产管理、"121"工程集资、征兵及粮油征购等
1996	13	企业奖励,雕漆厂、刃具厂改革及电缆料厂兼并豆制品厂,乡财政体制改革,机构改革,农村干部住房分配,清房等
1997	47	城市道路改造、计划生育及绿化、针织厂、减轻农民负担、机构改革、春耕生产、国道316线拓宽等
1998	24	春节稳定、政法队伍整顿和人事制度改革、税务、科技项目验收、计划生育、村务公开试点、再就业、土地二轮承包等
1999	24	开展"三讲"学习、维护稳定领导小组、小城镇建设组织机构、南北两山绿化、清房等
2000	23	区医院公开聘任院长、研究城市建设、西关片拆迁、"三讲"教育、矛盾纠纷排查调处和维护稳定等
2001	20	招商引资、社区建设试点、国防教育、机构改革等
2002	26	机构改革、困难群众生产生活、接收铁二中和农村教师工资上划区财政及企业改革、农村税费改革、城建城管等
2003	18	非典型性肺炎预防控制、南湖影院开发建设、撤乡并镇等
2004	22	项目和招商引资、行政事业人员分流、干部医疗管理、公开选拔副科级领导干部、干部任免、撤并村组等
2005	20	开展保持共产党员先进性教育活动、教育人事改革、成立街道党工委、乡镇职能转变试点等
2006	26	教育系统中层干部竞争上岗、新农村建设、抗灾救灾等
2007	24	农村卫生和新农合、转变作风抓落实年活动、经济适用房销售、城中村改造等

第三节 区委组织机构

1985年7月中共天水市秦城区委员会成立，丁长胜任区委书记；中共天水市纪律检查委员会更名为中共天水市秦城区纪律检查委员会。中共天水市秦城区委员会下设办公室、组织部、宣传部、统战部、政法委员会办公室、农村工作部、老干部工作局、党史资料征集办公室、报道组、信访办公室、机关党委、党校、档案馆、团委。1986年设立精神文明建设办公室，与宣传部合署办公。1989年撤销区委农村工作部，成立区委研究室。1990年设立社会治安综合治理办公室，与政法委合署办公。2002年撤销区委研究室、党史资料征集办公室，将档案馆划归区政府管理。2005年1月中共天水市秦城区委员会与中共天水市秦城区纪律检查委员会分别更名为中共天水市秦州区委员会与中共天水市秦州区纪律检查委员会。2006年信访办公室划归区政府管理。2007年区委工作机构有办公室、宣传部、组织部、政法委、统战部、老干局、党校、工会、团委、妇联、科协、工商联。

1985—2007年中共秦州区委书记、副书记任职一览表

表12—1—2

姓名	出生年月	籍贯	学历	职务	任职时间	备注
丁长胜	1934.12	麦积区	大学	书记	1985.7—1990.4	
乔正风	1943.6	陕西佳县	大学	书记	1990.5—1993.11	
谢寿璜	1939.9	江苏淮阴	大学	书记	1993.11—1997.11	
刘宝珍	1955.7	礼县	大专	书记	1997.12—2002.11	
柴金祥	1956.12	天水镇	大学	书记	2002.11—2006.9	
张 健	1963.1	崇信	大学	书记	2006.9—2009.8	
谢寿璜	1939.9	江苏淮阴	大学	副书记	1985.7—1993.11	
张建业	1940.11	礼县	中师	副书记	1985.7—1990.4	
蒋恩泰	1944.10	麦积区	大学	副书记	1985.7—1986.12	
王志荣	1947.9	甘谷	大专	副书记	1985.7—1986.12	
魏致中	1939.7	兰州	中专	副书记	1986.12—1991.3	

续表

姓名	出生年月	籍贯	学历	职务	任职时间	备注
魏建邦	1944.4	秦安	大专	副书记	1985.8—1990.5	
刘宝珍	1955.7	礼县	大专	副书记	1990.5—1993.9	
马佩授	1946.8	天水	大专	副书记	1993.2—2001.5	
张鸿才	1940.5	天津市	初中	副书记	1993.2—1996.2	女
王继文	1947.8	永登	大学	副书记	1993.2—1994.9	挂职
柴金祥	1956.12	天水镇	大学	副书记	1998.2—2002.11	
何道华	1955.7	四川西充	大专	副书记	1998.2—2001.5	女
雷传昌	1953.5	山东临清	大专	副书记	1998.2—2001.5	
王奋彦	1962.4	太京镇	大专	副书记	1998.2—2001.5	
安　永	1956.3	山西翼城	大学	副书记	2002.1—2006.9	
井盼昌	1950.2	陕西蓝田	高中	副书记	2001.5—2002.11	
郭鹏魁	1950.9	陕西富平	大专	副书记	2001.5—2002.11	
霍秀清	1955.10	关子镇	大学	副书记	2001.5—2002.11	女
张智明	1962.9	甘谷	大学	副书记	2001.5—2003.8	
杨虎林	1953.3	麦积区	大学	副书记	2001.5—2003.8	
文月平	1959.1	麦积区	大学	副书记	2002.11—2006-9	
王小林	1964.10	秦安	大学	副书记	2002.11—2010.9	
骆广田	1964.9	广东高要	研究生	副书记	2002.11—2004.12	挂职
宋建平	1961.10	清水	大学	副书记	2005.6—2006.11	
周　伟	1966.7	岷县	大学	副书记	2006.9—2010.6	

1985—2007年中共秦州区委常务委员会委员任职一览表

表12—1—3

姓　名	出生年月	籍　贯	学　历	任职时间	备注
谢寿璜	1939.9	江苏淮阴	大学	1985.7—1997.11	
蒋恩泰	1944.10	麦积	大学	1985.7—1986.12	
王志荣	1947.9	甘谷	大专	1985.7—1991.6	
白笃贞	1936.4	麦积区	中专	1985.7—1991.9	

续表

姓　名	出生年月	籍　贯	学　历	任职时间	备注
魏建邦	1944.4	秦安	大专	1985.8—1990.5	
魏致中	1939.7	兰州	中专	1986.12—1991.3	
李生林	1943.2	静宁	高中	1987.1—1987.10	
马佩授	1946.8	秦州区	大专	1987.3—2001.5	
刘继光	1937.10	山东掖县	中专	1987.3—1987.10	
乔正风	1943.6	陕西佳县	大学	1990.5—1993.11	
刘宝珍	1955.7	礼县	大专	1990.5—1993.9	
刘继先	—	—	—	1990.5—1992.11	
李生林	1943.2	静宁	高中	1990.5—1993.9	
王继文	1947.8	永登	大学	1993.2—1994.9	挂职
张鸿才	1940.5	天津市	初中	1993.2—1996.2	女
张建祖	1942.11	秦州区	大学	1993.2—1997.11	回
廖文恺	1936.11	齐寿乡	初中	1993.2—1996.1	
雷传昌	1953.5	山东临清	大专	1993.2—2001.5	
井盼昌	1950.2	陕西蓝田	高中	1994.6—2002.11	
王惠麟	1947.8	临夏	大专	1996.1—1997.12	
吉建安	1956.1	陕西韩城	大学	1996.1—1996.4	
徐国民	1953.10	河南荥阳	大专	1996.1—1999.4	
于学武	1943.10	江苏淮阴	高中	1996.1—2001.5	
张晓荣	1956.12	西和	大专	1996.1—2000.12	
何道华	1955.7	四川西充	大专	1996.2—2001.5	女
刘新全	1955.2	天水	大专	1996.2—2002.11	
赵　文	1959.10	礼县	大专	1996.6—2005.6	
王奋彦	1962.4	太京镇	大专	1997.11—2001.5	
刘宝珍	1955.7	礼县	大专	1997.11—2002.1	
柴金祥	1956.12	天水镇	大学	1997.11—2006.9	
钟绵邦	1954.3	陕西富平	大专	1999.12—2002.11	
吴生河	—	—	—	2000.12—2001.7	

续表

姓 名	出生年月	籍 贯	学 历	任职时间	备注
董晓玲	1963.12	河南长垣	大学	2000.7—2002.7	女，挂职
郭鹏魁	1950.9	陕西富平	大专	2001.5—2002.11	
霍秀清	1955.10	关子镇	大学	2001.5—2002.11	女
张智明	1962.9	甘谷	大学	2001.5—2003.5	
杨虎林	1953.3	麦积区	大学	2001.5—2006.9	
郭明兴	1963.10	秦岭乡	大专	2001.5—2002.3	
王小熊	1959.10	秦州区	大学	2001.5—2004.2	
苏学杰	—	—	—	2001.7—2002.9	
安 永	1956.3	山西翼城	大学	2002.1—2006.9	
白晓玲	1957.4	陕西宜君	研究生	2002.3—2002.11	
赵培英	1958.12	宁县	大学	2002.3—2004.6	
文月平	1959.1	麦积区	大学	2002.11—2006.9	
王小林	1964.10	秦安	大学	2002.11—2010.9	
牟建林	1965.12	秦安	大学	2002.11—	
何忠兰	1968.10	秦安	大学	2002.11—2009.7	女
骆广田	1964.9	广东高要	研究生	2002.12—2004.12	挂职
张克强	1958.8	秦安	大专	2003.8—2005.6	
尹守奎	1962.12	秦州区	大专	2004.6—2006.9	
杜 伟	1961.10	礼县	大学	2004.6—2007.3	
宋建平	1961.10	清水	大学	2005.6—2006.11	
李鹏凡	1966.11	秦安	大学	2005.6—2012.	
张 健	1963.1	崇信	大学	2006.9—2009.8	
周 伟	1966.7	岷县	大学	2006.9—2010.6	
赵耀雄	1961.12	河南偃师	大学	2006.9—2010.1	
王万珍	1962.9	清水	大学	2006.9—	
胡 波	1971.9	礼县	大学	2006.9—2008.12	
黄有源	1963.11	太京镇	大学	2007.3—	

第二章　重大决策

第一节　经济社会发展战略

1985年7月中共秦城区委坚持以经济建设为中心，物质文明建设和精神文明建设两手抓，确立"自尊、自信、自强，脚踏实地，志在为民"的秦城精神，制定"城乡并举，工农一体，互相促进，共同繁荣"和"加强农业，重视工业，搞活商业"的经济工作指导思想和"以农促工，以工支农，坚持改革，发展经济"的工作思路。

1990年7月区委、区政府作出重点抓好10项工作要求，提出粮食年产量2.62亿斤目标，制定科技兴农方案，以及维护社会稳定，开展禁毒、反盗窃、打击犯罪团伙、除"六害"扫黄工作决定。1992年1月20日区委二届三次全委扩大会议审议通过《天水市秦城区国民经济和社会发展"八五"计划》，提出以改革为动力，农业为基础，工业为主导，两个文明一起抓，以城带乡，健全社会主义民主与法制建设。经济发展依托三大优势，主攻4个重点，实现3个转换，即：依托驻区大中型企业、科研单位的人才、先进技术、经济实力雄厚的优势，依托有一定的矿产资源、建筑材料、农副土特产品的自然优势，依托发达的交通资源和具有发展经济的物质基础及初具规模的一批企业与专业人员的优势，主攻名优特新产品、地方拳头产品的发展，主攻企业管理、科技进步和科技成果的推广与应用，主攻农产品商品率的提高，主攻城乡生产和生活服务体系的建设。大力提高经济效益和优化经济结构，"八五"末农业总产值达到50020万元，年均增长5.9%；工业总产值达到28600万元，年均增长7%；粮食总产量达到156780吨，人均产粮达到388公斤；乡镇企业总产值达到4.076亿元；农民人均纯收入达到600元；财政收入达到7180万元，年均增长7%。

1993年2月在中共天水市秦城区第三次代表大会上确定总的奋斗目标，至1997年秦城区经济实现由计划经济向市场经济转变，实现按照市场经济规律运动的机制；农村有三分之二以上的乡村和人口人均纯收入达到千元以上，生活进入小康；工业生产规模和水平有较大提高；城市基础设施和面貌有较大改观，投资环境进一步改善，全方位对外开放的格局逐步形成；城乡差距逐步缩小，人民群众的物质文化水平有普遍提高；全区经济持续以两位数的速度增长，力争提前一年完成"八五"计划，提前3年实现翻两番。1994年提出以改革总揽经济全局，加快建立社会主义市场经济体制步伐，坚持扩大对外开放的发展思路，力争提前一年实现"八五"计划。1995年区委、区政府完善全区经济社会发展的指导思想，即以经济建设为中心，加快改革开放，完善社会主义市场经济体制，继续强化农业基础，努力搞活工商企业，大力发展第三产业，加快城乡基础设施建设，坚持"两手抓"的方针，加强党的建设和精神文明建设，推动各项社会事业，力争在20世纪末把秦城区建成较为富裕的城乡一体化经济区。

1996年提出"团结奋进，负重拼搏，特色领先，誓创一流"的口号作为自尊、自信、自强的秦城精神的一个重要补充。1月区委全委扩大会议审议通过"九五"及到2010年规划，确定"九五"到2010年期间发展的指导思想，处理好改革、发展、稳定的关系，完善社会主义市场经济体制。以奔小康和扶贫攻坚总揽农村工作全局，以发展支柱产业和乡镇企业为突破口，强化农业基础，稳定粮食生产，增加农民收入；推进科技进步，立足市场，促进城市经济发展，增加财政收入；大力发展第三产业和非公有制经济，加强城市基础设施建设，完善各项服务体系，协调发展各项社会事业，努力使全区国民经济和社会事业持续、快速、健康发展；城乡并举，抓城市带农村，抓农村促城市，力争到2000年把秦城区建设成为较富裕的城乡一体化经济区。"九五"末全区国内生产总值达到34亿元，工农业总产值26.5亿元，年递增30%；粮食总产量1.96亿公斤，年递增6.1%；农民人均纯收入2500元，年递增12.2%；乡镇企业总产值74亿元，年递增45%；财政收入2.53亿元，年新增15%。至2010年全区生产总值达到81亿元，年递增9.1%。其中粮食总产量2.5亿公斤年递增2.5%，农民人均纯收入5520元年递增8.2%，财政收入4.53亿元年递增6%。

1997年2月区委三届六次全委（扩大）会议暨全区经济建设工作

会议提出今后5年精神文明建设的指导思想，加强思想道德建设，发展教育科学文化事业，精神文明建设居全省前列。主要任务是坚持一个中心（以经济建设为中心），走好四条路子（以科学的理论武装人，以正确的舆论引导人，以高尚的精神塑造人，以优秀的作品鼓舞人），围绕"四有"目标（有理想、有道德、有文化、有纪律），提高两个素质（思想道德素质和科学文化素质）。1998年区委加快国有企业改革步伐，放手发展非公有制经济和第三产业。农村实行"到户工作法"，即乡、村干部联系到户，工作联系到户，宣传教育到户，扶持服务到户，矛盾化解到户，实绩实惠体现到户。制定《关于在全区农村推行村务公开和民主管理制度的实施意见》。1999年以提高经济运行质量和效益为重点，稳定和加强农业，调整和提高工业，大力发展第三产业，培育和壮大新的经济增长点，坚持社会主义精神文明建设和民主法制建设。2000年10月根据贯彻落实"三个代表"要求开展党的思想、组织、作风和制度建设，发挥共产党员的先锋模范作用，下发《关于进一步加强和改进思想政治工作的意见》。

2001年1月制定全区国民经济和社会发展第十个五年《计划纲要》，提出紧抓西部大开发的历史机遇，以富民强区为目标，立足区位优势和工业基础优势，突出工业化和城镇化发展目标，以经济结构战略性调整为主线，搞好区域工业；农副产品加工业和传统产业的改造提升；以城乡基础设施建设和改善生态环境为突破口，加快小城镇建设步伐，促进农村剩余劳动力向城镇二、三产业转移；实施扩大开放、重点带动、科教兴区、可持续发展四大战略，促进全区经济与人口、资源、环境相互协调和可持续发展的发展战略。国内生产总值"十五"末年均增长8.4%达到37亿元，一、二、三产业结构比重达到10∶46∶44，大口径财政收入"十五"末年均增长9%达到3亿元。农民人均纯收入和城镇居民可支配收入年均增长7.6%和7%，"十五"末分别达到1900元和6000元；全区森林覆盖率达到30%以上；工业"三废"治理利用率分别达到96%、70%和92%。2002年改善农业生态环境和基础设施条件，促进农村经济发展；全面推进国有企业改革，放手发展非国有制经济，大力发展第三产业；努力增加财政收入和城乡居民收入；坚持社会主义精神文明建设、民主法制建设和党的建设。2003年以加快全面建设小康社会进程和建设西陇海兰新线经济带甘肃段重点城市中心城区为目标,深化改革、扩大开放,加快经济结构的战略性调整,推进工业化、城镇化、信息化和农业产业化,做好就业和再就业工作,改善党的领导。

2004年以加快发展为第一要务,坚持发展抓项目,改革抓深化,城市抓三产,农业抓产业,环境抓服务,保障抓班子,全面实施"三产富区,工业强区,项目拉动,产业富民"战略,提高经济运行的质量和效益。2005年转变经济增长方式,提高经济运行质量。

2006年区委确定"十一五"指导思想,以科学发展观统揽经济社会发展全局,以全面建设小康社会、构建和谐社会为目标,始终把发展作为第一要务,以深化改革和体制创新为动力,坚持发展抓项目,坚持推进农业产业化经营,推动社会主义新农村建设;坚持实施工业强区战略,提高工业经济的整体实力;坚持发展以商贸旅游为主的第三产业,提高中心城区的综合服务功能和辐射带动能力;坚持加强城乡基础设施和生态环境建设;坚持科教兴区战略;坚持全面加强党的先进性建设和执政能力建设,进行民主政治建设和精神文明建设,加快推进商贸物流中心城区、农副产品加工中心城区、现代制造业中心城区、科教文卫中心城区、旅游服务中心城区和最佳人居环境城区建设进程。

2007年提出当年及今后一个时期经济社会发展总体思路,确定全区总的发展布局即着眼于加快城乡统筹发展,坚持分类指导、整体推进的原则,在发展布局上把全区分为城区、城郊区和农村三大板块。

第二节 政治决策

1985年7月制订《秦城区普及法律常识的五年规划》,以实现社会治安的根本好转和国家长治久安为目标,以宪法等8个法律和条例为内容,以干部和青少年为重点,以自学、讲解、讨论为主要形式,把普及法律常识同日常思想政治工作结合起来,同"五讲四美三热爱"社会活动结合起来,同城乡经济体制改革结合起来。明确普及法律常识的任务即从1985年至1989年在全区工人、农民、知识分子、学生中,尤其是在各级领导干部和青少年中有计划地、比较系统地普及法律常识。

1986年下发《中共天水市秦城区委常委关于改进领导作风的决定》，要求区委常委一班人坚定不移地同党中央在思想上、政治上保持一致；端正业务指导思想，全心全意为人民服务；深入基层调查研究；建立健全各项制度，不断加强班子自身建设，改进领导作风，提高办事效率，同时下发《关于实现全区党风根本好转的规划》《关于全党抓党风政治责任制》的通知，按照未整先学、未整先改、未整先纠、边整边改的精神，在全区各级党组织全面开展党性、党风、党纪教育活动。下发《关于加强思想政治工作的意见》，实行思想政治工作责任制，健全机关政治理论学习制度、学习考核制度、思想信息分析制度、思想工作汇报制度、党内"三会一课"制度、职工生活会制度和形势政策报告会制度。要求思想政治工作坚持为党的总任务、总目标服务，密切结合经济建设和体制改革的实际；要求重点抓好形势和政策教育及"四有"（有理想、有道德、有文化、有纪律）教育，开展"五讲"（讲文明、讲礼貌、讲卫生、讲秩序、讲道德）、"四美"（心灵美、语言美、行为美、环境美）、"三热爱"（热爱祖国、热爱社会主义、热爱共产党）活动及政治理论学习和法制教育。4月下发《中共天水市秦城区委贯彻中央〈关于严格按照党的原则选拔任用干部的通知〉的意见》，严格按照党的德才兼备、任人唯贤的原则选拔任用干部，纠正用人问题上的不正之风。

1987年3月制订《中共天水市秦城区委"七五"期间社会主义精神文明建设实施规划》，要求以经济建设为中心，以坚持四项基本原则的正面教育为重点，开展创建文明单位、文明村镇、创建优美环境和职业道德、社会公德建设等活动。11月下发《关于整顿机关作风的安排意见》，全面整顿机关作风。

1988年5月在全区开展政治体制改革，拟定《政治体制改革总体方案》《中共天水市秦城区委工作条例》《常委议事规划》《关于加强党内纪委监督的试行规定》，10月讨论制订《区委工作条例》《区委议事条例》。

1989年5月下发《关于1989年全区政治体制改革工作的安排意见》，要求在中央治理经济环境、整顿经济秩序、全面深化改革的方针指导下，继续实行党政分开，抓好廉政建设，试行向乡镇放权，改革干部人事制度，做好改革前期的准备工作。

1990年3月下发《关于深入学习〈中共中央关于坚持和完善中国共产党领导的多党合作和政治协商制度的意见〉的通知》，要求各级党组织高度重视，组织学习讨论和宣传工作；政协党组和区委统战部要在抓好自身学习的基础上，组织好民主党派和各界人士的学习，要把文件作为较长时间学习的任务；加强宣传工作；各级党委要结合学习文件，总结经验，寻找不足，提出改进意见和建议；加强和改善党对政协、各民主党派和统战工作的领导。

1990年7月区委二届二次扩大会议作出加强党与人民群众联系的决定。8月下发《关于学习贯彻〈中共中央关于加强统一战线工作的通知〉的安排意见》。10月决定在农村开展创建双文明示范村和整顿后进村活动，区委组成农村基层工作办公室，抽调50多名干部与市委所派干部共同组成工作组，到村开展工作。

1991年6月区委、区政府在政府46个部门设置监察机构，配备监察员。1996年7月下发《关于全区实行特色创新考核办法的意见》，决定在全区实行特色创新考核。

2003年下发《关于调整秦城区乡镇行政区划的实施方案》，开展党政机构改革工作。

2005年2月下发《关于在全区实施"固本强基"工程，全面推进党的基层组织建设的意见》。要求把实施"固本强基"工程与正在开展的保持共产党员先进性教育紧密结合，进一步加强学习，深入反思，扎实整改，切实做到学在深处，干在深处，创在深处。2006年下发《关于进一步加强依法治区工作实施意见》，普及法律知识，推动法治秦州建设。

2007年9月下发《区政府关于改进机关作风，优化政务环境，全面提高政府公信力和执行力的实施意见》《秦州区行政机关及其工作人员行政过错责任追究办法》《秦州区党员干部有错无为责任追究办法》，建立转变作风抓落实长效机制，强化全区干部履行职责，提高工作效能，规范行政行为，推进依法行政。

第三章　学习教育活动

第一节　先进性教育试点活动

2003年秦州区被确定为保持共产党员先进性教育活动试点，在全区农村724个党支部的12000多名党员中开展党员先进性教育试点工作。活动分为调查摸底、制定试点方案，组织实施、开展教育，认真总结、提出意见建议3个步骤。2004年活动在全国全面开展，秦城区除农村党组织外其他各党组织均开展活动，活动分为学习动员、对照检查、整改提高、总结验收、整章建制5个阶段。

第二节　社会主义荣辱观

2006年开展以社会主义荣辱观为主要内容的学习教育活动，全区各级党组织和党员干部对照社会主义荣辱观进行学习讨论，深入剖析自己的思想，检查自己的言行。4月26日在南坑体育场举办"知荣辱、树新风、颂家乡、唱天水"大型演唱会，28日举行"知荣明耻"青少年演讲比赛。创办荣辱观教育活动简报，在广播站开展《讲文明、树公德、除陋习》和《文明迎节会，礼仪树公德》广播专题节目。

第三节　转变作风抓落实年

2007年3月中共秦州区委启动"转变作风抓落实年"活动，至12月底结束，在16个乡镇、7个街道办事处、78个区属部门和驻区单位开展活动。

学习

3月9日区委召开全区副科级以上领导干部参加的千人动员大会，安排部署"转变作风抓落实年"活动，分学习动员、查摆问题、整改提高、民主评议、总结验收5个阶段开展。学习阶段组织全体干部职工学习中共十六届六中全会精神、胡锦涛总书记在中纪委七次全会上的讲话和"6·25"讲话。十七大召开后,区委组织学习十七大精神。各单位采取"四学"措施,做到时间、内容、效果"三落实"。区四大组织领导率先到各自联系乡镇、单位做辅导报告,各单位党政负责人带头学习、作理论辅导。

查摆问题

4月21日召开全区评议动员大会,安排评议工作,活动进入查摆问题阶段。各单位组织征求意见座谈会168场次,发放征求意见书、问卷调查表5120份,走访上级业务主管部门及工作联系部门、基层单位、厂矿企业、乡镇、街道、社区、四大组织等单位278个,走访服务对象、群众6213人次,共征求意见建议1150条,归纳梳理为216个方面648条。在评议中活动领导小组办公室聘请30名不同层面的人员组成6个评议组负责调查和评议工作。选聘168名评议监督员,培训评议代表和监督员,制定《秦州区服务对象评议政府部门(窗口单位)工作实施方案》。5月12日区委召开活动督查通报会,安排第二阶段"回头看"工作。5月底督查组抽查42个单位开展"回头看"工作。6月底查摆问题结束,共查摆出各类问题6123条,归纳梳理为3034条。

整改

7月进入整改阶段,区委、区政府要求各单位将整改提高与当前工作"两不误,两促进"。在整改提高阶段,共解决查摆出的问题3034条,整改2963条,占97.7%;涉及单位的848条,整改817条,占96.3%;涉及班子的893条,整改876条,占98.1%;涉及班子成员的584条,整改582条,占99.7%;涉及干部职工的709条,整改688条,占97%。

民主测评

民主测评分向61个区直部门的上级主管单位呈送"关于民主测评区直部门单位的函"和民主测评表,由上级主管部门对相应单位提出具体评议意见和量化评分;单位内部测评,在督查组和被评议单位共同组织下召开单位干部职工大会82次,测评单位活动开展和作风建设情况;在全区领导干部大会上综合测评开展活动的各乡镇、街道、区直各部门、各单位的主要领导;服务对象测评,邀请区党代表、人大代表、政协委员、老干部、企业负责人、个体工商户、乡镇干部、村干部、居民群众、辖区单位负责人等252人，测评所有单位；召开65名乡镇、村干部会议，测评乡镇站所，测评会上区委、区政府主要领导听取基层干部对活动的评价和对乡镇站所的意见。最后活动办公室将5个方面的民主测评结果汇总，经"转变作风抓落实年"活动领导小组会议审查后在全区党政主要领导参加的大会上通报，同时将民主测评过程中有关单位、干部群众提出的意见建议以函件形式向单位反馈，提出限期整改要求。

总结验收

11月20日至24日开展自查。11月25日至12月15日区四大组织领导带队分5个组督查乡镇、街道、区直部门和驻区有关单位活动开展情况，督查内容有学习宣传动员、组织领导、征求意见查摆问题、整改提高任务完成、主题实践活动、长效机制建设、典型事例、工作成效、"三个文件"学习贯彻落实、民主测评结果。区"转变作风抓落实年"活动考核验收结束后，各单位按照统一要求召开总结大会，总结活动、表彰先进。

第四章　纪律检查

第一节　信访举报

1988年至1990年区纪检监察部门受理人民群众来信来访和举报案件327件，属于监察对象的135件，占41%。1991年至1992年受理人民群众来访举报95件，属于监察对象的43件。1993年合署办公后设举报箱2个，举报电话4部，至1997年底共受理群众来信来访举报296件次。1998年至2002年受理人民群众来信来访举报503件次，属于监察对象的80件次。

2005年至2007年全区建立区、乡、村三级信访网络机构，以及纪检监察、信访、审计、公、检、法等部门信访工作联席会议制度，3年共受理群众来信来访266件次，其中来信199件、来访53次，电话举报14次。

第二节　惩戒与审理

1988年至1990年区纪检监察部门查结群众来信来访和举报属于监察对象135件中的128件，不属监察对象的192件均转有关部门办理。以反腐败斗争为重点，查办领导机关、领导干部和执法部门、经济管理、经济监督部门的干部利用职权搞权钱交易、以权谋私、贪污受贿、弄权勒索等案件；查办社会反映强烈，群众关心的热点问题和重大恶劣影响的大案要案。通过审理，3年共查处25案、34人。其中贪污5案，受贿3案，以权谋私2案，挪用公款1案，诈骗1案，其他13案。开除公职4人，开除留用4人，警告4人，作其他处理8人，挽回经济损失1万余元。1991年至1997年立案查处违纪案件47起54人，其中科级干部20人，一般干部24人。行政撤职4人，记过记大过5人，警告5人，开除留用2人，批评教育19人。1998年至2004年立案查处违法违纪案件131案225人，行政处分58人，挽回经济损失474.5万元。2005年至2007年实行办案目标管理责任制常委包案责任制、错案追究制，重点突出违反民主集中制原则，违反党的政策，党员干部尤其是领导干部滥用权力、谋取私利，党员干部不勤政、不作为、乱作为、失职等。共查各类案件96件；其中涉及科级干部34人、一般干部22人、监察对象28人。立案查处9件10人，诫勉谈话10人，通报批评2人，挽回经济损失12万多元。区检察院受理贪污受贿案件53件，转立案34件44人，挽回经济损失149万元。

第三节　廉政建设

1989年至1990年区纪检监察部门开展廉政宣传教育，编写《秦城监察》12期，宣讲廉政法规400多人次。从"两公开、一监督"入手，区委、区政府制定《科级干部廉洁守则》《关于保持廉洁的规定》，以及监察局工作职责等7大工作制度。逐步完善监察体制，配备29名基层兼职监察干事。在人事、劳动、教育、公安等8个单位进行廉政制度建设试点工作，开展廉政社会调查，征求政纪政风等方面意见。1991年至1993年重点检查计委、商委、教育、公安、卫生等部门和城郊乡政府元旦、春节期间公款吃喝、挥霍浪费、滥发奖金和补贴问题，清理和纠正领导干部用公款送子女、亲属上学问题。制定党政干部廉洁自律9项规定。

1996年至2000年围绕《廉政准则》、"三个重点""三项制度"以及制止奢侈浪费各项规定落实，开展领导干部乘坐豪华小汽车、公款吃喝玩乐、公款安装住宅电话等方面的监督检查，全区清理出公款安装住宅电话300部，移动电话49部，BP机605部。清退多占住房313套，建筑面积8280平方米；超面积住房427套，面积10226平方米。在全区推行会议计划管理审批制度。减少会议18个，节约会议经费4万元，403个单位建立会议审批制度，制定、完善制度18个。2000年至2004年以领导干部廉洁自律各项规定和"十七个不准"落实为重点，结合"两个条例""两个务必"学习教育，对领导干部接受个人现金、有价证券、驾驶公车以及干部"走读风"等进行定期、专项或突击检查，对发现问题和人员及时纠正和处理。

2005年贯彻政府工作人员廉洁从政若干规定、领导干部廉政谈话制度、领导干部重大事项报告制度、个人收入申报制度、述职述廉制度、廉政承诺制度等制度，开展"家庭助廉"活动和廉政教育进课堂活动、廉政文化"六进"（进家庭、进社区、进校园、进企业、进农村、进机关）活动。2005年至2007年对13名领导进行诫勉谈话。2006年、2007年对182名提拔任用的副科级干部进行任前谈话。对两年任期经济责任审计34名领导干部，审计资金8878万元，纠正查处违规资金72.5万元。

第五章　组织建设

第一节　党　员

1985年秦城区有党员13014人。其中男11341人，女1673人，少数民族102人，大学文化程度212人。1986年区委制定"七五"期间党员发展规划，发展优秀知识分子入党，农村重点在回乡知识青年、复员军人和能带领群众

表12—5—1

1985—2007年中共秦州区委所属党员基本情况统计表

单位：人

年份	总计	女性	少数民族	增减情况					年龄结构			文化结构						职业情况					
				转入	发展党员	转出	开除	死亡	35岁及以下	36岁至59岁	60岁及以上	研究生	大学	大专	中专	高中	初中及以下	在岗职工		农牧渔民	学生	新社会阶层	其他
																		公有经济单位	非公有经济单位				
1985	13014	1673	102	8000	—	—	—	—	2444	8943	1627	—	212	143	271	809	11722	2994	—	9740	—	—	280
1986	13324	1730	106	126	281	29	—	68	2446	9120	1758	—	244	156	450	897	11423	2997	—	9755	—	—	572
1987	14451	1888	136	205	1023	17	—	84	3101	9325	2025	—	340	198	535	1198	12378	3287	—	9759	—	—	1405
1988	14678	1921	142	227	341	45	1	295	2715	9460	2503	—	390	231	599	1320	12369	3447	—	9810	—	—	1421
1989	14697	1938	143	19	132	15	36	81	2745	9380	2572	—	435	257	640	1332	12290	3451	—	9817	—	—	1429
1990	14771	1964	149	74	278	31	63	184	2625	9431	2715	—	478	333	681	1435	12177	3487	—	9828	—	—	1456
1991	14946	2021	152	175	301	26	9	266	2649	9407	2890	—	519	298	728	1626	12073	3599	—	9831	—	9	1507
1992	15177	2071	167	231	421	57	11	353	2691	9410	3076	—	546	357	774	1729	12125	3721	—	9859	—	18	1579
1993	15390	2128	168	213	397	14	32	351	2809	9469	3112	—	626	437	829	1850	12085	3825	—	9864	—	21	1680
1994	15599	2197	174	209	306	5	17	284	2834	9435	3330	—	657	467	914	1956	12072	3998	—	9872	—	26	1703
1995	15790	2220	179	191	377	41	5	331	2981	9362	3447	—	733	539	971	2029	11657	4114	—	9889	—	29	1758

续表

年份	总计	女性	少数民族	增减情况					年龄结构			文化结构					职业情况					
				转入	发展党员	转出	开除	死亡	35岁及以下	36岁至59岁	60岁及以上	研究生	大学大专	中专	高中	初中及以下	在岗职工		农牧渔民	学生	新社会阶层	其他
																	公有经济单位	非公有经济单位				
1996	15942	2298	186	119	403	56	1	313	3131	9389	3422	—	855	1013	2171	11903	4163	—	9896	—	31	1852
1997	16192	2386	194	297	433	250	2	228	3266	9484	3442	—	971	1095	2290	11836	4179	—	9932	—	38	2043
1998	16125	2395	213	13	341	67	6	348	2700	8699	4726	—	1210	1196	2311	11408	4238	—	9990	—	49	1848
1999	16320	2465	216	195	362	47	2	313	2888	8782	4650	—	1283	1028	2347	11417	4279	—	10079	—	57	1905
2000	16517	2574	221	69	452	65	4	255	3032	8837	4648	—	1322	1039	2460	11434	4451	—	10097	—	61	1908
2001	16748	2661	228	64	513	38	9	299	3416	8880	4452	—	1415	1071	2532	11434	4447	211	10183	—	62	2056
2002	17097	2748	236	81	546	23	3	252	3473	9269	4355	—	1513	1161	2552	11563	4505	216	10235	1	66	2290
2003	17644	2901	244	381	897	191	47	493	4358	8724	3962	—	1823	1407	2737	11387	4803	209	10321	—	167	2353
2004	18934	3157	249	1057	841	81	18	509	5004	9813	4117	8	2508	1796	2915	11770	4889	273	10353	—	230	3462
2005	20410	3528	284	1152	870	28	—	518	5902	10443	4065	17	3103	2068	3139	12350	4976	343	10425	—	236	4773
2006	20814	3575	279	502	689	92	3	692	6467	10725	3622	32	3381	2248	3231	12359	5166	356	10429	—	240	4979
2007	21234	3713	285	223	720	77	—	446	4589	10913	5732	32	3930	2380	3585	11833	5407	365	10487	16	240	5084

1985—2007年中共秦州区委发展党员基本情况统计表

表12－5－2

单位：人

年份	总计	年龄结构			文化结构					女性	少数民族	职业情况					
		35岁及以下	36岁至59岁	60岁及以上	大学	大专	中专	高中	初中及以下			在岗职工		农牧渔民	学生	新社会阶层	其他
												公有经济单位	非公有经济单位				
1985	270	81	99	90	14	—	57	89	110	29	4	141	—	123	—	—	7
1986	281	111	101	69	74	—	83	62	62	71	6	159	—	114	—	—	8
1987	1023	512	510	1	351	—	333	198	141	79	8	112	—	911	—	—	—
1988	207	112	92	3	49	—	80	70	8	53	5	117	—	74	—	6	10
1989	132	98	33	1	19	—	8	49	58	47	2	34	—	98	—	—	—
1990	278	78	198	2	38	—	19	98	123	39	4	159	—	116	—	—	3
1991	301	56	243	2	41	—	25	112	115	79	7	169	—	127	—	—	5
1992	421	149	269	3	121	—	89	119	92	67	19	178	—	210	—	2	31
1993	397	99	297	1	99	—	104	99	95	74	5	110	—	187	—	10	90
1994	341	231	105	5	76	—	92	71	102	72	13	102	—	179	—	1	59
1995	377	269	106	1	87	—	54	121	115	91	10	141	—	185	—	7	44

续表

年份	总计	年龄结构			文化结构					女性	少数民族	职业情况					
		35岁及以下	36岁至59岁	60岁及以上	大学	大专	中专	高中	初中及以下			在岗职工		农牧渔民	学生	新社会阶层	其他
												公有经济单位	非公有经济单位				
1996	403	274	129	—	71	—	61	127	144	100	8	228	—	165	—	5	5
1997	433	322	109	2	86	—	70	130	147	113	7	234	—	190	—	4	5
1998	341	246	95	—	89	—	80	70	102	83	5	271	—	106	—	6	12
1999	362	318	42	2	80	—	99	100	83	121	9	89	—	262	—	3	8
2000	452	421	31	—	108	—	122	101	121	73	3	174	—	249	—	21	7
2001	513	309	203	1	123	90	71	106	213	121	6	219	10	263	—	17	4
2002	546	371	172	3	153	130	86	107	200	107	12	259	5	271	1	8	2
2003	897	580	317	—	249	196	129	167	352	204	14	387	—	506	—	—	4
2004	841	561	279	1	191	145	118	211	321	158	7	289	28	514	—	1	10
2005	870	623	247	—	231	164	74	86	489	132	7	280	12	572	—	—	6
2006	689	459	227	3	231	149	45	137	276	172	4	254	13	397	—	—	25
2007	720	506	213	1	218	134	35	214	253	123	6	227	9	451	16	—	17

共同致富的专业户、重点户中发展党员，城市重点在工交财贸第一线职工中发展党员。至1990年"七五"期间发展党员1921人，总数达14771人。1992年至1993年重点在生产一线和党员年龄偏大、结构不合理的村组发展党员818人。1994年至1996年发展党员突出35岁以下的回乡青年、退伍军人，突出村干部，突出年轻、有文化的妇女，3年发展党员1121人。

1996年区委制定《1996年至2000年党员发展工作规划》，农村注重从青年农民、妇女、多年未发展党员的村和后进村中发展党员，城市加强街道社区和非公有制经济单位发展党员工作。2000年共有党员16517人。其中女党员2574人，少数民族党员221人，乡镇企业劳动者党员191人，农民党员10097人，大专以上文化程度党员1327人。2001年起注重培养和吸收生产致富能人入党，至2004年319名农村致富能人加入党组织，占新发展农民党员的62%。同时针对社区离退休党员增多、下岗职工党员增多、新经济组织党员增多、在职党员参与社区管理增多的"四多"现象和人员难组织、时间难统一、活动难开展、作用难发挥的"四难"问题，从关停破企业、改制企业和在社区务工人员中接转党员组织关系1057人，街道社区和生产、工作一线发展党员739人。

2005年根据先进性教育活动，加强基层党组织和党员队伍建设，农村3145名致富能人向党组织递交入党申请书，其中1076人被确定为入党积极分子，153人加入党组织。街道社区从关停破产企业、改制企业和社区流动务工人员中接转党员组织关系1152人，在社会新阶层、复转军人、企业一线骨干中发展党员586人。2007年共有党员21234人。其中女党员3713人，少数民族党员285人；35岁及以下党员4589人，36岁至45岁4754人，46岁至54岁3985人，55岁至59岁2174人，60岁及以上5732人；研究生32人，大学本科155人，大学专科2380人；在岗职工党员5407人；非公有制经济单位党员365人；农牧渔民党员10487名。

第二节　基层组织

街道党组织

1985年7月中共秦城区委辖大城、中城、东关、西关、天水郡、石马坪、七里墩7个街道党委，街道党委设书记1名、副书记1名至2名。2006年1月撤销街道党委，成立街道工委。街道工委是区委的派出机构，设书记1名、纪检书记1名，与数名委员组成街道工委。7个街道工委共辖19个社区党总支，95个社区党支部。

乡镇党组织

1985年7月中共秦城区委辖中梁、藉口、关子、铁炉、秦岭、杨家寺、牡丹、华岐、天水、汪川、大门、苏成、平南、齐寿、店镇、娘娘坝、李子、吕二、玉泉、环城、皂郊、太京22个乡党委，乡党委设书记1人、副书记1人至3人，与数名委员组成委员会。领导成员除召开乡级党员代表会议时选举外，平时由区委任命。2005年1月调整为玉泉镇、太京镇、皂郊镇、藉口镇、关子镇、牡丹镇、平南镇、天水镇、汪川镇、娘娘坝镇、中梁乡、秦岭乡、杨家寺乡、华岐乡、大门乡、齐寿乡16个乡镇党委，乡镇党委设书记1名、副书记1人至2人。

区直机关、企业及社区、村党组织

1985年底有区直机关、企业及社区、村党支部842个，党总支8个，党委12个。1986年至1990年增设94个党支部、3个党总支。1991年至2007年城市撤并居委会成立社区，农村撤乡并镇调整建制村，全区增设党总支28个，缩减党支部44个。2007年底区直机关、企业、社区（居委会）、建制村基层组织达到943个。其中党委5个，党组7个，党总支39个，党支部892个；机关党组织190个，企业党组织104个，事业单位党组织218个，居委会党组织114个，村党组织431个（建制村党总支3个、建制村党支部428个）。

第三节　党员教育

主题教育

1985年8月至1987年5月中共秦城区委分期分批在42个党委、856个党支部、13324名党员中开展"统一思想、整顿作风、加强纪律、纯洁组织"的整党工作，查处违纪案件9起，收回借款140万元，不予登记党员120人，缓登42人，开除党籍6人。1987年重点学习中国特色社会主义理论和党的一个中心、两个基本点的基本路线，开展"生产力标准"讨论；在党员、干部和群众中开展"五讲、四美、三热爱"宣传教育活动。1989年开展反对资产阶级自由化的斗争和教育。1994年起组织党员干部学习邓小平理论。1997年至1998年学习贯彻十五大精神，在全体党员中开展"双学"（学习《邓小平建设有中国特色的社会主义理论》、学习十五大通过的《中国共产党章程》）、"三讲"（讲学习、讲政治、讲正气）活动。

2001年9月在乡镇、街道、部门中开展"三个代表"重要思想学习教育活动。2002年开展"权力观"教育活动和"认真贯彻十六大精神，实践'三个代表'到基层"活动。2003年3月在全区农村党员中开展保持共产党员先进性教育试点工作，历时半年。2005年1月分3批次在904个基层党组织开展以实践"三个代表"重要思想为主要内容的保持共产党员先进性教育活动。2006年至2007年开展以十六届五中、六中全会精神和社会主义荣辱观、科学发展观、构建社会主义和谐社会、建设社会主义新农村等党的最新理论成果为主题的学习教育。

集中培训

1985年秦城区委党校举办7期科级干部轮训班，参训党员干部429人，乡党校培训农村党员8800人。1986年按照干部正规化教育要求，秦城区向省、市成人大中专学校输送学员36名；区委党校举办整党、农业、水电、普法、卫生、妇女等各种类型干部培训班12期，培训各类干部822人；农村22乡开展党员冬训。

1988年重点开展干部岗位培训，举办培训班149期，培训党员干部22683人次。娘娘坝乡创办秦城区第一所乡镇广播学校，年内授课8次，参学党员609人次。冬训农民党员9500人，宣传十三大精神。1989年起对入党积极分子进行5至7天的短期培训，培训入党积极分子165名，培训其他党员干部33800名。1990年22乡成立乡级党校。

1995年组织党员学习《中共中央关于制定国民经济和社会发展"九五"计划和2010年远景目标的建议》和五中全会精神，举办党员实用技术培训130期、7580人次。乡党校举办各类培训班22期，参训党员2028人。1996年制定《秦城区1996年至2000年干部培训规划》。举办农村实用技术培训班153期、2.8万多人次。1997年区委党校培训村支书103人、企业中青年干部50人、乡科级干部80人、部门科级干部50人，各乡举办各类培训班102期、10761人。至1998年乡级党校举办各类培训257期、16310人次。

2003年选派1人到中央党校学习，24人到省委党校和省行政学院学习，124人到市委党校培训学习。区委党校举办科级干部"三个代表"重要思想轮训班、中青干部培训班、妇女干部培训班、社区干部培训班、后备干部培训班、实用技术培训班等共146期，受训党员干部13132人次。乡党校举办实用技术培训3929期，培训党员16.3万人次。2004年至2006年组织党员领导干部参加市级以上党校、行政学院培训208人次，区党校培训各类干部2625人次，乡镇党校培训各类人员3.9万人次。

电化教育

1991年至1992年秦城区组建成一支32人的党员电教队伍，制定《电化教育工作制度》《电教设备管理制度》《电教工作者职责》《电教片传递交流制度》《电教片翻录审查制度》等制度。在平南、太京乡先行试点党员电化教育。在通电的538个行政村播放录像64部，其中电教片40部、科教片16部、故事片8部，参看党员5.5万人次。

1993年按照"加强区一级，强化乡一级，农村抓巩固，城市抓开展，提高播放率，扩大电教面"的总体思路，电教队伍扩大到58人，购录像带392盘，洗旧翻新电教片140盘，在基层党组织中利用会议播放、组织生活播放、区乡党校培训班上播放、重大纪念活动中播放等途径，开展党员电化教育2538场次，接受电化教育党员达8.9万人次。10月拍摄反映皂郊乡贾家寺村党支部发挥作用、带领群众治穷致富为主题的电教片《云雁展翅》。1995年建成30个村级电教网点，播放电教片2875场次，在全区推广利用电视差转台播放电教片的做法。拍摄反映优秀共产党员——天水乡王家庄村党支部书记王殿雄先进事迹的电教片。1996年增加3个村级电化教育网点；13个乡利用电视差转台开展党员电化教育，创办《基层组织建设》专题节目，全年播出69期，播放电教片2903场次。1998年14个乡可用电视差转台播放电教片，播放电教片49部2762场次。2003年为7个街道的10个社区配发电视机、VCD、光盘等电教器材,四分之一的社区配备"五机"(计算机、电视机、VCD机、电话机、饮水机)。

2005年秦州区16乡镇420个行政村建成电教室,城区40个社区建成电化教育阵地,26个社区配齐电教设备。全区有电教电视958台、VCD机1098台,行政村、社区播放点确定电教员494人,举办电教工作者培训班13期625人次,摄制专题片《英雄本色》,在秦州有线电视台开办《秦州党建》栏目定期播放专题电教片,16乡镇建成党员电教科技工程示范基地90个。2007年开通秦州党建网,启动党员现代远程教育工程,制作《拥抱富裕》《潜心铸基石》《致富思源》3部专题片。

第四节　党员管理

1987年中共秦城区委贯彻中纪委《关于共产党员必须严格遵守党章的通知》精神,查处各类违纪案件14起。其中开除党籍2人,留党察看6人,严重警告3人,警告8人。1988年对41个党委、868个党支部和1.4万名党员建卡立档。健全党费收缴制度、党建研讨会制度,对42名在整党中缓登的党员按程序处理,实施处置不合格党员试点工作。1990年在天水乡孙家庄、太京乡湾子、秦岭乡梁家门和华岐乡崖湾、常家沟5个村试点农村党员目标管理,给党员压担子、定任务。1992年22个乡577个村支部开展党员目标管理活动。区委组织部和乡党委、乡党委与村支部、村支部与党员分别签订责任书。1993年建立《党员目标管理制度》《党支部工作半年通报制度》,改革《民主评议党员制度》。

1998年根据行业工作特点将党员的责任和义务细化量化为若干项目,实行一事一记载、一季一小结、半年一公开、一年一评议。2002年75%的乡和村达到"六好"和"五好"目标。2003年依据党员不同情况建立"四册"(社区在职党员登记管理册、社区流动党员登记管理册、驻社区下岗职工党员登记管理册、驻社区离退休党员登记管理册),对社区在职党员实行"登记管理",对流动党员、新经济组织中的党员实行"注册管理",对关系由社区党组织管理的党员实行"全权管理"。3月在农村开展的保持共产党员先进性教育试点活动中制定《党员先进性量化考核办法》，建立农民党员设岗定责、党员活动日、农民党员终身档案、流动党员管理等制度。2004年挖掘培育致富人才队伍，培养首富型村支书198名、致富明星党员1895名，吸收319名致富能人加入党组织。94%的农民党员参与产业化经营。

2005年区委结合共产党员先进性教育活动制定《天水市秦州区党员保持先进性的共性标准》等制度。2006年制定《天水市秦州区基层组织建设工作督查通报制度》《天水市秦州区农村党员工作月报告制度》《天水市秦州区党员领导干部民主生活会制度》等党员管理的制度。

第五节　干部管理

1985年中共秦城区委根据经济建设和体制改革的要求推进领导班子"四化"建设，考察、选拔36名具有较高文化程度和专业知识的中青年干部充实到各级领导班子。对117名知识分子落实政策，落实处理15件党外人士遗留案件。乡级党委建立后备干部队伍。1986年检查1983年机构改革以来选拔任用干部工作，调整5个班子，12个长期缺额的单位配齐领导。培养和选拔26名干部到各级领导班子任职，引进知识分子和专业技术职称干部31人。落实"三政"（知识分子政策、干部政策、地下党历史遗留问题政策）工作通过省、市验收。处理知识分子历史遗留问题案件536件，落实地下党员申诉案件30件，为9人恢复党籍，10人享受生活补助待遇。

1988年考察乡级班子，降职1人，免职11人，提拔17人。从各行业知识分子中筛选拔尖人才9人。1989年区直属部门领导班子经过民主考评、群众推荐，确定32人为科级后备干部，4人为县级后备干部，15人为区管拔尖人才。办理干部离退休手续39人，审查"文革"中被定性的24名干部。

1990年配备22个乡人大主席团主席，7个街道办事处配备人大工作联络员。办理离退休手续41人，考查"文革"中犯有严重错误问题的19名干部，对1982年以来干部中华人民共和国前参加革命工作的时间予以复查、更改和政策处理。全区后备干部达到61人。

1992年区委按照"注重政绩、激励竞争、择优选拔、优化组合"的原则提拔干部153人，调整、调动124人，其中提拔25名妇女干部。组建科级后备干部210人，县级后备干部22人。确定市、区两级拔尖人才26人。解决知识分子住房211套。1993年选拔任用干部55人。其中县级5人、正科17人、副科33人，妇女干部15人，少数民族干部4人，经济类干部9人，接收安置副营级以上军转干部5人。调整交流干部112人、免职6人改善各级领导班子的年龄、文化和专业结构，对123名青年科级后备干部实行滚动式管理，对10名选调生安排工作，解决知识分子住房181套。

1994年考察班子38个，提拔干部61人，交流科级干部47人，降职使用1人，免职2人，6个区属骨干企业配备7名党政主要领导，区直部门有55名干部分流到基层搞实体，22乡实施干部"三三分流制"，为推行公务员制度作准备。1995年考察班子39个，提拔干部121人。其中县级7人、正科36人、副科78人，妇女干部24人，少数民族干部1人，非党干部8人，交流干部106人。确定120名青年干部为科级后备干部，43人走上领导岗位。1996年区委制定《培养选拔优秀年轻干部三年规划》，调整配备班子87个260人，其中交流128人，岗位调整38人，提拔94人（县级6人、35岁以下64人）。调整后区直部门领导班子以40岁左右为主体，乡班子以35岁左右为主体。确定县级后备干部21人，正科级后备干部35人。知识分子解决住房60套，农转非户口90人，安排子女就业8人。确定青年优秀人才10人，乡土拔尖人才265人。

1997年全区机构改革执行三定方案，考察班子72个，提拔干部129人。1998年考察调整法院、检察院、政府所属35个职能部门、7个街道办事处和22乡领导班子。乡镇领导干部平均年龄37.9岁，下降1.4岁，中专文化程度以上达113人，占93.3%。政法系统410名干警受聘上岗，60名中层干部通过公开竞聘走上领导岗位。摸底调查知识分子队伍，全区5123名知识分子占干部总数的77.6%，其中高级职称118人、中级职称1094人、初级职称2864人。

2001年在干部人事制度改革中推行聘任制、试用制、公示制、拟任考察制，公开选拔14个岗位，选派39名优秀年轻干部到企业和乡镇挂职锻炼。2003年考察班子74个，考察干部80人，调整班子24个，交流干部14人，提拔干部33人。奖励排在前8名的单位，排在后3名的单位给予黄牌警告，连续2年位居后3名或3年内有2年位居后3名的单位领导班子成员予以免职。完善《区管拔尖人才管理办法》和《区管拔尖人才评选标准》，组建乡土拔尖人才499人。2004年推行全员竞争上岗和公开选拔制度、常委会和全委会任用干部票决制度、全委扩大会议民主推荐干部制度、任前公示和任职试用期制度，完善《干部人事制度改革试行办法》。考察班子65个，考察干部62人，提拔科级干部53人，免职1人，辞职1人，审批非领导职务40人。组建正科级后备干部157人，副科级后备干部277人，选派23名30岁以下的副科级后备干部到16乡镇和7个街道办事处挂职锻炼，4名选调生交流到市、区直部门任职。

2005年在区建设局、水利局、农牧局推行中层干部竞争上岗，18名技术职称高的干部被选拔到基层领导岗位。在全区范围内公开选拔区委宣传部副部长等15个副科级职位，区法院、检察院34名干部通过竞争上岗担任科级审判员、检察员，54所学校39个校长岗位、113个中层岗位实行竞聘，引进60多名人才充实到教育、卫生、农业和非公有制经济组织工作。2006年考察班子26个、干部386名，提拔干部84人，交流干部10人，选调20名中青年干部到乡镇挂职训练。2007年3月修改完善《区委常委会和全委会任用干部票决制试行办法》，年内常委会票决干部84人，全委会票决干部18人，重要会议票决干部5人，公示干部27人，试用干部27人。建立11293人的后备人才库。其中党政人才1104人，经营管理人才2931人，专业技术人才2951人，农村实用技术人才4307人。

第六节 老干部工作

老干部管理

1985年起秦城区每年组织离休干部开展"尊老敬贤周活动""六一老幼联欢会""盛夏乘凉会""中秋赏月会""重阳节登山"等活动。1986年区委成立老干部工作领导小组，建立老干部工作联席会议制度。1987年为老干部每人订阅两报一刊。1988年组织老干部开展"老有所为"评选活动。1989年组建老干部门球队、射击队、登山队，之后多次组织老干部参加省、市老年运动会和门球邀请赛。多次组织离休干部赴四川、青岛、北京、上海、西安、宝鸡等地参观疗养，参观考察市内经济开发区和科技示范园区。

1991年29名离休干部被聘为区精神文明建设督察员，6人参加纠正行业不正之风工作，2人参加法制教育工作，11人参加农村社会主义思想教育工作队。多次组织老干部参加"三讲""三个代表""科学发展观"等学习教育活动。

1993年解决10位离休老干部住房困难问题。1995年区财政拨款12万元支付企业拖欠的老干部医药费。1996年对43名生活困难的特困企业老干部给予每人200元或300元的临时补助。1997年为4名特困企业离休干部落实待遇，其中1人工资转区财政供给，3人工资由区财政每月补贴450至550元。1998年12月解决拖欠老干部离休费、医药费59万元。2000年一些企业破产改制一次性提留10年离休干部离休费、医药费，解决8名老干部住房，为26名离休干部办理房租减免手续。

2001年区财政安排专项资金20万元，解决老干部离休费、医药费拖欠问题。2002年一次性提留破产改制企业7名企业离休干部8年至10年的离休费、医药费。2003年1月行政事业单位离休干部医药费纳入社保。2004年1月企业离休干部离休费、医药费由区财政支付，支出21万元解决区属困难企业拖欠离休干部的离休费、医药费。2005年9月召开全区离休干部政情通报会，为14位离休干部颁发抗战胜利纪念章。2006年区委制定《离休干部医药费报销办法》，老干部门诊费限额由每次1200元提高到1800元，老干部护理费提高到每月200元，老干部遗属生活补助费提高到每月300元。2007年全区有离休干部119人。

关心下一代

1992年中共秦城区委成立关心下一代工作委员会，办公室设在区老干局。1993年组织30名老干部参加市、区关心下一代试点工作，在大城街道18个居委会、5104户居民中开展社会调查。试点工作结束后在城区另外6个街道展开走访调查，走访居民9983户、失业青少年1161人、失足青少年286人。1995年在纪念抗日战争胜利50周年之际，区关工委邀请参加抗战老干部黄金元在中西小学、天水郡小学为师生做报告。在"七一"

建党节前夕，区关工委给海林厂子弟学校、长开厂子弟学校、太京中学、铁二中、市六中师生转赠图书《陇南沧桑》。

1996年"六一"节前夕，举办全区幼儿运动会和庆"六一"老幼联欢会。9月在区委礼堂举办纪念红军长征胜利60周年专题报告会，老红军张思礼做爬雪山、过草地报告，全区15所小学的264名学生听取报告。邀请市关工委传统教育报告员刘志珍、段耀先在育生中学、玉泉中学、解一小学、中华西路小学做纪念红军长征的传统教育报告。1997年邀请市关工委传统教育报告员张立、张久之、张彪等人在市三中、公园小学等学校做以"迎回归，颂中华"为主题的传统教育报告。1998年邀请40名离休干部到城郊3乡和7个街道开展关心下一代工作，给藉口六十铺小学和玉泉乡闫家河村小学送去《陇南沧桑》100本和学习用品，并给师生做传统教育报告。1999年5月区关工委督查太京、藉口、关子、皂郊乡和天水郡、西关、石马坪、大城街道的关心下一代工作，六一节给双桥幼儿园、玉泉乡皇城村小学的孩子送去节日礼物并做传统教育报告。

2002年给公园小学师生做传统教育报告。2003年组织20名老干部组成法制宣讲团到城乡中小学校做法制教育报告。2005年邀请老干部黄金元在市二中、市六中、省工业机械学院、回民小学做纪念抗日战争胜利60周年传统教育报告，老干部汪都为公园小学做传统教育报告。2006年邀请郭锦堂、杨向东在公园小学、石马坪中学做传统教育报告，邀请蔺怀翎在建三小学做传统教育报告。2007年邀请郭锦堂、杨向东在枣园巷小学、区建设局、西关街道环西社区做传统教育报告。聘任高维汉为娘娘坝、齐寿、大门3个乡镇8所学校校外辅导员，做传统教育报告31场。

第七节　党史工作

1985年7月成立中共天水市秦城区委党史资料征集办公室。2005年1月更名为中共天水市秦州区委党史办公室。2007年8月区委党史办被确定为参照管理事业单位。编写的党史资料主要有：《中共天水市秦州区党史资料汇编》（1935.2—1949.12）、《中国共产党甘肃省天水市秦州区组织史资料》（1935.2—1987.10）（第一卷）、《中国共产党甘肃省天水市秦州区组织史资料》（1985.07—2017.12初稿）（第二卷）（部分收录市级资料）、《中国共产党秦州区大事记》（大革命早期——2010）（第一卷）、《秦州区组织志》（1985.6—2007.12）等。专题资料主要有：柴宗孔、聂少荣、聂青田、程海寰、杜汉三、尹克强等党史人物传记；《国立五中地下党》《解放初期天水镇压反革命运动概况》《解放初期的减租反霸》《解放初期我区的土地改革》《解放初期我区的"三反"、"五反"运动》、《区域内的"抗美援朝"情况》、《1957年的整风反右斗争》、《区域内的"大跃进"和"人民公社化"运动》、《解放初期的"三大改造"》纪念邓小平百年诞辰《秦城区经济社会发展综述》（收录市级刊物《改革开放以来的天水》），《秦州区扶贫开发实践与启示》（收录省级刊物《甘肃改革开放实录》第二辑）等。

第六章　宣　传

　　1985年7月中共天水市秦城区委宣传部下辖理论组、宣教组和"五讲四美三热爱"活动领导小组办公室，工作人员7人。1987年成立区委报道组，"五讲四美三热爱"办公室更名为区精神文明建设办公室。1996年宣传部长由区委常委担任。1997年6月报道组并入区精神文明建设办公室。2003年6月宣传部内设理论教育组、宣传组、对外宣传办公室及精神文明建设办公室。2007年有工作人员15人。

第一节　路线方针政策宣传

　　1985年至1990年重点宣传党中央制定的"一个中心、两个基本点"的政策路线，宣传城市经济体制改革和对外开放的内容和意义。1986年初针对建区伊始部分干部思想不稳定、不安心工作的情况，区委及时提出"自重、自强、自信"的口号，要求各级领导和全体干部认真学习，深刻领会。1987年10月中共十三大召开，区委组织干部职工群众收听收看大会开幕实况及专题新闻节目，联系实际开展讨论。1988年提出"团结奋进、负重拼搏，特色领先，誓创一流"的奋斗目标。1991年学习宣传党的十三届七中全会精神。1月区委、区政府主要领导先后深入吕二乡暖和湾村和丝毯厂宣传七中全会公报，对大家关心的难点、热点问题进行辅导。"五一"前后，区宣传部创办"迎八运简报"（共办39期），区广播站开办《八运之声》专题节目，基层举办群众体育、文艺活动，制作130多条以"三优、三创、两争当"为内容的横幅和宣传画。7月宣传江泽民建党70周年讲话。

1993年1月区委中心学习组学习十四大文件，讨论加强农业和农村工作的重大意义，宣传社会主义市场经济的有关问题，在全区宣传十四大精神。8月宣传建设有中国特色的社会主义理论。11月区宣传部专门宣传和辅导《邓小平文选》第三卷。12月在毛泽东诞辰100周年之际举行各种纪念活动。1994年七一前夕宣传部与机关党委召开区直部门科级以上干部特色理论研讨会、学习《邓选》第三卷理论研讨会。组织开展解放思想大讨论活动，撰写各类稿件80余篇，被上级媒体采用68篇。1996年区委提出宣传工作六大工程，即主体工程、正气工程、素质工程、管理工程、窗口工程、稳定工程。至1999年先后开展"一讲"（讲政治）"双学"（学理论、学党章）"三观"（人生观、世界观、价值观）宣传教育活动，重点学习"发展是硬道理""科学技术是第一生产力""两手抓、两手都要硬"等邓小平论断。1997年以香港回归为契机，举办文艺演出、知识竞赛、升国旗、唱国歌、观看爱国主义影片等宣传教育活动。

2000年开展西部大开发战略决策的内容、规划、重大意义的宣传。2001年至2003年重点在社区开展宣传工作。2004年至2007年宣传党的十六大、十六届四中、五中、六中全会精神。2006年针对在城乡重点工程建设中涉及的土地征用、房屋拆迁、经济补偿、改革兑现等有关群众切身利益的热点、难点问题加大宣传力度。

第二节 英雄模范事迹宣传

学习雷锋

1963年毛泽东提出"向雷锋同志学习"的号召后，每年3月秦城区组织一系列向雷锋学习的活动。青年人组成义务宣传队在大街上为行人免费理发，医务工作者免费义诊，青少年学生上街维持交通秩序，居民自动清理垃圾等。1993年至2003年在学雷锋活动中，区委宣传部与区团委、妇联等联合举办报告会、座谈会、文艺演出、书画展览，大城、东关街道办事处组织辖区单位开展便民服务、咨询、宣传一条街活动。重点开展"雷锋精神在秦州""学雷锋奉献月""单位学雷锋、岗位争标兵""学雷锋精神，做四有新人"等系列活动。

学习地方英雄模范人物

1990年8月驻区某部队军械修理所所长李润虎被评为"全国十大杰出青年"光荣称号，在机关、企业、部队等掀起学习李润虎先进事迹高潮。

1990年6月藉口暖气片厂厂长崔兴美病逝在工作岗位上。10月被中共甘肃省委追认为"优秀共产党员"。1991年3月省委召开学习崔兴美广播电视大会，全区20多万人收听广播电视大会实况。区委召开动员大会，提出"全省学习崔兴美，秦城怎么办？"组织各乡、街道、单位采取不同形式开展学习活动。8月在藉口乡崔家磨村举行建坟立碑仪式，300多名干部群众冒雨参加。中共天水市委组成崔兴美事迹报告团，在区直机关、企事业单位和驻军举办4场、县区举办6场事迹报告会，全市500多名干部、职工参加报告会，100多万群众收看收听广播、电视。评选出张鸿才（女）、张文轩、赵文礼（农民）等10人为"振兴秦城十佳标兵"，区委、区政府召开大会进行命名表彰。1992年3月宣传部组织全区40多个党委（总支）开展评选"十佳"活动，从各单位推荐的100人中评选出牡丹乡党委书记刘怀顺等10人为"十佳标兵"，宣传部将事迹材料印发各单位进行广泛宣传。

1999年3月秦城公安分局巡警何方志因救助3名误入废弃防空洞的小学生而壮烈牺牲，区委号召全区共产党员、共青团员向何方志及"3·18"英雄群体学习，争做人民满意的公务员。

第三节 对外宣传

1985年秦城区成立,区委提出"自尊、自强、自信"口号,对外通过各种渠道宣传秦城区的组织机构性质、地理位置、地名演变等。

1992年至1999年制定《关于进一步加强对外宣传工作的意见》和《对外新闻宣传奖励办法》,采取走出去、请进来的办法,多方位加强外宣力度。1992年2月区委宣传部部长随团前往广州、深圳、珠海等地学习考察20天,随后确立宣传工作为经济建设服务的指导思想。举行新闻发布会,编写宣传手册,拍摄电视专题宣传片等。1990年后秦城区先后聘请北大、人大教授,留学归国人员和好为尔集团董事长等向干部介绍国外和兄弟省、市发展经济的新路子。

2003年2月成立对外宣传办公室,主攻党报党刊、头版头条和广播电视新闻联播栏目,每月在市级以上新闻媒体发稿件。3月在天水在线设立秦城频道,《天水日报》、天水网、区政府网站刊发各类新闻。

2004年至2005年对秦州区招商引资、整村推进、资源开发等工作进行宣传报道。共接待省、市新闻记者采访53人次,在市级以上媒体发表稿件420余篇,电视新闻180余条;制作专题片5部,在省、市台播出3部。2006年刊出2480条新闻。2007年开展4次新闻宣传专题业务培训,省、市主流媒体记者在秦州采访30余次,在媒体上刊发稿件2542篇(条)。

第四节 思想教育

1988年秦城区开展伦理道德教育,在城乡普及伦理道德知识。1989年宣传市政府制定的《市民文明公约》。9月至12月开展100余天的伦理道德教育,组织34场1万多人次参加的伦理道德知识报告会。1990年宣传市文明委制定的《市民守则》和四个《须知》。1991年加强伦理道德、婚姻道德、《继承法》的宣传教育,开展"好家长""好儿子""好媳妇、好丈夫""五好家庭"等评选活动。在城市开展"五讲四美三热爱"教育、"创三优""岗位学雷锋、行业树新风"等思想道德教育活动。1993年开展"五好家庭"评选,举办"三优"教育学习班，开展"岗位学雷锋、行业树新风"活动。1994年至1997年在全体党员和干部中开展"三观""双学"活动，提出"团结奋进、负重拼搏、特色领先、誓创一流"的秦城精神和"确定大目标、树立大信心、思想大解放、步子大跨越、精神大振奋、全区大发展"的六大原则，同时围绕香港回归和党的十五大召开开展爱国主义教育活动。

1998年在基层单位和窗口行业开展"尽职业责任、讲职业道德、守职业纪律、学职业技能"活动，在中小学校开展"三百""五心""五讲""五爱"教育活动（即看百部爱国影视片、读百部优秀图书、唱百首优秀歌曲；忠心献给祖国、爱心献给社会、孝心献给父母、诚心献给他人、信心留给自己；讲文明、讲礼貌、讲卫生、讲秩序、讲道德；爱祖国、爱人民、爱劳动、爱科学、爱社会主义）。1999年开展爱国主义、集体主义、社会主义教育活动。2000年在城区举办"三德"（社会公德、职业道德、家庭美德）教育培训班700多期，印发《市民守则》《市民文明公约》《四个须知》等宣传资料1.5万份，受教育人数6.1万人。

2001年印发《文明市民公约》《公民道德建设实施纲要》等资料，开展"争做文明市民"和以"欢迎外地人、尊重外地人"为主题的教育活动。2002年围绕《公民道德建设实施纲要》开展热爱祖国、建设天水教育实践活动，以"讲文明、树新风"为主题的精神文明创建活动，以"树典型、学先进""讲诚信、重承诺""道德建设进万家"为主题的实践活动。

2003年建立道德示范点20个，围绕学习《公民道德建设实施纲要》开展"20字"公民道德规范宣传教育。抽调专业人员600多名，分成23个工作组到街道、乡镇开展"道德、文化、科技、法律、卫生"进万家活动。2007年开展"公民道德宣传月"系列活动，宣传普及甘肃精神和20字公民基本道德规范，利用文明市民、学校等对群众实施集中教育培训。在城区开展"文明家庭""好市民""好邻居"评选活动，在农村开展"五好家庭""好农户""好媳妇"的评选活动，在干部中开展"做人民满意公务员""双优一文明"活动，在窗口行业开展"共铸诚信"活动。编写《秦州区新农村建设读本》，制定"整治村容村貌、解决脏乱差、改善生活环境质量"为主题的秦州区乡风文明建设规划，开展"十星级文明农户"的评选活动及和谐家庭、和谐村组、和谐村镇的创建活动。

第五节　精神文明建设

文明城市创建

1988年12月秦城区召开精神文明建设经验交流会议,开展文明城市创建试点工作。1989年7月宣传部抽调49名干部分4组清查城区个体书摊,清查出1000册书刊并造册登记、分类审查,销毁272种717本非法出版物,对当事人给予处理。

1996年制订《秦城区创建省级文明城市实施方案》,实行责任到人、责任考订、奖罚兑现。1997年以"学习张家港、创建文明城"为主题,以"争创国家级文明城市"为目标,结合迎接党的十五大和香港回归等活动开展文明城市创建工作。3月暖和湾村被中宣部确定为全国200个创建文明村镇活动示范点之一。1998年至2000年将"做文明市民、当文明家庭、做文明单位、建文明城市"作为精神文明建设的"四大创建工程",制订创建规划、标准和评选办法。2001年至2006年开展"塑造秦城新形象,促进秦城大发展"活动。2007年围绕创建"和谐秦州",以亲民、便民、利民为立足点,开展和谐创建活动。

文明行业创建

1999年开展创建文明行业活动,结合"讲文明、树新风"、行风评议等活动,针对不同行业的特点分类指导。商业系统以优质服务为重点,开展"三优一满意""百城万店无假货""服务明星"等多种活动,工商、税务、公安、交警、教育、卫生等部门以"内强素质、外塑形象"为重点开展创建活动。

2000年4月各窗口行业和执法部门将"优质服务、创文明行业"工作纳入党政重要议事日程,至8月共创建文明行业14个。2002年共创建"争优、创卫"文明窗口行业示范点33个。2004年评出诚信行业3个,诚信商店(场)25个。2005年在非公有制经济组织中开展创建活动,有32家非公企业争创文明行业。2006年提出"以诚心换诚心、以诚心促行风"的诚信主题实践活动。2007年在各行业中开展"共铸诚信"活动。

文明单位创建

1987年秦城区有文明单位103个，其中区级文明单位26个，街道级文明单位77个。1990年创建区级以上文明单位157个，其中市级10个。1996年创省级文明单位7个，市级文明单位40个，区级文明单位208个，街道级文明单位222个。

1999年至2004年在文明单位创建中开展"扶贫济困活动"，有238家文明单位帮扶459户贫困户。2005年向市文明办推荐10个单位争创市级文明单位，初评申创区级文明单位的15家单位、申创市级文明单位的16家单位。2006年复查2001年命名的188家各级文明单位。2007年复查2005年以前命名的33家省级文明单位，检查验收30多家申创市、区级文明单位的单位。

文明村创建

1986年秦城区启动农村文明村创建活动，原则上建成一个命名一个，对符合条件的逐年表彰命名，实行动态管理。1987年表彰命名文明村23个。1991年区委、区政府命名太京乡北崖等16个村为区级文明村，给予表彰奖励。1995年授予环城乡东方红等21个行政村为区级文明村。1996年创建省级文明村1个，市级文明村3个，区级文明村149个，占全区582个行政村的25.6%。1999年大力开展"文明村镇"创建活动，创建区级文明村146个，乡级文明村74个。在暖和湾拍摄制作《文明花开暖和湾》专题片，向全省推广暖和湾创建省级文明村的经验。

2000年在农村22个乡、497个行政村创建文明村镇活动中开展治理脏、乱、差的"爱我家园"村容村貌整治活动，评选出区级文明村22个。2001年文明村镇创建活动以"脱贫致富奔小康"为目标，开展"讲文明、树新风"活动。2003年至2007年评选出天水镇庙坪村、平南镇孙集村等一批乡风文明新农村。

文明社区创建

1991年秦城区制定创建规划，在城区试行创建文明新区、文明生活区和卫生区的"小区"创建活动，创建文明居委会50个，文明大院1781个。1992年至1993年建成甘绒二分厂福利生活区等文明小区6个。1996年双桥居委会被授予省级文明居委会。1999年开展评选"五好文明家庭"

活动，评选内容有家庭伦理道德、法律知识、计划生育、尊老爱幼、勤俭持家、邻里团结、文明卫生、家庭文化8个方面。2000年7个街道21个社区培育出五好文明家庭800户、文明楼院200个，区级文明小区6个、市级文明小区1个。

2001年12月60%的社区成为文明社区。2002年开展法律进社区、服务进社区、卫生防疫进社区活动。

十星级文明农户创建

1990年秦城区开展创建五好家庭和双文明户工作，建成五好家庭500户、双文明户1500户。1991年12月结合农村社教工作开展评选"十星级文明农户"的宣传和试点工作，确定秦岭、中梁2个试点乡，在其他乡确定试点村。1993年207个村开展十星级文明农户评选活动，投资1.2万元为所有农户建立村民档案，给7000多户十星户制作十星牌。

1994年3月在22个乡28744户农户中评出十星户4272家，占农户总数的14.86%。1996年农村十星户评选活动全面展开，至年底从76103家农户中评选出十星户9361户，占总户数的15%。1997年对十星级文明农户实行动态管理。年底22个乡582个行政村8万农户中有7.6万户参加评选，评出十星户13247户。1998年在星级农户中增加"百强榜"评选，评出十星户14041户、百强榜农户2130户。2000年评选出百强榜农户2137户，五好家庭506个。2007年在农村开展评选五好家庭、好农户、好媳妇、好邻居活动。

第七章　统一战线

第一节　民主党派工作

联系民主党派

1987年中共秦城区委帮助各民主党派将工作重点转移到经济建设上，支持各民主党派发展成员，健全领导班子，为他们"知情、出力"提供条件。民主党派人士利用业余时间发挥各自特长举办各种业余学校开展讲学活动和社会咨询服务，开展海外联谊工作。1989年调查摸底非党知识分子，全区有2052人，其中488人有职称。

1999年调查民主党派基层组织建设，组织各民主党派、工商联等商讨政府工作报告（征求意见稿），提出各类意见建议70多条，15名民主党派成员被聘为民主评议行风的代表。组织各民主党派成员为农村群众送医送药，免费为群众义诊、体检400多人次。7月针对李登辉"两国论"各民主党派、工商联界人士给予批驳。2000年3月召集区级各民主党派、工商联、党外知识分子及无党派人士等50多人举行"迎接西部大开发，加快秦城大发展"座谈会。在民主党派及宗教界人士中选聘20人为评议代表，对全区86个基层单位中群众普遍关注和反映强烈的热点、难点、重点问题进行评议。

2001年在区四届人大四次会议召开之前组织民主党派成员对《政府工作报告》（征求意见稿）征求修改意见、建议，在建党八十周年之际召开座谈会学习江泽民"七一"讲话、传达三级统战工作会议精神。组织民主党派负责人专题调研退耕还林还草、加强生态建设和农业结构调整情况，提出16条意见建议。2002年坚持党委、政府与各民主党派、工商联的"三会"制度，完善特邀"五大员"工作和民主党派与政府部门对口联系制度。

2003年组织农林部门党外知识分子和专业技术人员到农村举办各类学习培训班21次，培训人员600多人次。选聘26名民主党派党员为行风评议代表，参与市区两级15个系统行风评议工作，提出整改意见建议40余条，限期整改纠正。2004年各民主党派负责人专题调研皂郊、关子、藉口、太京、齐寿等乡镇农村科技特派员试点工作和农村医疗卫生三级网络建设、农业结构调整、旅游资源开发等工作，撰写调研报告4篇，提出意见建议20余条；组织各民主党派、工商联负责人到徽县考察学习。区委统战部与区检察院等5家单位联合出台《关于聘请特邀"五大员"的试行办法》，协商特邀张友慈等10名民主党派党员担任新一届"五大员"。

组织建设

民革秦州区总支委员会　1987年1月民革秦城区支部成立，选出一届委员会，任期至1992年11月，主委县永安，委员3人，党员27人，其中女党员5人。1992年11月选出民革秦城区支部二届委员会，任期至1997年11月，主委县永安，委员3人，党员21人，其中女党员5人。1997年11月选出民革秦城区支部三届委员会，任期至2001年7月，主委县永安，委员3人，党员21人，其中女党员5人。2001年7月选出民革秦城区支部四届委员会，任期至2006年11月，主委翟福林，委员3人，党员26人，其中女党员6人。2006年11月选出民革秦州区支部五届委员会，主委罗荣昌，委员5人，党员26人，其中女党员5人。

民盟秦州区总支委员会　1986年11月民盟秦城区总支成立，任期为1986年11月至1990年10月，主委倪多，委员7人，盟员56人，其中女盟员18人。1990年10月选出民盟秦城区总支第二届委员会，任期至1995年9月，主委范培琳（女），委员7人，盟员79人，其中女盟员30人。1995年9月选出民盟秦城区总支第三届委员会，任期至1998年10月，主委张锐，委员7人，盟员79人，其中女盟员27人。1998年10月选出民盟秦城区总支第四届委员会，任期至2000年7月，主委张锐，委员7人，盟员89人，其中女盟员36人。2000年7月选出民盟秦城区总支第五届委员会，任期至2002年6月，主委张锐，委员7人，盟员94人，其中女盟员40人。2002年6月选出民盟秦城区总支第六届委员会，任期至2005年3月，主委张清铎，委员7人，盟员90人，其中女盟员44人。2005年3月选出民盟秦州区总支第七届委员会，主委胡祖焕，委员7人，盟员89人，其中女盟员43人。2007年下设民盟秦州区三中、五中、六中、育生和玉泉中学5个支部。

民建秦州区总支委员会　1989年民建秦城区总支一届委员会成立，任期至1994年8月，主委李玉石，委员7人，成员65人，其中女成员14人。1994年8月选出民建秦城区总支二届委员会，任期至1998年10月，主委李玉石，委员2人，成员76人，其中女成员30人。1998年10月选出民建秦城区总支三届委员会，任期至2001年10月，主委李保荣，委员3人，成员81人，其中女成员32人。2001年10月选出民建秦城区总支四届委员会，任期至2005年10月，主委李保荣，委员2人，成员89人，其中女成员36人。2005年10月选出民建秦州区总支五届委员会，主委刘陇琳，委员2人，成员97人，其中女成员43人。2007年下设民建区机关、工商、医院、民营企业等5个支部。

民进秦州区总支委员会　1986年5月民进秦城区总支成立,任期至1991年1月,主委马正庸,委员5人,会员16人,其中女会员6人。1991年1月选出民进秦城区总支二届委员会,任期至1996年1月,主委谢成,委员4人,会员56人,其中女会员24人。1996年1月选出民进秦城区总支三届委员会,任期至2001年1月,主委谢成,委员7人,会员95人,其中女会员50人。2001年1月选出民进秦城区总支四届委员会,主委王建通,委员6人,会员105人,其中女会员55人。2006年11月选出民进秦州区五届委员会,主委王建通,委员13人,会员118人,其中女会员56人。2007年下设三中、四中、五中、六中、小教等6个支部。

农工党秦州区支部委员会　2003年12月农工党秦城区支部委员会成立,任期至2006年12月,主委邵作君,党员25人,其中女党员15人。2006年12月选出农工党秦州区第二届支部委员会,主委邵作君,委员4人,党员32人,其中女党员18人。

九三学社秦州区委员会　1986年底九三学社秦城区小组成立,组长窦培成,社员4名。1989年选出九三学社秦城区支社一届委员会,任期至1994年,主委窦培成,社员7人,其中女社员1人。1994年选出九三学社秦城区支社第二届委员会,任期至1997年,主委窦培成,社员26人,其中女社员4人。1997年选出九三学社秦城区支社第三届委员会,任期至2002年11月,主委张友慈,委员2人,社员45人,其中女社员16人。2002年11月选出九三学社秦城区支社第四届委员会,任期至2006年11月,主委张友慈,委员2人,社员74人,其中女社员42人。2006年11月选出九三学社秦州区第一届委员会,主委曹玉堂,委员3人,社员74人,其中女社员42人。

第二节　民族宗教工作

1986年成立秦城区佛教、道教宗教组织,增补伊斯兰教协会委员11人,退还基督教自由路7间房产。1987年落实"文革"期间下放农村16户73名少数民族的户口问题,成立天主教、基督教爱国会。1989年解决天主教教堂的退还问题。

1994年返还基督教房产350平方米，退还汪川粮管所所占的道教房产11间。1995年重新登记全区40多个宗教活动场所，核定神职人员，改选部分宗教团体和寺、观、堂、点管理组织，健全宗教活动场所管理、宗教财务管理、民主选举等制度。落实关子乡大云寺教产遗留问题。1996年9月秦城区召开"四个维护"教育活动动员大会，各宗教团体、宗教职业人员以及信教群众代表150余人参加。10月召开全区道教正一派第二次代表会议，道士代表70余人参加。举办各类宗教培训班3期，通过调查全区有副科级和中级职称以上的少数民族干部73名。

1997年全区有宗教场所568处1082间，占地面积117亩，露天佛像1处24尊。1998年建立少数民族科级、县级干部档案，向区委组织部推荐7名少数民族科级后备干部。组织宗教团体为灾区捐款6000元。1999年开展第三个民族团结进步宣传周活动，争取民补费2万元用于回民小学建校。2000年年检1999年宗教活动场所，开展民族团结进步宣传周活动，组织散居正一派道士考试。

2001年开展第五个民族团结进步宣传周活动，举办佛教、道教教职人员，民管会负责人培训班3期。年检43处宗教活动场所，合格37处；完成38处宗教活动场所概览大全资料征集工作。2002年培训道教教职人员150多名；54名正一派道士参加综合考试，合格者办理正一道活动许可证和道士证书。2004年玉泉观电网改造项目向供电局争取经费40万元，年检44个宗教活动场所，完成区伊协换届工作。2005年在王家磨桥头沟北坡规划170亩土地为秦州区穆斯林公墓用地，先期落实20亩。在5个宗教团体和重点宗教活动场所举办培训班15期，完成佛教、基督教宗教团体换届选举工作。

2006年5月调查全区少数民族人口、文化教育卫生、经济、广播电视、民族干部等基本情况，撰写调研报告6篇。开展第三个"民族团结进步宣传月"活动。检查整顿清真食品生产加工企业、单位、个人150多家，对符合《甘肃省清真食品管理条例》的112户清真食品经营者颁证；颁发大、中、小牌证107个，发放率达71%。解决区道协与玉泉观景区管理处门票纠纷问题。7月3日举行后街清真寺被确定为国务院第六批全国重点文物保护单位授牌仪式，副省长李膺授牌，市委副书记马湘贤和市人大常委会副主任苏守真揭碑。

2007年专项整治清真牛、羊肉市场，取缔罗玉沟、石马坪等4处私屠滥宰点。财政拨付基督教、天主教教产补助资金180万元，解决天主教太京教产、基督教西郊教堂建设用地以及基督教关子镇教产落实、佛教天水镇槐花寺教产落实等历史遗留问题。登记16个乡镇和7个街道、39个社区、592个行政村的宗教工作分管领导和专兼职宗教干部。

第三节　非公经济代表人士工作

1991年5月落实区工商联办公地点，配备工作人员3人。1994年建立非国有经济档案，成立秦城区民间商会。1995年成立秦城区工商联光彩事业推动委员会，4家非公有制企业工商联会员从边远山区贫困乡招工140人，非公有制经济人士为"121"工程捐款13770元。1996年非公有制会员企业为教育基金捐款7万元，救助2名辍学儿童，为太京特大雹灾捐款7000多元，招收太京乡马岐山穷困村的23名劳动力到私营企业中务工。1997年区光彩事业推动委员会更名为秦城区工商联光彩事业促进会，委员由15人增加到37人。工商联挂靠企业2户，安置42人，发展新会员210人。非公有制会员企业为扶贫事业捐款39000多元。

1998年调查部分非公有制企业，吸收企业会员12户197人、注册资金765万元，吸收个体工商户19户59人、注册资金18万元。16户私营企业安置下岗职工385人，非公有制企业人士为灾区捐款捐物（折价）21300元。2000年开展"致富思源、富而思进"的教育活动，瑞达文化用品公司、永固水泥制品厂、通用物资供应站、三星公司、亨通运输公司等9户企业投资1231万元用于扩大生产经营规模，捐资14.4万元支持贫困山区教育事业。吸收企业会员4户，从业人员149人，注册资金1441万元；吸收个体工商户会员6人。安排下岗职工100人。

2002年非公有制经济吸纳2100多名下岗职工再就业，组织非公有制经济代表人士发展农业生态建设项目12个，其中平南乡、秀金山林场等4个项目投资471万元，开发荒山荒坡地4.5万亩，为当地农民增收56万元。2003年鼓励非公有制经济人士大力兴办"光彩事业"，5位非公经济人士捐款1.5万元帮助牡丹马家堡村种植100亩陇薯3号。全区非公经济人士捐赠价值12万元"非典"防治物品,捐款6.15万元救助失学儿童。2004年发展会员91户,会员总数达到795户,有78户非公有制企业建立党团组织,建立非公有制企业会员档案25户。

2005年引导非公有制经济人士参与农业综合开发,670户非公有制经济人士参与林业生态项目开发。其中家庭小林场600户,承包造林大户49户,兴办股份合作制林场5个,国私合作造林15户,造林14.3万亩。甘肃省闽台协会、天水飞鸿医疗电器有限公司、金宇房地产公司、天水汇通电子计算机学院等非国有企业捐资30万元支持秦州区教育事业。2006年非公有制经济人士继续捐资12万元支持教育事业。组织非公有制企业再就业技能培训,培训下岗失业人员3590人,创业培训35人,"阳光工程"培训农民700人。2007年台商"明德小学"建设项目为平南镇中心小学资助50万元建教学楼,兰天房地产开发公司为天水镇嘴头村希望小学建教学楼,20多个非公有制企业和社会各界人士捐助42万元资助106名贫困大学生。

第四节　海外统战工作

1986年秦城区发展1名台胞加入中国共产党,17户台属与台湾亲人取得联系,区委统战部走访28户台胞台属和6户归侨侨眷。中秋节与市委联合举办部分台胞、台属和归侨、侨眷茶话会。摸底调查起义投诚人员,118人要求发证,实发证90人。1987年普查摸底归侨、侨眷和台胞台属基本情况,召开会议、座谈和走访宣传政策,端午、中秋节举办归侨、侨眷、台胞、台属代表茶话会,撰发对台宣传稿件7篇。1988年召开"三胞"茶话会3次,走访慰问台属重点联络对象11户,撰写对台宣传稿件7篇,接待台胞回大陆探亲人员24人,帮助台胞找到离散亲人9户。

1989年端午节邀请"三胞"代表60多人至清水与当地"三胞"代表联欢,中秋节市区举行"三胞"代表中秋座谈会。调查摸底台属,新增台属5户,撰写对台宣传稿件7篇,帮助台胞台属蒲仲英兄弟落实住房产权。1990年端午节邀请国民党少将陈希儒等6位台胞参加端午茶话会,撰写对台宣传稿件7篇。

1991年至1992年撰写对台宣传稿件12篇，为农村3户贫困台属落实低息贷款3000元。每年对台工作撰写宣传稿件6篇，走访慰问台属台胞，中秋节召开茶话会。1994年摸底调查秦城区有台属125户。1995年台胞邓清滢为母校解一小学捐赠20万元，台属张健在青年北路办长兴物资供应站，注册资金30万元。1999年组织全区1700名干部职工参加对台政策知识竞赛。2000年至2001年召开台胞、台属、归侨、侨眷代表人士座谈会，围绕"西部大开发，秦城怎么办"讨论提出建议26条，撰写对台宣传稿件12篇，接待台胞6人次，帮助赴台探亲5人办理手续，办理台属证6人。

2002年召集台胞、台属对"台独"言论进行声讨，提出各类建议5条，组织台胞、台属、归侨、侨眷20余人两次赴秦安、甘谷等地参观考察。接待台胞5人次，办理台属证5个，帮助1名台属办理赴台手续。有台资企业2户，台胞1人，台属82人。2005年全区有台胞台属84户178人。2007年组织全区干部职工2000人观看省、市台办共同举办的"中国 —— 我们共同的家园"台湾问题图片展，中秋节走访慰问台胞台属和黄埔同学会会员，举办台胞台属、归侨侨眷中秋茶话会。

第八章　政法工作

1981年2月中共天水市委政法领导小组成立。1983年3月市委政法领导小组更名为中共天水市委政法委员会，下设办公室。1985年7月更名为中共天水市秦城区政法委员会。1989年5月成立秦城区治安综治工作领导小组。1991年8月区治安综治工作领导小组更名为秦城区社会治安综合治理委员会。1999年5月成立秦城区维护稳定工作领导小组。1985年至2007年先后由谢寿璜（兼）、刘宝珍（兼）、柴金祥（兼）、尹首奎、王万珍任政法委书记。

第一节 社会治安综合治理

1986年至1987年秦城区开展遵纪守法"三光荣"（光荣守法户、光荣守法村、光荣守法单位）活动，评出守法户84707户，占总户数的79%，光荣村51个，光荣单位31个。1987年在"严打"中收捕各类犯罪分子462名，其中犯罪团伙41个、成员249人。7月成立秦城区治安联防指挥部，7个街道成立治安联防指挥所，共有48人，在89个居委会设立居民联防小组；建立治安巡逻队25个502人。1988年12月秦城区被评为全国治安保卫、治安联防先进集体，受到公安部表彰。

1989年秦城区处理5名重点人员，组织开展5次专项斗争、6次集中打击的统一行动、15次公捕公判大会。共破获各类刑事案件249起，破案率为76.6%。社会治安综合治理工作被评为全国治安联防优秀集体，受到公安部表彰奖励。全区有120多个帮教组织、290多名帮教人员，通过帮教使311名违法青少年中的187人弃恶从善。11月成立秦城区扫除"六害"（私种吸食贩运毒品、制作贩卖传播淫秽物品、卖淫嫖娼、拐卖妇女儿童、聚众赌博、利用封建迷信骗财害人）领导小组，查处"六害"案件142起、444人。

1990年组织警力300多名查获"六害"违法犯罪分子1088名，查获毒品违法犯罪分子625人。农村各乡成立治安联防组织，有联防队员1700人。1991年破获各类刑事案件405起，在乡、街道和区属、驻区200人以上的单位成立综合治理委员会及办公室，设专兼职办公人员。实行综合治理工作目标管理责任制，将全区划分三级社会治安综合治理责任区（区级，乡和街道，村、居委会和单位级），确定各级责任区的党政一把手和主管领导为第一、二责任人，逐级签订目标工作责任书，实行综合治理一票否决制。1992年12月秦城区被评为全国社会治安综合治理先进单位，受到中央综治委表彰。

1993年组织7次专项打击行动破获各类案件203起，占发案253起的77.1%，抓获案犯268人。建立29支联防队310名队员，322处楼院看护队伍1854人，473名内部单位及企业专职保卫人员和1968名巡逻看护人员。组建巡警队，在主要街道建立报警亭，复杂地点设立报警点，确定专人值班。1994年在22乡、7个街道配备治安副乡长、副主任，全区普法对象达到37万人。共立刑事案件260件。确定帮教青少年235名，组织606人帮助教育。1995年3月一票否决建行天水分行、天水市雕漆工艺厂和秦城区汽车运输公司社会治安综合治理工作。在全区578个行政村、110个居委会、264个内部单位开展创建社会治安综合治理模范单位、村、居委会活动，抽调7名干部在娘娘坝乡开展"创建"试点，随后将试点工作经验向全区推广。

1997年命名模范乡4个、模范街道2个、模范单位20个，给予天水市酒厂、天水213机床电器厂暂缓否决限期整改的决定，对接连发生刑事案件的天水宾馆给予否决黄牌处理。创建"安全文明小区"20个，"安全文明村"69个；区委、区政府命名"安全文明小区"9个，"安全文明村"12个。1998年区社会治安综合治理委员会与12个综治成员单位签订目标管理责任书，表彰11个综治先进乡、街道、单位，命名15个治安模范单位、6个安全文明小区、7个规范化综治办，一票否决岷山机械厂、天水宾馆综治工作。建成5个标准化基层综治办，确定58个创安试点小区，制定《居民文明公约》《居民守则》等4大类16条规章制度。1999年建成安全文明小区36个、安全文明村284个。2000年破获刑事案件392起，命名4个区级安全文明小区、8个区级安全文明单位、32个区级安全文明村。2002年1月完成全省首家城市社区"四个一"（一个警务室、一个流动人口和暂住人口服务管理站、一个矛盾纠纷调解中心、一支物业保安队）治安防范工程。3月开展"两抢一盗一追"专项行动，侦破各类刑事案件354起。2003年建立由派出所、家庭、单位、村（居）委会构成的"四位一体"接茬帮教小组；选聘65名法制副校长，建立23个法制教育基地。2004年开展"命案必破""百日破案"、打击"两抢一盗"等专项行动，破案383起，破案率达74.5%。整治治安混乱村15个，完善村级调委会35个，建立季节性义务联防队伍90支1020人，护村联防队伍90支960人，治安自管小组1231个，帮教转化重点人口56人。

2006年开展构建社区"四个一"（警务室、流动人口管理站、纠纷调解中心、物业保安队伍）治安管控工程和农村"五小工程"（即发挥"小宪法"——村规民约、"小人大"——村民议事会、"小司法"——村调委会、"小联防"——护村联防队伍、"小监察"——村务监督员）建设,有11个乡镇、5个街道、261个单位（行业）、280个行政村、18个社区达到市、区平安建设标准。2007年建立社区警务室39个、88人,社区纠纷调解中心40个、180人,社区流动人口管理站40个、72人,社区物业保安队伍98支、845人。

第二节　维护社会稳定

1999年5月秦城区成立维护稳定工作领导小组,下设办公室。按照"谁主管谁负责"的原则,对各行各业存在的矛盾纠纷由主管部门分类挂账,对一时不能解决的,政法委派出工作组教育疏导化解。2000年维稳工作主要是大中专学生就业、企业扭亏增盈、下岗职工再就业、316国道建设利益问题、城市改造拆迁和城市居民最低基本生活保障等问题。2001年维稳工作主要解决热点、难点问题,建立矛盾纠纷"零"报告制及重大矛盾纠纷挂牌销号制。

2002年4月全区设立治安自管小组7216个、"第二道防线"596个、"第三道防线"110个、"第四道防线"22个,化解各类矛盾纠纷255起。2003年农村"四道"防线排查调处矛盾纠纷490件,城区"三级网络"调处纠纷316件,在乡镇（街道）建立劳动保障事务所,开展公益性岗位340个,解决下岗职工再就业340人,开展技能培训810人。2004年排查化解各类纠纷360起,调处成功率97.2%。

2005年全区符合低保条件的16125户40552人落实低保,为遭受洪灾、冰雹灾害的受灾群众发放生活救济款66.5万元,培训下岗失业人员2560人,办理省、市、区督办案件19件,办结17件。2006年调解矛盾纠纷384起,成功率98%,实现下岗失业人员再就业2385人,对符合条件的16744户42628人全部落实低保,受理涉法涉诉案件52件、办结49件。2007年6月抽调361名干部到16乡镇和7个街道排查调处各类矛盾263件,办结254件,办结率96.57%。

第九章　群团工作

第一节　工　会

工会组织

1985年天水市总工会秦城区办事处在部分行业设系统工会,有基层工会79个,会员9510人。1986年区工会成立区职工文化活动中心。1992年5月建立教育、卫生、粮食、供销社、集体企业系统工会。1993年至1995年城区7个街道先后建立联合工会。1997年成立城建系统工会。1998年建立房管、林业、粮食系统工会。2006年12月成立区困难职工帮扶中心,建立民政系统工会。2007年底区工会辖教育、卫生、城建、房管、农牧、林业、交通、供销社、民政、商务、中小企业11个系统工会及7个街道工会,基层工会362个,会员30720人。

1985—2007年天水市总工会秦州区办事处基层组织统计表

表12—9—1　　　　　　　　　　　　　　　　　　　　　　　　　单位:人

年份	基层工会	会员
1985	79	9510
1986	98	1175
1987	132	13267
1988	165	14176
1989	181	15765
1990	192	17024
1991	205	17860
1992	216	18120
1993	223	19345
1994	229	21236

续表

年份	基层工会	会员
1995	236	22875
1996	205	23985
1997	253	24202
1998	261	25179
1999	270	25967
2000	275	26533
2001	283	27241
2002	302	28221
2003	317	28721
2004	324	29124
2005	330	29530
2006	348	29746
2007	362	30720

活动

1985年起区工会每年在元旦、春节期间开展为困难职工"送温暖"活动，"五一"、国庆、元旦等节日区工会及系统工会、企业工会组织职工开展知识竞赛、演讲比赛、歌咏比赛、舞会、文艺演出、书画展览、趣味游园和球类比赛、棋牌比赛、田径运动会等活动，丰富职工文体生活。1988年企业建立职工代表大会制度，职工代表参与企业民主管理。1992年职工代表参与民主评议领导干部、企业改制。2000年至2004年开展"厂务公开"活动。

2002年春节，区工会筹集资金20万元，先后到22家企业慰问200余户特困职工家庭。2006年困难职工帮扶中心建立帮扶制度，通过"送温暖""阳光工程""再就业工程"等活动为困难职工排忧解难。2007年区困难职工帮扶中心先后为60多家困难企业中1200余名困难职工建立电子档案管理系统，发放帮扶资金22.9万元。

第二节 共青团

团组织

1985年7月中国共产主义青年团天水市委员会更名为中国共产主义青年团天水市秦城区委员会,下属团支部807个,团员11101人。11月18日至19日团区委第一次代表大会召开,出席代表274人,会议选举产生第一届委员会委员25人,常委9人,书记1人。2005年12月13日团区委第六次代表大会召开,出席代表191人,特邀代表30人,选举产生团区委第六届委员会委员27人,书记1人。2007年区团委下属团支部948个,团员27902人。

1985—2007年秦州区团组织统计表

表12—9—2   单位:个、人

年 份	团支部数	青年数	团员数	本年度新发展团员数	年 份	团支部数	青年数	团员数	本年度新发展团员数
1985	807	68463	11101	1321	1997	918	98371	20657	4414
1986	854	74408	11577	2498	1998	932	101551	22340	3972
1987	731	79397	12099	2272	1999	919	112117	21302	5503
1988	870	80517	11958	2009	2000	901	119807	22815	4871
1989	862	77274	10619	2045	2001	914	122410	23257	5260
1990	871	75889	11246	2509	2002	920	130504	23490	4413
1991	892	80598	11437	2076	2003	902	134518	23213	3845
1992	883	80778	11555	3157	2004	937	143577	24408	4240
1993	898	80657	15337	5871	2005	939	158702	26754	4998
1994	908	90145	18027	4105	2006	942	169660	27142	4716
1995	914	97970	21553	5112	2007	948	175844	27902	4263
1996	922	99114	19822	4308					

活动

1986年6月举办首届"秦城区少儿书画展览",38所中小学、幼儿园的390件作品参加展出。9月成立中国少年先锋队秦城区工作委员会。1988年1月至1989年4万多名团员青年参加农业科技推广活动,举办培训

班 164 期，培训农村青年 18460 人次，编写《秦城区青年农民脱贫致富经验汇编》和其他资料 5600 册。为 10524 人颁发团员证。

1991 年举办秦城区农村青年"丰收杯"科技知识大奖赛和 35 岁以下青年创业竞赛活动，在太京乡、太京中学团委等 13 个团支部试点整体化建设。1992 年 5 月在中小学生中开展未成年人保护法宣传竞赛活动，城区 3260 名中小学生上街宣传 14 次，组织宣传教育活动 13 次，印发竞赛试卷 872 份，举办报告会、演讲会、法制竞赛、班会、团队会 102 场次，办培训班 2 期。1993 年调整直属团组织班子 35 个，新建团组织 1 个，建立"四位一体"青年活动阵地 207 个，建立业余团校 4 所。1994 年在农村青年中开展为期三年的"丰收工程"活动，号召动员团员青年学习兰州南湖"2·16"英雄群体徐洪刚、何亮、王小康、张社会等先进典型。1996 年 3 月举办学雷锋便民服务大团日活动，3152 人次上街开展为民服务活动。1997 年 3 月秦城区共青团成立区域联合会，开展"情系贫困地区手拉手小画板活动"，捐图书 3327 册，物具 2348 件，衣服 1301 件，体育用品 20 件，录音机 1 台，作业本 300 本，其他物品 6742 件。

1998 年 2 月制定《秦城区"青年文明号"管理办法》。举办秦城区下岗青工再就业技能培训班，首批免费培训下岗青工 63 人。1999 年组织 200 多名团员开展纪念"五四"运动八十周年演讲比赛。实施"十村一万"活动，以 12 个示范村带动建立示范基地 46 处，举办培训班 480 期，培训农村青年 12860 人次，培养区级星火带头人 330 人，市级以上青年星火带头人 135 人；给农村捐书 2 万册，建立 13 个希望书屋，捐赠各类物资 11 万多元。

2002 年 4 月纪念建团 80 周年大会在市中心广场召开，7000 名团员参加，4000 名新团员入团宣誓，3000 名老团员重温誓词。7 月举办第二届学校文化艺术节，20 余所中小学的近万件书画作品和小制作参加艺术节展出。2003 年 1 月在天水乡开展科技、文化、卫生三下乡活动，发放宣传十六大图书和科技、种植、养殖资料 3000 多份，书籍 1500 余册，展出禁毒宣传图片 100 多幅，开展写春联、义诊、法律咨询活动。3 月组织 1600 多名团员青年在新四沟扩建青年林 60 亩。4 月组织 5000 多名团员青年到烈士陵园扫墓，参观邓宝珊将军纪念馆、李广墓等爱国主义教育基地；免费为农村基层学校发放抗"非典"宣传资料 1100 多份，为吕二乡、娘娘坝乡、天水乡送去价值4400元的执勤遮阳伞16把、雨伞50把，全区共青团员、少先队员缴纳特殊团费1487元。2004年7月与兰州医学院大学生志愿者共同组织以"珍惜生命、远离艾滋，消除歧视，共享健康"为主题的青年志愿者"青春红丝带"面对面宣传教育活动。11月开展青少年书信文化大赛，6万名中小学生参加。2005年在团组织中开展"五个一"活动，组织4000名中小学生参加"人人参与爱护市政设施，争做城市小主人"活动。2007年5月开展《未成年人保护法》《预防未成年人犯罪法》《全国青少年网络文明公约》宣传活动。18日在六中多功能厅举行"秦州区十八岁成人宣誓仪式"。

少先队

1986年9月中国少年先锋队秦城区工作委员会成立。1988年11月区少工委组织32名辅导员到上海青年管理干部学院培训25天，观摩上海少先队工作。1994年6月举办首届"保险杯"少儿书画大赛，22所中小学的5000名学生参加，100幅作品获奖。1996年7月在李子乡举办"秦城区首届手拉手夏令营"活动，新华门小学、解一小学、中华西路小学等8个少先大队的120多名少先队员与李子乡百名学生结成同吃住、同劳动、同学习对子。1997年7月在杨家寺乡举办"秦城区第二届手拉手夏令营"活动，70名城区少先队员与杨家寺乡学生结成对子。

1998年7月组织300名少先队员开展"秦城区98城市管理年雏鹰假日小队树文明新风行动活动"。1999年10月在市中心广场举行"天水市庆祝少先队建队50周年大会暨'保护母亲河行动'主题队日活动"，1000多名少先队员参加活动。2000年6月首届学校艺术节在南山体育场举行，30多所学校的5000多名少年儿童进行艺术表演。2006年10月在少先队辅导员中开展学习《少先队辅导员工作纲要（试行）》活动。

1985—2007年秦州区少先队统计表

表12—9—3 单位：个、人

年 份	少先大队数	少年儿童数	少先队员数	大队辅导员数	年 份	少先大队数	少年儿童数	少先队员数	大队辅导员数
1985	556	67088	42454	1283	1997	483	98989	64342	895
1986	525	69914	44593	1120	1998	440	96574	61072	872

年份	少先大队数	少年儿童数	少先队员数	大队辅导员数	年份	少先大队数	少年儿童数	少先队员数	大队辅导员数
1987	451	58269	40629	1019	1999	440	94241	71097	862
1988	511	66897	47279	991	2000	418	99873	68219	902
1989	537	62231	44253	1109	2001	418	101580	66027	898
1990	507	58500	42874	1189	2002	403	97147	72455	860
1991	505	62105	48375	1170	2003	402	98974	70741	877
1992	505	77914	63226	1181	2004	383	101282	69683	714
1993	504	70809	45140	1255	2005	383	115151	73720	752
1994	504	79804	47885	1120	2006	383	109824	71426	726
1995	504	85802	54055	1120	2007	383	110240	74801	776
1996	488	87957	67933	894					

希望工程

1992年团区委制订《秦城区希望工程实施方案》。8月甘电公司团委组织募集2万元，每年救助关子、铁炉等乡的失学儿童100名，分5年实施完成。1993年区希望工程募集48890元。4月区希望工程为华岐、铁炉、关子等乡失学儿童捐款1000元、医药50件，带去甘电公司首批救助金2000元，帮助102名失学儿童重返校园。1994年募集82590元，救助失学儿童231人。1995年8月港商张琪昌捐款3万元建关子乡玉阳村小学。1995年希望工程募集129291元。1996年12月秦城区自筹48万元建成杨家寺乡希望小学，建筑面积2000平方米。1997年铁炉乡埝子村希望小学竣工，光明商场为太京乡马岐山小学捐赠3万元翻新校舍；救助杨家寺等乡学生83人，每人每学年享受救助费80元；下拨关子、华岐、杨家寺、苏成、中梁、牡丹6个学区希望工程救助金39380元。1998年募集148147元，救助失学儿童550人。

2004年天水锴华电子衡器有限责任公司向娘娘坝镇苏家坝小学捐赠价值5000元的课桌凳30套。2005年给李官村等小学捐赠图书5700余册。2006年天水烟草公司职工捐赠5000元资助关子学区50名贫困学生。在皂郊镇下寨子村建成农村青年中心中国移动爱心书屋，为5名贫困学生上大学救助2万元。2007年为5名学生每人资助5000元帮助上大学。

第三节　妇女工作

天水市秦州区妇女联合会

1987年5月秦城区第一次妇女代表大会召开，出席代表203人，选出秦城区妇女联合会第一届委员会委员23人。召开一届一次全委会，选出妇女联合会主任1人、副主任2人。1992年4月秦城区第二次妇女代表大会召开，出席代表160人，选出区妇联第二届委员会委员19人。召开二届一次常委会选出妇女联合会主任1人、副主任2人。1997年5月秦城区第三次妇女代表大会召开，实到146人，选出区妇联第三届委员会委员19人。召开三届一次常委会选出主席1人、副主席2人。2002年7月秦城区第四次妇女代表大会召开，出席代表138人，选出区妇联第四届委员会委员19人。召开四届一次常委会选出主席1人、副主席2人。

2007年7月秦州区第五次妇女代表大会召开，出席代表240人，选举产生区妇联第五届委员会委员19人。召开五届一次常委会选举主席1人、副主席2人。年末秦州区有乡镇妇联组织16个，街道妇联组织7个，城市社区妇联组织43个，机关妇委会组织32个，农村妇代会420个。

巾帼建功

1985举办首届秦城区"三八"妇女运动会，1000多名妇女参加13个项目的比赛。1986年举办秦城区妇女迎春环城赛，200多名妇女参加赛跑。1988年4月举办秦城区第二届妇女运动会，1000名妇女组成30个代表队参加比赛。1989年秦城区表彰区级"三八"红旗手79人，张鸿才获得全国"三八"红旗手称号。1990年举办"三八"人口杯体育通讯赛，张贴学雷锋、宣传计划生育、人口政策等标语2370条，出板报9期，横幅100条；3万多名妇女参加运动会，27个单位、31名个人分别获得省、市区的优秀组织奖及先进个人。

1991年8月开展"迎省'八运'庆'三八'税收杯妇女体育活动竞赛"，基层成立妇女体育活动组委会114个，组员500多人，参加活动妇女33550人，项目有自行车、登山、球类、棋类、健美广播操、拔河等23项比赛，全区妇女为八运捐款7912元。1993年开展评选"秦城巾帼十佳"活动，余明菊、马淑琴、李天敏、刘喜琴、沈玉英、崔玉花、郭玉梅、杜女女、黄小兰、周芝兰被评为十佳,编印《秦城巾帼十佳》300册,发放至各行业进行宣传。1994年在女职工集中的商业大厦、地毯厂、工商银行及西关双桥妇代会开展"巾帼建功"试点工作。1998年在地毯厂开展"手中地毯无次品,增收节支我光荣"竞赛活动,厂长李红斌先后被评为全国"优秀女企业家""优秀党务工作者"等荣誉称号。1999年在非公有制企业中建立妇女组织4个,开展"巾帼建功"等活动。

2000年在7个街道成立下岗职工再就业指导站,在10个居委会成立巾帼服务站。2003年筹资6万元启动西关街道环西社区下岗失业妇女创业市场,扶持40多名妇女创业就业。2005年利用治艾滋病项目资金4万元启动预防艾滋病等宣传活动。开展妇女"面对面"艾滋病防治宣传咨询活动230次,制作广播电视节目3期,发放宣传资料18000份,展出挂图100幅、横幅512条,接待咨询群众3600多人次;组建一支230人的艾滋病防治巾帼志愿者宣传服务队,制定《关于开展巾帼红丝带行动 —— 妇女预防艾滋病志愿者"面对面"宣传教育活动方案》。西关街道环西社区荣获全国、全省"巾帼文明岗"称号,秦州区国税局办税服务大厅荣获全国"巾帼文明岗"称号,评选出区级"巾帼文明岗"18个。2006年6月开展为期15天的巾帼红丝带志愿者集中行动。2007年"三八"期间在龙城广场举行以"庆祝'三八'妇女节·共建和谐新秦州"为主题的大型文艺演出,"五一"期间在龙城广场、步行街、七里墩罗二社区举办"蒙牛城市之间全国100城市全民健身展示活动"。开展"平安家庭"创建活动,创建市级"平安家庭"示范村3个,"平安家庭示范户"7户,妇女维权示范站3个,维权示范岗3个。

双学双比

1986年"三八"节举办妇女文化知识有奖竞赛活动,1000多名妇女参加竞赛。1987年区、乡两级成立"双学双比"领导小组,录制《前进中的秦城农村妇女》录像片,巡回播放。开展百名种、养、加、商品和庭院经济女能手竞赛活动,对参赛的294个村的5191户家庭中的参赛妇女进行技术培训。1988年9月召开"双学"经验交流会,总结先进典型材料6份,表彰奖励先进个人44名、先进集体7个。1990年区妇联组织"双学双比"女能手到各乡巡回宣讲14场次。在22个乡开展"双学双比"竞赛,

294村、5191户、5191人参加竞赛活动。

1991年开展"三八绿色工程"活动，区妇联营造"三八"林15亩，植树2万多株；乡妇联建立绿化点20个110亩，植树11万株；村妇代会建点116个309亩，植树21万株。1992年区妇联被评为省级"双学双比"先进单位、先进协调组织。1995年组织全区妇女参加省农科知识大赛活动，发放《农科知识三百问》1100本，举办培训班123期，参加妇女2860人、答卷妇女4200人。1996年组织22乡妇联主任赴宝鸡、西安、成都等地参观学习"双学双比"工作经验。全区累计参加"四个百名"女能手竞赛妇女4万人，评选出种植、养殖、加工、庭院经济女能手290人。1997年在全省万名女能手"扶贫帮困结对子"活动中秦城区结对子1100对。

1999年春季实施跨世纪科普行动，向各乡镇妇联发放"农科知识荟萃"科普书籍2250本；在种、养、加女能手中开展"科技知识进家庭"活动，1894名妇女掌握一两门实用技术，111人荣获"三八"科技女能手称号。2000年区妇联在环城乡东十里村建立食用菌培训基地。在基地的带动下东方红村李秀英承包荒山、荒坡5万亩，带动当地6个行政村的妇女参与林场的开发与管护，中央电视台7频道对李秀英事迹进行报道。2002年举办实用技术培训班687期，培训农村妇女18000人，30%以上的农村妇女掌握一两门实用技术，300名农村妇女取得农函大毕业证，380名妇女被聘为女农民技术员，评选出"双学双比"女能手78名。2003年获得省妇联"大地之爱·母亲水窖"项目资金10万元，在汪川镇下闫村修建集雨水窖125眼，受益妇女达280余人。获得大龄女童培训项目资金4万多元，选送30多名农村失辍学大龄女童赴北京农家女学校参加美容美发、服装裁剪、餐饮服务、微机操作等培训。

2005年秦州区成立女性创业者协会，定期为妇女举办讲座、报告会和培训会。2006年利用全国妇联杂志社捐献价值16000元的2000多册书籍，在玉泉镇枣园村、伏羲路村，皂郊镇下寨子村，娘娘坝镇柳林村建立4个"星星火"阅览室。2007年秦州区有省级"三八林"基地1个，市级"妇"字号示范基地3个，区级"妇"字号基地23个。

1985—2007部分年份秦州区"双学双比"妇女培训统计表

表12—9—4

年份	培训班（次）	培训人数	培训项目
1985	2	150	裁剪
1989	104	3595	扫盲、科普、裁剪、竹编、养殖、种植、果树
1991	776	31388	扫盲、服装、林果、种植、养殖、食品与丝毯加工
1992	17	2350	种植、养殖、加工
1993	525	16162	扫盲、科普知识
1994	310	21521	生产实用技术
1995	123	2860	科普知识
1999	3	100	果树栽培、蔬菜种植
2002	684	18000	实用技术
2005	4	200	知识更新

维护妇女儿童合法权益

1985年秦城区妇联法律顾问小组成立，7个街道和三分之一的乡成立法律咨询站。1986年5月对385名妇女干部进行7天的法律知识培训，邀请区人大、区法院和司法局的负责同志作辅导报告。三级信访工作受到全国妇联的肯定，信访案件的结案率保持在90%以上。

1991年区妇联动员组织妇女参加"思威杯"妇女卫生保健知识大赛，在市区设立咨询点6个，咨询人数11000人次，参加答卷1000人。1995年5月组织3000余名妇女参加全省《妇女法》知识答卷。

2002年开展维护妇女儿童权益活动，发放宣传资料7000份，录制宣传磁带50盒，接待咨询群众近万人；组织1300名妇女参加全省妇女权益知识答卷活动。2005年依托"四五""五五"普法、"12348"维权热线、"三八"维权周、文化下乡开展法律宣传活动，设立咨询点40个，发放各种宣传资料4500份，接待咨询人数12000人。2006年组织区直机关妇委会1000多名妇女干部参加《妇女法》《婚姻法》《工会法》《禁毒条例》等知识竞赛。

1985—2007年秦州区妇联接待来信来访统计表

表12—9—5

时间	案件数	结案率
1985—1987	125件	90%
1988—1992	148件	90%
1993—1997	176件	90%
1998—2002	300件	90%
2003—2007	370件	90%

春蕾计划

1996年"六一"前夕，区妇联向全区发出"人人奉献一份爱，托起祖国的未来"的号召，28个机关妇委会、7个街道妇联和13名个人共捐款8400元，在杨家寺乡中心小学建起天水市第一个由县（区）妇联自筹资金创办的"春蕾女童班"，救助5个贫困村的35名失辍学女童，救助单位（个人）与被救助女童之间结成对子，每年向被救助女童捐款80元，连续救助3年。天水市卫生局职工捐款5421元在牡丹乡大柳树村小学创办第二个"春蕾女童班"，救助女童30名，每人每年资助60元，连续救助3年。1997年区光彩事业促进会出资3200元在铁炉中心学校举办第三个"春蕾女童班"，救助女童40名。

1999年3月区妇联发出"培养一个女孩，关系到一个家庭，一个民族"的倡议，天水市总工会救助资金3000元在天水郡小学创办"春蕾爱心班"1个，为30名学生分别发放困难补助金100元。2000年妇联自筹资金2000元在汪川镇上斜村创办"春蕾女童班"1个，救助贫困学生25名。2004年区妇联发出"奉献一份爱心，捐助一名女童，撑起一片绿荫"的倡议，在玉泉镇曹家崖小学、人民路小学、中梁中心小学、建三小学、新华门小学等办"春蕾女童班"9个，救助女童360名。2005年8月实施"阳光春蕾救助行动"资助8名即将迈入大学校门的女生，每名学生资助现金500元。

第四节　科　普

协会

1985年6月秦城区科学技术协会成立,下属区级学(协)会有灯谜协学会、地震学会、医学会、摄影学会、中医学会、农学会、青少年辅导员协会。1988年7月成立秦城区数理化学会,有会员22人;农民专业技术协会发展到38个,会员发展到1030人。1991年成立天水市秦城区科技咨询协会,有会员2000多人。1995年3月成立天水市秦城区气功协会。2000年区民政局重新登记区畜牧兽医学会、农学会、植保学会、林学会、轻工业协会、农村卫生协会。1999年区咨询中心下隶天水红山试验机厂、长城控制电器厂、通用电器厂、低压电器厂、电工合金材料厂、213机床电器厂、岷山机械厂等咨询公司,有43个专业、22个咨询网点、1000多名科技工作者。

2005年1月秦城区科学技术协会更名为秦州区科学技术协会。2007年全区农技协发展到58个。

科学技术普及推广

1986年至1992年围绕振兴农村经济开展科普,累计发动和培养农村能人1008人,帮助农民选择项目258项,脱贫2460户。举办种植业、养殖业、食品加工、食用菌栽培等实用技术培训班716期,培训39529人次;累计组织各类科技人员2200多人次参加科普赶集161次,放科教电影、录像280场,散发科普资料36000多册。1993年实施"金桥工程",为中小企业、乡镇企业和农村支柱产业开展技术、管理咨询活动。1995年启动实施"1230工程",至2000年结束累计培训农民科技当家人79438人,推广实用技术57项;组织2600多人次科技人员参加三下乡活动,累计开展科普讲座196次,听众9.8万人次,举办各类科普培训班1026期、科普展览28期,观众达5.6万人次,科普赶集45次,专家咨询4.3万人次,编发各种资料60余种10.8万份。

2001年实施"610科普示范工程",建立科普示范基地。2002年10月承办由中央文明办、中国科协等联合组织的"科普列车西部行"活动,130多名专家深入基层,举办大型科普报告会、科普讲座等42场次,开展技术咨询、业务指导、医疗门诊、科普展览等活动12类68项,6600多人聆听专家报告,3800多名中小学观看科普展览,4300多名科技人员接受培训,2000多名果园能手、养殖人员和医务工作者现场接受专家的技术咨询服务。

2004年至2006年开展"三进三创一消除"活动,全区创建科普文明街道3个,科普文明楼院31个,科普文明家庭284个。2005年四十铺果树栽培科普示范基地荣获"全国科普工作先进集体"。

2007举办实用技术培训班2694期,培训13.7万人次,7.6万农民能够熟练掌握和运用两门以上实用技术,2152名农民获得农民专业技术职称。累计建立西十里无公害蔬菜生产、四十辅果树栽培、下寨子澳牛养殖、嘉誉食用菌栽培、太京大蒜种植、何家庙韭菜种植、罗峪沟甜樱桃栽培、田家庄养殖、秦岭乡芦笋种植、关子镇中药材种植、牡丹镇脱毒马铃薯种植、大门乡竹编、中梁乡苹果栽培科普示范基地15个。组织青少年学生参加"小发明、小创造"等科普实践活动,获得国家级奖20项,省、市级奖104项。

秦州区志

QIN ZHOU
QU ZHI

第十三编

RenDa

人大

1985年11月26日至30日召开天水市秦城区第一届人民代表大会第一次会议,选举成立秦城区人民代表大会一届常务委员会。至2007年共召开代表大会22次,会议选举常务委员会组成人员,听取审议常委会、区政府、区法院、区检察院的工作报告,审议批准区财政预算以及国民经济和社会发展计划,并作出相应决议;常务委员会共举行148次会议,听取和审议"一府两院"的工作报告282项,作出决议、决定109项,审议意见749条;任免国家机关工作人员546人次;开展视察、检查、调研402次;督办代表议案、建议2212件。

第一章　人大代表

第一节　区人大代表选举

1985年9月2日中共天水市秦城区委成立天水市秦城区选举委员会。5日区选举委员会作出《关于天水市秦城区第一届人民代表大会直接选举工作的安排意见》,区第一届人民代表大会代表和乡人民代表大会代表同时选举。秦城区划分为208个选区,总人口489506人,登记选民270924人,参选人数260023人。18日选举结束,选出区人大代表350人。

1988年12月1日区一届人大常委会第18次会议决定成立区选举委员会,区人大代表和乡人大代表同时选举。秦城区划分为167个选区,1989年1月14日为选举日,总人口513219人,登记选民295897人,参选人数283355人。24日选举结束,选出区二届人大代表250人。

1992年10月21日区第二届人大常委会第23次会议决定成立区选举委员会,主持选举区第三届人民代表大会代表。11月10日开始选举,划分193个选区,秦城区总人口为542155人,登记选民340883人,参加投票选举选民326308人。提出区代表初步候选人689人,确定区代表正式候选

天水市秦州区历届人民代表大会代表构成情况统计表

表13-1-1

单位：人

届次	代表总数	性别		年龄				党派				少数民族							职业							
		男	女	25岁以下	26岁至35岁	36岁至55岁	56岁以上	共产党	共青团	民主党派	群众	回族	藏族	蒙古族	东乡族	裕固族	哈萨克族	其他民族	工人	农民	军人	干部	文教卫生	科学技术	社队企业及其他	居民
一届	350	262	88	7	58	249	36	218	—	8	124	—	—	—	—	—	—	15	55	92	3	107	60		6	27
二届	250	187	63	—	26	193	31	191	1	6	52	12	—	1	—	—	—	2	26	53	3	101	29	10	5	23
三届	281	205	76	3	33	210	35	175	—	6	—	18	—	1	—	—	—	—	58	4	—	128	88		3	—
四届	239	179	60	36		193	10	180	—	5	54	—	—	—	—	—	11	—	52	2	—	92	50		43	—
五届	240	180	60	40		187	13	165	—	2	73	—	—	—	—	—	14	—	48	2	—	99	74		17	—
六届	239	180	59	36		193	10	143	—	3	93	—	—	—	—	—	14	—	41	2	—	111	31	28	其他26	—

人471人，12月24日进行差额选举。1993年1月10日选举结束，选出区第三届人大代表281名。

1997年11月15日举行区四届人民代表大会代表选举，秦城区总人口592612人，年满18周岁的365913人，登记选民364962人，参加投票选举选民333177人。划分为180个选区，各政党、人民团体单独推荐和各选区选民10人以上联名推荐提出区代表初步候选人954人，最后确定区代表正式候选人为419人。1998年1月6日进行差额选举，1月16日结束，选出区第四届人民代表大会代表239人（空缺1人）。

2002年10月28日区第四届人大常委会第33次会议决定成立区选举委员会，确定12月5日为秦城区选举日。11月5日召开秦城区换届选举工作会议，开展动员和人员培训。11月10日至11月15日进行选民登记、公布选民。秦城区总人口629636人，年满18周岁以上人口399410人，登记选民384583人。划分为169个选区，推荐提出区代表初步候选人604人，最后确定区代表正式候选人411人，11月30日前向选民公布。12月5日352714人参加投票选举，选出区第五届人民代表大会代表240人。

2006年11月3日区第五届人大常委会第29次会议决定成立区选举委员会主持选举区六届人大代表和乡镇人大代表。秦州区总人口645331人，登记选民418786人，划分143个选区（城市68个、农村75个）。提出区代表初步候选人521人，乡镇代表初步候选人1790人；最后确定区代表正式候选人382人，乡镇代表正式候选人1378人。12月13日为秦州区选举日，359100人参加选举大会和投票站的投票选举，选出区六届人大代表239人，乡镇人大代表908人。

第二节　市人大代表选举与代表变动

天水市人大代表选举

1985年12月29日秦城区第一届人民代表大会第一次会议选举出席天水市第一届人民代表大会代表124人。1991年3月11日秦城区第二届人民代表大会第三次会议选举出席天水市第二届人民代表大会代表91人。1996年3月秦城区第三届人民代表大会第四次会议选举出席天水市第三届人民代表大会代表91人。2001年3月秦城区第四届人民代表大会第四次会议选举出席天水市第四届人民代表大会代表89人。2007年1月天水市秦州区第六届人民代表大会第一次会议选举出席天水市第五届人民代表大会代表89人。

代表变动与补选

秦城区人大代表变动与补选　区一届人大第一次会议闭会期间，7人代表资格自行终止，补选7人。区二届人大第一次会议闭会期间，出缺1人，补选1人；第二次会议闭会期间，出缺1人，补选1人；第三次会议闭会期间，3名代表资格自行终止，1人长期不履行代表职责罢免其代表资格。区三届人大第一次会议闭会期间，4名代表资格自行终止，补选1人；第二次会议闭会期间，3人调离，代表资格自行终止；第三次会议期间，1人调离，代表资格自行终止，补选1人；第四次会议闭会期间，4名代表资格自行终止。区四届人大第一次会议闭会期间，1名代表因病去世代表资格自行终止；第二次会议闭会期间，补选1人；第四次会议闭会期间，4名代表调离代表资格终止，补选4人。区五届人大一次会议闭会期间，2名代表资格自行终止；第二次会议闭会期间，1名代表资格自行终止；第三次会议闭会期间，3名代表资格自行终止。

天水市人大代表变动与补选　区一届人民代表大会闭会期间，常务委员会补选1人为天水市人大代表。区二届人民代表大会闭会期间，常务委员会补选3人为天水市人大代表。区三届人民代表大会闭会期间，常务委员会补选3人为天水市人大代表。区四届人民代表大会闭会期间，常务委员会补选2人为天水市人大代表。区五届人民代表大会闭会期间，常务委员会补选5人为天水市人大代表，接受1人辞去市四届人大代表职务。

第二章 会议与组织机构

第一节 人民代表大会

1985年11月召开天水市秦城区第一届人民代表大会第一次会议，至2007年1月召开天水市秦州区第六届人民代表大会第一次会议，区人民代表大会经历六届共举行22次会议。历次会议均听取和审议区人大常委会、区人民政府、区人民法院、区人民检察院的工作报告，审议和批准区财政预算以及国民经济和社会发展计划，并作出相应决议。选举或补选区人大常委会组成人员，区人民政府正、副区长，区人民法院院长，区人民检察院检察长，选举天水市人民代表大会代表，依法决定其他重大事项。

一届会议

1985年11月26日至30日在天水市政府礼堂召开秦城区第一届人民代表大会第一次会议，应到代表350人，出席代表347人；列席人员55人。中共秦城区委书记丁长胜主持预备会议。大会听取王应志代表区选委会作选举工作报告；听取谢寿璜代表区政府作《关于今后工作的报告》。会议选举王应志为区人大常委会主任，田保德、张建有、李俊山、高山为副主任；选举马爱玲（女）等17人为常委会委员；选举谢寿璜为区人民政府区长，刘炳善、甘永福、赵文华、陈有忠、谢国新为区人民政府副区长；选举何明武为区人民法院院长，张文轩为区人民检察院检察长。

1987年3月27日至30日在天水市政府礼堂召开第二次会议，应到代表350人，出席代表315人；应列席人员60人，实到54人。大会听取审议区长谢寿璜所作的秦城区人民政府工作报告；审议和批准秦城区1986年国民经济和社会发展计划执行情况及1987年国民经济和社会发展计划的安排意见；审议和批准秦城区1986年财政决算和1987年财政预算的报告；听取和审议区人大常委会主任王应志所作的区人大常委会工作报告；听取和审议区法院院长何明武所作的区人民法院工作报告；听取和审议区检察院检察长张文轩所作的区人民检察院工作报告；会议选举刘炳善、林作栋为区人大常委会副主任，选举王志荣为区人民政府副区长。

1988年4月5日至9日在天水市政府礼堂召开第三次会议，应到代表350人，出席代表346人；列席人员62人。大会听取和审议区长谢寿璜所作的秦城区人民政府工作报告，审议和批准秦城区1987年国民经济和社会发展计划执行情况及1988年国民经济和社会发展计划，审议和批准秦城区1987年财政决算和1988年财政预算的报告，听取和审议区第一届人大常委会工作报告，听取和审议区法院院长何明武所作的区人民法院工作报告，听取和审议区检察院检察长张文轩所作的区人民检察院工作报告。

二届会议

1989年3月28日至4月2日在天水市政府礼堂召开秦城区第二届人民代表大会第一次会议，应到代表250人，出席代表224人；应列席人员76人，列席58人。大会听取和审议区长谢寿璜所作的秦城区人民政府工作报告，审议和批准秦城区1988年国民经济和社会发展计划执行情况及1989年国民经济和社会发展计划的报告，审议和批准秦城区1988年财政决算和1989年财政预算的报告，听取和审议区一届人大常委会工作报告，听取和审议区法院院长何明武所作的区人民法院工作报告，听取和审议区检察院检察长张文轩所作的区人民检察院工作报告。大会选举丁长胜为区二届人大常委会主任，刘炳善、张建有、林作栋、姚尚仁、谢国新为常委会副主任，选举杨兴胜等13人为常委会委员；选举谢寿璜为区人民政府区长，刘继光、甘永福、王志荣、魏建邦、陈有忠为区人民政府副区长；选举何明武为区人民法院院长；选举张文轩为区人民检察院检察长。

1990年3月21日至24日在天水市政府礼堂召开第二次会议，应到代表250人，出席代表236人；应列席人员79人，列席78人，请假1人。会议听取和审议区长谢寿璜所作的秦城区人民政府工作报告，审议和批准秦城区1989年国民经济和社会发展计划执行情况及1990年国民经济和社会发展计划的报告，审议和批准秦城区1989年财政决算和1990年财政预算报告，听取和审议区人大常委会主任丁长胜所作的区人大常委会工作报告,听取和审议区法院院长何明武所作的区人民法院工作报告,听取和审议区检察院检察长张文轩所作的区人民检察院工作报告。

1991年3月8日至11日召开第三次会议,会议听取和审议区长谢寿璜所作的秦城区人民政府工作报告,审议和批准秦城区1990年国民经济和社会发展计划执行情况及1991年国民经济和社会发展计划的报告,审议和批准秦城区1990年财政决算和1991年财政预算的报告,听取和审议区人大常委会主任丁长胜所作的区人大常委会工作报告,听取和审议区法院院长何明武所作的区人民法院工作报告,听取和审议区检察院检察长张文轩所作的区人民检察院工作报告。会议选举魏致中为常委会副主任。9月28日区二届人大常委会第17次会议决定天水市秦城区第二届人民代表大会换届选举延期一年举行。

1992年3月11日至14日在天水市政府礼堂召开第四次会议,审查和批准秦城区国民经济和社会发展第8个五年计划,听取和审议区长谢寿璜所作的秦城区人民政府工作报告,审议和批准秦城区1991年国民经济和社会发展计划执行情况及1992年国民经济和社会发展计划的报告,审议和批准秦城区1991年财政预算执行情况和1992年财政预算的报告,听取和审议区人大常委会主任丁长胜所作的区人大常委会工作报告,听取和审议区法院院长何明武所作的区人民法院工作报告,听取和审议区人民检察院工作报告。会议选举魏致中为区人大常委会主任。

三届会议

1993年3月2日至6日召开秦城区第三届人民代表大会第一次会议,应到代表281人,出席代表267人。会议听取和审议区长谢寿璜所作的秦城区人民政府工作报告,审议和批准秦城区1992年国民经济和社会发展计划执行情况及1993年国民经济和社会发展计划的报告,审议和批准秦城区1992年财政预算执行情况和1993年财政预算的报告,听取和审议区人大常委会主任魏致中所作的区人大常委会工作报告,听取和审议区法院院长何明武所作的区人民法院工作报告,听取和审议区检察院检察长尹兴荣所作的区人民检察院工作报告。会议选举魏致中为区人大常委会主任,选举姚尚仁、谢国新、马爱玲(女、回)为常委会副主任;选举于学武等15人为常委会委员;选举谢寿璜为区人民政府区长,张建祖、吉建安、李玉石、徐国民、宋登祖、王治平为区人民政府副区长；选举何明武为区人民法院院长，选举尹兴荣为区人民检察院检察长。

1994年3月2日至5日召开第二次会议，应到代表278人，出席代表262人。会议听取和审议代理区长张建祖所作的秦城区人民政府工作报告，审议和批准秦城区1993年国民经济和社会发展计划执行情况及1994年国民经济和社会发展计划的报告，审议和批准秦城区1993年财政预算执行情况和1994年财政预算，听取和审议区人大常委会主任魏致中所作的区人大常委会工作报告，听取和审议区法院院长何明武所作的区人民法院工作报告，听取和审议区检察院检察长尹兴荣所作的区人民检察院工作报告。会议补选张力群为区人大常委会副主任，选举张建祖为区人民政府区长。

1995年3月1日至3日召开区三届人大三次会议，应到代表275人，出席代表256人。听取和审议区长张建祖所作的秦城区人民政府工作报告，审议和批准秦城区1994年国民经济和社会发展计划执行情况及1995年国民经济和社会发展计划的报告，审议和批准秦城区1994年财政预算执行情况和1995年财政预算的报告，听取和审议区人大常委会主任魏致中所作的区人大常委会工作报告，听取和审议区法院院长何明武所作的区人民法院工作报告，听取和审议区检察院检察长尹兴荣所作的区人民检察院工作报告。

1996年3月8日至12日召开区三届人大四次会议，应到代表274人，出席代表249人。听取和审议区长张建祖所作的秦城区人民政府工作报告，审查和批准秦城区国民经济和社会发展"九五"计划和2010年远景目标纲要，审查和批准秦城区跨世纪国土开发整治纲要，审议和批准秦城区1995年国民经济和社会发展计划执行情况及1996年国民经济和社会发展计划的报告，审议和批准秦城区1995年财政预算执行情况和1996年财政预算的报告，听取和审议区人大常委会主任魏致中所作的区人大常委会工作报告，听取和审议区法院院长何明武所作的区人民法院工作报告，听取和审议区检察院检察长尹兴荣所作的区人民检察院工作报告。会议选举霍秀清、王奋彦为区人民政府副区长。

1997年3月2日至5日在区委礼堂召开区三届人大五次会议，应到代表271，出席代表253人。会议听取和审议区长张建祖所作的秦城区人民政府工作报告,审议和批准秦城区1996年国民经济和社会发展计划执行情况及1997年国民经济和社会发展计划的报告,审议和批准秦城区1996年财政预算执行情况和1997年财政预算的报告,听取和审议区人大常委会主任魏致中所作的人大常委会工作报告,听取和审议区法院院长何明武所作的秦城区人民法院工作报告,听取和审议区检察院检察长尹兴荣所作的区人民检察院工作报告。

四届会议

1998年2月25日至29日在区委礼堂召开秦城区第四届人民代表大会第一次会议,应到代表239人,出席代表221人。会议听取和审议区长柴金祥所作的秦城区人民政府工作报告,审议和批准秦城区1997年国民经济和社会发展计划执行情况及1998年国民经济和社会发展计划的报告,审议和批准秦城区1997年财政预算执行情况和1998年财政预算的报告,听取和审议区人大常委会主任魏致中所作的人大常委会工作报告,听取和审议区法院代理院长高同银所作的区人民法院工作报告,听取和审议区检察院检察长尹兴荣所作的区人民检察院工作报告。会议选举马佩授为区人大常委会主任,选举马爱玲(女、回)、姚尚仁、聂进录、县永安为常委会副主任,选举刘天春等16人为常委会委员;选举柴金祥为区人民政府区长,井盼昌、徐国民、郭明兴、郭鹏魁、霍秀清为区人民政府副区长;选举高同银为区人民法院院长,选举尹兴荣为区人民检察院检察长。

1999年3月6日至8日在区委礼堂召开区四届人大二次会议,应到代表239名,出席代表219人。会议听取和审议区长柴金祥所作的秦城区人民政府工作报告,审议和批准秦城区1998年国民经济和社会发展计划执行情况及1999年国民经济和社会发展计划的报告,审议和批准秦城区1998年财政预算执行情况和1999年财政预算的报告,听取和审议区人大常委会主任马佩授所作的区人大常委会工作报告,听取和审议区法院院长高同银所作的区人民法院工作报告,听取和审议区检察院检察长尹兴荣所作的区人民检察院工作报告。

2000年3月3日至5日召开区四届人大三次会议,应到代表239人,出席代表217人。会议听取和审议区长柴金祥所作的秦城区人民政府工作报告,审议和批准秦城区1999年国民经济和社会发展计划执行情况及2000年国民经济和社会发展计划的报告,审议和批准秦城区1999年财政预算执行情况和2000年财政预算的报告,听取和审议区人大常委会主任马佩授所作的人大常委会工作报告,听取和审议区法院院长高同银所作的区人民法院工作报告,听取和审议区检察院检察长尹兴荣所作的区人民检察院工作报告。会议选举尹兴荣为常委会副主任,选举武给保为区人民检察院检察长。

2001年3月22日至25日召开区四届人大四次会议,应到代表239人,出席代表218人。会议听取和审议区长柴金祥所作的秦城区人民政府工作报告,审议和批准秦城区2000年国民经济和社会发展计划执行情况及2001年国民经济和社会发展计划的报告,审议和批准秦城区2000年财政预算执行情况和2001年财政预算的报告,听取和审议区人大常委会主任马佩授所作的区人大常委会工作报告,听取和审议区法院院长高同银所作的区人民法院工作报告,听取和审议区检察院检察长武给保所作的区人民检察院工作报告。会议选举于学武、朱光琳(女)为常委会副主任。

2002年3月18日至21日召开区四届人大五次会议,应到代表239人,出席代表220人。会议听取和审议代区长安永所作的秦城区人民政府工作报告,审议和批准秦城区2001年国民经济和社会发展计划执行情况及2002年国民经济和社会发展计划的报告,审议和批准秦城区2001年财政预算执行情况和2002年财政预算的报告,听取和审议区人大常委会主任马佩授所作的区人大常委会工作报告,听取和审议区法院院长高同银所作的区人民法院工作报告,听取和审议区检察院检察长武给保所作的区人民检察院工作报告。会议选举王毅、马有魁为常委会副主任,选举安永为区人民政府区长,选举张诚为区人民法院院长。

五届会议

2002年12月19日至22日召开秦城区第五届人民代表大会第一次会议,应到代表240人,出席代表231人。会议听取和审议区长安永所作的秦城区人民政府工作报告,审议和批准秦城区2002年国民经济和社会发展计划执行情况及2003年国民经济和社会发展计划的报告,审议和批准秦城区2002年财政预算执行情况和2003年财政预算的报告,听取和审议区人大常委会主任马佩授所作的区人大常委会工作报告，听取和审议区法院院长高同银所作的区人民法院工作报告，听取和审议区检察院检察长武给保所作的区人民检察院工作报告。会议选举马佩授为区人大常委会主任，选举郭鹏魁、柳力利（女）、方晨、朱光琳（女）、王毅、马有魁为常委会副主任，选举马四存等14人为常委会委员；选举安永为区人民政府区长，赵文、张克强、宋建平、韩大有、何宝平为区人民政府副区长；选举张诚为区人民法院院长；选举刘天红为区人民检察院检察长。

2004年2月25日至27日召开区五届人大二次会议，应到代表238人，出席代表219人。会议听取和审议区长安永所作的秦城区人民政府工作报告，审议和批准秦城区2003年国民经济和社会发展计划执行情况及2004年国民经济和社会发展计划的报告，审议和批准秦城区2003年财政预算执行情况和2004年财政预算的报告，听取和审议区人大常委会主任马佩授所作的区人大常委会工作报告，听取和审议区法院院长张诚所作的区人民法院工作报告，听取和审议区检察院检察长刘天红所作的区人民检察院工作报告。

2005年3月8日至10日在区委礼堂召开区五届人大三次会议，应到代表237人，出席代表218人。会议听取和审议区长安永所作的秦州区人民政府工作报告，听取和审议区人大常委会主任马佩授所作的区人大常委会工作报告，审议和批准秦州区2004年国民经济和社会发展计划执行情况的报告及2005年国民经济和社会发展计划的报告，审议和批准秦州区2004年财政预算执行情况及2005年财政预算的报告，听取和审议区法院院长张诚所作的区人民法院工作报告，听取和审议区检察院检察长刘天红所作的区人民检察院工作报告。

2006年2月16日至18日在区委礼堂召开区五届人大四次会议，应到代表234人，出席代表215人。会议听取和审议区长安永所作的秦州区人民政府工作报告，听取和审议区人大常委会主任马佩授所作的区人大常委会2005年工作报告，审议和批准秦州区2005年国民经济和社会发展计划执行情况的报告及2006年国民经济和社会发展计划，审议和批准秦州区2005年财政预算执行情况及2006年财政预算的报告，听取和审议区法院院长张诚所作的区人民法院工作报告，听取和审议区检察院检察长刘天红所作的区人民检察院工作报告。

六届会议

2007年1月10日至14日在区委礼堂召开秦州区第六届人民代表大会第一次会议,会议应到代表239人,出席代表226人。会议听取和审议代区长周伟所作的秦州区人民政府工作报告,审议和批准秦州区2006年国民经济和社会发展计划执行情况的报告和2007年国民经济和社会发展计划,审议和批准秦州区2006年财政预算执行情况及2007年财政预算的报告;听取和审议区人大常委会主任马佩授所作的区人大常委会工作报告,听取和审议区法院代理院长赵世和所作的区人民法院工作报告,听取和审议区检察院代理检察长王全社所作的区人民检察院工作报告。会议选举杨虎林为区人大常委会主任,选举马有魁、陈蓉华、刘怀顺、赵春明、裴浩仁、胡秀玉为常委会副主任;选举马四存等18人为常委会委员;选举周伟为区人民政府区长,王小林、赵耀雄、成少平、何宝平、方宝华、蒋小丽为区人民政府副区长;选举赵世和为区人民法院院长,选举王全社为区人民检察院检察长。

第二节　人大常委会会议

秦州区第一届至2007年第六届人大常委会共举行148次会议,听取和审议"一府两院"的工作报告282项,作出决议、决定109项,审议意见749条,任免国家机关工作人员546人次,开展视察、执法检查、调研402次,督办代表议案、建议2212件。

秦城区第一届人大常委会举行21次会议,听取和审议"一府两院"的工作报告42项,作出决议、决定12项,审议意见42项,任免国家机关工作人员114人次,开展视察、执法检查、调研53次,督办代表议案、建议237件。

秦城区第二届人大常委会举行26次会议,听取和审议"一府两院"的工作报告68项,作出决议、决定16项,审议意见212条,任免国家机关工作人员152人次,开展视察、执法检查、调研94次,督办代表议案、建议328件。

秦城区第三届人大常委会举行33次会议,听取和审议"一府两院"的工作报告57项,作出决议、决定31项,审议意见164条,任免国家机关工作人员87人次，开展视察、执法检查、调研78次，督办代表议案、建议530件。

秦城区第四届人大常委会举行34次会议，听取和审议"一府两院"的工作报告53项，作出决议、决定26项，审议意见156条，任免国家机关工作人员74人次。开展视察、执法检查、调研80次，督办代表议案、建议573件。

秦州区第五届人大常委会举行29次会议，听取和审议"一府两院"的工作报告56项，作出决议、决定24项，审议意见163项，任免国家机关工作人员89人次，开展视察、执法检查、调研84次，督办代表议案、建议435件。

至2007年12月底秦州区第六届人大常委会举行5次会议，听取和审议"一府两院"的工作报告6项，作出决议、决定3项，审议意见12条，任免国家机关工作人员30人次，开展视察、执法检查、调研13次，督办代表建议109件。

第三节　区人大组织机构

1985年11月天水市秦城区第一届人民代表大会常务委员会产生，任期3年，有主任1人，副主任4人，委员12人。下设城乡建设科、财政经济科、政治法律科、教科文卫科和办公室，办公室设主任1人、副主任1至2人，政法、财政、教科文卫、城乡建设4个科各设科长1人、办公人员1至2人。

1989年4月第二届人民代表大会常务委员会产生，任期4年，有主任1人，副主任5人，委员13人，下设机构不变。10月增设人事代表联络科。1990年12月将区人大办事机构政法科改为法制工作委员会，财政经济科改为财政经济工作委员会，教科文卫科改为教科文卫工作委员会，城乡建设科改为城乡建设工作委员会，人事代表联络科改为代表联络工作委员会。

1993年3月秦城区第三届人民代表大会常务委员会产生，任期5年，有主任1人，副主任3人，委员15人。

1998年2月秦城区第四届人民代表大会常务委员会产生，任期5年，有主任1人，副主任4人，委员16人。8月区人大常委会设办公室和政法、财经、教科文卫、城乡建设、代表联络5个工作委员会，办公室、代表联络工委各设主任1人、副主任1人，其他4个工作委员会各设主任1人。

2002年12月秦城区第五届人民代表大会常务委员会产生,任期4年,有主任1人,副主任6人,委员14人。

2007年1月秦州区第六届人民代表大会常务委员会产生,有主任1人,副主任6人,委员18人,下设办公室和政法、财经、教科文卫、城乡建设、代表联络5个工作委员会。

1985—2007年秦州区人大常委会主任、副主任任职一览表

表13—2—1

姓名	出生年月	籍贯	职务	学历	任职时间	备注
王应志	1921.10	秦州区	主任	高中	1985.11－1989.3	
丁长胜	1934.12	麦积	主任	大学	1989.3－1991.7	
魏致中	1939.7	兰州	主任	中专	1992.3－1998.2	
马佩授	1947.9	秦州区	主任	大专	1998.3－2007.1	
杨虎林	1953.3	麦积区	主任	大学	2007.1－2011.9	
田保德	1925.3	山西高平	副主任	初中	1985.11－1989.3	
张建有	1932.5	河南洛阳	副主任	初中	1985.11－1989.3	
李俊山	1931.9	秦安	副主任	简师	1985.11－1989.3	
高　山	1930.8	武山	副主任	初中	1985.11－1989.3	
刘炳善	1934.1	陕西蒲城	副主任	初中	1987.3－1993.3	
林作栋	1943.10	清水	副主任	中专	1987.3－1989.3	
魏致中	1939.7	兰州	副主任	中专	1991.3－1992.3	
张建有	1932.5	河南洛阳	副主任	初中	1989.3－1993.3	
林作栋	1943.10	清水	副主任	中专	1989.3－2001.3	
姚尚仁	1942.10	秦州区	副主任	初中	1989.3－1993.3	
谢国新	1935.12	广东梅县	副主任	大学	1989.3－1996.3	
马爱玲	1946.11	河南洛阳	副主任	初师	1993.3－2001.3	女、回
张立群	1938.7	秦州区	副主任	初师	1994.2－1998.2	
聂进录	1939.12	陇南	副主任	初师	1998.3－2000.4	
县永安	1943.7	秦州区	副主任	大专	1998.3－2002.3	
尹兴荣	1943.7	麦积区	副主任	初中	2000.3－2002.3	
于学武	1943.10	江苏淮安	副主任	高中	2001.3 2002.3	
朱光琳	1950.5	河南获嘉	副主任	高中	2001.3－2002.12	女
王　毅	1949.11	陕西三原	副主任	大专	2002.3－2007.1	
马有魁	1954.4	秦州区	副主任	大专	2002.3－	
郭鹏魁	1950.9	陕西富平	副主任	大专	2002.12－2007.1	

续表

姓名	出生年月	籍贯	职务	学历	任职时间	备注
柳力利	1952.11	山东栖霞	副主任	高中	2002.12–2007.1	女
方 晨	1949.10	麦积区	副主任	大学	2002.12–2007.1	
朱光琳	1950.5	河南获嘉	副主任	高中	2002.12–2005.5	女
陈蓉华	1964.1	秦州区	副主任	大学	2007.1–	女
刘怀顺	1953.4	秦州区	副主任	高中	2007.1–	
赵春明	1954.7	秦州区	副主任	大专	2007.1–	
裴浩仁	1956.12	麦积区	副主任	中专	2007.1–	
胡秀玉	1960.6	麦积区	副主任	大专	2007.1–	女

第三章 监督活动

第一节 执法检查

1986年区人大常委会组织区政协办公室、区政府办公室、人事局、教育局、统计局、计委、财政局以及区人大常委会政法科、科教文卫科等单位的21名工作人员分成3个调查组，摸底全区教育情况，制定秦城区普及九年义务教育发展规划，经区人大常委第五次会议审议通过后上报市人大常委会。

1988年7月至8月区人大常委会抽调8人组织2个组分别由常委会副主任刘炳善、林作栋带领，对全区22个乡政府、7个街道办事处和政府委、办、局22个部门，公、检、法、司等55个单位进行执法检查。1989年7月至11月区人大常委会重点检查《土地管理法》和全国人大常委会《关于严厉打击严重危害社会治安的犯罪分子的决定》《关于惩治严重经济犯罪分子的决定》《关于整顿税收秩序、加强税收管理的决定》《关于加强物价管理、严格控制物价上涨的决定》《关于国家行政机关工作人员贪污贿赂行政处分暂行规定》等14部法律、法规的执行情况，纠正处理220个违法行为和案件，对有违法违纪行为的8名执法人员处理7人，对659例早婚私婚等问题纠正处理508例。9月区人大常委会副主任林作栋、姚尚仁带领政法系统部分人大代表及公、检、法、司、土地局等单位负责人到汪川等19个乡政府、4个法庭、8个派出所检查农村社会治安和执法工作。1990年7月区人大常委会主任丁长胜、副主任林作栋组织带领省、市、区三级人大代表与市查禁烟毒巡视组20多人到农村、工厂、公安派出所、戒烟所检查扫除"六害"查禁吸食、种植、贩卖毒品以及严打斗争等情况。11月区人大常委会与区财政局组成检查组检查区经委系统、教育系统、卫生系统、政法系统、乡镇企业、城市集体企业和行政事业等36个单位贯彻执行《会计法》的情况。

1994年区人大常委会组成3个检查组重点检查《农业法》《教师法》《工会法》《城镇集体所有制企业条例》《全国人大常委会关于惩治贪污罪贿赂罪的补充规定》《甘肃省社会治安综合治理条例》等22部法律、法规的贯彻执行情况,检查组深入31个单位查出各类违法问题403起,纠正和处理374起。1995年检查《农业法》《企业法》《全民所有制工业企业转换经营机制条例》《教师法》《环境保护法》《妇女权益保护法》等6部法律、法规的贯彻执行情况。1996年5月至10月重点检查《农业法》《环境保护法》等9部法律、法规的贯彻执行情况,查出各类违法问题60起,纠正和处理58起。1997年逐案跟踪监督检查信访中群众反映比较强烈的司法部门办理的22件案件,使一些久拖不决、该办不办和执行不力的案件得到办理落实。

2000年3月至4月区人大常委会副主任姚尚仁带领城乡建设工委、办公室工作人员与乡镇企业局负责人调查全区贯彻实施《中华人民共和国乡镇企业法》情况。5月29日至6月2日区人大常委会副主任马爱玲带领教科文卫工委、不驻会委员及代表联络工委与区药品监督执法人员到平南、牡丹乡卫生院及药品市场、村级卫生所,区医院、眼科医院、医药经销门市部、药品批发部和个体诊所调查,了解区政府贯彻实施《药品管理法》情况。9月区人大常委会副主任尹兴荣带领政法工委、办公室工作人员调查全区"三五"普法及依法治区2个决议的贯彻落实情况。10月30日至11月5日区人大常委会组成4个执法检查组开展执法检查。第一组由区人大常委会副主任姚尚仁带队到区农牧局和汪川、大门、苏成等乡检查《农业法》和《甘肃省农业承包合同管理条例》的执行情况;第二组由常委会副主任马爱玲带队到太京乡和天水市地毯厂、电缆料厂等企业检查《促进科技成果转化法》的执行情况;第三组由常委会副主任尹兴荣带队到区法院、检察院和杨家寺、关子、华岐、玉泉等乡和石马坪、大城、中城街道，检查全国人大常委会《关于加强社会治安综合治理的决定》《甘肃省社会治安综合治理条例》和《农业法》的执行情况；第四组由常委会副主任县永安带队到财险、寿险秦城支公司检查《保险法》的执行情况。

2001年5月区人大常委会副主任朱光琳带队检查《税收征管法》贯彻落实情况，调查国税局办税大厅、征管一分局、二分局，皂郊、平南税务所，地税局和所属的征管二分局、市场二所、牡丹税务及商业大厦、食品厂、暖和湾乡镇企业，到计经贸局召集针织二厂、丙纶厂、锅厂、公园汽修厂等19户非公有制企业召开座谈会。6月区人大常委会副主任尹兴荣带领政法工委、办公室工作人员到部分乡镇、派出所、学校等单位，检查"一府两院"贯彻执行《未成年人保护法》《预防未成年人犯罪法》的情况。7月23日至8月6日区人大常委会副主任尹兴荣带领部分委员和政法工委、办公室工作人员到设有中心派出所的汪川、平南、天水、李子、藉口、皂郊、吕二等乡镇和西关、七里墩、北关、天水郡、石马坪等街道办事处调查贯彻执行《治安管理处罚条例》工作情况。9月区人大常委会副主任朱光琳带队检查《甘肃省查处生产、销售假冒伪劣商品行为条例》贯彻执行情况，检查民主东、西路和商业城店铺，召开市、区人大代表及经营户代表20多人参加的座谈会，征求对执法情况的意见。区人大常委会副主任于学武带领城乡建设工委、代表联络工委工作人员到区农牧局、区种子公司和关子、藉口、天水、平南、大门等乡镇检查全区贯彻执行《种子法》的情况。

2002年4月区人大常委会副主任朱光琳带队调查《动物检疫法》执行情况，重点调查苏成、汪川、娘娘坝、天水、铁炉5乡镇和天康原种猪场、益康生猪定点屠宰场，以及城区绿色市场、箭场里、七里墩3个农贸市场。2003年7月至8月区人大常委会副主任柳力利、朱光琳带队检查区政府贯彻实施《植物检疫条例》的情况，重点检查植保植检站和林木病虫防治站2个执行检疫任务的执法单位，抽查相关场站、苗圃、市场，听取两局负责人和部分乡、站的自查汇报。区人大常委会副主任郭鹏魁带队检查区政府贯彻执行《治安管理处罚条例》情况，检查天水、齐寿、平南、皂郊等乡镇和戒烟所、拘留所，七里墩、天水郡派出所。区人大常委会副主任方晨带队检查《体育法》执行情况，检查区工会、文体局、建设局、教育局、市三中、五中、建二小学、天水镇、娘娘坝镇政府及区文体局下属的镇文化站，东关、七里墩、中城3个街道办事处及长开社区、罗玉社区、庆华园活动中心、诚望乒乓球俱乐部、飞将武术培训中心等19个单位。

2005年8月区人大常委会副主任郭鹏魁带队调查《民事诉讼法》贯彻执行情况，到七里墩、天水郡、藉口、皂郊等基层法庭和区检察院、司法局调查，走访区公证处、天靖律师事务所，召开座谈会3次。

2006年8月区人大常委会副主任柳力利带队检查《森林法》贯彻执行情况，到红旗山、中梁、豹子沟、城郊、皂郊、娘娘坝、藉口林业工作站，四十铺、六十铺苗圃，藉源林场及皂郊镇政府听取各站站长、林场场长、镇政府关于林业工作情况的汇报，查看皇城堡、北五台、豹子沟等护林点，中梁站、大河口、六十铺等育苗基地，南北两山、蒿背山、沿川子、齐寿山等植树造林点，检查林业建设和林地管理等情况。区人大常委会副主任王毅带领执法检查组检查全区贯彻执行《税收征收管理法》情况，听取区国税、地税、财政部门的执法情况汇报，实地察看办税服务大厅的运行情况，调阅执法文书档案，走访华天科技股份有限公司、天水宏达实业公司、天水新华印刷厂、天水机床厂、长城电器销售公司、长城电器设计研究所、二一三厂、市建筑设计院等一些重点纳税企业，召开纳税人座谈会，征询对贯彻执行《税收征管法》工作意见和建议。

2007年7月区人大常委会组成执法检查组检查《环境保护法》执行情况，到太京、皂郊、东十里工业示范园区、益康屠宰场以及阿西娅、南山大酒店、南苑山庄等餐饮企业进行检查。9月区人大常委会副主任陈蓉华带队检查《行政许可法》执行情况，到区水利、林业、社保、文体、建设、卫生局等单位听汇报，查文书档案，听取区科技、教育、物价、粮食、农牧、宗教、统计、民政局执法检查汇报。

第二节　专题调研与工作视察

1985年至2007年每年区人大常委会组织人员开展5次至6次视察调研活动，调研视察工作主要围绕中心工作和国家、省、市颁布的法律、法规、条例的贯彻执行情况,常委会的审议议题以及人代会、常委会的决议、决定、审议意见的落实情况,采取实地察看、调查走访、查看资料、座谈、听汇报等形式。

1986年8月区人大常委会与区农牧局用一个月时间调查汪川乡扶贫工作,走访17个不同类型的村,访问困难群众45户、富裕户21户。召开回乡高、初中学生和村干部会以及苹果生产、养羊、小麦配方施肥等致富专题调查会和乡人民代表座谈会33次,调查庭院果树户18户,查看7个果园,调查乡办罐头厂、炒货厂、供销社、兽医站等单位的生产、销售、科技推广、扶贫物资供应等情况,提交调查报告。12月区人大常委会组织视察21个驻区和区属单位的普法教育工作。

1987年9月区人大常委会用11天时间调查计委、经委、商委、财政局、公安局、教育局、粮食局、审计局和供销社9个部门的"双增双节"运动开展情况,提出4点建议。

1989年1月市、区两级人大常委会组织秦城区的全国和省人大代表视察全区治理经济环境、国民经济计划执行情况以及农业生产情况。对清查购买小汽车、农业投入、粮油入库、继续建设市图书馆等问题提出意见和建议。4月区人大常委会组织2个组视察北山截洪工程和牡丹乡农业生产。10月根据群众强烈反映,区人大常委会组织西关街道的市、区人大代表,邀请电缆厂、市环境监测站、区环保办,环城乡政府以及坚家河村委会、居委会负责人视察电缆厂废水排放及污染治理设施,对存在问题提出4点意见和建议,责成环保部门和环城乡政府督促电缆厂限期整改。

1990年7月区人大常委会组织省、市、区、乡人民代表开展视察活动。城区代表视察时间为7月23日至8月10日,农村代表视察时间为7月26日至9月10日,视察活动主要为全区经济工作重大事项、人民群众普遍关心的问题以及惩治腐败加强廉政建设、查处大案要案、城区普教,贯彻食品卫生法、药品管理法,查禁烟毒,严厉打击吸、贩毒品、私种罂粟,农村社会治安综合治理,科技兴农,植树造林等。8月组织区工交系统市、区人大代表15人视察区轻工业物资公司。

1992年区人大常委会组织人大代表视察北山滑坡工程及西关、中城低洼区治理工作,调研廉政建设、科技、卫生、城镇粮油供应、农村生活安排、供销企业为农业服务等方面的工作。1993年6月监督检查"二五"法制宣传教育的决议贯彻落实情况,组织部分代表和机关干部到部分基层单位和群众之中开展抽样调查。1993年8月组织部分区人大代表视察城镇集体企业和乡镇企业。1995年跟踪监督春耕备耕、抗旱灭虫、支柱产业、菜篮子工程及农业生产服务体系建设等环节。1996年常委会组织人员到企业、农村和有关部门调查研究全区经济发展情况。1998年专题调研和视察全区个体私营经济发展、城市管理、计划生育、水利建设和农业综合开发等情况。

1999年4月秦城区遭受多年不遇的干旱,区人大常委会及时组织人员深入田间地头调查了解春耕生产。组织省市区三级人大代表视察全区封山育林、退耕还林情况以及红旗山机修梯田、中梁至关子公路沿线连片造林工程。

2000年4月区人大常委会副主任姚尚仁带领调查组到中梁等13乡镇和区农牧局调查春耕生产。7月区人大常委会副主任县永安带领调查组到区计经贸局、商业局、二轻公司、城市集体企业局、东关经联委等企业主管部门以及所属的丙轮厂、建材厂、食品厂、商贸公司、电器厂、金属制品厂、建三公司、长江电器开关厂、雄风摩托车配件厂等非公有制企业调查工商企业改革与发展情况。8月区人大常委会副主任姚尚仁带队调查保护农民合法权益、减轻农民负担等工作,视察走访皂郊等8乡12村24户,听取乡镇组干部对1997年以来减负工作的情况汇报,了解"一定三年不变"和"不超上年人均纯收入的5%"政策落实情况及有关加重农民负担、搭车收费的"三乱"现象。为迎接西交会召开,区人大常委会组织省、市、区三级18名人大代表视察城建、城管工作及代表意见建议办理情况。

2001年4月区人大常委会调研全区社会保障和下岗职工生活保障、城镇最低生活保障等工作,到社会保险局、民政局、就业局、大城街道办事处、计划经贸局、二轻总公司、商业局、地税局以及丝毯厂、烟酒公司、五金公司、商贸公司等12个单位和罗玉新村第二居委会7户特困居民家中调研走访。同时调查全区农业综合开发工作的实施情况,听取区开发办和太京、藉口、中梁3乡政府工作汇报,查阅农业综合开发的有关资料,实地察看太京、藉口、中梁3乡的水利设施、机耕路、梯田等硬件工程建设以及二代温室、农作物布局和结构调整情况,走访项目区域内太京、藉口2乡部分受益农户。5月区人大常委会副主任县永安带队历时8天调研全区推进素质教育工作,调查22所中、小学,听取区教育局负责人工作汇报。

2002年5月区人大常委会调查"四五"法制宣传教育规划进展情况,走访区公安分局、检察院、林业局、教育局、环保局、计划经贸局等机关,市六中、人民路小学等学校,皂郊、平南、东关、七里墩等乡镇、街道办事处。6月区人大常委会副主任朱光琳带队调查区政府贯彻执行《天水市城市市容和环境卫生管理实施办法》和《秦城区城管委关于治理城市"八乱"的实施方案》情况,现场查看城区岷山路、建设路、民主路、青年南北路、大众路、滨河路、外环路及玉泉观、南郭寺景区等处的市容市貌、美化绿化亮化及工程建设等方面工作。10月区人大常委会副主任朱光琳带队调查退耕还林工作情况。

2003年3月区人大常委会副主任王毅带队抽样调查农村税费改革情况,走访皂郊等19个乡镇,了解农民减负情况,查看"农民纳税及定购任务通知卡"以及"一税一票""一户一票"落实情况。4月区人大常委会副主任郭鹏魁带队调查全区低保工作,区人大常委会副主任柳力利、王毅带队调查全区2001年以来的项目建设、招商引资工作情况。5月区人大常委会组织人大代表视察"非典"防治工作。区人大常委会副主任柳力利、王毅带队专题调查企业改革进展及已改制企业运行情况、职工利益保障、各项合同签订、相关手续的办理、党群组织的建立等情况。7月区人大常委会组成督查组到区直部门督查区政府办理区五届人大常委会第二、三次会议关于农村税费改革、退耕还林、城市居民最低生活保障、招商引资和项目建设4项工作审议意见办理情况,发现粮、款兑付不同步等问题。12月区人大常委会督查区政府落实办理区人大常委会2003年下半年常委会审议意见及有关被任命人员落实整改评议意见情况。2004年底区人大常委会副主任马有魁带队检查16乡镇人大工作和城区各代表小组活动情况。

2005年3月区人大常委会副主任王毅带队检查住房公积金的缴存、使用和管理情况,到区房管局、区住房资金管理中心、财政局等单位走访调研,听取各单位对区政府住房公积金缴存、使用和管理情况的建议。4月区人大常委会副主任柳力利、朱光琳带队调查皂郊、杨家寺、太京、齐寿、天水5个乡镇2004年农民增收情况，到郑宋等8村召开基层干部和村民代表参加的座谈会，详细核算34户村民2004年的收入情况。6月区人大常委会副主任柳力利、朱光琳带队到区城管执法局和西关、东关、中城、大城、机动5个中队调查，了解城管执法工作。到西关、石马坪、东关街道和玉泉镇调查街区环境状况，走访商家和市民征求对城管执法工作的意见和建议。石马坪街道办事处发放《秦州区城市管理综合执法民意调查问卷》100余份，统计结果显示44%的市民认为城市管理、市容市貌改观明显，35%的市民对执法态度和工作作风给予认可。

2005年7月28日至8月9日区人大常委会副主任方晨带队调查贯彻落实《关于进一步加强教育工作的意见》情况，调查组到区教育局和太京、平南、皂郊镇政府召开座谈会，实地考察太京中学、世纪昊华私立学校等11所学校的校舍建设、教学设施及校园环境。11月区人大常委会组织部分省、市、区人大代表集中视察全区招商引资和重点项目建设，视察组视察了解东十里工业示范园区、李广墓、关子镇小城镇开发、上磨水库工程等重点项目建设情况。

2006年3月区人大常委会副主任王毅带队调查区属部分改制企业运行情况，实地走访宏顺服务有限公司、商厦股份有限公司、华庆房产有限责任公司、宏发粮油经销有限公司、农资公司、恒茂物资回收有限公司、万维电缆材料有限公司、安字针织有限公司8家企业。4月区人大常委会副主任柳力利带队调查大门、平南、藉口、关子4个乡镇2005年劳务输出情况，详细了解32户村民2005年的务工情况。走访桃园路、伏羲庙2个建筑工地及瀛池旧货市场，了解务工人员的生活、工作、权益保障及收入情况。区人大常委会副主任马有魁带队调查全区社会治安综合治理工作，到皂郊、石马坪等乡镇、街道办事处，区戒毒所、北关派出所及部分村组、社区调查了解情况。6月区人大常委会副主任方晨带队到太京、藉口、秦岭、牡丹、平南、天水、汪川、苏成8个乡镇卫生院调查。7月区人大常委会副主任郭鹏魁带队到关子、藉口、太京3镇和中城、七里墩2个街道调研民政工作，重点了解关子镇松树湾村以工代赈项目及灾民整村搬迁工程实施情况。

2007年7月区人大常委会副主任陈蓉华带队调研低保工作，到西关等5个街道办事处、永庆等10个社区和玉泉等2个乡镇，听汇报、召开座谈会、走访低保户。9月区人大常委会副主任马有魁带队到城区、郊区、左家场交警大队和区农机监理站、区交通局、天嘉集团、罗玉中学、荣盛运输公司、皂郊镇等地调研安全生产工作。10月区人大常委会副主任刘怀顺带队到杨家寺、牡丹、秦岭、齐寿、娘娘坝、玉泉、关子、中梁8个乡镇调研社会主义新农村建设工作，了解9个市级示范村、10个区级示范村新农村建设情况。11月区人大常委会副主任马有魁带队到区发改局、招商局、建设局、水利局、教育局和藉口、天水镇调研2007年项目工作，到东十里、暖和湾工业园区和部分项目实施现场察看项目了解建设中遇到的问题。区人大常委会组成2个调研组调研全区实施新型农村合作医疗试点工作，召集乡镇党委、人大、政府负责人，区、乡人大代表，村干部，乡镇卫生院院长、防保员及参合受益群众召开座谈会12次，走访乡镇卫生院12个、村级医疗点20多个、乡"合管办"12个，随机走访农户30余户，探视乡镇卫生院病人20例。

第三节　议案建议意见办理

秦城区一届人大代表向大会提出议案9件，意见、建议228件。区人大常委会办公室和区人民政府办公室共同召集各承办单位负责人召开会议，提出办理工作的具体要求，由区人民政府办公室及所属各委、办、局办理议案9件，建议227件，区人民法院办理1件，1988年底全部办理完毕。

区二届人大代表在人代会上提出议案44件，其中41件经法定程序改为按建议、批评和意见处理；提出建议284件；所提问题得到解决的153件，占总数的47.3%。二届一次会议期间代表提出议案3件。第一件议案《关于对劳动路商贸商场搬迁的议案》，区政府调研后将劳动路市场迁移到自由路西边；第二件议案《关于要求区政府在农村开征教育事业费附加的议案》，经政府研究决定从1990年开始在农村征收教育事业费附加，对征收的教育费附加乡征乡统筹安排，主要用于改善乡属中小学和幼儿园的办学条件，改善教职工的生活条件和民办教师生活补贴；第三件议案《关于降低天牡公路太京段平峪河、普岔河过水路面的议案》，经区政府办公会议研究解决。

区三届一次会议通过代表议案2件，即《关于加强农电管理及核定收费标准的议案》和《关于落实各乡财政超收返还的议案》。1993年和1994年2件议案分别予以办理。代表共提出意见、建议159件，归纳整理后转交区政府办理158件、区人大常委会办理1件，1993年9月底全部办理回复完毕。

区三届人大二次会议代表提出意见、建议共78件，按法定程序转交区政府办理。1994年9月问题得到解决或基本解决的有31件。

区三届人大三次会议代表提出意见、建议79件，按法定程序转交区政府办理。1995年9月问题得到解决或基本解决的有36件，受政策、财力、物力等因素制约暂时无法解决的20件，区上不具备条件或不属区上职权范围需上报市上解决的11件。

区三届人大五次会议代表提出意见、建议共112件，按法定程序转交区政府、区法院办理。1997年9月问题得到解决或基本解决的有46件，占建议总数的41%；因条件或职权所限无法解决的28件，占建议总数的25%。

区四届人大一至五次会议提出意见、建议573件，至2002年9月办理答复完毕。

区四届人大一次会议代表提出意见、建议130件，1998年9月办理完毕并答复代表。所提出的建议得到解决的62件，占总数的476%；受政策、资金或职权所限无法解决的31件，占总数的23.8%。

区四届人大二次会议代表提出意见、建议122件，转交区政府办理120件，区人大常委会办理2件，1999年9月办理完毕并答复代表。所提出的建议得到解决的50件，占总数的40.9%；受政策、资金或职权所限无法解决的47件，占总数的38.6%。

区四届人大三次会议代表提出意见、建议121件，转交区政府办理119件，区人大常委会办理2件，2000年9月办理完毕并答复代表。所提出建议得到解决的63件，占总数的52%；受政策、资金或职权所限无法解决的32件，占总数的26.4%。

区四届人大四次会议代表提出意见、建议116件，所提意见、建议办理答复完毕。得到解决或取得较大进展的55件，占总数的47%，其中《关于发展牡丹集贸市场的建议》《关于整顿蔬菜市场乱涨价的建议》《关于为投资者创造良好投资环境的建议》等建议都得到较好办理；受政策、资金或职权所限，无法解决的28件，占建议总数的24.4%。

区四届人大五次会议代表提意见、建议84件，得到解决或基本解决的53件，占代表意见、建议总数的63%；受权限和资金等条件制约，不能办理的20件，占建议总数的24%。

区五届人大代表提出各种意见、建议435件，至2006年10月办理答复完毕。意见、建议得到解决或基本解决的244件，占代表建议总数的56.1%；因各种条件限制不能办理的29件，占建议总数的6.7%。

区五届人大一次会议代表提出意见、建议134件，2003年10月底134件代表建议全部办理完毕并答复代表。建议得到解决或基本解决的56件，占建议总数的41.8%；所提建议因与政策不相符，超出职权范围以及资金等条件制约，不能办理的46件，占建议总数的34.3%。

区五届人大二次会议代表提出意见、建议104件，至2004年10月办理完毕并答复代表。建议得到解决或基本解决的53件，占建议总数的51%；所提问题因政策权限、财力所限或其他原因不能解决的15件，占建议总数的14.4%。

区六届人大一次会议代表提出各种意见、建议109件，至2007年12月办理并答复代表。意见、建议得到解决或基本解决的37件，占建议总数的34%；受政策、职责权限、资金等方面因素限制无法解决的19件，占建议总数的17.4%。

1985—2007年秦州区人大代表提出议案建议统计表

表13—3—1　　　　　　　　　　　　　　　　　　　　　　　单位：件

届　次	议案	建议							总数
		工业交通	农林水电	财经贸易	文教卫生	政治法律	城乡建设	其他	
一届一次	6	9	9	9	12	7	10	3	65
一届二次	3	13	21	22	21	9	22	10	121
一届三次	0	2	8	12	7	4	14	4	51
二届一次	3	9	5	21	12	8	26	14	98
二届二次	0	10	4	11	11	4	21	8	69

续表

届　次	议案	建议							总数
		工业交通	农林水电	财经贸易	文教卫生	政治法律	城乡建设	其他	
二届三次	0	8	7	12	9	4	17	15	72
二届四次	0	13	17	2	18	5	23	11	89
三届一次	2	29	27	19	21	11	39	13	161
三届二次	0	8	17	9	11	2	27	4	78
三届三次	0	12	13	16	10	6	17	5	79
三届四次	0	13	23	14	11	1	21	17	100
三届五次	0	8	30	12	10	3	20	29	112
四届一次	0	13	31	33	11	2	26	14	130
四届二次	0	17	24	28	14	0	23	16	122
四届三次	0	11	22	18	22	2	31	15	121
四届四次	0	7	20	23	19	5	34	8	116
四届五次	0	12	10	12	11	6	21	12	84
五届一次	0	17	14	15	28	6	30	24	134
五届二次	0	16	12	5	25	2	26	18	104
五届三次	0	—	11	8	24	10	44	15	112
五届四次	0	—	9	7	11	2	43	13	85
六届一次	0	17	18	18	27	2	21	6	109

秦州
区志

QIN ZHOU
QU ZHI

第十四编

政府
ZhengFu

1985年至1988年秦城区政府坚持深化改革，对企业简政放权，全面推进厂长（经理）责任制，形成厂长（经理）负责、党委保证监督、职工民主管理的企业领导体制，激发企业生产活力。同时区政府制定全区乡镇企业发展规划，当年乡镇企业达到2024户，实现总产值3445万元。1986年中单二号玉米地膜覆盖由1985年的150亩发展到3829亩，增长2452%。农村解决温饱问题。1985年至1989年拓建、新建市区道路39条、15.28公里，开辟4条城市公共汽车线路，年客运量855万人次。开发大众路、滨河路、新华路等20多处住宅新区。市区住宅建筑面积达到292万平方米，人均使用住宅面积7.5平方米。市区道路总长达到101公里，城区面积23.3平方公里，城市人口23.96万人。

1991年乡镇企业达到4169户，产值22205万元占农业总产值的54%，乡镇企业成为发展农村经济的支柱产业。1995年工业企业经营陷入停滞后探索产权制度改革，盘活资金激发企业活力。由于农村劳动力进入城市，区政府调整农村产业结构，逐步建立农业综合开发示范区，走发展高效农业之路。2000年后大部分企业实施破产清算，区政府将项目建设和招商引资作为全区经济社会发展的重点。2002年实现农业总产值4.82亿元，完成乡镇企业总产值13.3亿元。2003年全区企业改制面达到96%，区域内固定资产投资达到15.89亿元；引进开发双孢菇、甜玉米、芦笋、中药材等新型产业，形成"公司+基地+农户"的产业化经营模式，全区绿色品牌达到6个。2004年至2006年区政府推进农业结构调整，全区果品面积达到16.6万亩，无公害蔬菜达到3.5万亩，农产品加工龙头企业60家，14个农产品通过国家认证。"十五"期间完成全社会固定资产投资76.6亿元。至2007年区属72户国有集体企业全面完成产权制度改革，全面取消农业税。

第一章　行政方式与组织

第一节　行政组织

1984年9月天水市人民政府升半级为副地级建制,将天水市划分为秦城、北道二区,设立秦城、北道区公署,公署为天水市人民政府派出机构,秦城公署设区长1人、副区长3人。天水市辖天水县及秦城、北道二区。秦城区公署辖吕二沟等5个乡及城区大城等7个街道。

1985年6月天水市政府有工作部门41个:政府办公室、计划委员会、经济委员会、物价委员会、农业委员会、商业委员会、科技委员会、体育委员会、计划生育委员会、爱国卫生委员会、人事局、劳动局、统计局、民政局、公安局、工商局、司法局、交通局、审计局、财政局、税务局、粮食局、农牧局、林业局、水电局、城建局、文化局、教育局、卫生局、乡镇企业局、民族宗教局、广播电视局、供销合作社、城市集体企业联社、物资供应公司、房地产公司、环境保护办公室、统建办公室、地震办公室、"五四三"办公室。7月经国务院批准,撤销天水地区,天水市升级为地级市,实行市管县体制。同时成立天水市秦城区人民政府(驻原市政府大院),将天水县所辖西南17乡划入秦城区,市政府各委、办、局改称天水市秦城区各委、办、局,区政府设区长1人、副区长6人至7人;秦城区政府系统有干部4773人。1986年房地产公司更名为秦城区房管局。1987年3月设立天水市秦城区扶贫办公室。8月撤销"五四三"办公室。1988年4月成立秦城区土地管理局。1991年成立天水市秦城区地方志编纂委员会办公室。1994年设立天水市秦城区人民政府政策研究室、天水市秦城区二轻总公司,水电局分设为天水市秦城区农电局和天水市秦城区水利水保局,区政府工作部门增至56个。

1996年秦城区区、乡机构进行改革,区政府工作部门有46个:政府办公室、公安分局、计划经贸局、交通局、体改委、城建局、民政局、统计局、人事劳动局、土地局、财政局、商业局、审计局、物价局、编制委员会办公室、物资局、司法局、供销社、政府法制局、二轻总公司、监察局、国资局、农牧局、农业办公室、林业局、粮食局、水利局、广电局、农电局、城企局、卫生局、乡企局、文体局、房管局、教育局、矿管局、科技局、社会保险局、计生局、劳动保险局、地税局、地震局、国税局、档案局、扶贫办、地志办。1998年5月设立天水市秦城区旅游局和天水市秦城区环境保护局。

2002年5月机构改革区政府设工作部门35个：政府办公室、科学技术局、发展计划局、公安分局、体改办、司法局、民政局、财政局、人事局、交通局、教育局、水利局、卫生局、农牧局、计生局、林业局、审计局、文体局、监察局、粮食局、建设局、扶贫办、政府法制办公室、农业办公室、经济贸易局、环保局、劳动和社会保障局、广电局、国土资源局、旅游局、统计局、地震局、编委办、档案局、房管局。2005年1月1日秦城区更名为秦州区，天水市秦城区人民政府更名为天水市秦州区人民政府。至2007年12月区政府有工作部门37个：办公室、财政局、发展和改革局、交通局、民政局、水利局、人事局、农牧局、教育局、林业局、卫生局、文体局、计生局、粮食局、审计局、农业办公室、监察局、环保局、建设局、广电局、中小企业发展局、旅游局、劳动和社会保障局、地震局、统计局、档案局、科技局、房管局、公安分局、编委办、司法局、综合执法局、扶贫办、商务局、信访局、安监局、供销联社。政府系统有公务员12168人。

1985—2007年天水市秦州区政府区长、副区长任职一览表

表14—1—1

姓名	出生年月	籍贯	学历	职务	任职时间	备注
谢寿璜	1939.3	江苏淮阴	大学	区长	1985.6—1993.11	
张建祖	1942.11	秦州区	大学	区长	1993.11—1997.11	
柴金祥	1956.12	秦州区	大学	区长	1997.11—2002.1	
安　永	1956.3	山西冀城县	大学	代区长	2002.1—2002.3	
安　永	1956.3	山西冀城县	大学	区长	2002.3—2006.9	

续表

姓名	出生年月	籍贯	学历	职务	任职时间	备注
周　伟	1966.7	岷县	大学	代区长	2006.10—2007.1	
周　伟	1966.7	岷县	大学	区长	2007.1—2010.5	
陈有忠	1936.11	关子镇	初中	副区长	1984.11—	
刘秉善	1934.1	陕西蒲城县	初中	副区长	1985.7—1987.3	
赵文华	—	麦积区	—	副区长	1985.7—1987.3	
甘永福	1945.12	陕西西安	大学	副区长	1985.7—1992.12	
谢国新	1935.12	广东梅县	大学	副区长	1985.7—1989.4	
王志荣	1947.9	甘谷	大专	副区长	1987.3—1989.10	
刘继光	1937.10	山东莱州市	中专	副区长	1986.12—1992.11	
郭重生	1944.10	—	大学	副区长	1991.12—1992.10	
魏建邦	1944.4	秦安	大专	副区长	—1991.9	
张建祖	1942.11	秦州区	大学	副区长	1990.3—1994.3	
李玉石	1939.4	四川资阳	大学	副区长	1991.7—1996.3	
宋登祖	1944.12	秦州区	高中	副区长	1992.10—1996.4	
吉建安	1956.1	陕西韩城	大学	副区长	1992.11—1996.4	
王治平	1945.10	秦州区	大学	副区长	1993—1997.12	
徐国民	1953.10	河南荥阳	大专	副区长	1993.3—1999.12	
陈　川	—	四川中县	—	副区长	1995.12—	挂职
雷传昌	1953.5	山东临清	大专	副区长	1994.2—1996.3	
王奋彦	1962.4	太京镇	大专	副区长	1996.3—1997.12	
霍秀清	1955.10	关子镇	大学	副区长	1996.3—2001.5	女
井盼昌	1950.2	陕西蓝田	高中	副区长	1996.6—2001.5	
郭鹏魁	1950.9	陕西富平	大专	副区长	1996.6—2001.5	
郭明兴	1963.10	秦岭乡	大专	副区长	1997.12—2002.3	
张克强	1958.8	秦安	大专	副区长	1999.12—2005.5	
赵　文	1959.10	礼县	大专	副区长	2001.5—2003.8	
柳力利	1951.11	山东栖霞	高中	副区长	2001.6—2002.11	女
韩大有	1964.12	秦安	大学	副区长	2001.5—2002.12	

续表

姓名	出生年月	籍贯	学历	职务	任职时间	备注
何宝平	1967.12	秦安	大学	副区长	2001.5—2002.12	
安　永	1956.3	山西冀城	大学	副区长	2002.1—2002.12	
白晓玲	1957.4	陕西宜君	研究生	副区长	2002.3—2002.11	女
宋建平	1961.10	清水	大学	副区长	2002.1—2006.10	
赵耀雄	1961.12	河南偃师	大学	副区长	2004.5—2007.12	
成少平	1967.10	秦安	大学	副区长	2005.8—2007.12	
方宝华	1966.11	河南夏邑	大学	副区长	2006.7—2007.12	挂职
蒋小丽	1976.12	甘谷	大学	副区长	2006.1—2007.12	女
王小林	1964.10	秦安	大学	副区长	2006.1—2007.12	

第二节　工作制度

1985年8月秦城区人民政府下发《工作制度》，规定区政府领导工作坚持民主集中制原则，实行集体领导与个人分工相结合制度。对全局性的重大问题实行集中统一领导，重要问题分别提交区政府全体会议、区政府常务会议或区长办公会议讨论决定。区长主持负责区政府工作，主要职责是审定签发以区政府名义发布的命令、布告，上报下达全区性的重大行政措施、条例、规定和人事任免等重要文件。副区长根据分工主管有关方面的工作，对上级或政府在原则上已有规定的问题按照分工独立处理，并审定签发以区政府名义下发的相应文件。各委、办、局仍为区政府的职能部门，在区政府领导下工作，受市主管部门的业务指导，同时接受区人大监督。

1989年5月28日秦城区人民政府颁发《秦城区人民政府工作制度》规定秦城区人民政府实行区长负责制。区长主持区政府的全面工作，副区长协助区长工作。区长的职责是全面负责区政府工作，以区政府或区长名义发布决定、命令和布告，上报下达全区性的重大行政措施、条例和规定，审定签署向区人民代表大会及其常务委员会提出的议案和由区政府任免的干部文件。各副区长根据分工主管有关方面的工作，对党政系统原则上已有明确规定的事宜按照分工独立处理,并审定签发以区政府名义下发的相应文件;对分管工作的重要情况和重大事件,及时向区长汇报;对带有全局性的方针政策性问题,认真调查研究,及时向区长提出方案或建议,由区长采用召集区长办公会议等形式共同研究解决。

区长和副区长分管部门和联系单位均有明确划分,配备专职秘书和司机,日常工作自行处理,独立性较强。

区人民政府各委、办、局等工作部门在区政府领导下开展工作,业务受上级主管部门领导,同时接受区人大常委会的监督。各委员会和办公室是区政府综合职能部门,在职责范围内贯彻执行法令、政策、方针和决定,对归口管理的局(办)的工作进行协调指导,督促检查,对涉及全局性的重大问题综合平衡。各局是政府业务性职能部门,对所主管的社会性业务工作向区政府独立负责。

第三节　决策方式

根据1985年、1989年、2006年制定的区政府《工作制度》和1997年制定的《秦城区人民政府议事制度》,规定区政府在行政决策上坚持民主集中制原则,重要问题分别提交区政府全体会议、区政府常务会议或区长办公会议讨论。区政府建立科学化决策程序,在重大问题的决策中,领导不随便表态,部门不多头请示,尽量避免重大问题上的决策失误。凡提交政府常务会议和区长办公会议研究的事项,有关部门必须提前报送专题报告,经区长或副区长批示,按缓急程度排列上会,主持会议的区长或副区长集中与会人员的意见,做出决议。同时在行政决策中自觉接受人大、政协及社会各方面的监督,坚持重大事项和重点工作向党委请示,向人大汇报,向政协通报;不定期地召开各群众组织、社会团体和社会各界人士座谈会,开展协商对话,听取他们对政府工作的意见和要求,推进决策的民主化和科学化。随着网络普及,开通网上热线、区长信箱,通过各种渠道了解民情,听取意见,接受来自社会各界的监督。此外区政府决策信息来源多渠道化,政府班子深入基层,深化对区情的认识,为科学决策提供第一手资料。

1986年区政府建立由各乡、街道及区直各局、委、办和企事业单位组成的全区信息反馈系统。1999年成立秦城区信息化工作领导小组。2000年区政府建立紧急重大情况报送责任制，区政府办定期检查信息报送工作，在全区通报。2003年成立秦城区人民政府信息中心，建立面向全国政府系统服务的政务资源网和面向社会的政府公众网。

2004年区政府推行重大决策专家论证和听证制度，实行行政决策公示、公众参与和决策过程的全程管理，藉河风情线、上磨水库、供水、供热等工程皆经过专家论证或听证。7月秦城区人民政府全面推行政务公开制度，内容包括政府重大决策，政府年度经济和社会发展规划的制定情况，政府财政预决算，干部选拔任用、公开招聘、公务员考录等。

第四节　会　议

区政府定期举行会议的内容和任务、参加范围、时间、会议的准备、组织都有明确规定，会议有区政府常务会议、区政府全体会议。不定期举行的会议内容和任务是阶段性、临时性和突发性的，参加范围和时间不确定，这种会议有区长办公会议、现场办公会议和各类专题会议。区政府党组会议的内容和参加范围相对确定，时间不确定。

区政府常务会议是区政府工作的最高会议，由区长、副区长和办公室主任组成，必要时通知有关部门的负责人参加。会议由区长主持，区长不在时由区长委托常务副区长或副区长主持，每月1次至2次。主要讨论贯彻党和国家的方针政策及重大经济建设措施，听取各部门、乡镇政府、街道办事处的工作汇报，讨论区政府下属机构设置、人事任免及奖惩，讨论阶段性的工作条例、规定及其他重要问题。

区政府全体会议由区长、副区长、办公室主任和政府各委、办、局主要负责人参加，必要时通知各乡镇政府、街道办事处的负责人列席参加，由区长或区长委托常务副区长主持，一般半年召开1次，如有重要议题可临时召开。区政府全体会议是区政府工作会议（或叫区经济工作会议），

第一次在春节过后召开,由区长总结上年度工作,部署新年度工作,表彰先进。第二次在7月或8月召开,属中期检查督促性质。

区政府党组会议由党组成员参加,党组书记主持,不定期举行。主要研究讨论全区改革和经济建设中的有关决策和重要问题。

区政府办公会议由区长、副区长、办公室主任及有关部门负责人组成,由区长或区长委托副区长主持,一般每月召开1次,发生特殊情况时随时决定召开。会议主要解决区政府日常工作中的重要问题和特殊问题。

各类专题会议由区长或副区长主持,有关单位负责人或其他人员参加,不定期举行。会议专题研究、检查、安排区长或副区长个人分管的工作,协调办理具体事宜,讨论落实上级部门委办的重要事宜。专题会议也可采用现场办公的方法,研究、协调和解决有关问题。

第二章 行政监察

1988年设立天水市秦城区监察局,行使行政监察职能,内设"三组一室"(信访举报组、监察组、审理组、办公室)。1993年6月区纪委和区监察局合署办公,实行一套工作机构,监察局仍属于政府序列,接受区政府的领导,对区政府全面负责。2007年3月成立行政效能监察投诉中心,受理全区行政机关及其工作人员在办理行政许可、行政检查、行政处罚等过程中违法、违纪行为的投诉、检举和控告。

第一节 专项监察

减轻农民负担

1993年清退1992年生猪差价款30万元,取消不合理农民负担17项减负170万元。1997年全区22乡建立48个监测点、270个观察户,实行报表制度,农民负担控制在国务院规定的5%以内。1998年建立健全乡统筹、村提留预决算管理和"农民负担监督管理手册(卡)"等多项制度,至2004

年查处不合理收费事项4起，清退资金6.6万元，查处乡村干部违法违纪案件25起，处分违规违纪人员34人，清理取消涉农收费、罚款1项，税外减轻农民负担108万元。

治理乱收费

1993年全区行政事业单位清理出收费项目311项，暂停102项；城区12所中小学清理收费项目28项，清退1710元。1997年重点清理择校生收费，清退不合理收费1.7万多元。从1998年起按照"一卡三统一、五不准、两公开、一监督"制度，公布收费项目、收费标准，接受群众监督。1999年清理乱订学习资料、参考书刊，减轻学生家长负担14万元。1999年、2003年、2004年共查处违纪资金28.6万元，不合理规定收费1.238万元，退还学生20.6万元，没收1.66万元，罚款1.179万元，没收上缴财政3568元，通报或立案查处部分学校及相关责任人。

2005年至2006年在义务教育落实"一费制"标准和"两免一补"中查出乱收费15万元，退还12.2万元。2005年至2007年加大农民工资清欠力度和对劳动合同的管理，清欠农民工资24.44万元，补签劳动合同1946份，受理劳动保障监察案件35起，办理31起。在征地工作中落实"两公开一公告"制度（征地面积公开，补偿标准公开，向村民进行公告），协调征地12万平方米，全额补偿资金17495万元。退耕还林现金补偿、农资综合直补、粮食直补、农机具购置补助等资金做到及时发放。

民主评议行风工作

从1998年确定工商、邮电、国税系统为民主评议行风试点单位起，至2004年先后在23个系统或部门中开展民主评议行风工作，累计聘请行评代表300多人，行风义务监督员400余人，针对社会上反映的"热点""难点"问题，提出或征求到建议726条，绝大多数部门、行业和单位对提出的建议、问题整改，处理一部分违规违纪人员。2006年在"行风热线——走进秦州"大型现场直播活动中，区建设局等39个区直和驻区单位参加，现场答复办理问题112件，受理群众投诉、反映、咨询问题512件，接待群众2100多人次。

经济检查

1988年区纪检监察部门清查经委系统7家有涉外经济合同的企业。

1989年起派专人参加全区财务、税收、物价等专项检查,纠正问题,取消一些不合理规定。1990年清理干部违章建私房和公款超标准装修住房,查处重点案件2起,掌握线索2起,处理科级干部3人、一般干部2人。1993年至1997年取消一部分公路收费站卡。1996年至1997年清理行政事业性收费81项,预算外资金1703万元,小金库2.4万元。1999年至2000年查处违规或有问题单位30户,上缴财政专户175.6万元,经济处罚6个单位。2006年开展商业贿赂专项治理,严格落实区政府《政府采购管理办法》,查处商业贿赂案件1件,经济处罚1万元。

第二节 执法监察

1989年区监察局执法监察区属46个单位执行《廉洁条则》和《廉洁规定》情况,指出存在的问题,提出纠正措施。1991年检查43个行政单位,重点检查公安、工商等20个执法单位。2000年以后执法监察医药购销中的不正之风和企业减负,查处伪劣和过期药品价值13.09万元,捣毁制售假冒药品窝点5处,取缔无证经营或证件不全药品经营户68户;组织专人清理整顿从事行政事业性收费、基金、罚款、摊派等单位332个,涉及836个项目,取消收费项目70项,降低收费标准60项,减轻企业负担209万元,减轻社会负担60万元。紧跟社会热点难点问题加大执法监察力度,先后对扶贫、社保、林业生态工程、低保、医保、救灾、"三农"资金、乡村等级公路等专项资金加大执法监察力度,对查出的违规违纪资金和个别人员进行处理。对退耕还林中资金使用、面积落实、钱粮兑付3个关键环节深入实地、深入农户认真核查,对个别乡镇倒卖退耕还林粮、伪造虚假花名册、多领粮款的问题及时查处。全程监督招生、招干、征兵、干部公选、工程投招标。同时参与粮改执法、安全事故调查处理、农转非、矿区整顿、公检法队伍整顿干部考查、乡镇干部竞争上岗、节能减排、房地产市场调控政策落实、效能建设、破产企业群众社会保障等方面的执法监察。

第三节　行政效能监察

1991年区纪检监察部门检查1990年国家、省、市下拨的扶贫、救灾、救济等农业专项资金的管理使用情况，对发现的随意改变扶贫项目、挪用部分资金、乱支乱用等问题及时纠正处理。1993年在党政机关中开展整顿组织纪律、转变"三难"作风、提高办事效率活动，治理公款请客送礼、大吃大喝、挥霍浪费等问题。检查1992年造林、农田基建、抗旱救灾补助款等资金的支付使用情况，督促兑现未如期支付的32160元农田基建补助款。

2002年由监察局牵头清理全区行政审批项目，简化审批程序，建立健全监督制约机制。至2004年共清理备案120项，其中取消50项，转移17项，转备案4项，合并3项，核准1项，审核9项，转行业自律管理20项。另外取消收费事项8项。2005年对区直建设、工商、税务等10多个部门的审批事项集中到行政审批服务中心，实行"一站式"服务。分3批公布取消、转移、转备案的行政审批事项120项。2006年至2007年公布符合《行政许可法》规定的审批事项220项，非行政许可事项77项。

第三章　行政执法检查

1986年秦城区成立行政执法检查领导小组，区长任组长，抽调政府办、司法局等部门组成区执法检查办公室，组织实施全区执法检查工作。1990年10月天水市秦城区人民政府法制局成立，此后行政执法检查工作由政府常务副区长或副区长负责，在区法制局成立办公室，区人大监督指导，年终各单位、系统自查，政府统一检查。

第一节　普通法规执法检查

1990年主要检查《宪法》《刑法》《刑事诉讼法》《环境保护法》《关

于劳动教养问题的决定》《看守所条例》《审计条例》《国营企业所得税条例》、《保护学校校园校产若干规定》等法规和扫除"六害"斗争等方面的执法情况。1991年检查40个执法部门贯彻执行《全国人民代表大会常务委员会关于禁毒决定》《行政诉讼法》《行政复议条例》等10个方面17部法律、法规和规章情况。1992年检查社会治安综合治理、矿产资源、未成年人保护、残疾人保障等5个方面7部法律法规执行情况。1994年重点检查工业企业、产品质量、矿山安全、农业、税收、环境保护、社会治安、残疾人保障、教师、统计等方面23部法律法规贯彻执行情况。

1995年检查全民所有制工业企业、农业经营生产和城市规划、妇女权益保障、教育等5个方面13部法律法规执行情况。1996年检查农业、工业企业、社会治安综合治理、环境保护、文物保护、劳动法等6个方面14部法律法规执行情况。1997年检查全民所有制工业企业、农民负担、行政处罚、社会治安综合治理等6个方面19部法律执行情况。1998年检查农民负担、矿产资源、药品管理、消费者权益保护、森林、环境保护、行政处罚、统计、刑事诉讼、企业"三乱"等11个方面22部法律法规执行情况。1999年检查《村民委员会组织法》《税收征收管理法》《水土保持法》《水污染防治法》《义务教育法》5部法律执行情况。

2000年根据《国务院关于全面推进依法行政的决定》，区政府重点检查依法行政、土地承包、矿产资源保护、环境保护、企业减负等5个方面13部法律、法规和规章贯彻执行情况。2001年监督检查预防未成人犯罪、种子、教育及生产、销售假冒伪劣商品行为涉及的法律法规的贯彻执行情况。2002年检查行政处罚、行政执法证件管理、土地管理、公路和加入世贸组织等相关法规和规章的贯彻执行情况。2003年检查《行政处罚法》《甘肃省行政执法监督规定》《农业法》《无公害农产品管理办法》《土地管理法》《水污染防治法实施细则》《传染病防治法》《突发公共卫生事件应急条例》执法情况。

2004年国务院《全面推进依法行政实施纲要》颁布后，区政府检查《全面推进依法行政实施纲要》《行政许可法》《行政处罚法》《土地管理法》《矿产资源法》《森林法》等20部法律法规执行情况。2005年检查《全面推进依法行政实施纲要》《行政许可证法》《行政处罚法》和《安全生产法》《大气污染防治法》《城市最低生活保障条例》等8部法律法规执法情况。2007年检查《全面推进依法行政实施纲要》《行政许可证法》《治安管理处罚法》《城市居民最低生活保障条例》和《劳动法》等12部法律贯彻执行情况。

第二节　农业生产执法检查

1993年检查《农民负担费用及劳务管理条例》贯彻情况，清理出各级政府出台的涉农文件和规定39份，查处加重农民负担的文件8份。针对农民反映强烈的农用电费价高服务质量差问题，撤换3乡农电管理站站长，将乱收电费全部退还给农户。1994年重点检查上年已取消的55项收费项目执行情况，防止不合理收费项目死灰复燃和农民负担反弹。检查发现125户农民因蔬菜、花种粒"小老苗"遭受损失，通过法院审理赔偿。

1995年至1998年检查《农业法》《农民承担费用和劳务管理条例》《甘肃省农民承担费用和劳务监督办法》执行情况，全区农民人均乡统筹、村提留两项负担在1994至1997年分别为479.55万元、793.7万元、768万元、954万元，人均12.1元、19.93元、18.92元、23.3元，占上年农民人均纯收入的1.98%、2.87%、2.02%、2.1%，均低于规定的5%，大多数乡在1995年实行乡统筹专账专管制度。1996年对掌握涉农专项资金和有收费项目的水利、水保、检疫部门及14个乡190个村的合作经济组织进行专项审计，未发现有截留和挪用现象。查处部分乡开荒毁林、乱挖乱采破坏植被的违法行为，共立案15起，结案14起，罚款8200元。1997年至1998年查处林业行政案件102件，涉及251人，罚款2万多元，挽回经济损失90多万元。1998年建立专项审计和两公开一监督（区审计、农经部门审计，乡统筹公开、乡农经站审计村提留公开、群众监督）、农民负担卡等制度。绝大多数乡能按照国务院条例规定执行村提留乡统筹预决算方案，年终决算结果张榜公布。发放种子经营许可证28份，处罚50多户无证经营种子户，扣玉米种子52800斤，没收劣质种子

300多斤。共检查出各类病害肉1400公斤，病畜禽237头（只），运输检疫冻兔肉77吨。

2003年贯彻执行《农业法》《无公害农产品管理法》，查缴"闻倒死"571瓶（袋），"三步倒"213瓶（袋），年检农药单位26家。检验种子14000公斤，查处违法经营户72家，取缔13家，扣押假劣种子3427.5公斤，未包衣种子115公斤。全区无公害蔬菜达到13.5万亩，制定甜玉米、双孢菇、芹菜、西瓜等无公害农产品标准。同时开展土地法执法检查，查出集体土地非法出租建设17宗，退还土地2839平方米，挽回经济捉损失1.7万元；清理非法抢占土地24宗，立案查处22宗；拆除违章违法建筑811平方米；退还耕地6.3亩，清查处理村民扩建宅基地67宗；罚款1.1万元；清理出非法买卖集体土地使用权建房案6宗，处理5宗。2004年查处土地违法案件36宗，上缴税费29万元。组织开展基本农田大检查，查处占用基本农田的非农建设项目案件6宗，恢复耕地123亩。

第三节 企业经营管理执法检查

1992年贯彻《企业法》，结合邓小平南方谈话精神，落实"四自主""五开放"经营试点工作，使企业管理逐步由计划经济向市场经济过渡。1995年根据《全民所有制工业企业法》《全民所有制工业企业转型经营机制条例》逐条对照落实，开展自主经营，各企业普遍推行管理干部聘用制，以市场为导向调整产品结构，坚持一业为主、多种经营，转变营销策略，确定3个改制试点企业。《企业法》赋予企业的14项自主权在企业中大部分得到落实，其中生产经营决策权、产品劳务定价权、产品销售权、内部机构设置权、留用资金分配权、人事管理权、物资采购权、工资奖金分配权8项权利全部落实，联营兼并权、劳动用工权、投资决策权、资产处置权4项部分落实，企业开始走上自主经营的道路。1996年通过执法检查，使拒绝摊派权、劳动用工权、投资决策权、生产处置权4项权利基本落实。1997年企业市场主体初步确立，在兼并、破产及股份合作制改制方面，计经贸系统破产1户、兼并2户，股份合作制改组2户，一厂多制1户，国有民营户、脱壳经营1户，目标管理2户,占企业总数的80%以上。1998年摸清"三乱"源头和企业不合理负担情况,对涉及企业收费的38个部门的41个收费项目进行清理,对区精神文明办公室的挂牌费和环卫处的门前清扫保洁费予以取消、公布。

第四节　环境保护执法检查

1990年开展环境保护法规执法检查,治理3个烟尘控制区的地毯厂、橡胶制品厂、大城胶木电器厂机器噪声,对李子经济开发区内有污染的乡镇企业限期治理达标,对秦杨选矿厂采取边治理边收费的办法,对天水选矿厂未完成"三同时"工程,提前生产的问题进行处罚。1995年开展《城市规划法》《环保法》执法检查。拆除违章建筑52间725平方米,拆除围墙488米,更换对环境污染比较严重的茶炉30多台、锅炉除尘器6台,改造食堂锅炉12台,整治城区小南门、周家小巷污水乱流问题,处理废弃污染物300多吨。对污染比较严重的天龙建材厂责令搬迁,对排污大户天水市福利工业硅厂罚款2000元,补交排污费并对本部门3名失职人员给予罚款处理。

1996年开展水污染执法检查,关闭、查封太京皮毛厂、太京石灰厂、太京加油站等污染企业,19次到娘娘坝和李子矿区清理氰化池96个、混汞碾178个,炸毁非法矿洞108个,处罚19家有污染的单位。

2003年贯彻《中华人民共和国水污染防治法实施细则》,制定秦城区饮用水源保护区管理办法,建立水源地定期巡查制度,对已关闭的太京磷肥厂等10余家"十五小"和"新五小"企业定期检查,排查10家重点水污染企业,限期治理群众反映强烈、影响全区环境空气质量的20余家大中型餐厅,取缔零散烧烤户38家,拆除外设灶经营点19处,强制拆除4家喇叭噪声严重扰民的店铺音响。2004年根据《环境保护法》《水污染防治法》推行环境行政执法公示制度。2005年开展执法检查关闭小型常压锅炉30多台。2007年检查企业210户,关闭63家单位常压锅炉。

第五节 产品质量执法检查

1992年执法检查乡卫生院,查出劣质药品4种、假冒药23种,价值1100多元。1993年结合产品质量法的施行,开展执法检查,查出过期、无厂名、无厂址、无商标、无生产日期等商品价值达13000多元;有问题商品22件,价值1629元;假冒名优香烟1948条、酒191瓶,劣质皮鞋141双,医药756支(瓶),假冒化妆品385盒,调味品2223袋,过期变质饮料303瓶,捣毁5个经销制造假冒伪劣商品的黑窝点。1994年区人大和区政府组织联合检查组查处劣质水烟59.5箱、过期饮料305箱、霉变泡泡糖17件、进口服装32件、劣质磷肥59.8吨、失效农药2371.5公斤,查处因不正当竞争行为扰乱市场经济的违法案件5起、违反价格案件36起。查处假集体企业93户、失准秤250杆,罚没款14000元,缴管理费23000元,挽回经济损失2万余元。1998年1月检查区属27个单位处方、药品质量,未发现从私人手中购药现象,对查出的过期失效、虫蛀、霉变药品单位给予警告,当场销毁全部劣质药品。4月至5月清理整顿城区药品市场,查出假药115种68公斤1275瓶盒、劣质药323种412公斤3267瓶(盒),价值2.8万元。没收药品价值1.9万元,罚款2.07万元,取缔无证游医药贩127起290多人次。

2003年"非典"疫情发生后,区政府依据《中华人民共和国传染病防治法》《突发公共卫生事件应急条例》,加大医药食品监督检查力度,检查食品行业和公共场所经营单位1546次,对68户食品经营户中的38户提出警告,处罚6户,责令整改16户。

第六节 规范性文件审查和双清

规范性文件审查

2001年7月区政府制定《规范性文件制定暂行规定》,凡以政府名义或政府部门出台的规范性文件,必须由区法制局审查,凡未经法制局审查的规范性文件,不允许提交政府常务会议,也不能对外发布。2003年区政府下发《关于开展规范性文件备案审查工作的通知》,全年区法制办审查规范性文件14件。2007年为防止一些部门的规范性文件违法,区法制办提前介入,控制数量,抓好质量,全年审查规范性文件15件,审查通过9件,不予出台4件,待审2件。

"双清"工作

1996年9月《行政处罚法》正式实施,区政府成立"双清"办公室。1997年按照国务院、省、市政府贯彻实施《行政处罚法》通知精神,"双清"办公室清理的规范性文件中涉及行政处罚的有13件,经审查废止6件,需修订2件,保留5件,对废止的6件区政府向全区公布。政府各部门、各街道办事处清理出涉及行政处罚的规范性文件22件,经审查废止10件,保留4件,修订8件。1998年清理规范性文件200份,其中涉及行政处罚的有35件,经审查,保留11件,废止16件,修订8件,全区81个行政处罚实施机构资格得到市政府的确认和公布。组织全区1400名行政执法人员参加省、市、区三级综合法律知识培训,81个单位的81名行政执法监督人员和1153名行政执法人员分别获得甘肃省行政处罚实施机构资格证、甘肃省行政执法监督证和甘肃省行政执法证,实现行政执法人员持证上岗、亮证执法。2004年为确保《全面推进依法行政实施纲要》和《行政许可法》的顺利实施,区政府开展行政许可机构的主体资格和许可权限清理工作,至2005年共确认35个单位享有行政许可的主体资格,其中法定行政机关21个,法定授权组织14个。

第四章　施政纪要

第一节　经济体制改革

企业经营管理改革

1985年7月秦城区人民政府坚持"强农、重工、活商"战略,确定"城乡并举、工农一体、互相促进、共同繁荣"发展的经济工作指导思想。实行简政放权,政企分开;撤局建委,设立工业、农业、城建、商业、计划

5个委员会直接服务于企业。在组织管理上，把部分人事任免权下放管理，调动基层的工作积极性。将服装、蔬菜、食杂等5个公司逐步由行政管理机构过渡到经济实体，减少纵向管理层次。抓扩散联合，利用区内40多家部、省、市属企业优势，洽谈联合项目。年底有10个乡、34个村与22家大中型企业建立低压电器配件、胶木件、地毯、丝毯、猪毛加工、皮毛制品、毛衣裤、锅炉辅机、球墨铸件、铝冲压电器、木材加工、干果炒货、钳嵌件等17个扩散联合项目，实现产值432万元，利润73万元，占乡镇工业总产值的36%。全面推进厂长（经理）责任制，初步形成厂长（经理）负责、党委保证监督、职工民主管理的企业领导体制。同时一批市属企业下放到区，区政府在企业用工制度、干部任免、计划指标、内部分配等方面开始为企业"松绑"，由过去统管逐步转向协调服务。推行多种形式的经营承包责任制，给企业经营者以充分的经营自主权。在工商业内部，实行划小核算单位，以经营承包为主的责任制，有10个工业企业和17个商业门店分别实行车间责任指标承包。到1987年底工交、商贸、供销系统144户企业承包、租赁83户，占企业总户数的57.6%。45户工业企业实行承包经营的有32户，拍卖1户。同时改革企业内部分配制度，推行效益工资、计件工资、岗位工资、定额工资、联销计酬等形式的分配办法。

1988年区委、区政府按照"配套、完善、深化、发展"的八字方针，制定企业承包租赁试行办法，深化内部改革。工业、商业、交通等73户企业承包72户。把承包、租赁工作引入竞争机制。承包中推行由法人承包向全员承包发展。区属43户企业由法人承包转向全员资金抵押承包，共担风险，共交风险抵押金36万元。在村企业改革中提出6条措施：一是城乡联合，二是产销联合，三是生产与科研联合，四是商商联合，五是工商联合，六是产品扩散联合。

项目建设

2003年项目建设和招商引资为全区经济社会发展的重点，区域内固定资产投资达到15.89亿元，其中区属固定资产投资达到3.95亿元。储备项目180项，总投资35亿元。争取到各类项目61个，落实资金7388万元。签约各类招商引资项目31个，签约总资金3.76亿元，引资 2.47 亿元。建成 9 项，在建 12 项，累计完成投资 2.01 亿元，其中落实引资 1.12 亿元。坚持实施"工业强区"战略。以产权制度改革为核心的企业改制顺利推进，完成改制 66 户，改制面达到 96%。实施企业技改项目 15 项，完成技改投资 6224 万元。限额以上工业完成增加值 6172.7 万元，增长 28.73%，实现利税增长 33.6%。围绕天水市"10 强 50 户"工程的实施，启动实施"123"工程，加大对骨干企业的扶持力度。飞鸿电器、万维电缆、长城仪表、雄风摩托、华圆制药等列入"10 强 50 户"的 7 户企业效益大幅提高，完成工业增加值 4252 万元，占全区限额以上工业增加值的 69%。2004 年区项目考核实行一票否决，完成全社会固定资产投资 14.3 亿元。上报争取项目 41 项，总投资达 1.04 亿元，其中落实国家投资项目 34 个、资金 5261 万元。签订招商引资项目 51 个，签约资金 8.34 亿元，建成 13 项，落实引进资金 2.25 亿元。加快东十里工业示范区建设，开建 6 个项目，总投资达 9962 万元。"十五"期间完成全社会固定资产投资 76.6 亿元。

2006 年启动实施城乡基础设施建设、生态环境建设、农业产业化经营、高新技术产业开发、科教文卫等领域项目。签约各类招商引资项目 216 项，到位资金 13.79 亿元，建成项目 179 项。2007 年完成区属 72 户国有集体企业的改制。全面取消农业税，建立区级粮食储备制度，推行零户统管、非税收入综合管理、会计集中核算、政府采购、政府收支分类为重点的财政管理体制改革。

第二节　"三农"工作

秦州区"三农"工作分农业经营体制改革和农业产业化两方面的工作。农业经营体制改革起始于 1979 年，主要有家庭脱产承包责任制、土地承包、土地经营权流转及发展乡镇企业、农业税费改革、农业补贴等工作。农业产业化起始于"九五"规划期间，主要是发展科技含量高的绿色农业产品。

农业经营体制改革
1979 年天水市推行生产队统一核算下的联系产量计算报酬的包工到

作业组的责任制。1980年实施包产到户责任制和土地所有权与经营权分离，由群众自己组织、自定办法、自己实施的农业重大改革措施。年底全市383个生产大队中有319个实行多种形式的家庭脱产承包责任制，占总队数的83%。虽然1980年受灾严重，但粮食总产量达74310吨，农民人均产粮223公斤，人均纯收入107元。1982年粮食总产量达到84979吨，较上年净增25234吨，人均纯收入137元。1984年人民公社改为乡人民政府，大队改为村民委员会，生产队改为村民小组。全市农业总产值由1980年的6074万元增加到6322万元，增长4%；农民人均纯收入由1980年的107元增加到176元，增长64%。全市贯彻落实中共中央总书记胡耀邦视察甘肃的重要指示，大抓种树种草工作，大念"草木经"，进一步放宽林业政策，给农民划"三荒地"（荒山、荒坡、荒滩），签发使用证，落实护林护草的承包责任制。种树种草、饲养家畜。乡镇企业形成以多种经济成分和多种经营方式并存发展的局面，国营、集体、个体、私营一齐上。乡镇企业发展到175户，从业人员3445人。农村集市贸易全面开放，城乡物资交流活跃，商品流通搞活。

1985年秦城区委、区政府制定全区乡镇企业发展规划，贯彻"注重效益、提高质量、协调发展、稳步增长"和"立足资源优势，依托城区，服务城市，为大中型工业配套"的方针，全区出现由单纯抓乡、村企业，转变到家庭办、联户办、村办、乡办、城乡联营办企业。区委、区政府对农村工作提出"利用优势，开发资源，五轮齐转，三年迈出三大步，五年上台阶"的发展方向。乡镇企业发展到2024户，从业人员19913人，实现总产值3444.69万元，分别比1984年增加11.56倍、5.74倍和5.41倍。乡镇企业总产值在400万元以上的有吕二、玉泉、环城、太京、平南5个乡，企业总产值在100万元以上的村有环城乡的七里墩、东十里和玉泉乡的枣园3个村。1986年区委、区政府确定"绝不放松粮食生产，广泛开展多种经营，种、养、加工共同发展，引导农民生产致富"的经济工作指导思想，根据中央一号文件推动农村第二步改革，巩固完善粮食订购合同，发展农村合作经济。大力推广科学种田，玉米地膜覆盖在平南试种成功之后，中单二号玉米地膜覆盖由1985年的150亩发展到3829亩，增长2452%。区政府投资120万元贴息贷款，重点扶持12

个牧业基地，种草8.2万亩，大家畜存栏数6.89万头，生猪存栏数8.16万头。农业总产值达8100万元，粮食总产量91150吨。1988年区委、区政府坚持四条路子，即在城区近郊走扩散联合的路子；在有商品生产和经营传统、专业市场已初具规模的乡镇，走以商促工、以工促农的路子；在贫困落后的边远高寒阴湿的乡镇，走多种经营，种、养、加一齐上的路子；在地处林区的乡镇，走场乡协作、共建共荣、兴林富民的路子。增加对农业的投入，区财政投入150万元用于发展粮食生产。继续推广优良品种玉米，地膜覆盖达到6.02万亩，施用化肥25159吨。全年粮食生产在遭受严重自然灾害的情况下仍获得109133吨的好收成。农村顺利实施农副产品国家计划合同收购政策，放开除城镇居民口粮、食油以外的农副产品的销售价格。

1990年从深化改革入手组织30多名干部到农村85个村整顿，清理出非农业用地4.05万亩，落实机动地1.24万亩，落实集体提留112.3万元，摊劳动积累工394.5万个、精减村干部388人，村干部报酬得到落实兑现。清理出集体资金611万元，回收各种欠款31万元，实现借转贷31.12万元。建立经联委、乡科委和乡农技农经站，建立村级服务组织552个。区农机公司实行承包经营，家畜繁殖场实行事业单位企业化管理承包经营，鱼种场、良种场、水电物资站等事业单位公开招聘场（站）长，实行"定收入、定支出、定补助、定额补贴、增收不减、超支不加"的经济责任承包。1995年秦城区遭遇50年来未遇的特大干旱，区政府坚持以南补北、以秋补夏、以茬补正、以经补粮的措施，抓实用科学技术推广工作，小麦良种率达100%，地膜覆盖16.7万亩，90%的大秋作物实施间作套种，复种面积15万亩，成为大灾之年全市唯一的增产县区。粮食总产量14.5万吨，比1990年增长1.1万吨，5年平均递增1.7%。

农业产业化

1996年至2000年"九五"期间，区委、区政府利用中央实施西部大开发机遇，按照"发挥优势创特色，面向市场抓调整，依靠科技增效益，夯实基础求发展"思路，调整农村产业种植结构，坚持山、林、水、田、路综合治理；改善农业基础条件，发展林果、畜牧、蔬菜、乡镇企业四大支柱产业；建立农业综合开发示范区，走发展高效农业之路。

1998年全区粮食总产量达到13.98万吨，比1978年增长55.8%，年均增长2.24%；油料总产6662吨，比1978年增长5.84倍，年均增长10.09%；蔬菜总产量4.6万吨，比1978年增长104%，年均增长3.62%。农民人均纯收入为1196元，与1978年相比20年平均每年增长12.67%。全区农业实现总产值20016万元，是1978年的5.8倍。1999年农民人均纯收入为1256元，全区实现基本解决温饱。2000年优质果园面积达到19万亩，果品总产量8000万公斤，总收入1.1亿元。规模养殖户11038户，特种规模养殖户215户。蔬菜保护地栽培面积5.4万亩。

2002年根据农业增产、农民增收、农村稳定三大目标，坚持"产业经营、多业并举、优化结构、规模发展"的原则，调整农业结构，抓林果、畜牧、蔬菜、乡镇企业等支柱产业建设。全年实现农业总产值4.82亿元，同比增长14.5%；粮食年产量13万吨，与2000年持平；油料年产量1万吨，同比增长34.3%。乡镇企业6574户，比上年增加508户，从业人员增加4010人，达到3.7万人；完成总产值13.3亿元，完成增加值3.5亿元。2003年改造提升林果、畜牧、蔬菜等传统产业，引进开发双孢菇、甜玉米、芦笋、中药材等新型产业，发展优质高效特色产业。按照"公司+基地+农户"的产业化经营模式建成高效日光温室600座，中药材种植超过2万亩，优质洋芋种植12.5万亩，优质果品22万亩，形成具有一定特色的产业群和产业带。龙头企业昌盛食品、澳牛乳业、西联蜂业建成投产或立项实施。龙果、早酥梨、胡萝卜、甜玉米4种农产品通过国家绿色品牌认证，全区绿色品牌达到6个。扶贫工作实施整村推进，争取各类扶贫项目5类12项，争取资金609万元，项目区人均增收168元。乡镇企业产值突破16亿元，利税达到5000万元。

2004年至2006年坚持农业结构调整，全区果品达到16.6万亩，无公害蔬菜达到3.5万亩，建成规模养殖小区11个，食用菌、芦笋等一批新型产业不断引进推广。发展龙头企业60家，其中国家级2家、省级2家、市级6家；14个农产品通过国家认证，7个农产品被国家工商总局注册；发展各类专业合作经济组织183个，会员1.53万人；建立劳务基地134个，劳务收入10.72亿元。2007年种植芦笋5000亩、特种玉米6000亩、中药材2.53万亩、果品3.75万亩、无公害蔬菜7.8万亩，建养殖小区10个。建农产品加工、储藏、运销龙头企业3家，果品、蔬菜储藏室6个。扶贫开发投资762万元完成5大类18个项目建设，有3000人基本解决温饱，3500人稳定解决温饱。

第三节　城市经济建设

1985年秦城区人民政府按照"扶优放小、注重效益"的原则，截长拉短，调整工业产业结构，增加名、优、特、新产品；压缩长线产品，淘汰一些质次价高的老产品。重点扶持地毯、丝毯、电缆材料、建材、风机、雕漆制品等产品。在企业结构调整方面，关、停、并、转一些企业，开展企业帮扶活动。

1986年至1987年开拓商品流通渠道，加强计划外商品的采购，建立"商商、商供"联合和代营代销关系。与省内外137个县（市）的316户工商企业建立联系点，代销商品247种，形成一个多层次、多渠道、少环节的商品流通网络。国营商贸系统开展"三优一满意"优质服务和文明经商活动，制订《服务公约》和《便客措施》，延长营业时间。全区社会商品零售额达到1.8亿元，比1949年增长34倍，平均每年增长9.26%，其中商业零售额1.2亿元。人均购买力由1949年的24元提高到1988年的361元，增长14倍。在"积极扶持、大力发展"的方针指导下，城市集体和个体商业得到迅速恢复和发展，在3220个商业网点中，集体和个体商业网点2819个占87.5%，从业人员6532人。

1988年推进企业技术进步，挖潜改造，扩大再生产，增强企业后劲。先后建成9000吨电石生产线、地毯厂扩建工程、1200吨瓦楞纸生产线、呢绒时装、皮革、化纤等技术项目，新增产值863万元，新增利税75.3万元。1991年开展"质量、品种、效益年"活动，走内涵与外延相结合的道路。丝毯总厂、雕漆三厂、风机厂、刀具厂等企业分别与江苏、湖南、山东、四川以及与驻区部、省属企业联系引进技术。1993年完成5个技改项目，投资690万元，开发省级新产品4项、市级14项，新增花色品种178个，有3种新产品产值率达9.3%，新增利税201万元。

2002年加快以产权制度改革为核心的企业改制步伐，改制面达

78.4%。采取破产关闭、产权整体出让等办法，淘汰劣势企业，培育骨干企业，优化企业结构。全区国内生产总值达到29.5亿元，同比增长10.1%，比上年提高2.3个百分点，高于全国、全省增长速度；全社会固定资产投资3.77亿元，增加1.28亿元，同比增长51.28%；工业生产总值达11.3亿元，利润526万元，同比增长13.62%；非公有制经济和第三产业显示出较强的发展活力和增长潜力，非公有制经济占全区总量的比重达到34%，第三产业的比重达到37.23%。

2003年在建设用地、筹资融资、新产品开发、新建项目、技术合作、绿化开发等方面扶持非国有企业，新发展非公有制企业176家，个体工商户1653户，从业人员3.86万人；完成社会增加值14.52亿元，占全区经济总量的43%。发展餐饮、住宿、商贸、文化娱乐、电子商务、连锁经营、物流配送、家政服务第三产业，开发建设玉泉观等景区景点。完成投资4252万元。建成各类市场29处，瀛池果菜批发市场被国家农业部命名为定点市场，七里墩建材综合批发市场发展成陇东南最大的建材批发市场。全年第三产业实现增加值12.87亿元，同比增长14.4%，实现社会商品零售总额10.61亿元，同比增长13.47%。 2004年实施"工业强区"和"三产富区"战略，深化企业改革，实施"123"工程。规模以上工业完成增加值9.4亿元，同比增长15.9%；区属规模以上工业完成增加值7981万元，增长44.3%；实现利润1543万元，增长1.5倍。全区从事第三产业经营活动的单位和网点达到9000家，从业人员达到4.8万人，实现社会消费品零售总额12.01亿元，同比增长13.2%。第三产业完成增加值18.9亿元，增长14.6%，占全区生产总值的44.3%。发展非公有制经济组织813户，总数达到1.29万户，从业人员达到5.2万人。

2005年加快以旅游业为龙头的第三产业发展，全区从事第三产业经营的单位和网点达到9000家，从业人员达到4.9万人。非公有制经济实现增加值21.25亿元，占全区生产总值的44.5%，秦州区被评为全省发展非公有制经济先进县区。2006年规模以上工业完成增加值13.5亿元，比2002年增长93.4%，年均增长18.05%。入驻东十里工业示范区的12个工业项目中有5个建成投产，暖和湾工业园区部分项目开工建设。

2007年为企业退税7520万元。东十里工业园区7个项目建成投产，暖和湾乡镇企业示范园部分项目入驻建设,辰达建材等项目建成投产。"123"工程对优势骨干企业快速成长提供强劲的动力,全区规模以上工业增加值达到17.4亿元增长13.8%,利润增长达到51.5%。第三产业和非公有制经济继续保持快速发展势头,全区从事第三产业经营活动的单位和网点达到1.08万家,从业人员达到5.6万元。

第四节　基础设施建设

1985年7月秦城区人民政府成立后配合天水市政府进行城区基础设施的规划、改造、开发。改造拓宽市区主干道民主路、建设路和岷山路,集资建成天水市儿童乐园,建成东团庄住宅小区及一批商品住宅楼。至1988年先后拓宽南滨河路、工农路、天水郡主街道,完成红旗剧院拆迁,公园小区集中供热一期工程供热8万平方米及滨河路、南郭寺旅游小区一次性大规模绿化工程。建成藉河南大桥南端立体交叉桥、东关罗玉河桥。1989年北山截洪工程竣工,渠道长2179米。5000吨自来水并网工程完工投入运行,新增日供水能力7000吨。秦城、北道引进日本NTT万门纵横交换机和200线长途自动交换机联网工程建成并入全国长途电话网络。1985年至1989年秦城区共拓建、新建市区道路39条、15.28公里,铺装路面33.65万平方米,铺设下水管网20.5公里,建自来水工程4座,日产水能力达4万吨。开辟4条城市公共汽车线路,年客运量855万人次。先后开发大众路、滨河路、新华路等20多处住宅新区。市区住宅建筑面积达到292万平方米,人均使用住宅面积7.5平方米。市区道路总长度达到101公里,城区面积23.3平方公里。城市人口23.96万人。

1991年至1992年区政府投资617万元,用于城区北山滑坡治理。1993年坚持"市、区同步,相互支持、共同发展"的指导思想,城市建设开发项目22项,总投资4亿元,动工兴建17项,投资3.59亿元。1994年青年南路粮贸商场、解放路百货批发市场、桥南小商品市场等重点工程建成投入使用,完成天(水)牡(丹)公路铺油、藉(口)关(关子镇)公路流水沟大桥、马鞍山路段改造工程。1996年完成工农路、泰山路、合作路、中华西路改造及花鸟鱼虫市场搬迁，房地产开发8幢3.44万平方米。1997年实施316国道过境段拓宽改造工程，22乡电话实现直拨，完成藉（口）关（关子镇）公路油面铺设15公里。1998年投资1017万元，建安居工程12栋4.5万平方米，改善职工住房条件。1996年至2000年全区固定资产投资6.6亿元，年均增长19%。316国道过境段拓建、外环路一期工程完成，改造6条城区道路，铺设改造部分城区人行道，实施亮化美化绿化工程，建成一批垃圾中转站和水冲式公厕。采取政府组织、市场运作、企业拆除的办法，完成西关片6.7万平方米的拆迁。以藉河示范区工程、"长防长治""黄河专项""长江专项"和精品小流域治理工程等建设项目为重点，开展农村基础设施建设综合治理，完成水土保持综合治理394.7平方公里，修等级公路90.34公里，实现村村通农机路。实施红旗山生态经济型、北山生态科技型、南郭寺生态旅游型、退耕还林和中梁经济林果带、藉河绿色走廊五大工程。建成8个退耕还林、荒山造林绿化示范点，退耕还林还草3.5万亩。1999年至2002年社会固定资产投资完成5.89亿元，完成国道310过境段拓宽改造，拓建秦杨、刘什、华店等区乡公路，改造乡村农机路271条1216公里。拓建中心广场，建成中华西路、伏羲路步行街。实施城区一横四纵五点（一横即建设路、民主路、解放路，四纵即双桥路、大众路、青年路、合作路，五点即伏羲庙、玉泉观、南郭寺、中心广场、中华西路）的亮化和高空射灯化，以及"拆房建绿""拆墙透绿""拆违还绿""见缝插绿""规划见绿"措施，增加城市绿化面积。完成羲皇大道城区段及伏羲路、双桥北路5万多平方米拆迁和解放路、大同路拓建工程。完成农村电网改造，农村实现村村通电、通广播电视，65%以上的村通电话。

2003年完成流域综合治理90.88平方公里，建成集中供水8处、水窖912眼，扩大灌溉面积5250亩。完成各类造林22万亩，修建农村道路10条49公里，拓宽改造农机路10条46公里，整修道路54条355公里。启动实施文庙区域拓建、中华东路步行街、东兴路等一批重点建设项目。完成民主路、建设路的拆迁改造，完成进步巷等10条小巷道的整治。完成南北宅子的搬迁，组织专家普查确定38处旧民居保护院落。运用市场机制采取拍卖使用权、冠名权和以开发促建设的方法,筹集资金2200万元。

2005年城区面积由"九五"末的21平方公里扩大到28平方公里。完成羲皇大道、成纪大道等道路建设;累计完成梯田64.15万亩,完成退耕还林15万亩,荒山绿化37.6万亩。2006年完成建设路、民主路、解放路、大众路、新华路等16条城区主干道的拓建和71条小巷道的整修改造,建成中华东西路、伏羲路步行街;实施城乡电网、自来水管网、城区集中供热管网改造;完成藉河城区段环境综合治理工程水景工程。以伏羲城、自由路历史街区为重点,维修伏羲庙、文庙、胡氏民居、山陕会馆。完成徐西、天陇公路秦州过境段改造,修建华店、稍平等区乡公路,全区通车总里程达到1545公里。完成水土流失综合治理483平方公里,新建人饮水窖1.22万眼、集中供水工程61处,解决21.1万人的饮水困难。完成各类造林56.85万亩,封山育林9.32万亩,林地面积达到106.8万亩。

2007年以改善农民生产生活条件、培育支柱产业为重点,推进社会主义新农村建设,建成2个省级示范村、18个市级示范村和22个区级示范村。机修梯田1.84万亩,流域综合治理60平方公里。解决4.86万人的安全饮水问题,完成沼气建设1900户,退耕还林补植补造2.3万亩,造林5.96万亩,公路绿化93公里。新增县乡油路72公里,乡村等级公路28公里,乡村砂砾路260公里。实施城区道路巷道整修、公厕建设、景区景点环境整治及综合开发、城市绿化、名城保护、路灯照明工程等6个方面的18个城市建设项目,完成投资2.9亿元。增加城市公共绿地2.06公顷,城市绿化覆盖率达到28.9%。空气质量指数首次达到优秀旅游城市的标准,地面水水质达标率由33.3%提高到83.3%。

第五节　发展教育

1985年建区后秦城区委、区政府贯彻中共中央《关于教育体制改革的决定》和天水市政府《关于进一步深化教育改革,加快教育事业发展的安排意见》,区政府制定《秦城区普及九年制义务教育工作实施方案》,推行分级管理、分工办学的改革措施。

1986年至1990年实施"提高小学教学质量的联合革新计划(JIP)",

巩固和提高中学教育。1990年全区共有小学563所，在校学生65270人，学龄儿童入学率达97.8%；普通中学30所，其中完全中学16所，在校学生24996人，考取大专院校人数553人，为秦城区历史上高考录取人数最多的一年。4所职业中学实行普通中等教育与职业教育并存的双轨制制度，学校实行一套班子、两种学制，开设建筑、纺织、财会、师范、旅游、护士、缝纫等27个专业。中小学、幼儿园及职业中学教职工总数达5148人，其中专任教师4522人。各类学校专任教师占总数的百分比为农、职中学占1.6%，普通中学占32.1%，小学占63.8%，幼儿园占2.5%。老师与学生的比例分别为农、职中学1：19.5，普通中学1：15.5，小学1：23.3，幼儿园1：15.6。各级各类学校校舍建筑面积24万平方米，占地总面积158万平方米，课桌凳4.35万套，校舍固定资产533.6万元。

至1992年城区7个街道15岁至40岁人口中的文盲、半文盲低于10%，农村22个乡578个行政村中有568个行政村基本达到扫除文盲标准，占行政村总数的98%。经省、市两级政府检查验收，秦城区扫除文盲工作基本达标。

1993年通过师范院校培养、民办教师录用、加强培训等办法，充实和壮大教师队伍。全区2884名小学教师中，本科、专科学历66人；1467名中学教师中，本科学历347人，专科学历731人。1998年全区教育工作以素质教育为重点，以教学质量为中心，巩固"普九""高扫""普实"成果，被国家评为基本普及初等教育县（区）。1999年秦城区"两基"教育工作通过省、市两级政府的验收，跨入全国先进县（区）行列。小学入学率达到99.69%，初中入学率达到98%。按照"实际、实用、实效"的原则，扩大培训规模，建立乡镇农村文化技术学校，提高农民科技文化素质。

1997年至2000年共争取和落实教育基础设施建设项目62个，完成总投资4771万元。至2002年底共有各类学校484所，其中中学32所、小学431所、职校4所、幼儿园17所。在校学生125519人，其中中学生37607人，小学生8041人，农职1983人，幼儿园5515人。2003年投资674.8万元完成5所学校教学楼建设工程，改造农村学校17所。2004年投资1194万元实施危房改造项目35个，396所学校实现远程教育和多媒体教学，占总数的76.6%。

2005年调整教育布局，发展信息技术教育，扩大高中办学规模，形成普教、职教、成教、幼教协调发展的教育格局。2006年落实"两免一补"政策，免除杂费、课本费等费用1689万元。累计投入5400万元实施危改项目202个，改造建设校舍9.58万平方米，基本消除中小学D级危房；争取国家投资875万元，实现学校信息技术教育全覆盖。2007年投资1701万元实施30个农村学校危房改造项目和5个城区学校改造项目，建成寄宿制学校2所，建校舍2.4万平方米，消除危房1.3万平方米。

第六节　实施科技兴区战略

秦州区作为天水市科技、文化中心，拥有秦州区园艺工作站、天水电气传动研究所、天水果树研究所、天水农科所、三元公司等科技机构。

1996年秦城区依托科技资源优势实施科技兴区战略，制定《科教兴区"九五"规划及2010年发展纲要》和《1996年至2000年科教兴区实施意见》，重点抓管理、示范、推广、培训、信息5大科技体系建设以及科技项目的管理和科技成果转化工作。当年推广科技成果17项，其中工业10项、农业7项，新增产值2815.8万元，利税1355万元。1997年全区共有科技推广项目13项，新增产值2453万元，新增利税976万元。星火项目6项，培训人员3500人；科技示范乡7个，科技示范村102个，科技示范户5330户。先进技术的试点、示范及推广示范型产值占全区工业总产值的38%，新产品产值率达到28%。

1998年9月秦城区被评选为全国"科教兴市"先进县区。至2002年完成各类科技项目302项，建成11个科技示范企业、7个科技示范乡、93个科技示范村，科技贡献率达45.5%。2002年投入经费120万元，达到当年财政预算支出的1%以上，技术覆盖率达到95%以上。2003年投入科技三项经费198万元，组织实施各类科技项目62项。科技对经济增长贡献率达到45.5%。2004年新列科技项目33项，鉴定验收17项，转化科技成果15项，完成技改投资8587万元，开发新产品14项。秦城区被授予"全国科技进步先进县区"称号。2005年投入技改资金4.8亿元，完成企业技改69项。2005年至2006年以"十大科技工程"为载体，扩大科普宣传、科技培训、技术推广和完善科技示范体系,推进科技特派员试点工作,至2006年实施各类科技项目145项,科技对经济增长贡献率稳定在45.5%。2007年实施"科技富民强区"工程,组织实施新列科技项目37项,鉴定验收科技成果5项,科技培训10万人次。

第七节　推进医疗卫生事业

1984年秦城区有医疗卫生机构35个,床位1099张,卫生技术人员1352人。1985年推行卫生体制改革,实行院长负责制和经济技术承包等一系列医疗改革措施。新建天水市中医院设有内、儿、针灸等10个科室,100张病床;医院坚持中医特色,走中西医结合的道路。1988年推行妇幼保健合同制,对7岁内的儿童推行儿童计划免疫保偿制,保证按照免疫程序进行4种疫苗接种,以预防结核、百日咳、白喉、破伤风、麻疹、脊髓灰质炎6种传染病,接种率达85%以上。1989年全区有医疗卫生机构34个,病床1610张,医疗卫生技术人员1529人,大型医疗器械150台（件）。

1993年加大乡镇卫生院基础设施建设,筹集资金103.5万元为乡卫生院修建和改建房屋2810平方米,省、市、区三级为乡卫生院配发和购置综合手术床、无影灯、X光机、显微镜、心电图机、B超、眼科显微镜、牙钻机、制冷机、洗胃机、高压锅等大型器械。1997年制定《秦城区加强乡卫生院建设三年规划》,对乡卫生院逐年分批修缮修建、新建扩建。1998年全区各类医疗、卫生防疫机构发展到53个,床位2126张,医疗卫生技术人员2883人,基本满足城乡群众的医疗卫生需要。坚持《食品卫生法》和《药品管理条例》的贯彻实施,在全区形成区、乡、村三级药品监督体系。2000年底根据乡卫生院建设规划,共筹措资金216.4万元,对11所卫生院房屋进行维修、扩建,面积6678平方米。为乡镇卫生院配发价值50万元的设备,改善乡镇卫生院医疗条件。

2002年由于淋病、梅毒、艾滋病等性传播疾病呈较快增长趋势,引起政府高度重视,制订《天水市秦城区预防与控制艾滋病中长期规划（2002—2010年）》,把艾滋病防治控制工作列入全区国民经济和社会发展规划中加以落实,建立政府领导、部门协作、社会参与、各负其责的艾滋病综合防治体系,采取多种形式预防控制艾滋病的流行蔓延。全区"四苗"全程接种率保持在95.4%以上。

2003年"非典"疫情发生后,立即成立由区政府主要领导任组长,卫生、医药、财政、公安、教育、宣传、交通等有关部门及区属各医疗单位负责人为成员的防治"非典型性肺炎"疫情处理领导小组,设立秦城区"非典"疫情处理指挥部,明确工作职责,制定工作制度及疫情处理程序,做到责任明确、任务到人。各乡镇、街道成立领导小组,实行联防联控。区政府及时建立"非典"疫情防治监测、监控"两个系统"(卫生、单位部门)和"四级网络"(区、乡、村、组),制定全区传染性非典型性肺炎疫情处理程序、密切接触者调查处理程序和秦城区传染病非典型性肺炎城市、农村疫情报告程序时限,组建疫情处理组织,设立专家确诊组、隔离远送组、5个流行病调查组、5个消毒组和29个可疑病人留验站,累计留验观察32人,医学观察3人。设立发热门诊57个、交通检疫站8个,各级医疗单位监测门诊人数86290人,检测来自疫区或与"非典"病人有密切接触者4990人。结合"非典"防治,医疗卫生投入加大,疾控中心、医疗救助工程、康复工程等一批卫生项目先后实施或立项,制定《秦城区突发性公共卫生应急处理预案》。2005年启动实施甘肃乡镇卫生院基础设施建设项目,总投资763万元(实际工程投资600万元),对14个乡镇卫生院进行改建和扩建,总设计面积1万平方米,2007年竣工交付使用。

2006年投资924万元完成17个乡镇卫生院的基础设施改造,争取农村医疗设备282台(件),理顺乡镇卫生院管理体制,推进社区卫生服务中心和社区卫生服务站建设。2007年以公共卫生服务体系、医疗救治体系和疾病预防控制体系建设为重点加强卫生工作,筹资1272万元,改造建成社区卫生服务中心10个、卫生服务站11个,14个农村卫生院配备486万元的医疗设备。首次面向社会公开招聘20名乡镇卫生院院长和60名专业技术人员,新型农村合作医疗参合率达到80.24%,报销农民医药费1166万元。

第五章　信　访

第一节　来访接待

1987年接到群众来信494件，接待来访群众76人。随着社会发展，人民群众信访活动日趋活跃，维权意识增强，求决事项增多，来信减少，来访增多。至1994年区信访办接到群众来信95件，接待来访群众434人，来信件数比1987年下降80.7%，来访群众激增471%。之后群众来信逐年回升，群众上访回落。1998年随着经济社会体制改革的不断深入，诱发群众集体上访大增，群众上访大幅反弹，从1997年的119人猛增至1499人，增幅达1160%，来信187件。来信来访内容主要涉及征用土地、城市拆迁、涉法涉诉、企业改制、干部作风、环境污染、物业管理、劳动保护等方面。求决类最多，占80%以上；建议类、检举类、申诉类和其他类占20%。来信来访基本都能按时办结，办结率达97.2%，重点信访案件结案率达100%。

2005年5月随着新修订的《信访条例》逐步贯彻实施，矛盾纠纷排查制度和领导包案制度逐渐完善，信访案件办理逐步规范，重点信访案件都能按时办理办结。2007年区信访局接到群众来信161件，接待上访群众4865人，上访群众人数再创历史新高。

1987—2007年秦州区来信来访统计表

表14—5—1

年份	来信（件）	来访（人）	本级立案（件）	上级立案（件）
1987	494	76	155	12
1990	293	41	85	12
1991	276	40	82	15
1992	287	37	90	10
1993	212	56	53	9

续表

年份	来信（件）	来访（人）	本级立案（件）	上级立案（件）
1994	95	434	9	1
1995	109	292	58	14
1996	145	174	38	22
1997	157	119	26	14
1998	187	1499	40	12
1999	254	1140	49	16
2000	220	1391	58	15
2001	672	2497	51	8
2002	142	2017	97	22
2003	122	1540	59	15
2004	90	3270	50	14
2005	99	4857	83	12
2006	106	1869	52	13
2007	161	4865	43	36
总计	4121	26214	1178	272

第二节 重大信访案件

区属企业职工养老和生活困难问题

自1998年区属企业改制以后，一些职工陆续来信来访，2004年至2006年形成高峰，聚集在市区党政机关上访，有的甚至赴省进京上访，强烈要求解决生活困难和养老问题。2004年区属企业职工落实低保，解决生活无着落的问题。但一些职工仍然认为生活存在困难，继续上访要求政府解决养老问题。区委、区政府经过认真调研，反复讨论，参照现行社保政策，于2007年出台《秦州区首保超龄人员养老保险制度实施办法（试行）》，并每年拿出风险金和储备金近500万，解决这些职工的养老问题。同时出台《秦州区原区属企业困难职工救助帮扶暂行办法》，提供就业岗位、医疗补助、助学、低保补助、一次性特殊补助等全面救助。职工凭企业困难职工证到便民购物点买面、油、肉、蛋,由区政府给予适量补贴,彻底解决职工生活困难问题。

私房改造遗留问题

1986年涉及私房改造的群众来信来访逐步增多,要求按照甘政发〔1986〕10号文件的规定解决私房改造遗留问题。至2001年大批聚集上访,有的多次赴省进京上访。市、区领导与上访代表约谈座谈,走访部分私改户,了解其真实想法。2003年退回240户原住房15437.71平方米、原铺面房327.39平方米,给房屋灭失的大多数私改户退现金2200多万元。在解决现住户腾退问题上,区政府从经济适用房中拿出一部分优先优惠出售给现住户。同时对仍然买不起经济适用房的住房困难户,发放廉租补贴。

秦州区志
QIN ZHOU QU ZHI

第十五编

政协
ZhengXie

1956年6月中国人民政治协商会议天水市委员会成立，1985年7月更名为中国人民政治协商会议天水市秦城区委员会，2005年1月更名为中国人民政治协商会议天水市秦州区委员会。1985年至2007年共召开委员会会议21次、常务会议116次，收到提案1825件。

第一章　政协委员与组织机构

第一节　政协委员

1985年11月至1989年3月中国人民政治协商会议天水市秦城区第一届委员会任期由21个界别的97名委员组成，其中保留原任委员53名，少数民族委员3名。委员中中共党员13人，民革4人，民盟6人，民建5人，民进2人，九三学社1人，无党派人士1人，工商界4人，工青妇3人，工人2人，农民2人，文艺界7人，科技界7人，教育界11人，体育界2人，医药卫生界8人，宗教界7人，起义投诚人员2人，侨务2人，特邀5人。委员平均年龄55.5岁，最高83岁，最低23岁。委员中大专以上学历41人，占42.3%。

1989年3月至1993年3月二届委员会任期由21个界别的96名委员组成。其中保留上届委员60名，女委员15名，少数民族委员5名。委员中中共10人，民革3人，民盟6人，民建3人，民进3人，九三学社1人，工商界3人，无党派人士2人，工会1人，共青团1人，妇联1人，科技界5人，农林界7人，教育界9人，文艺界5人，体育界2人，医药卫生界7人，宗教界7人，归侨侨眷2人，特邀13人。委员平均年龄51.9岁，比上届降低3.6岁；最高年龄76岁，最低年龄25岁。委员中大专以上学历40人，占41.7%。

1993年3月至1998年2月三届委员会任期由23个界别的102名委员组成。其中保留上届委员49名，妇女委员13名，少数民族委员12名。委员中中共党员10人，民革2人，民盟5人，民建3人，民进3人，九三学社1

人，工商联2人，无党派人士1人，工会1人，共青团1人，妇联1人，台胞台属2人，归侨侨眷1人，经济界11人，科技界7人，农林界6人，教育界9人，体育界2人，文艺界3人，医药卫生界8人，宗教界7人，特邀11人。委员平均年龄49.7岁，比上届降低2.2岁；最高年龄79岁，最低年龄26岁。委员中大专以上42人，具有技术职称委员44人。

1998年2月至2002年12月四届委员会任期由24个界别的113名委员组成。其中保留上届委员40名，少数民族委员15名，妇女委员22名。委员中中共党员10人，民革2人，民盟5人，民建3人，民进4人，九三学社2人，工商联9人，台胞联谊会2人，归侨侨眷1人，无党派人士4人，工会1人，共青团1人，妇联1人，经济界9人，科技界9人，农林界8人，教育界7人，体育界1人，文艺界2人，新闻界1人，医药卫生界7人，宗教界7人，特邀12人。委员平均年龄46.17岁，比上届降低3.5岁；最低年龄25岁。委员中大专以上学历60人，具有中高级职称委员35人。

2002年12月至2007年1月五届委员会任期由24个界别的130名委员组成。其中保留上届委员57名，少数民族委员15名，妇女委员23名。委员中中共党员11人，民革2人，民盟5人，民建4人，民进4人，九三学社2人，台胞台属联谊会2人，归侨侨眷1人，无党派人士3人，工会1人，共青团1人，妇联1人，工商联10人，经济界16人，科技界10人，农业界8人，教育界6人，体育界1人，文艺界3人，新闻界1人，医药卫生界8人，宗教界9人，特邀15人。委员平均年龄45.4岁，比上届降低0.8岁。委员中大专以上学历88人，具有中高级职称委员48人。

2007年1月至2011年9月六届委员会任期由26个界别的140名委员组成。其中保留上届委员68名，少数民族委员12名，妇女委员28名。委员中中共党员12人，民革3人，民盟6人，民建6人，民进5人，农工党3人，九三学社6人，台胞台属联谊会2人，归侨侨眷1人，无党派人士3人，工会1人，共青团1人，妇联1人，科学技术协会1人，工商联8人，经济界13人，科技界9人，农业界9人，教育界7人，宗教界8人，体育界1人，文艺界4人，医药卫生界5人，新闻界2人；特邀17人。委员平均年龄44.7岁，比上届下降0.7岁，最年轻的26岁。委员中大专以上学历114人，具有中高级职称委员65人。

第二节　区政协组织机构

1981年中国人民政治协商会议天水市委员会恢复组织机构。1985年7月中国人民政治协商会议天水市委员会更名为中国人民政治协商会议天水市秦城区委员会，设主席1人，副主席9人，秘书长1人。1986年3月区政协下设机构调整为学习委员会、文史资料委员会、工作组委员会，工作组委员会下设祖国统一工作组、工商工作组、文化教育工作组、科技工作组、医药卫生工作组、民族宗教工作组、农林工作组。1989年3月二届委员会设主席1人，副主席5人，秘书长1人。5月区政协下设机构调整为办公室、学习提案文史资料委员会、经济科技委员会、民族宗教祖国统一联谊委员会、教文卫体委员会，编制24人。1993年3月三届委员会设主席1人，副主席7人，秘书长1人。1997年9月区政协下设机构调整为办公室、经济科技委员会、提案和法制文史资料委员会、学习教文卫体委员会；对外所设民族宗教和三胞联络委员会，其工作业务归口办公室，主任由办公室副主任兼任。

1985—2007年政协秦州区委主席、副主席任职一览表

表15—1—1

姓名	出生年月	籍贯	政治派别	学历	职务	任职时间	备注
安振泰	1929.5	秦安	中共	中专	主席	1985.11—1989.3	
贾效谊	1939.2	山西忻州	中共	大学	主席	1989.3—1998.3	
王惠麟	1947.8	临夏	中共	大专	主席	1998.2—2006.12	
霍秀清	1955.10	关子镇	中共	大学	主席	2007.1—2009.12	女
贾兰馨	1921	山东平原	中共	大学	副主席	1985.11—1987.3	
邵克杰	1931.8	秦州区	中共	中专	副主席	1985.11—1993.3	
李积金	1935.10	庄浪	中共	初中	副主席	1985.11—1995.12	
李级三	1918.1	河北通县	民建	初中	副主席	1985.11—1986.8	
赵经农	1909.9	成县	无党派	大专	副主席	1985.11—1986.8	
马英豪	1918	秦州区	民建	初中	副主席	1985.11—1998.3	回
杨幼杰	1927	河北盐山	民盟	大学	副主席	1985.11—1995.12	
汪少萍	1917.1	秦州区	民革	高中	副主席	1985.11—1986.12	
马正荣	1935	秦州区	中共	初中	副主席	1987.3—1990.3	回
杨庭友	1945.8	秦州区	中共	大专	副主席	1990.10—2002.6	
杨正川	1934	秦州区	中共	中专	副主席	1991.3—1995.12	

续表

姓名	出生年月	籍贯	政治派别	学历	职务	任职时间	备注
白笃贞	1936.9	麦积区	中共	中专	副主席	1992.3—1996.12	
丁太岩	1938.5	河南南阳	中共	中专	副主席	1992.3—2002.12	
张鸿才	1940.6	天津南开	中共	初中	副主席	1996.3—1998.2	女
陈 选	1942.7	秦州区	中共	中专	副主席	1996.3—2002.12	
于廷彦	1940.6	秦州区	中共	中专	副主席	1997.3—2002.12	
陈蓉华	1964.1	秦州区	无党派	大学	副主席	1998.2—2007.1	女
王向梅	1958.3	秦州区	中共	大学	副主席	1998.2—2013.5	女
刘怀顺	1953.4	秦州区	中共	初中	副主席	1998.2—2007.1	
霍秀清	1955.10	关子镇	中共	大学	副主席	2002.12—2007.1	女
钟绵邦	1954.3	陕西富平	中共	本科	副主席	2002.12—	
李广鸣	1957.6	兰州	民建	大学	副主席	2002.12—	
吴兆祖	1952.2	平南镇	中共	大专	副主席	2005.3—	
杨建新	1965.8	秦州区	九三学社	大学	副主席	2007.1—	
徐生明	1962.12	清水	无党派	大学	副主席	2007.1—	

第二章 会 议

第一节 委员会会议

一届会议

1985年11月25日至30日召开政协天水市秦城区第一届委员会第一次会议,出席会议政协委员94人。会议听取首届政协筹备工作报告,听取和审议常务委员会关于今后工作任务的报告及本次会议提案审查情况的报告;选举安振泰为第一届委员主席,贾兰馨、邵克杰、李积金、李级三、赵经农、马英豪、杨幼杰、汪少萍为副主席,李光佐为秘书长;选举常务委员21人。1987年3月24日至26日召开二次会议,出席会议政协委员108人,其中新增补委员16人。会议听取和审议一届一次会议以来常务委员会工作报告和提案办理情况的报告;听取和讨论区政府工作报告;通过本次会议提案审查情况的报告;增选马正荣为副主席,通过贾兰馨、李级三、赵经农的辞职申请。1988年3月26日至3月30日召开一届三次会议,出席会议政协委员108人。会议听取和审议一届二次会议以来常务委员会工作报告和提案办理情况报告,听取和讨论区政府工作报告,通过本次会议提案审查情况的报告,讨论通过本次会议决议。

二届会议

1989年3月21日至25日召开政协天水市秦城区第二届委员会第一次会议,出席会议政协委员96人。会议通过政协天水市秦城区第二届委员会第一次会议议程,听取审议政协第一届委员会工作情况的报告和提案办理情况的报告,传达省政协六届二次会议精神,听取和讨论区委书记丁长胜和市委统战部部长麻亨春的讲话,通过政协天水市秦城区第二届一次会议提案审查情况的报告,通过本次会议决议;选举贾效谊为第二届委员会主席,邵克杰、李积金、马英豪、杨幼杰、马正荣为副主席,王锡平为秘书长;选举常务委员19名。1990年3月13日至16日召开二届二次会议,出席会议政协委员97人。会议审议通过二届委员会一次会议以来常务委员会工作报告,听取和讨论区政府工作报告,审议通过政协二届委员会一次会议以来提案办理工作情况的报告,通过政协二届委员会二次会议政治决议。1991年3月4日至7日召开二届三次会议,出席会议政协委员92人。会议听取区委书记乔正风讲话和二届二次会议以来常务委员会工作报告,听取讨论政府工作报告;增选杨庭友、杨正川为政协副主席;通过第二届三次会议政治决议。1992年3月10日至15日召开二届四次会议,出席会议政协委员97人。会议听取区委书记乔正风讲话,听取审议政协二届三次会议以来常务委员会工作报告,列席区人大二届四次代表大会,听取审议政协二届三次会议以来提案工作情况的报告,增选白笃贞、丁太岩为政协副主席,通过政协二届四次会议政治决议。

三届会议

1993年3月1日至5日召开政协天水市秦城区第三届一次会议,出席会议政协委员102人。会议听取审议区政协第二届常务委员会工作报告和提案办理情况报告;听取讨论区委书记乔正风讲话,列席区三届一次人代会,听取讨论区政府工作报告,通过三届一次会议期间提案审查意见的报告;选举贾效谊为第三届委员会主席,李积金、马英豪、杨幼杰、杨庭友、杨正川、白笃贞、丁太岩为副主席,王锡平为秘书长;选举常务委员19人;通过政协三届一次会议决议。1994年3月1日至5日召开三届二次会议,出席会议政协委员100人。会议听取区委书记谢寿璜讲话,听取审议三届一次会议以来常务委员会工作报告和提案办理工作情况的报告,审议三届二次会议期间提案审查意见的报告,列席区三届二次人代会听取讨论一府两院工作报告,通过三届二次会议决议。1995年2月28日至3月4日召开三届三次会议,参加会议政协委员104人。会议听取审议三届二次会议以来常务委员会工作报告,听取审议三届二次会议以来提案办理情况报告,听取审议三届三次会议期间提案审查意见的报告,列席三届三次人代会,通过政协三届三次会议决议。1996年3月7日至11日召开三届四次会议,出席会议政协委员106人。会议听取审议三届三次会议以来常务委员会工作报告,列席三届四次人代会,听取审议三届三次会议以来提案办理情况的报告,听取三届四次会议期间提案审查意见的报告,增选张鸿才、陈选为区政协副主席,讨论通过三届四次会议决议。1997年3月1日至5日召开三届五次会议,出席会议政协委员105人。会议听取审议三届四次会议以来的工作报告,听取讨论区委书记刘宝珍的讲话,列席区三届五次人代会,听取审议三届四次会议以来提案办理情况的报告,审议通过三届五次会议期间提案审查意见的报告,增选于廷彦为区政协副主席,审议通过三届五次会议决议。

四届会议

1998年2月24日至28日召开政协天水市秦城区第四届一次会议,出席会议政协委员113人。会议听取三届常务委员会工作报告和提案办理情况的报告,听取讨论区委书记刘宝珍的讲话,列席区四届一次人代会,听取讨论区政府工作报告及其他报告;选举王惠麟为第四届委员会主席,杨庭友、陈选、于廷彦、陈蓉华、王向梅、刘怀顺为副主席,赵英俊为秘书长;选举常务委员17人;审议通过一次会议期间提案审查意见的报告,审议通过四届一次会议决议。1999年3月5日至9日召开四届二次会议,参加会议政协委员113人。会议听取审议四届一次会议以来常务委员会工作报告,听取讨论区委书记刘宝珍的讲话,列席区人大四届二次会议,听取审议四届一次会议以来提案办理情况的报告,审议通过四届二次会议提案审查情况的报告,审议通过四届二次会议决议。2000年3月1日至4日召开四届三次会议,出席会议政协委员113人。会议听取审议四届二次会议以来常务委员会工作报告,听取讨论区委书记刘宝珍的讲话,列席区四届三次人代会,听取审议四届二次会议以来提案办理情况的报告,审议通过四届三次会议提案审查情况的报告,审议通过四届三次会议决议。2001年3月21日至25日召开四届四次会议,出席会议政协委员120人。会议听取审议四届常务委员会工作报告,听取讨论区委书记刘宝珍的讲话,列席区人大四届四次会议,听取审议四届三次会议以来提案工作情况的报告,审议通过四届四次会议提案审查情况的报告,审议通过四届四次会议决议。

五届会议

2002年12月18日至22日召开政协天水市秦城区第五届一次会议,出席会议政协委员130人。会议听取审议四届常务委员会工作报告,听取讨论区委书记柴金祥的讲话,听取审议四届委员会提案工作报告;选举王惠麟为第五届委员会主席,霍秀清、钟绵邦、陈蓉华、刘怀顺、王向梅、李广鸣为副主席,赵英俊为秘书长;选举常务委员18人;列席区人大五届一次会议,审议通过五届一次会议提案审查情况的报告,审议通过本次会议决议。2004年2月24日至27日召开五届二次会议,出席会议政协委员131人。会议听取审议五届委员会第一次会议以来常务委员会工作报告,听取讨论区委书记柴金祥的讲话,列席区人大五届二次会议,听取审议五届一次会议以来提案工作情况的报告,审议通过五届二次会议提案审查情况的报告,审议通过五届二次会议决议。2005年3月6日至9日召开区政协五届三次会议,出席会议政协委员134人。会议听取审议五届二次会议以来常务委员会工作报告和五届二次会议以来提案工作情况的报告,听取并讨论区委书记柴金祥的讲话,列席区人大五届三次会议;增选吴兆祖为区政协副主席;审议通过五届三次会议提案审查情况的报告,审议通过五届三次会议决议。2006年2月15日至18日召开五届四次会议,出席会议政协委员133人。会议听取审议五届三次会议以来常务委员会工作报告和五届二次会议以来提案办理工作情况的报告,听取并讨论区委书记柴金祥的讲话,列席区人大五届四次会议,审议通过五届四次会议决议。

六届会议

2007年1月8日至11日召开政协天水市秦州区第六届委员会第一次会议,出席会议政协委员140人。会议听取审议五届委员会常务委员会工作报告,听取并讨论区委书记张健的讲话,听取审议五届委员会提案办理工作情况报告,列席区人大六届一次会议;选举霍秀清为第六届委员会主席,钟绵邦、王向梅、李广鸣、吴兆祖、杨建新、徐生明为副主席,赵英俊为秘书长;选举常务委员21名;审议通过六届一次会议提案审查情况的报告,审议通过六届一次会议决议。

第二节　常务委员会会议

政协天水市秦城区第一届委员会举行17次常务委员会会议,传达学习中央省市政协会议精神5次,任免政协机关工作人员4人次,增补政协委员16人次,决定同意辞职申请3人次,通过工作报告3次,作出决议7项,任免决定3项,讨论听取工作汇报、计划14次,作出规定2项。

第二届委员会举行19次常务委员会会议,传达学习中央省市政协会议精神1次,任免政协机关工作人员6人次,增补政协委员3人次,决定同意辞职申请1人次,通过工作报告、计划4次,通过作出决议、决定、规定7项,听取工作汇报13次,讨论其他事宜9次。

第三届委员会举行29次常务委员会会议,传达学习中央省市政协会议精神4次,任免政协机关工作人员4人次,决定同意辞职申请2人次,通过工作报告、计划3次,通过作出决议、决定、规定、报告14项,听取工作汇报15次,讨论其他事宜16次。

第四届委员会举行25次常务委员会会议,传达学习中央省市政协会议精神3次,任免政协机关工作人员4人次,增补政协委员3人次,决定同意辞职申请2人次,通过工作报告、计划、方案15次(份),通过作出决议、决定、规定、规则等8项,听取工作汇报5次,讨论其他事宜7次,审议、审查报告等6份。

第五届委员会举行21次常务委员会会议,传达学习中央省市政协会议精神4次,任免政协机关工作人员3人次,增补政协委员3人次,通过工作报告、计划、方案15次(份),通过作出决议、决定、规定、规则等4项,听取工作汇报6次,讨论研究其他事宜5次,审议、审查报告等24份。

至2007年第六届委员会举行5次常务委员会会议,传达学习中央会议文件、中央领导讲话2次,任免政协机关工作人员2人次,通过作出决议、规定、规则等5项,任免决定1项,听取工作汇报5次,审议、审查报告等11份,通报工作等3次。

第三章　工作活动

第一节　参政议政

区政协一届委员会对区政府工作报告提出意见和建议40多条被区政府采纳,对政府工作报告做10多处修改,区政协主席、副主席参加全区性重要会议30多次。

1986年11月首次召开区委、人大、政府领导参加的政协委员意见和建议听取会,会上提出意见建议117条,涉及农林、工交、财贸、文教、医卫、民族宗教、社会治安和党风建设等方面的问题。

1988年对区委《关于政治体制改革的意见》征求意见稿提出10条建议,对区委、区政府拟定的《关于贯彻省委、省政府〈关于加快和深化教育体制改革的决定〉的意见》征求意见稿提出建议。参加区委、区政府召开的对话会议,70多名委员和各民主党派负责人参加,协商讨论群众最为关心的物价、粮油供应、教育等问题。1989年召开意见征询会,协商讨论发展工农业生产的两个《决定》(稿)。12月区政协委员受聘担任特邀监督员、检察员、教育督导员、医德医风监督员、精神文明建设检查员、各类招工招干考试巡视员。

政协第三届委员会主席、副主席参加区委常委会议、人大常委会议、政府常务会议、四大组织联席会议提出意见建议,同时参加党委、政府组织的各项重大的调研、检查活动,专门委员会参与政府对口部门的工作活动。

政协第四届委员会主席列席区委常委会议、副主席参加四大组织联席会和工作会,各民主党派、工商联、各委办负责人参加区委扩大会、部门工作会议和委员列席人代会等,提出各类意见建议;组织委员参与行风评议、"三讲"教育等学教活动和税费改革等工作,提出改进意见和建议,并跟踪监督意见建议的落实情况,有24名委员被聘请为行风评议、党风廉政建设监督员。

政协第五届委员会参加全委会议、常委会议、主席会议、专委会会议等协商讨论全区工作的重大问题,组织委员协商讨论《政府工作报告》及计划、财政报告、"两院"报告等,提出意见建议。分年度民主评议区检察院、民政局、建设局等单位,推荐35名委员担任特邀审计员、特邀监察员、特邀陪审员、特邀检察员、义务监督员。

政协第六届委员会在2007年历时3个月民主评议区劳动和社会保障局的工作,民主评议区建设局"回头看"工作。

第二节 调研视察

政协第一届委员会组织医药卫生等部门在1986年检查全区贯彻《药品管理法》《食品卫生法》等情况,提出《关于天水建材厂开展"双增双节"活动的调查》《对杨家寺乡医疗卫生情况的调查》《对秦城区大白菜生产情况的调查》《关于参加中学教育研讨班情况的考察》《关于解决初中毕业生入学就业难的建议报告》等专项调查报告24份。

政协第二届委员会组织委员到城乡企业、农村、机关、学校调研、考察38次,提出意见建议150条。

政协第三届委员会组织委员到农村、厂矿、企业、机关、学校、街道办事处调查、视察60多次,撰写各类调研报告50多份。1993年调研农民减负问题,提出建议4条。1994年调研平抑物价等问题。1996年专题调研讨论群众反映强烈的学校乱收费问题,以提案方式督促教育等部门解决。1997年调研区医院效率下滑问题,提出整改意见6条,供区委、区政府参考。1996年至1998年专题调研世界银行贷款农村供水与环境卫生等5大项目的实施、管理、使用及效益发挥情况,向区委、区政府提交《关于视察全区改水项目建设情况的报告》,提出集雨水窖管理维修、水源保护区防止水污染和建成项目管理责任等建议。

政协第四届委员会组织委员专题调研行风评议、法院建设、城市管理、水利水保、计划生育、旅游强区、素质教育、城市经济、中药材种植、乡村卫生院建设与管理等问题,形成38份专题调研报告,提出建议210条,其中专题调研农业生产和中药材种植,形成38份调查视察报告,提出意见建议40多条。

2000年组织农村科技界委员赴兰州市城关区、安宁区,白银市平川区及武山县等地考察种植业、林果业、退耕还林还草等农业项目,向区委、区政府提交《关于赴陕西杨凌农业高新技术产业示范区考察的报告》《关于赴兰州市安宁区、白银市平川区等地考察的报告》。

政协第五届委员会开展专项调研、视察、考察22项,形成22份专题报告,提出《对农村医疗卫生服务三级网络建设工作情况的调研报告》《对城郊农业产业化发展的调研报告》等160条建议。

2003年组织委员赴兰州市城关区考察学习发展第三产业,形成考察报告。2004年4月组织政协常委、委员专题调研全区退耕还林还草、生态环境保护及建设情况,撰写的《关于退耕还林还草,生态环境保护与建设情况的专题调研报告》被区委、区政府采纳。2005年8月组织民主党派负责人分3个组调研全区人口、资源、环境问题,撰写调研报告3份。

政协第六届委员会在2007年配合省、市政协组织视察调研8次。政协常委会开展调研视察活动5次,考察活动2次,组织委员活动日2次,审议并向有关方面转送5份调研视察报告,提出意见建议37条。

第三节　提　案

政协第一届委员会收到提案203件,立案108件。其中工业交通方面6件,农村水电方面3件,财贸、市场管理方面9件,文化教育方面26件,医药卫生方面11件,城市建设、群众生活方面33件,民族宗教方面14件,社会治安方面6件。

政协第二届第一次至第四次会议期间,收到委员提案133件,得到落实办理128件,办理回复率96.2%。

政协第三届委员会收到提案315件,全部得到办理回复。

政协第四届委员会收到提案564件,经审查立案504件。其中教文卫体委员会提出的《在全区农村实现广播电视村村通》提案被列为全区1999年八件实事之一,使全区18乡87个广播电视盲村的农民群众听到广播,看上图像清晰的电视。

1999年实行主席、副主席督办重点提案责任制,每年确定十几件重点提案,由主席、副主席分工督办。

政协第五届委员会收到提案481件,立案342件,其中主席重点督办案34件。

政协第六届委员会在2007年收到提案129件,经审查立案116件,其中主席督办的重点提案7件,全部办理回复完毕。

第四节　文史资料征编

1987年完成《天水历代名人》第一辑,收录女娲、伏羲至清末的44位名人的传记。1987年初市政协与区政协协商编写工作由市政协承担,区政协只向省、市政协供稿,至1988年向市政协供稿16篇,均被刊用。

1989年至1993年政协二届委员会征集稿件85篇21万字,1989年至1991年审核定稿19篇,以《秦城文史》简刊登出;同时为市政协文史委供稿30篇。1992年审定7篇1.3万字,汇编刊出。1992年至1993年分别出刊发行《秦城文史资料》第二期、第三期,反映近代和现代有关天水、秦城的政治、经济、教育、民族、人物、习俗、灾害等方面的情况,建立21人的业余撰稿队伍。

政协第三届委员会征集、整理完成文史资料32篇、12万字,《天水名人》稿件53篇、10万字。完成《天水市秦城区政协志》编撰工作。

政协第四届委员会为市政协出版的《天水名人》《天水人文资料》等提供文史资料稿件150件5万字。

政协第五届委员会为市政协文史资料工作提供素材,协助市政协文史资料工作。

政协第六届委员会编撰出版《秦州名景名居名人集》,介绍宣传秦州区著名景点、名人和名人故居,其中名景31篇,名居16篇,名人90人,13万多字。创办《委员之声》《秦州政协年刊》,专门刊登委员发言材料和每年区政协各项工作纪实。

秦州区志

QIN ZHOU
QU ZHI

第十六编

军事
JunShi

　　两周之际，秦人武装组织在秦州一带活动，后发展壮大逾陇扫灭六国建立了我国历史上第一个统一的多民族国家。晋、南北朝、隋、唐、宋、金各代先后在秦州设立组织规模庞大、作战能力强的军事组织，主要有晋代的秦州刺史都督诸军事、上邽镇、陕西都督诸军事军府，南北朝的上邽镇、秦州（陇右）大都督、秦州大总管军府，隋秦州（陇右）大总管府（行台尚书省）及唐代秦州（道）大总管府（行台尚书省）、秦州中总管（都督）府、天雄军节度使军府，五代天雄军节度使、秦州（镇）节度使、雄武军节度使军府，北宋的秦州知州兼缘边经略安抚使、秦凤路经略安抚使军府，金代的秦凤路经略安抚使、凤翔路总管府等军府，组织发动了一些重大军事活动。杰出的军事家、政治家光武帝刘秀，晋宣帝司马懿，周太祖宇文泰等亲率大军参与到秦州的军事斗争之中。其中以两晋南北朝时期的军事斗争规模最为激烈。进入元代后秦州军事地位下降，再未设立重要的军事组织，也未发生重要的战事。两周时期秦人军事活动和北宋时期秦州乡兵军事力量发展在中国军事史上产生重要影响。

　　中华人民共和国成立以后秦州军事地位下降，除在中华人民共和国成立初期设天水高级步兵学校外再无其他重要的军事组织。

第一章　军事组织

第一节　天水军分区

　　1981年5月天水军分区缩编，司令部、政治部、后勤部撤销科的编制，后勤部卫生所改编为卫生所。直属单位有独立营、教导队、警通班、军械仓库。调整天水警备区领导班子，军分区司令员、政治委员、参谋长分别兼任警备区司令员、政治委员、参谋长。日常工作由军分区司令部承办。1982年5月军分区恢复科编制，司令部设作训等科，政治部设组织等科，后勤部设供应等科,直属单位有教导队、警通班、军械仓库。1984年10月警备区司令员由军分区司令员兼任,日常工作由军分区司令部办理。12月司令部、政治部又调整编制。1985年军分区撤销科的编制,辖秦城、北道、秦安、甘谷、武山、清水、张川7个县(区)人民武装部。1997年8月军分区恢复科的编制。司令部、政治部、后勤部分别设有作训、组织等科;直属单位有教导队、卫生所等单位。

天水军分区司令、政委任职一览表

表16—1—1

姓名	任职时间	职务	备注
周越池	1981.3—1983.3	司令员	兼警备司令员
司云虎	1983.5—1990.9	司令员	兼警备司令员
赵志杰	1990.9—1992.9	司令员	兼警备司令员
傅金保	1992.10—1998	司令员	
王德功	1998—2004	司令员	
林建波	2004.9—2008.11	司令员	兼警备司令员
王治安	1983.5—1988.7	政治委员	
刘喜廷	1988.7—1997.8	政治委员	
黄元阶	1997.12—2001.11	政治委员	
张 军	2001.11—2007.2	政治委员	

第二节 驻区人民武装警察部队

1983年1月天水军分区独立营、天水地区公安处人民武装警察科(含县市中队)、消防科(含2个消防中队)改编组成中国人民解放军武装警察部队天水地区支队,受甘肃省武警总队和公安处双重领导。支队机关设司令部等机构,下设单位有大队、中队和各县市中队。1985年4月将支队所辖大队建制撤销,编列为中队。7月2日支队所属的西河、礼县、徽县、两当、漳县5县中队及消防股划出,武警天水市中队改为秦城区中队,武警天水县中队改为北道区中队。同时中国人民解放军武装警察部队天水地区支队改称中国人民解放军武装警察部队天水市支队,共辖若干中队和天水市各县市中队。1986年3月武警支队将消防科（含两个消防中队）移交天水市公安局管理，支队机关设司令部等机构，下辖若干中队和轮训队。1992年4月机关各部门增设编制。

第三节　驻　军

中国人民解放军84802部队

1970年5月移驻天水，机关和直属分队、医院驻秦州区，所属部队分驻多地。1985年12月赴云南参加对越防御作战。1987年4月返回天水。2000年改番号为68620部队。84802部队驻防天水后，先后有黄光明、彭思忠、王林、樊剑英、刘登云、马殿魁、彭勇、常万全等担任师长，刘建功、刘传新、沈振光、张开礼、张海洋、李太忠、邓常玉等担任政治委员。

预备役

天水陆军预备役步兵师　1983年6月在天水组建。预备役师执行试行编制，辖步兵团、炮兵团和师直分队等单位。步兵二团在清水县组建，1986年2月移驻秦城区，保留二营于清水县；其他各团分驻天水市各县区。师机关设司令部、政治部、后勤部等部；司令部下设几个科，编设参谋长、副参谋长、科长、副科长、参谋、干事等职位；政治部下设科，编设政治部主任、副主任及科长、副科长、干事、秘书等职位；后勤部下设科，编设部长、政委、副部长及科长、副科长、助理员、给养员等职位。师直分队编有警卫、侦察等营、连单位，另外还有防化等连及师医院。师长、政治委员分别由分区司令员、政治委员担任，另配一名副师长。历任副师长有张新云、朱远德、赵宪文、李西君、赵汉民等人，副政治委员有王友成等人，参谋长有冯志超、赵汉民、李自义等人，政治部主任有张积存、王友成、张增耀等人，后勤部长有司志军、王瑞颂、刘速成、何建国等人。

天水陆军预备役步兵旅　1999年6月天水陆军预备役步兵师改编为天水陆军预备役步兵旅，编配旅长、政治委员、副旅长。机关设司令部、政治部、后勤部等；各部均下设科，编有参谋、干事等现役军人，下辖团、营等单位。改编后的历任旅长有赵汉民、吴世庭等人，政治委员有张增耀等人，参谋长有任长明等人。

第四节 天水市秦州区人民武装部

　　1981年5月天水市武装部缩编,撤销科的设置。1983年2月又恢复科的设置。1984年6月公社人民武装部改为乡人民武装部,辖太京、皂郊、吕二、玉泉、环城5乡武装部。1985年9月天水市人民武装部改为中国人民解放军天水市秦城区人民武装部,接管从天水县划入秦城区的中梁、藉口、关子、铁炉、秦岭、牡丹、杨家寺、店镇、李子园、娘娘坝、大门、汪川、苏成、齐寿、平南、天水、华岐17乡武装部,共辖22乡武装部。1986年5月同时归地方政府、军分区管理领导,下设办公室等科室。

　　1994年区人民武装部由军分区单一领导管理,调整内设科室。之后又归地方政府与军分区双重管理领导。2002年天水市秦城区人民武装部辖22个乡、7个街道及厂矿企业基层武装部。2005年1月更名为中国人民解放军天水市秦州区武装部,下辖16乡镇、7街道武装部及企业武装部。

1985—2007年秦州区人武部部长、政委任职一览表

表16—1—2

姓名	职务	任职时间	姓名	职务	任职时间
杨国林	部长	1983.5—1986.2	杜 伟	政委	2002.3—2007
傅维汉	部长	1986.2—1990.12	齐保清	副部长	—
李生林	政委	1986.2—1992.12	于 非	副部长	—
康正明	部长	—	董福强	副部长	—
蔡筱昶	部长	—	李仲强	副部长	—
吴生河	部长	—	赵双会	副部长	—
赵培英	部长	2002.4—2004	甘平兴	副部长	—
黄有源	部长	2004.3—2011.3	王彦伟	副部长	—
王万全	政委	—	赵太恒	副政委	—
李邦杰	政委	—	陈德强	政委	2007.3—2008.1
张晓荣	政委	—	王鹏文	副部长	2007.3—
苏学杰	政委	—			

第二章　国防后备力量建设

第一节　民兵组织

1985年天水县杨家寺等17个乡划归秦城区，共有民兵3.5万余人，其中基干民兵1万余人。1986年秦城区调整压缩基干民兵组织，民兵总数减少到2.5万余人。1987年调整民兵专业技术分队，组建八二迫击炮连、高机连、侦察连、通信连、单三七高炮连、六〇迫击炮排、四〇火箭筒班、打坦克爆破班等。1989年从基干民兵中择优选编应急分队，应急分队队长和指导员由企业武装部长、乡镇党委书记或副书记担任，由区人民武装部直接指挥。年底，城区在长控厂、海林厂、岷山厂分别组建3个100人以上的应急分队连，农村在经济条件比较好、靠近乡政府和交通方便的行政村组建22个应急分队排。1990年秦城区共编民兵3.8万余人。从基干民兵中整顿编组专业技术兵，岷山机械厂预备役高炮连、海林轴承厂民兵高机连是天水军分区应急分队，长控厂预备役高炮连为区人民武装部应急分队。

1992年秦城区有1个营、3个连属天水军分区的示范点，经省军区考核全部达标。1994年调整3个应急分队编组人员，成立临时党团组织，配备防爆装具和器材。1998年组建基干民兵应急营，编组通信、防化、工兵地炮、侦察等专业技术分队；基干民兵到点率达到95%以上，农村民兵的到点率达到90%以上。2000年经过训练的民兵和退伍军人占民兵总数的80%。2002年适当压缩全区普通民兵数量，共组建20个民兵连队。

第二节　民兵训练

1985年训练民兵370人，训练重点突出民兵专业技术分队和民兵预备役骨干，训练时间为20天至25天。在基础课目内容上，只进行射击、投弹、土工作业训练。1986年为减轻人民群众负担,农村减免民兵训练任务;城市民兵每年仅训练专业技术分队100人左右,其他民兵的训练主要是利用元旦、春节、八一、国庆节等重大节日,开展多种形式的小型军事比武活动,进行5天至7天的军事常识和战备教育,对基干民兵集中训练20天至30天。全年训练民兵592人。1987年训练民兵仅35人。1988年将基干民兵集中统一规范化训练,训练合格率达到98%以上;同时开展民兵高炮、地炮、通信、工兵、防化、侦察6种专业技术分队的训练。全年民兵军事训练30天,训练民兵114人。

1989年1月区人民武装部组织民兵射击比武,15个参赛单位75人参加。4月区人民武装部抽调人员到15个单位,为全区小型军事比武活动作赛前训练指导,天水轴承仪器厂、天水铁路电缆厂、天水213机床电器厂等单位请教员统一讲解,海林轴承厂参赛民兵全部集中到李子园训练。1991年4月20日至5月10日对岷山厂、海林厂、长控厂、轴仪厂4个单位应急分队的155名民兵进行20天的技战术训练。1992年实训130人,其中高机分队90人、通信分队40人,训练20天。为纪念"6·19"指示发表30周年,区人民武装部举行军事表演赛,组织步枪对抗赛和82无后坐力炮训练表演。

1996年8月建成民兵训练基地,建筑面积为384平方米,有民兵宿舍31间,会议室1个,食堂3间,车间2间;购置250套训练服装,制作120付双层架子床,建有器材室,训练设施完善。1997年民兵训练基地购置训练服、盾牌、警棍、头盔,与天水军分区共同建成泰山庙战术训练场和射击场。全年完成防暴队240人训练任务,对区人民武装部及乡镇、街道、企业人民武装部的专职武装干部进行15天的军事、业务训练。1998年整组训练140名民兵;区人民武装部军事训练15天,学习高科技知识和微机操作。2000年在玉泉、吕二、环城3乡训练高炮分队,每乡训练30人,训练时间15天。训练内容为队列训练和双"37"高炮概述及射击原理、操炮、政治教育。全年民兵军事训练511名,应急分队400人,高炮分队111人,时间20天,训练主要内容有军体拳防暴队形、警棍术、盾牌术、轻武器第一练习和高炮操作。

2001年训练民兵539人,应急分队400人,高炮分队54人,工兵85

人。2002年训练民兵447人，主要训练军体拳、防暴队形。为纪念毛泽东发表民兵工作"三落实"讲话40周年，6月区人民武装部培训40名专职武装干部，学习《国防法》《兵役法》《民兵工作条例》，开展国防知识培训和军事基础、轻武器射击训练。

第三节 民兵政治教育

1986年6月秦城区实行基干民兵每月一堂政治课制度，建立民兵政治教育三级责任制。基干民兵的政治课教育时间不少于训练时间的10%，普通民兵的政治教育结合重大节日开展。1989年及时组织广大民兵学习党中央、国务院、中央军委的重大决策和上级的指示，全区民兵严守政治纪律，提升政治素养。玉泉乡武装部、平南乡武装部被天水军分区司令部、政治部授予贯彻落实《纲要》先进单位。

1990年在全区民兵中开展坚持四项基本原则等；在5月、6月进行维稳教育。适时开展"五讲""四美""三热爱"教育，把开展精神文明建设与学雷锋、学李润虎活动紧紧结合起来。市委宣传部、军分区政治部、预备役师政治部联合举办国防知识电视大奖赛，秦城区组织民兵参赛，区人民武装部被天水市委、市政府、军分区评为创建精神文明先进单位。

1992年开展民兵教育阵地建设，205个"青年民兵之家"恢复活动。1994年在基干民兵连配备政治教员，学习《邓小平文选》第三卷，开展光荣传统、国防教育。1996年开展民兵三观教育，组织民兵观看电影《孔繁森》，学习先进人物李国安、丁德福爱岗敬业、甘于奉献的事迹。开展纪念红军长征胜利60周年，请老红军作"忆长征，学传统，争当红军后代"的专题报告。开展建设有中国特色社会主义理论、致富技能学习及国防教育。1998年在全区民兵中开展"争当富民兴市尖兵"活动，在民兵中建立"六级"扶贫网络和"三结合"致富链。

2000年至2001年在民兵预备役人员中开展学习江泽民"七一"讲话精神、中共十一届六中全会精神和"三个代表"重要思想。2002年重点开展党的十六大精神学习。

第四节 民兵武器装备与管理

武器装备配备

1985年天水市结合民兵武器装备普查调整报废旧杂式武器,补充配备新武器和技术装备,年底秦城区民兵组织装备的旧杂式武器全部淘汰,民兵组织装备各种常规武器。相对减少武器在基层民兵组织和民兵个人手中的持有量,缩小民兵武器保管分布面和在社会上的流动量。全区民兵武器装备按照民兵组织编制配发,城区大型厂矿民兵组织配发少量武器。

武器装备管理

1985年秦城区人民武装部除留存少量民兵训练用武器外,将没有存放条件的农村公社和企业武装部库存的武器统一集中到区人民武装部民兵武器装备仓库保管,配有军械助理员1名、专职仓库保管员2名。1986年11月在兰州军区和省军区对民兵武器装备仓库联合检查评比中,天水军分区民兵武器装备仓库被评为"先进民兵武器装备仓库",再次荣立集体三等功。同时区人民武装部改归地方建制,编军械参谋1人,保管员4人,负责民兵武器的请领、统计、上报和擦拭、保养、管理等工作。1987年4月在贵州召开全国民兵武器封存管理经验交流会,天水军分区介绍武器封存管理经验,会后制定《保管员职责》《军械参谋职责》和各种安全防范措施。1988年1月军分区民兵武器装备仓库因连续5年安全无事故,受到兰州军区通报表彰。

1989年秦城区人民武装部和基层单位的民兵武器库室配备"两把锁",配置消防器材、报警装置、电警棍和牢固的岗楼,库区围墙达到3米高度,外加1米铁丝网,达到"四有"要求。随后秦城区民兵武器装备部分交由天水军分区武器库。1997年秦城区民兵武器管理达到"五个一"标准,即有一套统一协调、高效的管理机制;有一套健全、规范、落实的管理制度;有一个符合安全要求、坚固可靠的库房;有一个思想稳定、作风过硬、业务熟练的看管队伍;有一套可靠,使用灵敏、畅通的安全设施和技术监控的办法。1999年10月区人民武装部将全区民兵武器清查清点后全部移交给天水军分区代管,区人民武装部不再管理任何枪支弹药。

第五节　专职武装干部管理

1985年乡设人民武装部，配部长（部长由党委书记兼）、副部长、干事各1人，5个乡镇有专职武装干部10人。厂矿企业、事业单位职工人数在千人以下配专职人民武装干部1人；千人以上的单位设人民武装部，配部长1人、干事1至2人；5000人以上的大单位可酌情配副部长、干事若干人；机关、科研等单位不配备专职武装干部。9月天水行政区划调整后秦城区22个乡配备专职人民武装干部46名。

1991年22个乡应配专职武装干部44人，实配31人。1992年调配专职武装干部20人，环城乡武装部、长仪厂武装部被天水军分区评为先进基层武装部。1993年企业职工人数在千人以下的配企业专职武装干部1人，千人以上5000人以下的配部长1人、干事1至2人，5000人以上的大单位酌情增配副部长1人、干事若干人。1996年全区有22个乡镇、7个街道、25个厂矿企业；22个乡镇应编配专职武装干部44人，实配31人。全区专职武装干部文化程度结构为：大专文化程度3人，高中或中专文化程度18人，初中文化程度8人。

1996年12月调离13名军龄偏大、任职时间较长的乡武装部部长，从农村后备干部队伍中选拔15名年龄轻、文化程度高的人员担任乡武装部部长，22个乡武装部部长全部配齐。1997年11月成立大城、中城、西关、东关、石马坪、天水郡、七里墩7个街道人民武装部，配部长和干事各1名，部长由街道办事处副主任兼任。1999年6月调整秦岭等5个乡、1个街道的专职武装干部，22个乡、7个街道及企业设基层武装部37个，专职武装干部74名。 2000年22个乡、7个街道专职武装干部全部配齐，部长29人，干事29人，共58人。28个企业编武装干部84人，全部兼职，其中转业退伍军人36人担任专职武装干部。

第六节　国防教育

1987年成立秦城区国防教育委员会，区委、区政府、人民武装部领导分别担任主任、副主任；委员会下设办公室，由区委宣传部、区人民武装部确定专人组成，负责国防教育的计划指导、组织实施工作。此后国防教育委员会如有成员变动，由接替该职务的人员接任。1996年9月天水市国防教育办公室增配1名专职干部。2000年依托天水预备役师建成天水市国防教育中心。

1988年天水市国防教育办公室编印《国防教育教程》8000册，秦城区给各单位发1474册。天水市国防教育办公室邀请驻天水部队赴老山作战英模事迹报告团为市、区机关单位干部职工和中、小学师生巡回作报告。1989年天水市委宣传部、军分区政治部、预备役师政治部和天水报社共同举办国防知识答题有奖竞赛活动，秦城区党政干部、工人、农民、在校学生共4万多人参加竞赛活动，占应受教育人数的91%。随后从秦城区选出346人参加甘肃省全民国防知识竞赛活动，1人获得中国民兵杂志社举办的公民与国防知识竞赛答题二等奖，获得全省全民国防知识竞赛答题一等奖有6名、二等奖6名、三等奖8名。全民国防教育以刊授教育方式开展，全区征订《中国民兵》211份，《西北民兵》204份，《国防教育教程》1474册，《公民与国防义务手册》50册，《军事知识》50册。

1990年秦城区联合市级有关单位举办天水市国防知识电视大奖赛，从区、乡（镇）预赛到全市决赛，共组织100多场竞赛。1991年6月天水市制定《军事设施保护区、军事禁区制定工作实施方案》，翻印8000多份《军事设施保护法》，秦城区在党政干部群众中开展专题学习教育，分发《军事设施保护法》，教育面达80%以上。1992年6月在纪念"6·19"活动中，天水军分区和秦城区人民武装部联合举行民兵军事课目表演活动和国防后备力量建设图片展览。8月天水市开展国防知识竞赛活动，秦城区参赛者购买《国防教育500题》2700本，翻印答卷3.65万份。

1993年秦城区发动数万群众参加甘肃省国防知识竞赛，上送答卷1万多份，秦城区获优秀组织奖，有16名个人分别获一、二、三等奖，获优秀奖43人。1994年区委、区政府、区人民武装部召开国防教育总结和先进单位、先进个人评选表彰大会，天水213机床电器厂、天水长城控制电器厂、太京乡政府、环城乡西团庄、天水市第三中学获得国防教育先进单位。

1998年4月区委、区政府机关单位及22个乡镇、7个街道订购《国防教育读本》282本。7月天水市委宣传部、市教委、团市委、武警支队联合组织成立天水市少年军校，采取封闭集训方式军训学生，共举办12期培训班，军训2860名高中生。10月天水市人民政府、秦城区人民政府拨付资金8万元筹建集国防知识资料、图片、模型、军事训练为一体的天水市国防教育馆。2000年1月天水市国防教育馆建成,市党政军领导和市直有关部门负责人等449人在天水预备役旅举行开馆仪式。2001年秦城区在国防教育中开展"五个进入"工作,即机关进入部门科室、工厂进入车间班组、学校进入课堂课本、社区进入街道家庭、农村进入田间炕头。2002年全区建立国防教育、爱国主义教育基地3处,国防教育馆1处,各中小学、企事业单位普遍开设国防教育课程,定期对学生和职工开展国防教育。

2005年秦州区率先提出"五进入三落实",召开国防教育"五进入三落实"经验交流会,确定每年9月17日为全民国防教育日,组织中小学师生参观市国防教育馆。结合世界反法西斯及抗日战争胜利六十周年纪念活动,组织职工开展征文活动。

第七节　兵　役

1978年实行义务兵与志愿兵相结合的兵役制度,至1990年秦城区共为部队征集新兵4388名。1980年8月天水市恢复预备役登记,至1983年由政府和人民武装部派人将新兵送往部队。1983年后恢复部队指派专人到地方接兵制度。1986年秦城区在征集工作程序上增加兵役登记工作,在每年9月30日以前,组织基层单位对当年12月31日以前年满18周岁至20周岁的男性公民进行兵役登记,依法确定应服兵役、免服兵役和不得服兵役的人员。1990年秦城区服一类预备役的士兵20186人,其中经过预备役登记的退伍军人3857人,基干民兵5259人,其他人员(含与军事对口的地方专业技术人员)11070人;服二类预备役的士兵有68411人。经过登记,服预备役的军官有6413人,其中技术干部1028人,部队复员转业干部444人,武装干部91人,民兵干部612人,地方党政企事业单位干部4238人。历年适龄青年应征报名率保持在92%以上。2002年秦城区兵役登记总人数为14844人,其中不得服兵役的144人,缓征834人,预征对象人数按当年征集任务的1：4确定。

第三章 人民防空

第一节 防空组织

1985年7月8日天水市升为地级市,天水地区人防委员会撤销,成立天水市人防委员会,下设人防办公室。同时天水市人防委员会改称天水市秦城区人防委员会,隶属天水市人防委员会领导。天水市人防办公室设指挥、工程、政办3个科。9月13日秦城区人防委员会、人防办公室撤销,人员和工作业务并入天水市人防办公室。1987年李晓明、韩自强、刘兴民任市人防办副主任,王焕文任天水市人民防空办公室督导员。

1989年7月市政府调整市人防委员会成员,规定以后人防委员会副主任以下成员变动调整,由人防办提出意见,经主任同意后,由人防办自行通知。调整后市人防委员会主任为王贵岭,副主任刘章贵,委员为王洪宾、姚克亮、杨连福、李宗林、霍想有、王正凯、毛育奇、刘力达、李俊杰、黄象仑、尉振中、杜明富、靳文祥、王万金、朱福林、武中前、刘继光、秦俊杰、韩自强。天水市人防办公室主任为韩自强,副主任为刘兴民,天水市人防办公室督导员为李晓明、王焕文。1991年3月市人防委员会领导成员变动,副市长张俭成兼任主任,军分区副司令员朱远德兼任副主任。

1997年3月天水市人防委员会撤销,成立天水市国防动员委员会,下设人民防空办公室等5个办事机构,人防办平时工作由市政府主管。先后有田志健、高兴年、赵建强、任长明任人防办主任,吴维成、范炳辉等任副主任。

第二节 组织指挥

1986年天水市人防办公室重新制定天水市防空袭预案主案和13个保障方案。1987年9月12日通过省人民政府和省军区审查批准。防空袭预案内容主要是城市地理位置、面积、人口数量及分布情况,行政区划,主要经济状况,城市的战备地位和作用,防空袭的主要任务和条件,以及人员疏散、防护工程、通信警报、交通运输、医疗救护、物资储备、抢险抢修、治安保卫、灯火管制、政治思想教育等各项保障计划的原则和要求,情报来源、报知勤务组织和方法等。

组织指挥机构

战时天水市人民防空由市政府统一领导,以市人防委为主,按照"统一指挥,以块为主,条块结合,协同实施"的原则,设市、区、防区(秦城区7个防区)三级指挥所。天水市人防指挥部设指挥长和副指挥长5人,由市委、市政府、军分区、市人防办领导担任,下设指挥处、警报通信处、人口疏散处、工程处、政治宣传处、后勤处。秦城区及所辖防区成立相应的组织指挥机构,实施逐级指挥。各级指挥分为临战、空袭、消除空袭后果3个阶段。

城市人口物资疏散

1985年至2000年先后拟制补充、修改3次。每次拟制的人口疏散计划均因行政区域的变动和城市人口的增加而有所不同。城市人口疏散,依照市不离市、区不离区,疏散老、弱、病、残、幼及初中以下学生、科研单位的原则,按早期、临时、紧急3个阶段,主要在早期阶段实施。

1986年天水市按人口总数比例,早期疏散15%,临时疏散25%,留城坚持人员60%。全市留城疏散分别向本市所辖秦城、北道等区、县的30个乡镇实施疏散。秦城区疏散路线由各集结点出发,沿天七、华双、云陇、桐温、徐礼、天藉公路进行,兰天、天北、东利、董甘公路为备用迂回路线。

2002年12月天水市人民政府、天水军分区制订《天水市城市人口疏散方案》。防区城市人口达到310653人,战时人口疏散按总人口的50%疏散离城,50%留城。早期、临战疏散、留城(三坚持)人员各按总人口的20%、30%、50%计算,早期应疏散62131人,临战疏散93196人,留城(三坚持)为155326人,全市共离城疏散155327人。

第三节 防空设施

平战结合人防工程

1980年后市区新建的大型楼房和大面积公用场所，从设计到施工都按照"平战结合"的方针利用地下空间为人防和生产生活服务。1986年12月天水市萤光纺织厂被表彰为甘肃省平战结合维护管理标兵单位，长开厂被表彰为甘肃省人防先进单位。至1989年天水市人防设施初步实现市、区、防区三级指挥体系。秦城区人防工程竣工总面积36000平方米，利用面积14000平方米，利用率39％。

1990年人防工程建设改变过去的无偿投资为有偿投资，谁投资谁受益。在天水报社大楼、华西大厦、市中心广场、金龙大厦商城等大型工程中，市人防办和建设单位都投入资金建设地下人防工程。1992年执行《甘肃省结合民用建筑修建防空地下室的管理办法》，经省、市人防管理部门批准，有特殊情况的可不修建防空地下室，但必须按规定缴纳结建费，由人防管理部门统一组织易地建设。天水市中心广场地下网吧建筑面积2572平方米，使用面积1852平方米。2006年8月开业，当年上缴工程使用费18万元，营业额是全市早期人防工程的25倍。

通信警报设施

1981年8月空情台改称空情警报指挥台，购置10门交换机15部、磁石电话单机54部、自动电话单机25部，配发轻型被复线10对公里、100门供电总机1部、塑胶电缆5公里、15瓦短波调幅电台3部、15瓦短波单边带电台5部、短波发信机1部、短波收信机7部、电动警报器3部。电台的主要任务是接收传递兰州军区警报信号和空情通报。

有线电通信 平时市人防办通过市邮电局市话、长话台，上对省人防、下对秦城区各防区联络通信。战时，市指挥所开设100门供电总机1部，利用人防办和市邮电局既设电缆建立4对直达线，市委、市政府、天水军分区、秦城区、北道区人防指挥所同一方向建立单条直达线路。铁路、广播电台、广播站以及各个防空专业队指挥所等全天收听。市指挥所总机与市话台开通4条中继线与重点保护单位及其他指挥所联系，市指挥部总机通过长途电话沟通省人防指挥所和省机关后方指挥所及秦城疏散地点的通信联络。另外，战前临时开通的通信方向有对空观察哨、"三防"观察哨，以及市指挥部临时决定的联络对象，由各机关通信员组成运动通信班，隶属作战室指挥，配三轮摩托车1辆、两轮轻骑摩托车3辆，负责传达命令、指示、通知、文件等。地道内的指挥通信，通过广播指挥调动群众，或用话筒分级、分段沿地道传递信息和联络。

无线电通信　1986年3月关闭警报接收台。1988年6月天水市人防调试开通单边带电台通信网。10月购置与单边电台配套的设备计算机1台。1990年空情台配备微机1台，天水人防与省人防开通计算机汉字数传通信。1992年与省人防办开通数传通信。

音响警报通信　1988年7月规定人防警报器兼负防汛报警任务，其信号是：防汛报警鸣两声（长30秒，间隔10秒），反复两遍为一个周期；解除警报鸣一长声，50秒。1989年底全市安装单控电动音响警报器13台，分别安装在市人防办公楼（5.5千瓦）、西湖嘴（5.5千瓦）、精表厂北山（5.5千瓦）、七里墩甘电公司办公楼（3千瓦）、八公司办公楼（3千瓦）、火柴厂办公楼（2.5千瓦）、红山厂（2.5千瓦）等单位。一有情况，根据市人防指挥部命令立即发放警报信号，通知有自控警报器的单位在接到指挥部报警内容立即发放警报信号。

1998年6月天水市人防办下发试放人防警报通知，规定：防空警报，预先警报鸣36秒，停24秒，反复3次为一个周期（时间3分钟）；空袭警报鸣6秒，停6秒，反复15次为一个周期（3分钟）；解除警报连续鸣3分钟。二是防汛警报，警报鸣30秒，停10秒，反复2次为一个周期；解除警报连续鸣50秒。三是防震警报，临震警报2长1短，长鸣45秒，短鸣10秒，间隔5秒，重复3次为一个周期；解除警报长鸣60秒，间隔5秒，重复1次为一个周期。

2000年5个警报点更换部分警报器。全市人防警报器达到17台，其中秦城8台，报警覆盖面80%。

第四节　防空队伍

组建形式

1986年天水市按照市区人口千分之三的比例组建防空专业队伍，组建抢险抢修专业队1个营262人，医疗救护专业队1个营120人，运输专业队1个营120人，防化专业队1个连56人，通信专业队1个连45人，共603人，其中秦城区403人。1998年分别在秦城区和北道区组建平时116人、战时2808人的抢险抢修专业队；平时54人、战时1170人的医疗救护专业队；平时由驻军现役军人组成，战时1170人的消防专业队伍；平时20人、战时148人的防化专业队；平时18人、战时156人的通信专业队；平时52人、战时1170人的运输专业队；平时由驻军现役军人组成，战时1170人的治安专业队。驻守在秦城区的解放军配备对空防御常规武器。2002年底天水市城区设对空射击火力点30个，形成地面能防、空中能打的立体人防体制。

抢险抢修专业队 由天水市第一、第二建筑公司、秦城区建筑公司、天水公路总段、天水自来水公司、天水供电局、天水铁路段的民兵承担，开展战时抢险抢修知识与技能训练。

医疗救护专业队 由天水市第一、第二人民医院和各县（区）民兵承担，开展战场救护四大知识与技能训练。

运输专业队 由天水运输公司一队、二队和秦城区、北道区汽车运输公司的民兵承担，训练战时运输和伤员运送。

防化专业队 由天水市消防支队、环卫局、防疫站和秦城区环卫局民兵承担，学习"三防"基本知识，个人防护知识，训练观测、侦察、洗消技能。

通信专业队 由天水军分区司令部、天水市邮电局、北道区邮电局等单位的军人和民兵承担，主要训练无线电收发报，有线通信线路架设抢修、通信器材维护修理技能，保障战时通信畅通。

治安专业队 由天水市公安局、秦城区分局和天水市武警支队承担组建，主要训练战时社会治安管理，处理突发事件，维护社会秩序。

专业训练

1989年12月天水军分区组织7天的防化侦察排骨干训练，参训人员20名。训练内容为"三防"常识，核辐射侦察和化学侦察。1990年12月天水军分区和天水市人防办完成"核毁伤分析模型"制作任务。1979年至1991年规定每年将"三防"训练列入民兵训练。训练乡镇专职武装干部1722人次，民兵、预备役干部160755人次，民兵和预备役人员624116人次。1992年天水市人防办组织训练通信专业人员,训练内容为无线电报业务、微机应用、有线电话业务、通信设备维修、警报设备维护管理等。训练时间不少于300小时,对个别专业性强、难度大的训练内容适当增加训练时间;选调部分专业人员参加省军区和兰州军区举办的"一专多能集训"。1999年9月天水市人防办通信站4人参加省人防指挥处组织的无线电数传网训练,训练无线电数传通信的天候、天线、频率、设备使用情况。

防空教育

1984年天水地区人防办制定《天水市就近隐蔽方案》《紧急疏散方案》和《夜间疏散方案》,组织放映《对原子武器的防护》《武汉市防空演习》《兰州市防空演习》《今日地下城》等人防战备影片,受教育干部群众6000多人次。同时利用挂图等向广大群众、青年学生宣传。1986年后在广大城乡重点宣传《人民防空法》,惩处破坏人防工事行为。1990年7月在中小学学生中开展"三防"知识教育,下发"三防"知识教材,引导广大青少年了解、掌握和运用"三防"知识。1993年5月"三防"知识教育改为人民防空教育,使用国家教委和国家人防办修订的《人民防空》教材。

2000年市教委、市人防办组织秦城、北道区教育局及北道区人防办召开人防知识教育工作会议,学习《人民防空法》和有关文件、规定,总结交流"九五"期间的教学经验。12月第四次全国人防工作会议召开后天水市人防办采取办专版、发表电视讲话、答记者问、组织参观等多种形式,开展宣传教育活动,重点宣传人防法规和有关政策,宣传我国开展人防工作50年来的建设成就。全区有天水市一中、三中、六中、四中、五中、逸夫中学与天水第一师范、第二师范8所学校开展人民防空教育。

第四章　拥政爱民

第一节　支援地方经济建设

1986年拥政爱民和群众工作制度化、经常化,军分区、区人民武装部组织民兵、预备役人员开展扶贫攻坚活动,全区各级民兵组织开展"以劳养武、富民强兵"活动,区、乡、村各级兴办以劳养武项目。1987年拥政爱民活动增加"智力助民,扶贫致富"工作,驻军部队普遍成立扶贫领导小组,支持地方经济建设。

1985年至1989年武警部队出动兵力1000多人次、车辆100多台次开展拥政爱民共建等活动,平田整地40亩、种草128亩、育苗120亩、植树2万多株,为群众义务理发900多人次,为群众巡视治病、检查身体1200多人次。1987年6月驻区部队主动请缨参加滨河西路拓建工程,累计投入兵力1500多人次、车辆等500多台次,挖土石3.7万立方米,完成长2.5公里、宽28米的路基填挖工程,市政府命名这条路为双拥路。1989年七里墩大桥兴建,天水军分区投入兵力100多人次、车辆2台,从藉河挖运沙砾200多立方米。

1990年3月驻区部队出动官兵1300多人次为天水市森林公园植树200多亩。军分区各单位在全区共建立扶贫点8个,联系扶贫困难户2700余户,扶持乡镇企业4个,先后使1700余户群众脱贫。1991年驻区部队汽车连为太京乡整修公路1000米,加宽2米;工兵营为太京乡北山村爆破土方1500多立方米,彻底修好北山路。为迎接省八运会,驻区部队出动兵力2000多人次,支援天水体育馆、道路平整及市政建设,拉运土石1万立方米,清理垃圾80多吨,义务植树6000多棵,栽修草坪、花坛120多平方米。1992年5月至6月驻区部队参加市中心广场建设,出动兵力2600多人次、车辆等169台次,回填土石1万立方米。7月13日区政府为驻区部队建设的"爱民林"举行纪念碑落成仪式,爱民林是驻区部队于1991年至1992年在豹子沟中段地带植树20万株、绿化500亩的林带。7月驻军投入700多个劳动日,整修南山体育中心篮、排球场馆,拉运土方2000多立方米,整修面积3800平方米。1993年驻区部队继续出动兵力2300多人次、车辆500多台次,支援天北高速公路建设。驻军和民兵预备役人员投入1400多个劳动日,参加南北二山绿化工程、南郭寺公园修建工程和农田改造。1994年驻区部队在南北二山绿化工程中投劳4100个,开挖土方8000立方米,建成绿化带8000米,治理城市环境卫生投劳3000多个。军分区机关干部、战士捐款5000多元,单位出资3000元为扶贫点齐寿乡后寺村修建学校,帮助发展养殖业。

1995年市武警支队为"121"雨水集流工程捐款17097元、衣物2700余件,支援重点工程建设12项,派出校外辅导员83人次,为华岐乡汪团庄12户困难户捐款1760元,17名校官与17名失学儿童结对助学。为群众治病150人次,平整梯田40亩,挖经济林沟170米,清理垃圾197吨,修水渠2500米。驻区部队完成天 — 秦光缆工程,埋设电缆1000米,架设空线8000米。

1996年7月中旬太京、牡丹等乡遭受多年未遇冰雹袭击,驻区部队、军分区、预备役师、区武装部官兵及干休所老干部踊跃捐款捐物,及时送到灾民手中。1997年驻区部队出动官兵5000多人次植树1.5万株,出动兵力2100多人次参加市区自来水联网工程。1988年驻区部队响应"再造秀美山川"的号召,先后出动官兵6367人次、各种车辆1763台次植树16.8万株,平田整地4210亩,整修道路103公里,修水渠56.7公里。武警支队为扶贫点华岐乡汪团庄捐款1000余元、衣物500余件,打水窖1口。1999年驻区部队抽调兵力修梯田100多亩,造林500多亩。年内驻军使2个贫困村脱贫。

2000年驻军支持西部大开发,支援参与城市基础设施改造建设和地方生态环境保护工作。驻区部队直属部队实施太京乡普岔沟3000亩绿化工程,完成310国道(城区)植树640株,建成吕二沟垃圾场及通往道路,救助失学儿童100名。由军分区牵头,预备役旅、武警支队、消防支队、区武装部等单位实施皂郊乡唐家沟3000亩造林绿化工程,完成316国道(城区)植树264株。消防支队完成支队门前罗峪沟堤坡的植树及管护,军分区为扶贫点齐寿乡后寺村修建上水工程。预备役旅修建乡村公路10公里,军分区、武警支队等救助失学儿童57名。

2002年天水预备役旅对扶贫单位麦积区五龙乡王嘴村制定3年扶贫规划,先后出动1000名预备役官兵帮助种植300亩花椒等经济林。每年4月至6月年度整组和集中训练期间发动千名预备役人员帮助驻地特困户、军烈属、外出务工和预备役人员家庭春耕夏收。聘请地方农业科技人员举办5期养殖、种植业和蔬菜大棚管理、外出务工人员技能培训班。2006年3月发动组织100名预备役军人义务劳动,完成5条村级农机道路的改(扩)建。旅机关分别在5月、6月出动50余名官兵改(扩)建麦积区五龙乡王嘴村小学校舍，捐赠价值10000元的教学设备，添置部分文体活动器材，资助村里26名贫困学生完成学业。出动6台机械、20名官兵用6个月完成藉河风情线的施工任务。2007年5月天水预备役旅出动预备役人员500人绿化道路50公里。

第二节 抢险救灾

1984年8月初天水地区连降暴雨，西和县境内山体滑坡，大面积农田被淹，部分乡村80%房屋倒塌，交通通信中断，近百人死亡，数万名群众无家可归。驻区部队工兵连、机械连接到救灾命令后紧急出动，投入抢险救灾第一线战斗，官兵们连续奋战20天，清理土石泥沙3万多立方米，爆破作业打通道路241公里，协助运送大批救灾物资和受灾群众，并抢救出空投救灾物资时失事飞机上的3名机组人员。

1988年8月7日秦城区降暴雨，藉河、罗峪河河水猛涨，漆家坑、左家场等处居民区积水成灾。驻区部队闻风而动，部队首长刘登云率领干部、战士奔赴东桥头投入抢险，副政委骆永立率侦察连70余人赶往漆家坑排洪水及泥沙，官兵们一直苦战到次日凌晨才排除积水险情。险情发生后，预备役师40名官兵主动向市防汛办请求任务，到左家场罗峪河段用沙袋、石块堵决口，一直奋战到天亮。武警支队24名官兵接到命令不到10分钟就赶到伏羲路排水。消防支队出动兵力27名、车辆4辆赶往各处排险。经过驻区官兵们8个多小时的奋力苦战，所有险情全部被排除。

1990年8月11日天水市降特大暴雨，一时市区到处一片洪水，险情四起，驻区部队分头赶往各处抢险。上去10时多，洪水包围七里墩农贸市场，泥沙淤塞下水道，积水暴涨，40余间房子受到洪水威胁，武警三中队闻讯后立即出动80名官兵，兵分两路顶着憋气的大雨跳入齐腰深的大水中疏通水道排除泥沙，一些战士被砂石弄伤划破，仍强忍痛苦毫不松懈。经过2个小时奋战，终于疏通水道。支队还出动18名官兵到灾情严重的北道区寨子村抢险救灾，从洪水中抢出群众电视、电冰箱等物品价值达3万多元。下午，武警支队出动2辆大卡车载着120名官兵赶往泥水横流的天水酒厂救灾，经过4个小时的努力，战士们堆砌一条长50米与工厂围墙同高的泥墙来保护厂区。第二天又先后派出官兵180多名,与其他驻军为酒厂搬运粮食100多吨,成酒1000余件,铲除淤泥100多平方米。军分区各单位先后组织民兵5128人,出动车辆64台次,参加防洪、防小麦锈病虫害、护林、救灾等任务。

1998年9月1日天水市第一粮库发生塌仓事故,市武警支队迅速组织200多名官兵参加抢险救灾。经过11个小时的连续奋战,救出受伤职工3人,搬运粮食2500吨。

1999年2月8日兰铁机务段劳动服务公司院内发生氯气泄漏事故。消防天水支队接到报警后,迅速调集北道、秦城、天水郡3个中队38名官兵,5辆消防车赶赴现场,采取稀释、堵漏、将气瓶移入石灰水池的方法及时控制泄漏氯气的扩散。

2001年4月22日天水长城精密仪表厂发生火灾,辖区天水郡中队、秦城中队官兵闻警出动,到达火灾现场时整个厂房一片火海,且厂房内有7个装满氢气、氮气的气瓶,形势十分危急。广大官兵临危不惧,对气瓶实施冷却,并从火中抬出装满氢气、氮气的气瓶。采取"堵截包围、重点突破"的战术,经过3个多小时奋战扑灭大火,保护住仅一墙之隔的1200平方米、机械设备价值108万元的电控装置分厂。7月9日天水长城开关厂一浓硝酸罐爆炸起火。消防天水支队接到报警后,迅速调集秦城中队3台消防车前往现场扑救,接着又调动天水郡中队、北道中队3台消防车赶往增援。现场毒气弥漫,消防官兵无法靠近,虽经官兵近2个小时佩带空气呼吸器使用灭火器多次进攻,仍无法完全扑灭。官兵们便冒着随时都有被烫伤的危险,采用排烟机送风、砂石浸埋、输管泄流的方法灭火,又经3小时苦战,终于将明火扑灭,扑救过程中有3名官兵被飞溅的硝酸烫伤。

第三节　军地共建

1985年驻军制定共建公约和共建共育规划,结合全区"双拥"工作,先后开展"五讲四美三热爱"、"智力助民,扶贫致富"和建立"青年民兵之家"等活动。

1991年区人民武装部与区文化局举办"爱我中华,固我长城"书画展;驻区部队政治部与市文化局联合举办书法展,展期6天,展出作品200余幅。全区军民共建点增加到39个。驻区部队与驻区24个单位建立共建关系,武警中队建立8个共建点,消防中队与3个单位建立共建关系,预备役师与2个单位建立共建关系。在八一期间,区民政局组织军休所离休老干部参加地方举办的门球邀请赛。1994年军民共建单位达到66个。市武警支队官兵开展学雷锋与学徐洪刚、李洪生,争当合格的"陇原卫士、丝路哨兵"活动,为驻地"三老(老干部、老知识分子、老功模)"和"三弱"(伤残、孤寡、贫困户)送温暖、献爱心。秦城区印发《基层拥政爱民工作细则》和开展"两建"活动方案。1992年至1996年武警秦城中队照顾孤寡老人刘长海老大爷五年如一日,平时送米、面、菜、油,每逢重大节日都去看望,老人逢人便说"子弟兵还比亲人还亲"。9月市武警支队被省委、省政府、省军区表彰授予"双拥"先进单位。 1997年全区新结8个共建对子,举行15场军地联欢联谊,驻军为"春蕾女童班"捐款。7月驻军积极响应爱心献功臣活动,帮扶20多位革命老功臣,每年给每位老功臣资助500多元,想办法解决老功臣生活困难问题。至2000年经过3年努力一些老功臣基本摆脱贫困。同时,驻军结合地方经济建设和精神文明建设为"希望工程"、"大地之爱、母亲水窖"等社会活动捐钱捐物。之后军民共建纳入"双拥"工作逐年开展。

第四节 培养军地两用人才

1983年至1986年市武警支队500多人次参加基础文化知识、职业技术方面的学习班,300人取得大专学历证书和职业等级学历证书。1984年驻军军、政、文学习时间比例调整为5:3:2,部队干部未达到初中文化程度的当年必须达到初中文化程度,已达到初中文化程度的当年达到高中文化程度。1986年天水市武警支队筹资1万多元用于官兵学习。1987年至1989年天水市武警支队投资14000多元用于购置图书、教育器材。11月区民政局与驻区部队签订定向培养、定向安置两用人才协议书,培养74名军地两用人才,专业涉及驾驶、机电修理、服务业、蘑菇栽培等技术。年底区民政局从1982年退伍以来人员中挑选出104名军地两用人才向社会推荐,大部分被陆续录用。1988年天水汽车运输公司对天水武警支队

84名老战士进行汽车、农用机械修理技术培训。1989年区民政局摸底登记1982年以来退伍军人中的两用人才，8年累计接收军地两用人才192人，有129人被社会录用。

1991年两用人才开发使用率达到85%。部队官兵中学文化课补习基本结束，逐渐向干部的大中专教育和战士的中专、中技教育发展。1993年推荐开发使用159名军地两用人才，占应开发165人的96%；年内接收22名军地两用人才。1994年有21名被推荐开发使用。1997年驻军将育才工作纳入精神文明建设规划之中，规定初中文化程度的战士退伍时必须达到高中文化程度，将干部大专教育和战士中专、中技教育作为重点工作开展。天水市武警支队20名战士进入电大法律专业中专班学习，4名进入天水市委党校大专函授班学习。年底区民政局16年累计接收军地两用人才460人，累计开发446人。1998年8月天水长城公司子弟学校利用20天时间，对武警支队46名机关干部进行微机培训。

2001年举办培训军地两用人才培训班2次，30人参加学习，累计开发使用军地两用人才593人。2002年军地两用人才培养纳入"双拥"工作。

第五节　创建双拥模范城

1991年1月秦城区成立双拥工作协调领导小组，区委书记乔正风担任组长，领导小组下设区政府双拥办公室和武装部双拥办公室，定期召开双拥工作会议。之后随着双拥工作进入经常化、规范化，区政府双拥办公室与区人民武装部双拥办公室合并，办公室主任由民政局局长兼任。至2010年秦州区实现甘肃省双拥模范城"六连冠"。

1991年秦城区启动争创市级"双拥模范城"活动，区乡两级成立双拥组织机构，配备专职人员具体分工负责。3月召开全区创建"双拥模范城"动员大会，驻区各部门、天水市党政军领导等1327人参加动员大会。八一期间，区、乡、街道走访慰问800户烈军属，给生活困难的24户烈军属临时补助1230元，给现役军人发出慰问信600多封。区委、区政府领导带领驻区单位及群众携带西瓜、毛巾、手套、牙刷等慰问驻军。11月制定"双拥模范乡、街道"标准，现役军人优待面保持100%，复员军人定补面从上年的20%增加到50%。接收转业军人151人,安置143人,实现94%的安置,组织军休所老、离休干部参加社会公共娱乐活动。为军休所安装电视公用天线,修建花园美化环境,组织采购瓜果700斤。

1992年秦城区双拥工作达到市级双拥模范城标准,制定《秦城区军人抚恤优待办法》,乡、街道、区直部门建立双拥工作岗位职责,建立与外地战士联系制度,成立61个拥军小组、679个烈军属服务小组、687个军烈属代耕小组。提高现役军属优待标准与复员军人优待标准,复员军人优待面从50%扩大到100%。年底,秦城区被省委、省政府、省军区命名为"双拥模范区"。1993年秦城区建成双拥模范街3个,拥军模范乡16个。配合驻区部队参加93演习开展大规模的拥军支前活动。1994年区民政局与各乡、街道签订双拥工作目标管理责任书。节日期间慰问35个营连单位和8000多名优抚对象,军地两用人才使用率达到95%,为7名军官家属联系调动工作,区民政局和广播局联办4个月的"军民鱼水情"有奖征文活动。1996年在乡公路沿线、主要村镇设立固定宣传标语,乡政府所在路口醒目位置设立双拥宣传牌。1997年在全区主要街道树立10块大型固定永久性双拥宣传标准牌,在乡义务兵家属优待面100%,最高优待金达到1200元。在乡老复员军人优待面100%,月标准提高到35元。当年转业退伍军人安置率为90%,两用人才开发使用率达到96%。1998年全区优待面和定补面保持100%,提高优待和定补标准,安置率达到90%以上。军地双方举办56场联欢活动,军地互办12件实事落实,为部队子女解决入托入学56人。

1999年"八一"前,重新刷写双拥牌12块,在街道显著位置书写3到4条双拥标语,主要街道悬挂2条过街双拥横幅,乡镇主要交通要道、集贸市场增设2到3块大型永久性双拥标语牌,各村在显著墙壁上书写1到2条双拥标语。学校普遍开展以爱国主义为核心的国防教育活动。地方帮助部队解决训练、施工、生活及家属子女随迁、就业、入学、入托等问题,落实"军嫂不下岗、下岗无军嫂"的规定,科技部门支持部队"菜篮子工程"。7月开展"爱心献功臣"活动,驻区105个单位对烈士家属、革命伤残军人、在乡退伍老红军、在乡复员军人、流落红军等158位存在"三难"的革命功臣结成一帮一、一帮二的帮扶对子,其中驻军帮扶20多名对象。10月东关、七里墩、大城3街道和环城、铁炉、平南、苏成、牡丹5乡被评为全市双拥模范街道、乡,二一三厂、农行市支行、天水供电局、市委办公室、军分区政治部等27个驻区单位被评为双拥工作先进单位。

2000年1月12日天水市被中华人民共和国民政部、中国人民解放军总政治部命名为"全国双拥模范城"。秦城区下拨各类优抚款150多万元,贯彻落实《义务兵家属优待金全社会统筹办法》。召开军地联欢、联谊、文艺演出130多场次。悬挂过街双拥横幅14条,书写标语490条,双拥活动宣传报道30余篇。开展志愿者服务活动,在节日期间为部队官兵拆洗被套、衣服4000多件(套)。将城乡20多户革命功臣纳入低保体系,对其抚恤补助不计纯收入水平,并实行优先保障,城市每人每月130元低保金,农村每人每年400元保障金。元旦、春节、"八一"节期间,区领导带队走访慰问28位革命功臣,送去1万元慰问金及日常用品。各乡、街道组成156个志愿者服务小组,农忙时为革命功臣帮种帮耕,平时照料生活。各乡卫生院对在乡老复员军人就医实行免收咨询、出诊、诊断、注射费和减收医药费。105个单位参与"爱心献功臣"活动,为158位革命功臣兑现43260元补助。1999年7月至2000年底全区为革命功臣捐款31960元,送去衣物、棉被388件(套),面粉16袋,大米32袋,清油420斤,现金54000多元。2001年7月建立优抚对象抚恤补助自然增长机制。

2002年在南郭寺、玉泉观等主要旅游景点设军人优先免费标牌,天嶷公路北口、天江公路天水郡处、天北公路七里墩段设立双拥标语牌。在商贸服务、公交运输、医疗卫生、邮政通信、大型宾馆、饭店停车场等服务行业普遍设立军人优先、免费和军车免费、伤残等军人专座等标志。优抚安置政策实行"7个100%",即各项优抚补助100%到位,老复员军人定补面100%覆盖,义务兵家属优待面100%兑现,现役军人立功人员奖励面100%,二等乙级以上在乡革命伤残人员医药费100%报销,重点优抚对象资料100%建卡归档,符合安置条件的城镇退役士兵生活100%纳入低保。天水师范学院及驻区科研机构、企业等单位开展科技专家进军营、科技人才进军营、科技信息进军营等活动;区国土资源管理局和吕二乡政府按照"产权不变,使用权归部队无偿使用"的原则,解决预备役旅靶场建设问题。

2006年秦州区开展创建省双拥模范城"六连冠"活动,至2010年秦州区驻有团以上部队5个，重点优抚对象2465人，实现"10个100%"：转业干部安置行政和事业单位100%，重点优抚对象资料建档立卡100%，连以上驻军部队电子阅览室、室内练习场等科技拥军普及100%，驻区部队军嫂安置和子女入学优惠100%，抚恤补助款到位100%，六级以上残疾军人医药费报销100%，城镇退役士兵生活补助发放100%，农村义务兵家属优待金兑付100%，重点优抚对象参加农村新型合作医疗和基本医疗保险100%，重点优抚对象大病医疗救助按标准落实100%。在4年的创建活动中，秦州区党政机关、乡镇、街道和企事业单位成立双拥基层机构187个，结成军民共建对子56个，建立军民共建基地12个，形成党政军三位一体，区、乡（街）、村（社区）三级联动，社会各方广泛参与的双拥工作组织领导体系。区财政每年列支168万元双拥活动经费用于慰问部队、重点优抚对象抚恤金补助等，列支15万元用于科技、教育、文化拥军。秦州区累计召开会议29次专题研究双拥工作，组织8次专题学习国防知识，区四大组织领导和人大代表、政协委员先后深入275个村、41个社区及基层单位帮助解决实际问题。

秦州区志

QIN ZHOU QU ZHI

区 志

第十七编

SiFa

司 法

1985年至2007年天水市公安局秦州分局受理治安案件26809件，处理25284件；刑事案件立案9301件，破案7403件，抓获嫌疑犯8917人，逮捕5311人，起诉5626人；区检察院受理逮捕5831人，批捕5400人，受理公诉案件4000件6461人，提起公诉3209件4953人；区法院受理民商事案件23039件，结案23044件，受理刑事案件3677件，结案3675件。

第一章　司法行政

第一节　司法机构

1985年7月天水市司法局更名为天水市秦城区司法局，设局长1人，副局长2人，有职工8人。1990年至1996年乡、街道先后成立司法所。2005年1月天水市秦城区司法局更名为天水市秦州区司法局，设有依法治区办公室、法律援助中心。2006年基层司法所改由区司法局垂直管理。2007年局机关有工作人员38人。

第二节　民事调解

1985年接收天水县17个乡调解工作，调解纠纷1007件。1986年至1987年开展民间纠纷专题调查。1991年辖区内200人以上企业相继成立调解组织。1996年在大型集贸市场建立调委会10个，全区调解组织达到734个，其中一类调委会502个，二类调委会232个。至1998年标准化调委会创建率达35%。2001年整顿各级调解组织，一类调委会达75%以上，95%以上的调委会达到组织、人员、制度、工作"四落实"，调解人员培训达90%以上；集中排查和治理民间纠纷和矛盾热点、难点。2006年重点调解承包地、村务管理、征地拆迁、企业改制等方面矛盾，开展"自下而上的排查、突出重点集中排查、抓住苗头超前排查,严格制度定期排查"活动。

1985—2007 年秦州区调解纠纷统计表

表 17—1—1   单位:起、%

年份	调解纠纷	调解成功	调解成功率
1985	1783	1510	84.7
1986	1763	1521	86.3
1987	1892	1589	84.2
1988	1730	1551	89.7
1989	1447	1235	85.4
1990	1960	1689	86.2
1991	1474	1255	85.2
1992	1543	1373	89
1993	1884	1705	96
1994	1275	1078	84.6
1995	1359	1130	83.2
1996	1187	1104	93
1997	1024	996	97
1998	974	899	92.3
1999	736	706	95
2000	588	570	96
2001	596	577	96.8
2002	624	588	94.2
2003	647	615	95
2004	547	537	98.1
2005	548	537	97.9
2006	498	487	97.7
2007	598	559	93.5

第三节　安置帮教

1996年10月成立刑释解教人员安置帮教工作协调小组,在司法局设办公室,负责刑释解教人员安置帮教工作。1997年7月乡、街道成立安置帮教领导小组,村(居)委会建立帮教小组,排查摸底刑释解教人员43人。1999年安置帮教工作纳入社会治安综合治理目标管理责任书，乡、街道建立"两劳"（劳改、劳教）释放人员登记制度。2001年乡镇、街道司法所设立刑释解教人员安置帮教办公室，重点开展邪教劳教人员安置帮教工作。2003年6月建立刑释解教人员季报制度和刑释解教人员档案。

2006年11月贾家寺建材厂建立区刑释解教人员过渡性安置实体。至2007年乡镇、街道有安置帮教机构23个，专兼职工作人员75人；基层安置帮教小组634个，兼职帮教工作人员1902人。1996年至2007年共有刑释解教人员1028人。其中城市586人安置410人，安置率70%；农村442人落实责任田。

1996—2007年秦州区刑释解教人员计表

表17-1-2　　　　　　　　　　　　　　　　　　　　　　　　　　单位：人

年份	全区	农村	城市
1996	34	14	20
1997	43	20	23
1998	54	15	39
1999	102	52	50
2000	103	26	77
2001	86	34	52
2002	73	23	50
2003	135	41	105
2004	140	59	81
2005	85	42	43
2006	104	51	53
2007	69	35	34

第四节　普法依法治理

1985年7月成立普法领导小组，"一五"普法分3个阶段。第一阶段为1985年7月至1986年7月，成立普法领导小组228个，31所中学开设法律常识课。第二阶段为1986年8月至1989年7月，全区579所小学将法律常识纳入思想品德教育课,法律启蒙教育小学生54130名。第三阶段为1989年8月至1990年6月。1989年发放《捍卫宪法尊严、维护安定团结》宣传提纲1000份,编印宣传材料3400份;342860人参加普法学习,占普法对象的99%。

1991年成立法制宣传教育领导小组,领导小组办公室设在区司法局,149个单位、22个乡、7个街道成立"二五"法制宣传教育领导小组,开展"二五"普法教育工作,至1995年结束。期间中小学确定3至5名普法宣传员,举办普法培训班,表彰奖励"一五""二五"普法期间先进集体43个、先进个人25名。1996年"三五"普法分3个阶段实施,至2000年结束。第一阶段在乡村开展"法律知识进万家"活动,宣传《未成年人保护法》《预防未成年人犯罪法》等法律法规。第二阶段组成24个普法工作组,在588个村委会推行"村民选举、村民议事、村务公开"。第三阶段开展"三五"普法考核验收工作,43万人参加普法学习,占普法对象的99%,考核合格133个单位。

2001年"四五"普法分3个阶段实施,至2005年结束。2001年为第一阶段,调整依法治理领导小组97个、办事人员846人,在22乡、7个街道开展3个月的宣传教育活动,培训180名副科级以上领导干部和630名普法骨干。2002年至2004年为第二阶段,组成22个法律宣传服务队,在596个行政村开展两个月的"法律知识进万家"活动;举办"大地杯"现场法律知识竞赛,区检察院、长开厂、市三中等34支代表队参加;组建38个法律顾问团,利用农村逢集日到16乡(镇)轮回演讲法律知识。2005年为第三阶段,考核验收区直部门、乡镇、街道和驻区部、省属企事业单位"四五"普法工作,经验收全部合格。同年省委、省政府授予秦城区普法先进县区荣誉称号。

2006年实施"五五"普法,至2007年先后法制教育1万名外来务工人员,组成"送法下乡"服务队在16个乡镇开展法律宣传;组成"法律进校园"普法宣讲团到中小学开展师生互动巡回法律宣讲,举办法制报告会23场次,开展法律咨询38次,受教育师生达2.8万人次;举办"迎国庆现场法律知识竞赛",36支代表队108名队员参赛。

第五节　法律工作

法律援助

1998年设立"148"法律服务专线，为群众提供法律援助。2000年10月设立司法局法律援助中心，法律援助人员由律师、法律工作者和公证员组成。2005年区司法局法律援助中心更名为秦州区法律援助中心。2006年招聘法律志愿者60名。2007年依托乡镇司法所建立基层法律援助工作站。

1985—2007年秦州区法律援助案件统计表

表17-1-3
单位：件

年份	刑事	民事	非诉讼
2000	7	11	2
2001	12	14	6
2002	30	21	5
2003	27	18	11
2004	19	18	29
2005	21	32	31
2006	23	31	33
2007	21	37	24

法律服务

1994年4月成立区法律服务所与区司法局合署办公，10月更名为区法律服务中心。11月太京、牡丹、苏成、杨家寺、关子等乡和中城、天水郡、石马坪、西关等街道成立法律服务所。2000年11月撤销中城等街道法律服务所，仅保留西关、石马坪两个街道法律服务所。至2007年法律服务累计代理民事案件456件，代写法律文书506份，挽回经济损失13万元。

1994—2007年秦州区法律服务所办理民事案件统计表

表17-1-4

年份	案件数（件）	担任法律顾问	代写法律文书（份）	挽回损失（万元）
1994	18	—	30	—
1995	20	1	24	—

续表

年份	案件数（件）	担任法律顾问	代写法律文书（份）	挽回损失（万元）
1996	15	2	30	0.5
1997	27	1	41	0.5
1998	34	4	28	0.5
1999	61	—	33	0.5
2000	21	1	29	0.5
2001	23	3	42	0.5
2002	41	—	45	1
2003	38	—	37	1
2004	36	1	30	1.5
2005	46	12	44	0.5
2006	33	4	43	2
2007	41	4	50	4

第六节　公证律师

公证

1987年天水市公证处更名为天水市秦城区公证处。1993年区公证处有工作人员7人。1994年开办涉外公证。2005年1月更名为天水市秦州区公证处。至2007年办证种类近百种，公证书发往50多个国家和地区。1993年至2007年共办理公证事项18390件，其中经济合同（协议）类6362件、民事权利义务类11271件、涉外公证757件，业务收费107.8万元,涉案标的6亿多元。

律师

1985年8月天水市法律顾问处更名为天水市秦城区法律顾问处。1988年区法律顾问处更名为区律师事务所。1996年区律师事务所更名为天水天靖律师事务所。2007年天靖律师事务所有律师11人，其中专职4人。1994年至2007年天靖律师事务所担任115户党政机关、企事业单位法律顾问,代理民事案件832件、刑事案件290件、行政案件57件,解答法律咨询11179人次,代写法律文书3678份。

1994 — 2007 年天靖律师事务所工作情况统计表

表 17—1—5

年份	常年法律顾问（家）	办理民事案件（件）	办理刑事案件（件）	办理行政案件（件）	解答法律咨询（次）	代书（份）	办理法律援助（件）
1994	8	73	21	4	641	341	7
1995	10	68	24	6	726	312	8
1996	11	70	26	7	764	352	10
1997	13	69	31	5	863	346	11
1998	12	72	29	6	953	382	12
1999	13	75	32	8	1246	416	14
2000	11	64	26	5	942	302	16
2001	10	62	23	4	923	243	17
2002	9	59	21	3	864	236	15
2003	6	54	21	—	742	215	17
2004	2	43	11	5	715	121	14
2005	8	50	13	3	649	164	15
2006	—	45	7	1	584	132	16
2007	2	28	5	—	567	116	17

第二章 公 安

第一节 公安机构

1985年7月天水市公安局更名为天水市公安局秦城分局，下设藉口、秦岭、平南、天水、汪川、李子6个派出所。1987年5月秦城分局交通警察队移交天水市公安局。1988年设立天水电力派出所。1989年设立红山厂、长仪厂、轴仪厂、海林厂、长开厂5个企业派出所。1992年设立区交通派出所。1993年设立藉源林业派出所。1995年成立缉毒队及玉泉、环城、吕二、中梁、关子、铁炉、牡丹、杨家寺、店镇、齐寿、华岐、大门、苏成、娘娘坝14个农村派出所。1998年撤销预审股，刑事侦查大队升格为副科级。

1999年政保股更名为国内安全保卫股，撤并农村12个派出所（不包括城郊3乡），设立皂郊、李子、平南、天水、汪川、牡丹、藉口7个中心派出所，2000年按照"一乡一所"要求恢复12个农村派出所，7个农村中心派出所机构建制不变。

2003年增设纪检监察室和出入境管理科，局机关共设警务督察大队、办公室、政工科、纪检监察室、法制科、装备行政科、计算机网络通讯科、消防监督科（武警现役编制）、禁毒办9个科室；下辖国内安全保卫、经济犯罪侦查、治安管理、刑事警察、缉毒缉私、防暴巡警6个职能大队和出入境管理科、经济文化保卫科、看守所、行政拘留所、戒毒所，以及七里墩、东关、大城、北关、中城、西关、石马坪、天水郡8个城区派出所和皂郊、店镇、李子、娘娘坝、大门、汪川、苏成、华岐、天水、平南、齐寿、中梁、关子、铁炉、太京、藉口、牡丹、杨家寺、秦岭、环城、吕二、玉泉22个农村派出所。

2005年1月天水市公安局秦城分局更名为天水市公安局秦州分局。刑警大队七中队（技术中队）更名为刑事科学技术室同时挂物证鉴定室牌子，法制科更名为法制预审大队，经济文化保卫科更名为经济文化保卫大队。

第二节　刑事侦查

刑事发破案

1985年全区发生刑事案件254起。其中城区229起，农村25起。破案212起，破案率83.4%。发生重大案件45起，破28起，破案率62.2%。在严打第二战役中收捕刑事犯罪分子234人。

1986年发生刑事案件254起，其中城区246起，农村8起。全年破获刑事案件220起。在严打第三战役中收捕犯罪分子240人，追回赃款赃物价值13.46万元。1987年发生刑事案件224起，召开大中型公判公捕会6场次、小型公捕会8场次，逮捕罪犯202人，宣布劳教、收容教养83人。

1992年发生刑事案件220起破获155起，破获隐积案198起，自行车案件624起，追回被盗自行车718辆，总计破案977起，人均破案3.05起。1997年破案绝对数上升到918起,召开公捕大会2次。之后破案绝对数有所回落。

2001年刑事案件上升到850起,为历年最高值,破获477起,其中重大案件105起,破获62起,破案绝对数达794起,其中大案122起。缴获赃款赃物价值241万元,组织4次公捕公判大会,并在中心广场召开赃物认领发还大会。

2005年刑事拘留犯罪嫌疑人299案472人,摧毁犯罪团伙32个144人。2006年破获"两抢一盗"案件425起,摧毁团伙30个124人,抓获犯罪嫌疑人203人。2007年发生刑事案件505起,侦破刑事案件782起;打掉犯罪团伙40个,涉案236起。抓获犯罪嫌疑人556名,拘留472名,追缴各类赃物折价231万元。

1985 — 2007 年秦州区刑事案件统计表

表17—2—1　　　　　　　　　　　　　　　　　　　　　　　　　　单位:人、起、万元

年份	立案	破案	其中大案		逮捕人数	起诉人数	抓获总数	破案绝对数	追回损失
			立	破					
1985	254	212	45	28	134	130	234	—	66
1986	254	220	35	30	148	148	240	—	13.5
1987	224	185	51	41	225	212	462	304	16.3
1988	281	210	85	66	221	221	278	345	28
1989	325	249	143	106	287	287	294	406	27
1990	262	190	112	82	355	355	367	283	18
1991	197	156	92	75	311	323	341	465	
1992	220	155	76	60	226	304	315	353	—
1993	279	226	100	77	229	227	231	—	35.6
1994	260	235	88	80	231	227	229	—	78
1995	287	264	111	102	258	282	286	602	46
1996	283	273	109	106	194	194	328	739	190
1997	273	264	105	102	254	315	464	918	310
1998	262	256	90	87	241	215	481	780	141
1999	583	419	118	78	271	261	447	720	177
2000	731	469	238	121	255	240	483	835	243
2001	850	477	105	62	232	254	472	794	242
2002	812	561	141	126	218	254	484	760	152

续表

年份	立案	破案	其中大案		逮捕人数	起诉人数	抓获总数	破案绝对数	追回损失
			立	破					
2003	565	412	78	71	206	246	469	745	360
2004	526	397	71	61	187	182	455	899	405
2005	547	341	98	79	197	255	488	768	310.
2006	521	346	126	103	207	239	513	707	292
2007	505	349	130	120	224	255	556	782	231

专项斗争

打黑除恶 2001年打掉带有黑恶势力性质的欺行霸市、强买强卖、强收保护费、抢劫盗窃、非法拘禁殴打他人、车匪路霸盗窃、持刀伤人的恶势力犯罪团伙31个，涉及成员119人。2004年摧毁带有恶势力性质的青少年犯罪团伙"天煞门"。2006年打掉撬门扭锁、翻墙入院大肆盗窃耕牛、摩托车等恶势力犯罪团伙，刑事拘留7人，逮捕5人。

追逃 2000年缉拿逃犯41名。2001年抓获在逃犯罪嫌疑人44人，其中抓获公安部上网逃犯10人。2003年新增网逃犯38人，全年抓获逃犯66名。2004年抓获在逃犯罪嫌疑人62人，其中当年新增上网逃犯32人，抓获26人。2005年抓获逃犯77人。秦州分局获全国追逃先进基层单位的荣誉称号。2006年抓获在逃犯罪嫌疑人66名（均为上网逃犯），其中抓获逃犯含公安部B级督捕逃犯2名，市级督捕逃犯1名，命案逃犯14名。2007年抓获在逃人员187名，为历年最多，其中抓获命案逃犯10人。

现场勘查

1985年刑事勘查技术仅有照相、验尸等常规手段。1992年使用微机储存犯罪资料，输入刑事犯罪情报资料250份。1994年出动现场224起，勘查224起。刑侦技术完成刑事情报及指纹资料微机录入。1995年出动现场239起，勘查239起。之后每年勘查现场维持在200起以上。2001年勘查刑事现场下降到142起，非正常死亡和尸检及其他59起。2002年至2003年勘查刑事现场478起。

2005年勘查现场上升到320起，出具检验鉴定报告605份。2006年勘查现场395起，出具伤情鉴定599份、化验报告76份、尸检报告131份。2007年勘查现场397起，出具检验鉴定报告715份。

第三节 经济犯罪侦查

1998年经济犯罪案件实行立案，至2007年经济案件立案266起，破获258起，破获率97%。

1999年立案20起，破案17起。其中立重特大案件16起，查结13起；拘留嫌疑人9名，转捕8名；收缴假美钞2万元，假人民币2.2万元。2000年立案12起，查处12起，抓获犯罪嫌疑人18人，其中逮捕8案12人，移送起诉6案9人，挽回经济损失105万余元。2003年立案经济犯罪案件37起，其中合同诈骗12起、职务侵占14起、贷款诈骗3起、挪用资金4起、销售假冒注册商标商品2起、失职被骗1起、伪造变造金融票证1起，破案36起。查处捣毁制售假烟窝点1处，没收假烟生产设备6套，没收假烟及假烟标等价值27万元，查处违法经营销售假烟22起，没收假冒香烟500件价值31万元。

2004年立案28起全部破案，其中合同诈骗4起、职务侵占14起、侵犯商业信用1起、挪用资金5起、偷税1起、其他3起。2005年立案31起全部破案，其中合同诈骗12起、职务侵占4起、挪用资金1起、侵犯知识产权2起、侵犯商业秘密1起、出具虚假证明1起、虚报注册资本1起、贷款诈骗3起、集资诈骗2起。2007年立案32起全部破案，其中合同诈骗16起、集资诈骗6起、职务侵占9起、其他1起。抓获犯罪嫌疑人16人，其中上网逃犯5人。

1998—2007年秦州区经侦案件统计表

表17—2—2 单位：件、人、万元

年份	立案	破案	抓获	批捕	起诉	挽回损失	挽损率%
1998	30	27	5	1	—	213	84
1999	20	17	9	8	—	143.43	44
2000	12	12	18	12	9	105	37.5

续表

年份	立案	破案	抓获	批捕	起诉	挽回损失	挽损率%
2001	17	16	11	3	4	202	59.4
2002	28	28	24	8	6	93.78	45.8
2003	37	36	30	2	4	198.5	54.7
2004	28	28	23	3	4	336.1	48
2005	31	31	28	4	3	258.41	40.7
2006	31	31	25	2	3	137	56.3
2007	32	32	16	—	—	140.6	28.9

第四节　治安管理

1985年秦城区有旅店业157家（国营4户、集体17户、个体126户），其中城市94户、农村63户；废旧收购业31户（国营19户、集体10户、个体2户）；刻字业、信托寄售等特种行业16户。区公安分局摸底登记特种行业，摸排线索6条，破获刑事案件2起，抓获犯罪嫌疑人4人，建档立卡重点人口734人。开展"一查禁、三整顿"专项治理，查封6处非法收购点，没收非法收入8000元，处罚单位3个；查获淫秽书刊16册、非法出版书刊781册，捣毁传播淫秽录像窝点，治安处罚43人，收缴12盘淫秽录像带。检查物资局、火柴厂等单位炸药库，农副公司鞭炮库，以及销售剧毒农药的门市部等单位，限定销售范围。

1991年至1999年安全大检查90多次，制订安全保卫实施方案10份。召开特种行业和公共复杂场所负责人会议13次，参加403人次；专项检查特种行业28次，印刷管理通告、通知1800余份。清理46个烟花爆竹销售点。集中整顿24家废旧收购门市部和112家旅店及包工队、个体饭店、发廊、私人出租房等，发现问题旅店10家，处罚6家，责令停业2家，抓获流窜犯17人。强制收缴刀具等凶器1102把。在巡逻中处理治安案件218起，调解纠纷136起，处理扒窃、扰乱社会治安等违法人员262人。治安案件发案由1992年的1059起降至1999年的641起，下降39%。

1997年查处"六害"案件307案748人。其中吸食、注射毒品148起153人，传播淫秽物品5起9人，卖淫嫖娼13起24人，赌博141起562

人，没收播放淫秽录像电视机5台，收缴淫秽录像带25盘、VCD光盘18盘，刑拘2人，逮捕2人，罚款2.4万余元。整顿旅店20家，取缔收购点61家，登记出租房屋1609间。登记暂住人口3299人。整顿4所大专院校周边环境秩序，清理电子游戏室、台球室5家；开展打击流氓恶势力、村霸、街霸及收枪治暴整治行动，打掉抢劫、盗窃犯罪团伙1起，抓获批捕在逃犯1名、负案在逃犯2名，查获非法持有枪支4支，追回赃款赃物价值1万余元。

2000年城区学校门口及周边采取包干整治办法，清理学校门前摊点289处，取缔校园周边录像放映厅、电子游戏厅、网吧等场所15家。2001年检查娱乐服务场所907家次，取缔11家，停业整顿66家，查处卖淫嫖娼、赌博、传播贩卖淫秽物品、色情服务等"六害"案件496起，治安处罚847人。专项治理枪支炸药，收缴非法猎枪303支、气枪98支、小口径6支、自制手枪9支、火药枪475支，收缴炸药158公斤、导火索11381米、雷管6475枚、黑火药3公斤、子弹1941发。收缴氰化钾4500克、其他危险类药剂360公斤，收缴剧毒性鼠药150公斤，遣散外地民工350人次，治安处罚65人。

2004年至2006年开展在校学生法制宣传教育，调解纠纷160起，查处违法犯罪嫌疑人471人。2007年全区公共娱乐服务场所数量剧增，采取"登记管理"方法，结合"扫黄打非"工作，查处贩卖淫秽物品及传播淫秽物品等44起涉黄案件，收缴VCD光盘708盘，鉴定淫秽光盘240张，罚款4.6万元，收缴销售侵权盗版图书1.5万册，没收非法所得3万元。登记管理网吧38家，查处违规经营10家，分别给予停业整顿和行政处罚。

1985 — 2007 年秦州区治安案件查处统计表

表17—2—3

年份	发现受理（起）	查处（起）
1985	403	249
1986	423	271
1987	316	230
1988	279	202
1989	340	232

续表

年份	发现受理（起）	查处（起）
1990	761	486
1991	651	641
1992	1059	850
1993	965	870
1994	594	588
1995	661	651
1996	720	706
1997	785	785
1998	860	860
1999	641	641
2000	1210	1178
2001	1611	1525
2002	1249	1232
2003	1914	1901
2004	1996	1981
2005	2748	2687
2006	2972	2946
2007	3651	3572

1985 — 2007 年秦州区特种行业治安管理统计表

表 17—2—4

年份	检查旅馆（家）	检查洗浴（家）	检查发廊洗头房（家）	查处淫秽物品（件）	禁赌（起）	禁娼（起）
1985	121	11	62	43	41	34
1986	124	15	71	51	53	40
1987	139	21	80	84	78	52
1988	149	29	95	91	90	51
1989	157	39	107	109	115	78
1990	169	45	114	99	109	76
1991	175	51	150	137	91	49
1992	179	57	161	149	98	53
1993	187	65	194	159	101	53

续表

年份	检查旅馆（家）	检查洗浴（家）	检查发廊洗头房（家）	查处淫秽物品（件）	禁赌（起）	禁娼（起）
1994	187	65	219	179	94	57
1995	189	67	256	199	91	59
1996	193	71	288	241	49	70
1997	195	71	291	251	67	69
1998	201	71	297	249	59	73
1999	207	74	304	290	64	71
2000	217	79	345	310	75	90
2001	221	57	297	355	74	114
2002	230	49	291	361	67	109
2003	240	45	277	356	101	111
2004	242	31	261	334	61	107
2005	244	25	250	312	57	91
2006	247	25	241	299	56	85
2007	249	21	229	241	78	71

第五节 户政与出入境管理

户口管理

1985年至1990年颁发居民身份证332242人，其中农村户口簿48764本，更换补填表册8万张。1986年核对居民户口，更换门牌3609个，户口簿32399本。1990年设立户政股，派出所和乡政府设专职户管人员。1991年填发农村人口户口簿7万本，完成身份证打卡8000张，送省厅制证11888张。1993年办理迁出、迁入、出生、死亡等手续29413人次，颁发居民身份证10694份，办理临时身份证1126份、暂住证2842份，办理边境通行证1800份。1994年办理暂住证2230人，办证率达95.4%；审查办理户口材料7005人次，受理居民身份证5947人，签发临时身份证433人，办理身份证快证手续63人。1995年办理暂住证1021份，办证率96.86%；受理居民身份证6276人，签发临时身份证1089人、快证91人。

2000年办理户口10002件，签发户口准迁证3002张；清查登记暂住人口3206人，办证3141人。2002年清查登记暂住人口6967人，办证4199人，完成25907人居民身份证制证，签发边境证1250人次。2005年启动二代居民身份证颁发工作，核对169677户638250人，换发微机户口本75631人，换微机常表103338张；发现死亡未注销9591人，注销6671人；发现户口待定人员11862人，解决3168人；发现人户分离44196人，解决11827人；纠正主项差错26940项，非主项差错16446人。2006年完成人像采集167373张，制证134869件。2007年受理二代身份证175101人，制证129051张，办理临时身份证2939张，签发边境通行证362人次，人口信息查询400余次。

农转非

20世纪80年代城市户口关系到子女上学、就业、福利分房、商品粮及其他紧缺商品的供应，城市户口成重金难买的香饽饽。1985年至1991年根据职工工龄等条件落实家属城镇户籍，按总人口比重1.5‰比例每年应落实200人，实际办理农转非190余人。此外还有大中专毕业生、军属等落实农转非户口。

1992年借鉴外地经验，由区计划委员会、区公安局、区财政局对符合条件的农村居民以6000元/人的价格出卖城镇户籍使农村户籍变为城镇户籍。2003年实施小城镇农转非。

1990—2003年秦城区指标农转非统计表

表17—2—5 单位：人

年份	人数	年份	人数
1990	1018	1997	2018
1991	2682	1998	2270
1992	1421	1999	3893
1993	1067	2000	4095
1994	2681	2001	4135
1995	3159	2002	4095
1996	2358	2003	4124

出入境管理

出境 2003年前出境人员较少,1985年至2002年仅办理出境手续127人次。2003年出境人员大增,办理护照189人次。之后逐年递增,至2006年办理出境证件882人次,其中护照838人次,往来港澳通行证38人次,往来台湾通行证6人次。

入境 1985年入境人员383人,2007年增至700多人。全区"三非"(非法入境、非法居留、非法就业)现象比较严重。主要是未持就业证和外国专家证的外国人,大多从事教育(英语培训)、文化(商业演出)、体育、休闲服务等行业。

1985—2007年秦州区出境人员统计表

表17—2—6

年份	护照(人次)	往来港澳通行证(人次)	往来台湾通行证(人次)	出境证件(人次)
1985—2002	33	94	—	127
2003	189	—	—	189
2004	303	43	4	350
2005	574	65	32	671
2006	838	38	6	882
2007	438	555	101	1094

第六节 防暴巡警

巡逻防控

1985年至1986年巡逻发现违反社会治安管理行为304起,受理治安案件187起,查处179起,治安处罚238人。1987年发现违反社会治安管理行为301起,受理治安案件161起,查处111起,治安处罚190人。1989年受理刑事、治安案件106起,查处179起,治安处罚165人。1991年至1995年查处破获刑事案件53起,治安案件218起。

1996年巡逻纠正违章178人次,查处和取缔违反治安管理行为192起220人。破获刑事案件12起,办理治安案件214起,处罚违法行为人510人次。2000年后刑事案件逐步增多。2001年至2005年侦破刑事案件94

起，比1991年至1995年期间上升77%；查处治安案件1109起。

2006年查处刑事案件20起，治安案件225起，抓获、处罚犯罪嫌疑人和违法行为人575人。2007年查处刑事案件25起，治安案件245起，抓获、处罚犯罪嫌疑人和违法行为人716人。

备勤

节会安全保卫 1985年至2007年每年例行参与的大型活动安全保卫任务有农历正月十二秦州区社火展演安全保卫，农历正月十五至十六伏羲庙民间祭祀活动安全保卫，春节期间各项大型活动安全保卫，伏羲文化旅游节公祭大典及各项活动现场安全保卫，市区党代会、人代会、政协会议安全保卫等。

抢险救灾 1999年3月18日，3名小学生进入北关煤场防空洞玩耍，后情况不明，王和平、何方志、郑银军3名民警出警救援。因洞内有毒气体密布，3人均中毒晕倒，其中何方志晕倒后坠入一口深井，后因抢救无效牺牲。何方志被评为公安部二级英模，王和平、郑银军被授予个人二等功。

1999年9月17日上午皂郊乡暴发山洪，一辆载满乘客的面包车冲入河床，随时有被河水冲走的危险。接警后巡警队民警赶赴现场救援，经过6个小时的救援，面包车及乘客全部转移到安全地带。

2000年6月3日，市政工程公司在改建下水道工程中发生塌方，3名民工被埋。巡警队9名民警赴现场救援，经过1小时救援3名被埋民工被安全救出。

第七节 消 防

安全管理

1985年开展重大节日和夏收、冬季防火检查，查处火灾隐患900余条。1987年查处一般隐患501条，重大隐患21条。验收重点单位35家，合格21家，不合格14家。1988年实行三级管理，检查1100次，发现隐患1800多条，整改1700多条，下发火险隐患通知书12份。1989年检查单位700余家，查处一般隐患1175条，整改998条，重大火灾隐患26条，整改

24条,下发重大隐患整改通知书17份。1990年检查1248家单位,查出一般隐患1245条,整改1042条,重大隐患18条,整改16条,下发隐患通知书25份。

1993年开展夏收、冬防及节日检查,监督检查7次,涉及部位500余处,检查一、二级消防保卫单位2次,发现隐患600余条,下发火险通知书18份,下发停业通知书2份。"4·12"唐山火灾后,专项检查高层建筑及商业网点,下发隐患通知书3份,并要求限期整改。"8·5"深圳大火后,检查易燃易爆场所和化学危险品仓库,检查88家单位,查处一般隐患203条,重大火险隐患32条,全部整改。

1994年检查高层建筑、文物建筑及易燃易爆、仓储、商业网点1260家次,签发安全检查登记表500余份,提出整改意见3600余条,填发隐患整改通知书7份、停产停业通知书6份、复查验收通知书7份。1995年检查文化娱乐场所191家,查封关闭9家,停业整顿32家。1997年检查大型商场、市场、宾馆、饭店、公共文化娱乐场所、高层建筑等2次782家,查处隐患2435条,下发重大火险整改通知书10份。1999年检查单位738家,查处火灾隐患2134条,督促整改2089条,整改率98%。

2000年检查单位2198家,查处火灾隐患6731处,其中重大火灾隐患38处。专项治理公共娱乐场所、易燃易爆场所,检查280家,查出火灾隐患1003处,当场督促整改617处,责令限期整改386处,停业整顿11家,经济处罚23家。2002年至2003年检查单位2937家,发现隐患5177处,督促整改903条,填发安全检查意见书280份、责令当场改正通知书93份、责令限期改正通知书119份、重大火灾隐患限期整改通知书36份、复查意见书116份、行政处罚决定书57份。

2004年专项治理公众聚集场所、古建筑消防安全和人员密集场所消防安全疏散通道和安全出口,检查单位899家,发现隐患1559条,督促整改1333条,下发安全检查意见书267份、责令限期改正通知书49份、重大火灾隐患限期整改通知书23份、复查意见书54份、行政处罚决定书27份。2005年开展春季防火、易燃易爆化学物品、集贸市场、大屋顶闷顶建筑、学校和幼儿园及周边环境消防安全专项治理和火灾隐患集中整治。检查单位60家,发现火灾隐患139处,当场改正97处,下发重大火灾隐患限期整改通知书4份、责令限期改正通知书12份,行政处罚单位5家3人、责令停产停业1家。2006年检查商场、市场、宾馆、饭店等场所1140家,发现火灾隐患1556条,督促改正1478条,下发责令限期改正通知书138份、复查意见书125份、消防安全检查意见书189份。2007年检查重大火灾隐患单位和人员密集场所288家,发现火灾隐患369条,责令立即改正271条,督促单位落实安全防范措施69条。

火灾

1985年至2007年全区发生火灾1565起,经济损失1762万元。

1985年至1987年电缆厂、纸箱厂及市雕漆工艺二厂发生火灾,烧毁房屋62间、瓦楞纸159吨、进口牛皮纸6.8吨、机床25台,经济损失30.98万元。

1991年11月15日区蔬菜公司批发部仓库因电线老化短路发生火灾,烧毁商品及房屋,经济损失25.99万元。

1994年12月4日市雕漆一厂因电器线路短路引起火灾,经济损失26.5万元。

1997年至1999年泰菱电器厂、大众路商场、金龙大厦、光明饭庄发生火灾,烧毁房屋26余间、成品节油器1.1万套,死亡2人,经济损失169.3万元。

2001年4月22日17时50分天水长城精密电表厂机加工分厂制粉室因违章操作引起火灾,烧毁厂房1600平方米和机器设备,烧伤1人,经济损失24.4万元。

2004年4月23日工农路天水亚都商城发生火灾,经济损失91万元。

1985—2007年秦州区发生火灾统计表

表17—2—7　　　　　　　　　　　　　　　　　　　　单位:起、万元

年份	火灾起数	经济损失	年份	火灾起数	经济损失
1985	13	17.47	1997	54	100
1986	13	11.8	1998	27	123.4
1987	16	20.9	1999	138	225.5
1988	10	8.38	2000	125	50.6
1989	6	0.57	2001	112	123.9

续表

年份	火灾起数	经济损失	年份	火灾起数	经济损失
1990	24	4.09	2002	154	134.2
1991	12	33.33	2003	96	35.4
1992	9	8.86	2004	149	207.4
1993	13	3.13	2005	185	84.3
1994	33	36.9	2006	195	341.6
1995	25	40.6	2007	142	25.5
1996	14	124.2			

4·22 亚都商城灭火

2004年4月22日6时30分许亚都商城因值班员焚烧商城外夹道内纸箱、泡沫等包装垃圾，将商城卷帘门烧穿，引燃商城内堆放的灯饰纸箱，燃烧引发火灾。4月22日7时08分，支队火警调度室接到火警后，迅速调集秦城、天水郡、北道3个公安消防中队和市石油公司1个专职消防队的12辆消防车和120名消防官兵前往扑救。市、区主要领导到场指挥灭火救援。调集交警、公安、供水、供电、医疗及解放军等相关人员200余人协同作战。运用"先控制，后消灭"的战术原则，采用"东西夹击，北面堵截，南面设防，上下合击，四面包围"的灭火战术，经过3个多小时的奋战于9时50分控制火势，10时20分彻底扑灭大火。此次火灾过火面积2762平方米，受灾户83户，其中烧毁22户、烟熏水渍61户，直接经济损失91万元，灭火用水510余吨，疏散群众168户500余人。灭火过程中除2名消防战士因烟气熏烤时间过长中毒受伤外，其余参战人员及群众无一人伤亡。

第八节　禁毒羁押

禁毒

1989年成立戒毒所，由区民政局管理，公安、卫生部门配合。当年查处种植大烟48户48人，查抄贩毒窝点25处、毒贩42人，审查吸毒人员45人。在扫除"六害"斗争中，抓获贩毒人员12人、吸毒40人，查获海洛因

10克、鸦片135克、罂粟籽20克及吸毒工具若干。

1993年调查全区吸毒者549人，戒烟所和精神病院六病区收治戒毒者193人，治愈率在80%以上。破获毒品案件13起，其中重特大案件8起，抓获罪犯14人；查处吸毒101起155人，劳动教养复吸12人；查处私种罂粟32户32人，铲除罂粟683株；收缴海洛因195.13克，摧毁贩毒窝点12处，没收毒资1.8万元。

1995年戒毒所划归区公安分局管理，设办公区、戒毒区、生活区、治疗区、训练区及文体活动区，院内设有乒乓球案、篮球架等，出操、跑步、训练和日常文体活动均在院内进行。

1998年10月破获非法持有精麻药品案，缴获三唑仑5270粒（105瓶）、安眠酮312000粒（3120瓶）、盐酸氯胺酮23支。

2000年破获吸毒案78起，抓获犯罪嫌疑人107人，其中特大3起4人、重大16起23人，打掉团伙2个6人，逮捕71案84人，批捕71案83人，缴获毒品海洛因503.9克，强戒257人，劳教41人，在册登记吸毒人员846名。

2001年破获吸毒案84起，抓获犯罪嫌疑人96人，其中特大1起1人、重大16起17人，批捕73案80人。2002年破案32起，其中特大3起、重大12起，缴获毒品海洛因687.18克、鸦片605.7克，劳教13人。

2003年缴获毒品海洛因512.88克、鸦片631.2克，强戒140人，劳教40人。辖区首次出现吸食摇头丸、"K"粉等合成毒品违法活动。

2004年破获毒品案件13起，其中特大1起、重大1起、一般11起，缴获毒品海洛因441克、鸦片10.6克、"K"粉0.1克，劳教25人，强制戒毒122人。登记在册吸毒人员1274人，经复核撤销外迁、错登、重登、无人无户、下落不明214人，造册登记、建立档案和信息录入吸毒人员1060人，三年以上戒断率55.6%。落实"2、4、6"尿检规定，尿检849人；应尿检2264人次，实际尿检2148人次。禁毒宣传教育超过98%。

2005年破获毒品案件17起，其中特大3起、重大1起、一般13起，缴获毒品海洛因428.5克、冰毒0.2克、鸦片20.3克，强戒吸毒人员102人，劳教复吸23人。新增吸毒人员2人。落实帮教吸毒人员908人，建立帮教小组908个，投入帮教力量3632人。

2006年破获毒品案件23起，缴毒330.2克，强戒吸毒人员85人，劳教19人，破获特大贩毒案，缴获毒品200余克。禁毒办组织各乡镇、街道及禁毒成员单位在"6·3虎门销烟纪念日""6·26国际禁毒日""禁毒宣传月"期间开展禁毒宣传教育活动，全区禁毒教育宣传覆盖率90%。16个乡镇、5个街道建成"三级无毒社区"，皂郊、平南、齐寿、太京、华岐、藉口6个乡镇建成二级"无毒社区"。全区建立帮教小组898个3600人。

2007年强戒吸毒人员81人，破获毒品案件11起，其中合成毒品冰毒、"K"粉案件各1起，劳教18人，缴获毒品海洛因235.9克、冰毒26.5克、"K"粉51.4克、摇头丸2.2克。戒毒所人员提供吸贩毒线索71条、反馈6起15人，根据线索破获毒品案件2起3人，抓获吸毒人员13人，刑拘2人，缴获毒品111.4克。社会面上吸毒人员纳入管理959人，成立帮教小组959个，投入帮教力量3836人。纳入低保、帮助再就业、重返工作岗位554人，占吸毒总数的57.7%。

羁押

1989年看守所羁押人犯增多，在清水县羁押未决犯30名，省第三监狱羁押13名。1990年在押人员为刑事犯罪嫌疑人、外地公安机关办案时在天水需要临时寄押的人员，看守所平均每月关押300人。

1991年看守所每个小监院设水冲式厕所，室内设有马桶，随时清扫，定期喷药消毒。2003年出所146人，入所162人，月均押量150人。而后在所人员逐年增加，2006年出所562人，入所537人，月均押量220人。2007年出所434人，入所439人。

第三章　检　察

第一节　检察机构

1985年7月天水市秦城区检察院设刑事检察科、经济检察科、法纪检察科、监所检察科和办公室，职工36人。1986年增设控告申诉检察科。

1987年设立调查研究室。1991年设立政工科与办公室合署办公。1992年设立民事行政检察科,区税务检察室列为区检察院内部机构。1993年成立反贪污贿赂工作局,撤销经济检察科。1996年刑事检察科分为审查批捕科、审查起诉科,职工61人,其中检察长1人、副检察长3人、检察员13人。1997年设立检察技术科,撤销税务检察室。2003年审查批捕科、审查起诉科、法纪检察科分别更名为侦查监督科、公诉科、渎职侵权检察科。2004年设职务犯罪预防科。2005年1月天水市秦城区人民检察院更名为天水市秦州区人民检察院。2007年区检察院设有反贪污贿赂局和民事行政检察科、渎职侵权检察科、职务犯罪预防科、监所检察科、控告申诉检察科、公诉科、侦查监督科、检察技术科、调查研究室、政工科、办公室,职工72人,其中检察长1人、副检察长3人、检察员15人。

1999年实行检察官等级制,至2007年经省、市检察院审批,区检察院累计有14人为四级高级检察官,17人为一级检察官。

1985—2007年秦州区检察院检察长一览表

表17—3—1

姓名	籍贯	政治面貌	文化程度	任职时间
张文轩	陕西蒲城	中共党员	中专	1985.7-1991.12
尹兴荣	麦积区	中共党员	大专	1992.6-2000.4
武给保	天水镇	中共党员	大专	2000.4-2002.12
刘天红	河南孟津	中共党员	大专	2002.12-2006.10
王全社	麦积区	中共党员	研究生	2006.10-

第二节 侦查监督

审查批捕

1985年至1986年共捕千元以上盗窃犯65人。1988年至1993年开展打击贩毒、拐卖妇女儿童、传播淫秽物品的专项行动,受理公安机关提请批捕各类刑事案件和自侦部门经济犯罪案件1768人,决定逮捕1646人。

1997年《刑事诉讼法》修改后公安机关和自侦部门提请批准逮捕犯罪嫌疑人259人,经审查批准逮捕242人,其中贩毒97人、强奸4人、盗窃74

人、抢劫20人。1998年批捕案件中仍以盗窃、毒品犯罪为主。1999年至2000年受理逮捕犯罪嫌疑人500人，批准（决定）逮捕465人，其中批准逮捕贩毒犯罪嫌疑人185人。之后受理案件涉及人数逐年减少，至2004年共受理提请批准逮捕犯罪嫌疑人案件135件205人，审查批准逮捕123件186人。

1985—2007年秦州区检察院批捕统计表

表17—3—2

年份	受理（人）		批捕（人）	批捕率（％）	不捕（人）	不捕率（％）	决定捕（人）
	公安	自侦					
1985	193	—	151	—	37	—	—
1986	156	—	145	—	5	—	—
1987	257	—	235	—	16	—	—
1988	250	—	223	—	19	—	—
1989	306	15	298	—	10	—	—
1990	370	7	341	—	29	—	—
1991	327	7	322	—	12	—	—
1992	235	5	226	—	7	—	—
1993	238	8	236	—	7	—	—
1994	240	8	232	97.8	4	1.6	8
1995	269	6	261	97.1	—	—	6
1996	328	9	320	97.6	8	2.4	9
1997	260	4	243	93.5	17	6.5	4
1998	252	2	230	91.3	22	8.7	2
1999	257	4	243	94.6	14	5.4	4
2000	243	1	222	91.4	20	8.2	1
2001	271	—	246	90.8	25	9.2	—
2001	241	—	218	90.5	23	9.5	—
2003	228	2	204	89.5	24	10.5	2
2004	205	1	186	90.7	19	9.3	1
2005	224	3	195	87.1	29	12.9	3

续表

| 年份 | 受理（人） | | 批捕（人） | 批捕率（%） | 不捕（人） | 不捕率（%） | 决定捕（人） |
	公安	自侦					
2006	237	—	211	89	26	11	—
2007	244	4	212	86.9	28	11.5	4

立案侦查监督

1998年根据修改后的《刑事诉讼法》监督公安机关立案侦查活动，业务由侦查监督科承担。至2007年累计办理有案不立案件59件85人。

1987年3月至1989年3月提前介入228件案件。1994年至2007年追加逮捕犯罪嫌疑人41人，追加起诉被告人56人；提前介入公安机关侦查案件66件；审查批准逮捕、决定逮捕犯罪嫌疑人3267人，不批准逮捕犯罪嫌疑人259人；向公安机关或者公安人员提出口头纠正意见120人次，发纠正违法通知书6份、检察建议175份；公安、检察院自侦部门共撤销案件44件81人，对应当撤案而未撤案的监督纠正10件26人，对不应当撤案而撤案的监督纠正1件1人。

1994—2007年秦州区检察院侦查监督统计表

表17—3—3

年份	追捕（人）	追诉（件）	提前介入（件、人）	撤销案件（件、人）	检察建议（件）
1994	11	6	2、2	1、1	11
1995	9	9	—	—	4
1996	5	5	17、37	—	11
1997	8	8	—	3-5	2
1998	—	4	—	3、6	9
1999	—	2	2、4	2、2	14
2000	—	3	2、3	8、17	16
2001	—	2	5、9	7、17	31
2002	5	3	19、33	4、7	3
2003	3	2	—	3、4	12
2004	—	2	—	5、8	12

续表

年份	追捕（人）	追诉（件）	提前介入（件、人）	撤销案件（件、人）	检察建议（件）
2005	—	4	18	4、6	20
2006	—	1	3、3	8、16	16
2007	—	—	—	5、7	14

第三节　公　诉

审查起诉

　　1985年至1988年主要受理公安机关移送案件。1989年受理检察院自侦案件。1994年公诉案件主要有盗窃、贩毒、故意伤害、抢劫。至1996年公诉案件继续呈上升趋势，共受理公安机关和自侦部门移送审查起诉、免予起诉的案件220件365人（含上年退查重报6件9人，市院交办1件1人），经审查提起公诉173件269人。1997年受理案件和起诉案件有所下降。

　　2004年受理公安、自侦部门移送、市院交办审查起诉案件141件211人，审查后提起公诉121件163人，受理案件数、人数及公诉案件数、人数均创11年来新低。受理的案件主要是伤害、盗窃、抢劫、贩毒、交通肇事、贪污等。至2007年受理案件仍以故意伤害、盗窃、抢劫、诈骗、贪污、交通肇事、贩毒、强奸等犯罪为主。

1985—2007年秦州区检察院审查起诉统计表

表17—3—4

年份	受理数		提起公诉		公诉率	
	件	人	件	人	件（%）	人（%）
1985	111	167	88	126	—	—
1986	89	160	83	146	—	—
1987	107	231	96	185	—	—
1988	86	188	63	107	—	—
1989	169	328	138	241	—	—
1990	197	360	166	291	—	—

续表

年份	受 理 数		提 起 公 诉		公 诉 率	
	件	人	件	人	件（%）	人（%）
1991	200	331	170	272	—	—
1992	207	347	161	260	—	—
1993	158	249	133	213	—	—
1994	186	284	148	217	79.6	76.4
1995	197	318	153	240	77.7	75.5
1996	220	365	173	269	78.6	74.7
1997	201	285	164	230	81.6	80.7
1998	183	263	163	232	89.1	88.2
1999	197	290	151	223	76.7	76.9
2000	210	302	168	223	80	73.8
2001	219	350	190	292	86.8	83.4
2002	212	307	157	216	74.1	70.4
2003	195	295	144	206	73.9	69.8
2004	141	211	121	163	85.8	77.3
2005	170	270	119	184	70	68.2
2006	160	274	120	204	75	74.5
2007	185	286	140	213	75.7	74.5

不起诉

1985年至1996年适用免予起诉，累计不起诉（免予起诉）248人。1997年实施不起诉制度，至2007年累计对犯罪嫌疑人不起诉100件151人。

1985—2007年秦州区检察院免予起诉统计表

表17—3—5

年份	受 理 数		免 予 起 诉		免予起诉率	
	件	人	件	人	件（%）	人（%）
1985	111	167	14	17	—	—
1986	89	160	—	6	—	—
1987	107	231	—	9	—	—

续表

年份	受理数		免予起诉		免予起诉率	
	件	人	件	人	件（％）	人（％）
1988	86	188	—	16	—	—
1989	169	328	12	15	—	—
1990	197	360	11	27	—	—
1991	200	331	21	29	—	—
1992	207	347	22	41	—	—
1993	158	249	16	19	—	—
1994	186	284	15	26	8.1	9.2
1995	197	318	15	24	7.6	7.5
1996	220	365	27	38	12.3	10.4
1997	201	285	13	16	6.5	5.6
1998	183	263	6	10	3.3	3.8
1999	197	290	11	13	5.6	4.5
2000	210	302	13	20	6.2	6.6
2001	219	350	5	10	2.3	2.9
2002	212	307	10	12	4.7	3.9
2003	195	295	10	15	5.1	5.1
2004	141	211	5	9	3.6	4.3
2005	170	270	6	8	3.5	3
2006	160	274	6	13	3.8	4.8
2007	185	286	15	25	8.1	8.7

出庭公诉

1996年10月区检察院、法院为全省试行修改后《刑事诉讼法》庭审工作试点单位，成立试点协调领导小组，开展试点工作。1997年启用简易程序审理公诉案件，提起公诉164件230人，审理42件42人，分别占提起公诉的25.6%、18.3%；出庭支持公诉122件188人，分别占提起公诉的74.4%、81.7%；无罪判决1件4人。

2000年实行主诉检察官办案制度，组织起诉（公诉）部门人员参加主诉检察官考试、业务能力测试、民主测评等。2007年提起公诉140件213人，适用简易程序审理44件44人，分别占提起公诉的31.4%、20.7%；出庭支持公诉96件169人，分别占提起公诉的68.6%、79.3%。

1985—2007年秦州区检察院出庭支持公诉统计表

表17—3—6

年份	提起公诉		简易程序		简易率		出庭公诉		出庭公诉率（％）		无罪判决		提起公诉准确率（％）	
	件	人	件	人	件（％）	人（％）	件	人	件（％）	人（％）	件	人	件（％）	人（％）
1985	88	126	—	—	—	—	91	125	—	—	—	—	—	—
1986	83	146	—	—	—	—	75	144	—	—	—	—	—	—
1987	96	185	—	—	—	—	93	176	—	—	—	—	—	—
1988	63	107	—	—	—	—	79		—	—	—	—	—	—
1989	138	241	—	—	—	—	134		—	—	—	—	—	—
1990	166	291	—	—	—	—	159	284	—	—	—	—	—	—
1991	170	272	—	—	—	—	170	272	—	—	—	—	—	—
1992	161	260	—	—	—	—	157	256	—	—	—	—	—	—
1993	133	213	—	—	—	—	121		—	—	—	—	—	—
1994	148	217	—	—	—	—	148	217	100	100	—	—	100	100
1995	153	240	—	—	—	—	153	240	100	100	—	—	100	100
1996	173	269	—	—	—	—	173	269	100	100	1	2	99.4	99.3
1997	164	230	42	42	26	18	122	188	74.4	81.7	1	4	99.4	98.3
1998	163	232	38	38	23	16	125	194	76.7	83.6	1	1	99.4	99.6
1999	151	223	24	24	16	11	127	199	84.1	89.2	—	—	100	100
2000	168	223	18	18	11	8	150	205	89.3	91.9	—	—	100	100
2001	190	292	23	23	12	8	167	269	87.9	92.1	1	1	99.5	99.7
2002	157	216	22	22	14	10	135	194	86	89.8	—	—	100	100
2003	144	206	45	45	31	22	99	161	68.8	78.2	1	1	99.3	99.5
2004	121	163	23	23	19	14	98	140	81	85.9	3	3	97.5	98.2
2005	119	184	36	36	30	20	83	148	69.7	80.4	—	—	100	100
2006	120	204	24	24	20	12	96	180	80	88.2	—	—	100	100
2007	140	213	44	44	31	21	96	169	68.6	79.3	—	—	100	100

报送案件补充侦查撤销案件

报送案件　1985年至1993年区检察院向市检察院移送案件67件242人。1994年至2007年报送审查起诉案件198件437人，分别占受理数的7.4%和10.7%。报送案件主要为伤害（致死）、故意杀人、抢劫、盗窃、贩毒、贪污挪用公款、绑架等重大案件。

1985—2007秦州区检察院向天水市检察院报送案件统计表

表17—3—7

年份	受理数		报送数		报送率	
	件	人	件	人	件（%）	人（%）
1985	111	167	2	12	—	—
1986	89	160	—	—	—	—
1987	107	231	7	35	—	—
1988	86	188	10	52	—	—
1989	169	328	8	40	—	—
1990	197	360	11	26	—	—
1991	200	331	11	41	—	—
1992	207	347	9	22	—	—
1993	158	249	9	14	—	—
1994	186	284	14	28	7.5	11.3
1995	197	318	19	39	9.6	12.3
1996	220	365	20	58	9.1	15.9
1997	201	285	5	10	2.5	3.5
1998	183	263	3	4	1.6	1.5
1999	197	290	11	22	5.6	7.6
2000	210	302	14	33	6.7	10.9
2001	219	350	13	26	5.9	7.4
2002	212	307	23	44	10.8	14.3
2003	195	295	28	54	14.4	18.3
2004	141	211	7	35	5	16.6
2005	170	270	21	47	12.4	17.4
2006	160	274	12	23	7.5	8.4
2007	185	286	8	14	4.3	4.9

补充侦查　1985年至1993年，退回区检察院补充侦查案件66件103人。1994年至2007年，退回补充侦查142件207人，平均退查率分别为5.3%、5%。

撤销案件　1994年至2007年在审查批捕和审查起诉阶段，经审查犯罪嫌疑人行为不构成犯罪的,公安机关、检察院自侦部门撤销案件53件94人,平均撤案率分别占受理数的2%、2.3%。

1994—2007年侦查机关撤销案件统计表

表17—3—8

年份	受理数		撤案数		撤案率	
	件	人	件	人	件（%）	人（%）
1994	186	284	1	1	0.5	0.4
1995	197	318	—	2	—	0.6
1996	220	365	—	—	—	—
1997	201	285	3	5	1.5	1.8
1998	183	263	3	3	1.6	1.1
1999	197	290	2	2	1	0.7
2000	210	302	8	17	3.8	5.6
2001	219	350	7	17	3.2	4.9
2002	212	307	4	7	1.9	2.3
2003	195	295	3	4	1.5	1.4
2004	141	211	5	8	0.7	3.8
2005	170	270	4	5	2.4	1.9
2006	160	274	8	16	5	5.8
2007	185	286	5	7	2.7	2.5

审判监督

1985年至1986年公检法实行党内联合办公。1987年起区检察院对法院审理的案件在适用法律及维护当事人合法权益等方面进行监督。1989年至1993年累计抗诉7案。1994年至2007年口头或书面纠正法院违反刑事案件管辖、法庭人员组成、法庭审理程序、维护当事人和其他诉讼参与人的权利及权益等法律规定91次,口头或书面纠正法院审理期限和送达期限的监督79次,经审查法院的判决、裁定认为有证据缺失、充分有罪判无罪的、有重罪轻判量刑不当的、有认定罪名不正确数罪判一罪确有错误的案件17件20人,均提出抗诉。

1994—2007年秦州区人民检察院抗诉统计表

表17—3—9

年份	刑事抗诉（件、人）	纠正意见（次）
1994	1、1	11
1995	—	4
1996	—	11
1997	2、2	2
1998	3、6	15
1999	1、1	14
2000	4、4	16
2001	1、1	31
2002	1、1	3
2003	—	12
2004	1、1	12
2005	1、1	20
2006	—	16
2007	2、2	3

第四节　反贪污贿赂

1985年受理经济案件14件15人，立案4件5人，均为贪污案件，侦结3件4人，挽回经济损失14883元。1989年成立经济犯罪案举报中心，受理经济案件38件50人，立案29件38人，挽回经济损失50多万元。1993年成立反贪污贿赂局，当年受理21件26人，立案14件18人，挽回经济损失50多万元。1997年修改后的《刑事诉讼法》《刑法》实施后，受理经济案件线索32件，侦查终结14案14人，结案率达87.5%，挽回经济损失115万余元。

2000年4月区反贪局被市检察院确定为检察系统主办检察官办案责任制试点部门，制定《试行主办检察官办案责任制实施方案》，经资格审查、考试、民主测评等程序，反贪局有5人成为主办检察官。共受理案件线索16件，立案侦查10案17人，侦查终结9案16人。2002年6月检查2000年以来的案件质量，历年所立的22案33人全部办结。至2007年受理举报线索23件，立案10案10人；其中贪污7案7人，挪用公款3案3人。

侦查终结9案9人，移送审查起诉9案9人。

第五节　渎职侵权与民事行政检察

渎职侵权

1979年至1993年受理法纪案件91件。其中重大责任事故21案22人，侵权15案16人，非法拘禁12案14人；立案侦查20案23人，转相关部门处理33案34人。1994年受理法纪案件线索11件，立案侦查3案5人，转有关部门作政纪处理8件。1997年受理案件线索6件6人，立案侦查2案2人，挽回经济损失24万元。

2000年受理初查渎职侵权案件线索10件11人。立案查处区法院原副院长马某某滥用职权案件。2001年受理渎职侵权线索5件。立案侦查省人大转办的区公安分局民警闫某、于某刑讯逼供案件，由于案件主体特殊，影响较大，市、区院分管检察长参与办案，办案人员三赴临夏州康乐县及兰州调查询问43人，制作笔录72份，调取其他材料5份。2002年后，法纪案件线索大幅度减少，案源匮乏且质量不高，成案率低。2007年受理渎职"侵权"案件7件，经调查决定立案3案3人，打破五年立案数为零的局面，立案侦查3案3人。

民事行政检察

1992年8月成立民事行政检察科，负责民事行政检察。1993年至1997年受理民事行政申诉案件13件，经审查提请抗诉1件，建议提请抗诉1件，办结5件。1998年至2004年受理民事行政案件75件，其中向市院提请抗诉22件，向市院建议提请抗诉9件，终止审查17件，息诉26件，转有关部门办理1件。2005年至2007年受理民事行政申诉案件23件，其中立案审查18件，向市检察院提请抗诉13件，向市检察院建议提请抗诉2件、息诉2件，终止审查3件。

第六节　职务犯罪预防

2001年5月成立职务犯罪预防工作领导小组，预防工作由反贪局具体负责。2004年检察院设职务犯罪预防科后区委成立职务犯罪预防领导小组,由区纪委书记任组长,区政府分管副区长、区政法委书记、区检察院检察长任副组长,组织、宣传、监察等33个单位负责人为成员,领导小组办公室设在检察院职务犯罪预防科。至年底先后与区财政局等9个单位建立职务犯罪工作办公室。同时成立上磨水源地重点项目专项工程、天然林保护工程、退耕还林还草工程3大职务犯罪预防工作办公室,签订工程廉政责任书,设立预防举报箱。在财政局等4单位开展职务犯罪预防法律专题讲座。2005年至2006年在区交通局、综合执法局等8家单位建立职务犯罪预防办公室,在长江流域水土保持综合治理七期工程、以工代赈异地搬迁移民工程等14项重点工程项目中成立职务犯罪预防办公室,在区地税局、综合执法局等单位开展9次职务犯罪预防法律知识专题讲座。

第七节　监所检察

刑事判决执行监督

1995年至2007年监督执行1623人,看守所执行人员法律文书齐全完备,符合法律规定程序。

1994—2007年秦州区检察院监督刑事判决裁定执行统计表

表17—3—10　　　　　　　　　　　　　　　　　　　　　　　　　　单位:人

年份	投劳	留所	缓刑	拘役	管制	假释	免罚	无罪	死刑	暂外	剥夺	待劳	合计
1994	228	25	22	2	13	4	—	1	2	—	—	—	297
1995	162	45	7	2	2	—	3	1	5	5	—	22	254
1996	199	36	14	—	6	8	—	1	4	2	—	17	287
1997	200	34	9	—	5	2	2	—	4	7	—	13	276
1998	187	26	16	—	5	1	4	2	4	4	—	11	265
1999	194	33	11	—	—	—	—	1	3	2	—	23	267
2000	209	21	19	—	—	—	—	—	2	9	—	14	274
2001	202	24	12	—	—	—	1	—	7	5	—	12	263
2002	182	3	25	—	—	—	1	—	2	4	—	1	218

续表

年份	投劳	留所	缓刑	拘役	管制	假释	免罚	无罪	死刑	暂外	剥夺	待劳	合计
2003	179	17	14	—	1	—	—	1	3	1	—	8	224
2004	127	13	6	—	2	—	—	—	6	2	—	1	157
2005	155	13	9	—	5	—	—	3	1	—	—	1	187
2006	129	13	11	—	6	—	—	—	3	1	2	2	167
2007	158	6	14	—	—	1	—	1	2	3	1	183

看守所执法监督

1985年至1993年累计收押人犯2200人，出现监管干警违法犯罪1案1人。1994年至2007年累计在押人犯8458人，当年收押人犯5794人，当年出所人犯5739人，经驻所监察室对收押、释放人犯的监督，看守所执法符合法律程序，无违法行为。2006年秦州区驻所检察室被最高人民检察院授予"二级规范化检察室"荣誉称号。

1985—2007年秦州区检察院监督看守所在押、收押、出所人员统计表

表17—3—11

单位：人

年份	当年在押	上年接转	当年收押	当年出所
1985	—	—	126	—
1986	—	—	63	—
1987	—	—	298	—
1988	—	—	211	—
1989	—	—	265	—
1990	—	—	285	—
1991	—	—	320	—
1992	—	—	248	—
1993	—	—	384	—
1994	435	176	259	274
1995	460	166	294	235
1996	604	225	379	373
1997	562	259	303	380
1998	561	260	301	356
1999	537	205	332	316

续表

年份	当年在押	上年接转	当年收押	当年出所
2000	602	221	381	438
2001	641	169	472	422
2002	606	187	419	411
2003	624	182	442	460
2004	673	148	525	518
2005	744	155	589	551
2006	773	193	580	593
2007	636	180	456	467

重新犯罪案件监督

1985年至1993年受理甘肃省第三监狱移送重新犯罪案16件18人,区公安局移送重新犯罪案8件19人。2003年清理检查2000年至2003年监管场所在押人员又犯罪案件,除2000年至2002年受理的监管单位移送审查起诉的又犯罪案件3件3人外,未发现在押人员又犯罪案件和监管场所"牢头狱霸"脱逃、监管单位有案不立、隐瞒不报、对又犯罪案件作行政处理等问题。2004年通过与人犯谈话、日常巡视、列席看守所有关会议、设立举报箱等方法了解看守所执法情况。2005年清理检查在册的8名留所服刑人员,其中有判决发生效力后余刑在一年以下的罪犯6人,余刑在一年以上的罪犯2人。检查后与公安监管机关召开联席会议提出纠正建议。

1985—2007年秦州区检察院受理在押人员重新犯罪公诉统计表

表17—3—12

年份	受理数(件、人)	公诉数(件、人)
1985	1、1	—
1986	7、10	—
1987	4、4	—
1988	2、2	—
1989	—	—
1990	5、5	—
1991	2、7	—

续表

年份	受理数（件、人）	公诉数（件、人）
1992	4、10	—
1993	—	—
1994	19、20	19、20
1995	—	—
1996	4、5	4、5
1997	4、4	4、4
1998	5、5	5、5
1999	1、1	1、1
2000	1、1	1、1
2001	1、1	1、1
2002	1、1	1、1
2003	—	—
2004	1、1	1、1
2005	—	—
2006	—	—
2007	—	—

在押人员羁押期限监督

1985年至1993年区检察院监所科对看守所超羁押期限的94人向公安机关提出纠正处理通知。1994年至2004年监督在押人员的羁押期限，发现清理超期羁押案件110件186人。2005年后杜绝超期羁押现象。

1985—2004年秦州区检察院纠正超期羁押统计表

表17—3—13

年份	发现超期羁押数（件、人）	当年纠正超期羁押数（件、人）
1985	6	—
1986	4	—
1987	4	—
1988	2	—
1989	2、4	—
1990	2、7	—

续表

年份	发现超期羁押数（件、人）	当年纠正超期羁押数（件、人）
1991	1、1	——
1992	26	—
1993	6、26	—
1994	10、21	—
1995	17、29	12、23
1996	9、12	—
1997	23	9
1998	12、20	1、1
1999	8、10	5、6
2000	10、20	9、19
2001	8、17	7、16
2002	9、21	8、20
2003	37、59	34、54
2004	10、12	10、12

看守所安全防范监督

1988年到1989年实行每周检察监所2次，1990年实行每周检察3次。1991年执行驻所检察。1994年检察看守所在分管分押、使用戒具、人犯接见、收转物品、人犯伙食、监舍卫生等方面的管理活动，均符合相关规定。开展与在押人员谈话、亲属座谈会等活动。2004年办理案件实行"一人一卡"登记制度。2007年驻所检察人员实行目标管理责任制和岗位责任制，为检察室购置大屏彩电、检察专用车等。

1991—2007年秦州区检察院驻所检察统计表

表17—3—14

单位：天、次

年份	驻所检察天数	安全检察次数	联席会议次数	法律宣传课	亲属座谈会	口头建议	与在押人员谈话
1991	281	—	—	—	—	—	—
1992	274	20	—	—	—	—	—
1993	297	13	—	—	—	—	—
1994	283	17	11	20	5	33	157

续表

年　份	驻所检察天数	安全检察次数	联席会议次数	法律宣传课	亲属座谈会	口头建议	与在押人员谈话
1995	266	15	14	11	1	29	394
1996	242	12	9	6	—	39	446
1997	255	12	12	9	—	43	410
1998	251	23	11	9	—	45	471
1999	259	20	13	10	—	39	468
2000	252	25	13	11	—	44	593
2001	252	21	15	8	—	83	621
2002	255	20	12	9	—	66	577
2003	251	12	10	8	—	24	377
2004	270	15	13	12	—	33	330
2005	270	20	12	3	20	28	298
2006	264	15	13	7	20	33	368
2007	252	15	12	6	84	61	315

第八节　监外执行监督

1984年至1993年回访执行刑罚的"五种人（即剥夺政治权利、假释、暂予监外执行、缓刑、管制人员）"624人次。1990年区检察院与区法院、区公安分局组成联合考察小组，在每年5月、10月实地考察全区监外执行罪犯，在考察中实行与村、乡镇干部见面、与辖区派出所见面、与罪犯家属见面、与罪犯本人见面的"四见面"措施。1994年后随着旧城改造拆迁，派出所对监管对象住址掌握不及时，每年都出现脱管失控现象。2003年成立专项检察小组监督考察28个公安派出所及22个乡管辖的141名监外罪犯执行情况，脱管、漏管、失控16人，占全区监外执行罪犯总人数的11.35%；重新犯罪2名。

2006年成立专项检察小组，清理核查2003年至2006年监外执行罪犯情况，全区监外执行罪犯包括已经执行完毕和正在执行的罪犯512人，查出12名罪犯脱管漏管。2007年成立核查纠正监外执行罪犯脱管、漏管专项行动领导小组，登记2004年7月1日至2007年6月30日前和2007

年7月1日后的判决书和裁定、决定（批准）监外执行罪犯的法律文书，有监外执行罪犯154人，其中有7名监外执行罪犯脱管、漏管（3名脱管，4名漏管）。

1994—2007年秦州区检察院对监外执行罪犯执行统计表

表17—3—15　　　　　　　　　　　　　　　　　　　　　　　　　　　　单位：人

年份	缓刑	暂予监外执行	假释	管制	剥夺政治权利	合计
1994	74	28	19	13	—	134
1995	75	22	17	2	—	116
1996	70	21	18	6	—	115
1997	68	20	14	5	—	107
1998	69	28	11	5	—	113
1999	64	39	11	—	—	114
2000	64	36	10	—	—	110
2001	76	39	18	—	—	133
2002	82	29	20	—	—	131
2003	90	33	17	1	—	141
2004	115	23	11	2	—	151
2005	79	13	16	5	—	113
2006	79	7	13	6	2	107
2007	87	7	17	5	3	119

第九节　控告申诉

来信来访

1985年至1993年接待来信来访1179件次，其中首次信访1010件次。1995年建立检察长接待日值班、登记、阅办、转办、催办、自办等7项制度。1996年控告申诉检察科被省检察院命名为"全省检察机关文明接待室"。1997年向社会公开提出控告、申诉"五项承诺新举措"，即受案服务、办案（事）时限、失职行为追究、服务态度、办案（事）结果承诺。2003年实行来信来访统一管理制及信访首办责任制。2006年按照"谁主管，谁负责"的原则，处理来信来访案件。

1994—2007年秦州区检察院来信来访统计表

表17—3—16

年　份	接待信访件（次）	首次信访件（次）	来信（件）	来访（人次）
1994	149	140	101	48
1995	128	118	60	68
1996	116	108	60	56
1997	80	75	38	42
1998	120	119	69	50
1999	91	88	53	38
2000	123	120	55	68
2001	140	137	110	30
2002	140	137	84	56
2003	148	142	107	41
2004	126	126	85	41
2005	86	84	61	25
2006	84	82	62	22
2007	93	93	72	21

　　1994年受理控告材料78件，举报线索材料68件；其中贪污、贿赂、挪用34件，占举报数的50%；署名举报30件，占举报数的45%。1997年受理群众控告、举报材料大幅下降，仅为24件，比上年的91件下降73.6%。2000年受理群众控告举报14件，为历年最低。之后控告举报案件回升，2004年达到63件，为历年最高。

1994—2007年秦州区检察院受理控告举报统计表

表17—3—17

年　份	控告（件）	举报（件）	同比增长%	
			控告	举报
1994	78	68	66	112.5
1995	53	29	−32	−57
1996	56	35	5.7	20.7
1997	24		−73.6	

续表

年 份	控告（件）	举报（件）	比上年之增长%	
			控告	举报
1998	49		104	
1999	27		−44.9	
2000	14		−48	
2001	56		300	
2002	46		−17.9	
2003	49		6.5	
2004	63		49	
2005	38		−39.7	
2006	46		21	
2007	28		39	

办理刑事申诉与刑事赔偿

1994年至2002年办理刑事申诉297件。2003年办理刑事申诉99件，是办理刑事申诉案件最多的一年。2004年至2007年办理刑事申诉163件。1999年至2007年办理刑事赔偿案件559件。

1994—2007年秦州区检察院办理刑事案件赔偿统计表

表17—3—18

年份	办理刑事赔偿案件数量（件）	同比增长（%）	年份	办理刑事赔偿案件数量（件）	同比增长（%）
1994	32	6.7	2001	52	205.9
1995	21	−34.4	2002	49	−5.8
1996	52	147.6	2003	99	102.0
1997	36	−30.8	2004	63	−36.4
1998	20	−44.4	2005	23	−63.5
1999	18	−10.0	2006	33	43.5
2000	17	−5.6	2007	44	33.3

第四章　审　判

第一节　审判机构

　　1985年7月天水市人民法院更名为天水市秦城区人民法院，设刑事审判一庭、民事审判庭、经济审判庭、刑事审判二庭、执行庭、办公室，下设天水郡、七里墩、汪川、平南、藉口、牡丹人民法庭。1987年设城区人民法庭。1995年设玉泉、皂郊、天水、娘娘坝4个人民法庭。1999年4月设立法警队和司法鉴定技术室（同法警队合署办公），刑事审判第一庭改为刑事审判庭，撤销刑事审判第二庭。皂郊、娘娘坝、平南人民法庭组成皂郊中心法庭，藉口、牡丹人民法庭组成牡丹中心法庭，汪川、天水人民法庭组成汪川中心法庭；平南、天水、娘娘坝、牡丹人民法庭继续保留，作为中心人民法庭巡回办案地点。共有职工110人，其中审判员26人。2001年撤销告诉申诉庭，设立立案庭和审判监督庭。2004年3月设立研究室，法警队更名为司法警察大队；民事审判庭更名为民事审判第一庭，经济审判庭更名为民事审判第二庭；设立执行局，与执行庭合署办公；撤销城区、玉泉、天水、娘娘坝、牡丹5个人民法庭。2005年1月天水市秦城区人民法院更名为天水市秦州区人民法院。2008年12月设纪检监察室、政治科、办公室、研究室、司法警察大队、立案庭、审判监督庭、刑事审判庭、民事审判第一庭、民事审判第二庭、行政审判庭、执行庭（局）12个内设机构和天水郡、七里墩、皂郊、平南、汪川、藉口6个人民法庭。共有职工108人，其中审判员35人。

1985—2007年秦州区法院院长一览表

表17—4—1

姓名	出生年月	籍贯	文化程度	政治面貌	任职时间
何明武	1939.8	秦州区	中专	中共党员	1985.7—1998.5
高同银	1956.12	陕西佳县	大专	中共党员	1998.5—2002.3

续表

姓名	出生年月	籍贯	文化程度	政治面貌	任职时间
张　诚	1954.3	麦积区	大专	中共党员	2002.3—2006.9
赵世和	1961.11	清水	大学	中共党员	2006.9—2011.4

第二节　立　案

　　1985年案件采用立审合一的方法，由告诉申诉庭下设的接待室接访，将当事人的诉讼材料按照管辖转送相关庭审查立案后直接进行审理；诉讼收费由告诉申诉庭和办公室共同管理，由接待室承担。1995年10月除基层人民法庭外，其他各庭受理的案件均由告诉申诉庭统一收案，审查立案。1999年告诉申诉庭职责分为立案和审监两部分，推行案件立审分立；诉讼收费由立案庭管理。2001年4月业务庭及玉泉、天水郡、七里墩3个城郊法庭的案件实行统一立案。规定诉讼费的收取标准按照案件受理费的50%交纳，城区不足200元按200元交纳，农村（原告为农民身份的）不足100元按100元交纳。2004年3月在统一立案基础上将司法赔偿案件和刑事自诉案件审查立案纳入统一立案的范围。6月在全市法院系统率先试行审判流程管理机制，实行书记员单列，由立案庭统一管理，民一庭、民二庭、刑庭、行政庭、审监庭不再配置书记员，立案庭监督全院案件流程管理的执行情况。

　　2006年审判流程分为立案管理、庭前准备管理、书记员单列管理、庭审管理、审判监督管理等环节，立案庭人员分为立案、庭前准备、综合（书记员组）和信访咨询4个组。诉讼费按案件受理费的50%交纳，城区不足650元按650元交纳，农村（原告为农民身份的）不足450元按450元交纳。2007年11月执行省高院规定的诉讼收费标准。

第三节　刑事审判

刑事案件审理

　　1984年至1987年重点开展"严打"行动，打击严重危害社会治安犯罪、经济犯罪。1988年贯彻"从重从快"的判处方针，开展"反扒窃""反盗窃"等专项斗争。1989年至1990年开展打击"六害"犯罪斗争。1991年至1998年刑事案件在数量上以盗窃第一、贩毒次之。1998年3月最高人民法院修改盗窃罪的构罪数额标准后，盗窃案数量有所下降，贩毒案件占第一位，故意伤害次之。2003年后贩毒案数量下降，其他主要为抢劫、交通肇事、抢夺、强奸、诈骗等案件。其中经济犯罪案件自1991年至2008年共判处贪污案件15件19人，受贿案件9件10人，挪用公款案件31件32人，投机倒把案件1件1人。毒品违法犯罪自1991年以来十分突出，成为其他各种犯罪的诱因，1991年至2006年判处毒品案件497件670人，占同期判处刑事案件2699件的18%，占判处罪犯4054人的17%；其中1999年为最高，全年判处涉毒案件80件126人，占当年结案166件的48.3%，占罪犯253人的50%。至2003年禁毒工作初见成效，涉毒案件明显下降，当年仅判处12件15人，且全部为外地人。

审判方式改革

1996年10月修订后的《刑事诉讼法》审理盗窃、诬告陷害等案件，全市刑事审判人员参加观摩，并作讲评。之后执行修订后的《刑事诉讼法》审理。1997年10月审判中贯彻无罪推定、罪行法定、罪刑相适应原则。2000年除判处缓刑、免予刑事处罚、管制、单处附加刑、宣告无罪、改变定性及发回重审的案件须由审判委员会讨论决定外，其余案件均由合议庭或独任审判庭决定。2003年实行简化审理。2004年实施审判流程改革，实行立审分离。2007年刑事案件的立案由立案庭办理。

1985—2007年秦州区法院刑事案件收结案统计表

表17—4—2   单位：件、人

年份	收案		结案	
	旧存	新收	结案	结案率（%）
1985	—	126	123	97.6
1986	3	124	121	95.3
1987	6	149	149	96.1
1988	6	100	103	97.2
1989	3	159	158	97.5
1990	4	192	190	96.9

续表

年份	收案		结案	
	旧存	新收	结案	结案率（%）
1991	6、9	190、310	191、313	97.5
1992	5、6	197、315	193、308	95.6
1993	9、13	146、228	148、231	95.5
1994	7、10	190、291	190、290	96.5
1995	7、11	173、282	176、289	97.8
1996	4、4	242、365	236、348	95.9
1997	10、21	162、226	167、241	97.1
1998	5、6	187、264	188、264	97.9
1999	4、6	167、253	166、253	97.1
2000	5、6	183、248	182、247	96.8
2001	6、7	192、288	194、289	97.4
2002	4、6	162、226	163、228	98.2
2003	3、4	138、189	140、191	99
2004	1、2	123、176	123、172	99.2
2005	1、6	126、195	125、198	98.4
2006	2、3	117、195	117、192	98.3
2007	2、6	132、207	132、210	98.5

1985—2007年秦州区法院刑事案件被告人判决生效统计表

表17—4—3　　　　　　　　　　　　　　　　　　　　　　　　单位：件、人

年份	判决生效	宣告无罪	免予刑事处罚	刑事处罚	有期徒刑	拘役	管制	缓刑	其他
1985	130	—	—	—	113	10	2	—	—
1986	141	—	—	—	129	8	—	3	—
1987	167	1	2	—	141	5	—	16	—
1988	130	1	—	—	113	7	—	9	—
1989	202		4	—	169	13	1	14	—
1990	217	—	3	—	185	7	1	19	—
1991	152、252	—	1	251	228	6	—	15	2
1992	172、280	2	3	275	237	3	3	31	1
1993	106、166	1	—	165	148	—	—	17	—
1994	165、256	2	4	250	216	5	—	29	—
1995	144、224	—	2	222	200	4	5	13	—

续表

年份	判决生效	宣告无罪	免予刑事处罚	刑事处罚	有期徒刑	拘役	管制	缓刑	其他
1996	178、249	—	1	248	223	1	—	24	—
1997	168、233	5	2	226	207	4	—	15	—
1998	155、220	2	—	218	199	2	—	16	—
1999	161、239	1	8	230	208	2	1	18	—
2000	174、237	2	—	235	210	1	—	24	—
2001	172、249	4	1	244	205	5	—	29	—
2002	163、233	—	1	232	184	3	—	43	—
2003	143、203	1	1	201	162	4	4	31	—
2004	112、163	4		156	133	5	3	15	—
2005	123、175	4	2	169	140	9	2	18	—
2006	111、181	2	2	177	142	1	5	29	—
2007	118、188	—	1	187	155	4	3	25	—

第四节　民商事审判

民事审判

　　1985年至1990年民事案件主要是婚姻纠纷案件,城市离婚主要原因是第三者插足导致。此外由于落实房屋产权政策,房屋、继承纠纷案件也比较多。1990年民事庭评析和调研1987年、1988年民事法律文书及1989年审结的离婚案件。1991年调整民事审判,民事庭和城区、天水郡、七里墩、藉口、平南、牡丹、汪川7个人民法庭组成合议庭审理案件。1994年培训基层调解组织人员1次,培训聘任人民陪审员。回访3件判决的民事案件,制作回访笔录,了解原、被告及群众对判处结果的意见;农村法庭开展法律咨询13次。1996年按照司法救助规定,免交或减交部分诉讼费。2000年实行审判长选任和独任审判员选任。2001年婚姻家庭纠纷案件主要采取调解和说服教育方法,司法救助残疾人和生活困难当事人以及特困企业,121案件缓、减、免交诉讼费用23万元。建立“大民事”审判运行机制。2002年贯彻最高人民法院《民事诉讼证据规则》,从证据分析认定入手制作裁判文书。2004年扩大民商事案件“简易审”,对部分案情简单、事实清楚、法律关系明晰、当事人可及时到庭的适用简易程序审理的案件实行速裁,按照《民事简易程序诉讼文书样式(试行)》书写诉讼文书,使适用简易程序审理的案件达到民事案件的72.5%。

2005年开展调解竞赛,调解结案民商事案件338件,经过调解撤诉151件,调撤率为39.3%。2006年民事审判突出"3个注重"即调解息诉,民商事案件的调解结案率由上年的35.5%上升到37.7%;扩大简易程序适用范围,使民商事案件简易程序适用率达到81.6%;裁判文书释法说理,使裁判文书以理服人。

商事审判

1985年至1990年由于经济体制改革,各类经济纠纷逐年上升,类型增多。1991年至1992年在农村联产承包责任制实施过程中,一些不合法、不完善的农村果园承包合同大量发生纠纷,法院采取非诉方式解决纠纷矛盾。1993年3月成立法律服务中心调处部分民事、经济案件,突出简便易行和快捷高效的特点,但因程序不够规范,案件质量难以保证,1995年机构被撤销。2000年受理经济纠纷案件203件,审结193件,结案标的1283万余元,结案率为95.1%。2002年推行大民事格局,经济审判庭更名为民事审判第二庭,但其职能未改变。2004年改革适用简易程序审理案件的法律文书。

1985—2007年秦州区法院民商事案件统计表

表17—4—4　　　　　　　　　　　　　　　　　　　　　　　　单位:件

年份	收案		结案	
	旧存	新收	结案	结案率(%)
1985	24	345	338	91.6
1986	31	467	472	94.6
1987	26	513	493	91.6
1988	46	596	578	90
1989	64	612	604	89.3
1990	72	686	694	91.5
1991	64	711	748	96.5
1992	27	763	756	95.7
1993	34	837	839	96.3

续表

年份	收案		结案	
	旧存	新收	结案	结案率（%）
1994	32	819	828	97.3
1995	23	889	876	96.1
1996	36	1251	1250	97.1
1997	37	1381	1374	96.9
1998	44	1422	1404	95.8
1999	62	1411	1431	97.2
2000	42	1308	1299	96.2
2001	51	1280	1271	95.5
2002	60	1220	1230	96.1
2003	50	1572	1564	96
2004	58	1446	1469	97.7
2005	35	1246	1244	97.1
2006	37	1162	1167	97.3
2007	32	1102	1115	98.3

第五节　行政审判

1987年10月民事庭受理天水市第一起行政案件。1990年10月行政审判庭开始审理行政案件。1994年城市建设步伐加快，涉及房屋拆迁增多，经案外协调，原告撤诉房屋拆迁裁决书行政案件11件。1995至1997年非诉行政执行案件15件。1998年非诉行政执行案件由行政审判庭审查，对确需强制执行的，作出准予执行的裁定，行政审判庭不再执行，移送执行庭执行。2000年6月非诉行政执行案件统一案件编号，达到非诉行政执行案件一案一号的要求。 2007年9月审判委员会决定行政庭审查的非诉执行案件另行装订审查卷宗。

1994年至2008年审结行政诉讼案件125件，案件类型主要有土地使用权行政争议、治安行政争议、房屋拆迁裁决争议、房屋落实政策处理决定的争议等案件。其中判决维持具体行政行为12件，判决撤销具体行政行为28件，判决被告履行法定职责3件，判决被告行为合法1件，判决被告行为违法4件,判决驳回原告的诉讼请求10件,裁定驳回原告起诉的20件,原告撤诉35件,其他处理结果的案件7件,判决被告赔偿4件,调解赔偿1件,赔偿金额0.783万元。

1987—2007年秦州区法院行政案件统计表

表17—4—5 单位:件

年份	收案		结案	
	旧存	新收	结案	结案率(%)
1987	—	1	1	100
1988	—	5	5	100
1989	—	4	4	100
1990	—	7	7	100
1991	—	9	9	100
1992	—	5	5	100
1993	—	10	10	100
1994	—	23	23	100
1995	—	9	9	100
1996	—	11	11	100
1997	—	14	14	100
1998	—	10	10	100
1999	—	15	15	100
2000	—	20	19	95
2001	1	10	11	100
2002	—	2	2	100
2003	—	15	14	93
2004	1	16	17	100
2005	—	21	21	100
2006	—	14	14	100
2007	—	20	20	100

第六节 审判监督

1986年12月复查1958年至1961年判处的342件案件,撤销原判宣告无罪18件,将1件反革命案件改判为普通刑事案件。同时受理"严打"申诉案件,至1990年通过再审,改判无罪1件1人,改判减刑11件25人,纠正误算刑期17件20人。之后按照上级法院的要求在每年度的后半年进行案件评查,评查方式分为自查和市中院组织县区法院互查。其中在1995年到1998年间,甘肃省法院系统推广"白银经验",正常的审判程序受到冲击,区法院先后出现几起错案,引起司法赔偿,个别人员受到刑事、党纪、政纪处分。1999年6月制定《案件质量检评实施办法(试行)》。实行当月结案、次月检评、纪检跟踪处理制度,在案件评查中确系错案,依照审判监督程序提起再审。

2001年告诉申诉庭分为立案和审判监督两个庭,审判监督庭对全院各业务庭报结的案件检评打分,负责审判、执行案件的审(执)中监督,根据当事人反映的问题进行督办等。实施《案件质量检评实施办法》,规定各业务庭每月报结的案件按报表所载当月结案数,除上诉案件外一律于次月5日前交审判监督庭评查,对审查出的问题由审判监督庭发出限期整改通知,督促整改。

2007年至2008年开展"8比8创"司法能力竞赛活动,通过审判监督庭的案件质量检评,对每个庭、每名法官完成"8比8创"的情况每月作统计,每月发通报,年终排座次,奖优罚劣。

1985—2007年秦州区法院再审案件收结统计表

表17—4—6 　　　　　　　　　　　　　　　　　　　　　　　　　　单位:件

年份	旧存	新收	结案
1985	—	118	118
1986	—	50	42
1987	8	38	43
1988	3	27	30
1989	—	19	19
1990	—	10	10
1991	—	12	11
1992	1	9	9
1993	1	14	15
1994	—	16	15
1995	1	3	4

续表

年份	旧存	新收	结案
1996	—	12	12
1997	—	10	10
1998	—	32	32
1999	—	11	11
2000	—	5	5
2001	—	6	6
2002	—	8	7
2003	1	9	10
2004	—	6	6
2005	—	2	2
2006	—	—	—
2007	—	5	5

注：1985—1990为刑事案件。

第七节　案件执行

1986年5月设立执行庭，实行审执分立，清理各庭历年执行积案，立案执行43件，结案35件。1990年执行庭工作人员达到7人。

1999年7月开展"执行年"活动，执行案件收案441件（旧存积案188件），结案513件，结案数首次大幅超过收案数。2002年案件审理与执行中发生多起查封、扣押措施不当而引起赔偿案件，区人民法院组织开展执行队伍教育整顿活动。2003年屋拆迁非诉行政执行案件由行政庭审查后，裁定准予执行的案件由申请人、拆迁人提供保证金、过渡房后移送执行庭执行，对说明、教育不听的被执行人，依法强制执行。2004年根据部分当事人对执行风险认识不足，立案庭在立案时要求申请执行人在申请书上注明可供执行财产，在立案大厅悬挂《执行风险提示》，告知当事人在经济交往中的风险应由自己承担，法院只是起促进作用。4月执行局成立与执行庭合署办公，由主管副院长兼任执行局局长，副局长由执行庭庭长兼任。内部设1个执行裁判组，2个执行实施组，实行裁判权与执行权分立。

2006年集中清理执行积案活动，重点清理超期限一年以上的案件，受地方和部门保护主义干扰及各种非法干预未能执行的案件，特困群体为申请人的案件，建设领域拖欠农民工工资和工程款的案件以及中止执行、暂缓执行应当依法恢复执行的案件。当年对有执行条件的超期限案件全部执行完毕。2007年执行案件立案后输入全国法院执行网络。对拒不履行法院判决罪判处姚某有期徒刑一年，宣告缓刑二年，成为全区首例以拒不履行法院判决、裁定判处的案件。6月区政法委、综治委、法院联合成立解决"执行难"工作协调领导小组，负责解决"执行难"问题的实施考核及对年度执行工作和重大执行案件的组织指导和协调工作。

1986—2007年秦州区法院执行案件统计表

表17—4—7　　　　　　　　　　　　　　　　　　　　　　　　　　　　单位：件

	旧存	新收	结案	结案率（%）
1986	43	—	35	—
1987	8	59	55	—
1988	12	63	65	—
1989	10	85	61	—
1990	34	80	92	—
1991	22	98	98	81.7
1992	22	128	123	82
1993	27	116	115	80.4
1994	28	188	185	85.7
1995	31	279	264	85.2
1996	46	242	245	85.1
1997	43	223	227	85.3
1998	39	513	364	65.9
1999	188	441	513	82
2000	116	526	497	77.4
2001	145	400	401	73.6
2002	144	412	442	79.5
2003	114	467	476	82
2004	105	460	488	86.4
2005	77	542	556	89.8
2006	63	416	425	88.7
2007	54	343	357	89.9

秦州区志
QIN ZHOU
QU ZHI
区 志

第十八编

人力资源与社会保障

RenLiZiYuanYuSheHuiBaoZhang

1985年7月秦城区党政群机构63个，编制1339人，事业单位编制3209人。2002年机构改革核定区机关行政人员477人，乡行政人员370人，政法编制555人。2007年全区有行政机构68个，编制1563人；法人事业单位347个，编制9985人，实有11048人。其中实行公务员管理的单位68个，编制1573人，登记公务员1622人；参照公务员管理的单位47个，事业编制457人，登记460人。

第一章　党政机构改革

第一节　机构改革

1996年11月秦城区实行机构改革，共设置党政机构32个，其中区委机构5个、区政府工作部门27个，分别比改革之前减少7个、14个；其他机构数不变。2002年机构改革，党政机构设28个，其中区委机构6个、区政府工作部门22个。此外区政府设办事机构1个、议事协调机构1个、部门管理机构3个。街道办事处设党政办公室（挂武装部牌子）、社区工作办公室。乡镇设党政综合办公室、经济发展办公室（挂经委牌子）、社会发展办公室。同时改革乡级事业单位，每个乡事业单位由原来的9个减少到7个。2005年改革区政府机构，区政府设工作部门24个（区监察局与区纪委合署，区编办为区委机构）、议事协调机构1个、办事机构3个、直属事业单位7个。

1994—2007年秦州区行政事业单位人员机构统计表

表18—1—1

年份	机构（个）		人员（人）			
	行政	事业	编制人数		在编人员	
			行政	事业	行政	事业
1994	83	343	1707	6645	1654	6751
1995	80	345	1698	6672	1687	6949
1996	77	347	1692	6721	1743	7442
1997	75	348	1690	6740	1762	7623
1998	75	354	1657	7633	1693	7829
1999	75	354	1693	8462	1730	7352
2000	74	504	1697	8364	1677	8285
2001	74	622	1539	8390	1723	8606
2002	74	594	1557	10322	1682	9479
2003	74	584	1510	10275	1536	8998
2004	69	584	1559	9746	1668	9766
2005	69	589	1695	10486	1784	10328
2006	69	593	1667	9985	1691	11048
2007	69	610	1654	10341	1710	11474

第二节　人员编制

　　1985年7月秦城区党政群机构63个，人员编制1339人，事业单位编制3209人。1988年至1989年确定区委机构14个，编制104人；政府机构38个，编制1162人；群团编制29人，事业单位编制3293人。2000年10月核定事业单位编制，有382个事业单位，人员编制为8739人，实有7966人。2002年机构改革核定区机关行政人员477人，乡镇行政人员370人，政法编制555人，其中行政人员329人。2004年撤乡并镇，但人员编制未变。2007年全区有行政机构68个，编制1563人，其中党政群行政人员412人、街道行政人员89人、乡镇行政人员375人、政法人员687人（含森林公安人员17人）；法人事业单位347个，编制9985人，实有11048人。

第二章 公务人员管理

第一节 招聘录用

大中专院校毕业生分配录用

1985年对大中专院校毕业生实行统筹安排。1988年分配大中专毕业生247人，大部分被安排在农村和基层的事业单位。1990年安置各类非师范类大中专毕业生96人。其中分配到农村60人，占分配总数的62.5%；分配至事业单位51人，占53.1%；分配至乡政府和政法部门29人，占30.3%；分配至企业单位16人，占16.7%。1992年将140名大中专毕业生充实到经济建设一线，其中工科毕业生大部分分配到企业。1995年深化人事制度改革，引导毕业生进人才市场，实行供需见面、双向选择，安置263人。1997年机构改革实施，毕业生安排面向基层、充实一线，37个专业的141名大中专毕业生安排到乡级站所112人，占毕业生总数的80%。1998年接收大中专毕业生180人，定向生、委培生、实践生按合同就业，不允许改派或串换就业；鼓励毕业生到企业就业，凡自愿提出到企业就业的由区财政发放3年的基本工资。

2003年举办人才推介会2次，安置2002年458名毕业生就业。2004年安置203名非师范类大专以上毕业生，本科生在城区事业站所，大专生安置在乡镇事业站所、乡镇村学（校）、农口及卫生系统。2005年鼓励高校毕业生在基层就业，安置非师范类院校毕业生222人。2006年安置291名2005年大专院校毕业生就业，启动大学毕业生到基层支农、支教、支医和扶贫（"三支一扶"）宣传和选拔。2007年安排45名毕业生"三支一扶"，指令性安置2006年176名大学本科毕业生就业。

干部录用

1983年至1990年考核录用干部565人，安置到乡镇；从厂矿企业、事业单位中考核录用95名青年安排到公安机关。1992年招聘录用39名毕业生到基层工作。1995年招聘录用干部245人。1997年后录用干部只限于党政机构改革分流到企业和自收自支事业单位的人员,且具有大专以上文化程度、45岁以下、在干部岗位工作5年以上的人员。2000年后录干渐废。

军队转业干部安置和服务

1988年安置军转干部11人。1990年至2000年安置军转干部26人。2004年解决54名困难企业离退休军队干部工资、医保费拖欠问题。2005年建立31名1949年10月1日后由解放军、公安部队、武警转业到地方企业及从企业离退休、下岗、失业的副排级以上军转干部数据库,安置军转干部11人。2006年落实困难企业军转干部生活困难补助政策,10名军转干部发放补助金(在职干部月工资补助到629元,退休干部月工资补助到632元)。2007年2月区属困难企业为15名离退休军转干部发放解困资金51598元,为5名在职(含内退、下岗、失业)军转干部发放解困资金37348元,共计88946元;慰问2006年32名在册困难企业军转干部,每人发慰问金200元。

公务员录用

1985年秦城区有公务人员4773人,其中中小学教职工2173人,行政干部1520人。1997年12月制定《天水市秦城区国家公务员制度实施方案》,公务人员实施公务员管理,按照职能配置、内设机构、人员编制"三定"方案,全区除22个乡以外共58个单位1148人参加公务员过渡培训和考核。1998年22个乡党政机关工作人员参加公务员过渡培训考核;6月全区公务员全部培训结束,共举办培训班12期、培训1690人。1999年完成全区公务员职位分类和职位说明书的编号、审定。2003年公务员实行凡进必考,年底全区有1398名公务员。2004年公务员考试录用5人。2005年613人参加全区公、检、法和乡镇机关公务员录用考试,通过笔试、面试和体检、考察、审批等程序录用公务员28人。2006年轮训1776名公务员(含参照、依照)。2007年完成公务员登记。全区实行公务员管理单位共68个。其中党群系统13个,区直机关单位32个,乡镇街道23个;共有编制1573名,登记公务员1622人。实行参照公务员管理单位共47个。其中党群系统11个,区直机关单位36个;事业编制457人，登记460人。

秦州区部分年份公务人员统计表

表18－2－1　　　　　　　　　　　　　　　　　　　　　　　　　　　　单位：人

年份	合计	女性	少数民族	大专及以上学历	中专及以下	行政	事业	企业	中小学校	35岁以下	35岁至55岁	55岁以上
1985	4773	1410	110	729	4044	1520	567	513	2173	1164	3609	40
1988	5246	1586	142	997	4249	1562	587	514	2373	1472	3744	29
1990	5556	1667	138	1328	4228	1752	688	475	2641	1595	3955	56
1995	6376	1820	146	2081	4295	1624	869	657	3226	1924	4368	84
2000	7694	2745	185	3450	4234	1476	1365	281	4572	2744	4785	165
2003	9598	3477	204	5886	3712	1298	2934	—	5366	5116	4245	237
2005	10715	3860	269	7687	3028	1314	3360	—	6041	6274	4042	399
2007	12168	4423	306	9764	2404	1764	3811	—	6593	6856	4714	497

第二节　培训奖惩

培训

1985年至1990年区委党校每年举办4至5期长期或短期轮训班，培训乡、村、企业和青年后备干部，全区累计有5202人参加党校、业余教育等培训。1992年培训干部520人。1999年5月举办秦城区首届机关、事业单位新参加工作人员及劳资人员培训班，160多人参加培训，内容主要是公务员条例、公文写作以及工资制度、工资确定等。10月至12月分6期培训实施公务员管理和参照公务员管理的48个单位696名工作人员微机应用。2002年组织全区108名干部参加学习宣传十六大精神理论骨干培训班。2003年在全区党政机关工作人员、事业单位管理人员和企事业单位专业技术人员中开展"走进甘肃"英语学习培训活动。2004年在区委党校分10期举办全区项目管理知识与实务管理短期强化培训班，培训内容有项目与项目管理、项目人力资源管理与项目组织、项目论证与评估、项目范围管理与项目集中管理等，2000多名公务员与管理人员、4000多名专业技术人员参加培训。2006年在区委党校轮训1776名公务员（含参照、依照），学习公务员法及相关政策。

奖惩

1985年奖励10名干部，平均每人发奖金5元。1986年对于年度考核连续三年优秀者，给予提升一级工资的奖励。1989年开始侧重于精神鼓励，辅以少量的物质奖励。1996年对于年度考核连续三年优秀者，给予提升一级工资的奖励。2000年1月起对机关工作人员年度考核连续三年优秀的一次性发给相当于本人现行报酬工资与上一级别工资差的24个月工资奖励，其五年一次正常晋升职务工资不受影响。

1993年至2003年确定7名因受党纪政纪处分或刑事处罚干部的工资待遇。1996年至2003年物质奖励700名干部。2005年奖励193名优秀公务员和2002年至2004年连续三年考核优秀干部45名。2007年评选出2006年度政府工作部门优秀事业干部92人，2006年度政府工作部门优秀公务员97人；奖励2004年至2006年连续三年考核优秀公务员10人；对47名长期在职不在岗的干部分别给予辞退、辞职等处罚。

第三节　专业技术职务评聘

1986年实行专业技术职务聘任制度，组建9个专业技术职务资格评审委员会，对从事农技、会计、工程技术、卫生、教育、编采等工作的专业人员实行职称评定和职务聘任。至1988年全区评定职称的专业技术人员5469人，其中高级职称90人，中级职称1108人，初级职称4271人。规定每年年底综合考核聘任人员，考核成绩优良和合格者予以续聘，不合格者予以辞聘。1989年全区受聘任专业技术人员4433人。

1992年放宽乡镇事业单位专业技术职务评聘条件，外语免试，32名专业技术人员取得中级职称，182名取得初级职称。组织368人参加中医药护理人员专业基础知识、职改外语考试和会计、统计、经济、审计等资格考试。1995年聘任604名专业技术人员，考核专业技术人员5293人，5名连续三年考核优秀人员提前晋升专业技术职务；组织会计、经济、审计等资格考核报名221人次，职称外语考试80人次；办理任职资格证书

193本。1998年经济、外语考试报名99人,会计专业资格考试报名76人。1999年实施省、市"333"科技人才工程,经济、外语类资格考试报名201人,初聘专业技术职务336人。通过事业单位机构改革和专业技术岗位设置试点工作,全区共设置高级岗位208个、中级岗位1907个、初级岗位3488个、技术员岗位1355个。

2001年高、中级专业技术职务实行公示制度,公示推荐人的基本情况及有关证件。2003年组建农口、中学教师、小学及幼儿园教师3个初级评审委员会,办理专业技术人员聘任证书5170本、专业技术人员年度考核优良证书1480本、专业技术人员资格证书742本。组织经济类考试报名37人,5876名专业技术人员参加继续教育培训,职称晋升考核386人。年末全区有专业技术人员6900人,其中副高级及以上职称131人,中级职称1879人,初级职称4890人。在专业技术人员年度考核中,优秀692人,良好1246人,不称职1人。2004年办理专业技术人员聘任证书1363本、专业技术人员资格证书1987本,组织机关事业单位178名技术工人晋升等级考试,认定、审查六九一三子弟学校和天水市电子学校教师资格。

2005年重新认定并聘任罗玉中学、长城中学、六九一三学校和电子学校267名教师,办理专业技术人员任职资格证书1071本,考核上年度6975名专业技术人员,办理考核证率98%。组织职称外语类考试报名95人,经济资格报名考试31人,为5468名专业技术人员办理2004年度"两书"(继续教育证书、完成继续教育证书)和"一卡"(继续教育登记卡)。2006年全区事业单位专业技术人员岗位设置7302人,其中高级职称379人,中级职称2615人,初级职称4308个;考核上年度7012名专业技术人员,办理考核证率98%。建立全区事业单位专业技术人员管理软件系统20个,培训事业单位专业技术人员6071人次,办理事业单位专业技术人员任职资格证书及聘任证书293本,审查上报专业技术任职评审材料53份,转正定级96人。

2007年全区技术岗位设6929人,办理专业技术人员任职资格证书921本,考核备案上年度6932名专业技术人员,组织机关事业单位404名技术工人晋升级别报名和专业课培训考试,7117名专业技术人员参加继续教育培训。年末全区事业单位有各类专业技术人员8274人，其中副高级以上职称195人，中级职称2232人，初级职称5110人，未聘任专业技术职务737人。

第四节 工资福利

在职人员工资

1985年将等级工资制改为以职务工资为主的结构工资制，工资由基础工资、职务工资、工龄津贴、奖励工资组成。其中基础工资每人每月40元；职务工资按行政职务或技术职务的高低确定；工龄津贴按工作年限每满一年计发0.5元，教师和医护人员附加教（护）龄津贴每人每月3元至10元；奖励工资按每人每月30元的标准平均发放。1986年调升1960年以前参加工作的行政事业单位职工和1966年以前参加工作的中级以上专业技术人员工资。1987年套改793名实行聘任制的专业技术人员工资。1989年1365人调升工资一级，对工作时间长、工资偏低的人员进行补资。

1990年对1989年9月底在册的行政事业单位的4670名干部普调一级工资，2889名在职干部增加一级工资，全区干部人均月工资达到126.09元。全区行政事业单位职工增加工龄津贴5520人，月增资总额5.34万元；增加奖励工资5580人，月增资总额15.94万元；乡镇机关事业单位1498人享受浮动工资，月增资总额1.37万元。为305人办理知老补助，290人转正定级，479人晋升职务工资。对1990年获得市劳模的9人和1985年参加工作的47名大专生及12名企业干部办理奖励调升工资。

1993年10月机关工作人员实行职级工资制，工资由职务工资、级别工资、基础工资和工龄工资组成；机关技术工人实行岗位技术等级（职务）工资制，工资由岗位工资、技术等级（职务）工资和奖金三部分组成；机关普通工人工资由岗位工资和奖金两部分构成。事业单位工资分为专业技术人员工资、管理人员工资、工人工资，技术工人工资主要由技术等级工资和岗位津贴两部分组成，普通工人工资由等级工资和津贴两部分组成。工资随着国民经济的发展和城镇居民生活费用的增长保持适当增长，自1993年10月1日起原则上每满两年调整一次。

1995年办理知老补助310人，转正定级244人，实行浮动工资479人，确定工龄110人。对职务变动后的808名人员晋升工资，641名工资偏低的人员重新套改工资。1997年享受知老补助346人，转正定级重新确定工资293人，实行浮动工资14人，确定工资区类差734人，三年优秀晋升级别工资376人，调整公、检、法部分人员警衔津贴90人，为职务变动后的376人晋升工资。

1998年实行"双卡"制度，行政事业单位工资基金管理手册使用面97%，人员调入实行增人卡制度。上年度和当年正常晋升职务工资档次10564人次，其中干部7600人、工人2964人；审批级别工资及正常晋升级别工资958人次；399人享受知老补助；为农、林、水利、教育行业的农村职工审批浮动工资和五年到期后固定浮动工资，共有737人享受固定和浮动工资。建立22个乡工作人员浮动工资档案；建立工资管理微机化软盘，截止年底录入96个部门人员工资基本资料；确定卫生、法院、检察院、环保局、广播电视局、审计局、文体局、纪委、监察局、人大、信访办等系统和单位工作人员岗位津贴标准；重新确定工资及确定科员128人，审批技术工人岗位等级工资196人。

1999年调整行政事业单位工资标准，调整10564人，人均月增资121.45元；行政事业单位晋升职务工资档次11800人，其中正常晋升9438人（干部7707人、工人1731人）；正常晋升级别工资58人，116人退休及病退，149人享受知老补助，农、林、水利、教育行业的520人次享受固定和浮动工资，60名公检法工作人员增加警衔津贴；重新确定工资及确定科员115人，确定233名转为公办教师人员工资。全区行政事业、企业单位工资基金管理手册使用面100%。

2003年审核财政全额拨款的195家单位8832名职工工资，清理不符合条件的财政供养人员，节约开支23.2万元。调标增资13698人，月增资65.2万元，年增资782.2万元，其中在职干部8638人、在职工人2148人、离退休2912人。正常晋升9994人，浮动工资86人，重新确定工资258人，享受知老补助207人，转正定级467人，调整警衔津贴65人。2004年清理财政支付的工资及抚恤金的使用范围和发放情况，对脱产学习人员每月只发300元生活费。对林业和农业系统从事有毒有害工作的人员予以享受岗位津贴，林业系统甲等至丁等每人每月10至4元，农业系统甲至丙等每人每月3至2元。2005年享受知老补助501人，转正定级445人，晋升职务814人，重新确定工资475人，行政事业单位正常晋升工资档次、离退休人员增加退休费和正常晋升级别工资13826人，浮动及固定浮动工资321人，复退军人确定工资125人。

2006年对机关事业单位2006年7月1日在册的正式工作人员实施工资制度改革，套改1470名公务员工资，平均每人每月增资300元；套改400名参照公务员管理人员工资。享受知老补助405人，转正定级534人，重新确定工资238人，机关事业单位工作人员正常晋升工资档次、离退休人员增加离退休费和正常晋升级别工资2748人，实行浮动及固定浮动工资1139人，90人增加警衔津贴，32名司法助理员增加岗位津贴，确定复退军人工资65人。2007年享受知老补助408人，转正定级610人，重新确定工资262人，实行浮动及固定浮动工资103人，108人增加警衔津贴，82名复退军人重新确定工资。

离休退休人员福利

1983年9月职工退休子女顶替招工在正常干部中终止，在职死亡干部的子女可顶替招工。1985年1月职工退休子女顶替招工在工人中终止，但对家在农村、1959年前参加工作、连续工龄满30年实行退养的工人，因工伤残的工人，在职死亡工人继续实行子女顶替招工的办法。1985年至1990年对家居农村、50周岁以上、连续工龄30年的老工人实行退养，并招收1名符合条件的子女为劳动合同制工人，全区共办理退养46人。

1990年退职干部生活费最低每月47元。全区有离退休干部194人（其中男169人），退休工人800多人，退职120人。1992年接近退休年龄的干部经本人申请、组织同意，可以提前退离休，共办理离退休人员150人，其中提前退休和病退的32人。给退（离）休干部增加10%退（离）休费，检查68个工资单列的行政事业单位的806名退（离）休职工生活待遇。1995年离退107人，审批12名干部遗属补助，增加6名退休干部生活费。

1999年病退20人，正常退休96人。

2003年全区1896名干部退休（含事业单位）。2004年增加机构改革中提前离岗人员和离退休人员的退休费。2007年退休214人（其中事业单位退休186人）。全区国有事业单位有退休干部1884人，集体所有制事业单位退休干部45人，行政机关退休干部902人。

福利津贴

福利　1986年7月行政事业单位职工不论级别，按工资总额的2.5%提取福利费，用于本单位职工家庭生活困难补助。

津贴补贴　1985年后行政事业单位知识分子、老职工和特殊岗位工作人员分别享受知老补助、高原临时补贴、艰苦边远地区津贴、信访津贴、警衔津贴、教龄护龄津贴、班主任津贴和其他特殊岗位津贴。2006年7月起秦州区享受一类艰苦边远地区津贴，人均月津贴70元。

休假

1988年职工除享受节日假、婚丧假、探亲假、病假、事假和女职工生育假外，工作满10年至20年、21年至30年、31年以上者，分别享受15天、20天、25天的年休假。1989年、1990年年休假停止，1991年恢复年休假。

第三章　劳动就业

第一节　劳动管理

1986年前秦城区区属企业和行政事业单位职工分为固定工、集体工、临时工、轮换工、合同工，由区劳动局统招统配。1986年9月区劳动局管招工计划，企业自行组织招工，劳动管理和仲裁机构监证，与新招工人签订《劳动合同书》；对1982年以来招收的合同制工人补签劳动合同书，劳动合同制工人与企业固定工享有同等工资福利等待遇。1990年区属企事业单位新增职工中，除退伍军人安置和国家另有规定的人员外，其他实行劳动合同制用工，共招收合同制工人1121人、集体所有制工人7464人。

年末区属全民企事业单位有职工12343人，其中固定工9403人、合同制工人712人、临时工97人、计划外用工2131人；区属城镇集体企事业单位职工10592人，其中集体制工人10181人、合同制工人409人；城镇个体劳动者4450人。

1998年区人事劳动局制定《秦城区区属企业劳动管理暂行办法》。年末有区属企业254家，职工14992人，其中劳动合同制职工12155人。2002年区属企业签订解除劳动关系协议书6895份，签订劳动合同1285份。2003年督促已改制挂牌企业与职工签订解除劳动关系协议书3321份，督促企业与劳动者签订劳动合同6642份。2004年督促344人补签劳动合同688份。

2005年检查17家职业中介机构，取缔4家不合法中介机构。2006年制定全区劳动合同三年行动方案，建立三方协调机制，检查用人单位签订劳动合同情况，改制企业绝大多数职工签订劳动合同。2008年国有控股企业劳动合同签订率100%，非公有制企业75%。

第二节　劳动监察

1987年9月成立秦城区劳动争议仲裁委员会，负责区属企事业单位劳动争议调处裁决和劳动合同施行监证。1997年仲裁委员会由14人调整为5人，督促和检查劳动保护工作台账，纠正"以钱代物""以福利代劳保"和滥发劳保的现象。检查用人单位370户，常规及举报检查25户，配合工商、劳务办、税务等部门检查中介服务机构25户，关闭2户。

1998年设立秦城区劳动监察中队，采用现场办公方式检查247个用人单位，涉及职工13000人，下发整改指令书13份，补签劳动合同445人，清退童工4人，清退企业收取风险抵押金11人1.5万元。1999年劳动年检检查用人单位502户、职工2.08万人，补签劳动合同350人，清退童工4人，补办临时用工审批手续10家192人，补办流动就业证卡122人，追缴职工养老保险金和失业金18万元，清退风险抵押金1.7万元，下发整改指令书12份，取缔非法职业中介8家。接到劳动争议报案3起，劳动仲裁开庭审结1起。

2002年年检115户用人单位,合格率为97.8%,覆盖率95.79%。通过常规监察和专项检查的方法检查195户单位的从业人员持证上岗、使用童工情况,补签劳动合同629人。下发整改责令书8份,受理劳动保障投诉、举报8件,全部审结。2003年年检劳动用工单位119户,执法监察用人单位225户,补签劳动合同3321人;专项检查农民工工资支付情况,检查建筑企业5户、餐饮服务行业30余户,清理拖欠工资133万元,涉及劳动者1000多人。受理劳动投诉举报案件15起,立案9起,下发整改指令书5份,结案8起,移送区监察局1起,查处大案1起,大案要案查处结案率100%。2004年开展最低工资保障、民工维权、成纪大道劳动用工专项治理等检查,执法监察用人单位432户,纠正最低工资标准40人次,签订劳动保障责任书332户,补签劳动合同344人;责令拖欠劳动者工资的用人单位对清欠情况实行每半月报告制度,并制定支付计划,春节前全部付清。年检用人单位104户,受理劳动保障投诉案件18起,结案12起,大案要案结案率100%。

2005年全区农民工工资拖欠现象比较突出,区监察中队展开专项监察,监控4家重点建筑企业,涉及农民工687人,拖欠工资455.7万元,经监察中队处理,年底前农民工工资全部支付。年检用人单位104户,执法监察用人单位432户,受理劳动保障监察案件13起,全部结案。2006年劳动用工年检用人单位104户,集中开展劳动专项检查7次,监察用人单位175户,追回拖欠工资2.5万元,受理审结劳动保障监察案件17起。2007年年检用人单位84户,监察用人单位239户,受理劳动举报案件29起,结案20起。其中涉及农民工14起,追讨拖欠工资200万元。在整治非法用工打击违法犯罪专项行动中,追讨某矿业公司拖欠农民工工资110余万元,涉及农民工150余人。

1997—2007年秦州区劳动监察仲裁统计表

表18—3—1　　　　　　　　　　　　　　　　　　　　　　单位:户、件

年份	年检用人单位	监察用人单位	案件结案数
1997	370	—	—
1998	247	—	—

续表

年份	年检用人单位	监察用人单位	案件结案数
1999	502	—	—
2002	115	195	8
2003	119	225	8
2004	104	432	12
2005	104	432	13
2006	104	175	17
2007	84	239	20

第三节　技能培训

1985年考核区属企业技术补课招收进厂的青年职工，并发合格证书。1989年成立区劳动服务公司培训中心，设置18个专业，主要培训上岗前的城镇待业青年。1989年至1990年举办待业青年岗前培训10期，培训400多人。1997年举办4期文秘、农业、驾驶、林业、水保等培训班，培训人员194人。区劳动服务公司培训中心开设技校考生培训业务，经过培训的421名考生中有38人被技校录取。

1998年规范社会力量办学，审核颁发社会办学许可证2户。6月81名考生参加职业能力测试培训，其中77人被技校录取。1999年区属培训机构及培训中心培训就业人员1875人，实现再就业492人，再就业率为86%；培训下岗职工797人，其中420人实现再就业。同时，由职业介绍所负责组织，委托培训中心定向培训，专业包括缝纫、保安、营销、服务员、美容美发、烹饪、会计等，培训后的人员被用人单位接收。2002年免费培训下岗失业人员1700多人。区培训中心在太京乡田家庄、北崖和中梁乡何家湾开设4期无公害苹果、早酥梨生产技术专业培训班，参加培训1620人次，1291名果农就地转移就业。

2003年培训各类职工3226人，其中下岗失业人员2466人。2004年清理整顿社会力量办学机构，与区农牧局联合申报国家"阳光工程"农民工实用技术培训基地，培训2480人。2005年培训下岗失业人员3460人、创业440人、残疾人73人和农民工315人。

2006年成立天水市职业技能鉴定所，下岗失业人员培训5994人、创业培训280人，"阳光工程"农民工实用技术培训700人。2007年实施温暖工程李兆基基金百万农民培训项目，对2000余名年龄在16岁以上40岁以下的农民工进行30天至45天的实用技能培训；举办农村劳动力转移培训1.36万人。

1997—2007秦州区劳动技能培训统计表

表18—3—2　　　　　　　　　　　　　　　　　　　　　　　　　　单位：人

年份	培训人数
1997	615
1998	81
1999	2672
2002	3320
2003	3226
2004	2480
2005	4288
2006	6974
2007	15600

第四节　就　业

1985年不允许区属用工单位擅自辞退工人，劳动者也不得自谋工作。1986年改革劳动就业管理体制，劳动部门只管招工计划，招工权限下放至企业，由企业自行组织招工。1990年秦城区计划外用工2131人。1997年区属企业生产经营陷入困境，调查71户企业，职工8334人，其中生产经营正常企业34户，半停产和经营状况不佳的企业26户；有下岗职工2844人，占区属企事业单位职工总数的34.1%。1998年成立区解困再就业领导小组，专门负责困难企业的解困和下岗职工的再就业工作；成立再就业指导中心及34家服务中心，安置下岗职工1933人，安置率为67.96%；为280多名下岗职工外出务工提供服务。1999年开展给困难职工送温暖活动,全区捐款195万元,慰问困难企业26户、特困职工180户、困难职工228户。筹集再就业资金89.3万元转入再就业资金专户,实现再就业49人,再就业率为68%。

2003年22个乡镇和7个街道均设立劳动保障事务所。设公益性岗位3200个,安置"40""50"人员1800多人,安置2416名下岗失业人员再就业。2004年实施下岗失业人员小额贷款,筹集75万元担保基金,经过创业培训,首批筛选7人领取小额贷款14万元。为下岗失业人员办理再就业优惠证2270本,累计办证7370本。

2005年设600个公益性保洁岗位,其中255个社区公益性岗位由"40""50""45""55"和"零就业家庭"人员组成。2006年重点援助"零就业家庭",至年底安置就业803户867人,全部消除当年"零就业家庭"。2007年新增就业8785人,审核符合享受补贴人员3000余人,为204人发放小额贷款408万元,审核拨付社会保险补贴、公益性岗位补贴、培训补贴共1295万元。

第五节 劳务输出

1986年秦城区乡镇企业局相继组建以农村建筑队为基础的秦城区二建、四建公司,吸纳农村大量剩余劳动力从事建筑水泥工。1987年区劳务办公室成立,开始有组织地开展劳务输出。1988年至1990年每年输出劳务人员在4万人以上,其足迹遍及西北五省、西藏和东南沿海各省,从事职业以建筑为主。1990年全区劳务收入达到4800万元。之后区劳务办公室指导乡镇、街道劳务服务站组织大量富余劳动力外出务工,缓解就业压力,增加劳务收入。除市郊蔬菜种植区外,纯农区几乎每家有1名至2名在外打工的劳动力。2000年全区劳务收入达到8000万元。

2002年区劳务办公室与区人才交流中心合署办公,负责人才输转交流与劳务输出,在巩固原有劳务基地的基础上开拓天津、西安、北京、东南沿海劳务市场,新增劳务输出基地10个。至年底在全国建立劳务基地达到95个,输转城乡剩余劳动力7.6万人,实现劳务收入1.1亿元。2003

年清理整顿职业介绍机构，对17家符合条件的职介机构颁发许可证，统一收费标准，对从业人员进行资格认证培训。新开辟省外劳务基地15个，输出劳动力7.4万人，实现劳务收入1.67亿元。2004年区劳务办公室升格为副科级事业单位。收集发布用工信息480条，组织16乡镇的525人赴新疆摘棉花，人均收入达1100元。全年输转城乡剩余劳动力10.29万人（其中有组织输出6.2万人），实现劳务收入2.7亿元。

2005年区劳务办公室升格为正科级事业单位，初步形成以区劳务办公室为中心，覆盖乡镇的劳务工作服务体系，外出务工人员主要从事农业、建筑业、保安、轻工和手工业、电器维修、家政服务等工作，在全国各地建立劳务基地134个，输转城乡劳动力10.33万人（其中有组织输转3.64万人，组织3200人赴新疆摘棉花，收入360万元），实现劳务收入2.58亿元。2006年根据劳动力市场需求变化，与用人单位签订合同，对农民工进行"订单式"技能培训，培训农民工5289人；劳务输出行业扩大到建筑装潢、家政服务、餐饮、宾馆服务、电子装配、保安、旅游服务，输出11.66万人（其中有组织输转劳动力4.08万人），实现劳务收入3.71亿元。2007年利用节会与用人单位签订1400多人的劳务输转合同，输转劳务人员14.5万人。

2002—2007年秦州区劳务输出统计表

表18—3—3   单位：万人、亿元

年份	输转劳动力人数	组织输出	实现劳务收入
2002	7.6	—	1.1
2003	7.4	2.62	1.89
2004	10.29	6.17	2.14
2005	10.33	3.64	2.58
2006	11.66	4.08	3.71
2007	14.5	5.8	4.13

第四章 安全生产监督

第一节 监督管理

2002年11月安全生产法实施后秦城区开展宣传活动，发放配套宣传资料1万份，举办安全知识竞赛，培训管理人员1.8万人次，培训特殊工种人员2179人次。

2003年在区直各部门和街道办事处、乡政府建立安全生产领导机构，形成"横向到边，纵向到底"的管理网络。修订区《安全生产责任书》，安全生产实行一票否决制与第一责任人奖惩制度。制定《秦城区安全生产工作责任实施办法》《秦城区重特大生产安全事故应急救援预案》。清查矿山企业86户，整治不合格企业5户，清理危化生产经营储存使用单位68户，按甲、乙分类报审经营许可证。

2004年安全生产监督管理实行属地监管。从2003年5月至2004年9月对28户企业按A、B、C、D四类分级。下发强制措施指令书28份；调查摸底区属新、改、扩建项目，实行建档立卡。查处危险化学品安全事故隐患212处，建筑隐患76处，火灾隐患231处。

2005年开展安全法制宣传教育，5万人参与；检查危险经营单位81家，发现隐患183处，下达整改通知43份；出动执法人员64人次，检查运输危险化学品车辆110辆次；检查21家非煤矿山，取缔选碾点13处，关闭采石、砖瓦厂4家；检查生产企业62家，发现职业病危害隐患12处，协助企业制定整改方案5份，落实整改措施22项；查处超速、超载、酒驾、无证驾、农用车载客等交通违法行为820辆次，查扣各类黑车、违规车60余台；督促27家未取得许可证的矿山企业和危化品经营单位完成经营许可证的申报，申报率达到100%；新、改、扩建项目"三同时"审查验收率100%。

2006年制定实施《天水市秦州区突发重特大安全事故救援预案》

《天水市秦州区烟花爆竹管理办法》。印发各类宣传资料10万余份，接待咨询1.2万人，播放安全生产新闻报道70条，12万人接受教育。协助培训特种作业人员100多人，培训各类专业人员2000多人。普查登记60余家烟花爆竹危化品生产经营单位，审核发放许可证，给2家危化品经营单位发放危险化学品经营许可证，给20家非煤矿山企业发放安全生产许可证。评估3家非煤矿山企业安全状况，对8家企业开展安全质量标准化创建工作。检查各类企业563家，发现各类事故隐患和不安全因素432处，下达事故隐患整改通知375份，查处危化品安全隐患70余处，下发整改令7户，销毁100余箱非法储存的烟花爆竹及200多公斤半成品和207551支过期雷管，停业整改4家非煤矿山企业。开展劳动防护用品专项监督检查和公众聚集场所的安全监管，检查单位450家，发现火灾隐患1960处，整改1946处，处罚40家。查处各类交通违章违法3600辆次，查扣黑车违规车辆570余台，查扣无证照摩托车7200余辆，处理16起重伤事故。

2007年开展大型安全生产宣传咨询活动，参加单位53个200多人，制作宣传牌面150块、横幅70条，散发宣传资料12万份，设咨询点32个，接待1.2万人次。培训26户高危行业的160名负责人、安管人员、特岗作业人员，企业管理人员和特岗人员持证率100%。检查各类生产经营单位302家，查出各类事故隐患和不安全因素218处，下达整改通知52份。开展4次专项大检查，检查危化从业单位47家，查处各类隐患30余处，下达整改指令24份，下达停业整改通知4份，查封花炮销售摊点6处，关闭非煤矿企业1家。专项检查劳动防护用品生产企业82家，发现职业病隐患32处，协助企业制定整改方案21份，督促落实整改方案22项，配发劳动防护用品3000余套。专项整治道路交通安全13次，查处交通违法行为49310余辆次，查扣黑车、违规车532台。

第二节　重大安全生产隐患防治

火灾隐患

昊泰大厦火灾隐患防治　天水天港房地产开发有限公司在昊泰大厦主体工程未经公安消防机构验收情况下擅自投入使用，存在隐患有：未按要求设置自动报警系统和自动喷淋系统；地下一层擅自装置旧货市场等公众聚集场所；无防排烟设施；商场内摊位过密，人员过于集中；部分楼层使用易燃可燃材料装修。2001年8月至2004年12月经市、区政府和公安、消防、工商、安监、法院、天港房地产、经营户等数家相关部门、单位、个人召集会议30多次进行协调，取缔昊泰大厦与金龙大厦之间的临时摊点和自行车停放点，打通三楼通道，解决通信设施，清理整顿楼内较密摊点，最终解决火灾安全隐患，生产经营恢复正常秩序。

天河大酒店火灾隐患防治 天水天河大酒店主体工程擅自改变原设计，二层餐厅东侧安全出口被封堵，西侧安全出口一至二层设置厨房，未按规定设置室外消火栓和水泵结合器。安检部门对此进行限期整改，打开东出口，安装应急出口门，疏通北楼通道。在消防控制室及楼梯门均制作安装防火门，酒店门前安装水泵接合器。2004年3月酒店在清理垃圾时在后院北角发现氯气罐1个，罐高180厘米，直径60厘米，容量为415升。7月12日进行接触性检查称重，确认罐总重为0.705吨，净重0.233吨，内存大量氯气，立即安排专人24小时监控，准备应急物品，防止发生意外及人员误接触。7月24日经盐锅峡化工总厂压力容器检测站专家到场检测，气罐使用年限近35年，超出12年的国家强制报废年限，罐体腐蚀严重随时会发生氯气泄漏。7月31日协调驻地部队支援30具防毒面具，在消防、公安、环保、气象、医疗等部门的密切配合下，由专家在夜里12时实施排险操作，一次性彻底消除隐患，销毁罐体。共出动各部门人员300人次，特种车辆11台次，其他车辆20台次，耗费清水36吨、碱物质4吨。

消防设施隐患排查 2007年5月检查发现天水广电培训中心、天水华联商厦、天水春泰商贸公司消防设施存在严重缺项，判定为重大火灾隐患单位，下达重大隐患整改通知，列入政府挂牌督办。天水广电培训中心经工程招标，由北京迪盛安全系统自动化公司施工5个月时间到年底完工，消防设施通过检查验收。华联商厦聘请专业设计工程人员历时3个月于2008年4月完成消防设施整改。春泰商贸公司对6号商住楼改建消防水池，2008年4月完成整改。

生产生活隐患

左家场砖厂滑坡 玉泉镇左家场砖厂在不具备生产条件下私自开工，

不按技术要求非法取土,于2004年10月9日引起取土区地质灾害,造成4000平方米的山体滑坡,体积6万立方米,对国道天巉路部分路段、公路旁左家场加油站及周边大片农田造成不同程度的毁损,构成重大安全隐患。区安监局对砖厂发出重大隐患整改令,协调相关部门对滑坡山体进行妥善处理。在滑坡区内栽入等距混凝土抗滑栓柱,加填回土,由下至上逐步夯实,提高牵连稳定能力,消除继续滑坡的潜在危险。

蜀都酒楼危楼 2003年12月14日凌晨1时青年南路北口发生特大交通事故,哈尔滨市龙达物流公司一重型货车因刹车失灵,在连续碰撞3辆出租车并造成人员伤亡后闯进天水宏发粮油公司蜀都酒楼,酒楼一楼大厅两根立柱及前支撑墙被撞倒,大楼临街前檐出现明显下沉裂缝,形成危楼重大隐患。由于位于市区交通要道和人口稠密区域,区安委会迅速进行事故现场抢险,尽快恢复道路畅通,对危楼隐患进行临时加固支撑。当日向区粮食局和宏发粮油公司下达重大隐患督查整改令,明确要求在交警和保险部门未撤出现场前,任何人不得进入隐患区,并尽快提出整改方案。同时报请区政府同意予以关闭整改,按规定拆除处置,最终彻底消除隐患。

李子金矿隐患 2004年6月李子金矿百草山分水岭区域29号坑口、坑道中段发现渗水现象,与原(民)采旧坑道相通处有积水,存在重大安全生产隐患。安监局立即下达停产整改令,限期排除积水。要求避开原采区作业,防止贯通发生透水事故;修改原设计,提高施工面标高,彻底消除透水威胁。10月现场检查提出16条整改意见,要求整改后专题汇报。11月李子金矿提交整改专题报告,对16条意见分别给出整改措施及完成时间。2005年6月国家安全生产监督管理总局专项督查组在检查中同样发现诸多事故隐患,要求限期整改。8月落实整改方案,经验收合格后随即申办《安全生产许可证》。

2005年7月李子金矿29号坑口周围风水岭旧坑道盗采者与生产经营者为争夺矿产资源发生纠纷,因一方放炮严重威胁另一方生命财产安全,激化双方互相放炮,盗采者一旦进入旧坑道不可避免引发通风、漏水、爆破、坍塌等人员伤亡事故。区安监局立即向李子金矿发出暂停探矿作业,抓紧申请司法支持,同时上报市安监局。暂停李子金矿对29号坑口作业,进行大量的整改工作,对可能出现的坍塌、冒顶、垮帮、积水地段隐患进行治理和检查。经现场复查后,认为已基本能保证在整改阶段的安全生产,9月底批准在企业安全科监督下恢复生产。

皇城路滑坡　　2007年10月25日上午8时皇城路新四沟85号天水加油站后山坡山体滑坡,地面裂缝宽20厘米,长4.5米,滑坡土方1700立方米。东山体部分仍有滑坡可能,将危及加油站油库、新四沟上山道路和数10户居民住宅。区国土局、大城街道办事处、天嘉交通运输集团公司等单位通力配合清运滑坡土方,修通防护墙,消除隐患。

第三节　重大安全生产事故

天巉公路1·18特大交通事故

2003年1月18日天巉公路71km+500m处,发生特大交通事故,新疆个体户驾驶春兰牌大货车行至秦安路段时,因气压不足刹车失灵货车直接驶入左车道,与正常行驶的秦安县运输公司兰客牌大客车相撞,客车就地掉头180度并起火燃烧,大货车翻入路外坡下。当场死亡8人,其余人员全部受伤,经多方抢救伤员,又有8人抢救无效死亡。事故医疗费和其他费用共45.7万元,赔偿费和后期伤员治疗费超过100万元。

天巉公路11·9交通事故

2004年11月9日8时天巉公路5km处,超载大卡车鲁L-80318与粤Q-00188大货车相撞,造成交通堵塞,正在处理事故时,于11时50分又一辆鲁E-10995重型大货车。因刹车失控,与公路两边的东西车相撞,造成轻伤18人、重伤5人、死亡1人的重大交通事故。

牡丹镇山体滑坡

2007年10月牡丹镇连续降雨,造成草川、红土坡两村山体滑坡。经现场勘察,草川村阴山吊地滑坡裂缝长45米、宽0.4米,涉及住户6户27人。草川村温家沟滑坡裂缝4条,裂缝均长120米至160米,宽0.2米至0.7米,涉及住户6户32人。红土坡小面积滑坡影响群众2户11人。区安监局启动地质灾害应急救援预案,发放避险撤离通知书逐步劝离群众,组织群众干部整修和疏通排洪水路,派专人值班监察。

第五章　社会保障

第一节　养老保险

1986年区属企业合同制工人实行养老保险制度。1987年区社会保险局成立后对区属全民所有制单位职工养老保险基金实行社会统筹。1990年底区属离退休职工3603人，2157人参加退休费统筹。全区参加劳动合同制工人养老保险金统筹的企事业单位有296个7885人，其中部属单位17个797人、省属单位63个1564人、市属单位95个3102人、区属单位121户2422人，累计收缴退休费统筹资金232万元。1993年至1995年发放离退休金81.17万元。1995年末全区参加社会养老保险统筹企事业单位92户5807人，收缴养老保险基金468.6万元。其中国有企业固定工养老金408.6万元，全民合同工养老金49.3万元，劳服企业职工养老金10.1万元。

1996年调查摸底非公有制企业和个体私营企业，动员6户个体工商户缴纳养老保险基金2.22万元。制定《秦城区集体企业职工养老保险统筹实施办法》，7月1日起实施。全区参加社会统筹单位94户5849人，离退休职工1826人，全年收缴养老金631万元，为1855名离退休职工增发1995年离退休金28万元。1997年为6户困难企业的676名职工预支养老金30万元，为6户企业的1589名困难职工发放救济金8万元，为2154名离退休职工发放养老金1015万元。全区参加社会保险统筹单位136户，离退休职工2154人，各项基金收缴982万元。1998年全区6035人参加养老保险，收缴养老保险基金1022万元。为136户企业的2326名离退休职工发放养老金976万元，为4户企业的863名离退休职工预支养老金13.13万元，筹资23.26万元为离退休人员增资。

1999年参加养老保险5613人，征缴养老保险基金1040万元，为2432名离退休人员拨付养老金1262万元，为42户企业的1950名离退休人员预拨养老金60.49万元。2000年实行养老保险费和失业费由地税部门征缴，建立"税务征收，财政监管，社保发放"的新基金运营体制，实行"两费"的收支两条线管理和金额拨付。全区养老保险社会统筹企业175户6818人，征缴养老保险金866万元（其中地税部门征缴689万元），为3168名离退休人员发放养老金1233万元。

2001年5996人参加养老保险，为3274名离退休职工发放养老保险金1008万元，养老金社会化发放率100%。2002年5572人参加养老保险。区属企业大面积改制，在职职工锐减，离退休人员逐年增加，参统单位拖欠"两费"严重，争取转移支付和上级调剂资金436万元，为3143名离退休人员支付养老金1498万元。2003年4133人参加养老保险，重点清欠征缴，争取各类资金1043万元，为3263名离退休人员支付养老金1679万元，社会发放率100%。2004年135家单位参加养老保险统筹，4470人参加养老保险，社会化管理服务率100%；开展企业退休人员领取养老金认证工作，将离退休人员纳入社会管理。为3087名离退休人员支付养老金1675万元。

2005年建立养老保险参保人员档案室，将改制企业退休人员、新退人员和自由职业者档案纳入统一管理，建库率100%。全区131家单位参加统筹，4792人参加养老保险，争取养老保险基金942万元，为3092名离退休人员发放养老金1933万元，企业离退休养老金发放率和离退休人员社会化管理服务率均为100%。2006年规范个体工商户和灵活就业人员参加养老保险缴费政策，争取养老保险转移支付资金1308万元，5968人参加养老保险。

2007年8月为3502名退休人员增资40万元。摸清2004年以来792户新办企业和个体工商户名单，按照"统一表格、统一时间、统一地点、统一标识"调查认证3502名离退休人员生存状况，停发19名未按时提供资格认证表的退休人员的养老金，调查1.35万名被征地农民的人员结构、土地补偿费用、就业状况等情况。全年6201人参加养老保险，争取养老保险转移支付资金794万元。

第二节　医疗保险

2000年秦城区成立城镇企业职工医疗保险改革领导小组及办公室。2001年10月《秦城区城镇职工基本医疗保险实施方案》《秦城区城镇职工基本医疗保险实施方案实施细则》实施，市第一人民医院、市中医院、四〇七医院、区医院成为城镇职工医疗保险首批定点单位。年末49户企事业单位的5050名职工参加医疗保险，征缴医疗保险费2.2万元，为4名患病住院职工报销医疗费0.67万元。2002年成立区医疗保险中心。8月《秦城区行政事业单位基本医疗保险实施办法》实施，区财政拨付首期行政事业单位医保启动资金50万元，征缴医疗保险费71万元。11650人参加医疗保险统筹，其中在职职工8613人，退休人员3037人。

2003年清理全区行政事业单位住院费欠账，1992年至2002年6月拖欠3595人住院费793万元。12123名职工参加医疗保险统筹，征缴医疗保险费105万元，其中在职职工9512人，支付660名住院职工医保费145.37万元。2004年实施行政事业单位职工医保个人账户，将征缴的个人账户医疗费161万元存入个人账户，制定实施《秦城区离休干部医疗管理办法》。报销129名离休干部医疗费49.5万元，首次组织146名离休干部体检，报销17名特困职工拖欠医疗费9.72万元。13314人参加医疗保险统筹，征缴医疗保险费348.47万元，为621名住院职工支付医保费130万元。

2005年启动乡镇医疗保险，扩大覆盖面16户1750人，6户破产企业的598名退休人员纳入医保，17066名职工参加医疗保险，征缴医疗保险费444万元，为875名住院患者支付医疗费189万元。2006年将非公有制组织和灵活就业人员、困难企业职工纳入医保范围，区医保定点医院12家，定点零售药店37家。17122人参加医保，征缴医疗保险费543万元。2007年制定实施《秦州区城市低保人员医保实施方案》《秦州区城镇居民基本医疗保险实施办法》《秦州区行政事业单位职工大额医疗保险实施办法》，3.6万城市低保人员领取医疗保险证，为16.7万城镇居民办理医保手续。18879人参加医疗保险，征缴医疗保险费721万元，为1102名职工报销医疗保险费200万元。

第三节 失业保险

1995年秦城区征缴失业保险基金19.2万元，安置257名待业职工，支付待业金10.1万元。1996年收缴失业保险基金23.11万元。1998年7月提高失业保险基金征收比例，缴纳失业保险费的比例由职工工资总额的1%提高到3%，其中个人缴纳1%、企业缴纳2%。6035人参加失业保险，收缴失业保险基金36.9万元，为解困和再就业办公室拨付失业基金11.5万元，保障9户612名下岗失业职工的基本生活。1999年269户企业5613人参加失业保险，为解困办拨付失业金8.8万元。2000年316户企业11563人参加失业保险，征缴失业保险费49万元，其中地税部门征收47.7万元，拨付失业保险金8万元。

2001年10499人参加失业保险，地税部门征缴失业保险费54万元，拨付失业保险金10万元，拨付企业下岗职工基本生活资金55万元，其中失业保险金6.98万元，保障490名下岗职工的基本生活。2002年280户企业9406人参加失业保险统筹，征缴失业保险费70.2万元，为926名下岗职工发放基本生活费182万元。2003年参加失业保险统筹8856人，征缴失业保险费52万元，为477名下岗职工发放基本生活费162万元。

2005年274家单位9057人参加失业保险统筹，征缴失业保险费48万元，为26人发放失业金5.43万元。2006年清理企业拖欠失业保险费30.2万元，9057人参加失业保险，征缴失业保险费78.99万元。2007年清理企业拖欠失业保险费33.4万元，9281人参加失业保险，征缴失业保险费133.7万元，为528名失业人员发放失业金87.5万元。

1998—2007年秦州区养老、医疗、失业保险参保人数统计表

表18-5-1 单位：人

年份	养老保险	医疗保险	失业保险
1998	6035	—	6035
1999	5613	—	5613
2000	6818	—	11563

续表

年份	养老保险	医疗保险	失业保险
2001	5996	5050	10499
2002	5572	11650	9406
2003	4133	12123	8856
2004	4470	13314	7274
2005	4792	17066	9057
2006	5968	17122	9057
2007	6201	18879	9281

第四节 工伤和生育保险

1995年秦城区参加工伤保险统筹单位43户，征缴基金5.8万元。1996年征缴工伤保险基金8.37万元。1997年1月制定实施《秦城区企业女职工生育保障实施细则》。1998年征缴工伤保险基金12万元，征缴生育保险费14万元。1999年征缴工伤保险基金10.76万元，征缴生育保险基金12.18万元，为8名女职工发放生育保险金8.9万元。2000年"两费"征收移交地税部门后，生育保险、工伤保险仍由社保部门征收，征缴工伤保险金10.58万元，征缴生育保险金14.45万元，为54名职工支付生育保险金9.62万元。

2001年109家单位5655人参加工伤、生育保险，征缴工伤保险金4.06万元，为1名参保职工支付工伤保险金0.2万元，征缴生育保险金5.61万元。2003年91家单位2654人参加工伤保险、生育保险，为2人支付工伤保险金1.68万元，为10名职工支付生育保险金4.1万元。2004年30家单位1600人参加工伤保险、生育保险，征缴工伤保险金4.48万元，征缴生育保险金6.32万元，为9名女职工支付生育保险金3.56万元。

2005年2937人参加工伤保险，征缴工伤保险金8.25万元；1683人参加生育保险，征缴生育保险金7.95万元；为2人支付工伤保险金0.27万元，为6人支付生育保险金1.87万元。奖励无工伤事故发生的10户企事业单位，返还12.5万元工伤保险金。2006年扩大生育、工伤保险覆盖面。3926

人参加工伤保险，征缴工伤保险金9.3万元；2518人参加生育保险，征缴生育保险金8.36万元。为7名职工支付生育保险金3.04万元。2007年征缴工伤保险金19.11万元，征缴生育保险金8.65万元，为3名职工支付工伤保险金12.56万元。

第十九编

MinZheng

民政

秦州区地形复杂，气候多变，灾害频发。1985年至1990年农村气象性灾害常发，干旱、暴雨等容易造成口粮紧困，民政部门下拨粮食、棉布等实物救助，累计下拨口粮4000多万斤，赊销棉布255万尺、棉花34万斤。1991年后由于农村主要劳动力外出务工，农业生产逐渐对群众生活影响减小，虽然自然灾害频发，但是对农村群众生活冲击变小，民政部门救灾以下拨救灾款为主。北山玉泉观及周边是秦州区地质灾害频发区，至2007年防治主要以加固维修、拆除民居为主。1998年前城市居民生活救助以零星救济为主，之后实施最低生活保障救助，至2007年累计发最低生活保障金21396万元，月人均低保金从1998年的51元提高到2007年的93元，保障范围从1998年的2249人扩大到2007年的46132人。1991年前优抚工作以节日慰问和平时救济为主，1991年成立双拥工作机构后优抚工作逐年规范化，至2010年实现甘肃省双拥模范城"六连冠"，复转军人100%安置，义务兵优待金100%发放、重点优抚对象参加农村新型合作医疗和基本医疗保险等。

第一章　灾害预防救助

第一节　灾害预防

地质灾害预防

1985年秦城区地震办公室创办《地震简报》，出刊13期，印发5200份。举办地震灾害大型图片展览，展出图片、照片210张，观看人数2000人次；接收天水乡地震宏观观测点，对观测的虎皮鹦鹉增配自动计数器；编辑《地震群测经验汇编》500册，受宣传者2000多人次。

1986年将地震测报点岷山厂、海林厂、铁二中、长控厂、精表厂、地质学校、天水一中、二中、电池厂、长低厂、五里铺学校、213厂、新印厂、红山厂、149队、修造厂、电缆厂、五七大学、202厂、市地办、动力机械厂、粮食局仓库、市食品公司、胶车队、微波站、天水郡猪厂、坚家河饲养厂、蔬菜公司鱼厂、牡丹公社、皂郊公社30个群测点压缩为岷山厂、长控厂、海林厂、地质学校、149煤田普查队、铁二中、长开厂、长仪厂、精表厂、奶牛场10个测报点，新增秦城区信鸽协会测报点。

　　1990年10月20日甘肃省天祝、景泰、古浪三县交界发生6.2级地震，秦城区震感较为强烈。12月制定全区第一部地震应急预案，成立秦城区抗震救灾指挥部，乡、街道成立抗震救灾应急备灾指挥部并制定破坏性地震应急预案，编写《震苑》面向全社会发行5000册。1991年区地震办公室更名为区地震局，向社会发放《中国地震报》《地震知识》《震苑》等宣传报纸、资料3640份（册），制作宣传版画《地震来了怎么办》36幅分别在机关、街头、工厂等地巡回展出。1992年设置罗峪沟营房梁高山泉、热带鱼观测点和长控厂地震宏观哨，至此宏微观测报点达到14个。向社会发送《中国减灾报》《地震知识》1760份，发放科普书1100册。7月28日举行"纪念唐山地震16周年暨地震科普宣传咨询日"活动，受宣传者14000人次。1993年修订《天水市秦城区破坏性地震应急预案》。1995年区地震局架设无线电台，安装短波单边带报警机和短波数字选呼终端，实现观测数据和资料传输自动化。

　　1998年制定《天水市秦城区防震减灾十年目标实施规划》《天水市秦城区破坏性地震应急预案》。全区地震监测网络有观测仪器40多台（套），主要进行地电、地倾斜、地应力、水氡、流量、地磁、地温等前兆观测，重锤等测震记录以及虎皮鹦鹉、信鸽、热带鱼、家畜、家禽等动物习性观测，井水位测量，测报点20个，测报点人员29人。2000年8月31日、9月1日杨家寺和皂郊等地先后发生2次有感地震，恢复和新建银达养殖场、关子、娘娘坝、天水、太京镇、秦岭乡地震测报点。

　　2004年乡（镇）街道成立防震减灾领导小组，共建立地震宏观观测哨420个。重点监控太京等乡镇30多处重点区域，形成区、乡镇、村、组四级监测监控网络。2005年制定《天水市秦州区防震减灾"十一五"发展规划》，修订《秦州区地质灾害防治方案》《秦州区地质灾害紧急防治预案》，从各部门抽调200名工作人员，乡镇抽调400名工作人员，组成专门的地质灾害防治专业工作队。重点监测王家半坡、上庵沟、泰山庙、白家堡子、金荣印务有限公司等滑坡地质灾害区域，与地质灾害区域的300户群众、13家单位签订避险明白卡和防灾明白卡，发放防治单3000份，群众100%知晓灾害险情。

2006年修订《天水市秦州区地震应急预案》，制定《天水市秦州区社区地震志愿者应急救援队伍组建工作实施方案》，完成900多页的《天水市秦州区地震应急基础数据报告》。监测牡丹镇任家堡子村庄裂缝、藉口镇六十铺村泥石流、华岐乡石沟庄道路坍塌、中梁乡上韩村山体裂缝等灾害点，开展藉河、南河上游水源保护区地下水质监测与水量保护工作，取缔2户影响水源的采矿企业，在矿山地质灾害易发区域与责任单位签订责任书。2007年排查中梁、牡丹、太京、齐寿等乡镇地质灾害多发区域，监测王家半坡、白家堡子、中和巷、天水郡煤建公司家属院、牡丹任家堡子、太京马家窑、中梁上韩村等重点区域。至年末共有地质灾害点30处，在地质灾害点发放两卡，设置警示标志，划定责任单位及责任人员。

气象灾害预防

气象观测 2003年8月投资1734万元在中梁乡何家湾建成多普勒天气雷达站，可提前1小时至3小时探测到影响秦城区的暴雨、冰雹、强雷电、大风等气象灾害。2004年1月天水气象观测站安装CAWS 600—B型自动气象站。2006年关子镇、秦岭乡、汪川镇、娘娘坝镇李子园建成自动区域气象观测站，可自动观测气温、降雨项目，利用太阳能供电，即时无线发报。2007年在皂郊镇果树研究所建成自动区域气象观测站1处。

天气干预 1990年开始人工影响天气工作。1991年天水市人工影响天气协调领导小组办公室成立。1997年区气象局成立，负责全区人工增雨防雹工作。

1985年至2007年有防雹（增雨）作业炮点3个，"37"高炮3门；火箭增雨作业点1处，发射架1台，火箭作业车1辆；焰弹增雪作业点1处。

天气预报 1985年至2007年全区天气预报业务由天水市气象局预报科承担，服务项目有短期预报（未来24小时和48小时的天气预报）、旬天气预报、月气候预测、年气候预测、季度气候预测、农气旬报等。短期天气预报内容包括天气现象、最高气温、最低气温和风向风速等，每天下午

16时至17时由市气象局预报科电话传递给区广播站，广播站通过有线喇叭和无线电台将短期天气预报播出。旬天气预报、月气候预测、年气候预测、季度气候预测、农气旬报等以纸质材料定期送至区农业部门。

北山防治

城区北山有天水市三中、玉泉中学、百货市场等10多个单位和2493户居民，寺庙及景点有演法寺、玉泉观、泰山庙、八官寺、北关清真寺。2001年城区北山王家半坡、张家窑一带山体出现滑坡，大多数坡体和部分建筑物出现裂缝和变形迹象。2002年6月出资120万元对王家半坡和张家窑重点滑坡区域实施应急治理工程，采取刷方减载、设置肋板墙、小型抗滑桩及重力式挡土墙等措施，减缓滑坡变形速度加剧。2003年受强降雨影响两个滑坡体又产生新的变形，滑坡体上房屋破坏严重，滑坡区域群众情绪恐慌，区政府立即上报省市政府及相关单位，省国土资源厅组织省内专家到区域滑坡地质灾害现场考察。10月中铁西北科学研究院组织专家现场勘察认定有老滑坡复活迹象，滑坡体位移量平均每天2毫米，滑动现象最突出时一天最大可位移20毫米。2004年甘肃省立项对王家半坡滑坡治理工程完成论证。2005年投资15万元对重点滑坡区域进行治理，新建排洪渠210米，铺设预制块路面30平方米，砌防滑护坡160平方米，恢复房屋70平方米。2006年北山区域白家堡子老滑坡区局部复活，崖体塌方压倒房屋3间80多平方米。

第二节 灾害救助

气象性灾害救助

1986年秦城区28.3万亩农田遭受春旱、冰雹、山洪等灾害，造成粮食减产3成多，区政府为531个村的15830户农民返销口粮800万斤，下拨口粮救济款40万元、社会救济款5.9万元，为贫困户赊销棉布255万尺、棉花34万斤。1987年23.8万亩夏粮受灾减产，区政府组织2.68万人劳务输出，民政局募捐1.8万元、粮票3万斤、衣物28793件、面粉4000斤下拨受灾群众。全年下拨返销粮1080万斤、口粮款54万元。1988年为受灾困难户返销口粮900万斤，下拨口粮款、救济款16.4万元；临时下拨社会救济款7.2万元、优抚款6.45万元。1989年至1990年为农村贫困户和受灾户返销口粮1262万斤,下拨口粮款18.4万元,募捐资金3万元、粮票2.2万斤、面粉1360斤、衣物31800件。

1992年为遭受暴雨、冰雹灾害的困难户返销口粮877万斤,下拨购粮款19.6万元,下拨募捐衣物4000件、粮票3.6万斤。1993年山洪、冰雹造成19.2万人受灾,区政府组织群众生产自救,为农村特困户、五保户、重灾户下拨购粮款16万元,向城乡发放临时社会救济款6.2万元,帮助3100户特困人群渡过难关。1994年旱灾、暴雨造成24.6万亩农作物减产和房屋倒塌,区政府为特困户、重灾户、五保户下拨口粮款23.5万元,建房补助费4.5万元,夏粮投保受灾户获赔9.4万多元。1997年农作物遭受干旱和病虫害,重灾户、特重灾户8646户,下拨救灾款12.3万元,划拨3.3万元帮助受灾农户购置籽种2.6万斤;动员机关干部为灾民募捐1.8万元、衣物16299件、布匹36米。1999年持续干旱7个月,造成47.6万亩农作物受灾减产,下拨救灾款25万元、购粮款117万元,募集救灾储备粮31.6万斤。

2001年秋季降雨过多秋粮受灾减产,部分乡村山体滑坡造成房屋倒塌,下拨救灾款141万元,解决4.86万受灾户的生活问题。2004年下拨灾民建房补助款60万元,帮助705户受灾户建成2450间新房。

地质灾害救助

1987年玉泉乡徐家山村芦家湾山体滑坡,危及29户农民的住房安全。玉泉乡政府重新划出宅基地,实施整村搬迁,民政局下拨1.83万元建房补助款。8月关子乡孙家村山体滑坡,危及64户农民的房屋安全,民政局下拨0.94万元建房补助款帮助搬迁。1989年9月平南乡于家庄山体滑坡,危及258户农民住宅安全,区民政局下拨补助款2万元帮助29户重灾户搬迁。

1990年6月平南乡张家庄山体滑坡,拨付1.72万元补助款帮助59户村民搬迁。8月11日市区普降大暴雨,降雨量99毫米,致使北山泰山庙、水眼寨、椒树湾一带发生大面积弧形地裂下陷,山体大面积滑坡,危及14个单位和1974户居民的生命财产安全。市、区政府成立秦城北山滑坡防治领导小组,组织落实防治、搬迁措施,拨付4.3万元补助款帮助97户居民搬迁。1992年12月为华岐乡黄柏、庄子、余坪等村滑坡灾区补助搬迁费8万元。1996年6月太京乡庞家沟村海湾村滑坡危及42户农民住房安全,下拨搬迁补助款5.1万元。

2001年10月为中梁乡刘家河村、南家湾村补助搬迁费3.9万元。12月为玉泉乡徐家山10户灾民补助搬迁费2.1万元。2002年为玉泉乡王家半坡、张家窑和中梁乡盐池村下拨搬迁补助费14.8万元。2003年11月关子乡松树湾村整体搬迁,下拨补助款3.9万元。2004年4月齐寿乡黑沟村等3村搬迁,下拨补助款1万元。2005年太京镇韦家沟、天水镇杏沟村搬迁,下拨补助款8万元。

第二章 救 济

第一节 农村救济

五保户供养

1985年7月秦城区农村有五保户623户723人。1986年10月区民政局为五保户发放五保户供应证,记录粮油等供养实物的发放情况。1987年太京乡自筹2万元,区民政补助3万元,建起秦城区第一所敬老院。之后李子、娘娘坝、天水、皂郊、牡丹、华岐、中梁、秦岭、玉泉、环城等乡先后建起敬老院,集中供养五保户。1991年统一提高五保户供养标准,每人每年口粮由420斤至480斤提高到600斤,另外有6斤清油、20元零用钱。1994年8月普查五保户,共有五保户2302户2568人,其中87人在乡敬老院集中供养,每人每年1200元。2001年共有12所敬老院,集中供养85人。2006年区民政局给乡镇敬老院下拨补助资金48.6万元。

茅屋改造

1992年实施农村茅草房改造工程,1996年改造结束,累计投资89万元,其中市民政局下拨补助款19万元,帮助512户贫困户改造1257间茅屋。

第二节 城镇救济

下放职工补助

1959年至1962年天水市精简下放职工3000余人，造成一些人生活困难。1982年摸底后367人享受生活补助。1986年区民政局再次摸底，秦城区有909人享受生活补助。1994年底享受生活补助者增至979人，每人每月补助10元到20元。2004年4月调整精简下放职工生活补助标准，每人每月享受180、110、80、70、60元不等的生活补助费。

居委会主任补助

1985年有84名居委会主任由民政部门发给退养费，每人每月15元到18元不等。1990年1月提高到30元、40元。1992年7月每人增加25元。1994年1月起在任居委会正、副主任每月分别享受60、50元报酬。1995年提高到80、70元，离任者在原基础上增加10元。2001年12月组建城市社区，退养居委会主任231人，其中90人每月领退养费，共领退养费71760元；141人一次性安置共领一次性退养费62360元。

流浪人员救助

1988年至2002年收容所共收容遣送外流人员4174人、弃婴84人，处理无名尸体85具。2003年社会救助站成立后至2006年共救助流浪乞讨人员284人、弃婴30人，处理无名尸体36具。

秦州区部分年份收容人口统计表

表19—2—1　　　　　　　　　　　　　　　　　　　　　　　单位：人、具

年份	收遣流浪人员	收养弃婴	处理无名尸体
1989	333	—	—
1990	507	—	—
1992	533	6	2
1993	395	4	4
1994	520	—	—
1995	350	7	13
1997	438	—	3
1999	357	11	19

续表

年份	收遣流浪人员	收养弃婴	处理无名尸体
2000	158	12	15
2001	276	13	11
2002	370	19	18
2003	153	18	21
2005	67	19	14
2006	64	3	1

第三节 医疗救助

贫困人口患病补助

1991年8月中梁乡麦王山村吊沟自然村163人因食用骡子肉中毒,其中92人住院治疗,民政局专项补助款0.2万元。1997年民政、卫生部门为贫困山区免费发放碘油丸6.2万粒,预防甲状腺病发生;为城乡30多个困难家庭中的精神病患者发放补助款1.2万元帮助治病。此外每年组织乡镇、街道相关人员,购置慰问品,登门慰问城乡特困户、重大患病户。1991年拨款3.6万元,1997年拨款1.7万元,2001年拨款3万元,2003年拨款10万元。2004年建立医疗救助、教育救助、计生贫困户救助制度,收到社会各界捐款165万元。2005年6月区民政局下拨15万元专项资金,解决全区120名优抚对象的看病难问题。

医疗救助

2005年秦州区被列为甘肃省农村医疗救助试点县区,5月区农村医疗救助基金筹集116万元,其中区财政投入基金34万元,省民政厅下拨基金82万元。区民政局摸底农村重大病患者,全区有4918名重病患者,根据其家庭经济状况确定1957人为救助对象,并发放救助证。首批试点救助32户,支付25240元;第二批183户,支付13.6万元。2006年全区农村救助医疗对象1829户,支付救助金208万元;城市救助1237户,支付救助金140万元。

第四节 最低生活保障

城镇低保

1997年11月秦城区成立城镇居民最低生活保障工作领导小组,办公室设在区民政局。至次年8月组成7个调查组到城区40个社区摸底调查,经过复核、筛选初步确定低保对象1237户3189人,分别占全区城市居民总户数58451户的2.12%和总人口181376人的1.76%。2002年低保范围扩大到改制企业下岗职工,增至12291户30563人。2003年3月抽调84名基层低保工作人员和160名待业大学毕业生到40个社区,历时16天采取查账对证、逐户走访、逐人见面的方法,复查核实低保对象,清退不符合条件的1708户4511人。年底全区城镇居民低保对象17635户46132人,占城市人口的14.75%。

2004年5月清退低保对象795户1785人。2005年采取跟踪检查、随机抽查等方法,清退家庭经济收入增加、超出标准的低保对象364户902人。3月低保金实行社会化发放,由低保对象在社区登记备案,5日内到市内各邮政储蓄网点凭证(卡)领取低保金。2006年再次复查核实清退超过标准的低保对象476户1237人。

1998—2007年秦州区城市低保发放统计表

表19—2—2   单位:户、人、元、万元

年份	户数	人数	人月均低保金	年发放总额
1998	1024	2249	51.6	139
1999	1090	2275	56	154
2000	1348	2584	57.6	179
2001	1864	3514	58.5	247
2002	12291	30563	40.2	1474
2003	13988	34950	65.8	2759
2004	15742	38657	64	2980
2005	15704	39979	75	3613
2006	17079	43440	90	4707
2007	17635	46132	93	5144

农村低保

2006年11月调查摸底农村特困群众生活状况,重点保障"三无人员"、残疾特困家庭、主要劳动力常年患病家庭,以及因病因灾致贫、返贫的家庭。2007年第一季度确定农村低保对象1194户4299人,占农村总人口的1.3%,发保障金45万元;第二、三季度纳保1202户4310人,分别发放保障金40万元;第四季度增至2743户10200人,发放61万元。

第三章　社会管理

第一节　民政机构

1985年7月天水市民政局更名为天水市秦城区民政局,内设办公室、优抚安置股、救灾救济股、社会事务股。1986年设秦城区地名管理办公室。1988年恢复秦城区外流人口收容遣送站。1990年设立秦城区社团管理办公室和秦城区殡葬管理所,至此民政局设有救灾救济股、优抚安置股、基政股、社团办、办公室,下属单位有秦城区社会福利厂、秦城区军干所、秦城区殡葬管理所、秦城区收容遣送站和秦城区残疾人联合会。1995年6月设立秦城区农保办公室、秦城区边界办公室。12月设立秦城区婚姻登记中心。1999年2月秦城军干所移交天水市民政局管理。2002年秦城区老龄委移交民政局管理,改设为秦城区老龄办公室。2004年设立秦城区居民最低生活保障办公室,秦城区外流人口收容遣送站更名为秦城区流浪乞讨人员救助站,撤销社团管理办公室设立区民间组织管理局。2005年1月天水市秦城区民政局更名为天水市秦州区民政局。2006年秦州区社会福利厂破产改制,区民政局出资123万元为68名残疾职工办理退养,其余79名非残疾职工一次性买断工龄。

第二节　地名与基层管理

勘界

1992年至1999年秦城区共确定41条边界线,全长497公里。勘定区、县行政边界线5条,总长324公里,其中—5徽县边界线长58公里,—5西和县边界线长5公里,—5礼县边界线长90公里,—5甘谷县边界线长32公里,—5北道区边界线长139公里。埋设区、县界桩27个。其中三面界桩6个,分别是"秦城—徽县—西和"1个,"秦城—礼县—西和"1个,"秦城—徽县—北道"2个,"秦城—甘谷—北道"2个;两面界桩21个,分别是"秦城—徽县"5个,"秦城—甘谷"3个,"秦城—北道"13个。

地名管理

1981年至1986年普查地名,收录地名843条。1997年至2006年在境内国道、省道、旅游景点线路设置地名标志石碑46块,其中在316国道沿线设立35块村碑标志。

2004年10月对城区道路、街、巷、住宅及区级门牌号码进行摸底与整顿,有大街3条、大道3条、路46条(新增8条、消失12条)、巷56条(新增7条、消失10条),绘制地名示意图,实行微机管理。2006年完成门(楼)号码编制以及地名标牌设计制作工作。

村委会与社区管理

村委会　1989年在铁炉乡进行村民自治试点,之后全区农村分3批组织实施,同时开展争创"十星级文明户"活动。1995年后太京、皂郊、李子、吕二、牡丹、娘娘坝、关子等乡先后被市政府命名为天水市村民自治模范乡,全区378个行政村先后被区政府命名为区级村民自治模范村,牡丹乡乡长刘廷贵、天水乡乡长马世元荣获甘肃省优秀乡镇长称号,吕二乡暖和湾村荣获全国精神文明乡村先进单位称号。

社区　1988年对504名居委会干部进行培训学习和考核,开展升级达标工作。1992年后《居委会组织法》实施,组织居民直接选举居民委员会主任,开展争创"明星街道""模范居委会"和达标升级活动。在达标创优活动中,七里墩获"明星街道",长开厂、仁和里居委会获"模范居委会",受到省民政厅表彰。2001年长开社区荣获"全国青年文明社区"称号,受到团中央、民政部、建设部、国家工商行政管理总局的表彰奖励;环城西路社区居委会主任董楠荣获"全国优秀社区工作者"称号。

第三节 婚姻管理

婚姻登记

1985年秦城区婚姻登记机构有29个,由22个乡政府和7个街道办事处具体负责办理婚姻登记工作。秦城区婚姻登记服务中心成立后撤销街道婚姻登记机构,城区婚姻登记工作由服务中心负责。

2004年撤乡并镇后,农村婚姻登记机关随之撤并为16个。2007年有婚姻登记机关17个。

婚姻执法检查

1986年各乡政府、街道办事处建立婚姻登记档案。1988年8月结合婚姻登记员业务培训,检查铁炉乡婚姻执法情况。1989年4月举办婚姻登记工作人员执法培训班,培训190人,之后组织各婚姻登记机关开展上一年执法检查。1988年全区登记结婚4938对,调解离婚138对,清理出早婚、私婚179对,处理126对。

1990年组织婚姻两法咨询服务队上街、下乡服务20余次,清理历年早婚、私婚675对,罚款2990元,补办结婚证607对。1991年结合农村社教运动和承包土地小调整,清理出历年瞒报的早婚、私婚440对,补办结婚证210对,罚款11250元。

1992年开展婚姻执法检查,登记合格率100%。查出私婚218对,罚款9800元。1994年在婚姻执法检查中查出早婚105对、私婚187对,补办结婚证187对,罚款2600元。

1996年秦城区婚姻登记管理工作通过考核验收,荣获省先进单位称号,婚姻档案管理达到省二级标准,全区有8乡、261村、110个居委会实现无违法婚姻。

1998年实施结婚登记工作目标管理,全区无违法婚姻,结婚登记合格率达到95%。2001年区婚姻登记服务中心档案管理晋升为省级。2004

年组织全区婚姻登记人员参加市、区两级业务培训，婚姻登记工作步入规范化。

第四节　殡葬管理

1985年市民政局下设殡仪馆负责殡葬服务。1991年成立秦城区殡葬管理所，制定《秦城区殡葬管理细则》，在城区各个街道和吕二、玉泉、环城、太京、皂郊、藉口等乡开展废除土葬、推行火葬、移风易俗的宣传教育。在南山燕窝山建成占地4亩的南山公墓，在泰山庙北建成占地19.54亩的泰山公墓，两项投资42万多元，修建墓穴261处，其中单葬墓穴77处、夫妻合葬墓穴184处。另外在太京乡窝驼村、藉口乡船北村、皂郊乡袁家河村、店镇乡谢崖村、铁炉乡下磨村先后建立公益性公墓5处。

2001年整顿全区村级公益性公墓，新修、改造墓穴56个，实现收入28.98万元。2002年改造墓穴177个，实现收入10.5万元。2004年在北山建成占地30亩的回民公墓。2005年在石马坪建成占地258.6亩的文峰山公墓。2006年至2007年加强文明祭祀和殡葬改革政策宣传力度，开展以"讲诚信、促服务、创示范"为主题的"行风建设月"活动，集中清理解决殡葬服务收费、服务环境、服务质量、服务态度等方面的问题。

第五节　彩票管理和老龄工作

彩票管理

1988年1月成立秦城区社会有奖募捐委员会，在全区范围发行社会福利有奖募捐券。1988年至2001年共发行募集券1370多万元，区级提留福利基金170多万元，其余用于建设残疾人活动中心和希望小学等社会福利事业。2001年后社会福利募捐由市民政局集中管理。

老龄工作

1988年至1989年区直属各部门、乡、街道先后成立老龄工作领导小组，组建7个老年协会，有会员280余人，为全区6.3万老年人服务，贯彻落实《老年人权益保障法》。1990年开始每年在重阳节前后组织老年人开展座谈会、联欢会及文体活动。1998年底全区60万人口中，60岁以上老龄人口48236人，占总人口的8%，其中90岁以上的老人84人。至2007年4月全区64.1万人，60岁以上老年人口63050人，占总人口的9.8%，其中90岁以上老人300人。政府每年给90岁至94岁老人发放高龄补贴300元，给95岁至99岁老人发放高龄补贴500元，给100岁以上老人发放1200元高龄补贴。

第六节 民间组织管理

社团登记

1990年在区民政局设立社团管理办公室，办理社会团体和民办非企业单位的审查、审批、核发证书工作。至1991年4月登记发证的社团组织有15户。1994年编码登记已登记发证的27个社团，财务审计10个社团。

1997年5月调查摸底304户民办非企业单位，共有从业人员695人。其中民办诊所264户，从业人员456人（城市134户326人，农村130户130人）；民办学校、培训中心、托儿所共21户，从业人员23人；职业技术培训5户（企业办1户，私人办4户），从业人员60人；剧团4户，从业人员87人（城市1户40人，农村3户47人）；体育组织3户，从业人员5人；科技组织7户，从业人员58人（城市4户40人，农村3户18人）。

2000年8月排查摸底全区社会团体和民办非企业单位，有各类民间组织1518户，其中教育23户、科研11户、文体21户、中介服务15户、卫生1448户。

社团整顿

1992年清理整顿社团33户，复查登记24户，撤销1户。1993年清理整顿社团，撤销7户体育性团体。1997年清理整顿27户社团，合并2户，撤销6户。1999年执法检查全区社团和民办非企业单位的活动情况。

第四章　拥军优抚

第一节　节日慰问

1989年春节、八一期间，秦城区广大群众为驻区部队送去猪肉、苹果、西瓜等慰问品2万余斤，民政等部门为全区烈军属、残废军人、离休军官等人员举行电影招待会。1990年后随着全区双拥工作正式启动，重大节日慰问活动纳入双拥工作逐年开展。1991年八一期间，区党政领导携带辖区单位群众送来的慰问品慰问驻军机关和直属连队，其中西瓜12200斤、毛巾4030条、手套2982双、鞋垫941双、清酒1242瓶、饮料1942瓶，香皂2643条、牙膏422条、洗衣粉409包。太京乡群众单独向部队送鲜蛋2000个、西瓜1000斤、鲜桃100斤。1993年节日慰问期间除给部队送去价值2.9万元的慰问品外，还组织慰问演出文艺节目12场次。1994年将驻军慰问活动与对优抚对象的慰问工作结合在一起开展。1998年慰问驻区部队慰问品价值7万多元。1999年向驻军单位送去洗衣机、健身器等慰问品，价值11.5万多元。2000年以后区委、区政府根据全区双拥工作计划，逐年加大在重大节日期间对驻军慰问活动的资金投入。一般在重大节日慰问前夕派人深入部队基层连队，了解官兵工作和生活中的一些困难，以便日后及时解决。

第二节　优　抚

群众优待

1985年秦城区22个乡召开优待兑现会，优待819户农村军人家属，优待面100%，最低为80元，最高为300元，平均118元；为57名退伍军人发给优待金7040元。1986年实施乡统筹现金优待，优待面为100%，户最高优待金为333元，最低110元，共718户，每户平均147元，高于所定标准

47元。1987年优待608户现役军人家属,户平均优待标准增高到195元。之后优待标准随着乡村人民生活平均水平不断提高而增长。

1991年统筹优待资金145770元,优待22个乡581户现役军人家属,平均每户优待金250元,最低240元,最高350元,其中吕二、玉泉、环城、太京4乡平均每户优待金292元。

1992年区政府颁布《天水市秦城区军人抚恤优待办法》。1997年区政府颁布《天水市秦城区义务兵家属优待金社会统筹办法》(试行)。2002年6月修改后实施,办法规定凡是户口在秦城区的农民、城镇居民且有收入均依照该办法缴纳优待金,优待标准按全区农民纯收入标准的100%兑现。

2001年优待380户义务兵家属,优待总金额31万元,优待标准928元,达到全区上年人均纯收入水平1320元的62.7%,一部分乡镇则达到上年人均纯收入水平的100%。对城镇义务兵家属生活特别困难者,适当给予临时性补助。2002年后农村义务兵家属优待金均按照双拥工作100%发放。

国家补助

1986年对一些烈属的年优待标准达到180元以上,共下拨优抚款2.8万元、临时优抚专款5.32万元。区农副公司在春节等重大节日为老红军供应副食产品,一直持续到1989年。1989年11月确定阎德荣、张玉莲、汪安家、孙具才4人为红军失散人员,从7月给每人每月补助25元,并根据实际生活困难,给予每人一次性补助150元。全年共下拨优抚款49500元、临时优抚款15000元,慰问和补助在乡残废军人、"三属户"。

1991年共下拨临时优抚款6.5万元,并通过发放扶贫资金帮扶优抚对象脱贫。1983年至1991年对639户优抚对象发放扶贫资金,有45%的扶贫对象脱贫。1992年按政策规定给复员军人100%定补。

1993年至1995年市区财政先后下拨7万元用于解决在乡老复员军人生活困难、治病困难、住房困难。1994年区财政向各乡、街道下拨临时优抚款4.5万元,解决900多户优抚对象存在的特殊困难;争取市财政下拨3.6万元,解决80户复员退伍军人住房、医疗等生活困难(次年具体落实到个人)。7月提高"三红"人员补助标准,全区有西路红军4人、红军失散人员4人。之后随着天水市专项资金拨款先后到位,按照新标准对个人予以兑现。10月区民政局根据全区现有1000多名复员军人生活身体状况,从救灾款中挤出3.4万元专项资金解决他们的生活困难,补助80名在乡复员军。1995年至1997年逐年提高复员军人补助标准,扩大复员军人补助面,至1997年对老复员军人的定补面达到100%。累计下拨15万元用于解决老复员军人等优抚对象"三难"问题,下拨24万多元用于优抚对象临时补助、重大节日慰问等。

秦城区部分年份"三红"人员月补助标准统计表

表19—4—1

单位:元

年份	在乡老红军战士	西路老红军战士	红军失散人员
1989	85	60	25
1991	85	60	25
1992	166	90、80	35、30
1993	166	90、80	35、30
1994	226	120	45
1995	226	120	45
1996、1	251	135	55
1996、7	300	200	70
1997	300	200	70
1998	340	230	80
1999	450	330	90
2000	500	370	110
2002	650	495	130

1999年共有优抚对象10965人,重点抚恤补助对象1341人,重点优抚对象中"三红"人员6人、老复员军人979人。定补标准提高到每人每月65元。2000年下拨各类优抚款项151.3万元,用于优抚对象定期抚恤补助等。11月为配合纪念朝鲜战争胜利50周年活动,摸底登记全区志愿军老战士及烈属,在职志愿军老战士348人,在乡志愿军老战士584人,志愿军烈属6人,生活困难志愿军老战士和烈属251人。至2002年初先后为志愿军老战士一次性生活困难补助18万元。

2001年3月至6月区民政局、财政局普查重点优抚对象和优抚安置事业单位,普查结果显示:全区588个行政村,1211名乡优抚对象分布在468个村组。其中伤残人员124人,"三红"人员6人,烈属26人,因公病故军人家属78人,在乡复员军人690人,带病回乡退伍军人87人。全区共计投入优抚事业资金93万元。

<h2 style="text-align:center">第三节 抚 恤</h2>

1985年秦城区在乡革命伤残人员有251名,烈士家属46名。1990年至1992年对"三属"户定期抚恤金达到1.396万元,对革命伤残人员抚恤补助费达到1.88万元。1991年提高在乡革命伤残人员年抚恤补助标准,给61名革命伤残人员发放伤残抚恤金33892元。1994年有346人属于提高补助标准优抚对象。其中在职伤残人员226人,在乡伤残人员68人,"三属"户52人。市财政下拨抚恤事业费10.2万元,用于1985年至1993年调整抚恤补助和1994年各项所需抚恤事业费。

1996年下拨抚恤事业费13.7万元,用于解决1985年至1996年抚恤补助拖欠经费和1996年所需各项优抚经费。1998年对3名革命伤残军人护理费每人每月提高到144元。兑现55户"三属"、58户在乡伤残军人定期抚恤补助金提高标准。1999年补换部分革命伤残人员证件,重点抚恤补助革命伤残人员300多人,"三属"56人。2000年提高革命伤残人员护理费标准,从每人每月144元提高到每人每月208元。将40多名在企业工作后因企业倒闭等原因下岗的革命伤残军人改为"在乡"予以登记,提高抚恤标准。分别为一等革命伤残军人棉长流、张玉莲发放6000元建房款解决住房困难。2002年由于区财政困难等原因,实际所发抚恤补助金与现行标准有一定的差距。

<h3 style="text-align:center">2001年6月秦城区革命伤残人员普查表</h3>

表19—4—2　　　　　　　　　　　　　　　　　　　　单位:人

等级	因战	因公	因病	在乡	在职
特等	—	—	—	—	—
一等	14	4	1	16	3
二等甲级	9	13	3	13	12
二等乙级	20	27	7	36	18
三等甲级	30	76	—	26	80

续表

等级	因战	因公	因病	在乡	在职
三等乙级	43	59	—	33	69
合计	116	179	11	124	182

2001年6月秦城区"三属"户普查表

表19—4—3
单位：户

类别	烈属	因公牺牲家属	病故家属
在乡	26	17	61
在职	9	1	19
合计	35	18	80

秦城区在乡革命伤残人员部分年份抚恤标准统计表

表19—4—4
单位：元

年份	特等因战	特等因公	一等因战	一等因公	一等因病	二等因战	二等因公	二等因病	二乙因战	二乙因公	二乙因病	三甲因战	三甲因公	三乙因战	三乙因公
1990	—	—	1020	950	860	740	660	600	538	480	450	336	322	272	—
1991	—	—	1260	1170	1060	920	830	760	656	590	554	416	400	342	—
1994	2240	2100	1860	1740	1620	1250	1150	1070	856	780	740	536	516	442	—
1995	2240	2100	1860	1740	1620	1250	1150	1070	856	780	740	536	516	442	—
1996	3240	3080	2460	2330	2200	1430	1320	1230	960	880	840	628	608	526	—
1997	3240	3080	2460	2330	2200	1430	1320	1230	960	880	840	628	608	526	—
1998	3540	3380	2760	2630	2500	1550	1440	1350	1080	1000	960	748	728	646	646
1999	5340	5180	4000	3870	3740	2120	2010	1920	1320	1240	1240	900	880	780	780
2000	6000	5840	4600	4470	4340	2480	2370	2230	1680	1600	1560	1095	1030	930	930
2001	7000	6840	5400	5270	5140	2900	2790	2700	1940	1860	1820	1180	1160	1050	1050
2002	8400	8240	6480	6350	6220	3330	3220	3130	2230	2150	2110	1360	1340	1210	1210

秦城区部分年份在职伤残抚恤金补助标准统计表

表19—4—5

年份	特等因战	特等因公	一等因战	一等因公	一等因病	二等因战	二等因公	二等因病	二乙因战	二乙因公	二乙因病	三甲因战	三甲因公	三乙因战	三乙因公
1993	240	216	204	184	—	156	140	—	135	122	—	108	98	90	82
1994	450	420	374	342	—	288	268	250	231	214	210	174	160	132	122
1995	450	420	374	342	—	288	268	250	231	214	210	174	160	132	122
1996	600	570	500	460	450	380	360	340	300	280	270	220	200	170	160

续表

年份	特等因战	特等因公	一等因战	一等因公	一等因病	二等因战	二等因公	二等因病	二乙因战	二乙因公	二乙因病	三甲因战	三甲因公	三乙因战	三乙因公
1999	—	—	—	—	—	455	435	—	360	340	—	260	240	205	195
2000	1180	1150	980	940	—	515	495	—	420	400	—	320	300	265	255
2001	1500	1470	1200	1160	1150	600	580	560	500	480	470	380	360	320	310
2002	1800	1770	1440	1400	1390	690	670	650	580	560	550	440	420	370	360

秦城区"三属"部分年份每月抚恤补助标准统计表

表19—4—6

单位：元

年份	农村		城镇	
	烈士、因公牺牲军人家属	病故军人家属	烈士、因公牺牲军人家属	病故军人家属
1992	40	35	50	45
1993	50	45	60	55
1994	55	50	65	60
1995	55	50	65	60
1996	60	55	70	65
1997	60	55	70	65
1998	68	63	78	73
1999	—	—	—	—
2000	120	115	147	142
2001	140	135	167	162
2001	165	160	195	190

第四节 褒扬烈士

　　1982年天水市民政局调查统计全市革命烈士有41人，撰写烈士英名录，补换革命烈士证件。1983年8月继续开展革命烈士证明书补换工作，对遗失或从未领取者给予补发，持证者领换新证。1986年3月5日市区党政军领导及社会各界群众1000余人，在军分区礼堂为一等功臣缑晨烈士举行追悼会。9月15日市区党政军领导在娘娘坝为50多年前在长征途中牺牲的红军二方面军师长张辉举行隆重的骨灰安葬仪式。1987年3月15日在烈士陵园为烈士缑晨举行骨灰安放仪式。9月区民政局在娘娘坝红军二方面军师长张辉牺牲地点修建长征烈士纪念碑。

1995年改建市区爱国主义教育基地秦城区烈士陵园大门，8月10日组织声势浩大的烈士陵园命名和红军二方面军师长张辉烈士墓揭碑仪式，市、区党政军领导及社会各界群众650人参加仪式。烈士陵园安葬有张辉、甄福堂、李振芳、岳景宗、缑晨等烈士，非烈士区安放有红军战士、革命老干部及其配偶的骨灰。

2002年全区35名烈属受到政府和社会优待。2006年7月在天水镇黄家坪修建烈士陵园，将1949年8月解放礼县盐关镇牺牲的10余名解放军无名烈士安葬于此。

第五章　残疾人工作

第一节　康复工作

1992年秦城区有区人民医院、眼科医院等5个康复点，开展白内障复明和小儿麻痹症矫治手术；在关子等乡开展聋哑儿童教学试验。1994年完成10名低视力康复。1995年开展白内障复明手术、小儿麻痹康复手术、聋儿听力语言训练及弱智儿童家长培训、聋儿家长培训等工作，康复治疗889名残疾人，为456名残疾人捐赠轮椅、装配假肢。1999年完成白内障手术149例。2000年完成白内障手术169例，为残疾人发放23辆轮椅。开展精神病普查，全区有患者2980人。

2001年完成白内障手术209例，脱盲者209例，脱残者194例。开展精神病普查，全区精神病患者增至3698人。2002年完成白内障复明手术158例，为80多名脑瘫患者捐赠2万多元药品，义诊60多名脑瘫儿童，肢体功能训练指导50多名脑瘫儿童，为26名肢体残疾人捐赠拐杖、助行器、坐便器、盲杖。检查出精神病患者3769人，占全区总人口的6.2‰，监护率95.7%，社会参与率55%。

2003年为216名白内障患者实施复明手术，为残疾人提供各类用品用具53件。2004年假肢装配20例，捐赠轮椅135辆。2005年实施白内障手术

200名, 为残疾人提供用品用具73件, 为100名精神残疾人每人每年360元补助。2007年摸底调查白内障患者有700多名, 实施白内障复明手术228例, 捐赠轮椅76辆。10月国家有关部委检查验收社区康复示范区创建工作, 为15个社区康复室(站)配置价值12万元的康复训练器材。12月秦州区被国家民政部、卫生部、中国残联命名为全国残疾人社区康复示范区。

第二节 文化活动

1992年秦城区建成残疾人活动中心, 完成区伤残人体育协会的更名、换届和登记, 开展两次文艺体育竞赛活动。1994年区律师事务所协助1名律师为全区残疾人提供法律咨询服务。1999年在国际聋人节、盲人节组织盲、聋人代表近80人开展游览名胜古迹、温泉洗澡等活动。

2001年在中心广场举办"深入贯彻保障法, 携手迈入新世纪"宣传活动, 为广大残疾人群众发放宣传册, 现场讲解法律法规。2002年组织有才艺的残疾人参加"世纪杯"首届书法、绘画活动, 选出2幅残疾人作品参加全国性评比; 在市残疾人运动员选拔赛中秦城区获得全市第一名, 向市残联推荐各类运动员6名。在国际盲人节、聋人节组织70多名聋哑人游览麦积山、水上公园、甘谷大象山等名胜古迹。2003年区残联与区广播局联合开办为期一周的以"发展残疾人事业, 共同奔赴小康"为主题的专题节目。2004年选送残疾人、残疾人工作者书法、绘画、摄影作品12幅参加第三届全国残疾人、残疾人工作者书法绘画摄影大赛; 为备战2008年北京残奥会, 选拔各类残疾人运动员34名参加省残联、省体育中心组织的综合测试。2005年组织"爱心助残、文化助残"活动, 为5个残疾人专门协会主席、委员和部分优秀残疾人订阅《中国残疾人》《盲人月刊》等杂志10份; 组织选拔各类残疾人艺术人才4人, 排练声乐类节目5个。4月20日在秦州剧院举行全市残疾人艺术选拔赛, 秦州区选手的美声演唱、独唱、吉他弹唱3个节目胜出, 代表全市参加全省第四届残疾人艺术汇演。

2006年6月选派10名残疾人运动员参加省第七届残疾人运动会, 裴峰峰夺得男子跳远金牌和男子100米短跑银牌, 唐彦军在男子5000

米、1500米、400米比赛中获得3枚银牌,吕品、云松分别在男子铁饼、男子跳远中获得银、铜牌。组织25名残疾人参加全市庆祝国际聋人节、盲人节、世界精神卫生日体育竞技活动,组织40名精神病残疾人及其家属参加天水市精神康复知识专题讲座,与天水市残联、大城街道办事处在向阳社区联合举办"社区特奥活动日",20多名残疾人运动员参加比赛。2007年7月组织特奥运动员200多人,参加在南山体育场举办的中国特奥自行车代表团集训暨秦州区社区特奥日活动。

第三节　扶贫解困

1997年秦城区开展残疾人贫困状况调查摸底,有残疾人28028人,贫困残疾人11162人,特困残疾人3348人,残疾人年人均收入860元,就业11946人,稳定就业8770人。1998年9月设立区残疾人服务社,之后22个乡镇设立残疾人服务分社。

1999年助残日期间补助救济特困残疾人92户、17620元,落实残疾人康复扶贫小额信贷20万元,将城镇500多名残疾人纳入低保范围。制定《天水市秦城区残疾人扶贫攻坚实施方案》,通过康复扶贫贷款扶持8000多名有劳动能力的农村贫困残疾人参加生产经营。2000年为大庆油城学院选送3名残疾人免费学生;助残日期间慰问特困残疾职工,发放面粉296袋,补助救济特困残疾人30户。

2001年为李子乡柳林村残疾人困难户提供两年生杜仲树苗8000株;举办多项专业技能培训班,培训残疾人926人;确定天水伊恒林业开发有限责任公司为残疾人康复扶贫基地,安排25名农村特困残疾人就业;市、区残联帮助11名残疾人购置修鞋机开办修鞋铺。2002年农村510名、城市247名残疾人接受不同岗位的职业技能培训;582名符合条件的城市残疾人纳入低保,1620名农村贫困残疾人纳入救济范围。残疾人个体就业365人,农村就业220人。2003年7月在太京镇郑家磨村建立占地207亩的全区残疾人康复扶贫基地,安排农村有劳动能力的残疾人就业;争取省财政专项资金10万元,资助带动60户残困户脱贫。残疾人扶贫基地建立经济实体2个,安排残疾人就业岗位36

个。资助农村残疾学生33人，778名青年残疾人参加职业技能培训。

2004年选派9名残疾人参加全省职业技能培训；区残联社会福利企业伊康清真餐具消毒公司挂牌投产，安置6名残疾人就业；区残疾人康复扶贫基地落实省扶贫资金15万元。5月邀请香港爱心人士资助贫困学生73人，捐资5万港币建成华岐乡萧旺小学，捐赠物款共计20多万元。争取资金42.5万元为华岐乡50户残疾人修建新房。2005年职业技能培训700多名残疾人，为20名残疾人免费发放修鞋机扶持从事修鞋工作，向天水华邦电子电器有限公司推荐8名残疾人就业；资助33名特困盲童、低视力儿童5700元，资助大学生1名2000元。2006年推荐8名残疾人到天水铸造有限公司就业，为1名盲人办理盲人医疗按摩初级医士证，开创全市先例。开展个体就业残疾人社会养老保险普查，调查132例，有17例参保。

2007年将4500名城市特困残疾人纳入最低生活保障，520名农村特困残疾人纳入社会救济，6000多名贫困残疾人得到帮扶。培训240多名残疾人，从救助资金中为农村残疾人支付新农合基金，征收残疾人就业保障金45万元。

秦州

区志

QINZHOU
QUZHI

第二十编

教育 体育

JiaoYu TiYu

　　1986年秦城区有中小学校611所（公立幼儿园4所），在校学生92441人，学龄儿童入学率94.9%。其中小学572所，在校学生64205人。1989年小学"四率"达到普及初等教育标准，学龄儿童入学率达97%；农村中心小学以上学校实现"一无"（无危房）"八有"（有教室、有课桌凳、有校门、有围墙、有教室门窗玻璃、有升降国旗设施、有活动场地、有厕所）。1993年初级中学教学仪器三类标准达到50%，危房比例下降到1.7%。1997年基本普及义务教育和基本扫除青壮年文盲达到省级要求。1998年秦城区获得全国"两基"先进县（区）称号，学龄儿童入学率达99.6%，初中入学率98.1%、毕业率98%，全区教学配套设施通过省级实验教学普及验收。

　　2001年小学直升初中在校学生27856人，入学率98.5%。至2003年实施"国家农村中小学现代远程教育示范项目"模式一学校25所，模式二学校18所，69所学校接入"天网"。2005年实施"两免一补"政策，8万名小学生享受免费资助，学龄儿童入学率99.8%；全国农村中小学现代远程教育项目试点工程学校372所，乡镇中心小学以上学校全部接入城域网，项目学校信息技术教育培训100%。至2007年全区有中小学445所，在校学生122599人，教职工6807人，师生比为1∶18。其中小学409所（附中10所），在校学生69823人。

第一章 教育管理

第一节 区教育局

1986年区教育局有职工32人,其中局长1人、副局长3人、调研员1人。下设纪检办公室、办公室、教育科、人事科、计财科、工农教育办公室。1987年12月成立勤工俭学办公室,编制3人,负责全区勤工俭学活动。1988年4月成立区职教委员会,下设职教中心和科技中心办公室,负责全区职业教育。之后又相继成立电大工作站、督导室、工农教育办公室、招生考试中心、德育办公室、教育工会。1997年设办公室、人事股、计财股、教育股、德育办公室、勤工俭学办公室、电教馆、纪检监察室、教育工会9个股室及教育督导室(正科级、事业编制)、区工农教育管理委员会办公室(正科级、行政编制)、区职业技术教育委员会职能中心、区科技培训中心办公室(副科级、事业编制)、区考试中心(副科级、事业编制)。2002年精简机构,设办公室、人事股、教育管理股、计财股。

第二节 学校管理体制

1985年基础教育实行三级办学(区、乡、村三级)、两级管理(区、乡两级),即城区小学由区教育行政部门管理,乡、镇、村小学由乡政府管理;企事业单位学校由办学单位管理,教育行政部门负责业务指导。学校实行党支部领导下的校长分工责任制,设教导主任、总务主任,教师一般按年级集体办公,设年级组长。3月天水市第三中学恢复为县级单位,确定为管理体制改革试点单位,学校成立校务委员会、教职工代表大会,实行岗位责任制、教职工聘任制、岗位津贴浮动制等一系列规章制度,改革教学管理,下放教学管理权,建立年级组,实行校长—年级组长—班主任三级管理，科级干部由学校任免。农业职业中学采取统一领导、分工负责的办法，教育部门负责政治教育、文化教育、招生、学籍管理和教材、教学计划等事宜，计划部门负责拟定发展计划和年度计划，劳动人事部门负责职业技术学校编制、专业教师配备和结业生择选录用，财政部门负责筹措经费。1986年乡普及初等教育，实行"分级管理，分级办学"的教育管理体制，成立乡教育委员会及村办学领导小组。根据普及初中、控制高中、发展职业教育的办学思路，调整农村8所完全中学，市三中试行校长负责制，平南中学试点分级管理。

1988年市三中、市四中等完全中学和市五中、玉泉中学、育生中学等初级中学实行"校长全面负责，党组织监督，教职工民主管理"体制，学校内设一室三处（办公室、教务处、政教处、总务处）。农村规模较大的汪川、平南等完全中学设置一室三处或一室二处（教导处、总务处）。公园小学、石马坪中心小学、皂郊中心小学、太京中学等设置教导处、总务处或者办公室、教导处。1989年制定分级管理试行方案，完全中学和城区小学由教育局管理，农村初级中学和中心小学由乡政府教育委员会管理，村学由村教育领导小组管理。制定《中小学实行校长负责制的条例》，市六中率先实行校长负责制。

1990年后市三中、四中、五中、六中和平南、汪川、太京等完全中学设校党支部书记、校长、副校长，下设办公室、教务处、政教处、总务处，教务处设语文、数学、生化、体育、音乐、美术、信息技术、英语等教研组，教研组在教务处领导下开展教育教学工作。育生、石马坪、玉泉、娘娘坝、大门等初级中学只设校长、副校长；规模较大的则设2名副校长，1名管教学，1名管政教；学校下设教导处和总务处，学生人数较多的还设政教处。1991年登记核实在校学生，完善"普九"档案。1992年推行岗位责任制，量化教学管理，改变奖金平均分配方式。1994年市五中转为独立初中。1997年推广以"四制"（校长负责制、教师聘任制、岗位责任制、工资结构制）为主要内容的学校内部管理体制改革；建立政府办学为主体，社会共同办学的体制；建立以财政拨款为主，多渠道筹措教育经费的投资体制。2005年通过竞职演讲、面试、民主测评及实绩考核、组织考察等程序，完成校长、副校长、中层干部的竞争上岗。

第二章　学前教育

第一节　幼儿园管理

1985年秦城区4所公办幼儿园实行全托制，民办幼儿园兼采用半日制和全日制。4所公办幼儿园有23个班，幼儿1120人，教职工47人。1986年区属公办幼儿园实行分级管理、园长负责、园党支部支持的管理体制，区教育局宏观调控、质量评估和督查指导。当年新（改）建幼儿园2所。1987年全区有婴幼儿55120人，入园1482人。

1990年区城建局在儿童乐园开办1所全日制幼儿园，城区5所公办幼儿园在园幼儿1474人，扩招493人。1991年幼儿园实行统一招生，时间为7月15日至17日，招生不采用任何形式的招生考试和测验，除盲聋哑幼儿和痴呆幼儿需要特殊教育之外，城区幼儿全部（包括弱智幼儿）入园学习，班额控制在45人以内，幼儿园实行升降国旗制度。区属4所公办幼儿园都设有厨房、教师值班室、幼儿厕所、玩具和较标准的游戏场所。1994年实施"2225教育工程"，区属城区幼儿园建立阅览室和图书室。1995年设立家访家长接待日，成立家长委员会和社会教育委员会，形成幼儿园、家庭和社会"三结合"的育人网络。

2000年整治幼儿园外"二室一厅"（台球室、电子游戏室、录像厅）等少儿不宜的娱乐场所，聘请兼职法制副园长。2001年全区幼儿教育实施素质教育，以人为本，在活动中学习，在游戏中成长，培养幼儿创新意识。城区4所公办幼儿园23个班793人，班额控制在35人以内；教师81人，师生比为1：9.8。民办和集体（企业）开办的儿童乐园幼儿园、小百灵幼儿园、滨河西路幼儿园、长开幼儿园有幼儿646人、20个班，教师52人（市办幼儿园在园幼儿830人）。城区4至6岁幼儿受教育率达95%。2003年幼儿园实行统一收费标准。2004年幼儿园建立教代会，推行园务公开制。4月业务培训幼儿园园长，评估检查19所民办幼儿园，整改不符合条件幼儿园。2005年11月解放路、奋斗巷、合作巷3所幼儿园实行园长竞聘上岗制,园长享副科级待遇。

2007年评估验收3所公办幼儿园和19所民办幼儿园,培训园长。城区4岁至6岁幼儿(包括市一、市二幼)入园率达98%以上,城区22所幼儿园有幼儿2033人、98个班,教职工364人。其中民办幼儿园在园幼儿1609人,教职工301人。

附:天水市解放路幼儿园简介

2007年天水市解放路幼儿园占地948平方米,校舍建筑面积648平方米,活动场地300平方米。有教职工51人,高级教师10人,一级教师17人,教师学历合格率100%。其中本科17人,市级学科带头人1人、骨干教师2人。幼儿370名,11个班,其中蒙台梭利实验班9个。园内有大中型玩具50余件,图书3500余册,挂图200余幅,教学光碟、录音带1500余盒。设有幼儿活动室、寝室、保健室、隔离室、教艺室,每班配有电子琴(或钢琴)、电视机、VCD、录音机、投影仪等电化教学设施,配有衣帽柜、保温桶、幼儿洗手池、紫外线杀菌灯,灶房达到天水市B级标准。建园以来,先后获得"甘肃省群众体育先进集体"、市级"创新活动"先进学校等荣誉称号。

第二节　课程与教学

课程

1984年幼儿园使用统编教材。教学活动有生活习惯的养成及课外活动,主要有打扫卫生、自己吃饭喝水、饭前便后洗手、梳头、午睡及游戏等。课程有语言、体育、美术、游戏、计算、音乐等,每节课时间为30分钟。1989年调整课程和课时,增设舞蹈、积木等课程。2002年开设计算机课程。

教学

1980年至1985年主要运用创造性、竞赛性、智力性的游戏教学,老师自制教具、学具、玩具,引导幼儿动手制作简单的玩具,锻炼幼儿动手操作能力。城区幼儿园采用电化教学设备,园内配备彩电、收录机、幻灯机、投影机等。1986年至1990年落实"提高小学教育质量联合革新计划（JIP）"宗旨之一"儿童入学（小学）前有准备"的教学改革。1986年3月区教育局成立幼教中心教研组，开展教研活动。1988年成立幼儿园教研室、教研组，设立教研日，在幼教活动课中根据幼儿的年龄和心理特点，采取多种形式开发幼儿智力、启迪思维，寓教于乐，逐步渗透"四有"（有思想、有道德、有文化、有纪律）"五爱"（爱祖国、爱人民、爱劳动、爱科学、爱社会主义）教育。1990年后开展学雷锋、学赖宁、学李润虎、学崔兴美活动。

1993年组织全区幼儿园教师观摩市一幼、合作巷幼儿园教学，观看马义念教授的幼教讲座。1994年幼儿教育形成爱国主义教育、社区教育格局。城区幼儿园开展"四个一"（举行一次"忠心献给祖国的演讲比赛"，举办一次"祖国颂"为主题的书法、绘画、图书展览，举行一次"祖国在我心中"的文艺演出，举行一次"爱我家乡、爱我中华"的知识竞赛）、"五个十"（唱十首爱国主义歌曲，讲十个爱国主义故事，看十部爱国主义影视片，读十本爱国主义书籍，做十件助人为乐的好事）教育活动，参观爱国主义基地，与农村幼儿园开展"一帮一、手拉手"活动，为贫困山区儿童赠送图书、学习用具。1997年幼儿园教育教学形成"目标、评估、奖惩"三体系及"教研、督导、管理"三网络，推行目标实验教学。

2000年开展幼儿劳动教育，让幼儿自己动手穿脱衣服、整理小书包、刷洗生活用具、制作玩具、参加小创造小发明比赛等。2005年培训民办幼儿园园长和教师，观摩幼儿园教改成果，解放路幼儿园探索实施蒙台梭利奥尔夫音乐、快速阅读、心脑珠算等教育教学方法，发展幼儿个性。评估65所民办幼儿园（含民办中小学）教育教学、保教工作。2006年开展"五小"教育，即热爱劳动的"小帮手"，诚实守信、遵纪守法的"小标兵"，善于合作的"小伙伴"，保护环境、遵守秩序的"小卫士"，勇于创新的"小主人"。

保育

卫生保健 1985年至1990年按时测量幼儿身高、体重、视力、胸围等，及时与家长联系，了解幼儿发展和身体情况，开展保教训练。1991年建立幼儿和工作人员入园健康检查制度及档案，实行日观察、月抽查、年体检的健康检查制度。联系市、区医院和妇幼保健站每学期检查幼儿健康状况,定期预防接种,发现传染病及时隔离治疗。保持室内外环境整洁,每天两扫三洒。教室、厨房餐具等每天消毒一次,配备兼职保健员和保健药箱。每周一检查幼儿个人卫生,引导幼儿剪指甲、饭前便后洗手、不喝冷水,不随地吐痰和乱扔果皮纸屑。2000年后测算幼儿膳食营养,科学安排一周营养供给。

安全　2000年起定期检修园内设备、大型玩具,热水由保教员负责。电器的使用只限于教职工操作,幼儿不直接接触。幼儿园与家长签订安全协议书,使用家校联络卡片,教师值班接送(园内),每年区教育局联合相关部门整顿消除园周边安全隐患。

第三节　学前班

1986年6月人民路、建二、新华门、中西、解一、枣园巷小学及农村苏成、平南、太京、秦岭中心小学列入甘肃省实施亚太地区"提高小学教育质量联合革新计划(JIP)"实验学校,开始办学前班。1988年全区8所小学开办学前班。1989年新增JIP计划项目学校15所,开办学前班。

1991年开设学前班98个,招生数量比1985年增加40%。1992年乡中心小学和人口比较集中、经济条件较好的村队小学开设学前班,实行学前一年制教育。1993年开设学前班93个,就读幼儿3906人,其中农村学前教育达21%。1995年城区小学停招学前班,幼儿园开办学前班。农村乡中心小学开设学前班,完小逐年开办学前班。

2000年农村中心小学和完小开办学前班110个,在读幼儿3574人。城区幼儿园开设学前班8个,招幼儿368人。厂办小学开设学前班8个,招幼儿738人,专职教师9人。2001年至2002年农村学前教育率70%,天水郡、枣园巷、解一、人民路、中华西路5所城区小学开设学前班。2007年天水郡、枣园巷、人民路、红山4所小学开办学前班5个,就读幼儿282人,教师10人。农村小学开办学前班75个,就读幼儿1785人,教师20人。

第三章　小学教育

第一节　规　模

1985年秦城区有小学577所，在校学生8398人。1988年小学招生10415人，区属学校在校学生61093人，入学率96.73%，巩固率96.5%，毕业率95.2%，普及率91.19%。1989年区属学校在校学生52535人，22乡有学龄儿童34967人，入学率97%。

1991年537所小学初等教育办学条件达到普及标准。1996年落实"一纲三法"，小学招生10800人。1997年9月普及义务教育和基本扫除青壮年文盲通过省市专家验收，秦城区在全市率先实现"两基"。1998年通过全国"两基"先进县（区）复查验收，小学适龄儿

孙集小学

童56854人，入学率99.6%，小学毕业会考成绩稳步上升，双合率86.3%。

2002年小学入学率在99%以上。2004年农村学校实施两女户子女减免学杂费，小学适龄儿童入学率99.8%，完成率99.6%，辍学率控制在0.5%以内，城区小学教学质量优秀率达到80%以上。

2005年区教育局采取局领导包校、校领导包级、中层干部包班劝返流失儿童，8万名小学生享受"两免一补"政策，学龄儿童入学率99.8%，巩固率99.65%，辍学率控制在0.5%以内。2007年区属405所小学，在校学生68133人，"三合率"67.1%。

1985—2007年秦州区小学基本情况统计表

表20—3—1　　　　　　　　　　　　　　　　　　　　　　　　　单位：个、人

年份	学校	学生	教师	师生比
1985	578	64619	2619	1：24.7
1986	—	64205	—	—
1987	574	65714	2769	1：23.7
1988	564	66035	2781	1：23.7
1989	568	65821	2869	1：22.9
1990	—	65270	2908	1：22.4
1991	562	65154	3099	1：21
1992	562	66554	2967	1：22.4
1993	563	67215	3033	1：22.16
1994	561	67536	3111	1：21.7
1995	562	69567	3139	1：22.2
1996	561	72276	3353	1：21.6
1997	550	73272	3302	1：22.2
1998	560	74840	3307	1：22.6
1999	560	75728	3524	1：21.5
2000	561	75459	3134	1：24
2001	307	79634	3147	1：25.3
2002	524	80393	3078	1：26
2003	484	75313	2972	1：25.3
2004	484	75313	2871	1：26
2005	454	75682	3272	1：23
2006	422	71707	3464	1：20.7
2007	409	69823	3540	1：19.7

第二节　学制与教学

学制

1985年秋季省列重点小学实行6年制，其他小学实行5年制。1986年小学实行"五四"分段制教学。1987年建立学生学籍档案、考察制度、升留级制度和奖惩制度，明确规定休学、转学、退学、毕业等规定条件。1991年根据普及初等教育要求，各乡制定实施方案，农村8年制学校增

至19所。1995年城区小学实行六年制,农村60%的小学试行六年制。至2001年小学全部实行六年制。2007年小学六年级实行6天制。

教学

1985年小学课程设置低(四年级及以下)、高(五、六年级)年级,低年级设语文、算术、体育、音乐、图画5科,高年级增设自然、历史、地理共8科。一至三年级周课时25节,四、五年级周课时27节,六年级周课时30节,小学全年上课36周。每节课45分钟,每节课后休息10分钟至15分钟。语文教学包括阅读、说话、作文、语法、写字,尤其注重汉语拼音教学普及。小学有课外活动,包括课外运动、课外作业、课外文体活动等。早上有早操或课间操,每天20分钟,每周120分钟,星期六下午有20分钟至50分钟周会,内容是班会或校会、总结每周工作等。成绩考核有平时考查(课堂提问、随堂测验、检查作业、单元测试)和期中、期末考试。学业成绩平时占30%,期中占30%,期末占40%。语文、数学、思想品德及格就可升级,一般不及格可补考。学生留级率一般控制在5%以下,这一传统教学模式延续到1990年。

1991年增设劳动和社会课,四、五年级自然课中包括卫生常识,各年级也可根据实际情况增减教学时间,但增减的幅度每周不得超过两节。复式教学模式消失,课外活动逐渐多样灵活,有自习、科技、文娱、体育活动、校会、周会、班队活动等,周活动8至9课时。大部分城乡小学开辟第二课堂,组织美术、音乐、体育、武术等课外兴趣小组。1993年第二课堂开设科技制作、体育、歌唱、舞蹈、刺绣、阅读、智力测验等。1994年农村学校推广"目标教学法",城乡有实验学校26所。1995年城区小学均开设英语课,并向农村小学扩展。1996年推广实验教学,探索"低负担、高质量"的教学。1998年按素质教育规定开齐各类课程。

2000年小学加强美育、体育、德育、英语课的教学和社会实践,艺术教育开展形式新颖、丰富多彩的课内外活动,举办中小学全区学校艺术节活动及中小学生田径运动会。2001年城区小学装备微机室,开设计算机课。2003年农村小学提升体、乐、美课的开设率,语文、数学、英语、音乐、体育、美术成立课外兴趣小组,有些小学还成立文学社团。

2006年组织小学生参加全国青少年科技创新大赛和全国、省、市其他各类竞赛。2007年小学三年级以上都开设英语课，个别小学高年级开设人口国情教育、青春期教育和计划生育基本国策教育课；落实小学生在校学习、休息时间及勤工俭学基地，劳动技术课开设率100%。

第三节 德 育

1985年小学开设思想品德教育课，同时开展文娱等活动对学生进行政治思想教育。1986年开展法律常识普及，建立学校思想政治工作制度和工作队伍，学生思想政治工作列入党支部议事日程，定期研讨。

1987年小学实施法制启蒙教育。举办报告会、座谈会、参观、访问、社会调查等形式，开展遵纪守法、热爱祖国、热爱人民、勤奋学习、建设四化教育。之后每年结合各种时事政治活动开展法制教育。1988年解二小学试点伦理道德教育，之后城区小学普遍开展，小学将学生遵纪守法教育和《中小学生日常行为规范》、思想品质教育结合起来开展，《中小学生日常行为规范》《治安管理处罚条例》人手一册。1989年小学德育教育实行学校党支部领导下的校长负责制，农村小学在乡教委或学区党支部的领导下由校长负责学校德育工作，农村中心小学和城区小学都配备一名德育专职副主任、兼职干部和少先队大队辅导员。同时各小学开展学习雷锋和时代英雄楷模活动。

1990年小学德育教学有军训、社会调查、升降国旗、演讲报告会、文艺演出等活动。成立学雷锋小组1107个，利用节假日走上街头做好人好事65247件。1991年成立德育工作办公室，负责指导和管理全区中小学德育工作。4月召开中小学德育工作会议，各校负责人及师生代表180人参加。1993年新华门、建三、解一小学作为试点共建、共管、共育社区教育机制，成立"三共"委员会，总结出"一会""二访""三共建"的社区教育方法，形成家庭、社会、学校三结合的育人网络。学生思想品德优良率在90%以上，在校学生犯罪率下降到0.01%以下。1994年禁止小学生进入"三厅一室"（录像厅、舞厅、卡拉OK厅、电子游戏室）。

1995年开展"一帮一、手拉手"活动，城区20余所小学2万名师生为贫困山区的儿童捐赠图书1.5万册，捐赠学习用具9600件。14件学生作品在"我的祖国、我的老师"全省小学生美术、书法作品展中获奖。1996年开展爱国主义教育活动,组织学生观看百部爱国主义教育影片150多场次,参加"五心"教育演讲会108场次、"百歌颂中华"歌咏比赛63场次,城区学校为农村学校捐款1129元、图书1546册、铅笔2500多支、作业本和笔记本628本、日常生活用品1876件。

2001年实施素质教育,组织素质教育先进事迹宣讲团到各小学宣讲。2004年召开未成年人思想建设工作会议和学校德育、班主任工作经验交流会,收集学校德育和班主任工作论文126篇。2005年建二小学等15所学校成立家长学校,培训家长5天,确定家长开放日。农村中心小学加大单亲家庭子女、贫困家庭子女和"留守子女"的教育力度,建立以学校教育为重点的学校、社会、家庭"三位一体"教育网络。

2006年新华门、建二、石马坪、解一、解二、人民路小学及店镇、平南等中心小学用墙报、壁报、校园广播网宣传法制安全教育,娘娘坝、大门、汪川中心小学组织学生观看法制影片和图片。2007年组织学生学习新颁布的《中小学生日常行为规范》。

第四节　劳动体育卫生

劳动

1985年至1995年小学手工课主要是泥塑、布娃娃制作、剪纸等。农村学校学生在校园内种植花草、采集树种、绿化环境、捕杀害虫等,部分学生放学后帮父母亲干家务活或农活。

1996年至2004年小学劳动教育以思想教育为主,城区将勤工俭学与生产劳动相结合,农村小学开展手工课、农业常识课教学和各种校内外劳动。

2005年至2007年小学劳动教育纳入正常教学轨道,结合新颁《小学生日常行为规范》开展劳动观念教育,要求学生参加简单的生产劳动,开展"从小事做起,从我做起,自己的事自己做"等活动。

体育卫生

1985年小学普遍开设体育、卫生课,做早操和课间操。1986年至1995年实施"两操(早操、课间操)、两课(体育、卫生课)"活动,组织学生打扫街道和校园卫生,农村学校仅限于教室、操场。

1996年至2002年小学体育活动有体操、田径、乒乓球、足球、健美操等。2003年至2005年小学制作卫生知识宣传专栏,每学年防疫检查学生防治常见病和多发病,举办六一体操比赛、田径运动会,根据《中小学校保护学生视力暂行办法》开展学生视力保护。2006年按照新颁布的《小学生日常行为规范》,学校定做统一的校服,要求学生穿戴整洁、经常洗澡、勤剪指甲勤洗头、早晚刷牙漱口、饭前便后洗手、不随地吐痰、不乱扔果皮废纸、做广播操和眼睛保健操、认真值日等,主要培养学生养成良好的卫生行为习惯,建立健全小学生健康档案。

第五节　小学简介

天水市解放路第二小学

1911年乡绅杨继昌、董之明在关帝庙创建德育女学堂,后改建为天水县立第一区立关帝庙初级小学,中华人民共和国成立后更名为解放路第二小学。1988年天水市红台小学、天水市解放路第三小学并入天水市解放路第二小学。学校占地面积0.34万平方米,建筑面积0.22万平方米,其中文物建筑0.043万平方米(文物3处,共23间)。2007年学校有16个教学班,在校学生870人,教职工53人。有20多名教师获得特级教师、学科带头人、骨干教师、园丁奖等称号。

天水市人民路小学

1956年行宫门小学更名为天水市人民路小学。2007年学校占地面积0.26万平方米,建筑面积0.29万平方米,教学班14个(含学前班1个),学生787名,其中城区学生占三分之一,农村学生占三分之二。有教师48人,其中小学高级教师21人,省级骨干教师1人,省园丁1人,省级教学能手2人,市级骨干教师9人,获省、市、区级奖励教师30多人。

天水市公园小学

天水市公园小学位于人民公园西边,环境优雅,占地0.37万平方米,建筑面积0.4万平方米。学校设有微机室2个,多功能厅1个,电子备课室1个。教师64人,其中高级教师25名,省级骨干教师2人,省青年教学能手5人。教学班20个,学生1300多人。学校先后有9项课题通过省级鉴定,4项分别获得第五、六届甘肃省基础教育科研优秀成果一等、三等奖。2006年至2007年连续两年被评为区教学质量先进学校。毕业生双科合格率连续多年达100%,优秀率达90%以上。

天水市建二小学

天水市建二小学因位于建设路而得名,占地面积0.62万平方米。2004年6月被评选为天水市"小公民道德建设示范学校",2005年10月被评为甘肃省"示范家长学校",2006年8月被中国少年科学院列为"科普基地",2007年6月被评为"甘肃省无烟学校"。2007年有教学班30个,学生2032人,教职工96人,其中高级教师35人。学校拥有150平方米的图书阅览室、2000平方米的综合实验电教楼,楼内配有实验室、语音室、美术室、音乐室、电脑室、多功能室、教师电子备课室等教学设施。学校开通城域网和校园广播网,设立雏鹰广播站,创办校刊《荷蜓》,建有学校网站。

第四章 中学教育

第一节 规 模

1985年秦城区有普通中学31所。区属学校初中学生19931人,其中城区7914人、农村9966人、厂办2051人;高中学生4261人,其中城区2831人,农村1042人、厂办387人。高中教师265人,初中教师740人。1989年娘娘坝中学高中部并入平南中学。

1994年全区初中学生17333人,初中33所学校招生6700人。城区初级中等教育"四率"指标保持在98%、98%、98.5%和96.5%。1998年初中在校学生25052人,入学率98.1%,毕业率98%,升学率(含中专、中技)49.8%,"六合率"36.9%(城市65.5%,农村18%)。成立平南第二中学,直属区教育局管理,科级建制,设12个教学班。

2001年初中在校学生27856人，入学率98.5%。2002年铁二中、六九一三学校、电子学校等企业学校移交地方管理，铁二中更名为天水市伏羲中学。撤并剥离市四中初中部，创办海池初中，直属区教育局管理，科级建制。2003年区教育局统一管理高考复读班，设4个高考复读部23个班，招生1421人。2005年按照"城市做优，农村做强"目标，分离平南中学高、初中，成立平南高中与平南初级中学；厂办长城子弟学校更名为天水长城中学；石马坪中学划归区教育局直属管理，更名为天水石马坪中学。恢复五中高中招生，三中、四中、六中扩大普通高中招生。

1985—2007年秦州区普通中学基本情况统计表

表20—4—1　　　　　　　　　　　　　　　　　　　　　　　　　单位：个、人

年份	学校	学生	教师	师生比
1985	31	26578	1192	1：22.3
1986	—	26231	—	—
1987	31	29135	1741	1：16.7
1988	30	28240	1786	1：15.8
1989	30	25385	1904	1：13.3
1990	30	24996	1852	1：13.5
1991	30	24630	2045	1：12
1992	31	24160	1913	1：12.6
1993	30	22713	1883	1：12
1994	32	22913	1918	1：11.9
1995	32	23897	1945	1：12.3
1996	31	26437	1995	1：13.3
1997	32	28664	2045	1：14
1998	34	29873	2135	1：14
1999	34	32005	2283	1：14
2000	35	35741	1809	1：19.7
2001	37	34412	2311	1：14.9
2002	51	37787	2494	1：15
2003	27	34894	1977	1：17.6
2004	27	34894	1977	1：17.6

续表

年份	学校	学生	教师	师生比
2005	37	33330	1404	1：23.7
2006	49	48800	2977	1：16.4
2007	46	47522	3130	1：15.2

第二节　学制与课程

1985年初中、高中实行三年制,开设课程有语文、数学、政治、英语、物理、化学、历史、地理、体育、音乐、美术。高中分文理两科,理科为政治、语文、数学、物理、化学、生物、外语、体育、音乐、美术,文科为政治、语文、数学、历史、地理、外语、体育、音乐、美术。1994年皂郊职中试行四年制初中试点,四年制初中教材、大纲、课程设置和安排均按照九年义务教育全日制初中课程计划实施,文化课使用北师大"五四"学制教材,基础课和技能课共12门。1998年天水中学、皂郊中学开办初中"3+1"班3个。

2000年农村中学物理实验仪器配置达到国家规定标准,全区中学建立计算机校园网和多媒体计算机教室,开设信息技术教育必修课。2002年学生日在校时间初中不超过7小时,保证学生每天1小时的体育活动时间。

第三节　德　育

1985年初中思想政治课主要内容为教授社会发展简史及开展"爱祖国、爱人民、爱社会主义、爱劳动、爱科学、爱护公共财物"教育。1986年至1987年围绕坚持四项基本原则开展"五爱"教育、艰苦奋斗教育、法制纪律教育。

1990年成立德育工作领导小组和学生处(后改为政教处),负责学生思想政治的调查研究、教育等工作;组织学生开展"了解社会、认识国情、增长见识"为主要内容的社会调查实践活动。1994年至1996年举行"四个一"和"五个十"活动,即举行一次"忠心献祖国"的演讲比赛,举办一期以"祖国颂"为主题的书法、绘画、图书展览,举行一次"祖国在我心中"的文艺演出,举办一次"爱我家乡,兴我中华"的知识竞赛;唱十首爱国主义歌曲,讲十个爱国主义故事,看十部爱国主义影视片,读十本爱国主义书籍,做十件助人为乐的好事。

2002年施行"五爱"教育和日常行为规范的养成教育,引导学生参加实践活动,创建"四无"(无吸烟、无酗酒、无暴力、无赌博)校园。2006年至2007年开展社会主义荣辱观学习教育活动。

第四节　体育卫生

1985年按照《甘肃省中小学生体育锻炼标准》,学生每天做早操和上午第二节课后的课间操(时间半小时),参加课外活动体育锻炼。初中开设生理卫生课,组织师生利用劳动时间打扫学校和周边街道的环境卫生,清理垃圾。

1990年眼睛保健操在中学全面开展。市三中成立学生健康指导委员会,副校长任会长,统一指导、督促检查学生卫生保健,学生宿舍推行"一人一条手巾,一人一个脸盆",防治学生沙眼等常见病。1992年根据《甘肃省中学生体育合格标准》,体育考试不及格经补考仍不及格的学生不发毕业证,不允许报考高一级学校。市三中、四中、汪川中学为示范学校。1994年中学设校医室,负责学生卫生保健知识宣传教育、健康检查、监测预防常见病等,每学期检查学生体格2次。

2000年重点保护学生视力,开展预防常见病等方面的教育,有食堂的学校提高学生伙食质量,定期检查厨师身体健康状况,保证学生睡眠和休息。2003年开展篮球、排球、乒乓球、单双杠等体育运

中学生运动会

动项目。市三中及汪川、平南、太京等中学体育达标率在94.5%以上，全区高考体育成绩居全省前列。2005年9月天水市第一届中学生运动会在秦州区举办，设篮球、乒乓球、田径3个大项19个小项，秦州区代表团有200名运动员参加比赛。

第五节　中学简介

天水一中

清光绪三十二年（1906年）巩秦阶道衙门在陇南书院地址上创立陇南初级师范学堂。宣统三年（1911年）秦州中学移附于校内。民国二年（1913年）十月秦州中学与陇南初级师范学堂合并成立陇南中学，学制4年。民国三年（1914年）九月改名为甘肃省立第三中学，原秦州中学甲班合并于甘肃省立第一中学（在兰州）。民国五年（1916年）由渭川道尹向省上申请学校经费由省财政拨付。民国七年（1918年）二月甘肃省立第六师范创立（校址考院在今文庙）。民国十七年（1928年）后由于战乱年荒，学校运转举步维艰。因马匪践踏抢掠学校几次停办。民国二十二年（1933年）七月甘肃省立第三中学与甘肃省立第六师范学校合并为甘肃省立陇南中学，内分初中、师范两部，学校仍旧分为书院、考院两处校址。民国二十五年（1936年）一月二十七日，陇南中学师范、初中两部分设，初中部立名为甘肃省立天水中学，师范部立名为甘肃省立天水师范学校。民国二十八年（1939年）学校开始招收高中班。至民国三十年（1941年）第一学期秋季高中、初中有11个班级453名学生。至1949年前先后有张世英、贾缵绪、杜树桢、胡心如、赵仰峤、杜睿源、杨集瀛、张曦、潘丕谟、王世昌、王升荣、胡心恕、范沁、萧祖华任校长。1949年8月天水解放，从

天水一中操场

甘肃省立天水中学分设出天水第一中学，有14个班级570名学生，教职员37人，其中教员仅为20人。1953年学校迁址泰山路，后更名为甘肃省天水一中，1985年更名为天水市第一中学。

注：胡心如即胡心恕，别号恕轩，先后两次任校长。

天水市三中

1956年建立天水市三中，市级示范性高中，占地4万平方米。2001年被命名为"天水市素质教育示范性高中"，2006年被省委、省政府评为"甘肃省教育系统先进集体"，荣获"甘肃省拥军优属工作先进单位""甘肃省科普工作先进单位""全国群众体

三中教学楼

育先进集体""全国学校体育卫生工作先进单位"等荣誉称号。市级文明单位和市级绿色学校。2007年有教学班37个，在校学生2100多人，教职工163人，专任教师109人，外籍教师2人，其中高级教师26人，中级教师78人，省、市、区级骨干教师54人。

天水市罗玉中学

2002年8月首钢岷山机械厂子弟学校与企业剥离，移交天水市政府管理，更名为天水市罗玉中学。2004年5月划转区政府管理，是九年一贯制学校，占地2.2万平方米，建筑面积0.6万平方米，操场1万平方米，有教室53间、办公室及实验室41间。2007年有教职工79人，教学班16个，其中中学部教学班8个、小学部教学班8个，在校学生900多人。

天水市五中

1970年建立天水市五中，占地3.2万平方米，建筑面积1.2万平方米，建有教学楼、实验楼、信息楼、综合楼、学生公寓楼各一栋。2007年有教职工167人，其中高、中级职称教师85人，全国劳模1人，全国模范教师1人，省劳模1人，省园丁3人，省学科带头人、省骨干教师各3人；在校学生3200余人。学校先后荣获"全国群体工作先进单位""市级绿色学校"等

荣誉称号。

天水市育生中学

1988年建立天水市育生中学，占地6.85万平方米，建筑面积0.3万平方米。2003年至2007年中考六合率、一中升学率、六科平均分和及格率均为全区第一。2005年至2006年在全国数学竞赛、西北师大附中招生中均取得优异成绩。2007年有教学班22个，学生1470名；教职工75人，其中中学高级教师3人，一级教师36人，省、市、区级骨干教师23人，省级青年教学能手3人。

天水市玉泉中学

1982年建立玉泉中学，区属初级中学，占地0.61万平方米，建筑面积0.47万平方米。2006年有27人分别获全国中学生数理化竞赛一、二、三等奖。2007年有教学班18个，在校学生1063人，其中农村学生394人。有教职工76人，其中高级职称5人。

天水市伏羲中学

1943年9月建立天水铁路职工子弟中学，2002年7月移交区政府管理，更名为天水市伏羲中学。2004年8月与电子学校初中部整合。占地1.13万平方米，建筑面积0.79万平方米。有教学楼和综合楼各一栋，教室28间，教学辅助用房10间。2007年有教职工91人，教学班22个，学生1100多名。学生的书法、绘画、舞蹈等作品多次获国家、省、市奖励，有500多名学生分别取得艺术体育A级、B级等级证书。

太京中学

1957年建立太京中学，是一所集初中、普通高中和职业高中为一体的完全中学，占地4万平方米，建筑面积0.8万平方米。2005年至2007年连续被区政府评为"高考先进学校""中考先进学校"等荣誉称号。2007年有教职工149名，其中高级教师5人。有34个教学班，学生1970人，其中高中770人、初中1200人。

平南中学

1972年建立平南中学，占地0.87万平方米。2005年在平南镇王坡村建成5.3万平方米新校区，高初中分离办学，初中改为平南初中，高中部校名沿用平南中学，建筑面积0.8万平方米。2004年至2007年高考本科上线人数连续位居全区农村中学之首。2005年至2006年连续荣获"区高考先进学校"荣誉称号。2007年有教职工90名,23个教学班,1452名学生。

藉口中学

1966年建立藉口中学,属完全中学。2003年评为"全市中小学德育工作先进集体",2004年评为全区"教育教学管理先进学校"。2007年有教职工134人,学生2418人,高中教学班14个,初中教学班23个。有数字化校园网,多媒体教室2个,计算机教室3个,电子备课室1个,现代远程教育和VCD光盘播放室3个。

皂郊中学

1976年建立皂郊中学,属独立初级中学。2005年与六九一三子弟学校合并,校名沿用皂郊中学,改为九年一贯制学校。校址设在原六九一三子弟学校,占地面积0.8万平方米,建筑面积0.36万平方米。2007年有任课教师89人,其中中学部73人、小学部16人;22个教学班,960名学生,其中中学部659人、小学部301人。

第五章　职业教育

第一节　学校设置与规模

1980年9月天水市建立第一所职业学校 —— 天水市职业技术学校,当年招生92人。1983年太京、皂郊中学建立第二、第三职业技术学校。1985年职业教育毕业529人。其中城区学生毕业326人,录用308人,占城区毕业学生的94%;农村毕业学生185人,从事个体缝纫、雕艺等职业。1986年牡丹、天水中学改建为农业职业学校。全区职业学校设11个班,招生587人(其中天水市职业学校242人),有兼职专业教师38人、专职教师46人、行政管理人员20人。1988年天水市职业学校扩大招生,新招8个班378人。太京、牡丹、天水、皂郊4所农业职业中学开办"三加一""二加一"职业班,招生114人。全区职业学校在校生与普通高中比例为1：2.35，新招738人，相当于前3年招生人数总和，与当年高中招生人数比为1：2.75。

1990年职业教育坚持农、科、教统筹协调发展思路，全年招生1154人，在校学生1513人。市职校成立甘肃省教育服装总厂天水分厂，牡丹农中建成占地50亩的"一部两场三店"（缝纫门市部、农场、饲养场、百货文具小商店、农电维修店、镶造店），形成教学—实习—生产结合的职教格局。太京职业中学调整校内20亩果园，筹办食用菌厂和养鸡场；皂郊、牡丹职中建立实习基地。1993年3月太京职中建成一个长60米、宽7米的塑料棚，培育果树、蔬菜优良品种，生产新鲜蔬菜。5月市职校通过国家教委B级复查验收。

1994年天水市职业技术学校改为甘肃省天水职业中等专业学校，实行职业中专和职业高中并存，一校两制，建制、隶属关系和经费来源均不变。1995年区职教中心考察评估区属4所职业学校和10家民办学校，评选优质课15节，育才服装技校、天光电脑培训中心、区党校职教培训部被评为年度职业教育先进集体。

1998年8月撤销天水农中和皂郊农中，恢复天水中学和皂郊中学；同时全区普通中学开办"3+1"职业班，共开办职业班22个，招生1020人。1999年职专实验实习室增加到15个，达到国家级重点职业中学标准。区卫校成立甘肃省中医辅导学校。

2000年职专成为国家级重点中等职业学校和首批国家级职业学校。区卫校经省市教委审批，挂甘肃省中医学院中西医结合辅导学院牌子。2002年农村初中开展"绿色证书"教育工作。对七、八、九年级学生进行种植、养殖、农产品加工等实用技术教育。2005年"绿色证书"教育16079名学生。5月职专隶属市教育局管理。2007年全区职业教育招生2402人，与普通高中招生比为0.49：1。

第二节　专业学制

1980年至1985年全区3所职业技术学校先后开设工艺美术、皮鞋皮革、幼儿师范、财会、建筑、缝纫、电工、农技、畜牧兽医、护士、公路土建、城市土建、旅游服务等15个专业。1988年市职校新开设英语、商业服务2个专业。

1990年市职校开设财会、文秘、商业服务、服装、体育师资、医士6个专业；太京职业中学、太京农中开设农技、机电、果树、缝纫4个专业；齐寿、店镇附中开办"3+1"长班，设果树、快速养猪等课程。1993年市职校开设财会、建筑、工美、医士、公共关系、家电6个专业，学制两年。1994年皂郊中学实施"五四"学制改革，将初中阶段义务教育与初等职业教育结合起来。1999年职业高中实行"发双证"制度，毕业生既获得毕业证，也可获得农民技术职称证书或对应专业的资格证书。2004年全区32所农村中学（附中）开设"绿色证书"教育课。2006年职专在职高、中专招生的基础上与高等院校联合办学，开设幼教、英语教育、电算会计、公路施工管理、旅游管理等大专班。普通中学开办短期实用培训班和"3+1"职业长班。

第六章　成人教育

第一节　扫　盲

1985年全区有青壮年文盲8万人，开办扫盲班42个，6.8万人参加扫盲学习。1987年4月新华门、建二小学等6个学校被评为全市扫盲先进集体，16人被评为全市扫盲先进个人。1988年农村扫盲由政府统一领导，区教育局组织，宣传、妇联、团委、文化、卫生等部门配合，层层签订目标管理责任书。扫盲教材以省编《农民识字课本》为主，还设算术、音乐、技术等课程。要求文盲、半文盲通过学习识字1500个以上，能算简单账目，写简单应用文。学习对象为12岁至40岁的文盲、半文盲，重点是12岁至25岁的青年文盲。农村小学开办夜校，教学形式有午班、晚班，扫盲教师大多由村学民办教师担任，采取包教包会及学生包父母等方式。1989年太京乡创办乡镇农民文化技术学校，实行乡办乡管，经费自筹。

1990年秦城区被列为国家"燎原计划"试点县。8月太京乡确定为全市"燎原计划"示范乡。1991年全区大办农村扫盲夜校,区教育局和乡政府、学校签订双线承包目标责任书。全区文盲、半文盲率为24.6%,基本脱盲标准的非文盲率为85%。1993年5月开展脱盲后短期技术培训,全年农技学校培训农民1万人次。1995年乡镇农民文化技术学校举办初、高中毕业生实用技术培训,22乡培训5000人,80%农户家中有1名初级实用技术人才。

2002年扫除文盲1410人,文盲率下降至0.745%。建立农民文化技术学校或教学点171所,培训2.5万人次。2004年开办短训班51个,培训2550人次,举办农村劳动力转移培训班2期。2005年扫除文盲5471人,农民文化技术学校或教学点保持171所,培训1.5万人次。

第二节　城区成人教育

1985年开展专业技术业务培训和技术等级考核。8月举办班组长培训、厂长经理培训。1989年中级技术培训1872名职工,岗位培训2238名职工。

1990年天水市一中设立业余高中,学制为两年,聘请中学教师任课,高中文科设政治、语文、数学、物理、化学,授课时间主要集中在晚间,每晚2小时。驻区大中型厂矿企业职工高中实行毕业考试制度。1992年成人中等学校在校学生182人,毕业学生103人。1993年城区内绝大部分青年就读甘肃广播电视大学天水分校和甘肃长城电器工业公司职工大学,两校招收秦城区学员84人。

2002年重点培训新兴产业和现代服务人才,开办成人短期培训班32个,培训1550人。2003年成人教育招生528人,就业率97%。2006年至2007年实施成人教育综合改革,加大实用技术培训力度,仅2006年就完成职业培训1.1万人次。

第三节　大中专院校简介

2007年驻区大中专院校有天水师范学院、甘肃广播大学天水分校、甘肃省税务干部学校、天水市卫生学校、甘肃机械电子职工大学、天水师范学校等,其中天水师范学院和甘肃省机械工业学校办学规模最大。天水师范学院、天水市卫生学校、天水师范学校、甘肃省机械工业学校是全日制普通学校,以招收应届毕业生为主;甘肃机械电子职工大学与省机械工业学校合署办公,下设兰州校区。

天水师范学院

1979年成立天水师范高等专科学校。2000年3月天水师范高等专科学校改建为天水师范学院。2007年学院占地40.8万平方米,校舍建筑面积31万平方米。学校图书馆藏书66万册,教学仪器设备值5794万元,固定资产3.2亿元。

学院以教师教育为主,设12个二级学院、22个教学系(部),设5个校级研究所、18个二级学院所属的研究所、1个省级重点学科、7门省级精品课程。7个学科门类22个专业获得学士学位授权资格。面向全国23个省(市、区)招生,2007年有普通本专科学生11760人,留学生1人,预科生99人。教职工849人,专任教师628人,其中教授、副教授193人,博士、硕士学位教师265人,聘请外籍教师8人。教师中3人被评为全国优秀教师,15人被评为甘肃省优秀教师,1人获全国先进工作者称号,1人获甘肃省"十佳师德标兵"称号,9人获曾宪梓教育基金优秀教师奖,1人评为全省优秀专家,6人入选甘肃省"333""555"创新人才和第一、二层次人选。

2000年开始学院承担各类科研项目359项,其中国家级项目10项、省(部)级项目13项,先后获省(部)级奖励33项;出版专著、教材63部,在国内外学术刊物上发表科研论文2300余篇,其中在SCI刊物发表论文20篇。学院《天水师范学院学报》是中国学术期刊综合评价数据库来源期刊,荣获第三届"全国优秀社科学报",其中"陇右文化研究"栏目获"全国社科学报优秀栏目"称号。1998年学院被中央宣传部、教育部、共青团中央授予"全国高校社会实践活动先进单位"荣誉称号,1999年被中央精神文明建设委员会命名为"全国精神文明建设工作先进单位",2003年学院党委被省高校工委评为"思想政治工作先进集体",2005年被中央文明委授予"全国文明单位"称号。

甘肃省机械工业学校

甘肃省机械工业学校是一所省属全日制普通中等专业学校，隶属于甘肃省经济委员会，1979年甘肃省人民政府批准成立，1984开始筹建，1986年正式招生。2001年被国家教育部确定为国家级重点中等专业学校。2004年被国家教育部等6部委确定为数控技术应用专业领域技能型紧缺人才项目培训学校。2006年被天水市劳动和社会保障局确定为天水市劳务输出示范培训基地，被国家教育部列为全国107所先期开展半工半读试点工作的中等职业院校。2007年被批准为中央财政支持的职业教育数控实训基地。

学校占地13.67万平方米，建筑面积6万平方米，固定资产8100万元。图书馆藏书16万册，学校有教学楼、实训楼、图书馆、学生宿舍、实习工厂和田径场、足球场、篮球场等教学设施，建有语音室、多媒体视听教学系统、电教中心和电子阅览室。学校面向全省招生，2007年在校学生10326人。教职工293人，其中专任教师168人，教师中高级职称人员30人。2003年至2007年承担科技攻关项目18项，主编教材8部，参编教材23部，发表国家级论文20篇、省部级论文156篇。

学校设有机械工程系、机电工程系、电气工程系、信息与管理工程系、环境与化工系5个教学系，1个基础教学部，实训中心、科研开发中心、计算机中心、甘肃省机械工业总公司职工教育培训中心、甘肃天水制造业信息化培训中心5个中心及兰州理工大学本科函授站、西安交通大学远程教育本科函授站。开设机械制造与控制、工业电气自动化等专业，涵盖机械、机电、电气、信息与管理四大类40多个专业，建有机械传动、电气控制、数控、电子、CAD／CAM、计算机等30个实训室，设有国家教育部NIT考试中心、CAXA软件培训中心等。先后为社会输送1万多名大中专毕业生。学校与省内企、事业用人单位及长江三角洲、珠江三角洲和环渤海经济圈等地区的300多家用人单位签订定向就业协议，就业率一直保持在98%以上。

甘肃省税务干部学校

1985年甘肃省税务学校成立，2000年1月改为甘肃省税务培训中心，2007年11月更名为甘肃省税务干部学校。学校占地3.33万平方米，建筑面积2.5万平方米。设有办公楼、教学楼、学员宿舍楼等教学培训设施,教学科、教务科、人教科、信息科等科室。在职教工58人,其中高级讲师15人,讲师21人。

1987年至1999年学校招收普通中专生13届,培养税收、财会、计算机专业毕业生2283人。1995年与省内外高校合作开办财政、税收专业成人学历教育大专、本科班和网络大学本科班,招收税务干部近2000人。年培训3万多人次,占全省培训任务的70%以上;完成各类培训班257期269482人次。2003年至2007年学校获得"省级文明单位""全国精神文明建设先进单位""全国文明单位"等荣誉称号。

第七章　教　师

第一节　教师队伍

1985年秦城区有教师3644人,其中高中教师243人,初中教师832人,小学教师2569人。1986年高中教师本科学历及以上的占59.3%,初中教师专科学历及以上的占59%,小学教师中专学历及以上的占33%;中学政治、语文、英语等几个学科教师数量不足,临时聘请一些代课教师授课。1987年农村有教师2396人,农村小学教师合格率为53%,初中教师学历合格率为7.7%。1989年首期学历不合格教师培训在建二小学开班,并开办8个卫星电视中师班,260多名教师参加学习,40多名教师参加函授自学。

1990年幼儿园录用幼师毕业生31人,教职工69人,专职教师64人,幼师、中师学历占专任教师的81%。1993年调整培训教师队伍。小学教师2822人,学历合格率54%;中学教师1265人,学历合格率70%。1995年通过卫星电视中师、高师班培训教师100人,教师进修学校培训120人。教师学历合格率小学85%、初中80%、高中75%。1996年115名民办教师转正为公办教师。

2000年评选骨干教师400名,学科带头人80名。2005年全区有教职工5459人。其中本科学历847人,专科学历2522人;副高级职称教师152人,中级职称教师1543人;省级骨干教师42人,省级学科带头人3人,市级骨干教师225人,市级学科带头人31人,区级骨干教师712人。高中教师学历合格率53%,初中教师学历合格率88.7%,小学教师学历合格率93%,幼儿园教师学历合格率100%。2007年探索教师全员聘用制,聘任316名大专以上师范类毕业生到农村学校。针对村学英语教师水平低、教学质量不高的情况,聘请英语骨干教师对全区308名村学英语教师集中培训1个月。

第二节　教师管理

任用管理

1985年小学教师在乡范围内调配,由学区或乡教委负责;中学教师在全区范围内由区教育部门调配。1987年随着教师职称的评定,部分学校实行教师聘任制和校长责任制,学校制定教师的工作量、出勤、教案、作业批改、学生反馈意见等制度。1988年实施教职工管理制度,建立教师业务档案,主要包括教师出勤、教案、作业批改、实验教学、教学成绩评定、教学研究、辅导学生参加各类竞赛及班级纪律、卫生评比等内容,一学期统计一次。至1989年各学校均建立教师业务档案。1990年农村学校教师任用由区教育局负责。1996年推进教师聘任制,市六中试点后在各学校推行。2000年制定《学校人事管理细则》,以市六中、解二小学、藉口中学为试点,建立定编定岗、公开招聘合同管理等教师管理制度。2006年建二小学实施事业单位改革试点,建立大专以上毕业生与用人单位的供需见面会制度和毕业生岗前培训、新分配毕业生服务期制度。

考核

1985年至1987年考核中小学教师,考核内容中学以学科教材为主,小学教师以语文、数学两科教材为主。考试成绩记入业务考核档案,作为评聘职务和培训教师、民办教师招聘录用及进修的主要依据。通过考核,全区90%以上的小学教师和80%以上的中学教师获得教材教法合格证书。1986年9月考核中小学教师政治思想、文化专业知识水平、教育教学能力等5个方面,建立业务档案。要求不符合国家规定学历的教师,1986年底以前教龄未满20年的,都要通过考核取得教材教法合格证和专业合格证书。1987年中小学教师专业合格证实行统一考试试点,规定在每年8月,省、市教育部门负责命题、制卷及中学教师的阅卷及发证,市教育局负责中学考试与小学的阅卷、发证,区教育局负责小学教师考试。中小学教师按规定考完本专业的课程,经本人申请,所在学校进行思想和业务考核合格后,主管部门发给合格证书,作为评聘职务和培训的主要依据之一。中学初中开考13个专业44门课程,高中开考11个专业38门课程,小学开考2个专业10门课程。

2002年建立教师业务考核制度,业务考核成绩作为评聘职务、评优选先的主要依据。2005年教师考核内容除德、能、勤、绩外,每学期还举办普通话、硬笔、粉笔、板书演习、毛笔字比赛。

民办教师录用和招聘

1985年录用125名民办教师。1986年后每年从天水中等师范学校招生指标中拨出25%的份额用来招收符合条件的民办教师进入师范学校学习2年,期满成绩合格发给中师毕业证书,享受中师毕业生待遇,当年182名民办教师转为公办教师。至1989年后全区民办教师相继转正。

2007年9月调查表明全区有代课教师806人。按聘用情况统计:区政府、区教育局聘用590人,乡镇聘用86人,村委会聘用76人,学校聘用54人。其中月收入100元以下458人,月收入100元至199元271人,月收入200元至299元72人,月收入300元至399元5人。另外有39名乡、村、校聘请的代课教师以划拨土地、发给临时代课费的形式补偿。代课教师中有340人取得教师资格证书。

第三节　教师待遇

晋级及职称评定

1987年市三、四、五、六中和新华门、人民路、建二、建三、枣园巷小学及太京、皂郊中学等15所学校开展教师职务评聘试点。1988年实施教师职称改革。1989年区教育局设立职称改革工作领导小组,管理教师职称评聘。1990年成立中学教师中、高级职务评审委员会及小学教师高级职务评审委员会。1991年成立学科职称评审小组,规定中小学教师职务实行聘任或任命制,聘任或任免教师职务必须经过教师职务评审委员评审,评审内容包括政治思想、文化专业知识、教育教学能力、工作成绩、履行职责等方面,认定具备担任相应职务的教师,由学校或区以上教育行政部门聘任或任命。聘任或任命教师职务,任期一般为1至3年,可以续聘或连任。中学教师职务设中学高级、一级、二级和三级,小学教师职务设小学高级、一级、二级和三级,幼儿园教师职务随小学教师系列。教师进修学校教师职务设高级讲师、讲师、助理讲师、教师。

公办教师工资福利

1985年按照国家统一规定改革教师工资,补贴标准为每人每月10元、18元、26元三等。区政府筹措资金改善教师住房条件,对具有大、中专毕业学历的中小学教师,工龄满20年以上的,居住农村的直系家属,可申报迁往城镇户口。1986年采取“国家补一点,个人集一点,单位筹一点”的办法筹措资金240万元,修建城镇教职工住房。1987年发教龄津贴,教龄按5年、10年、15年、20年以上4个阶段,分别为3、5、7、10元。教师还同其他单位职工一样,享受工龄津贴每年0.5元,中学特级教师每月补助30元,小学特级教师每月补助20元。全区实行教师专业职务聘任制后,取得教师专业职务和任职资格聘任的教师套改进档,聘任的高、中、初级职务的教师,工资都有不同程度的提高。1988年对1985年以来未晋升工资且具有专业合格学历的教师提升一级工资。在职中小学教师在个人原有的工资基础上提高10%,提高的10%在教师调离教师队伍后,即行取消。1989年具有大学专科及以上学历农村学校在职的中小学教师浮动一级工资。

1990年至2007年实行教师专业职务聘任制,对取得教师专业职务任职资格聘任的教师套改进档,聘任的高、中、初级职务的教师工资都有不同程度的提高。

民办教师待遇

1985年9月根据省教育厅、财政厅规定民办教师报酬的国家补助部分小学教师提高到40元，中学教师提高到45元，全年按10个月计发，并从当年9月1日执行。10月1日省政府办公厅规定，民办教师逐年实行统筹工资制，要求使其实际收入不低于公办中小学教师最低工资水平。全区在执行过程中因乡、村情况不同，民办教师的待遇并不完全统一。2000年4月26日全区最后一批名民办教师正式批准转为公办教师。

第八章　教育教学改革与研究

第一节　教育教学改革

1985年秦城区教育工作从封闭式系统转变为开发式系统。教学工作在教好学生学习必修课的前提下，指导学生阅读课外书刊，参加社会实践活动。教育教学理念从传统的一次性教育转变为终生教育。教学不要求死记硬背，要求学生在理解记忆的基础上提升知识应用能力。1986年建立"三级教学研究网"开展教研活动，总结和推广先进教学经验。1988年成立校教研室，恢复教研组或建立教研日。城乡中小学校开展"围绕提高质量、深化课堂改革"教改实验，即"马蕊兰教学法""注音识字、提前读写""JIP"计划和"六课型单元教学法"等实验。1989年调研14所学校课堂改革，实施"JIP"计划的学校和自行扩散的附属完小和村学达33所，班级增加到4个年级110个教学班，召开"JIP"计划学校例会，举办入学前培训。同时附属小学开展小学语文"注提""马蕊兰教材教法"教改实验，组织学生参加全国、省、市中学数学、化学、物理及小学作文和数学等科目竞赛，先后有113人获得国家、省、市奖励。

1990年农村学校实行乡办乡管、村办村管，成立乡教育管理委员会，学校管理纳入乡政府和村委会议事日程。调整教学大纲、教科书，开展中小学政治课改革。扩大"JIP"计划实施范围，实施《中学生体育合格标准试行办法》，组织体育教师观摩教学、研讨教材教法。1991年城区学校建立"四表六册"普教统计资料库，学生统一编号，五室（仪器、实验、图书、阅览、医务）等教学设施实行目标管理责任制。小学毕业生考试成绩不再作为初中招生的依据。1992年开展目标教学实验，改革招生。根据城区学校布局和居民住宅点，重新划分小学招生区域，保证适龄儿童就近入学。初中招生实施"两取消一就近"方案，凡达到小学毕业的学生都可以就近升入初中，市三中初中部停招，向独立高中过渡；高中招生按照"保证计划、统放结合，给学校一定自主权"的原则，扩大市三中高中部招生，允许市一中、三中各招1个自费班。市一中、三中计划内招生由区教育局参照会考成绩和考生志愿统一录取；市一中和市三中未录取的考生凭准考证和区教育局印发的高中报名资格证，参照成绩可选择其他学校（含市一中、三中自费班）。同时初中阶段获得市级优秀学生干部和体育、音乐、美术竞赛前3名的学生、教师子女、归侨以及华侨考生照顾加分。制定中小学教学质量评价奖励办法及城区学校目标管理责任书，选择玉泉中学、新华门小学、建三小学为试点，建立共建共管、共育社区教育机制。1995年完全中学面向全区招生，打破城乡限制，引入竞争和激励机制。农村教育改革按照"点上不断深化、面上积极推广"原则，在天水乡嘴头村开展农科教结合试点，之后秦岭、藉口、齐寿、李子等乡开展，华岐学区、皂郊农中开展"五四"学制改革试点。组织模拟考试，区属学校开展硬笔书法比赛、教案评选、普通话竞赛活动。推广目标教学模式，探索"低负担、高质量"教学路子。1996年制定《城区教师下乡支教实施方案》，动员和鼓励城区优秀教师"上山下乡"支援农村教育，城区学校和农村学校建立"一帮一""校帮校"支教关系，51名城区教师赴农村支教一年。1998年启动素质教育，先城区后农村。全区学校分为城区、郊川区、浅山区、山区4类，分别提出实施要求。

2000年制定《优化课堂结构，提高课堂教学质量的指导意见》，课堂教学以学生为主体，教师引导为辅，侧重学生个性发展。实行"小学考试改革"，减轻小学生课业负担和思想负担。2001年小学考试百分制评价改为等级（优、良、中、差）评价，增加对学生学习态度的评价和口试，将试卷成绩（占60%）和口试成绩（占40%）合起来作为学生的阶段性成绩。2003年秦城区被确定为第二批省级课改实验县区，区教育局重点培训基础教育新课程师资，采取分类别、分级别、分阶段、辐射型、滚动型递进的方式,举办管理、骨干教师和全员培训。2004年制定全区课改实施计划。

2005年建立校长全面抓、分管校长具体抓和教务、政教主任、年级班长、班主任共同抓的高考领导机制,实行校级领导包级和中层领导蹲班、包科的工作制度。举办小学校长"新课程与学校发展"专题研修。2007年通过笔试、面试选聘大中专毕业生到农村任教,组建兼职教研员队伍,开通秦州教研网,推行联考制度。

第二节　教学研究

基层教研组织

1985年市三、四、五中及育生、汪川、平南等重点中学实行年级组办公,取消学科教研组,设立学校教学研究室,定期举行研讨活动。此后大部分完全中学采用这种制度,但也有少数中学教研组与年级组并行。1988年市四中、五中及石马坪、玉泉、娘娘坝、牡丹、太京、皂郊、汪川等中学通过成立校教研室,或恢复教研组,或建立教研日等多种办法弥补年级管理体制在教研活动中的不足。同时一些乡中心小学设立教研组(教学辅导站),指导乡属学校教学。

1990年建二小学及玉泉、石马坪、育生、娘娘坝等中学在成立语文教研组、数学教研组、外语教研组的基础上,相继成立史地生教研组、政治教研组、音体美教研组等,每学期开学初制定教研组工作计划,开展交换教学经验、组织观摩教学等活动,定期开展示范课、评优课。

教研活动

1988年开展三级教研网络和学科中心教研活动,组织各校教师学习《教学大纲》,研究备课、课堂教学、作业设计及批改、辅导、考试等。10月开展中小学教师教改优秀课、青年教师优秀课评选及教学观摩活动,中学参加117人,小学参加177人,35人获奖。1989年创新思想品德教学方法,召开小学"思想品德课教学研讨会",印发思想品德课结构改革参考资料,观摩评议新华门等小学思想品德课12节。中学政治课教研组编写《政治常识课基本概念一览表》,完成论文11篇,调研14所学校201名教师课题教改情况。召开中小学毕业班教学与复习研讨会,中学专题教研16次。

1990年至1992年举办初中第三届教改优秀课评选活动,观摩教学45次。

1993年制定教研计划,规定每学期召开两次质量研讨会。编写九年制义务教育大纲和教材资料,举办起始年级教师新教材培训班。评选优秀课教师94人,其中省级1人、市级15人。1994年举办义务教育课程计划、大纲学习辅导及新教材培训班,召开初中、小学毕业班复习研讨会,制定全区JIP实验方案和第二轮实验计划。1995年召开高三级教学研讨会,制定《教研室关于加强高三复习,提高高中教学质量的十条意见》,开展校际交流,组织模拟考试,分析解决热点和难点问题,开展第四届教改优秀课评选活动,64个学校(学区)349名教师参评,180名教师获奖。推广目标教学,组织城区骨干教师到铁炉、牡丹等21所农村中小学开展"送课下乡",交流优质课49节,听课800人次。农村中小学开展联片教研活动12次,参加700人次。1996年自制教具3000多件,其中4件获国家专利,秦城区被评为全市自制教具先进县区。1998年教研以高考为重点,召开高考质量研讨会、高考复习汇报会等活动6次。

2000年高一语文,初一语文、数学、外语,小学一年级语文、数学使用新教材,小学语文、数学使用新大纲,研讨评价"合作学习"教学模式及培养学生自主学习能力。2001年开展九年制义务教育新教材辅导和培训6次,480多人参加,送课下乡89节次。组织高中教师参加省、市级培训200多人次,召开"3+X"高考研讨会。2002年组织初中教学质量研讨会以及中学语、数、外优质示范课观摩,开展送课下乡和联片教研活动,组建高中8校联合教研组。聘请兼职教研员30名,邀请"天津专家讲学团"香港英语专家讲学。8月举办"英特尔"未来教育项目培训班3期,培训教师300人;举办普通话培训班2期,培训教师1000余人。

2003年重点开展基础教育新课程师资培训,组织34名初中校长参加市级新课程管理教学培训,178名中小学校长参加省级新课程实验推广指导研修培训班。选派省、市级骨干教师、教研员、教师进修,26人参加国家级培训,选派10名英语教师参加"中美暑假英语教师培训学习"。中梁中学、中梁中心小学、店镇中学、华岐学区、杨家寺中学等农村学校开展送课下乡和联片教研活动8次,开展高中联片教研3次、听课265次、调研4次。2005年制定课改实施计划,举办新课程实施反馈研讨会4次,课改培训班8期,培训实验课改教师2406人。组织开展校本教研和联片教研活动,其中12个课题通过省级鉴定。建三小学被中国教学学会确定为"基础教育实验学校"。2006年至2007年确定"科研兴教、教研兴校"战略,组织学校开展联片教研39次,送课下乡572节次,组织城乡交流观摩示范课312节,参加市级以上教研教改培训7100人次,开展校本培训11400人次。

第三节 教育督导

1986年成立区教育局督导室。1988年督导评估市四中、玉泉中学、汪川中学、市五中、公园中学、藉口中学和解一小学、建三小学、太京中心小学、平南中心小学等,拟写督导报告。1990年督导新华门小学等4所小学3个年级8个教学班数学"马蕊兰教材教法"实验,关子中心小学等8所农村小学3个年级12个班中语文"注音识字、提前读写"实验。

1992年督导评估太京中学等7所农村中学和新华门小学、建二小学,回访复查已督导评估的解一小学、建三小学、市四中、公园中学,表彰奖励督导评估先进学校天水乡中心小学、伏羲路小学、铁炉中心小学、天水农中和建二小学。1993年督导评估大门中心小学等7所学校,回访解一小学等7所学校。6月组织22名兼职督学,督查全区62所中小学及解放路幼儿园、奋斗巷幼儿园、中西幼儿园贯彻《中小学教师职业道德规范》,表彰师德建设先进学校24所。

1994年督导考核60多个学校"双规"工作,表彰奖励成绩突出的建二小学、市四中、玉泉中学、娘娘坝中学、平南中心小学、铁炉中心小学等12所学校。1995年以高考为重点,督导市三中等有高考任务的学校。1996年城区小学毕业生双合率100%,小学毕业生考试成绩不再作为招生依据,学生成绩仅作为学校教学工作中的一个参考指标,重点检查督导应试教育向素质教育转变过程。1998年区教育局督导室更名为区政府教育督导室,设主任1名由区教育局局长兼任,设专职副主任2名,专职督学13名。

2000年教育督导在评价制度上实现"三变",即变单独的终结性评价为突出过程的综合性评价,变单一的以学校考试分数为主的评价为以巩固率、合格率、优良率为主的多元化评价,变成绩单为等级报告单。2001年专题督导农村"六合率"低于全区平均线的18所学校,综合督导评估秦岭、大门、娘娘坝、平南4乡7校。2002年督查学校收费、教育法规执行及"两基"巩固提高情况,蹲点指导店镇、李子乡中小学和市四中、玉泉中学、人民路小学、公园小学4所中小学的管理、教育教学、办学水平等。2003年专项调研督查"控辍保学"、农村村学管理、新课程改革实验等,推进中小学综合考试评价制度改革。督导调研牡丹等21所中小学管理、教育教学、办学水平等。2004年督导16个乡镇31所中小学,采取听汇报、查资料、问卷调查、课堂听课、走访座谈等形式,发放问卷6000多份,查阅资料2000多份,召开座谈会97次,走访座谈620人次,听课200节。

2005年制定《教育督导办法》和相应的实施细则。集中督查全区义务教育学校教学管理、"一费制"落实和教育法规、"两基"巩固提高、素质教育实施情况,专项督查"控辍保学"、农村村学、新课程实施、农村现代远程教育设备管理及使用、进城务工农民子女接受义务教育、校园先进文化建设等情况,督查指导70多所学校100多次,对发现的问题提出意见,要求限期整改。2006年至2007年督导评估市三中、市四中、市五中、市六中、平南中学等10所质量监控学校的教育质量,完善2005年7个配套实施方案。

第九章　体　育

第一节　群众体育

职工体育

1985年秦城区大、中、小型厂矿、企业举办运动会49项次,承办各大赛事。其中电务器材厂承办"铁道部信号公司职工足球乙级联赛",长开厂与区体委联合承办"全省桥牌邀请赛"。1989年基层体协23个,体育专干213个，基层厂矿、企事业单位业余运动队91个。

1991年甘肃长城电器工业公司成立职工体育协会，会员57人组成。1992年实施《全国职工健身七项锻炼标准》、第七套广播体操。1993年落实班前操或工间操，推广《全国职工健身七项锻炼标准》《甘肃省机关职工体育锻炼标准》。同时随着经济社会发展，职工体育向条块结合、多样化、群众自发性方向发展，各企业建立体育组织，将体育工作纳入目标管理和劳动竞赛考核内容，融体育、舞蹈、娱乐为一体的职工自编健身操（舞）风行全区。1996年举办职工运动会1285项次。

2003年下发《开展工间操》《普通人群体育锻炼标准》通知，各单位组织职工就近在院内、楼下、门口、街道两边的人行道上做工间操。2007年以"全民健身与奥运同行"为主题开展职工体育活动，为2008年奥运会营造氛围。

社区体育

1994年天水郡街道率先开展社区体育活动，取得初步成果后在七里墩、西关等街道推行。1996年西关街道办事处成立文体办公室，配备专干开展社区体育活动。1998年区工会建成健身中心，解决多年来群众无处健身的问题。2000年开展群众性体育比赛和健身活动，组织各项活动2000多项次，达65000人次参加。

2001年贯彻《全民健身计划纲要》，街道开展活动2000项次，65000人次参加，七里墩街道办事处荣获全国群众体育先进单位称号。2002年开展"第二届全民健身月"和"文体进社区"活动。2003年坚持"城市体育以社区为重点"原则，形成"政府指导、群众参与、共建联办、资源共享"的社区体育建设之路，40个社区解决办公用房，建有老年活动中心；长开厂、213厂、电缆厂等企业在居民区内安装全民健身器材，派专人管护。2006年街道办事处成立文体领导小组，一名副主任专管文体工作，规范辖区内的晨（晚）练点，申报配备各级社会体育指导员。

农村体育

1987年5月区农民体育协会成立，成为全省第一个成立农民体育协会的县区。1988年元旦、春节举办百万农民健身活动，乡文化站举办体育知识竞赛。1989年13个乡成立农民体育协会或体育辅导中心，举办2期文体专业务培训班。杨家寺乡青年农民张炜被国家体委等评为全国农村体育工作积极分子。天水、汪川、杨家寺等乡被省、市多次表彰,部分乡的单位与个人集资举办体育活动、自办棋社、购置体育器材。1990年农村开展"迎亚运"系列运动会412次,8万余人参加,观众53万人次。

2000年345个行政村建立青年、民兵、妇女文化体育活动室,45%以上的行政村有体育组织和场地设施,举办农民健身活动180多场次,2.9万人次参加体育竞赛活动。2001年通过体育健身引导广大农民群众破除迷信,改变赌博等不良习气。2004年开展农村体育年活动,举办"庆七一""体育三下乡"等活动,农村建设标准篮球场11个。2006年区文体局和区农办联合举办"建设社会主义新农村"农民篮球分区赛,比赛分4个赛区,16个乡镇21支男、女代表队200多名运动员参赛,比赛历经9天。

老年体育

1986年成立区老年人体育协会,开展老年群众体育活动。1989年成立中老年健身辅导站,设老年文化活动室和老干部活动中心。开展中老年人体育锻炼。发展晨练点10个,上千人参加锻炼,晨练项目以迪斯科、健身操为主,还有武术、太极拳、门球、羽毛球、气功、长跑、散步、友谊舞等,广场晨练点在甘肃省第一届老年人运动会健身操项目比赛中获第一名。

1992年晨练点达到30个,举办老年人体育培训班20多期,培训人员1800人,开展游园、迪斯科、登山、门球、趣味运动会。1993年举办庆祝老年人体协成立10周活动。1995年晨练点发展到32个,日锻炼人数最多时高达5万人次。2000年全区有老年人8.1万人(农村老年人6.4万人),有2个老干部活动中心、8个老年人活动之家、21个指导站、38个晨晚练点,超过45%的老年人经常参加体育健身活动。2002年天水市第二届运动会比赛中秦城区老年健身操、门球、武术代表队均获得冠军。2003年全区37个晨晚练点成为天水市第一批注册的全民健身晨练点。2004年举办老年门球比赛。

体质监测

1997年9月开展全国体质监测工作,监测商业系统6个单位439名成年人体质。2000年280名老年人参加体质测试,城市监测点设在区老龄委,农村监测点设在藉口乡。2005年市二幼、石马坪幼儿园、中梁乡、玉泉镇等单位开展体质测试工作,采集样本840人,其中幼儿560人、老年人280人。

第二节 竞技体育

1986年五中学生宋爱芳获得全国第四届"西湖杯"无线电测向比赛金牌,成为全区首个获全国金牌的在校学生;三中学生刘文武获得全国无线电测赛金牌,并获"国家运动健将"称号。市三中和市五中在全国小学、初中学生田径赛中获"雏鹰起飞奖",成为甘肃省唯一获奖的2所学校。全年累计30人次、9个集体参加全国、全省比赛,获全国金牌2枚、银牌1枚,省金、银、铜牌分别为7、10、7枚;115名运动员参加省七运会,占天水市代表团人数的42.7%。1987年在全国、省、市竞赛中有30个团体获奖、145人次获奖,夺得金牌53枚、银牌43枚、铜牌30枚。

1987年全区有省级体育传统项目学校6所,市级传统项目学校2所,业余训练网点22个,学员550人;专业和业余体育工作者1543人,其中专业体育工作者483人,等级裁判员184人,其中国家级2人,国家一级24人,国家二级、三级157人。等级运动员439人,其中健将级6人,国家一级、二级58人,国家三级、少年级375人。体育运动项目有田径、篮球、排球、垒球、足球、射击、无线电、棋类、武术。

1989年参加省、市竞赛11项次,参赛1554人次,获团体第一名21个,个人金牌51枚;五中学生李军参加全国柔道比赛获第5名;102人达到等级运动员(其中三级22人,少年级80人)。举办元旦环城赛、中小学生田径运动会、中小学两棋赛、职工桥牌赛、春秋季信鸽竞翔、中小学篮排足球赛、农民乒乓球象棋赛、幼儿运动会等活动。1990年参加省、市竞赛7项次,参赛1万人次,获团体冠军10个、亚军2个、第三名3个,有6人1队破3项市级录,获单项冠军27个、亚军11个、第三名13个,有109人达到等级运动员(其中三级37人,少年级72人)。

1991年参加省、市运动会225人次,获得团体冠军2个、个人金牌10

枚，6人达到三级运动员。1992年15人达到二级运动员，47人达到三级运动员，马琳获得全国射击金牌1枚，李淑红获得全国武术锦标赛金牌5枚。1993年获全国个人金牌2枚，银牌10枚；获省、市级团体冠军2个，个人金牌13枚。1994年参加省级比赛4次、市级比赛2次，获省级团体第二名、第七名，市级团体总分第一、二、三名各1个，1人达到二级运动员，34人三级运动员，56人达到少年级运动员，举办区级学生运动会6项次。1996年参加全国、省、市比赛4项次，获全国铜牌1枚、省级金牌2枚，15人达到二级运动员，47人达到三级运动员。1997年参加市第一届运动会，获34枚金牌名列全市第一，团体总分为全市第二名。1998年参加省、市比赛6项次，二级运动员13人，三级运动员36人。1999年参加省、市比赛3项次，获省级团体第二名，金牌总数第二名。2001年举办乒乓球、篮球、田径等20余项次的体育赛事。

第三节　体育培训

群众体育培训

1987年在市一中、市体校、新华门小学等举办举重、柔道、体育健美、游泳等培训班。1990年举办小学生象棋培训及农村中学、中心小学体育教师训练班，推行《国家体育锻炼标准》施行办法，学习第七套广播体操。

1991年召开中学体音美教学研究会年会，开展论文交流。1992年举办"保险杯""达标"通讯赛骨干培训班。1997年举办第八套广播体操培训班。1998年举办文体专干培训班，发放《体育竞赛基础知识》等资料。1999年举办全区体育管理人员学习班。

2001年恢复工间操，开展第八套广播体操领操员培训；举办韩金铭足球俱乐部青少年培训班。2004年推荐11名晨（晚）练点骨干在天水师院参加全省一级社会体育指导员培训班。2006年举办大众广播体操培训班，晨（晚）练点骨干参加国家级社会体育指导员培训班。组织16乡镇文化站文体专干参加天水市第一届乡（镇）社会体育指导员培训班。2007年组织人员参加国家级社会体育指导员培训。

社会体育指导员

1995年推行《社会体育指导员技术等级制度》,成立区社会体育指导员技术评审委员会,负责社会体育指导员的培训、审核、评审以及其他管理工作,向市体育局申报二级社会体育指导员。1996年胡绮华等6人被天水市体育局评为二级社会体育指导员。2000年调整区社会体育指导员技术评审委员会,经培训审批三级社会体育指导员44人。

2001年审批三级社会体育指导员43人。2003年审批三级社会体育指导员72人,审批范围包括晨(晚)练点、俱乐部、协会、城区乡镇学校。2004年审批三级社会体育指导员89人,其中6人为乡镇文化站文体专干;省体育局审批一级社会体育指导员18人。2006年审批三级社会体育指导员49人,省体育局审批一级社会体育指导员23人。2007审批三级社会体育指导员47人。年末全区有社会体育指导员480人,其中一级20人,二级82人,三级378人。

第四节 体育设施与彩票

体育设施

1991年体育场地设施列入区"八五"计划。1998年建成秦城区健身中心。2002年建成甘肃省第五批全民健身工程——全民健身路径2套,建在罗玉社区和市委大院内。2003年建成甘肃省第六批全民健身工程——全民健身路径3套,建在南郭寺公园、东桥头、体育广场等地,检查全民健身工程安全状况。

2004年太京等11个乡镇实施第八批全民健身工程——建标准篮球架11副。藉口、天水镇配置全民健身路径3条,街道、社区配置乒乓球台、羽毛球拍、棋类等器材。开展全国第五次体育场地普查,经普查全区有体育场地320个,其中标准体育场地277个、非标准体育场地43个,全民健身路径19条。2006年玉泉观广场建甘肃省第九批全民健身工程——全民健身路径1条,7个街道20个社区建甘肃省乒乓球长廊工程——室内乒乓球案20台,藉口镇郑集寨、石泉2个村建甘肃省农民健身工程——篮球架2副、乒乓球台4副。2007年实施甘肃省第十批全民健身工程项目，在豹子沟门珍稀植物园建全民健身路径1条，乡镇、街道建乒乓球台50副，太京、玉泉镇建篮球架4副、乒乓球台2副。

体育彩票

2001年6月筹备甘肃体票彩票发行，在全区范围内选点、征召业主培训、广告包装宣传车、上街散发宣传单。9月25日在中心广场召开天水市暨秦城区中国电脑体育彩票首发仪式，市区有关领导带头认购彩票。10月22日足球彩票上市发行，全区16个投注点销售228276元，11013号投注点被评为全省优秀投注点。

2002年9月28日举办迎十六大、庆国庆首届"体彩杯"全民健身系列展示活动。全年彩票销售255万元，11014号投注点被评为全省优秀投注点。2003年"35选7""30选7""22选5"全面上市。全年销售266万元，其中电脑型销售264万元，11013、11014、11020号投注点被评为全省优秀投注点。2004年全区设体育彩票投注点17个，其中13个为专营店，全年销售294万元。彩票玩法有中国足球进球游戏、七星彩、全银彩、"18选1加45选5"等。2005年增设体育彩票投注点3个，退机2个，共有投注点18个，彩票玩法："22选5"并入全国联网，"29选7"替换"35选7"，数字型小盘游戏"排列3"上市发行，"篮球彩票"上市发行，竞猜美国NBA篮球比赛。全年销售422万元，11013、11021号投注点被评为全省优秀投注点。

2006年全区设有体育彩票投注点20个，其中专营店17个，全年销售705万元。11007、11014号投注点被评为全省优秀投注点。2007年增设体育彩票投注点7个，共有体育彩票投注点26个，其中专卖店24个。全年销售677万元，11015号投注点被评为全国优秀网点，11014号投注点被评为全省优秀网点。

秦州
区志
QIN ZHOU
QU ZHI

第二十一编

医疗卫生

YiLiaoWeiSheng

1985年秦城区城区大型医疗机构有市第一人民医院、市精神病医院、市中医医院及区医院等，此外厂矿企业也有附属医院，配备B超、大型X光机、脑电图、内视镜、血液分析仪、自动生化分析仪、肾图仪等诊疗仪器，能够满足城区群众就医需求。农村乡卫生院普遍基础条件较差，技术人员缺少，医疗水平不高。之后逐年加大对农村医疗设施投入力度，至1999年农村各乡卫生院有门诊、住院部等用房，配有综合手术床、无影灯、X光机、显微镜、心电图机、B超、眼科显微镜、牙钻机、制冷机、洗胃机、高压锅等医疗器械，能够诊治普通病症。

2000年起四〇七医院、市第一人民医院等医疗机构相继添置螺旋CT机、大型数字剪影血管机、全自动进口数字胃肠X光机、大型全身彩色多普勒超声仪、大型全自动生化分析仪、全自动脑电分析仪、肌电仪、24小时动态脑电系统、电子结肠镜、侧视十二指肠镜、人体成分分析仪、成人和婴儿高压氧舱、"莱卡"Ⅱ型手术显微镜、高核麻醉机等诊疗设备，能够对一些疑难病症进行诊治；同时私营医院增多，先后成立天水女子医院、天水市新天坛医院、天水仁和医院、魏氏骨伤医院等特色医疗机构。2007年农村实施新型农村合作医疗制度，基本做到小病不出乡，大病不出区。

第一章　卫生机构

第一节　卫生行政管理机构

1985年7月天水市卫生局更名为天水市秦城区卫生局，局机关设业务办公室和行政办公室，业务办公室行使医政、药政、公共卫生、食品卫生管理监督职能。1998年9月设区爱国卫生委员会办公室。2005年1月天水市秦城区卫生局更名为天水市秦州区卫生局，同时药品管理、公共场所卫生监督、食品卫生监督业务划归上级卫生行政机构,局机关设行政办公室、业务办公室、项目办公室、政工股、医政股、财务股、公共卫生股。2007年3月成立区农村合作医疗管理办公室,为全额拨款科级事业单位,编制7人,设正副主任各一名,管理农村新型合作医疗工作,区卫生局共有职工24人。

第二节 疾病预防控制机构

1985年天水市卫生防疫站更名为天水市秦城区卫生防疫站,内设防疫科、卫生科、食品卫生科、地方病科、检验科、放射卫生科、卫生宣教室、图书室、财务科。工作人员41人,其中副主任医师1人。1986年增设门诊1处。1989年设7个科室,工作人员55人,其中技术人员53人。区防疫站业务从传染病、地方病防治发展到儿童计划免疫、少儿卫生、食品卫生、环境卫生、公共场所卫生、劳动卫生监督监测和饮食行业人员、公共场所工作人员、服务行业工作人员的健康检查,及建筑图纸的卫生审查。2000年内设公共卫生监督科、疾病控制科、检验科、健康教育科、总务科、办公室,工作人员64人,其中专业技术人员50人。2003年更名为天水市秦城区疾病预防控制中心,承担全区传染病预防控制和卫生检验检测工作。2005年1月更名为天水市秦州区疾病预防控制中心。2007年设疾病控制科、检验检测科、健康教育科、性病艾滋病科、结核病科和预防接种门诊,工作人员59人,其中副主任医师2人。拥有420型恒温水箱、Fluido洗板机、KJ-201A型震荡机、生物安全柜、Reader2010酶标仪、全自动生化仪、超低温水箱、超纯水系统、电光分析系统、HANNA型酸度计、DOS-11A型电导率仪、普析紫外可见光光度计、GMP-9160型隔水式恒温培养箱、LRH-250生化培养箱、SW-CJ-C型超净工作台、卧式圆形压力蒸汽消毒器、LMQ型立式灭菌器、YXQ.L31.400型压力消毒器等医疗设备,建成卫生信息网络直报系统。

第三节　医疗机构

天水市秦州区人民医院

1985年7月天水市人民医院更名为天水市秦城区人民医院,2005年更名为天水市秦州区人民医院,是一所集医疗、教学、预防为一体的综合性二级甲等医院。2007年有工作人员190人,其中高级职称14人,中级职称62人。医院设内科、外科、妇产科、儿科、五官整形美容科、中西医结合科、手术科、检验科、放射科等23个科室,病床200张,主要医疗设备有麻醉机、呼吸机、B超、彩超、24小时动态心电监护仪、X光机、C型臂机、生化分析仪、乙状结肠镜、膀胱镜、前列腺汽化电切仪。2000年至2007年在国家级刊物发表论文18篇,省级刊物发表论文37篇。医院经尿道膀胱前列腺汽化电切术在市内领先,中西医结合科在诊疗慢性病、常见病方面具有特色,儿科在婴幼儿、新生儿危重病抢救上技术领先。

天水市第一人民医院

1985年7月天水地区第一人民医院更名为天水市第一人民医院。2007年医院有职工2698人,其中主任医师9人、副主任医师27人、主治医师269人,享受政府特殊津贴和省部级劳动模范6人。有临床科室24个、医技科室12个、职能科室14个,病床680张,主要设备有西门子ANT01.5T超导核磁共振系统、进口螺旋CT机、大型数字剪影血管机、全自动化进口数字胃肠X光机、大型全身彩色多普勒超声仪、大型全自动生化分析仪、发光免疫分析仪、全数字化脑电分析仪、机电仪、24小时动态脑电系统、电子胃镜、电子结肠镜、侧视12指肠镜、腹腔镜、宫腔镜、前列腺电切系统、手术显微镜、麻醉机等。心血管内科能开展心血管介入性诊断及治疗技术,神经内科能开展CT定位椎颅注射尿酶溶解抽吸血肿治疗脑出血和侧脑室穿刺置管引流治疗脑出血,消化内科能开展ERCP及ST在胆胰疾病的临床应用,心胸外科可独立开展外科手术,神经外科能开展各类颅内肿瘤、脊髓肿瘤切除术,泌尿外科能开展膀胱全切加回肠代膀胱术、育扎前列腺动脉、前列腺摘除术、前列腺汽化电切术。医院门诊年诊疗20多万人次,收治住院病人1万多人次,抢救危重病人2000多人次。

天水市中医医院

1985年天水市中医医院成立。医院建筑总面积19137平方米,是一所集医疗、康复、教学、科研、预防、保健为一体的三级乙等综合医院。2007年有职工2349人,其中主任医师4名,副主任医师28名,中级职称94人。脑病科为国家中医药管理局确定的重点中医专科,糖尿病专科为国家中医药管理局确定的"十一五"重点专科建设项目,脑病科、中医妇科、心血管科及糖尿病科为甘肃省重点中医专科,哮喘病科、中西医结合肝病专科、微创外科为天水市重点专科。

天水市第三人民医院

1985年甘肃省康复医院天水精神病院更名为天水市精神病院,之后更名为天水市第三人民医院。2007年有职工344人,其中副高以上专业技术人员25人。设置业务科室16个,其中门诊2个,精神科病区4个,神经科病区1个,药物依赖病区1个,老年康复病区1个,医技及其他辅助科室7个,病床400张。医院主要有心理CT机、全自动生化分析仪、全自动血球计数仪、脑地形图诊断仪、经颅多普勒超声诊断仪、脑电信号工作站、600MAX线机和无抽搐电休克仪等设备。主要开展各类精神疾病、神经症、癫痫、心理行为障碍、老年痴呆等疾病的预防、治疗与康复,以及心理咨询、心理检测、灾后人群心理干预等业务。为甘肃省规模最大的精神病专科医院,服务范围涵盖周边省区。

天水市四〇七医院

1976年成立四〇七电子企业职工医院,1994年从秦安县搬迁到秦城区环城西路,2005年改制成为一家集医疗、保健、康复、教学、科研、预防为一体的大型综合性医院。2007年有职工310人,其中高级职称31人,中级职称86人。设有呼吸消化内科、心内科、普外科、骨科、脑外科、小儿科、妇产科、手术科、五官科、急诊科、皮肤整形美容科、中医科、超声治疗科等临床科室24个,床位240张,有开放型磁共振全身扫描仪、超声刀、CT、CR、C型臂、全自动化遥控胃肠X线机、彩色B超、骨密度测定仪、体外冲击破碎石机、运功平板、24小时动态心电图机、全自动生化分析仪、微量元素测定仪、血气分析仪、人体成分分析仪、电子胃镜、乳腺扫描仪、成人和婴儿高压氧舱、全自动麻醉机、血液净化系统、光子嫩肤机、半导体激光脱毛仪等医疗设备。是天水首家建立远程医疗会诊和医疗教学网络系统的医院，与上海11所三甲医院的医疗专家建立业务合作关系。医院开展恶性肿瘤系统化疗、心肌梗塞溶栓、半肝切除术、断指再植术、颅内肿瘤切除术、阴式子宫全切术、运用全胃切除术、腹水静脉回输技术治疗肾病性腹水和肝硬化腹水，能治疗重度创伤性骨外露、重型颅脑损伤、脊柱损伤合并截瘫、新生儿缺血缺氧性脑损伤，能进行小儿危重症的高危生命支持治疗，以及腹腔镜下的胆囊、阑尾、卵巢肿瘤切除、前列腺汽化电切等微创手术，开展超声刀无创治疗前列腺增生，体外冲击波碎石治疗肾结石及泌尿系统结石，高压氧治疗一氧化碳中毒及缺血缺氧性脑病等业务。

天水市秦州区妇幼保健所

1985年天水市秦城区妇幼保健所有职工16人，设门诊，能做常规妇科手术及孕产妇检查、城乡儿童保健、妇女保健，承担全区新法接生普及与乡村接生员培训工作。2005年1月更名为天水市秦州区妇幼保健所。2007年有职工59人，其中高级职称1人、中级职称18人、初级职称36人，设产科、儿科，病床20张，有200MAX光机、B超、二氧化碳激光治疗仪、阴道内窥镜、尿十项分析仪、多普勒胎心分析仪、新生儿辐射台、新生儿暖箱、麻醉机、红外线乳腺扫描仪、妊高症检测仪、经皮测试黄疸仪、微量元素分析仪等检测设备27台，开展妇女保健、围产保健、儿童保健、孕妇产前诊断、住院分娩等业务，做剖宫、子宫肌瘤切除、卵巢囊肿切除等手术。

天水市秦州区眼科医院

1988年秦城区眼科医院成立，2005年1月更名为天水市秦州区眼科医院，是一所以眼科为主，集医疗卫生、预防保健为一体的医院。2007年有职工41人，其中副主任医生3人、主治医生16人，设准分子近视治疗中心、白内障组、青光眼组、眼底病组及小儿近视、斜视、弱视治疗组，病床50张，有顶点光度计、检验灯、验光盘、弧形视野机、B超机、手术显微镜、眼压计、X光机、激光治疗机、双目显微镜、火焰光度计、721光度计、SOL-32、心电监护仪等医疗器械，能实施白内障超声乳体化术、青光眼手术和激光泪道手术及儿童近视的预测、预防，引进VISX准分子激光系统、角膜地形图仪、角膜原度仪做近视、屈光矫正手术。

天水市秦州区口腔医院

2004年10月秦城区牙病防治所和环城卫生院合并成立秦城区口腔医院，2005年1月更名为天水市秦州区口腔医院。医院以口腔科为主，设有内科、外科、妇产科，同时承担社区卫生服务工作。2007年有职工112人，其中中级职称10人。口腔科内设口腔内科、口腔外科、修复科、牙齿制作中心等。医院有口腔综合治疗机、口腔X线牙片机、光固化机和激光治疗机、牙体病微波治疗机、麻醉呼吸机、心电监护仪等设备。医院口腔科能做光固化修复治疗、整畸治疗、矫形、烤瓷铸造和牙齿加工。

天水市新天坛医院

2001年1月天水市新天坛医院成立，病床30张，医护人员25名，是天水市第一家民营非营利性综合医院。2004年聘请解放军二十九医院骨科、烧伤整形科、影像科、麻醉手术科等专家。2007年医院有高级职称医师12人、主治医师16人，设有创伤显微外科、烧伤整形外科、普外科、内科、妇产科、手术麻醉科、药械科、超声影像科、检验科等，床位90张，有全身CT、彩超、C型臂X光机、生化分析仪、麻醉呼吸机、多参数心电监护仪、大型烧伤治疗仪等医疗设备。

天水红十字会博爱医院

2005年1月天水红十字会博爱医院成立，位于胜利巷，医院以微创外科、微创妇科、不孕不育治疗为主，设有内科、儿科、五官科、皮肤科、中医科、肛肠科、检验科、男性健康门诊、体检中心等13个专业科室。2007年有医护人员75人，其中副高以上职称9人、中级职称7人；病床30张，拥有腹腔镜、宫腔镜、电子阴道镜、彩色B超、超导可视人流等设备。

魏氏骨伤医院

2006年魏氏骨伤医院成立，位于玉泉观，是一所以微创外科和魏氏骨伤康复理疗为主的中西医结合医院，病床60张。2007年有职工108人，其中高级职称6人，中级职称23人；设有微创外科中心、魏氏骨伤康复理疗中心、无张力症修补中心、体外碎石中心，以及急诊科、骨伤科、五官科、中医科等科室，拥有程控500mA遥控双床双球管X射线机、西门子心脏彩超、东芝3200型B超诊断仪及影像工作站、电子胃镜、德国wolf电视腹腔镜等医疗设备。

天水女子医院

2007年天水女子医院成立，位于合作北路，有员工70人，其中副主任医师2人、主治医师10人、主管护师2人；设ICU重症监护系统、中央管道供氧系统、无菌手术室、妇科诊疗微创中心、计划生育中心、心理咨询少女门诊、妇科炎症专业门诊、女性内分泌及医学整形美容门诊等科室，床位50张；拥有腹腔镜、宫腔镜、阴道镜、彩超、全自动生化分析仪、新柏氏TCT模式液体细胞等检测仪，光子嫩肤机、共振吸脂仪等设备；开展妇科腹腔镜微创手术、输卵管导丝介入再通术，能治疗子宫肌瘤、乳腺病等妇科疾病。

天水仁和医院

2005年12月天水东关卫生院改建为天水仁和医院，位于合作北路，是一所集预防、临床、社区卫生服务为一体的民营医院。2007年有职工66人，其中主任医师4人、副主任医师6人、中级职称12人。医院以骨科为主，设创伤骨科、脊柱外科、小儿骨科、颈椎病科、腰腿病专科等科室，病床46张，有全自动彩超机、C型臂X线机、全自动血球分析仪、全自动生化分析仪、数码阴道镜、微波治疗仪、万东大型X光机、高档麻醉机、宫腔镜、腹腔镜、关节镜、腰椎间盘镜、三维颈腰椎数控牵引床等医疗设备，开展脑瘫矫治、骨科先天畸形矫治及防治等。

第四节　卫生学校

天水市秦州区卫生职业技术学校

1989年天水市卫生学校更名为天水市秦城区卫生职业学校，位于瀛池路。1993年更名为天水市秦城区卫生职业技术学校。2005年1月更名为天水市秦州区卫生职业技术学校。2007年学校设办公室、教导处、政教处、学生科、教研室、招生处、实验处、后勤处，有职工48人，其中中级职称18人、初级职称21人。

1985年至1987年主要以培训乡村医生为主。1988年至1990年主办三年制卫生技术高中班，毕业337人。1994年至2007年主要招收三年制普通中专护理、西医士、中医士、社区医学、中西医结合专业、三年制中西医结合大专班，毕业学生2894人。累计招收学生3231人，毕业2916名，短期培训58期616人。

天水市卫校

1958年9月天水卫生学校创办。1959年9月更名为天水地区卫生学校，1964年4月更名为甘肃省天水卫生学校，1985年5月更名为天水市卫生学校。1979年至1987年学校国任生均招收高中毕业生。1988年国任生改招初中毕业生，医士专业学制为四年，护士、助产士、中医（中西医结合专门化）专业学制为三年，成人中专学制三年，社区医学、妇幼卫生专业学制四年，英语护理学制四年。

2007年7月学校实施人事制度改革，设办公室、党委办公室、学生工作处、招生就业处、教务处、教育教学研究室、总务处、财务处、团委、工会、西校区综合办公室和实验实习处、普通教研室、基础教研室、临床教研室、保卫科、图书馆、信息技术服务中心；招收护理、助产、药剂、涉外护理专业学生800人，毕业527人。与陕西中医学院联办成人教育专科和专升本，招生74人；与兰州大学联办成人教育专科，招生157人。

第二章　医　疗

第一节　农村医疗

1985年7月秦城区农村有皂郊、太京、关子、汪川、藉口、中梁、天水、牡丹、娘娘坝9所乡中心卫生院，华岐、店镇、苏成、秦岭、平南、杨家寺、铁炉、大门、齐寿、李子、玉泉、环城、吕二13所乡卫生院，551个自然村设有医疗室。乡卫生院普遍基础条件较差，技术人员缺少，医疗水平不高。1991年区卫生局投入22.2万元维修乡卫生院房屋和购置医疗器械。1992年建成大门、店镇卫生院门诊部和苏成、齐寿、吕二等乡卫生院住院部。1993年筹集103.5万元修建和改建农村卫生院房屋2810平方米。1994年投资100.5万元建成吕二卫生院门诊大楼及大门、店镇、苏成、齐寿、环城、铁炉等卫生院门诊部。1997年实施乡卫生院三年建设规划,至2000年底筹措资金216.4万元维修、扩建11所卫生院房屋6678平方米,配置综合手术床、无影灯、X光机、显微镜、心电图机、B超、眼科显微镜、牙钻机、制冷机、洗胃机、高压锅等医疗器械。

2004年实施甘肃省国债农村卫生服务体系建设项目,为乡镇卫生院配备302万元的医疗设备266台(件、套)。2005年至2007年实施甘肃乡镇卫生院基础设施建设项目,计划投资763万元,实际投资600万元改建和扩建14个乡镇卫生院,总设计面积10743平方米。2007年实施新型农村合作医疗制度,34.7万农民参加合作医疗,占农村总人口的80.2%,缴纳合作医疗资金347.4万元,各级财政投入合作医疗资金1235.68万元。同时乡镇卫生院招聘医疗卫生技术人员60人。

第二节　社区医疗

2001年制定《社区医疗建设工作试点实施方案》。2002年东关卫生院开展社区医疗卫生试点,成立东关社区卫生服务中心,下设尚义巷、十方堂、仁和里、忠武巷、盛源小区5个社区卫生服务站。2003年至2004年西关、石马坪、大城建成3个社区卫生服务中心,西关社区卫生服务中心设在环城卫生院,石马坪社区卫生服务中心设在眼科医院,大城社区卫生服务中心设在玉泉卫生院,同时选派60名基层医疗护理人员参加甘肃省全科医师和社区护士培训。

2005年社区卫生服务机构、人员实行资质认证、注册登记、业务考核,试行能进能出的动态管理。2007年按照3万至5万居民设立1所社区卫生服务中心的要求,改造部分医疗卫生机构,设立社区卫生服务中心10个,每个中心业务用房在1000平方米以上,试行收支两条线管理制度和药品集中采购制度。6个中心开通居民与社区卫生服务机构信息咨询"一键通"业务,实施免收门诊费、挂号费、健康档案建立费、疾病咨询费和健康教育费,降低门诊肌肉注射费、门诊三大常规检查费、中医药诊疗费;为60岁以上贫困老人发放爱心救助卡,免费进行血、尿、便常规检查和心电、肝功检查。社区卫生服务中心设立中医馆、中药室和康复室,通过国家和甘肃省中医药管理局评估验收,启动全国中医药特色示范区创建工作。全年国家、省、市投入320.7万元,区政府列支专项经费45万元支持社区卫生服务基本建设,落实每个居民每年1元的区级财政补助。

第三节 医疗技术

内科

20世纪80年代秦城区高血压、脑溢血、冠心病、肝硬化、恶性肿瘤等疾病呈上升趋势,城区重点医院和部分职工医院陆续配备B超、大型X光机、脑电图、内视镜、血液分析仪、自动生化分析仪、肾图仪等诊疗仪器。1988年区医院购置奥林匹克胃镜。1990年起乡卫生院陆续配备一些医疗设备。1999年区医院派医生到西安唐都医院心内科进修,带回诊疗心血管疾病的技术手段用于临床,建成重症监护病房,心血管疾病诊疗达到省级先进水平。

2000年四〇七医院、市第一人民医院相继添置螺旋CT机、大型数字剪影血管机、全自动进口数字胃肠X光机、大型全身彩色多普勒超声仪、大型全自动生化分析仪、发光免疫分析仪、全自动脑电分析仪、肌电仪、24小时动态脑电系统、电子胃镜、电子结肠镜、侧视十二指肠镜、骨密度分析仪、微量元素测定仪、血气分析仪、人体成分分析仪、乳腺扫描仪、成人和婴儿高压氧舱等先进诊疗设备。市第一人民医院消化内科、心血管内科率先在天水开展心血管介入性诊断及治疗,建立规范的ICU病房,常规开展心内电生理检查、射频消融术、永久性心脏起搏器植入术、经皮穿刺选择性冠状动脉成形术、冠状动脉支架植入术、先天性心脏病介入封堵术等,治疗成功300余例;神经内科诊治脑血管病、癫痫和神经系统其他疾病,开展CT定位椎颅注射尿激酶溶解抽血肿治疗脑出血、侧脑室穿刺置管治疗脑出血,内设瘫痪病人康复中心,专业人员利用先进器械指导病人康复治疗;消化内科开展ERCP及EST在胆胰疾病临床应用;肾病内科是天水市唯一肾脏内科疾病治疗专业科室,内设血液净化中心,治疗肾功能衰竭和各种急性中毒,开展经皮肾穿刺活检手术。2001年儿科建成新生儿重症监护室，拥有婴儿培养箱、蓝光治疗箱、远红外线抢救台、心电监护仪、超声雾化吸入仪等先进医疗设备，能诊疗小儿哮喘、肺炎、呼吸道感染、高热惊厥、肺炎、心肌炎、肾综合症、川崎病、新生儿心肺复苏、窒息、缺血缺氧性脑病、早产儿、小儿腹泻、紫癜等疾病，成功抢救一批危重症婴幼儿。四〇七医院在恶性肿瘤系统化疗、腹水静脉回输技术治疗肾病腹水和肝硬化腹水、心肌梗塞溶栓治疗、高压氧舱治疗一氧化碳中毒及缺血缺氧性脑中毒等诊疗方面具有优势。

外科

20世纪80年代城区各医院外科分为普外、骨外、脑外和泌尿、烧伤、神经、肛肠等外科。1985年天水市第一人民医院骨外科能完成人工股骨头置换、移植重建虎口等手术；普外科能完成门静脉高压症的脾肾静脉吻合、消化道重建、胆总管胆囊切除和摘除甲状腺肿瘤、切除颈椎哑铃型神经纤维瘤等手术；泌尿外科首次顺利切除巨大膀胱肿瘤，能完成陈旧性尿道断裂套入吻合、胃癌根除、腓骨移植、胫骨上段巨细胞瘤半关节切除等手术。1986年5月天水市第一人民医院成功为一患者摘除颅内巨大胆脂瘤。1988年6月市第一人民医院为一名被机器轧断左前臂的青年工人实施再植手术成功。1989年6月19日首次实施体外循环心脏直视手术取得成功。1991年市第一人民医院陆续购进CT机等医疗设备，派人到北京、上海、西安等地医院进修学习技术。1992年区人民医院通过医务人员外出进修学习，引进普外、肝胆、泌尿、骨科、神经外科技术疗法，配备C型臂X机、高频电刀、尿道膀胱镜、气化电切镜、尿道内切镜、大力碎石钳、前列腺通液治疗仪等医疗器械。普外科除能完成常规外科手术外，引进德国爱克松腹腔镜做胆囊、阑尾、卵巢囊肿、上消化道穿孔修补等微创手术；骨科能完成切开腹外内骨定术、椎间盘髓核摘除术等；泌尿外科能治疗肾肿瘤、肾盂癌、输尿管肿瘤、膀胱癌等疾病，在天水市较早采用经尿道汽化电切治疗前列腺增生和膀胱肿瘤，开展尿道狭窄经尿道内切开等微创手术，膀胱结石经尿道碎石取石术达到先进水平；肛肠科引进第四军医大学西京医院设备、技术，开展冷冻十套扎一分钟治愈内痔，引进液氮冷冻治疗仪可治疗尖锐湿疣、肛裂、尿道肉阜、直肠息肉、直肠癌等。玉泉镇卫生院采用六一散湿暴露疗法治疗各种烧伤、烫伤。

2001年市第一人民医院陆续购进莱卡Ⅱ型手术显微镜、高核麻醉机等设备，麻醉科建成层流洁净手术室、麻醉复苏室，为高危、高龄病人和婴幼儿实施麻醉；心胸外科能做心脏手术。2002年8月市第一人民医院神经内外科与中国医学科学院北京天坛医院建立协作关系，开展各种颅内肿瘤、脊柱肿瘤切除术，运用显微外科技术开展颅底肿瘤切除，至2007年完成各类脑深部纤维外创手术380例。2003年8月成立市第一人民医院心脏外科与第四军医大学西京医院心脏外科研究所协作中心。泌尿外科能完成膀胱全切加回肠代膀胱、盲扎前列腺动脉、前列腺摘除、前列腺汽化电切等手术。天水四〇七医院重点科室创伤骨科、显微外科、微创外科能开展半肝切除、全胃切除、重度创伤性骨外露治疗、脊柱损伤合并截瘫的治疗、断指再植、重型颅脑损伤、颅内肿瘤切除术、阴式子宫切除等手术。

2005年市第一人民医院等医疗机构能完成腹腔镜下的胆囊、阑尾、卵巢肿瘤切除及前列腺气化电切微创、超声刀无创治疗前列腺增生、子宫肌瘤等手术，采用体外冲击波碎石技术治疗肾结石及泌尿性结石等均获成功。魏氏骨伤医院采用中医手法正骨，或西医手术复位后外敷自制特效中药，内服中药，同时配合功能锻炼康复手段可使骨折快速愈合，恢复肢体关节原有功能；新天坛医院为双腕离断患者成功再植，成功救治一烧伤面积96%的少女。一些乡镇卫生院能开展计划生育手术，以及胃、肠、肝胆、胰、脾等常见外科手术。

妇产科

1985年市第一人民医院能完成先天性无阴道腹膜代阴道成形、高位膀胱瘤腹膜外膀胱修补、腹筋膜代韧带修复等手术。城区职工医院和乡镇卫生院能完成剖腹产、子宫切除、子宫肌瘤摘除、宫外孕抢救治疗等手术。随后市第一人民医院妇产科陆续购置胎儿分娩监测仪、超声诊断仪等诊疗设备。1991年随着人员充实、设备更新，市第一人民医院妇产科在妇科疾病诊疗和婴儿优生方面形成优势。1994年底全区医疗机构派人参加省卫生厅举办的创建爱婴医院师资培训班，开展爱婴医院创建活动，妇产科医护人员从门诊到住院部提倡宣传孕产妇母乳喂养,住院分娩后安排母婴同室,与新生儿早接触、早吮吸,按需哺乳,使纯母乳喂养率达到95%以上。医院制定母乳喂养常规,散发母乳喂养手册,落实"三早"(早接触、早吮吸、早哺乳)、"三贴"(胸贴胸、腹贴腹、婴儿下颌贴乳房),实行产后访视。

1990年至2000年城区医院剖宫产术由纵式切口改为以色列新式子宫下段剖宫产术,缩短手术时间,减少手术并发症;采用KS光热治疗仪治疗宫颈糜烂、尖锐湿疣、外阴白斑,治愈率98%;中西医结合采用输卵管通液治疗各种不孕症。

2001年7月6日市第一人民医院妇产科采用剖腹手术,成功接生首例试管婴儿。2003年妇科临床普遍使用腹腔镜、宫腔镜、电子阴道镜等诊疗设备。区人民医院能完成经阴道子宫全切、输卵管复通、卵巢囊肿摘除、宫外孕、无痛人工流产、妊娠中期引产、避孕药皮下埋植及取出、输卵管道液造影、宫颈息肉内摘除、诊断性刮宫等手术。天水市妇幼保健院成立妇科腔镜中心,引进数码电子宫腔镜、数码电子阴道镜、微波治疗仪等器械开展微波手术;引进美国利普环电切刀对治疗宫颈糜烂、宫颈湿疣、宫颈癌病变、宫颈早期原位癌等疾病具有手术时间短、出血少、术后恢复快等优势。乳腺保健科引进芬兰乳腺钼靶X射线机,可发现无临床表现早期乳腺癌和病变,能显示微小钙化灶和乳房微小结构;配有彩色红外线电脑乳腺检查室、乳腺光电离子脉冲室等设备,能开展乳腺良性肿瘤切除、乳腺癌根除等手术和保乳术及术后康复。四〇七医院能完成阴式子宫全切、腹腔镜下的卵巢肿瘤切除手术,采用超声刀无创治疗子宫肌瘤等疾病。

眼科

20世纪80年代魏永亮在吕二卫生院开展眼科诊疗,患者遍及陇东南。秦城区眼科医院成立后,设备有裂隙灯、眼底检查镜、弧形视野计,开展泪囊摘除、虹膜嵌顿等手术,接纳临近地区10多个县的病人就诊。

1992年区眼科医院派人前往徐州、南京等地学习,引进技术、设备,成立验光配镜室。1995年开展斜视弱视及视光学临床业务。2001年成立斜视、弱视、近视、远视专科。2004年引进白内障超声乳化设备,合资引进眼科同光路手术显微镜、角膜曲率计等设备；先后10次聘请省内外专家，为186名患者实施白内障超声乳化术；购进泪道激光治疗机实施泪道激光治疗手术；成立视光科，开展斜视、弱视及小儿眼科、眼视光学临床工作，成为陇东南第一个诊治屈光、斜视与弱视的专门科室。2006年医院筹资300万元与河北廊坊洛基眼科医院合作开展准分子激光治疗近视项目，引进VISX准分子激光治疗系统、角膜地形图仪、角膜厚度仪，对近视以及各类屈光不正患者实施手术治疗。

第三章　卫生管理

第一节　医政管理

1989年秦城区清理整顿厂矿企事业单位职工医院、医疗室、卫生所、部队医院等145所医疗卫生单位（诊所），审查合格者给予注册登记重新发证，9所存在严重问题的医疗单位和12名个体开业医分别给予更换名称、辞退非专业人员、吊销个体行医执照的处理。清理整顿农村1711所卫生院、卫生所、个体诊所，合格者给予发证。取缔农村不具备行医资格的卫生工作人员及个体开业医，实行统一处方、统一发票、统一诊断证明、统一病员就诊登记管理。取缔游医19起26人，取消3个无证经营和超越经营范围的个体门店，对2起贩卖假药案移交公安部门处理。1990年审查城乡卫生院、卫生所、门诊和个体诊所，取缔违法经营，检查医疗卫生收费情况。1995年实行首诊负责制，收费项目、药品明码标价，建立监督、检查、考核制度。

1996年培训卫生技术人员，基层医疗单位招收中等专业学员151人、中医大专学员21人；选送上级医院进修20人，自费上电大、函大9人；培训农村22乡卫生院院长、防疫专干、妇幼专干4期176人次。1999年在院、站、校、所实行负责制的基础上实施综合目标管理责任制，成立区卫生局公共卫生监督所。2000年整顿规范医疗市场，查处无证行医52户、非法使用其他医院制剂1户，取缔无证照诊所，没收牌匾9个，没收违法广告65份。2001年专项检查整顿医疗市场，检查使用一次性医疗用品县级医疗机构5家、乡卫生院21家、厂矿医疗机构及个体诊所162家、村卫生所23家，罚款61500元，取缔金百益门诊1处。2005年清查245家个体医疗机构，对无证者责令停业，证照过期者限期换证。8月举办个体医生培训会，培训150名个体医生。

第二节　药政管理

1985年7月根据《药品管理法》健全执法程序，补充完善药政管理制度。1987年3次检查药品生产、经营、使用单位164个，查出195种假劣药品，价值4600多元，全部现场销毁。取缔游医药贩26起，行政处罚单位3家和个体经营者3户。1988年区药品监督检验所成立，体检68个医疗卫生单位和药品生产经营单位的683名药品从业人员并办证；检查51个医疗卫生单位和29个农贸市场，查出伪劣药品42种，价值469元，给予没收销毁；取缔非法经营单位2个，游医药贩17人。

1991年针对吸毒人员将麻醉药品、精神药品视为新毒品，区药检所加强对麻醉药品、精神药品使用监督管理。1998年检查麻醉药品、精神药品使用情况，没收二类精神药品34盒，罚款300元。2000年成立区纠正医药不正之风领导办公室，摸底登记全区药品经营企业、医疗机构、诊所及省外药品生产经营企业驻区办事机构，开展进药渠道、药品价格、药品质量、药房服务"四放心"活动。2001年根据群众举报，查处保健食品"金百益"冒充药品销售的行为，规范抗癌药品"天仙胶囊"的广告宣传。

1987—2003年秦城区药品监督检查统计表

表21—3—1　　　　　　　　　　　　　　　　　　　　　　　　单位：家、种、元

年份	受检单位	假劣品种	价值
1987	164	95	4600
1988	51	42	469.86

续表

年份	受检单位	假劣品种	价值
1989	150	91	2570.33
1990	150	78	2135.40
1991	82	34	1046.40
1992	108	111	1912.04
1993	249	138	6716.00
1994	75	51	246.00
1995	—	—	—
1996	135	106	1992.40
1997	—	—	—
1998	—	—	—
1999	396	112	1880
2000	409	263	72675.13
2001	215	53	2708.10
2002	235	71	4267.70
2003	274	—	—

　　2003年天水市药品监督管理局成立，负责秦城区药品管理职能。检查106家持有"麻卡"的精麻药品经营、使用单位，查处过期失效麻醉药品、一类精神药品16种、2033支、9254片，查处二类精神药品6种、50支、14728片。建立264家涉药单位档案，零售药店基本做到药品与非药品分区（柜）、处方药与非处方药分区（柜）、内服与外用分柜摆放，类别标识醒目，从业人员持证上岗。抽验药品566批次，检出不合格115批次，不合格率20%。检查药品生产、经营、使用单位2684户次，查处案件519起，罚没款20.41万元。

　　2004年检查经营精麻药品单位82家，查获过期失效麻醉药品、精神药品13种、1051支、1876片（粒）。实行药品不良反应报告制度，每季度上报一次。年检2003年10月3日前颁发《药品经营许可证》的企业，现场年检在2003年发生过假劣药品案及变更经营地址、发生改制的22家企业，年检药品零售企业258家，注销10家药店。甘肃天水药业有限公司、天水泰和医药连锁有限责任公司、天水医药站秦城新特药经营部等成为二级精神药品定点经营（批发）企业。推行GSP管理，培训从业人员500多人次，摸底324户药品经营企业，通过GSP认证批发企业14家、零售连锁企业1家（包括63家门店）、单体零售企业40家。检查药品经营使用单位3582户，监督抽样412批次，检出不合格109批次，不合格率26.5%。检查药品生产、经营、使用单位4562户次，立案查处487起，行政处罚397户，罚款14.74万元。

2005年抽验中药材、中药饮片331批次，检出不合格药品242批次，不合格率73.1%；查处中药材、中药饮片案件109起，没收中药饮片572千克，罚款5.87万元。检查经营精麻药品单位，查处3家，没收二类精神药品3种、3100片，销毁晚期癌症病人办理麻醉药品专用卡未收回麻醉药品5种、1178支。注销39户企业药品经营许可证，277户零售药店通过GSP认证现场验收。检查药品生产、经营、使用单位6481户次，查处案件527件，行政处罚523户，罚款77.7万元。

2006年每季度现场监督检查一次特殊药品经营企业，销毁过期失效麻醉药品1种、400片，二类精神药品1种、12000片。跟踪检查200户取得GSP认证药品零售企业，173家通过检查。监督抽验430批次药品，检出不合格273批次。监督检查药品生产、经营、使用单位6659户，查获违规、违法药品49368瓶（盒）、中药饮片4619千克，查处假劣药品14255瓶（盒）、中药饮片614千克、不合格制剂12瓶，行政处罚690户，罚款34万元。

2007年核销21家药品零售企业的二类精神药品经营资格，督促精麻药品经营单位建立网上动态监管系统，实时网上监控。70户药品零售企业通过GSP认证，跟踪检查GSP认证企业215户，合格企业168户。复查2006年年检不合格企业8家，甘肃天水药业有限公司等7家企业通过复查。监督抽验药品499批次，不合格率为40.3%。检查医药单位5068户次，查处违法药品医疗器械案件594起，罚款42万元。

第四章 传染病和地方病防治

第一节 传染病防治

发病

1985年秦城区传染病发病率224/10万,其中百日咳11.29/10万、麻疹106.9/10万、伤寒1.03/10万、菌痢79.18/10万、病毒性肝炎14.88/10万。1987年各种传染病发病率控制在186.67/10万,比1986年下降24.08%。破伤风、小儿麻痹、白喉均无发病,麻疹发病4例;百日咳发病2例,发病率仅为1.2/10万,与上年相比下降95%。1988年传染病总发病率控制在102.6/10万,其中白喉、百日咳、小儿麻痹无一例发病,麻疹发病6例,乙脑发病3例,流脑发病4例。1989年未发生甲类传染病,乙类及丙类传染病发病9种278例。

1990年发生乙类传染病11种84例,总发病率为157.21/10万。1991年上半年据疫情报告统计肝炎发病327例,发病率61.22/10万,呈较大上升趋势。1992年发现病毒性肝炎486例,发病率居各类传染性疾病之首。1993年发生乙类传染病9种709例,其中肝炎440例、痢疾201例、麻疹25例、猩红热18例、乙脑11例(死亡1例)、流脑3例(死亡1例)。完成华岐乡安集附中19例麻疹流行病学调查和36例乙脑病例的个案调查,5例疑似脊灰病例的个案调查。1995年病毒性肝炎1480例,发病率259.48/10万,比上年上升46.02%;痢疾599例,发病率105.02/10万,比上年上升84.93%;淋病55例,发病率9.64/10万,比上年上升54.24%。夏、秋季开展以霍乱为重点的肠道传染病防治,检查综合性医院肠道门诊设置。

1997年加大性病防治工作,上报各类性病114例,发现首例HIV(艾滋病)病毒感染者。流行病学个案调查城区8例、皂郊乡7例麻疹病。调查48所医疗机构法定甲、乙类传染病报告情况,查出传染病

4133例，报告3381例，报告率81.8%，漏报319例，漏报率18.2%。发生乙类传染病11种2924例，其中病毒性肝炎1935例，淋病106例比上年上升155%，梅毒4例。1999年发生乙类传染病13种3614例，比上年下降12.45%，其中病毒性肝炎2649例、痢疾427例、淋病119例、梅毒11例、肺结核279例。

2000年后淋病、梅毒、艾滋病等传染病呈增长趋势。2003年至2005年发现9例艾滋病感染者。2006年性病监测报告877例，其中艾滋病人及感染者7例。

计划免疫

1985年秦城区周岁儿童6156人，学龄前儿童建卡18556张，1岁内儿童"四苗"接种率为百白破18.09%、麻疹60.92%、糖丸54.28%、卡介苗55.23%，"四苗"覆盖率6.67%，发放各种疫苗155520支（丸）。1986年区防疫站设预防接种门诊1处。成立乡防保站，每村确定一名防保员，从事计划免疫工作，每个村配备冰箱、接种柜1台（个），冷藏包556个，针管、针头551套。发放户口卡片101330张，接种册526本，卡片52520张，儿童保健证56071本，疫苗用量申请单、发放领取单及预防接种统计表共2000张。1987年举办计划免疫学习班30期，600多人参加。1988年城区推行儿童计划免疫保偿合同制，成立秦城区儿童计划免疫保偿中心，7个街道共设22个接种站，投保儿童5991名，投保率84.6%，保偿资金70352元，发放7种疫苗76000支（丸）。1989年发放各种疫苗10万支（丸）。农村推行儿童计划免疫保偿合同制，22乡563个村26124名儿童入保，入保率为90.49%。

1990年秦城区甲肝发病率呈明显上升趋势，区卫生局和区防疫站及时采取预防措施。至7月卡介苗接种率92.89%、脊灰接种率91%、百白破接种率90%、麻疹疫苗接种率86.7%，均高于全国计划免疫目标。1991年发放各种疫苗15300支（丸），"四苗"覆盖率92.4%，建卡率90.1%，建证率86%，入保儿童6461名。1992年先后4次检查城乡计划免疫工作，"四苗"覆盖率92.8%，建卡率100%，建证率100%。1993年实行每年两轮脊灰疫苗投服，全区新生儿乙肝疫苗接种2118人；共出生儿童8846人，入保7574人。1996年经全国计划免疫第三个85%审评验收检查组审评验收，全区计划免疫工作达到以乡为单位第三个85%的目标。1998年"四苗"

全程接种率为86.13%，儿童入保率80.16%。1999年建证率90.47%，入保率87.33%。每个乡卫生院配发冷冻柜1台、高压锅1个及镊子、针头等医疗用品。

2000年出生儿童7283人，其中入保6438人，入保率88.4%；建证6524人，建证率90.14%；建卡6730人，建卡率92.38%；BCG应种7283人，实种7213人，接种率99%；OPV应种5124人，实种4960人，接种率96.8%；DPT应种6595人，实种6521人，接种率98.88%；MV应种7700人，实种7598人，接种率98.68%。调查"四苗"，全程合格接种率85.79%。此后每年接种均按免疫程序实行。

1993—2007年秦州区预防接种疫苗统计表

表21—4—1   单位：人

年份	卡介苗基础免疫	小儿麻痹糖丸基础免疫	百白破基础免疫	麻疹疫苗基础免疫	乙肝疫苗
1993	6838	6725	6838	6610	5781
1994	6710	7990	6660	7620	5239
1995	9873	26163	29759	10857	4421
1996	9229	29696	29961	2918	5930
1997	7881	19500	22772	7411	6201
1998	8886	11335	9999	8931	4749
1999	6680	12420	8208	7745	4587
2000	7213	4900	6521	7598	4838
2001	6723	7008	6620	7432	5631
2002	7708	7456	6944	7993	4298
2003	7610	7359	7529	7346	4010
2004	7286	6790	7294	7175	7607
2005	5264	6053	6089	5155	5467
2006	7112	7758	7416	7373	5789
2007	7882	7991	7820	7855	5983

结核病防治

1985年普查农村肺结核病人，查出可疑患者264人，X拍片、痰检和流调212人，确诊结核病人118例，其中菌阳病人34人、Ⅱ组病人84人。监化治疗12名菌阳病人,治愈率86.53%,其中死亡8例。Ⅰ组患者34例,阴转32人,阴转率94.12%。1989年李子、娘娘坝、平南、齐寿、天水5乡开展肺结核病人普查,确诊病人65人,其中Ⅰ组9人、Ⅱ组56人。对1988年至1989年查出的169名结核病人制定化疗方案,发放药物治疗。1990年皂郊、吕二、店镇、环城4乡开展肺结核病人普查工作,确诊70人,其中Ⅰ组菌阳22人、Ⅱ组菌阳48人。对10名儿童做OT试验。1992年至2000年发现活动性肺结核病人1539例,其中免费治疗1126例,病人治愈率由65%提高到90%,病人登记率28.1/10万,肺结核患病率由1990年的283/10万下降到264/10万。2002年至2007年免费治疗病人1919例,涂阳病人治愈率91%,活动性肺结核病登记率由2001年的28/10万提高到39/10万。

性病艾滋病防治

2002年制订《天水市秦城区预防与控制艾滋病中长期规划(2002—2010年)》,实施艾滋病综合防治示范区项目,争取到联合国艾滋病防治示范区项目分项资金第一期30万元,争取到全国100个艾滋病防治示范县区项目每年30万元投资,在检测、检验项目上争取到国家支持10万元。

2005年2月建立艾滋病自愿咨询室、检测室,自愿咨询检测48人次,电话咨询98人次,确诊病人2例。2006年10月启动JICA项目,成立16人组成的高危行为干预队,在30个娱乐场所开展知识讲座,行为干预544名高危人群。全区在册既往献血史人员2263人,从其中1550人采血140份,经检测无一阳性者。性病监测报告877人,其中艾滋病人及感染者7例(本地3例、外地4例),梅毒187例,淋病118例,非淋302例,淋巴肉芽肿1例,尖锐湿疣243例,生殖器疱疹19例。多类人群HIV抗体检测35509人;孕产妇检测2787人,初筛阳性9人,确认阳性7人;艾滋病咨询398人次。

2007年举办"顺顺利利摘花去,平平安安归家来"赴疆摘棉务工人员HIV防治知识宣讲活动,1500人参加;外出务工人员健康教育6000人;举行"艾滋病健康教育进军营"军地联谊晚会,1500名官兵参加。成立娱乐场所"雪浪花"协会,利用郊游综合干预137名FSW人群,集中行为干预KTV类、洗浴类、美容美发等28个场所126名FSW人群,综合干预流动人群6499人次。社区药物维持治疗门诊实现零突破，开诊累计治疗34例病人。性病监测6种1359例，其中HIV4例，非淋601例，尖锐湿疣342例，梅毒230例，淋病125例，生殖器疱疹57例；对城区12所医院开展性病漏报调查2次，HIV抗体检测结核病人398人。全面落实"四免一关怀"政策，对感染者和病人生活给予指导和帮助，为感染者和患者提供医疗协助并纳入低保管理，感染者和病人子女免费上学。

"非典"防治

2003年4月成立秦城区"非典"防治指挥部，在全区设立监测报告点843个，22个乡镇卫生院和5个医疗机构设立发热门诊27个，防疫站、各街道办事处实行24小时值班。为城区7个街道、城郊3乡发放灭鼠药物2000袋，敌敌畏400多瓶，敌杀死5130多支，500多人对公共场所用0.5%过氧乙酸每天进行2次消毒，区财政拨付防非资金87万元，购进棉口罩、隔离衣、防护衣等防治设备，清除垃圾2600吨。登记7个街道外出人员1081人，返回人员3262人；处置发热病人2674人次，隔离留验32人，处置可疑病人37例。

第二节　地方病防治

1985年秦城区普查大骨节、地甲病（俗称"瘿瓜瓜"）、克山病、氟中毒和布氏杆菌病等地方病，为13000人做大骨节病分组分类的普查，建册普查率97.8%；为210名可疑者做布氏皮内变态反应试验，受检率100%，结果均为阴性。1986年有地方病11308例，其中地甲病1855例、克汀病61例、氟斑牙6869例、氟骨症436例、克山病133例、大骨节1954例。为大骨节病人1954人投服亚硒酸钠片，调查农村饮水氟含量在1.1毫克/升以上的34个村、15643人，查出氟骨症病人434例。布病调查太京、吕二、皂郊、环城、玉泉乡的个体户和牛奶厂工人，检查103人，查出1人（牛奶厂）皮内变态反应阳性，对758名健康者注射布氏疫苗。绘制秦城区地方病分布图1份，地方病发病对比图2份，地方病教学挂图3份。1987年地甲病普查8个乡28个村，普查率97.1%。1988年治疗11097例地方病病人，接种布病疫苗870人。1989年中梁乡李庄、藉口乡南灵、齐寿乡九源、华岐乡蒿地湾4处氟病区实施改水工程。诊疗大骨节病、克山病、氟中毒病患者1534人，治疗有效率分别为98%、70.54%、96.3%。

1990年加工碘、碘精细盐1.2万吨，原盐拌搅1.08万吨，为病区新婚妇女投服碘油丸158人，随后逐年投服碘油丸。中梁乡李庄等4处氟病区改水工程完工投入使用，受益人口3518人、牲畜520头（只）。麻风病防治在省考核验收组的考评中达到"基本消灭麻风病"标准。1991年经天水市地方病办公室调查监测秦城区地甲病达到"基本控制"的标准，经省考核组验收秦城区人间布病达到"稳定控制区"标准。1992年秦城区检查地甲病。检查成人865人，发现关子乡下岸峪村病人35例，患病率4.1%；检查7岁至14岁儿童900人，发现病人1例，患病率0.11%，生理性肿大31人，肿大率3.44%；拍片复查皂郊乡病区村7岁至13岁儿童，发现病人40例，患病率24.7%，比1986年下降20.25%。硒盐监测盐库采样12份，合格12份；居民用户采样20份，合格10份。对病情较重的5乡16村发放亚硒酸钠片7万片，投服6岁至12岁儿童1070人。水样监测改水治氟病区6乡17村17份，氟含量在1毫克/升以下5份占29.41%，1.1毫克/升以上12份占70.58%；抽查8岁至5岁儿童455人，发现氟斑牙患者333人，患病率70%。1993年抽查中梁乡上金村8岁至15岁儿童50人，查出氟斑牙病30人，患病率6%。

1994年实施"2000年消除碘缺乏病危害"计划，食盐加碘监测采样511份，合格434份，合格率为84.99%。调查李子和柳林学校学生碘缺乏病发病情况，调查554人，查出生理肿大58人，肿大率为10.47%。国家5部委组成地方病检查小组调查李子乡34个自然村6116人，查出地甲病63例，患病率1%，克汀病和亚克汀病1111人，患病率18%，大骨节病84例，患病率7%。1996年碘盐采样5499份，合格5170份，合格率94%；查获没收无碘盐26.3公斤。1998年开展碘盐定量检测，秦城区合格碘盐的覆盖率保持在94%以上。1999年开展第六次"5·5碘缺乏日活动"，设咨询点18个，咨询9800人，发放宣传资料10万份。食盐卫生学监测采样供应、经营、食用户50份，合格47份，合格率94%。

2001年秦城区实现消除碘缺乏病目标，国家下拨地病改水工程项目补助款141万元用于6个乡5640人的氟病改水工程。2007年查出大骨节病人1889人，患病率0.29%，克山病人65人，患病率0.01%，碘缺乏病人

1341人，患病率0.21%，氟中毒病人6078人，患病率0.94%。

第五章　妇幼保健

第一节　儿童保健

1987年秦城区实行每年4月健康体检3岁至7岁儿童。1988年调查显示5岁以下儿童中重度营养不良发病率为0.66%，4个月内婴儿母乳喂养率为94.73%。1995年6月实施《母婴保健法》。2000年新生儿破伤风发病为零，婴儿死亡率为38.86‰，5岁以下儿童死亡率为45.57‰，低出生体重发生率为7.99‰。2006年实施《儿童发展纲要》，体检3岁以下幼儿，体检371人次。

1996—2007年秦州区学龄前儿童保健统计表

表21—5—1　　　　　　　　　　　　　　　　　　　　　　　　　　　　　　单位：人

年份	儿童数			5岁以下儿童死亡			儿童系统保健人数	5岁以下儿童营养评价	
	7岁以下	5岁以下	3岁以下	婴儿	新生儿	1—4岁	3岁以下	实查人数	体重小于中位数–SP数
1996	46342	—	18553	256	151	56	6073	1012	9
1997	53302	39537	18522	241	146	39	7279	815	—
1998	45032	31008	17610	213	127	36	12257	8296	8
1999	43650	29682	17166	209	111	33	12233	7510	248
2000	40432	23975	16146	220	139	38	14289	11323	337
2001	34701	28412	14945	210	126	30	12567	2594	141
2002	42908	26850	17986	185	140	42	12356	9162	456
2003	36092	25071	15782	131	95	37	12523	16828	814
2004	42490	30572	17383	117	99	24	12470	15837	344
2005	38761	36652	15511	116	99	27	13883	11968	60
2006	38299	27060	16344	87	68	11	14894	16192	352
2007	38528	20899	16856	68	58	7	15882	18839	171

第二节　妇女保健

妇女病普查

1985年区妇幼保健所开展妇女病普查及诊疗。1996年开展妇女病普查普治工作。2006年抽调4名专业技术人员普查普治农村妇女病,先后抽查152名已婚妇女。2007年健康检查1100名妇女,妇女病检查率为41%,查出妇科病占49%,其中宫颈糜烂15.5%、滴虫性阴道炎14.2%、尖锐湿疣0.25%、宫颈癌0.15%、淋病0.11%、卵巢癌0.07%、乳腺癌0.06%。

1996—2007年秦州区妇女病普查普治统计表

表21—5—2　　　　　　　　　　　　　　　　　　　　　　　　　　　　　　　　　　单位:人

年份	实查人数	查出妇科病人数	滴虫性阴道炎		宫颈糜烂		淋病		尖锐湿疣		卵巢癌		宫颈癌		乳腺癌		子宫肌瘤		Ⅱ度以上子宫脱垂	
			病人数	治疗数	病人数	治疗数	病人数	治疗数	病人数	治疗数	病人数	治疗数	病人数	治疗数	病人数	治疗数	病人数	治疗数	病人数	治疗数
1996	16265	16735	966	966	5367	5367	—	—	—	—	—	—	18	18	3	3	—	—	2	1
1997	35192	12778	6100	5975	4453	4256	—	—	—	—	—	—	20	14	5	4	—	—	2	1
1998	39543	10384	5330	5241	3641	3391	—	—	—	—	—	—	30	29	6	6	—	—	9	9
1999	35195	11052	64141	6141	2762	2355	—	—	12	12	—	—	17	17	5	5	—	—	18	7
2000	41272	10209	5049	4625	5033	2473	—	—	45	37	—	—	32	32	4	4	—	—	26	2
2001	38196	14187	6308	5927	4716	4716	20	20	27	27	—	—	50	50	2	2	7	3	64	—
2002	9287	5987	3487	1993	1093	—	—	—	—	—	—	—	2	2	—	—	—	—	—	—
2003	44651	12038	5067	4891	3410	3350	12	12	16	16	1	1	5	5	1	1	—	—	—	—
2004	59761	14544	4175	3258	3290	2550	70	44	61	35	7	—	46	12	15	10	—	—	—	—
2005	63232	24879	6218	5546	4914	3374	36	28	116	90	11	9	32	26	8	8	—	—	—	—
2006	70588	42750	6724	5176	25487	—	29	27	115	94	27	21	142	111	11	7	—	—	—	—
2007	52423	52690	7430	6828	811	5997	52	41	124	97	34	30	75	60	31	26	—	—	—	—

婚前保健

1990年秦城区实施婚前卫生知识、生育知识和遗传病知识及婚后生育知识的宣传与咨询,禁止近亲婚配,推广优生优育。1995年区妇幼保健所承担全区婚前医学检查工作,检查项目有性病、指定传染病、内科疾病、生殖疾病等。2003年10月《婚姻登记条例》修订颁布后,婚检率急速下降,接近于零。

1994—2007年秦州区婚前医学检查统计表

表21—5—3　　　　　　　　　　　　　　　　　　　　　　　　　　　单位:人

年份	应检人数	实检人数	检出患病人数	患病率%	暂缓结婚数	限制生育数	性病	指定传染病	内科疾病	生殖疾病	不宜生育人数	严重传染病
1994	1211	1211	67	5.5	34	2	—	23	—	5	1	3
1995	1628	1628	56	3.4	26	—	—	26	—	3	1	—
1996	3300	3300	29	2.3	33	1	—	32	9	2	1	1
1997	2920	2920	69	1.34	37	—	—	26	5	1	—	—
1998	2696	2696	87	3.2	40	—	—	40	2	4	1	—
1999	2580	2580	133	5.1	51	1	—	54	6	17	3	1
2000	2350	2350	136	5.7	3	2	1	41	65	20	2	2
2001	1181	1181	217	18.3	4	4	—	45	74	89	1	—
2002	2306	2306	55	2.3	2	—	5	44	2	2	—	—
2003	4868	1688	2	0.11	2	—	—	—	—	—	—	—
2004	4900	36	—	—	—	—	—	—	—	—	—	—
2005	6402	40	—	—	—	—	—	—	—	—	—	—
2006	6800	26	—	—	—	—	—	—	—	—	—	—
2007	7544	32	—	—	—	—	—	—	—	—	—	—

孕产妇保健

1985年为降低孕产妇的发病率和死亡率,区妇幼保健所宣传孕产妇住院分娩的好处。1991年建立孕产妇登记制度,实行产前检查和产后访视、孕产妇死亡及围产儿情况登记。1998年区妇幼保健所成立住院部,次年入住产科、儿科病人96例。

2000年孕妇产前检查率91%,住院分娩率45%,新法接生率98%,产后访视率90.3%。2005年实施"降消"项目,救助1765名贫困孕产妇,为基层卫生院配置设备180台(件),价值20多万元。2006年制定高危孕产妇抢救管理办法,规范管理孕产妇、产妇逐级转诊网络,对孕产妇住院分娩费进行限价。2007年孕妇早检率89.3%，产前检查率96%，孕产妇住院分娩率74%，产后访视率93%，孕产妇系统管理率88%。

1996—2007年秦州区孕产妇保健统计表

表21—5—4 　　　　　　　　　　　　　　　　　　　　　　　　　　　单位：人

年份	孕产妇系统管理				分娩情况	孕产妇死亡				围产儿			
	产妇总数	活产数	产前检查数	产后访视数	住院分娩	产科出血	妊高症	内科合并症	产褥感染	双胞/3胞例数	低出生体重数	死胎死产数	7天死亡数
1996	6204	6073	4442	4365	1934	2	2	1	—	—	334	131	28
1997	6085	6042	4570	4822	2005	4		3	—	—	340	43	22
1998	5532	5495	4652	4720	1906	2	1	1	—	—	97	90	31
1999	5719	5629	5070	5034	2181		2	1			311	50	31
2000	5684	5662	5156	5112	2552	4	—	1		28	309	157	98
2001	6114	5992	5899	5093	2774	6	1	2	—	29/2	343	34	19
2002	6118	5104	5371	5371	2862	4		1		21	366	24	59
2003	5063	5052	4207	4040	2254	2	—	—	1	13	257	20	56
2004	5346	5346	4859	4692	3031	1	1	1	2	2	91	36	28
2005	5467	5477	5056	4804	3152								10
2006	5757	5754	5517	4749	3924	—		—		—	—	23	—
2007	5891	5895	5655	5542	4385	1	—	1	—	20	79	—	49

第六章　卫生监督

第一节　爱国卫生运动

1986年至1990年秦城区爱国卫生运动主要是清洁城区137条巷道卫生，药物喷洒2524所居民厕所、63所公厕、63家学校及机关的污水沟、垃圾点，灭除蚊虫。1988年在城区及城郊3乡开展突击性灭鼠活动，投放毒饵32028斤，鼠密度下降96%；药物喷洒消灭垃圾堆、污水坑45820平方米的蚊蝇，蝇密度下降到10.5%。1992年至1998年开展创建省级文明城市活动，在民主路、建设路、新华路、青年南北路、劳动路、解放路、伏羲路的580个机关、学校和门店推行"门前三包"卫生责任制，开展卫生检查评比活动。1993年在太京乡甸子村示范改厕修双瓮漏斗式等5种形式厕所340个。

2002年开展创建省级卫生城市和创建国家优秀旅游城市活动。城区开展除"四害"活动，发放鼠药2万袋、灭蚊蝇药3567瓶，配发喷雾器50台。清理、粉刷、维修城区9座旱厕、17座水厕、垃圾容器，制作公厕规范标志和管理制度牌50个，维修、加盖、油漆主干道的450多个果皮箱、42个垃圾集装箱，修补人行道395平方米，更换水管25套，清理下水道1100米，疏通、清理收水口280个。秦城区实现创建卫生城市"三连冠"。

2003年结合防治"非典"清除卫生死角垃圾、污水，建成卫生厕所21座，建造双瓮漏斗式卫生厕所160座。2004年除"四害"活动发放鼠药4万袋、灭蟑药400余盒，清理街头巷道垃圾1500吨、河道垃圾2516吨。

2005年建造改良型双瓮式卫生厕所500座。2006年综合改造5条道路，取缔马路市场4处，清理零散摊点20个，取缔违章建筑15处，建造三联沼气式卫生厕所500户（座），建立除"四害"网络监测站。2007年新建造三联沼气式卫生厕所1900座，共有卫生厕所54803户（座），农村卫生厕所普及率59.57%。开展无烟区域创建活动，建二小学成为甘肃省无烟学校，区委礼堂成为无吸烟会议室，五里铺小学、新华门小学成为市级无烟学校。

第二节　公共场所卫生

1986年实施城市建筑设计预防性卫生监督，审查游泳池、浴池、电影院、住宅、工业建筑设计图纸，建立28个公共场所卫生状况档案；实施自来水卫生检测，实施夏季游泳池经常性检测，健康体检2981名游泳者。1987年审查建筑图纸卫生81份，实行夏季游泳池卫生管理技术经常性卫生监督，自来水每月1次微生物学检测。1988年审查图纸62份，检测分析16处自备水源水质，给予卫生学评价。1989年贯彻实行《公共场所卫生管理条例》，摸底公共场所的数量和人数，登记92户（其中个体40户）、从业人员 1134 人，检查公共场所服务人员健康状况，此后每年一次；监督检测自来水 12 次，经化验全部合格。1992 年开展创建卫生城市活动，建立卫生档案。1993 年检测旅店、商店、文化娱乐场所的微小气候（公用茶具、噪声、照度、风速）。1995 年卫生审查新建扩建的公共场所，发放卫生许可证 132 份。1997 年审查新建扩建改建公共场所卫生，培训从业人员卫生知识。2000 年抽样监测公共场所空气细菌、微小气候、公用器具等 714 份，合格率为 77%；化妆品抽样监测 51 份，合格率 94%；全年检查公共场所卫生 1655 户次。

第三节　学校卫生

1985 年秦城区有学校卫生人员 132 人，保健教师 18 人。1986 年开展学生健康检查，检查 7142 名学生的视力和砂眼病，发现视力不良者 1943 人、砂眼患者 1291 人。用复方甲苯咪唑驱除城区 4 所小学学生的蛔虫，调查部分学生蛔虫感染；调查中小学生青春期发育状况。1987 年体检天水第一师范学生，药物驱除城区 16 所小学学生蛔虫，区卫生、教育部门配合参与省防疫站在新华门小学实施的氟离子透入法预防龋齿实验。1990 年健康体检 20 所中学学生，培训学校保健教师。

1991 年调查玉泉乡烟铺小学学生误食蓖麻籽 47 名学生中毒事件，将调查结果及时通报各学校。1992 年健康检查城区 8 所中学、13 所小学的 13271 名学生，视力低下 29.1%、砂眼 23.2%、龋齿 21.6%、鼻炎 1.6%、扁桃腺炎 0.8%、平足 6.4%、心脏病 0.3%、肝炎 1.7%。农村 22 个乡中学、中心小学中有 18 所中学无校医，22 所小学无保健教师，供水、厕所及住宿等设施卫生条件差，多数小学实验室无照明设施。1993 年配合参与全省学生肠道蠕虫调查，调查建三小学 380 名学生蛔虫基线，检出阳性者 173 人，感染率 45.5%；调查检测解一小学和建三小学学生的血红蛋白，调查 1022 人，检出贫血 44 人，占调查人数的 4.3%。1995 年健康检查城区 18 所中小学的 12941 名学生，对发现的各种疾病给予指导治疗；防疫、食品卫生监督等人员检查 17 所中小学的食品卫生。1998 年健康体检中华西路小学、回民小学的 1327 名学生，发现各种常见病患者 1129 人，患病率85%，其中视力底下患病率13.9%、砂眼患病率18.5%、龋齿患病率35%、平足患病率8.82%；统计分析1327名学生体重、身高、营养状况，营养不良的占2.63%，肥胖率3.09%。1999年城区29所中小学校学生、幼儿园儿童接种乙脑、流脑疫苗预防。

第四节 食品卫生

1985年秦城区有食品生产企业168户，食品行业从业人员2678人，286个食品卫生单位具有食品卫生许可证。每年体检食品从业人员1次，体检3339人。1987年将患有传染病的97名从业人员全部调离食品生产经营岗位。1988年健康检查293个食品生产经营单位的4882名从业人员，检出5种传染病患者216人，全部调离食品生产经营岗位。1989年区政府任命3名公共场所卫生监督员和2名助理监督员，增加3名食品卫生监督员，在乡卫生院选配22名食品卫生检查员，实施农村食品卫生管理。体检4143名食品生产经营人员，体检率96%。1990年先后10次检查7469户企业"三防一消"（防蚊、防蝇、防鼠、消灭传染病）设施和经营情况。

1993年结合《食品卫生法》颁布十周年纪念活动，开展食品卫生法咨询，查处、销毁价值7810元的非法食品。1995年组织从业人员体检4405人，查出"五病"81人，发放健康证4074人，核发卫生许可证1754个。卫生学监测冷饮52份，合格44份；监测各类食品213份，合格145份。建档检查食品经营单位5983次，行政处罚224户。健康体检农村396名食品从业人员，发放健康证。

1996年开展省级文明卫生城市创建活动，食品检查6次，着重解决手抓呱呱卫生问题。体检从业人员4160人，查出"五病"49人，发放健康证3000人，核发卫生许可证2705个。卫生学监测冷饮146份，合格114份；监测各类食品285份，合格145份。建档检查食品经营单位5335次，行政处罚96次。秦城区通过省卫生厅食品卫生示范县（区）达标验收。1997年体检从业人员4300人，查出"五病"33人，发放健康证4230人，核发卫生许可证703个。

1998年核发卫生许可证1820个，发证率100%；签发健康证4546个，发证率98%；检测冷饮及各类食品513份，合格450份，合格率87.7%。监督检查食品生产经营单位5997户次，行政处罚36户，没收不合格食品4858公斤。1999年体检从业人员4340人，查出"五病"37人，发放健康证4214人，核发卫生许可证112个。监测冷饮150份，合格118份；监测各类食品529份，合格449份。建档检查食品经营单位8163次，行政处罚65户。2000年开展食品打假活动，监督检查食品生产经营单位1260户，查处违法案件87起。

2002年开展食品生产经营卫生许可专项清理整顿和创建卫生城市"三连冠"食品卫生专项检查等活动，捣毁制售假冒伪劣食品黑窝点17个，没收销毁变质食品200种5400公斤，没收掺杂辣椒面973.5公斤。

2003年成立天水市卫生监督所，直接承担两区卫生监督执法工作。2004年专项整顿检查调味品、火锅底料和牛肉食品、散装速冻食品、劣质奶粉、散装白酒等食品，天水师范学校分部食堂发生27名学生食物中毒事故。2005年专项整顿食品卫生许可情况、保健食品、食品添加剂、乳制品、纯净水、裱花蛋糕等，区委党校食堂发生13名学生食物中毒事故。2006年专项整治食品批发市场、超市和经营门店、保健食品、食品卫生许可情况、乳制品、纯净水、校园周边食品、餐饮单位餐（饮）具消毒效果、餐饮单位食用油和水产品等，永红厂职工食堂发生28人食物中毒事故。

2007年监督检查餐饮业食品，专项整治食品小摊点、农村食品市场。根据群众反映和豆制品检验发现的问题，重点整治玉泉镇李家村、石马坪等城乡接合部的豆制品市场，规范整改豆制品加工作坊59户，暂扣非法生产工具61件，收缴土霉素片5363片，销毁添加药物等不合格豆腐400公斤。

第五节　劳动卫生

1985年秦城区调查有尘毒企业和工人健康情况。1986年调查44家医疗单位的61X光机的放射防护情况。1987年区卫生局与区劳动局组织安全卫生检查，检查企业32户。1988年摸底城郊乡镇企业劳动卫生状况，建立档案。

1992年对天水市丝路工艺公司的24名石刻工人做尘肺病检查,建立区属工业企业劳动卫生档案。1995年监测丝毯厂等6户企业粉尘车间的气温、湿度、气压、风速、照度、噪音及辐射热,粉尘浓度采样12份,合格率8.3%;健康检查电缆料厂等7户企业的粉尘作业人员和接触毒物人员,筛选出可疑病患者35例;卫生学监测娘娘坝乡矿区。1997年组织企业尘毒作业人员作职业性体检,劳动卫生监测12个粉尘作业场所,合格率71.5%。1999年健康检查企业接触职业性有害因素的工人。

秦州区志
QIN ZHOU QU ZHI

第二十二编

文化艺术
WenHuaYiShu

秦州历史悠久，文化艺术种类繁多，其中秦腔、烟歌是城乡群众普遍参与的文化娱乐活动。1985年随着改革开放群众文化逐渐丰富，秦腔班子、烟歌队如雨后春笋布满城乡，大多数村举全村之力建起戏楼、购买服装等道具，在春节庙会期间举行秦腔烟歌演出活动。1990年秦腔、烟歌文化活动达到高潮，2000年后由于青壮年外出务工，加之电视的普及，群众参与热情逐渐降低，至2007年虽然每个村都有烟歌表演活动，但是仅有部分群众参与。秦腔表演直接请专业剧团。

1985年电影对城乡群众影响较大，之后随着电视的普及，电影院逐渐被冷落。1986年后由经典名著改编的电视剧《西游记》《射雕英雄传》等播出，广大群众掀起阅读热潮，梁羽生、金庸、古龙等作品深受欢迎。2000年后网络小说被广大网友接受。至2007年在文学创作、书法、绘画等方面涌现出了许多在全国有影响力的作者。

第一章 烟 歌

第一节 烟歌队

队伍结构

农村烟歌队结构比较简单,按照分工有烟歌头、会计、演员、陪客和杂务。1985年前后烟歌队由村里的香火会负责管理,烟歌头、会计由会里指定,演员则挨家挨户指派。1990年后由于包工头(俗称副业头)的崛起,村里的各种活动都由包工头负责,如修路、建庙、耍烟歌、放电影、唱大戏等,活动资金大部分由包工头捐助,普通群众只出力跑腿。烟歌队中陪客最为轻松,就是坐在炕上吸烟、喝酒、喝茶、聊天,一般多是村里的老年人。女身子一般是不到20岁的男性青少年,2000年后一些村子女性青少年加入烟歌队,成为名副其实的女身子。男身子多为20到30岁的已婚青年,也有年龄大的成人。乐队必须有锣手、鼓手。大的村庄乐队阵容强大,二胡、板胡、干鼓子、笛子、大小号、快板等样样俱全,如有秦腔戏班的村庄直接用戏班的乐队。

道具

1980年至1985年烟歌使用的道具较为简单,大部分是群众用纸等物品自制的,结束时烧毁,第二年耍烟歌的时候重新制作。道具有女身子戏服、帽子、扇子,以及马、船、狮子、龙灯、鼓、锣、钹等。1990年后由于包工头的捐助,道具逐渐替换成购买的成品,与群众自制的道具相比更为精巧,而且道具多为化纤材料制作,一套道具可使用好几年。

第二节 打场子

烟歌队引进院时,主家和香火会放炮迎接,将烟歌队的演职人员请进厅房内吸烟、喝茶稍作休息,准备耍烟歌,这时便开始打场子。通常是一个人拿着棍在场子中间舞弄,把场中的群众疏散到场边,烟歌队都会请一位精通武术的教头充当打场子的角色。中华人民共和国成立前打场子武术表演多为棍、大刀，1985年后花样逐渐增多，有流星、枪、矛和不拿器械的拳脚表演。打场子武术表演要拿捏恰当，既要将场中的群众疏散到边上，又要兼顾表演的观赏性，尤其是不能误伤周围群众。武术表演时敲锣打鼓，锣鼓的调子显得铿锵有力。

武术表演不同于烟歌中的其他表演，其他表演大家都有参与的机会，而武术表演需要精通武术，只有一两个特定的人可表演，因此深受群众的欢迎。

第三节 挑 伞

场子打开以后开始烟歌表演。首先是挑伞表演，在锣鼓声中火伞带领所有演员入场，然后在火伞的带领下大家在场子里转圈，其中老摇婆跟在队伍的尾端，男身子、女身子夹在中间，这段表演一些村庄称为引乱烟歌。在场子中游走几圈之后，锣鼓声调突变，所有演员在火伞的带领下散开围成一个大圆圈碎步表演，接着一个男身子和一个女身子走到场中间，女身子一手掌着莲花盆、一手捏着扇子随男身子来回舞动，男身子挥动手中的道具（旗子、蝇甩子、花棍等）亦随女身子互动。接着锣鼓声变调，男身子开始唱词，一般为七言句，内容丰富，可以唱历史，也可唱现实，大多数是现编现唱，但必须是四句，表达一个完整的意思。如：正月里是新年，大红灯笼挂房檐，风吹灯笼嘟噜噜转，风调雨顺太平年。唱词也叫对口曲，有些村庄唱词对口曲第三句开头重复上面的一句。唱完之后火伞进场，把男身子与女身子分开，而后在火伞带领下围圈转动，接着下一对男、女身子走出队伍来到场子中间演唱，如此往复循环直至火伞进入场中间与老摇婆相互舞动唱对口曲。有一些乡镇挑伞表演为男身子、女身子对唱。挑伞表演的形式有珍珠倒卷帘、龙摆尾、黑虎掏心、长蛇阵等，唱腔只有男腔和女腔两种，各村大致相同，变化不大。

敬神曲词

敬神曲词一般在家神庙唱，词曲内容基本没有什么变化，主要表达对天地神灵的敬畏，祈祷将来风调雨顺、幸福平安。类似于《诗经》里面的颂，显得庄重肃穆。

词一 爷爷庙修的高，上面长的灵芝草。谁人得了灵芝草，荣华富贵享到老。

词二 初一十五庙门开，会长拿的钥匙来。钥匙到了锁子开，我（音"ŋāo"）给爷爷烧香来。

祝福曲词

祝福曲词在居家户院子里唱，以示对主人未来美好生活的祝福；也有在家神庙院子唱的，是对整村居民的祝福。

词一 这个场子窝窝子，养下的娃娃吆骡子，驴驮金来马驮银，骡子驮的聚宝盆。

词二 进的场子朝前看，大红对子贴两边。一面写的福禄寿，一面写的太平年。

词三 这个村子真能成，个个都是文化人。学士硕士年年有，今年出了博士后。

民歌曲词

取材比较自由，论古谈今，从国家大事到家庭生产生活都囊括在内，类似于《诗经》里的风，一般采用比兴的表现手法抒发感情，唱词因人而异，显得俏皮灵活。

词一 我的烟歌太迟了，亲亲等的多时了。亲亲亲亲你不要笑，我走路来你睡觉。

词二（男女对唱）

女：什么开花挤（谐音）眼儿？什么开花打伞儿？
　　什么开花人不看？什么开花在路边？

男：胡麻开花挤眼儿，韭菜开花打伞儿。
　　苍耳开花人不见，马莲开花在路边。

女：什么花开报春晓，什么开花水上漂。
　　什么开花遍山黄，什么开花在树上。

男：墙梅开花报春晓，莲子开花水上漂。
　　山菊开花遍山黄，腊梅开花在树上。

词三 南郭寺竹叶青，虎坐山门吼一声，老虎下山龙出岗，龙虎一起拜弟兄。

词四 一个字儿一根担，平贵西凉招姻缘，用酒灌醉女玳瓒，盗出令箭出三关。

第四节 玩 花

唱完对口曲后是玩花,会唱的演员都唱。一些演员站在场外混在观众之中伴唱,俗称帮腔。表演形式每一个村各有不同,通常是手拿蝇甩子、花棍等演唱。花花曲的调子很多,内容比较连贯、完整。曲子多以月份、四季花草、节气、数字为主线连串,常见的曲子有《十二月歌》《十盏灯》《十支香》《王祥卧冰》等,内容是生活中的基本常识和历史故事。由于调子简单,妇孺皆知,人们在耕地、锄地、割麦、碾场、放牛以及休息时都唱这些曲子,成为农村群众生活中必不可少的一部分。2000年后由于城市化进程加快,唱花曲的人越来越少。

十支香

耍烟歌必唱曲目,各村叫法略有不同,有叫十炉香、十炷香的。烟歌首场在家神庙演唱,就唱这个曲子。演唱时第一句开口音比较高、语气较重,第二句语气轻、平缓。

唱词:

一支香烧与了玉皇(了)大帝(呀),

二支香(呀)烧与了灌渡(了)二郎。

三支香烧与了三霄(了)圣母(呀),

四支香(呀)烧与了四大(了)天王。

五支香烧与了五方(了)五帝(呀),

六支香(呀)烧与了南斗(了)六郎。

七支香烧与了北斗(了)七星(呀),

八支香(呀)烧与了八大(了)金刚。

九支香烧与了九天(了)仙女(呀),

十支香(呀)烧与了十殿(了)阎君。

王祥卧冰

王祥卧冰讲的是西晋睢陵公王祥为母求鲤卧冰孝感天地的故事,尤其深受老年妇女喜爱。

唱词：

不在城来不在乡，离城十里王家庄。

王家庄上王员外，所生一子叫王祥。

王祥老母身得病，一身倒在牙床上。

口口声声叫王祥，只想尝口鲜鱼汤。

王祥听了着了急，拿上银子四五两。

四城八街齐跑遍，不见鲜鱼摆街上。

王祥心里着了慌，急急忙忙下南江。

只见一层冰凌一层霜，衣裳挂在柳树上。

热身子拓（tà）在冷冰上，口口声声念老娘。

上惊天界老玉帝，下撼四海水龙王。

送一条鱼儿鲜又胖，拿回家中熬鱼汤。

捧上一碗敬老娘，老娘喝了下了床。

天留日月草留根，世间的人留子孙。

人留子孙防顾老，草留根须来年生。

王祥为母寒冰卧，二十四孝传贤能。

为人子孙莫忘了，时常孝敬老娘亲。

十二月歌

经常演唱的经典曲目，主要讲随着一年四季节气的变化，农村群众所干的一些农活和所做的一些事情，词曲通俗易懂，紧贴群众日常生活。

唱词一：

正月里来是新年，纸糊灯笼挂门前。

风吹灯笼嘟噜转，丰衣足食过新年。

二月里来龙抬头，王三姐梳装上彩楼。

王孙公子千千万，绣球单打薛平男。

三月里来三清明，姊妹三人去踏青。

河湾杨柳随风摆，随带上来放风筝。

四月里来四月八，娘娘庙里把香插。

人家插香为了娃，我插香来为结发。

五月到了五端阳，牡丹开在半城墙

叶儿绿来秆儿黄,手把牡丹哭一场。

六月里来热难当,姐儿绣房下了床。

清水河坝洗衣裳,随带上来收麦忙。

七月里来秋风凉,打磨送粪种麦忙。

大麦不黄小麦黄,连草带秆收上场。

八月十五月儿圆,西瓜月饼献苍天。

家家户户齐相聚,我三人来把月观。

九月里来九重阳,菊花开在两路旁。

有心摘来无心戴,折上两朵怀里揣。

十月里来十月一,家家户户送寒衣。

小哥没有夹衣穿,小妹连夜改汗衫。

十一月来下大雪,平贵西凉不回来。

家里丢下王三姐,大雁捎书带信来。

十二月来满一年,样样花货齐办全。

杀猪宰羊忙的欢,高高兴兴过新年。

唱词二:

正月里冻冰立春消,二月里鱼娃水上漂。

三月里桃杏花儿红,四月里杨柳罩上门。

五月里韭菜过端阳,六月里绣女请下床。

七月里麦子用掀扬,八月里葡萄搭上架。

九月里西瓜弯月牙,十月里柿子满山红。

十一月的雪花飘上门,十二月的年货摆出城。

第五节　折子戏

玩花结束以后是变故事,相当于小品,内容比较杂。但是秦州区作为秦文化的发源地,秦腔源远流长,因此普遍都是秦腔表演,打快板、唱乱弹。秦腔表演都是折子戏,旦角、丑角较多,看点就是"耍怪",有点儿像相声表演,通过说词、唱词、对白和表演动作引起观众开怀大笑。常见的折子戏有《张良卖布》《怕老婆顶灯》《拾黄金》《绣荷包》《蓝桥担水》《断桥》等。

与舞台上的秦腔表演相比,烟歌里面的服装、道具简单,多是因地取材,日常生活中的一些东西被拿来当作戏服和道具,如羊皮袄、麻鞋、扁担、鞭子等。旦、丑角脸谱也很简单,只在脸上关键部位涂一点红色和黑色的油彩即可,多是滑稽、搞笑的表情。有一些甚至不打脸谱,净脸演出,如《钉缸》等戏。演唱时对白、说词较多,唱词较少;表演动作因人而异,比较灵活。

断桥

白蛇传的故事在秦州区农村家喻户晓,《白蛇传·断桥》选段人物有白蛇、青蛇、许仙。烟歌表演时一般只有白蛇演唱,青蛇、许仙由其他演员临时对几句台词。

白蛇唱词:

白云仙在途中自思自叹,把当年苦修炼回味一番。

我本是峨眉山白蛇修炼,修就了五百年金体大仙。

金母命把蟠桃由我看管,黑风仙他和我曾把香点。

自那日在洞中自思自念,一心执意要到西湖游玩。

黑风仙他把我百般阻劝,我不听仙兄语下了宝山。

身背上青锋剑各处游玩,桃花山收青儿作为丫鬟。

我二人奔西湖同把景玩,在船上遇一人名叫许宣。

在船舱他和我偷眼观看,他是男我是女难以交言。

把风伯和雨师一声呼唤,遣来了三分雨降落人间。

西湖上众游人纷纷走散,我二人在仓内才可交言。

他言说在家中少亲无眷,我言道白氏女无有夫男。

清风吹细雨下行走不便,许官人借雨伞遮住衣衫。

小青儿在中间穿针引线,我二人灵王府才结凤鸾。

结发后恩爱情一月未满,偏就遇端阳节已在眼前。

许官人摆美酒多言相劝,悔不该饮药酒惹了祸端。

青纱帐现原形亲眼观看,吓死了许官人命不周全。

长寿山盗仙草历经千难万险,白鹤童守仙草上前阻拦。

我二人在空中一处交战,那童子现原形好不毒然。

观见他头如斗眼如星,口似血盆牙如钉。

爪如钢锥双翅展,遮天蔽日上下翻。

我这里祭起青锋剑，砍伤鹤童盗草还。

才救活许官人命不归天，小青儿用计谋将他哄瞒。

白绫纱化蛇形斩在当院，许官人他一见才将心放宽。

谁料想二月二药王圣诞，许官人去还愿又起波澜。

金山寺贼法海说长道短，许郎夫听谗言不见回还。

回头来我把水族召唤，水淹金山寺惹下祸端。

恨恶僧他和我结下仇怨，搬天兵和天将大战一番。

降魔杵将我的双眉打断，何一日杀秃贼大报仇冤。

正行走腹内疼难以立站，叫青儿快扶我到亭子内边。

绣荷包

唱词：

初一到十五，十五月儿高，春风摆动杨柳梢。

年年常在外，月月不回来。

家中丢一女，要一个荷包戴。

既要荷包戴，就得自己来，为何捎书带信来。

信儿接到手，姑娘害忧愁，不知荷包怎么绣。

打开丝线包，丝线无一条，打发梅香街上跑。

梅香金莲小，走上打跤跤，唬不住身子跌两跤。

上街跑下街，无有货郎到，单等南京货郎来。

货郎把鼓摇，梅香把手招，绕来绕去绕在面前了。

梅香前面走，货郎后面跟，把担担歇在当院中。

板凳拿一把，货郎你坐下，梅香装烟又倒茶。

问你庄稼好，庄稼并不好，一年存不了几石稻。

问你生意好，生意并不好，一年能存几个宝。

问声货郎哥，你卖的什么货，你把货名表一表。

一卖红头绳，二卖花扣针，三卖胭脂四卖粉。

五卖盘头帘，六卖金银簪，七卖顶针和耳环。

八卖丝手帕，九卖浮头发，十卖丝线肩骨搭。

丝线分出手，姑娘犯了愁，不知荷包怎样绣。

打开龙凤箱，红纸揭一张，想起情郎剪鸳鸯。

海巴狗娃咬,小娃来打搅,把一个样剪错了。

心里越是急,手里越是慌,我把心机枉费了。

隔壁王大娘,有话听心上,给我铰个荷包样。

上铰玉皇坐宝殿,下铰八水绕长安,堂中铰上孔雀戏牡丹。

一绣一只船,绣在江边前,再绣艄公把船搬,

周瑜定巧计,刘备招姻缘,孔明总算人中贤。

二绣当阳桥,着实绣的牢,再绣张飞挡曹操,

赵云抱阿斗,杀出长坂坡,弟兄同心保大哥。

三绣李存孝,打虎在山岗,李清王收他为太保,

太保武艺高,到后灭黄巢,王彦昭忙往水里跳。

四绣张果老,骑驴过金桥,黑驴子也能水上漂,

神仙无其数,不能一一表,还绣人间大英豪。

五绣杨五郎,一心出汴梁,心底不愿保宋王,

来在五台山,佛前一支香,不如出家做和尚。

六绣杨六郎,忠臣无下场,潘仁美害的实可伤,

弟兄死得苦,六郎告御状,拿潘洪才把仇报上。

七绣吴三桂,投清杀闯王,李闯王去安康,

清朝立北京,一保定太平,三桂云南去安身。

八绣张天师,身穿八卦衣,二仙童立两边。

天师神通大,稳坐龙虎山,用手拍的乾坤转。

九绣天门阵,着实绣的能,阵阵不离九女星,

穆桂英离开木柯寨,来在辕门外,辕门绑的是何人。

十绣十样锦,天下十七省,再绣君王管万民,

荷包绣住了,穗穗两边吊,捎给亲人常带着。

怕老婆顶灯

秦州区烟歌中最经典的折子戏,由一男一女表演,男角属于丑角,女角属于旦角,一唱一和,行为滑稽逗人。农村闹新房时也会让一对新人演这一出戏,新郎头顶灯盏跪在新娘面前,新娘面带桃花娇羞不语偷看新郎,别有一番情趣。

赌棍张花鬼唱词:

高高山上一眼泉,流来流去几千年。

人人都吃泉中水，愚的愚来贤的贤。

说贤良，道贤良，贤良八辈在洛阳。

离城十里王家庄，王家庄上有个王员外。

他家剩余万石粮，东山路中赊衣衫。

西山路上赊茶饭，为儿修下岳王庙。

为女修下祖祠堂，岳王庙殿点着灯。

祖祠堂前把香焚，所生一子叫王祥。

王祥七岁死了娘，八岁请上后姨娘。

姨娘身害鸳鸯病，倒在牙床不起身。

问娘吃，娘不吃，问娘喝，娘不喝。

老娘只想鲜鱼汤，开开柜，打开箱。

铜钱码了几十串，大步走，小步量。

行步来在大街上，猪肉羊肉摆两行。

无有鲜鱼摆市场，上街有个张屠行。

下街有个李屠行，二位屠行来商量。

说我王祥无主张，大步走，小步量。

行一步来在江岸上，脱了帽子脱衣裳。

热胸脯爬在冷冰上，暖的冰凌喳喳响，冻死王祥谁担当。

头一声哭的太高了，惊起上方张玉皇。

二一声哭的太低了，惊起四海水龙王。

龙王一见着了忙，两条鲜鱼送当场。

戴上帽子穿衣裳，鲜鱼搭在胛骨上，一气跑在家门上。

银花勺子细器碗，玛瑙筷子整一双。

鲜鱼汤第一碗敬天地，第二碗敬奉老姨娘。

鲜鱼汤老娘喝一口，身上的病儿退了九分九。

鲜鱼汤喝了刚一碗，身上的病儿全退了。

你看我王祥贤良不贤良。

我家住四川关巷子，自幼是个赌博浪荡子。

赌博人，赌博人，腰里系着马莲绳。

早上要吊死，恐怕晚上赢。

赌博家,进了场子把宝押。人家八百我一串,人家的八百上串了,我的一串不见了。今天当家的给钱一串,叫我在大街上量米买面,一会儿赌了个没见面,哎,回家哄当家的走。

第六节　渡　船

折子戏结束之后是渡船,表演时一般有两个人,一个人在船里两手扶船摇摆,另一个人手拿船桨在外面划桨引渡,其他演员站在场边应声合唱。表演有对白、唱曲,合唱多,有点儿像喊号子。

词一

领:南海南来南海岸,　　　合唱:阿弥阿弥佛哟　弥陀佛!

领:南海岸上造大船。　　　合唱:阿弥阿弥佛哟　弥陀佛!

　　山木本是沉香木,　　　合唱:阿弥阿弥佛哟　弥陀佛!

　　香木来自昆仑山。　　　合唱:阿弥阿弥佛哟　弥陀佛!

　　山头坐着观音母,　　　合唱:阿弥阿弥佛哟　弥陀佛!

　　曾古先生怎看见。　　　合唱:阿弥阿弥佛哟　弥陀佛!

　　上渡玉皇灵霄殿,　　　合唱:阿弥阿弥佛哟　弥陀佛!

　　下渡阴曹鬼门关。　　　合唱:阿弥阿弥佛哟　弥陀佛!

　　东渡东洋东大海,　　　合唱:阿弥阿弥佛哟　弥陀佛!

　　南渡南海普陀山。　　　合唱:阿弥阿弥佛哟　弥陀佛!

　　西渡西天雷音寺,　　　合唱:阿弥阿弥佛哟　弥陀佛!

　　北渡达王饮马泉。　　　合唱:阿弥阿弥佛哟　弥陀佛!

　　南天门下娑罗树,　　　合唱:阿弥阿弥佛哟　弥陀佛!

　　砍着下来做桅杆。　　　合唱:阿弥阿弥佛哟　弥陀佛!

　　有着一日天开了,　　　合唱:阿弥阿弥佛哟　弥陀佛!

　　前悔容易后悔难。　　　合唱:阿弥阿弥佛哟　弥陀佛!

词二

　　一进财门两扇开,天官赐福送财来,福禄寿星来。

　　一送风调雨又顺,二送国泰民也安,国泰民也安。

　　三送全家要和气,四送四季大发财,四季大发财。

五送五子齐登科,六送六畜皆兴旺,耕读人家乐开怀。

七送天上七星照,八送八神护庄来,八神护庄来。

九送九龙来治水,十送瘟神永不来,瘟神永不来。

词三 到底谁笑谁

一颗松柏一树花,花笑松柏不如她。

有朝一日黄风刮,只见松柏不见花。

一河石头一河沙,沙笑石头不如它。

有朝一日大河涨,只见石头不见沙。

一窝老鸦一窝鸭,鸭笑老鸦不如它。

黄鹞过来戳一抓,只见老鸦不见鸭。

一支香来一支蜡,蜡笑香火不如它。

霎时一阵大风起,只见香火不见蜡。

世间万物各有差,不见长处不笑它。

天灾人祸免不了,劫难之后谁笑嗟。

第七节　曲谱选录

十炷香

56 5 | 53 5 | 65 321 | 2 2 ‖: 332 1 | 33 5 |

一柱　香　烧与了　玉皇大　帝　　　二炷　香　烧与了

62 16 | 5 5 :‖

观州二　郎　呀

四季歌

1=F 2/4

5 35 | 65 6 | 16 53 | 2 2 | 5 35 | 65 6 | 16 53 |

正月的里　来打罢　春　青草的芽　儿　往呀上的

2 2 ‖: 5 35 | 61 53 | 21 61 | 23 16 | 5 5 :‖

升　呀天增　日月人　增　寿

伞 曲

男腔（挑伞人唱）

南山寺 竹叶青虎在 林中 吼一声
多咋望着 龙出洞 龙虎 相约 拜弟兄

男腔二

锣鼓喧天 灯火明 烟歌本是 古人兴
祈风求雨盼 丰收驱邪 解难 保安宁

女腔

中央政策真英明 免税减负 到农村
解决温饱致了富 一心要奔 小康路

怕老婆顶灯

男唱：

正月里冻冰立春消 二月的
鱼儿水 上漂 呀水呀么水上漂哟 嗷的
小哟哥 哥呀小小拉住哥哥 哥哥就等我
召

十盏灯

1=D 2/4

一盏 灯 来个 什 么的个 灯 呀 什

么的个 灯 呀 鸳 鸯的 楼 上 吕洞

宾 呀 再把 灯来 玩 呀 鸳

鸯的 楼 上 吕洞 宾

断 桥

1=C 2/4

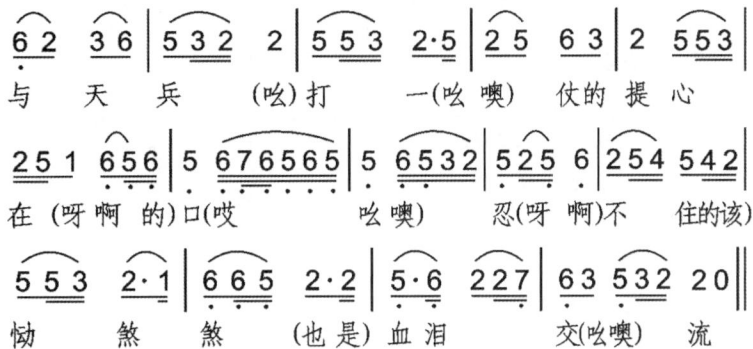

与 天 兵 (吆)打 一(吆噢) 仗的提 心

在 (呀啊 的)口(哎 吆噢) 忍(呀 啊)不 住的该

恸 煞 煞 (也是)血泪 交(吆噢) 流

绣荷包

1=D 2/4

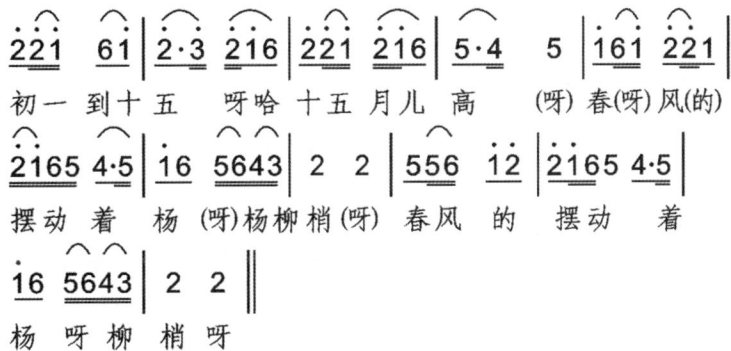

初一 到十五 呀哈 十五 月儿 高 (呀) 春(呀) 风(的)

摆动 着 杨 (呀)杨柳梢(呀) 春风 的 摆动 着

杨 呀 柳 梢 呀

对花

1=C 2/4 （二人对唱）

女唱：

2·3　55｜1 2 1　6 5 3｜5 6 5　35｜3 2 1　1｜
什么　开花　挤眼　儿　　什么　开花　打伞　儿

1 1 2　3 5 3｜2 3 5　5 3 2｜5 3 2　1 2 3｜3 2 1　1｜
什么　开花　人 不 见(你在) 什么　开花　在路　边

0 1 2　33｜1 2 1　6 5 3｜5 6 5　35｜3 2 1　1｜
什么　开花　挤眼　儿　　什么　开花　打伞　儿

1 1 2　3 5 3｜2 3 5　5 3 2｜5 3 2　1 2 3｜2 1 6 5　5·｜
什么　开花　人 不 见(你在) 什么　开花　在 路　边

对唱：

2 1 6　2 1 6｜2 5 3　2 1 6｜5 3 2　1 2 3｜2 1 6 5　5·｜
胡麻　开花　挤眼　儿　　韭菜　开花　打伞　儿

6 6 1　23｜3 5 3 2　2｜5 3 2　1 2 3｜2 1 6 5　5·｜
苍耳　开花 人 不　见 马莲　开花　在 路　边

渡船曲

1=B 2/4　中速

56　53｜2·　3｜12　16｜5　—｜3·　5｜63　53｜
渡　船 的　　哥　哥(呀)　本　　　姓

23　21｜2　—｜16　5｜56　53｜16　53｜23　21｜
刘　　(呀)　把 船 摆　在 水　里 头

1 6　1｜2　16｜5·　6｜53　5｜5 3　5｜23　21｜
点　点 花 儿 开　　　哎 咦 哎 哟

1 6　1｜2　16｜5·　6｜53　5‖
点　点 花 儿 开

玩 灯

1=D 4/4

0 1	2 2	1̂2 1	1 ‖: ³²1 · 6	2	2 :‖

正 月里 冻 冰 立呀 春 消 呀

5̂·6	1̂7	6̂·7	6 ‖: 6·5	3̂53	2	2 :‖

二 月里 鱼 娃 水呀 上 漂 呀

5·2	5 5	1̂·2	4 3	2̂·3 2 1	7 6	5	5

水呀 水上 漂 呀 小 呀 阿妹 子 呀

5·5	2 5	1̂·2	4 3	2̂·3 2 1	2̂1 7 6	5	0 ‖

小呀 妹子 过 江么 干 哥 等我 着

跑马曲

1=G 2/4

116	5	116	5	11	61	2	2	1̂1	6̂1	2	2

一根 (呀) 竹子 (呀) 长 上 崖 长(呀) 上 崖 呀

2̂3	5 5	5	3̂2	3	2 2	16	161	4	2

梁 山哥 哥 割(哟) 着 来 梁山 哥 哥

2̂16	56	5	5 ‖

割哟 着 来 (呀)

第二章 秦　腔

第一节　道具　脸谱

乐具

秦州区秦腔在唱腔（声腔）板式及文、武场面（弦乐、击乐）的配备、伴奏的手法上都较为简单。击乐有爆鼓、甘鼓、梆子、牙子、勾锣、手锣、金钗、铰子等，弦乐有板胡、二弦子、二胡、三弦，管乐有唢呐、长号等。中华人民共和国成立后，在伴奏乐器上增添定音鼓、吊钗、碰铃、三角铁等。为适应演出大型现代剧秦腔，乐队中引进铜管乐器，如长号、小号、长笛、大管、双簧管、黑管等，弦乐中加入小提琴、中提琴、倍大提琴等。由于乐队各声部有配器，专设乐队指挥，实行音乐设计和定谱演奏。

布景

1985年以后秦腔舞台灯光设施逐步增加，一些专业剧团不仅有聚光灯、追光灯、跑云灯、跑雾灯、水灯，而且增加调光器、天幕幻灯。音响上采用扩音机、录音机、话筒、喇叭等，打雷闪电用不同的雷板配合灯光变化，显得形象逼真、气氛浓烈。

脸谱

20世纪50年代后油彩化妆材料在各剧团普及，在头部的装饰及面部的化妆上逐步细致、讲究。秦州的脸谱化妆至清末逐渐形成陇南派，其中尤以西秦鸿盛社的脸谱最有代表性。画法特点是大头、大额、大眼，威风、威武、威严，谱式较多，如阴阳谱（如《鸡头关》中的姬兰英）、黑白谱（又称黑红谱，如《九莲灯》中鬼卒）都具有独特之处。此外，有些脸谱的画法也与传统的画法不同，如《绝龙岭》中的闻太师，兰州西安等地均画黄整脸，而陇南派作金脸；《破渑池》中的张奎，一般额上画白圆砣，而陇南派作弯形白圈砣，下端接画箭头；《芦花荡》中的张飞，一般两颊画粉红色，而陇南派作黑红，等等。

西秦鸿盛社有脸谱200余帧,脸型各具神采。除勾勒出眉、鼻、口形外,还根据戏中人物特征画上一些图案,起到画龙点睛的作用。如《收姜维》中的姜维头面上画一幅太极图,《下河东》中给赵匡胤的脸上画一条龙,《黄河阵》中给闻太师额头画一个天眼,《苟家滩》中给王彦章脸上画一只青蛙,《大辕门》中给孟良的脸上画一只火葫芦等。妖精则在脸上画其原身,如狐狸精在脸上画一只狐狸,蛇精在脸上画一条蛇。

画法步骤有洗、抹、擦、画、勒、意、粘、挂等道工序。洗就是洗脸,在化妆前必须把脸洗干净,一般先用肥皂等洗净后再用清水冲洗。抹也称揉,就是抹黑眼窝,俗称填窝子。擦就是用手轻轻将脸帘、鼻窝擦揉,使之对称。画就是用毛笔画脸部,勾勒出剧中人物面部形象、特征。勒就是勒紧所带的戏帽。意就是表意,表明剧中人物身份,他们使用何种武器或者法术等。粘就是在面部粘上一种道具,以便取得特殊效果。挂就是挂胡子。

最为典型的就是《鸡头关》中姬兰英的阴阳脸,半边脸化妆成男性脸,半边化妆成旦角脸。一个人的脸谱也随着时间、地点、剧情的变化而变化,如包公的脸谱有少年、青年、中年、老年四个阶段的脸谱。一些脸谱还刻画出人物生理缺陷,如《青草坡》中的郤克、《斩黄袍》中的郑子明等。各种脸谱的颜色也代表剧中人物的性格、品质等特点:红色代表忠勇,如关公、黄飞虎等人;黑色代表威猛,如李逵、单雄信等人;白色代表奸佞,如曹操、贾似道、董卓等;蓝色代表粗豪,如马武、窦尔敦等;金色和银色多用于表现神怪、仙佛等,如燃灯佛、如来佛等。

角色

1985年以后随着戏曲学校及剧团学员班的普遍建立,剧团编制扩大,秦腔角色行当日趋完善。秦腔角色有生(分大小生、二生、武小生、文小生、正小生、老生、红生、娃娃生),旦(分花旦、正旦、武旦、刀马旦、老旦、粉旦、青衣),净(分大花脸、二花脸),丑(分大丑、老丑、小丑、文丑、武丑)。

第二节　演出习俗

随着季节变化演出不同类型的戏。正月初一演《龙凤呈祥》《大升官》之类的戏,内容突出喜庆吉祥。二月二演《彩楼配》,是秦腔经典剧目《五典坡》的前本，内容是王宝钏在二月二龙抬头的日子高彩大棚招亲薛平贵。五月五演《雄黄阵》，内容是雄黄使白蛇现原形。七月七演《天仙配》，内容是牛郎织女相会天河。八月十五演《唐王游月宫》，内容是唐明皇在月宫欣赏《霓裳羽衣曲》。平时结婚、祝寿等喜事唱《大登殿》等喜庆的戏，表示庆贺。

分工

1985年农村戏曲班社沿用以前分工。具体是订戏是丑角；领赏钱是小旦；管箱子的行头有大衣、二衣、须帽、杂耍，有的由演员分工，也有的是由专职人员专管戏箱，管场的只负责放烟火、设山、摆帐、摆桌椅；演员在台上忘词，只有鼓师才有权提词；给演员安排剧中角色的人，叫派班长。

报酬

箱主、领班、基本演员、鼓师、乐师都占股分红，演职人员均按水平高低划成股份，演员的股份最高的一般为二分到二分五厘。若是租赁他人的箱子，即使箱主未入班演出，箱子也要占一定的份数。一季戏完毕，就要把戏箱应得的报酬送给箱主。

搭班

新演员前来搭班不能直接上台。一般是用一根红线穿了麻钱提在手中入场，戏班负责人得知后，亲自下台去请。新演员上台后，按自己的行当，大花脸坐头帽箱，须生坐二衣箱，杂角蹲在地下，旦角坐在靴箱上，丑角可以任意坐。若是胡乱坐下，就是失身份，会被别的演员耻笑。

新演员首演

首场演出一般都是考察演员的实际水平，对前来搭班的演员至关重要。化好妆，在出场前隔耳帘向鼓师作揖，以示请其多多包涵，然后对配角说些客气话，演完进场，去掉头饰对其他演员作揖致谢，若被该班收下，即到庄王爷的牌位前焚香叩拜，书写文约。

写戏

由班社派专人前往过庙会的地方和会长协商唱戏，双方谈妥后，即写下唱戏的条约。条约上须写明戏价、主要演员的名字和剧目。

开台

班社到演出地的首场戏为开台戏，唱戏前，管前场的先到台子上摆设桌椅,挂号桌帏椅帔,提起长号,对着台口一吹,演职人员听到号音立即登台,开箱整理衣服。鼓师入座,先打一通锣鼓。鼓点内容是把当天演唱的戏中的文武场次节略敲到底。

坐台

开场鼓完,鼓师下台休息,一小生上台坐在台前的椅子上,念定场词四句,袖手一坐,半天才说一句话,观众称为"冷班长",团内亦称"头身子"。坐台的演员看到观众来的差不多了,才大叫"这般时候……",文武场面的人员闻声而上,等到场面上准备就绪,才一本正经的整冠抖袖,叫起索弦"前三皇后五帝年代久远"之类的水词,然后离座下场,正戏便开始。

谢赏

在唱庙会戏或其他戏时,由于某一部戏唱得好,受到观众欢迎,会上根据群众意愿对班社集体奖赏(钱或物品)。会里派人在台口燃放鞭炮,这时把奖赏的物品从台口递上去,会长双手递给领班长,从台口出来一名演员向会长及观众鞠躬致谢。

挂彩

某一个演员的表演得到观众的欢迎,会里买六尺红布,由会长上台斜肩披在演员身上,以示鼓励。挂彩时表演器乐停止,台口燃放鞭炮,受赏者向观众作揖致谢。

禁忌戏

因地而异,一些地方受家族、姓氏和供奉的家神爷等因素影响,有些剧目不能上演,如关帝庙不能演关云长败走麦城之类的戏,而秦姓村庄就不能演秦桧与岳飞故事的戏等。

第三节　特　技

踩跷

跷高20厘米,底部是铜制的"三寸金莲",一般是旦角演员逢场作戏。经典代表有鸿盛社的谢芳,踩跷步伐有条不紊、板眼分明。特别是刀马旦戏,演员手持刀枪对打,干净利落,前后翻滚,错落有致,加上个人功底深厚,再配上优美的身段,表演浑然天成。代表剧目有《破洪州》中的穆桂英。

吹火

在剧中吹火是表现神鬼法力的特技。将松香研成粉末置于八分左右的白麻纸中,用三层纸包好,如元宵大小,然后在纸包前后各开一个孔,孔前小后大。表演时演员将纸包含在口里对准火把,均匀地将松香粉吹出。也有用食用油、煤油等替代松香粉的。

大上吊

旦角戏演员表演上吊时的特技。表演时在舞台中央顶梁上挂一横木,在演员腰间系上一圈结实的绳索,绳索上再挂一铁钩置于胸前,然后将戏服穿在外边。演员踏着桌上的凳子抓着横木向上一纵,铁钩一上升,就像绳索套在脖子上,然后撤去桌椅使演员身子悬于半空,台下观众看起来就像真人上吊了。最为有名是20世纪80年代平南乡万家庄演唱大上吊戏,轰动城乡。

打雷碗

神话戏中常用的特技。先将黑土碗或者黑粗碗放在开水中煮,使碗易脆,再用朱砂写上"雷"字,贴上用黄表写的符。打法一种是演员拿两个碗,先把一个碗翻在舞台半空,再用另一个碗迎击上去在空中相撞破碎;一种是把碗丢在舞台空中,然后用麻鞭击碎;一种是演员右手持碗击向左台柱,再转身击向右台柱,然后向舞台中梁击去一碗,最后双手持碗相互摩擦,先打出一碗后再接连打出第二碗,使两碗在空中相撞。

酒杯起火

表现酒杯有毒时使用的特技。先在酒杯中放入适量的火药,当剧情需要时演员巧妙地用香头把火药点燃,这时酒杯中突然喷出火焰。此特技经常用在《三拷吉平》《出五关》等戏中。

变脸色

是用一种特殊颜料制成的面假脂,可分为血红、油、水、土、灰、粉等几种颜色,使用时涂于面部,表现人物面部表情的变化。血红色表现恶毒凶残,是指杀人杀红了脸。油色表现人物的内心世界深沉莫测,如刘备、莫成等。土色表现人物面部没有颜色,代表衰败,如《上煤山》中的崇祯王、《拜土台》中的孔明等人物。

打麻鞭

最为流行的特技,农村群众都会打。戏中所用的麻鞭用大麻制成,一米多长,顶端有三四寸的鞭梢,表演者要善于使用技巧,鞭打出后声音要清脆响亮,同时打在演员身上不能伤人。

阴曹地府酷刑

倒推磨 将演员置于装饰好的磨盘底部,然后把演员的双腿夹在一凸起的道具上,上压一圆桌用以推拉旋转。《长舌妇》戏中的王氏就被施以倒推磨酷刑。

曳肠倒肚 在一些游地府的戏中常用到这些表演技巧。剧中用到的肠肚用羊肠做成,事先将肠子放在戏服内,表演时抽出,形象逼真。

武打特技

火流星 武打演员常用的特技,将圆形的小铁笼系以细铁链,在铁笼里装上木炭。演员表演时将木炭点燃,持铁链在空中旋转,上下翻滚铁笼,铁笼里木炭随着舞动愈加明亮,显示武艺高强。

彩箭、彩锤 彩箭是用来增强人物中箭后的效果,在道具箭身上涂上血色油彩,显得非常逼真。彩锤是道具大锤,开武打戏时彩锤突然炸响起火,如《太湖城》中殷夫人使用的彩锤。

第四节　剧团管理

秦州区国营剧团仅天水市秦剧团一家,其他则为集体或者私有戏班。在管理上天水市秦剧团属于事业单位管理,农村私有戏班则沿袭传统管理习俗。

1985年农村戏班几乎都是演唱灯影子戏的,基本上都是老师傅带领着一帮徒弟唱戏,有时也带一两个师兄弟。由于师徒关系,管理比较简单容易,老师傅戏班主一言九鼎。戏班钱物分配通常戏箱分成三成至一半,戏班主一成多,头牌演员(师兄弟)即戏班的骨干七八分多,一般演员则三四分不等;刚跟师傅学戏的徒弟与其他行业一样,只管吃穿没有分成,只有出师以后跟班唱戏才有分成。灯影子由于演员不化妆,一人经常分饰好几个角色，所以需要的演员很少，一般不要到十人。除吹奏乐器的人员不能演唱外，其他演奏乐器的、勤杂人员等都能唱上几句。一些老师傅年老后儿子不爱唱戏，就将箱子租赁给师兄弟或其他人，自己只领箱子的分成。班主根据演员的表演水平会对大家进行奖励，有时会拿出几分账进行奖励，一般实物奖励居多。平时师傅觉得哪个徒弟戏唱得好、辛苦，就多给一些物品，这些物品都是会里或者还愿的人给戏班的，不上账，多是烟、酒、茶叶、被面等物。一般唱完一个会里的戏后就分钱。

师傅与徒弟的关系非常紧密，基本遵循"一日为师终身为父"的传统。平时弟子吃住都在师傅家中（同村的则住在自己的家里），帮助师傅干农活，闲暇之余学习演戏，戏班受到邀请后则随师傅去唱戏。此外，在五月五、八月十五、春节徒弟都要给师傅追节。徒弟出师以后就不再在师傅家中学戏，既可以跟着师傅的戏班唱戏，也可以跟着别人的戏班唱戏，甚至有能力者可自己带戏班，春节给师傅拜年。

1990年前后农村集体剧团增多，有唱戏传统的村都有自己的剧团。村委会和会里共同出面筹集资金购买戏箱（主要是服装等道具）成立集体剧团，村里会唱戏的都是剧团演员，团长则由村里德高望重的老师傅担任。剧团唱本村的会戏一般没有报酬，但是团长可以带领戏箱到别的地方去唱大戏，会里也不收箱子的分成。由于集体剧团没有戏箱分成，基本按劳分配。个别接到唱戏邀请多的剧团村里则收取箱子钱，或者将戏箱租赁给团长。一些有经济能力的团长则自己购买戏箱等道具。集体戏箱也可转卖给个人，到2000年农村剧团均转为个体。

第五节　灯影子

灯影子的人物、场景道具等由牛皮制成，所以又叫牛皮灯影子，简称皮影。1985年秦城区西南乡镇灯影子戏班较多，有的村庄甚至有两三个灯影子戏班，演员都是农民群众，农忙时干农活，农闲时到处唱灯影子戏。灯影子戏表演比较简单，角色划分、演唱等与舞台秦腔表演一样，唯一差别是演员没有肢体动作表演，只是单纯地唱。核心人物是戏班长，皮影人的动作表演由其一人操作。除皮制道具外，还有乐器、银幕、大油灯。银幕与电影银幕相似，差别在于灯影子的银幕非常透亮，皮影放在银幕上看起来很清晰，演员都坐在油灯后面，因此台前的观众只看到皮影人而看不到演员。油灯很大，有三根左右的灯芯。乐器有唢呐、笛子、二胡、干鼓子、梆子、鼓、锣、钹等。秦城区大多数村庄在山区，灯影子相对大戏（舞台秦腔表演叫大戏）不需要戏楼，所需演员、道具少，一般人家的院子或者宽大的屋子里就能搭台演唱，因此深受广大乡村群众喜爱。另外灯影子演出费用廉价，个人也能承担，许多村民许灯影子愿戏，因而灯影子非常普及流行，除过会外平时红白干事也能看到灯影子戏。灯影子演员每年还能唱两三次大戏，一般都是本村的会戏或者邻村的会戏。受此影响，平时儿童嬉戏也玩灯影子，道具一般是竹子、硬纸、玉米秆做成的人物模型，各自拿着一个相互打斗，有时甚至还喊上几句秦腔唱词。

1990年后灯影子的乐器大量使用长号和管弦乐器。同时随着农村用电村村通工程逐步落实，电视走进山村千家万户，灯影子的市场空间日趋缩小，至2007年仅在个别村子过节、过会时能看到灯影子演出。

第六节　庙会戏

演出时间

秦州区农村唱戏多是庙会戏，一般有道观、寺院和家神爷的地方都唱庙会戏，唱戏时间固定，集中在春秋两季农闲时间演唱。城区庙会戏集中在正月、二月，农村在三月二十到四月底演唱的居多。

玉泉观正月初九开戏，伏羲庙正月十三前后开戏，二月二张家沟，二月十三老君庙，二月十五杨王家，北山寺、南山龙王庙也在二月唱戏，三月初清连寺，三月初七黑爷庙，三月初八演营寺，三月初十杜家坪、玉皇庙，三月十五会应山，三月二十新洞寺、稍子坡、娘娘坝、齐寿等，三月二十八到月底泰山庙、三十甸子、川口、关子镇、铁炉、七十铺、四嘴、何家庙、杨家河等，四月初一到初十南郭寺、四方堡、大门、平南、店镇、云雾山、牡丹、虎头山、玉阳观、天水镇、龙头寺等，七月底杨家山、圣九山、秀金山、七真观、贾家寺、冯家庄、吕家村等。

组织管理

　　1985年秦城区乡村恢复庙会戏演出时间不长，基础条件较差，好多村庄戏楼年久失修坍塌，多搭台唱戏。戏台一般搭在村里学校的操场，并充分利用课桌板凳，唱戏时学校也随之放假。演员则本村人居多，如果本村会唱戏的人较少，就请外村演员。

　　村里的会戏由村主任和会长共同负责，庙会费用全村人共同承担，一些收入高的群众也另外向会里捐钱。本村的演员一般不管吃住，只给一点报酬，有时什么都不给。外村的演员一般管吃住，给报酬，吃住一般在会里或者村干部、会长、亲朋家中。如果请的是外村或者外地的戏班，演员吃住优先在演员亲朋家中，剩余的则由会里分配在会长、村干部或者其他村民家中，有时会里也办灶。大的庙会戏则由大会长负责，庙会组织机构较为健全，有大会长以及会计、香火、伙房、采购等执事，由几个乡的村民共同承办。庙会组织主要承担修建戏楼以及收取会费、邀请剧团、接送演职人员、布置庙会舞台、采购香表、招待来往宾客、结算公布庙会收支账目、每日点演出剧目、公布演出戏报等。大的会戏请专业剧团演出的较多，1985年由于恢复庙会戏时间不长，请个体剧团的比较多，至1990年后基本上请的是县剧团。

　　随着农村经济水平不断提高，有庙会的乡村相继建成戏楼，演员则以职业演员居多。2000年起一般请秦剧团演出。2004年参与秦城区庙会戏演出的陕西省秦剧团有长武、省戏曲研究院（秦腔团）、宝鸡岐山大众、杨坪区、宝鸡市（秦二）、陇县、凤翔等，省内剧团有甘肃省陇剧团和甘肃省、兰州市、榆中县、陇西、庄浪、定西、西和、成县等秦剧团，天水本地的则有天水市、北道区、甘谷县、武山县、清水县、张家川回族自治县、秦安县等秦剧团。演出费用每场6000元至2000元不等，省陇剧团、省秦剧团和陕西戏曲研究院每场6000元以上，外省县剧团5000元以内，天水市秦剧团3000元到5000元，本市县秦剧团3000元左右，民间个体剧团2000元左右。

演出内容

　　庙会戏一般是3天，大的庙会多为5天。一般剧团送戏实际会唱4天以上。庙会戏以祈求一年四季风调雨顺，万事平安为主。开戏第一天首先要唱《天官上寿》，接着演《大拜寿》之类的戏。庙会结束时一般演《黑虎坐台》,此戏是《黄河阵》中的一折,此外还要上演《全家福》《大登殿》等戏,因为这些戏的结局一般都是皆大欢喜。

第七节 天水市秦剧团

1956年7月四川广元秦剧团由天水市政府接收改为天水秦剧团,剧团演出以秦腔为主,兼演眉户、陇剧、影子腔。1958年天水秦剧团和武都秦剧团合并成立天水五一剧团。1962年天水秦剧团与武都秦剧团分设,天水秦剧团更名为天水专区秦剧团。

1985年地改市时改为天水市秦剧团。演出新编剧目《曲直破梦》《游龟山》《火焰驹》《劈山救母》等,先后到秦城区、甘谷、秦安以及兰州等地演出150场,其中在农村演出90余场,收入19000多元。举办迎春文艺晚会,邀请李爱琴等秦腔名家前来演出。组织米新洪、赵新启、邹莲蕊等名角到兰州录制音像作品,其中米新洪的《五台会兄》、赵新启的《捉鹌鹑》、邹莲蕊的《打神告庙》先后公开出版。1987年演出230场,收入3.5万元,观众110万人次。1988年剧团演出"立足本地,面向农村",在市县乡镇村12个演出点演出151场,收入3.1万元,观众45万人。此外在伏羲祭祀大典和大型政务会议召开期间进行义演。

1997年演出台点30个、225场,收入8万元,观众100万人次。邀请米新洪、赵新启、闫淑琴录制《五台会兄》《小姑贤》《宝玉哭灵》《打神告庙》《梁秋燕》等剧目,在天水电视台播放。1998年演出216场,收入9.8万元。与省秦剧团、宝鸡市秦剧团、西安三意社秦剧团交流演出,除在重要节会义务演出外,还开展文化下乡活动,到边远山区、部队演出。2000年演出台点17个、210场,观众100余万人次,收入超过10万元。

2002年天水市秦剧团社会效益和经济效益出现跨越发展,演出202场,观众达到150万人次,收入16.3万元。在中国戏剧家协会举办的全国第二届秦腔艺术节上,节会安排天水折子戏专场,天水市秦剧团7个传统戏获奖,其中一等奖4个、二等奖1个、三等奖2个。2003年演出204场,收入16.3万元。段艺兵、胡雪梅主演的折子戏在《秦之声》播出,张智敏等主演的眉户小戏《果园风波》、田芳等主演的《党的阳光》在天水电视台播出。2004年天水市秦剧团举办全省秦腔旦角大奖赛,市秦剧团获得金奖3个。伏羲文化旅游节期间举办西北秦腔名家演唱会,邀请秦腔名家齐聚秦城区演唱,戏票一售而空。全年演出台点18个,演出195场。2005年乡村演出台点减少到15个,演出场次递减到166场,观众人数也相应下降。应陕西电视台邀请拍摄天水市秦剧团《秦之声》专场戏曲晚会,联合甘肃百通影视公司拍摄出版《黄河阵》《袁丫丫个人专辑》等6本19个折子戏。年末天水市秦剧团有演职员工80余人,其中高级职称12名,中级职称30余名。历任团长有米新洪、田小牛等人。

第八节　剧目创作

1985年天水市秦剧团新编剧目有《曲直破梦》《游龟山》《火焰驹》《劈山救母》等。其中业余作者编剧的《曲直破梦》备受瞩目,在创作中突破传统框架限制,表演手法新,着重刻画人物性格,舞美新颖,自动式布景,服装清雅、大方。此后每年都会排练三到五台新剧目,在演出内容和形式上都有一定革新。1987年新排演剧目有大型神话故事剧《破渑池》、大型传统剧《蝴蝶杯》。

1992年由田小牛编剧,天水秦剧团、文工团联合演出的反映崔兴美事迹的现代戏《黄土魂》获首届敦煌文艺奖。1994年在第六届中国西部地区商品交易会开幕式上演出《风华秦州》,参演人员4000余人。1997年重新排练创作剧目《丹青梦》,新排剧目《清明案》《狸猫换太子》。1998年由樊蕴林编剧、导演的大型神话剧《牛郎织女》上演,舞台效果设计、人物表现新颖,在群众中引起强烈反响。

2002年为配合税费改革,创作专剧《党的阳光》《税费政策好》《建果园》等,到乡镇巡回演出。配合建党81周年创作《秦声颂党》,新排练《红灯记》《智取威虎山》选场。补排恢复传统戏本13本,折子戏3个。启动大型神话剧《羲皇始祖》创作工作。2003年新排大型本戏2个、折子戏10个,新创眉户小戏《打工》参加全省小戏小品调演,荣获综合演出一等奖及编剧、导演一等奖。2004年新排《哑女告状》《金麒麟》《花烛恨》3本大戏和《清风亭》等20多个折子戏,《哑女告状》上演后得到广大观众与专家的一致好评。

2005年创作完成《山里红》，新排练《玉蝉泪》《窦娥冤》两本大戏，在节会期间举办西北秦腔名家演唱会，赶排演出《羲里秦韵》综合文艺晚会。2005年原创剧目《山里红》在全国秦腔艺术节上获得最高奖——优秀剧目奖，主演袁丫丫荣获优秀表演奖，同时应中央电视台邀请在中央电视台十一频道播出，为天水市秦腔第一次上中央电视台演出。

天水市秦剧团、歌舞团获奖演职人员统计表

表22—2—1

姓名	单位	年份	获奖名称	剧目名称
田小牛	天水市秦剧团	2003	全省小戏小品调演编剧一等奖	打工
曹　锐	—	2003	全省小戏小品调演编剧一等奖	莺莺考红
郭东来	—	2003	全省小戏小品调演导演一等奖	莺莺考红
杨士奋	天水市秦剧团	2003	全省小戏小品调演导演一等奖	打工
刘　韧	—	2003	全省小戏小品调演导演一等奖	盖本山考婿
李祖武	—	2003	全省小戏小品调演导演一等奖	盖本山考婿
毕汝仁	天水市歌舞团	2003	全省小戏小品调演表演一等奖	盖本山考婿
胡雪梅	天水市秦剧团	2004	全省秦腔旦角大赛一等奖	贵妃醉酒
张锁霞	天水市秦剧团	2004	全省秦腔旦角大赛一等奖	赴京告状
田　芳	天水市秦剧团	2004	全省秦腔旦角大赛一等奖	刺蚌
袁丫丫	天水市秦剧团	2006	省新创剧目调演表演一等奖	山里红
田小牛	天水市秦剧团	2006	省新创剧目调演编剧一等奖	山里红
赵福彦	天水市秦剧团	2006	省新创剧目调演主奏一等奖	山里红
吴连峰	天水市秦剧团	2006	省新创剧目调演主奏一等奖	山里红
李宝智	天水市秦剧团	2006	省新创剧目调演主奏一等奖	山里红
何礼培	天水市秦剧团	2006	省新创剧目调演舞美设计一等奖	山里红
袁丫丫	天水市秦剧团	2007	省戏曲青年演员大赛一等奖	杜十娘
黄来旺	天水市秦剧团	2007	省戏曲青年演员大赛一等奖	走麦城
田　芳	天水市秦剧团	2007	省戏曲青年演员大赛一等奖	阴阳河
凌养田	天水市秦剧团	2007	省戏曲青年演员大赛一等奖	追韩信
蒲小翠	天水市秦剧团	2007	省戏曲青年演员大赛一等奖	巧相亲

第三章 广播影视

第一节 节 目

广播节目

1985年秦城区广播站广播宣传节目由转播中央台、省台节目和自办节目两部分组成。其中中央人民广播电台《新闻和报纸摘要》《各地人民广播电台联播》,甘肃人民广播电台《甘肃新闻》《农村天地》等列为必转节目。自办节目有《秦城新闻》《乡村四季》《小说连续广播》《送您一支歌》《科学与生活》等,各类稿件的年播出量在3500篇以上。1986年增加《农民之友》《少儿节目》两个新闻类节目,至1992年两个节目共播出748组节目。

1987年10月开播寓新闻性、知识性、趣味性于一体的综合新闻节目《秦城内外》,节目设有《新闻组合》《当代名人》《听众论坛》《听众信箱》《生活参谋》《家长里短》《市场漫步》等十几个小栏目,每期节目由三四个小版块组成。增加新闻节目播出次数,改每天中午、晚上两次新闻节目为早、中、晚三次。全年发稿1645篇,比上年增加113%。1988年每周增发新闻节目1套,每套平均发8条消息,全年共发1398条,比上年增发219条。1989年将《科学与生活》改版为《农民之友》,内容多按季节、气候介绍农业生产科技信息、生活常识及农村建设风貌,稿源多为报刊资料。新闻节目每天1套,全年发稿量突破2000条大关。

1991年5月开办《八运之声》专题节目,播发稿件306件;全年共播出稿件3245件,超任务的47%。1992年播出各类稿件3268篇,超任务36%,区广播站被评为全市广播电视系统先进集体。新设《经济信息》《歌声带着我的心》两个节目,为企业和听众制作商品广告,提供信息服务。1993年5月全新编排《秦城内外》节目,改名为《七彩星期天》,成为融知识性、服务性、娱乐性为一体的综合性节目。

2002年创办《生活一点通》《主持人时段》节目。《生活一点通》主要介绍生活小常识、小窍门等。《主持人时段》突出主持人个性特色,内容集散文、广播剧等于一体,栏目中大量使用同期声录音等形式。《农民之友》改版为《乡村四季》,新辟栏目有《服务窗》《学科学》《致富信息》《领头雁》等。年发稿量突破2500条。

电视节目

2005年6月建立秦州区有线电视台,每天播放13小时,频道设有《秦州风》《你点我播》《娱乐周末》《秦声秦韵》《影视剧场》《天天剧场》《娃娃天地》《视频游戏》等8个节目。

第二节　基础设施

广播

调频广播　1985年1月城区供电站取消电灯零线传输广播信号设施,造成城市居民收听广播困难。1986年5月在牡丹乡王家大山修建调频广播发射台,1987年10月开始向各乡站发射传送信号,使用频率为105.2CM。开机试播后除李子乡站外,其余各乡镇站都可凭借调频广播发射接收到广播信号,其中玉泉、环城、吕二、太京4乡站利用调频广播和有线载波广播2种途径传输信号。1989年王家大山台使用95CM频率、无锡美多TF7100型100W调频发射机发射广播信号,城区及周边520平方公里内15万以上人口可接收到区广播站广播信号。

播音员播音

1990年改造城区广播设施,减少25W高音喇叭33只,增加中、低音

5W喇叭103只。10月在王家大山台安装调试Ⅱ型300W调频广播发射机，频率暂用大门乡规划所列的88.1CM。1991年因质量不过关，用Ⅲ型300W机替代，各乡场强普遍增加6至8分贝。同时购置300W、100W、50W调频发射机及LY221录音机、西湖牌控制桌、采访机、调音台等设备。1992年投资8.2万元恢复主线路165杆公里，新增入户喇叭1050只，全区乡村通播率达到84%，喇叭入户

牡丹大山60米发射铁塔

率85.5%，音响率93.5%。1993年在大众路、人民路、环城西路延伸安装32只喇叭。1994年6月发射频率定为104CM，玉泉、吕二、环城、太京、皂郊5乡站直接接收100W机95CM发射的信号，其他乡站接收调频台300W机发射的信号。在滨河路架设45只喇叭，至此城区8条干线安装180只广播喇叭。同时城区单位、院户安装360只2W的调频接收音箱。年末调频广播22个乡全通，乡广播站22个，行政村数505个，通广播村491个，村通率84%，总农户数74778户。安装喇叭63935只，喇叭入户率85.5%；正常使用的59779只，音响率93.5%。

　　1995年在天水郡架设线路3公里，安装5W中低音喇叭42只。至年底城区共架设线路13.8公里，安装中低音喇叭222只。1996年天水、平南、齐寿、汪川、大门、秦岭、牡丹、关子、藉口、杨家寺、娘娘坝、苏成12乡建立卫星地面站，华岐建立电视差转台播放中央一套、甘肃台节目。延伸城区岷山路段的有线广播1300米，安装喇叭26只。1997年建成皂郊、铁炉2个调频广播站。

　　"村村通"工程　1999年9月"村村通"广播电视建设启动，完成87个村的任务。至2002年全区有县级广播站6座、调频台9座、有线电视4座，基本形成以县区广播站为中心，乡镇站为基础，城市与农村，有限与

无线,广播和电视相结合的覆盖网络。同时由于城区改造,城区有线广播停播。2003年建成牡丹、天水、太京、藉口、中梁、玉泉、平南、齐寿7个小片网,设有3个前端机房,覆盖16个乡镇420个行政村,网内传输34套电视节目。

电视

电视差转台　1988年天水、汪川、娘娘坝、李子4乡建成电视差转台,总功率33W,覆盖人口不到3万,每天晚上转播1次4小时。1996年1月电视差转台停止工作。1998年9月利用王家大山调频广播台安装3米卫星电视地面接收设备和50W彩色电视差转机,用米波九频道转播中央电视台节目。之后苏成、秦岭、华岐、杨家寺、大门、齐寿、平南、牡丹以及娘娘坝乡的孙集村等办起电视差转台,乡村电视发射总功率达到106W。

有线电视网络　2002年9月吸收民间资本发展有线电视网络,2004年1月网络一期建设任务完成,覆盖16乡镇243个行政村的5万户、20万人。有线电视网路采用HFC网,架空铺设,光缆长度370公里,电缆650公里,网内传输中央一、二套节目和甘肃卫视、天水新闻综合频道、陕西卫视等35套电视节目,网内用户16200户。主要设备有高斯贝尔数字接收机30套,其中3、5、6、8解码4套。调制器31套,其中1套备用;1310光发射机16台,光中继器10台,全网光接点124个。

2004年9月有线电视网络中心建成,覆盖农村16乡镇420个行政村和红山厂、6913厂等厂矿企业在内的40万人。网内传播中央、地方台43套电视节目。

第三节　广播电视管理

管理机构

1985年7月天水市广播电视局更名为天水市秦城区广播电视局,成立天水市秦城区广播站。1992年区广播站经济信息部成立,承接广告业务。2002年5月将音像制品管理工作移交区文体局,承接电影发行、放映任务。2003年成立有线电视信息网络服务中心。2005年1月天水市秦城区广播电视局更名为天水市秦州区广播电影电视局。

广播管理

1988年3月全区20个乡站均成立由分管宣传的党委副书记或乡长任组长，乡武装、保卫、秘书、机线人员为成员的广播电视设施管护小组，区广播局与乡站工作人员签订考核责任书，考核内容包括工作实绩、工资浮动、事业建设、宣传等。1991年至1994年将乡站人员转为合同工。1996年乡镇广播人员人事关系转入各乡镇，区广播局只进行业务管理。2002年乡镇广播站并入乡科技文化中心。

音像市场管理

1985年11月区政府成立由分管区长和广播、文化、公安、工商等部门负责人组成的社会文化管理委员会。区广播局与公安、工商部门配合整顿清理城市音像市场，查获消磁处理没有版权的录音带403盘、录像带759盘，造册登记录放设备169台、投影机5台、监视机148台。审查批准国营、集体和个体经营网点51个，社会服务性录像放映队11个，闭路电视20家，教学和职工教育用户70家，逐一登记24个单位的121部无线电台。1992年7月在区文化局成立秦城区文化市场稽查队，清理整顿全区17家舞厅、14家卡拉OK歌舞厅、11家桌球厅、38家电子游戏厅、32家书摊点、8家录像厅。

1996年4月成立区广播电视社会管理稽查队，收缴非法录像带632盘、录音带近300盒，抽查审查录像带500盘。年底全区有录像发行站10家，录像放映厅31家，录音经销店42家。至1998年全区有各类文化经营网点186个，其中歌舞厅4家，卡拉OK厅36家，书报刊摊点27家，台球室30家，电子游戏室39家。1999年查缴非法出版物83种。

2000年检查音像放映、出租、销售点，查获盗版色情录像带25盘、光盘300张、录音带125盒，审查处理各类音像制品100盒（张），停业整顿12家，取缔游商和无证经营户27家，关闭昊泰大厦二楼音像制品集中经营场所，集中统一销毁非法音像制品。2001年检查歌舞厅、音乐茶座、桌球室20余家，对8家违规歌舞厅给予警告，取缔露天台球厅10余家。查处游商6人，没收盗版图书700册，清理部分学校盗版教材、教辅读物。2002年5月音像制品管理工作移交区文体局。

农村放映

2002年农村放映工作由区文体局移交广电局，秦城区实施农村电影放映"2131"工程，完成7140场次放映任务。2005年1月国家资助长江牌F16-10型16毫米电影放映机1套、中兴田野皮卡车1辆。2006年资助HD-150型幻灯片1台、GS-F16K16MM（S）型移动式电影放映机1套。

放映员为农村群众放映电影

农村放映资金统计表

表22-3-1　　　　　　　　　　　　　　　　　　　　　单位：元

年份	市广电局补助资金	区财政配套资金
2003	28020	35700
2004	28570	90700
2005	44712	44712
2006	27000	40000
2007	—	30000

第四章　报　刊

第一节　硬件建设

办公设施

1985年5月天水报社在天水地区行署后院会议室办公，面积30平方米。后随着人员增加租用天水饭店办公室3间70平方米。1988年搬至天水市委院内办公，办公室4间80平方米；同时出资20万元筹建报社办公大楼。1992年4月报社办公大楼竣工,使用面积3200平方米,逐步配齐采访车和电脑,办公实现自动化。

排印

1985年至1989年《天水报》在报社印刷厂采用铅字排版、黑白套红平板机印刷。1990年报社引进激光排照技术印刷。1992年建立计算机机房,引进报纸录入、排版、照排、冲片等成套设备。1993年10月从兰州晚报社转让双色转轮印刷机印刷黑白套红报纸,实现自主录入、排版、照排、冲片、晒版、印刷等工作环节。2001年7月引进美国兄弟公司东方高斯四色胶印转轮机,实现报纸彩色印刷。

电讯网络

1993年5月天水报社通过卫星传输接收新华社电讯文字稿件。2000年10月引进新华社设备增加彩色图片接收。2003年报社接入光纤传输互联网,利用网络接收稿件。2007年升级报社机房,引进北大青鸟华光照片有限公司网络组版系统、汇闻采编系统、广告系统,实现网络组版,直接从电脑签发稿件。

第二节　天水日报

1985年5月1日《天水报》复刊,为四开四版周报,周一出版发行。一版要闻、二版经济、三版政文综合、四版文艺副刊,重点栏目有《秦州花絮》《今日谈》《在希望的田野上》《天水工业在前进》《商品信息》《市场透视》《家庭生活》《科普园地》《文化生活》《卫生与健康》《雨丝》《党团生活》《自学之友》《读者来信》《博采》等。

1986年1月《天水报》扩为周二刊,每周一、周四出版发行。1990年10月扩为周三刊,1992年1月扩为周四刊。

1994年1月1日《天水报》改为《天水日报》,周一、二、三、四、五、六出刊。周一、二、三、四、五仍为四开四版;周六为周末版,四开八版。1998年《天水日报》由四开四版小报扩为对开大报,仍为四版,每周七刊,星期天为周末版。一版为要闻,栏目有《新闻聚集》《212248热线》《外埠改革信息》等;二版为经济,栏目有《经济短波》《企业天地》《市场信息》《经济论坛》《农家乐》《秦乡风》《消费之声》《每周一款》《彩虹飞架》等；三版为政文，栏目有《国际新闻》《祖国各地》《子弟兵》《法制园地》《秦州扫描》《街谈巷议》《卫生与健康》等；四版为副刊，栏目有《知识林》《雨丝》《人生大世界》《理论与实践》《读者来信》等。2001年7月由黑白印刷改为彩色印刷。

第三节 天水晚报

1999年1月1日天水日报社在内部设专门的办公室、记者部、编辑部、专刊部，负责开办《天水日报·社会生活》，四开八版，每周六刊，套红印刷。一版为要闻，栏目有《百姓热线》《新闻追踪》等；二版为综合新闻，栏目有《新闻快餐》《大江南北》等；三版为体育快报，栏目有《冷眼看热点》《体育新动向》《本周赛事》等；四版为《畅游天下》《消费理财》《服饰美容》《花季雨季》《股市行情和财经信息》《保健养生》《万家灯火》交替出刊；五版为《曲溪》《人物》《证券信息》《财经证券》交替出刊；六版为《文艺娱乐》《特别专递》《国际新闻》交替出刊；七版为《国际新闻》《案与法》《车迷世界》《非常专递》《国内新闻》交替出刊；八版为《事实报道》《五色土》《万家灯火》交替出刊。2000年5月1日《天水日报·社会生活》改为《天水晚报》，成立天水晚报编委会，下设总编办公室、新闻一部、新闻二部、新闻三部、专刊部、广告发行部，实行自办发行与邮局发行并行。12月29日《天水晚报》扩版，仍然为每周六刊，周一至周五改为12版，周六8版，周日休刊；新增时政要闻（周边新闻）、民情民意、专题报道、荧屏导视4个版面。

2001年7月晚报采用彩色印刷。9月10日晚报改版，增设首页新闻、要闻（本地新闻）/省内新闻、天水新闻/经济、天水新闻/社会和为您服务/热线、为您服务/电视及百姓生活/家园。2003年12月进行改、扩版，由12版变为16版，有首页、时政、经济、民生、电视、网E、社会、娱乐新闻、体育新闻、中国新闻、特别关注、新闻文摘、世界新闻等。2005年1月1日扩版为24版，每周六刊；整合采编队伍，晚报社设要闻部、经济部、社会民生部、专刊部和时事部。

第四节 天水广播电视报

1993年天水广播电视报社成立,设编辑部、记者部、广告部、发行部、资料室等部门。7月1日《天水广播有线电视报》创刊,每周五出版,四开四版,带有中缝,正文为六号字,黑白套红印刷。设有《影视信息》《影视动态》《广电节目预告》《荧屏内外》《文摘荟萃》《服务之窗》《艺苑新秀》《艺人行踪》等栏目,主要刊登天水电视台,天水有线电视台,中央电视台一、二、三、四套和甘肃电视台等节目。9月更名为《天水广播电视报》,扩版为四开八版。1995年7月获得国内统一刊号CN62-0069。1999年1月与甘肃其他各地州市(兰州除外)广播电视报合并为《甘肃地市声屏报》,刊号CN62-0070,报头为《甘肃地市声屏报·天水广播电视报》,节目介绍增加到22套。

2000年第一期开始,天水广播电视报社与甘肃广播电视报社达成协议,《天水广播电视报》出8个版,《甘肃广播电视报》出4个版,合并发行。从26期开始使用《甘肃广播电视报·天水广播电视》报头。

2001年第一期扩版为4开12版,撤去中缝,设有《节目预告》《央视栏目》《社会生活》《家居时尚》《剧情介绍》《文摘荟萃》《经济信息》等栏目。2001年第二期使用国内统一刊号CN62-0023。2002年第一期扩版为4开20版,采用彩色铜版纸印刷,设有《明星大图》《影视热线》《节目预告》《剧情介绍》《文教百分百》《城市你我他》《关注》《置业安居》《健康指南针》等栏目,介绍32套节目。2002年18期由广告公司代理《资讯广场》广告专版。2004年第一期改版,新设影视新闻、新闻关注、健康养生、博览、实录、教育成长、情感、开心超市等版面,由邮局发行;2004年第23期改版新设《生活时尚》《新闻关注》《文苑》等栏目;2004年第27期改版扩为24版,设置封面明星、娱乐速递、星事物语、本埠关注、聚焦关注、家庭生活、健康养生、文苑、大千世界、秦州荧屏、往事如风、本地新闻等版面。

2005年第一期扩版为4开28版,新设时事聚焦、法制时空、精彩生活、牵手人生、父母茶座等版面。2006年第一期扩为4开32版。2007年6月将32个版面整合为5大板块,分别是咨询(时政新闻、社会新闻、民生服务、省内周边、特别关注、大千世界等版面)、娱乐(明星大图、封面明星、娱乐链接、娱乐专题、娱乐速递等版面)、阅读（走进名人、财富故事/魅力女性、往事如风、牵手人生/情感婚姻、文苑等版面）、生活（精彩生活、父母茶座/习作园、健康养生、健康点滴、银发生活、开心超市等版面）、导视（央视剧情、精彩剧苑、卫视剧场、央视栏目、法制时空、节目预告等版面），共介绍49套电视节目和2套天水广播节目。

第五节 报业经营

发行

1985年《天水报》由邮局发行，发行量几千份，1993年达到1万份。1994年1月1日报社成立发行部（对外称天水日报社新文化传播有限责任公司），自办发行报纸，年发行量达到26000份，发行费率降至25%。1996年发行量达到31000份。1997年1月停办自办发行，转邮局发行。至2005年发行量下降到15000份，3月又成立发行中心，实行自办发行和邮局发行，之后发行量逐年提升。

1999年1月《天水日报·社会生活》创刊，同时成立广告发行中心，在秦城、北道两区自办发行，其他5县邮发。2000年5月《天水晚报》转邮局发行。2003年在秦城区成立发行站，招聘20多人在邮发的基础上拾遗补漏，扩大发行面。

广告

1996年每周出一期经济信息特刊，由天水烟草专卖局协办。2000年2月与移动天水分公司联办《天水移动服务大众》栏目。

2001年3月出版3·15专刊，4月出版"两会"专刊。经济信息特刊改版为经济生活周刊，囊括服饰、美容、卫生、健康、消费、科技、房产、家居装饰等版块，年创收20万元。7月开设长期小广告版块百业窗栏目，每15平方厘米收费30元。11月与天水市电信局签订报眼广告合同，期限一年，每周刊发两次。2002年开设天天读报、月月有奖窗口，代办兰州地区广告，与天水市国税局等单位开办专栏。2003年与天水市财政局、移动天水分公司等单位开办专栏。2004年发布春节拜年系列广告，开设求医问药小版块专栏广告。2005年至2007年先后与兰天天水公司、天水市总工会、天水市发改委、人行天水市支行等单位合作刊发各类广告。

第六节　期　刊

　　驻区单位所出期刊多为内部发行,不定期或年出版1至2期,发行范围基本以秦州区为主,发行时间较长且较为固定的刊物为数不多,其中《天水师范学院学报》《天水行政学院学报》是发行范围最广、影响最大的期刊。

天水师范学院学报

　　1981年天水师范专科学校创办《教学研究》,至1982年共出刊4期,1983年更名为《天水师专学报》。1996年12月设立学报编辑部(副处级)。2000年更名为《天水师范学院学报》,学报编辑部升为处级建置单位。2000年11月《天水师范学院学报》获得公开刊号。双月刊,单月出版,主要开设《哲学》《政治学》《经济学》《中外语言文学》《历史学》《教育学》《自然科学基础理论研究》《自然科学应用研究》等栏目,同时设有《陇右文化研究》《杜甫陇右诗》《西部开发论坛》等特色栏目。

中共天水市委党校期刊

　　天水行政学院学报　2000年《天水行政学院学报》创刊,由中共天水市委、市政府主管,天水市行政学院主办。双月刊,每双月底出版,设有《马克思主义研究》《邓小平理论研究》《"三个代表"重要思想研究》《学习实践科学发展观》《党政干部论坛》《行政管理》《西部大开发》《政治学研究》《天水文化》《伏羲文化》等栏目,突出《政治学》《行政管理》《法学》《文化研究》等栏目。读者对象主要是理论研究宣传、理论教育工作者,高等院校师生,各级党校、行政学院、社会主义学院,各党政事业单位干部等。

　　天水学刊　1987年1月天水市委党校创办《天水市委党校校刊》,1989年3月《天水市委党校校刊》更名为《天水学刊》,1995年《天水学刊》转为中共天水市委理论刊物,设有《领导论坛》《党的建设》《建设社会主义新农村》《理论探讨》《天水发展》《县域经济》《政法社会》《科教论苑》《文史园地》等栏目。

文化刊物

渭滨吟草 1984年12月《渭滨吟草》创刊,由天水诗社主办,32开本,每年1辑。第4辑改油印为铅印。1987年在天水诗社基础上成立天水诗词学会,刊物改由天水诗词学会主办。前5辑栏目设置因人系诗,没有固定栏目。1990年第6辑设置《盛世心声》《城乡风貌》《江山多娇》《盛世见微》《吟物寄怀》《百啭千声》《怀人悼亡》《会外来鸿》《楹联创作》《诗海一勺》《新诗园地》等栏目。

天水灯谜 1981年创刊,32开本,天水市文化馆和天水市灯谜学会合办,内部不定期刊物,内容以创作谜语为主。

文联通讯 1986年4月创刊,32开本,天水市文联主办,不定期内部交流刊物,设有《作品简评》《新闻辑要》《天水撷英》《秦州大观》等栏目。

天水文学 1988年8月创刊,16开本,天水市文联主办,当年刊出2期,1989年改为季刊。1993年更名为《花雨》,2010年更名为《天水文学》,由天水市委主办,天水市文联承办,至2013年底共出刊97期。主要刊登长、中、短篇小说,散文,诗歌,纪实类文学,报告文学,人物传记,文艺理论,翻译类作品,美术、书法、音乐、篆刻等作品,兼发一些好的电影、电视、戏剧、歌词、摄影等作品。

西部歌声 1987年3月天水市文联试行创办音乐刊物《新歌试唱》,出刊1期。1988年2月出刊1期后更名为《西部歌声》,定为季刊,每年4期,成立编辑部。1989年《中国音乐报》向全国推荐的3个优秀音乐期刊中《西部歌声》名列第二。1992年《西部歌声》在全省期刊评比中获优秀期刊奖。《西部歌声》受到广大音乐工作者和爱好者的好评,在国内反响颇好。1996年由于财政经费吃紧《西部歌声》停刊,共出刊34期。

天水文化 1993年创刊,由天水市文化局主办,设有文化动态、伏羲文化、名胜精华、文物保护、戏剧论坛、群众文化等,出刊5期后停办。

专业刊物

天水宣传 1989年8月创刊,天水市委宣传部主办,32开本,月刊,设有《卷首语》《党政要闻》《要闻摘编》《工作部署》《理论学习》《宣传论坛》《宣传动态》《舆论导向》《政工园地》《经济潮》《秦州风》《精神文明建设》《大事记》《刊中报》《信息苑》《群言絮语》《工作探讨》等栏目。

天水粮食工作　1989年10月创刊，天水市粮食局和天水市粮经协会合办，16开本，系统内部赠阅，设有《领导讲话》《廉政篇》《粮油购销》《体制改革》《经营管理》《粮油工作》《粮油食品》《粮油史话》《粮油科技》《财务会计》《粮油保管》《科技信息》等栏目。

科技先导　1975年《天水科技》创刊，天水市科委主办。1988年因经费不足等原因停刊。1990年复刊改为《科技先导》，16开本，季刊，内部不定期刊物。设有《科教兴市》《大科技》《专家论坛》《软科学》《研究与建设》《民营科技》《记者述评》《热点透视》《科技英才》《科界凡人》《刊中报》《科普天地》《羲皇故里》《社会论坛》《自然科学论坛》《读者桥》等栏目。

天水教育　1990年4月创刊，天水市教委主办，16开本，半年刊，1991年改为季刊，设有《德育研究》《班主任之友》《教育论坛》《教学研究》《教育史话》等栏目。

天水市志通讯　1986年创刊，天水市地方志编纂委员会主办，16开本，不定期内部交流刊物。设有《文件选登》《市志要闻》《论文转载》《修志动态》《修志园地》《领导讲话》《工作研究》《名胜古迹》《地方史料》《天水人物》《志稿评议》等栏目。后随着一轮修志进入尾声而停刊。

天水中医　1986年《中医通讯》创刊，天水市中医研究所、天水市中医学会主办，16开本，每年1期。1993年改名为《天水中医》。设有《老中医经验》《临床报道》《学述探讨》《中西医结合》《医案医话》《针灸》《气功与养生》《中药方剂》《中医未来》等栏目。

第五章　图　书

第一节　天水市图书馆

1985年7月天水市图书馆升级为县级单位。1990年市图书馆建筑面积497平方米，其中书库364平方米、阅览室78平方米。馆内设有采编室、成人阅览室、儿童阅览室、借书处、古籍书库、基本书库、资料室、复印部、财务室、总务室,职工11人。1994年10月在南大桥北端西侧新建图书馆,馆舍占地4933平方米。馆楼主体7层,高27米,总面积5000平方米,可容纳藏书50万册。设8个不同类型的阅览室(自科、社科、报刊、儿童、自学、视听、外文、古籍),阅览室座席200个,报告厅可容纳读者250人。之后相继建成电子阅览室,与中国科学院资源环境科学信息中心联合建成天水工作站,开通清华全文期刊数据库、万方数据库、清华博士硕士论文数据库、国务院发展中心信息网、自然科学博览等信息资源数据库。

2007年有各类藏书30余万册,其中古籍藏书60028册,位居全省地、市级公共图书馆之首。1052部10023册古籍善本和著名爱国人士邵力子于1937年捐赠的13000余册私人藏书独具特色,此外馆藏地方文献2500余册。各类报刊合订本50000余册,儿童读物5000余册,拥有各类阅览座席500个,全年面向社会免费开放,节假日不休息。

第二节　学校图书馆室

天水师范学院图书馆

1990年天水师专新图书馆大楼在学校新址(滨河西路)建成,面积4777平方米,馆藏图书30余万册、各类期刊2万余册,收藏有1980年至1990年国家及各省、市、自治区报纸合订本,藏书重点为中国文学、数学、物理、化学及教育类教学参考书籍。图书采用中国图书馆分类法分类,依分类目录组织。2005年8月投资5000万元〔其中香港邵(逸夫)氏基金会捐赠建设款项500万港元〕建成的新图书馆投入使用,是甘肃省东南地区最大的综合性高校图书馆,建筑面积25800平方米,8层全框架结构,设计体现"藏、借、阅"一体的图书馆管理理念。2006年底建成超星数字图书馆,文献资源总量达到126万余册,其中纸质文献76万余册、电子书50万册,形成涵盖纸质书刊、电子期刊、电子图书、网络资源等多类型的图书馆。年接待读者50万人/次,借还书刊28万余册,利用网络资源40万人/次,下载资料11.13万篇,复制复印资料14857篇(盒),成为秦州区藏书最多、年接待读者最多的大型综合图书馆。

天水市委党校图书资料室

1956年中共天水地委党校图书资料室建成,1966年有藏书5万余册、期刊资料2000余册。1981年图书室和资料室合并为图书资料室。购书量逐年递增。1990年中共天水市委党校图书资料室总面积275平方米,有藏书5.2万余册,资料8000余份,设资料室、阅览室,有阅览座位40个。

天水一中图书馆

1990年天水一中图书馆面积410平方米,藏书4.4万余册,其中自然科学类8000余册,社会科学1.2万余册,文学艺术类9000余册,综合性图书2000余册。订阅期刊307种,收藏期刊合订本1535册。图书按中国人民大学图书馆图书分类法分类,依分类目录组织藏书,设卡片式分类目录1套。内设图书室、学生第一阅览室、学生第二阅览室、教师阅览室、办公室,有阅览座位60个。

天水市总工会图书馆

1985年8月天水市总工会重建天水市工人文化宫图书馆,1987年7月1日正式开馆服务,建筑面积314平方米,设图书室、阅览室、借阅处,拥有150个阅览座位。共有藏书3.3万余册,以文化艺术及社会科学图书为主。订阅各类期刊445种、报纸57种,收藏各类期刊和报纸合订本3000余册。

第三节 邵力子捐书陈列馆

1937年7月邵力子将个人所藏的大批珍贵书籍捐赠给天水,由冯国瑞负责接收、转运,之后冯国瑞等人对图书做初步整理、登记造册,编成《力学庐书目》一册,建成天水图书馆。据《天水图书馆记》载:"总共五千二百四十二种,一万六千六百一十六册,含册帧照片等,略得五万卷以上。"后书籍散佚颇多,冯国瑞所编《力学庐书目》也已无从查考。天水市图书馆按照《中国图书馆图书分类法》第四版、《中国文献编目规则·古籍》对馆藏6万余册古籍文献进行科学、系统的分类编目,制作分类、著作、提名3套卡片式目录,筛选出邵力子赠书1491部13546册。书籍经整理可分为5类:丛书十余种,多为陕西当地文人的汇集或文物;方志、游记、地理类图籍多种,百分之九十是陕西的;陕西和甘、宁、青等省个人著作;西北各省的著作;

西北各省地理照片多种。

　　2005年4月天水市图书馆建成邵力子捐书陈列室,修复邵力子捐书力学庐藏书柜68个,制作二十四史雕花博古架1个、木制雕花古籍陈列柜9个、木制雕花阅览桌4张、明式椅24把、雕制木制楹联1幅、木制扇形字匾1面,铺设木地板150平方米,更换安装塑钢窗暖气罩150平方米,改造陈列室吊顶、照明灯具,安装防盗防火电子监控系统等。2006年2月改造古籍书库,铺设木地板153平方米,改造书库吊顶及照明灯具,制作仿古木质书柜144个、雕花字画柜5组,进行防腐、防虫、防火涂层处理。安装七氟炳烷气体自动灭火系统,配备立式空调、空气净化器、加湿器等保护设备。

　　邵力子所捐图书涵盖经、史、子、集各个门类,其中不乏罕见之抄本、善本、孤本。全国珍贵古籍名录有:《保安志略》二卷,清代侯昌铭撰,誊清稿本;《太师诚意伯刘文成公集》二十卷,明代刘基撰,明隆庆六年(1572年)刻本;《集录真西山文章正宗》三十卷,南宋真德秀撰,明嘉靖二十三年(1544年)孔天胤刻本;《阿育王传》五卷,晋代释安法钦译,明弘光元年(1645年)刻本;《河东先生集》四十五卷外集二卷,唐代柳宗元撰,宋代廖莹中校正,明代郭云鹏济美堂刻本;《雍胜略》二十四卷,明代李应祥、俞安期撰,清代抄本;《焦山山人焦次虞岁寒集》十卷,明代焦之夏撰,清代抄本;《东坡文选》二十卷,宋代苏轼撰,明代锺惺编辑,明代刻本;《佛母大孔雀明王经》三卷,唐代释不空译,明嘉靖三年(1524年)汉中府云峰寺刻本;《重刊渼陂王太史先生全集》二十七卷,明代王九思撰,明嘉靖十二年(1533年)刻、二十四年(1545年)续刻、崇祯十三年(1640年)重修本,存十九卷(渼陂集十六卷、续集三卷)。此外还有张大千、范文澜、陈果夫、李菊时等题赠邵力子的个人著述。捐书中尤以数量不菲的陕、甘、宁、青、新等地方文献形成天水图书馆馆藏特色。

第六章 群众文化

第一节 基层文化站

1985年秦城区有乡文化站19个,占应建的86.4%;街道文化站3个,占应建的42.8%。娘娘坝乡有业余剧团3家,村组篮球队11个,乡级乒乓球队1个,象棋队1个,书法创作组1个,文物保护单位1个,文学创作组1个,在节日期间举办各种群众娱乐活动。基层文化站开展的文化活动主要是乒乓球、篮球、象棋等传统文体项目。1987年华岐乡、大城街道建立文化站,太京乡政府与个体文化户刘永生联办文化站。1988年建立齐寿、中梁、环城乡文化站。1992年天水乡文化站升级为天水乡文化中心站。

1994年牡丹、杨家寺乡成立文化中心站。1997年成立藉口、铁炉乡文化中心站。之后有条件的乡镇相继建立乡文化站和文化中心站,至2007年秦州区有16个乡镇中心文化站,专职工作人员12人。

第二节 广场文化活动

1987年10月至11月区文化局和区工会联合举办秦城区“高歌奋进,改革腾飞”职工歌咏比赛。1992年5月23日开展“五·二三”纪念活动。1997年香港回归之际,在市中心广场举办“秦城区迎香港”文艺汇演,演出29个节目。2000年9月2日在南山体育场举办“第十一届西交会开幕式广场文艺”演出,表演节目有舞龙《龙腾西部》、少儿舞蹈《秦州高跃伞》、歌伴舞《天水之歌》、广场舞蹈《天水旋鼓》等。

2005年1月庆祝秦州区更名挂牌,举行大型文艺演出。2月18日(正月初十)举办“金鸡报春”广场文艺演出。6月举办天水市秦州区“远离网吧,健康成长”青少年广场签名活动和天水伏羲文化旅游节秦州少儿书画现场表演活动。2007年2月在龙城广场举办以展示秦州历史文化名城风采为主题的文艺演出,有舞蹈、歌曲、相声、小品、器乐等各类节目,同时举行"万幅春联送乡亲"现场义写活动和"颂秦州"书画展览。

第三节　春节文化活动

1982年正月十五日,天水市政府在南大桥举行焰火晚会,吸引观众10万余人。1983年市政府组织大型春节文化活动,有社火大汇演、灯展、焰火等活动。社火大汇演从正月初六开始,社火队各自上街表演,正月十二日、十三日两天是社火大汇演,有扭秧歌、跑旱船、耍狮子、杠老爷、踩高跷、打夹板、腰鼓队、锣鼓队、舞龙灯和高抬,社火队上街表演时人山人海。灯展正月十三、十四试灯,十五玩灯,十六倒灯。灯展时大小不等、形式各异的彩灯悬挂街道两旁和龙城广场,彩灯造型有飞禽走兽、古今人物、风景名胜等,设有电动装置。之后每年延续举办社火表演、烟火晚会、灯展等文化活动。

1987年春节前区文化局携带1000副对联下乡慰问军烈属、困难户,组织电视录像播放队到天水、汪川、大门、娘娘坝等边远山区为农民播放《西游记》《一代枭雄》等录像节目30多场。正月初八至十五组织60个单位组成85支社火队伍在市区街道表演。1988年春节组织开展大规模的群众文化活动,117支社火表演队伍从正月初八至十五在市区沿街表演。元宵节夜晚在南大桥举办大型焰火晚会。1992年正月初六至十五共有150支社火队上街表演,表演节目有龙旱船、秧歌队、彩车、高抬等,与北道区举行交流表演。正月十四至十七举办"秦城迎春灯会"。

1993年正月十二秦城、北道两区组成160多支社火队伍在市区街头举行汇演。正月十三、十四两天,在南坑体育场举行1993年春节迎七运"'皇都杯'迪斯科、健美操、秧歌、武术比赛暨'石油杯'社火大奖赛"。正月十四至十八在民主路和市中心广场举办大型迎春灯会,制作大型座灯160多座、各色挂灯450多盏。同时举行中小学生3盏灯游艺活动,在人民公园内举行灯谜游园会,正月十五日晚在南大桥举行大型焰火晚会。1998年社火表演从正月初八开始至十三日结束,每天有3个街道的社火上街表演,有彩车、高跷、旱船、龙狮舞、彩旗、庆丰收锣鼓、秧歌、舞蹈等节目。正月十四至十六组织迎春灯谜晚会,花灯展出680盏,谜条3000条,观灯、猜谜观众3万人。

2000年社火表演由街道和城郊3乡自行组织上街表演,节目内容重点突出龙文化,正月初十各街道组织人员在南坑体育场参加"龙之春"舞龙大奖赛,正月十三至十七日在市群艺馆举办杨继水书画展,正月十四日至十六日在人民公园举办"龙城千禧"迎春灯展,正月十五日晚在南大桥举办"龙腾盛世"焰火晚会。2004年成立秦城区春节文化活动领导小组,在文化局设立办公室,负责各街道、城郊3乡社区民间艺术节目汇演、迎新春歌舞戏曲公演和焰火晚会等工作。2007年正月十二在民主东西路举行民间艺术汇演,汇演队伍由民俗方阵、欢庆锣鼓方阵、龙腾虎跃方阵、奔向未来表演方阵组成。

第四节　节会文化活动

1989年8月首届中国西部商品交易会在天水召开,区文化局组织50多支表演队开展民间艺术表演活动。1994年开展庆国庆群众文化活动;9月28日晚在秦州剧院举办文艺汇演,有舞蹈、歌曲(合唱独唱)、器乐演奏、小品、相声、诗歌朗诵等节目;9月30日至10月2日在市博物馆举办秦城区农民书画展,共收到作品97幅,筛选出参展作品73幅;10月1日在天水市人民公园举行游园活动。1995年7月举办建区十周年庆祝活动,在中心广场举行纪念建区十周年万人庆祝大会和建区十周年文艺晚会。1997年5月区文化局组织夹板、少儿鼓号、仪仗、织绵、武术5个队与上元会、周易学会在伏羲公祭、民祭期间表演;6月举办全区"迎香港回归"书画作品展、庆祝香港回归文艺晚会和中小学生文艺调演;7月1日晚在南大桥燃放焰火,庆祝香港回归。1999年伏羲文化旅游节期间举行民间民俗艺术街头展演活动;6月8日至8月26日开展庆祝建国五十周年摄影作品展、庆祝建国五十周年五县两区书画调展,举办庆祝六一、庆祝国庆五十周年暨迎澳门回归文艺汇演。

2001年伏羲文化旅游节期间举行民间民俗表演活动,有书画、摄影、风情艺术展；国庆期间在人民公园组织秦腔演唱会。2002年伏羲文化旅游节期间举办天水民间民俗风情展、"名城之夜"焰火晚会等活动。2003年在伏羲文化旅游节天水民间民俗风情展中，征集民间明清家具、古书画、生活用品等各类作品80余件参展，并举办"名城风情"书画展。2004年五一期间举办秦州区首届"文化旅游周"系列文化活动，邀请省内外知名书画家举行书画联展，组织本、外地客商在"文化旅游周"活动期间展销近年来的精品图书、音像制品，举办"文化旅游周"文艺调演颁奖晚会；在中国天水伏羲文化旅游节期间举办焰火晚会。

2005年6月29日在山西会馆举办天水市秦州区书画艺术精品暨民间工艺品展，伏羲文化节期间举办焰火晚会。2007年6月举办秦州区第二届农民书画展，从征集到的230余幅书画作品中筛选出120余幅在陕西、山西会馆展出。

第七章　文学艺术

第一节　歌　舞

天水市歌舞团

1985年天水地区文工团改称天水市文工团，先后排演《凯旋之夜——欢迎红军师晚会》《十年辉煌》《红盾情》等大型专题歌舞晚会，创作编排甘肃省第八届运动会开幕式节目《走向太阳》、第六届西交会开幕式节目《风华秦州》，参与排演天水电视台春节联欢晚会，创作演出歌舞《起飞吧，天水》《十年辉煌》《散花》《麦积梦》等。展现羲里风情和时代精神的剧（节）目主要有歌剧《市井民风》、大型话剧《天水·1949》、大型主题歌舞《伏羲颂》、天水新春交响音乐会等。累计演出歌剧、话剧、影视剧80多部，赴河北涉县、宁夏、金昌、临夏、兰州、平凉、陇南等地交流演出，参加中央电视台"中华情""乡村大世界"大型明星演唱会的演出及全国首届农民武术大赛开幕式及闭幕式文艺演出。

甘肃省艺校天水分校

1999年甘肃省艺术学校天水分校成立,李祖武、梁元奎、杨亦功等人曾在艺校任教,先后培养出200多名音乐舞蹈专业毕业生。主要演出节目有《祝福祖国》《天河热土》《火红的七月》《天河绿韵》《羲里沐春》《永远跟你走》等,同时演出的还有春节联欢晚会及天水伏羲文化旅游节等专题文艺晚会。

个人作品

1986年王鹏驹的《梁祝》在"海峡之声"电台向台湾播发。1994年1月薛文彦在北京音乐厅举办薛文彦交响作品音乐会,个人创作歌曲《生长在黄土高原》《我唱金黄金黄的共和国》《永远跟党走》选入《放歌新世纪中华百年歌典》,《西部之恋》《山歌向着北京唱》等在美国、新加坡出版发行,交响乐《母亲》、歌曲《清流漫过米粮川》获省第一届敦煌文艺奖。1996年刘一澜获中国音协主办"世纪之声全国歌曲大赛"银奖,作品《咱们西藏》《天上西藏》获中宣部第七、八届精神文明建设"五个一"工程奖,《祖国的西藏》获"文华奖"。1999年郭宝萍在甘肃省首届群星艺术节表演舞蹈《独角戏》获优秀奖。2000年崔凤瑞获全省群星艺术节声乐比赛铜奖,2007年演唱的《军营飞来一只百灵鸟》在甘肃省第三届群星艺术节展演中获银奖。2001年孟文麟创作歌曲《祖国请听我说》获全国少数民族"孔雀杯"声乐大赛创作奖,2004年首届新疆"天山文艺奖"荣誉奖。2005年晓光作词、徐沛东作曲的《天河热土》由吕继宏在全国演唱。

国标舞

1991年天水材改厂工人牛银海从广州等地最先接触到我国早期的国标舞,同时甘肃省体委职工、天水籍业余国标舞教师胡醒民来天水办培训班,成为天水最早普及国标舞的教师。此后兰州、西安等地的傅玉军、艾湘来、宋刚、张斌、张瑛琪等相继来天水普及国标舞。1996年天水市体育舞蹈运动协会成立,举办天水市首届体育舞蹈比赛。2004年天水蓝多国标舞艺术团挂牌成立。2007年天水市国际标准舞学会在天水市青少年校外活动中心揭牌成立。

第二节　文　学

诗歌

20世纪80年代天水涌现出在全国有较大影响的诗词作者,其中代表人物有董晴野、张举鹏、王柄等人。天水市诗词学会编辑的《渭滨吟草》至2011年底刊出28期,推出王直、刘肯嘉、刘少荣、王克俊、王君明等一大批诗人,李蕴珠、李桥、杨玲玲、张巧红4位女诗人出版《四清集》。2000年后天水众多诗人出版自己的诗词文稿,如王柄的《黄牛歌》等。

1985年前后罗巴、王若冰、杨春来到天水开始新体诗词创作,自办油印诗刊,同时向外投稿,作品被《飞天》《西北军事文学》等刊物以"天水三人集""天水诗歌小辑"等方式刊登,被称为天水"三剑客"。受此影响,天水师专的雪潇、周舟、欣梓、苏全洲、丁良、辛轩、秦雨等人在《飞天》《天水日报》等报刊的扶持推荐下创作发表诗词。至20世纪90年代,天水集结了彭波、汪浩德、魏宗、张日堂、申士嘉、阎虎林、刘晋等老中青结合的一大批诗人。2000年后《诗刊》《人民文学》《十月》《青年文学》《星星》等刊物对一些天水籍诗人给予持续关注。2007年《十月》第二期以专辑形式刊登王若冰、周舟、王元中、欣梓、雪潇、汪渺、左昊苏等8位诗人的21首诗作。

散文

天水散文早期代表作家有董丁诚、匡文立、周如镜、胡迅雷等人,20世纪90年代以来安永、雪潇、王若冰、周应合、薛林荣、胥海莲、刘晋、白尚礼等从事散文创作。雪潇、佛石、薛林荣、叶梓、余普查等人作品多见于《散文》《北方文学》《中华散文》《散文选刊》《读者》等刊物。周应合的散文《周家的羊群》、李晓东的散文集《花事·人事》、薛林荣的系列散文《鲁迅的别样风景》、雪潇的散文集《怅辽阔》、叶梓的系列散文《露水的道路》等相继出版或获奖。汪渺散文《诗人老乡》获孙犁散文一等奖。

2007年10月王若冰长篇散文《走进大秦岭》的出版发行引起强烈反响,创造性地提出"秦岭文化"文化学观念。

小说

天水小说界老一代作者有庞瑞林、李益裕、张云、李胜果等,中生代作者有贾凡、猴光明、彭有权、辛轩、丁念保、周应合、卿晓青、惠富强、王君明、筱风、莲子等人。乡土题材作品有辛轩的《女儿沟》、周应合的《占媳妇》等。2000年后汪渺在《十月》上发表长篇小说《雪梦》并出版长篇小说《阴司陆判》，彭有权出版新农村建设题材长篇小说《望天鸟》；惠富强的《地域有多远》在《章回小说》上刊载；女作者李晓东反映民办教育生活的长篇小说《寂寞让我如此美丽》在新浪网举办的全国小说大赛中获奖。2004年7月周宜兴出版长篇小说《书香闺秀》。

第三节 书 画

创作

1985年张国栋设计的六扇青铜镜屏风、组合三套桌荣获甘肃省"百花奖"创作一等奖和甘肃省工艺美术百花奖，次年作品又获第六届中国工艺美术百花奖优秀创作设计二等奖。陈冠英与张维萍合作创作的生肖篆刻作品《百骏腾骧》获甘肃省优秀创作一等奖，被甘肃省工艺美术学会收藏。1986年全国漆画展在北京举办，天水市有7幅作品入选，2幅获奖，5幅作品入选全国工艺美术作品展。1988年10月天水市书法家协会成立，在省级以上刊物或大型展览中发表作品或论文110余件（篇），有12件作品获省级以上奖励。1990年张维萍创作的《甘肃民间美术》被中央电视台多次报道，剪纸作品《丝路明珠》系列在中国美术馆举办的首届中国剪纸大奖赛中获优秀奖，并入选在日本举办的"中国美术展"。1991年天水市美协响应甘肃省委宣传部庆祝建党70周年甘肃省美术作品展览决定，组织全市画家创作各类作品100余幅，选出30余幅作品送省美展，入选21幅，其中张玉璧的中国画作品《在延安》荣获二等奖。

1997年张玉璧创作的国画作品《风》获"首届全国中国人物画大展"铜奖，同时获得"甘肃省美术作品展"一等奖。张吉祥作品《高原情》获甘肃省首届"群星奖"铜奖。1998年张维萍被甘肃省委、省政府授予"敦煌文艺奖"。张吉祥作品《黄土之韵》在省美协主办的甘肃省三地市美术作品联展中荣获二等奖。2000年杨洪涛作品《归》获省第二届"群星奖"二等奖。

　　2001年张维萍在巴黎举办个人画展，《十二生肖百刻图》被国家图书馆、毛主席纪念堂、鲁迅博物馆、老舍纪念馆等收藏。丁尚德国画作品《春醉》入选第八届全国美展；《福到农家》被毛主席纪念堂收藏，入选毛主席纪念堂珍藏画集《东方红》；《群鸡图》入选毛主席诞辰一百周年全国名人名作邀请展。张吉祥获中国文联主办的全国第四届中国山水画200家光荣称号。2002年张吉祥作品《晚秋》在文化部主办的全国第十二届群星奖比赛中荣获优秀奖。1994年至2002年天水市美协组织展出发表各类美术作品1900件，其中参加国家级展出并获奖作品200件，获省级奖作品200多件，获市级奖作品1200件，有47件作品分别被国家级展馆收藏。展出各类书法作品2100件，其中国家级展出作品240多件，获国家级奖作品260多件。

　　2003年6月《天水书画》创刊，主要介绍全国书画发展动态和陇右历史人物优秀书画作品的创作背景、艺术特色等。王骁勇作品《康巴汉子》获"海潮杯"中国画银奖，闫小鹏书法作品在省文化厅主办的'伏羲杯'诗书画大展中获优秀奖。2004年王骁勇《高原红》入选全国美展；谢荣生、穆钧二人作品入选全国大字书法展。2005年周宇春作品入选全国第五届楹联书法展，穆钧作品入选全国第四届正书大展，杨洪涛作品《老窗》入选纪念抗战胜利60周年全国书画作品展。2006年周宇春荣登2006年10月《书法》杂志"全国青年书法百强榜"，张吉祥作品《岁月》参加全国第六届工笔画大展被收藏，姚四有作品《热血铸血魂》入选中国美协主办的纪念红军长征70周年书画展。2007年程凯的《王了望诸疑考辨》获甘肃省第二届"张芝奖"理论文章一等奖，王焕新、杨清汀书法论文获二等奖。在西望敦煌甘肃美术作品晋京展中，靳永红、张玉璧、管玉、陈华强、吴少明、王骁勇、穆静、张东怀、贾利珠、赵福萍、梁琳等人作品入选，其中吴少明的作品《清风》被中国美术馆收藏。赵志强书法作品入选首届全国行书大展，李靖、马春林书法作品入选全国第二届兰亭奖·安美杯书法大展。王骁勇获甘肃第二届专业画院优秀作品暨陇山陇水陇人大型书画展览国画一等奖，姚立毅获书法作品一等奖，赵保林油画《建设者》入选第四届中国大地情国画油画作品展并获优秀奖，王骁勇国画《雪融香马拉》入选第四届全国画院优秀作品展。姚四有作品《热血铸血魂》入选文化部主办的中国青年美术家新农村采风展。

展览

1986年10月天水市首届中国画作品展在天水市文化馆开幕，展出人物、山水、花鸟画作品127幅，之后在陕西省西安市、宝鸡市巡回展出。1988年天水书画院举办展览4次（其中全国范围征稿展2次），展出作品500幅。5月在天水市举办第一届陇南陇东五地市美术作品联展，同时在北京举办天水风情艺术展，展出国画、油画、版画、雕塑、工艺美术、民间美术、书法、篆刻等作品270多幅。10月天水市书协成立，举办书协第一届会员代表书法篆刻作品展览。1989年举办天水市庆祝建国40周年美术作品展览，展出中国画、油画、版画、壁画、连环画、年画、宣传画、水彩、水粉、工艺美术作品156件，其中28件入选甘肃省美展，10件作品获省级奖。1985年至1992年天水市书法家协会共展出各类作品2200件，其中在国家级展览展出5件，获国家级奖4件、省级奖36件。

1993年书协举办古今名人字画展览、蒋小牛书法作品展。1994年在兰州举办天水书法美术作品展。1995年与陇东南各地区美协举办甘肃陇东南五地市美术作品展览，天水入选作品42幅。

1996年举办天水市九人画展，参展画家为张玉璧、张吉祥、李博、王骁勇、吴少明、王雄熙、范宏亚、高全生、张应生，展出人物、山水、花鸟画作品50余幅。1996年6月举办三国文化天水书画展。1997年3月举办首届天水农民书画展，由关子镇观止书画社承办。1998年7月与山东省泰安书画院开展两地书画作品互访交流活动。1999年9月天水、平凉、庆阳三地联合举办"庆祝建国50周年，迎接澳门回归"书画作品展。2000年3月在市中心广场举办万人参加的百米书画长卷等活动。举办世纪之春书画作品巡回展。

2001年7月在伏羲文化旅游节暨羲皇故里经贸洽谈会期间举办天水书画艺术展，赴宝鸡举办两地交流展。2002年7月举办国家历史文化名城西北地区书画作品联展，展出西安、汉中、咸阳、韩城、银川、同仁、张掖、武威、敦煌、天水10个历史文化名城的书画家作品。

2003年8月伏羲文化旅游节期间举办伏羲杯全国书画大赛。中秋节期间举办25城市书画作品展。11月举办羲里风情书画摄影展,展出书画作品200幅、摄影作品100幅。2004年1月推出天水书画院丝路行写生作品展,3月举办天水市第一届临书展,4月在安徽青阳博物馆举办天水市书画作品展,5月在书画院举办北京市丰台区书法作品展,11月在北京丰台区文化馆举办天水市书法作品展。2005年7月举办中国书协获奖作者50家精品展,8月举办刘牧山水画展。

2006年春节期间举办天水书画院首届年展。伏羲文化旅游节期间举办杜甫陇右诗作品展,发行大型画集,展览共收到省内外书画家作品700余件。之后又举办天水美术馆馆藏精品书画展、天水市纪念红军胜利70周年书画作品展、纪念孙中山先生诞辰140周年书画作品展、天水市第二届临帖展等。8月国画家杂志社联合天水沐雅文化艺术中心举办首届"伏羲神韵"走进西部中国画名家邀请展。成立天水市油画艺委会,举办天水市首届油画作品展。2007年8月开展"风采天水"甘肃著名画家画天水活动。

第四节　摄　影

1985年天水地区摄影协会更名为天水市摄影家协会,举办天水市首届职工摄影展。1986年天虹照相材料店购入天水首台彩色照片冲扩机,结束天水只有黑白照片的历史。1987年9月在秦城区举办由伊犁、天水、西安、洛阳、开封、连云港等12个城市地区的摄影家协会联合发起的"第一届横贯中国摄影艺术联展",展出作品240幅;举办首届天水风情艺术展。1988年举办第二届天水风土人情艺术展,选送作品赴北京展出。1989年举办天水市摄影艺术展览和天水市庆祝建国40周年摄影艺术汇报展。年底秦城区个体照相业发展至26户。1990年6月第二届横贯中国摄影艺术联展在秦城区展出。1995年7月举办天水市名胜旅游风景摄影展。1998年成立天水市人像摄影学会。8月举办首届甘肃省现代摄影学会理论研讨会,刘乐宇等人48幅摄影作品入选欧亚大陆桥风情摄影艺术作品展。1999年举办天水市三元杯摄影展、第三届横贯中国摄影艺术联展、天水市庆祝建国50周年摄影作品展等活动。

2001年7月举办中国天水伏羲文化旅游节暨羲皇故里风情摄影艺术展。2004年举办当代国际摄影展，共展出来自60多个国家和国内的专业摄影作品3000余幅。2005年举办天水市"蓝天杯"人与环境摄影大赛。2006年举办天水市改革开放三十周年成就图片展。在市文化馆举办六人行摄影艺术联展，展出张宪潼、杜松奇、常国宣、孙晓、陈峰、豆芽6人作品各20幅。2007年在市文化馆举办张天元穿越四大无人区个人摄影展，并巡回展出。

第五节　谜　语

1981年11月天水市灯谜学会成立。1982年创办不定期内部刊物《天水灯谜》（32开，每期24页至30页不等），至1987年9月共出6期。主要刊登会员创作的灯谜和一些简短谜文、谜事报道等，后期亦选登一些外地灯谜。先后有马笃信、王炳祥、马佩文、陶炎烈、郭天林担任过编委。至1985年活跃在天水谜坛的代表人物有杨承业、王炳祥及号为"三马"的马永慎、马永惕、马佩文。

20世纪80年代天水群众性的猜谜活动渐趋红火，不少工厂（天水精表厂、天水红山厂、天水长通厂、天水海林厂、天水新华印刷厂、天水岷山厂等）有工会领导的灯谜组织，几乎每月都有活动。1987年1月天水市职工灯谜协会成立。1989年陈清泉编著的《〈西游记〉故事灯谜》一书由兰州大学出版社出版，是天水谜语人首次出书。

1992年市灯谜学会与天水商业大厦合作，参与外地举办的一些大中型灯谜猜射及制作比赛，成绩突出者有陶炎烈、马佩文、许海魁、陈清泉、尹恺、安建国、王少鹏、穆全顺、孙安邦、安润泽等人。2002年天水市书画院在万寿宫举办大型迎新春灯谜展猜活动，天水市博物馆、玉泉观景观管理处等单位亦在相关节庆日开展较大规模的对外展猜，天水灯谜活动逐步在西北谜界形成一定的影响。之后陈清泉陆续公开出版10部灯谜专著，安建国亦有1部谜著公开发行。

第六节　民间音乐

秦州民间音乐源远流长,春秋时期《诗经·秦风·车邻》中就有"既见君子,并坐鼓瑟""既见君子,并坐鼓簧"的诗句,与天水镇相邻的礼县大堡山秦公大墓出土有成套的编钟和石磬。隋唐时期秦州乐舞也较为繁盛,从秦州区出土的隋唐演奏乐器有笙、箫、贝蠡、排箫、横笛、竖箜篌、琵琶、铜钹、腰鼓等,与《旧唐书·乐志》所载"龟兹乐"内容大抵相同。杜甫在秦州创作的诗作中亦有"鼓角缘边郡""城上胡笳奏""羌笛暮吹哀""临衰厌鼓鼙"等涉及音乐的诗句。明清戏曲大兴,音乐更多地为戏曲伴奏乐,这些音乐存留至今,多用于婚丧嫁娶等。

鼓吹乐

鼓吹乐民间称作唢呐班、吹手班、吹响班,演奏人员称"吹鼓手"或"吹手"等,从职人员大都以口传心授为主。鼓吹乐的演奏以唢呐为主奏乐器,一般用两支唢呐为主奏,同时伴有大鼓、中钹、镲、云锣、碰铃、木鱼等打击乐,有些唢呐班社在人员规模稍大时,还伴以板胡、二胡、三弦、笛子等,有时根据乐曲情绪变化和场面需要增加其他乐器。演奏班子一般由2到4人组成。2000年后唢呐班大量使用架子鼓、号子、口琴等。1985年秦城区成立后演奏的曲目大多以传统的唢呐曲牌和本地民歌、小曲为主,风格或质朴明快,或委婉典雅。曲牌有《十里相送》《缘相会》《十杯酒》《高雁彩凤》《串红毡》《拖毡》《转娘家》《千里耕读》《小奠茶》《织手巾》《看灯山》《十个》《亡人进墓》《牧牛》等。民间器乐合奏曲有《大开门》《小开门》《大拜礼》《摆嫁妆》《深沟担水》《洞房花烛》《十五玩灯》《哭兰衫》《夜净纸》《大摆队》《十八学士登云州》《长城》《李三娘甩翠》等,民间古典乐曲有《将军令》《将军出府》《太子游四门》以及笛子独奏曲《上眼担水》等。

道教音乐

道教音乐传承于民族文化,乐声悠扬脱俗、高雅自然,极为动听。道场音乐根据不同用处、不同经词配以不同曲调反复或交替唱奏,所用伴奏乐器一般有笙、笛、箫、管、云锣、钹、铰子、铛子、碰铃、鼓、木鱼等,曲调节奏鲜明,速度徐缓,一般均有固定的曲牌。固定曲牌有《大儿披》《奠八披》《横阅》《接字子》《大狗咬》《小狗咬》《水米一齐下》《天下通》等。道场分多种科数，在科数较大、经词繁多的情况下，常是换词不换曲。

佛教音乐

主要以木鱼、磬等小型乐器居多，庙会、法事等大型活动诵经时使用乐器较多，有笙、管、笛、钟、鼓、钹、木鱼、铜磬、碰铃等。天水佛教音乐大多以吹奏曲牌居多，如《大乘经》《朝天子》《千声佛》《哭灵堂》《度林英》等，可单独演奏，也可在诵经时进行伴唱（奏）。

第八章 档案地方志

第一节 馆库设施

1985年10月省、市、区三级财政投资21万开工建秦城区档案馆楼，1987年8月竣工，10月投入使用。馆楼建筑面积1034平方米，使用面积723平方米，半框架钢混结构、单面四层；其中档案库房使用面积468平方米，办公使用面积255平方米。1983年前档案馆使用的档案柜为木柜，馆楼建成后逐年大量添置铁皮柜。

1990年区财政拨专款2.5万元为档案馆购置复印机一台，用于档案复制。1993年，馆内有木柜51套，铁柜143套。2002年增添消防器材6具，更换8具，共20具。2003年铁皮柜数量达到158套；电子电器设备有微机4台，复印一体机、扫描仪、录像机、数码照相机、电视机、录音机各1台。2004年出资4.8万元购置10列40组密集架档案柜。2005年建立多媒体档案管理综合开发系统，购置档案管理软件2套、刻录机1台，电脑达到6台，建成档案管理局域网。2006年新增扫描仪2台，升级档案管理软件。2007年更换消防器材6具，更换馆楼窗户防光窗帘64户。

第二节　档案管理

1986年秦城区档案局对整理归档合格的单位发案卷质量合格证书，全年给177个单位验发合格证书，立卷1432卷。1987年采取人员、时间、文件材料"三集中"的方式培训全区档案管理人员。1992年在区直各部门、乡政府启动机关档案室档案管理上等升级指导工作，区税务局档案室达到省一级标准通过验收。1994年成立秦城区档案管理执法监督检查领导小组，督促检查区直部门档案管理工作。1996年区档案局停止给各单位验发案卷质量合格证书，实行现场指导验收。

1998年区属各机关档案室管理上等升级达标验收工作完成，在农村玉泉乡枣园、皂郊乡兴隆镇等9个村启动村级建档试点，完成立卷139卷。1999年在村级建档试点的工作基础上全面展开全区村级建档工作，止12月底594个行政村有578个建立档案，建档率达到97%。至2000年全区农村各乡镇村级建档工作和机关档案管理上等升级达标工作全面完成。593个村完成村级建档，仅1村未完成，建档率98.8%。共立卷5022卷，其中永久3131卷，长期1463卷。

2002年培训全区档案管理人员，实施《归档文件整理规则》（DAT22-2000）。2003年启动社区建档工作，组织专人指导7个街道40个社区的档案管理业务工作，率先完成大城街道6个社区建档工作，共装订档案96盒、1500件。向阳社区达到国家二级示范标准，成为全省第一个社区建档示范点。7个街道40个社区共立卷980盒、26400件。

2005年清理区二轻公司及商业系统破产企业档案，整理档案3600卷。在飞鸿电器有限公司、昌盛食品公司启动非国有制企业建档试点工作，抽调专人分类指导。2006年指导帮助天水镇咀头村村民刘文杰建成全省首个农民家庭档案室。

1986—2005年秦州区区直部门、乡镇政府档案立卷归档统计表

表22-8-1

年份	指导立卷（卷）	立卷合格单位（个）	参加业务培训人次
1986	1432	177	331

续表

年份	指导立卷（卷）	立卷合格单位（个）	参加业务培训人次
1987	2604	155	
1988	1855	169	268
1989	2967	175	102
1990	3051	219	114
1991	5569	200	98
1992	1800	195	70
1993	6104	164	120
1994	5040	212	150
1995	5190	167	160
1996	5957	—	260
1997	5371	—	80
1998	4865	—	80
1999	3544	—	167
2000	—	—	—
2001	3688	—	—
2002	2393	—	—
2003	1362	—	—
2004	—	—	150
2005	2349	—	—

第三节　档案保护利用

　　1985年秦城区档案馆馆藏档案18904卷、54个全宗，此外收集图书等资料3830册。1986年续编完成1949年至1985年天水市、秦城区四大班子及各部门、街道办事处322个单位的机构设置和党政领导变更情况资料。之后每年根据馆藏情况更新检索工具，编写档案编研。1987年区档案馆馆楼竣工后档案的管护实现规范化，库房建筑设计符合相关规定，设有消防栓等防火设备；馆楼整体结构设施防尘、防强光、防盗、防鼠、防潮、防虫效果好，库房窗户挂有窗帘。为防止虫害档案馆不再购置木柜，在每个柜内放置樟脑丸等驱虫药剂，建立昼夜值班制度。清理全区历年积存会计档案29682卷；对查阅不便的4294卷档案重新整理，编写《专题索引》等检索工具14种91册，编研成果7册。

1988年鉴定中共天水市委重点档案，重新整理装盒1636卷，之后陆续重新整理抢救中共天水市委、市政府及民国时期重要档案，至1992年重新整理裱糊民国时期档案616卷。同时随着秦城区首轮修志工作的展开，档案利用工作掀起一波高潮，1992年、1993年利用档案分别达到2910卷、5178卷，其中修志利用档案分别达到2236卷、4383卷，是档案馆建馆以后至2007年期间利用档案最多的年份。

2000年启动建设数字化档案馆工作，微机录入目录2万条，至2005年累计微机录入目录9万条。2004年区档案馆建成长期性秦城区爱国主义教育档案资料展室和现行文件阅览中心，供社会公众免费参观查阅。现行文件阅览中心占地30平方米，陈列2000年至2003年期间形成的383份现行文件，内容涉及群众关心的社会保障、企业改制、计划生育、低保等方面的法规文件。爱国主义教育档案资料展室面积40平方米，主要利用馆藏资料及制作的展板，较为直观地展现秦城区的历史与现状。10月秦城区档案馆被中共秦城区委、区政府命名为秦城区爱国主义教育基地。之后几年由于利用率过低，展室和阅览中心被撤销。

2006年按照馆藏档案数字化要求，完成档案扫描7000页。2007年完成档案资料扫描1409幅、目录录入35026条，建成馆内局域网。

1985—2007年秦州区档案馆档案利用统计表

表22—8—2 单位：卷

年份	馆藏档案		利 用			接收	重点档案整理抢救
	案卷	全宗	总计	修志	接待人次		
1985	18904	54	841	—	237	3899	—
1986	20371	72	2369	—	879	1467	—
1987	21771	80	3051	1864	1036	1400	—
1988	23693	88	3867	1977	1030	1922	—
1989	25697	102	2594	878	644	2004	—
1990	27338	120	2966	1361	631	1363	502
1991	29366	120	2582	558	662	2028	562

续表

年份	馆藏档案		利　用			接收	重点档案整理抢救
	案卷	全宗	总计	修志	接待人次		
1992	32148	156	2910	2236	960	3186	427
1993	33298	158	5178	4683	1249	1150	52
1994	34398	163	1476	700	279	1100	180
1995	35698	163	2075	169	270	1300	150
1996	34984	167	1628	510	361	602	213
1997	35584	168	520	10	143	600	200
1998	36284	168	541	56	142	700	220
1999	36505	156	1906	48	185	412	100
2000	40286	161	683	112	144	3781	50
2001	40037	168	876	152	154	1468	60
2002	42678	168	2004	301	131	924	16
2003	43658	178	1645	610	117	2760	70
2004	43788	178	1554	854	303	1180	60
2005	47811	178	702	—	170	5303	68
2006	48410	179	3200	2034	283	700	50
2007	49500	180	3024	1965	240	1040	60

第四节　编修地方志

编写区志

1991年3月天水市秦城区地方志办公室成立，9月召开第一次地方志工作会议，制定修志工作规划以及《秦城区志》篇目，随后召集各承修单位修志人员进行培训，部门、专业志编修工作在90多个单位全面展开，期间志办人员深入各单位指导业务，至1994年完成部门志70%以上任务，编纂工作逐步从搜集资料阶段进入区志编辑阶段，由志办主任张秦负责总纂工作。1998年11月《秦城区志》稿通过初审，1999年4月通过复审，2000年12月通过终审，2001年5月由甘肃文化出版社公开出版发行，兰州新华印刷厂印刷。

《秦城区志》是中华人民共和国成立后秦城区编写的首部社会主义新方志，上限起自原始社会新石器时代，下限至1990年。全志分为概述、大事记、建置、自然地理、人口、城乡建设、工业、商贸、交通邮电、金融保险、农业、乡镇企业、经济管理、财政税务、中国共产党、权力机关、行政机关、政协、党派群团、劳动人事、军事、公安司法、民政、科学技术、文化艺术、文物古迹、教育、医药卫生、体育、社会、人物、附录32部分，120万字。此外卷首附有秦城区志编纂委员会及办公室、编辑部人员组成名单、序文和彩图。

2006年秦州区启动二轮修志工作。2007年制定秦州区二轮修志编纂方案，61个承修单位完成篇目设置。

专业部门志简介

甘肃省天水市土壤志　1952年2月天水市人民委员会组织编写《甘肃省天水市土壤志》，动员23万农民普查全市1100万亩土地，历经3个月的时间完成。志书由基本情况、土壤鉴定、土壤改良、规划4部分组成，6万字。

天水市教育志　1959年12月天水市文卫局组织人员编写《天水市教育志》，到1960年2月完稿，油印本。上溯至1840年鸦片战争爆发，下限至1959年。全志分为编者语、前沿、正文三部分，15万字。正文采用编、章、节、目四层编写。第一编为鸦片战争至中华人民共和国时期的天水教育，下设鸦片战争至"五四"运动时期的天水教育、"五四"运动至中华人民共和国成立前的天水教育两章；第二编为社会主义革命与社会主义建设时期的天水教育，下设中等教育、初等教育、幼儿教育、工农业余教育、教育经费与基本建设、教育行政干部与教师、汉字改革7章。

秦城区检察志　1993年初天水市秦城区检察院成立《秦城区检察志》编写领导小组，抽调王润生等人负责编写，到1994年11月完稿，12万字，内部铅印。上限起自1949年8月，下限至1993年末。全志分为图片、序、凡例、概述、大事记、正文、附录7部分，其中正文由机构队伍、刑事检察、经济检查、法纪检察、监所检察、控告申诉检查、其他检察业务、坚持党的领导和接受人大常委会的监督8章组成。

天水铁路电缆工厂志 1999年天水电缆工厂组织编写《天水铁路电缆工厂志》,主编陆义明,历经6个月的时间完稿,内部版。上限起自1969年4月,下限至1999年6月。全志分图片、正文、附录三部分,正文采用篇、章、节、目四层编写,共13篇、55章、114节,40万字。

天水市秦城区工业志 1989年7月天水市秦城区经济委员会组织编写《天水市秦城区工业志》,主编徐林山,到1990年4月完稿,内部版。上限起自1920年,下限断至1989年。全志分为19章55节,19万字。

秦城区税务志 天水市秦城区税务局编写,主编魏长民。志书上溯至夏代,下限断至1993年,全志36万字,分为图片、序、凡例、概述、正文、附录6部分,正文按编、章、节、目层次排列编写,共3编12章。

秦城区工商行政管理志 1992年8月天水市工商行政管理局秦城分局组织编写《秦城区工商行政管理志》,主编高旺林,1994年底完稿。上限至事物发端,下限至1990年。全志分领导题词、图片、序言、概述、凡例、正文六大部分,60万字。正文按章、节、目层次编写,共12章、59节、250目。

秦城区城建志 1992年5月天水市秦城区城乡建设环境保护局组织编写《秦城区城建志》,1994年初完稿。上溯至事物发端,下限断至1990年。全志分为图片、序言、凡例、概述、正文、大事记、人物,25万字。

天水市公安局秦城分局志 1995年9月由秦城分局编志委员会编纂完成。上限起自1906年,下限至1993年。志书由序、凡例、图片、概述、正文组成,16万字。正文采取编、章、节、目层次编写,分为机构、政保、治安、刑侦、预审5编。

第二十三编

伏羲文化

FuXiWenHua

人文始祖伏羲作八卦，开天明道，肇启中华文明。以伏羲为祖龙融合各部族图腾形成中华民族龙图腾，成为中华民族的标志。伏羲文化作为中华本源文化，是维系中华民族凝聚一心的精神纽带。人们缅怀伏羲伟大功绩是对人类社会进步文明的礼赞。

秦人立国后就设祠祭祀伏羲，到秦灭六国统一天下，设立完备的制度对以伏羲为首的三皇等圣贤进行祭祀，之后历代承袭秦礼仪文化，遵循伏羲祭祀制度。北宋时在秦州成纪县卦台山创建伏羲庙祭祀伏羲，由此拉开在秦州大规模祭祀伏羲的序幕。明成化十九年（1483年），秦州知州傅鼐在城西主持修建伏羲太昊行宫，弘治三年（1490年）竣工，形成一殿一牌坊格局。正德十六年（1521年），巡按甘肃御史许翔凤奏请朝廷在秦州城修建伏羲庙祭祀伏羲。嘉靖二年（1523年）在太昊行宫基础上建成伏羲庙建筑群落，有牌坊、先天殿、太极殿、朝房、见易亭等。嘉靖十年（1531年）对伏羲庙进行全面补修，在大门两边创建开物成务、继天立极两座牌坊。之后进行多次维修，清嘉庆十二年（1807年）维修新建碑亭、钟鼓楼。明代祭祀仪程分为迎神、初献、亚献、终献、彻馔、送神、望瘗七部分，祭器有笾、豆、俎、簠、簋等，祭物有牺牲、瓜果、谷物等。清代祭祀仪程较为简单。

1988年龙年五月十三日（6月26日），天水市人民政府恢复公祭伏羲活动，对庙宇进行维修。1989年将农历五月十三的公祭伏羲大典活动定为伏羲文化旅游节。至2005年伏羲庙建筑群东起羲邻巷，西至忠义（祠）巷，南端自戏楼起逐院递升，沿南北中轴线至天靖山寂庆寺一气贯通，依次有牌坊、宫门、仪门、先天大殿、太极殿、泮池、见易亭，直通寂庆寺山门、楼台、殿阁，最后穿寂庆寺直抵演法寺。同时祭祀礼仪日趋成熟完善，规模逐年扩大，祭祀活动升级为甘肃省人民政府主办。祭祀仪式分为6项：第一项全体肃立，奏乐；第二项击鼓鸣钟；第三项恭读祭文；第四项乐舞告祭；第五项敬献花篮；第六项瞻仰伏羲圣像。国家、省、市领导和海内外近万名华夏儿女参加祭祀活动。

第一章　伏羲庙

第一节　维修保护

1986年4月天水市博物馆迁入伏羲庙,勘察、测绘、拍摄庙内所存古建筑,做出维修方案。1987年至1989年落架维修中院木构架古建筑东西朝房10间,面积253平方米,造价12.4万元。整治上下水管道,抢救复壮濒临枯死的古柏。1990年8月建成前院东侧225平方米的陈列室。1992年1月建成前院西侧文物展厅、库房各9间,面积207平方米。

1989年至1992年国家、省文物局拨款31万元维修先天殿和太极殿,面积766平方米;天水市博物馆自筹资金5.2万元修建东西碑廊各5间,面积120平方米。

1993年9月至1994年5月搬迁院内碑碣,修缮伏羲庙大门,维修牌坊、台墩、栏杆,面积91.8平方米。1995年至1998年落架维修来鹤轩,复

伏羲城全景

原钟亭，维修鼓亭。1999年7月搬迁庙区东侧15户住户腾出所占用的乐善院土地，迁走西侧秦城区线路金具厂腾出所占用的忠义祠土地。

2001年伏羲庙被公布为全国重点文物保护单位，天水市实施伏羲庙保护维修工程，将维修项目列为天水市重点项目工程。2002年市政府拨款1000万元、划拨40亩土地置换回部队所使用伏羲庙庙区土地27亩。从伏羲庙储备土地中划拨9亩给市博物馆作为伏羲庙复原用地，使伏羲庙占用土地面积达到19.2亩。2003年成立由市长担任组长（主任）的天水伏羲庙保护维修工程领导小组和天水伏羲庙保护维修工程募捐委员会，分别在市博物馆下设办公室，市博物馆全面负责整修伏羲庙。投入200万元用于庙前东西两侧28户居民的搬迁和规划设计，拆迁伏羲庙前院东西两侧23户居民占用的乐善院、忠义祠土地，伏羲庙占地面积恢复到27亩。市博物馆先后争取财政拨款和社会募捐维修资金396万元，其中募捐8万元。2004年11月《天水伏羲庙保护与维修设计方案》通过国家文物局复审，维修工程主要内容包括文物建筑修缮、原文物建筑的复建项目、文物环境整治和伏羲文化陈列馆及伏羲文化研究中心的建设项目。

2005年10月将伏羲庙后东西两侧18.1亩土地无偿划给伏羲庙，作为伏羲庙保护维修三期工程伏羲文化陈列馆和伏羲文化研究中心建设用地，至此伏羲庙占地面积扩大到45.1亩（3万平方米）。

第二节　门前区

伏羲庙门前区由戏楼和"开天明道""继天立极""开物成务"三座牌坊组成，围合成不闭合的天井式庙前小场景。

戏楼

戏楼位于伏羲庙大门外正南，创建于清代中叶，2002年维修。戏楼坐南朝北，与"开天明道"牌坊隔伏羲路步行街相对峙，砖木构造，大木为五檩中柱悬山式两层结构。面阔三间，明间宽于两次间，通长9.95米；进深两间，宽8.53米，通高8.516米。屋面为绿琉璃五脊筒板瓦阴阳铺顶。上层为戏台，前台口当心间为可拆卸的六扇格花心屉槅扇门，两尽间槛窗分别为圆形镂雕青龙、白虎图案并施以彩丹，两中间原设马门、二帘，2002年

伏羲广场

联通为一体。二帝额板墨题"太古元音",彩画天官赐禄捧寿图,后台檐墙改作十扇格花心屉槅扇门。一层明间和次间分别为六扇和四扇如意云头裙板门。两山墙以卵石奠基,梁架以下为糙砌青砖,软红墙心。梁架以上用陡砖封护。

戏楼后面是伏羲广场,广场宏大开阔,祭祀等许多活动都在这里开展。

牌坊

伏羲庙大门前东为"继天立极"坊,西为"开物成务"坊,中横"开天明道"坊,平面布局形成两纵一横的"品"字形结构。

"开天明道"牌坊与戏楼相对,创建于明嘉靖初年,坐北向南,为三间四柱三楼形制。牌坊建在高0.95米、长18.57米、宽5.31米的青石勾栏平基台上,台座明间和两侧面分别配有青石雕花陡板扶手垂带踏步。明间高11.324米,庑殿顶,黄绿琉璃螭吻兽头,有正脊、垂脊、戗脊,绿琉璃筒瓦覆压灰布瓦。十三出踩练条斗栱,繁密华美。四根通天柱前后施以戗木,各柱间小额枋下镶嵌垂帘式高浮雕云龙纹雀替,施丹彩绘。牌坊明间走马板正中悬"开天明道"行书巨匾。

"继天立极""开物成务"二坊跨街屹立,形制与"开天明道"坊相同,创建时间晚"开天明道"坊十年。坊下原各立一石,刻铭:"文官下轿,武官下骑。"

宫门

明弘治三年（1490年）创建宫门，榜曰"太昊宫"，紧依"开天明道"牌坊，坐北向南。明清时期经历多次维修，清嘉庆十年（1805年）至十二年（1807年）由三间改建为五间。宫门面阔五间长18.35米，进深两间宽7.35米，高8.41米，与"开天明道"坊建在同一个台明上，其台明与牌坊之间相隔0.93米，形成一个排水沟槽，台明距沟槽底0.31米。大木为五檩中柱悬山结构，绿色琉璃筒瓦扣压灰布板瓦覆顶，黄绿琉璃龙纹印花脊。前后檐下有三踩象鼻昂斗栱，柱头科出正昂，平身科在正昂两侧又出45°斜昂，带有明显的秦州地方特色。额枋外檐彩绘龙凤图案，下施精细雕刻雀替。内檐梁架画木纹，两山墙在梁架以下为青砖糙砌，软墙心抹灰刷红。梁架以上用陡砖封护。五开间均开门，安穿带板门。明间、次间比两尽间门略高，门板上均有九行九列铜乳形门钉，而两尽间却为七行七列，每扇门均镶安兽面铺首衔环，形成中国帝王至尊之制。明间槛下左右安装大型抱鼓石海窝，以示尊严；其余各间只垫枕石。大门明间是专供伏羲氏和朝廷官员代天子祭祀时出入的门，平时关闭，遇有重大祭祀活动开启。两次间和两尽间为拜谒之人进出的通道。

2004年维修时上架外檐改施旋子彩画，内檐施以木纹彩画，下架和大门一麻五灰地仗油饰。

明间檐下正中悬"与天地准"大匾，明间走马板悬"太昊宫"匾。

第三节　前　院

跨入大门为前院，由甬道、东西文物库房和仪门组成，平面呈南北向长方形。从大门明间进入院内是一条用尺四方砖"十"字缝隙墁正铺的主甬道，直通仪门明间踏步，为伏羲氏和代表朝廷祭祀的官员出入通道。大门至仪门尽间则变为尺二方砖细墁斜铺的甬道，俗称文武官道，以示主次有别，寓意每逢伏羲祭祀大典之际官员以文左武右行进之制。在文武官道外侧各建有一座钢筋混凝土结构的九开间悬山顶博物馆文物库房。

仪门立于二进院前端，创建于明嘉靖初年，为伏羲庙第二道门，地面高出前院1米，以示重门森列、启发崇敬之意。面阔五间长17.86米，进深两间宽7.185米，高8.6米。五檩中柱悬山结构，绿琉璃筒板瓦覆顶，捏花五脊吻兽。檐下三踩象鼻形单出下昂斗栱，上架外檐绘旋子彩画，内檐皆画木纹。山墙梁架以下为糙砌青砖，软红墙心，梁架部位青砖陡板封护。明间檐下悬

仪门

楚图南题写的"伏羲庙"巨匾。

仪门与大门一样，明间也是仅供羲皇和代天子祭祀官员出入的门道，次间为官员祭祀时整冠、盥洗之所，尽间为普通官员和民众出入通道。

第四节　中　院

穿过仪门进入伏羲庙第二院，是伏羲庙建筑群的中心区域，也是祭祀的主要场所。其主要建筑有先天殿，东西依次相向配建钟鼓亭、朝房、碑廊，形成前门后殿、左右庑、廊的四合院形制。西侧单独建来鹤亭1座，院内有古柏18棵。在仪门内侧由方砖铺筑的3条甬道正对先天殿月台，月台用9层青砖砌筑，长27.11米、宽12.97米、高8.25米。月台前正中用象眼支撑，斜铺一块表面光滑的青白石，直对先天殿大门和仪门、宫门、"开天明道"牌坊明间，如同九龙御道，形成至高无上的"陛石神道"。

在月台北侧，与先天大殿明间和"陛石神道"处在同一条线上的还有高近2米的焚炉。炉座以条石围筑成六角形，上筑琉璃塔，原高3层，现存2层，上层8面，下层12面，以海水江牙、行云、腾龙做图案，琉璃晶莹。

先天殿

先天殿又称大殿、正殿，是伏羲庙的核心。因伏羲创画先天八卦，故称"先天殿"，和宫门是伏羲庙创建最早的建筑。明成化十九年（1483年）动工兴建，明弘治三年（1490年）落成。之后又经历多次修建。

先天殿形制为大式重檐歇山顶砖木结构，面阔七间长26.42米，进深五间宽17.26米，高15米。主要架构为抬梁式，上檐殿身七架，下檐为回廊周匝，檐柱与金柱由单双步梁和穿插枋咬合，形成牢固的木骨架框架结构。山面以踩步金和摸角梁结合做成歇山屋架。整座建筑由42根立柱托顶，显得殿内宽阔宏大，便于组织各种祭祀活动。上下檐内外均施五踩斗栱。上檐斗栱宏大，柱头科、平身科都做五踩双翘斗栱，角科里转角翘后尾托翼形栱，承递角梁。下檐斗栱为双下昂，尺寸较小，显得较为精细。

先天殿伏羲塑像

上层屋面覆压黄绿琉璃筒灰板瓦和九条垂直琉璃捏花脊。正脊以龙吻、龙和莲、牡丹等花卉为主，龙弯曲自如有张力，张牙舞爪，怒目巨睁，有腾飞之势。脊正中还矗立着琉璃雕花桥亭火珠，亦称天宫"宝刹"，长2米，高3米，重檐覆屋三层楼阁形制。垂脊、戗脊尾端均有兽头。飞檐翼角有武士高坐，檐口为一色的水龙勾滴，各种雕饰在殿宇屋顶之间遥相呼应。下层瓦面做法与上层相同，不同之处是瓦面交接处由四条围脊、四条垂脊和岔脊相连。

先天殿前檐垫栱板、斗栱，有平板枋的雕刻，彩绘取材广泛，有神兽瑞草、八宝博古、伏羲八卦、天宫仙境等，反映伏羲文化内涵。

正面檐下明、次一、次二五间为六抹四扇槅扇门。明间门心屉镂空雕绣球形葵花带艾叶纹，次一间镂空雕百鸟朝凤纹，次二间镂空雕蝙蝠花卉纹。两尽间上为槛窗，镂空雕透花"团形二龙戏珠"纹，双龙、祥云、玄珠浑然一体。下为木制海棠池站板，用平面浅浮雕和弧面高浮雕相结合的手法，雕饰"仙鹤松下望月""神鹿宿松觅音"等图。背面檐下彩画有人首蛇身的伏羲氏，以及《山海经》所载的"百尾虎""象鼻羊""龙首鱼""有足有眼蛋"等。

　　两山面外檐下施以木纹画，用墙封堵。墙体下碱为灰砖十字缝，墙心为软心刷红。

　　大殿正面悬红底金字"先天殿"巨匾，下檐明间悬"一画开天"巨匾，东进间悬"开天立极"蓝底金字巨匾，西进间悬"道启鸿蒙"巨匾。檐柱明间悬挂"间推象数先天探始，欲访龙图后世问津"联；东进间悬挂"八卦成图华夏仰圣地，六分始肇炎黄歌传人"联；西进间悬挂"桑梓千秋崇圣祀，衣冠万国拜神州"联。

　　殿内当心间后间建有神龛，额悬"文明肇启"绿底贴金巨匾，神龛额楣上透雕双龙戏珠装饰。柱悬黑底金字报柱瓦对联"卦列先天乾坤立极生奇偶，理涵太极水火移宫用坎离"。神龛内端坐明代彩塑伏羲圣像，高3米，身着桑叶，身体魁梧，手托八卦盘，目光如炬。坐像之前有伏羲小塑像，如遇庙会可将小像请出去，亲临受拜，故称行像。伏羲坐像东西两侧分别为身披树叶的炎帝神农氏和头戴冕旒、身着褒衣宽带帝王服装的黄帝轩辕塑像。

　　殿顶天花板分格绘制伏羲八卦对应河洛图和先天六十四卦方位排列图，把人文始祖伏羲氏的最重要功绩装修在天花板之上。

　　殿内东进间有河图洛书磨盘，西进间有龙马塑像，民国三十年（1941年）拆除，1995年恢复。龙马形似马，但身生鳞甲，额头生角，肩长翅膀，牛蹄鱼尾，背负河图，似踏于渭水清波之上。

　　先天大殿后面的第27号古柏最顶端枝叶天然生长出一条由东向西腾飞的巨龙形象。特别是每当夜晚明月高悬之际，自仪门明间眺望就会看到东方飞龙腾空而起，驾临先天殿天宫宝刹之上"为人间降福"的美妙画面。

朝房

　　伏羲庙朝房分列于第二院、第三院两殿前东西两侧，创建于明嘉靖初年，相向对称建造，主要是朝拜祭祀的官员及相关人员等休息、梳理整冠的地方。1987年至1989年维修第二院东西朝房，维修后朝房面阔五间，西朝房长17.27米，进深三间宽7.05米，高7.285米。大式砖木五架梁结构，悬山顶，前出廊，廊下两侧内砌筑硬心廊心墙。屋面清水印花水脊，覆压灰筒布瓦，檐下一斗三升麻叶斗栱。明间次间开槅扇门，尽间上部为槛窗，下为青砖砌海棠池槛墙。柱身和木装修刷土黄漆，两山面墙和后墙为软墙心刷白，台明压面石和踏步均为麻籽大理石。西朝房双步梁下有随梁枋，而东朝房没有，东朝房斗栱间装龙凤花纹板，西朝房未装。

钟鼓亭

伏羲庙钟、鼓亭分别位于月台东西两侧，修建于清嘉庆十年（1805年）至十二年（1807年）。东为钟亭，西为鼓亭，砖木结构，六角攒角尖顶。台明为六角青砖砌筑，高1.22米，亭顶绿琉璃脊，灰瓦屋面，檐下一斗三升斗栱。因取掉窗棂，与亭无异。

碑廊

据乾隆五年（1740年）立石的《重修伏羲庙记》碑载，明嘉靖年间修建的碑廊位于先天殿前东西两侧，之后又经多次维修。1990年新建碑廊，为砖木结构，卷棚灰瓦顶，四架梁，面阔五间。西碑廊长1593米，宽35米，高4.82米，海棠柱，柱间带倒挂楣子，后墙上镶嵌小碑碣，山墙肩部开有六角形花窗，大木刷红油漆，装修刷土黄油漆。碑廊内有各时代碑碣36通，其中与伏羲庙有关的24通，其他12通。东碑廊内立历史上维修伏羲庙记事及诗文碑8通，其中主要有明秦州卫指挥佥使尹凤立《新建太昊宫门枋记》、陕西按察司副使提督学政唐龙撰《重建伏羲庙记》、翰林院修撰经筵讲官康海撰《重修伏羲庙记》、都察院右副都御使胡缵宗撰《太昊庙乐记》等碑。西碑廊后墙主要镶嵌清《太昊庙祀乐章》《伏羲庙建修乐楼碑记》《伏羲庙设立灯会谨列布施姓名》等碑。

来鹤轩

来鹤轩位于先天殿西侧，又名来鹤亭（厅），原自成院落，现东墙无存，使亭院与伏羲庙第二院连成一体。清乾隆四年（1739年）秦州知州李铉主持重修伏羲庙完工时，忽然有白鹤飞临庙内古柏之上，以为祥瑞之兆，便于先天殿西侧另开一院修建来鹤亭。

清末"陇南文宗"任其昌曾主讲于此，去世后学人私谥"文介公"，辟来鹤亭为其祠堂，故又称来鹤亭为任文介公祠。民国时期又在院内设存古学社和陇南十四县县志编纂局。1999年改建成前卷棚抱厦勾连搭后厅堂硬山顶结构，面阔三间长11.61米，进深三间宽10米，后厅高8.37米。

前檐一斗三升交麻叶头斗栱，明间开门，两次间上槛窗、下槛墙。前外檐上架绘旋子彩画，下架木装修刷黄绿色漆，立柱刷红油漆。后檐上架绘木纹画，两山墙和后背墙软墙心刷红。室内方格形天花木吊顶，梁架绘木纹画。

第五节　后　院

自先天殿东西两侧甬道通过牙门进入第三院，就是俗称的后宫区，主体建筑是太极殿和东西配殿，列植古柏6棵。

太极殿

太极殿又称后殿、退殿、寝殿、寝宫，创建于明嘉靖初年，依前殿后寝之惯例建造，之后又经多次维修。面阔五间长19.98米，进深四间宽12.27米，高11.4米，为大式砖木结构，单檐歇山顶。大木为五架梁，金柱和檐柱间用单步梁和穿插枋连接，檐下沿檐柱周匝一圈。

太极殿屋面覆龙莲捏花脊、吻兽、孔雀蓝琉璃筒板瓦，釉色脱落所剩无几。檐下五彩双昂斗栱环绕四周，斗栱雕刻珍禽瑞兽，造型生动。垫栱板、额枋彩绘青龙、各种花卉色调沉着素淡。走马板以工笔重彩绘各种造型的博古图，有书卷、乐器、花瓶、插花、熏炉、飞龙。后外檐和两山面外檐均施以木纹画。殿前明、次间为六抹槅扇门，清淡素雅。两尽间下部为浮雕木站板，上部装修成外方内圆木质镂雕彩绘花窗。东尽间为"行云飞龙四蝠图"，西进间为"博山回首立凤四蝠图"。镂雕龙凤槛窗采用浮雕与透雕相结合的方法，圆转处线条显得流畅似水，方折处线条显得硬朗似墙。下槛采用落膛心海棠池木装修形制，用平面雕刻手法雕饰松鹤、松鹿图。

殿内木架结构简练，仅留八根硕大的金

太极殿明代透雕团凤窗棂

太极殿明代透雕团龙窗棂

柱，上托五梁架。两尽间以角梁上承踩步金以托歇山檩，横卧的五架梁通绘巨龙，其他皆施木纹。殿内明间后部亦设神龛，塑伏羲圣像，类似于先天殿造型，尺寸略小。

太极殿明间檐下悬沙孟海所书"太极殿"匾，明间檐柱有霍松林撰写的报柱瓦对"广殿壮秦城应力挽颓风返朴还淳思太极，全民兴汉业须弘扬正气图强致富纪新元"。

配殿

太极殿东西两侧建有配殿（朝房），创建于明嘉靖二年（1523年），东西各列五间。1970年因大雨西侧配殿塌毁，2004年维修恢复东西配殿。西配殿面阔三间长10.18米，进深三间宽6.57米，高6.59米。大式砖木五架梁结构，悬山顶，前出廊。屋面印花五脊覆灰筒板瓦，檐下一斗单栱交麻叶斗栱施彩画。明间开槅扇门，两次间上为槛窗，下为落膛心海棠池砖槛墙。两山墙和背面下碱为青砖十字缝砌筑，上面为软墙心刷红。

第六节　乐善院

根据史籍记载，乐善院最初是用来存放乐器的地方，因此其名称也与此相关。至晚清时不但存放乐器，而且收留家境困难人家子女，于是改称乐善院。乐善院位于伏羲庙前院东侧，东临羲邻巷，两进两院，相对独立。由大门、前殿、后殿、东西配殿和后花园组成，墙体均为红机砖背里，槛墙、上下碱、

乐善院

台明陡板均用大开条青砖"十"字缝淌白。台明压面石和垂带踏步阶条石均为青白石，露面剁斧做法。

大门

乐善院大门与伏羲庙大门平行，坐北朝南。门外台明距地面1.3米，沿九级青白石垂带踏步可入。面阔五间长15.4米，进深两间宽6米，高6.81米。五檩中柱悬山顶，捏花五脊灰筒板瓦覆顶。一斗三升交麻叶头斗栱，大木上架前后檐立仿绘传统花鸟画，下架一麻五灰地仗刷红漆，木装修刷红。明间开两扇穿带板门，次间北面开槅扇门，尽间上槛窗、下青砖槛窗。南面两次间和两尽间均为上槛窗、下槛墙。两山墙梁架部位陡板砖封护，下部软墙心刷红。室内方格心木吊顶，墙壁白灰粉刷，地面尺四方砖细墁，钻生桐油。

前殿

从大门进入正对前殿正面，前殿面阔五间长17米，进深四间宽8.96米，高8.11米。捏花五脊灰筒板瓦覆顶，七檩中柱悬山顶，前后金柱与檐柱以抱头梁、穿插枋相连。前出廊，廊心墙为硬心做法。前后檐柱檐下均为一斗三升交麻叶头斗栱，立枋绘琴棋书画。明间前后开槅扇门，次间前开隔扇门，尽间上为槛窗、下为青砖槛墙，走马板全用直棂条装饰。下架一麻五灰地仗刷红漆，木装修全为红漆。两山墙梁架以上陡板砖封护，下部软墙心刷红。后檐立枋绘传统瑞兽、博古纹图案。后墙沿檐柱封护，为软墙心刷红。室内方格形木吊顶，白灰墙面，地面尺四方砖细墁，钻生桐油。

后殿

正殿后门出去正对后殿。面阔五间长15.66米，进深四间宽7.4米，高7.53米，捏花五脊灰筒板瓦覆顶。前金柱以抱头梁、穿插枋与檐柱相连。前出廊，廊心墙为硬心做法。一斗三升交麻叶头斗栱，明间开槅扇门，次间、尽间上为槛窗、下为青砖槛墙，走马板全用直棂条装饰，木装修全红漆。上架前立枋绘笔、墨、纸、砚，下架一麻五灰地仗刷红漆。两山墙梁架以上陡板砖封护，下部软墙心刷红。后立枋绘四季花鸟画，后墙亦为软墙心刷红。室内装修与前殿相同。

配殿

配殿位于后殿东西两侧，面阔三间长9.85米，进深两间宽5.145米，高6.32米。明间开槅扇门，次间上为槛窗、下为青砖槛墙。上架立枋绘花卉画，下架一麻五灰地仗刷红漆。两山墙梁架以上陡板砖封护，下部软墙心刷红。后墙亦为软墙心刷红,室内装修与前殿相同。

后花园

太极殿后与伏羲城北垣间为伏羲庙后花园(第四院),创建于明嘉靖初年,从太极殿东西两侧小门楼可进入。2005年对后花园进行维修恢复见易亭、泮池,栽植玉兰、石榴、樱花、梅、竹、牡丹等珍贵花木,铺种草坪,修筑石条游览道路。同时根据伏羲庙布局,沿中轴线在泮池北面路边修建三间悬山顶后大门,直通成纪大道,大门两边各建三间卷棚顶耳房相衬。后大门地面比花园地面高出3.6米,故在大门内侧修建相向抄手踏步拾级而上,形成一个小平面月台。

第二章 公 祭

第一节 组织工作

2004年天水市成立2004年(甲申)公祭伏羲大典指挥部,天水市副市长冯沙驼任总指挥,市委秘书长张怀仁、市政府秘书长张健任副总指挥,市委、市政府相关部门的主要负责人为指挥,市文化局、市外宣办、市接待处、区政府、区公安局、市歌舞团、市秦剧团、天水师院、天水职校、天水市博物馆等为成员单位,统一组织公祭大典活动。

2005年天水市成立2005中国伏羲文化旅游节组委会,市委书记赵春和市委副书记、市长张广智为主任;市委副书记杜松奇为常务副主任;市委常委、常务副市长冯沙驼,市委常委、市委秘书长张怀仁,副市长张国华,市政府秘书长张健,市公安局局长张学民为副主任;相关单位主要领导为节庆组委会成员。杜松奇兼任组委会办公室主任,下设10个工作部具体负责节会筹备工作。

2006年天水市成立2006年中国天水伏羲文化旅游节组委会,市委书记、市人大常委会主任赵春,市委副书记、市长张广智,市政协主席王志荣为名誉主任;市委副书记杜松奇为主任;市委常委、市委秘书长张怀仁,市政府副市长郭奇若为副主任；相关单位负责人为成员。组委会下设办公室、综合秘书部、公祭活动部、文体活动部、旅游活动部、商务活动部、新闻宣传部、接待交通部、安全保卫部、环境建设部。

2007年甘肃省成立甘肃省公祭中华人文始祖伏羲大典活动领导小组，省委副书记刘伟平担任组长；省委常委、宣传部长励小捷，省人大常委会副主任杜颖，省政府副省长咸辉，省政协副主席周宜兴担任副组长。领导小组办公室设在天水市人民政府，具体负责公祭活动的组织实施，办公室主任由天水市市长张广智兼任。

第二节　公祭礼仪

公祭时间

1988年时值龙年，传农历五月十三日（公历6月26日）为龙的生日，天水市人民政府将公祭伏羲典礼日期定于此日，之后每年农历五月十三为公祭伏羲之日。后又随着天水伏羲文化旅游节经贸活动的扩大和与兰州经济技术贸易洽谈会衔接之故，公祭时间有所变化。2003年公祭伏羲大典在8月22日举行，2005年、2006年由甘肃省政府主持的祭祀活动在7月3日举行。2007年甘肃省人民政府确定夏至日6月22日为伏羲公祭日，祭祀仪式在上午9:50举行。

公祭程序

公祭伏羲大典恢复之初，祭礼主要有行三鞠躬礼、敬献花篮、果品等。2004年5月按照2004年中国天水伏羲文化旅游节暨城科会第15次年会组委会的要求，借鉴陕西祭祀黄帝经验，制定《甲申年公祭伏羲大典实施方案》，方案把大典分为开始前、大典中和大典结束后3个阶段。市文化文物出版局革新公祭伏羲大典的相关规程，祭祀仪程由11项精减为7项。第一项全体肃立，奏乐；第二项鸣放礼炮；第三项击鼓鸣钟；第四项恭读祭文；第五项乐舞告祭；第六项敬献花篮；第七项瞻仰伏羲圣像。整个仪程突出公祭活动庄重、肃穆的文化氛围，祭祖气息浓厚。围绕伏羲功德以及天水祭祀伏羲的民俗传统，由天水市歌舞团和天水师院、天水市职业技术学校共同创编祭祀乐舞。乐舞告祭分三个部分，第一乐章追远怀祖,采用传统宫廷乐舞,歌颂伏羲功德;第二乐章秦州夹板,采用天水民间独具特色的夹板,表现秦州儿女对人文始祖伏羲的敬仰之情;第三乐章天鼓玄音,采用天水民间传统的旋鼓,表现中华民族昂扬向上的精神。每个乐章既自成一体,又相互组合。同时举行天水民间乐舞表演,有西部旋鼓、秦州夹板、甘谷唢呐、秦安蜡花舞等。

2005年随着公祭活动的逐步规范,仪程也逐渐形成定制。九时整,参祭人员分别从伏羲路和南明路列队,在仪仗队的引导下,缓步进入祭祀广场南端面向伏羲庙肃立。九时五十分,公祭仪式正式开始。仪程由6项组成。第一项:全体肃立,奏乐。第二项:击鼓鸣钟(击鼓34咚,鸣钟9响)。第三项:恭读祭文。第四项:乐舞告祭(由乐舞颂祖、夹板怀祖、天鼓慰祖3个篇章组成)。第五项:敬献花篮。第六项:瞻仰伏羲圣像,行三鞠躬礼。

祭器祭品

1988年恢复公祭活动后公祭祭品以花篮为主,配供时令鲜果、干果和面点等。2003年公祭大典恢复猪、牛、羊太牢祭祀之规,同时敬献花篮。

2005年定做9个大盂鼎摆放祭坛,九鼎、八簋、九俎案陈设在伏羲庙先天殿伏羲圣像前;定做1套仿曾侯乙编钟和石编磬陈设在先天殿神龛东侧。公祭伏羲礼仪采用古代"九鼎八簋""太牢"之礼祭祀。

第三节 公祭环境布局

2002年购置宫灯54只,制作横幅标语4面,龙旗8面,地毯300多米。2004年在伏羲庙门前修建1万平方米的祭祀广场。公祭大典的主会场设在祭祀广场,博物馆筹资19万元购置2183平方米的地毯,设计制作85面仪仗和礼仪旗帜,以及88套礼仪服装、头饰,设置1对钟鼓,放置16条升空气球。

2005年在公祭大典前制定详细的环境布置方案、设计效果图,划定嘉宾站位区。伏羲庙内及周边的环境布局、色彩营造的氛围保持与伏羲广场祭祀活动区的环境相协调。环境布置的主要区域集中在南明路通向伏羲广场一段,伏羲路步行街东段,伏羲广场和伏羲庙内。总体环境道具色彩统一,以黄色为主色调,布局造型采用刀旗、条幅、横额、吊旗、对联、气球、宫灯等。主题纹饰的应用以各式龙纹和反映狩猎、丰收、生活等方面的吉祥图案为主，突出表现伏羲文化的内涵和中华民族悠久的历史文化脉络。

2006年以来伏羲庙内外的环境布置每年都有创新和变化，在伏羲路东牌楼前设置花坛、宣传牌，南明路口设置彩门，南明路东端南北两侧设置56组宫灯，祭坛南端设置大型广告牌，祭坛四周分别设置手持龙旗64面和太常旗56面，伏羲路步行街东西两侧分别置放旗幡、条幅升空气球，庙内外屋檐下悬挂宫灯。从祭坛至庙内铺设红地毯，庙内前院和月台东西两侧分别排列古筝、古琴或琵琶演奏队伍，太极殿西厢房设募捐台。庙内外场面壮观，气势恢宏。2007年天水市博物馆完成伏羲庙文物保护维修工程，绿化面积5000多平方米，栽植各种景观树2000株，对钟鼓架全面刷新，将戏楼外表彻底清理并重新油饰。

第四节　新闻宣传

2005年5月14日启动伏羲文化旅游节开幕"50天倒计时"活动，在市中心广场设立电子显示屏，天水日报、天水晚报、天水电视台、天水广播电视台分别开辟倒计时栏目。节庆筹备期间，天水日报共刊发消息、通讯、图片、言论（社论）220多篇，天水晚报共刊发各类稿件180篇，天水广播电视台利用节庆专用频道和10个专栏播出新闻180多条、电视专题15部、广播专题11个。人民日报、新华社、光明日报、经济日报、中国旅游报、香港文汇报、香港大公报、甘肃日报以及中央电视台、香港凤凰卫视、澳门莲花卫视、北京电视台、甘肃电视台等40余家媒体的70多名记者参与节庆新闻报道。6月22日在兰州召开节庆新闻发布会，开设伏羲文化论坛，广泛宣传伏羲文化；首次成立新闻网络中心，新浪、搜狐、网易、央视网、新华网、中新网、四川天府热线、贵州金黔在线、广东江门新闻网、山东白灵在线等40余家网站相继转载。同时印制大量宣传资料、画册以及光盘、书刊等宣传品。

2006年甘肃省人民政府先后在深圳、北京人民大会堂、兰州召开公祭伏羲大典新闻发布会，副省长李膺两次出席并致词，向海内外推介天水独特的文化资源，邀请各方嘉宾莅临甘肃天水寻根索源、参与祭祖。节会期间,新华社、人民日报、中央电视台、中央人民广播电台、光明日报、经济日报、香港凤凰卫视、香港文汇报、香港大公报、香港亚洲电视台、澳门莲花卫视、中国甘肃网、每日甘肃网等80多家媒体的200多名记者聚焦天水,对节会和公祭大典活动采访报道。中央电视台综合频道、国际频道和新闻频道对节会和公祭伏羲大典集中报道,人民日报海外版推出中国天水伏羲文化旅游节和陇右非物质文化专版。搜狐、新浪、网易、雅虎、人民网、新华网、中国网、中国甘肃网、中国台湾网、亚洲电视网等网站发布节会各类图文信息5000多条（幅）,有200万国内外人士在网上浏览节会信息。节会期间外地媒体共计发稿154篇（幅）,天水日报、天水晚报、天水广播电视台分别以专刊、专版、专题节目等形式报道。天水日报共刊发消息、通讯、图片、言论等220多篇,天水晚报共刊发各类稿件180篇,天水广播电视台利用节会专用频道和10个专栏播出电视新闻180多条、电视专题15部、广播专题11个。

2007年5月24日在国务院新闻办公厅为公祭伏羲大典活动举行专题新闻发布会,是国务院新闻办公厅首次为全国祭祖活动举办新闻发布会。6月上旬甘肃省人民政府在兰州召开公祭伏羲大典新闻发布会。

第五节　重大公祭活动

农历五月十三日传为龙的生日,1988年6月26日天水市人民政府在伏羲庙恢复举办公祭伏羲典礼,市党政军领导和海内外各界代表参祭。

1989年将农历五月十三的公祭伏羲大典活动定为伏羲文化旅游节,举行各类文化、经贸活动,有文艺演唱会、书法、绘画、文物展览、戏剧演出、工农业产品展销、经贸洽谈签约等。此后祭祀活动如期举行,由市长或市政协主席主持,市人大常委会主任恭读祭文。1992年国内外近百名嘉宾和1500多名群众参加公祭伏羲大典。至2002年公祭大典活动逐渐规范化,规格和规模都有提高,有国家领导人参祭,人数达万人。

2004年8月21日上午9时50分,在新建成的祭祀广场举行2004(甲申)年公祭中华人文始祖伏羲大典。大典由市政协主席王志荣主持,市长赵春恭读祭文。全国政协副主席李蒙出席大典,近万名海内外华夏儿女参加公祭活动。大典当天为伏羲庙保护维修工程募集建设资金5万元。同时举办项目与经贸洽谈、旅游推介、明星演唱会以及民俗、摄影、书法、绘画展览等活动。

2005年根据天水市政府申请甘肃省人民政府将公祭伏羲大典升格为甘肃省祭祀,由甘肃省人民政府主办,天水市人民政府和甘肃省文化厅承办,省政协主席主持,省长恭读祭文。7月3日公祭大典在伏羲祭祀广场隆重举行,省政协主席仲兆隆主持大典仪式,省委常委、常务副省长徐守盛恭读祭文,全国人大常委会副委员长、民进中央主席许嘉璐等30余名嘉宾敬献花篮,3000人参加公祭伏羲大典活动。节会期间举办文化、体育活动,有明星演唱会、秦腔名家演唱会、篮球赛、象棋赛及全国书展获奖作者50家书法精品展、文化艺术品收藏展等活动。中国天水伏羲文化旅游节被国际节庆协会评为中国最具发展潜力的十大节庆活动之一,入选2005年度中国节庆50强,天水市荣膺2005年度中国十大节庆城市称号。

2006年成立2006(丙戌)年天水伏羲文化旅游节暨公祭太昊伏羲大典组委会,专题研究2006年公祭太昊伏羲活动,制定《2006(丙戌)年公祭中华人文始祖太昊伏羲大典总体方案》《2006(丙戌)年公祭中华人文始祖太昊伏羲大典实施方案》和经费预算。省政府分管领导主持召开公祭伏羲大典专项协调会议,省文化厅派专家现场指导祭祀乐舞,突出祭祀活动的文化品位。7月3日在伏羲庙祭祀广场举办2006(丙戌)年甘肃省公祭中华人文始祖伏羲大典。省政协主席仲兆隆主持大典仪式,全国人大常委会副委员长、民进中央主席许嘉璐宣布大典开始,甘肃省副省长李膺代表省长陆浩恭读祭文。全国政协副主席、民革中央常务副主席周铁农和国家有关部委、省四大组织领导、部分省市代表、台湾高山族取土仪式代表、海外侨胞代表、华夏文化纽带工程组委会专家学者代表,以及来自美、法、英等国的国际友人共5000余人参加大典活动。许嘉璐、周铁农在大典当天为伏羲庙捐资功德碑落成揭碑。节会期间举办以颂扬伏羲、女娲功绩为主题的节会专场文艺晚会、"天庆之夜"大型明星演唱会、秦腔名家演唱会、杜甫陇右诗(意)书画作品展、西部(天水)黄土风情书画展、中国魂·生肖印陈冠英、张维萍刻石书画展、全国百名知名书画家作品展和秦州区首届农民书画展等文化艺术展览,其中杜甫陇右诗(意)

书画展共收到书画作品980余件，参展作品358件。举办天水市第二届大型集报精品展，展出号外报、珍奇报、天水老报、清朝报等10大类6000多种1万余件报纸。文体活动有全国甲A女子篮球四强争霸赛、伏羲武术邀请赛、全省象棋名手邀请赛、天水市职工健身健美操比赛等10项体育活动。各旅游景点、社区、广场开展舞蹈、健身等群众性文体活动。

2007年6月22日甘肃省委副书记刘伟平主持大典仪式，全国政协副主席郝建秀宣布大典开始。全国人大常委会副委员长李铁映亲笔为公祭伏羲大典撰写颂伏羲辞，由甘肃省委书记、省人大常委会主任陆浩代其诵读，省委副书记、省长徐守盛恭读祭文，包括港澳台同胞、海外华人及全国56个民族代表在内的各界人士1万余人参加公祭大典，祭祀现场庄重肃穆。

第三章　民　祭

第一节　春祭沿革

相传农历正月十六日是伏羲诞生的日子，一般在这一天举行祭祀典礼。清中期，祭祀不再由官府主办，转由民间士绅为主组成的秦州"上元会"主办。"上元会"会长由各城董事会轮流担任。晚清时，祭祀活动从正月十四开始，伏羲庙上演庙戏，城乡群众前往敬香，十五日出榜文，十六日正祭，仪程有迎神、行三献礼、送神。

民国祭祀活动礼仪简略，由伏羲城部分居民组成的"上元会"主持祭祀活动。1949年天水解放后，群

民间祭祀伏羲活动

众正月十六上香祭拜。1988年随着公祭活动的恢复，民间祭祀伏羲活动也随之恢复，礼仪基本同晚清。2003年天水市博物馆参与庙会的筹备工作，与上元会配合恢复三牲太牢祭祀等传统礼制。同时恢复间断上百年的伏羲庙灯谜会，邀请秦腔剧团在伏羲广场公演五天五夜戏剧，在伏羲庙举办各类展出活动，有灯展、社火表演、大型礼花会等。至此庙会时间延长，自正月十三日开始至十七日结束。流程为正月十三日早上举行请神、迎神、安神仪式；十四日民众进香，还有民俗表演；十五日出榜文，领牲、献毛血、献饭；十六日凌晨举行正祭仪式；十七日下午彻馔、送神。庙会期间还有社火、旱船、舞龙、高跷、狮舞等各种民俗展演。

第二节　春祭礼仪

祭祖榜告

天水伏羲庙在祭祀活动中历来有出示告文和榜文的程序。

告文是在祭祀时先行的一个程序，向广大民众张示人文始祖太昊伏羲氏的伟大功绩，以唤起民众对老祖宗的怀念之情，这种祭俗自明嘉靖一直沿袭至民国。清代至民国随着祭祀活动的简略，不一定每年都出告文。

昭示榜文是祭祀典礼的固定程序。每岁祭祖迎神之时，出示榜文，告慰太昊伏羲氏神灵。每年榜文内容并不固定。民国时期每年农历正月十五日清晨迎神出榜，正月十六日下午送神时将榜文焚于先天殿前的焚炉内，然后将榜文燃灰送入藉河，宣告祭祖完毕，称为"迎神出榜，送神烧榜"。2009年天水市博物馆协调上元会恢复出告文和榜文的习俗。

领牲

每年正月十六民祭时，要选两头毛色全黑没有一点杂色的公猪，揽一堆土给伏羲请起，伏羲心里欢喜，猪把土喙一下，所谓"乌猪喙地"就是领牲。领牲后宰杀乌猪，并将猪血盛给伏羲就是献毛血。之后老百姓开始争先恐后地抢沾猪血，图吉祥，保平安。沾猪血一直能持续到正月十六凌晨祭祀时，后来把时间调整到正月十五的下午领牲、献毛血，正月十六凌晨献猪、献毛血（沾血）。

献饭

正月十五日下午举行
献饭仪式,由唢呐、朝山会
和夹板舞相伴助威。饭菜
被抬到月台上之后,专职
祭祀人员身着朝冠礼服毕
恭毕敬地手捧饭菜,摆放
到正殿外伏羲小塑像前的
供桌上。然后从里到外尽
兴表演一番夹板舞,场景

民间祭祀伏羲举行献饭仪式

热闹非凡。饭菜种类很多,自古至今主要是太牢,即牛头、羊头和猪头,以
左猪、右羊、中牛的顺序摆放;还有十二盘米饭,上面用红色的奶油描出
"开天明道、开物成务、吉祥如意"等字样;另外还有全鸡、全鱼、全鹅及
用面粉煎制而成的佛手、菊花和虎抓——合称三献,以及各式各样的八
盘荤素凉菜。饭菜摆放到供桌上之后,伴随着夹板舞的结束,迎接献饭的
仪式告终。恢复祭祀后,不但有祖辈流传下来的献饭方式,还融入当代酒
席文化,比如八大碗、四盘子,还有干果、鲜果、献茶、奠酒等。

祭祀仪程

祭祀典礼开始之前举行舞龙舞狮、开山攒神、夹板祭祖、唢呐演奏等
民俗表演。正祭典礼正月十六凌晨0:00时开始,主要包括行初献礼、行
亚献礼、行终献礼。

行初献礼 共有7项仪式,第一项击鼓(12咚)、鸣钟(9响)、鸣炮
(12响)、奏乐,第二项焚香、明烛、化表,第三项跪拜(三叩首),第四项
献祭文,第五项献匙箸,第六项献围盘,第七项进酒、奠酒、献酒。

行亚献礼 即献饭,有9项仪式:第一项献太牢,第二项献四大碗,
第三项献四中碗,第四项献四小碗,第五项献四盘,第六项献三献,第七项
献盘,第八项分肴,第九项冒汤。

行终献礼 第一项敬茶、奠茶、献茶,第二项化表,第三项跪拜(三叩
首),第四项献糕点,第五项献干果,第六项献时果,第七项读祭文,第八
项焚祭文,第九项化表、跪拜(三叩首),第十项瞻仰圣容,第十一项礼毕。

伏羲庙灯会

清道光七年（1827年）正月十五日"上元会"之夜在伏羲庙举行，从此"玩灯"成为伏羲祭典的一项重要内容。每逢灯会时，于伏羲庙庭院古柏间拉绳，悬挂各种谜语，供朝庙的民众射猎，中者有奖。无论是普通百姓还是官僚士绅都喜闻

伏羲庙灯会

乐见，任其昌、苏统武、刘永亨等人曾自创灯谜，使天水花灯、灯谜名声远扬。2006年始天水市博物馆恢复举办"灯谜竞猜"活动，吸引很多群众前来参加。

第三节　殁　祭

农历七月十九日是伏羲仙逝的日子，上元会组织群众举行祭祀仪式，邀请当地秦腔爱好者或戏班唱挂衣戏三天，祭祀程序简单。2009年随着社会的发展和伏羲文化研究的深入，在一批老干部和热心伏羲文化研究人士倡议下，天水市博物馆统一协调成立天水市民间祭祀伏羲协会（筹）。2010年祭祀活动由天水市民间祭祀伏羲协会（筹）、天水市博物馆和上元会共同组织实施，其规格和规模及实施方案均参照春祭活动进行，从农历七月十八日（8月27日）至七月二十日（8月29日），为期三天，搭建舞台，邀请秦腔剧团公演。农历七月十八日上午9：00时整，举行迎神、迎圣水、出榜文仪式；农历七月十九日上午8：00时整，迎取献饭，9:30时正式祭祀，并宣读祭文；农历七月二十日午场戏结束后，举行送神、送圣水、焚榜文仪式。秋祭伏羲仪式和春祭基本相似，新增加迎取圣水仪式。

迎取圣水

农历七月十八日上午9：00时，在伏羲庙后院泮池旁举行迎取圣水仪式，迎取圣水的队伍由四个童男童女和上元会成员组成，圣水取自伏羲庙

后院泮池四角龙嘴里喷出的泉水,取水后圣水供于泮池后的香案上,主祭人明烛、焚香、化表后,主持咏颂神曲:

圣水引道,众神护佑;风调雨顺,五谷丰登;

祈我中华,国运昌盛;佑我百姓,康乐无穷。

取圣水仪式结束后,仪仗队鸣锣开道,唢呐队伍跟随演奏,出庙门至戏楼处,举行出榜仪式。

秋祭伏羲典礼

秋祭伏羲典礼在农历七月十九日上午9:30时开始。第一项仪程是全体肃立,奏乐鸣炮,击鼓鸣钟(鸣大炮13响、击鼓9咚、鸣钟5响)。第二项是明烛、焚香、化表。第三项为敬献祭品,有行初献礼、行亚献礼、行终献礼3项仪程。第四项是恭读祭文。第五项是焚祭文,第六项是敬献花篮、奏乐。第七项是全体肃立,面朝伏羲圣像行大礼主祭,陪祭人员跪拜,其他参祭

2010年民间秋祭伏羲典礼

人员行鞠躬礼;一拜、再拜、三拜、礼毕。第八项是瞻仰伏羲圣像,为人文始祖敬奉香火。

行初献礼　第一项献祭文,第二项献鲜花(两盆),第三项献时果(五种),第四项献干果(五盘),第五项献糕点(五盘),第六项献茶,第七项叩拜。

行亚献礼　第一项献匙箸,第二项献围盘(八盘),第三项行"太牢"之礼(献牛牲、献羊牲、献猪牲),第四项行时馐之礼(献金钱发菜、献元宝鸡、献佛手、献黄花肉、献海参、献鱿鱼卷、献全鸭、献大虾、献全家福、献大酥肉、献米粉肉、献辣子肉、献虾酱肉、献条子肉、献八宝饭),第五项分肴,第六项冒汤,第七项叩拜。

行终献礼　第一项敬献三献,第二项敬献主食,第三项敬献清酒,第四项叩拜。

第四章　伏羲祭典传承

第一节　伏羲祭祀保护

1988年天水市人民政府恢复公祭伏羲大典,举办伏羲文化旅游节。2006年太昊伏羲祭典被国务院列入首批国家级非物质文化遗产保护名录。

保护规划

开展伏羲祭典普查工作,建立完备的档案;对"太昊伏羲祭典"及其民俗活动进行理论研究;按照明代祭祀传统和礼仪形式,恢复必要的传统祭器、旗幡、服饰以及乐舞;确立民间祭祀组织上元会传承人保护机制,开展民间祭祀活动和祭祀礼仪的传承、传学、传习活动;征购与伏羲祭祀有关的文物和民俗物品;整理出版《太昊伏羲祭典保护文集和图录》;举办太昊伏羲祭典保护成果专题陈列展览和保护工作专家论证会。

规划实施

天水市成立"太昊伏羲祭典"保护传承中心和普查工作领导小组,设立办公室开展普查工作,搜集相关文字、口传和图像资料,建立普查工作资料档案。天水市博物院汇编普查工作资料集,录制祭典全过程专题片,制作光盘,开展宣传活动;购置电脑、电视、DVD、数码相机、投影仪、扫描仪等设备,完备普查工作硬件设施。投入15万元确立上元会传承人保护机制,建立完整的传承人谱系和档案,组建祭祀队伍,开展传习活动。筹集380万元挖掘、整理和恢复传统的祭祀礼仪,每年举办公祭、民祭伏羲和日常祭祖活动;投入150万元恢复祭祀礼器的陈设,配置青铜祭器九鼎、八簋、编钟、编磬等105件(套);恢复各种礼仪旗幡200面;恢复祭祀人员服饰90套;成立伏羲庙祭祖活动办公室,负责日常祭祖传承业务;成立民间祭祀组织天水民间祭祀伏羲协会,设立办公室、联络组、专家组、祭祀组,吸收社会上热心伏羲文化研究的知名专家、学者和上元会的主要成员,广泛参与祭祀活动。

第二节　上元会

上元会成立于明代，由伏羲城的绅民组成，主要参与伏羲祭祀活动，清代、民国沿袭，之后由于官府不再主持祭祀，上元会逐成为祭祀的总代理，1949年后自行解散。1988年6月26日恢复伏羲祭典时重组，负责伏羲庙会祭典。

2006年天水市博物馆与上元会合作组建祭祀队伍和乐舞仪仗队。2008年成立天水伏羲庙"太昊伏羲祭典"保护传承中心，开展系列传习活动。每年举办民祭活动之前天水市博物馆邀请上元会传承人和成员召开会议，开展传学、传习活动，对祭祀活动的礼仪、仪程、各类民俗表演、祭品等细节做详细的讨论和安排。公祭大典前，邀请中华伏羲文化研究会和天水市伏羲文化研究中心及热衷于

上元会会议

伏羲文化研究的社会人士召开座谈会和学术交流会，主要商讨祭祀仪程、活动安排、论证祭祀时间等。2006年至2009年共召开民祭活动普查工作座谈会16次，参会42人（不重复计算）；公祭活动前召开讨论会18次，参会86人（不重复计算）；在世界博物馆日、世界文化遗产日共召开普查工作座谈会8次，参会65人（不重复计算）。

2008年3月推荐杨祥顺、李松山和何有成为上元会传承人，2010年7月经天水市人民政府批准，杨祥顺、李松山、何有成为市级非物质文化遗产代表性传承人。

第三节　文物展览

博物馆陈列展览分为序厅、通史陈列、天水历史名人书法陈列、天水

历史名人陈列、彩陶陈列、青铜器陈列、瓷器陈列、国宝围屏石榻特展、多媒体演播厅和临时展厅,陈列展览1000件文物,制作辅助展品300件。采用数字多媒体技术制作虚拟翻书、数字触摸屏,数字投影展示,建高清数字影院1座。博物馆免费开放以来接待游客100多万人次。

制定馆藏文物征集办法,征集一些青铜器、陶器、瓷器、民俗文物、地方名人字画等文物弥补馆藏空白,一些文物被鉴定为国家珍贵文物。同时开展馆藏文物科学管理和保护工作,从2003年以来对所有馆藏文物逐件进行清理、维护、分类、定名、定级、描述、测量、拍摄、造册;对所有珍贵文物进行绘图,制作电子档案,建立一物一档案。2008年国家文物局批准天水市博物馆为可移动文物修复二级资质等级,成为甘肃省仅有的两家具有馆藏文物保护修复资质等级之一的文博单位。

第五章　诗文辑录

第一节　碑　文

舒同题写羲皇故里碑记

1985年由甘谷县六峰建筑公司捐资立,清水大理石厂刻制。碑阳榜书舒同书,碑阴天水书法家武克雄书。大理石质,纵154厘米,横80厘米,厚18厘米。碑水磨石座,沥金阴刻,有裂痕。碑阳刻"羲皇故里",款署"舒同",钤印"舒同之印"。碑阴碑文如下:

太暤庖羲氏,风姓,代燧人氏继天而王。母曰华胥,履大人迹于雷泽而生庖羲于成纪。蛇身人首。有圣德,仰则观象于天,俯则观法于地,旁观鸟兽之文与地之宜,近取诸身,远取诸物,始画八卦,以通神明之德,以类万物之情。造书契以代结绳之政。于是始创嫁娶,以俪皮为礼。结网罟以教佃渔,故曰宓羲氏。唐司马贞撰史记索隐。

戊辰年募捐维修伏羲庙碑记

1988年11月立石,天水师范专科学校副教授丁恩培撰,天水陈柳州书丹，武山刘建新刻。纵200厘米，横160厘米。大理石质，由八块并接而成。首题"捐资碑"，碑文楷书，有捐资单位和个人名单。碑文如下：

天水伏羲庙，初建于明，复修于清。历经两代建修，遂成为宏伟壮观之古建筑群，天水游览胜地之一。一九四九年建国后，伏羲庙隶属省级重点保护古迹，几经甘肃省文化厅、天水市人民政府投资修缮，虽基本保存庙堂原貌，但仍需大型整修。一九八八年春，地方各界人士关心桑梓事业，珍惜文化古迹，于是发起并成立天水伏羲庙维修募捐委员会，由王仲青、杨幼杰、邓炎喜、李级三、王直等二十五人任委员，张英、刘兆麟、胡宗璘负责募捐事宜。从同年三月发出倡议书开展募捐活动以来，市区单位、城乡群众海外同胞纷纷慷慨解囊，热忱赞助。至十月底，共募集人民币贰万肆仟肆佰玖拾圆肆角，用于补修换新大殿门窗。聚少成多，积小至巨，既对国家整体维修伏羲庙聊有添补，又使捐资者爱国宿愿得偿。根据募捐委员会决定，对所有捐资者均已列册记名，捐资十元以上者则刻碑刊名，表彰义举，永志纪念。

薛清泉题诗碑

1993年立石，台湾太昊伏羲圣帝八卦祖师庙主持薛清泉纪念开基主持撰并书。黑色大理石质，纵96厘米，横59厘米。素面，行楷，碑文用金粉描写。碑为"天水伏羲庙留念"，诗文如下：

伏羲八卦最精灵，六十甲子推正星。

暗处亏心天地见，举头三尺有神明。

薛炎助题联语诗碑

1993年立石，台湾伏羲庙薛炎助撰并书。黑色大理石质，纵69厘米，横40厘米。素面，行楷，碑文用金粉描写。碑为"天水伏羲庙留念"，诗文如下：

中华文化根，始祖万年业。

伏羲像碑

1994年立石。石灰岩质，纵198厘米，横84厘米，厚19厘米。拱形碑首，水泥须弥座。碑阳减地浮雕伏羲像，像后有八卦形头光，边饰减地浮雕卷草纹。碑阴为台湾省宜兰县伏羲庙主任王青木撰文，天水书法家陈柳州书丹，楷书。碑文如下：

华夏文明源远流长，古城秦州，钟灵毓秀。溯自人文始祖太昊伏羲氏降临斯城，以木德承运神慧开基，仰观天象，俯察地法，始作八卦，开天明道，蕴涵哲理，光衍千秋，泽被八极，造福人类，至恢至宏矣。苗裔青木，世居台湾宜兰，谨持崇仰之忱，不远万里，来归恭参。公元一九九四年农历五月十三日，是邑公祭圣祖之盛典，怀木本水源之思，结海外赤子之缘，群策群力，愿弘扬伏羲文化，昌我中华，爱勒碑石，永志虔诚。

乙亥年募捐维修伏羲庙碑记

1995年12月维修伏羲庙募捐委员会立石。杨幼杰撰，丁栩书丹，刘建新刻。大理石质，由四块并接而成，纵173厘米，横82厘米。碑首拱形，阴刻双龙图案，额题"留芳"。碑文共12行，楷书。碑文如下：

伏羲氏人文之始祖。史载伏羲氏生于成纪，因而天水有伏羲庙存焉，历代群众祭祖不绝。改革开放以来，海内外人士朝拜观光者，日益增多，故政府累拨巨资修葺庙宇，以壮观瞻。乡里有志之士，为襄助政府此一盛举，于一九八七年成立维修伏羲庙募捐委员会，数年来各界人士捐献颇多，一九八八年以前已立碑为记。后又陆续收到捐资二万六千余元，理应对捐献者再立碑文铭记。现将捐资五十元以上者镌名于石，并对所有捐资者表示衷心谢忱。此一活动中，张英居士劳心出力最多，刘君兆麟等同仁襄助之功，亦不应湮没。值此募捐活动告竣之时，谨此为记。

日本高岛易断总本部发愿碑记

1996年立石。伏羲庙文管所撰文，碑阳周兆颐书丹，碑阴陈柳州书丹。石灰岩石质，纵206厘米，横87厘米，厚17厘米。拱形碑首，宽边饰，方水泥座。碑阳减地浮雕太极八卦图案，碑阴为龙马图案，碑文共13行，楷书。

碑阳为：太昊伏羲功盖千秋，八卦易经道贯五洲。

上款署：农历丙子年三月吉日。

下款署：日本国高岛易断总本部会长高岛成龙及教师一行。

碑阴为：

太昊伏羲氏始创八卦，为人类文明做出卓越贡献。日本国高岛易断总本部高岛成龙先生仰慕执著，凤愿今后每年组团来我伏羲庙拜谒伏羲氏并捐资支助伏羲庙维修保护工作，立石谨志。

丙戌年募捐维修伏羲庙碑记

2006年6月立石。天水伏羲庙保护维修工程募捐委员会、天水伏羲庙保护维修工程领导小组撰文。大理石质,纵220厘米,横480厘米,厚30厘米。碑首双面高浮雕双龙戏珠以及龙马、神龟图案,中间篆书题额"功德碑",碑身由四块并接而成,碑座双面高浮雕海水朝阳图案。碑文如下:

天水是羲皇故里,天水伏羲庙是专门祭祀人文始祖太昊伏羲氏的宗庙建筑群。始建于明代成化十九年,是海内外华人祭拜先祖的圣地,也是研究伏羲文化的重要物质载体。二零零一年被国务院公布为全国重点文物保护单位。二零零三年,中共天水市委、天水市人民政府决定全面整修伏羲庙,同时成立天水伏羲庙保护维修工程募捐委员会和天水伏羲庙保护维修工程领导小组,向全社会募集维修资金。三年多来,先后有四十多家单位和数万人次捐献了资金。按照天水市人民政府批复的天水伏羲庙保护维修募捐工作管理办法规定,对捐资伍佰元以上者刻石立碑,永志纪念。

第二节 祭 文

明嘉靖三年(1524年),为体现对先祖羲皇的尊敬,明廷礼部特向秦州伏羲庙颁布《太昊庙祭文》,作为官祭时标准祝文,代表朝廷致祭。清代逐渐废弃官祭,祭文少见,今传有民国时期祭祀祝文。现将1988年至2007年具有代表性的祭文录列如下。

戊辰年祭文

1988年天水市政府公祭伏羲,陕西师范大学教授霍松林作天水社会各界祭祀伏羲氏祭文。

煌煌华夏,地灵人杰;自强不息,乃创鸿业。

慎终追远,缅怀太古;曰有伏羲,世称人祖。

生于成纪,史有文明;乘时崛起,清渭之滨。

观法于地,观象于天;始画八卦,文字起源。

民处草昧,茹毛饮血;始作网罟,以渔以猎。

历史发展,有此阶段;如草方萌,如夜初旦。

继此而往，代有贤能；耕耘教化，日进文明。

四凶咸殛，日月重光；绳其祖武，民气恢张。

深化改革，坚持开放；奋发图强，前途无量。

顾我西部，开发甚早；先哲遗泽，润及枯槁。

丝绸之路，横跨亚欧；汉唐文化，光耀寰球。

宋元以来，渐趋落后；人谋不臧，地利如旧。

今逢盛世，中华振兴；同奔四化，岂甘后人？

卦台效灵，麦积挺秀；羲皇故里，车马辐辏。

陇右贤达，海外赤子；齐心协力，繁荣桑梓。

人文蔚起，经济腾飞；工歌农舞，水美田肥。

敬告太昊，用表决心；超唐迈汉，共建奇勋。

张举鹏作民间祭文如下：

维我羲皇，华夏始祖。

钟河岳之灵奇，诞于成纪。

准天地而立极，建都于陈。

象天法地，乃画八卦。

自西徂东，孕育文明。

兴婚姻嫁娶之礼制，开渔猎畜牧之先河。

神州十亿同胞，谁非龙种。

海外五洲华族，尽是传人，凡有血气，莫不尊亲。

时维龙年，神龙诞辰；殿宇巍巍，古柏森森。

千秋之明德惟馨，旷代之隆仪备举。

龙的家乡，笙簧并奏；羲皇故里，少长欢腾。

物润时雨，瑞霭缤纷；暖送薰风，景行仰止。

社会建设，方朝阳之喷薄。

民主法制，随国运而崇隆。

深化体制改革，党风好转。

坚持开放搞活，众志成城。

实现一国两制之构想，捐弃前嫌。

奠定千秋万代之宏基，责在龙钟。

致古国之繁盛,看巨龙之飞腾。

卦台山高,渭水流长,赫赫祖灵,来格来歆。

辛未年祭文

公祭文:

惟我義皇,德配上苍。

弋猎网罟,果黎庶之饥肠;

婚丧嫁娶,兴我礼仪之邦。

河洛负图,太极煌煌。

文王演义,孔子发扬。

历百代而不衰,极后世以垂芳。

渤澥浩浩,烟波荡荡。

十亿中华,顶天地之巨浪;

后辈儿孙,伴宇宙之久长。

民间祭文:

东方古国,世称华夏。文明首先,埃希方驾。

溯维开创,肇自義皇。诞生成纪,穷经大荒。

仰观俯察,辨析阴阳。画卦开天,文化始扬。

风为姓氏,河图瑞征。嫁娶改俗,民族乃兴。

教民渔猎,网罟斯出。日中为市,典则有常。

道迈三皇,功高五帝。福被先民,泽流百世。

月逢明时,年丰政通。十年展书,八五建功。

改革励进,百业兴隆。资源流畅,经济繁荣。

安定团结,建设是崇。前往不废,科技先行。

灾厄幻灭,天朗气清。人民十亿,共沐春风。

五月祀典,岁时不愆。庙貌崇宏,万众尔瞻。

邑人展敬,敢陈斯餐。神鉴其诚,监临不爽。

神之兼之,昭昭雍雍。

壬申年祭文

公祭文:

奥维旷古,混沌初辟。六合蒙昧,鸟轨兽迹。

陇渭钟灵，诞生圣哲。继天立极，泽被华胄。

河洛献瑞，人文蔚兴。弋猎网罟，黎庶交融。

亦畜亦牧，洪荒从风。制民嫁娶，伦理初成。

斯邑成纪，实惟帝乡。民淳俗美，肇自羲皇。

大哉人宗，垂阴四方。隽秀勃兴，百代齐光。

邑人祭奠，俎豆馨香。崇功报德，渊远流长。

明时淑景，六月朗澈。改革开放，万众乐业。

国阜民康，奏我鼓乐。童稚忻舞，父老欣悦。

输牲布奠，椒酒芳洁。神其徒降，来格来摄。

1992年台湾省台北市八卦祖师太昊伏羲纪念庙主持薛清泉之子薛炎助代表他父亲一行三人渡海来朝，祭祀祝文如下。

公元1992年，岁次壬申，农历三月初三在天水伏羲庙先天殿前以太牢之礼对人祖进行了隆重的祭祀。羲皇祖国祭祖，台湾省本庙开基住持薛清泉领导众善信，香花、酒果、牲馐之仪，而致祭文曰：

谨此

大哉羲皇，百圣之光；龙龟献瑞，图书是传。

画卦作易，文化绵延；阴阳九九，以合天道。

采桐为琴，治丝为弦；立浑测极，勾股量天。

衣冠礼仪，垂六千年；无远弗届，教化万千。

恭奉圣诞，敬治华筵；神灵在上　鉴此拳拳。

尚飨！

中国台湾伏羲庙回祖国祭祖，圣祖庙代表天下众善信祈求平安，主持人薛清泉奉敬。

　　　　　　　　　　　　　　本庙主持人　　薛清泉
　　　　　　　　　　　　　　陪祭人　　　　郑　粉

丁丑年祭文

公祭文：

丁丑仲夏，岁在元日；五月十三，龙之生辰。

四海华裔，汇聚天水；祭我始祖，颂我中华。

古郡天水，史称成纪；人文始祖，太昊生地。

混沌初辟，一画开天；华夏文明，由此发端。

仰观俯察，始画八卦；天地奥秘，探本察源。

教民渔猎，发展生产；脱巢立居，食不腥膻。

始创嫁娶，一夫一妻；长幼有序，壮我族类。

制定历度，爰有节气；生产生活，有理有序。

因时发乐，做瑟立基；创造书契，文字肇启。

管理社会，教化黎民；造福百代，华夏兴盛。

汉唐盛世，丝路广开；中华文明，久传海外。

文明古国，源远流长；礼仪之邦，万国景仰。

时至近代，沧海桑田；一八四零，国耻之先。

西方强虏，践我河山；清廷腐败，割地求安。

香港明珠，陷入敌手；奇耻大辱，何日为休。

中山先生，救国救民；辛亥革命，推翻清廷。

庶民不幸，灾难深重；内政虐民，外寇鲸吞。

韶山旭日，铁锤弯镰；领导革命，横扫敌顽。

一九四九，中华重建；天翻地覆，时代转换。

一九七八，小平兴邦；改革开放，民富国强。

一国两制，伟人首创；挫强抑霸，醒狮东方。

收回香港，恢复主权；雪耻扬威，万众欢颜。

羲皇故里，陇上明珠；物华天宝，地杰人灵。

愿借东风，振兴经济；人尽其才，地尽其利。

励精图治，开来继往；今日公祭，告慰羲皇。

民间祭文：

穷宇宙之奥秘，画八卦于洪荒。

取网罟之绳索，定经纬以正乾纲。

至哉人尊，大哉羲皇。

先民辛苦，筚辂四方。

子孙繁衍于华夏，旷百世拓其圣疆。

痛哉清季，纲纪不昌。

洋人入侵，百姓受伤。

倾白银于海湄,割肌肤于豺狼;

赤子仆继于坚船利炮,妇孺痛苦以祭祀国殇!

蒙耻屈辱,疆土沦丧。

天昏漰洞,孽债难偿。

时维今世,山川改观。

国运昌隆,喜讯迭传。

定两制以震世界,迎香港恢复主权。

达人倡导于上,神舟一片焕然。

跪告羲皇,子孙亦觉有无限荣光。

扬眉吐气,大书特书其瑰丽篇章。

共建伟业,再创辉煌。

度小康,呈吉祥。

迈大同以葆久长。

庚辰年公祭文

古郡天水,史称成纪;人文始祖,太昊生地。

混沌初辟,一画开天;华夏文明,由此发端。

仰观俯察,始画八卦;天地奥秘,探本察源。

教民渔猎,发展生产;脱巢立居,食不腥膻。

始创嫁娶,一夫一妻;长幼有序,壮我族类。

制定历度,爰有节气;生产生活,有理有序。

因时发乐,做瑟立基;创造书契,文字肇启。

管理社会,教化黎民;造福百代,华夏兴盛。

继此而往,代于攸赖;中华文明,光耀寰球。

悠悠古国,源远流长;礼仪之邦,万国景仰。

世变沧桑,中更蹉跌;泱泱大国,灾难连连。

内政虐民,外寇鲸吞;人执笞绳,我为奴辱。

韶山旭日,铁锤弯镰;领导革命,横扫敌顽。

一九四九,中华重建;天翻地覆,雄立东方。

一九七八,小平兴邦;改革开放,民富国强。

华夏儿女,同报同祖;一国两制,伟大创举。

香港澳门，相继回归；台湾一统，完璧有期。

世纪之交，中央号令；西部开发，伟业勃兴。

顾我西部，文明悠久；光祖功业，广庇万方。

丝绸之路，横跨亚欧；汉唐之治，日月昊辉。

今又盛世，东引西进；改革创新，开放进取。

卦台崔巍，麦积挺秀；羲皇故里，民气恢张。

秦地贤达，西交盛会；互惠互利，同心同德。

四方其才，地尽其利；区域繁荣，河岳光被。

展望未来，任重道远；羲皇儿女，开来继往。

励精图治，再创辉煌；今日公祭，昭告羲皇。

辛巳年公祭文

陇右天水，成纪秦州；地灵人杰，历史悠久。

人祖伏羲，生衍于此；始创文化，勋著千秋。

一画开天，混沌变易；首演八卦，后世是续。

初作网罟，教民渔猎；刀耕火种，农业生计。

发明契书，文字记忆；倡导嫁娶，婚姻有序。

制瑟作乐，礼仪兴起；间推历法，时令为据。

设置部落，教化人类；推举贤能，治理社稷。

鸿蒙终晏，文明肇启；道合乾坤，青史立极。

东进中原，广拓岭南；万里山河，德泽润雨。

域外俯仰，异国鉴取；优秀传统，世代承袭。

明清封建，进化缓慢；列强环伺，神州罹难。

马列党人，民族先贤；爱国救民，力挽狂澜。

改革开放，民富国强；中华巨龙，屹立东方。

西部开发，号鸣旗扬；故里儿女，再创辉煌。

今日公祭，告吾羲皇；伟大复兴，在即在望。

乙酉年公祭文

陇阪高峻，渭水逶迤。大哉羲皇，诞生成纪。

三皇之首，五帝之先。丰功伟绩，世代绵延。

始画八卦，文明肇启。以龙纪官，分部治理。

初作网罟，佃渔大起。伏牛乘马，牧业开启。
间推历度，创立节气。刀耕火种，农业起始。
建屋化布，寒冷有避。钻木取火，冶金成器。
刻划符号，书契记忆。始制嫁娶，俪皮为礼。
琴瑟九针，万民之喜。中华儿女，圣德广被。
巍巍吾国，龙脉永承。世纪更新，华夏呈祥。
改革开放，国富民强；羲皇儿女，开来继往。
伟大中华，自立自强；民族复兴，大即大望。
今日公祭，昭告羲皇；肴馔既陈，伏惟尚飨。

甲申年祭文

2004年8月27日上午民主党派中央领导、中央新闻单位及海峡两岸文化、艺术界代表祭拜伏羲，祭文如下。

顾彼环球，世风簸荡。看我中华，繁荣光昌。
巨履深基，飚飓不移。赫赫始祖，文明肇启。
缅怀太古，洪荒蒙初。茹毛饮血，荆榛塞途。
钟毓成纪，吾祖降临。霞绮云灿，惠被众姓。
俯察诸地，仰观乎天。归衍众智，族脉永传。
教农耕以繁衍生息兮，结网罟以授渔猎。
制算历以合天运兮，刻文字以为赓续。
汉帝唐宗，声震四疆。泱泱大国，屹立东方。
龙为族徽，百代一归。屡遭蹦磨，奋起直追。
改革开放，积久速发。百业勃兴，万众腾达。
宏图一展，国运恒昌。亿兆斯民，乐奔小康。
科学统驭，天人协和。山川映彩，万象森罗。
港澳回归，寰宇鹄瞩。和平崛起，懿维吾祖。
风云跌宕，不可稍懈。民为邦本，铸志成铁。
金瓯尚残，灵台曷安？剑履俱奋，卫我国权。
惠风骀兮抚慰龙之传人，敬业守德兮四海为家。
流光千转兮不忘华祖之根，缱绻萦怀兮情系中华。
坚除国疾兮扫荡窳腐，复兴中华兮振萼扬葩。

此志可勒,昭告吾祖。言出行随,天鉴地督。

尚飨!

丁亥年公祭文

2007年全国人大常委会副委员长李铁映为公祭伏羲大典撰写祭文,省委书记陆浩代为诵读,其文如下。

农历夏至,爻呈九五;神州宇内,恭祭羲皇,奉制辞曰:

羲皇吾祖,龙脉绵延。海国陆疆,气象万千。

黄河西来,北国壮伟。长江东去,江淮沃田。

昆仑横空,洞庭波澜。椰林凝翠,南疆丽娟。

五岳毓秀,荆花萦树。长城逶迤,珠峰柱天。

嗟我中华,与天不老。念我先祖,功耀宸寰。

羲皇吾祖,世传文载。文明初萌,垂裕后昆。

八卦剖混,肇分阴阳。一画开天,始判乾坤。

仰观天宇,俯察兽痕。俪皮作礼,正姓婚姻。

结绳为罟,以畋以渔。发蒙畜养,基奠耕耘。

取火化腥,开启天聪。始造驾辩,谐世八音。

羲皇吾祖,华胄泱泱。继往开来,锐志兴邦。

云谲波诡,歧路多艰。捧诱棒吓,时嚣尘扬。

盛不迷忧,困不遗伤。弘毅道远,岂容彷徨。

惟法以度,惟民至上。睿智亿众,谐和万邦。

中华辉耀,凤仪龙翔。太牢敬献,伏惟尚飨!

省长徐守盛诵读的祭文如下。

陇坻苍苍,渭水泱泱;太昊伏羲,成纪发祥。

三皇之首,五帝之先;肇启炎黄,世代绵延。

维吾始祖,圣迹昭彰;一画开天,文明始创。

教民渔猎,初作网罟;驯养家畜,庖厨是务。

地穴建屋,寒冷以避;烧制彩陶,日新其艺。

建分八节,推定历度;以龙纪官,治理分部。

创为八索,推究事理;广被教化,刻划书契。

始制嫁娶,俪皮为礼;造瑟作曲,乐民庆喜。

伏羲文化，明道开天；日月同辉，万代承传。

中华古国，龙脉永昌；羲皇儿女，开来继往。

改革开放，民富国强；科学发展，昌盛兴旺。

以人为本，共建小康；和谐社会，百瑞呈祥。

众心归一，血浓情长；民族振兴，前景辉煌。

巍巍中华，蒸蒸日上；万国和融，福祉绵长。

吾祖伏羲，万民共仰；德泽广被，惠及八方。

今日公祭，昭告羲皇；肴馔敬陈，伏惟尚飨！

第三节　诗

伏羲赞

魏·曹植

木德风姓，八卦创焉；

龙瑞名官，法地象天。

庖厨祭祀，网罟渔畋。

瑟以象时，神德通玄。

晋·挚虞

昔在上古，怀德居位。

庖羲作王，世尚醇懿。

设卦分象，开物纪类。

设网施罟，人用不匮。

明·陈凤梧

于维神圣，继天立极。

仰观俯察，卦爻斯画。

始造书契，以代结绳。

开物成务，万古文明。

明·胡缵宗二首

一

立极同天，开物成务。
则彼图书，启此象数。
先天之易，斯文之祖。
德合乾坤，道传古今。

二

惟天挺圣，惟圣作易。
卦列先天，理涵太极。
万世文祖，百王仪则。
河洛出图，天地合德。

明·胡被二首

一

邃古溟蒙，道涵天地。
乃生庖牺，纪龙而瑞。
萃地之灵，宣天之秘。
八卦初形，象辞攸贲。

二

六经炳炳，惟易为至。
列圣绳绳，微皇孰嗣？
祀典斯崇，宫墙犹閟。
万化有基，斯文曷坠！

谒太昊宫

明·陈讲二首

一

大块倾西北，土厚水复深。
岷嶓何峻极，河汉亦浑沦。
昆仑跨鸟鼠，支委犹水繁。
羲皇毓成纪，观察开乾坤。

周公衍其流,文王敷其源。

乃知卦爻理,斯文今古存。

二

斯文秘天地,邃古何冥蒙。

羲皇毓成纪,立极开颛蒙。

龙马初出图,俯仰观察同。

万物情自类,神明德自通。

祀报宫斯建,瞻拜何融融。

垂帏精十翼,卓立堪舆中。

明·李悦心四首

一

大圣生为造化主,河图忽献心之谱。

信心一画鸿蒙开,千古斯文称鼻祖。

二

三十六宫总一心,枝枝叶叶费根寻。

天根月窟龙观窍,心易还应妙古今。

三

悟彻先天一字无,文王周孔总如如。

我今拈出羲皇意,万物森森列卦图。

四

细玩图中第一卷,虚中造化妙而无。

欲知圣圣相传意,惟在求之未发前。

明·杨溥

一自乾坤辟混茫,历年四万总荒唐。

不缘八卦开神钥,谁为三才泄秘藏。

我有牲渔归祭养,人于书契寄纲常。

极知功德齐穹昊,古庙何孤一瓣香。

谒伏羲庙

明·唐龙

古殿千年祀，秋风一瓣香。

龟龙衍符瑞，鸟兽灿文章。

草长阶应绣，云飞栋欲荒。

生僧仙释地，金碧竟辉煌。

题伏羲庙

贺敬之

匆匆访天水，悠悠拜伏羲。

大小测气候，新演易几章？

咏羲皇

柯杨

乾坤混沌育灵台，龙马负图献瑞来。

悟得两仪分太极，始知一气统三才。

羲皇画卦弘天道，始祖炼石救巨灾。

无题

王孝文

八卦乾坤大，伏羲庙宇新。

四海庆公祭，共仰中华魂。

许嘉璐

文化源头何处寻，羲皇庙里柏森森。

清幽鼓乐催人醒，戮力和谐造乾坤。

第四节　楹　联

一画开天，三才参化；

百王维统，五帝肇基。

（原悬戏楼联）

立极同天，德和乾坤，万世文祖。

开物成务，道传今古，百王则仪。

（明·胡缵宗撰 悬大门明间檐柱）

太昊弘教化，中华启文明。

（佚名 原悬大门）

网罟田猎，促使人文演进；

系辞爻象，蕴藏宇宙精华。

（马永慎撰 悬仪门）

间推象数先天探始，欲访龙图后世问津。

（佚名 悬先天殿明间檐柱）

八卦成图华夏仰圣地，六分始肇炎黄歌传人。

（程凯、何晓峰撰 悬先天殿东侧门）

桑梓千秋崇圣祀，衣冠万国拜神州。

（马永慎撰 悬先天殿西侧门）

木食草衣开气运，金戈铁马变朝昏。

（清·国栋撰 悬先天殿内前金柱）

卦列先天乾坤立极生奇偶，理涵太极水火移宫用坎离。

（明·胡缵宗撰 悬先天殿暖阁）

当鸿蒙其未辟，成纪有圣人焉，俯睹仰观，鸟兽山泽呈异象；

泄天地之蕴密，渭滨集盛德矣，开物成务，刚柔变化启文明。

（张举鹏撰 悬先天殿内后金柱）

文明肇西州，河图献瑞，卦台呈祥，一画天开中古史；

龙典尚上元，俎豆馨香，人民载舞，千秋崇祀圣人乡。

（佚名 曾悬先天殿角柱）

黛色参天有老柏，黄花遍地建新祠。

（清·哈瑞撰 悬来鹤亭）

广殿壮秦城，应力挽颓风，返朴还淳思太极；

全民兴汉业，须弘扬正气，图强致富纪新元。

（霍松林撰 太极殿明间檐柱）

庖牺以养牲而召,群众生活初上轨;

画卦代结绳之治,后世文明始生芽。

（佚名　悬太极殿角柱）

德和天地,恩泽神州。

（康成元撰　悬见易亭明间檐柱）

被发下大荒,风景无殊,山光顿异;

旧事从头说,耆英结社,羽客窥人。

（清·哈锐撰）

几树寒涛鬈叟健;一亭凉风羽仙归。

（清·王权撰）

道开天地先,一画古称文字祖;

城历岁时久,万山都近圣人居。

（田润撰）

文明昉西州,卦台嵯峨,一画天开万古史;

庙貌巍上国,俎豆歆飨,千秋崇祀圣人乡。

（朱据之撰）

当万籁未鸣以前,即蟾宫犹无霓裳羽舞;

自八音克谐而后,虽羲里亦演优孟衣冠。

（佚名）

史固足征祖,察地观天,赖有竹书传圣业;

祭原不渎看,登高涉险,还凭后起绘宏图。

（赵槐清辑录）

古今五千年,四郡八州齐叩首;

左右一方土,秦皇汉武亦拈香。

（杨玉峰撰）

五千年华夏文明导源于此,

十二亿神龙苗裔与日俱新。

（张举鹏撰）

渭滨生始祖,画卦结绳,初燃智珠。

当万国争荣之际,须探究羲皇遗教真核。

务实创新,蔚起人文鹏展翼。

天上落神泉,钟灵毓秀,辈出英才。

值中华开放之时,应发扬丝路名城优势;

迎宾引资,腾飞经济锦添花。

（霍松林撰）

第六章 伏羲文化研究与交流

第一节 伏羲文化交流

1987年7月民盟天水市委员会发起成立天水市周易学会,开展周易学术的研究和整理工作。1992年日本高岛成龙组团参谒伏羲庙。1994年8月日本高岛易断总本部代表团应邀前来伏羲庙拜谒伏羲,举行隆重的祭拜仪式,商谈弘扬伏羲文化、促进双方友好往来等问题,此后每年日本高岛易断总本部组织朝觐团祭拜伏羲。

2004年8月29日应华夏文化纽带工程组委会的邀请,民主党派中央负责人和"龙的传人"大型主题公益演唱会的部分演员到天水祭拜人文始祖伏羲,开展文化交流。民进中央副主席楚庄、王立平,台盟中央名誉副主席田富达,民盟中央副主席吴修平以及农工民主党中央、民建中央、民革中央、致公党等民主党派有关负责人参加祭拜活动。2005年10月由日本国高岛易断总本部、大韩民国国际风水地理鉴定士联盟共25人组成的参拜团前来伏羲庙参拜人文始祖伏羲,与部分伏羲文化研究学者在伏羲庙来鹤轩讨论伏羲文化的缘起等学术问题。天水市博物馆向高岛成龙颁发捐资证书并赠送天水雕漆挂屏,向大韩民国国际风水地理鉴定士联盟赠伏羲圣像。

2006年10月日本高岛易断总本部一行第17次来天水伏羲庙拜谒伏羲氏。10月5日至9日第四届海峡两岸中华传统文化与现代化研讨会在秦州召开,参会的海峡两岸暨香港专家学者300多人到伏羲庙祭拜伏羲、追根溯源。2007年7月18日台湾大学生夏令营甘肃分营同学在伏羲庙祭拜人文始祖伏羲，举行签名仪式，开展两岸文化交流活动。8月25日西北五省（区）省会（首府）暨部分省（区）市城市接待部门协作会第十六次会议在秦州区召开，参会代表在伏羲庙举行伏羲祭拜仪式。9月4日台湾青年代表团一行成员在伏羲庙举行祭拜人文始祖伏羲仪式，台中县林土昌代表参访团敬香、恭读祭文、敬献花篮。10月29日日本高岛易断总本部祭祀伏羲参拜团一行12人在会长高岛成龙带领下参拜人文始祖伏羲，是高岛易断总本部第18次来伏羲庙拜谒伏羲开展文化交流。

第二节　伏羲文化研究

天水伏羲文化研究会

1992年10月10日至12日天水市举办首届伏羲历史文化研讨会，特邀专家和天水地方研究学者50多人参加大会，提交论文42篇。会议探讨认为伏羲文化是中华古文明的重要源头之一，伏羲时代大约在人类由母系氏族社会向父系社会的过渡阶段，伏羲作八卦开启中华文明，伏羲部族长期生活在渭河流域上游，特别是葫芦河流域，开发、研究伏羲文化具有重要的现实意义和历史意义。此外会议还交流天水秦文化等多方面的研究成果。1994年5月由霍想有主编的《伏羲文化》出版发行。1995年10月天水伏羲文化研究会暨第二届伏羲历史文化研讨会召开，来自省内外的50多名学者参加学术交流，提交论文38篇。会议探讨交流伏羲出生地、事迹，《周易》与伏羲八卦的关系，天水伏羲文化的形成、发展、内涵及历史价值、现实意义、开发利用，伏羲文化在天水古文化资源中居龙头地位等问题，建议应将伏羲女娲的艺术造型用于天水城市标志性雕塑、旅游标志，建立伏羲文化展览馆，联合陕西、河南等地开发中华先祖圣迹游等。会议期间，筹备两年多的天水伏羲文化研究会宣告成立，在天水伏羲庙举行挂牌仪式。大会通过《天水伏羲文化研究会章程》，选举产生由66人组成的第一届理事会及会长、副会长、秘书长、副秘书长。聘请名誉会长10人、顾问34人。

2000年12月《天水历史文化丛书》由甘肃人民出版社出版，其中《大哉羲皇》专门论述伏羲文化。2002年12月8日经国家民政部批准,成立中华伏羲文化研究会,全国一级学会,从此大批伏羲文化研究学术成果问世。2003年《伏羲文化论丛2003》由甘肃人民出版社出版。2004年《伏羲文化概论》由甘肃人民出版社出版。

伏羲庙志

1995年10月天水市地方志办公室刘雁翔编写的《伏羲庙志》由兰州大学出版社出版,为首部系统介绍天水伏羲文化的著作。2003年5月《伏羲庙志》再版,由甘肃文化出版社出版发行,28万字。全书分为正文、附录两部分,正文又分为神圣伏羲氏和沧桑伏羲庙上下两编。上编神圣伏羲氏有引论和羲皇故里、伏羲和女娲、龙文化溯源、人文始祖四章,论述天水历史和伏羲。下编沧桑伏羲庙分为卦台山、伏羲庙、祭祀典礼、考证、诗文辑录五章和大事略记,主要介绍天水伏羲庙。附录分为地方志伏羲庙资料及有关伏羲庙的著述索引、传说轶闻、相关论文两篇、伏羲文化的交流与研究、《伏羲庙志》的写作及修订五辑。

秦州区志
QIN ZHOU
区志 QU ZHI

第二十四编

历史文化名城保护
LiShiWenHuaMingChengBaoHu

秦州历史悠久,是秦人的发祥地,留存文物古迹众多,人文始祖伏羲庙坐落在秦州西关。1992年8月江泽民同志视察天水,题写"羲皇故里"。2000年后随着旅游富市战略实施,市委市政府加强名城保护力度,启动伏羲庙、胡氏民居、孔庙等一批重点文物单位的维修保护工程,对城区现存古树实施复壮保护,使秦州这座国家历史文化名城焕发出新的生机。

1987年秦城区普查未列入保护范围的古建筑、古文化遗址、民宅、墓葬,之后将北关清真寺、红台清真寺、陇南书院、陕西会馆门楼、靳家崖古遗址、冯国瑞宅院等11处文物点列入保护范围,建立30个文物保护小组。其中省级文物保护单位有伏羲庙、胡氏民居、西山坪遗址。1991年秦城区人民政府成立文物管理委员会,公布西坡遗址、泰山庙等21处为区文物古遗点,建立区、乡、村三级文物保护网落,落实保护人员和保护措施。至2004年秦城区共有各类文物保护单位41处。其中国家级文物保护单位2处,省级文物保护单位1处,县级文物保护单位38处;古建筑19处,古遗址16处,古城址1处,古战场1处,古墓葬1处,石刻4处,文物遗迹点18处。

第一章　古建筑保护

第一节　胡氏民居

胡氏民居又称南北宅子,是明代父子胡来缙和胡忻的宅第,院内以明代民居建筑居多,其中南宅子被誉为西北第一民居,国家级重点文物保护单位。

建筑

南宅子　明代山西按察司副使胡来缙居所,始建于明万历十七年(1589年),至隆庆年间基本形成规模。占地4050平方米,建筑面积2700平方米,保护区古建面积860平方米,坐南朝北,整体形制与建筑是典型的四合院组合，门外临街有百年古槐。庭院东北角临街有硬山顶大门三间，哺龙脊，后当心间改作"胡松秀之妻蒲氏"的节孝牌坊。屋顶又添四条垂脊，与原正脊凑成五脊六兽。大门当心间辟门，额题"副宪第"，为明人书写。正门内为一小天井，南为影壁，西有一垂花小门，题额"桂馥"。

入桂馥门即是四合前院。南房为正厅，明代结构。在原建筑布局上应为过厅，可能后代析户分居，封后檐墙才为正厅。正厅面阔五间，大式土木结构，五檩抬梁造前出廊式。单檐悬山顶，哺龙脊，大吻之一以螭代替。灰筒板瓦阴阳覆顶。檐下桂头科、平升科皆以大斗口出挑。拱间、栏额下均施透花、浮雕雀替。直棂门腰华板有简单雕刻纹饰。老檐柱上架四椽，再立蜀柱架平梁，上支驼峰、叉手、脊爪柱，上承脊檩。柱础鼓形素面。北为倒坐，形制大体同正厅，唯脊坍塌。东西厢房为清代之物，已改建，不见原貌。沿正厅廊前迤东小门可入书房、佛堂、客厅、四合小院。

自影壁东侧向南穿一迂回曲折小径西经垂花小门，可入三合后院。院中东西厢房也是近代改建。南三间悬山顶土木结构五檩抬梁造前出廊式建筑为正厅，是明代建筑，制作略较前厅古朴，但门窗皆改。

北宅子　胡来缙之子太常寺少卿署正卿胡忻的住宅，始建于明万历四十三年（1615年），占地面积1550平方米，建筑面积1245平方米。罗哲文曾称其为"甘肃省唯一的也是全国罕见的具有典型明代建筑风格的古民居建筑宅院群"。

原建筑布局正方形，东南角设总门三间，当心间辟门，额题"太常第"。门外卧石狮二只，门内北为照壁。顺壁有一东西向甬道直通宅院西南角。甬道尽头一四合大院，门向南开。大院北是书房院，书院北一三合小院，再北为一四合小院。上三院门皆东开。三院前有一纵贯南北的甬道。甬道之东为一进三院。前院正南中开门，北为正厅，东西有厢房。中院南左右开二门，北为厅楼，东西配厢房。后院与前院同，但规模较前略小。

北宅子现仅存二三院的前、后正厅、中院厅楼及厢房，二院厅楼面阔五间，为一重檐硬山顶小式土木结构的二层楼阁式建筑。顶覆灰筒板瓦，五脊六兽，上下共六架椽。下层六列六柱，檐柱与柱础为方棱形，老檐柱、金柱及础为圆形，较粗大。檐柱、老檐柱间设乳栿吐托檐檩，上架方椽。上层以下层老檐柱彻上作檐柱，柱间镶嵌雕花勾栏。以下层金柱彻上为老檐柱。二柱间设架板作上层平座。前后金柱设架板作上层地平，顶部架四橼，上置梁枋、平梁、驼峰、叉手、脊爪柱，支撑金檩、脊檩。全为明彻上露明造。四橼间以巨大檩枋答牵，金柱、檐柱间以细材答牵，下檐柱间施栏额，甚为稳固。但上层结构甚简，檐下既无撩檐枋，也无普柏枋，更无额枋，檐下仅以雕花垂帘遮掩。

厅楼整体雕刻工艺精致雍容华贵。每间各有雕花栏板五面，每面浮雕一组团花图案，团花品种有荷花、牡丹、西蕃等，图案雍容华丽且不纤缛，原彩绘虽经多年风蚀雨侵却仍显余色，构图精致，技艺高超，为明代雕刻艺术杰作。

维修保护

2001年天水市文化文物出版局委托河北古代建筑保护研究所设计编制胡氏古民居（南北宅子）保护维修方案。2002年7月胡氏古民居（南北宅子）保护维修工程方案出台经过国家文物局审查论证，2003年4月立项。南宅子保护维修先后搬迁居民56户、商户9家、单位2个，使南宅子的占地面积由1000平方米扩大到4422平方米，维修古建筑3252平方米，完成消防、安防、供水、供电等基础设施建设。

2004年5月天水市政府将南宅子移交天水市博物馆管理，进行保护维修和筹建天水民俗博物馆，预算投资1160万元。工程项目分别为重点保护区保护维修工程，保护范围民居保护维修工程，水、电工程，消防工程，技防、安防工程，土地拓展搬迁及周边环境整治，院落环境工程，天水民俗文物、物品征集、维修、建档入库、展览。2007年拨款400万元用于南宅子350平方米拓展区的拆迁和建设。

2007年5月北宅子保护维修二期工程启动，河北省古代建筑保护研究所编制维修方案，经国家文物局、省文物局批准，由山西省古建筑保护工程有限公司按照"不改变文物原状"的原则进行维修。2010年10月主体维修工程竣工，完成各项工程预算1280万元。11月建成胡氏民居太常第陈列馆向社会开放，在胡氏民居太常第陈列馆的基础上筹建民俗博物馆，举行秦州区民俗博物馆揭牌仪式。

第二节 玉泉观

建筑

玉泉观位于秦州区城北山麓,始建于唐代,毁于宋末,元代初期重修。经过元明清30余次的重修和扩建,存有明清古建筑89座,元明清等历代碑石58方、砖雕34方、石碣11方,尤以元代四面道流碑和元代大书法家赵孟頫四方草书诗碑最为出名;建筑面积3536平方米;有古树4种50株。从中轴线起,自下而上主要建筑有通仙桥、太阳殿、青龙殿、鲁班殿、人间天上坊、玉皇阁、第一山牌坊。分布雷祖庙、三宫殿、李杜祠、仓颉宫、文殊殿、文昌宫、北斗宫、玉泉亭、静观亭、神仙洞、三公洞、

通仙桥

天靖楼以及赵孟頫书碑。有教职人员32人,其中乾道26人,坤道6人。2006年5月被国务院公布为第六批全国重点文物保护单位。

维修保护

1985年市政府批准玉皇殿一区为道士活动地点,玉泉观开始有道士入驻活动,参与道观的日常管理保护工作。1988年至1997年投资50万元重修武侯祠、药王洞、药圣宫、三仙洞阁、勒马关帝庙、王母洞、玄女洞、观音洞、拜阁,修建三清殿。

1998年重修灵官殿,将玉皇阁、人间天上牌楼、混元宫牌楼、天门牌楼、山门等建筑更换为琉璃瓦屋面。8月玉泉观公园划归秦城区城乡建设局管理,设天水市玉泉观南郭寺公园管理处。2000年底分设玉泉观公园管理处、南郭寺公园管理处。

2003年7月玉泉观被甘肃省人民政府公布为甘肃省文物保护单位。2004年3月玉泉观公园管理处更名为天水市玉泉观景区管理处。2005年

1月成立天水市玉泉观文物保护研究所,与玉泉观景区管理处实行两块牌子,一班人员,负责玉泉观的文物保护与研究工作。2006年11月玉泉观新庙区修复竣工,未落架修复所有殿堂,复建殿宇3座,新建2座。2007年实施以凸显玉泉观景区明清古建筑为主题的供电亮化线路改造工程。

第三节　南郭寺

建筑

南郭寺位于慧音山坳,宋代称妙胜院,清乾隆十五年(1750年)敕赐为护国禅林院。寺内一株古柏有2300年至2500年的树龄,称为南山古柏,又称汉柏。诗圣杜甫曾流寓南郭寺题咏。属甘肃省重点文物保护单位。

寺院格局为三进七院,各院曲径相通。东套院一进二院,中套院一进独院,西套院一进四院。全寺建筑有山门、殿宇、祠堂、禅堂、楼轩、亭阁、牌坊等28座,80余间,占地面积2.67万平方米,主要包括山门、钟鼓楼、天王殿、大雄宝殿、东西二配殿、东西禅林院以及卧佛殿。卧佛院紧临西禅林院,建有卧佛殿一座,多为恢复的清光绪年间建筑。中院建有关圣殿宇三间,为清乾隆年间建筑。东院有马房及漱池宫等古建筑,为清末民国初年建筑,具有很高的文物研究价值。东院新建“二妙轩”诗碑廊一座,位于北流泉以南,碑体总长35.6米。古遗迹、遗物有隋塔、陀罗尼经幢,隋塔是南郭寺卧佛殿院内的舍利砖塔,建于隋仁寿二年(602年),后由于地震等原因倒塌,塔基尚存,塔基下为地宫,藏有舍利,具有极高的历史和考古价值。陀罗尼经幢为五代十国遗物,残存三段,是考证南郭寺历史的重要依据。南郭寺楹联匾额较多,主要有西山门门楣上悬挂的南郭寺大字匾

南郭寺山门

额和天王殿门额上悬挂的临摹行书第一山大字匾额。

保护维修

1993年修建上山公路1.65公里。1994年10月邓宝珊将军纪念亭落成，建筑面积277平方米，亭名由邓小平题写。1995年1月邓宝珊将军纪念亭被中共甘肃省委命名为甘肃省爱国主义教育基地。1997年沥青硬化上山公路1.65公里。1998年建成仿古建筑风格的二妙轩碑廊1幢，长35.6米，高4.36米，碑宽0.8米。

1999年9月区政府确定景区范围以南郭寺为中心，北起外环路，南至杜家坪，东起鲁家沟，西到龙王沟。随后秦城区城建公司租地8亩，投资150万元修建景区综合管理楼；慧音山庄租地14亩，投资600万元，修建慧音山庄；小陇山林科所租地10亩，投资200万元，修建天彩花园；建行天水分行租地28亩，投资100万元，修建树木科普园；天水北辰房地产开发公司租地14亩，投资300万元，修建北辰花园；天水市财政局租地30亩，修建财政花园。2000年天水康乐广告装潢有限责任公司租地2.2亩，投资150万元修建健康乐园。2001年投资105万元，建山门一座。

2002年个体户冷万山租地3亩，建设园林建筑及配套设施；天水商业大厦股份有限责任公司租地97亩进行开发建设。8月26日《杜甫在秦州》雕塑在南郭寺落成。全年改造供电线路500米，增设仿树桩垃圾箱23个，建垃圾处理点3个，做大型灯箱导游图2个，设标牌24个，建水冲式公厕1处。

2005年投资28万元，实施踏道改造、栅栏围护、平台铺设、票房建设工程。2006年建水冲式厕所1座，检票房1处。

第四节　后街清真寺

建筑

西关清真寺俗称大寺，位于成纪大道西段人民西路。始建于元至正三年（1343年），是甘肃省创立最早的清真大寺。历经多次修建，存有大殿1座，明、清石碑2方，清代楹联1幅，民国匾额2幅，陨石1块，手书经卷多册。占地1730平方米，各类房屋70余间。

主体建筑大殿保存完整,建筑风格迥异,是典型的明代宫殿式建筑,礼拜大殿建于明洪武七年(1374年)。明成化四年(1468年)扩建。大殿由前殿五间、后殿三间、前卷棚外廊三部分组成,通长22.3米,进深19.3米,使用面积430平方米,殿内有两根粗大明柱,具有元代建筑遗风的明代宫殿式木结构特点。顶为歇山单檐,琉璃碧瓦;正脊为莲花缠枝图案,中起塔亭宝盖,兽吻吞脊,且似兽非兽。铺间均为五铺下抄单下昂,柱头为四铺作出平昂,结构严谨,外观宏伟壮观,殿内古朴典雅,肃穆庄严。后殿四面角梁起檐,屋顶暗卷接水,风格异于其他建筑。大殿屋顶以青色方砖做栅板,白灰勾缝。大殿正门为五开间四扇门,可折可装,雕刻精美考究,上眉格为透花金钱艾叶图饰,构图文雅、刀法娴熟,保存完好。

保护维修

1986年天水穆斯林群众捐资兴建东楼二层18间,建筑面积450平方米。二楼为教长室、学生宿舍和教室,一楼为水房和殡仪室。1993年建起二层南楼,上下12间,250平方米。楼上为妇女礼拜殿、办公室,楼下为厨房。2001年北外环路拓宽,拆除寺门在原方位修砖雕大门,简朴大方。2003年7月5日后街清真寺由县级文物保护单位升为省级文物保护单位。2006年5月25日后街清真寺被国务院公布为第六批国家重点文物保护单位。

第五节　天水赵氏祠堂

建筑

赵氏祠堂建于清代,位于三新巷。原祠宇规模宏大,坐北朝南,一进三院、两跨院、五院两庑齐全格局,占地面积7650平方米。临街有四柱三开间牌楼一座,入内东西两侧有勤慎堂,中轴线为上甬道。一院有大殿三间,殿前东西各有朝房,前后各有两座,大殿东侧并列偏殿四间,沿大殿两侧北进到二殿,再沿殿侧北进到三院。三院北有后殿小三间,院内东西各有厢房三间。

整个宗祠现存大殿、东西前排朝房和三院、偏院。大殿面阔三间,进深三间,硬山顶两坡水,脊式宝相,两端哺龙吻。抬梁式五架椽前出廊,祠内前后排列四金柱，方砖望板，平栿下有雕花栌墩。前后檐下置斗拱、补间一铺做，平板枋上置坐斗与单步梁麻叶头相交，形成斗口条，从整个结构、构件看，属明代建筑，清代曾小修过。大殿内原祀奉"辅助西戎世居天水"赵公辅和营平侯赵充国像。赵氏宗祠周围历来为赵氏族人的宅院，宗祠北与清末武进士赵子倍宅院相连，西与清末武魁赵文子宅院相连。西北有演武场和赵震宅院。现存宅院大多为明清时代的建筑，有主庭、倒座、厢房、演武场、围房、书楼、仓房院、站房院、仓库马棚等。与宗祠配套形成一处规模宏大、气势磅礴的古建筑群。中华人民共和国成立后多年由天水市劳保公司使用，1988年拆除部分建筑，遗存面积为1764平方米。2007年遗存占地面积1370平方米，部分建筑濒临坍塌。

保护维修

2007年天水市政府把修缮保护赵氏祠堂列入十大城市重点建设项目。项目占地总面积2235平方米。涉及周边环境整治和基础设施配套工程，工程总概算980万元，修缮复建总面积为1183平方米，其中修缮建筑面积485平方米、复建面积698平方米，修建围墙240平方米，拆迁建筑面积1764平方米，三院安置面积133平方米。

第六节 庙宇会馆

文庙

文庙位于中华西路步行街西端，始建于元大德六年（1362年），县级文物保护单位。主建筑大成殿为明代重檐歇山顶建筑，坐北朝南，面阔五间长21.5米，进深17.1米。戟门三间两坡悬山顶，面阔9.95米，进深7.9米。金造木架门座，斗拱一斗二升，两山有博风悬鱼，灰瓦屋面，绿琉璃脊吻兽，彩绘古雅，檐下有竖式楷书大匾戟门，雄浑庄严。

2004年秦城区建设局修缮大成殿、戟门、棂星门，新建碑廊、景墙、小广场，塑造孔子像，铺设青石条园路。园林部门实施绿化，种植桃、李、桑及常青植物，寓意"桃李天下，造福桑梓"。2006年对庙院古树复壮保护。

汉忠烈纪将军祠

汉忠烈纪将军祠俗称城隍庙，是西汉名将纪信的祠堂，始建于金代，元代为成纪县衙，明代初撤衙扩建后改为纪信将军祠。经明、清、民国多次维修扩建，形成规模宏大、气势雄伟的建筑群。现存为明代建筑，占地面积4960平方米，建筑面积1100余平方米。由三门四进、21座单体建筑构成。坐北向南，中轴对称。在南北中轴线上，从南至北依次分布有木牌坊、砖门楼、狭长廊、小牌坊、卷棚廊、重门、抱厦、前拜庭、后拜庭、大殿及寝宫等10座建筑。中轴两侧对称分布钟楼、鼓楼、东看楼、西看楼、五凤楼等建筑。整个布局主次有别、开合恰当、波式相连、深邃森严，是甘肃省内规模最大的城隍庙。

1985年至2009年纪信祠先后经过5次较大规模加固及修复保护。2003年甘肃省人民政府公布为省级文物保护单位，省文物保护维修研究所对纪信祠勘察设计，投资90万元对寝宫大殿进行整体保护维修。2006年迁建、翻新、维修木牌楼、砖牌坊、东西廊坊、小牌楼、东西厦房等，拆除二层办公楼等其他房屋。2007年成立天水市纪信祠文物保护管理所，与天水市文化馆两块牌子一套班子。

陕西会馆

陕西会馆位于解放路东端，牌楼式建筑，通体用雕砖和磨砖拼砌而成，四柱五楼，面阔三间，通长22.23米，中门和次间门均开卷洞。正立面以砖雕镂梁柱斗拱、平座勾栏、垂花檐楼和各式各样的额枋花板，巧妙构成几层枋木结构的楼阁。明楼、次楼、梢楼高低参差，错落有致，各种构件上雕饰珍禽瑞兽、花草虫鱼、镂空绫锦、人物博古等百余种图案。四柱旁侧镌刻楹联两副。内联云："义勇冠尘寰，当年摧吴挫魏，丹心耿耿绵汉祚；庙貌崇关陇，群生蒙庥托庇，馨香世世报神恩。"外联云："忠义参天出于至性，宫墙数仞仰之弥高。"

万寿宫

万寿宫位于建设路东侧，又称庆祝宫，清康熙初年建于会福寺中，清道光时因不符合礼规，移建于今址。中华人民共和国成立后为专员公署办公地，60年代后逐渐演变为市直机关职工家属院。1998年万寿宫交由天水书画院办公使用。

万寿宫坐北朝南，建筑规模较宏大，布局规整对称，占地面积1090平方米。主要建筑排列在纵贯南北的中轴线上，自南而北依次有宫门、午门、朝房、大殿，共计5座24间。宫门外砖砌呈宝顶，内建木卷棚。午门面阔9间（中3间，左右各配3间，通连一起共9间）。入午门后院建东、西朝房12间，迄北建一长19米、宽9米、高1米的砖砌露台。台后坐一单檐歇山顶金黄色琉璃鸳鸯瓦覆面的朝贺庆祝大殿，大殿面阔3间，通长13米，进深6间，宽12米，大式土木结构七檩抬梁造。双龙团莲爆花正脊，端套琉璃回头龙吻，中置宝刹火珠，垂脊端施蹲兽，脊上置守猴将等，前、后檐为大栏额式，檐下五踩双昂头拱，多为云头昂，身内金箱斗底槽。

1989年大落架维修主体建筑大殿300平方米，东、西朝房260平方米，午门300平方米；恢复汉白玉月台170平方米；建仿清式单檐歇山顶宫门，东、西厢房等建筑750平方米。2003年8月万寿宫维修工程竣工。2004年10月天水市人民政府公布万寿宫为市级重点文物保护单位。

瑞莲寺

瑞莲寺坐落于市中心广场北侧，属明代建筑寺院，占地1828平方米，一进三院格局。有佛殿7座15间，塑像140余尊。其中玉佛1尊，铜佛3尊，单房26间，新塑藏经楼3层15间643平方米，斋堂楼2层6间140平方米。常住僧人8人，信众8000人。

寺内留存建筑自南迄北依次为寺门、过厅、东西厢房和大殿。寺门为悬山顶垂花门，额悬明末清初陇上书法家王了望书"瑞莲寺"匾额。过厅为悬山顶，小式土木结构五檩抬梁造，面阔三间，进深四间，爆花脊坐回头吻，前塑天王像，背塑护法韦陀像。东庑面阔五间，内塑"慈航菩渡"观音菩萨等像。西庑面阔五间，内塑"锡振幽冥"地藏菩萨等像。大殿悬山顶，小式土木结构五檩抬梁造，面阔五间，通长18.3米，进深四间，宽9.85米。爆花脊坐回头吻，正脊中置麒麟宝珠。内塑5尊五方大佛，高5米，中为释迦牟尼、左次阿弥陀佛、左三弥勒佛、右次药师佛、右三宝生佛。椽柱挂王了望书"在何所在，试参来，青莲叶底谁拜月；音实无音，聊说起，碧海潮头作甚观"木刻楹联。

老君庙

老君庙位于玉泉镇吕家崖村千条山麓一高台上。自东而西依次为老子喂牛石槽、踏垛，由踏垛入山门通过天井进垂花重门，重门内为三合小院。正西殿是硬山顶小式土木结构老子祠，面阔三间，通长10米，进深两间，宽6米，三檩抬梁造前出廊式。南配殿单坡水面阔三间，内塑观音菩萨、韦陀、送子娘娘等像。北配殿亦单坡水面阔三间，内塑财神、灵官、协天玉皇、镇江王杨四将军等像。

演法寺

演法寺位于玉泉镇张家窑村，县级文物保护单位，四合院式建筑，占地面积300平方米。寺院北建悬山顶大殿，面阔三间，通长12米，进深四间，宽10米。大式土木结构，五檩抬梁造前出廊。顶坐行龙团莲爆花脊，套龙吻，狮形宝珠。前檐大额式，檐下三踩单云昂斗拱。内五架梁上坐驼峰承托平梁，平梁上支脊爪柱、叉手承托脊檩，檐步以单步梁承托。殿后正中塑释迦牟尼像，东塑消灾延寿药师像，西塑阿弥陀佛像。释迦牟尼佛左右配塑阿难、迦叶两大弟子和观世音、大势至二菩萨。寺院西配殿三间为卷棚顶，内供三霄。东配殿三间亦为卷棚顶，内供菩萨。南对殿内供护法韦陀。

槐花寺

槐花寺位于天水镇下街，县级文物保护单位，清代建筑，因寺中两株老槐树得名。寺院坐北向南，为一组四合院式的古建筑群，占地面积800平方米，建筑12间。正北为面阔3间、通长12米的土木结构硬山顶大佛殿，殿内塑三尊大佛和十八罗汉像，正殿东西各有殿宇三间，分别为三霄殿和火神殿。东配殿三间塑天王和山神土地像，西配殿塑天王和地藏王菩萨像，南殿塑财神关羽像，财神殿前建卷棚式抱厦。财神殿左右建有钟、鼓楼，最前为寺院山门、抱厦等。寺中的两株古槐苍劲挺拔，高20米，茎围2.1米。

龙头寺

龙头寺位于天水镇龙头寺村，寺院以并列式连建三院，占地面积2074平方米，土木结构建筑房舍30间。中院为佛殿院，为四合院式；西北坐硬山顶土木结构五檩抬梁造大雄宝殿三间，通长9米，进深7米。西南配三间单坡水三霄圣母殿。东北配三间五檩抬梁造双出廊式十殿闫君殿，东南倒坐三间，当心塑韦陀，韦陀背面是中院前门，门庭当心塑四海龙王和四府龙王，两次间辟门可入。西院为关帝庙，正殿关财神，西庑曹公祠，东庑四圣宫。皆三檩抬梁造前出廊式。东院皆为僧房。寺内存有重修记事及布施石碑4通。

灵源侯高皇庙

灵源侯高皇庙位于天水镇太祖山麓,清代建筑,为一穿廊式小院,占地面积600平方米。中轴线上自南迄北依次有垂花门、卷棚式直廊、正殿。三座建筑纵向套组一起,使人有深奥幽深之感。垂花门雕工甚精,卷棚直廊层层递进,最后是三间硬山顶正殿,通长8米,进深5米。中轴线两侧有其他神宇6间。庙内塑像皆无,保存有宋、清、民国时所立石碑7通。

红台清真寺

红台清真寺位于亲睦里红台36号,寺院坐西向东,东西长58米,南北宽34米,占地面积2021平方米。建筑分为前、后、南、北四院。前为礼拜三合院,后为浴室院,沿东西方向中轴线对称排列建筑物。自东而西有两株三人合围的参天古槐、龙吻印花脊悬山式寺门、礼拜大院南北厢房。主体建筑礼拜大殿面阔3间、通长9.9米,进深9间、广24.5米,由前抱厦、中殿、后殿三部分勾连塔形式组成,面积243平方米。卷棚顶抱厦与重檐歇山顶中殿构件相互穿插咬合,浑然一体,抱厦作前出廊,中殿八卦悬顶梁架,檐下七踩三翘斗拱与前廊厦厅穿逗组合,外加重檐覆屋、龙莲爆花正脊施龙吻螭兽,卷棚前檐通大栏额圆硕宏伟,雀替、拱板精雕细镂。后殿为单檐歇山顶抬梁结构,用一南北两坡水建筑勾搭连接。三座建筑以中殿创建最早,有明代作法风格,清雍正二年(1724年)重修,前廊、后殿为后来续建。这组建筑的最大特点是沿殿身进深方向列柱,柱子直接承托檩条重量,与后殿架空的抬梁不同,以数层"穿"贯通各柱、组成一组构架,用材较小,既轻巧,又坚固耐久。前廊厦厅檐下悬匾"清果无染",中殿檐下悬1930年吴鸿年书"认主歇一"匾额。礼拜大殿北为"北君居所"可通后院,南为"南针指迷"可入南院净室。由北厢房明间通北四合院,院正西有硬山顶正厅3间,南北各单坡水简室3间。东建雕花勾栏台榭5间。

慧福寺

慧福寺位于齐寿乡齐寿山,修建于北魏登国元年(386年)。1989年启动重建,逐步形成规模。寺庙坐东朝西,山门高十米,左为钟楼,右为鼓楼,钟鼓楼八卦悬顶,四角翘起对称,山门两柱描龙绣凤彩绘金饰。进山门到西殿,进深两间三椽,殿内正面塑有弥勒佛,背面站立护法韦陀,四周塑有四大天王。从西殿穿过塔炉四立的庭院来到正殿,正殿坐东朝西面阔三间,通高七米单檐歇屋顶,上布灰筒板瓦,正脊两端各坐一条龙吻,正中部饰以琉璃兽面和四门小楼一座,上置一火珠,两侧置走兽。大殿正门上悬挂"三江镇岳"木匾。正殿内塑西方三圣佛,三圣佛前面塑通高一米的白玉观音,两边站立仙童。南偏殿内塑如来佛,左右两侧塑有文殊、普贤二菩萨,北偏殿塑有三霄娘娘。

每年农历三月二十日是齐寿山庙会日,山顶昼夜灯火通明,当地及周边乡镇群众前来逛庙会,观看戏曲,热闹非凡。

第七节　名人故居

石作瑞故居

石作瑞故居位于解放路石家巷,省级文物保护院落。故居占地面积4000平方米,建筑面积3000平方米,7座院落（7号院已毁）,依次为主房院、书亭院、家宫殿、敬修堂、书院。石作瑞故居建筑格局奇特,设计构思奇妙,采用天文星象图中"北斗七星"方位布院构建。整个建筑群的重要组成部分6号院正厅屋顶装饰有伏羲八卦太极图,与伏羲庙太昊宫八卦图相似;5号院以八卦九宫图构建。建筑具有仿宫廷式风格,木雕艺术精湛。

哈锐故居

哈锐故居位于澄源巷13、17号院,省级文物保护院落。布局为串联式一进三院,南北纵轴,清代建筑。宅院坐北朝南,一进三院,前有大门、影壁、垂华门,中有过庭,后有木结构二层楼两座。正侧大小房屋十余间,为典型的小四合院古建筑群,雕梁画栋,飞檐走兽,有细腻玲珑的博古雕饰图案木屏风间隔其内,充分显示明末清初的建筑特征。宅院整体布局、梁架结构及其工艺精美的砖雕、木雕风格保持较好,为天水少有。宅院具有南北兼备的建筑风格和浓厚的地方风貌,砖雕、木雕、垂华门等工艺奇特,是天水地区古民居中的代表作品。

张庆麟故居

张庆麟故居位于澄源巷21、23、42号院,清代建筑,省级文物保护院落。占地面积1700平方米,建筑面积1200平方米,60多间房屋。遗存1

座楼阁，3座影壁，5座垂花门、碑石、拴马石。院落南北长42米，东西宽31米，面积1302平方米。

北面42号院为老院，一进二门，二门为垂华门，雕饰精美，保存完好。正庭为二层木结构楼房，悬山顶式出檐附阶，单坡水，直楞门。倒庭悬山顶，双坡水，五间，室内置木雕屏风，雕工精美。南面21、23号院为新院，布局相似，中有虎座门隔开前后二院，院正庭五间，东、西各有厢房五间，倒庭五间，大门北向，双开木板门，有龙吻脊饰，南、西各有照壁一面，门侧有拴马石。

连腾霄故居

连腾霄故居位于北关连家巷2、4、6号院，省级文物保护院落。占地面积1500多平方米，建筑面积1300平方米，房屋30多间，是天水唯一的清代官邸民宅合一的建筑。布局为一进三院的四合院组群，主要建筑有主厅楼、过厅、虎座门和倒座，两侧辅厢房，坐北朝南。前院南为倒庭，中院有悬山顶虎座门一座，门枋上脊饰宝相、龙吻吞脊，筒瓦覆顶，北为过庭，东西为厢房。后院南为过庭，北为正庭楼，东、西为厢房。保存基本完好，建筑工艺古朴，雄伟深幽，结构严谨。雕刻线条流畅，存有监元匾额一面，具有较高建筑艺术价值。

冯国瑞故居

冯国瑞故居位于大城共和巷33号，省级文物保护院落。串联式一进二院，前堂后寝，共有房屋26间。主要建筑有大门、天井、照壁、二道门、月洞门、宝瓶门、乐亭、倒座、厢房、过厅、杂物房、厨房、厕所等。

任其昌故居

任其昌故居位于西关伏羲城士言巷4号，整个建筑呈东西纵轴线排列布局。一进两院，大门建在东北角，门内有照壁，南向进二门入前院，东西为倒厅三间，南、北各五间，西为过厅三间，硬山屋顶，中间明间为通道。后院西为主房五间，南、北各有三间厢房，主房北侧小跨院有西厢房三间、东厢房三间，均为木质结构。两院木雕主要集中在檐下铺做层上，雕刻古朴典雅，具有鲜明的清代建筑风格，保存完好。

葛霁云故居

葛霁云故居位于西关三新巷51号院，天水市名城委挂牌保护院落，清代建筑。原称柏树院,又称文魁红匾院,大门额上悬"抱朴传家"匾额。一进院落,坐北朝南,由正厅房、东西厢房和倒座组成。

吴鸿宾故居

吴鸿宾故居位于自治巷44号院,天水市名城委挂牌保护院落。坐西面东,占地597平方米。清咸丰年间建筑,有垂花门、正厅五间,单坡水结构,三厅两厢格局,俗称锁子厅。单坡水南北厢房各五间,为民国时期建造。东倒座为三开间单坡水。

贾家公馆

贾家公馆位于砚房背后66号,县级文物保护单位。由7个院落组成,占地面积2500平方米,有古建筑57间、现代建筑24间、临建5间。所有门窗全部改造,大部分房屋都有包檐;屋脊基本完整,缺脊兽4个;室内地面6间铺地砖,其余为水泥和砖土地。2010年投入1200万元完成院内28户住户的搬迁、可研报告编制、保护规划和维修方案编制及论证、水电和消防工程图纸设计等工作。

张氏民居

张氏民居位于育生巷,始建于明正统二年(1437年)。张氏民居古建筑平面略呈矩形,坐西朝东。倒座五间,靠北一侧一间为门厅通道,大门面东临巷,迎门有照壁,二门垂花门保存完好。前院南北对称建有硬山顶单坡水厢房各三间,中轴线上建硬山顶过庭五间,其中三间正厅,两侧套房各一间木质小楼,南套房楼下通道可达中院。过厅为抬梁式结构,前后檐柱上置平板枋,枋上坐斗,水平梁的梁头和梁尾雕饰麻叶头落斗上。拱板浮雕牡丹,拱垫板镂雕四季花。依柱间装置隔扇门和直棂窗。中院主厅房坐西朝东,硬山顶式五间,三厅两耳形制。前檐置金柱檐柱,柱上承斗枋,枋上坐斗,麻叶抱头梁伸出斗口,形成斗口挑,一出廊子。

张氏民居

拱板有浮雕,拱垫板镂雕五蝠捧寿、四季花,枋柱间施雀替。院南北各建硬山顶单坡水厢房三间,屋面有脊饰,檐下置隔扇门、直棂窗。主厅房后西南角有一处小偏院即书房院,有坐南向北的硬山顶单坡水主厅房、北倒座各三间和东西对称厢房各三间,西厢房次间做门厅,为小巧玲珑的四合小院。院内两棵150多年的银杏树果丰叶茂。

第二章　遗　址

第一节　古遗址

秦州区古遗址有20处。按级别分有省级文物保护单位1处,县级文物保护单位17处,文物保护点2处。按类别分有聚落址15处,古战场1处,城址2处,其他2处。其中以西山坪遗址、师赵村遗址最具代表性。

西山坪遗址

西山坪遗址位于太京镇甸子村葛家新庄,坐落在普岔河西岸、藉河南岸的一、二级台地上。西距山麓320米,北面高出藉河河床50米至100米,南距李家庄640米,面积20万平方米。因两水相汇,自然形成三角台地,平川沃野,负山临水,宜于人类繁衍生息,古文化堆积厚达4米至7米,断崖暴露遗存明显丰富。有泥质红陶、夹沙灰陶、彩陶残片等出土,纹饰有黑彩纹样、平行线纹、绳纹、附加堆纹等,器型有钵、鬲、罐等。从采集标本看,属于新石器时代仰韶文化、马家窑文化、齐家文化遗存。1956年甘肃省文物工作队普查发现遗址,1987年中国社会科学院考古研究所甘青队做调查,公布遗址为省级文物保护单位。

师赵村遗址

师赵村遗址位于师家崖村北200米处,藉河北岸第二级台地上。东起师家崖庄顶,西至来虎沟,长100米,南自台地边沿,北到山塬马家嘴,宽200米,面积10万平方米。总揭露面积5370平方米,清理出房址36窑、窑穴49孔、墓19处,出土器物1600余件,研究整理出史前文化遗存7期。第一期文化遗物有石器斧、刀、盘状器和研磨器。第二期文化房子为长方形半地穴式，遗物以夹砂陶最多，纹饰多为绳纹，接近半坡类型。第三期文化房子为方形或半圆形的半地穴式，代表器皿如卷沿与折沿曲腹盆、双唇尖底瓶等，接近庙底沟类型。第四期陶器多平底器，次尖底器，彩陶为红白二色。第五期代表器物有卷沿盆、彩陶盆等，风格似马家窑类型。第六期代表器皿如侈口深腹彩陶盆，特征同半山、马厂类型。第七期文化房子为长方形或梯形，白灰地面，器物多为泥制红陶，次夹砂红陶，纹饰有绳、线、弦、附加堆纹等，属齐家文化阶段。

秦州区古遗址一览表

表24—2—1

遗址名称	发现时间	保护状况	文化遗存	保护级别
西山坪遗址	1956年	良好	仰韶文化、马家窑文化、齐家文化	省级
杏树坡遗址	1956年	良好	仰韶文化马家窑类型	县级
西庙坡遗址	1956年	良好	仰韶文化马厂类型	县级
烟铺村遗址	1956年	良好	仰韶文化马家窑类型	县级
杨集寨遗址	1956年	良好	马家窑类型	县级
红土坡遗址	1956年	良好	齐家文化类型	县级
温家窑遗址	1979年	良好	齐家文化类型	县级
西坡遗址	1991年	良好	齐家文化类型	县级
黑土岭遗址	1991年	良好	马家窑文化马家窑类型	县级
木门道遗址	1991年	良好	三国古战场	县级
十二连城遗址	1982年	良好	南宋城堡	县级
师赵村遗址	1956年	良好	齐家文化类型	县级
皇城堡遗址	2009年	良好	汉代	县级
杨家湾遗址	1956年	良好	马家窑、齐家文化类型	县级
王家坪遗址	2009年	良好	马家窑、齐家文化类型	县级
杨家坪遗址	1956年	良好	仰韶文化、齐家文化类型	县级
山坪里遗址	1956年	良好	仰韶文化庙底沟类型	县级
上户坪遗址	1956年	良好	仰韶文化类型	县级

续表

遗址名称	发现时间	保护状况	文化遗存	保护级别
上寨遗址	1976年	良好	元代	文物保护点
平峪沟遗址	2009年	良好	齐家文化类型	文物保护点

第二节 李广墓

李广墓位于玉泉镇石马坪村，坐落在藉河南岸的石马坪二级台地上，占地13000平方米，建筑面积1700平方米。1981年被列为市级文物保护单位。

李广墓建于清乾隆四年（1739年）之前，民国初期仅存墓碑、石马。1963年重建垣墙大门、亭殿、砖砌墓碑。1989年建成墓周花墙，确定为天水市爱国主义教育基地。之后市、区政府启动维修保护工作，开发建成李广墓公园，占地20亩。墓区入口处建成高达8米汉阙门楼，造型古朴，气势宏伟。其内一院由仿汉代风格建筑群组成，设2000多平方米的展厅。二院门额榜书"飞将佳城"，胡宗南题写。清代贾宇清撰联，今人李铎书："虎卧沙场射石昔曾传没羽，鹤归华表沾巾今再赋招魂。"院内设有悬山顶清代祭庭一座，供祀李广铜像，亭前列汉代石雕马两匹，线条粗犷流畅，造型古朴。祭庭后为墓区，占地1420平方米，墓碑由蒋中正题写："汉将军李广之墓。"

1994年省文化厅、财政厅拨款5万元维修李广墓。2002年秦州区建设局设立李广墓筹建办公室，实施景区建设。

2005年成立景区公园管理处，秦州区园林处实施绿化。墓冢台环栽桧柏64棵，寓意李广终年64岁；左侧栽植乔木70余株，寓意李广一生与匈奴作战70余次；右侧广种红叶李与红叶桃，寓意司马迁所著《史记·李将军列传》中对李广的评价"桃李不言，下自成蹊"。2007年景区绿化面积达5749平方米，绿化覆盖率43.15%。

第三章　非物质文化遗产保护

第一节　天水雕漆髹饰技艺

制作技艺

天水漆艺历史可上溯至秦汉时期，大漆髹饰手法至少有1000年历史，清代同治、光绪时期已采用雕刻填彩（雕填）手法生产，制作工艺基本定型。

天水雕漆工艺是利用松木、桦木、椴木等优质木材制成器物后，用当地林间的生漆厚厚涂于器物表面，经过数次髹饰，制成漆胎，待打磨光滑后进行雕刻填彩，再选用各种装饰材料镶嵌于漆面之上的一种传统手工技艺。制作工艺主要分布在秦州区，其采用的雕刻填彩技法在全国漆艺中独一无二。

天水雕漆工艺制品造型古朴优美、图案精致、色泽光润、形态典雅，有耐高温、耐酸碱、耐潮湿、耐腐朽、绿色环保等特点。其设计创作集绘画、雕刻工艺于一身，大多镶嵌或彩绘历史故事、神话传说、文物博古、鱼虫鸟兽、花卉树木。大到茶几桌椅、屏风、壁挂，小到茶碗杯垫、托盘、妆盒等均可用雕漆工艺生产。

传承保护

1985年秦城区成立后天水雕漆工艺得到长足发展，至1990年雕漆生产企业达20多家，产品230多种。之后天水市雕漆工艺厂、天水市雕漆工艺二厂等企业及以何晓峰为所长的天水市雕漆工艺美术研究所，广泛吸收浙江石雕、扬州螺钿、玉雕、北京象牙雕刻等工艺，对雕漆产品进行开发研究，促使天水雕漆工艺快速提升，至2006年雕漆产品种类超过300种。天水雕漆被确立为国家级保护项目。天水市非物质文化遗产保护项目组普查摸底天水雕漆技艺，建立天水雕漆制品陈列馆，运用文字、录音、录像、数字化多媒体等方式建立档案，利用媒体和节会宣传，编写

《天水雕漆》等作品。

第二节 省级非物质文化遗产

秦州鞭杆舞

秦州鞭杆舞是秦人在长期牧马过程中逐渐形成的一种民间舞蹈,主要分布在秦岭乡等地,舞蹈动作以放牧动作和武术动作为基础融合而成。每年春节、伏羲文化旅游节期间在市中心广场、伏羲庙、玉泉观和乡镇村庄表演。

鞭杆舞通常为4人一组,最多时有64人表演.舞者分为男女角色,动作各异,但现在流传下来的鞭杆舞的角色都以男性为主角,女性为配角,动作较简单。表演分行进步和固定步,行进步整齐有序、威猛壮观、声可震天,固定步对称穿插、腾挪跳跃、动人心魄。旁边则有二胡、笛子、碰铃、云锣等伴奏,也可组织数人伴唱助兴。演员根据鼓点、节拍变换队形,时圆时方,或蹲或跃,右手持鞭,顺次击打肩膀、前臂、膝盖、脚尖、跳起后勾向上的鞋底等部位,并用鞭梢击打地面。表演时彩带飞扬,铜铃悦耳,鞭随人动,人随鞭狂。

天水木雕制作技艺

制作技艺 天水木雕制作技艺是先用红木、核桃木、梨木、椴木等优质木材,经过绘图设计、打胚制胎、休整雕刻、反复打磨等数道工序后,再将辣椒面和胡麻油的混合物涂于器物表面之上,最后抛光制作完成。从天水建于元代的文庙门窗之上的木雕图案以及建于明代的天水伏羲庙太极殿上团龙、团凤的木雕图案,可考证天水木雕制作技艺的历史可追溯到元明时期,产生时间比全国其他地方早400年,发展到清代中期达到鼎盛。在制作中讲究精雕细镂,图案一般选用吉祥喜庆事物。

木雕

图案设计因事体布局,在雕刻手法上多采用高浮雕或圆雕的工艺技术雕制,题材内容广泛,有花卉、飞禽、走兽、仕女、历史人物等。

保护　秦州区成立天水木雕保护领导小组,区文化馆馆长任组长,著名木雕艺人为组员。制定木雕企业减免税费和优先解决贷款、厂房用地等一系列优惠政策。收集制作年代较久、在工艺上有特色的天水木雕作品,对部分不可收集的木雕作品拍摄图片200余幅。在中央、省电视台和本地电视台等媒体上宣传报道天水木雕。

秦州小曲

秦州小曲是在秦州曲子戏和农村黑烟歌的基础上发展起来的一种一曲多调的民间曲艺种类,以演唱折子戏和段子为主,配以文、武、器乐演奏。曲目内容主要为汉、唐、宋、元、明、清以来的历史神话传说和民间故事。基本曲调为九宫十八调,还渗入一些佛、道音乐曲调,悠扬柔和。流传至今的曲目有80首(折、段)。乐器主要包括打击乐和弦乐,俗称文、武场面。文场面以弦乐为主,有三弦、二胡、板胡、笛子,也有配以洋琴的弦乐,以曲调为据。武场面以打击乐为主,早先使用四片瓦,今常用干鼓、红鼓(抬鼓)、梆子、大钹、喜锣、钗子、碰铃、大锣、唢呐等。

天水竹雕制作工艺

天水竹雕将雕刻工艺中的高浮雕、低浮雕、镂空、圆雕融为一体,作品样式精美、造型独特考究。天水气候宜人,生长的竹子韧性很好,经得起多次弯曲、打磨,雕刻起来难度也更大。天水伏羲城专门成立竹雕手工制作工艺展馆,收集、整理竹雕作品。

秦州夹板舞

据天水出土的宋代《男伎击拍板图》考证,秦州夹板宋时已有。清顺治九年(1652年)秦州大水,百姓在玉泉观玉皇大帝像前许愿每年正月初九(玉皇大帝诞辰)率打夹板众舞到玉泉观进香。从此每年正月初九秦州百姓组成三架夹板队经由大城、中城、西关、伏羲城至玉泉观进香。数十名身着青衣白云边、腰系彩绸带、头结布巾的男子手持去阳板,在黄罗伞盖、飞龙旗、飞虎旗、五色旗的引导下,伴随锣鼓等乐器及震耳欲聋的自制铁炮声行进。队列声势浩大,蔚为壮观。由于在行进中拍舞,故又名行香步。

天水鸿盛社秦腔脸谱

天水鸿盛社秦腔脸谱源于清光绪年间的西秦鸿盛社。西秦鸿盛社戏剧脸谱人物性格鲜明，古朴大方，表现西北人阳刚之美。以演净角戏和须生戏为主的天水鸿盛社秦腔脸谱以刻画武将及神话人物而见长，威风凶悍，形象逼真。更为奇特的是天水鸿盛社脸谱将人物惯用的兵器也绘入脸谱中，可谓脸谱绘制中的创举，在脸谱文化中独具神采。天水鸿盛社的脸谱艺术代表作200余幅，各具神采，妙趣横生，引人入胜，今存脸谱有百余帧，如《封神演义》戏中的赵公明、闻太师、燃灯佛、雷震子、申公豹、土行孙等。天水鸿盛社脸谱基本上是根据戏中人物性格、身份和规定情景勾画而成，具有陇东一带秦腔脸谱夸张、美观、粗犷、大方等特点。

秦州唢呐

秦州唢呐俗称喇叭，起源于西周时期，历代相承，至清代同治、光绪时期为盛。今天秦州唢呐仍广泛应用于民间祭祀、集会、丰收节庆、婚丧礼仪中，以西南路大片农村最为流行。

秦州唢呐表演期间配有云锣、鼓、钹、铰子、梆子、笙、管、笛等乐器，一般在迎送客人、祭祀时进行。唢呐演奏通常以两人为一组，很少单人演奏，祭祀等较大场面由几十个人同时演奏同一首曲子，气势恢宏。唢呐音色高亢、明亮、抑扬顿挫，具有极强的感染力，无论用于表现自然事物或者人类的喜怒哀乐，都有其独到之处。唢呐演奏同演戏一样，有主角、配角，每个曲牌都有主乐。演奏技巧有连奏、单吐、双吐、三吐、弹音、花舌、箫音、滑音、颤音、叠音和垫音等，还可模仿飞禽鸣叫声。

第三节　市级非物质文化遗产

秦州山歌

秦州山歌歌词借喻巧妙，风趣幽默。曲调或高亢，或悠久缠绵，或抒情优美，没有器乐伴奏。秦州山歌有曲目2028首，有纪录的128首，代表性曲目有《迎春花》《唱山歌》《凉水泉里泡馍馍》《洋燕麦》等。大门乡山歌积累深厚、传唱广泛，被称为"山歌之乡"。山歌歌曲中有爱情歌、时政歌、劳作歌、生活歌，比较流行的有《拔胡麻》《扬麦衣》《放羊歌》《摘棉花》《闹生产》《庄农活》《麦客歌》《迎春花》《唱山歌》《骨头喂狗也心甘》等。

天水猪油盒制作工艺

天水猪油盒据传是从清代宫廷传来，被称为宫廷点心。制作方法是把白面粉发酵待用，另取油、面以一比三的比例制酥，再把大葱嫩芯切成细末。完成以上工序后把发酵好的面团加一定比例的碱进行反复揉制，直至揉到精柔有韧性时拉成长条，抹上植物油揪成一两重的小面团，压扁面团包入生油酥卷拢，再压扁包进生猪板油、大葱末、精盐等，捏拢收口即成圆形猪油饼生坯。把鏊子置火上预热，在鏊内抹上少许植物油，鏊烧热后将生坯放入鏊内稍烙一会，在鏊内调入适量植物油，待生坯半煎半炸至金黄色时，从鏊内取出，置于炉中烘烤至熟。天水猪油盒具有酥脆松软、滋味浓香、色泽绚丽、油而不腻、酥而不碎的特点，是秦州区群众最爱吃的早点。

天水明光仙酿酒工艺

天水明光仙酿酒工艺明末清初就有流传。明光仙酒清雅柔和、甘洌爽口、风味纯正。明光仙酒因其在娘娘坝镇姚家沟村云光山下酿造而得名，原料以优质大麦和玉米为主，发酵曲子原料是大米和五味子、黄芪、车前子、防风、柴胡、钱胡、桑皮、黄柏等20多种中草药。

天水罐罐茶制作技艺

天水罐罐茶流行于天水城乡，通常以中下等炒青绿茶为原料，加水熬煮而成。煮茶用的砂罐子很小，因此称为区区罐。罐子形制古朴，高不过6厘米，口径不到4厘米，腹部微鼓，罐口有一点小流，供倾倒方便，罐身有一供手持的小把，用土陶烧制而成，犹如一只微型的粗陶坛钵。熬罐罐茶是用木材作燃料，燃具一般是用泥巴泥制的倒三足形火炉，周围留3个开口，熬茶时生上火将圆锥形水壶内装上新鲜水置于三足上预热，往区区罐里放入茶叶，然后将水壶内的热水倒入区区罐，煨在炉子开口处的火边熬煮，同时用一根小棍，来回翻搅罐内的茶叶，所以天水人又把熬罐罐茶形象地称作捣罐罐茶。最后将煮好的茶汁倒入瓷茶盅，细细品茗。

天水打梭游戏

天水打梭游戏历史可追溯到明代。打梭游戏是选择一堵墙（墙正前方要平坦宽阔），紧贴墙根下画一个直径一米的半圆，称之为油锅。在锅线前方延伸10米左右处画一条横线为掷梭线，一开始用石头剪刀布确定各自在游戏中的角色，最后赢的一个人作为擂主（即攻方）。比赛开始后，守方队员反穿上衣在距锅15至30米的场地上分散站立，攻方一手握板而另一手持梭站在锅旁，击梭前先向守方队员大声说"准备好了没有？"守方队员齐声回答"准备好了！"攻方用梭板将梭儿击出，梭儿击出后如果没能越过掷梭线，则攻方败；若梭儿在落地前被守方任一队员接住，称之为截杀，则对换角色重新开始游戏。若攻方将梭儿击出越过掷梭线落地，守方队员抢到梭儿站在掷梭线上，四指并拢持梭且梭尖向前放在掌心，拇指在上握住梭儿，然后低手由后向前摆臂顺小臂延长线掷梭，攻手则站在锅前手持击板在梭儿投来将其击出，若梭儿落在锅内攻手即被淘汰而成为守方队员。投手投出梭儿遭攻手拦击或梭儿投在锅外即为投杀失败。这时攻手在梭儿落地处，用手中击板的板刃敲击梭尖（砍尖），梭儿就会从地上蹦起，然后攻手迅速用击板将蹦起的梭儿击远，待梭儿落地后攻手可再次击打，用同样的方法可击打三次。若投出的梭儿压在锅线上，则不算投杀成功，但攻手须两腿前后分开下蹲，然后手持击板从腿前外侧伸入腿下裆内用板刃砍尖，待梭儿蹦起再从裆内抽出击板，将梭儿在空中击远名为"淘打"，第二、三次恢复正常击打。在第三次击打梭儿落地后，攻方提出梭到锅的距离（单位为板），如守方应允，则攻方胜，记下所得分数并重新开始第二局游戏，否则守方人员用攻手所持的击板从梭儿落点向锅线丈量其间的距离，如丈量的距离超过攻方所估计的距离，则攻方获实际丈量的成绩，如不足则攻方被更换成守方重新游戏。

天水呱呱制作技艺

天水呱呱历史悠久，制作简单，吃法独特。制作过程类似于搅团，先往锅里倒水加热后，一只手捏着荞麦面粉（或者冰豆、豌豆、洋芋等面粉皆可，尤以荞麦做的呱呱为上品）往锅里散，另一只手拿着一双长筷子在锅里来回搅动使水与面粉均匀混合，刚开始锅里为稀粥。同时炉子里的火不能熄灭，要保持锅里的温度始终不变。等到粥变稠、胶粘以后停止散面粉，再适当搅动两分钟后将胶粘的"粥"盛在盆子里，随着温度下降凝固成为呱呱。食用时用手将块状呱呱捏成碎块，配上辣子油、芝麻酱、芥末、香醋、蒜泥、盐等十几种调料即可。

天水酒歌

天水酒歌是随着天水酿酒历史的发展而产生的一种欢快的助兴歌曲，有1600多年的历史。天水酒歌属于民间音乐范畴，以清唱为主，也有以二胡、三弦作为伴奏演唱的，一般是在喝酒、划拳时即兴演唱。天水酒歌音调以大众宫调为主，夹杂其他音调，调式上有羽调、角调、徵调，唱词基本固定；表现质朴、粗犷、热情、诙谐，其中也不乏委婉、雅致等特点，很有情趣。今存传统酒歌数百十首，流行代表作有《尕老汉》《螃蟹拳》《数鸟鸟》《五更月》《十杯酒》《送干哥》《十里亲》《十对花》《数蛤蟆》等。

民间故事"短三十"

流传三百多年的"短三十"是秦州历史上一个"阿凡提"式的机智人物。据清乾隆年间《天水侯氏家谱》记载，"短三十"原名侯承运（1651—1730年），家居秦州城，自小博学多才，聪明过人，生性诙谐浪谑、不拘小节，日常爱促狭弄人，特别是以心胸狭窄气量短而闻名，由此被称为"短三十"。康熙五十二年（1713年），侯承运被举荐为乡贡进士，著有诗文集《寄生草》等三部，为手抄孤本。"短三十"通过诙谐幽默的故事情节，告诫后人端正品行、做人正派、心胸开阔、宽容他人。

天水地毯纺织技艺

天水地毯纺织技艺有两千多年历史，地毯工艺流程从羊毛进厂到产品出厂，要经过梳纺—染线—绘图—配线—织毯—平毯—剪花—成品—检验等20多道工序，最终达到图案精美，花纹立体感强，光亮如丝绒，经久耐用的合格产品，被国际市场誉为"像锦缎一样光彩夺目的软浮雕"。秦州生产的"飞天牌"地毯，图案新颖、织工精细，毯面色泽鲜艳，剪花精雕细琢，花纹富有立体感，获得甘肃省优质产品称号和工艺美术品"百花奖"，轻工部出口产品"银质奖"和首届全国轻工业博览会金奖，为人民大会堂制作的特大型地毯受到赞誉。产品远销欧美、中东、日本及东南亚等18个国家和地区。

天水古琴曲

天水古琴曲由天水北门张氏所创作，从清道光进士张庆麟起传承至张拱辰、张式如、张筱辰、张受名等张氏族人。张庆麟、张拱辰创作23首琴曲琴谱,今存《金门待昭》琴曲。张筱辰(1962年逝世)在世时和国内古琴名家查阜西、吴景略来往盛笃,切磋琴艺。1943年国画大师张大千由敦煌来到天水,接待张大千时张筱辰演奏《金门待昭》古曲,张大千听后十分高兴,便挥毫绘制一幅国画,赠予张筱辰。天水操缦古琴的周兆颐、董晴野均在张筱辰门下学习过古琴曲。

第四节 项目申报

2006年秦州区申报的天水雕漆技艺、天水竹雕、天水木雕、秦州小曲、秦州唢呐艺术、天水鸿盛社秦腔脸谱、玉泉观上九朝观、秦州夹板舞、秦州民间故事、天水地毯纺织技艺、天水古琴曲11个非物质文化遗产保护项目被列入第一批天水市非物质文化遗产保护项目名录。2007年申报的天水酒歌、秦州鞭杆舞、秦州山歌、天水竹雕制作技艺、天水打梭游戏、天水泥塑制作技艺等13个项目被列入第二批天水市非物质文化遗产保护项目名录,同时秦州唢呐艺术、天水鸿盛社秦腔脸谱等8个项目上报为省级非物质文化遗产保护名录。

至2009年秦州区非物质文化遗产保护工作小组对全区民间艺术进行搜集整理和论证,走访调查民间艺人300人,拍摄影像资料1000分钟,制作CD碟片30多张,制作项目申报文本及电子文本30多个,拍摄民俗照片1500余帧。在甘肃省公布的第二批保护项目中,秦州夹板舞、秦州唢呐艺术、秦州鞭杆舞、秦州小曲等7个项目被列入甘肃省第二批非物质文化遗产保护名录。同时从陶艺、漆艺、民间维修、泥塑、秦州小曲、古琴制作、秦州唢呐等民间工艺中筛选出22名农村实用文化人才上报省文化、人事部门,审核确定秦州区有国家级代表性传承人1人,省级代表性传承人20人,市级代表性传承人64人,区级代表性传承人350人。

第四章　馆藏文物

第一节　金　器

铜器

春秋环带纹铜鼎　鼎高19.5厘米，口径26厘米，重量3750克。鼎圆形，直口沿外折，附双耳，圜底，蹄形足。颈饰窃曲纹，腹饰一道弦纹、下垂波曲纹，耳饰重环纹，足饰兽面纹。纹饰内填漆。城区南城根出土。

春秋几何纹铜戚　戚长15.2厘米，宽4厘米，重量170克。柳叶形，体短有脊，较厚，援部有銎管，可纳柲，内后端有阙口，援后部有几何纹饰。1980年藏入市博物馆。

战国错银云纹承弓器　承弓器高24厘米，重量1800克。一组（两件），大小相同，头部为鸟形，颈细长而弯曲，柄部中空，可插入木楔，柄部一侧有不规则涡纹、曲线纹及弦纹组成的错银云纹图案，鸟头部眼睛亦为铜错银。

汉代细线刻花链梁铜罐　罐高8.5厘米，口径5.5厘米，重量250克。罐直口带盖，圆鼓腹，三蹄足。盖顶饰二对称线刻鹿纹，附一鼻钮。肩附二鼻钮，钮系链。腹部饰弦纹、棱格纹、锯齿纹、重鳞纹。

西汉兕首圆形铜壶　壶高28.4厘米，底径9.7厘米，重量1430克。壶为圆形，鼓腹，壶嘴呈兕首张口状，嘴角下为眼球，眼球处有阴线刻绒毛，颈部亦有阴线刻短线绒毛，腹上部有凸弦一周，高圈足，缺底和附圜。1996年出土。

唐海兽葡萄纹铜镜　直径13厘米，缘厚0.8厘米，重量930克。圆形，伏兽钮。双高凸弦纹将镜背分为内外二区。内区五瑞兽两两相向而爬，一独爬，攀援葡萄枝蔓，瑞兽作匍匐状，露出背脊，有的尾细长，有的尾短似帚形。外区葡萄与叶瓣错综交缠，其间五鸟、五蜜蜂相间，或展翅飞翔，或收翼站立。缠枝花草缘。

明八臂十一面观音铜造像　像高 16.4 厘米，重 480 克。像跣足站立，八臂十一面。头部分五层面相。上两层为单面，顶层佛高螺髻，双耳硕大；二层头戴五叶宝冠，双耳饰圆形耳坠，怒目圆睁，眉间有白毫。下三层各三面，均头戴五叶宝冠。三四层饰圆形耳坠，底层饰有耳环。正面像面方圆，高鼻，双眼微启。腰部、胸前饰宝珠璎珞，项系悬铃，下着束腰密褶绣花长裙，通肩僧带绕臂垂于体侧，中间两臂作合掌印。身后两侧各出三臂，上两臂手持法器，中间两臂作辩论印，下两臂左手持法器，右手作触地印。

明绿度母铜造像　造像高 35.6 厘米，重 2350 克。佛结跏趺坐于束腰莲台上。葫芦形高发髻。两耳硕大，下有圆形耳孔。长发经肩垂于双臂，饰有圆形发饰。面方圆，高鼻。双眼微启，眼角上翘，俯视前方。双唇略闭。袒胸露腹，胸前饰宝珠璎珞，戴项圈悬铃。一帛束腹披于左肩。下着齐腰宽边绣花长裙。腰系玉带。通肩僧带经臂垂于体侧莲台上。手作禅定印。臂、腕、足饰连珠形宝钏。

清鎏金乌斯藏佛铜造像　像高 16 厘米，重 1050 克。像跣足半跏趺坐于束腰莲台上。高髻，戴宝冠。细眉，两眼微启，唇涂朱砂，两耳硕大，戴圆形耳饰，头微向右倾。胸前佩宝珠璎珞，戴项圈悬铃。腕臂均佩连珠形宝钏，上着通肩僧带，束腰，下着绣花宽边长裙。左手作论辩印，右手作触地印。右腿前伸，触一莲花。佛像通体鎏金。

明刘海戏蟾铜熏炉　高 41.5 厘米，宽 36 厘米，重量 11950 克。造像由上部刘海和下部蟾蜍组成。刘海身背宝瓶，右手举起，左手握拳，右腿弓起，左脚站立蟾背，身微前倾，作戏弄蟾蜍之状。蟾蜍为三足，每足三趾，趾间有蹼，蟾蜍阔口隆鼻，暴突眼，通身为蟾蜍瘤纹。蟾人可分离。

金银器物

东汉掐丝焊珠蟠螭纹金带扣　带扣长 7.7 厘米，宽 5.4 厘米，重 40 克，纯金质。带扣由扣首和扣身两部分组成，边框饰绳纹和回纹图案，扣首马蹄形，内为两条小龙相对在扣舌槽两边。扣身略呈梯形，内由一条大龙和四条小龙组成繁复图案。外轮廓周边有 14 个小孔，是固定带扣用，其中一个小孔有残存金丝。带扣先用錾刻成型，然后焊掐丝和金珠。工艺精湛，具有极高的艺术价值。

唐金钗 钗长14.6厘米,宽2.2厘米,重39.8克,金质,素面,双股叉,形似"U",根粗尖细。1984年天水市文化馆移交给天水市博物馆。

日本明治镀金银盘 直径20.9厘米,高2.8厘米,重580克。银质镀金。盘口葵花形,圆唇,平折沿,斜壁,平底。口沿为八曲葵花形,侧壁呈外弧形,有8条明显的弧曲折棱,形成8个心状的小孔,与器身花口上的弧形相和谐,折边有明显的曲形折弧。盘心下部减地錾刻鸳鸯戏水图,上部刻芦雁展翅,引颈长鸣。周围饰以花草。折边上饰4组桃花,相间排列一周。盘底背面錾刻三足鼎,鼎腹有篆书铭文"清信"二字。

钱币

明双人厌胜钱 圆形,铜质,直径3.1厘米,厚0.2厘米,中间为圆穿,正面图案为对弈图。背面为行书"局上闲战争"等铭文21个字。外廓较窄。这枚厌胜钱是古代戏赌之物,即赌博工具,正面以众仙为图,背面配以五言绝句诗文。

明人物厌胜钱 圆形,铜质,直径39厘米,外廓较宽,方内廓较窄,方穿,内部铸有神仙镇妖图纹。此枚钱币寓意深远,它被视为"厌胜避邪、祈求吉祥"的法宝。

明金玉满堂长命富贵吉币 圆形,红铜质,直径4.3厘米。圆穿孔,内廓不规则,偏向一边,宽窄不一,外廓宽。内区铸有行楷书"金玉满堂,长命富贵"吉语,另外有龙、龟、蝙蝠组成的装饰图案。

明昭武通宝 圆形方穿,黄铜质,有内外廓,内窄外宽,正面篆书"昭武通宝"铭文。背面篆文"一分"币值,胎体薄厚不一,币面高低不平。

清斩妖伏邪咒语钱 圆形,铜质,直径2.7厘米,方穿,内外廓窄。廓内正面铸有行楷书铭文"斩妖伏邪";背面一神人在驱赶怪兽,行楷书"一敕令"铭文。此枚伏咒钱是民间百姓在遇到困难时,祈求神灵排危解困之用。

清吐鲁番币 馆藏两枚,薄胎,磨损严重。一枚圆桃形穿,黄铜质,直径为2.7厘米,无内廓,外窄廓;正面内部饰两位神人,上方一盆花草;背面一圈阴刻缠枝花草纹。另一枚圆形,红铜质,直径24厘米,不规则方穿,有内外廓,外宽内窄,正反面铸阿拉伯文。

中华民国开国纪念币 圆形,红铜质,直径2.8厘米。正面饰纹两区,内区为两旗相交,绸带打结,外区上方铸楷书"中华民国"铭文,中心有对称的实心五瓣花朵,下方楷书"开国纪念币"铭文。背面内区中心有"十文"铭文和由花草谷穗组成的图案,外区英文铭文环绕一周。

中华苏维埃五分币　圆形,红铜质,直径2.6厘米,正面两麦穗缠绕,中部打结花,上方五角星,中间书"五分"铭文;背面以栉齿分为二区,内区饰中华苏维埃共和国地图和镰刀锤头国徽,中区为"国币壹元"铭文。

第二节　石陶器

石器

新石器时代齐家文化石锯　石质,青灰色,生产工具,长13厘米,宽3.2厘米,重50克,长方形,背厚刃薄,前端略尖,刃部残存17个锯齿。

新石器时代齐家文化玉璧　直径10.75厘米,厚0.6厘米至0.8厘米,孔径3.4厘米至4厘米。青玉质,黄中带青,素面,扁平圆形,厚薄不均,边缘不规整,单面钻孔。1979年师赵村村民捐赠给博物馆。

新石器时代齐家文化玉璜　出土3件,可以拼成圆形,直径16.6厘米,宽5.5厘米,厚0.4厘米,分别重50克、60克和70克。青玉质,青中泛白,素面,每片两端中部各有一小穿,外缘薄厚不均。

陶器

新石器时代齐家文化三兽足单耳红陶罐　泥质红陶,通高8.9厘米,口径14.4厘米,重480克。敞口,束颈,鼓腹,三兽足,每足六趾分开。口沿与腹之间有一宽边弧形单耳,腹上部均匀分布三个钮状堆饰,口沿与颈之间有四圈刻划波浪纹,腹部有三组连续的锥刺纹。每组由四道同心弧线组成,中间一组五道,口沿与耳连接处有三个连接钮状堆饰。1976年在王家窑修梯田时出土。

隋彩伎俑　1982年天水市石马坪出土随葬品,一组5件,石质,青灰色,高33厘米左右。红金彩,头戴平顶多角襆巾,三角系前额,二角系脑后,上身着圆领长袖短衫,下着束腰长裤,深目浓眉、高鼻鼓腮,身施红彩,跪坐姿势。其一双手横抱一半梨形曲颈琵琶,双膝跪坐石上,左手执抱琵琶,右手弹拨;其一双手执笙,吹奏状;其一双手执横笛,作吹奏状;

其一双手执贝蠡，作吹奏状；其一双手执排箫，作吹奏状。

唐舞马陶俑　泥质红陶，高42厘米，长41.3厘米，横18厘米，重4780克。马备鞍鞯，戴鞦、鞅、辔、勒，前左蹄弯曲提起，剪鬃缚尾，昂首张嘴嘶鸣，体态矫健奔放，骨骼雄健有力，陶马凝聚唐代高超雕塑水平。1976年出土于北山。

唐弹琵琶骑马女陶俑与吹排箫骑马女俑　皆为泥质红陶、高35厘米，前者横19厘米，后者横18厘米，分别重2020克和1900克。素面施红陶衣，陶马膘肥体壮，昂首竖耳。乐俑为女性，头绾高髻，上着窄袖紧身翻领长衫，下穿紧身裤，足蹬软靴，面向左侧。前者胸前抱琵琶，左手按箱，右手执拨作弹奏状，琵琶为半梨形音箱直颈五弦；后者双手执排箫作吹奏状，排箫为九节编管状，音管按长短依次排列。

唐击鼓骑和吹横笛骑马男俑　皆为泥质红陶，高35厘米，横分别是18厘米和19厘米，重皆为1950克。素面施红陶衣，陶马膘肥体壮，昂首竖耳。乐俑为男性，头戴幞头，上穿窄袖圆领长衫，下穿长裤，足蹬长靴，体态右斜。前者左手拿一圆形皮鼓，高举头顶左侧，右手执鼓槌作击鼓状，皮鼓直径4.5厘米，鼓槌长4厘米；后者双手托笛鼓腮作吹奏状。

唐彩绘武士俑　一组3件，泥质红陶。其一高50厘米，横22.5厘米，重5700克。武士头戴兜鍪，护耳上翻，丰面怒目。上身着短袖战袍，外着披膊，护胸甲，腰配护肋甲，明心镜。下身着袴，护膝甲，踏鞦，足蹬长筒尖头靴，赤臂握拳，双手拱于腹前，作持械状，右腿直立，脚踩鹿背。

其一高62厘米，纵27.5厘米，重6650克。武士头束高髻，深眼棱鼻，双目圆睁。身着金甲，腰系战袍，腿裹行滕，脚蹬靴。右手握一兵器（缺），左手作无畏印。两足踏在恶鬼背上，恶鬼头长独角，两臂肘撑地仰卧，面目狰狞。

其一高54厘米，纵27.5厘米，横20厘米，重6150克。武士肌肉丰满，面目棱角分明。身着铠甲，腰系战裙，赤臂握拳，作怒打状。两足踏在恶鬼身上，恶鬼脚生两指，手生三指，头长独角，龇牙咧嘴，面目丑陋，双腿屈膝俯卧在地。

唐舍利塔陶碑　由碑首、碑身、碑座组成，通高49厘米，纵22厘米，横21厘米，重8000克。碑首由六螭盘顶成拱形，上镌刻篆书"大唐舍利塔之碑"。中间为碑身,正面镌刻楷书10行158字,侧面4行52字,背面5行46字。碑座为龟形,背上有龟纹,四足趴在底座上,龟首残缺。碑文有:"今有遗形舍利,建塔镇于唐邦川""天宝三载岁次丁亥二月丁未"等字。

　　唐铜鎏金錾花舍利棺盖　　棺盖长29厘米,宽12厘米,重量1041克。棺盖为瓦形,通体鎏金,前宽后窄,錾刻缠枝牡丹草叶纹,周边有凹弦纹一周。

　　北宋琉璃舍利塔　　塔形状为楼阁式,通高79厘米,纵28厘米,重量为7450克。通体为翠绿色铅釉陶,由底座、塔身、塔顶组成。底座为喇叭形,座身有六个桃形镂空,中部收腰,上部分为六角形镂空仰莲,各角上都有圆形依柱,柱额上各有小兽一个,底座中部为塔柱。柱外为平座覆仰莲,以仰莲直接承托较高的塔身,塔身为阁楼式建筑。塔顶为宝瓶式顶,施黄釉。

　　宋青釉十三瓜棱瓷壶　　高22.1厘米,口径9.5厘米,重550克。喇叭口,直颈,十三瓜棱形鼓腹,圈足。肩一侧附有一弯曲形长流,另一侧与口沿连接有带状曲柄,通身浅豆绿色。1993年出土于秦城区。

　　宋玉盏　　高2.6厘米,直径5.5厘米,重38.5克,用整块青玉雕琢而成,玉质呈青色、滋润。盏身表面无纹饰,形状为凹凸折六曲弧棱,使盏口呈葵口形状,浅圈足。整器小巧,造型规正,抛光精细。盏为生活用具,是古人饮酒时的盛酒之器,美酒倾入玉盏,更增雅兴。

　　宋影青双鱼碗　　高4.8厘米,口径17厘米,重240克。碗呈斗笠状,侈口斜腹,圈足外墙斜削,无内墙,底平略凹。露白瓷胎,胎质较为细密,并有小圈黑线,釉色清白。内刻双鱼嬉戏于水中,水纹刻法流畅,动感强烈,鱼造型简练,生动形象,外沿下饰弦纹一道。

　　宋白釉珍珠地刻牡丹纹枕　　长21厘米,宽11厘米,高13厘米,重1500克。马鞍方形,白釉,底施褐彩花卉,枕面为褐白相间珍珠地刻折枝牡丹,侧面中部褐地刻菊花,磁州窑系。

　　元钧窑天青釉瓷罐　　高22.3厘米,口径12.5厘米,重2150克。直口短颈,丰肩,鼓腹下收,浅圈足。胎呈玉黄色,较为粗糙,施天青釉不到底,釉面肥厚均匀,晶莹剔透,润洁如玉。

第三节　木帛器物

木器

明式核桃木闷户橱　长96厘米，宽43厘米，通高85厘米。橱面为香槐木，橱身为核桃木。橱面为平头案式，面下设抽屉一具，屉面光素，嵌有菱形花瓣纹铜拉手。抽屉下设有攒框素面闷仓，闷仓下设连接两腿之间的托脚牙，面板正面两端下装吊头牙子。此橱兼有案、抽屉和闷仓三种功能，为典型的明式风格。2005年7月收购，藏天水市博物馆民俗分馆。

明式核桃木透雕卷草龙翘头案　长297厘米，宽51厘米，高93厘米，核桃木质。案面两端平装翘头，罗锅枨顶牙条，罗锅枨四个曲点即角牙处做透雕卷草龙。腿子作双混面，前后腿之间镶透雕二龙捧寿纹挡板。两腿横枨下有券形牙板。整器简洁明快，线条流畅。2005年收购，藏天水市博物馆民俗分馆。

清乾隆木框绢心书法祝寿挂屏　挂屏由8扇组成，每扇纵68厘米、横21厘米。核桃木框，黑色绢心。每屏均采用四抹隔扇式形制，木框四周均起双阳线，中间打洼，上下抹间均用金粉绘草龙各一，下端透雕拐子纹挂牙，八扇绢心均用金粉楷书祝寿内容。2005年7月收购，藏天水市博物馆民俗分馆。

清红木嵌大理石靠背椅　长52.5厘米，宽42厘米，通高105厘米。器身红木制，四件成堂，单靠背，靠背中心装方形大理石，四周镶嵌卡子花。椅面攒框落堂踩鼓作，面下有门式牙条。四腿间有横枨，两侧枨间有一横枨连接。2003年收购，藏天水市博物馆民俗分馆。

清核桃木透雕平安如意富贵纹香桌　长87厘米，宽54.5厘米，高87厘米，核桃木质。桌面攒框，素面，分上下两格。上格攒格透雕暗八仙，四角雕有蝙蝠。下格为桌裙板，中间开光内透雕平安如意富贵图，开光外上部透雕双凤展翅，下部刻双麒麟，整个画面由卷云纹连接。上下框及前腿均起阳线，两侧面分别安装一素面暗屉。此桌采用大面积透雕工艺。2005年11月收购，藏天水市博物馆民俗分馆。

清核桃木亮格柜　长57.5厘米，宽35厘米，高94厘米，核桃木制。格柜从上到下分三段，第一段为亮格，四角牙透雕缠枝纹，两侧挖花蝶形券口。第二段为两抽屉,屉面减地浮雕卷草龙,镶圆形铜质面叶,双鱼纹拉手。下段为柜子,对开门,有铜饰件。左扇减地浮雕如意花瓶、牡丹、梅花,寓意平安如意。右扇雕灵芝花瓶、花草,寓意平安长寿。攒框边沿、腿内侧均起阳线,两侧均装旁板。2005年7月收购,藏天水市博物馆民俗分馆。

清梨木想先容神龛　长77厘米,宽50厘米,高101厘米,梨木质。悬山顶房屋造型,檐下连接透雕蝙蝠纹花板及石榴纹垂头。对开门,门额上楷书题名刻"想先容",门框有"基业远遗永念祖功宗德,藻蘋时薦毋忘木本水源"楷书对联。门上部绦环板浮雕琴棋书画纹,上裙板浮雕荷花、寿、福、牡丹纹,下裙板雕龟背连续纹。底座为桌形,彭牙鼓腿。2006年5月收购,藏天水市博物馆民俗分馆。

清核桃木浮雕二龙捧寿屏风　纵278厘米,横54厘米。核桃木制,共六扇。每扇单屏之间由挂钩连接,可开合。单屏为攒框六抹隔扇式形制,由上至下分别是:上部绦环板、屏心、中绦环板、裙板、下绦环板。上部绦环板均双面透雕暗八仙,中绦环板均双面透雕荷花、蝙蝠、牡丹。裙板正面减地浮雕二龙捧寿纹,背面减地浮雕拐子寿纹。下绦环板均双面透雕草龙和花卉。两足间镶拐子纹牙条。此屏风尺寸虽大,可轻易移动和组合。2007年收购,藏天水市博物馆民俗分馆。

清槐荫蔽芾木匾　纵75厘米,横145厘米,椴木质,红底绿字。阴包阳刻楷书"槐荫蔽芾",题款阴刻楷书,上款署:甲子菊月。下款署:东林后人胡鎬拜题。匾四周边沿用木条包边,绘有如意纹。2004年9月收购,藏天水市博物馆民俗分馆。

清淑恬令教木匾　纵75厘米,横144厘米,椴木质,绿字。阴包阳刻楷书"淑恬令教"。题款阴刻楷书,上款署:甲子菊月。下款署:东林后人胡鎬拜题。2004年9月收购,藏天水市博物馆民俗分馆。

纸帛文物

大方广佛华严经六卷　纵31.5厘米,横11厘米。绢本,经折装。存第二十三、第三十六、第五十四、第五十九、第七十六、第七十八6卷。每册封面封底黄绫装裱,题签"大方广佛华严经卷第××",楷书。正文黑底金粉楷书,每页五行,每行十七字。经卷抄写时间最早为明宣德九年,最晚为清康熙年间。原藏南安禅寺。

明米万钟行草书轴　纵118.5厘米，横27厘米。纸本，行草书。内容为"人闲桂花落，夜静春山空"。月出惊山鸟，时鸣春涧中。款署米万钟。钤印两方。裱边有范振绪跋，介绍米万钟生平事迹，钤印一方。

明崇祯写地契约与秦州税票　明崇祯写地契约与秦州税票由两部分组成，均为麻纸质。私人立约居右，官方税票居左。写地契纵45.5厘米，横38.6厘米，内容包括私下拟定交易土地的时间、地点、原因、买卖双方立约人、卖价、中见人姓名以及中见人签押符号和说客中介费用等。书写格式为从右到左竖行书写，行楷书，简繁体参用，字迹流畅。秦州税票纵18厘米，横26.5厘米，印刷文本楷书，四周用曲线水波纹装饰，上部印"秦州税票"，下部内容包括明朝法规规定条令以及办事人员用朱笔填写的纳税金额和年月日等。计有九叠篆书朱文"秦州之印"五方，长宽均7厘米。

清袁江山水图轴　纵121.5厘米，横48.6厘米。绢本，浅绛设色。前景绘土坡层叠，杂树丛生，板桥斜出画外。中景巨石下置篱墙庄院，房屋前竹林掩映，主人闲坐前厅，院中有客来访。远景崇山峻岭，布于画之左侧，瀑布曲折。右上题款"剩水残山好卜居，差怜院随过江余。谁知简远高人意，一一毫端百卷书"。仿高尚书房山先生笔。文涛袁江。钤印两方。

清明福指画人物立轴附诗堂　画纵69.2厘米，横43.5厘米。纸本，水墨设色。绘白发胡僧侧坐回眸，胡僧上身祖露，赤足，身形瘦弱。款署雪峰明福指墨。钤印两方。诗堂纵37.6厘米，横43.6厘米。纸本，行书。于洁题跋，钤印三方。

清雍正十年刺绣寿幛　纵480厘米，横240厘米。绿色丝绸面料，四周均由七彩丝线和金线手工刺绣而成，寿幛的最上方绣有天官赐福、西王母等人物。团福、团寿、团禄三字均用簇金绣，下端绣有表现海屋添寿故事的人物、花草、海水，仙鹤及八吉祥等。寿幛文字为泥金楷书书写，1200余字。2007年7月收购，藏天水市博物馆民俗分馆。

第四节　馆藏文物表录

天水市博物馆馆藏文物除具有代表性的国家一级文物外，主要以省市级文物为主，国家级文物仅为1438件，占馆藏文物的3.9%。36746件藏品中，国家一级文物54件，占0.15%；国家二级文物186件，占0.5%；国家三级文物1198件，占3.3%。

天水市博物馆重要文物简表

表24—4—1

名称	主要特征
晋铜鐎斗	高24.5厘米，宽35厘米；宽边沿，盘形口，直腹，腹下边缘有三兽蹄形足，由口沿下向上伸出一弧形龙头手柄，口沿及腹部各有三道弧纹。
汉铜钟	高45厘米，口径18厘米；侈口，束颈，鼓腹，圈足，腹部有二箍。
汉铜钫	器物为方形，方口沿，方唇，长颈，大腹，高圈足，盖隆起，盖上四角有四个座兽形钮，面向四方，腹两侧有对称两兽面铺首衔环。
元菩萨首铜造像	菩萨头戴绣花软巾，头顶梳高髻，额顶为一连座佛像，软巾从头部两侧下垂，菩萨形象曲眉闭目，嘴微张，两耳大，两耳下穿有耳坠，坠饰为花卉纹。
战国铜戈	援部弧曲，中起脊，胡部有三穿，内部为匕首形，有刃，内上有一方形长穿。
战国铜环首刀	长34.7厘米，宽2.1厘米，刀背笔直，刃部锋利，呈长条形，柄端铆接，有环首，用以穿系佩带。
汉清白连弧铭带纹铜镜	圆形，圆钮并蒂十二连珠纹钮座，钮座外有三周短斜线纹及一圈凸弦纹带，凸弦纹外为内向八连弧纹带，连弦间及顶部均有装饰纹样，外区两斜线纹之间有铭文。
宋方彝	器物为四方形，无盖，直口，口沿外施云纹，口沿下施回旋纹；斜肩，鼓腹，腹部有四兽铺首；缺环，四方形高圈足。
宋錾花铜执壶	长颈，斜肩，圆鼓腹，下部斜纹，高假圈足，壶腹一侧接趴夏，口中接一长管状流，管流与壶颈间有扁龙形链梁；壶身另一侧有长弯柄，柄两端为兽形；壶盖为覆盆状，以子母口与壶身相合，盖顶为狮形钮。
明宣德炉	圆唇，短束颈，鼓腹，三乳状足，炉耳斜立于口沿上，平底，底为铸印款"大明宣德年制"。
汉虢宫摄耳铜灯	器身下部有三兽蹄足，三足均残断，口沿边刻铭文十六字"虢宫铜摄耳灯□□□□两神爵□年造"。
战国兽面铜饰	整体呈瓦形，上下两端外凸呈弧形，两侧笔直，四角外突有孔，凸面上大面积为兽面纹，空白处镶嵌绿松石块。

续表

名称	主要特征
汉铜博山炉	炉盖上有镂雕孔眼，镂雕群山叠嶂，象征海上仙山"博山"，底座呈圆盘形；炉身为圆柱，有凸箍，柱下接喇叭状底，盖身置于盆状托盘上。
汉铜钫	方口，长颈，大腹，高方圈足外撇，器身两面有对称的兽面铺首衔环，通件光素、无纹。
宋双鱼铜洗	宽边凸缘，弧腹，平底，腹内饰两组弦纹，内腹正中铸有圆环，两侧饰大鱼各一条，鱼鳞清晰，洗附三瓦形立足。
唐人头形铜铃铛	铜人髻高梳，成尖状向右侧弯曲，弯曲中部有钻孔可系绳，面像四方，浓眉上翘，鼻大棱突，目大垂长，头内空心，有丸动响，整件鎏金。
战国鎏金兽面纹铜饰	饰件形象为虎，通件鎏金，虎低头斜视，小耳竖贴脑际，虎口大张，下颌与右爪掌背相连，尾巴上卷，躯干四肢为浮雕，鬃、腿、爪饰凸条纹，牌饰背部有两桥条形穿孔。
春秋环带纹铜鼎	短折沿，双附耳，沿与耳之间有双梁连接，鼓腹，圜底略平，三足蹄形，颈部、腹部饰穷曲纹、波曲纹一周，足上部饰兽面纹，双耳饰重环纹，器内有两处补痕。
春秋瓦纹铜匜	宽流，曲口，鋬作夔龙，口衔匜沿，作探水状；器口流下饰环纹、重环纹，腹饰有瓦纹，四足为人腿形足。
春秋重环纹铜盘	短折沿，腹外附双耳，沿与身之间有双梁连接，浅直腹，圈足较高，腹部饰重环纹一周，一耳及圈足略残。
汉四乳星纹铜镜	连峰式钮，莲弧纹钮座，座外为朝内斜栉齿纹一周，外为主纹区，有24枚突乳状纹，乳纹之间以曲线连接，状若云气，以四乳间隔成四组星云、十六莲瓣纹。
汉十二辰规矩纹铜镜	圆形，圆钮座，双线方格，内为十二乳钉纹，博局纹将内区分为八区，每区乳钉纹两枚，分别配置四神纹饰；外区为一圈短斜线纹，宽边缘，缘上一圈三角锯齿纹，外为双线波曲及花草纹。
汉四神规矩纹铜镜	圆形，圆钮座，座外为双线方框，方框与规矩纹将镜背分为8个小区，其间配以四神及鸟兽图案。外区为栉齿纹一圈，边缘饰三角锯齿纹和双线。
长宜子孙八连弧云雷纹铜镜	圆形，圆钮，四叶纹钮座，四叶间各一字铭，合为"长宜子孙"，其外为短斜线、凸弦纹各一周，再外为内向八连弧纹，其间有铭文；外区为云雷纹、圆涡纹及单个斜三角形相间，宽素缘。
明刘海戏蟾铜熏炉	刘海左臂弯曲上举，手拿宝珠，右臂前曲，手握蟾蜍两后腿，蟾蜍两前腿支于刘海右前臂，刘海身背葫芦，左腿屈伸提起，右脚踏于六边形束腰须弥座上。须弥座有镂孔，座前立一香柱插，下为博古座腿形状，座下为六边形座托。
清释迦牟尼铜造像	佛胸前为"卍"字，颈、肩、臂、腹上有绣花披帛，着齐胸折边绣花长裙，右手作施与印，佛结跏趺坐于束腰莲座上，通件鎏金或漆金，发髻饰蓝色。
清高僧铜造像	高僧内着交领僧衣、齐胸束腰长裙，身披绣花披帔，结跏趺坐，右手施论辩印，左手施无畏印，坐于束腰莲台上，衣饰、莲座鎏金。

续表

名称	主要特征
明绿度母铜造像	度母挽高髻,戴项圈、璎珞佩饰、臂钏、手镯、串珠链,莲瓣发型,垂肩双耳有耳孔,两手均作莲花印,左腿盘坐于莲花座上,右腿跣足前伸于莲台外,衣裙、莲座、佩饰鎏金。
明玉帝铜造像	玉帝头戴冕旒,面部方圆,闭目合嘴,身着衮服,足蹬云头履,双手于胸前握笏板,端坐于弧形座台上,通体鎏金。
明天王铜造像	天王头戴佛冠,身穿金甲,腰系战袍,双手当胸合十,足蹬战靴,双目怒睁,紧闭嘴唇,分腿站于四足台座上,披帛自头两侧顺臂缠绕而下至方台上。
北魏释迦牟尼小造像	正面释迦牟尼双手合抱,结跏趺坐,背后为莲瓣饰直线纹光芒,里层圆形饰九尊化佛;背面为重层壁龛,正中的尖拱龛内坐释迦多宝对坐像,龛柱两旁各一合拜供养人,上各一持莲飞天,拱额上饰八尊化佛,最上饰弥勒佛,两旁有四胁侍菩萨。
明鎏金法师铜造像	法师双手于胸前作说法状,结跏趺坐于束腰莲台座上,两肩各有莲枝,莲蓬上有法器;莲台左右各一弟子,站于莲蓬之上,头戴七叶冠,背法器;座台前一化生童子双手合十,侧坐于莲蓬上,造像通件鎏金。
明鎏金无量寿佛铜造像	佛颈、肩、臂、腹上缠绕披帛,着齐胸折边绣花长裙,左手置于右手之上,作三摩地印;佛结跏趺坐于莲花座上,衣饰及莲台鎏金,发髻饰蓝色。
汉凫首形铜壶	壶首为一弯曲的凫首形状,凫鸟紧闭嘴巴,双目圆睁,嘴巴长而下垂,颈部有一圆凸边口,颈部以下铆接一圆腹壶。
战国青铜短剑	前锋尖锐,呈叶状;中有三棱脊、菱形格;柄部扁平,后端有圆形折沿銎。
商兽面纹直内戈	矛形,刃口锋利,援上起脊,上缘微弧;援内结合处有外刺,已残断;援后两侧有正三角形柜,柜内结合处有兽面纹饰;内部扁平,上有圆形穿孔,孔后为目纹,自内部断为两节。
汉双耳铜鼎	高17厘米,宽15.3厘米,敛口,子母唇,腹较深,圜底,长方形耳向内曲,马蹄形足,腹部有凸弦纹一道;盖隆起,上有三环纽,可倒置。
宋长柄铜执炉	宽口沿,喇叭口,颈下端略收,与炉身相铆接;炉身圆形,平底,鼓腹,三瓦形矮足,底镂空成梅花形,可通风;颈部铆接炉身一长柄,柄宽长曲折,柄与沿下加花铆叶形镂空如意。
汉错银铜带钩	有两个,侧视呈S形,下端有一柱钉,用以钉住皮带的一头,上端龙形曲首回勾,用以钩挂皮带的另一头。一个背部有菱形纹、圆珠云纹、兽面纹组成的错银纹图案,另一个背部由银点、银丝、银片错成五组四种云雷纹图案。
宋八卦镜	圆形,圆钮,圆钮座,座外为汉字八卦卦名,外围由内到外依次为八卦符号、十二时辰动物图案、篆书铭文一圈。
春秋环带纹铜鼎	短折沿,双附耳,沿与耳之间有双梁连接,鼓腹,圜底略平,三足蹄形,颈部、腹部饰穷曲纹、波曲纹一周,足上部饰兽面纹,双耳饰重环纹。

续表

名称	主要特征
明漆金天官铜造像	天官头戴爵弁,面方耳大,唇上有髭,颌下有长须,内着长裙,外穿长袍,裙、袍边绣花,足蹬云头鞋,双手握笏板,端坐于矮凳之上,通件漆金。
明漆金菩萨铜造像	菩萨头戴绣花软巾,巾内隐约可见佛冠,胸佩项链,着束腰折边绣花长裙、圆领通肩大衣,右腿屈立,左腿弯曲平伸,跣足坐于圆形台上,右手抚膝,左手平伸作施与印。
明米拉日巴铜造像	造像发辫垂于两肩,闭目合唇,左肩斜披素披帔,右肩、胸袒露,右腿屈立,左腿屈曲平放,右手抚膝,左手扶靠座上,下为莲花座台,藏传佛教造像,通体鎏金。
清鎏金罗汉铜造像	罗汉光头,双眼睁开,口唇紧闭,身着交领、绣边僧衣,束腰,左手持法器,右手修行印,结跏趺坐于方形座上,台座上刻有花草、花瓣纹,通体鎏金。
明漆金送子菩萨铜造像	菩萨颈戴项链,项链挂三个云头锁;左腿屈曲平放,右腿屈立,右手扶膝,左手扶光身小儿;小儿光身骑于菩萨左腿上,手承寿桃;菩萨左肘靠于十册书函上,下为圆盘状座,通件鎏金。
唐鎏金观音铜造像	头戴化佛冠,宝缯下垂至肘下,披帛自肩下垂至莲台两侧外,上身半裸,下着裙,右臂屈肘上举,持拂尘,左手下垂提净瓶,跣足立于束腰莲座上;下承八角台座,座下两侧、头背有榫孔。
汉素面铜罐	撇口直唇,束领,广肩圆鼓腹,浅圈足平底,底足纹饰为四条直线直交组成"十"字,四角有"L"符号。
战国铜矛	矛长柄,有刃,叶尖而长,两翼作曲弧形下延,刃叶下两孔为系,刃叶中部起脊,骹孔椭圆扁平,形体较长大。
唐瑞兽葡萄纹铜镜	圆形,直径9.4厘米,伏兽形钮,钮外四瑞兽奔驰于葡萄蔓之间;凸弦纹圈外葡萄蔓枝回旋缠绕,八只禽鸟或飞翔或栖息其间;高三角缘,缘内侧一周花叶纹。
元黑釉三足瓷炉	大洗口,束颈,鼓腹,腹下三小足外撇,足上部突出,腹外呈乳钉状,胎呈灰白色,略带旋纹,施褐釉不到底,釉色温润如玉,有木质般的肌理。
金白釉黑彩草纹瓷罐	敛口,溜肩,圆腹下收,圈足,底微凸带旋纹,胎灰白较为粗糙,设芒口,内施黑釉,外施白釉至下腹,釉色匀净,白釉上黑釉饰弦纹,腹饰花草纹,呈连续状。
宋白釉瓜棱罐	十一个。撇口,颈粗短,微束,鼓腹呈瓜棱状,圈足较大,直削露灰白胎,平底有旋纹,挂白釉不到底,釉色偏黄,口沿及腹部有剥釉。
元钧窑黑釉瓷碗	直口,斜直腹,圈足斜削,胎呈灰白,底有乳钉并带有旋纹,施黑釉至腹部,肥厚滋润,晶莹如玉。
宋青釉葵口瓷碟	敞口,斜腹,矮圈足,足底露灰白胎,施青釉,内饰六道棱线平行在腹壁上,下接碟内弦纹,外口沿下饰弦纹一道。
元钧窑天青釉瓷碗	直口,斜直腹,小圈足,胎呈玉黄色,施天青釉不到底,釉色均匀肥厚,碗内呈旋棱状釉面,外釉泛褐色,呈桔皮状,口沿呈浅褐色。

续表

名称	主要特征
宋耀州黑釉白边瓷碗	敞口，斜腹，圈足，胎呈灰白色，口沿施白釉，其他部位施黑釉，黑釉内泛有点点亮釉。
宋耀州青釉葵口碗	碗口呈葵瓣形，腹较深，圈足较高，胎质灰白，外沿下饰弦纹一道，由五瓣组成，以棱形分割，内底内凹有环纹，施青釉，匀净光亮。
宋白釉折腹瓷碟	敞口，斜折腹，短圈足，平底，白瓷胎，施白釉，釉色明亮，积釉处泛绿色，外壁饰两道弦纹，碟内底较平内陷。
宋黑釉白边瓷碗	敞口，斜腹，圈足，胎呈灰白，口沿处饰一道白釉，其他部位全施黑釉，俊黑明亮，黑白对比互补互映。
唐白釉六瓣口高足杯	杯口呈六瓣状，深腹，高足呈塔形饰以弦纹，胎灰白，瓣状凸，自口沿向下渐隐，施白釉光洁。
元黑釉刻兰字梅瓶	圆唇外卷，直口，短颈，隆肩向下缓收，足微撇，施黑褐釉，薄釉处呈褐色；肩身上部有弦纹，胸部刻一"蘭"字，字迹露，足底宽厚，底微凸施釉。
宋耀州窑青釉刻花小碗	敞口，卷唇，深弧腹，深圈，底部饰有六道平行弦纹，色较白，外腹壁刻花卉纹，施青釉，釉色略泛红。
宋耀州刻花小碗	敞口，卷唇，弧腹，圈足，碗内饰有方道直线下接底弦纹，外壁饰花草纹。
宋耀州青釉刻花小碗	敞口，卷唇，深腹，圈足，灰白胎，内饰六道平行线弦纹，外壁饰花草，刻花犀利舒展，施青釉，有开片。
宋影青印花高足碗	敞口，斜腹紧下收，圈足较高，底厚平，胎薄呈灰白色，碗内腹壁弦纹以下印花，施白釉，圈足部及印花凹处积釉较厚呈水绿色，底有支烧垫灰呈褐色，周边有火石红。
宋黑釉圆唇鼓腹罐	直口，圆唇外卷，溜肩，鼓腹微收，腹底直收圈足，平底微凸，内外施黑釉不到底，其中有密集的褐色棕眼，肩部饰暗弦纹一道，口底露胎呈浅红色。
宋黄釉卷沿瓷罐	敞口，唇外卷，短颈，丰肩，弧腹下收，平底，下肩双弦纹，内外施黄褐釉不到底，釉色玻化感强，肩部薄釉处呈黄白色斑状，腹部施釉不均呈竖条状，颈部积釉呈深褐色。
宋黑釉球形罐	瓶口呈喇叭状，束颈，球形身，大浅圈足，平底，胎灰白，黑釉光亮，口沿处呈褚色，下腹部分釉色泛青，肩及下腹有两条补釉处，呈青白色。
明豆绿釉瓷碗	圆唇外撇，弧腹下收，圈足，胎釉厚重，豆绿色釉均匀，满施釉，有开片，胎呈浅红色。
元钧窑月白红斑碗	敞口，斜腹，小圈足略外撇，胎呈浅红色，月白釉，洁净肥厚，内口沿处有一紫色红斑，口沿釉薄色淡，有开片。
元青釉印花碗	敞口，浅腹，浅圈足，底有乳钉突起，露灰白胎，碗内印两朵莲瓣及荷叶，周围饰突棱绕碗底一周，浅黄绿釉；内印花凹处积釉厚色重，与凸处薄釉露胎色相呼应。
宋耀州刻花小碗	圆唇敞口，弧腹紧下收，圈足略外撇，底微凸，胎灰白，胎体较厚，施青釉呈青黄色，碗内底部及下腹刻花卉纹。

续表

名称	主要特征
宋耀州菊纹印花小碗	喇叭状，侈口，斜腹，足矮小斜削，灰白胎，碗内底、壁饰缠枝菊纹，外腹饰百褶纹，青釉温润肥厚，气泡密集，有玉质感。
宋耀州青釉葵口碗	呈瓜棱状六边葵口，弧腹，圈足内斜削，露胎底略凸，碗内底有刻花莲花一枝，六棱线内青釉色较深，外壁、内底泛黄，整体釉色均匀滋润。
宋耀州青釉小碗	呈斗笠状，敞口，斜腹，圈足，胎灰白，青釉泛黄，釉水光亮有开片，碗内釉略有磨损，足底带有红色垫砂，外壁失釉疤较多。
宋影青双鱼碗	呈斗笠状，撇口，斜腹，圈足外墙斜削无内墙，底平略凹，露白瓷胎，胎质细密，有一圈落釉黑线，饰影青釉，内刻双鱼嬉戏于水中，外口沿下饰弦纹一道。
宋白釉素瓷碗	敞口，弧腹，圈足，底微突带旋纹，色白胎薄，釉面均匀，足部釉呈水绿色，外壁口沿下饰弦纹一道。
宋青釉印花碗	直口弧腹，圈足斜削较矮，底有乳钉状突起，胎呈白色，施青釉不到底，釉色微泛红色，釉面透亮，玻化程度高，开片裂纹呈红色，内底及腹印缠枝牡丹。
宋青釉暗花高足杯	杯口沿略外撇，深腹下收，高足外撇，底有护釉，有火石红，足有小磕口，胎灰白，青釉肥厚温润，内直壁刻有花草纹，外壁口沿下及下腹饰弦纹、草纹。
宋水注	喇叭口，丰肩下缓收，撇足，平底略凹，浅褐色胎，肩部置短流，有耳柄，施青釉不到底，部分泛黄，通体开片。
唐白釉瓷盒	盒为圆柱形，盒身子母口，直折腹，圈足；盒盖直沿，与圈足对称的盘形纽，上下对称施薄透明釉，露出白瓷胎色，部分泛黄，有开片，底与盖下部露胎呈白色，底微凹。
宋青釉高足碗	圆唇外撇，深腹，高足略外撇，足底泛红，胎灰白，釉色统一，碗内底饰弦纹和暗花，有开片。
元钧窑天青釉瓷碗	直口，斜腹，圈足略外撇，下腹及底露胎呈玉黄色，带旋纹，施天青釉不到底，釉色肥厚，玻化程度高，通体开片，口沿呈黄色，外壁有一块失釉斑。
宋黑釉双耳多棱罐	唇口略外翻，直颈，斜肩圆弧腹，圈足，平底，腹部有30条垂直凸棱，颈、肩有半圆形对称耳。除圈足无釉，其他施黑釉，凸棱呈白色发黄。
元天青釉瓷碗	圆唇内敛，弧腹斜收，小圈足，施青釉不到底，釉层肥厚，碗内有一块紫斑。有大小不一的开片，有棕眼和垂釉现象。
唐彩绘陶马	有四个，马立于长方形底板上，形态各异。其一马昂首作静立状，睁目，竖耳，扎尾，剪鬃；马背有垫，垫上置鞍；马的头、身、鞍、垫有白、黑彩绘痕迹。其二马偏头作静立状，头小颈长，竖耳，扎尾，鬃毛披于额前；马背有垫，垫上置鞍；马身为红色，马尾、鬃毛为白色，鞍为黑色。其三马头小颈长，眉骨突出，双眼圆睁，两耳上竖，剪鬃扎尾，昂首作静立状。马背铺红色垫，垫上置黑色鞍，用赭色绘马头辔饰及马镫，马身为白色。其四马头小颈长，眉骨突出，双眼圆睁，两耳上竖，剪鬃扎尾，偏头作静立状。马背有垫，垫上置鞍。马身为红色，鞍垫黑色，马胸肌突出，四肢有力。

续表

名称	主要特征
唐侍女陶俑	红陶质，女俑头梳双鬟，面颊圆润，体态丰腴，上着交领窄袖襦裙，鞋头上翘，双手拱贴于腹部藏于袖中，抬头作站立观望状。
唐陶骆驼	骆驼形体高大，昂首直立，作嘶鸣状，竖耳，睁目，头上、颈下鬃毛梳剪整齐，背峰两侧有架，背负丝包。
唐彩绘侍女俑	陶质胶胎，彩绘；女俑头梳黑色高髻，身着圆领宽袖长裙，双手拱贴胸前藏于袖中，抬头作侍立状；俑衣、袖、肩、背施红色，裙有白、绿彩绘痕迹。
汉模印狩猎图画像砖	砖为青灰色，长方形，砖面上下由四道两条凸棱组成的宽带分为四部分，每部分内容相同，模印山石景物、朱雀、猎人、虎、羊等形象。
汉模印四神画像砖	砖为青灰色，正方形，砖面模印人物以及四神、鹿、羚羊等动物形象。
宋浮雕武士画像砖	砖为青灰色，长方形，砖面正中一个头戴幞头巾子的武士，身着圆领窄袖长袍，腰束牵带，双手斜持一两头带锤的长杆武器，微侧身作侍立状。
宋浮雕彩绘推磨图画像砖	砖为青灰色，正方形，画面为一女子推磨；女子左手扶杆内侧，右臂夹杆置于腹部，右腿上抬，移步推旁边一磨；磨为双石相叠，置于一椭圆形红色矮架之上。
宋浮雕彩绘舂米画像砖	砖为青灰色，正方形，画面一女子身着黑色开领窄袖长衫，内着长裙，双手扶架杆俯身立于矮架上踏碓舂谷。
汉模印青龙画像砖	砖为青灰色，正方形，画面正中一青龙，作飞翔状；砖面下侧有四朵五瓣花卉。
汉灰陶灶	灰陶，器为长方体，灶面有一个火眼，模印钩、锤、叉、刀、勺、铲等炊具和鱼等食物模型；灶一侧有弧角梯形火门。
汉绿釉陶虎	绿釉，虎形体粗壮，昂首，竖耳，双眼圆睁，短尾上卷，作静立状，背有方形案。
齐家文化锥刺纹双耳灰陶罐	泥质灰陶，大口，高颈，折腹，平底，口沿至颈间有对称双耳，腹部有一圆圈锥刺纹。
汉灰陶四合院模型	灰陶塑，四合院由四座屋和四个"L"型围墙组成；屋坐落在院前后两侧，均为两面坡，屋脊两端起翘，上露筒瓦；前、后屋体型较大，前屋有双扇门，后屋有栏形窗，均是双扇门。两边侧屋，体型较大，一屋上开三个方形小窗，下有三个圆形孔；另一屋有单扇门，门半启。
宋浮雕拴马画像砖	砖为灰青色，正方形，砖面正中一桩上拴一马，膘肥体壮，马头有辔饰，昂首，竖耳，垂尾，后腿曲蹲，前腿上提，张口作踏步嘶鸣状。
满长生天气力里碑拓片	此碑帖为长方形状，分为四部分：上为满文小字，竖41行，汉文用楷书书写；左边汉文，右边满文，满汉文相间，以上四部用平行细线界开。
清红玻璃鼻烟壶	高8.4厘米，宽7.7厘米，口径1.5厘米，黑紫红色玻璃吹制；扁圆体，高颈平沿，椭圆形的平底，无制造年款，素面。
汉兽面云纹带饰	长方扁体，体作穿孔，可穿系；正面雕有兽面云纹，以三道凸弦纹界分。

续表

名称	主要特征
元陶大圆砚	直径38.7厘米,高2.5厘米;蕉叶形,边缘不规则,砚面开墨池,呈花瓣状,墨池边沿有不规则的凹槽。
清蓝玻璃鼻烟壶	以蓝色的玻璃为胎吹制而成,竖矮颈,平口沿,扁圆体,两侧开光片,两肩饰铺兽衔环,凹浅圈足。
汉樊舆侯铜印	铜印,方形,长、宽、高均2.2厘米,印章鼻为蛇钮;铸款,印文"樊舆侯印",官印,阴文,篆书。
罗家伦行草条屏立轴	墨迹纸本,此条屏用笔有力,入何绍基笔法,受清末书风影响;为自作诗。
董其昌水墨山水立轴	水墨绢本,近景绘树林于山丘之上,丘壑交错中有两老者交谈,上部远山苍劲,画中水景静谧。
左宗棠行书八言对联	纸本行书,对联内容为"渝彼行健晓荣六鳌,脱然畦封月出东斗",书风俊丽自然,笔法温润洒脱。
清无款山水画立轴	绢本设色,纵124厘米,横43.5厘米;画中下部树丛中房舍掩映,屋中一老者静坐观缸中之物,舍下有小桥,有人行走其上,一山峰挺立,遮掩瀑布急流,峰间布局流云,石青饰峰,青翠饰树。
清无款山水画立轴	绢本设色,绘三棵松树互相映衬于一山崖上,下有托杖老翁和抱琴侍童,老翁伫立观松,侍童嬉欢水面;上部宫庙掩山崖,后有树丛。
民国汪玉彬梅花立轴	绢本水墨,画中部粗枝倒挂,分枝延伸布局,梅瓣双勾,写意性强。
贺志伊花鸟画立轴	纸本设色,写意花鸟图,绘残枝上柳条下垂,双勾柳叶饰青色,上枝一鸟朝上鸣叫,秋景氛围含蓄。
于右任草书对联	纸本草书,对联署文:若兰之秀若松之茂,其寿何高其泽何长。书体融合碑帖,散落大方。
江有间八骏图镜片	绢本设色,右下山石,画前山坡有八骏马或奔或卧或立或嘶鸣,素雅中间绚丽。
清爱新觉罗·桂芳行书册	经折装,共15页,现已脱裂,纵33.5厘米,横20.6厘米,行书。
清宋伯鲁书法山水册页	纸本折页,已裱褙,护页无文字,打开后上为行书诗堂,下为水墨山水;纵70厘米,横40厘米。
明董其昌行书立轴	绢本,行草六尺立轴,纵171.5厘米,横52.5厘米。内容为:石室奎章待访编,君家自有旧青毡。若为至藏多嗔怪,昌猷何当损俸钱。
元长生天气力里碑拓片	至正二十三年七月刻,纵244厘米,横110厘米。以汉文为主、蒙文为辅;右上角正书,八行,共72字;左上角为蒙文,八行。下半部为正书的汉文,字略小,共26行字,字数不等。
清一梦登仙钱币	金质,直径2厘米,钱文"一梦登仙"和"往生西方"直读,郭阔,穿小。背素面。

续表

名称	主要特征
清银勺	柄头为浅浮雕如意云头形,直柄,把长4.5厘米,云头长2厘米,把上饰三角形斜线纹,勺中心有反压的折棱,并饰阴线缠枝花卉,勺背中间有浅凹槽,素面。
新石器时代石斧	石质工具,墨绿色蛇纹岩石制成,呈单孔弧边形,斧背为圆柱状首、双弧面合刃,孔是管状物钻对钻而成。通件精磨,制作规整,刃部有崩裂。
秦石矛	长柄,两侧有刃,用以刺敌,矛叶尖而长,为三角状,两翼作斜直线外扩,近柄处内收为直柄,刃叶中部平缓无脊。
北周四面佛造像塔	柱式四面雕,四面均刻一佛二菩萨二弟子,龛为尖拱形龛。主佛居中,端坐佛台上,作说法像;二菩萨站于佛两侧,身后有二弟子,均作听法状。四面佛龛内容一致,佛、菩萨、弟子布局、衣饰相同。
北魏背光坐佛石造像	三座。其一青灰石雕刻,佛头挽高髻,面微方,眼大而合闭,鼻直棱,小口,着圆领通肩大衣,结跏趺坐,双手作禅定印,下为方形须弥座,像后有舟形背光。其二灰白花岗岩石雕刻,佛头上为高肉髻,身披广袖通肩大衣,面相表方,两耳硕大,耳轮垂至肩际,结跏趺坐,双手作禅定印,像后有火焰纹舟形背光。其三佛高髻,长面,大耳至下颌,着通肩大衣,结跏趺坐于方形须弥座上,双手作禅定印,像后有舟形背光,台座后刻大德二年。
北周四面佛石造像	柱式四面雕,上有屋脊,四面均刻一佛二菩萨二弟子,龛为尖拱形龛。主佛居中,端坐佛台上,作说法像;佛两侧的二菩萨站丁莲台上,下有力士承托;主佛、菩萨之后侧为二弟子。
宋坐佛石造像	坐佛头梳螺髻,面目圆润丰满,两耳硕大垂肩,身披右袒袈裟,结跏趺坐于仰莲台上。须弥座一周凹雕六个力士,作双手托举之状。
魏率善氐仟长铜印	印面各边长2.2厘米,高3厘米,重44.2克。印文篆书阴刻:魏率善氐仟长。
晋率善羌佰长铜印	方形,铜质,驼钮。印面各边长2.2厘米,高3厘米,重44.2克。印文篆书阴刻:晋率善羌佰长。
金正隆元宝厚钱	青铜质,直径2.2厘米,厚0.6厘米,内外廓窄细不规则,正面有行楷书铭文"正隆元宝"
清玉钗	长17.7厘米,宽1厘米,厚0.2厘米,重6.4克。白玉质,前窄后宽拱形,扁平,素面,手柄雕镂寿字蝙蝠纹。
明程嘉燧行楷条幅	纵99厘米,横44厘米,纸本,行书,钤印两方。
清永瑆临兰亭序轴	纵110厘米,横38.5厘米,纸本,行书,临王羲之兰亭序。

第五节　发掘征集

天水市博物馆藏品主要来源于公安部门、考古队和其他单位移交，以及购买、个人捐赠等。1985年10月天水市博物馆接收天水市文化馆移交文物2073件套。其中化石和石器134件套，陶器424件套，瓷器252件套，1276青铜器和铁器478件套，书画碑帖和古籍善本427件套，杂项224件套，古钱币134件。另外公安部门多次向天水市博物馆移交办案文物778件。其中化石和石器64件，陶器103件，瓷器255件，青铜器和铁器181件，书画碑帖和古籍善本31件，杂项95件，古钱币49件。

至1995年共征集文物118件。1997年中国社会科学院甘青考古队将天水师赵村出土的陶器48件，化石和石器49件移交天水市博物馆。1996年至2001年仅征集文物4件。

2002年征集和收购文物176件套。其中化石和石器26件，陶器33件，瓷器64件，青铜器和铁器22件，书画25件，杂项6件。接受捐赠文物11件。其中陶器2件，瓷器2件，青铜器和铁器3件，杂项4件。

2003年筹建天水民俗博物馆开展民俗文物征集工作，至2007年征集反映天水地区及其周边风俗民情的民俗文物2000件；其中古家具1208件，建筑构件71件，楹联匾额和刺绣213件，杂项508件，共编为1228个号进行管理。

2003—2007年天水市博物馆文物征集统计表

表24—4—2　　　　　　　　　　　　　　　　　　　　　　　　　　　　　　单位：件

年份	书画		杂项		铜器		陶器		瓷器		化石		钱币		合计	
	购	捐	购	捐	购	捐	购	捐	购	捐	购	捐	购	捐	购	捐
2003	1	—	36	—	16	—	5	—	3	—	3	—	—	—	64	—
2004	—	—	8	—	—	—	1	—	—	—	—	—	—	—	9	—
2005	63	—	—	—	—	—	2	—	52	—	10	—	—	—	63	64
2006	23	—	—	6	5	—	2	76	42	—	—	—	—	—	104	50
2007	8	11	2	—	3	1	30	—	—	—	—	—	—	—	43	12

2003—2007年天水市博物馆民俗文物收购统计表

表24—4—3

年份	批次	编号数	内　容	金额（万元）
2003	5	33	古家具	19.75
2004	13	134	古家具、刺绣、联匾、杂项	17
2005	45	378	古家具、联匾、建筑构件、杂项	31
2006	33	337	古家具、刺绣、建筑构件、杂项	33.81
2007	5	141	古家具、联匾、刺绣、杂项	64.05

第六节　修复保护

1981年至1989年中国社会科学院考古所甘青考古队谢端琚、赵信、田富强等发掘师赵村遗址，将石、骨、陶器等发掘品运到天水市博物馆保存，专家组成员和天水市博物馆王炳岐修复和简单处理文物，复原器型43件。

1986年天水市博物馆聘请甘肃省博物馆薛俊彦等人加固隋唐贴金彩绘围屏石榻，在修复前对文物进行多次硅化物喷敷试验。1993年举办馆藏明清书画精品展，孟瑞贤等修复董其昌等明清书画家20人的书画作品22幅，装裱方济众、何海霞、关山月、启功、沙孟海、费新我、董必武、舒同、潘天寿、华君武、程十发等现代名家书画12幅。2004年在例行库房安全检查中发现12件器物携带粉状锈，用塑料袋分开包装，防止相互接触感染。

2005年12月揭裱南宅子民俗博物馆所藏邓宝珊、陈廷鉴、汪青等人的书画作品9件。2006年揭裱南宅子民俗博物馆所藏杨廷栋、周钧、魏绍武、张宗仲等书画作品7幅。

2007年维修南宅子民俗博物馆征集的长5.8米、宽2.7米的清雍正年间锦缎刺绣寿帐，由孟瑞贤、王来全等装裱江泽民、朱镕基等人书画作品57件。将21件青铜器送到甘肃省考古研究所，由国家博物馆的修复专家和馆内专业技术人员共同除锈、修复。修复民俗博物馆收藏的牌匾47件，维修30多件古旧家具，2005年至2007年修复揭裱民俗博物馆纱灯扇41扇。

第七节　开发利用

主要通过门票减免优惠政策吸引社会各界民众参观伏羲庙、胡氏民居等景区，接受爱国主义教育，每年接待游客50余万人次，其中国外游客3万多人次。

1979年至2004年每年国际博物馆日（5月18日）实行伏羲庙景区、博物馆免费参观，悬挂条幅标语，开展宣传活动。2003年4月13日伏羲庙网站开通。2005年天水市博物馆和麦积山风景管理局在伏羲庙门口联合举行宣传活动，向广大市民和游客散发伏羲庙、麦积山景区简介和《文物保护法》等宣传折页、彩页15000份，讲解员向市民及游客讲解文物保护法和景区优惠政策，活动当日对游客实行免费开放。

2006年免费接待中小学生开展爱国主义教育。6月10日召开天水市第一个中国文化遗产日座谈会。在第一个文化遗产日（6月11日）开展"保护文化遗产，守护精神家园"主题宣传活动，悬挂宣传横幅，在伏羲庙戏楼前设立宣传咨询台，举办文物知识、法律法规、文化遗产保护知识咨询活动，向市民、游客散发各类宣传资料2000多份，免费接待前来参观的市民、游客、中小学生1万多人，制作宣传光盘《华夏第一庙》。

2007年天水市博物馆被中华民族文化促进会旅游文化研究中心评为全国首批30家旅游文化示范基地之一，人民日报海外版、中国旅游卫视、中国旅游报、人民网、新华网、中国旅游网对伏羲庙做集中宣传报道。

第五章 古巷道与古树名木保护

第一节 古巷道保护

1990年秦城区巷道完成硬化,其中砼块铺设巷道70条63万平方米、沥青路面巷道12条2.4万平方米。随着旧城改造逐步实施和城市规模迅速拓展,果集巷、山货市巷、中城巷、西方寺巷、夏家大巷、夏家小巷、新秦巷、茜毡巷、厦门巷、芦园巷、锋门巷、巷子后店、河崖巷、箭场里、上庵沟、官泉、生产巷、先锋巷等陆续拆除。2000年后对现存古民居巷道自由路、南宅子、赵家巷、土言巷、榆树巷、胡家书房加大保护力度,逐年综合整修改造。

2004年投资260万元实施城区巷道整修、铺设。改造新民巷、漆家坑、共和巷、忠义巷、自治巷、三新巷、育生巷、崔家巷、惠民巷、务农巷、赵家大院、厚生巷、澄源巷、杨家楼、孙家巷、官墙里等19条巷道,均铺筑砼块路面;完成廖家磨、光明巷、北园子、忠武巷、八大局、弥驼寺、小南门、南城根(电视台段)、奋斗巷、南城根(地毯厂后门)10条巷道的硬化工程。

2005年投资35万元完成左家场、南城根(区环卫处段)、仁和里、共和巷、吴家旮旯、动员巷、杨家大院、白家大院、董家巷、玩月楼10条巷道的铺筑,路面分别采用沥青混凝土和预制块材质。

2007年投资655万元实施城区道路巷道综合整治工程,整修和硬化亲睦里、自治巷、共和巷、忠武巷、后寨、白家堡子、仁和里等巷道,改造部分巷道排水管道,安装新式路灯,使之达到路平、灯亮、水畅、环境好的标准。至年末城区有大小巷道70条,总长15.8公里,总面积71242平方米,基础设施功能提升。

秦州区古巷道统计表

表 24—5—1　　　　　　　　　　　　　　　　　　　　　　　　　　　单位：米、平方米

名称	路面结构	长度	宽度	面积
共和巷	砼块	370	3.1	1147
吴家旮旯	砼块	150	1.6	240
光明巷	沥青	358	7.5	2685
弥陀寺	沥青	132	4	528
动员巷	砼块	162	2.9	469.8
进步巷	沥青	192	7	1344
胜利巷	沥青	290.5	6	1743
奋斗巷	砼块沥青	—	—	1495
砚房背后	砼块	294	6	1764
古风巷	砼块	210	4	840
仁和里	砼块沥青	—	—	1962
忠武巷	沥青	216	5	1080
尚义巷	沥青	127.5	9	1147.5
北园子	沥青	236	5	1180
南城根	沥青	116.5	4.5	524.25
周家巷	沥青	294	5	1470
官墙里	混凝土砼块	80	5.2	416
		502	3.6	1795
中和巷	砼块	675	2	1350
连家巷	砼块	111	1.2	133.2
陈家巷	砼块	85	1.5	137.5
人民路背街	砼块	190	1.8	342
伊民巷	砼块	200	3.6	720
小伊民巷	砼块	56	1.5	84
澄源巷	砼块	332	2.9	9784
小澄源巷	沥青	46	1.5	69
亲睦里	大理石块	158	4.2	663.6
后寨	砼块	382	2.7	1052.4
自治巷	砼块	482	5.1	2476

续表

名称	路面结构	长度	宽度	面积
忠义巷	沥青、砼块	333	3.6	1198.8
育生巷	砼块	388	4.5	1762
务农巷	砼块	583	1.8	1052
漆家坑	砼块	75	2	150
孙家大院	砼块	169	2.5	422.5
杨家寺巷	砼块	133	1.2	159.6
白家大院	砼块	116	2	332
庞家巷	砼块	50	1.2	60
唐家大院	砼块	166	4	996
杨家楼	砼块	72	2	144
惠民巷	砼块	117	2.4	424.8
崔家巷	砼块	80	4	320
新民巷	砼块	113	2	226
折桂巷	砼块	41	1.4	57.4
三新巷	砼块	597	2.5	1462.65
飞将巷	砼块	306	1.8	560.9
厚生巷	砼块	214	1.64	350.96
赵家巷	砼块	157	1.7	266.9
北店子巷	砼块	130	1.7	221
胡家书房	大理石块 砼块	29 50	3.1 1.7	89.9 85
士言巷	大理石块	100	2.8	280
榆树巷	大理石块 砼块	58 54	4 1.4	232 75.6
大巷道	大理石块	150	2.5	375
小巷道	大理石块	89	2.5	222.5
伏羲路84#	砼块	25	2.5	62.5
枣园巷	砼块 大理石块	50 118	2 5.5	100 649
伏羲路无名巷	砼块	24.5	1.8	44.1

续表

名称	路面结构	长度	宽度	面积
交通巷	沥青	166	6	996
小南门	沥青	170	4	680
马廊巷	大理石	117.5	12	1410
中华西路至光明巷	沥青 混凝土	84 42	5.5 10	462 420
玩月楼	混凝土	88	2.2	193.5

第二节　古树保护

秦州古城古树名木繁多，根据树种特性、树冠大小及生长状况，具体保护范围为树冠以外3米至5米或树干以外8米至15米。1993年、2000年和2002年分别开展3次古树名木普查，在城区和城郊文物古迹景点范围内树龄在100年以上的古树有235株，其中侧柏149株，国槐70株，其余树种为榆、龙爪槐、皂荚、垂柳等计16株。2002年天水市名城办对秦城区现存300年以上的123株一级古树，以市名城委员会的名义挂牌保护。2003年市建设局设立古树复壮专项经费，拨款10万元对文庙等12株古树实施修枝、补洞和病虫害防治、追肥等复壮措施。2004年天水市建设局制定《天水市古树名木保护规划》，规定市区范围内古树名木由市人民政府绿化主管部门建立古树名木档案和标志，实行统一管理、属地养护。在单位管界内或者私人庭院内的古树名木，由单位或者居民负责养护，城市绿化行政主管部门负责监督和技术指导。2006年对合作路、尚义巷、解放路、演法寺、瑞莲寺等8棵古树采取复壮措施。秦州区古树主要集中在秦州古城，存活古树以古迹文物保护景点居多，伏羲庙、玉泉观、南郭寺、文庙等地有许多千年以上的古柏、唐槐。

玉泉观古树

玉泉观有古树4种50株，其中侧柏45株，国槐3株，皂角1株，榆树1株。千年以上古柏7株，500年至900年20株，余为500年至1500年古树。一级保护古树共40株，其中侧柏37株，国槐3株。二级保护古树10株，其中侧柏8株,皂角1株,白榆1株。

辫柏　"辫柏"(侧柏),位于神仙洞南侧崖边。树高13米,树围2.6米。树龄800至1000年。主干挺拔,悬根露爪,根茎交织,形若女子发辫,故名"辫柏"。此柏位于崖边,形态独特,数百年来受人赞誉。清代王权曾赋诗赞云:"就中柏最奇,悬空若凤翥。崖根屈曲盘,千载神呵护。"相传此柏为梁志通真人亲手交辫根茎后栽植的,故又俗称"手植柏"。1987年全国古树研究人员因辫柏独特的形态而誉之为"全国之最"。

千年柏　千年古柏7株。生长在三清殿院中及老母宫院西的两株枝叶繁茂、苍郁壮观,高18米,树围分别达4.05、4.25米。生长在斗姆殿外墙东侧的一株周身隆穹,苍劲雄奇。生长在玉皇殿后崖边上的一株两枝,一枝临崖南伸,凌空险绝。生长在武侯祠前崖边的一株高15米,傲立崖畔,参天挺拔。此柏1987年以前受部队伙房污水渗浸,一枝死亡。后杜绝污水下渗,复壮处理后存活的一枝长势良好。

夫妻槐　"夫妻槐"(国槐),又称青龙白虎槐,位于北斗台西北端。两株相距6米,分南、北生长,主干相对倾伸。北株上端分两枝向南倾,将南株上端北倾主干揽入"怀中",形成顶枝交叉,似拥抱之状,俗称"夫妻槐"。1995年南伸的两枝主干因腹空而断裂,1999年北伸主干上端断裂,失去其"亲密"景象。

南郭寺古树

将军槐　两棵,树高30多米,树围近7米,树龄1300多年,又称唐槐。唐槐即国槐,落叶乔木,抗寒、耐风沙、适应性强、寿命极长。由于这两棵槐树对称长在山门两侧,个头相当,树形相似,且枝繁叶茂、浓密如盖,就像两位守门将军,给山寺增添几分庄重和肃穆,故人们称它为将军槐。

本氏卫矛　树龄200多年。卫矛在长江流域属小灌木,普通常见,而在黄河流域,尤其是大西北十分罕见,但在南郭寺却长成高大乔木,其高18米,胸围达2米,本为灌木却长成高大乔木,堪称奇树,为全国第一卫矛。

南山古柏　学名"侧柏",属常绿乔木,生长缓慢而寿命极长,是秦州八景之一。树龄2300年至2500年,因与孔子生年差不多,又称为"春秋柏"。树分三枝,分别向南北横斜逸出,南北两侧两枝存活,向北较短一枝枯死。横侧向南倾斜枝干,无皮而生,生命力顽强,枝叶茂盛。14省专家学者评价其为树中活化石，"是有生命的国宝，是全国罕见的文物树"。

龙爪槐　树高10多米，枝条在盘曲中飘逸而上，树龄300多年，是龙爪槐树种中生长年代最久的一株，为全国第一。

复壮保护

1986年10月北京园林科研所古树研究工程师李锦龄、董燕生应天水市建委邀请前来观察南郭寺、玉泉观、伏羲庙古树生长状况，确认大部分古树生长衰弱，呈病状，需要复壮。1987年10月在工程师指导下先从南郭寺开始复壮古树。

复壮前玉泉观内古侧柏生长衰弱，有的已经濒危。主要原因是土壤污染造成烂根，人为活动频繁导致古树呼吸不畅，根皮破损，多年没有养护，病虫害严重等。复壮措施是除去污水池、沟，杜绝污水源；改变地下环境，增加有机质，提高土壤肥力及通气保水性；加强管理，防治病虫害；增设围栏，保护树体；减少空气及土壤污染。

复壮方法是在古树周围、树冠投影下挖复壮穴，根据树的大小挖3到6个穴，穴长1.2米到1.5米，深0.9米，上底宽0.6米到0.7米，下底宽0.8米。穴内先铺20厘米的卵石，上铺8厘米粗砂，再上铺8到10厘米的树条，然后加腐叶土和少量蹄角等有机肥和1/3的土拌匀填入穴中，留15厘米素土。回填的土随填随踩实，以防下沉。微量元素撒在根系周围，或由通气管内注入。通气管用打孔塑料管外包插入到肥土层内，做好沟穴后浇水三次。通气管设在根系多的地方或穴中心，管的上开口处加盖。污染严重的地表土应换掉20到30厘米，穴内的土换上有机质的新土。

秦州区存活古树统计表

表24—5—2

树种	树龄（年）	树围（厘米）	树干（米）	地点	保护等级
侧柏	1300	450	17	玉泉观老母宫西	一级
侧柏	1300	430	12	玉泉观神仙洞崖北	一级
侧柏	1300	410	18	玉泉观三清殿前	一级
侧柏	1000	390	14	玉泉观神仙洞前	一级
侧柏	1000	380	13	玉泉观斗姆殿东	一级

续表

树种	树龄（年）	树围（厘米）	树干（米）	地点	保护等级
侧柏	1000	360	9	玉泉观玉皇殿后崖	一级
侧柏	900	340	11	玉泉观药王宫后崖	一级
侧柏	800	310	10	玉泉观神仙洞南侧	一级
侧柏	800	290	10	玉泉观碑廊前崖下	一级
侧柏	800	280	8	玉泉观李杜祠东南	一级
侧柏	800	274	11	玉泉观老母宫东崖边	一级
侧柏	700	273	14	玉泉观鼓楼前	一级
侧柏	700	265	12	玉泉观神仙洞顶	一级
侧柏	700	265	10	玉泉观斗姆殿后	一级
侧柏	700	262	13	玉泉观五祖殿院中	一级
侧柏	700	260	10	玉泉观神仙洞前	一级
侧柏	600	250	13	玉泉观灵官殿后	一级
侧柏	600	250	11	玉泉观混元宫西	一级
侧柏	600	245	8	玉泉观柏树崖	一级
侧柏	600	240	9	玉泉观柏树崖	一级
侧柏	600	210	13	玉泉观仓圣殿西北崖	一级
侧柏	500	190	10	玉泉观灵官殿南崖	一级
侧柏	500	180	9	玉泉观仓圣殿西崖	一级
侧柏	500	180	6	玉泉观三仙洞崖上	一级
侧柏	500	170	7	玉泉观仓圣殿西崖	一级
侧柏	500	170	13	玉泉观仓圣殿前	一级
侧柏	450	300	11	玉泉观观内西北角	一级
侧柏	450	280	10	玉泉观观内西北角	一级
侧柏	450	240	10	玉泉观圣母殿山门口	一级
侧柏	400	165	8	玉泉观混元宫西	一级
侧柏	400	160	11	玉泉观斗姆殿西	一级
侧柏	400	160	12	玉泉观托公祠院中	一级
侧柏	400	150	10	玉泉观混元宫西	一级
侧柏	300	150	12	玉泉观托公祠院中	一级

续表

树种	树龄（年）	树围（厘米）	树干（米）	地点	保护等级
侧柏	400	150	12	玉泉观仓圣殿前	一级
侧柏	400	150	9	玉泉观老母宫西	一级
侧柏	300	150	8	玉泉观柏树崖	一级
侧柏	200	140	9	玉泉观灵官殿南崖	一级
侧柏	300	140	10	玉泉观混元宫东	一级
侧柏	300	130	8	玉泉观道院北崖	二级
侧柏	100	105	10	玉泉观道院北崖	二级
侧柏	100	105	11	玉泉观玉泉井西	二级
侧柏	200	105	10	玉泉观道院	二级
侧柏	200	285	17	玉泉观天靖楼旁	二级
侧柏	200	100	8	玉泉观灵官殿南崖	二级
侧柏	150	95	8	玉泉观太阳殿山门	二级
侧柏	150	93	8	玉泉观玉泉井西	二级
侧柏	200	90	6.5	玉泉观道院北崖	二级
侧柏	150	80	6	玉泉观灵官殿南崖	二级
国槐	1100	600	8	伏羲庙前院正门	一级
侧柏	750	414	18	伏羲庙前院正门西	一级
侧柏	500	250	15	伏羲庙前院正门东	一级
侧柏	750	390	14	伏羲庙前院正门西	一级
侧柏	500	260	18	伏羲庙前院正门东	一级
侧柏	750	416	19	伏羲庙前院正门西	一级
侧柏	750	360	14	伏羲庙大殿前东	—
侧柏	450	350	16	伏羲庙大殿前东	一级
侧柏	400	190	18	伏羲庙大殿前东	一级
侧柏	550	250	16	伏羲庙大殿前东	一级
侧柏	550	250	18	伏羲庙大殿前西	一级
侧柏	550	245	17	伏羲庙大殿前西	一级
侧柏	800	360	17	伏羲庙大殿前西	一级
侧柏	1100	280	18	伏羲庙大殿前东	一级

续表

树种	树龄（年）	树围（厘米）	树干（米）	地点	保护等级
侧柏	750	300	14	伏羲庙大殿前东	一级
侧柏	400	180	15	伏羲庙大殿前东	一级
侧柏	300	160	15	伏羲庙大殿前西	一级
侧柏	500	240	16	伏羲庙前院正门西	一级
侧柏	550	267	15	伏羲庙	一级
侧柏	750	360	17	伏羲庙	一级
侧柏	550	240	17	伏羲庙	一级
侧柏	550	240	15	伏羲庙	一级
侧柏	750	300	18	伏羲庙	一级
侧柏	500	270	19	伏羲庙	一级
侧柏	550	300	18	伏羲庙	一级
侧柏	550	400	16	伏羲庙	一级
侧柏	300	100	16	伏羲庙	一级
侧柏	400	190	15	伏羲庙	一级
侧柏	400	230	15	伏羲庙	一级
侧柏	400	200	16	伏羲庙	一级
侧柏	400	210	17	伏羲庙	一级
国槐	600	460	10	南宅子	一级
国槐	400	310	11	南宅子	一级
国槐	700	450	12	三新巷西	二级
国槐	600	500	12	三新巷东	二级
国槐	400	300	11	万寿宫内	一级
国槐	400	300	10	万寿宫内	一级
侧柏	400	220	11	万寿宫东院内	一级
国槐	400	320	13	自治巷	一级
国槐	400	315	12	忠武巷	一级
白榆	400	600	8	忠武巷	一级
国槐	300	280	15	忠武巷	一级
白榆	400	350	14	合作北路	一级

续表

树种	树龄（年）	树围（厘米）	树干（米）	地点	保护等级
国槐	300	280	12	合作北路	一级
国槐	400	350	13	合作北路	一级
国槐	400	340	12	进步巷南	一级
国槐	800	560	11	进步巷南	一级
桑	150	160	10	南郭寺中院	一级
国槐	无确考	230	15	南郭寺中院	一级
侧柏	无确考	100	13	南郭寺中院	一级
国槐	1100	600	12	南郭寺西山门西	一级
国槐	1100	500	14	南郭寺西山门东	一级
侧柏	无确考	175	11	南郭寺睡佛殿	一级
侧柏	无确考	128	12	南郭寺中院	一级
侧柏	无确考	110	10	南郭寺中院东	一级
侧柏	无确考	80	11	南郭寺中院西	一级
侧柏	无确考	100	12	南郭寺中院	一级
小叶朴	200	215	14	南郭寺西院	一级
侧柏	2500	320	12	南郭寺西院	一级
龙爪槐	180	174	12	南郭寺西院	一级
国槐	200	180	13	南郭寺西院	一级
卫矛	300	180	14	南郭寺西院	一级
侧柏	无确考	157	15	南郭寺西院	一级
侧柏	无确考	190	14	南郭寺西院	一级
侧柏	无确考	93	14	南郭寺东禅院东	一级
侧柏	无确考	105	13	南郭寺东禅院西	一级
侧柏	无确考	75	14	南郭寺中院西	一级
侧柏	无确考	140	14	南郭寺中院东	一级
侧柏	无确考	125	13	南郭寺中院西	一级
国槐	400	350	13	中华东路西	一级
国槐	300	260	12	中华东路东	一级
国槐	300	400	12	仁和里	一级

续表

树种	树龄（年）	树围（厘米）	树干（米）	地点	保护等级
国槐	300	420	14	仁和里	一级
国槐	400	300	11	忠义巷	一级
皂荚	300	270	14	青年北路	一级
侧柏	无确考	110	15	七里墩观音寺	二级
侧柏	无确考	100	11	七里墩观音寺	二级
侧柏	无确考	170	13	七里墩观音寺	二级
侧柏	无确考	100	12	七里墩观音寺	二级
龙爪槐	200	210	11	区政府前院路东	一级
国槐	200	235	14	区政府前院路东	一级
侧柏	200	120	13	区政府前院路西	一级
侧柏	200	140	15	区政府中院东	一级
侧柏	200	130	12	区政府中院西	一级
侧柏	500	250	25	区政府后院东侧	一级
白榆	200	250	13	市政府	一级
国槐	200	200	13	市政府	一级
国槐	1100	605	14	瑞莲寺	一级
侧柏	600	235	11	瑞莲寺	一级
侧柏	200	110	11	瑞莲寺	一级
国槐	700	450	18	文庙戟门前	一级
侧柏	200	100	23	文庙戟门前	一级
侧柏	200	120	25	文庙戟门前	一级
国槐	700	380	21	文庙戟门东侧	一级
国槐	700	420	20	文庙戟门东侧	一级
国槐	700	280	18	文庙戟门东侧	一级
古柏	1000	400	15	文庙大殿前东侧	一级
国槐	900	600	19	文庙大殿前西侧	一级
古柏	300	180	20	文庙大殿前西侧	一级
国槐	700	580	16	文庙大殿前东侧	一级
国槐	500	490	14	中西幼儿园	一级

续表

树种	树龄（年）	树围（厘米）	树干（米）	地点	保护等级
国槐	200	170	12	中西幼儿园	二级
国槐	300	350	13	中西幼儿园	二级
国槐	500	425	14	中西幼儿园	二级
国槐	150	425	14	解放路	二级
侧柏	200	157	12	解放路工行	二级
国槐	400	320	13	解放路幼儿园对面	二级
国槐	400	330	12	解放路幼儿园对面	二级
柳	350	300	13	董家巷	二级
国槐	400	420	14	厚生巷	一级
国槐	800	560	12	泰山庙院外	一级
侧柏	无确考	103	13	泰山庙院内	一级
侧柏	200	280	12	台子清真寺	一级
国槐	300	270	11	台子清真寺	一级
国槐	400	350	12	枣园巷	二级
国槐	300	320	14	枣园巷	二级
国槐	200	210	12	枣园巷小学	二级
国槐	700	500	11	重新街	二级
国槐	400	340	14	忠义巷	二级
国槐	700	500	13	解二小学	二级
国槐	100	140	7	中华西路	二级
国槐	500	440	12	中华西路	二级
国槐	500	420	10	中华西路	二级
国槐	500	420	9	中华西路	二级
国槐	300	269	9	中华西路	二级
国槐	400	370	10	中华西路	二级
侧柏	150	155	12	天水军分区院内	二级
国槐	500	330	12	市群艺馆前院东	一级
国槐	550	440	11	市群艺馆前院西	一级
国槐	550	420	13	市群艺馆中院东	一级

续表

树种	树龄（年）	树围（厘米）	树干（米）	地点	保护等级
国槐	300	400	12	市群艺馆中院西	一级
侧柏	300	160	16	市群艺馆中院西	一级
苦楝	300	140	15	市群艺馆后中院	一级
侧柏	300	140	15	市群艺馆后中院	一级
侧柏	500	180	13	市群艺馆后中院	一级
国槐	300	260	13	澄源巷	一级
国槐	400	300	13	澄源巷50号院内	一级
国槐	无确考	330	13	坚家河	二级
国槐	400	350	13	伏羲路	二级
侧柏	100	94	14	老君庙门前南	二级
侧柏	100	118	13	老君庙门前北	二级
侧柏	300	153	13	老君庙二门前南	二级
侧柏	100	100	12	老君庙	二级
侧柏	100	108	11	老君庙	二级
侧柏	100	90	13	老君庙	二级
侧柏	100	142	12	老君庙	二级
侧柏	100	92	11	老君庙	二级
侧柏	100	120	12	老君庙	二级
侧柏	100	135	12	老君庙	二级
国槐	500	400	11	上庙沟	二级
毛泡桐	100	250	13	奋斗巷	二级
国槐	500	420	12	自由路	二级
银杏	150	195	14	育生巷	二级
银杏	150	245	14	育生巷	二级
侧柏	100	100	12	育生巷	二级
侧柏	100	80	11	育生巷	二级
毛白杨	700—900	500	30	太京镇庞家沟	一级
毛白杨	700—900	500	30	太京镇庞家沟	一级
毛白杨	700—900	500	30	太京镇庞家沟	一级

续表

树种	树龄（年）	树围（厘米）	树干（米）	地点	保护等级
国槐	350	420	13	太京镇葛家新社	二级
榆	300	320	12	太京镇葛家新社	二级
国槐	350	410	14	太京镇庞家沟	二级
榆	200	180	11	太京镇庞家沟	二级
柏树	150	80	11	太京镇庞家沟	二级
柏树	150	100	13	太京镇庞家沟	二级
柏树	150	120	12	太京镇庞家沟	二级
柏树	150	140	14	太京镇庞家沟	二级
柏树	200	250	13	太京镇鹿角庙	二级
侧柏	150	120	14	太京镇鹿角庙	二级
酸梨	800	520	15	秦岭乡郭家沟	一级
酸梨	800	505	14	秦岭乡圆树梁	一级
柏树	800	436	16	秦岭乡黄集寨	一级
酸梨	500	360	12	秦岭乡麻山头	一级
核桃	400	360	15	秦岭乡中心村	二级
臭椿	400	320	20	秦岭乡董集寨	二级
酸梨	400	370	12	秦岭乡关家店	二级
柏树	200	220	12	秦岭乡竹林村	三级
柏树	120	130	10	秦岭乡虎林村	三级
柳树	300	450	20	牡丹镇牡丹村	三级
柏树	500	450	16	杨家寺乡寺平台	一级
国槐	400	520	18	杨家寺乡王家新庄	二级
国槐	400	520	18	杨家寺乡王家新庄	二级
国槐	400	520	15	杨家寺乡王家新庄	二级
国槐	500	650	16	牡丹镇纂咀村	一级
酸梨	120	160	6	杨家寺乡赵家山	三级
酸梨	150	250	10	秦岭乡任家窑	三级
酸梨	400	330	12	秦岭乡中心村	二级
榆树	200	320	14	杨家寺乡小湾树	三级

续表

树种	树龄（年）	树围（厘米）	树干（米）	地点	保护等级
酸梨	500	520	10	杨家寺乡	一级
榆树	300	310	12	杨家寺乡士子村	二级
国槐	500	650	23	秦岭乡中玉村	一级
国槐	300	450	16	杨家寺郑宋村	二级
国槐	600	650	20	杨家寺北具湾	一级
酸梨	200	260	10	秦岭乡任家窑	一级
酸梨	200	260	10	秦岭乡任家窑	一级
酸梨	200	240	10	秦岭乡任家窑	一级
酸梨	200	240	10	秦岭乡任家窑	一级
酸梨	180	220	9	秦岭乡任家窑	一级
酸梨	180	220	9	秦岭乡任家窑	一级
酸梨	180	220	9	秦岭乡任家窑	一级
酸梨	180	220	9	秦岭乡任家窑	一级
酸梨	180	230	9	秦岭乡任家窑	一级
酸梨	150	170	8	秦岭乡任家窑	二级
酸梨	150	160	8	秦岭乡任家窑	二级
酸梨	150	150	7	秦岭乡任家窑	二级
酸梨	150	140	7	秦岭乡任家窑	二级

秦州区志

QIN ZHOU QU ZHI

区 志

第二十五编

【人民生活】

人民生活

RenMinShengHuo

秦州是秦人的发祥地,民风质朴。两汉时期社会稳定,商贸交易繁荣,物产丰富,人民群众生活殷实。汉、羌、胡等民族杂居,多文化共存,生活习俗多样。进入两晋南北朝,由于战乱连绵不断,身处水深火热之中的秦州人民为谋取幸福生活与强权者进行顽强的斗争,付出了巨大的牺牲。隋唐时期社会安定,质朴的秦州人民辛劳耕作,使陇右秦州发展成为天下最为富庶的地区之一。唐末至北宋初期羌汉杂居,游牧民族生活习俗融入秦州。而后迎来秦州商贸发展顶峰,生活物资丰富,百姓生活安康。元代以汉族为主,民风质朴。进入明清,商贸发达,人民生活殷实,生活习俗单一。清末、民国时期由于人口增多,战乱导致商贸不畅和社会不安,人民群众难以温饱。

1949年中华人民共和国成立至1975年,由于经济发展比较缓慢,人口快速增长,人民生活较为困难。1976年改革开放后全区经济出现快速增长,特别是1985年秦城区成立至2007年人民群众生活水平大幅提高,农民人均纯收入达到2008元比1985年增长7.5倍,城镇居民可支配收入达到8372元比1985年增长13.6倍,全区人民生活水平向小康社会迈进。同时人民生活习俗亦随之发生重大变化,形成新时代的秦风民俗。尤其是在秦州区西南部一些乡村传承了一两千年前的生活习俗,今天在主流时尚文化的影响下焕发出新的活力,充分展现了羲皇故里秦州独特的秦风雅韵。

第一章 物质生活水平

第一节 收 入

1985年秦城区社会总产值为19802万元,工农业总产值为13498万元(工业总产值5969万元,农业总产值7529万元)。其中农业社会总产值9784万元,工业社会总产值6891万元。全区国民收入10223万元,其中工业国民收入1782万元,农业国民收入6731万元,建筑业国民收入1488万元。如包括市以上工业企业对国民收入的贡献,秦城区农业国民收入与工业国民收入基本持平。农村经济总收入11784万元,纯收入8994万元,平均每人纯收入236元;城镇全年工资总额2158万元,人均年工资959.4元。根据100户家庭收支调查,城镇居民生活费收入574.6元。1986年城镇职工年工资总额为2150.6万元,人均年工资突破1000元达1114元,比1985年增长16.6%。城镇居民生活费收入736.54元,比上年增长28.19%。1988年城镇居民生活费收入940.25元,比上年增长14.69%,扣除物价上涨因素实际比上年下降2.48%。1989年城镇居民生活收入达1156元。同时收入差距在城乡普遍出现,平南、齐寿等乡镇收入差距更大,建筑包工头和外出务工、在家务农的普通群众之间纯收入相差数十倍,甚至百倍。至1990年秦城区农村经济总收入达到27683万元,纯收入14771万元,人均纯收入403元。城镇职工工资总额3364.9万元,职工平均工资1466元。根据天水市统计局调查结果城市居民生活费收入1149.28元。

1994年秦城区城乡居民收入出现大幅增长,全区国内生产总值达到151223万元。农村经济总收入111808万元,人均纯收入805元,比上年增长31.96%。职工工资总额8152万元,比上年增长26.8%;职工年平均工资3442元,比上年增长47.2%,扣除生活费用价格上涨因素实际增长20.4%;城镇居民人均生活费用收入2451元,比上年增长44.1%,扣除生活费用价格上涨因素实际增长17.9%。1995年扣除生活费用价格上涨因素,城镇居民人均生活费用收入实际呈下降趋势;而农村居民纯收入继续增长,超越千元大关达到1006元。1997年由于特大干旱影响农村居民收入水平大幅下降,部分农村居民出现生活困难;农村居民人均纯收入为810元,比上年下降28.3%。1999年受国家货币政策拉动内需影响,城乡居民收入增长加快。全年城镇居民可支配性收入4380元,比上年增长23.6%;农村人均纯收入1256元,增长5%。2003年环城乡人均纯收入2215元,铁炉乡人均纯收入1240元,相差近一半。

2005年秦州区城镇居民可支配性收入6986元,比上年增长8.7%,比

"九五"末（2000年）增长54.2%；农村人均纯收入1740元，比上年增长6.48%，比"九五"末增长31.81%。2007年全区统计口径内从业人员劳动报酬11.2亿元，人均年工资15582元；城镇居民可支配性收入8372元，比1985年增长1360%，比2000年增长84%，比2005年增长19.8%，农民人均纯收入突破2000元大关达到2008元，比1985年增长750%，比1995年增长99.6%，比2000年增长52%，比2005年增长15%。

1985—2007年秦州区城乡居民收入统计表

表25—1—1　　　　　　　　　　　　　　　　　　　　　　　　　　　　　单位：元

年份	农　村		城　市	
	人均年纯收入	同比增长率%	人均年收入	同比增长率%
1985	236	—	574.6	—
1986	278	17.57	736.54	28.19
1987	296.3	6.58	820	11.26
1988	351	18.46	940	14.69
1989	378	7.7	1156	22.9
1990	403	6.6	1149	11.05
1991	476	18.1	1214.76	5.7
1992	524	10	1507	24
1993	610	16.41	1700.7	12.85
1994	805	31.96	2451	44.1
1995	1006	5.19	2337	12.74
1996	1130	12.3	2841	5.5
1997	810	−28.3	2895	1.9
1998	1196	47.65	3542.52	17.18
1999	1256	5	4380	23.6
2000	1320	5.09	4538.42	3.6
2001	1360	3	4907.28	8.1
2002	1430	5.1	5427	10.6
2003	1529	6.92	5819	7.24
2004	1643	6.85	6426	10.4

续表

年份	农　村		城　市	
	人均年纯收入	同比增长率%	人均年收入	同比增长率%
2005	1740	6.48	6986	8.7
2006	1853	6.49	7620	9.1
2007	2008	8.4	8372	9.9

注：1985年采用城镇居民年人均生活费收入，1990年按货币结算，1995年按可比价格计算，1998年采用城镇居民年人均可支配性收入。

第二节　消费支出

　　1985年对华岐、杨家寺、汪川、中梁、玉泉、秦岭乡60户农民家庭调查结果显示，60户家庭全年总支出122056元，平均每户年支出2034元。其中生活消费支出81446元占66.7%，平均每户年支出1357.4元，家庭经营费用支出32158元占26.3%。生活消费支出中生活消费品支出79748元占97.9%，文化生活服务支出1698元占2.08%；平均每户消费品年支出1329.13元。生活消费品中食品支出55346元，衣着支出6799元，住房支出6759元，燃料支出4814元，其他支出6030元。60户总计年购买自行车2辆，收音机1台，录音机2台，大衣柜6个，棉布2690尺，化纤布2421尺，皮鞋10双，胶鞋、球鞋187双，绸缎114尺。1986年根据天水市100户家庭收支调查，城镇居民用于生活费支出691.1元，比上年增长29.48%。全区消费品零售统计显示，全年零售自行车5715辆、电冰箱228台、电视机3062台、洗衣机2187台，其中彩电1121台。60户农民家庭生活消费支出84792元，比上年增长4.1%，平均每户年支出1413.2元。其中生活消费品支出78476元，文化生活服务支出6316元。全区物价指数比上年上升9.1%，其中鲜菜上升21.3%，食品类上升8.3%。1989年100户职工家庭收支调查显示，居民家庭中高档、耐用消费品拥有量不断增加，年末平均每户有电视机1.28台，手表2.4块，自行车2.3辆，电扇0.5台，洗衣机0.83台，录音机0.71台。另外13%的家庭有照相机，16%的家庭有电冰箱。

　　1993年居民收入有较大幅度增长，但物价上涨增速，全年零售物价总水平比1992年上涨10%，居民生活费用价格总水平上涨13%，居民实际生活水平比1992年有所下降。农业居民生活消费18508万元，其中文化服务消费1189万元，住房消费1822万元；非农业居民生活消费32787万元，其中文化服务消费3505万元，住房消费1226万元。居民人均消费水平为914元，比1992年的815元增长12.1%。1994年居民收入大幅提高，全区居民消费63364万元，人均1376元，比1993年1106元（修正）增长24.4%。1996年居民消费价格总指数同比上涨10.9%，其中居住指数上涨14.65%。居民生活消费支出总额为9.84亿元，居民住房消费950万元，占居民总消费的1%。农村60户拥有自行车65辆，缝纫机56台，钟46只，手表162只（电子表106只），电风扇5台，洗衣机6台，摩托车1辆，收音机18台，黑白电视机40台，彩色电视机13台，收录机36台。2000年全区物价消费水平保持稳定，居民消费物价总指数同比下降0.7%。居民生活消费支出总额为12.7亿元，比1996年上涨34%。其中食品消费6.35亿元占49.9%，衣着消费1.45亿元占11.4%，居住消费1456亿元占11.4%，交通通信消费0.4484亿元占3.5%。农村60户家庭拥有洗衣机10台，摩托车3辆，电视机61台（彩电29台），录放机1台，电话机5部，照相机2架。

2002年居民生活消费13.98亿元，食品消费出现明显下降，衣着消费有所上升，而交通通信消费出现快速增长。其中食品消费5.8亿元占41.9%，衣着消费1.68亿元占12%，居住消费1.26亿元占9%，交通通信消费1.24亿元占8.9%。农村60户家庭拥有洗衣机26台，电冰箱4台，电视机63台（彩电40台），电话机16部，录放机10台，照相机2架。2004年居民消费心态平稳，热点性消费呈加强型趋势，交通通信消费继续快速上升。居民生活消费支出17.59亿元，其中食品消费5.4亿元占30.9%，衣着消费2.19亿元占12.7%，居住消费1.5亿元占8.57%，交通通信消费1.6亿元占9.19%。2007年居民消费支出31.2亿元（含生活消费），其中食品类支出108亿元，衣着类支出3.1亿元，居住类支出27亿元，交通通信类支出337亿元。城镇居民消费支出24.26亿元，农村居民消费支出6.97亿元，城乡居民消费支出比为1：0.287。农村60户拥有洗衣机9台，电冰箱2台，摩托车19辆，固定电话35部，移动电话21部，彩电58台。

1985—2007年秦州区人民生活消费统计表

表25—1—2　　　　　　　　　　　　　　　　　　　　　　　　　　　　　　单位：元

年份	农村生活消费支出（60户抽样）		城镇生活消费支出（人均）	居民消费水平			居民消费物价指数%
	生活品	文化服务		总消费		人均水平	
				农业	非农业		
1985	79748	1698	—	—	—	—	109.3
1986	78476	6316	691.1	—	—	—	106.5
1987	83114	5705		—	—	—	108.1
1988	—						117.7
1989	79316	6521	—	—	—	—	122.4
1990	76318	10082	988.68	—	—	—	102.6
1991	92954	11027	—	—	—	—	103.6
1992	103038	9213	1370	—	—	—	108.2
1993	118442	10996	1562.1	185088000	327875000	914	113
1994	144590		2073	246120000	387520000	1376	127.2
1995	176585		2337	356240000	387620000	1414	118.8
1996	385371		2602	471180000	477230000	1619	110.9
1997	372240		2492	463760000	469780000	1562	101.7
1998	289777		2983	436050000	576000000	1665	97.2
1999	362994		3459	497020000	658990000	1879	97.9
2000	299579		3851	521930000	751120000	2036	99.3
2001	344934		4074	509820000	828040000	2133	102.6
2002	351434		4309	516450000	882400000	2214	99.8
2003	369209		4480	543010000	956150000	2352	102.8
2004	405038		5171	769620000	1276770000	2720	103.2
2005	388385		5509	786260000	1817910000	3645	101.4
2006	395858		6063	616080000	2080380000	4165	102.5
2007	421750		6818	697830000	2426910000	4699	104.9

第三节 储 蓄

1985年根据统计资料显示工行、农行秦办两家金融企业在秦城区年初吸纳城乡居民存款4932.9万元,年末为6938.4万元。农村60户年初粮食存结166434斤,人均415斤。1986年城乡居民储蓄存款9421万元,本年净增2482万元,同比增长26.3%。城镇年末人均住房达到6.2平方米,农村60户年初存粮155254斤。1987年城乡居民存款净增3367万元,超过亿元大关达到12788万元,同比增长35.7%。1990年城乡居民储蓄存款大幅增长,达到3.068亿元,比1985年增长342%。农村60户年初存粮194056斤,户均3234斤,人均566斤。

1991年城乡居民储蓄存款继续大幅增长达到4亿元,比1985年增长478%。1994年3家金融机构城乡居民储蓄存款达到5.94亿元;农村60户年初存粮31万斤,人均住房14平方米。2009年各类商业银行吸纳城乡居民储蓄存款108.52亿元,比1985年增长155倍,年均增长23.4%。

1985—2007年秦州区居民储蓄存粮住房统计表

表25—1—3 单位:万元、斤、平方米

年份	城乡居民储蓄		农村60户年初粮食存结	农村(60户)人均住房面积
	年末存款	统计口径		
1985	6938	工行、农行	—	—
1986	9421	工行、农行	166434	—
1987	12788	工行、农行	155254	—
1988	17932	各类商业银行	189704	—
2007	—	—	265828	17
1989	16309	工行、农行	—	—
1990	30680	各类商业银行	146812	—
1991	40082	各类商业银行	194056	—
1992	29267	工行、农行	209158	—
1993	35562	工行、农行	269568	—

续表

年份	城乡居民储蓄		农村60户年初粮食存结	农村（60户）人均住房面积
	年末存款	统计口径		
1994	59417	工、农、建、信合	335806	14
1995	69964	工、农、建、信合	310852	14
1996	85776	工、农、信合	284908	24
1997	95206	工、农、信合	249534	24
1998	106605	工、农、信合	273492	24
1999	113330	工、农、信合	227688	28
2000	119538	工、农、信合	340854	14
2001	118479	工、农行	374310	13
2002	—	—	423082	13
2003	—	—	419948	16
2004	200099	工、农、信合	391320	16
2005	—	—	458203	15
2006	—	—	226378	15

第二章　农业生产

第一节　农　耕

1985年秦城区大力推广农业生产技术，由于科学种田极大地解放了农村生产力，经济效益显著提高，为农民群众广泛接受应用，传统的生产习俗逐渐淘汰。同时农村大量的富余劳动力涌入城市从事建筑、服务等行业，农村仅有老人和妇女从事农业生产。至2007年由于水保工程的实施，可生产农田修成平整梯田进行机械耕作，逐步通过土地流转实行农业产业化生产；此外坡度极陡不适宜农业生产的田地被退耕还林，传统农耕习俗逐渐消失。

农祭

1985年农业方面的祭祀在秦城区差别较大，一般隔一座山、一条河就出现差异，主要活动有春季迎喜神、动耕耩、祭山，播种之后主要祭祀是拜祭龙王求雨。

迎喜神　一般在春节期间根据老黄历或正一派教职人员选择吉日，牵着耕牛（骡马驴）到村口的某一方位点香蜡拜迎喜神，耕牛头上一般绑一些红丝绸之类的装饰品，期盼一年四季人畜平安，庄稼获得好收成。1990年后随着农村经济的提高，迎喜神普及开来，一般在拖拉机、三轮车等车头上绑一些红丝绸之类的装饰，根据老黄历选择吉日迎喜神。起初是农耕车，到后来运输川路车、面包车等也迎喜神，期盼平安发财。

祭山　每一个村庄祭拜神灵各不相同，一般是家神、山神土地或者本村供奉的其他神灵，时间相对固定，在农历三月的某一日。祭祀当日由会长（村里庙会的负责人）带领村里德高望重的老人，敲锣打鼓到庙里或者专门的祭祀地点，主祭人带领众人跪倒点香蜡放炮，祷告念祭文，祭文历代口头相传，内容就是期望神灵保佑风调雨顺，庄稼获得好收成。祭文念完后占卦请示神灵，直到卦象显示大吉后宰杀牺牲（指牛羊等牲畜祭品），将牺牲的血盛在盆里，每户用纸旗蘸牺牲的血，然后将染血的旗子插到自家的田地里。1985年祭祀活动较为隆重，牺牲一般用最好的羝羊。1990年后农村劳动力向城市转移加速，祭山活动逐渐冷淡，一些村取消祭祀活动。到最后一些祭祀的村也将羝羊用公鸡替代，参与人员极少。

求雨　一般在干旱之际举行，集体联合行动，几十个村甚至是几个乡的群众联合起来举行，很少有单个的村求雨。影响最大的求雨活动有新洞寺蟒龙洞求雨和云雾山求雨。新洞寺蟒龙洞在太阳山，求雨历史较长；云雾山求雨虽然历史较短，但是在20世纪90年代影响大。

蟒龙洞求雨八海龙王庙在兴隆镇，灵湫在太阳山蟒龙洞，由兴隆镇附近十八村群众联合举行。每年四月八是庙会日，四月八前后几天在兴隆镇举办秦腔演唱活动。1985年庙会活动刚恢复不到几年，附近皂郊、齐寿、平南3乡18庄群众积极举办庙会活动，人力财力较足，活动热闹非凡，十里八乡的群众扶老携幼赶来参加庙会活动，戏场、庙宇周围人山人海，大家一边看戏聊天购物一边走亲访友。在戏场大家无所不谈，交流农业生产、做生意赚钱、生活琐事等。除四月八庙会外，平时在农闲之际请觋公举行攒神活动，期间除宰杀牺牲外，觋公也要砍破自己额头，向神灵敬献自己的鲜血。1990年后由于电视、录像走进普通群众家庭，兴隆镇庙会日渐衰落，参与的人越来越少。伴随着兴隆镇庙会的衰落，云雾山庙会在何体体的带领下在群众中的影响日渐扩大，2000后由于何体体身体状况下降，云雾山庙会也走向衰落。

祭祀用的乐器变化较大，1985年用的乐器有锣、鼓、钹、唢呐、笛子等，之后随着经济条件改善也用长号等西洋乐器。

耕种

1985年农村大部分乡镇群众遵循传统农耕方式生产，只有环城、吕二、太京等川区采用机械种田。大部分乡镇群众根据时令耕种，耕地采用二牛抬槓（gāng），基本是每家每户养一头牛或者驴、骡、马，然后再找一户人家合作便工（便工历史极远，是我国农耕文化的重要组成部分）；种牛和强健的骡、马、驴单独拉槓耕种，叫作拉独（tù）耕（gei）子；农田较少农户和零星小块田地多用铁锨锸地或者用镢头挖地耕种。种菜很少用畜力耕种，大多数用铁锨、镢头等工具。撒种子、化肥和农家肥手工操作，都是村里种地的老把式，撒种子男性，施肥男女都有。同年地膜玉米在平南试种成功，随后不到几年的时间在秦城区得到普及。在地膜玉米推广过程中耕作技术出现倒退现象，平南等川区一些农户因卫生简便家里不养牛，种玉米使用二人抬槓（一种轻巧的步犁）。至1990年二人抬槓、铁锨、镢头耕种在川区比较普遍。2000年后随着生活水平提高，机械耕作在山地逐渐普及，2007年后一些村只有少数几户使用牲畜耕种，川区一律使用机械和人力耕作，而收割、撒种子等耕作方式未变。

收获

1985年收获麦子用刀镰割，玉米直接用手掰。小麦脱粒大家便工，川区及地势较低的村夏天割完麦子运到场里立即就碾，而地势较高和生活在山区的村民一般将麦子存放在场里等到冬季农闲的时候碾。十几户人家一个场，人与牲口一起便工，一般两三对耕牛轮流拉着碌碡在场里碾麦子，附以连枷（一种打小麦的工具）拍打。条件好的川区一般用拖拉机碾，但是一个场里的十几户人家也便工；只有玉米脱粒不便工。胡麻、菜籽等小庄稼由于每户种的不多，都各自收获，使用连枷脱粒。随后几年拖拉机碾场逐步普及，至1990年农户一般使用拖拉机或者打碾机脱粒；胡麻、菜籽等小庄稼沿用连枷等工具脱粒。

第二节　艺　人

木匠

1985年木匠职业地位较高，好多人希望孩子拜师学一门木匠的手艺。盖房子或者做（zū）家具主家都要去请木匠，请来后木匠的吃住都比平时主家的生活要好得多。做家具一般不需要择日，主家攒够木料后在农闲的时候请木匠做家具。盖房子属于大工程，主家首先请阴阳确定好开工时间、房子建造方位，到开工时间请来木匠准时开工，也叫破木动土，房主人与木匠要点香蜡放炮祭祀神灵，然后正式开工盖房，椽、梁、柱子、檩子、枕子和门窗等皆由木匠加工。椽、柱子、檩子、枕子等部件做好后再往一起组装，叫作立房。盖房所用人力很大，必须通过大家便工才能完成，立房之日一般每户都来一个男性帮忙，大家在木匠的指挥下完成立房。立房最重要的是架梁，举行的祭祀仪式比之前的大，主人根据阴阳的要求还要请特定属相的人一起祭拜神灵。期间洒硬币，吸引的小孩子也很多，非常热闹。房子最中间的檩子叫中檩，一般选用木王——椿木做成，安装中檩叫架梁。架梁木匠要跑梁，中檩贴"上梁大吉"横幅，被红绸缎（被面）包裹，架梁结束后赠予木匠。木匠收徒弟要行拜师礼仪，出师要行谢师礼仪。瓦房一般木匠也会作，也有专门的瓦匠。

1985年至1990年是农村建土木结构房子最多的时期，木匠的生意很好，建房以鞍架房为主。鞍架房俗称有骨殖的房，就是柱子、枕子、檩子、椽等部件都有；没有柱子的房子叫软骨殖的房，枕子等部件直接安置在土墙上。随后农村建造砖房普及开来，砖房一般不用柱子等部件，家具也开始购买，木匠的生意逐渐冷淡。到90年代后期，砖混结构的平房逐渐在农村普及，几乎不用木匠就可以建造完成。但是主房群众喜欢建造成木架结构风貌，由于柱子、梁、枕子包裹在墙里面看不见，为保持建筑风貌，一般在平房上面架上椽和檩子，山墙全是砖混结构，木匠仅加工檩子而已，门窗也是购买的。在制作工程中，木匠也开始使用电锯、电钻、电刨和水平仪等工具，制作工艺也发生变化。2000年后由于经济生活的不断提高，少数经济实力强的村民追求古风古韵的建筑和古色古香的家具，个别制作手艺精巧的木匠受到青睐，他们具有高超的雕刻技艺。同时寺庙的兴建也为木匠传承传统木工制作技艺提供了平台。

毡匠

1985年游走在秦城区的毡匠都是外地人，本地群众很少从事纺织羊毛毡工作。由于分产到户时间不长，每户都分到一两头绵羊饲养，便用来织毛毡。一般农闲的时候毡匠便走村串户接揽生意，毡匠弹、洗羊毛时可以让任何人观看，织毛毡一般选在晚上不让其他人观看，防止手艺被别人学到。之后由于很少有人养羊，毡匠生意日渐冷淡。到1990年再也看不到毡匠的身影了。

骟匠

一般几个村一个，有时兽医也充当骟匠的角色阉割牲口。1985年年轻的骟匠一般蹬着自行车走村串户，腰里别着一个用牛骼做成的小号，俗称牛骼憋，上面扎着一束红绸子，一到村口骟匠便憋足一口气吹起牛骼憋，大人小孩就知道是骟匠来了。骟匠进村之后周围就围满小孩，小孩既喜欢骟匠的牛骼憋，又很害怕骟匠的小刀子，如果小孩啼哭大人就会吓唬说："骟匠割耳蜗来了！"骟匠阉割猪叫作劁，阉割牛、马叫作骟。骟匠的生意与木匠一样，到后来都衰败了。2000年后牛马几乎无人养，养猪也专业化，养猪专业户一般自己劁猪，不会的则请兽医阉割更安全。

裁缝

也叫裁剪工、铰衣裳的人，一个村里至少有一个裁缝，大的村则有好几个。1985年由于经济条件所限，农村很少有人买成品衣服穿，都是买来布料到裁缝跟前裁剪好之后拿回家里缝制衣服，农村妇女都会做针线活。裁缝裁剪衣服不收钱，属于帮忙、便工。在集镇摆摊的裁缝既裁剪衣服，也缝制衣服，皆收取费用。之后随着生活水平的提高，群众普遍买成品衣服，职业裁缝生意日渐冷落。

铁匠

1985年秦城区每一个集镇都有铁匠作坊，主要加工铁制农具，有镢头、锄头、铲和耕具上的一些物件。所用工具有风箱、炉子和小铁锤、大铁锤、铁夹、砧子（铁匠打铁的平台）。老师傅一般领一两个徒弟。铁匠既买成品也按照顾客的要求加工产品。有时一些人自己拿着废铁等材料找铁匠打东西，一般只收加工费。之后随着农村经济水平的提高而逐渐消亡。

鞋匠

1985年鞋（hài）匠遍布秦城区城乡，从事修鞋工作，农村主要是集镇摆摊。1990年前后温州鞋匠铺子遍布城乡街道，从事皮鞋制作，起初到鞋铺做鞋的人比较多，后来由于质量等问题顾客逐渐减少直至关门停业。而修鞋的鞋匠摊子一直保留到今天。

第三章　服　饰

第一节　发　饰

1985年至1989年农村男性发型一般是剃光头之后长出来的头发自然形成的发型。60岁以上的老年人全部留着长胡子，50岁以下的一般不留长胡子；也有一些中年人按照自己的喜好蓄胡子，比较短，有一字胡、八字胡、络腮胡等。老年人常戴青色没有帽舌的布帽子或者毡帽，55岁左右的中老年人常戴颜色较深的帽子，50岁以下的戴绿军帽的居多。年轻女子大多数扎着两根长辫子，用红头绳或者猴皮筋扎着，戴着簪子，剪发头、披肩发很少；年长的把头发盘起或者留短发。耳朵上有戴耳环的，也有穿红头绳、鸡毛的。围巾、顶巾年轻女性的最为鲜艳，年长的颜色深黑，老奶奶一般戴黑色的条绒帽子。春夏之际年轻人也围纱巾。

农村儿童的帽子样式特别多，大多数是手工制作，因人而异，千奇百怪，较为流行的有用毛线织成的兔儿帽和长命百岁帽。兔儿帽织起来比较简单,一般用三层布作成,帽顶织有两个长长的耳朵,有的还织有兔儿的眼睛。长命百岁帽类似于虎头帽,帽子前面缝着四个银钱,上面有"长命百岁"四字,钱一般是铝质,银质的较少。

城里男青年发型追求时尚,分头、烫发头等各种发型都有;青年女子也是时尚发型,有披肩烫发、蘑菇头、剪发头、运动头等流行发式,头上戴簪子、发卡等物。中老年妇女仍以梳短发居多;老年人少数剃光头之后长出来的头发形成自然发型,大多数留背头;回族老年人一般留有长胡子,其他老年人一般不留胡子。中年人发型有背头、分头,有时戴着前进帽,不留胡子。

20世纪90年代城里发饰紧随时代潮流,农村由于经济水平的提高发饰变化较大。农村男性戴帽子的人逐渐减少,刚开始年轻人讲究个人形象摘掉帽子,到后来中年人也逐渐适应不戴帽子,不过中老年人冬季依旧戴帽子御寒。由于老年人逐年去世,留胡子的人越来越少。集镇的时髦发廊逐渐增多,各种流行的发型都会做,消费者以男女青年居多。即将出嫁的准媳妇和出嫁的新媳妇发型时尚,有烫发头、剪发头、披肩发及其他一些流行发型,耳环也很时尚。之后随着农村青壮年外出跑副业、打工,留自然发型的只有儿童和老人,其他人都是根据个人爱好做成的发型,男性发型多数是分头、平头、寸头,女性扎辫子的也越来越少。至2007年留胡子的只有回族老年人;农村老年人剃光头的减少,一般头发长长后就叫年轻人用剪刀剪短,不再使用剃头刀。

第二节　衣　着

1985年农村穿流行款式衣服的人不多,穿衣服以实用为主。衣服大多数都是村里的裁缝将布料裁好后自己缝制的。春秋季的衣服有夹衣,颜色比较深,里面穿有绒衣或者线衣,大多数穿两套上衣、两条裤,夏季穿衬衣、单裤,冬季穿棉袄、棉裤。棉衣里子一般是白洋布,中间是棉花,棉袄面子比较讲究,布料有绸子、棉布、化纤,五颜六色。年轻人棉衣外面都套单衣;老年人棉衣外边一般不再套单衣,而且棉衣面子全部是黑色的。棉衣和夹衣的纽扣都是用布做成的,一般年轻人都不会做,找年长的老年人做。到80年代后期农村年轻人穿成衣的增多,各种流行式样都有,有夹克衫、西装、皮夹克等,与城区差别缩小,其中最经典就是喇叭裤,上面紧,下面敞口。

穿衣最为讲究的就是新媳妇、准媳妇,平时一般不参加劳动,穿的都是新衣服,搭配也协调自然。由于大多数人参加劳动,衣着搭配比较混乱。成年人平时上身穿麻布衫,麻布衫形状与短袖衫一样,是用几件破烂的单衣或者夹衣合在一起缝制而成,比较厚,有利于平时扛东西或者背东西,休息、吃饭时脱掉。新衣服、干净的衣服只在走亲访友、跟干事时穿,搭配也比较统一协调。衣服普遍打补丁,上衣一般是肘子的部位,裤子是膝盖、屁股的部位,补上去的布一般是与衣服同一布料,有的补丁打得很协调自然,成为一种时尚。

1985年至1989年城区紧跟时代潮流,不同颜色、式样的服装大量兴起。男子夏季多穿短袖衬衣、T恤衫,春秋季着西装、中山装、夹克衫,冬季穿羽绒服、防寒服、皮夹克、呢子大衣等。女子夏季多穿各种面料的裙子,有长裙、短裙、一步裙、鱼尾裙、旗袍、连衣裙、筒裙、裙裤等;春秋两季穿羊毛衫、棉毛衫,无外套;冬季穿皮夹克、腈纶衫、羽绒服、毛料大衣等。

90年代农村青壮年纷纷涌入城市,衣着也入乡随俗,与城市青壮年一样随大流。生活在农村的主要是妇女和老年人、儿童,衣着变化较小,外衣大多数是自己做的,内衣购买的居多,属于混搭。同时随着生活水平的提高,打补丁的破烂衣服被淘汰。2007年之后儿童衣着以购买居多;老年人比较节俭,穿孩子衣服的居多。

第三节 鞋 袜

1985年农村鞋袜样式较单一,除少数人鞋袜穿着与城里人一样外,大多数人穿的是老样式的自己做的布鞋,袜子市场上购买。鞋子样式单调,只有鞋面用条绒做的条绒鞋和不用条绒做的鞋子。小孩子的鞋口子一般用松紧做,因此又叫松紧鞋。还有八眼鞋,布料与条绒鞋一样,样式有点像运动鞋,差别是八眼鞋的鞋舌头后部和两边被缝在鞋帮上,鞋舌头全部是松紧裁成的,由于系鞋带的孔有八个,所以叫八眼鞋。穿八眼鞋的以儿童居多。做鞋时先让本人脚踩在褙子上,用褙子裁出鞋底,再用褙子或者纸覆在脚面裁出鞋帮,俗称鞋样子。用面然(用小麦粉制作的粥,相当于浆糊)将废旧衣服的布料一层一层地粘在裁好的鞋底上面,一般要粘到一指头厚为止。由于粘的布料比鞋底大,一边粘一边用剪子裁。鞋底晾干后再用自己织的麻绳和锥子进行缝制,俗称纳鞋底。鞋底纳完后,将鞋样子放在条绒和白布上裁出鞋面子和里子,然后将条绒面子、鞋样子、白布里子缝合在一起做成鞋帮,最后用锥子、麻绳将鞋帮缝在鞋底上布鞋就做成了。夏季一般将纸鞋样子放在黑布上直接裁出鞋帮,用布做的鞋帮比较凉爽。春秋季鞋帮两层(里子和面子)或者三层(面子、褙子、里子)。冬季穿暖鞋和三层鞋帮的鞋,暖鞋鞋底加毡垫子或者用棉花做的垫子,鞋帮里子与面子中间填有棉花。袜子农村群众一般平时不穿,只在天冷的时候穿,有些人在走亲访友时也穿袜子。因此袜子大多数都是厚袜子,面料尼龙的最多,颜色花花绿绿很鲜艳。冬季冷的时候也穿自己织的毛袜。成品鞋里面最经典的就是绿胶鞋,有些人一身绿,绿帽子、绿色的上衣和裤子(的确良面料)。80年代后期,由于买的成品布鞋一般穿破鞋帮后白塑料底子还完好,便在塑料底子上缝一层褙子后作为鞋底继续使用。

90年代后农村春夏穿袜子的人逐渐增多,袜子颜色趋于浅淡。至1995年在集市购买鞋底的人增多,鞋底是小作坊用报废的汽车轮胎裁成的,既耐磨又防滑。之后由于购买成品鞋的人越来越多,致使加工鞋底的小作坊关门倒闭,于是又用纳的布鞋底。至2000年农村鞋袜与城区几乎没有什么差别,夏季也都穿袜子。而穿绿胶鞋的依旧很多,绿胶鞋成为田间劳动的劳动鞋。

第四章 吃 住

第一节 主 食

1985年城区群众吃供应粮，主食以面条、馒头、米饭等为主。农村除川区外，大部分地方以玉米（俗称番麦或者仙麦）面食为主，小麦面食较少，一般是两三天吃一顿面条，平时招待亲戚朋友就是一顿臊子面。番麦做成的饭有番麦面片片、散饭、搅团、锅鳅、拌汤，干粮有干冘、锅塔塔、蒸馍。小麦面食做成的饭有面条、一锅子片片、烩面、面皮，干粮有烙馍、锅塔塔、蒸馍。杂面有荞面、大豆面，做成的食品有杂面片片、凉粉。农忙时一般吃拌汤和干粮，拌汤玉米面的居多，小麦面碎拌汤较少，干粮多是玉米面锅塔塔；便工时是小麦面碎拌汤，干粮一般是小麦面的烙馍。农闲时干粮一般是散饭，冬季则酸散饭吃得较多。午饭农忙时吃面条，农闲时锅鳅、番麦面片片、搅团等吃的比较多。黑饭（晚饭）农忙吃炒的洋芋菜、蒸或炒的扁豆菜，及馍馍，馍馍多是小麦白面、黑面、番麦面三种面和在一起烙的。农闲时黑饭凑合着杂（ca）花吃。

80年代后期随着农村粮食产量的提高，小麦面逐渐成为主食，有面条、烙馍、白面锅塔塔、一锅子片片（烩面）、碎拌汤等。1995年随着粮油市场逐步放开和农村经济水平提高，农村群众购买米面的人逐渐增多，米饭也逐渐摆上普通农村群众的餐桌，玉米面食成为副食，大家每天都能吃一顿面条。至2007年秦州区城乡群众主食趋于统一，以小麦面、米饭为主。城市一般中午面条，晚上米饭。农村干粮吃白面拌汤、米汤、菜汤加白面馍馍，或者散饭；晌午饭面条；黑饭菜和馍馍或者米饭。

第二节　副　食

肉

1985年城区汉族以猪肉为主,鸡、鸭、鱼、牛、羊肉辅之;回族和其他信仰伊斯兰教的民族以牛、羊肉为主。肉有红烧、清炖、生炒、卤制、腌制等做法。农村群众几乎家家户户养猪,一般到冬季过年的时候宰杀,到集上卖掉一部分后剩下的自己吃,大多数切成碎肉炼成臊子平时吃,还有一些过年的时候吃不掉的挂成腊肉。吃法也比较简单,臊子平时吃臊子面或者炒菜;冬季过年的时候将肉煮熟,烩菜时将肉切成块放到里面,或者炒菜时切几块放到里面。鸡肉、羊肉农村平时不吃,只有过庙会时宰杀牺牲才能吃到。一些不养猪的农户过年的时候也要买一点肉过年。

90年代后随着经济条件和住房条件的改善,农村大多数群众嫌养猪不卫生、麻烦,养猪的人逐年减少,吃肉习惯仍旧是冬季过年的时候吃,购买的肉以猪肉为主,鸡、鱼等肉为辅,吃法依然以炼臊子和熟肉炒、烩菜居多。同时平时购买熟肉的人也逐年增多,至2007年城乡肉食差别基本消除。

蔬菜

1985年城区蔬菜品种较多,城郊川区种的菜皆运到城区销售。农村以洋芋为主,一年四季都吃,吃法有炒、炖、烩,散饭、番麦面片片、白面片片、面条、锅鲰、拌汤等里面都和有洋芋。锅鲰、面条的臊子里面的洋芋一般切成小颗粒,先炒后炖;洋芋菜一般切成细条或者薄片片,然后用水洗掉淀粉后放入锅里炒,有些不洗掉淀粉直接炒,这样炒的洋芋菜粘在一起;其他吃法基本上是炖。扁豆也是夏季吃得最多,一般附带种在玉米地里,也有在园子专门种的,早上炒菜,中午用作臊子,黑饭炖熟后凉拌吃,多余的扁豆晒干冬季吃。葱、蒜、芫荽、扁豆等自家园子或者自留地里种,大家很少到集上去买,邻居、亲朋之间经常相互赠送,如果自家有葱而邻居没有,邻居炒菜的时候会向主家打招呼,然后直接到主家的园子掐几根葱用来炒菜或者炝浆水。菠菜、大白菜、萝卜、包包菜(卷心菜)、胡萝卜虽然自己种,但是产量不高,一般仅够冬季吃,大家平时也相互赠送。

春季野菜吃的非常多,木本菜有香椿、漆菜(漆树的嫩芽)、乌龙头、洋槐芽、仵作跌（谐音）、核头花，草本菜有苜蓿、斜蒿、羊角（蕨菜）、荨麻、灰菜等。苜蓿芽家家户户都吃，从正月苜蓿芽刚露出头一直吃到三四月，吃法有炒、烩、凉拌和做酸菜，也可以作为锅鲰、面条的臊子。其他菜的吃法与苜蓿芽吃法类似，都是先煮熟去掉水后凉拌或者炒，吃不掉的都可以晒干做成干菜。

1985年地膜玉米推广后，使用地膜种辣椒、西红柿、黄瓜、茄子的人越来越多，特别是辣椒一些地方的群众可以自给自足，吃不掉的送给亲朋。同时随着经济水平的提高买菜的群众也越来越多，与买衣服一样，多数是年轻的媳妇，买菜的品种有蒜薹、菜花、笋子、西红柿、豇豆等。年长的人平时不买菜，吃自己种的菜，只有在招待亲朋、逢年过节的时候买菜吃。至2007年农村蔬菜消费与城区趋于相同，平时买菜吃；只有少数老人自己种菜吃。

第三节 饮 品

1985年秦城区饮品有罐罐茶、黄酒，冬季喝的人多，罐罐茶中老年喝的居多，喝黄酒的人以年轻人为主。城区夏季也有人喝绿豆汤。夏季农忙大多数人顾不上捣罐罐茶，只好用开水直接冲茶喝。农闲时茶瘾大的人一日喝三顿，特别是冬季家家户户生炉子取暖，大家围着炉子聊天能喝一天的罐罐茶。冬季、春节每家都煮黄酒，先将青稞用臼窝去掉皮放到锅里煮熟，晾冷盛到大盆里面放适量的酒曲搅拌均匀后用另一个盆子盖住，然后放到热炕上，上面盖上棉被之类的东西保温。过几天青稞发酵成酒（甜）醅后取适量放在缸里面，倒满凉开水继续发酵成为黄酒，多数人在黄酒里面加糖精，保证口感。结婚的宴席都有黄酒，最受小孩子欢迎。而城区煮酒用大米的较多。

20世纪80年代后期小麦产量大幅提高，种青稞的人越来越少，用小麦煮酒的人越来越多，而且一年煮好几次酒。同时喝罐罐茶的人出现下降趋势，由于生火捣罐罐茶乌烟瘴气、不卫生，年轻人嫌麻烦平时用开水冲茶喝。进入90年代大家都有经济能力购买大米，于是一些人嫌小麦煮酒去皮很麻烦，便用大米替代小麦煮酒，缺点是大米煮的甜醅没有小麦的好吃，酿黄酒还可以。至90年代后期秦城区大多数乡村都通了电，夏季老人用电炉子煮罐罐茶比较普遍，但是有些人嫌电炉子煮的茶没有柴火的味道，农闲时仍旧用柴火或者炭火煮罐罐茶。

2007年秦州区城区煮酒仍旧用大米。农村煮酒小麦、大米两者都有，一般小麦煮甜醅吃，大米煮黄酒喝。捣罐罐茶的人很少，平时青壮年外出挣钱，老人年迈体弱，无力生火捣罐罐茶，只好用电炉子煮罐罐茶或者用开水冲泡喝茶。冬季虽然生煤火，但是煮的罐罐茶有煤烟的味道不好喝。

第四节　宴　席

1985年城区宴席跟随时代潮流，农村宴席有四盘子、五碗四盘子、六君子、十三件（软翻身）、十全。丧事、婚事一般在院子里搭棚摆宴席，其他小事不搭棚，直接在屋子里摆宴席。宴席桌子用八仙桌，俗称老方桌，一般都是借街坊邻居的。八仙桌刚好坐八个人，分为上席和下席，辈分高的和年长的老人坐在上席，年轻人坐在下席，中年人坐在两侧，有时没有老人则小孩子坐在上席。吃饭时上席先动筷子，然后其他人跟着夹菜。椅子也是借街坊邻居的，有靠背。也有人图简单，借学校的凳子，但是上席都用椅子。由于经济困难，宴席凉菜以胡萝卜为主，热菜以粉条、豆腐、丸子、猪肉为主，主食用蒸馍或者萝卜菜。丧事、请客、抽保状、念大经、拜师、拜拜爹（dā）以及婚事中的看屋里、认亲、订婚送礼一般都是四盘子，结婚一般是五碗四盘子。宴席烟酒基本与宴席匹配，四盘子的烟酒价钱最低，十全的最高。

90年代经济条件好转，宴席都是五碗四盘子、十全、十三件。至2000年宴席以十全为主，食材也日渐丰富，热菜以猪肉、鸡肉、鱼肉为主，凉菜以时令菜和牛肉为主。2007年大小事情全部是十全，差别就是经济条件好的用的食材和烟酒花的钱比普通人要多几倍。

丧事和结婚宴席都有执事各负其责，丧事门口招呼亲朋的执事看到来人后便放炮，吹响听到后便吹打乐器。婚宴门口招呼亲朋的执事看到来人后便喊"看亲亲"，对于娘舅和重要的亲朋也放炮。厨子做好每一道菜后都会喊"上菜"。

四盘子

顾名思义，四盘子就是有四碟热菜，分别是豆腐、粉条、肉、丸子，全部用砂锅煮。开席后先上四碟凉菜和酒，大家喝一阵酒后再上四盘子和蒸馍、萝卜菜，吃完之后就散席。丧事吃一顿，主食吃米饭的较多。到20世纪90年代四盘子一般是结婚时早上坐席用的宴席，食材始终未变。

五碗四盘子

比四盘子多五碗热菜，流行的时间短。六君子仅比四盘子多两碗热菜，使用的人更少，流行的时间也很短。开席后先上四碟凉菜和酒，大家喝一阵酒后再依次上五碗热菜，热菜上完之后再上四盘子。

十三件

也叫软翻身，与五碗四盘子、六君子一样是过度宴席，使用的人很少，也是宴席中菜最多的，比十全还多三碗菜。开席凉菜摆四碟，喝一阵酒后依次上五碗菜，然后再上八碟热菜。软翻身的食材比较随意，而且菜比十全多，实惠大方，刚流行的时候用的人比较多。

十全

十全是秦州区的标准宴席，开席摆八碟凉菜，之后依次上六碗热菜，最后是四盘子。菜比十三件少，但是食材要求比十三件苛刻，用的肉比较多，全部是猪肉。80年代由于经济条件限制使用的人很少，与十三件最明显的差别就是有甜米饭（八宝饭）、炒山药。90年代十全里面用的新鲜蔬菜逐渐增多，形成以炒菜为主，与之前的扣碗（蒸笼、砂锅）作法大相径庭，而且根据主人的经济能力、季节可以随意选用食材和菜谱，与之前十全宴席味道差别很大。

第五节　家常面食

臊子面

秦州区城乡名副其实的主食，普通群众每天都吃一顿臊子面。20世纪80年代农村臊子以洋芋为主，做的时候先将猪油臊子放在热锅里，等到油热后将切好的葱、蒜苗、辣椒、韭菜和盐等放在锅里煎炒，待葱等炒的火候差不多后放入洋芋颗颗和包包菜、白菜、扁豆（夏季以扁豆为主)、豆腐、胡萝卜、鸡蛋、菠菜、黄花、木耳等,再适当煎炒一阵后往锅里倒入适当的水,煮熟后将臊子汤盛在盆子里。接着烧开水煮面条,面条煮熟后捞进碗里浇上臊子,一碗臊子面就做成。面条也有讲究,不用碱面等食品添加剂的面条最好,大多数人擀面条图简单会使用食品添加剂。

90年代后臊子里面放入的洋芋逐渐少了,而多了许多时令菜,一般是有什么菜就放什么菜,尤其是夏季的菜比较多,有菜瓜、菜花、西红柿、蒜薹、芹菜等。城区居民用新鲜猪肉炒臊子的人逐渐增多,但是味道与冬季炼的臊子差别较大。

散饭

散饭有甜散饭和酸散饭,做法类似于搅团。散甜散饭先将水倒在锅里烧,然后切一些洋芋条放在锅里面(有些人不爱吃洋芋散饭,也有不放洋芋的),等到洋芋条煮熟后,一只手捏番麦面往锅里散,另一只手拿着一双长筷子在锅里来回搅动使水与面粉均匀混合。同时炉子里的火不能熄灭,要保持锅里的温度始终不变。刚开始锅里为稀粥,等到粥变稠、胶粘以后停止散面粉,控制炉子火势使稠粥保持沸腾,再适当搅动一两分钟后即可。最后将散饭盛在碗里,调上炝好的酸菜,酸菜里面一般还调一些油辣椒、蒜泥等。炒酸菜也比较讲究,冬季用红葱+豆腐+地兰(地软)+酸菜炒的酸菜最好吃。

酸散饭做的时候往水里加上酸菜,做法与甜散饭一样。吃酸散饭不调酸菜吃,调炒的热菜吃,有炒包包菜、白菜,或者炒干菜有苜蓿、香椿、灰菜等,凉菜有胡萝卜、白萝卜等。

浆水面

农村一般用小蒜、大蒜、葱切片(小蒜蒜头较小的不切直接放入)与食盐同时置热油锅内煎炒,待蒜片成黄色时倒入浆水(酸菜汤水)炝开,出锅另置。其中小蒜和红葱炝的浆水最好。将面条煮熟捞入碗内浇入浆水,调上食盐、辣椒油等佐料,即可食用。城区居民浆水面辅料较多,但味道一般。浆水面制作简便,经济实惠。

打卤面

农村做的人较少,城区居民较多,面馆里面都有。一般用乌龙头、芹菜、木耳、黄花、大肉、丸子、夹板肉块等炒成臊子,再勾兑芡烩成卤汤臊子。面条多为扯面,扯面煮熟捞入大碗中浇上卤汤臊子,调入油泼辣子、醋、盐等,即可食用。

锅鲰

趁热将玉米面或荞麦面散成胶柔的散饭用勺舀进陶制漏马勺中,然后用勺背来回在漏马勺中晃动挤压散饭,散饭就从漏马勺孔中跌落在凉水盆中形成锅鲰,俗称跌锅鲰。刚跌落的锅鲰比较热,夏季一般换几次水冷却,秋冬季则趁热吃。用笊把锅鲰捞出滤干水盛在碗里,浇上臊子,再调上醋、盐、酱、蒜、辣椒等佐料即可食用。与面条一样也有浆水锅鲰,尤其在冬季用红葱、豆腐、地兰炝炒的浆水浇锅鲰最好吃。

凉粉

节日期间最讲究的食品就是凉粉。凉粉用秋荞做得最好,制作过程比较讲究。首先选取优良的荞麦用手磨粉碎,用笊将荞皮子去掉后再用手磨研磨一两遍,这时荞麦粉颗粒比较大,俗称荞疹子。有时为了简便会用驴拉的大磨粉碎,这样一次粉碎的量大,将荞疹子存储起来随吃随做。粉碎荞疹子又叫拉荞疹。做凉粉时将荞疹子放在案子(大案板)上用擀杖(chàng)来回碾压,继续粉碎研磨,有时用光滑的玻璃瓶来回碾压粉碎。然后将荞麦粉放入水中搅和成稀粥状倒入很细的笊中过滤,将过滤出的荞疹子继续放在案子上研磨粉碎,这样一遍一遍地研磨粉碎直至所有的荞疹子被磨细。最后将稀粥状的荞麦面盛在大锅里煮,煮的时候用一双很长的筷子在锅里来回搅动,与作散饭一样。等到锅里的荞麦面稠粥沸腾后适当减小灶膛火势,既要保持锅里沸腾又要保持锅里粥不能糊,这样再搅动几分钟后将胶粘的荞麦面粥盛在盆子、碗里冷却即可。这样做的凉粉晶莹剔透,光滑柔嫩口感好。由于做凉粉比较烦琐,大家都赶在节前几日做好。

1990年后年轻的妇女都害怕出力,一般直接用荞麦面散成凉粉,结果凉粉色泽发黑、口感涩、容易碎,而有些摊贩为了保持凉粉的色泽、口感有时添加食品添加剂。之后随着经济水平的提高年轻人过节吃凉粉的人越来越少,农村老年人过节吃凉粉的习俗未变。

酸菜

1985年农村群众几乎顿顿离不开酸菜。至2007年农村一般一天吃一顿浆水酸菜饭，城区居民好几天吃一顿酸菜浆水饭，而且多数都是老人爱吃。做酸菜，俗称馇酸菜。做法是将苜蓿、白菜、包包菜、苦苣菜、圆根菜等洗净切碎，煮熟后置入陶缸内，投入现成的浆水数碗做酵母，将玉米粉熬成的清汤趁热倒入缸内和菜拌匀，盖好缸口两三日后启封，如有白花轻浮水面，酸菜即已发酵成功。

第六节 住 房

土木房屋

1985年一般农村家庭有几个儿子，当儿子快到谈婚论嫁的时候家长就着手给儿子盖房，如果儿子都有房，提（找）媳妇也就很容易。由于男儿都要成家立业，因此一个儿子一院房，孩子多的家庭建房压力很大。家长在备木料的同时提前请正一派教职人员（俗称阴阳）看日子、选地方，一般日子、地方提前一两年要选好，然后积攒木料、粮食。天水的山脉丘陵东西走向的居多，村庄通常坐落在北山麓，在南山麓的很少。主房都靠山而建，门前不远处有沟渠或者河水，形成"靠山临水"。大家普遍认为房子的地理位置、建房日子等关系未来房主的生活，选的好可以旺财、旺人（多子多孙、儿孙满堂）。

盖房子的地方也叫院窠（ke），新院窠与村庄相连，用的是自己的自留地，因此院窠位置的选择实际很局限，往往没有太多选择的余地。也就是在自家的自留地看个字向，也叫钉橛。按照房主人的意见根据地方大小确定房子的具体位置，钉下木橛标明建房的方位。钉橛的同时根据房主家的要求和房窠的地理位置、主人的属相等情况确定盖房的日子，包括破木动土、立房架梁的日子，动土就是开始打地基，破木就是请木匠作檩、栿、椽等部件。

新院窠建的主房一般为三到四间，五间的最少，以三间居多。新房里家具很少，一般只有一个大炕、两个板箱。然后倚在主房的旁边建一间软骨殖的小房子就是厨房。厕所更为简陋，随便搭建一个就可以了。建房用的材料除瓦片外，其他东西全是自己的，百分之八十的材料是土，木料都是自家的树木，以洋槐树为主。木匠立完房以后就筑墙，墙有版筑和土砖堆砌两种。土砖俗称基子，基子用木质的模子打成，一片基子宽度刚好是一堵墙的厚度，有三片砖宽。基子砌的墙正，不容易变形，但是比较费工耗时。版筑墙用的湿土容易变形，但是省时省力。至1990年都是用基子砌墙。筑墙的同时安装门窗。墙筑完后就挂椽，接着篷椽子、撒瓦、瓦房，这样一面房就建成。

老院则房屋较多，一般有三面房到四面房，主房三间或者四间。四间的主房西侧的一间被隔开叫厢房，中间的三间叫厅房，因此主房也称厅房。厢房一般刚结婚的儿子、儿媳居住，厅房老两口居住。三间的主房一般在西侧建一小间没有骨殖的厢房。厅房基本都摆满家具，炕占地面积最多，盘在东边一间，炕东、南面与墙相连，一般在东面墙脚开一个炕眼门，在南面墙脚开一个烟筒排烟。一般每年春季的时候拆除炕，将炕土运到地里当作肥料。炕的北侧连接北墙架一块床板，床板与炕一样长，安放的与炕一样高。床板上家具有炕柜，炕柜与床板一样长，有床板的二分之一宽。炕柜上面一般放两个板箱，有的是女方陪嫁的，有的是结婚以后做的。房子门对面正中靠北墙支一个方桌，桌子上摆香炉等物；方桌两边靠墙摆两个面柜，面柜前面放着两把椅子，西面靠墙摆着柜桌子（地柜）。炕上一般放一个炕桌，平时吃饭和招待亲朋用。年轻人一般喜欢坐在地桌周围，老年人则坐在炕上。厅房四墙糊一层白纸，每隔几年就撕掉重新糊一次；好多人向亲朋要一些报纸糊墙。房顶有些用白纸、报纸糊有一个顶棚，大多数的房屋不糊顶棚，之后糊顶棚的房屋逐年增多。1990年几乎所有房屋都有顶棚，有专用塑料纸，图案各式各样。靠炕的墙面一般糊有炕围子，就是方格子图案的画。正厅中间北墙，也就是方桌靠墙挂一副中堂，中堂宽与方桌相同，中堂下轴落在桌面，上轴距墙顶相差一巴掌。中堂中间多为画，内容有福禄寿星天官赐福、财神关羽等人物和高山流水等风景，两边吊屏为五言、七言字。东西两侧墙上贴有秦腔戏剧的连环画，1990年前后塑料画流行，画的内容多为美女。

老院厨房一般另外建在院子的东西两侧，如果主房有五间则将东面的一间作为厨房。西房比东房暖和，因此在西边建厨房的偏多。厨房是两到三间的软骨殖小房子，里面盘有一个炕和一个灶台；灶台上

农村土木房屋

面支一到两口锅,开一到两个灶膛。灶台旁边还放一个大炉子,上面架着一口小锅。平时小锅炒炒菜、烧糊糊,中锅下面、散饭,大锅蒸馍、煮菜,经常用的是中锅。家口大的家庭弟兄几个分家后还与父母一起吃饭,就用大锅做饭。有的还在院里搭建两三间软骨殖的小房子堆放杂物,里面也盘有炕。多在院子南边都留有一个园子,用树枝等编成篱笆围起来,里面种植花卉和蒜、葱、刀豆等蔬菜。个别四合院则院子外边留有一个大园子,里面种植蔬菜。院子大门一般开在西南、东南方向或者东西两侧,很简陋,多是自己做的一个单扇门,有的甚至是树枝编的篱笆。牲口圈、猪圈搭建在院子外面或者主房的后面,厕所也在牲口圈的旁边搭建。

1990年主房一般都是砖土木混合结构,前檐墙、房子四角柱子、山墙等都是用砖砌成,后檐墙仍旧用土砖砌成。也出现个别家境殷实的人家全部用砖砌墙,砖混结构、砖木结构房屋开始流行。新院寨的房屋增加到两面房,一般是一面五间的主房,一面两间左右的厨房,有单独的厕所,院子也被院墙围起来,有大门。新院寨大多数是分开的小两口居住,年轻人不愿务农养牲口,多在外边打工挣钱,新院寨很少建牲口(家畜,多数是牛、驴、骡、马）圈，自己的地仍旧由父母耕种。

砖混房屋

1991年后农村建房高潮过去，新院窠建房与老院拆旧建新基本相当，新建房屋由砖土木结构逐步向砖木、砖混结构过渡，至2000年形成以砖混为主的住房格局。1991年至2000年的砖混房修建比较简单，相当于没有骨殖的土房，没有柱子，只有枓子、檩子等木质部件，房子的砖墙砌成以后直接把枓子、檩子等架在上面，省时、省工、省料，花钱很少。厨房一般都是小平房，没有屋脊。新院窠建一面五间的砖混主房，院子两侧盖一面两间砖混的小平房作为厨房，然后砌院墙，修建大门。大门建的都比较气派，有两种，一种是铁门，一种是木门。铁门比较大，造型类似普通厂房大门，没有屋脊、敞顶，多为单扇，有的大扇门上还开有一个小门，也有双扇对开的铁门。木门多为传统造型，屋顶、屋脊建的很气派，造价比铁门高得多。小院一般全部用水泥砂浆硬化，大院部分用水泥砂浆硬化。花园建在没有建房的一面院墙跟前，多在厅房对面院墙跟前建有一个小花园，里面植有各种花卉；大院子花园比较大一些，里面混合种植蔬菜。老院由于建新房屋和分家占用院窠，院子四面皆有房屋，从而形成四合院的格局，院子窄小感觉比较压抑。

2000年后砖木、砖混框架结构的房屋逐渐盛行起来，至2007年新建房屋多为砖木、砖混框架结构，个别富裕的群众追求古风，采购优质木料建成前背梁房屋。砖木结构与土木结构差别就是土墙比砖墙厚，砖墙一般有两片砖厚，土墙有三片砖厚。房屋的门变化较大，之前的门都是对开木门，透雕的极少；新建的厅房用双扇推拉门的比较多，门扇、门框等依旧是木质的，门扇上半面一般开一个窗口装有玻璃。经济条件好的家庭整扇门都是透雕的并且装有玻璃，门框也雕有各种纹饰。砖混结构的用钢筋混凝土柱子替代木质柱子、枓子，檩子、椽等仍旧不变。

第五章　吉　礼

第一节　生　育

生育

妇女生第一个孩子后，女婿要携带礼品（一瓶酒或一只鸡）去岳父家报喜。岳母要给女儿（产妇）捎回一个空心馍（中间留一圆孔的死面锅盔）。过几天娘家母亲和其他亲朋女眷要带上礼物来看望产妇；产妇一月内不能出大门，称坐月子。产房窗户糊上白纸，再在窗户的中间糊一点红纸，与结婚时贴的红纸片相似。坐月子忌人，除亲属外其他人都不进产房，一般由产妇母亲照顾到出月。特别禁忌带小孩的妇女，"忌讳"带小孩的妇女会把产妇的奶水带走，俗称忌腥腥。同时其他人也忌讳进产妇的房子，认为进入产房、丧房对本人身体都不好。

满月　百岁

满月时要给小孩剃去头发，有胎毛不剃终身不利之说，剃去的头发要扔到房顶上。女方娘家的人和其他亲朋内眷备布料、小儿服装和常用礼品祝贺，给孩子满月礼钱。其中新生婴儿舅婆带的礼物多是婴儿的衣物，其他女眷带的礼物有布匹、鸡蛋、常用礼品。1985年常用礼品有油饼、饼干等，礼钱从五角到几元钱不等。生第一个孩子比较热闹，主家办宴席酬谢，俗称"过满月"，宴席规格基本与看屋里的一样。之后随着生活水平的提高常用礼品、礼钱随时变化，而舅婆给外孙子的礼物仍旧是婴儿的衣物。2000年起男性参与满月的人逐年增加，到2007年满月宴席与婚宴一样，气氛比婚宴宽松活跃，好多人喝得酩酊大醉尽兴而归。

婴儿满百天时过"百岁"，一般要做一顿搅团招待亲房户内。此外还有周岁活动，但是比起百岁活动简单。

生日

孩子每逢生辰过岁，全家吃一顿岁搅团表示"然岁"。1985年到1990年由于生活紧困，好多家长忘记给孩子过生日。之后随着生活水平提高，加之一家一般只有两个孩子，给孩子过生日在大多数家庭逐渐恢复，生日当天给孩子买好吃的、好穿的，孩子与爷爷、婆婆及其父母亲大吃一顿。

孩子给大人也过寿，一般是有钱的富户，过寿时请来村里亲朋耆老欢聚一堂，吃喝一天。一般有六十大寿、七十大寿、八十大寿等。

祈福

1985年由于医疗卫生条件限制，农村父母为期盼孩子健康成长，会给孩子请拜爹（dā）、戴保状、戴缰绳，福佑孩子平安一生。之后随着医疗卫生条件的逐步改善提高，各种祈福逐年减少，至2007年一个村里拜拜爹、戴保状、戴缰绳的孩子就几个人。

戴保状　孩子出生后如果体弱多病父母会请正一派教职人员禳醮，然后根据父母、祖父、祖母等人生辰八字及宅院等字向判别是否给孩子戴保状，一般都是父母、祖父、祖母等人自愿给孩子戴的。多数孩子既有拜爹，也戴保状。顾名思义，戴保状就是让家神爷携带孩子健康成长，保佑孩子平安多福不夭折，一般孩子到十二岁的时候会举行抽保状仪式。

戴保状仪式比较隆重，全村人参加。此外孩子的至亲和父母亲的至交也参加。戴保状当天下午将家神爷等神请到厅房，焚香点蜡，好几个教职人员在亲朋的陪同下开始念经，直至凌晨结束，期间焚化保状祈求家神爷。也有领牲仪式，类似与民间祭祀伏羲时的领牲，也有一些家庭为省钱用公鸡替代猪、羊。

抽保状　抽保状仪式与结婚等干事一样隆重。程序与戴保状一样，参加的人员比戴保状时多，牺牲是猪或者羊，整个活动从早上开始一直到次日凌晨结束，亲朋也都送礼。1985年由于经济条件所限，礼钱和宴席相比结婚的有所差别。1995年后由于生活水平大幅提高，礼钱和宴席与结婚的相当，甚至比结婚的热闹。

拜拜爹　孩子出生后如果体弱多病父母会请教职人员禳醮，一般会根据孩子的生辰八字推算出与父母、爷爷、婆婆（祖母）等亲人的生辰八字不合，便会给孩子拜拜爹。拜拜爹有请和撞（cǎng）两种。请就是根据教职人员提出拜爹属相条件，从本村和附近村庄物色拜爹人选，然后征得本人同意后根据选定的日子举办拜拜爹仪式。如果不能发现孩子与父母属相不相合就只能撞拜爹了，这种情况也有请的，由孩子父母决定。撞时根据确定的撞拜爹的日子，选一个属相符合的贵人，与孩子母亲一起抱着孩子按照选定时辰、方向一直往前走，碰到的第一个人（小孩除外）便是孩子的拜爹，这时贵人抱着孩子会对撞到人说："给你送一个儿子（女孩）"，人家知道是撞拜爹的，就会接过孩子抱上一起回家商量拜拜爹的事宜，并给孩子见面礼钱。如果撞到的是妇女就是拜妈；如果是熟悉的人则按辈分称呼，撞到的人与孩子同辈只能叫拜哥（姐），爷爷辈的就叫拜爷（婆）。

拜拜爹与结婚等喜事一样热闹，主家会请全村人和亲朋大办宴席，期间举行拜拜爹（妈）仪式。

戴缰绳　也叫戴项（hāng）圈。为祈盼孩子健康成长，多数父母给孩子戴长命项圈，俗称缰绳，图吉利祛邪。就是在孩子过完百岁后家长到村里每一家要一根两三尺长的青线，凑够一百根后作成缰绳；如果村子小不够一百户，就委托亲戚再凑，一般是孩子的外婆在自己的村子凑线。凑足后将一百根线合成一根拇指粗壮的线绳，外面用布包裹，将线对折，再根据孩子脖子大小从线头端开始将两根线往一起缝，一般缝一半即可，未缝在一起的一边就形成一个小项圈。缝在一起的一边就是缰绳，上面缝有四颗狗牙，最下端有一个小铃铛。缰绳做好后套在孩子的脖子上，一直到孩子自己能够撕坏缰绳为止，一些戴到六七岁甚至快上小学校的时候还在戴，家长只好诱导孩子自己动手拿下来。

第二节　婚　嫁

秦州区农村婚姻礼仪包括提亲、看屋里、谢媒、认亲送礼、通话、结婚六个环节；城区相对简单，提倡自由恋爱，但是也请媒人。

提亲

男方家先央及亲朋物色好合适的女子，然后亲朋与女方家通气。向女方家通气比较重要，亲朋一般向女方家介绍男方家境和男方本人的优点、相貌、品行、生辰八字等，尽量赢得女方家的好感。同时女方家也委托亲朋打听男方家的情况和男方本人品行、相貌等，女方家觉得可以后便答应提亲。然后男方再请媒人去女方家提亲,向女方家索取女方庚帖,并将男子的庚帖送女方家合婚,随后准备看屋里。1985年提亲全靠媒人一张嘴,说的男女双方皆大欢喜。之后一些追求时尚的"麻子队"青年都是自己找媳妇,提亲等只是走程序而已。至2007年农村大多数青年都是自己找媳妇,媒人只是形式。

看屋里

就是到男女双方家里走一趟,了解一下本人和家庭情况。1985年看屋里先是男方及家长、媒人、介绍人等到女方家,拿的礼品有两瓶酒、一包饼干、一包烟。如果觉得合适给女方给24元(24元为全礼,如24节气;12元为半礼,如12个月)的"看钱",女方收钱表示中意,然后女方给男方分一半"看钱",如女方拒收表示不中意。若中意,女方家亲朋到男方家看屋里。接着男方则托媒人去女方家议定彩礼,选吉日正式订婚,又称研礼。

之后"看钱"快速增长,到90年代为避免男方到女方家看屋里出现一方看不上另一方的尴尬局面,"背看"开始流行。就是在男女双方看屋里之前先到集上或者亲朋家里先见一下面,双方父母亲、媒人都不参与。男方如果觉得女方可以,便给女方几百元的看钱,女方收下看钱表示中意男方(也有背看不给看钱的),如若推辞不收看钱表示看不上男方。背看结束之后在男女双方家里互看屋里,看钱更高。至2000年后看屋里搞得极为隆重,规模几乎与订婚送礼一样,在看男方家里当天,男方至亲、亲房、亲友都在场,女方闺蜜、至亲也都来参加,吃整天的流水席,宴席也是十全。

谢媒

看屋里结束后就确定婚约,也叫订婚,男方家设酒席招待媒妁,并商量会茶的程式及婚娶的时间。席散时男方家要给媒人送一包茶及一双鞋(也有送衣服的),以示酬谢。

送礼

又叫认亲。男方本人、媒人、家长以及本房头至亲长辈到女方家送礼,女方家参与的人有本房头至亲、亲戚朋友、本村人。由双方至亲见面相认,互致礼仪,吃茶会亲,商讨彩礼。所有费用全部由男方承担,一般送礼前几天男方就把蔬菜、肉、烟酒等送到女方家。1985年礼钱一般几百元，蔬菜、肉、烟酒一背篓就能装下，男方一个人背到女方家。之后彩礼随着经济水平快速增长。至2007年蔬菜、肉、烟酒男方开着三轮车往女方家运，礼钱也达到几万元，有的村庄甚至接近十万元。

通话

结婚日期确定后，男方家长于一月前（至少10天）备礼品去女方家下帖通话。告知迎娶日期，商定送嫁（俗称当娘家）的人数及其他有关事项。同时给亲朋下帖，下帖的亲朋又叫帖请客，一般是至交嫡亲和上门亲戚，绝大多数亲朋通过捎话的形式告知结婚日期即可。

结婚

又称过干事、过事情等。按照选定吉日，提前一两天由女方送新娘到男方家，男方家派人迎接。送亲时忌讳见到其他人。新娘离开娘家时要举行告别或送亲仪式，祭告天地祖先，告别父母兄嫂及众亲友，有的地方还有哭嫁的习俗。到男方家后，男方在家门口摆设水、火、面等物迎接新娘，陪媳妇一般是根据属相挑选合适的人陪同女方步入新房（或由男方另选合相贵人背入新房）。

结婚当天选定吉时，由陪媳妇的人给新娘束发成髻，称"上头"或"结发"。新郎、新娘拜天地、父母（也有新郎、新娘、贵人拜三霄圣母的），新娘在陪媳妇的人陪伴下进入新房，不再露面，称墙媳妇。

娘家人在未进男方家庄门前时要派人提前迎接，一般是新女婿、总管等人带着年轻人迎接，主要是背女方陪房的嫁妆。由于陪房的嫁妆由娘家人背来，一般要十几里路，比较吃力，接上娘家人之后首先接过所有的陪房，然后发烟放炮一直到家里坐席。此外所有的帖请客进门都要放炮迎接。客人吃两顿，早上一顿，下午一顿。娘家早上坐完席后安顿在邻居家中，派执事相陪喝酒吃烟（吸烟），一般四个人相陪，两个年长的陪娘家人聊天喝茶，两个年轻人陪娘家人划拳喝酒，直到下午开席吃饭。同时其他亲朋也安顿在邻居家中喝酒等待下午开席。1985年礼钱一般只一两元钱，最高的礼钱是全礼24元钱和半礼12元，也有关系好的既搭礼钱又送礼物，礼物多是被面、衣服等物。礼钱除一元外不能搭单数，搭双数，如二、四、六、十元等，八元也不能搭。之后礼钱逐年上涨，至2007年礼钱上涨十几倍。本村人早上吃完后回家，下午主家根据礼簿派人逐户请坐席。宴请的客人起席后，年轻人和小孩子（全部是男性）钻进新房要媳妇，也称攮新房。这时老年人、长辈也钻进新房凑热闹，俗称三天的新媳妇没大小。要媳妇结束后举行扫炕仪式，请的贵人和陪媳妇的人先往炕上撒上核桃、枣，嘴里念叨"双双核桃双双枣，养下娃娃满炕跑""一扫金，二扫银，三下扫出个聚宝盆"等吉利祝词。

婚后第三日（西路农村一般在第二天）清早新郎去丈人家，称回门。回门结束后丈母娘请亲朋、本村人（女性和小孩）到女婿家看女儿（新娘），一般要去两三波，持续两三天。进入90年代为招待简便，婚后第二日便看新娘，而且一天就结束。婚礼后满一月，新娘兄弟接新娘回娘家，新娘在娘家居住20天后再由新郎接媳妇回家，称转对月。

第三节　称　呼

房内称呼

1985年对于长幼之序极为重视，平时在一些重大活动中都按辈分排序来处理。例如在公共场所说话时晚辈对长辈要尊重，坐席时也要按辈分坐次等。1990年后大量青壮年外出谋生，青少年上学读书，致使长幼之序几乎崩坏。城区本地居民与农村一样，外来人口称呼杂乱，无迹可寻。

太爷　曾祖父，如果本房头有与曾祖父同辈的则按其年龄排行称呼为几太爷，例如六太爷，就是曾祖父的第六个弟兄。还有同村与曾祖父同辈的一律称呼为太爷。

太太　曾祖母，跟随太爷称呼，如六太爷的妻子就称呼为六太太。

爷　祖父，年长的一般称呼祖父为爷，个别小孩子称呼祖父为爷爷。1995年后出生的孩子一般称祖父为爷爷。祖父的兄弟按年龄排行称呼，最大的叫大爷，最小的叫碎爷，例如二爷就是祖父的第二个兄弟。同村与祖父同辈的及其外村与祖父年龄一样大的男性一般都叫爷。

婆　祖母，跟随祖父称呼。年长的一般称呼祖母为婆，个别小孩子称呼祖母为婆婆。1995年后出生的孩子一般称祖母为婆婆。

爹爹（diē diē）　父亲最大的亲哥哥或者本房头父亲最大的哥哥；如

果父亲本人是老大，儿子仍旧称呼为爹（dā）。

爹（dā）　父亲，年长者称呼父亲全部为爹，也有个别称呼爸的。1995年后出生的孩子一般称父亲为爸爸。除爹爹（diē diē）外父亲其他的兄弟按排行称呼为几爹，例如五爹，就是在父辈中排行老五。

爸爸（bá）　有些地方将父亲的弟弟称呼为爸爸，如果父亲有几个弟弟则按排行称呼，如四爸，就是在父辈中排行老四。

与父亲同辈的村里男性全部称呼为爸爸，或者与父亲年龄差不多的没有亲戚关系的男性。

妈　母亲，一般称呼为妈，也有人称呼妈妈的，个别人称呼为妈（n，a）。1995年后出生的孩子一般称母亲为妈妈。其他则跟随男性称呼，如大妈、二妈、三妈等分别是爹爹、二爹、三爹的妻子，碎妈就是碎爸的妻子。也有个别称呼为亚亚的，如父辈兄弟有三个，老二的孩子一般称呼老大的妻子为大妈，称呼老三的妻子为亚亚或者碎妈。

对同村的与母亲同辈的女性一般称为亚亚或者阿姨，有些称呼为婶婶或者婶娘。外村的与母亲年龄差不多的女性称呼为亚亚或者阿姨。

外戚

外戚丈夫跟随妻子称呼，丈人称呼为爹，丈母娘称呼为妈；个别将丈母娘称呼为亚亚，将丈人称呼为爸爸。其他的跟随妻子称呼。背着丈人家人一般叫丈人，丈母娘（n，a）。小孩子称呼母亲的父亲为舅爷，母亲为舅婆，舅爷的兄弟按排行称呼为大舅爷、二舅爷等；女性跟随男性称呼，如二舅爷的妻子叫二舅婆。舅舅村里与舅爷同辈的一般都叫舅爷。母亲的兄弟按排行依次为大舅舅、二舅舅、三舅舅等直至碎舅舅，如有一个舅舅直接称呼为舅舅，舅舅妻子叫妗（qìn）子，如二妗子就是二舅舅的妻子。母亲的姐妹叫亚亚，按排行依次称呼为大亚亚、二亚亚等；亚亚的丈夫叫姨夫，如二姨夫、三姨夫等。舅舅村里的与舅舅同辈的一般叫舅舅。婆的兄弟叫舅爷，与母亲的父辈一样称呼；婆的侄（chī）子叫舅爸，舅爸妻子叫亚亚；侄女也叫亚亚。

第六章 丧 礼

第一节 落草承服

落草

一般当老人病危，要请年长者为其穿老衣、理发，子女为其洗脸洗脚。如若病情好转便脱掉老衣，如老人去世，立即请年长者为其再穿老衣。穿衣时轻轻抚合亡人口眼，以毛巾雍脖，以白纸掩面，麻线绕脚。先烧倒头纸，由长子出殃叫魂。再将遗体停放在厅房正中桌子上，这一过程俗称落草，烧落草纸。再献倒头饭，点明路灯，备孝盆，置草铺。亲属子女行祭礼。

报丧守灵

落草停灵之后，孝子磕头报丧请人帮忙料理丧事。如果村子比较大，则一般请本房头的人来帮忙；较小的村子则请全村人来帮忙；村里小姓人家则请全村人帮忙。请的人到齐后主家选定总管总理丧事，然后总管按照主家要求指派各种执事操办丧事。孝子则一直跪在草铺上磕头烧香，直至起丧送葬。同时请来教职人员看日子，写殃状，到坟园选坟方位。随后请打坟的人按照时辰、方位动土挖坟。如果没有闰月材（就是亡人生前闰月做的棺材，一般认为闰月做的棺材最好）则请木匠做棺材。若丧女性，要到娘家下帖报丧，俗称请娘家。落草停灵后天明、日暮时孝子都要接纸，天明接的纸叫烧麻乎纸，晚上接的纸叫烧黄昏纸。乡邻、族人吊丧坐夜，孝子坐草铺守灵。亡后第3天晚上，灶停烟火，孝子向灶神爷焚香祷告，俗称投灶。冬季停灵时间比较长，一般要6至7天；夏季农忙一般3天。

承服入殓

按选定的时辰，亲属为死者整衣整容，成殓入棺。孝子及亲友向遗体告别，然后承服，穿戴麻冠孝衣，脚穿白鞋，腰系麻绳，哭灵，掩棺收钉。孝服有全、半之分，全孝又称麻孝，由子女等人承戴，无亲生儿子者则由继子戴麻孝,服孝期为3年;半孝又称白孝,由侄儿、侄女、女婿、外甥承戴,孝期分尽七、百日、周年3种。戴全孝者百日之内忌剃须理发,忌洗衣服。80年代农村生活艰苦,群众整日忙于劳动,没有时间讲究卫生,百日之忌能够遵守。而后随着生活水平提高,百日之忌逐渐淡化。

第二节 开吊烧纸

开吊烧纸是丧礼中最重要的一个环节,所有亲朋好友、乡党近邻前来吊孝烧纸。

亲戚朋友托人捎话前来烧纸,不派人专门请。女性娘家一般要请三四次,如果亡人生前遇子女未尽到孝心等事,娘家人会向报丧的人提很多条件,要求念经为亡人消灾,用好的棺椁、寿衣等,当请娘家的人代替主家答应殡葬条件后娘家人才前来吊丧烧纸。

祭奠烧纸最大的活动是念经替亡人消灾,20世纪80年代一般家庭难以承担,念经简单,经只念一晚,就结束。进入90年代,念过夜经比较普遍,随后出现十二分甚至二十四分的大经。念经时吹奏的乐器比较多,乐声情调庄严肃穆,又不乏清幽恬静,时而欢乐轻快,时而悠扬缥缈。最常见的祭奠活动是献饭,在司仪的主持下,吹响(乐师)奏乐,孝子与厨师配合献饭。80年代亲朋前来烧纸拿的纸制品比较多,有香、蜡、冥票及纸做的斗(里面装的冥票)、金山、银山、屋舍、童男女、马夫、轿夫、马及死者生活用具等。挽幛多为白洋布,上面写上挽联。之后随着经济好转,纸制品由主家自己购买,有包的纸(里面一般是冥票、黄表,封面写有亡人尊称及包纸人姓名)、冥票(与人民币版式越来越类似)、斗、花圈、楼房、汽车等。

第三节 送 丧

出殡前先吃起丧饭。起丧后引魂幡、挽幛、金山冥斗前导,孝子中长子头顶孝盆、怀揣灵牌、扯纤先行,其他孝子随后边哭边走。南路时兴在吹响吹奏的哀乐伴奏下送丧;而城区及西路则不用乐队,讲究治丧期间忌响声。村民抬棺扶柩随后，称送丧。途中放炮、撒凉浆水，途经村民的家门口都点一堆大火。至坟园后，先停下灵柩等待时辰送棺木下穴入墓，这时哀乐停止演奏。下葬时，放炮、奏哀乐，长子跳入墓穴用麻孝将墓穴底扫一遍，将孝盆（酹子盆）放置在墓壁的一个小洞当中，然后将棺椁缓缓放入墓穴，填土掩埋，直至坟冢隆起。下葬时忌一两个属相的人，孝子不忌，禁忌属相的人在下葬时提前远离坟园即可。掩埋时孝子祭奠化纸，长跪哭墓，坟冢隆起后孝子在鞭炮和哀乐声中绕墓三匝，带一撮坟头土回家备"服三"时用。

第四节　葬后祭祀

葬后第三日夜半子时一过，孝子要到墓地烧"服三"纸，并复还下葬时带回的坟头土，其意是安伏山神土地，使亡人在阴间免遭欺辱。然后孝子回到村里到每家大门口或者院里跪谢。此后从亡故之日算起，每隔七天于坟头祭奠烧纸一次，直至满七期才止，称为"尽七"。亡后百天烧百日纸，称为过"百日"。亡后第一个除夕接纸，村里人一般在除夕接纸时送新灵纸，正月初一早上亲朋要烧新灵纸。殁后三周年前春节时贴白或黄对联，三周年祭日过后贴红对联。每逢一周年、二周年、三周年祭日，亲朋、村里人前来烧纸致祭，俗称过一年、过二年、过三年。

一年

一周年祭日前三四天就开始操办，至亲都提前来帮忙。女眷比较忙，蒸蒸馍、切菜、煮菜等；男的则准备香蜡、黄表等祭祀用品。祭日前一天下午就请干事（帮忙的人）在大门及其他屋门贴白对联。在厅房正中方桌上摆亡人灵位，然后点香蜡、放炮祭拜亡人。晚饭吃完以后开始接纸，与刚去世时的略有不同。接完纸以后村里的人都聚集在厅房守夜，一边喝酒、喝茶、吸烟、聊天、打牌，一边给亡人点香蜡、烧纸钱。天明后放炮烧香点蜡、献饭祭拜亡人，然后招待干事准备接待亲朋。亲朋以村里人为主，至亲、娘家人、村里人一般挂一面幛，拿着香蜡、斗和现金前来烧纸，普通亲戚一般拿一对斗、香蜡前来烧纸。家庭富裕的则大摆筵席招待各方亲朋，普通家庭一般以黄萝卜菜碟、萝卜菜、蒸馍招待亲朋。下午三四点招待完亲朋后弟兄几个拿着亲朋送来的纸钱到坟前烧掉，一年结束。

二年

二年与一年一样，只不过来的亲朋更少，主要是至亲，因此准备的也比较简单。

三年

三年隆重，与结婚大喜一样，用红对联。也有的早上用白对联，下午换成红对联。与结婚的差别就是前来烧纸的人相对较少，而结婚娘家人来的非常多，以招待娘家人为主，其他亲朋都一样。

第七章　传统节日

第一节　春　节

春节俗称过年，是秦州区群众一年之中最开心、最热闹的日子，从年前腊月八到开年正月十五，前后要一个多月的时间。这时外出跑副业、打工的青壮年都回家过年，全家老少团聚一堂，其乐融融。

腊月八

吃迷心饭，就是类似于散饭的食品，意思是吃了迷心饭之后会让自己的心迷糊，忘记一切烦恼苦恨，尽情地去享受过年带来的快乐。就此开始大家准备过年、筹办年货，每家一般都要杀一头猪（忌口的群众除外）、做一担豆腐、煮一锅黄酒（自酿甜酒），择日扫房大搞卫生，做新衣服。1985年赶集筹办年货的人非常多，一进腊月集上人满为患，年货有布匹、袜子、棉絮、被面、蔬菜以及香蜡、纸张、爆竹等。筹办过年妇女比较忙，既要做新衣服、棉被等，又要准备过年食品。男性相对轻松，一般聚集在一起聊天谈论自己一年的经历、工作等，或者打扑克、下棋。之后随着经济水平的提高，大家平时就能穿到新衣服、吃上好吃的食品，于是对筹办年货兴趣大减，年味逐年衰减。

送灶爷

腊月二十三日小年送灶神，也有推后一天送灶神的。相传这天是灶君上天向玉皇大帝汇报的日子，因此日暮送灶爷，放炮点香蜡，献灶饼（城区及周围使用灶糖）及其他贡品，跪拜灶君，向灶君祷告，祈望灶君向玉帝好好汇报，来年多赐福。小年后人们开始蒸馍、做菜、煎油饼。之后妇女围绕锅灶忙个不停，切菜、切肉、煮菜，加工各种食品，到除夕的时候要做好所有过年吃的东西。

除夕

除夕下午家家户户贴春联、贴窗花、贴门神、装饰庭堂，大家都穿上新衣服，下午四点后就在厅房方桌上坐纸（与丧事烧的纸一样，一般包三到四包），向先人献饭祭奠放炮，吃晚饭。除夕晚饭吃的早，据说在中华人民共和国成立之前群众生活困苦，无力交租，除夕坐纸表示一年已经终结，新的一年即将来临，地主看到先人的纸后就不进屋逼租。晚饭一般吃扁食或面条，不能吃完，要有剩余，取"岁交子时，长年有余"之意。傍晚（有的地方为正月初一早上）。一些村子的孩子成群结队在商铺门口和每家大门口喊"快"，祝福新年发财，主人高兴地向孩子们抛撒硬币或食品让他们去抢，称"抢快"。

同时香火会的会长开始忙碌起来，打开家神爷庙门，杀鸡宰羊、点香蜡放炮敬献家神。年轻人、小孩子将家神庙的锣、鼓、铍拿出来敲打，乐器声音传遍全村，代表着新年到来。老年人拿着香蜡前去烧香，看香火守夜，平时给家神爷许愿的也前来还愿。全村老少爷们聚集在家神庙喝茶聊天、打扑克、下象棋、敲锣打鼓，共度除夕。1990年后在家神爷跟前看香火的年轻人逐渐减少，看香火以中老年人居多。

除夕夜，每家有一个男性给家神爷看香火，其他人则坐在家里的热炕上喝酒吃饭、续香守岁。女性、老人一般睡得比较早，小孩、青年人几乎通宵不睡，喝酒放炮，敲锣打鼓，临近凌晨零点的时候抢着到家神爷跟前烧香磕头。一到零点户户焚香放炮，村村敲锣打鼓，喜迎新年到来。1985年由于经济条件所限，除夕喝酒助兴，比较融洽。之后随着年轻人外出跑副业经济实力逐步提高，喝酒之风愈演愈烈。进入90年代后期，腊月初八过后一些年轻人聚集喝酒打麻将。除夕之夜更为疯狂，轮流到每家喝酒直至天明。正月十五过后，由于年轻人陆续外出跑副业，聚集喝酒才结束。

大年

初一清早，先给先人烧香磕头，接着晚辈给家中长辈磕头拜年，长辈要给孩子给糖果和零钱（俗称压岁钱），接着大家开始转亲戚，一般到初三关系亲密的亲戚全部走完。正月初一走的亲戚一般是至亲，女婿转丈人家、烧新灵等。其中新女婿必须初一转丈人和媒人家。正月初三晚饭后送纸，又称送先人，去世时间不长的将纸送到坟园烧掉，去世久远的先人纸一般在村口烧掉。之后送纸时间越来越早，到2007年大多数人在吃完午饭后就开始送纸。从初四起女性开始转亲戚，男性开始耍烟歌、走访好友，过年三天未转完的亲戚继续转，初十之前走访亲朋基本结束。

初五日又称五福日，农村家家户户早上吃散饭，在门、窗、桌、柜等处粘点饭粒，谓之"然五福"。

正月十五元宵节，一般村子选择这一天烟歌谢降（就是烟歌谢幕仪式），大家聚集在家神庙院内耍烟歌、闹元宵，每家院子里大红灯笼高高挂。闹完元宵之后会长收拾整理烟歌道具，将锣鼓钹等封存起来，关闭家神爷庙门，过年结束。90年代后期一些村中断耍烟歌活动，加之外出跑副业时间提前，大家几乎不过元宵节。

第二节　二月二　清明节

二月二

二月二日古称中和节，俗称龙头节。惊蛰前后，大地回春，是日家家户户炒豌豆和五谷杂粮，爆玉米花，祈祷年内五谷不生病虫害、不降冰雹、小儿不出天花等。有些地方还有打灰簸箕的习俗，家庭主妇盛一簸箕灰，用木棒敲打簸箕底部，撒灰于墙脚四周，且边撒边念："二月二，龙抬头，壁虱蛇蚤都抬头，一把打在灰里头。"意即一切害虫开始活动，撒灰灭虫以除其害。1985年过二月二的群众比较多，特别是老龄妇女比较注重这些活动，之后随着年长之人相继去世，成长起来的年轻人并不在意，一般在二月二仅准备一些干果豆子之类的东西,也有些人不过。

清明节

春分过后,人们可上新坟,清明前一两天上旧坟,插纸幡,挂纸条,培新土,植树。有些人对上坟比较重视,会专门选择合适的日子上坟。上坟主要是往坟头添新土,认为坟越大脉气就越旺。由于上坟在清明节之前,清明节当日反而没有什么祭祖仪式。上坟等事妇女不能参与,1985年后由于男性青壮年都外出打工,家里只有妇女儿童,因此妇女也参与上坟等事宜。

第三节 五月五 六月六 八月十五

进入夏季有五月五和六月六两个节日,由于一到夏季就是农忙时节,因此相对春季农闲时期的节日冷淡了许多;而八月十五由于在秋季,农活开始减少,节日又过得隆重起来。

五月五

五月五也叫端午节、端阳节,早上人们在门楣、窗户上插柳枝,以驱除邪气、祈求吉祥。少年儿童胸戴香草荷包。新婚未满百天的女子要回娘家过节,称避端午。端午节城区群众吃的食品有绿豆糕、油炸盒子、粽子、凉粉等,农村家家户户都要散一锅凉粉吃,亲朋之间相互走动送礼,拜儿子、徒弟、新女婿要追节,即分别给拜大(拜妈)、师傅、岳父母送过节礼。其中新女婿的追节最为重要,1985年追节送礼就是凉粉、油饼,给儿媳妇送布匹或者衣服,之后直接给钱,并且礼钱逐年提高。到2007年城乡食品统一以凉粉、粽子为主。

端午节少年儿童脚腕、手腕戴五色线,俗称手绾。相传五色线辟邪,尤其是在田间草丛中行走可以避免碰到长虫。一般端午节过后会将手绾丢掉。端午节当天一些人会早早起来到草丛中摆露水,祈求健康;有些少女会用露水洗头发。青少年将柳枝的皮揭下来,卷成一个喇叭吹着玩。揭皮有技巧,首先选用的柳枝要直,而且生长时间只有一两年,这种柳枝的皮薄光滑柔韧性好。然后围绕枝干一旋一旋地揭,皮的宽度按照柳枝和喇叭大小自由选择。接着将揭下来的皮一圈一圈地缠绕成喇叭,先从喇叭口开始往外缠绕逐渐放大喇叭口径，缠绕时一定要用力，不然会散开。缠到树皮另一端末就收口绑扎，再根据喇叭开口处大小用细小的柳枝拧一个"咪咪"插在开口处，这样喇叭就做成了。咪咪与唢呐的咪咪一样，音调也相似，只不过材质不同。小孩子很喜欢吹，端午节前柳枝发芽随风舞动，小孩子会做成各式各样的喇叭、咪咪吹，音调也千奇百怪。为保持咪咪、喇叭的水分和柔韧性，吹完之后会将其放在水桶里面，有的放十来天都可以吹。有时在水桶里面放的时间一长，水质都会变苦，有一股柳树的味道。

五月五日，每个村子都杀鸡宰羊敬献家神爷，祈福四季平安、风调雨顺。是日村里老少齐聚家神庙院子里点香蜡、放炮、宰杀牺牲，其热闹景象如同过年。同时几乎每家都给家神、山神还愿宰杀牺牲，过节时大家都能吃到新鲜肉菜。

六月六

农村六月初六时一些家庭会为孩子做蝉状薄饼吃，叫作烙麦蝉，以庆今年麦子取得好收成。烙麦蝉用的面粉是刚刚收割的麦子磨成的面粉，面粉带有清香的麦子味道，非常好吃。城区清晨子女要为去世未过三年的亲属泼绿豆汤，寄意亡人和家人一起换季消暑。

八月十五

农村群众一般称中秋节为八月十五，城里外来人口多，称中秋节的人较多。中秋节过法与端午节相同，农村吃凉粉，城区吃月饼、凉粉，亲朋之间相互走动送礼，拜儿子、徒弟、新女婿追节。八月十五天气一般凉爽，农活也趋于消缓，节日当天大家一般会暂停田间地头的农活歇下过节。早上大家齐聚家神庙院点香蜡、放炮、敲锣打鼓、宰杀牺牲敬献神灵祈福，一片热闹喜庆景象。

第八章　语　言

第一节　语　音

　　秦州区作为秦人和秦文化的发源地，在语言发音上秦声汉韵的特点很突出，往往是同样的字、词、句子由于使用环境的不同，则含义和读音也发生变换，单字声母、韵母混读，及字、词使用经常假借、通用的现象比较严重，是典型的汉语。而且发音比较重，与普通话相比显得铿锵有力。城区由于外来人口比较多，加之普通话的推广，语言特点不够明显。农村群众世居秦州，语言特点非常清晰。最有代表性的就是天水镇和关子镇，其中天水镇是早期秦人生活的地方。1985年秦城区成立至2007年，农村老人常年留守家中生活，日常交流使用语言变化很少，仅少年儿童受到普通话推广的影响，平时使用普通话居多。同时受到广播电视的普及影响，至2007年农村老年人尽管在日常生活中不使用普通话，但是碰到外地人大多数老人都能运用生硬的普通话与之进行简单的沟通交流。

　　为避免与前志过多的重复，此次编修的语言主要是对前志方言的补充完善，并增加一些日常生活中常用语言。

　　声母

　　秦州区语言语音使用的声母有28个，普通话21个，继续使用古声母7个，分别是（v）物、（tʃ）朱、（tʃ'）出、（ʃ）斯、（ʒ）如、（n,）泥、（ŋ）饿。

　　浊重音　秦州群众交流表达直白，说话铿锵有力，很少轻声细语地说话。"我"秦州发音浊鼻音"ŋō"，比普通话"wǒ"发音要重、更有力。在关子、天水镇一带语音中自成音节，我、饿等直读为舌根浊音"ŋ"，读音"ŋè"。零声母字秦州发音一般加声母，如：安（ān）发音为"ŋán"，爱（ài）发音为"ŋāi"。

　　j、b、d、g、n、r声　j、b、d、g、n、r声有时分别读为q、p、t、k、l、sh（ʒ）。声母j在拼齐齿呼韵母时部分变为q。如：鸡（jī）儿，鸡（qī）蛋（tān）；

日（shǐ）子，日（ri）头；还有旧、轿、将等。再如薄（pò）、夺（túo）、规（kuī）、拿（lá）、软（ʒuǎn）等。h有时也读j，如虹（jiāng）。

j声 介读音"gāi"，与介同音的还有解、芥、街等，如：解（gaì）开，解（jié）决问题、街（gāi）道（taò）等。

x声 声母x在一些字中变为h，如：项（háng）圈、巷（hāng）道（taò）、鞋（hái）、杏（hēng）等。

zh、ch、sh声 zh在大多数时候读（tʃ），ch读为（tʃ'），sh读为（ʃ），如主（tʃù）、春（tʃ'un）、叔（ʃú）等。这三个声母之间有时相互混读，同时与z、c、s相互混读。如赵（chaò）、尝（shǎng）、争（zéng）、吵（caò）、山（sān）、杂（cà）等。

韵母

秦州话有39个韵母，与普通话韵母一一对应，但与声母一样混读较多。韵母摩擦强，韵母带轻度双唇摩擦。前鼻韵母in、uen、en、un与后鼻音韵母ong、ong、iong、eng相混，变成后鼻音韵尾。相混的还有e读ei、uo、ai，uo读ui，ao读ue，ei读i，ie读ue，uo读u等，如：革（geì）命、歌（guō）手、额（ŋaí）颅、国（guí）家、钥（yuě）匙、碑（bì）文、斜（xuè）斜子、作（tʃū）饭。

文白异读字

由于普通话简化汉语发音，好多汉字的读音被去掉，秦州群众沿袭继承汉字的大部分读音，下表将一些常用字简化掉的读音作一简单归纳。表中书面语读音就是普通文言读音，白读拼音就是普通话推广的统一读音。

文白异读简表

表25—8—1

字	白读拼音	书面语读音			字	白读拼音	书面语读音		
		反切音	拼音	词组			反切音	拼音	词组
介	jiè	古拜	gāi	一介人	作	zuò	总古	zǔ	作饭
解	jiè	古买	gài	解开	丈	zhàng	呈两	chàng	丈人
街	jiē	古膆	gāi	街道	晨	chén	食鄰	shén	早晨
道	dào	徒皓	tào	家道	雀	què	—	qiāo	麻雀

续表

字	白读拼音	书面语读音			字	白读拼音	书面语读音		
		反切音	拼音	词组			反切音	拼音	词组
巷	xàng	户降	hàng	巷道	去	qù	丘據	qì	来去
杏	xìng	何梗	hèng	买杏	吓	xià	呼讶	hà	吓人
便	biàn	毗面	pián	便工	斜	xié	徐蹉	xuǒ	斜纹
毛	máo	蒙晡	mù	眼眨毛	行	xíng	户庚	hèng	行走
地	dì	徒四	tì	扫地	蝉	chán	时连	shàn	麦蝉
挟	xié	胡颊	há	挟东西	惩	chéng	直棱	zhéng	惩治
下	xià	亥雅	hà	下面	牙	yá	牛加	n,à	牙子
咸	xián	胡谗	hán	咸菜	躺	tǎng	齿两	n,áng	躺下
角	jiǎo	古岳	guō	抵角	这	zhě	—	zài	这介
觉	jiǎo	古岳	guō	觉着	杂	zà	徂合	cā	杂饭
绿	lù	力玉	liù	绿衣裳	鞋	xié	户佳	hǎi	草鞋
耕	gēng	—	geí	耕地	崖	yá	宜佳	n,ǎi	悬崖
尾	wěi	—	yī	尾巴	巴	bā	—	pà	尾巴
罢	bà	皮驾	pà	罢了	鸦	yā	五丁	wā	老鸦
谋	móu	谟悲	méi	谋着哩	構	jiǎng	古项	gāng	耕構
谋	móu	莫浮	mú	计谋	知	zhī	—	chī	知道
寻	xún	徐林	xìn	寻东西	揭	jiē	丘傑	qiē	揭粮食
荨	qián	—	xián	荨麻	凿	záo	在各	cuǒ	凿卯
牡	mǔ	莫后	mǎo	牡丹	橛	jué	其月	qüé	木橛
货	huò	—	hǔ	货郎	坏	huài	古坏	guǎi	坏过火
爹	diē	丁邪	dā	爹爹	怎	zěn	—	zà	怎办

第二节　语　法

　　秦州语言的语法与普通话语法几乎没有差别，如果说有差别就是普通话表述属于书面语,秦州群众日常交流纯粹是口语。口语的特点就是句子结构简单,一句话由于使用的环境、语气的不同往往具有不同的含义,词性、词义、语气、语调频繁变化,语气词、助词、代词、量词等使用较多。书面语表述完整准确,比如一个句子主谓宾齐全,大家对一句话的含义理解一致,不会发生歧义;口语则一个句子里省略的东西较多,理解时容易发生歧义。

名词重叠

时间量词中的每年、每月、每日(天),口语一般重叠说成年年、月月、天天。名词中的盆子、罐子、碗、锅、桌子、桶子等,口语重叠为盆盆、罐罐(儿)、碗碗(儿)、桌桌(儿)、桶桶等。也有不重叠的,妈妈在秦州口语中不重叠,大家都直接呼妈。也有一些随着使用环境的变化有时重叠,有时则使用单字不重叠的,如娃娃、水桶、盆子、罐子直接说成娃、桶、盆、罐或者重叠为娃娃、桶桶、盆盆、罐罐。平南、天水、汪川等镇词尾加"儿"和"子"字比较突出,如花儿、叶叶儿(子)、杆杆儿、娃娃儿(子)、边边儿(子)等。有些村庄在个人名字后面都加"子"字,如振中子、振华子、兴华子等。

程度副词

蛮(愣) 蛮和愣本意是凶蛮、凶横不讲理、呆傻的意思,秦州群众在日常生活中除使用以上意思外,还经常当作程度副词使用,意思是干什么事不讲理、不计后果,拼命地干,有狠劲。愣发音较重,与冷的音相同。例如:他媳妇是介蛮婆子(意思是说他媳妇干活拼命,是个勤快的媳妇),他蛮愣学习哩(学习拼命),他蛮(愣)打孩子哩(只知道狠命的打孩子,不懂教育方法),他愣(蛮)吃哩(不知饥饱)。

得很 很表示程度很深,书面语中一般是什么东西很什么,秦州群众在日常生活中将得字和很字连在一起放在句末使用。如:他对我好得很,她作的饭好吃得很,那介人凶(凶狠)得很。同时得很与过火通用,例如她长得漂亮过火(得很)。

怎 读音"zà",意思是怎么、怎样,是日常使用频率很高的词之一。一般生成的词组有怎来(为什么、怎么样的意思)、怎办、怎介的(怎么样)、怎价(准备干什么)、怎价的(什么样子的、结果怎么样)、怎了（怎么了）等。同时"怎了"放在句末，表示程度很深，如"这几年病害怎了（害病遭年成）""这介大汉今个早起把娃娃打怎了（把孩子打得非常严重）"等。

奈何　从无可奈何之意延伸而来，就是奈若何。如"你奈何好一点"就是没有办法，希望"对方稍微好一点"，因而有"稍微""比较"的意思，经常老师对学生或者长辈对晚辈说话时用，就是期望对方"稍微"在某些方面有所好转。当对某一事物使用时，不含有期望之意，就是单纯"稍微""比较"的意思，如"现在生活奈何好了，娃娃奈何大了"等。

量词介

在书面文言中量词皆用介（gāi），介字成为万能量词，秦州群众在口语中沿袭这一用法。如"一介草民""一介猴子""一介飞机""一介桌子"等。个（guō）字作为量词使用频率仅次于介字，如"半介（个）桃子""三介（颗）杏人"等。动宾词组中间也加介字，如"跟了介集买了介脸盆""去了介地里挖了介洋芋""寻介人"等。

句末词

价（嗟）　句末加上"价"字表示准备干什么。如"我走嗟""他来嗟""孩子吃饭嗟""娃娃喝水嗟""学生念书嗟""他才穿衣服嗟""我干活去嗟"等。

啥　句末加上"啥"字，加强语气，表示要求、催促，虚词无实际意义，也可以省去啥字，语句意思不变。如"你快些（啥）""把东西拿上（啥）""早点睡（啥）"等。

着哩　着读音"zhāo"，有两种意思。一是用在动宾词组后面表示事情正在进行，如"我看电视着哩"等。二是用在形容词后表示对事物的肯定，如"事情好着哩"等。

吗　在疑问句末"吗"字后加反义词，不改变句子的原意，如"这根管子长吗（短）""他的个子高吗（低）"。

高　一般放在句末，指高凸之处，相当于上，如"鼻梁高、房高、炕棱高"等。

第三节 常用词汇

传统词汇

先人　祖先,按照过年坐纸习俗,去世三代之外的亲人都称为先人。

老汉家　泛指老人。

大汉家　泛指成年人。

大汉　父母亲,一般对其他人称呼自己的父母亲为大汉。

男人家　泛指成年男性,多用于成年人之间相互交流时对男性的称谓。

男人　泛指成年男性,多用于妇女之间相互交流时对自己的丈夫和别人丈夫的称谓。

女人家　相对男人家,泛指成年女性,多用于成年人之间相互交流时对女性的称谓。

女人　相对男人,泛指成年女性,在一些场合也代表妻子的意思。例如"提女人(娶媳妇),他的女人(妻子)生了一个胖胖娃娃"。

娃娃家　成人对未成年的少年儿童的称呼,同时长辈称呼晚辈为娃娃家。

碎娃娃　小孩子,多指儿童。

月里娃　也叫月娃、月娃子,未出月的婴儿。

我　在不同的场合有不同的读音,在单独表示"我"时读音"ŋō",在表示"我的"时读"ŋāo"。

眼人　瞳人,泛指眼睛。

核核　读音为"hǔ",如"核桃核、桃核"。

耳蜗　蜗读音为"guā"。耳朵象形蜗蜗牛,因此称耳朵为耳蜗。

事情　也叫干事,红事情指结婚、认亲等喜事,白事情指丧葬活动。

家当(谐音)　工具。

将　读音为"zǎng",现在的意思。

当　表演、担任职务等,或碰运气。

丢　一点点。

作　读音"zǔ",本意就是作、干、做的意思。如"作啥""作饭""作衣服""怎作的"等,秦州区群众使用频率最高的动词。

扔　读音"rí"，丢的意思。如"扔人（丢人）、扔东西"。

壅　怂恿的意思，原指给玉米等庄稼壅土使其长大。

浨　读音"ŋǎn"，水开了的意思。如"烧的水浨了""浨水"。

挟　读音"há"，手里拿着东西或捏着东西，相当于拿、捏。

捋　揪、扯、拔，如"捋草、捋鸡毛"。

揭　读音"qiē"，用肩扛的意思，如"他的胛骨（肩上）揭着一袋子面"。与揭同音的动词还有截、捷，例如"他走的是捷路""把偷牛贼给截住了"。

蹿（跄）　读音"jiǎng"。一般指小孩子跳来跑去地玩耍，欢快的样子。读重音时是疾速奔走、奔跑的意思，如"今天又蹿了一回街道啥也没有买。"

扛　发两种音。发音"gāng"时，指用铁锨铲东西，或者作的意思，如"扛粪""扛长工"等。发音"hāng"时，是挤、碰、撞、攘的意思，如"他在戏场把她扛了一下"。

着　读"chuó"音时有两个词义，一是当作动词表示燃烧的意思，如"着火了（起火了）""着了几吨煤"。二是与其他字组在一起，如"睡着了""觉着（感觉到）""挨着（挨上）"。

麇　聚集，挤在一起。

觉　音同角，读音"guō"。一般与着（chuó）字搭配在一起组成词组，觉得的意思，如"你觉着这（zāi）介人咋介的？"也可以单独使用。

撺掇　介绍对象，如"我给你撺掇一个媳妇"。

吃烟　吸烟。

借　与介同音，读"gài"，借、欠的意思。

侩　本意是牙人、舌人或者经纪人能说会道，引申义是吹嘘夸耀。

墙　当作名词时是遮掩、屏蔽、隐藏物的意思，如"城墙、防火墙"；当作动词是隐藏、遮掩、屏蔽的意思，如"墙娃娃（捉迷藏）、墙东西"等。

靸　1985年由于没有拖鞋，农村群众在家里为了行动方便经常靸鞋行走，就是把鞋后跟踏在脚底行走。2007年随着拖鞋的普及，年轻人在家里穿拖鞋的比较多，老年人还是习惯靸鞋。

扰　读音"ʒā"，与罚（rā）读音相近。用手搓揉、驯养家畜的意思，也有骚扰烦人的意思。如"孩子小的时候把人扰尽了"，意思说婴幼儿不好抚养，非常费神、耗精力。

鞍　读音为"qùn"，一般指皮肤干燥冻裂或者擀开的面存放时间长而皲裂。

牙叉骨　与佥同意，指嘴上或者牙子上的功夫厉害，能说会道的意思。

罢了　相当于结束了或者完了。罢（pà）了经常单独作为一个句子，指某一件事做完了或者某一活动结束了。如"戏唱罢了没有""罢了"等。

嚎　娇气、妖气。

坏　发两种音。读音"guǎi"时，是不好的意思，如"坏脾气""坏毛病""那个人长得坏（相貌不好看）"。读音"huài"时，是破损、毁损、腐败的意思，如"坏苹果""坏蛋""败坏名声"等。

脸喜　羡慕。

游世　一般指串门聊天，多指妇女到邻居串门。

铪　磨损，消磨的意思。

用物　相当于食品添加剂、催化剂、调料。

一世界　界与介的读音相同，为"gāi"。到处，满地，全世界的意思。

觡（角）　读音与各相同，为"guō"。指动物的角，有时说某人的觡长意思是说这个人很强势。

旮旯　读音为"guǒlāo"，一般指屋子、院子或者炕的角落。

吊　指事物形状不方正而狭长。

反撇子　与众不同，孤僻，怪异。

背扇　门扇或者屏状物的背面，比喻人干事阴背的意思，为人处事恰好与正确的方向相反。

畜眉（处迷）　愚蠢、不明事理的人。眉的读音与迷的读音相同，读"mí"。

猪八眉（八眉）　畜眉的意思，来源于八眉猪。一般用于大人对小孩的称呼，多带褒义，相当于瓜娃娃、瓜孩子、傻孩子的意思；有时也直接呼为八眉，显得更为亲切。

奸 一般指为人奸猾,奸诈,贪图享乐,好吃懒做,有时等同于懒惰。

麻油 麻子榨成的油。麻子油总是漂在碗的最上面,因此引申义指人做事过于漂浮,相当于轻浮。

死嗄(jià)的 关系最为亲密的人之间的称呼。

柔 比喻干事慢慢腾腾,软绵绵,无处着力。

莫眉毛 一般指看不到事情的头绪,理不清,或者没有希望。

莫眉脸 与莫眉毛同义,指什么也看不清楚,对事情毫无头绪,一片模糊。

躷躷 不干净,一般指个人卫生差。

狼藉 藉读音"xī",指个人或者环境卫生不干净、不整洁,脏乱差。

哑密 哑读音"n,ā",比喻做事很隐秘,大家都觉察不到。

下把 可能,大概。

机诈 俊俏、机灵、神气的意思,一般指男性青少年。

流行词汇

死狗 1985年至2000年"死狗"多指品行不端正、好吃懒做的人,常与二流子、懒汉等联系在一起。到2005年成年人所说的死狗词性、词义没有变化;而青少年说的死狗就是本意,指死了的狗,再无其他含义,死狗的样子很难看、很狼狈。

小姐 1991年逐渐从城乡流行起来,到1995年群众普遍认为小姐就是娼妓(qī),并且在日常生活中大量使用,成为口语中使用频率较高的词语之一。

靓 2000年前后在城区流行开来,特别是年轻人最爱使用,之后城区除老年人外都使用这个词。

副业头 1981年至1985年农村好多人自己开始承包一些小的建筑工程,群众则将这些包工头称为副业头。1986年至1995年十年是农村副业头的黄金时期,1985年平南、齐寿等乡一个村一般有一个副业头,到1990年一个村就有十几个副业头,而且副业头收入非常惊人,实力雄厚的副业头一年承包工程利润达百万。2000年后平南、齐寿等乡从事"副业头"这一职业的年轻人很多,一般大多数在外搞建筑的年轻人都有"副业头"的从业经历,但是由于竞争激烈,好多人干两三年副业队摊子就垮了,因而各村长期从事"副业头"职业的人基本与90年代持平。

副业队　副业头带领的建筑队。

跑副业　普通群众到副业队做工叫做跑副业。

大款　20世纪90年代末在城乡群众中流行起来,在农村大款就是指副业头。

第四节　俗　语

农业

七十二行,庄农户（huō）人为王。

人哄地一时,地哄人一年。

人挪窠窠,狗占窝窝。

人黄事出来,驴黄屁出来。

天黄有雨,人黄有病。

蜗蜗牛耕地哩枉费的辛苦。

春寒不算寒,惊蛰寒了冷半年。

清明前后,栽瓜点豆。

事理

驴不行了怨扭弓,人不行了怨妇人。

三十晚上算一账,人在本钱在。

江山易改,本性难移。

人活脸树活皮,城墙活下一锨泥。

为人不做亏心事,半夜不怕鬼叫（敲）门。

不听老人言,吃亏在眼前。

英雄访好汉,畜眉访背扇。

眼过千遍,不如手过一遍。

打人不打脸,骂人不揭短。

好了蜜和油,坏了撕烂脖子扯烂球。

三十晚上没月亮,一年连一年不一样。

小时偷针,大了偷金。

从小看大，三岁看老。

出门看天气，进门观声色。

打捶处少看，劈柴处少站。

远亲不如近邻。

兔儿沿山跑，到晚入旧窝。

挑花拣花，挑得眼花。

老了不要装少年，穷了不要装富汉。

众人拾柴火焰高。

滴檐水滴的旧窝窝。

萝卜（卖得）快了不洗泥。

卖米的见不得粜面的。

好出门不如薄家里坐。

有把城门的，没把口门的。

天上下腊肉，还要张口（口张）哩。

隔行不取利。

有理不打上门客。

马莲蔓从细处断了。

师傅不高，教下的徒弟翘腰。

心急吃不了二两热豆腐。

站着说话腰不疼。

进了油坊门，不得干出身。

天塌下来有汉子大的顶着哩。

风吹倒了赖天爷。

人怕伤心，树怕伤根。

老鸦笑猪黑，笑过来一般黑。

生活

桃饱杏伤人，梅李子树下睡死人。

闲话少说人心闲，夜饭少吃人安然。

着着子妈打着着子哩，这一下给着上了！

上山子的驴襻胸，吃劲得很！

乡里人吃粽子哩，没蜜甜得很（没蜜就甜）。

狗肉上不了（不上）牌场。

尿下尿尿用箩着过哩，细得很。

瞌睡寻着枕头了。

不吃凉粉了腾板凳。

冷手抓了介热馒头。

吃羊肉不落膻气味。

油缸倒了，脚步不乱。

一天游四方，黑了补裤裆。

槽里无食猪咬猪。

狗头蜂作不下好蜜。

隔山不远隔河远，隔个梁梁叫不喘。

骆驼脖子长，吃不了隔山的草。

狗头戴不了乌纱帽。

兔子不吃窝边草。

鞍子大过马价钱。

石头大了弯着走。

老虎不下狼儿子。

驴啃脖子工便工。

卖瓜的不说瓜苦。

牛头不对马嘴。

狗改不了吃屎。

狗肚子贴不住二两（三钱）油。

瞎猫拿住死老鼠。

老汉家劈柴看方向，娃娃家劈柴凭力量。

肠子咬人搔不得。

夜长睡梦多。

十个指头有长短。

手心手背都是肉。

叫花子死了七天，口张了八天。

三句话不离本行。

没烧香的，尽拔胡子的。

割的脖子敬神哩，人疼死了，神得罪了。

歇后语

秫秫面和辣椒 —— 吃出看不出。

荞皮子拌醋 —— 没麸（福）气。

偷的馍门背后吃 —— 自哄自。

大腿上扎刀子 —— 离心远着哩。

跛子担水 —— 演得紧。

老汉家耕地哩 —— 由牛（你）着哩。

聋子的耳朵 —— 摆设。

瞎子点灯 —— 白费油。

月里娃害眼 —— 瞎荏了。

老虎吃天爷 —— 没处下爪。

老虎吃了个蝇沫子 —— 瞎担了个牙叉骨。

老牛跌着崖底下 —— 看把角担（耽搁）了。

死羊的眼 —— 定了。

狗看星宿 —— 一串明。

老鼠拉秤砣 —— 把门塞了。

老鼠钻到风匣里 —— 两头受气。

鸡儿不尿尿 —— 各有各窍道。

当年的鸡娃 —— 差翘（窍）着哩。

鸭子晒粪 —— 尽下嘴着搅哩。

屎爬牛跌到尿盆里 —— 游大江湖了。

六月里的萝卜 —— 少窖（教）。

枣核解板 —— 没两锯（句）。

当院的柱子 —— 不顶事。

茅子门拾了个手巾 —— 怎敢揩（开）口来。

脱了裤了放屁哩 —— 作的重工。

先人卖醋哩 —— 后辈都酸了。

驴抵角哩 —— 凭脸着扛哩。

马岐山（地名）人进城哩 —— 上来了。

小街下（地名）人朝人宗爷哩 —— 离得近。

红旗山（地名）的黄萝卜 —— 两头齐。

竹林人（地名）扔钱杈哩 —— 你谋（猜）去。

汪家川（地名）的油饼 —— 没油怪汪的。

苟窝山（地名）的霈雨 —— 恶得很。

坚家河（地名）的墙炕土 —— 有劲哩。

秦州区志
QIN ZHOU QU ZHI

第二十六编

人物

RenWu

　　秦州地灵人杰，英才辈出，先后诞生赵充国、段会宗、赵壹、刘锜、任其昌、周务学、邓宝珊、冯国瑞等著名人物；尤其是秦州作为秦人的发祥地，嬴姓赵氏源于秦州，除先秦时期秦国历朝君王外，之后历代嬴姓赵氏杰出人物还有赵逸、赵熙、赵芬等人，闻名天下的赵氏祠堂就坐落在西关。《秦州区志》人物记述坚持生不立传的原则，传记主要收录《秦城区志》未收录的自古至今秦州籍杰出人物和在秦州活动为社会发展做出重要贡献的客籍人物，秦州籍革命烈士和在秦州区牺牲的客籍革命烈士；简介主要收录当代秦州籍有正高级职称、职务地（师）级及以上人员、革命烈士、一等功获得者、知名企业家、有社会重要影响的人物，以及个别《秦城区志》未收录的古代有社会影响人物；表录主要收录秦州籍在秦州区工作荣获省部级及以上单位表彰奖励人员、具有副高级职称、职务副县（团）级及以上人员、二等功获得者，以及在秦州区工作、活动的社会各界知名人士等。

第一章 传 略

上官杰

　　西汉陇西上邽人。汉武帝时期，上官杰因武功出众得宠于汉武帝，初为未央厩养马官。一次武帝患病，病愈以后看见马匹消瘦，武帝大怒，斥上官杰道："你让我不再见马邪！"要给上官杰治罪。上官杰叩首谢罪道："臣知圣上身体不舒，日夜操劳圣上龙体，心思全不在养马事上！"话未说完，泪流数行，武帝以为上官杰关爱自己，由此更加亲近他，升迁其为侍中。不久又迁为太仆。

　　后元二年（前87年）二月武帝行幸盩至（即今陕西周至县）五柞宫，病势危重，便召见三位亲信大臣上官杰、霍光、金日磾托付后事，并以上官杰为左将军。丁卯日，武帝病死。戊辰日，太子即皇帝位，杰、光、日磾三人共领尚书事。霍光掌握国柄后由于与上官杰关系密切,每当霍光离朝后杰便代替霍光处理朝政。冬,匈奴入侵朔方,杀掠吏民,上官杰率军前往巡视。始元二年(前85年)正月封左将军上官杰为安阳侯。杰子安娶霍光女为妻,生一女儿,安想通过霍光关系将女儿纳入宫中,光以年幼推脱。三年,由于安与丁外人关系密切,而盖长公主与丁外人关系深厚,安便鼓动丁外人游说长公主将女儿纳入宫中,被封为婕妤,安也被封为骑都尉。四年三月立上官氏为皇后。冬,又迁安为车骑将军。次年六月,封安为桑乐侯,安愈加骄横淫侈。六年(前81年)苏武从匈奴归来,诉说成纪李陵往事,上官杰、霍光平时与李陵相善,派其故友前往匈奴招陵,李陵不听二人劝告遂老死于匈奴。

元凤元年(前80年)上官杰父子为感谢丁外人数次为其求官、封爵,皆被亲家霍光拒绝,上官杰逐渐对霍光产生不满。但是杰孙女上官皇后与她母亲关系亲密,而光为其外祖父,上官皇后成为光与杰争权的一个焦点。八月杰便联合燕王刘旦、御史大夫桑弘羊等人企图扳倒霍光,结果其计划被皇上识破,上官杰等人更是坐立不安,便又与长公主等人计划以宴请霍光为名,伏兵斩杀霍光,废皇上,迎立燕王旦为太子。九月因计划不密谋泄被捕,连同宗族全被诛杀,只有上官皇后因年小为霍光外孙女,才得以幸免。

汉孝昭上官皇后

(前89年 — 前37年)上官皇后为上官安之女。始元三年(前84年)上官氏被汉昭帝刘弗陵纳入后宫封为婕妤。四年三月甲寅日,上官氏被立为皇后,大赦天下。元平元年(前74年)四月癸未日,刘弗陵去世。上官氏年幼未生子,霍光便利用上官皇后宣召迎立昌邑王刘贺为帝。六月丙寅日刘贺继皇帝位,尊上官氏为皇太后,年仅十五岁,成为中国历史上最年轻的皇太后。

刘贺继位后在朝廷安插亲信,引起霍光等人的不满,于是霍光密谋废黜刘贺。癸巳日霍光胁迫百官废皇帝刘贺。随后率群臣向上官太后奏报刘贺劣迹。上官太后起驾未央宫承明殿,下诏拒纳刘贺亲信大臣。刘贺率昌邑亲信大臣入宫,被太监关闭宫门拒之门外。上官太后下诏刘贺前来觐见。太后身穿珠襦庄严地坐在武帐中,禁军皆持武器,然后群臣依次上殿,宣皇帝刘贺前来听诏。霍光与群臣联名向上官太后呈奏章揭发刘贺淫乱之事,令尚书令宣读。太后听到刘贺淫乱孝昭皇帝后宫之事,打断尚书令陈词说道:"停止,作为臣子竟如此淫乱!"接着尚书令又宣读刘贺其他罪状,最后读到:"陛下不可以承天序,奉祖宗庙,子万姓,当废!臣请有司以一太牢具告祠高庙。"太后下诏准奏,霍光便将刘贺手中的印玺夺走拿给太后,刘贺皇帝位被废,太后督察政事。

七月霍光等人奏请上官太后立孝武帝曾孙刘病已为帝,太后下诏准之。庚申日刘病已入未央宫拜见太后,随后登皇帝位,尊上官太后为太皇太后,成为历史上最年轻的太皇太后。建昭二年(前37年)闰八月丁酉日太皇太后上官氏去世,与孝昭皇帝合葬。

纪处讷

唐代秦州上邽人,官至左将军、纳言。早年投身于武则天革命党阵营,与武三思、宗楚客等人为伍,长期以来与李唐保皇党争斗不休。纪处讷娶武三思妹为妻,武三思先后宠于武后、韦后,权势显赫无人能比,纪处讷攀附武三思之势,仕途一路春风。神龙元年(705年)兼检校太府卿。景龙元年(707年)天下大旱,谷价上涨,皇上李显召见纪处讷商议旱灾之事。次日,武三思便指使知太史事、右骁卫将军迦叶志忠与太史令傅孝忠向皇上奏到:"夜晚摄提星进入太微宫,到达帝座,此乃征兆皇上与大臣私交,臣尽忠于皇上。"皇上以为然,下旨褒奖纪处讷忠诚皇上,征兆于天象,赐衣1件,绸缎60匹。纪处讷权势更炽。七月辛丑日,太子不满武三思与韦后淫乱,帅兵进攻皇宫,诛杀武三思等人,皇上便命兵部尚书宗楚客、左将军纪处讷拥兵2000余人屯于太极殿前,闭门固守。成王李千里、天水王李禧引兵攻右延门,欲杀纪处讷等人,被纪处讷等人击败斩杀。此役太子、武三思皆死。事后右仆射、中书令魏元忠为太子鸣不平,纪处讷等便奏请皇上以与太子通谋罪诛元忠及三族,皇上遂解魏元忠仆射之职。不久,以兼太府卿纪处讷为太府卿、并同中书门下三品,魏元忠被贬为渠州司马。同月,又加官纪处讷为侍中(纳言)。时突骑施酋长娑葛自立为可汗，父时旧将阙啜忠节不服，之间相互攻击，阙啜忠节便派人贿赂纪处讷等人，请求朝廷发兵讨伐娑葛，朝臣多以发兵不利，而纪处讷、宋楚客等人以为应发兵讨娑葛，朝廷便发兵相助阙啜忠节。结果娑葛遣兵生擒阙啜忠节，唐军无能亦被击溃，唐使者冯嘉宾被杀，遂陷安西，成为边患。景龙三年（709年）监察御史崔琬参奏弹劾宗楚客、纪处讷二人暗通戎狄，由于二人与皇上关系日益密切，皇上并不追究。

景龙四年（710年）六月韦后之党毒杀皇上李显，韦后亲自临朝执政，命纪处讷持节巡抚关内道。不久韦后事败被杀，纪处讷行至华州亦被斩杀。

李仕衡

字天均，宋代秦州成纪人，李益之子。李仕衡身怀经纶济世之才，历任三司盐铁勾院使及荆湖北路、陕西、河北转运使，知永兴军、天雄军，吏部、工部侍郎等职。在任20余年为北宋社会经济稳定发展及陕西、河北军民抗击西羌、契丹后勤保障工作做出巨大贡献。特别是在多年的工作实践中，总结归纳出一系列新的经济理论，为后世所仿效。

李益工于财务，为秦州长道县酒场官，聚财丰厚。利用钱财结交朝中权贵，搜集官员违法犯罪信息，郡守以下官吏皆为李益挟持。老百姓所贷李益钱利息，官府出面代收，甚至比朝廷的赋税还征收得急。冯伉为秦州观察推官后不与李益合作，一日李益得知冯伉乘骑外出便派人对冯伉进行暴打，予以教训。冯伉两次写奏章向皇上揭发此事，皆被官吏藏匿。雍熙四年（987年）宋太宗赵匡义派钦差到各地买战马，买马钦差到达秦州后冯伉借机委托钦差译者附表向皇上上奏此事，宋太宗赵匡义获悉此事后大怒，下诏逮捕李益。圣旨还未到秦州，早有权贵通风报信，李益逃亡。赵匡义更为震怒，下诏全力追捕，数月后在河内富豪家中将李益逮捕，送御史台审理后伏法，查抄全家。五月丁丑日斩杀李益，李仕衡以进士及第任光禄寺丞，受此牵连被除官籍流落京兆。

后逢大赦，寇准欣赏李仕衡才华，保荐恢复官籍。李仕衡任剑州知州时王均领导的农民武装进攻剑州，李仕衡为形势所迫主动烧毁粮草护送金帛东守剑门，王均攻入剑州城无物索取，便攻剑门。李仕衡预先招降1000多人，开诚相待。敌军至，李仕衡与铃辖裴臻率兵迎击，斩杀数千人，捷报朝廷，升任尚书度支员外郎，赐绯鱼朝服。后因弃城被降职。奉诏入朝，以李仕衡为三司盐铁勾院。度支使梁鼎不用李仕衡关于筹备边防军储之计，致使关中百姓困扰，遂免鼎官，以李仕衡为荆湖北路转运使，又迁陕西。时朝廷支付30万内帑缗以助陕西军费，李仕衡到任，由于管理合理精细，后皆由地方筹备，减轻朝廷经济负担。宋真宗巡幸洛时，李仕衡前往献粟50万斛，又运往京西30万斛，朝廷以为人才，判度支副使。李仕衡便向朝廷上言，废除陕西一些不合理的法规，减轻了百姓的负担。出任河北转运使，负责宋军抗击辽兵的后勤供给工作。又奏请朝廷罢免朝廷为河北军所支付的内帑钱100多万缗。河北百姓担负70万的军费，百姓常向豪绅借高利贷偿军费，李仕衡建议朝廷在春季时由官府向百姓发放借贷，夏秋收取得息，官民便利，朝廷大为赞赏，下令把这一方法推行于天下。皇帝封泰山时，李仕衡又献祭祀钱帛粮草各10万，迁为右谏议大夫。祭祀汾阴，又献钱帛30万，诏命提举京西、陕西转运事。知永兴军，进位给事中。一月后，又以枢密直学士知益州。不久河北军缺军储，任河北都转运使。皇帝驾幸亳州又贡丝锦、缣帛各20万。李仕衡筹集大量粟于塞下以为军储，有人告于朝廷积粟腐不可食，朝廷派使查验，因保管有方，粟皆可食用。朝廷南郊，又贡献钱财80万。有人中伤李仕衡利用军储上贡朝廷，弄虚作假，皇上听到后，以李仕衡才计过人，大加赞赏并不责怪。之后旱蝗，仕衡调拨积粟赈灾，又调给5万斛救济京西。迁任尚书工部侍郎，权知天雄军。又历任刑部侍郎、三司使、同州观察使，知青、陈等州。李仕衡所到之处，赈济困苦，清除弊法滥政，使官民得益。仁宗在位时，曹利用事败，仕衡为曹女婿受到牵连，被降职。

李仕衡死后，儿子上诉朝廷其父有功劳于国家，遂诏追复同州观察使。

曹　玮

字宝臣，北宋军事家曹彬第三子，真定灵寿人（今属河北石家庄）。曾两次任秦州知州，历任泾、原、仪、渭、镇戎缘边安抚使及宣徽北院使、镇国军节度观察留后、昭武军节度使等职，谥武穆。曹玮帅秦州是他戎马生涯中最为重要的一部分，在秦期间，他积极吸收秦汉以来抚羌军事理论思想，开创性地发展秦州乡兵，对北宋乡兵制发展成熟奠定了坚实的基础，同时也为维护西北民族团结做出了不可磨灭的贡献。

曹玮自幼追随父亲帐下，受父亲曹彬熏陶影响，造就了其沉勇多谋的军事才能和喜读书的良好习惯，精通《春秋三传》，尤精《左传》。夏王李继迁反叛时，诸将数次征讨无功，曹玮父向宋太宗赵匡义推荐，以本官同知渭州，时玮十九岁。宋真宗即位，为内殿崇班、知渭州。曹玮治军严明，赏罚立决，违令者无所宽免，更善于利用敌人所露间隙，时常把敌人的举动掌握的一清二楚，举措如同带兵多年的老将。

大中祥符八年（1015年）复知秦州，又兼泾、原、仪、渭、镇戎缘边安抚使。时唃厮罗（羌语，意为佛的儿子）为吐蕃一族领袖，数与宋兵发生摩擦，曹玮便利用吐蕃各部之间矛盾，数败唃厮罗，遂使唃厮罗折服。同时，又出兵击败其他吐蕃各族，增修城堡，招募勇士，陇右民安。秦人奏请朝廷刻石纪其伟功。天禧三年（1019年）夏王赵德明侵略柔远砦，都巡检杨承吉出战失利，遂以玮为华州观察使，鄜延路副都总管，环、庆、秦等州缘边巡检安抚使，对付夏人入侵。委乞、大门等族闻知玮至，便前来归附。拜玮宣徽北院使等职。天禧四年（1020年）九月，宰相丁谓驱逐寇准，嫉恨玮不与己结党，被指为准党贬官。后丁谓事败，又任都总管、节度使等职。

天圣七年（1029年）曹玮卒，赠侍中。曹玮善于抚循士卒，能使其尽死力，平时悠闲及出征多奇计，用兵神速不可测。曹玮将兵40多年，从未失利。吐蕃赞普唃厮罗一旦听得玮名，便遥望玮所在处，东向合掌加额而拜。曹玮知天雄军时，契丹使路过勒令其部下："曹公在此，毋纵骑驰驱也。"宋神宗慎重军事，凡边事，往往密付玮商讨。由于曹玮在促进民族统一中的丰功伟绩，逝后受到朝廷几次追封，并在秦州立家庙。

刘 锜

字信叔，刘仲武第九子，宋代秦州成纪人。南宋著名抗金将领，与岳飞、韩世忠等人齐名。高宗即位后特受阁门宣赞舍人，知岷州，为陇右都护,因与夏人作战屡胜,夏人儿啼哭便吓道:"刘都护来!"张浚宣抚陕西见其才,以刘锜为泾原路经略使兼知渭州。

绍兴三年（1133年）刘锜为宣抚司都统制。九年（1139年）升为龙神卫四厢都指挥使。十年（1140年）,金人归还三京,为东京副留守,节制八字军四万人。五月金人背盟南侵,刘锜正带领将士进入顺昌城。为坚守城池,毁舟,置家属于寺中,积薪于山门,告诫守卫者:"如有不利,即点火。"于是将士皆全力奋战,争呼"平时人欺我八字军,今当为国家破贼"。壬寅日刘锜设伏擒千户阿黑等二人,又连夜派一千多人袭击,数战杀敌甚多。不久金三路都统葛王褒带兵三万与龙虎大王合兵逼近顺昌城,刘锜令大开四门,金人疑惧不敢进。

顺昌被围四日,金兵愈盛,移营寨于东村,距城二十里。刘锜派骁将阎充募壮士五百人,连夜砍杀敌营,是晚雷电交加,金兵撤退十五里。刘锜又募百人命将士人持一鼓直犯金营。雷电一闪便奋击,雷电止则藏匿不动,敌营大乱。百人闻鼓声便聚,金人愈加猜疑不能预测锜军情况,整夜自相残杀,积尸遍野,退兵老婆湾。金将兀术听闻此事,立即索靴上马不到七日抵顺昌。刘锜派曹成等二人为间谍,并嘱咐道遇敌则说:"太平边帅子,喜声伎,朝廷以两国讲和,使守东京图逸乐耳。"二人遇敌被擒以前言告诉敌兀术,兀术大喜即弃鹅车炮具不用。第二日,曹成二人带刑具逃归。兀术至城下,刘锜派人约战,兀术怒道:"刘锜怎敢与我战,吾用力破尔城,用靴尖踢倒耳。"约以明日战。刘锜派人在颍河上游及草中散毒,刘锜士兵轮番休息于羊马圈下,士气闲悠;而敌饥渴者,食水草者便病。清晨气凉锜按兵不动,至未、申时敌力困乏,突派百人从西门进击,不久几千人从南门出击,戒令勿喊只以锐斧砍杀。兀术骑甲马,带领三千牙兵指挥作战。敌军皆穿锴甲,名叫"铁浮图",头戴铁盔,三人连在一起,战马拥护。刘锜用枪去其头盔,用大斧断臂碎首。敌军有铁骑组成的"拐子马",全由女真人组成,称为"常胜军",专用攻坚战,在战斗最激烈时上阵。自参战以来所向无敌,此次也被锜军所破,战斗从辰时进行到申时,敌军退,便用拒马木挡住敌人军马稍息吃饭。敌人远望而无一人敢靠近,饭毕又深入敌阵刀斧乱下杀敌,敌人弃尸毙马,血肉相枕,器甲堆积如山。乙卯,兀术拔营北逃,刘锜派兵追杀敌人死伤数万。

此战锜兵不满二万,以逸待劳仅以五千人出战,击溃兀术十万之众,致使金人惊恐丧魄,悉卷珍宝北逃,意欲弃燕。以大功授锜武泰军节度使,侍卫马军都虞侯、知顺昌府等职。

十一年(1141年)刘锜于清溪出击大败金兵,后遇兀术陈兵十万于柘皋,敌人望见锜军不战而退。金主完颜亮南侵时,刘锜又立大功,赐金五百两,银七万两以犒锜军。绍兴三十二年(1162年)刘锜因忧愤国事过度而卒。后谥武穆。

安世泽

(1889年—1935年)天水南乡安集寨村人。1930年参加民众武装组织扇子会,任团长。1935年2月4日参加领导天水监狱暴动,组织成立陇南人民抗日第一支队,任队长,不久失败,于2月10日牺牲。

1930年5月马廷贤攻破天水城,天水西南乡及礼县一些精壮青年便推举罗锦章、罗炳章兄弟二人为首领组成扇子会反抗马廷贤的暴行,平时疾恶如仇的安世泽便参加扇子会加入反抗马廷贤活动,多次随罗氏兄弟袭击马匪,英勇善战,被罗氏兄弟任命为团长。1931年冬川军入秦,安世泽随扇子会参加配合川军入秦的战斗。1932年1月马廷贤在川军及扇子会的进攻下退逃,天水人民终于摆脱马军的压迫。不久扇子会解散,安世泽解甲归田后引起当地豪绅不安。1934年2月地方官绅相互勾结,带领胡宗南部队逮捕安世泽,使用严刑压折安世泽双腿。回到县城后敌人多次严刑拷打,逼供枪枝下落,结果无效,于是处罚安世泽坐牢一年,被关入天水监狱。

此时,关入监狱的还有共产党员赵德懋、陈庆五、姚仁夫等人。赵等人便给安做思想政治工作,策动暴动越狱,成立陇南人民抗日第一支队,去甘川边界打游击。经安、赵等人商议,计划暴动出狱后便经安集寨到虎头山、天台山召集扇子会旧部,扩充实力,筹集枪弹粮草。1935年2月4日(正月初一)深夜,安、赵等人通过监狱看守班长张鼎位(共产党员),打开各个牢门,放出100多名难友,冲出天水城,带领80多人宣布成立陇南人民抗日第一支队,安世泽任队长,张鼎位、赵德懋任副支队长。然后冒风顶雪，向天水南部山区进发，支队经两天一夜的艰苦跋涉，来到安集寨休息。第二天早晨安世泽集合队伍准备向天台山进发，结果被尾随追来的胡宗南一个营的兵力包围，由于支队人员缺乏枪弹，很快被胡军冲散，安世泽等人被俘。

2月10日安世泽、赵德懋、陈庆五、张鼎位等15位暴动越狱骨干被押上北关瓦窑坡刑场。他们视死如归，在高喊"打倒国民党反动派，中国共产党万岁！"的口号中壮烈牺牲。1988年3月14日安世泽被甘肃省民政厅追认为革命烈士。

黄志霖

（1921年—2013年）太京人，教授。1951年兰州大学医学院毕业留校任教，1956年加入民盟，1958年9月参与筹建宁夏医学院，被任命为解剖教研室主任，1979年成为研究生导师。发表科研论文十余篇，其中1978年《大网膜动脉分布类型及其临床意义》获卫生部医药卫生科学大会奖，1981年《臀上皮神经分布与腰腿疼关系》获宁夏，自治区优秀科研成果三等奖；1983年《20例国人尸体硬模外腔结构的解剖学观察》获宁夏回族自治区优秀科研成果三等奖，1984年《三叉神经腔及其有关结构的解剖学观察》获宁夏回族自治区卫生厅科研成果三等奖。1983年至1988年被选为宁夏回族自治区政协常委；1978年选为民盟宁夏回族自治区委员会委员、常委，1979年当选为中国民主同盟第四届中央候补委员，1980年即被补升为民盟中央委员；1988年改选为中央参议委员，1993年终止。

米新洪

（1928年1月—2016年4月）陕西临潼人，秦腔花脸国家二级演员，中国戏剧家协会会员，历任天水秦剧团团长、天水市文联副主席、天水市秦剧团副团长等职。

米新洪7岁在陕西下邦县永乐（安）社科班学戏。1939年来到宝鸡，先后饰演过须生、娃娃生、媒旦等角色，16岁以后专攻净行花脸。20岁时在净角的音调与工架方面更加稳健优美,在宝鸡一带获得"虎兄豹弟"之称(豹弟指其弟米新焕,亦工净行)。1950年南下汉中,一年后取道入川,落脚广元加入广元县秦剧团。演出的《五台会兄》吸取川剧之长,使他一举成名,成为他一生的代表剧目。1956年随广元县秦剧团调天水市,任天水秦剧团团长。在天水他成功地塑造张飞、包拯、曹操、乔老、杨延昭、单雄信、徐颜昭、张定边、张奎、艾谦、潇恩、李勇奇、郭建光、李玉和、雷刚等人物舞台形象,受到观众好评,在西北五省享有盛名。

米新洪不但讲求脸谱,考究功架,擅长表演,而且唱念方面也有自己的风格。他的演唱精满气足、爽快大方,特别善于通过语式变化、吐字喷口以及对唱腔节奏的控制来描述剧中人物复杂的心绪,演唱具有气口活、板头准、气魄大和韵味浓的特点。在《斩单童》戏里,他以上挑下滑、字节即刹、哭音唱腔合降音等多种润腔手法塑造出单童被杀之前毫无惧色地英雄气概和追求蒋家楼三十六兄弟情义的复杂心绪。同时他毫无保留地把演技传授给一代又一代的年轻演员,培养的学生遍及西北五省。代表剧目有《五台会兄》(饰演杨延昭)、《陇上红缨》《赤桑镇》(饰演包拯)《程咬金招亲》(饰程咬金)、《万家春》(饰丁父)、电视剧《月梅》(饰大队长)、《三对面》(饰演包拯)《闯宫》(饰演纣王)、《挑袍》(饰演曹操)及《沙陀国》《黑虎坐台》《铡包勉》《二进宫》《过八州》《醉打金枝》等。

郑荣祖

(1931年—2006年)秦州人,中共党员。1952年7月参加工作,后任天水地区农业局科长、工程师,天水地区林业局副局长、党组成员等职。1991年4月至1993年3月任政协天水市第二届委员会主席,1993年3月退休。郑荣祖曾对秦城区、武山县社会治安综合治理、大地湾遗址保护、张家川县宗教事务等方面问题提出许多意见、建议。1992年至2001年参与全市地方志评审工作,任领导小组副组长,对市、县(区)志的编纂广有裨益。退休后从事书画创作,有一定造诣。

张　炬

（1935年—2009年）秦州人。中国戏剧家协会会员，电影表演艺术学会会员，国家一级演员，享受政府特殊津贴。出演的话剧有《霓虹灯下的哨兵》《战斗的篇章》《花园街五号》《父亲的车站》《奥赛罗》《人生感受》等；参演的电视剧作品比较多，有《小龙人》《巨人的握手》《小墩子》《小楼风景》《三国演义》《东周列国·春秋篇》《二马》《走向共和》《西安虎家》《天下第一楼》《巡城御史鬼难缠》《曹老板的十八个秘书》《青鸟的天空》《家有爹娘》《家有爹娘2》《老人的故事》《候车大厅》等。获文化部第三届"文华奖"表演奖，1987年荣获全国振兴话剧奖——表演"金狮奖"，2007年获文化部"优秀话剧艺术工作者"称号。

贾　玮

（1935年9月—2011年5月）秦州人，高级工程师，历任甘肃省水利厅副地级调研员等职，享受国务院特殊津贴专家。1953年7月进入西北工学院水利系水工结构专业学习，1957年9月大学毕业后到甘肃省水利厅设计院工作。1969年4月被下放到张掖"五七"干校学习，1970年9月至1978年9月在甘肃省水电勘测设计院一总队工作，任技术员、三分队技术负责人等职。1978年9月至1983年11月任甘肃省水电设计院工程师，在此期间加入中国共产党。1983年11月任省水利厅规划设计处处长，1994年10月任甘肃省水利厅副地级调研员，1996年5月退休。曾先后担任中国水利学会理事、甘肃省水利学会副理事长。

贾玮大学毕业后一直从事甘肃水利勘测设计工作，几十年来在工程勘测、规划、设计以及施工等方面具有很高的专业技术水平，积累了丰富的实践经验。先后完成巴家咀水库、静宁东峡水库、金川峡水库、和政牙塘水库、平凉崆峒水库、引大入秦工程等省内十余项大、中型水利工程勘测设计工作，主持设计的静宁东峡水库和平凉崆峒水库两项工程设计被评为省优秀设计奖。1983年11月贾玮任水利厅规划设计处处长以后主管全省水利水电工程规划设计审查及水利规划工作,多次主持、参与甘肃省多项水电技术咨询、审查与水利工程技术审查。主持完成疏勒河流域、景电二期工程等省内大型灌溉工程的规划审查,及甘肃省河西水资源优化配置规划、甘肃省牧区水利规划、甘肃省水资源合理开发利用规划专题报告等。多次参与国内外重要学术交流,先后出访美国、加拿大、澳大利亚及欧洲等国家。

何晓峰

（1935年—2001年）字冰河,号紫芝主人,秦州人。甘肃画院副院长,中国工艺美术大师。出身于书香门第,聪颖过人,家学渊源深厚。少年时代有缘从古字画中手摹心追历代名家真迹,深得其中三昧。1954年考入西北大学物理系,1956年工笔重彩牡丹《五月艳阳天》在第二次全国美展中得到中国画院院长叶恭绰、画家于非闇的赞赏,被著名画家陈半丁誉为"传统工笔花卉派承先启后的人物"。之后《百合花》等5幅作品被人民大会堂收藏。何晓峰主创的12扇大型雕漆屏风《群仙祝寿图》在全国工艺美术品展览上被称为"最优秀的工艺作品",被东京博物馆收藏。为艺术创作,何晓峰亲植花卉数十种,饲养鹦鹉、刺猬、鹭鸶、鹿等飞禽走兽十余种,朝夕描摹,并遍游名山大川,写生奇花异卉,体验大自然的精髓。1978年后何晓峰到天水市雕漆工艺厂工作,先后任天水市工艺美术公司总工艺师、天水市雕漆工艺研究所所长、甘肃书画院副院长等职。到晚年,何晓峰作品更加成熟,不仅形神兼备,仪态天成,而且于古雅超迈之中透出清逸俊秀之气韵。其书法也兼具"骨、肉、筋、血、气",平稳端凝,疏密均停,法度森严,一丝不苟,有钟王之余韵。

王少锋

（1995年7月—2011年）,关子七十铺人。2011年兰州黄河岸边两名儿童不慎落水,王少锋奋不顾身跳入河水抢救不幸牺牲,消息传来区宣传部在《天水日报》上发表《无名英雄找到了》和《少年英雄王少锋》专题报道，配合电视台拍摄专题节目，在市民中引起强烈反响。10月区委发出《关于向王少锋同志学习的决定》，授予王少锋"少年英雄"称号，召开动员大会向少年英雄王少峰学习。

何金海

（1956年2月—1976年4月）中城人，中共党员，后加入中国人民解放军。1976年4月宁夏石嘴山市两名儿童溺水，正在执勤的何金海看到后奋不顾身跳入水中抢救，不幸光荣牺牲。消息传到家乡后，中共天水市委召开大会，号召全市人民向何金海学习。

雷卫兵

（1962年—2002年）麦积新阳人。1982年甘肃警校毕业后进入天水市公安局工作，历任天水市公安局刑警队侦查员、秦城区分局治安大队队长、巡警大队队长、治安股股长、政办室主任。1995年被公安部授予"一九九四年度全国优秀人民警察"称号。2002年3月因公牺牲，被公安部授予二级英模称号。

何方志

（1974年—1999年）礼县盐关人。1997年甘肃政法学院法律系毕业后进入天水市公安局秦城分局工作，为巡警大队民警、三级警司。1999年3月18日何方志因抢救误坠防空洞内的3名小学生牺牲，年仅25岁。1999年9月何方志被公安部授予"二级英雄模范"称号；11月甘肃省人民政府批准何方志为革命烈士；天水市委、市政府追授其为"舍己救人优秀民警"，号召全市人民向何方志学习。

第二章 简 介

段 颎

字纪明,陇西上邽段会宗曾孙,东汉著名军事将领,官至太尉,封新丰侯。颎因镇压羌民而闻名于后世,被供入历代武成庙。颎初举为孝廉,做宪陵园丞、阳陵令,有政绩迁为辽东属国都尉,讨鲜卑有功升议郎。永寿二年(156年)桓帝拜颎为中郎将,颎带兵斩杀东郭窦、公孙举等造反群众一万多人,封列侯。廷熹二年(159年)迁为护羌校尉。八年(165年)因破西羌有功封颎都乡侯,邑五百户。永康元年(167年)颎率兵平定西羌。建宁元年(168年)春颎帅兵万余讨破东羌,赐钱20万,全家为郎中,拜颎破羌将军。二年(169年)颎在上邽斩杀1.9万羌人,东、西羌皆平。颎平羌共180战,斩杀3万余人,军士死者400人。更封新丰县侯,邑万户。三年(170年)回京,增封4000户,共食邑1.8万户。四年(171年)代李咸为太尉,冬,以病罢官。光和二年(179年)又为太尉,遇日食自劾,恰逢与宦官王甫同流合污杀中常侍郑飒等案发,饮鸩自杀。颎虽平东西二羌之乱,但军费耗支过大,致使农桑废、经济崩溃,群盗起,东汉政权最终支离瓦解。

宇文导

字菩萨,武川人(今属内蒙古),周太祖宇文泰之弟。年少时为人豪爽仁爱。西魏文帝即位后,论功进爵为公,增邑500户,拜使持节散骑常侍、车骑大将军、光禄大夫,后进位仪同三司。赵青雀、于伏德、慕容思庆等作乱时,导从华州率兵进击,擒伏德,斩思庆,进驻渭桥与宇文泰会兵。事平后进爵章武郡公,邑二千户,加太子少保等职,后征导为陇右大都督、镇上邽、督十五州军事,兼秦州刺史。齐氏称帝作乱,宇文泰带领关中军队讨伐，京城无人镇守，诏导镇咸阳，拜大将军、大都督、督二十三州军事，宇文泰班师回朝后仍镇上邽。宇文导深受百姓爱戴，西魏恭帝元年（554年）十二月去世于上邽，年44岁。赠本官，加尚书令，秦州刺史，谥曰孝。葬于上邽城西无疆原。送丧时秦州等地各族群众1万人参加葬礼，哀痛久久不能离去。

宇文广

宇文导子，字乾归，少方严，好文学。北周孝闵帝登基封为天水郡公。世宗时为骠骑大将军、开府仪同三司、秦州刺史。保定二年（562年）为秦州总管，督十三州诸军事，兼秦州刺史。善安抚，百姓敬畏而拥爱。时晋公护诸子生活侈靡，逾越礼制，而广独自作为表率，谨守礼制，礼贤下士，朝野称赞。四年（564年）进位柱国。后追封导为幽国公，诏广袭其父爵。起初广母李氏因广患病多年而忧劳成疾，以此致殁。广既居丧，更加绵笃，因思母过度而薨。世人都称母为广病，广为母亡，慈孝之道集于一门。北周高祖皇帝素服率领百官拜祭，赠本官，加太保，葬于陇西，有司遵照圣旨，葬礼俭约。

赵 隆

字子渐，宋秦州成纪人。应募从军，随王韶攻取熙河时，大将姚麟出战受伤严重，说道："吾渴欲死，得水还可活！"时天色已晚，有泉水距敌营很近，隆独身前往用衣汲水，敌人发现后追击，隆边战边行，挟衣回来，麟饮水而苏。又从李宪讨鬼章立功。隆为泾原将，战功卓著。熙宁中，钤辖熙河兵，屡立战功，后与童贯意见不合，出为熙宁知州、陇右都护，羌人信服，归附内移。与刘法西讨，隆以奇兵击溃羌兵，修震武城，迁为温州防御使，龙神卫、捧日天武都指挥使。死后赠镇潼军节度使，帝命词臣制碑，亲自篆曰"旌忠"。

王 真

元末避乱真随父从家乡山东琅琊举家南迁至萧县（今安徽萧县）。至正十二年（1352年）王真参加红巾军，十六年（1356年）真加入朱元璋大将冯国用麾下，先后转战云贵及苏、浙、鲁、豫、湘、鄂等地，历任百户、千户、卫指挥同知。建文二年（1400年）王真改任秦州卫指挥同知。四年（1402年）真家属及族人一部分西迁秦州城西（今王家磨村）择地定居，其父王行简因子功被赠为明威将军。

张 翼

明秦州人，永乐时为御史巡按江西，遇大灾荒，张翼绘图上奏朝廷请求赈灾，朝廷下发帑金数十万，救活众多百姓。江西河岸荒地沃衍，翼召集百姓开垦凿渠灌溉，得良田一万多亩。回到官衙行台后又弹劾宠臣刘观贪婪违法之事，刘观被充军。后又弹劾宦官杨进为其嫉恨，被迫辞官回乡。

张 锐

字抑之，明秦州人，成化进士。由刑部主事迁郎中，后任吉安知府，得罪权贵调任汉阳，在任大力锄奸恶，名声大振，升山东参政。回乡后致力于教育事业。

坚 晟

字伯明，明秦州人，监生。由广平县丞迁升博平县令，东郡盗贼侵入，晟率众守城拒贼，先将自己的妻子留在家里，四周围满棘，说道："吾簪到，尔辈即自裁！"受此激励博平城得以保全，升迁蓟州知州。又改任通州，致使二州百姓争抢晟。晟在通州由于同知被权贵所逼投河自杀，晟被牵连贬官。后任宁州知州，有政声。

雷　龙

明秦州人，元代秦州总管府元帅雷震亨裔孙。雷震亨子孙世袭秦州总管府元帅，到明代其子孙雷泽又世袭秦州卫指挥使，泽生雷龙。龙幼时能文，15岁时以庠生袭指挥使，后升任都督佥事，为宁夏总兵。隆庆二年（1568年）破套寇于平虏城沙子堰。次年十一月直捣敌军巢穴至西红山验马滩，斩首417级。因功升都指挥同知，龙以祖父尚未请封推辞，遂改为都督同知，龙曾祖以下全部赠一品官阶。万历初移防宣府，因镇守边防有功升右都督，特进荣禄大夫。

雷　蛟

字凤飞，秦州人，回族。明崇祯十三年（1640年）李自成部下掌律王攻陷秦州，密谋屠城，蛟探知其后晚上回家便对其父说道："儿要救活全城人，如事成则城全，不成则儿先死！"其父许诺。蛟离家后即日便突杀掌律王，又令城中民众斩杀各自家中李自成军将士，秦州城中李军遂灭。因功任游击之职。十五年雷蛟与指挥于光耀领兵击武大定军于东关城，武军败退。清顺治三年（1646年）农民军侵扰伏羌，蛟拜见总兵请兵三百连夜赶赴伏羌，奋力激战两昼夜，农民军被击溃，伏羌遂安。后伏羌知县白粹然率士民来秦州为蛟庆功，朝廷赐蛟金牌。

汝迪先

字惠庵，民国秦州人。甘肃武备学堂毕业，曾在新疆陆军新编第一标督队任蓝翎守备，奖五品衔，民国初年卸职回天水。民国17年（1928年）河州不安，天水兴办民团，众人推举汝迪先为北关民团团总，迪先毫不推辞尽力组织训练团丁。12月24日马仲英率回军抵达南河川，迪先率北关团丁坚守北山。早上与马军鏖战于泰山庙，敌军愈来愈多，团丁寡不敌众四处溃散，迪先来不及逃脱被擒至敌首面前。敌首赞道："率百余乡民敢挡数万之众，我自甘、凉、宁、平以来还没看见如此勇壮者！"亲自给其松绑，想要招揽为幕僚为其策划。迪先便假装不知，威逼利诱终不应允，敌首大怒，迪先大骂不止被害。吉鸿昌师长为汝迪先立精神不死丰碑以纪其英烈。

周肇岐

　　原名尚志，字子高，民国天水人。在甘肃陆军小学毕业后考升湖北中学，参加辛亥武装暴动，为黎元洪、黄兴二人所称赞器重。国民政府成立后，奉中央命令来甘赞助自治，便与议长李镜清共事。李为仇家所杀，遂离甘去京，被推选为国民党党部总干事。后因大选在即，政见不一，随陆建章将军西入关中任宪兵司令、军械局局长等职。陈树藩为陕督，邀请周任骑兵统领，周坚辞不受。送陆建章回京，被委派来甘调查实业，周来甘与张广建虚与委蛇，暗中联系同志以图改革。不久，狄道事变失败，便乔装由陕入川，川督熊克武委任为副官长。后又担任第二混成旅团长兼任巫溪县长、夔关监督。受胡景翼督办之召任骑兵二旅旅长。邓宝珊攻克保定，进攻马厂，后方依赖周防守。周同时兼任北路运输总司令、陆军十一混成旅旅长。后随吴佩孚转战豫南任第八路军司令兼警备司令，又改任第八军军长，赴四川作战，中途遇害，时年40岁。

朱据之

　　（1914年—2000年）原名朱守德，号劬园，秦州人。天水市六中教员、甘肃省文史研究馆馆员，政协区第一、二届委员会委员。朱据之一生教书育人、爱好文史，致力于诗词创作。朱据之幼年上学时家境困难，1937年从甘肃学院医学系肄业，先后任甘肃省银行甘州分行职员、宝天铁路工程局会记课课员，后在天水师范学校、通渭中学等任教。1979年后到市六中任教，退休后致力于地方文史研究，参与《天水市志》《天水地图册》等地方史志的编写工作，著有《天水风土小志》《劬园诗词存稿》等。年轻时曾受业于任文卿、张云石、汪剑平等人门下，和张举鹏、董晴野、马永惕4人发起成立天水诗社，主张"诗、词、曲各有不同的声韵格律，要传承它的精髓，才能为传统文化，否则即是新创的另一种文艺形式",强调"诗、词、曲的革新重点要放在内容方面"。

郭孝堂

（1922年—2017年）杨家寺人。幼年时跟随父母到陕西打短工,1947年7月替六叔父抓丁入伍,一个月后部队起义被整编入解放军六十二军独一师,之后随军进入四川,转战江油、雅安等地。1950年8月加入中国共产党11月在剿匪作战中荣立一等功。1951年在河北邯郸炮兵团学习受到两次嘉奖,1952年8月转业后任杨家寺民兵大队长、乡长等职,1980年8月离休。

邓惠霖

1923年出生,女,天水县人。民国26年（1937）在三原女中加入民族解放先锋队。民国36年（1947年）毕业于西北农学院农业经济系,后在西北农学院附中任教。中华人民共和国成立后在西北文教委员会计划处、陕西省民委等单位工作。1980年调入民革陕西省委会机关。1980年加入中国国民党革命委员会,1984年12月加入中国共产党。历任民革陕西省第五届委员会常务委员、第六届委员会秘书长、第七届委员会副主任委员兼秘书长,民革中央第五届委员会候补委员,民革中央第六、第七届监察委员会委员,政协陕西省第四、第五、第六届委员会委员。

安东波

（1926年—1996年）字陇牧、海帆,华岐宋家村人。中学高级教师,民盟天水县负责人。1942年在华岐乡余家坪村办起国立海池小学,后考入天水师范毕业后留校任教。1953年在天水市二中任教。1956年调入秦安一中,期间在三阳川等地参加土地改革。1958年又调入华岐中心小学,"文革"后期在天水乡任教,后回到家乡华岐任教。受过他教育的学生达数千人,一生培养教授等20余人。

董鉴泓

1926年6月出生，西关人。1949年3月在上海加入中国共产党。1945年考入国立同济大学土木系，1950年参加治淮，1951年毕业留校，1985年评为教授，1991年评为博士生导师。历任城市规划教研室主任、建筑系副系主任、城市规划研究所所长、同济大学海南设计院院长，兼任校外事办公室主任、中国建筑学会城市规划学术委员会副主任委员，中国城市规划学会常务理事、中国赴阿尔及利亚城市规划专家组长。主编《中国城市建设史》获教育部优秀教材奖，参编《城市规划原理》。其他著作有《城市规划理论与历史研究》《中国古代城市十二讲》等，主持编写《天水历史文化名城规划》《天水伏羲广场规划》等。

张 琮

（1927年—2009年）杨家寺人。1948年进入苏州美院学习，1953年毕业于西北师范学院艺术系美术专业，毕业后进入天水一中任美术教师，后调入天水高等师范专科学校，历任美术系主任、副教授、天水市美术家协会主席等职。擅长水彩画、中国画、剪纸。把西洋水彩画技法融汇中国画传统笔法，创作明快、清新的具有中国特色的水彩画作品。

张文学

（1928年—2005年）笔名石鼓，号净空，杨家寺人。国家一级画师，天水羲皇书画院副院长，民盟成员。中学毕业后参加青年军，1947年毕业于汉中青职电讯科高级部无线电专业。后跟随军队转战南北，从事军队文艺工作，中华人民共和国成立后在天水市二中任教。通音乐、绘画、书法，对怀素、于右任书法钻研颇多，形成自己醇厚稳练、刚柔相济的草书风格，代表作有《张文学草书大观》。1994年起作品在日本、韩国、菲律宾、新加坡、美国、巴西、比利时、泰国等国家进行展出，部分作品被收藏，1996年获"当代书法艺术家"称号，有多幅作品被收入《世界书法家经典》。

刘肯嘉

（1931年—2010年）天水刘磨村人，中共党员。1952年9月参加工作，1952年9月至1955年3月在天水师范任图书管理员兼语文老师；1968年3月进入北京大学中文系学习，后到中共天水市委报道组工作，任报道组组长。先后在《甘肃日报》《人民日报》、甘肃人民广播电台等媒体发表消息、通讯、调查报告、言论等新闻稿件800多篇。著作《二重唱选辑》。

曹　列

1933年2月出生，杨家寺人。1947年入伍，1949年9月参加新疆解放战斗，1954年集体转业至石河子市农八师，任宣教科科长。1961年转业，任中共石河子市委宣传部部长。

吴廷富

1934年9月出生，秦州人，回族。1950年参加工作，1953年毕业于西北民族学院政治系，历任省委统战部副部长、省政协常委、省文史研究馆馆长、中国书画家协会会员、省书法家协会常务理事等。幼承庭训，喜爱书法，长期以来笔耕不辍，崇尚二王、米芾书风，主攻行草。先后被聘为纪念毛泽东诞辰一百周年中华当代文化精粹博览会组委会副主任、全国回族书画展艺术顾问，应邀出席海峡两岸书画印名家研讨会、首届中国（天津）书法艺术节并举办个人书展。作品《回归颂诗书画珍藏集》《锦绣中华·回归颂诗碑》《共创辉煌国际书画大赛》《纪念刘少奇诞辰一百周年艺术展》。主要著作有《吴廷富书法集》《兰亭序及兰亭修禊图赏析》《往事琐忆》等，其中入选《中华当代书画精品展》的作品获优秀奖。主编大型图书《甘肃历史名人画传》。

王　柄

1935年出生，字持三，杨家寺人。从天水师范毕业到学校任教，后调入中共天水县委宣传部从事宣传工作，工作之余从事诗词作品创造，发表诗歌千余首，代表作有《石榴树》《剪窗花》《栽树歌》《好哥哥苦娃》《八字宪法歌》等，先后出版《黄牛歌诗稿》《清平斋吟稿》《清平斋吟稿（续集）》等诗歌集，主编北道区《民间故事集成》《民间歌谣集成》《民间谚语集成》"三套集成"丛书。

周宜兴

1937年10月出生，大城人，教授、省政协副主席。1956年从天水中学毕业，1961年哈尔滨工业大学电机系毕业留校任教，1970年进入天水长城电工仪器厂从事电子仪器产品的研发与设计工作，先后任副总工程师、研究所副所长，1980年当选天水市人大代表。1984年到兰州商学院任电子计算机教研室主任，1987年任民盟甘肃省委员会专职副主委兼秘书长，1991年至1997年任甘肃省监察厅副厅长，1995年至2007年任民盟甘肃省委员会主任委员、民盟中央委员、常务委员，1998年至2008年任政协甘肃省八届、九届委员会副主席。2009年退休后从事大地湾文化与伏羲文化的结合研究，最早提出中华文明8000年的历史论断，提出重建中国远古文明标准和示意文字的概念，阐释一画开天新的科学内涵。著有《书香闺秀》《秦州悲欢》《中华文明8000年》等10部作品。

李卫东

1939年12月出生，天水县人，省特级教师。1960年7月从天水师范学校毕业进入天水师范附属小学任教，1971年任校长。1981年1月调任解放路第二小学校长，1984年7月调任解一小学校长，1999年退休。从教40年，先后获得全国中小学德育先进工作者、甘肃省园丁奖等荣誉称号。

李鸿清

1940年8月出生，大城人，高级工程师。1959年参加工作，1979年主持筹建天水市电器厂任厂长，2002年3月企业改制后任天水市飞鸿医疗电器有限公司董事长兼总经理。1982年李鸿清研制成功"天鹅牌"六灯电子管收音机，1986年牵头联络14家甘肃大中小企业组建成立甘肃天水场效应治疗仪联合体，开创天水市改革开放实行横向经济联合的先例。1994年个人研发的快速校线测试仪获国家发明专利，8月个人研发的玄极治疗仪获国家发明专利；1997年玄极治疗仪获得甘肃省科技进步三等奖、北京国际发明铜牌奖，1998年获中国专利新技术新产品特等奖。2003年主持研制成功第二代玄极治疗仪新产品；2005年研发的前列腺治疗仪完成甘肃省科技攻关项目，在2007年被科技部等五部委列入国家重点新产品计划项目。发表《药物透入皮肤的理论和实践》《磁药水、磁片治疗急性咽炎及慢性鼻炎》《玄极治疗仪治病机理与实践》等多篇论文。 2005年4月被甘肃省委、省政府授予甘肃省劳动模范称号，11月被省人民政府评为省优秀非公有制企业家。

何永仁

（1941年—2003年）平南人，中学高级教师。1959年7月成县简师毕业后到大门中学任教，1979年7月至1989年7月在秦州区汪川中学任教，1988年8月任汪川中学副校长，1989年8月至1998年12月任平南中学校长。一生在农村从事教育事业，桃李满天下，多次获得国家、省市嘉奖：1986年9月获得甘肃省园丁奖，1993年9月获得全国优秀教师称号。酷爱诗词创作，是甘肃省诗词学会会员、甘肃省诗词研究会会员、甘肃省楹联学会会员，著作有《砚边集》。

胡承祖

1941年7月出生，大城人，明胡来缙裔孙，文博研究馆员。1968年参加工作，历任副校长、校长、区教育督导室主任及麦积山石窟艺术研究所副所长、所长、名誉所长等职。2005年至2008年受聘兼任天水师范学院生化学院副院长、文物与博物馆专业研究员。胡承祖长期从事麦积山石窟文化艺术研究，发表《麦积山雕塑艺术论略》《麦积山石窟雕塑的人文精神》《胡忻及〈欲焚草〉》等论文20余篇，《千古麦积无限情》《故园之恋》等散文十余篇；专著有《雕塑之宫》。编写《天水市志·麦积山石窟文化》，主持《麦积山石窟渗水治理工程方案》的制定和论证，《中国石窟雕塑全集》第二卷副主编，兰州大学敦煌研究所实习基地兼职教授、天水师范学院陇右文化研究中心研究员。

胡伯虎

1942年7月出生，大城人。明胡来缙裔孙，肛肠科专家。1964年参加工作，先后在民勤县医院、天水市医院工作。1979年进入中国中医科学院中西医结合研究生班，1982年毕业获硕士学位，留中国中医科学院广安门医院肛肠科工作。1985年中国中医科学院成立北京针灸骨伤学院及望京医院组建新院，胡伯虎先后任教育处副处长、基础部主任，中国中医科学院望京医院落成后任肛肠科主任。胡伯虎长期从事大肠肛门疾病的临床，对痔、肛瘘、肛裂、便秘、炎症性肠病等大肠肛门病有丰富的临床经验，采用非手术疗法—消痔灵注射液治疗痔疮，无痛、无后遗症。研究的苁蓉通便口服液是天水唯一的国家级新药，治疗便秘疗效显著，获甘肃省科技进步二等奖、中国首届老年用品博览会金奖等。发表论文50余篇，专著有《实用痔瘘学》《大肠肛门病治疗学》《大肠肛门病问答》《中国大肠肛门病学》《现代针灸医师手册》等。曾应邀赴日本、美国、印尼等讲学及临床。退休后胡伯虎积极参与地方文化工作，撰写《伏羲是医药针灸的始祖》等论文，主持《成纪胡氏族谱》《天水胡氏民居》等胡氏文献、文物的整理出版工作。

张 彤

1942年9月出生，女，中城人，甘肃省人民医院核医学科主任医师。1966年7月兰州医学院医疗系毕业留校工作，1980年9月进入甘肃省人民医院核医学科工作，1986年至2005年担任甘肃省人民医院核医学科主任、兰州大学医学院和西北民族大学兼职教授。甘肃省医学会核医学专业委员会第三届、第四届、第五届、第六届副主任委员，甘肃省核学会第三届、第四届、第五届理事会常务理事，中华医学会全国核医学委员会第六届、七届委员。在国内外医学期刊发表专业论文30余篇，完成科研课题5项，分别获得1997年度甘肃省医药卫生科技进步三等奖、1999年度甘肃省医药卫生科技进步二等奖、2000年度甘肃省科技进步三等奖。

王进禄

1943年4月出生，杨家寺人，中学特级教师。1966年7月西北师范大学化学系毕业，1968年6月到山西省五寨中学任教。1973年12月进入白银市有色二十一冶中学任教，先后任高中部主任、副校长、教育处党总支委员等职，兼任白银市政府督学、白银市化学教学研究会理事长等职，荣获"振兴兰州带头人""全国有色工业基建部劳动模范""全国有色金属工业劳动模范"等先进称号。

朱　鉴

1944年9月出生，秦州人，笔名晶山，高级工艺美术师。中国工艺美术协会会员，甘肃省美术家协会会员，中国画研究院一级美术师。产品设计成果获甘肃省工艺美术个人创作设计一等奖，设计产品"吉祥如意"获甘肃省工艺美术创作设计二等奖。1988年3月被轻工部、工艺美术总公司授予"优秀工艺美术技术人员"称号。1989年至1990年设计的产品获国家"金杯奖"和"银杯奖"。发表绘画作品100余幅，主要作品有《朵朵争艳报春图》《荷塘清趣》《玉常长寿》《金钟绣球》《秋菊》《牡丹》等。

胡达生

1945年10月出生，大城人，字养之，明胡来缙裔孙。广东省韶关大学美术教授、硕士生导师，工于书画。1966年毕业于西北师范大学美术系中国画专业，山水画师从齐白石嫡传弟子韩不言十年之久。1987年山水画《陇山夜月》获振兴丝绸之路国际书画展优秀作品奖，1992年山水画作品《幻月图》参加92两岸美术观摩展在台湾展出。1994年山水画《竹泉户户听春雨》入选《中国美术家作品大汇》获一等奖，获金奖艺术家称号；书画作品入选《东方国际名家教授书画展》。1996年书画作品入选《中国水墨篆刻展》，参加《首届北京国际书画摄影艺术博览会》获优秀作品奖。1997年作品入选《中国当代美术家精品集》系列画册，出版《胡达生》专集。1998年作品《轻阴》入编《中国美术选集》（绘画卷），书法作品《自作诗一首》获香港国际书画大赛优秀作品奖。1999年山水画作品《春深》等入选第三届中国书画名家作品展，在泰国、香港展出。作品曾在《美术观察》《美术界》《中国美术》《中国人才》《书画世界》《世界知识画报》等诸多刊物评论介绍。发表学术论文30余篇，著有《现代山水画十讲》一书。

汪政轩

1945年10月出生，秦州人，高级工程师。1970年9月参加工作，历任八冶安装公司计划科计划员、宣传科代科长、经办主任，白银工程处主任，西宁工程处主任，八冶技术处处长兼白银工程副指挥长，八冶经理助理兼白银工程副指挥长，八冶副经理兼白银工程指挥长，八冶经理、党委书记。1997年获甘肃省优秀党务工作者称号。参与指挥国家重点工程西北铅锌冶炼厂、白银铝厂、金州二矿和闪烁熔炼等工程的建设。

金宜亨

1945年12月出生，秦州人，天水师范学院教授。1969年从甘肃师范大学体育系毕业后到天水师专任教，1984年至1996年先后任天水师专体育系负责人、系主任职务，1997年任天水师范学院教学督导委员会副主任。曾多次获得学校的教书育人、园丁奖、优秀共产党员、优秀领队等先进个人奖励。1996年被甘肃省教委评选为全省普通高校培养青年体育教师的优秀指导教师。1994年天水师专体育系获得甘肃省委、省政府挂牌表彰的全省教育系统的先进集体。撰写和发表篮球系列论文20余篇,个人专著有《中国女篮征战历程》。

王润康

1946年9月出生,华岐人,中共党员。1969年7月参加工作,历任天水地区纪委办公室主任、市纪委副书记、市委常委、市纪委书记。1998年10月在甘肃省纪委、省监察厅工作,先后任省纪委常委、副书记、省监察厅厅长、常务副书记职务。2007年7月任政协甘肃省港澳台侨和外事委员会副主任,2010年退休。

聂大受

1948年7月出生,中城人,教授。1982年1月西北师范大学毕业后到天水师专任教,任中文系古代文学教研室主任等职。主要从事中国古代文学、地域文学与文化、杜甫诗歌的教学与研究工作,代表著作《陇右文学概论》。独立发表学术论文50余篇,代表论文为《竟陵八友文学集团的形成及其特点》《杜甫与陇右地域文化》,有专著1部,合作著作4部,主编论文集4部。主持省部级、地厅级、校级科研项目8项,参与完成地厅级、校级项目3项。2006年获天水市科学技术进步二等奖、甘肃省高校社科成果三等奖,2008年获甘肃省教学成果二等奖。

安铁鸟

1948年出生,女,秦州人,省特级教师。1966年从天水市一中毕业,后在天水市教师进修学校获中师学历。1972年10月在天水市建一、建二小学任教,1985年调新华门小学任教,2004年9月退休。从教三十余年获多项殊荣,1986年获天水市教改优秀课一等奖;1992年获省作文教学观摩优秀奖;1999年获省优秀教案三等奖及市论文评选一等奖;1992年9月评为省优秀教师,获省园丁奖；1995年评为全国优秀教师，2000年评为甘肃省特级教师。

冯沙驼

1949年2月出生，天水县人，中共党员。1968年7月参加工作，至1970年5月在徽县柳林公社庙坪大队插队；1970年5月至1989年7月在天水地区小河铁厂、统计局、行署办公室、经协办工作，任副科长、科长等职；1989年9月至1992年10月任天水市甘谷县人民政府副县长；1992年10月至1995年3月任天水市北道区委副书记，北道区人民政府代区长、区长；1995年3月至2009年2月先后任天水市计委主任、党组副书记及市政府副市长、党组副书记、市委常委、常务副市长，天水市政协主席、党组书记。2009年2月退休。

郭瑞吉

1949年9月出生，秦州人，省特级教师。1969年2月参军驻守西藏，1973年3月退役后从事教育工作，先后任凤凰学区兼凤凰中学校长、关子学区校长、吕二学区校长兼石码坪中学副校长、天水市解二小学校长、天水市解一小学校长、天水市新华门小学校长等职。1997年9月获甘肃省园丁奖，发表《家庭教育的现状与对策》《论十大关系》等论文。2010年退休。

姚世宏

1951年出生，牡丹团庄人。北京邮电大学毕业，复旦大学挪威管理学院工商管理硕士（MBA），正高级工程师。历任甘肃微博总站231站站长，省邮电局人事处副处长，兰州市电信局局长、书记，移动甘肃有限公司董事长、党组书记、总经理，及省政协常委、经济委员会副主任，省通信企业协会会长，中国象棋协会副主席，省象棋协会执行主席，省诗词学会理事等职。著有诗集《御心集》。

王文赜

1953年6月出生,秦州人,教授,兼任《大学物理》审稿专家等职。1982年1月西北师范大学物理系毕业后到天水师专任教,1985年到上海复旦大学进修,从事原子物理学和凝聚态物理学有关问题的研究,发表学术论文《Half-metallic antiferromagnetic inMn2ZnCa》《用坐标法确定原子(离子)基态》《用推广的Maxweel速度分布律证明平动转动态下的能均分定理》等30余篇,其中2篇被SCI收录、5篇被《CHEMICAL ABSTRACTS》收录。编著《热物理学》教材1部,被全国20多所高校采用;主持完成学校、省教育厅及省部级科研教研项目8项。1995年获得省"园丁奖"。

王 义

1953年10月出生,藉口铁炉人,中共党员。1971年10月进入甘肃师范大学中文系学习,1974年毕业后到天水市委组织部工作,后任市政府办公室秘书科科长等职.1988年8月至1995年任清水县委副书记、书记。1995年8月至2000年9月任金昌市委常委、金昌市委副书记、永昌县委书记等职。2000年9月至2006年3月任张掖地委副书记、庆阳地委副书记、庆阳行署专员、庆阳市市长等职。2006年3月任陇南市委书记,7月兼任陇南市人大常委会主任。2008年当选第十一届全国人大代表。2009年2月起先后任省委农村工作办公室主任、省人大常务委员会委员、省人大环境资源保护委员会主任委员等职。

葛 矛

(1954年4月—2006年1月)秦州人,中共党员。1970年9月在兰州炼油厂参加工作,1979年1月调入甘肃省科学院工作。1983年到西北师范学院政治系学习,1985年毕业后任中共甘肃省科学院党委秘书、政治处副主任、办公室主任等职。

魏徐生

1954年8月出生，平南大柳树人，中共党员，高级政工师。1970年12月入伍，历任排长、副指导员、指导员、机务大队副政委、政委及团政治处代主任。1990年9月转业到中国人民保险公司天水分公司工作，历任支公司副经理、经理，天水分公司副经理、党委书记、总经理。2003年起先后任人寿保险兰州市分公司党委书记、总经理，人寿保险青海省分公司党委委员、副经理、纪检书记，人寿保险甘肃省分公司党委委员、纪检书记、机关党委书记等职。

坚义国

1954年10月出生，齐寿人。1975年8月到西安公路学院学习，1978年9月毕业到武都地区行署交通局工作。1984年5月任武都县汽车队队长，11月加入中国共产党。1985年5月任陇南地区汽车运输公司副经理，1991年1月任陇南地区汽车运输公司经理，1994年4月任陇南地区运管处处长，1997年1月任陇南地区行政公署交通处党组成员、处长。2005年3月任陇南市发展和改革委员会党组成员、主任。2007年1月任陇南市政协副主席。

贾曼莹

1954年11月出生，女，秦州人，注册会计师，中共党员。1970年6月参加工作，历任团甘肃绒线厂总支书记、团厂委书记，团天水市纺织业公司总支书记，秦城区税务局副局长、机关党总支书记，天水市税务局副局长、机关党支部书记，天水市国税局党组成员、副局长，省税务学校党委书记、校长及青海省国税局党组成员、副局长等职，2004年5月任甘肃省国税局党组成员、副局长。1999年1月被国家税务总局评为优秀教育工作者。

刘应昌

1955年7月出生，秦州人，中共党员。1982年1月进入武都县人事局工作。1984年5月调入陇南地委工作,历任组织部青干科副科长、组织部正科级组织员、组织部组织科科长、组织部副部长、地直机关党委书记。2002年8月任文县县委书记,2004年12月任陇南市委常委、政法委书记,2005年3月任陇南市委常委、政法委书记、市公安局党委书记、局长,2009年5月任陇南市委常委、政法委书记,2011年11月任陇南市政协副主席。

柴金祥

1956年12月出生,天水镇人,中共党员。1982年2月参加工作,至1997年11月先后任天水地委秘书处秘书科副科级秘书、副科长、正科级秘书、市委研究室副主任、市委副秘书长、市委研究室主任等职。1997年11月至2002年1月任天水市秦城区委副书记、代区长、区长,2002年1月至2007年2月先后任天水市秦城区委书记、市委常委,2007年2月至2011年11月任市委常委、天水市副市长,2011年11月任天水市人大常委会主任。

王亚琪

1957年6月出生,秦州人,教授。1982年7月西北师范大学毕业到天水师专任教,主要从事学校体育研究与学校体育教学工作,以第一作者身份发表学术论文20余篇,个人专著有《学校体育文化新论》《篮球模块教学设计》《体育教学内容拓展与方法创新》,合著有《大学体育教程》1部。其中《教育公平与协调发展下的甘肃民族地区农村学校体育发展研究》获甘肃省教育科学规划立项课题,《学导式教学法在体育专业球类普修课教学中的实验设计与应用研究》获甘肃省教育厅教学成果奖。

郭明卿

1958年2月出生,秦岭梨树坡人,注册会计师。1975年参加工作,

1985年加入中国共产党。历任天水市政府秘书处副科长、科长，天水市审计局党组成员、党组书记、局长。1999年至2002年任天水市北道区区委副书记、区长，2002年至2004年9月任秦安县委书记、县人大常委会主任，2004年9月至2007年8月任甘肃省纪委、省监察厅第一纪检监察室主任，2007年8月任甘肃省建设厅党组成员、副厅长。1997年被评为全国审计系统先进工作者。

陈保平

1958年2月出生，秦州人，中共党员。1974年5月参加工作，1983年到天水师范高等专科学校工作，历任教师、副科长、组织部副部长、部长、校党委副书记、副校长，1996年3月至2000年6月任校长，2000年6月天水师范学院成立任院长。2006年11月到甘肃省教育厅工作，先后任省高等学校工作委员会副书记、省教育厅党组成员、教育厅副厅长等职。

张治杰

1958年10月出生，皂郊池金人，中共党员，攀钢集团有限公司董事、党委副书记。1982年2月西安冶金建筑学院毕业进入冶金工业部攀枝花钢铁研究院工作，至1997年12月历任助理工程师、工程师、组织部副部长、攀钢技术中心办公室主任、科技信息中心主任，1997年12月任攀钢党委统战部部长，2001年1月至2009年12月任攀钢钢铁研究院党委副书记、书记及攀钢钒股份有限公司监事、党委书记等职，2006年5月起先后任攀钢集团有限公司监事、党委副书记、纪委书记、副总经理等职。曾获中央企业优秀党务工作者称号。

刘永年

1958年11月出生，齐寿杨家山人，中共党员。1980年8月进入天水县财政局工作，1988年10月至2006年4月历任天水市财政局预算科副科长、科长、副局长，2006年4月任市审计局局长，2010年1月任市财政局局长，2013年12月任市政协秘书长，2016年3月任市政协副主席。

吕继宏

1960年6月出生，秦州人，男高音歌唱家，国家一级演员，中国音乐家协会理事，十一届全国人大代表。1982年毕业于西安音乐学院。1989年进海政文工团，后任业务副团长，期间在中国音乐学院师从金铁霖教授学习。演唱《咱老百姓》《妈妈的歌谣》和《三国演义》等多部影视剧主题歌、插曲。1992年获得文化部举办的中国民族声乐比赛第一名，1995年荣获政府奖演唱金奖，1999年荣获第七届全军文艺汇演声乐表演"特别贡献奖"、《从军报国歌》获CCTV军事部MTV军歌大赛金奖、《咱老百姓》MTV获中宣部"五个一工程"奖，2000年荣获99年度中国广播新歌奖金奖及最佳演唱奖，2003年荣获中国第四届"金唱片奖"最佳男演员奖和"帕萨特音乐特别成就奖"，2004年荣获中央电视台"金玛格杯"第七届音乐电视大赛民族唱法"最佳男歌手"奖、第六届CCTV-MTV音乐盛典最佳民歌男歌手奖，2005年荣获2004至2005年度"中国民歌榜"最受听众喜爱的歌手评选的"最佳演唱奖"，2007年主演大型音乐剧《赤道雨》荣获第二十三届中国戏剧表演"梅花奖"，2009年荣获"人民喜爱的艺术家"称号，2011年6月荣获第三届"全国中青年德艺双馨文艺工作者"称号。

王世华

1961年3月出生，牡丹人，中共党员。1982年7月参加工作，历任天水市农机局助理工程师、天水地委秘书处和市委办公室干事、市委研究室副主任、北道区委副书记、市委副秘书长、研究室主任等职，1997年9月起先后任北道区委副书记、区长、区委书记、人大常委会主任。2002年11月至2007年8月任天水市委常委、组织部部长。2007年8月至2008年5月任甘肃省委组织部部务委员，2008年5月至2015年4月任甘肃省委组织部副部长。2015年4月任甘肃省保障性安居工程建设投资有限公司党委书记。先后获得"全国全民健身先进个人""全国双拥工作先进个人""全国科学技术进步先进个人""全国党管武装工作先进个人"称号。著有《在希望的田野上——农村改革与发展探索》《走向新世纪的航标》，参与编写《创先争优好组织》《创先争优好论文》等丛书。2011年编写的《甘肃省农村党员干部现代远程教育工程省级教学平台建设》获甘肃省科学技术进步奖。主编《中国共产党甘肃省组织史资料》（第二卷）。

唐保祥

1961年6月出生，皂郊人，教授，硕士研究生导师。1991年7月上海师范大学数学系毕业后到天水师专任教，主要从事图论和组合数学的研究。以第一作者身份发表论文70多篇。1998年指导学生获全国大学生数学建模竞赛甘肃赛区特等奖。

苏定武

1961年6月出生，杨家寺郑宋人，中共党员。1983年8月进入天水地区行署办公室秘书科工作，1986年3月至1998年8历任市政府秘书处秘书科副科级秘书、秘书科科长、市政府办公室副主任、市政府副秘书长、市政府研究室正县级研究员，2002年3月任市文化文物出版局局长，2012年6月任市文化广播影视新闻出版局局长，2012年12月任市教育局局长，2016年11月任市政协副主席。曾获全国文化系统先进工作者称号。

黄书伴

1961年8月出生，汪川成河人，中共党员。1978年12月入伍，历任战士、排长、政治指导员、旅政治部保卫科正连职干事、旅政治宣传科科长、团政治处副主任、兰州军区政治部干部部干事、兰州军区政治部军事监狱政委、兰州警备区政治部主任、张掖军分区政治委员、庆阳军分区政治委员，大校军衔。获得师、团、营各类表彰、嘉奖20余次。编写《军营学校》丛书和《军队转业工作指南》,在军内外报纸杂志发表论文、新闻稿件500多篇。

贾建中

1961年11月出生,秦州人,中共党员。1977年起先后在玉泉乡盐池大队插队,解放军某部服役,天水市食品公司和秦州公安分局工作。在公安局工作期间,多次被评为优秀警察、优秀共产党员、优秀公务员,参与侦破保险诈骗案、杀人案、爆炸案、持枪杀人案等一系列重特大案件,特别是在侦破天水建行金库被盗案中发挥关键性作用。先后荣立一等功、二等功、三等功各一次,2000年被公安部授予"全国优秀人民警察"光荣称号,2002年被省委、省政府授予"陇原模范卫士"称号。

李代生

1961年12月出生,皂郊高家庄人,省特级教师。1978年12月参加工作在兴隆学校任教,1983年8月至2012年8月先后任兴隆学校副校长、皂郊学区副校长、环城学区校长、区教学研究室教研员、解放路第二小学校长等职,2012年9月任天水郡小学校长。获省中小学骨干教师、甘肃省中小学学科带头人等称号,兼任市区评优课评委、省教科所兼职教研员等职。发表论文7篇,参与省级研究课题1项。

万顺成

1962年1月出生,平南万家庄人,中共党员。1978年入伍,历任排长、指导员、干事、参谋、分区主任、旅(团)政治委员、天水陆军预备役旅政治委员、陇南军分区政治委员等职,大校军衔。先后在《解放军报》《国防大学学报》《政工研究》《人民军队》等报纸杂志上发表政工研究文章30多篇,著有《新时期军队政治工作现实问题新思考》一书。

安志宏

1962年出生，华岐宋家村人，研究员，民盟甘肃省委常委、天水市委员会主委。1982年参加工作，先后在天水市二中、八中任教，创立"备、说、讲、评"四位一体的教研模式，在全市推广。1997年起从事行政工作，先后被选为甘肃省人大代表、北道区人大副主任、副区长等职，2007年2月当选为天水市政协副主席。获得全国优秀科技工作者、甘肃省优秀教育工作者等荣誉称号。在《人民日报》《中国青年报》等30余家报纸杂志上发表《卜卦起源于何处》《甲骨四堂》《人工取火溯源》等160余篇论文，合著10余部，出版个人论文选集1部，主持编写《冯国瑞纪念集》《天水古韵》等7册文史资料，业余主笔《易苑》杂志等。

王奋彦

1962年4月出生，太京人，中共党员。1982年7月参加工作，历任秦城区政府办公室副主任、区委办公室主任、副区长、区委副书记。2001年5月至2002年11月任秦安县委副书记、代县长、县长。2002年11月至2005年4月任合作市委书记。2005年4月至2006年11月任甘南州委常委、合作市委书记。2006年11月至2010年2月任平凉市委常委、组织部部长。2010年2月至2013年11月任平凉市委常委、常务副市长，2013年11月任市委副书记，2016年6月任市长。

田鸿洲

1962年8月出生，杨家寺田家庄人，中共党员，上校军衔。1980年11月入伍，历任解放军某部队勤部修理加工厂战士、班长，农场机械队汽车排排长、机械队副队长、队长，部队司令部管理处副团职车管助理员，158指挥部后勤组组长及后勤部部长等职。转业地方任甘肃省司法厅调研员、计财装备处处长。荣获一等功1次，二等功3次，三等功5次。

田国俊

1962年9月出生，平南苏家湾人，中共党员，大校军衔。1981年10月入伍，至2004年11月先后在陕西省军区独立三团、武警陕西总队第三支队服役。历任文化教员、军械员兼文书、营部书记、组织干事、中队指导员、宣传股长、教导队教导员、政治处副主任、主任等职。2004年12月任武警陕西总队铜川市支队政治委员、党委书记，2012年6月任武警工程大学学员二旅政治委员、党委书记。多次受到嘉奖，5次荣立三等功，2009年被武警部队表彰为优秀师（团）党委书记。

彭 非

1962年10月出生，秦州人，中共党员。1980年9月入伍，历任排长、副连长、正连职干事、副营职干事、正营职干事、副团职干事、正团职干事、正团职副处长、副师职主任、国防教育办公室主任、高炮旅政治委员及陕西省军区政治部主任等职，大校军衔。

王根绪

1962年11月出生，杨家寺人，神经内科主任医师。1985年7月从兰州医学院医疗系毕业进入天水市第一人民医院神经内科工作，擅长于头晕、头痛、脑血管病、中枢神经系统感染、癫痫、锥体外系病、认知功能障碍、脱髓鞘病诊治，先后在国家省级刊物发表论文10余篇，主持、参与完成科研10项，获天水市科技进步一等奖2项、二等奖4项。

赵溪林

1962年12月出生，回族，秦州人，骨科主任医师。1987年从兰州医学院医疗系毕业到天水市第一人民医院工作，主要从事创伤骨科及关节外科研究，开展四肢复杂关节内骨折、骨盆及髋臼骨折的手术治疗、人工关节置换、皮瓣转移及神经肌腱损伤的晚期重建术等，发表论文10余篇，专著1部，获市级科研成果一、二等奖5项。

王明芳

1963年4月出生，秦岭关家店下庄里人，中国原子能科学研究院同位素技术专业工学博士。曾去日本、美国、加拿大等国家进行学术交流和从事访问学者工作，后为南方医科大学附属南方医院核医学科研究员。主要从事回旋加速器生产维护、PET药物的研制及其临床应用工作，率先在国内制备出18F-FDG和13N-NH3·H2O成功用于临床PET显像，主持和参加完成国家自然科学基金、863计划专题课题等10项。在国内外核心期刊上发表第一作者论文40余篇，参编专著2部，获国家发明专利2项。

杜永清

1963年4月出生，牡丹人，中共党员。任甘肃省农牧厅人事劳动处处长，2011年10月任省农牧厅副巡视员，2013年12月任甘肃省农业机械管理局局长。

吴卫东

1963年5月出生，秦州人，天水师范学院图书馆馆长、教授、硕士研究生导师。1986年7月西北师范大学毕业到天水师专任教，主要从事马克思主义哲学、生存哲学的教学研究工作，发表学术论文50篇，代表论文为《当代中国人们生存境遇的哲学透析与生存方案的优化选择》，专著有《当代中国生存问题的哲学研究》等，3部，主持、参与国家、省部级和地厅级科研、教研项目5项。2005年获甘肃省教学成果二等奖，2006年获省高校社科成果二等奖，2007年获甘肃省第十届社科优秀成果三等奖，2008年获甘肃省青年教师成才奖。

张亚平

1963年6月出生,秦州人,天水师范学院教授。1986年6月西安体育学院毕业到天水师专任教,从事体育教学、训练与研究工作,发表学术论文40余篇,主编《现代田径运动教学与训练》《田径运动的健身教学方法与实践理论》《学校体育教学与管理》教材三部。2002年12月获天水市科技进步二等奖;2008年获第八届全国大学生运动会体育科学论文三等奖,获甘肃省体育科学论文二等奖。

郭明兴

1963年8月出生,秦岭梨树村人,中共党员,政协天水市委员会副主席。1982年9月进入团天水地委工作,1987年12月至2004年6月先后任市委秘书处干部,市委办公室副科级秘书、正科级秘书,市土地局副局长,秦城区副区长、区委常委等职,2004年6月任天水市人口和计划生育委员会主任,2006年12月任市民政局局长,2015年11月任市人力资源和社会保障局局长,2016年11月任政协天水市第七届委员会副主席。曾获全国人口和计划生育法制建设先进工作者和全国人口和计划生育系统先进工作者称号。

王再兴

1963年9月出生,杨家寺人,中共党员,高级工程师。1984年8月从北京邮电学院电信工程系毕业进入兰州市电信局工作,1995年1月调入甘肃省邮电管理局,先后任科技处副处长,综合规划处副处长、处长及网络管理处处长等职。2005年1月任甘肃省通信管理局副局长、党组成员、省战备应急办公室主任,2008年12月任甘肃省通信管理局副局长、纪检组长、党组成员。

邢永忠

1963年11月出生,秦州人,博士、教授,兼任陕西师范大学物理学与信息技术学院博士生研究生导师等职。1986年6月西北师范大学物理系毕业到天水师专任教,又脱产在兰州大学原子核物理专业、南京大学理论物理专业学习获得硕士、博士学位。2000年6月至2002年8月脱产在中国科学院近代物理研究所做博士后研究工作,从事重离子核物理方面的研究工作。2003年11月至2004年2月为日本京都大学Yukawa研究所访问学者。2007年4月至2008年4月为德国吉森大学理论物理研究所访问学者。主要从事量子混沌、重离子核物理等方面研究,先后在《物理学报》等刊物上发表论文120余篇,获甘肃省教育厅科技进步三等奖2项、甘肃省教育厅科技进步二等奖1项。2003年1月主持完成国家自然科学基金2项,中国第28批博士后科研基金1项(2001年至2002年),国际合作科研项目1项(2008年中国 — 意大利);主持完成中国科学院重大项目2项,甘肃省教育厅科研项目2项。

<h1 style="text-align:center">郭建伟</h1>

1963年12月出生,秦州人,高级经济师,博士。历任中国人民银行货币政策司利率处副处长、处长及副巡视员等职。长期从事利率政策研究和利率调控、利率改革研究,并实践利率市场化、利率管理和利率定价机制建设、利率形成机制和调控传导机制研究及培育,参与货币市场改革与建设、信贷资金管理体制改革、准备金制度改革、货币政策工具建设等方面的研究工作,主持设计创建中国货币市场基准利率 — 上海银行间同业拆借利率。发表学术论文60多篇,专著有《货币市场利率计算技术》《银行利率定价原理与方法》,合著20余部。

<h1 style="text-align:center">索鸿宾</h1>

1964年3月出生,秦州人,中共党员。1983年8月参加工作,1986年5月加入中国共产党,历任北道区团委副书记,天水市计委办公室副主任、前期科科长、工交能源科科长,天水经济技术开发区管理委员会副主任、主任、党工委书记,天水市招商局党组书记、局长等职。2010年12月至

2018年先后任武山县委副书记、代县长、县长、武山县委书记，2019年1月任天水市政协副主席、武山县委书记。

吴晓芳

1964年4月出生，女，回族，秦州人，主任医师。1988年6月大学毕业后进入天水市第一人民医院工作，获天水市科学技术进步二等奖2项，发表论文有《小剂量地塞米松的VAD方案治疗老年多发性骨髓瘤》等数篇。

陈岁元

1964年出生，秦岭黄集寨人，博士，东北大学教授，博士生导师，材料各向异性与织构教育部重点实验室主任助理。2004年获得东北大学材料学博士学位，2005年9月至2008年5月在东北大学冶金工程博士后流动站工作学习，2008年11月至2009年11月为美国密歇根大学访问学者。研究方向为材料先进制备与处理技术，致力于Fe、Si、石墨颗粒等纳米功能材料、激光控制合成纳米Ag、TiO_2及其复合颗粒和生物骨材料等生物材料、铜合金基先进无油润滑材料和金属表面自润滑涂层材料等的研究。指导毕业研究生30余名，教授材料表面工程和辽宁省资源共享精品课程材料表面新技术。在材料表面改性、纳米材料制备和材料微结构分析等方面发表学术论文90余篇，其中被SCI收录16篇、EI收录50余篇，专著有《材料的激光制备与处理技术》。主持国家自然科学基金等科研项目10项，参加完成国家863项目3项、国家自然科学基金4项和省部级项目3项。主持完成企业技术开发与技术服务项目8项，其中铝合金摩擦零件激光表面精细加工与自润滑涂层应用技术获得国家冶金科技二等奖和辽宁省自然科学三等奖；获得"第十届全国多媒体课件大赛"高教工科组优秀奖、东北大学教学成果一等奖和二等奖。申请国家发明专利12项，其中获得授权国家发明专利5项。

赵 强

1964年5月出生，牡丹草川人。1986年西北师范大学数学系毕业后留校任助教，1988年考入南开大学数学研究所，1994年获南开大学数学博士学位进入北京大学数学系博士后流动站，1996年出站留北大数学系任教，1997年夫妻双方定居加拿大，从事电脑软件研究。研究领域为李群和微分几何，论文《李群表示几何量子化及其应用》获得北京大学第七届科技成果二等奖。

牛永江

1965年1月出生，秦州人，天水师范学院教授。1988年7月从甘肃工业大学毕业，从事特种加工、金属切削技术等领域的研究工作，《机械研究与应用》杂志编委，金属切削技术重点学科带头人。2004年在日本立命馆大学担任访问学者，在各类期刊上发表论文20余篇，出版教材1部。

刘保童

1965年2月出生，秦州人，教授，兼任中国石油学会会员、天水师范学院学术委员会委员。2006年4月毕业于西安科技大学矿业信息工程专业，获工学博士学位。主要从事地球物理信号分析与处理的研究工作，以第一作者身份发表学术论文40余篇，其中EI收录论文8篇，代表论文为《地震记录快速KL滤波的自组织神经网络方法》。专著有《波场去噪与分离方法研究》，合作翻译教材《数字信号处理》。主持国家自然科学基金项目1项、地厅级项目1项、校级教学改革研究重点项目1项、讲义编写项目1项，参与国家、地厅级项目3项。

王 昱

1965年6月出生，秦州人，教授。1988年7月北京师范大学数学专业毕业到天水师专任教。2005年4月获得北京交通大学计算机应用技术工学硕士学位。主要从事计算机基础、数据结构与算法设计的教学与研究,主编、参编教材7部,在国内学术刊物发表学术论文20篇。2011年至2014年主持完成甘肃省教育厅科研项目1项,2005年指导学生参加高教社杯全国大学生数学建模竞赛获得全国甲组二等奖、甘肃甲组特等奖。

武星煜

1965年7月出生,秦州人,中共党员,享受国务院政府特殊津贴专家,正高级工程师。大学毕业后到区林业局工作,先后主持完成省市区列课研项目9项,3项达到国内领先水平,4项达到国内先进水平,1项达省内先进水平,填补国际、国内和省内林业有害生物防治研究的多项空白;累计示范推广防治各类林果病虫15万亩,获得经济效益6023万元。获得甘肃省科技进步二等奖,发表论文30余篇。带领的秦州区森林病虫害防治检疫站被确立为"国家级森林病虫害中心测报点"和"国家级森林病虫害防治检疫标准站"。

丁志刚

1966年出生,平南丁家川人,教授,博士生导师。1985年进入西北师范大学学习,1989年毕业后留校任教,1994年至1997年在南京大学学习取得硕士学位。2008年进入兰州大学政治与行政学院从事教学与研究工作,兼任副院长。长期从事政治学、国际政治学教学与研究工作,发表学术论文70多篇,个人专著有《西部开发与我国地缘经济安全研究》《全球化对我国政治价值的挑战与对策研究》《政治学视野中的西北地区治理研究》《灾害政治学》等,主持完成多项国家社科基金规划、甘肃省重大招标、教育部人文社科等项目,获得甘肃省社科优秀成成果一等奖1项、三等奖3项、甘肃省"五个一工程"奖2项。

袁毅君

1966年5月出生，女，秦州人，教授、硕士研究生导师。1987年7月西北师范大学毕业到天水师专任教，2000年6月在兰州医学院获医学硕士学位，2004年6月在甘肃农业大学获农学博士学位。2007年4月至2008年3月以访问学者身份在德国Institut für Neurophysiologie Universität Köln从事科学研究。主要从事中药活性成分提取分离与药理活性等研究，发表论文50篇，有专著《生物工程》。主持和参加国家科技部项目子课题、国家自然基金、人社部留学人员项目、甘肃省中医药管理局项目等，获甘肃省皇甫谧科技进步二等奖1项、甘肃省科技进步一等奖1项，获授权专利3项。

王亚彬

1966年11月出生，秦州人，中共党员，大校军衔。1984年9月入伍，历任学员、副连职排长、组织股副连职干事、机枪连政治指导员、干部科正连职干事、干部科副营职干事、组织科副科长、干部处正营职干事、组织处正营职党委秘书、组织处副处长兼党委秘书、高炮旅副政委、政治部秘书群联处处长、汉中军分区政治部主任等职。

王录仓

1967年出生，牡丹王家寨子人，教授，硕士生导师。1986年至1993年在西北师范大学学习获人文地理专业硕士学位后留校任教，2005年获得中国科学院寒区旱区环境与工程研究所寒区旱区人地关系专业博士学位。主要从事区域城市地理和经济地理研究，兼任全国经济地理研究会理事、甘肃省地理学会理事、甘肃省地理学会人文地理专业委员会主任委员。个人专著有《甘川青交接区域民族经济发展研究》《甘肃省人口发展战略》，发表论文50余篇。

陈江鱼

1967年7月出生，关子人，主任医师，甘肃省医院协会门急诊管理专业委员会副主任委员。发表论文10余篇，主持完成市级科研课题2项，其中《儿童抽动障碍与病原微生物感染及其免疫的相关性研究》获天水市科技进步二等奖，主编《儿科诊疗精粹》学术专著1部。

何彦杰

1967年12月出生，太京人，笔名秦岭，一级作家，天津工业大学艺术专业硕士生导师。1989年参加工作，先后在藉口中学、秦城区政府办公室、共青团秦城区委工作，1996年8月调入天津市和平区人事局。工作之余从事文学创作，散文有《故乡的莓子》《日子里的黄河》《渭河是一碗汤》等，长篇小说、小说集、电影剧本有《皇粮钟》《绣花鞋垫》《在水一方》《借命时代的家乡》《透明的废墟》《不娶你娶谁》《幻想症》等10多部，曾获16届百花文学奖、梁斌文学奖，"皇粮"系列小说改编的评剧、晋剧、影视剧等多种剧目获中宣部"五个一"工程奖，个人荣获天津市"五个一批"优秀人才、全国文联系统优秀个人等称号。

徐叶彤

1968年11月出生，秦州人，天水师范学院教授。1992年从西北师范大学体育系足球专业毕业到天水师专从事体育教学和足球专业训练工作。带队多次荣获省市级比赛冠亚军，发表论文20余篇，个人著作有《高校足球运动教学与训练》《大学生球类运动教学训练与营养保健研究》《校园足球体系建设与科学训练探究》，合著有《体育调查研究概述》《大学体育》等，主持《中国经济欠发达地区农村学校体育管理体制、课程结构和资源开发的实验研究》《甘肃农村学生体质现状研究》课题。

苏德易

1969年出生，汪川人，主任医师。1985年7月从甘肃中医学院毕业到天水市第一人民医院工作，擅长肿瘤、肝肾等病诊疗，获天水市科技进步一等奖、二等奖，在国家级杂志发表论文9篇。

赵保林

1969年8月出生，秦州人，天水师范学院教授。在天水师范学院从事绘画艺术教学与研究工作，同时创作大量绘画艺术作品。以第一作者身份发表学术论文和作品150余篇幅，有专著1部，主持合作完成省部级、地厅级和校级科研项目8项。1999年获甘肃省首届青年美术作品大展二等奖；2005年获教育部全国第一届高校艺术展演三等奖；2007年获中国美术家协会西部大地情美术作品展览优秀奖，甘肃省美术作品晋京展最高艺术创作奖；2008年获甘肃省首届美术"金驼奖"铜奖；2009年获中国国家画院在京院校美术作品展二等奖；2014年获甘肃省高校优秀社科成果二等奖。作品《陇原英烈——王孝锡》被天水市博物馆永久收藏，《戎马生涯》被天水市邓宝珊将军纪念馆永久收藏。

刘天波

1969年3月出生，牡丹大柳树人，中共党员。1986年6月参加工作，1990年7月加入中国共产党，1992年5月至2003年先后任牡丹乡政府副乡长、杨家寺乡政府副乡长、关子乡政府乡长、汪川乡党委书记、皂郊镇党委书记（副县级）等职。2004年1月任玉泉镇党委书记（副县级），2006年9月至2011年7月先后任清水县委副书记、县政府党组书记、代县长、县长。2011年8月任清水县委书记。2016年10月任天水市人大常委会党组成员、副主任，中共清水县委书记等职。2008年4月被评为第二次全国农业普查先进个人，2009年12月被评为第二次全国经济普查国家级先进个人，2012年9月被甘肃省委、省政府评为全省"两基"工作先进个人。

王　军

1970年1月出生，秦州人，教授，硕士生导师。1993年7月从西安体育学院体育教育系毕业，9月进入天水师专从事体育教学与研究工作，2005年获北京体育大学体育教育训练学硕士学位。发表学术论文30多篇，专著有《现代篮球运动学程》，合著《高校篮球运动训练实践与管理研究》，主持和参与多项省厅级和校级科研项目。所带校女子篮球队先后获得CUBA分区赛甘肃赛区比赛第二名及甘肃省第二届、第三届大运会篮球比赛第二名成绩。

任　强

1970年11月出生，秦岭人，中山大学法学院教授、博士生导师，中山大学哲学博士，北京大学法学博士后，美国斯坦福大学胡佛研究院、斯坦福大学法学院访问学者。研究领域为司法理论、法律方法论、中西法律史、儒家哲学等。专著有《法度与理念》《知识信仰与超越》《中国法律精神》等，在权威期刊《中国社会科学》《法学研究》等杂志发表学术论文50余篇，主持国家社会科学基金等多项课题的研究。2009年入选"教育部新世纪优秀人才支持计划"，2012年1月当选"广东省首届十大优秀中青年法学家"。

陈坤明

1971年出生，秦岭黄集寨人，教授，博士生导师，西北农林科技大学生命科学学院生物科学系主任，主要致力于植物抗逆细胞分子机制和生物能源方面的研究工作。主持完成国家自然科学基金2项、浙江省自然科学基金1项和国家博士后科学基金1项，发表学术论文近40篇，是《PLOS ONE》《Journal of Integrative Plant Biology》《Crops and Pasture Science》《Crop Science》《植物学报》等国内外十几家学术杂志的审稿人。

郭建耀

1971年6月出生,女,秦州人,国家心理咨询师,天水师院教授。2005年7月西北师范大学毕业获得高等教育学硕士学位,从事教育基本理论、高等教育管理、心理学及组织管理学的研究工作。以第一作者身份发表学术论文30余篇,个人著作2部,合作著作4部,代表著作有《新课程的有效评价》《科学命题——作业和试题的研究与实施》。主持省部级、地厅级、校级科研项目4项,参与完成省部级、地厅级项目5项。2011年被甘肃省教育厅授予"教学管理"先进工作者。2012年获甘肃省教学成果一等奖,2015年获甘肃省哲学社会科学三等奖。

王弋博

1973年1月出生,女,秦州人,天水师范学院教授、硕士生导师。2005年7月兰州大学植物学专业毕业获理学博士学位,主要从事环境生物学的研究工作,以第一作者身份发表学术论文50篇,其中SCI期刊论文7篇,代表论文为《Arabidopsis AINTEGUMENTA mediates salt tolerance by trans-repressing SCABP8》,合作发表论文30篇。有专著1部,申请发明专利2项。主持国家自然科学基金项目3项,省部级、地厅级、校级科研项目12项;参与完成国家、地厅级项目5项。2006年获甘肃省教育厅科技成果三等奖,2012年获得"甘肃省高校青年教师成才奖"。

任剑锋

1973年出生,秦岭任家台子人。首都师范大学教授、博士、硕士生导师,入选北京市优秀人才项目和北京市人才强教深化计划之骨干教师项目。主要从事计算机支持学习及教育技术学理论的研究与教学工作。主持教育部人文社科一般项目、北京市教育科学规划项目等省部级科研项目5项,主编或参编出版《现代教育技术基础教程》《现代教育技术前沿概论》等教材或著作9部,在国内教育技术权威期刊、EI检索期刊或其他期刊、学术会议上发表学术论文近40篇。

王方太

1975年2月出生，秦州人，中共党员，高级工程师。1997年6月参加工作，历任五零四厂第三车间技术员、机动科副科长、机动科科长、第三车间副主任。2004年10月至2005年1月期间在中央党校国资委分校第三期干部进修班学习，2007年3月任五零四厂第三车间主任，2009年9月任中核兰州铀浓缩有限公司（五零四厂）经营计划处处长。2013年1月任张掖市政府副市长、党组成员。

邵晓霞

1975年10月出生，女，秦州人，天水师范学院教授、硕士研究生导师。1996年参加工作，主要从事英语教育、多元文化教育等研究。2006年获得课程与教学论专业硕士学位，2012年获得课程与教学论博士学位，2017年兰州大学民族学博士后学位。发表论文30篇，著有高校教材1部、专著2部，主持国家社会科学基金项目、中国博士后科学基金项目、甘肃省教育科学"十二五"规划重点课题等，获甘肃省高校社科二等奖2项。

第三章　人物表录

第一节　秦州区籍获得省部级及以上先进人物表录

表26—3—1

姓　名	出生年月	工作单位	表彰单位	获奖名称	备注
韩有德	1918.12	店镇峡门村	省政府	省先进生产（工作）者	2015.6去世

续表

姓 名	出生年月	工作单位	表彰单位	获奖名称	备注
霍世翰	1929.6	天水红山厂	省政府	省劳动模范	
董 义	1930	关子流水村	省委、省政府	省劳动模范	
王守箴	1933.12	区科技局	中组部中宣部	先进工作者	女
王 敏	1933.7	公安秦州分局	公安部	全国居民身份证颁发先进个人	
刘廷桂	1937.3	秦州区委	全国绿化委员会	全国绿化先进个人	
廖东福	1939.10	天水食品工业公司	省政府	军队转业干部先进个人	
任永华	1940.1	平南学区	国家教委	全国优秀教师	
武 琳	1942.7	天水学区	省委、省政府	省园丁	
张清琴	1942.11	秦岭学区	省委、省政府	省园丁	
李国祥	1943.4	李子学区	省委、省政府	省园丁	
万中礼	1943.11	平南学区	省委、省政府	省园丁	
钱虎代	1944.12	李子学区	教育部	第四届"中华扫盲奖"	
张凤鸣	1945.1	公安秦州分局	公安部	全国优秀人民警察	
王孝琦	1946.8	杨家寺学区	省委、省政府	省园丁	
杨振兴	1947.6	区人民法院	省高院	全省法院执行工作先进个人	
何敏德	1947.6	关子学区	省委、省政府	省园丁	
王进良	1947.9	平南学区	省委、省政府	省园丁	
马其有	1947.11	华岐学区	省委、省政府	省园丁	
汪三多	1947.12	汪川中学	省委、省政府	省园丁	高级教师
葛比月	1948.3	太京中学	省委、省政府	省园丁	
赵长生	1949.1	—	—	全国优秀统计工作者	
王自力	1950.5	华岐学区	省委、省政府	省园丁	
何士杰	1950.8	公安秦州分局	公安部	全国居民身份证颁发先进个人	
王建基	1950.12	公安秦州分局	公安部	全国公安基层优秀科（股）所队长	

续表

姓　名	出生年月	工作单位	表彰单位	获奖名称	备注
张廷和	1951.5	区人民法院	省高院	省法院系统先进工作者	
王永安	1951.8	区城郊林业工作站	全国总工会	五一劳动奖章	
县希元	1951.10	天使海通钢结构公司	省委	优秀党务工作者	
刘新生	1952.1	天水师院	省委、省政府	省园丁	
王继仓	1952.1	杨家寺学区	省委、省政府	省园丁	
侯知己	1952.5	区民政局	人事部、民政部	全国民政系统先进工作者	
田军锁	1952.7	大门学区	省委、省政府	省园丁	
张　强	1952.8	区人民法院	省高院	个人二等功	
杨克孝	1953.6	杨家寺学区	省委、省政府	省园丁	
刘顺祥	1954.2	公安秦州分局	公安部	全国监制部门"两防一退"工作先进个人	
王桃珍	1954.8	李子学区	省委、省政府	省园丁	
甄建壁	1955.1	区林业局	省政府	省绿化奖章	
王效奇	1955.5	娘娘坝中学	省委、省政府	省园丁	高级教师
李太世	1955.12	市殡仪馆	民政部	全国殡葬改革先进个人	
杨胜利	1956.10	区人民法院	省高院	全省法院系统先进工作者	
李根琴	1956.6	新华门小学	省委、省政府	省园丁	
张　鹏	1956.9	区科协	省委	全省新长征突击手、全省优秀少先队辅导员	
甄自余	1956.11	关子学区	省委、省政府	省园丁	
常文海	1957.6	天水师院	省委、省政府	省园丁	
辛有全	1957.8	华岐学区	省委、省政府	省"两基"先进个人	
何金成	1957.8	天水飞天雕漆工艺家俱公司	人社部	全国轻工行业"劳动模范"	
张卿铭	1958.2	玉泉镇冰凌寺村	共青团中央	全国新长征突击手	
李　军	1958.4	公安秦州分局	公安部	全国优秀人民警察	

续表

姓 名	出生年月	工作单位	表彰单位	获奖名称	备注
汪德全	1958.5	汪川司法所	司法部	最美人民调解员	
岳 霞	1958.10	公安秦州分局	公安部	全国公安治安系统优秀户籍民警	
李 刚	1960.4	公安秦州分局	公安部	全国优秀人民警察	
张兴茂	1960.8	娘娘坝中学	省委、省政府	省园丁	高级教师
王快乐	1960.9	区人民法院	省高院	全省法院系统先进个人	
汪 涛	1961.3	市六中	省委、省政府	省园丁	高级教师
闫宽阳	1961.11	太京学区	省委、省政府	省园丁	
王万军	1962.6	西十里小学	省委、省政府	省园丁	
董 翔	1962.6	建三小学	省委、省政府	省园丁	高级教师
罗高升	1962.11	平南中学	省委、省政府	省园丁	高级教师
赵世新	1963.2	人民路小学	省委、省政府	省园丁	高级教师
漆顺堂	1963.5	区林业局	全国绿化委员会	全国绿化奖章	
崔丽霞	1963.6	区妇联	全国妇联、国家信访局	全国妇联系统信访工作先进工作者	女
郑宝明	1963.9	藉源林场	国家森林防火指挥部、国家林业局	全国森林防火工作纪念奖章	
何彩琴	1963.10	市殡葬管理所	民政部	全国殡葬工作先进个人	女
裴自强	1963.10	秦岭学区	省委、省政府	省园丁	
赵首红	1963.11	区林业局	省政府	甘肃绿化奖章	
赵双琴	1964.3	关子学区	省委、省政府	省园丁	
马晓红	1964.8	区科协	中国科协	中国科协抗震救灾先进个人	
李红军	1964.9	市四中	省委、省政府	省园丁	高级教师
王喜林	1965.1	区林业局	科技部	全国优秀科技特派员	

续表

姓　名	出生年月	工作单位	表彰单位	获奖名称	备注
王廷璞	1965.1	天水师院	省委、省政府	省园丁	
王新存	1965.2	区人民法院	省高院	全省法院系统先进工作者	
杜纪元	1966.3	区林业局	国家林业局	全国生态建设突出贡献奖先进个人	
段瑞玲	1966.3	市五中	省委、省政府	省园丁	
罗治全	1966.9	区人民法院	省高院	全省法院系统优秀庭长	
赵晓荣	1966.9	区人民法院	省高院	全省法院系统指导人民调解工作先进个人	
邢自元	1966.12	区人民法院	最高院	全国"严打"整治斗争先进个人	
丁志杰	1966.12	市第三医院	省委、省政府	省精神文明建设先进工作者	
王宝平	1968.1	国土秦州分局	国土资源部	地质灾害群测群防先进个人	
补学冠	1968.7	平南中学	省委、省政府	两基先进个人	
王长利	1968.9	藉口司法所	最高院、司法部	全国见义勇为先进分子、模范人民调解员	
富仙鹏	1968.9	平南学区	省委、省政府	省园丁	
吴重霞	1968.10	建三小学	省委、省政府	省园丁	高级教师
罗宝林	1969.4	关子西沟村	省委、省政府	省劳动模范	
刘安奇	1970.8	天水嘴头村	省委、省政府	省级先进劳模	
陈明霞	1972.12	区人民法院	省高院	全省法院办案标兵	女
蒲朝霞	1973.6	国土秦州分局	国土资源部	全国地籍管理先进个人	女
曹永新	1976.8	太京学区	省政府	两基先进个人	
雷小娥	1976.9	汪川镇政府	全国妇联	全国抗震救灾优秀妇联干部	女
左松柏	1979.12	平南学区	省委、省政府	省两基先进个人	
富伯红	1983.2	大门中学	省委、省政府	优秀教师	

第二节　秦州区籍县团级及以上人员表录

表26—3—2

姓　名	出生年月	政治面貌	工作单位	职务	备注
黄振中	1914.8	中共党员	省五金站	站长兼书记	
赵建英	1920.2	中共党员	新疆和田县	党委书记	
董兴政	1927	中共党员	市审计局	督导员	
潘临泾	1928.12	中共党员	区法院	院长	
甄　锋	1929.11	中共党员	天水师专	副校长	
董　杰	1929.6	中共党员	天水师专	工会主席	
何国祥	1930.1	中共党员	天水师专	中文系主任	
甄宗琏	1930.8	中共党员	市人大	科教文卫工委主任	
魏启业	1932.5	中共党员	天水红旗钢厂	党委书记	
张　诚	1932.5	中共党员	市供销合作社	副主任	
冯　晨	1932.11	中共党员	市文化馆	书　记	
张　骥	1932.12	中共党员	市政协	提案法制委主任	
温至孝	1933.9	中共党员	天水师专	中文系系主任	
王效维	1934.1	中共党员	天水土特产品公司	副经理	
郝大德	1934.5	中共党员	陇南地区建设处	处长	
张宗良	1935.1	中共党员	天水师专	电教室主任	
罗培模	1935.2	中共党员	市博物馆	馆长	
甄继祥	1936	—	西北师范大学	系主任	
周永兴	1936.7	中共党员	天水师专	调研员	
贾振刚	1936.11	中共党员	天水塑料厂	纪委书记	
刘发祥	1936.12	中共党员	天水卷烟厂	副厂长	
姜文彩	1937.7	中共党员	天水轴仪厂	党委副书记	
马德荣	1937.9	中共党员	市民政局	党组书记	
张鸿慈	1937.10	中共党员	市政协	副秘书长	2013.3去世
王士敏	1938	—	新疆伊宁市医院	院长	
杨义仁	1938.1	中共党员	市政协委员会	秘书长	

续表

姓名	出生年月	政治面貌	工作单位	职务	备注
萧凤鸣	1938.2	中共党员	天水师专	图书馆馆长	
姚鑫	1939	中共党员	天水石油公司	总经理	
董志诚	1939.10	中共党员	市政协	教文卫体委主任	
董承祖	1940.3	中共党员	市老干局	副局长	
董丽萍	1941.1	中共党员	市妇联	主任	女
曹昌光	1941.3	中共党员	天水师专	党委宣传部部长	
辛启荣	1941.3	中共党员	天水电视台	副台长	
王巧兰	1942.2	中共党员	天水师专	调研员	女
张自立	1943.1	中共党员	市第二建筑工程公司	副总经理	
刘勇	1944.1	中共党员	天水电大	校长	
马晞	1944.2	中共党员	天水师专	美术系副主任	
周润华	1944.8	中共党员	市政协	办公室副主任	女
宋登祖	1944.12	中共党员	市农业委员会	主任	
张尚慈	1945.6	中共党员	市第二建筑工程公司	副总经理	
万建华	1945.6	中共党员	市质量技术监督局	纪检组长	
董广才	1945.12	中共党员	市政协	副秘书长	2010.1去世
徐登瑞	1946.9	中共党员	北道区政协	副主席	
郑世杰	1947.3	中共党员	市文明办	主任	
胡爱玲	1947.7	中共党员	天水师专	副处长	女
刘进荣	1947.8	中共党员	小陇山林业局	人事处处长	
刘耀荣	1947.8	中共党员	市国土资源管理局	纪检组长	
董永忠	1948	中共党员	兰州电力技术学院	书记	
潘治忠	1949.2	中共党员	天水师院	处长	
马长生	1949.2	中共党员	市政协	经济委主任	2005.7去世
张文辉	1949.7	中共党员	成都市环卫处	处长	
王哲	1949.8	中共党员	天水师专	总务处副主任	
武永清	1949.12	中共党员	省第三监狱	工会主席	

续表

姓　名	出生年月	政治面貌	工作单位	职务	备注
刘俊杰	1950	中共党员	北道区政府	副区长	
王福全	1950.3	中共党员	市人事劳动局	市劳动就业与培训中心主任	
赵世忠	1950.7	中共党员	兰州军区临潼第二疗养院	政委	
成　瑜	1951.12	中共党员	天水师院	党委委员、纪委书记	
刘新生	1952.1	中共党员	天水师院	党委副书记	
徐启文	1953.8	中共党员	天水师院	处长	
邵　奎	1954	—	陇南农校	校长	1997.5去世
郭永录	1954.1	中共党员	市食药监局	纪检书记	
赵世玉	1954.1	中共党员	省测绘局测绘管理处	副处长	
张耀宗	1954.2	中共党员	天水第二建筑工程公司	副总经理	
李　锋	1954.3	中共党员	定西机务段	段长	
刘文玉	1954.4	中共党员	甘肃厂坝铅锌矿	矿长	
姚世中	1954.6	中共党员	黄河铝业公司	工会主席	
甄继刚	1954.9	中共党员	天水电大	纪检书记	
何安乐	1954.9	中共党员	天水师院	数学督导委副主任	
马相明	1954.11	中共党员	天水师院	处长	
马少波	1954.11	中共党员	市政协	办公室主任	
邵　琦	1955.11	中共党员	北京蓝天星辰机电设备技术发展有限公司	董事长	
赵丽萍	1955.12	中共党员	市人社局	副局长	
马维清	1955.2	中共党员	省地图院	书记	
贾根祥	1956.4	中共党员	市气象局	纪检组长	
马怀祥	1956.4	中共党员	市第二师范学校	副校长	
王卫国	1956.7	中共党员	市政协	提案委主任	
吴宝禄	1956.9	中共党员	市法院	研究室主任	
董桂红	1956.9	中共党员	市政协	科教文卫体委主任	女
于国祥	1956.9	中共党员	市政协	学宣委主任	

续表

姓　名	出生年月	政治面貌	工作单位	职务	备注
万　智	1956.11	中共党员	天水电大	副校长	
黄孝荣	1957.2	中共党员	市总工会	工会主席	
王代喜	1957.8	中共党员	省政府外事办	主任	
王吉元	1958	中共党员	新疆艺术学院	党委书记	
苏定贤	1958.2	中共党员	市供销合作社	副主任	
陈　岩	1959.6	—	天水师专	外语系副主任	女
白玉堂	1961.5	中共党员	市法院	执行局副局长	
李市功	1962	中共党员	市第一医院	党委书记	
万月田	1962	中共党员	中铁二十局公安处	副处长	
安　涛	1962.1	中共党员	天水师院	党委委员、副院长	
赵和平	1962.1	中共党员	省住建厅	副处长	
彭国斌	1962.7	中共党员	市人社局	副局长	
刘　昉	1962.8	中共党员	天水师院	党总支书记	
管　玉	1962.12	中共党员	市博物馆	副馆长	二级美术师
陈焕诚	1963.1	中共党员	天水电大	纪检副书记	
刘志林	1963.4	中共党员	天水师院	党总支书记	
唐慧安	1963.4	中共党员	天水师院	实验室主任	
杨　声	1963.4	中共党员	天水师院	处长	
李子杨	1963.5	中共党员	市食药监察局	副局长	
耿旭明	1963.9	中共党员	天水师院	党总支书记	
牛泽龙	1963.12	中共党员	省委宣传部文化产业处	处长	
高翔宇	1963.12	中共党员	市统计局	局长	
雷新有	1964.1	中共党员	天水师院	党总支副书记	
姚　钰	1964.2	中共党员	甘肃有色金属公司	党委书记	
于剑峰	1964.4	中共党员	秦安县政府	副县长	
马广彦	1964.6	中共党员	天水师院	中心实验室副主任	
杜维成	1964.7	中共党员	市卫计委	副主任	

续表

姓　名	出生年月	政治面貌	工作单位	职务	备注
王小龙	1964.8	中共党员	天水长城开关厂有限公司	总经理	
刘明辉	1964.9	中共党员	天水师院	党总支书记	
杨小明	1964.9	中共党员	农行天水分行	行长	
曹向东	1964.11	中共党员	甘肃广播电视大学	办公室主任	
高学峰	1964.12	中共党员	市信访局	副局长	
刘中秋	1965	中共党员	市残联	理事长	
马尚维	1965	中共党员	省教育厅自考办	主任	
赵自明	1965.1	中共党员	省水利工程建设质量与安全管理中心	副主任	
刘越高	1965.4	中共党员	市外宣办	主任	
刘中田	1967.5	中共党员	中铁二十一局	人力资源处副处长	
刘伯毅	1965.8	中共党员	平凉关山林业局	局长	
杨　坤	1965.9	中共党员	天水经济技术开发区管理委员会	副主任	
王引生	1965.11	中共党员	中铁西北科学研究院	副院长	
曹　文	1965.11	中共党员	新疆石河子群艺馆	书记	
辛国海	1965.12	中共党员	市水土保持局	局长	
王　兵	1966	中共党员	新疆军区	团参谋长	
石东云	1966.1	中共党员	天水电大	副校长	
汪咏国	1966.1	中共党员	天水师院	办公室主任	
李旭明	1966.1	中共党员	天水师院	外国语学院副院长	
霍存福	1966.4	中共党员	天水师院	总支副书记	
李　涛	1966.4	中共党员	临夏人武部	政委	上校
郭满元	1966.5	中共党员	长城开关厂有限公司	党委书记	
马　群	1966.5	中共党员	市审计局	总审计师	
吴树雄	1966.8	中共党员	天水师院	党总支书记	
马勤学	1966.11	中共党员	武山县政府	县长	
刘　正	1966.12	中共党员	天水师院	学生处学生助学管理中心主任	

续表

姓名	出生年月	政治面貌	工作单位	职务	备注
王　荣	1967.3	九三学社	天水师院	工会副主席	女
鲁安明	1967.3	中共党员	市食药监局	检测中心主任	
樊隆平	1967.7	中共党员	市干休所	副所长	上校
邓拜仓	1968	中共党员	嘉峪关组织部	副部长	
胡爱文	1967.8	中共党员	市招商局	副局长	
王宏波	1968.1	中共党员	天水师院	经管学院副院长	
李　靖	1968.6	中共党员	市文化馆	馆长	
罗　莉	1968.8	中共党员	天水师院	副处长	女
吴建全	1968.8	中共党员	天水师院	体育学院副院长	
邓晓东	1968.10	中共党员	市统计局	纪检书记	
赵志宏	1968.11	中共党员	69074部队	主任	上校
王福田	1969	中共党员	国家林业局	处长	
杜作明	1969	中共党员	市发改委	副主任、能源局局长	
吴江峰	1969.1	中共党员	天水师院	处长	
尹志宏	1969.1	—	天水师院	统战部副部长	
霍志军	1969.1	—	天水师院	陇右文化研究中心副主任	
杜根祥	1969.2	中共党员	张家川县政府	副县长	
刘懂明	1969.4	中共党员	青海省司法厅	办公室主任	
王和平	1969.6	中共党员	新疆阿克苏市人武部	副部长	
于旭峰	1969.8	中共党员	中共天水市委	副秘书长、市委机要局局长	
贾忠慧	1969.9	中共党员	中共甘谷县委	书记	
温志贤	1970.2	中共党员	天水师院	物信学院副院长、副教授	
张小平	1970.4	中共党员	天水师院	团委副书记	女
赵向东	1970.11	中共党员	天水师院	副处长	
李东曦	1970.12	中共党员	天水师院	音乐学院副院长	

续表

姓 名	出生年月	政治面貌	工作单位	职务	备注
许维正	1971.1	中共党员	市交警队	副支队长	
杨明江	1971.2	中共党员	武警青海总队后勤部	军械处处长	中校
葛彦迪	1971.8	中共党员	甘谷县大像山镇	党委书记	
刘小平	1971.10	中共党员	小陇山林业局公安局	副局长	
李瑞明	1971.12	中共党员	天水师院	副处长	
郭 湘	1972.1	中共党员	市妇联	副主席	
吴彦文	1972.4	中共党员	天水师院	教育学院副院长	
刘玉璞	1972.4	中共党员	市博物馆	副馆长	
刘 宇	1972.5	中共党员	秦安县政府	副县长	
王晓斌	1972.11	中共党员	兰州军区政治部宣传部理论研究室	研究员	上校
白志斌	1973.1	中共党员	63898部队	政治处主任	中校
任志平	1973.3	中共党员	中建三局	副总经理	
王利军	1973.12	中共党员	95830部队	政治处主任	上校
王新强	1974.9	中共党员	清水县政协	主席	
万咏刚	1975.11	中共党员	市政协委员会	办公室副主任	
王亚梅	1976.10	中共党员	麦积区政府	副区长	
雷 湃	1977.1	中共党员	天水师院	副处长	
马晓花	1977.3	中共党员	北京市住建委审批服务处	副处长	女
何敬忠	1977.11	中共党员	武山县政府	副县长	

第三节 秦州区籍副高级及以上职称人员表录

表26—3—3

姓 名	出生年月	文化程度	工作单位	职称	备注
刘绳祖	1924.3	大学	市三中	高级教师	
丁 楠	1924.5	大学	天水师院	副教授	
范培林	1926.9	大学	市六中	高级教师	女

续表

姓名	出生年月	文化程度	工作单位	职称	备注
王克俭	1927.9	大学	市三中	高级教师	
王淑媛	1931.7	大学	市六中	高级教师	女
赵 琛	1932.12	大学	杨家寺中学	高级教师	
高师举	1932.5	大学	天水师院	副教授	
袁广林	1933.1	大学	天水师院	副教授	
金延成	1934.4	大学	市三中	高级教师	
武绍祖	1934.10	大学	市三中	高级教师	
高 翔	1935.1	大学	天水师院	副教授	
张开惠	1935.5	大学	市三中	高级教师	
何 镛	1936.2	大学	太京中学	高级教师	
蒲毓芬	1936.3	大学	市三中	高级教师	女
李 琳	1936.5	中专	市第二建筑公司	高级工程师	
周太武	1936.6	大学	天水师院	副教授	
赵廷珠	1936.7	大学	杨家寺中学	高级教师	
吴清荣	1936.10	大学	市三中	高级教师	
陈荣庭	1936.11	大学	天水师院	副教授	
王 珂	1936.12	本科	天水华荣铸造机械公司	高级工程师	
倪道云	1937.2	大学	市三中	高级教师	女
祝素珍	1937.3	大学	市三中	高级教师	女
舒 琨	1937.6	大学	市三中	高级教师	女
杨满江	1937.6	大学	市三中	高级教师	
安鼎祥	1937.8	大学	天水师院	高级工程师	
陈其利	1937.8	大学	市三中	高级教师	
马德亮	1937.8	大学	市六中	高级教师	
赵恩光	1937.9	大学	市四中	高级教师	
文之栋	1937.10	大学	市卫生监督所	副主任医师	
赵 铎	1937.11	大学	天水师院	副教授	
李毓荣	1938.1	大学	天水师院	副教授	
甄自维	1938.1	大学	市六中	高级教师	

续表

姓名	出生年月	文化程度	工作单位	职称	备注
余 琨	1938.1	大学	市六中	高级教师	
冯 密	1938.3	大学	市五中	高级教师	
张邦本	1938.5	大学	天水师院	副教授	
罗小康	1938.7	大学	市三中	高级教师	
何润田	1938.7	大学	市三中	高级教师	
马全福	1938.7	大学	市三中	高级教师	
田森林	1938.7	大学	市四中	高级教师	
王季龙	1938.7	大学	市六中	高级教师	
李彦生	1938.7	大专	区医院	主管检验师	
曹 鹏	1938.8	大学	市四中	高级教师	
王 玲	1938.11	大学	市三中	高级教师	女
康桂兰	1938.11	大学	市四中	高级教师	女
宋惠民	1939.6	大学	市五中	高级教师	
周慧斌	1939.8	本科	市质监局	高级工程师	
蒲士义	1939.10	大学	市五中	高级教师	
于文涛	1939.11	大学	天水师院	副教授	
周振声	1940.2	大学	市三中	高级教师	
王永禄	1940.4	本科	市第二建筑公司	高级工程师	
于世富	1940.5	大学	皂郊中学	高级教师	
刘嘉陵	1940.9	大学	市三中	高级教师	
姜建武	1940.11	大学	天水师院	副教授	
吴荷惠	1940.11	大学	市四中	高级教师	女
郭 超	1940.11	大学	市四中	高级教师	女
张占甲	1941.11	大学	天水师院	副教授	
丁尚德	1941.11	本科	市文化馆	副研究馆员	
何全德	1942.6	大学	市三中	高级教师	
李珍珠	1942.6	大学	市四中	高级教师	女
王尚英	1942.7	大学	市六中	高级教师	女
张起翔	1942.8	大学	市四中	高级教师	

续表

姓名	出生年月	文化程度	工作单位	职称	备注
杨效俭	1942.8	大学	市五中	高级教师	
郭建忠	1942.10	大学	长城电器控制厂	副主任医师	
王毓芳	1942.10	大学	市四中	高级教师	女
王德福	1942.10	大学	皂郊中学	高级教师	
黄吉祥	1943.1	大学	长城电器控制厂	高级工程师	
马民辅	1943.3	大学	天水师院	副教授	
许宝全	1943.3	大学	市三中	高级教师	
李玉珍	1943.8	大学	市三中	高级教师	女
马慧珍	1943.10	大学	市四中	高级教师	女
尹永庆	1944.1	大学	天水师院	副教授	
马世芳	1944.5	大学	市三中	高级教师	女
殷志磊	1945.1	大学	天水师院	副教授	
李雅冰	1945.3	大学	市四中	高级教师	女
张培贞	1945.3	大学	市六中	高级教师	女
穆金凤	1945.5	大学	市四中	高级教师	女
田文秀	1945.5	大学	市四中	高级教师	
李炳绪	1945.5	大学	市六中	高级教师	女
冯　定	1945.6	大学	市三中	高级教师	
王佩兰	1945.9	大学	市四中	高级教师	女
张佩芳	1945.10	大学	育生中学	高级教师	女
罗金菊	1945.11	大学	市三中	高级教师	女
靳世忠	1945.11	大学	市四中	高级教师	
穆晓琴	1945.12	大学	天水师院	副教授	女
王爱丽	1945.12	大学	天水师院	副教授	女
胡伯勋	1945.12	大学	玉泉中学	高级教师	
孙季源	1946.2	大学	市三中	高级教师	
牛正藩	1946.5	大学	市三中	高级教师	女
马甫元	1946.5	大学	市四中	高级教师	
蒲鸿生	1946.8	大学	市三中	高级教师	

续表

姓名	出生年月	文化程度	工作单位	职称	备注
武长安	1946.11	大学	天水中学	高级教师	
舒珉	1947.2	大学	市四中	高级教师	女
何敏德	1947.6	大学	关子学区	高级教师	
贾全录	1947.7	高中	长城电器控制厂	高级技师	
骆江	1947.8	大学	市四中	高级教师	
刘凤翔	1947.8	大学	天水中学	高级教师	
王天牛	1947.9	大学	天水师院	副教授	
李居岫	1947.9	大学	长城中学	高级教师	女
杨霞生	1947.11	大学	太京中学	高级教师	
葛比月	1948.3	大学	太京中学	高级教师	
王秦明	1948.4	大学	市四中	高级教师	
胡祖焕	1948.8	大学	市三中	高级教师	
龙军	1948.9	大专	育生中学	高级教师	
高登宝	1948.10	大专	市文化馆	副研究馆员	
赵琴	1948.11	大学	建二小学	高级教师	女
葛建彪	1949.5	大学	市三中	高级教师	
庞慈藩	1949.6	大学	玉泉中学	高级教师	女
马新民	1949.8	大学	天水中学	高级教师	
许文海	1950.4	大学	石马坪中学	高级教师	
廖春梅	1950.7	大学	玉泉中学	高级教师	女
郭忠	1950.9	—	甘肃农业大学	副教授	
侯京保	1951	大学	市交通运输局	高级经济师	
陈西泉	1951.1	大学	育生中学	高级教师	
王彩凤	1951.3	大学	市六中	高级教师	女
赵保才	1951.7	大学	长城中学	高级教师	
郑进中	1951.7	大学	太京中学	高级教师	
王天生	1952.4	大学	市四中	高级教师	
郝世杰	1952.6	—	麦积区房管局	高级工程师	
高清华	1952.6	大学	玉泉中学	高级教师	女

续表

姓名	出生年月	文化程度	工作单位	职称	备注
李仲仓	1952.9	中专	市三中	高级教师	
米继强	1952.11	大学	市三中	高级教师	
何新社	1952.11	大学	平南二中	高级教师	
高桂英	1952.12	大学	市四中	高级教师	女
芦福堂	1952.12	大学	中梁学区	高级教师	
王小平	1953.9	大学	长城中学	高级教师	女
周亚峰	1953.10	大学	市五中	高级教师	
王润莲	1954.1	大学	市四中	高级教师	女
李晓石	1954.1	大学	市六中	高级教师	
刘桂芳	1954.1	大学	罗玉中学	高级教师	女
邵维均	1954.3	大学	牡丹中学	高级教师	
武长琳	1954.5	大学	天水中学	高级教师	
汪天平	1954.6	大学	天水师院	副教授	
金海林	1954.7	大学	市五中	高级教师	
严定锁	1954.9	大专	长城电器控制厂	高级政工师	
梁志胜	1954.10	大学	太京中学	高级教师	
汪兴国	1954.10	大学	汪川中学	高级教师	
马继雄	1954.11	大学	长城中学	高级教师	
王田娃	1954.11	大学	太京中学	高级教师	
刘　瑾	1954.12	大学	市四中	高级教师	女
王兰花	1954.12	大学	市四中	高级教师	女
房惠清	1955.7	大学	天水师院	副教授	女
王德孝	1955.8	大学	藉口中学	高级教师	
赵江渚	1955.9	本科	市职业技术学校	高级讲师	
马根堂	1955.11	大学	市四中	高级教师	
马玉芬	1955.12	大专	育生中学	高级教师	女
徐永平	1956.1	大专	育生中学	高级教师	女
富廷荣	1956.1	大学	平南初中	高级教师	
徐高珍	1956.3	大学	平南初中	高级教师	

续表

姓名	出生年月	文化程度	工作单位	职称	备注
吴银花	1956.6	大学	市四中	高级教师	女
王建有	1956.6	大学	平南初中	高级教师	
赵惠英	1956.10	大学	市三中	高级教师	女
汪治平	1956.10	大学	平南中学	高级教师	
刘立生	1956.11	大学	大门中学	高级教师	
张天林	1956.12	大学	市六中	高级教师	
邓如仓	1957.2	大专	市妇幼保健院	副主任医师	
安好学	1957.3	大学	天水中学	高级教师	
陈 琳	1957.7	大学	海池中学	高级教师	
杨 锐	1957.8	大学	市四中	高级教师	
汪维新	1957.8	大学	汪川中学	高级教师	
赵宝祥	1957.11	大学	牡丹农职业中学	高级教师	
杜宗甫	1957.12	大学	市四中	高级教师	
杨 杰	1957.12	大学	平南中学	高级教师	
陈天泉	1958.1	大学	市卫校	高级讲师	
富奇峰	1958.3	大学	平南初中	高级教师	
郭贵林	1958.8	大学	藉口中学	高级教师	
李 琳	1958.11	大学	关子中学	高级教师	
杨德瑛	1959.2	大学	育生中学	高级教师	女
于志华	1959.3	大学	长城中学	高级教师	女
刘旺海	1959.6	大学	市四中	高级教师	
张云山	1959.9	大学	太京中学	高级教师	2013年去世
张祥麟	1960.3	大学	市五中	高级教师	
董莉珍	1960.4	大学	天水师院	副研究馆员	女
唐银海	1960.8	大学	建二小学	高级教师	
董俊山	1960.10	大学	平南中学	高级教师	
张学锋	1960.11	大学	石马坪中学	高级教师	
张吉祥	1960.12	大专	市文化馆	副研究馆员	
刘天安	1961.1	大学	市六中	高级教师	

续表

姓名	出生年月	文化程度	工作单位	职称	备注
王学军	1961.9	大学	长城中学	高级教师	
白宝华	1961.10	本科	市质监局	副高级工程师	
逯亚杰	1961.10	大学	市三中	高级教师	
姚春芳	1961.11	大学	市五中	高级教师	女
王鹏程	1961.11	大学	育生中学	高级教师	
王 斌	1961.11	大学	皂郊中学	高级教师	
安 涛	1962.1	大学	天水师院	副教授	
梁 琳	1962.1	大学	市三中	高级教师	
唐福田	1962.1	大学	关子中学	高级教师	
辛建生	1962.1	大学	平南初中	高级教师	
宋 岩	1962.3	大专	市文化馆	副研究馆员	
杨 璠	1962.4	大学	市三中	高级教师	
于灵犀	1962.5	大学	玉泉中学	高级教师	
杨务林	1962.5	本科	市职业技术学校	高级讲师	
马孝义	1962.6	大学	市三中	高级教师	
张如意	1962.6	大学	长城中学	高级教师	
宗 平	1962.6	大学	天水中学	高级教师	
冯建平	1962.6	研究生	甘肃法制日报社	副编审	
郭宝萍	1962.6	大专	市文化馆	副研究馆员	
陈明昌	1962.7	大学	市卫校	高级讲师	
刘 昉	1962.8	大学	天水师院	副研究员	
田泽新	1962.8	大学	杨家寺中学	高级教师	
王小平	1962.8	本科	区医院	副主任医师	
师天喜	1962.9	大学	市四中	高级教师	
吴建光	1962.9	大学	育生中学	高级教师	
钱耀东	1962.9	大学	娘娘坝中学	高级教师	
刘顺尧	1962.9	大学	市卫校	高级讲师	
杜月兰	1962.11	大学	市四中	高级教师	女
高兰芳	1962.12	大学	玉泉中学	高级教师	女

续表

姓名	出生年月	文化程度	工作单位	职称	备注
尹存喜	1962.12	大学	皂郊中学	高级教师	
辛　锐	1962.12	大学	华岐中学	高级教师	
张四元	1963.1	大学	市四中	高级教师	
许玉祥	1963.1	大学	娘娘坝中学	高级教师	
周　平	1963.1	大专	市第二建筑公司	高级工程师	
缑晓钟	1963.1	本科	市职业技术学校	高级讲师	
王保林	1963.2	大学	市四中	高级教师	
吴志刚	1963.2	大学	市六中	高级教师	
尹荣堂	1963.2	大学	市六中	高级教师	女
金　亮	1963.2	本科	市职业技术学校	高级讲师	
刘芳慈	1963.2	本科	市职业技术学校	高级讲师	女
刘月英	1963.2	本科	区口腔医院	副主任医师	女
郭忠孝	1963.3	本科	区医院	副主任医师	
汪卯全	1963.3	本科	区大鲵保护管理局	高级兽医师	
辛元才	1963.3	大学	华岐中学	高级教师	
杨　敏	1963.4	大学	天水师院	副教授	女
姚颖星	1963.4	大学	石马坪中学	高级教师	
刘静平	1963.6	大学	罗玉中学	高级教师	女
成丽萍	1963.7	大学	天水师院	副教授	女
杨小宝	1963.7	大学	石马坪中学	高级教师	
马百灵	1963.7	大学	牡丹农职业中学	高级教师	
胡晓兰	1963.7	本科	区医院	副主任护师	女
汪全仪	1963.8	大学	市五中	高级教师	
马兴民	1963.8	大学	罗玉中学	高级教师	
武　祯	1963.8	大学	石马坪中学	高级教师	
刘虎彦	1963.8	本科	市职业技术学校	高级讲师	
王国泰	1963.9	大学	市中医院	副主任医师	
马　陟	1963.10	本科	市职业技术学校	高级讲师	回
周天跃	1963.10	大学	天水师院	副教授	

续表

姓名	出生年月	文化程度	工作单位	职称	备注
吴　昊	1963.10	大学	汪川中学	高级教师	
马金梅	1963.12	大学	玉泉中学	高级教师	女
王喜明	1963.12	大学	天水师院	副教授	
杨立平	1963.12	大学	玉泉中学	高级教师	
李　臻	1964.1	大学	市三中	高级教师	
魏春晓	1964.1	大学	长城中学	高级教师	
汪海明	1964.1	大学	石马坪中学	高级教师	
刘　斌	1964.1	大学	市卫校	高级讲师	
金渊海	1964.2	大学	市四中	高级教师	
王　林	1964.2	大学	育生中学	高级教师	
顾大峰	1964.3	本科	天水电大	副教授	
陈国生	1964.3	大学	市三中	高级教师	
牛芳凝	1964.3	大学	市六中	高级教师	女
夏惠春	1964.3	大学	市六中	高级教师	女
张光宇	1964.4	大学	长控公司	高级工程师	
梁　霁	1964.4	大专	区卫校	副主任医师	女
安金全	1964.5	大学	长城中学	高级教师	
王建通	1964.6	大学	市四中	高级教师	
苏海峰	1964.6	大专	育生中学	高级教师	
周和平	1964.6	研究生	市职业技术学校	高级讲师	
王良满	1964.7	大学	齐寿中学	高级教师	
辛　燏	1964.8	本科	区医院	副主任医师	
高金泰	1964.9	大学	天水师院	副教授	
于少昇	1964.9	大学	市四中	高级教师	
黄永兴	1964.9	大学	市五中	高级教师	
汪全有	1964.9	大学	长城中学	高级教师	
张　钰	1964.9	大学	藉口中学	高级教师	
邵昕波	1964.9	大学	杨家寺中学	高级教师	
邢登周	1964.9	大学	市中医医院	副主任医师	

续表

姓名	出生年月	文化程度	工作单位	职称	备注
周进君	1964.10	本科	区医院	副主任医师	
张连锁	1964.10	大学	中梁中学	高级教师	
何 艇	1964.12	本科	区畜牧站	高级兽医师	
张玉书	1964.12	大学	市五中	高级教师	女
闫 祎	1964.12	大学	汪川中学	高级教师	
雷鸣亚	1965.1	大学	市三中	高级教师	
周玉仙	1965.2	大学	市三中	高级教师	女
杨建国	1965.2	大学	市三中	高级教师	
汪 东	1965.2	大学	汪川中学	高级教师	
杨明旺	1965.2	本科	区医院	副主任医师	
李建平	1965.3	大专	天水华荣铸造机械公司	高级工程师	
苏玉仓	1965.3	大学	天水师院	副研究员	
何成海	1965.3	大学	市四中	高级教师	
李美喜	1965.3	大学	市五中	高级教师	女
王拜迎	1965.4	大学	市三中	高级教师	
李合明	1965.5	大学	市三中	高级教师	
左晓珍	1965.5	大学	市五中	高级教师	女
吕吉全	1965.5	大学	汪川中学	高级教师	
王金永	1965.6	大学	太京中学	高级教师	
崔润田	1965.6	本科	市第二建筑公司	高级工程师	
杨福平	1965.7	大学	天水长城中学	高级教师	
胡小军	1965.7	本科	区医院	副主任医师	
辛 轩	1965.8	大学	市文化艺术研所	二级文学创作员	
安爱民	1965.8	本科	市职业技术学校	高级讲师	女
安玉杰	1965.8	本科	市职业技术学校	高级讲师	
王 刚	1965.9	大学	长城开关有限公司	高级工程师	
赵会明	1965.9	大学	太京中学	高级教师	
柏晓明	1965.9	大学	汪川中学	高级教师	
樊进懿	1965.9	大学	杨家寺中学	高级教师	

续表

姓名	出生年月	文化程度	工作单位	职称	备注
曹瑞菊	1965.9	本科	区医院	副主任医师	女
马相军	1965.10	大专	区疾病预防控制中心	副主任医师	女
张安全	1965.10	大学	皂郊中学	高级教师	
周惠娟	1965.10	大学	育生中学	高级教师	女
刘永录	1965.10	大学	玉泉中学	高级教师	
刘开生	1965.11	大学	天水师院	副教授	
王安宁	1965.11	本科	市职业技术学校	高级讲师	
张若峰	1965.12	大学	天水师院	副教授	
景亚龙	1965.12	大学	石马坪中学	高级教师	
丁贵荣	1965.12	大学	天水中学	高级教师	
李 晟	1965.12	大学	天水中学	高级教师	
王满良	1965.12	大学	平南中学	高级教师	
岳瑞华	1965.12	大学	市卫校	高级讲师	
李旭明	1966.1	大学	天水师院	副教授	
王明明	1966.2	大学	长城开关有限公司	高级工程师	
吴 岳	1966.2	大学	市三中	高级教师	
武 剑	1966.2	大学	天水中学	高级教师	
何建军	1966.2	本科	区医院	副主任医师	
唐金维	1966.3	大学	长城中学	高级教师	
赵世宏	1966.3	大学	长城中学	高级教师	
杨 志	1966.3	本科	市职业技术学校	高级讲师	
田玉林	1966.3	本科	区妇幼保健院	副主任医师	
高 原	1966.4	本科	天水电大	高级讲师	
任录海	1966.4	大学	市三中	高级教师	
邢鸿儒	1966.4	大学	汪川中学	高级教师	
闫三泉	1966.4	大学	汪川中学	高级教师	
牛利军	1966.4	本科	区眼科医院	副主任医师	女
李 斌	1966.5	大学	市四中	高级教师	
周玉林	1966.5	大学	育生中学	高级教师	

续表

姓名	出生年月	文化程度	工作单位	职称	备注
石北平	1966.6	本科	区畜牧站	高级畜牧师	
胡焱倬	1966.7	大学	新华门小学	高级教师	女
曹卫军	1966.8	大学	天水师院	副教授	
闫国福	1966.8	大学	皂郊中学	高级教师	
吴宏广	1966.9	大学	长城开关有限公司	高级工程师	
杜康慧	1966.9	大学	育生中学	高级教师	
王文蕊	1966.9	大学	牡丹农职业中学	高级教师	
汪咏国	1966.10	大学	天水师院	副教授	
王玉秀	1966.10	大学	市卫校	高级讲师	
赵彦国	1966.10	本科	区医院	副主任医师	
陈闯	1966.11	大学	大门中学	高级教师	
柏国荣	1966.12	大学	汪川中学	高级教师	
张惠琴	1967.1	大学	市六中	高级教师	女
马全志	1967.3	大学	市卫校	高级讲师	回
汪麦成	1967.6	大学	平南中学	高级教师	
袁清选	1967.6	大学	大门中学	高级教师	
吕军乐	1967.6	大专	天水镇卫生院	副主任医师	
郑建全	1967.7	大学	市五中	高级教师	
裴小军	1967.8	大学	长城开关厂	高级工程师	
郭志奇	1967.8	大学	天水师院	副教授	
杨康明	1967.9	大学	太京中学	高级教师	
邓爱芳	1967.9	大学	牡丹农职业中学	高级教师	女
毛丽红	1967.10	本科	市博物馆	文博副研究馆员	
汪小平	1967.10	大学	汪川中学	高级教师	
顾杰	1967.11	大学	平南中学	高级教师	
左巍	1967.12	大学	太京中学	高级教师	
凌彤	1968	大学	市文化艺术研所	二级文学创作员	
成明德	1968.1	大学	市三中	高级教师	
白洁	1968.1	本科	区医院	副主任医师	

续表

姓名	出生年月	文化程度	工作单位	职称	备注
张建明	1968.2	大学	石马坪中学	高级教师	
李守忠	1968.2	大学	皂郊中学	高级教师	
武荣国	1968.3	大学	市六中	高级教师	
王彦斌	1968.4	大学	市四中	高级教师	
董晓宁	1968.5	大学	天水师院	副教授	
杨元会	1968.5	大学	太京中学	高级教师	
田粉平	1968.5	本科	区医院	副主任医师	女
高　振	1968.7	大学	太京中学	高级教师	
补学冠	1968.7	大学	平南中学	高级教师	
县鹏宇	1968.8	本科	天水海林厂	副高	
秦永祥	1968.9	本科	市职业技术学校	高级讲师	
郭永锋	1968.10	大学	藉口中学	高级教师	
闫一飞	1968.10	大学	太京中学	高级教师	
黄少锋	1968.11	大学	长城开关厂	高级工程师	
李会学	1968.11	硕士	天水师院	副教授	
姚万福	1968.11	大学	牡丹农职业中学	高级教师	
张守中	1968.11	大学	关子中学	高级教师	
石怀仁	1968.11	大学	关子中学	高级教师	
康　权	1968.11	本科	关子中学	高级教师	
杨继臻	1968.12	大学	藉口中学	高级教师	
杨巴娃	1968.12	大学	牡丹农职业中学	高级教师	
杜　鹏	1969.2	大学	皂郊学区	高级教师	
徐全熙	1969.3	大学	太京中学	高级教师	
朱艳萍	1969.4	大学	市六中	高级教师	女
安　国	1969.4	大学	天水中学	高级教师	
张中江	1969.4	大专	区眼科医院	副主任医师	
吴元慧	1969.5	本科	区口腔医院	副主任医师	女
陈世红	1969.5	大学	市妇幼保健院	副主任医师	
王怀虎	1969.6	大学	天水师院	副教授	

续表

姓名	出生年月	文化程度	工作单位	职称	备注
许文学	1969.6	大专	娘娘坝镇政府	高级农艺师	
李佳瑞	1969.7	大学	市六中	高级教师	
杨昕丽	1969.8	大学	藉口中学	高级教师	女
安稳	1969.9	大学	太京学区	高级教师	
高俊文	1969.9	本科	市职业技术学校	高级讲师	
赵鸿	1969.10	本科	市职业技术学校	高级讲师	
王文虎	1969.10	本科	市文化馆	副研究馆员	
孙耀	1969.10	大学	大门学区	高级教师	
唐鹏	1969.10	大学	皂郊学区	高级教师	
张永智	1969.11	大学	天水中学	高级教师	
张惠琴	1969.12	大学	天水师院	副教授	女
崔阳丹	1970.1	大学	长城开关厂	高级工程师	
王田立	1970.2	大学	太京中学	高级教师	
余智杰	1970.2	大学	汪川中学	高级教师	
王春玲	1970.3	本科	区医院	副主任医师	女
张悦红	1970.4	大学	天水师院	副教授	女
沈小波	1970.5	博士	厦门大学	副教授	
王莉婷	1970.6	大学	七里墩小学	高级教师	女
蒋天林	1970.7	本科	区住建局	副高级工程师	
梁冰	1970.9	大学	石马坪中学	高级教师	
王耀炜	1970.9	大学	藉口中学	高级教师	
白雪峰	1970.10	大学	藉口中学	高级教师	
姚冬梅	1970.11	本科	区口腔医院	副主任医师	女
李东曦	1970.12	大学	天水师院	副教授	
张晓芸	1971.1	大学	长城开关厂	高级工程师	女
孙跃	1971.1	大学	太京中学	高级教师	女
吕晓东	1971.1	大学	市卫校	高级讲师	
杨晓华	1971.2	大学	太京中学	高级教师	女
王硕	1971.4	本科	市文化馆	副研究馆员	

续表

姓名	出生年月	文化程度	工作单位	职称	备注
赵居平	1971.5	大学	藉口中学	高级教师	
陈兴才	1971.5	大学	牡丹农职业中学	高级教师	
顾永辉	1971.7	大学	平南中学	高级教师	
杨富贵	1971.8	大学	太京中学	高级教师	
张学敏	1971.9	硕士	天水师院	副教授	女
刘建国	1971.9	本科	区医院	副主任医师	
王金霞	1971.11	大学	天水师院	副研究员	女
赵瑞峰	1971.11	大学	育生中学	高级教师	
杨小彦	1971.11	本科	区交通局	高级会计师	
徐瑞仙	1971.12	硕士	天水师院	副教授	女
马 宏	1972.1	大专	藉口卫生院	副主任医师	
唐宝林	1972.2	大学	齐寿中学	高级教师	
王贵军	1972.3	硕士	天水师院	副教授	
何宝宏	1972.4	大学	中梁中学	高级教师	
罗明夷	1972.7	大学	平南中学	高级教师	
赵军魁	1972.7	硕士	甘肃政法学院	副教授	
张秋红	1972.9	本科	市职业技术学校	高级讲师	女
张小莉	1972.11	大专	区疾控中心	副主任医师	女
李平珍	1972.11	本科	区医院	副主任医师	女
曹小林	1972.12	博士	甘肃省电力公司	高级经济师	
于庆瑞	1972.12	大学	长城开关厂	高级工程师	
吕玲玲	1972.12	硕士	天水师院	副教授	
谢玉琥	1973.1	大学	长城开关厂	高级工程师	
赵亚军	1973.1	本科	玉泉镇卫生院	副主任药师	
康全周	1973.3	大学	天水中学	高级教师	
王 芳	1973.4	大学	天水师院	副教授	女
闫志恒	1973.5	大学	汪川中学	高级教师	
武小平	1973.9	大学	长城开关厂	高级工程师	
魏旦旦	1973.10	本科	关子中学	高级教师	

续表

姓名	出生年月	文化程度	工作单位	职称	备注
崔兆顺	1973.11	大学	天水师院	副教授	
钱 斐	1974.4	大学	市卫校	高级讲师	
杨新宇	1974.9		农行酒泉分行	高级经济师	
田建强	1974.11	大学	天水师院	副教授	
穆建军	1974.11	大学	苏成中学	高级教师	
高国芳	1975.4	大学	长城开关厂	高级工程师	女
许红梅	1975.4	本科	区植保站	高级农艺师	女
甄宗武	1975.6	大学	天水师院	副教授	
刘仁懋	1975.6	大学	天水师院	副教授	
赵小平	1975.7	博士	云南大学研究生院	副教授	
曹文斌	1975.9	大学	长城开关厂	高级工程师	
杨随义	1976.1	大学	天水师院	副教授	
王思润	1976.3	大学	长城开关厂	高级工程师	
任召田	1976.7	大学	长城开关厂	高级工程师	
王小龙	1976.8	本科	中梁镇林业工作站	高级农艺师	
苏兴田	1977.11	大学	天水师院	副教授	
潘素娟	1978.4	硕士	天水师院	副教授	女
白春雷	1978.10	本科	区林业技术推广工作站	副高级林业工程师	
魏凯斌	1978.11	硕士	天水师院	副教授	
董定存	1980.1	本科	太京镇卫生院	副主任医师	
曹会清	1981.1	硕士	甘肃省职业技术学院	副教授	

第四节 各界名人录

表26—3—4

姓名	出生年月	籍贯	职业	工作单位	成就	备注
马 纵	1916	杨家寺乡	画匠	—	在天水县等地从事庙宇神像绘画雕塑。	1998年去世
雷振南	1917	陕西合阳县	摄影师	天华像馆	1941年拍摄天水"日全食"。1952年拍摄"麦积烟雨""伏羲卦台"等秦州八景,于天兰铁路通车时展出。1957年制成天水第一台桌式可调型放大机。	
张学荣	1927.2	陕西吴堡县	—	—	擅长书法、绘画,在各省级报刊上发表30多幅书画作品。	
杨怀忠	1939.2	清水	—	天水市歌舞团	擅长制作风筝。	
张国栋	1941	麦积区	高级工艺美术师	—	国家级非物质文化遗产保护项目天水雕漆技艺代表性国家级传承人,作品组合"三条桌""青铜镜"围屏获1986年中国工艺美术百花奖优秀创作设计二等奖。	
李秋芳	1945.7	陕西西安	国家二级演员	天水市铸造机械厂	秦腔演唱	女
肖 平	1946	秦州区	副高级陶艺制作师	—	从艺40余年,陶艺制器内外不施釉,锫烧呈现浅黄色、手工成器,器型脉络清晰,型体转换明确。代表作《龙凤盘》《太极八卦瓶》《方鼎》《千手千眼观音》。	
郭长义	1946	秦岭乡	副高级雕塑艺术师	—	绘制壁画32000多平方米;彩塑500余尊;设计庙宇14座。	
刘沛毅	1946.5	秦州区	工人	工人	擅长象棋,曾获甘肃象棋比赛个人冠军。	
雷希文	1948.1	秦州区	副高级国画艺术师	—	从事美术创作40余年,国画作品多以大西北景物为题材,以反映描绘西部美丽山河、名胜古迹石窟艺术为主。	
赵昌荣	1948.2	秦州区	—	—	从事玉泉观研究,著作有《玉泉观志》、《天水古代建筑》。	
王喜琴	1949.1	庆阳	—	天水市检察院	擅长制作天水荷包。	女

续表

姓名	出生年月	籍贯	职业	工作单位	成就	备注
梁宝宝	1952	秦州区	副高级木雕艺术师	—	参加玉泉观正殿栏杆雕刻制作工程城隍庙牌坊雕刻工程，及伏羲庙先天殿背窗、双龙太极图以及大殿的修复工程。	
王乃璜	1953.8	秦州区	副高级布艺堆绣艺术师	—	用民间布艺贴画和堆绣手法将水墨画的渲染、工笔画地线条、版画的浮雕有机地融为一体，同时将景泰蓝画与堆绣有机结合，使画面表现干刚柔相济。	女
赵玉芳	1954.2	陕西	国家二级演员	天水市秦剧团	秦腔演唱。	女
李亮	1956.5	秦州区	戏曲	—	省非物质文化遗产秦州小曲传承人。	
吴云生	1957	秦州区	副高级竹雕艺术师	—	其作品以竹编蝈笼为载体，融入竹雕工艺、高浮雕、低浮雕、镂空等多种雕刻手法。	回族
谢天宝	1957.1	秦州区	副高级撕字艺术师	—	用手撕字，精通楷、隶篆、草。	
何金成	1957.8	秦州区	省工艺美术大师	天水飞天雕漆公司	天水雕漆技艺代表性传承人、擅长漆器制作。	
刘文杰	1958.2	天水镇	农民	天水镇嘴头村	创建甘肃首家农民家庭档案室，获市区档案先进工作者称号。	
张西秦	1961	秦州区	副高级脱胎雕漆工艺师	—	从事漆器工艺25，探索脱胎漆器工艺取得创新突破，1996年该工艺获得国家专利。	
雍际春	1961.9	清水县永清镇	教授	天水师范学院	主持完成的《陇右文化校本课程建设实践研究》获省优秀教学成果二等奖。专著《天水放马滩木版地图研究》一书获甘肃省"五个一"工程奖;《陇右历史文化与地理研究》一书获省高校社科优秀成果一等奖。	
李儒林	1962.5	秦州区	馆长	天水市武术馆	天水武术名师,精通八极拳。	
王若冰	1962.9	麦积区甘泉镇	高级编辑	天水市日报社	首倡"秦岭是中华民族父亲山"和"秦岭文化"概念，出版、主编诗歌、散文、文艺评论十余部,《走进大秦岭》修订本获甘肃省政府敦煌文艺奖一等奖,《渭河传》获第八届《中国作家》鄂尔多斯文学奖。	

续表

姓名	出生年月	籍贯	职业	工作单位	成就	备注
吴少明	1962.12	清水县	教授	天水师范学院	2007年获第十四届甘肃省高校青年教师成才奖。《清风》参加"第六届全国工笔画大展""西望敦煌甘肃美术作品晋京展"被中国美术馆收藏,《晨韵》获甘肃省第一届美术"金驼奖"。	
李宁民	1963.8	宁县	馆长	天水市博物馆	主持完成伏羲庙、胡氏古民居(南宅子)的保护维修等工程,专著有《人祖伏羲与宗庙》、《历史的记忆——天水市博物馆基本陈列》,主持完成省部级科研项目《天水隋贴金彩绘屏风式石棺床研究》。	
刘静波	1963.9	秦州区	省工艺美术师	天水新天丝毯公司	精通丝毯制作工艺。	
赵旭辉	1965.3	秦州区	农民		泥塑制作技艺。	
贾利珠	1965.11	徽县	院长	天水师范学院美术学院	油画《两当起义》被省博物馆永久收藏,油画《高原》获甘肃省敦煌文艺奖二等奖,《肖像》获第一届美术"金驼奖"铜奖。个人专著有《宏观素描》《当代实力派画家艺术研究——贾利珠油画作品》。	
宋红霞	1966.1	秦州区	伤残人运动员	天水市社会福利厂	荣获全国伤残人气枪手枪射击3枚金牌,2次在全国残疾人射击、射箭竞标赛上分获第五、第四名。	
巴忠天	1969.3	张掖	省工艺美术大师	天水飞天雕漆公司	擅长漆画制作。	
张 平	1972.2	秦州区	省工艺美术大师	天水飞天雕漆公司	擅长漆画制作。	
吴 军	1974.3	秦州区	副高级木雕艺术师	—	参与伏羲庙大殿门窗、瑞莲寺门窗等古建修复。木雕刀法熟练,线条流畅,能准确把握古典寓意,其作品尤以木雕小件工艺品精美制作见长。	
袁丫丫	1974	陕西宝鸡	国家一级秦腔演员	天水市秦剧团	2005年在中国秦腔"四大、四小名旦"争霸赛中获西北秦腔"四小名旦"称号。2006年,在全省新创剧目调演《山里红》剧目中荣获主演一等奖,《山里红》获甘肃戏剧红梅奖。	
张 伟	1980.8	秦州区	经理	秦州区盛祥斋	天水猪油盒传承人	

续表

姓名	出生年月	籍贯	职业	工作单位	成就	备注
杜根成	1986.8	齐寿乡廖集村	民间木雕	—	天水木雕代表性传承人	
张巧玲	1963.10	庆阳	呱呱制作	育生巷口	"常记呱呱"被甘肃省第二届文博会授予"天水名优小吃"称号，成为知名商标，参加丝绸之路美食录制，畅销到阿根廷、伊拉克、俄罗斯等国家。	

秦州区志

QIN ZHOU QU ZHI

FuLu

附录

重要文件辑录

中华人民共和国国务院

（85）国函字 108 号

国务院关于甘肃省撤销
天水地区、实行市管县的批复

甘肃省人民政府：

你省一九八五年五月二十五日《关于将天水地区改设为天水市的报告》收悉。同意你省：

一、撤销天水地区，实行市管县体制。

二、天水市升为地级市。撤销天水县，将其行政区域并入天水市。天水市设秦城区、北道区。以原天水市和天水县的中梁等十七个乡的行政区域为秦城区的行政区域；以原天水县的渭南等二十二个乡和北道镇的行政区域为北道区的行政区域。天水市人民政府驻秦城区。

三、将原天水地区的秦安、武山、甘谷、清水县和张家川回族自治县五县划归天水市管辖。

四、将原天水地区的徽县、两当二县划归陇南地区管辖。

中华人民共和国国务院

一九八五年七月八日

建设部　国家文物局

关于审批第三批国家历史文化名城和
加强保护管理的请示

国务院：

　　1982年和1986年，国务院先后批准了两批共62个城市为国家历史文化名城，这对促进文物古迹的保护抢救，制止"建设性破坏"，保护城市传统风貌等起了重要任用。

　　我国地域辽阔，历史悠久，除已批准的国家历史文化名城外，还有一些城市文物古迹十分丰富，具有重要历史文化价值及革命纪念意义。为进一步保护好这些城市的历史文化遗产，在调查研究的基础上，慎重提出第三批国家历史文化名城推荐名单。对各地区提出的推荐名单，经有关城市规划、建筑、文物、考古、地理等专家，按照《国务院批转建设部、文化部关于公布第二批国家历史文化名城名单报告的通知》（国发〔1986〕104号）文件关于审定国家历史文化名城的原则，进行反复酝酿，讨论审议，提出37个城市，建议作为第三批国家历史文化名城（名单附后），报请国务院审核批准并予以发布。

　　为了加强历史文化名城的保护管理，要认真做好以下工作：

　　一、提高对保护历史文化名城重要性的认识。近年来，城市开发建设速度很快，一些历史文化名城，片面追求近期经济利益，在建设时违反城市规划和有关法规规定的倾向又有所抬头，必须引起各级政府和有关部门的高度重视，及时予以纠正和处理。历史文化名城体现了中华民族的悠久历史、灿烂文化及光荣革命传统；是我国富贵的财富也是建设社会主义现代化城市的优势。各级领导要充分认识当前做好保护历史文化名城工作的重要性和紧迫性，从国家和民族的长远利益以及城市发展的全局出发，肩负起历史赋予的责任。

二、认真贯彻"保护为主、抢救第一"的方针，切实做好历史文化名城的保护、建设工作。要加强文物古迹的管理，搞好修缮。文物古迹尚未定级的要抓紧定级，并明确划定保护范围和建设控制地带。在涉及文物古迹的地方进行建设和改造，要处理好与保护抢救的关系，建设项目要经过充分论证，并严格按照《中华人民共和国文物保护法》和建设部、国家计委《关于印发〈建设项目选址规划管理办法〉的通知》（建规〔1991〕583号）等规定履行审批手续。今后审定国家历史文化名城，要按照条件从严审批，严格控制新增的数量。对于不按规划和法规进行保护、失去历史文化名城条件的城市，应撤销其国家历史文化名城的名称；对于确实符合条件的城市，也可增定为国家历史文化名城。

近期内，各历史文化名城要对保护工作进行一次自查，重点检查文物古迹的保护、抢救情况，以及各项建设与改造是否符合保护规划要求等，并将检查结果报建设部、国家文物局。

三、抓紧制订历史文化名城的保护管理办法，使保护工作走上规范化、法制化的轨道。要抓紧组织编制、修订和审批历史文化名城保护规划。第一二批国家历史文化名城保护规划尚未报批的，应尽快报送审批。第三批国家历史文化名城保护规划，要在1994年底前编制完成，并按规定上报审批。历史文化名城的重点区域还要做出控制性详细规划。各项开发建设必须符合保护规划的要求，规划确定的有关控制指标，必须严格执行。城市规划和文物保护主管部门有责任检查督促保护规划的实施。有些文物古迹集中，若有反映某历史时期传统风貌和体现民族地方特色的街区、建筑群等的地方，虽未定为国家历史文化名城，但这些地方的文物、街区、建筑群等也是重要的历史文化遗产，同样具有珍贵的保护价值，各地要注意重点保护好它们的传统建筑风格和环境风貌。

保护历史文化名城需要一定的资金，各有关地方人民政府和城市规划、文物保护等有关部门应给予积极支持。各地要根据实际情况，制定有关政策, 动员社会力量, 促进历史文化名城的保护工作。

以上请示如无不妥, 请批转各地区、各部门研究执行。

附件: 第三批国家历史文化名城名单

建设部

国家文物局

一九九三年六月十日

附件:

第三批国家历史文化名城名单 (37个)

正定	邯郸	新绛	代县	祁县	哈尔滨	吉林	集安	衢州	临海
长汀	赣州	青岛	聊城	邹城	临 淄	郑州	浚县	随州	钟祥
岳阳	肇庆	佛山	梅州	海康	柳 州	琼山	乐山	都江堰	
泸州	建水	巍山	江孜	咸阳	汉 中	天水	同仁		

中华人民共和国国务院

国发〔1994〕3号

国务院批转建设部、国家文物局
关于审批第三批国家历史文化名城和
加强保护管理的请示的通知

各省、自治区、直辖市人民政府,国务院各部委、各直属机构:

国务院同意建设部、国家文物局《关于审批第三批国家历史文化名城和加强保护管理的请示》,现转发给你们,请研究执行。

在建设具有中国特色社会主义的宏伟事业中,既要重视物质文明建设,又要重视精神文明建设。我国的历史文化名城体现了中华民族的悠久历史、灿烂文化和光荣革命传统,保护历史文化名城是社会主义精神文明建设的重要内容。各地区、各部门要按照《中华人民共和国文物保护法》《中华人民共和国城市规划法》等有关法规和本通知的要求,切实处理好历史文化名城的开发建设与保护抢救工作的关系,把历史文化名城保护好、建设好、管理好。

中华人民共和国国务院
一九九四年一月四日

国家旅游局

国旅办发〔2003〕80号

国家旅游局关于命名廊坊等45个城市为
"中国优秀旅游城市"的决定

各省、自治区、直辖市旅游局（委）：

自1998年以来，国家旅游局先后命名138个中国优秀旅游城市，在全国产生了广泛的积极影响，陆续又有许多城市积极参与到创建中国优秀旅游城市的工作中来。

近年来，廊坊等45个城市在省级创优机构的具体指导下，在市委、市政府的高度重视和直接领导下，在城市有关部门、单位和全体市民的共同参与下，按照国家旅游局提出的创优标准，认真工作，努力创建，取得了扎扎实实的成效。通过创优，创造了政府主导、部门联动、齐抓共管的创优工作机制，达成了大力发展旅游业的共识，增强了各级政府管理城市的水平，提升了城市国际化和现代化水平，提高了城市知名度和美誉度，丰富了人民群众物质和文化生活，塑造了全新的城市形象，获得了明显的经济效益和社会效益，创优使城市取得了多方面的进步。

今年，国家旅游局在城市自检和省级旅游局初审合格的基础上，先后派出验收组对这45个城市进行了严格的检查验收。依据《创建中国优秀旅游城市工作管理暂行办法》的有关规定，根据验收结果，国家旅游局认为这些城市达到了"中国优秀旅游城市"的标准，决定命名这些城市为"中国优秀旅游城市"。希望45个城市珍惜荣誉，抓紧整改在验收中指出的差距和不足，巩固和发展创优成果。

　　创建"中国优秀旅游城市"工作是各城市培育旅游业这个新的经济增长点、实现旅游发展目标、优化经济结构，促进经济和社会发展的重要步骤，是贯彻落实"三个代表"重要思想的伟大实践，也是响应全面建设小康社会号召的重要实际行动。国家旅游局将把城市创优作为一项重要的经常性工作，深入持久地开展下去。希望更多的城市加入到创建"中国优秀旅游城市"的行列中来，为实现我国全面建设小康社会和建设世界旅游强国的宏伟目标做出更大的贡献！

　　附：2003年验收通过的中国优秀旅游城市名单

二〇〇三年十二月十日

2003年验收通过的中国优秀旅游城市名单

省（自治区、直辖市）	城　市
河北省	廊坊市、保定市
山西省	永济市
内蒙古自治区	呼和浩特市、呼伦贝尔市、满洲里市、扎兰屯市
辽宁省	葫芦岛市
黑龙江省	齐齐哈尔市
江苏省	南通市、连云港市
浙江省	湖州市、嘉兴市、临海市、温岭市
福建省	漳州市
江西省	赣州市
山东省	潍坊市、聊城市、日照市、乳山市
河南省	三门峡市、安阳市、焦作市、鹤壁市、灵宝市、新郑市
湖北省	襄樊市、荆门市、鄂州市、赤壁市
湖南省	郴州市
广东省	东莞市、潮州市、湛江市、河源市、开平市
海南省	琼海市
四川省	绵阳市、广安市、自贡市
陕西省	延安市
甘肃省	天水市
青海省	格尔木市
新疆维吾尔自治区	喀什市

甘肃省人民政府

甘政函〔2004〕99号

甘肃省人民政府转发民政部
关于甘肃省天水市秦城区更名为
秦州区、北道区更名为麦积区批复的通知①

天水市人民政府：

现将《民政部关于甘肃省天水市秦城区更名为秦州区、北道区更名为麦积区的批复》（民函〔2004〕244号）转发给你们，请按批复精神做好各项工作。

甘肃省人民政府
二〇〇四年十一月二日

---

① 标题有误，应为"天水市秦城区更名为天水市秦州区、天水市北道区更名为天水市麦积区"，
　 下面文件一样有误。

中华人民共和国民政部

民函〔2004〕244号

关于甘肃省天水市秦城区更名为秦州区、
北道区更名为麦积区的批复

甘肃省人民政府：

你省《关于天水市秦城区北道区更名的请示》（甘政发〔2003〕97号）收悉。经国务院批准，同意将天水市秦城区更名为秦州区、北道区更名为麦积区。

中华人民共和国民政部
二〇〇四年十月三十日

中共天水市委文件

市委发〔1988〕14号

中共天水市委 天水市人民政府
关于进一步深化改革,全面推行承包责任制
意　见

各县、区委、政府,市直各部门、各企事业单位:

今年一月,中共甘肃省委副书记、省长贾志杰同志来天水检查工作,在听取了市委、市政府工作汇报后指示。要广泛开展生产力标准问题的大讨论;要进一步引入竞争机制,把承包责任制扩展到经济、社会发展的各行各业;要按照重奖重罚的原则,充分调动干部群众的积极性,把天水的事情办好。市委、市政府认为省委、省政府领导同志的指示非常重要,具有很强的针对性。当即向各县区、市直各部门印发了《送阅件》,并在部分县区的经济计划会上进行了传达。随后,又组织有关部门的同志座谈讨论,制定了贯彻落实的具体措施。为了进一步深化改革,在全市范围内全面推行承包责任制度,以改革促进生产力的发展,经市委、市政府研究决定,特提出如下意见。

一、广泛深入地开展生产力标准问题的大讨论

生产力是一切社会发展的最终决定因素。各级党委、政府,要按照省委关于开展生产力标准问题讨论的通知精神,象开展真理标准问题讨论那样,在全市范围内泛开展生产力是检验一切工作标准的大讨论。把进一步解放思想,进步发展生产力作为当前深入学习贯彻党的十三大精神

的重点,高度重视,精心组织,抓出成效。突出解决好两个方面的问题:第一,通过开展生产力标准问题的大讨论。深入持久地进行党在社会主义初级阶段的基本理论和基本路线的教育,使大干部群众牢牢掌握"一个中心、两个基本点",深刻认识和理解社会主义初级阶段的中心任务,就是抓好经济建设,加速发展生产力;深刻认识和理解不断深化改革是生产力发展的必由之路。而深化改革的关键就是要进一步解放思想。破除离开生产力来抽象谈论社会主义的历史唯心主义观念,从根本上划清科学社会主义与种种空想的界限;破除离开生产力标准的那些"左"的积习和陈腐观念,造成一个人人想改革、议改革、踊跃参加改革,坚决支持改革的局面,以改革来推动经济建设和各项事业发展。第二,通过开展生产力标准问题的大讨论,使干部群众充分认识我们的市情,认识我市生产力发展的水平,在总结与反思、纵向与横向的对比之中,寻找差距,发现问题,明确今后的发展思路,把三、五年解决全市温饱,作为不可动摇的战略目标来抓。一切有利于我市生产力发展的措施,就要理直气壮,坚持不懈地抓下去;一切不利于我市生产力发展的东西,都应当坚决加以革除。激励人们为最大限度地发展生产力贡献力量。总之,要通过开展生产力标准问题的大讨论,在全社会形成一个思想大解放,观念大转变,合力抓改革,加速生产力发展的生动局面。

二、全面推行承包责任制,把竞争机制引入各行各业

加快和深化经济体制改革,是党的十三大的中心议题之一,是我们当前面临的迫切而又艰巨的任务。各级党委和政府,要把承包作为深化改革的"突破口",下大决心,加快步伐,抓出成效。要以改革和完善企业经营机制为重点,在企业全面推行以公开极标为主的经营承包责任制;要结合全面落实行政首长负责制,在事业单位积极推行以经济效益和社会效益相结合的承包责任制;要以"双放搞活"为中心在科研系统推行科技承包责任制;要结合转变职能。在党政机关实行岗位目标管理责任制。同时,不断深化单位内部的层层承包。以大包促小包,小包保大包。横向包到边,纵向包到底。形成多层次、全方位的承包网络。承包的关键是引进竞争机制,造成各类人才脱剃而出的良好环境。

要切实加快企业承包的步伐。这是深化经济体制改革的中心环节。去年以来,我市的企业承包工作在先行试点的基础上,学习借鉴邯郸经验,注意引入竞争机制,面向社会,公开招标,取得了较大进展。截至年底全市309户企业,已有131户实行承包租赁经营,占42.4%,其中:市直企业54户,已承包租赁23户,占42.6%。全市工业企业162户,已承包租赁88户,占54.3%,全市32户大中型商业企业,已承包13户,409个商业小型门店已租赁223个,占54%;交通运输企业的承包也有较大进展。由于各级党委、政府在企业承包中,加号强领导,因地制宜,注重质量,已承包租赁的企业,无论产值、产量,经济效益一般都比较好。但是,与省委、省政府的要求来衡量、与先进地区相比较,还存在很大差距。突出表现:一是改革的意识还不强烈,对招标承包的重要性、紧迫性还缺乏深刻的认识,特别是在企业招标承包进程中出现一些问题时,有的同志就动摇了,怕这怕那,认为招标承包风险大,善后工作难做,还是原班子承包稳当等。二是承包的进度不快,进展不平衡。全市工交商贸企业进展较快,其他行业进展慢;企业承包较快,内部的配套改革慢。三是影响企业生产经营的一些重要问题,如原班子与承包人、企业干部制度、党政工关系等方面,还程度不同地存在一些不配套,不协调的问题。四是招标承包的领导力量还比较薄弱,宣传舆论工作没有跟上。因此,深化企业改革,必须坚持招标投标,搞铁面无私的竞争承包。不能有丝毫的犹豫和动摇;进一步解放思想,大造舆论,形成竞争承包的"大气候";必须坚持因厂制宜,全面配套的原则,搞好工作衔接扎扎实实地解决出现的各种矛盾和问题;必须进一步修改完善企业承包办法,使企业承包在保证质量的前提下更快地向前发展。

各级党委和政府,必须按照市委市,政府的统一部署,进一步落实计划和措施。保证上半年,力争五月底全面完成全市企业的承包、租赁任务。市属工业企业一举度内要全部实现承包经营,县区属国营工业企业及集体工业企业,六月底以前全部实行承包或租赁。大中型商业企业六月底之前要实行全面承包。小型商业门店娶在转改祖的基础上,扩大租赁经营。六月底通赁企业要达到全市小型商业门店的70%~80%。企业承包的形式依据企业状况明定。原则上小型商业实行租赁经营。工业企业和中型商业企业实行承包经营，部分小型工业企业也可以租赁。企业的承包租赁。既要加快进度。又要严格把关，注重质量。要合理确定承包的五个要素。即承包基数、上缴利润递增率、技改项目、承包期限、企业留利中各项基金的分配比例等。严格把好承包要素关，要面向社会，公开招标，竞角承包。严格把好承包租赁者的选择关；要注意承包期间企业的生产经营状况和各项工作的进展情况，严格把好工作衔接协调关。已经承包租赁的企业，要把竞争机制引入企业内部，按照责、权、利相结合的原则。增强企业的自我开发能力：一是围绕厂长（经理）负责制，从纵向的车间班组，横向的职能科室，全面实行内部招标承包。二是把承包总目标层层分解落实到车间、班组、岗位；把工资、奖金分配与企业经营效益和职工劳动成果直接挂钩，积极推行计件工资、定额工资和岗位工资，真正体现多劳多得，不劳不得的原则，充分调动职工积极性。三是突出发展生产力，把承包经营责任制与推行技术进步，发展横向联合，促进企业进等升级，搞好"双增双书"有机地结合起来，优化生产要素组合，不断增强企业的自我开发、自我发展能力。四是积极推广"满负荷工作法"等行之有效的管理方法，提高企业的管理素质。五是进一步健全和完善企业的自我约束机制，使承包租赁企业严格履行承包合同，严格执行国家物价政策，逐步建立风险基金等。六是及时理顺承包、租赁者与原班子的关系结合贯彻三个条例，理顺党、政、工三者关系，明确各自的职能，加强协调配合，形成综合优势。

要把承包责任制扩展到文化、教育、医疗卫生等事业单位。事业单位要全面落实行政首长负责制。在此基础上，四月底以前，各县、区要选择二至三个事业单位。市直各主管局委要至少选择一个事业单位进行试点，下半年全面推开。事业单位的承包应视单位的具体情况而定，可以是综合承包，也可以是单项承包，有投入产出的单位，应承包事业费的逐年递减和自给率的逐年递增；没有投入产出的事业单位，主要承包工作目标和任务的完成。要立足于经济效益和社会效益相结合，不断探索事业单位确定承包要素的方法和竞争承包的路子。

要以"双放搞活"为主要内容，深化科技体制改革，加速科技事业发展。要进一步放活科研机构。放活科研机构的重点是逐步实现科研机构的转轨变形，摆脱行政附属的现状。市属科研机构，要在自身改革的基础上，推动科研生产一体化。要实行经费与任务挂钩承包责任制，支持和鼓励他们面向社会，面向生产、提供有偿咨询和技术服务，积极创收，促进科技成果的商品化。逐步实现经费自给和部分自给。技术力量较强、经费已经部分自给的科研单位，要促进组成不同层次、不同类型的科研生产联合体。尤其要注意加强与部省属驻市单位的横向科技联合。要积极创造条件，兴办厂级科研机构，加快企业向科技型发展。要大力提倡和扶持发展各类民办科研机构及农村的各类专业技术研究会、协会，建立以两区为基地，辐射各县和广大农村腹地的技术智力扩散网络，促进城乡经济发展。要进一步放活科技人员的管理。有关部门要制订优惠政策，积极鼓励和支持科技人员采取各种方式，自办、承包、租赁、领办乡镇企业或集体企业，承包各类科研和建设项目。支持科技人员从事兼职活动，鼓励他们在不影响本职工作的前提下，从事多种形式的"第二职业""星期日工程师"等活动。要敞开城门，多渠道引进人才。部省属驻市单位的工程技术人员占全市工程技术人员的近五分之四，这是促进我市生产力发展不容忽视的重要力量，有关部门要加强与他们的协调联系，把他们引入全市科技进步与经济建设的主战场，联合研究，联合攻关，形成两路科技大军协同作战的新格局，并逐步与其建立稳定的协作关系。同时，要按照省上的部署，通过招聘的办法，选派一批科技人员，到各县、区、乡、镇担任行政副职。各级组织人事部门，在配备专业性、技术性要求较强的单位的领导班子时，也要注意配备懂技术、擅长业务的同志担任行政领导职务，加快科技开发的步伐。

要把竞争机制引入党政机关，实行岗位目标管理责任制。在党政机关引进竞争机制，实行岗位目标管理责任制，不但是生产力发展的客观要求，而且是政治体制改革的重要内容。因此，党政机关岗位责任制的推行，要结合党政分开、机构改革和干部人事制度改革的逐步开展，明确本部门的工作职能和任务，制订科学的工作目标，层层落实，提高工作效率质量。原则上，凡有明确的业务指标的部门，应以承包业务指标为主，层层分解到科室和岗位，签订责任书；没有明确的业务指标部门，主要是实行具体工作任务的目标管理，并测算出定性、定量考核的标准。党政机关工作目标管理责任期限一般为一年，年初签订目标责任书，年终考核落实。采取自上而下和自下而上的"顺向""逆向"相结合的考核办法，上治官僚主义作风。下治敷衍塞责习气。使干部增强危机感和责任心，满腔热情地投入工作，增强党政机关的活力。

农村改革。要按照全市农村工作会议和市一届二次全委扩大会议的部署。继续完善第一步改革。不断深化第二步改革。四月底以前要基本完成第一步改革的后续工作。

以上深化改革、全面承包的各项要求，各县（区）、各主管部门要切实做好安排，认真落实计划、措施和任务。体改部门要协同有关部门作好协调配合工作，并经常督促、检查承包工作的进度，了解和协调解决存在的问题。

总之，我们要把竞争承包引进各行各业、各个领域。通过强化各方面的竞争机制，使广大干部、群众充分认识到。在改革的年代里。只有积极进取，敢于竞争，才能求生存，求发展。不竞争就必然会成为前进道路上的落伍者，不竞争就不可能促进生产力的发展。也就不可能实现全市解决温饱的目标。因此，一定要通过深化改革。在全市上下形成你追我赶、积极进取、大胆竞争的良好局面。

三、实行重奖重罚，充分调动干部群众的积极性

由于长期以来"左"的思想干扰和不正确宣传，在分配领域存在严重的平均主义，挫伤了干部群众的积极性，因此，当改革的浪潮冲击到分配领域的时候。不少人便产生了疑惑和误解，特别是当有些同志对改革和经济建设做出了贡献，得到奖励甚至重奖的时候，有的人担惊受怕，有的人盲目攀比，有的人在"姓资姓社"等问题上纠缠不休等等。这些陈旧僵化的思想观念应当彻底破除。各级领导干部和群众，必须树立正确的分配观念和功利意识。深刻认识和理解社会主义分配原则的本质含意，把是否为改革和发展生产力做出了贡献，作为奖励的根本依据，实行重奖重罚，充分调动干部群众的积极性。重奖重罚的原则

是，坚持责、权、利的统一，无论干部群众，完成任务的不奖不罚，超额完成任务的给予奖励，贡献大的予以重奖；没有完成任务的给予处罚，完成任务很差的予以重罚。真正做到功过分明，奖罚得当，达到鼓励先进。督促后进的目的，以较少的财力换取更大的经济效益。奖要奖得叫人眼红，罚要罚得叫人心痛，鼓励人们竞争，为改革和建设事业多做贡献。重奖重罚的关键是建立同行业、不同层次的奖罚制度和办法，使奖罚工作规范化、制度化。要按照去年年初签订的责任书和有关规定，尽快做好一九八七年的奖罚兑现工作。同时，要在三月底以前，由市体改办牵头，市经委、商委、财政局及其他有直属企业的委局参加，尽快制订出企业单位奖罚办法；由市委组织部、市劳动人事局牵头，市体改办财政局等部门参加，研究制订党政机关、事业单位的奖罚办法；由科委牵头，会同有关部门研究制订科技承包方面的奖罚办法。各项奖罚制度和办法要充分体现重奖重罚的原则，真正达到调动干部群众积极性的目的。

四、加强指导，进一步落实改革目标责任制

当前，我们面临的工作很多，任务十分艰巨。各级党委、政府一定要理清思路，千头万绪抓改革，深化改革抓承包，以改革总揽全局。要像抓经济建设那样，抓好改革工作；要像落实经济指标那样，落实改革目标责任制。通过加强指导，落实改革目标责任制，有条不紊地把各项建设事业推向前进。

要认真落实指导改革工作目标责任制。改革是各项工作的中心。已经深入到了政治、经济、社会生活的各个领域，仅靠个别领导分管改革工作的办法，已经远远不能适应改革的需要了。必须坚持主要领导抓全面改革，其他领导按各自分工。抓好分管行业的改革工作，并以责任制的形式固定下来，提出明确的任务和要求，以保证和加强对改革的分类指导。要把分管系统改革工作的成效作为领导干部政绩考核的重要内容。责成市委政治体制改革办公室和市政府体改办公室，根据上述原则。三月底以前，分别提出政治体制改革和经济体制改革指导工作目标管理责任，按照责任制的要求，年终进行检查考核。

　　要正确处理当前工作与改革的关系，普遍推行改革工作目标责任制，真正解决工作与改革"两张皮"的问题。改革是一切工作的推动力。任何工作的开展都离不开改革。任何改革都离不开具体工作，决不能把二者割裂开来，对立起来。因此，各级领导、各地、各单位在部署工作时，必须统筹兼顾，要以各项工作来推动改革，以改革来促进和带动各项工作的发展，实现工作改革的一体化。要在实行各级领导改革工作目标责任制的基础上，在各县区、各部门也要普遍推行改革目标责任制。把任务分解落实到部门、科室和个人。作为考核干部工作实绩的重要内容。要进一步强化各级体改部门的力量，充实人员，提高素质，真正发挥指导和协调改革的职能作用。市、县（区）要抽调素质较高、作风过硬，热心改革的同志，组成强有力的工作组，深入基层，蹲点跑面。督促检查，发现和解决疑难问题，总结和推广新鲜经验。

　　一九八八年，是实现三、五年解决温饱的起步年，是深化改革的关键年。我们面临的形势紧迫而又严峻。全市各级党委和政府，广大人民群众，必须面对现实，勇敢地迎接挑战。进一解放思想，强化改革意识，最大限度地发展社会生产力，为实现振兴天水的宏伟目标而奋斗。

一九八八年三月二日

中共天水市委文件

市委发〔1993〕36号

中共天水市委　天水市人民政府
关于加快南北二山绿化工作会议纪要

秦城、北道区委、政府、市直有关单位：

10月19日至20日，市委、市政府召开天水市南北二山绿化工作会议。参加会议的有市委、市人大、市政府负责同志牟本理、王文华、李生林、王全中、张长生、秦城、北道两区及市直有关部门、小陇山林业局、南北两山范围内八个乡镇的主要负责同志。与会同志实地参观了南北二山绿化情况，两区汇报了近年来两山的绿化工作，张长生副市长对两山绿化工作做了全面总结，并对今后的工作做了具体安排部署。牟本理书记、王文华市长和李生林副书记作了重要讲话。

会议认为，自从市委作出《关于加快绿化南北二山的决议》以来，两山绿化工作取得了很大成绩，累计完成造林8万多亩，保存6.4万多亩，栽植各类经济林3.56万亩，森林覆盖率由"七五"前的10%提高到26.6%，两山景观发生了很大变化，社会、生态、经济效益日趋明显。会议在肯定成绩的基础上，进一步总结了两山绿化工作的主要经验：一是改变两山面貌，已成为广大干部群众的共识；二是各级领导以身作则，充分发挥了带动示范作用；三是制定各项优惠政策，调动了各行各业绿化两山的积极性；四是因地制宜，走出了一条加快两山绿化的成功路子；五是多方配合，促进了两山绿化工作的顺利进行。

会议指出，随着南北二山绿化工作的不断深入，绿化的难度越来越大，面临的问题也越来越突出。因此，一定要认真总结经验，继续坚持"巩固提高，加速开发，服务城市，致富群众"的指导思想、重点抓好占总绿化面积70%的农田优质经济林果建设、林网建设以及渭河、藉河护岸林建设、城区立体绿化。尤其要抓好对城区景观影响较大的二十铺北面、东十里南北山两区结合部位、新华路秦城北山段、定天路中梁段等重点地区，保证"八五"期间完成绿化4.7万亩，经济林木累计达到7.4万亩，森林覆盖率达到45%，使两山"三荒地"和村庄、地埂、道路全部绿化。实现山水田林路综合治理，经济林、用材林、景观林结合，花园、公园、风景名胜点缀，美化净化环境，丰富群众文化生活，大力发展城郊经济，带动两山人民致富的目的。

为了达到上述目标，会议议定：

1.实行优惠政策。除市政府已制定出台的五条优惠政策外，可根据市政发(1993)80号文件，对两山"三荒地"实行拍卖、租赁、承包经营；对在农田规模建园整修的水平台可算作田任务。

2.筹集绿化资金。除群众自筹资金，开展义务植树外，今后国家的扶持渠道有：(1)争取省上扶持；(2)每年从城市建设维护费用中拿出5万元；(3)市区财政要在去年10万元的基础上，"八五"后两年每年再增加10万元；(4)小陇山林业局采取国社合作造林的每年拿10万元；(5)列入小流域治理、扶贫开发、以工代赈项目；(6)继续对城镇适龄公民依法收取绿化费。

3.实行目标责任制。对两山范围内的行政、企事业单位、部队、学校及乡镇，采取定任务、定期限，定质量、定奖罚的"四定"责任制，市区每年检查一次。绿化好的表彰奖励，对那些长期不履行植树义务又交绿化费的单位，要追究单位领导的责任，罚交延误绿化费，或给他们划定地段，在两山平整土地顶替义务植树。两山范围八个乡（镇），要把辖区绿化作为乡（镇）长的任期责任目标，严格考核。

会议要求，今冬明春要具体抓好三件事：一是坚持先工程、后生物的原则，大力开展果树的整地工程。二是早动手、早安排，优质壮苗，保证完成经济林果种植任务。三是要加强林木管护，制止乱砍滥伐，搞好护林防火。

参加会议人员：牟本理、王文华、李生林、王全 、张长生、乔正风、谢寿璜、赵文华、石盈录 、王杰、王志荣、安海良、何德安、汪维善 、马克宽、付振伟、郑克强、柴玉连、市区业务部门及两山范围八个乡镇的主要负责同志 。

一九九三年十月二十日

史志辑录

秦穆公为君

鲁文公三年（周襄王二十八年）

秦伯[2]伐晋，济河焚舟，取王官，及郊。晋人不出，遂自茅津济，封殽尸而还。

遂霸西戎，用孟明也。君子是以知秦穆（公）之为君也，举人之周也，与人之壹也；孟明之臣也，其不解也，能惧思也；子桑之忠也，其知人也，能举善也。《诗》曰："于以采繁（蘩）？于诏（沼）于沚。于以用之？公侯之事。"[3]秦穆有焉。"夙夜匪解，以事一人"孟明有焉。"诒厥（厥）孙谋，以燕翼子，"子桑有焉。

选自《左传》

史伯[4]论秦兴衰

公[5]曰："姜、嬴其孰兴？"对曰："夫国大而有德者兴，秦仲、齐侯，姜嬴之后也，且大，其将兴乎？"

选自《国语·郑语》

---

②秦伯即秦穆公，秦国爵位为伯，故称其为秦伯。

③《诗经·国风·召南·采蘩》中的诗句，后面的分别是《诗经·大雅·烝民》《诗经·大雅·文王有声》。

④史伯，西周末期人，从事史志、历法等编写工作。

⑤公指郑桓公。

劝杨广⑥书

汉·马援⑦

春卿无恙，前别冀南，寂无音驿。援间还长安，因留上林。援窃见四海以定，兆民同情，而季孟⑧闭拒背畔，为天下表的，常惧海内切齿，思想屠裂，故遗书恋恋，以致恻隐之计。乃闻季孟归罪于援，而纳王游翁谄邪之说，因自谓函谷以西，举足可定。以今而观，竟何如邪！援间至河内，过存伯春，见其奴吉从西方还，说伯春小弟仲舒望见吉，欲问伯春无它否，竟不能言，晓夕号泣，宛转尘中；又说其家悲愁之状不可言也。夫怨仇可刺不可毁，援闻之不自知泣下也。援素知季孟孝爱，曾闵不过。夫孝于其亲，岂不慈于其子？可有子抱三木而跳梁妄作，自同分羹之事乎！季孟平生自言所以拥兵众者，欲以保全父母之国而完坟墓也，又言苟厚士大夫而已。而今所欲全者将破亡之，所欲完者将毁伤之，所欲厚者将反薄之。季孟尝折愧子阳而不受其爵，今更共陆陆欲往附之，将难为颜乎！若负责以重质，当安从得子主给是哉！往时子阳独欲以王相待而春卿拒之，今者归老，更欲低头与小儿曹共枥而食，并肩侧身于怨家之朝乎！男儿溺死何伤又拘游哉！念国家待春卿意深，宜使牛孺卿与诸耆老大人共说季孟，若计画不从，真可引领去矣。前披舆地图，见天下郡国百有六所，奈何以区区二邦以当诸夏百有四乎！春卿事季孟，外有君臣之义，内有朋友之道。言君臣邪，固当谏争；语朋友邪，应有切磋。岂有知其无成，而但萎腰咋舌，叉手从族乎！及今成计，殊尚善也；过是，欲少味矣！且来君叔天下信士，朝廷重之，其意依依，常独为西州言。援商朝廷，欲立信于此，必不负约，援不得久留，原急赐报。

选自《后汉书·马援传》

⑥杨广，字春卿，陇西上邽人（今秦州区），被隗嚣封为大将军，建武八年（32年）去世。

⑦马援（前14—49年），字文渊，扶风茂陵（陕西兴平）人，官至伏波将军，封新息侯，军事家。因抚羌闻名于世，被供入武成庙。

⑧隗嚣（āo），字季孟，天水成纪（今天水）人，割据陇右，建武九年（33年）病故。

宋太祖赐吐蕃尚波千敕书

朝廷制置边防，抚宁部落，务令安集，岂有侵渔？曩者秦州设置三砦，止以采取材木，供亿京师，虽在蕃汉之交，不妨牧放之利。汝等占据木植，伤杀军人。近得高防⑨奏汝等见已拘执，听候进止。朕以汝等久输忠顺，必悔前非，特示怀柔，各从宽宥。已令吴廷祚⑩往伸安抚及还旧地。所宜共体恩旨，各归本族。

选自《宋史》

宋真宗论秦州军事

咸平四年九月庚戌，帝以陕西二十三州图示辅臣，历指山川险易，藩部居处。又指秦州曰："此州在陇山之外，号为富庶，且于羌戎接畛，昨已命张雍⑪出守，冀其绥抚有方也。"

大中祥符九年五月

辛未，内出司天奏："岁星太阴失度，太白高，主兵在秦外分。"帝谓辅臣曰："秦地控按三蜀，疆境甚远，军中不逞辈虑忽聚盗，宜谨备之。嘉勒斯赉⑫与秦、渭熟户⑬结为衅隙，曹玮请益屯兵，可如所请。川陕长吏、监押、巡检有旷弛者，代之。"

九月，先是翰林学士李迪⑭，召对龙图阁命草诏书，徐谓迪曰："曹玮在秦州屡请益兵，未及遣，遽辞州事，谁可代玮者？"对曰："玮知嘉勒斯赉

---

⑨高防（905—963年），字修己，并州寿阳（山西）人，时知秦州，官至枢密直学士。

⑩吴廷祚（918—971），字庆元，并州太原（山西太原）人，宋太祖赵匡胤的心腹，官至枢密使、雄武军（秦州）节度使。建隆三年（962年）六月癸巳日被任命为雄武军节度使、知秦州，处理羌酋尚千波事件。

⑪张雍（938—1008年），德州安德县人，历任礼、工、户部侍郎等职。

⑫嘉勒斯赉，又叫唃厮啰，羌人称佛为唃，称儿子为厮啰。吐蕃一部落的赞普（婆），后被曹玮征服。

⑬熟户是归附的羌民，未归附的羌民称为生户。

⑭李迪（971—1047年），字复古，先祖为赵郡人，后迁家至濮州，官至太子少傅、同中书门下平章事。

欲入寇，且窥关中，故请益兵为备，非怯也。且玮有谋略，诸将皆非其比，何可代？陛下重发兵，岂非将上玉皇圣号，恶兵出宜秋门邪？今关右兵多，可分以赴玮。"帝因问："关右几何？""臣向在陕西，以方寸小书兵粮数备调发，今犹佩置囊中。"帝令自探取，目内侍取纸笔，具疏某处当留兵若干，余悉赴塞下。帝顾曰："真所谓颇、牧在禁中。"未几，嘉勒斯赉果犯边，秦州方出兵，复召问曰："玮战克乎？"对曰："必克。"及玮捷书至，帝谓迪曰："卿何料之审也？"迪曰："嘉勒期赉大举入寇，使谍者声言以某日下秦州会食，以激怒玮，玮勒兵不动，坐待其至，是则以逸待劳，臣用此知其决胜也。"

选自《续通鉴》

秦兵破敌铁鹞子与步跋子

宋·何常[15]

自古行用兵，或骑或步，率因地形。兵法曰："蕃兵惟劲马奔冲，汉兵惟强弩掎角。"盖蕃长于马，汉长于弩也。今则不然，西贼有山间部落谓之"步跋子"者，上下山坡，出入山涧，最能逾高超远，轻足善走。有平夏骑兵谓之"铁鹞子"者，百里而走，千里而期，最能倏往忽来，若电击云飞。每于平原驰骋之处遇敌，则多此铁鹞子以为冲冒奔突之兵。山谷深险之处遇敌，则多用步跋子以为击刺掩袭之用。此西人步骑之长也。我诸路并塞之民，皆是弓箭手地分，平居以田猎骑射为能，缓急以追逐驰骋相尚。又沿边土兵，习于山川，惯于驰骤。关东戍卒，多是硬弩手及摽牌手，不惟捍贼劲矢，亦可使贼马惊溃，此中国步骑之利也。

至道中，王超、丁罕讨继迁，是时马上用弩，遇贼则万弩齐发，贼不能措手足而遁。又元丰间，刘昌祚等趋灵州，贼众守隘，官军不能进。于是用牌子为先锋，贼下马临官军，其势甚盛，昌祚等乃以牌子踢跳闪烁，振以响环，贼马惊溃。若遇贼于山林险隘之处，先以牌子贼，次以劲弓强弩

---

[15]何常，字德固，京兆人。政和三年，秦凤路经略安抚使何常奏辩此事。

与神臂弓射贼先锋，则矢不虚发，而皆穿心达臆矣。或遇贼于平原广野之间，则马上用弩攒射，可以一发而尽殪。兼牌子与马上用弩，皆以试之效，不可不讲。前所谓劲马奔冲，强弩掎角，其利两得之，而贼之步跋子与铁鹞子皆不足破也。又步兵之中必先择其魁健材力之卒，皆用斩马刀，别以一将统之，如唐李嗣业用陌刀之法，遇铁鹞子冲突，或掠我阵脚，或践踏我步人，则用斩马刀以进，是取胜之一奇也。

选自《宋史·兵志》

《秦州志》序

明·李国士[16]

关中号神州陆海，盖天下之大观也！隔关而西则为天水成纪一大都会。

余奉命巡兹土，始如其履，辄纵观之山林蔽亏，原隰敷衍，秀色环峙，相错如绣，其隩区乎！已而登画卦台阚龙渊，谒太昊之故宫，眺轩辕之灵谷，则神圣之所钟也。周徊四顾，板屋穴居，耕凿獉狉，盖犹有羲黄之遗俗焉。及探诸《葛之垒》《陟伯阳之台》，询赵壮侯、姜伯约、权安邱、赵文忠之宅，过杜陵草堂故址，具在世家系籍，犹然存什一于千百也。

噫嘻盛哉！然前事之不忘，后事者之鉴也。借令往胜湮没无征不宁，山川弗张于职方，而执政者亦何以观谣俗。余因咨之秦守，守曰："秦故有记，为秦安胡中丞所编，其人往矣！岁远残缺弗可考。"余乃檄秦安令征遗编于其家得完书卒业，记有述、有表、有志、有考、有列传，其事则自羲轩以暨挽近，其文则自经传以至诸史无所不载，而又分门析类，条列班班文献，于是乎有征矣。稽之方舆，则其名山：曰岷，曰陇，曰朱圉，曰嶓塚，天下之山宗焉；其大川曰江，曰河，曰渭，曰汉，天下之水宗焉。天地盛德之气自西北始，继天立极元圣是毓邈乎尚已。李唐崛起帝业基之文物声名犹可概见。钜儒则石作蜀、秦祖壤、驷赤，忠武则李广、赵充国、刘锜，文苑则李陵、赵壹、李白，此其煌煌较著者也。脱曰，非山川之灵宜不及此

毓斯，而论其世汙隆，可得而言已。周室衰微，戎狄错居泾渭之北，秦穆西伐，遂致陇以西有绵诸、绲戎、翟獂之戎。汉益迫羌修战备，选六郡良家子给羽林，期门名将，材官多出其地。唐朝李天宝陷于吐蕃，咸通始复我郡县，封疆之臣惟戈矛是急，樽俎不遑，彼一时也。

皇祖三犁以来，王庭直空大漠之北，秦陇虽称边郡，然不中兵者二百余年，文德诞敷庶几羲黄之世。都人士暨诸老幸而生兹时也，不亦恬愉乎哉！且志有之天水土厚水深，其人劲悍而质木尚俭约，习仁义以善导之，易于兴起或驱以猛，其强毅果取之资亦足以成富强之业风偃，谓何余不佞无能布德意以周境内。乃今室有疾苦，数有逋逃，士习渐漓，民用渐夛重为父老尤。愿诸大夫暨都人士无弃不佞而朝夕修之，务孳孳奉天时，缮地利以兴民事蒐，未坠饬，未周俾。

今日之秦壹犹畴昔，政教毕举，人文蔚兴，无为山川之辱，则不佞幸矣。中丞胡公为昭代名世，盖亦钟天水之奇者。余不获身事之，犹幸见其文也，谋垂有永，因命筑氏新之，若夫葺佚芟繁，则俟后之君子。

万历二十六年暮春
上瀚分巡陇右兵备道李国士序
选自西和档案馆翻印《直隶秦州新志》

修秦州西郭城记

明·胡缵宗

陇以西昔近西戎，今戎与狄虽远，然狄深入，势亦可突至。故诸郡县无有无城与池者，而诸城池无有不高与深者。其或城夷池湮，亦民安于承平，而吏习于因循耳。庚子之秋，北狄势炽，秦陇之间边檄递驰，虏若即日至者。秦父老曰："吾秦昔警于戎，今警于狄，非城与池曷倚。"然州人不下万，卫人亦不下万，势不皆居是城也。而州人居西郭者倍于城，盍筑西郭城。是冬，总督司马刘公逐狄北去，恐复入也，以陇西郡县城当培，池当浚也。特奏允之，下有司边檄城池咸加高深焉。乃先后敕宪副韩君督其事，故陇西郡县城池咸加培浚焉。辛丑之春，虏忽寇兰州，西郭被掠，秦陇之间戒严。敕使朱君曰："兰西郭故城也，然兰之人不下万，藩卫之人错居者倍于州，盍筑西郭城。"乃并秦西郭白之。当路曰："凡县之郭之城不可无筑也，凡州之郭之城不可无筑也。"诸当路咸以为宜城，乃檄下吾郡。郡大夫李侯曰："是吾之责也，尤吾今日所宜急也。"乃下令西郭之民量其力而筑之。

西郭之民久不见兵革也，曰："郭何必城，久不闻夷虏也。"曰："郭何为城？始则讠雚，继犹疑，已将纵，终乃定。"夫修若埔，卫若氓。何为讠雚？外虏吾当，备内寇吾当御。何谓疑？因民之力而力乎。民何弗纵？虽为国，实为民也。何弗定？兴工于壬寅之夏，讫工于今岁之春。初告之于神，而谕之众也。曰："是郭也，北负山，宜屏；南俯水，宜障；东频溪流断崖，宜隄；西距河洮路，宜限。"于是郭人晨起孳孳，暮归栗栗，倡者谆谆，和者坎坎，老者劳劳，少者仆仆；经始兢兢，垂成属属，而侯日监临焉。逾月西城成，远眺之与天水湖若相拒。不三月，北城成，仰视之与天靖山若相抗。然又不三月，南城成。又不逾月，东城成。近阅之，与藉水、与鲁谷水若相据。然下辟四门，上创四楼，皆壮丽也。而西郭城与州卫城并称矣。

于是，敕使朱君环城而视之曰："秦民不有倚哉！"顾侯曰："子之力也。"侯谢不敏。分守少参高君、分巡宪金孟君环城而视之曰："秦民今得楼息矣！"顾侯曰："子之力也。"侯谢不敏。郡中诸大夫士与父老环城而视之曰："吾今而后不虞外侮矣，虏警虽急，吾得帖然安矣！"诣侯曰："凡坠皆举，莫非功也，是功为大。凡惫皆济，莫非惠也。是惠为远州人敢忘侯耶！"侯谢不敏。于是郡齎其颠末，乃复直指尹君，尹君曰："秦郡故翊陇，西郭今翊秦矣。"乃复于中丞路公，路公曰："秦有西郭，陇有西垒矣。"乃复于总制杨公，杨公曰："秦与兰今有西郭矣。"诸大夫士及诸父老过予而属之。记曰："西郭之筑，子尝谓不可缓也，今筑且完矣，子盍记之，予乃述其概为侯记之。而属之郭人勒之石，以垂之后，侯之政绩不与西郭同不朽耶！是不可不记也。"

选自西和档案馆翻印《直隶秦州新志》

《秦州志》序

清·宋琬[17]

　　古之君子入人国也，于其山川、云物、草木、鱼禽诸属，莫不悉而志之，况于人物之大者乎！其险要阨塞、徯径、关梁诸地莫不谨而书之，况于封疆边守之重且远者乎！文以足言，言以足志，此其所以志也。

　　今夫秦四塞之地，被由带渭，天府之国也。东有关河，南有汉中，西有巴蜀，北有代马，故自古帝王都会于此，志焉。史称秦地刚决斩绝，修习武备，高上气力，故其《诗》有："王于兴师，修我甲兵。"及《车辚》、《驷驖》诸篇。纪陟有言："疆界虽远，险要必争之地不过数处耳！"大淮以北，地之要害莫过乎秦。故自古弓矢、器械、车马之用于斯，志焉。若夫据势胜之地，骋狙诈之术，征伐关东，蚕食九国，其风故不远也。敌王所忾，复祖父之业，秦世父之秉心忠孝犹奕奕也。贾生《过秦》之论，杜甫《秦川》之诗，非不琅琅听靓也。攻伐战守，则谋臣策士首尾为用，齐、楚、赵、魏、中山之君莫能相尚也。故自古英略智谋诸策于斯，志焉。《易》曰："王公设险以守其国。"孟子曰："天时不如地利。"言为国之恃险也。又曰："地利不如人和"言恃险之由人也。孙卿曰："天有其时，地有其财，人有其治国之兴也，参而由焉。"卿所谓合其参是也。恃险而已，卿所谓舍其参是也夫。雍州之地宜其崇也，劲利之器不销也，先政之策可循而守也！然则云物、草木、禽鱼诸属一迹而至耳。

　　披图揽镜可不呸呸哉！是故君观于志都会，知守国矣，志弓车马器械，知修备矣，志谋臣策士，知所得者，在此所失者，在彼与圣贤之学远矣。然则秦之有志，自胡可泉先辈载笔以后，百有余年而缺焉未备，非邦大夫之过欤！

　　三韩姜君以丰之彦来刺西州，实借将予，会当甲午崩骞之变，余偕郡守竭音羽之瘁者，终年民有宁宇。余顾姜君曰："是非秦州之一大兴革

⑰宋琬（1614—1674），字玉叔，号荔裳。山东莱阳人，官至四川按察使。琬诗入杜、韩之室，与施闰章齐名，有"南施北宋"之目。著有《安雅堂集》及《二乡亭词》。

乎！惜哉！旧史之无也。"姜君乃毅然任襄辑。适当亭王令心古新去其国憩南湖度夏，余遂以其事属之，严殿撮搜，秩微稽裁，往复三阅，月而书成。州所有人物之大，封疆之重，山川、云物、草木、禽鱼之微亦庶，于是乎备矣！胡先生其许我哉。

顺治丁酉夏四月

分巡陇西道东海宋琬序

选自西和档案馆翻印《直隶秦州新志》

伏羲名号⑱

刘雁翔⑲

在古籍中，伏羲名号繁杂，按其特点可划为三个类型。（一）伏羲类型：诸如伏牺、伏戏、包曦、牺牲、炮羲、赫胥、庖牺、宓羲、虑羲、宓羲⑳。（二）太昊型：诸如大昊、泰昊、大（太）皞、大皓等。（三）羲皇型：诸如牺皇、羲皇、皇羲、戏皇等。于这些名号的含义，自古以来众说纷纭，就方法论而言，也可分为三个类型。（一）训诂解释法。（二）事迹解释法。（三）训诂结合民俗解释法。

训诂解释

东汉应劭《风俗通》引纬书《礼含文嘉》说：

伏者，别也，变也；戏者，献也，法也。伏戏始别八卦，以变化天下，天下法则咸伏贡献，故曰伏羲也。

唐陆德明《经典释文》说：

包，本又作庖。郑云：取也。孟、京作"伏"。牺，郑云：鸟兽全具曰

---

⑱选录时将相关插图删除。

⑲刘雁翔，1964年出生，武山人，教授。1987年兰州大学历史系毕业后到天水市地方志办公室从事地方志编纂和地方文化研究工作，后进入天水师范学院工作。发表论文60余篇，著有《伏羲庙志》《大哉羲皇》《杜甫秦州诗别解》等，合著《天水史话》等3部，主编《天水市志》（下卷）。

⑳宓羲与前面重复，疑为校对错误。

牺,孟、京作"戏",云:服也,化也。

这些解释均出自儒家的教化观,意在说明三皇之首的伏羲君临天下,伏而化之,天经地义,功利色彩、主观色彩浓厚。

现在的研究学者按自己的观点的需要,又做了许多新的解释,或将"伏"训作"孚",意指"孵化",以论证"伏羲"表示生殖。或认为"伏"是会意字,表示人带着猎犬趴在地上等待猎物,以论证"伏羲"表示狩猎的意思。如此等等,很有新意,但带有一定的随意性。

事迹解释

先秦典籍《世本》说:

取牺牲以供庖厨,故曰包牺氏;养牺牲以庖厨,故曰庖牺氏。

东汉班固《白虎通义·号篇》说:

伏羲仰观象于天,俯察法于地,因夫妇,正五行,始定人道;画八卦以治天下,天下伏而化之,故谓之伏羲也。

西晋皇甫谧《帝王世纪》说:

取牺牲以充庖厨,以食天下,故号庖牺氏,是为牺皇。

东晋王嘉《拾遗记》说:

庖者包也,言包含万象,以牺牲登荐于百神,民服其圣,故曰庖牺,亦谓伏羲。变混沌之质,文宓其教,故曰宓牺。

唐司马贞《补史记·三皇本纪》说:

结网罟以教佃渔,故曰宓牺氏;养牺牲以庖厨,故曰庖牺。

南宋罗泌《路史》说:

继天出震,肇修文教,为百王典。得乎中央,别而能全,宿而有成,因号伏羲。

这些解释都用伏羲的事迹附会"伏羲"的含义。按这种思维方式伏羲某一种或几种功绩都是用"伏羲"两字的不同写法示意的,而"伏羲"的不同写法也就表示伏羲有某些功绩。其实,不论是"伏羲"两字的不同写法,还是以不同的写法示意某一种或几种功绩,都是后人所为。因此,以事迹解释伏羲的含义,只能是认定的,并不能反映实情或"伏羲"的本意。

出于对以上两种解释法的检讨,刘文英先生在《伏羲传说的原始背景和文化内涵》一文中提出全新看法：

伏羲的名号，古代没有固定写法。或作伏戏、庖犠、宓羲、虑羲、虑羲氏等，都是同一语音的记录。据《庄子·胠箧》，伏羲氏以及大庭氏、柏皇氏、中央氏之世，"民绳而用之"，尚无文字。那么，伏羲的名号只能是记音，孔安国《尚书·序》和司马贞《补三皇本纪》，均谓伏羲氏"造书契"。书契的创造，极有可能。书文的发明，大可怀疑。因为如果真有书文，"伏羲"在后世就不会有各种各样的写法。许慎《说文》认为黄帝时仓颉造字，时间肯定在伏羲之后。文字发明以后，由于汉字同音单词较多，所以才有不同写法。至于苗族、瑶族由于无古文，伏羲名字在那里都是记音。

这段论述的中心思想是"伏羲"只是记音符号，并不表示一定的含义。正如汉字译出的外国人名，在汉字字面上是无法解释其含义的。不好解释是事实，但用某一音记某事或某物总该还代表一定的意思。

训诂结合民俗的解释

闻一多先生《伏羲考》，以西南少数民族地区流传的伏羲女娲借助葫芦避洪水创造人类的故事为基础，通过语音训诂，指出"伏羲"亦即"匏瓠"也就是俗言的葫芦；女娲就是"匏瓜"也是葫芦之意。

刘汉尧先生《中国文明源头新探》一书中对此论点又加以补充完善。指出葫芦可食、可药、可制器皿，可作舟济水，用途广泛，人类在发明陶器以前的一个很长的时期内，或曾广泛地使用过葫芦容器，可称之为葫芦时代。正因为葫芦对人们的生活产生过深远的影响，于是很自然就成为崇拜对象，《诗经·绵》："绵绵瓜瓞，民之初生。"所谓"瓜瓞"就是葫芦，意即人类出自葫芦。另外《礼记·郊特牲》说："陶匏以象天地之性"，所谓陶匏就是祭祖用的陶质葫芦。依此，刘先生得出结论：

中华民族各成员以开天辟地的盘古 —— 龙女娲和伏羲的合体葫芦为文化共祖。

真理是一个过程，这个过程随着人们的认识深化，也在不断深化之中。何新先生在其名作《诸神的起源》中，首先揭示中国的原始先民曾普遍有过太阳神信仰，接着通过语音训诂，指出伏羲之"伏"亦即"溥"也就是"伟大"之意，而"羲"亦即"羲俄"和太阳神"羲和"是同一名号。

伏羲又称太昊，而太昊正是光明盛大之意，也就是太阳，于是有这样的结论：

伏羲的本名作溥曦，即伟大的"曦"神 —— 太阳神。此外，中国上古的一些神圣名号如：太皓、太昊、帝俊（竣乌）、重华（舜）等，本来也都是中国古代太阳神的尊号。后来被用作人君的名号。对日神的崇拜发现于中国东部、西部、南部和北部的各种早期人类遗物和遗迹中。

伏羲名号的原始含义

对于自古及今形形色色的伏羲名号解释，着实让人无所适从。既如此，我也凑热闹提出一个新论点，我认为伏羲的原始含义就是混沌。兹引庞朴先生的观点：

混沌，在汉语中有各种变音，分别用以命名不同的事物，如：馄饨、糊涂、囫囵、温敦、混蛋、葫芦等。

用一个简单的推理，既然混沌有音变曰葫芦，而闻一多先生论定伏羲有音变曰葫芦，可证伏羲也有音变曰混沌。闻先生的"葫芦说"回归混沌，那何新先生的"太阳说"呢？太阳其实就是象征道家万物由生的太极，而太极就是神话学家所言的"宇宙卵"亦即混沌，兹引何先生自己的观点：

中国原有的天地开辟神是"混沌"神。但根据《山海经》中对浑（混）沌神形象的如下描写：（1）黄色的球形（2）有时又红如丹火（3）有翼无足能飞（4）漫无轮廓；可以推测，其实这一形象描绘的就是太阳。

再用一个简单的推理，混沌是太阳，而伏羲又是太阳的化身，那么伏羲就是混沌。这样，何先生的"太阳说"殊途同归，那么混沌又是什么呢？

混沌在《老子》《庄子》《山海经》《淮南子》均有描述，或实或虚，大抵都是无面无目，混作一团，"敦兮其若朴，浑兮其若浊。"我的看法，混沌是一种状态，是上古哲人对大地、苍天、万物乃至对宇宙生成由来所想象的一种状态。也可以说混沌是一个原始点，一个可大可小的点或者圆，大可充塞宇宙，小可成为粒子。阴中有阳，阳中含阴，阴阳混同，相辅相承。混沌是太始，是大胚胎，一切的一切都是由混沌孕育的，阴阳化生的。还如庞朴先生所言：

混沌则是宇宙生成、哲学架构以至一切科学的开始。

正因为如此，伏羲也就成了理所当然的人文始祖，文明由是生者。由此可结论：伏羲的原始含义应该是"混沌"，是最原始、最低级而又大象无形、大道无形的混沌。补充一点，在古代哲学里"阴极""太阴"的化身是女娲（也就是闻一多先生主张的"女葫芦"），而太阴也是无色无形的大混沌。女娲的阴极和伏羲的阳极是混沌的两种最基本的构成元素，也正是本编第二章所论证的阴阳一起的太极。这就是女娲有类伏羲而成为创世神或原始神的依据。

伏羲名号的广义含义

从民族学的角度而言，在原始社会，个人的名号和整个氏族的名称是混同的，个人的名称和氏族成员共同的名称是一致的。正如著名史学家吕振羽先生在《史前期中国社会研究》一书中所言：

所谓的伏羲氏、金天氏、神农氏、有熊氏等，在最初不仅是其氏族的名称，而且是其每个成员的名称。但是后人关于古代部落、氏族的一些传说或关于某一氏族成员的一些传说，反映到他们的阶级社会的意识中，不制造出一个特定的人出来做代表，在他们是难于说明和传述的，甚至在他们为阶级社会的一定阶级的代言人的立场上来说，也不能不需要去创造出那些异于常人的"帝""皇"和"昊"出来。但是，那些和某一氏族或部落结合的传说，也未必就属于某一氏族或部落自己的古代遗传，不过这种传说的来源总有其如此一个或相当的主人是可能的。

可见伏羲名号兼有氏族名称和个人名称的双重意义。

选自《伏羲庙志》

艺文录

貂裘换酒

李蕴珠[21]

浅水湾头月。

百年来，乌云难掩，冷风难屈。

放眼重霄何黯黯，遍野犹闻呜咽。

都只为，人间离别。

杜宇声声啼不住，不啼春，无奈长啼血。

家国恨，几时灭。

东风吹得乾坤阔。

看枝头，如霞如锦，紫荆花发。

盼到西阳西下了，焰火飞如列缺。

山与海，欢声长彻。

凤鸟还巢翩翩舞，更高歌一曲同心结。

华夏史，谱新页。

选自《明珠颂》

扫花游·竹

李蕴珠

一帘夜雨，正瘦影敲窗，新筠如箭。

㉑李蕴珠，1958年出生，女，泰州人，工诗词。作品以填词见长，深情而婉约，情景交融。代表作《貂裘换酒》，与人合集《四清集》刊行。

昔时旧馆。

但和烟写韵，任风吹散。

迹浥斑斑，翠袖天寒倚遍。

恨能减？

况难觅闲庭，当日歌扇。

苔色都素染。

纵劲节凌空，怨深愁浅。

碧涟漫卷。

看拂云扫雾，月华如练。

笛里凄凉，尽是离人泪眼。

叹春晚，一声声，绕梁音远。

选自《海岳弦歌》

甘肃运管机构成立二十年感赋

侯金保[22]

一

忆昔陇原闭塞时，林间马帮每相随。

茶盐古道迹犹在，官匪刁行事略知。

江左已经新革命，河西还是旧思维。

先民梦断关河外，通货往来颇觉迟。

二

辟地开天颂大同，如飞发展赞交通。

羊肠昨日还行客，国道今时可御风。

路上车多查假证，林中鸟杂识真雄。

---

[22] 侯金保，1951年9月出生，秦州人，高级经济师。先后任天水市运管局总经济师、高级经济师，天水市诗词学会会长、天水市楹联学会副会长。2011年9月退休，工作之余酷爱文学创作，发表400篇新闻消息、通讯、调查报告、评论，工格律诗词，著有《三余杂录》一书。

运输管理千秋业，服务于民再建功。

2005年2月18日《甘肃经济日报》

乒乓颂

侯金保

乒乓争雄遍宇寰，悲欢交替总缠绵。

刀光剑影惊神鬼，曼舞轻歌和管弦。

老少乐康皆惬意，国邦信使亦领先。

从来生命常苦短，愿作流星照世间。

选自2000年8月8日《天水日报》

春柳抚摸的村庄（组诗）

阎虎林[23]

牛　车
坑坑洼洼的村路上

牛车缓缓辗过

苍茫的岁月

就这样被漫不经心地载走

静静的风里

只留下深深浅浅的辙印

不用扬鞭

---

[23] 阎虎林，1962年出生，秦州人，从事新闻工作。著作有《春柳抚摸的村庄》《陶美人》《乡村记忆》，合著有《天水古堡》《魅力天水·风情旅游卷》等。

牛懂得应该把车拉向何方

沉默　坚毅忍辱负重

凡是人所具有的品质

牛都具有

漫长的旅途上

牛总是随意甩着尾巴

从容自如

苍蝇　牛虻溜之大吉

牛车上　喜眉笑脸的

是我任性的妻子

她用柔软的柳条

抽打着我的脊背

你呀　真象咱家的牛

村　庄

乡路　是一条枝叶繁茂的藤蔓

村庄　就是这条藤蔓上

结出的瓜

瓜瓢里　平和的乡亲

聚居在一起

听庄稼拔节的声音

在嫩绿的日子里

酝酿着成熟

瓜棚柳巷

乡里乡亲

话说五谷丰登

选自1992年1月《飞天》

变只蚂蚁就好了

汪 渺[24]

一支蚂蚁大军

抬着我不慎掉落的馍馍渣

像得了块宝贝

蚂蚁眼里

我这个叫花子成了上帝

手里的半块馍馍

能救活它们的一个部落

又一群蚂蚁

从我的旧鞋底下

穿过 畅通无阻

这双鞋

赐给它们

数只蚂蚁

便不会为居住发愁

俯视着这些蚂蚁

忽然伤心地想

我变只蚂蚁就好了

我的爱人变只蚂蚁就好了

相爱的小两口

可以在这双旧鞋里

---

[24] 汪渺，1968年出生，秦州人，二级作家，天水市创作研究室主任、天水市作协副主席。代表作有长篇小说《雪梦》，散文《诗人老乡》荣获"全国孙犁散文奖一等奖"，诗集《创世纪》荣获第二届"《飞天》十年文学奖"。

安家

加上这半块馍馍

足以富裕一生

选自《飞天》1997年第3期

土地疼出了泡

汪　渺

爷爷的最后一口气

被没有吐出的一个字

卡住

那是我小名的后半部分

永远卡在爷爷的

喉眼里

土生土长的爷爷

土里爬了一生

滴滴汗

都跟土地有关

我的小名噎死爷爷后

土地

比我还疼

我们把土地疼出的泡

叫坟

选自《十月》2000年第2期

牛儿还在山坡上吃草

辛 轩[25]

还记得墨一样黑的蔫牛吗？重重的一鞭下去，只拧一下腰，之后照旧走它的路，前面是嫩绿的青草也不急，后面是要命的屠刀也不急，散淡逍遥，缓慢迟钝的黑牛；铁圈一样的角，松椽一样的腿，条帚一样的尾巴，鼻孔里能吸进毒蛇的花牛；爱让孩子们骑着，但却性烈如火，抵骡马、抵恶人、独个拉犁的红犍牛；更有那灰兔、红狐、山菊、溪流、四爷、青草……一座座山冈向我走来，牛儿还在山坡上吃草。

那满山满洼黄灿灿的麦子收割得只剩一点把儿，整个六月没合一眼的老天爷就想松口气，稍一哈欠，一场滂滂沱沱的雨便趁人们熟睡的夜晚来了。次日天明，草已被梳洗得流翠，花被涂饰得含羞，天空被澄清得透明，鸟乐了，从这棵树上飞到那棵树上；狐兔也高了兴，瞧瞧探探的，吐一口烦闷，吸一口清新；而农人——那些头顶破草帽手握镰刀的农人，则趁地湿割不成麦子的闲暇，赶牛上山，边歇息身子，边割草放牛。

牛儿还在山坡上吃草。四爷，你又在想啥？你躺在山梁上，山梁躺在丰熟上，丰熟躺在臭汗上，臭汗躺在清风上，清风躺在白云上，白云躺在蓝天上，蓝天躺在你脸上，你头枕破草帽，虽闭着眼却滚动着眼珠，蓝天知你没有睡着，白云知你没有睡着，你在想啥？

我们的麦子收割完毕，你上午赶着牛耕地，下午领我上山。我拽着牛尾，过那条小河，进那个山湾，然后在那个悬崖下，往上撂几粒石子，崖缝里立马逃出几只红嘴鸦，"哇哇"叫着，在牛们的头顶打着旋，我就又往天空撂草帽，直到红嘴鸦无可奈何地离开，我们的牛儿在山坡吃草。

行秋令了，淅淅沥沥，牛儿在山坡吃草。而我们，则挤在那孔窑内。四爷，你独自披上蓑衣，守望在山梁。五爷道："四哥，进窑来吧！雨大得

㉕ 辛轩，1965年8月出生，秦州人，二级文学创作员，天水市文化艺术研究所所长。专著有《麦积传说》《秦州风俗》《华夏祖脉》，代表作有长篇小说《女儿沟》、散文《牛儿还在山坡吃草》《铁锨》等。

很。"你说："牛儿还在山坡吃草。"你不会进窑，这点正在窑内制谜语的五爷知道，更有淅淅沥沥不停的秋雨知道。

牛儿的确在山坡吃草。那若断若续的雨，正这么糟糕地下着。山顶被雾罩严，山腰有雾轻移，慢腾腾地，很容易被人忽略，我们的窑内温暖如春。五爷道："小时绿崭崭，长大黄灿灿，剁倒杨柳树，修起五台山。"小秀子喊："麦子。""远看一苗梢，近看一株柳。开花如绣线，结果如石榴。"小秀子已高兴得唾沫星乱溅："三片瓦，盖爷庙，里边坐着个白老道。"这时，那头爱抵骡马的红犍牛窜进玉米林了，四爷，你悄无声息地驱出来，赶上草坡，再蹲下身子，盯着草尖上的珍珠，你干瘦驼背的身骨在水珠里成了一个黑点，晃来晃去，你木然地瞅着，微笑终于从你嘴角绽开来，你想到了什么，四爷？

骡子吆上马调上，太阳沟里走一趟。太阳沟在我的家乡朝东，翻过天爷屁股就到了。那些年月，干旱少雨，百草也生得缓，稀稀落落，又短又薄。山上光秃秃的，牛儿吃半天草也未必能吃饱。太阳沟离村落远，草厚。四爷和我、虎子、花花、红红准备去那儿。虎子从这个山头跑下来，又朝那个山头跑去。四爷不无嘲弄地道："虎子，你当作天爷屁股是凉的！这是太阳沟，太阳就是从这生，翻过天爷屁股，晒你的胯子的。"花花闷声不响，只顾低着头吃草。我看着脚下厚厚的草，韭菜一般；再看山坡，绸缎一般，经风一吹，翻着波浪。我忽然想，成一头牛真好。我若是一头牛，我就从这里开始吃草，齐齐地、净净地，然后上那个土坡，然后进那个山坳，然后耕地，然后又回到这里，这里的草肯定就又长高了。花花摇了摇尾巴，忽然，"哗啦啦"拉了满坡稀屎。四爷自言自语道："花花内里热，膘掉得厉害，有条蛇就好了。"正说间，有条蛇被虎子发现，虎子跑过来，叼住我的袖子要我去看。果然有条镰把样粗的蛇，打得石头"当当"响。这里蛇属蝮蛇，剧毒，四爷要打蛇，虎子连忙吐出我的袖子，虎子是条狗。

花花被虎子牵了过来。我抓着蛇，想用草裹住。四爷道："不用怕，从鼻孔往进穿。"我不害怕，我知道蛇头已被砍掉。最后我和四爷调换了一下位置，我用头顶着牛嘴，使劲往上，四爷从牛鼻孔穿。半截蛇从我的头顶垂吊下来，很像小秀子的辫子。倏然，辫子不见了，我抬起膝盖，虎子猛然跑过来，腿搭在我肩上，舔我的脸。那粉红色的舌头在我的脸上轻轻打扫，我舒服得想哭。

今天的天气太出入㉖意料了，肯定晴不了我们才来，后晌里却晴了。也好，花花这几天寻犊（发情），干脆趁此把这事办了。四爷吩咐虎子把狗剩子饲养的鳖牛请来，红犍牛也请一下，虎子高高兴兴去了。

花花站着不动，却一声一声"哞哞"叫。鳖牛在最关键时刻方显英雄本色，把花花看都未看，只是后退两步，摆开了阵势。红犍牛属于张飞一类，激动得在山坡上猛跑。四爷道："叫你别急躁，你总是不听话，心急还能吃上热豆腐？"虎子跑到前边去劝，它哪里会听！忽然，一只野兔从山坳跑过来，看见虎子，慌了。虎子却没有动。虎子知道，还有比捉兔子更重要的事情呢。果然，红犍牛猛扑过来，与鳖牛接了火。我和虎子赶忙冲在侧面评判。这时，花花不叫了，只是屁股处一条接一条流蛇（水）。出乎意料，鳖牛"马"失前蹄，陷下山坡。它后悔得无以复加，"哞哞"叫着，跑过山粱㉗去了。剩下的事情比较简单，不值一提。结束后，四爷、我、花花、虎子绕过山梁，要去安慰鳖牛。

鳖牛正在山湾不愉快。虎子跑过去，立起身，舔干了它的眼泪。鳖牛摇着尾巴，扇赶着身上的苍蝇。花花按照吩咐，舔着鳖牛的身子。四爷开始从鳖牛颊上轻轻抚摸。我拔了一捆芦苇草，递过去，鳖牛不吃。四爷嘴附在鳖牛的耳朵上，喃喃道："它也可怜，每次都是你手下败将，这次，就成全它吧！"鳖牛挤出了两颗眼泪，之后朝天叫起来，我看到时机已成熟，便"呦呦"喊。

太阳被云彩遮住了。秋风徐徐吹来，我浑身非常清爽，背靠草坡看我的书。突然，四爷猛丁地唱："想哩想哩常想哩，眼泪淌哩常淌哩；背篓滚到沟里了，后悔只在心里了。"我非常惊讶：四爷孤身一人，孤僻木讷，除跟花花、虎子和我说几句话外，跟其他人一句话都很少说。我和虎子都跑过去。四爷躺在山梁上，头枕着草帽，泪水汩汩冒出，分别向耳际流去。虎子蹲下身，舔四爷的眼泪。我则急切牵起四爷："咋啦？四爷。"

虎子蹲在四爷身旁，花花卧在四爷身旁，我坐在四爷身旁。四爷

㉖"入"应为"人"。

㉗"粱"应为"梁"。

道:"娃,你说你五奶奶人咋样?……咱们家穷,我总不能让五弟打一辈子……"话音未落,一只雄鹰从天空飞过,虎子朝着山崖,冲了过去。

青山依旧在。四爷已作古多年,他与五奶奶的恋情也早埋进了黄土,而我如今坐在某城的七楼,展开稿子想写点东西,眼前却总是出现四爷、虎子、花花等的身影。我揉了揉眼睛,想把这等旧事滤掉,而愈滤愈糟,那一道道山梁,一道道山沟,那山坡上吃草的牛儿则更加清晰。

选自1999年《延安文学》

女人和狐狸的一个上午

秦　岭

要说日子是个啥,其实就是个水。一滴水,也是日子的影子,从家家户户的日常对话里就听出来了。

女人:水,挑回来了吗?

男人:挑来了。

女人:倒缸里了吗?

男人:倒缸里了。

女人:炉香续了吗?

男人:续了。

坝子凌晨五点就出门找水了,挑着满天星斗。女人等男人,等,等,等来了两束光,把昏暗的屋子戳了两个贼亮的窟窿。绝不是晨曦,厚实的挡风帘把早晨困在屋外。两束光平地而生,幽幽的,戳人。世界在这个早晨像是被吓跑了,静!恐惧不由分说漫上来,幽灵一样包抄了女人。女人一个寒战,又一个。眼前的一切像陷阱一样险象环生,她忘记了口干舌燥,忽略了干裂结痂的嘴唇带来的痛。

闪了一下,微亮。是两束光对接了水缸表层光滑的釉子,如流星,一瞬。

女人这才察觉,水缸前香炉里的那炷香早已咽气,火星子逃之夭夭。男人临出门还千叮咛万嘱咐过,身子再累赘,也要连根拔起,莫忘续香。女人一个盹儿,又一个盹儿,光梦娃儿出世了,炉香却走到了生命的尽头。

家家户户孝敬水龙王的香，万不能断火的。没人见过真正的水龙王，但人人见过水。水是个啥？不就是从几里外、十几里外的枯井里、泉眼里、崖缝儿里挤出来又被活物争抢的稠泥浆嘛。

光是从门洞子里进来的，不是射，是飘，像魔鬼的手挑着两盏柔弱如风的小灯笼。女人本能地用被子捂紧了身子，准确地说是保护性地圈紧了高高隆起的肚子。她把身子斜倚在土墙上，惊恐绑架了全身的神经，两脚趾紧紧扣住干硬的炕席。娃儿像是从沉睡中骤然惊醒，在羊水的港湾里气冲牛斗。女人的肚皮像个装了野兔的编织袋，再蹬踹一番，准要绽线的。女人没有系裤带，面对麦积山一样的肚子，红绸子裤带丧失了自信，小溪一样绕到肚子两边，意味深长地奄拉在土炕的荒原。她在给娃儿一个宽舒的世界，一个人间，一个自由。

女人听到自己喉咙里的呻吟：老天爷呀！

一个破脸盆旋风般闪入女人的脑海。此刻的破脸盆一定警觉地守候在屋外的窗台上，像恪尽职守的哨兵一样期待女人的召唤。那是她和隔壁接生婆的约定。只要敲得破脸盆吼叫起来，接生婆就会应声而至。这是坝子教给她的法子。接生婆耳背，却能辨得刮锅底儿、敲破盆、驴叫的声响。坝子吓唬过她，怀娃儿的女人，不能穷着嗓子吼，会废了肚子里的娃儿。肚子有事，别吼，让盆子吼。

两束光显然捕捉到了女人的意图，却丝毫没有退却的意思。门洞不大，充其量也就碗口大的量，平日里用薅草闷着，就怕被老鼠当成凛然进出的城门。女人的目光和两束光对峙着。女人开始揽着被子悄然行动，是挪动，目标，窗外的破脸盆。

两束光敏锐地从对峙中撕扯开来。女人发现，对方又盯上了她身上的被子，不！是肚子，一定是肚子。这是个太危险的信号，女人下意识地停止了挪动，颤抖的手指在肚皮上敲鼓，像风中的雨点儿，乱。

天哪！我的天爷！女人听见喉咙里的尖叫，怎么会盯住我的肚子呢？

约莫二十分钟后，一段啥东西像是被两束光拖曳了进来，显然，另一段被门洞毫不留情地横截在屋外。啊啊！真是活见鬼了。

女人疯了似的钻出被窝儿，刷地拉开窗帘。——首先登台亮相的应该是破脸盆，它是第一视野中的主角儿——可是……破脸盆不见了，取而代之的是一束花儿——一束杜鹃花，一束谷雨时节盛开的杜鹃花。天哪！怎么可能呢？坝子简直是想当爸爸想傻了，这样的浪漫只在谈对象时才有过：两人躲在山洼里拉手手，坝子给她乌黑的秀发上插满杜鹃花……破脸盆是救命的盆，花儿能救命吗？女人顾不上责备男人，心，吊在嗓子眼儿打秋千。

晨曦像风一样卷进来，热吻屋子的边边角角。通亮了。水缸变成了真正的主角儿，登台了，唱戏了，光彩照人，它唱它自己，它就是一口缸。它开口那么大，顶得了十几个碗口，它嗓子发干，唱得一言不发。

缸有一米半高，这是陇原人家必备的大水缸。缸和水，古来的冤家。驮水，挑水，抬水，五六趟七八趟，缸就是不情愿满。女人的肚子六个月的时候，显大，肚皮儿绷得紧，愈发丝滑细腻，像水缸的釉子，聚敛了明丽的柔光，环绕着肚皮儿游走。有事没事，坝子都要一遍遍地摸，一遍遍地吻，说，缸总是满不了，但你的肚子满了。女人懂坝子的意思，说啥呢？老天爷旱得真不要脸，早上还看到山洼里有锅底那么大的一眼水，待回头挑了担子追去，早被人先下手为强了。人抢水，野物也抢。有次，女人和坝子披着星星钻进麻子沟找水，离泉眼还有几十米呢，驴蹄子却像生了根，死活不挪步。坝子朝女人耳语，快！快回！

女人不解，为啥？

少啰嗦，回！坝子催。

那晚的月光下，坝子的一张脸像绷紧的干树皮，汗珠子像豆子一样爬满脑门。他悄声说，想想水芸，就晓得了。水芸是村里的一个丫头，有次在一个泉眼儿旁等水。两个时辰，水才有了影儿。瓢还没有够着水呢，耳后传来一声苍老的轻唤，分明又有找水的来了。水芸一回头，喉咙就被一个既软乎乎、又硬邦邦的东西顶上了。软乎乎的是狼唇，硬邦邦的是狼牙。五六只嗓子冒烟的恶狼并没有咬断水芸的喉咙，它们喝干了泉水，集体朝村子方向嗥叫，分明是电视里报道的恐怖分子声称为整个事件负责的意思。

村里人攥着家伙赶到，发现魂不附体的水芸像一摊烂泥儿，却完整无损。水芸家水缸旁的香炉里，一炷香变成了两炷香，一敬水龙王，二敬狼。

此刻，自家的香炉无声无息，像一只瞎眼。

女人心里骂自己：美泉啊美泉，不是香炉瞎眼，是你瞎眼了啊！

香，在头顶的炕柜抽屉里整装待发，女人伸手可及。香在，胆儿没在。

两束光迅速被晨光湮没，变成了一双弯弯的眼睛。

居然是一只狐狸，真的！是狐狸。

——狐狸，它，它要干啥？它到底要干啥？女人又缩进被窝。

光天化日并没有妨碍狐狸的行动，身子在艰难地扭动、挣扎。钻入屋子的上半身像兰州拉面一样被抻得老长，像哈哈镜里的幻物。狐狸突然闭了眼，嘴巴焖成了一条窄缝儿，显然在积蓄新一轮力量……吱唔——。随着一声痛苦的、绝望的呻吟，整个身子像是被弹射进来，一松一紧，强大的惯性甩了它三个滚儿。高度的警惕让它迅速稳住了重心，目光布满人类从狐狸身上演绎而来的一个词：狐疑。倏然，目光又变得像棉花一样，柔柔的，瞄上了窗台的杜鹃花，这一瞄，瞄得别有意味，瞳仁里活跃着一种欣慰和狡黠的光亮。目光收转，再次盯住了女人的肚子。

好漂亮的一只狐狸啊！女人胆怯地暗叹。这是陇原常见的那种火狐，尖嘴，大耳朵直立，耳梢上的两角黑与鼻尖上的一点黑构成了脸廓上稳定而和谐的倒三角。眼睛弯弯，倒扣成下玄月，皎皎着，弯出母性特有的安详和妩媚。棕褐色的针毛，齐刷刷，浮泛起一层柔和的、朝霞一样的细浪，又恰似旱河床上跳舞的红沙。腹部的绒毛，浅黄中流动着银白，银白中弥散着浅黄，一抹抹的，温婉而缠绵。棕褐色、黄白色在肩胛和髋部的中间线形成水乳交融的分水岭，却又浑然一体。硕大的尾巴蓬蓬松松，蓄满这个季节的温度。尾梢纯白，如云，似雪。一根根尾毛，晶晶的亮，像镀了银的松针儿。

在这样一个上午，狐狸的另一显著特征超越了其他特征的全部：肚子隆得扎眼，像个横挂在身下的背篓，八个乳头鼓鼓的，在绒毛的草原上探头探脑。女人下意识地摸了摸自己的乳房。孕期的女人，乳房是秋风吹饱了的麻袋，是一个女人的五谷丰登。女人晓得，母狐肚子里一次会窝五六个狐娃儿，人不行，比如自己，充其量一个娃儿。女人是怀胎十月，而狐狸怀胎才两个月左右。有次，坚硬如铁的大男人坝子柔情似水地把脑袋枕在她胀鼓鼓的胸脯上，说，你晓得不？母狐的所有奶头撺掇起来，还不如你的一个奶头大。想到这里，女人听见自己胸腔里扑哧一声笑了。悄无声息、不合时宜的笑，惊得她浑身一激灵。

母狐的目光，像传说中的定身术，让女人僵成了一口缸。

女人心中有数，母狐有一万个理由复仇，尖山一带的狐狸都晓得她是坝子的女人。坝子到底捕杀了多少狐狸，出售了多少狐狸皮，女人记不清了。高中毕业后，懂世事了，才晓得作为女人的活法，可以这样也可以那样。有个奢望，将来有钱了，像城里女人一样穿上漂亮的狐皮大衣，那才叫女人哩。晚上打开电视，皮草广告云蒸霞蔚，美丽的女明星身上穿的，头上戴的，脖子上系的，手里拎的，多是狐皮制品，雍容华贵，仪态万千，光彩照人。坝子给她讲过一个常识，狐狸品种包括银狐、十字狐、水晶狐、蓝狐、红狐、白狐……多了！狐狸皮是裘皮中的软黄金，被誉为世界三大裘皮支柱产业之一。坝子后来满足了她的心愿，花上万元买了一件狐皮大衣。在村里不好意思招摇，进城时才风光一回。平时，那件宝贝一直高挂在衣柜里养尊处优，享受护理婴儿般的礼遇。日子的蓝图早已绘就，将来在城里买了楼房，穿的，戴的，系的，拎的，全狐皮化。女明星是人，她也是；城里女人是女人，乡下女人也是。

……

选自《人民文学》2014年第9期

家谱选录

成纪胡氏家谱

族谱序其一

国有史也，家有谱也。国无史曷徵，家无谱何传。夫谱譬之忠，观谱斯知忠矣。宗有大小也，派有源流也。谱创而家范垂，谱传而家庆衍。宗斯别，派斯分矣。谱可阙乎！谱之也，可缓乎！明末秦中兵燹，胡氏旧谱遂失，每思谱者也，原祖父世系启子孙世业，亲也，仁也。有杀也，礼也。国必有史则文物、典章灿然，而着家必有谱则彝伦、楷模秩然。而齐，而史，当修谱，当衍矣。礼也，亦法也。若无谱，则卿大夫士之家百世子孙何从而知孰为大宗、孰为小宗、孰为宗子哉！何从而知孰为起家之祖，孰为承家之宗，孰为克家之子之孙哉！

此子竭虑殚精，采集补阙，乃系其祖，若宗延其子、若孙，自一世而十世，达派也。自十世而一世，敬宗也。详略互陈，务归诚信。虽踵事增华之美，有待后人。而支派之昭垂则厘然可考也。盖尧亲九族，周笃同姓，凡以敷教宣化焉尔。故曰谱犹史也，而卿大夫士之家无谱可乎哉！

大清康熙二十七年岁次戊辰春三月清明日

九代孙恒升敬书

老三房今四房节选

国用　始祖。

季夫　二世祖。

三代俊　季夫公中子，仿古宗法，即成纪胡氏之小宗，今四房之三世祖也。卒，葬马跑泉什字坪。字智千，配牟氏，生子二人，曰永泰、永良。

四代永良　智千公中子，胡氏四房之小宗也，郡庠生。字常贞，配陈氏，生子三人，曰恩、厚、济。卒，葬什字坪先茔之次，胡氏四房之衣冠从此始矣。

五代济　自福海，屡赠奉政大夫、户部云南清吏司郎中。配吴氏，生子三人，曰来凤、来鹏、来缙。

六代缙　字仲章，号东泉，明嘉靖戊午科举人。按《甘肃通志》传云："胡来缙，字东泉，秦州人。举于乡，知大兴县，大兴在辇毂下，贵戚杂沓，人皆为缙恐。缙曰'京县之难，在逐情弃理，惜官曲法，吾惟视理、守法，人心孰无公道？得失何知焉！'水蘗自矢，勤敏供职，三年权贵慑服，进司农郎。革宿弊殆，升山西按察司副使，整饬雁平道。诰赠中宪大夫，崇祀乡贤祠，葬于马跑泉什字坪。成纪胡氏科第自此始矣。"配王氏，生子二人，曰：情、忻。又继何氏、赵氏。各诰赠恭人。

七代忻　子慕之，又字春寰，号慕东。明万历丙子科举人，乙丑进士，已[28]丑科进士，诰授中宪大夫、太常寺少卿。前[29]礼科都给事中，直谏垣数年，视时事之有关于天下国家大计者疏凡七十余上，于矿税则请宽之，于讲学则请复之，于灾异天变则请省之，于老奸大蠹则请之，凡有极关切要者言之，再言之，三而卒。不之省，遂决意求去，乞归田，疏十一上。前后共九十余疏，有《欲焚草》四卷行世。公退之余，每与东林顾泾阳、冯少墟、李道甫诸公讲学首善书院，慨然相与以世道人心为己任。按《明史李三才列传》内云："党人动与正人为雠……"葬于马跑泉什字坪新莹[30]，崇祀乡贤祠。元配侯氏，继张氏、戴氏，各诰赠恭人；又继于氏，诰封恭人。生子三人，曰：汝芳、汝荐、汝英。

八代汝荐　字盈池，号心慕。明郡禀生，国初贡入太学。配李氏，继安氏，又继王氏。生子二人，曰：睿、恒升。

九代睿　字玉衡，郡庠生。配路氏，生子一人，曰：志寅。卒葬马跑泉什字坪。

㉘"已"应为"己"。

㉙"前"应为"迁"。

㉚"莹"应为"茔"。

十代志寅　字书咸,号畏庵,郡庠生,游太学,考授县丞。蕲阳张公为之立传曰:"公性孝友乐施予,九岁失怙,泣血寝苫三年,如礼其事母及王母,克尽孝道,视问皆无忝。又事叔如父,叔亦爱之如子。堂弟兄辈终其身怡怡然无一间言。就外傅授书,一问即知。稍长遂为郡诸生观光,上国考授县二尹。壬申,秦境饥,斗粟钱四百,人有及时难奇羡为息者,公酝之,直以周族里。其他婚丧,悉有给助。遇亲戚故旧,或济贫、或解厄、或持其门户、或恤其子孙。尝贷人钱数十贯后不能偿,将为破屋计,公知而即还其券。且绝迹公门,惟日读书以自娱,卒年五十有七,葬于甘泉寺郭家坪母兆之次。"配田氏,生子一人,曰:焘。

十一代焘　字照松,号椒园,候诠州同知。配蒲氏。继子一人,曰松荣。生子三人,曰:松龄、松秀、松栋。

十二代松龄　字茂南,太学生。配周氏,生子一人,曰:贻谟。

十三代贻谟　太学生,配杨氏,继子一人,曰:琏。

十四代琏　太学生,配赵氏,生子三人,曰:振清、振声、振家。

十五代振家　配刘氏,生子四人,曰:承祥、绪先、绍先、孝先。

十六代绪先　配金氏,生子六人,曰:超、双喜、三喜、四德、铜、锡。

十七代心如　字恕轩,小名双喜。配李氏,生子五人,曰:克成、复成、继成、竟成、晚成。晚清秀才,甘肃省文高等学堂毕业后,先后执教于甘肃武备学堂、省立第一中学、省立工业学校、省立第三中学、兼任私立亦渭中学校长等职。一生致力于教育,著有《恕轩文存》《恕轩独录》《恕轩随笔》等,是一位思想进步,有才华、有抱负的教育家、诗人。

十八代克成　配骆氏,生子一人,曰:承祖。

十九代承祖　一九四一年生,毕业于兰州大学中文系汉语语言文学专业。历任中学教师、副校长、校长,高级教师。一九九二年任麦积山石窟艺术研究所所长、党委书记、名誉所长、研究员,著有《雕塑之宫》《麦积山石窟雕塑艺术论略》《麦积山石窟馆藏文物掇英》等专著论文。兼任兰州大学敦煌研究所兼职教授、天水师范学院陇右文化研究中心兼职研究员、中国国内旅游协会理事、中华伏羲文化研究会理事,甘肃省八届政协委员。配李氏,生子一人,曰:佳宁。

二十代佳宁

秦州区大柳树刘氏宗谱

契约节选

（一）

立写永远合同文字人宋统周、宋绍周因刘某等同佃到近庄草山一处，有宋某旧庄在草坡西边，诚恐住坐之特因，庄间地许刘某拦挡，贰家永作草山放牧六畜，不可开耕，恐后人心难凭，故立此合同存照用。

雍正五年（1727年）四月十六日立写人 宋统周 宋绍周受合同人 刘登显刘廷任通族

立卖地土文字人姚富德因为无钱使用，今将自己祖遗老毛沟阴山且刀把地一段，实有五坰，东至姚家地为界，南至刘家地为界，西至其坡为界，北至其路为界，四至分明，各有界畔。出入行走路道盘山讪山，情愿立契对中人言明卖于刘德尚名下永远为业，对中言明卖价时钱七十串文整，当交无欠，其地承纳元粮乔百户姚福盛旗姚正兴名下粮壹斗陆升伍合，粮付价足，任买主过过各完纳，不予卖主之事，舍业杜绝金石砖瓦，土木石地相连，酒食画字一应在内，一写一定，永无葛藤，日后或有房亲户内人等言说，净长兢短之事，一面有姚福德承当，恐后无凭，立卖约为证。

光绪二十七年（1901年）十二月二十日

说合：刘宗德

房亲：姚悦

代书：刘荣

（二）

立买地土文字人刘聚川，因为度日不足使用，今将自己祖遗寨子川里路上地壹段。实有壹坰五分，东至路为界，南至刘姓地为界，西至路为界，北至王姓地为界，西至坟茔两棺之地，四至分明，各有老界，情愿立契卖于刘廷福名下，永远为业。对中言明卖价时洋银元四十块整，当交无欠。其地承纳官下刘千户刘成苍名下粮陆升，价付粮足，舍业杜绝买主过各完纳，不予地主之事，金石瓦块，土木相连，酒食画字一应在内，一写一定，永无葛藤。日后或有房亲户内有人言说者，一面有卖业人承当之事，恐后无凭，立卖约为据。

说合中人：刘永成

房亲户内人：刘耀先

民国十八年十月初十日 亲笔立约

九世
十世
十一世
十二世
十三世
十四世
十五世

① "套" 应为 "道" (tào)。

金氏族谱

家　训

中华金氏，黄帝血脉；少昊得姓，赐姓曰磾。
遍布五洲，华夏望族；励精自强，人才辈出。
天水金氏，源大槐树；洪武迁秦，六百年余。
发展壮大，同根同组[32]；上世无考，不敢枉拟。
吾祖有良，仁德道义；雍正年间，出城种地。
曰金家湾，创业有为；渥宠光谱，乡饮宾耆。
耕读传家，代有英贤；不忘训诫，家风所依。
子子孙孙，与时俱进；弘扬祖德，树立新风。
家庭为本，科学文明；良好教育，榜样先行。
孝顺父母，和亲睦邻；尊老爱幼，手足情深。
婚配大事，慎审人品；夫妇唱合，子女谦恭。
勤俭持家，幸福一生；礼让为先，守法本分。
婚丧嫁娶，民俗新风；团结互助，济弱扶贫。
学无止境，道通理明；奋发图强，技艺成名。
崇先思贤，谦虚谨慎；知错必改，耻畏后勇。
光明磊落，鬼怕神拥；至诚之心，天知地明。
男女平等，互敬如宾；和气生财，家庭昌盛。
工农商学，站稳脚跟；少小立志，踏实践行。
自强不息，报国利民；恪尽职守，奉献大公。
社会价值，中国精神；德业名世，共创复兴。

---

[32] "组"应为"祖"。

前言节选

一、金家湾金氏发展史略

金家湾位于甘肃省天水市秦州区中梁山腹地,现属中梁镇所辖。中梁山是天水名山,因居南北二山之间而得名,古称飞来山,亦称天靖山。其主峰挺拔,凤栖龙卧,北邻罗玉河,南面藉水,渐伏于东,有风水宝地之誉。自秦州城泰山庙盘旋而上,金家湾地处天洮公路十公里处之阳坡,与毗邻的穆家湾、李家坪自然村合为金李行政村。金家湾老庄的布局是东西贯通一条大巷道,几条南北向小巷道纵横排列,房院建设有序。三个房头的村民依次居住在高里场、新院、南房院、北房院、下场院和下庄的各个院落。村东山头是山神庙,村中部是家神庙。其地势舒缓,蔽风向阳,泉水清冽,交通便利,自古以来是一个宜居宜农的好地方。

地以人名,人以地贵。金家湾是一个年轻的村庄,又是一个有文字记载、有历史传承的村庄。金氏族人移居金家湾,其繁衍发展历史已有近三百年。其间,金氏世代在这座黄土山梁上日出而作,日落而息,耕读传家,艰苦奋斗,香火绵延十余代,人丁兴旺,家风永续。清同治七年(一八六八年),秦州大地震(《秦州区志》)。据说震四十余日,山涧涌黑水。金家湾村庄前坪发生大面积山体滑坡,从此有了"曳溜下"的地名,村民认为,龙脉风水受到了很大的影响。

金家湾金氏七世祖金鑑廷在《金氏世系》序言中明确记载:"金氏世系由大明嘉靖时住居秦州城关公巷后,显烈庙北有我族家神马王庙……族大房六世祖讳有良公也,自大清雍正年间移迁出乡居住,故名金家湾"。由此可知,金氏乡贤有良公为金家湾金氏一世祖,荣举"乡饮耆宾",享誉秦州。金家湾有近三百年的建村史。

现在的金家湾以金姓为主,还居住着李、王、吴、杨,赵、杜、廖、张,刘、安、辛、唐等姓村民。长期以来,各个姓氏的村民互相尊重,互相礼让,团结和谐,共同生活在这个大家园之中。据统计,二零一四年底,金家湾在册总户数为一百五十一户,总人口五百四十四人(男二百九十人,女二百五十四人),其中金姓一百一十四户,三百七十三人(男二百零三人,女一百七十人),分别占总户数和总人口的百分之七十五点五和百分之六十八点六。

　　三百年的发展历程中，金家湾金氏后裔秉承先祖耕读传家的教诲，世代以传统农业为生，主要种植粮食作物，有小麦、苞谷、荞麦和豆类等。因离城较近，没有手工业作坊。大部分家庭靠养一两头牛或毛驴耕种田地，种地之余，养几只鸡、喂头猪，进城打个临工，就是一家人一年的光景，长期以来基本处于一种自然经济状态之中。解放前村民耕种的土地大部分属于城里人，日子过得并不宽裕。新中国成立后，村民实现了耕者有其田，变成了土地的主人，生产力得到极大发展，生活逐步改善，人口也有了较快增长。特别是上世纪八十年代初期改革开放以来，农村实行土地联产承包责任制，又一次广泛调动了村民的生产积极性，从"以粮为纲"转变到因地制宜、自主经营、全面发展的新阶段。金家湾村民以苹果栽培为龙头，大力发展林果业，主打果品质量牌，产量逐年增加，影响越来越大，逐步实现了由粮农向果农的转型发展。中梁山土质好，光照充足，昼夜温差大，有独特的地理优势，苹果果大味美，品质优良，香甜可口，吸引了省内外客商。每年国庆节前后，中梁山形成一个苹果交易市场，十分红火。近年来，随着新农村建设的推进，金家湾绝大部分村民都从老庄搬迁到北面上一级较平坦的台地上，修建了宽敞明亮、装饰时尚的小二楼或砖混结构的平顶房，建成了具有时代特色的四合院。村里实现了农电、自来水、硬化道路"三通工程"，建成了文化广场、篮球场、图书室和村委会办公室等新设施，村民们在提高物质生活的同时，正在逐步改善和丰富着文化精神需求。

　　经济发展了，认识提高了，金家湾人重视教育也已蔚然成风。再苦也不能苦孩子，想方设法供子女上学读书的家庭多了，考入高中、技校和高等院校的学生人数逐年增加。毕业后或跻身工矿企业、学校、部队、行政事业单位，或从事教育、医疗、工程技术、公务员等工作，不少人已就业或定居于北京、成都、西安、西宁、兰州、天水等大中城市，融入全国各地。金氏先祖曾有乡饮耆宾、举人、贡生、庠生等人物，更有为国捐躯者；近年又涌现出了地厅级和县处级领导干部、工程技术、教授和研究生等各层次人士；还有种田能手，果树栽培专家和身怀一技之长的人才等。

　　随着历史的脚步，金家湾金氏后裔不断有人向域外自然播迁发展。

据调查，金氏后裔有早年徙居宁夏回族自治区西吉县的，有迁往秦州区玉泉镇高家山、徐家山的，也有迁入秦州城的。历史上"十公里婚姻圈"现象现已被打破，金家湾的小伙娶回了外省市的媳妇，金家湾的姑娘出嫁到远离父母的省内外，他们融入新的环境，艰苦创业，开拓出了一片新的生活天地。人员的自然流动已成为一种新常态，金家湾的对外影响和联系面在扩大，人的精神面貌也发生着巨大变化。

金氏堂号为"三槐堂"。

早年，走进金家湾老庄，印象最深的莫过于家庙门旁和新院门前枝杆挺拔、根深叶茂、浓荫蔽苫的几棵高大国槐树，给人以无限的遐想。炎炎盛夏，村民荷锄上地，凯歌牧归，总要驻足大槐树下纳凉、互致问候或送上祝福，这已是约定俗成的事了。逢年过节或傍晚时分，不少人会不约而同地聚在大槐树下，围坐在石台阶上，谈古论今，享受着农村人难得的清闲。据先辈讲，我们金姓是从山西大槐树下迁徙而来的。栽种国槐蕴含着金氏先祖不忘根本，牢记乡愁，怀念故土和先祖的情怀，同时，槐树还有长寿的寓意。

追溯我们金家湾三百年的发展史，族人始终秉承忠厚为本、礼仪继世；耕读传家、勤于农事、尊儒重教、薪火相传；和谐共处、恩泽普惠的家族理念，与本族和其他各个姓氏的村民亲善相处。谁家儿子结婚，谁家女儿出嫁，大家同去贺喜；谁家孩子考上大学，或给小孩过满月，都要祝贺一番；谁家老人祝寿或去世，全村人应邀赴寿宴或致哀送别；一家盖新房，家家主动去帮工，新房建成，全村人热热闹闹祝贺入烟。一个村子形成了一种团结互助，谁也离不开谁的好风气。这些已成为一种自然淳朴的民风民俗，更是一种承前启后、发扬光大的乡村传统文化。

十世孙金勇

二〇一六年十一月九日于由之书屋

秦州区侯家山侯氏族谱（续）

谱　例

一、本《秦州区侯家山侯氏族谱（续）》（以下简称《侯氏族谱（续）》），以中国音像出版社出版的《寻根问祖百家姓》《史记》《秦州直隶州新志》（清光绪版）、清代族人祖先编写的《侯氏家谱》和侯家山各户提供的资料为依据。记述范围仅限于侯家山村，包括从侯家山走出落户兰州市、秦州区、麦积区等地者，自十五世侯瑞至二十六世。

二、本《侯氏族谱（续）》是在占有大量翔实材料的基础上编成的。对本族的源流和各支系之间的关系进行了合乎实际的科学研究，做出正确的判断和精准的表述。对口碑资料做了认真考察和论证。一些具有佐证力的文物实物我们进行了实地拍照，入谱为据。本谱采用条目体，分类目、目、子目，个别子目之下可根据需要再设一个层次。

三、为了满足当世和后世族人中不同层次读者的需求，保证史料价值的完整无损，故将清代先祖所编《侯氏家谱》以简化汉字原文附录。续编族谱及其他内容一律使用现代汉语白话文和简化汉字。谱中涉及的年代，采用公元纪年法。

四、本《侯氏族谱（续）》坚持移风易俗、男女平等的原则，对继子、赘婿一并列述。女子同男子同等记载，出嫁女子记至其丈夫，个别的亦记其子。世系图中无子有女户可记一女。

五、本《侯氏族谱（续）》中涉及的地名和行政区划，既记明当时的，又注明编写时期的。如自经岭，后曰慈金里，今曰池金村，皆属秦州区皂郊镇。

六、本《侯氏族谱（续）》中写进了侯氏家规和侯氏字辈。此为部分族人议定，经大多数人认可。望后世族人实行并完善之。

七、世系图考和谱牒追溯到十五世祖侯瑞，实行了略古详今或曰略远详近的原则。由于实证资料的损毁丢失，二十世至十六世父系的大多数名讳以"失名"记之，母系姓氏以各支系祭祀时的服纸资料署之。

八、为了对本家族繁衍发展有立体而全面的了解，本《侯氏族谱

（续）》记述了侯氏源流、侯氏历史名人略记、人物传记、人物简介、文化教育、习俗习仪、侯氏家族居住地分布、侯家山村的变迁、侯家山古树、侯氏祖茔、侯家山家神庙，还插入了祖先人物像、参加续修工作会议人员照、捐资族贤名录和数十幅插图。

九、凡入选人物简介者，必须符合下列条件之一：或具有大专以上学历；或具有副科级以上职务；或具有中级以上专业技术职称；或对社会做出过重要贡献并有重大影响。

十、本《侯氏族谱（续）》属本族族史资料，只供族人传承，除赠送给国家及海外有关单位存档和赠送给提供支持帮助的人阅存外，不得向社会招摇侃谈、出售与翻拍。违者必究。

2008-2016年秦州区党政领导一览表

中共秦州区委书记、副书记一览表

表1

姓 名	出生年月	籍 贯	学 历	职 务	任职时间	备 注
张明泰	1962.3	靖远	大学	书记	2009.9—2015.1	
雷 鸣	1962.3	麦积区	研究生	书记	2015.1—	
周继军	1970.12	兰州	研究生	副书记	2010.6—2012.10	
宋丕林	1962.11	秦安	研究生	副书记	2010.9—2011.9	
成少平	1967.10	秦安	大学	副书记	2011.9—2013.5	
何 东	1967.9	徽县	大学	副书记	2013.5—2016.9	回
舒 健	1968.11	江西南昌	研究生	副书记	2013.5—2016.9	女
刘文玺	1966.9	秦安	大学	副书记	2016.9—	
李继明	1970.11	麦积区	大学	副书记	2016.9—	

中共秦州区委常务委员会委员一览表

表2

姓 名	出生年月	籍 贯	学 历	任职时间	备 注
牟建林	1965.12	秦安	大学	2002.11—2011.9	
王万珍	1962.9	清水	大学	2006.9—2011.9	
黄有源	1963.11	太京镇	大学	2007.3—2011.2	
舒 健	1968.11	江西南昌	研究生	2011.9—2016.9	女
魏胜奎	1963.10	甘谷	大学	2011.9—2014.6	
毛更生	1969.10	麦积区	大学	2011.9—	
李子园	1965.12	秦州区	大学	2011.9—2016.9	
赵虎生	1975.12	秦安	研究生	2011.9—	
康泰来	1975.3	武山	硕士	2011.9—2013.5	
刘小平	1963.2	麦积区	大学	2011.9—	
张宪泉	1964.2	麦积区	研究生	2011.9—2013.6	
李继明	1970.11	麦积区	大学	2013.5—	
何 东	1967.9	徽县	大学	2013.5—2016.9	回

续表

姓 名	出生年月	籍 贯	学 历	任职时间	备 注
王永刚	1965.8	甘谷	大学	2014.7—	
张仲牛	1973.10	麦积区	研究生	2014.8—2015.7	
马川信	1969.10	静宁	大学	2014.8—	
王晓彤	1971.6	麦积区	研究生	2016.9—	
曹亚玲	1964.11	麦积区	大学	2016.9—	女
安敏峰	1973.11	秦州区	大学	2016.9—	

秦州区人大常委会主任、副主任一览表

表3

姓 名	出生年月	籍 贯	职 务	学 历	任职时间	备 注
文月平	1958.11	麦积区	主任	大学	2011.9—	
陈蓉华	1964.1	秦州区	副主任	大学	2011.9—2016.10	女
裴浩仁	1956.12	麦积区	副主任	大学	2011.9—2016.10	
胡秀玉	1960.6	麦积区	副主任	大专	2011.9—2016.10	女
许亚军	1959.11	山西万荣	副主任	大学	2011.9—	
伏承祥	1968.12	会宁	副主任	大学	2013.5—	
王贵友	1957.6	秦州区	副主任	大学	2013.5—2016.10	
徐生明	1962.12	清水	副主任	大学	2016.10—	
县 毅	1963.3	秦州区	副主任	研究生	2016.10—	
李映泉	1963.11	秦州区	副主任	大学	2016.10—	
崔丽霞	1963.4	秦州区	副主任	大学	2016.10—	女

秦州区人民政府区长、副区长一览表

表4

姓 名	出生年月	籍 贯	学 历	职 务	任职时间	备 注
周继军	1970.12	兰州	研究生	区长	2010.8—2012.12	
何东	1967.9	徽县	大学	区长	2013.5—2016.9	回
刘文玺	1966.9	秦安	大学	区长	2016.10—	
宋丕林	1962.11	秦安	研究生	副区长	2008.10—2010.9	
何宝平	1967.12	秦安	大学	副区长	2008—2010.9	
任佩光	1968.2	河南郑州	大学	副区长	2010.4—2011	
曹亚玲	1964.11	麦积区	大学	副区长	2010.4—2016.9	女
武建成	1974.12	靖远	研究生	副区长	2010.9—2012.12	

续表

姓 名	出生年月	籍 贯	学 历	职 务	任职时间	备 注
刘小平	1963.2	麦积区	大学	副区长	2010.9—2011.9	
李鹏凡	1966.11	秦安	大学	副区长	2010.9—2012.12	
顾应存	1967.10	武山	大学	副区长	2011.6—2015.12	
张宪泉	1964.2	麦积区	研究生	副区长	2011.9—2013.06	
李子园	1965.12	秦州区	研究生	副区长	2011.9—2016.9	
康泰来	1975.3	武山	研究生	副区长	2011.9—2013.5	
齐应峰	1966.8	河南偃师	本科	副区长	2012.12—2014.11	挂职
李继明	1970.11	麦积区	大学	副区长	2013.6—2016.9	
王晓彤	1971.6	麦积区	研究生	副区长	2013.6—2016.9	
焦继军	1969.5	秦安	研究生	副区长	2013.9—2014.9	女、挂职
张仲牛	1973.10	麦积区	研究生	副区长	2014.8—2015.7	挂职
柏 楠	1978.1	河南平顶山	大学	副区长	2014.12—	
樊 华	1972.7	徽县	大学	副区长	2015.9—2016.10	
罗增芳	1970.5	麦积区	研究生	副区长	2016.1—	
王永刚	1965.8	甘谷	大学	副区长	2016.9—	
汪晓娟	1980.1	清水	大学	副区长	2016.10—	女
刘睿智	1966.8	秦州区	研究生	副区长	2016.10—	
张维有	1970.12	甘谷	大学	副区长	2016.10—	

政协秦州区委主席、副主席一览表

表5

姓 名	出生年月	籍 贯	政治面貌	学 历	职 务	任职时间	备 注
文月平	1958.11	麦积区	中共	大专	主席	2009.12—2011.9	
宋丕林	1962.11	秦安	中共	研究生	主席	2011.9—	
李广鸣	1957.6	兰州	民建	大学	副主席	2002.11—2016.10	
徐生明	1962.12	清水	无党派	大学	副主席	2007.1—2016.10	
县 毅	1963.3	秦州区	中共	研究生	副主席	2010.1—2016.10	
罗荣昌	1966.10	秦州区	民革	大学	副主席	2011.9—2016.10	
安虽奋	1960.7	秦州区	中共	大学	副主席	2013.9—	
郭金霞	1965.3	西和	中共	大学	副主席	2013.9—	女
胡秀玉	1960.6	麦积区	中共	大专	副主席	2016.10—	女
郭宝禄	1963.1	秦州区	中共	大学	副主席	2016.10—	
李红军	1964.9	秦州区	民盟	大学	副主席	2016.10—	俄罗斯族

天水市秦州区
二〇〇七年全区国民经济和社会发展
统计公报

2007年全区上下以科学发展观统揽全局，以转变作风抓落实活动为契机，着力转变经济增长方式，积极推进"和谐秦州"建设。全年主要经济指标保持平稳较快的增长态势，呈现生产发展、消费活跃、收入增加的良好局面。

一、综合

2007年全区实现生产总值63.35亿元，同比增长13.0%，其中第一产业实现增加值4.87亿元，同比增长5.1%，第二产业实现增加值达到28.62亿元，同比增长12.88%，第三产业实现增加值达29.86亿元，同比增长14.4%。全年三次产业结构比为7.7:45.2:47.1。

从产业贡献率看，第一产业对GDP增长的贡献率为2.96%，拉动GDP增长0.38个百分点，第二产业对GDP增长的贡献率为46.08%，拉动GDP增长5.99个百分点，第三产业对GDP增长的贡献率为50.96%，拉动GDP增长6.63个百分点。

国民经济和社会发展中存在的问题是：农业产业化程度低，农产品增值程度低，农民增收渠道不广；工业产业竞争力不强；拉动生产能力提高、经济效益提升的投资少；区位比较优势升级慢，现代服务业发展不快。

二、农村和农业经济

2007年末，全区农村总人口44.86万人，劳动力资源总数26.3万人，其中劳动年龄内人口22.68万人。全年从业人员合计22.77万人，其中高中以上文化程度从业人员3.21万人，从事农林牧渔业人数15.79万人，从事第二产业人员3.06万人，第三产业从业人员3.92万人。

农村居民人均现有房屋面积17.4平方米。通公路的村达到323个，占76.9%，通汽车的村达到413个，占98.3%；自来水受益村达到117个，占27.9%，覆盖人口10.17万人，占农村总人口的22.7%；全区通有线电视的村达到205个，占48.8%，通电话的村达到410个，占97.6%，户数3.81万户；乡镇村文化站(室)221个，卫生机构463个；农业科技机构78个，科技人员2140人，其中农民科技人员1278人；年末农村专职教师人数4471人；全年参加社会养老保险人数3105人，已享受社会养老保险人数772人，占24.9%。

2007年全年实现农业总产值8.13亿元，按可比价格计算，比上年增长3.08%，农林牧渔业产值结构为80.7:1.6:15.4:2.3。

年末全区耕地面积95.33万亩，其中水田0.16万亩，旱地95.17万亩，15度以上坡地39.47万亩。全年农作物播种面积100.96万亩。粮食作物播种面积比去年调减1.03万亩，达到72.29万亩，全年粮食总产量达到15.06万吨，增长3.3%。其中夏粮总产4.14万吨，下降20.7%，秋粮总产10.92万吨，增长16.6%。油料总产量达到1.64万吨，增长14.7%，全年蔬菜播种面积6.19万亩，下降14.4%，总产量达到12.46万吨，下降3.4%。全区果园面积15.76万亩，全年水果产量8.39万吨，比上年增长13.8%，实现产值10183.7万元。

全年畜牧业完成产值1.25亿元，同比下降23.2%。全年大家牲畜[33]合计6.59万头，比去年减少1700头。当年出栏肉猪头数7.78万头，比去年减少1000头，年末猪存栏7.48万头，比去年减少2200头，年末鸡(鸭、鹅)存栏57.42万只，出栏46万只。全年肉产量7307.5吨，增长4.98%。其中猪肉5446吨，下降1.3%；鲜蛋产量1722.6吨，实现产值999.1万元，牛羊奶产量453.5吨，实现产值103.44万元。

2007年完成造林面积5.9万亩，年末封山育林面积达到10.82万亩。全年实现林业产值1291.4万元，增长130.7%。

---

[33]大家牲畜应为大家畜。

2007年年末水产品养殖面积518亩，水产品产量342吨，实现产值241.1万元。

全年农村用电量3032.8万千瓦时，化肥施用折纯量7198.8吨，塑料薄膜使用量896.96吨，年末机电井达到424眼。年末水平梯田66.11万亩，有效灌溉面积4.04万亩，保灌面积1.95万亩。

主要农产品产量

产品	单位	产量
粮食	万吨	15.06
#小麦	万吨	40937.8
油料	吨	16360.2
水果	万吨	8.39
蔬菜	万吨	12.46
水产品	吨	342
肉产品	吨	7307.5

三、工业和建筑业

2007年，全区66家规模以上工业实现增加值17.51亿元，同比增长13.8%。从经济结构看，全区规模以上工业企业中非公有制经济共实现增加值10.71亿元，占全区规模以上工业增加值的61.2%，增幅高于全区规模以上工业5.7个百分点，对规模以上工业增长的贡献率达82.8%，拉动全区规模以上工业增长11.4个百分点。

从轻重工业结构看，规模以上重工业完成工业增加值15.41亿元，同比增长9.7%，规模以上轻工业完成工业增加值2.1亿元，5552225[34]同比增长10.4%，轻工重业[35]增加值比为1:7.3。

从工业行业结构看，规模以上工业中，主要行业继续保持快速增长，轴承制造业完成工业增加值1.81亿元，占规模以上工业的10.3%，电子电器件制造业完成增加值7.53亿元，占43%，电线电缆制造业完成增加值

---

[34]为笔误。

[35]应为轻工业、重工业。

0.8亿元,占4.65%。

从隶属关系看,中央企业完成增加值1.37亿元,占7.8%,部省属企业完成增加值7.89亿元,占45.1%,省以下企业完成增加值8.25亿元,占47.1%。

2007全区规模以上工业单位实现产品销售收入34.59亿元,增长14.84%,较上年提高2.2个百分点,产品产销率达到97.9%,较上年提高4.6个百分点。亏损面较去年下降12个百分点,利税总额达到3.21亿元,增长36.36%,较上年提高29.2个百分点,其中实现利润1.43亿元,增长35.8%,产品销售利税率较上年提高1.39个百分点。

主要工业产品产量

产品名称	单位	数量
金属切削机床	台	122
铸造机械	台	87
滚动轴承	万套	3860
高压开关板	面	7831
电力电缆	对千米	1102
集成电路	块	608442
试验机	台	564

全区共有建筑业施工单位42家,其中总承包和专业承包单位38家,完成建筑业总产值12.4亿元,其中建筑工程产值11.65亿元,安装工程总值6732.8万元。当年完成竣工产值6.33亿元,实现工程结算收入13.16亿元,工程结算利润7242.4万元,全年全部从业人员年平均人数15227人。

四、固定资产投资和房地产业

2007全区共实施投资项目160个,较去年增加12个,其中1000万元以上项目83个,较去年增加26个,占全部项目的51.9%。2007完成全社会固定资产投资28.55亿元,同比增长34.66%,比上年提高4.8个百分点,总额是2002年的1.82倍,年均增长12.7%。

分城乡看,城镇完成投资24.38亿元,占85.4%,增长36.37%,农村完成4.17亿元,占14.6%,增长9.03%。

分产业看(不含房地产),第二产业完成投资最多,增长30.58%,

总额达到 7.4 亿元，占 45.8%，第三产业完成 7.38 亿元，占 45.7%，增长 19.71%。

分规模看，500 万元以上项目完成投资占总额的 83.3%，增长 51.09%，50-500 万元项目占 5.1%，增长 24.43%，50 万元以下项目占 11.6%，增长 18.69%。

2007 年全区 54 家房地产开发企业完成土地开发面积 8.8 万平方米，累计完成投资 8.8 亿元，增长 36.37%，其中商品住宅投资完成 7.34 亿元，占总投资的 82.2%，增长 42.8%。实现商品房销售额 6.15 亿元，增长 25.8%，销售面积达到 24.8 万平方米，增长 4.2%，其中现房销售 14.8 万平方米，期房销售 4.6 万平方米。

物业管理单位物管占地面积 86.6 万平方米，比去年增加 6.6 万平方米，物管建筑面积达 135.6 万平方米，比去年增加 16.6 万平方米。在管物业项目 171 个，比去年增加 6 个。

五、招商引资

2007 年全区共实施新建、续建招商引资项目 75 个，总投资 17.35 亿元，合同引进资金 15.59 亿元。其中当年签约 43 个，总投资 7.42 亿元，引进资金人 6.9 亿元。其中工业项目 23 个，总投资 30135 万元，累计完成投资 13570 万元；农业项目 20 个，总投资 37009 万元，已完成投资 10553 万元；基础设施和房地产项目 17 个，总投资 85540 万元，已完成投资 30680 万元。

六、商贸和旅游业

2007 实现社会消费品零售总额达 24.34 亿元，同比增长 14.2%。分城乡看，城市实现社会消费品零售总额 19.96 亿元，较上年同期增长 14.3%，占总额的 82%，农村完成社会消费品零售总额 4.38 亿元，较上年同期增长 14%，占总额的 18%，城乡消费比为 4.55:1。

分规模看，限额以上单位实现销售 3.33 亿元，占总额的 13.7%，增长 8.8%，限额以下单位实现消费品零售总额 18.92 亿元，占总额的 77.7%，增长 16.1%。

分行业看，批发、零售贸易业实现社会消费品零售总额 13.2 亿元，占总额的 54.2%，增长 11.4%，住宿餐饮业实现零售总额 9.04 亿元，占总额的37.1%，增长16.7%。

2007年接待境内外游客189万人，增长25%，实现旅游综合收入6.19亿元，较上年同期增长26%。旅游综合收入占GDP的比重达到9.83%，较上年提高0.76个百分点。

七、财政和税收

2007年全区实现大口径财政收入46552万元，增长31.48%，完成财政支出68788万元，全年财政收支比为1：1.48。

从部门税收看，国税收入18659万元，同比增长9.73%；地税收入总计21000万元，同比增长28.5%。

八、劳动工资和城乡人民生活

2007年统计口径内全部从业人员72183人，分经济性质看，国有经济单位49457人，占67.1%，集体经济单位4478人，占6.2%。分机关企事业单位看，机关单位7886人，占10.9%，事业单位21439人，占29.7%，企业单位42858人，占59.4%。

全部从业人员年劳动报酬112477.6万元，分经济性质看，国有经济单位86733.1万元，占77.1%，集体经济单位4889.3万元，占4.3%。分机关企事业单位看，机关单位15628.9万元，占13.9%，事业单位40585.5万元，占36.1%，企业单位50263.2万元，占50%。全部从业人员年平均工资15582.3元，较去年增长12.77%。

2007年城镇居民人均可支配收入8372元，较去年增长9.9%，消费支出6818元，同比增长11.3%；农民人均纯收入达2008元，较去年增长8.4%，消费支出1544.9元，增长6.5%。

九、社会事业和人口

全区中小学445所，其中：区属440所，附中11所；市直4所，民办中学1所。在校学生总数122599人，其中区属中小学学生115833人，市直6615人，民办中学151人。在校教职工6807人，其中区属6316人，市直491人。全区中小学教工学生比为1：18。

2007年新列国家、省市、区各类科技项目37项，其中国列3项，省市列10项，区列25项，组织鉴定验收科技成果18项，其中，达到国内先进水平的6项，省内领先水平的1项，省内先进水平的5项；共组织申报2007年度全区科技进步奖项目23项，9项获奖，其中二等奖3项，三等奖6项；全区民营科技企业22家，科技示范园区15个，科技示范乡镇8个，科技示范村124个，科技示范户7923户，派遣科技特派员164名。全区农作物优良品种普及率达到95%以上，农业先进技术覆盖率达到98%以上。

全区区直医疗机构29个，其中综合医院一所，公共卫生机构2个，专科医院2个，新农合医疗经办机构1个，乡镇卫生院20个，共有卫生工作人员859人。按3-5万居民设立一个社区卫生服务中心的要求，共设立社区卫生服务中心10个。

2007年全区（区属）养老保险参保人数6201人（不含离退休人员），基金支出2712.17万元；医疗保险参保人数18879人；失业保险参保人数9281人。城镇新增就业人数8785人，下岗失业人员再就业人数3421人，城镇登记失业率为3.5%。全区共纳保17281户、44961人，实施城市医疗救助对象725户、农村1709人，累计发放救助金387.4万元。

2007年末全区总人口65.15万人，其中城镇人口28.67万人，城市人口25.9万人。全年常住人口为62.81万人。当年出生人口7918人，出生率12.24‰，死亡人口3580人，死亡率5.53‰，全年人口自然增长率6.71‰。

《秦城区志》勘误

　　《秦城区志》是秦州区的首部社会主义新方志，限于当时资料、编辑方法等客观因素及编辑队伍主观因素，错讹、疏漏难免较多，囿于篇幅，这里只对数处较为明显的"硬伤"加以更正，对《秦城区志》史实有存疑的读者可参阅《甘肃省志·大事记》《甘肃省军事志》等相关史志，如民国、中华人民共和国成立以来的史料细心读者也可以查阅秦州区档案馆原始资料。

勘误表

表6

错讹之处		更正
页码	行	
11	3	"耤"更正为"藉"
11	9	周孝王元年此条所记大事非当年事，应为七年及之后的事。后面几条也有错讹，参见《竹书纪年》《史记》。
11	25	秦襄公七年应为前771年，秦立国时间。
12	倒2	应为秦始皇二十六统一全国
13	2	应为高祖二年。
13	12	五月更正为十二月，后面几条时间等有误，详见《秦州区军事志》。
14	19	姜维出祁山应为甘露元年（256年）七月事。后面两晋南北朝大事记较为混乱，详见《资治通鉴》
18	3	薛举称帝不在攻取天水后
18	15	应为宝应元年（762年）吐蕃攻陷秦州。

续表

错讹之处		更正
页码	行	
19	4	高防职务为秦州知州，羌酋应为尚波千。宋金时期大事记错讹较多，详见《续资治通鉴长编》《续资治通鉴》。
24	7	指挥应为于光耀。
39	倒5	"踊"更正为"涌"。
71	1	此表不准确，由于战乱秦州天水郡频易其主，详见《秦州区军事志》。
72	倒3	"7日"更正为"7月"。
74	1	表有笔误疏漏，详见《秦州区军事志》。
101	倒9	"8"更正为"3"。
620	倒4	"钟宝峰"改为"种宝峰"

秦州
区志
QINZHOU
QU ZHI

【索引】
SuoYin

k

l

y

图片索引

表目索引

后 记

    盛世修志是中华民族的优秀传统文化,《天水市秦州区志(1985—2007)》编纂工作自2006年启动以来,在历届区委、区政府的正确领导和省、市志办的业务指导下,在区直各部门、驻区各单位以及社会各界专家学者的大力支持下,全体编修人员同心协力,攻坚克难,历时十余寒暑,数易其稿,精心打磨成书,圆满完成二轮修志工作。

    《天水市秦州区志(1985—2007)》自2006年启动,大体经历了组建机构、制定方案、设置篇目、编写部门(专业)志、分纂、总纂、送审7个阶段。

    2006年按照全市二轮修志工作会议精神,秦州区成立由区委书记任名誉主任、区长任主任的秦州区地方志编纂委员会,聘请吴振中、周国钦、杨玉庆、黄澄宇、阎虎林、王世明、安培玉、张秦、潘守正等人为特邀编纂人员,参与制定区志篇目,指导部门(专业)志编写、编纂区志稿等工作。区直各部门、驻区单位也成立相应机构,确定300多名修志人员开始资料搜集、整理及编修部门(专业)志工作,《天水市秦州区志(1985—2007)》编纂工作与部门(专业)志编修工作同步开展,形成了"党委领导、政府主持、地方志办公室组织实施、社会各界广泛参与"的工作格局。

    2008年二轮修志工作重点从部门(专业)志编修阶段转入《天水市秦州区志(1985—2007)》编纂阶段。之后经历了长达3年的初稿编纂。2010年至2012年区委、区政府加强修志队伍建设,先后借调坚文雄、杨彦明、王仲、刘康龙、周山泉等充实到区志办,区志编纂进度加快。

    2012年区志办和档案局分设后,区志办重新调整区志编辑部,优化《天水市秦州区志(1985—2007)》篇目,确定总纂人员,按照新的篇目再次进行资料征集和志稿编纂工作。至2015年《天水市秦州区志(1985—

2007）》编纂工作取得突破性进展，完成130万字的初审稿。2016年初邀请专家学者对志稿进行初审。天水师范学院教授刘雁翔、副教授余粮才对《天水市秦州区志（1985—2007）》初稿全面审阅，从体例、布局结构、章节层次、文字表述以及内容等方面提出200余条修改意见。根据初审意见编辑部集中力量进行修改完善，并重点加大对驻区单位缺失资料的收集力度。年底邀请退休老领导对《天水市秦州区志（1985—2007）》复审稿进行复审。区人大原主任杨虎林、政协原主席霍秀清全面审阅复审稿，提出书面修改意见80多条，之后根据复审意见修改完善，至2017年初形成26编170章150余万字的评审稿。

2017年7月13日，区委、区政府专门邀请省、市业务主管部门，区四大组织主要领导、分管领导，退休老领导，专家学者，县区志办主任以及区志编委会成员对《天水市秦州区志（1985—2007）》评审稿进行评审，提出修改意见212条，之后编辑部根据评审意见逐条进行修改落实，于12月底形成26编154章140万字的《天水市秦州区志（1985—2007）》终审稿。

2018年5月31日，天水市地方志编纂委员会召开《天水市秦州区志（1985—2007）》终审会议，秦州区四大组织主要领导、分管领导参加，会议原则通过区志终审，并提出了修改意见。市政协原主席李世荣、冯沙驼，市农办原主任宋登祖从志稿内容、结构等方面提出修改意见100多条。同时，市领导和市审稿成员单位提出修改意见150多条。终审会后，编辑部召开专门会议消化吸收终审意见，从志书结构、涉密等方面再次修改完善。8月，将终审修改稿上报市志办审阅，9月19日市地方志编纂委员会下发批复（天志委发〔2018〕2号）"同意按照公开出版印刷的相关规定，正式出版"。

《天水市秦州区志（1985—2007）》的编纂，是在中共秦州区委直接领导下，由区政府主持完成的。历届区委区政府高度重视修志工作，先后成立由区委书记柴金祥、张健、张明泰、雷鸣等人任名誉主任，区长安永、周伟、周继军、何东、刘文玺等人任主任的地方志编纂委员会，领导二轮修志工作。分管领导宋建平、李鹏凡、蒋小丽、曹亚玲、汪晓娟、张维有等人亲自主持召开二轮修志工作重要会议，研究解决修志工作中的重大问题。现任四大组织领导无论从人力、经费上都给予大力支持，市委常委、区委书记雷鸣，人大常委会主任文月平，区委副书记、区长刘文玺，政协主席宋丕林等四大组织主要领导以及人大常委会副主任崔丽霞、副区长汪晓娟、张维有，政协副主席罗荣昌等分管领导全程参加《天水市秦州区志（1985—2007）》评审、终审会议，市委常委、区委书记雷鸣为志书作序并为封面题签，区委副书记、区长刘文玺为志书作序并设计封面，副区长汪晓娟从篇目到内容都给予指导，副区长张维有、赵辉对终审稿修改工作给予指导。同时，修志工作自始至终得到省、市志办领导的关心和支持，他们多次深入秦州区检查指导工作。市志办还从资料上给予大力支持，使修志工作顺利进行。

在外地工作的秦州籍人士十分重视《天水市秦州区志（1985—2007）》编修工作，积极提供资料，来电来函了解修志情况，对编修工作给予鼓励，甚至一些老同志不远千里，来志办看望修志人员。

《天水市秦州区志（1985—2007）》是众手成书，是所有参与者的辛勤结晶。值此志书出版发行之际，谨向所有支持、帮助、关心指导过志书编纂的单位和个人，表示衷心的感谢！

尽管我们尽了最大的努力，由于我们学识、能力所限，在文化资源挖掘、资料收集和编纂等方面疏漏、错误肯定不少，敬请广大读者批评指正，并期冀在三轮修志中得到纠正弥补。

天水市秦州区地方志编纂委员会办公室

2019年3月20日

天水市地方志编纂委员会文件

天志委发〔2018〕2 号

天水市地方志编纂委员会
关于《秦州区志 1985—2007》终审修改报告的批复

天水市秦州区地方志编纂委会：

你委《关于上报〈秦州区志〉（1985—2007）终审意见修改稿的报告》（天秦志委发〔2018〕3 号）收悉。

按照《地方志工作条例》有关规定，责成市地方志办公室组织人员对《秦州区志1985—2007》终审意见修改稿进行了全面审查验收。认为《秦州区志1985—2007》比较全面系统地记述了1985年至2007年期间秦州区自然、政治、经济、文化、社会的历史与现状，基本符合《地方志书质量规定》《天水市地方志审稿验收实施方案》规定的有关质量要求。

请你们严把政治关、史实关、保密关，确保志稿政治上不出问题，史实上不出差错。原则同意按照公开出版印刷的相关规定，正式出版。

特此批复

天水市地方志编纂委员会
2018 年 9 月 19 日

抄送：省地方史志办公室，天水市地方志编纂委员会名誉主任、主任、常务副主任

公开属性：主动公开

天水市地方志办公室   2018 年 9 月 20 日印发